HISTÓRIA DA
LITERATURA BRASILEIRA

CIP-BRASIL. CATALOGAÇÃO NA PUBLICAÇÃO
SINDICATO NACIONAL DOS EDITORES DE LIVROS, RJ

N339i
4. ed.

Nejar, Carlos, 1939 -
História da literatura brasileira : da carta de Caminha aos contemporâneos/Carlos Nejar. - 4. ed., rev. e ampl. - São Paulo : Noeses, 2022.

1172 p. ; 23 cm.
ISBN 978-65-89888-46-8

1. Literatura brasileira - História e crítica. 2. Escritores brasileiros. I. Título.

22-76219

CDD: 869.09
CDU: 821.134.3(81).09

Meri Gleice Rodrigues de Souza - Bibliotecária - CRB-7/6439

Carlos Nejar

HISTÓRIA DA LITERATURA BRASILEIRA

DA CARTA DE CAMINHA AOS CONTEMPORÂNEOS

4ª EDIÇÃO REVISTA E AMPLIADA

2022

editora e livraria
NOESES

Copyright © Editora Noeses 2022
Fundador e Editor-chefe: Paulo de Barros Carvalho
Gerente de Produção Editorial: Rosangela Santos
Arte e Diagramação: Renato Castro
Revisão: Caroline Costa e Silva
Designer de Capa: Aliá3 - Marcos Duarte

Arte de capa:
  Autor: Lúcia Suanê
  Título: Movimento III
  Técnica: Têmpera ovo sobre tela
  Dimensão: 60/86 cm
  Ano: 1988
  Acervo: Ângela Brito

TODOS OS DIREITOS RESERVADOS. Proibida a reprodução total ou parcial, por qualquer meio ou processo, especialmente por sistemas gráficos, microfílmicos, fotográficos, reprográficos, fonográficos, videográficos. Vedada a memorização e/ou a recuperação total ou parcial, bem como a inclusão de qualquer parte desta obra em qualquer sistema de processamento de dados. Essas proibições aplicam-se também às características gráficas da obra e à sua editoração. A violação dos direitos autorais é punível como crime (art. 184 e parágrafos, do Código Penal), com pena de prisão e multa, conjuntamente com busca e apreensão e indenizações diversas (arts. 101 a 110 da Lei 9.610, de 19.02.1998, Lei dos Direitos Autorais).

2022

Editora Noeses Ltda.
Tel/fax: 55 11 3666 6055
www.editoranoeses.com.br

A Elza, que me deu um pouco do seu tempo, muito de seu amor, para eu poder escrever esta História.

E ao Embaixador–Escritor Raul de Taunay, meu Amigo.

A Pedro Paulo Sena Madureira, a quem devo o bom conselho de ampliar este livro.

Ao Reitor da Unisul, Salesio Herdt e ao Escritor Deonísio da Silva, a gratidão que não envelhece.

Eppur si muove!
(Mas se move!)
Galileu Galilei

A alma é algo que se move.
Tales de Mileto

E tu velas e és um dos vigias. Agitando um tição que tomaste de um monte de ramos rotos ao teu lado, descobres o vigia mais próximo. Alguém tem que vigiar: isso é assim. Alguém tem que estar aí.
Franz Kafka

Les mots font d´amour.
André Breton

Le livre d´un esprit.
Paul Valéry

O movimento para trás.
Pode ser para a frente.
Longinus,
Livro das Vidências

[...] só as grandes paixões
são capazes de grandes ações [...]
Machado de Assis,
Memórias Póstumas de Brás Cubas

O ESPÍRITO POÉTICO E
A VERDADE DA CRÍTICA

O livro de Carlos Nejar, *História da Literatura Brasileira* (agora pela editora Noeses, de São Paulo, em 4ª edição) é um livro de crítica literária para ser lido como se bebe um grande vinho: devagar. Trata-se de trabalho original em sua proposta metodológica e seu alcance interpretativo. O autor procedeu a uma escolha ampla, generosa, vasta. Incrivelmente vasta. Recuperou nomes esquecidos ou semiesquecidos como o do poeta da minha juventude, Alceu Wamosy. Posso imaginar o que lhe custou ler e assimilar. E não foi só a obra deles, em si mesma. Nejar os situou em campos estético-filosóficos trabalhados por pensadores que cita com precisão. Nomes como Cazeneuve, Cioran, Konstantinus Kafavis, Rorty, Montaigne, Goethe, Auden, Valéry, Nietzsche, Ungaretti, Cassirer, Mallarmé, Octavio Paz, Croce, Hans Magnus Enzensberger, Novalis, Bakhtin, Hölderlin, Malraux, Thomas Mann e tantos outros transitam por seu texto com naturalidade e constância. É erudição ampla. Tudo surge de modo natural. Longe, bem longe de qualquer artifício com vistas a exibicionismos inúteis. O objetivo é criar a moldura dentro da qual a interpretação ganha sentido, formando a estrutura conceitual de uma obra deste porte. Coisa de humanista, de poeta.

Nejar nos prova a verdade de Goethe: o especialista é o aleijão da história. Seu texto crítico revela o poeta, é certo, mas também o filósofo, antropólogo, historiador, semiótico, sociólogo, o fino e perceptivo psicólogo que vai buscar a alma dos autores estudados e as revela a pleno para nosso encanto, às vezes susto, sempre admiração. Aí está sua novidade metodológica. Nejar abandona a preocupação classificatória dominante em nossos críticos literários. O que o interessa é exaltar o artista no que tem de valioso. O método classificatório não atenta para a substância espiritual da arte e sim para os rótulos dentro dos quais vai inserir suas manifestações externas. É racional, nada tem de poético. Transita sobre o plano objetivo, resvala em aparências, sempre em busca de similitudes que facilitem a classificação de clássico, barroco, romântico, simbolista, moderno etc.

Como o artista está sempre escondido em sua originalidade, é sempre pessoal em seu espaço de sombras, fica particularmente difícil alcançá-lo em sua verdade com os olhares postos na superfície da obra. Nejar procura romper este "mar de gelo". Guiado por sua intuição poética, mergulha na escuridão perigosa, em busca do princípio criativo que inspirou e modelou os textos que estuda em sua *História*. Nesta opção, encerra-se a premissa pela qual admite ser a crítica bem mais que apreciar ou discernir os diversos estilos e tratamentos temáticos. Implícita está a tese de que para este esforço, basta a chamada "intuição literária". Qualidade de fundo técnico especializado que, na respeitada opinião de Antonio Candido, faz o grande crítico. Nejar a descarta. E eu também. A técnica profissional adquirida em treinamentos e estudos próprios produz o especialista. É o homem com particular talento para ordenar autores por escolas, tendências, preferências e influências. Será um grande ou um pequeno nome em função da maior ou menor "intuição literária". Mas é limitado, racional e aborrecido. Por este caminho não se sente a obra. Não se conhece o homem que a produz. Sabemos que tal procedimento tem sido padrão na crítica profissional desde Sílvio Romero. Perpassa Afrânio Coutinho, está bem resumida por Wilson Martins, na sua *História da Crítica Literária no Brasil*. Dando inúmeros exemplos desta forma de ver, este crítico conceituado com ela concorda implicitamente, adotando-a em seus trabalhos, especialmente na *História da Inteligência Brasileira*.

O trajeto crítico seguido por Nejar é outro. Com "temor e tremor", como o diz Kierkegaard, aproxima-se de cada obra, em reverência por seu autor. Criticá-la seria então senti-la no que tem de próprio e secreto, em processo subjetivo de transferência interpessoal buscando o encontro, a fusão de almas. Para isto, a "intuição literária", de perfil racionalista e especializado, é inútil. Necessita-se de outro tipo de intuição a "intuição poética da vida", remontando, talvez, aos ensinamentos de F. Schiller em sua seminal *Educação Estética do Homem*. Sabemos que os textos jamais se completam. Levam pelas passagens do tempo a possibilidade de múltiplas leituras, infinitas ressonâncias e cargas diversas de sonho, êxtase e recordações. Cabe ao crítico entendê-los desta forma, vivendo sua amplidão, denunciando a mentira dos limites na oferenda de sua forma pessoal de ver e entender a obra. Por isto o grande crítico tampouco se completa. Oferece ambiguidades e até dá ênfase a elas. Ao clarear para nós o caminho percorrido por cada autor, como certamente nem o próprio o lograria, Nejar deixa sempre uma área em aberto para a dissolução das certezas e o encontro das muitas e renovadoras dúvidas. É o trabalho de Sísifo de quem tenta decifrar o enigma de que se nutre a obra. Por isto, humildemente, orienta a meditação pessoal estimulando o leitor a entrever o que está por lá, em segredo, escondido da objetividade que se revela na superfície das coisas, do estilo, da forma, do tema.

Quem parte, como Nejar o faz, da "intuição poética da vida" vai construindo seus próprios labirintos. É intuição que convive com o desconforto, caminhando entre névoas que tenta dissipar, fascinado pelo mistério da criação. Por isto, tudo em seu livro fala de sofrimento. É trabalho penoso, nervoso, atento, passional. Surge de um *pathos* comovente, repudiando o estilo que defende a emoção ausente.

Imagino-o debruçado sobre o estudo, aguçando sua percepção com o saber sensível do artífice mágico, a suar de ardor e de dor. Da dor que ninguém sente, a não ser aquele que afasta a objetividade analítica para viver o texto, sofrendo ao escrevê-lo. Suponho até que, mais de uma vez, Nejar tenha chorado no silêncio de suas noites. Ao se descobrir em cada obra. Ao caminhar pelos fundos da alma do autor que lia. Seguindo-o em seu trajeto existencial, unidos os dois no mesmo universo de sensibilidade compartilhada. Só quem trabalha nesta fascinante alquimia do espírito pode sentir o que teve de sofrimento este seu livro. Como uma espécie de mago medieval, Nejar atravessou dias e noites, meses e anos, revirando a retorta do seu engenho e de lá retirando, das cansativas leituras, a essência de cada um, em sínteses geniais, feitas de pureza verbal, de música, sensibilidade, expressão perfeita, sentido poético, filosofia de vida. O que mais admirei foi o espaço próprio reservado para definir a figura humana e literária de cada autor escolhido. Soube encontrar a forma perfeita para esclarecer para nós a sua essência. Fenômeno complicado porque muitos deles transitam sobre temáticas parecidas ou mesmo similares. Fato que está na base do esforço classificatório e do estímulo a catalogações.

A *História da Literatura Brasileira* tratou cada um como ele mesmo, com sua vida, seus dramas, seus silêncios. Aí está o paradoxo. Sendo tematicamente parecidos, cada um mereceu o realce de sua intensidade emotiva num texto interpretativo que partiu em busca do que lhe é próprio, porque na grande arte o legado deixado é sempre único. Carlos Nejar não valorizou a todos da mesma maneira. Nem lhes dedicou o mesmo espaço. Sabe que a grande obra não é a que mais vende, é a que sobrevive. E se sobrevive, se merece a atenção da posteridade, é porque, como diz um autor que tanto admira, o solitário Franz Kafka, "nos atinge como um soco no rosto, como um suicídio".

São as obras que nos falam dos sobressaltos do amor, das incertezas da vida, da certeza da morte, do mistério do tempo e do enorme fardo do ego. Sendo temas comuns, são sempre individualmente tratados porque o ego traz consigo a carga da memória pessoal, o acúmulo dos desacertos e o custo de todas as perdas. E estas são de cada um. Raimundo Correa em sua dolorida absorção existencial do tempo, sublinha este lado pessoal do fenômeno. Afirma que sempre o temos conosco, a nos refazer por dentro, em persistências, reticências e indiferenças. E cada um trabalha-o à sua maneira.

A vida se nega a ser compreendida por quem se oculta de si mesmo. Se a olharmos de frente, vamos ver que o tempo somos nós. Não está no espelho misterioso em que "deixamos a nossa face", como sentiu a melancolia fatal da poeta. Nossa face, não a deixamos em lugar algum, porque nela o que se reflete é a essência de nossa história. Os vincos que a deformam são os mesmos que nos constroem. E cada um tem os seus. Equívoco é o dos que buscam no viver descuidado pela alegria do lúdico, esconder esta verdade.

O que a *História da Literatura* nos revela são as circunstâncias de uma existência perseguida pela morte desde o nascimento, as cargas da memória que assume este sentimento do trágico, nos textos de cada autor responsável pela consciência de seu destino. Nejar nos fala das profundezas do ser ao interpretar as vozes de quem estuda.

Não são fáceis de encontrar, e por isto exigem, para serem captadas, a visão do poeta, do vate, do filósofo. Exigem o "olhar que não descansa no mais fácil", como ele mesmo o diz. Por isto sempre escapam àquele que obedece à "intuição literária". Sua procura é pelo não revelado. Exige renegarmos tradições. Impõe a abertura de espaços novos ao entendimento. Nejar soube fazê-lo ao compor um livro que, sendo denso e triste, é também, paradoxalmente, otimista. Escapa da angústia de um Vicente de Carvalho, por exemplo, porque não aceita a inutilidade do sonho. O sonho, assim o entende Nejar, nada tem de inútil. É fundamental. Assim como seu realismo nega o pessimismo de um Leopardi, ao assumir que a vida nos promete somente para nos faltar com suas promessas.

A vida nada promete e somos nós que nos faltamos. Por isto é importante nos lançar em busca de nós mesmos, de nosso espaço, para conviver com ele e desfrutá-lo como Vinicius desfrutava do amor, "eterno enquanto dure".

A nova *História da Literatura Brasileira* é, por isto mesmo, livro pedagógico sendo profundo, penetrante sendo leve, um rumo sendo um porto, acima de tudo um espaço de encontro entre o eu e o mundo aberto pela literatura brasileira. Jamais a crítica literária foi tão poética, "nem a água foi mais pura", como diz o seu admirado Mário Quintana. Talvez até abençoada. Não sei se esta "água" foi abençoada. Sei que foi

HISTÓRIA DA LITERATURA BRASILEIRA
Da carta de Caminha aos contemporâneos

mais pura. Se Quintana é a "imaginação que não deixa dormir o texto", como Nejar tão bem o vê, posso dizer que a nova crítica é um texto que desperta qualquer imaginação. E resume o que o autor, filosoficamente, observou: não é o poeta que descobre a verdade, é a verdade que descobre o poeta.

Nelson Mello e Souza
Escritor, filósofo e humanista. Atualmente é Chanceler da Academia Brasileira de Filosofia.

O GÊNIO DA HISTÓRIA E A HISTÓRIA DO GÊNIO

"A arte não é a imitação de uma coisa criada, mas o próprio ato criador".
Theodor W. Adorno

Carlos Nejar escreveu *História da Literatura Brasileira* como uma teoria da literatura, em busca do gênio da criação, brasileira em particular. Vale nuançar, ele busca a ontologia estética do gênio e em quem, como e quando se manifesta nos mais expressivos escritores nacionais. Essa vasta e eruditíssima obra é uma confrontação elegante entre o seu próprio tino inventivo e o dos demais escritores do país. Toda grande obra tem os sólidos rastros da autobiografia. Consciência de si, ao analisar criticamente um amplo número de escritores talentosos, lembrados ou esquecidos pela história. Neste caso, devidamente resgatados em sua dignidade criadora. Nejar alcança o gênio da história através do gênio da literatura, e este através daquele. Tal é a dialética estética da sua *História*. Esta é a mais nobre expressão da imaginação crítica e da defesa da razão criadora. É a melhor homenagem à literatura brasileira no ano do Centenário de falecimento de Machado de Assis. O espírito de Machado está presente. É uma História machadiana.

Paul Valéry afirma "que há um gênio no procurar como há um gênio no encontrar, e um gênio no ler como há um gênio no escrever". O gênio da *História da Literatura Brasileira* encontra-se na conciliação harmônica dessas variações do gênio em Valéry. Nejar lapidarmente leu, procurou, encontrou e escreveu. Foi essa associação dos diferentes gênios que concedeu à *História* o paladar da singularidade. Momento único dentre todas as histórias da literatura brasileira. Uma história de estilo. E se o estilo é história, porque estética viva, a história deve ser estilo. A história nejariana é uma estética da literatura brasileira. Obra de arte e obra literária. Pela primeira vez, temos uma história da literatura brasileira escrita como um romance, em que os escritores são protagonistas. A *História* é um romance da vida e da criação. E Nejar é o seu próprio estilo. Acima, ou bem fora dos cacoetes academicistas. Rigorosamente imparcial quanto à qualidade estética das obras estudadas, revela-se um exegeta de enorme grandeza d'alma ao conciliar o justo, o verdadeiro e o impessoal. As grandes obras teóricas são impessoais na análise crítica, mas substantivamente pessoais na linguagem. A obra de Nejar é uma vastíssima obra de linguagem em língua portuguesa de alta estirpe. A extrema pessoalidade de linguagem se uniu à impessoalidade crítica. A caravela de Nejar, com seu gênio navegatório, ancora no Brasil, redescobrindo a sua literatura, afastando-se consciente e deliberadamente do inócuo jargão universitário e do lugar-comum que predomina na quase totalidade das histórias similares, que ainda têm a pretensão de terem encontrado a pedra filosofal do método histórico. Totalmente avesso à burocracia do pensar, Nejar assumiu e cumpriu um compromisso moral, ético e intelectual com sua própria maneira de sentir e pensar a literatura brasileira: buscando e encontrando a verdade estética das obras e o gênio dos períodos históricos, que de fato são definidos pelas obras e não o contrário. Nejar opera com a metáfora como teoria crítica. Há uma teoria estética na metáfora crítica. Assim, a poética da literatura brasileira é ressaltada, desvelada, posto que quase sempre as histórias da literatura brasileira falam pouco da alma do artista e do espírito criador.

A *História da Literatura Brasileira* é produto de décadas de leitura, maturação, pesquisa e reflexão crítica sobre as mais importantes manifestações da literatura mundial. Através desse diálogo de espírito para espírito, Nejar penetra na densidade e na complexidade da criação literária brasileira com muito mais acuidade. Dominando com vocacional e profissional naturalidade as mais difíceis formas estéticas da literatura, a *História* revela um Nejar erudito pouco conhecido. A erudição é nomeada e inclusa nas mais sofisticadas reflexões teóricas e filosóficas. Entretanto, somente os ingênuos poderiam crer que a genialidade da sua obra como artista da literatura — seja como poeta, romancista, dramaturgo ou contista — possa ser produto do acaso. A sensibilidade do artista de vanguarda o direcionou a escrever uma história da literatura brasileira de vanguarda. Que outros artistas e críticos brasileiros são capazes de escrever uma história nestes termos não podemos duvidar, porém, ela jamais havia sido escrita. Coube a Nejar a nobre tarefa de ser o primeiro. Com todo o rigor técnico. História de artista.

Academicamente, a precisão das citações, das referências, dos dados e das informações resiste ao mais cuidadoso exame de verificação. O idioma crítico-poético da *História* torna-se belo, original, ousado, corajoso, elegante, leve, claro, rico e sutil. Além de irônico, às vezes. O discurso acadêmico conservador prefere trilhar caminhos conhecidos por misoneísmo, eufemismo para covardia. É muito mais fácil seguir o reconhecido pela crítica e pelo público do que iniciar um novo percurso. A *História* é a épica da criação brasileira trabalhada com audácia. O conservador prefere não ousar para não correr riscos, tal o medo de errar. E aí comete o maior dos erros: não ousar. Logo, pouco cria. A insegurança conservadora faz com que o historiador ou teórico repita o já consagrado. Neste caso, temos a consagração da insegurança. O gênio aceita e ama os riscos. Sua atividade somente se exaure no desafio, trafegando na dialética da tradição e da vanguarda. Sem coragem teórica, nada de novo emerge.

Nejar utiliza um vocabulário rigoroso e enciclopédico, no qual os conceitos são aplicados corretamente. Ao erigir um monumento à história da literatura brasileira, Nejar esculpe uma crítica da literatura brasileira do ponto de vista histórico. Sendo uma história crítico-criativa da literatura brasileira, ela traz consigo um panorama político e cultural do Brasil. Desrespeitando a pretensa reserva de mercado da história das ideias, Nejar invade com autoridade intelectual o terreno do qual, além de inquilino, é também proprietário. O meio universitário da literatura certamente sentiu como uma ameaça um artista escrever a melhor história da literatura brasileira. Os críticos literários universitários vivem das obras dos poetas, mas têm dificuldades em aceitar que estes escrevam como críticos. Todo grande artista é um grande crítico, escreva ele ou não. Sem a frieza das histórias comuns, a história nejariana rompe com a burocracia e traz a literatura para o coração e deste para o cérebro. Em Nejar, o sentir e o pensar estão unidos em dialética extremada. Cada um é mediatizado pelo outro, crítica e historicamente. O fetiche da metodologia desfaz-se como gelo. Nejar é a sua própria metodologia. Não precisa de outra. Quem não tem a sua, contenta-se em elogiar as alheias. A História da Literatura Brasileira é também manifesto literário. Algo jamais visto desde o início do Modernismo brasileiro. Uma história com sentimentos. O humanismo crítico da história nejariana o conduz para ser apreciado pelas pessoas que ainda são capazes de amar. Uma história com lágrimas, conceitos, sentimentos, teorias. E seres vivos: autênticos.

João Ricardo Moderno
Saudoso Presidente da Academia Brasileira de Filosofia, responsável pelo seu prédio novo na Casa de Osório, Rio. Docteur d'État em Letras e Ciências Humanas – Filosofia, pela Universidade de Paris I – Panthéon – Sorbonne, Professor do Departamento de Filosofia da Universidade do Estado do Rio de Janeiro – UERJ, Professor Titular da Universidade Soka – Tókio – Japão, Vice-presidente do Instituto Brasileiro de Filosofia-RJ.

APRESENTAÇÃO À 4ª EDIÇÃO

A CONTEMPORANEIDADE NA POESIA, ou na prosa, não só é marcada pelos modernistas como segue algumas de suas premissas que se aprofundam em implicações estéticas. E chego a afirmar – o que pode ser um exagero – que o Classicismo, o Romantismo e o Parnasianismo se sucederam através de poetas do Modernismo. Antes da dita Pós-Modernidade. E, hoje, talvez estejamos em novo Simbolismo. Embora admitamos que os ciclos não se fecham e podem continuar adiante, a Modernidade pode prevalecer além dos limites que a didática literária tenta estabelecer. Com a longevidade dos movimentos, como a de certas biografias que se adiam, ou de existências que no enverdecer são ceifadas. Como pode haver retorno ao passado, com anacronismo, como sucedeu com a Geração de 45, em relação ao processo Modernista. O que ocorreu, em regra, dentro de um Barroco que sabe se conter e rebentar em floração. Sim, somos, queiramos ou não, barrocos. E houve uma desconstrução (Derrida) sintática para evitar a cristalização ou a petrificação. O que tem pedido uma nova construção, a partir de nova visão do mundo. As ruínas não levam a nada e nem somos arautos de derrota, como pensava Elias Canetti[1]. É o tema que explode a forma, não a forma ao tema. Isto é, a forma revolucionária é o tema revolucionário. É lógico (e mágico) que a desconstrução dê margem à busca do desconhecido, ao desvelamento. E o mistério é o que guarda fontes escondidas. "O mistério é a saúde do espírito."[2] O obscuro da claridade. A revelação do texto é a revelação

---

1. CANETTI, Elias. **The human province**. New York: The Seabury Press, 1978. p. 218.

2. CHESTERTON, G. K. apud Corção, GUSTAVO. **Três alqueires e uma vaca**. Rio de Janeiro: Livraria Agir, 1946. p. 99.

de um sonho acordado. Mesmo que a desconstrução caminhe para o isolamento, nunca estamos sós na linguagem, produto do inconsciente coletivo. É verdade que o excesso da permanência do Modernismo gerou descaminhos. Entre eles, o que Tzvetan Todorov percebeu em seu livro *A literatura em perigo*, que "uma concepção estreita a desliga do mundo"[3], quando os críticos dão mais atenção aos elementos internos do texto do que à sua relação com a vida. Isso tem repercutido negativamente no ensino e nos leitores, aos que buscam na literatura justificadamente um sentido da existência.

Noutros casos, os ditos descaminhos desembocam em repetição, ou sobrevivência de si mesmos. Ou na diluição de processo, em que vige a técnica pela técnica, "o saber sabido", o "déjà vu", passando, assim, de processo a recurso. Ou de forma, ao se acomodar em mera formalização. Mas a criação, o "armazém das forças novas" e o magma dos inventores de linguagem persistem, além de todas as crises. Sempre com a "construção de um sentido". E, se há na criação uma agenda de deslocamento para Barthes[4], tal processo objetiva a erotização da linguagem e o livramento das peias do significante. Essa descontaminação estilística destina-se a um desarmar de ideias e tradições preconcebidas, voltando ao primitivismo e à "Infância do futuro", que é a via corajosa, desdobrável no "avesso do avesso". Que o importante é inventável, como o tempo é reinventável. Integrando a nova consciência: o debate, a mesa-redonda, o diálogo, "a troca de abismo". E a criação, hoje, não se preocupa mais tanto com os gêneros, mas com a linguagem. E o retorno aos aedos e Homero, à oralidade (dizia S. John-Perse que "o que tem mil anos é contemporâneo") faz-nos, sim, contemporâneos do futuro. E assim, como o cochilo dos críticos – e de alguns dos maiores –, é comum diante dos séculos – discutível também se mostra a escolar datação dos movimentos. Nem podemos nos apegar, cegamente, ao critério de Geração, devendo mais nossa atenção aos escritores no tempo, do que o tempo apenas que

---

3. TODOROV, Tzvetan. **A literatura em perigo**. Rio de Janeiro: Difel, 2009.

4. BARTHES, Roland. **Ensaios críticos**. Lisboa: Edições 70, 1977.

circunda a existência dos escritores, ainda que não possamos simplesmente ignorá-lo. Todavia, Paul Valéry[5] adverte, com agudeza, que "os navios (os autores) são mais importantes do que os portos" (as gerações) na literatura. Ao datarmos a vida, ela sempre nos escapa com o pé, antes ou depois, na voragem. E, se uma classificação é feita, apruma-se somente como fio de lógica para catalogar os acontecimentos. Vejam, por exemplo, o Modernismo: surgiu bem antes do ano de sua consolidação, em 1922, já na exposição de Anita Malfatti ao receber a crítica contundente de Monteiro Lobato. A Geração de 45 iniciou em 1942, com a *Pedra do Sono*, de seu mais reconhecido poeta. E o dito Romance de 30 foi desencadeado antes, em 1928, com a publicação de *A Bagaceira*. O que se firma, já vai passando, e o que passou não tem retorno, salvo com outro andaime de tempo. Fixo, assim, o critério seguido neste trabalho ciclópico, reunindo autores, a meu ver, os mais significativos, com obras publicadas – desde os primórdios (*Carta de Caminha*) até para muito além da Fundação de Brasília (21 de abril de 1960), marco da primeira edição desta *História, alcançando outra década e mais outra*. Sem matemática que não agarra a vida (embora não desagrade nem à poesia, nem à arte). Além da inclusão de vários escritores que não constavam na edição anterior, estão adicionados, agora, vários capítulos: um dedicado ao teatro brasileiro e a Nelson Rodrigues; outro abordando a obra de Ariano Suassuna; outros tratando da década de sessenta e setenta na ficção e na poesia. Vislumbrando, assim, "o conjunto de regiões que formam verdadeiramente o Brasil. Somos um conjunto de regiões, antes de sermos uma coleção arbitrária de Estados", escreveu Gilberto Freyre[6]. E a literatura abrange os autores de todas essas regiões no panorama global brasileiro, que é um continente. Cumprindo-se a visão de Emerson[7], de que cada nova época exige nova confissão, esperando esse mundo pelo

---

5. VALÉRY, Paul. **Variedades**. São Paulo: Iluminuras, 2007. p. 196.

6. FREYRE, Gilberto apud PENA FILHO, Carlos; COUTINHO, Edilberto. **Os melhores poemas de Carlos Pena Filho**. São Paulo: Global, 1983.

7. EMERSON, Ralph Waldo; PORTE, Joe (Ed.). **Essays & lectures**. New York: Library of America, 1983, v. 15. p. 450.

seu poeta (no sentido mais amplo, pelos seus criadores); o que, se já nasceu, o tempo revelará. Sempre tendo em vista que não é o gênero que faz o escritor, mas o escritor que faz o gênero. Portanto, a grandeza do gênero está subordinada à grandeza do criador. E é Harold Bloom[8] que adverte: "um profeta está sempre se decompondo." Mas também está se recompondo. Por ter a consciência da mudança. E é Guimarães Rosa[9] que admite – e nós, com ele – que "o livro pode valer pelo muito que nele não deveu caber." E, também, pelo que está invisível, intocado, ainda que o que se diga, cruze como a linha de um trem, com o que não se diz, nem se diria, mas se está pensando. Ou começou a ser pensado, depois que se disse. E foi o que afirmou Carlos Fuentes[10], certa vez, para Emir Monegal: "Vivemos em países onde tudo está para ser dito mas também onde está para ser descoberto como dizer este tudo." E vamos descobrindo, de viver; descobrindo de inventar, sendo inventados; descobrindo, principalmente, que é valioso um olhar novo, que não descansa no mais fácil, um olhar comprometido com o futuro. Jamais se aceitando que nenhum Brasil existe, salvo se o mundo contemporâneo for tão míope que não possa ver sua presença, ou tão grande que nele se perca um verdadeiro Continente Cultural – o que é impossível. E, se muito se tem aprendido com a literatura europeia, a Europa tem muito também que aprender com a criação deste Continente. Michel de Montaigne[11], cuja obra André Tournon denominou ensaios do juízo, afirmou ser "ele mesmo a matéria de seu livro", confessando adiante: "Por que não lembramos quanta contradição sentimos em nosso próprio discernimento?" Com "boa-fé e honestidade", mostra que toda a crítica tende à autobiografia. Neokantianamente, "o crítico cria o seu objeto", enchendo-o com sua subjetividade. Até a lucidez que ilumina e desnuda o texto jamais deixará de ser

---

8. BLOOM, Harold. **Mapa da desleitura**. Rio de Janeiro: Imago, 2003.

9. ROSA, Guimarães apud FINAZZI-Agrò, Ettore. **Um lugar do tamanho do mundo**: tempos e espaços da ficção em João Guimarães Rosa. Belo Horizonte: UFMG, 2001. p. 35.

10. FUENTES, Carlos. **Eu e os outros**. Rio de Janeiro: Rocco, 1989. p. 19.

11. MONTAIGNE, Michel. **The complete Essays**. London, England; New York, USA: Penguin Books, 2003. Tradução nossa.

autobiográfica, pois nem apenas capta mais o que falta, do que aquilo que possui, como tem o tino de, às vezes, não concordar consigo mesmo, valendo uma referência para possível "distração da inteligência". Diz respeito à desavisada alegação de que os poetas não são críticos (aqui lembro a lucidez de um Pessoa, Auden, Valéry), por serem saudavelmente autobiográficos. Nada mais preconceituoso. Sendo estranha e ridícula a figura do "idiota da objetividade", pincelada pelo grande teatrólogo Nelson Rodrigues. Observa Roland Barthes[12]: "Mais valem os logros da subjetividade do que as imposturas da objetividade." Ou talvez advenha tal filiação demasiadamente objetiva, do "Quincas Borba machadiano, gritando: – A técnica! A técnica! Ou viva o elixir miraculoso do 'Humanitas'"!

Há que clarear, para que não haja errôneas interpretações. Seria insensato negar a validade ou eficácia do ensino das universidades, mas ressaltamos que não se aceita, só por isso, o levantamento de uma nova burocracia, fechada em si mesma. Mais do que as teorias – e Goethe não acreditava nelas – ainda que se faça necessário, além de seu elenco, o vislumbre estrutural da criação e de outros elementos úteis para a investigação do texto literário, não é possível abrir mão jamais da intuição. Paul Klee afirma, com razão: "Construímos, construímos, mas *a intuição ainda mantém seu lugar.*"

Cada marco civilizatório tem a sua arte, similitudes e formas de imaginar. E os que nos sucederem, como nós buscamos hoje, eles buscarão talvez, sejam, ou não, diferentes.

Mais do que a instrumentalidade, ou os engomados esquemas da burocracia – repetimos – o que faz o crítico é a qualidade do olhar. E, na medida em que funciona numa esfera criadora, ampliando o campo da criação, é autobiográfica. E quem o afirma é Paul Valéry[13]: "Não há teoria que não seja um fragmento, cuidadosamente preparado, de alguma autobiografia." Pouco importando se "o estilo é o homem", se o

---

12. BARTHES, Roland. **Ensaios críticos**. Lisboa: Edições 70, 1977.
13. VALÉRY, Paul. **Variedades**. São Paulo: Iluminuras, 2007.

estilo é a personagem, se o estilo é o tema, importa que o livro seja vivo, habitando a linguagem. Ainda mais que, num plano geral, o conhecimento é autobiográfico, sendo, como o somos, conduzidos a uma adaptação ao mundo interior e exterior. Jorge Amado[14], com experiência própria, declarava: "O escritor verdadeiro é o que escreve sobre o que viveu." Portanto, os poetas e os romancistas, nesse sentido, não são os únicos autobiográficos do universo. Miguel de Unamuno[15] (no livro *Como se faz uma novela*) assegura que "toda novela, toda obra de ficção, todo o poema, quando é vivo, é autobiográfico [...] Os grandes historiadores são também autobiográficos." Também o são os críticos que se acham infinitamente objetivos. Não existe imparcialidade: existe julgamento, onde os fatores internos ou externos influem, ou vice-versa. Por isso, inumeravelmente, os textos são experiências de textos, os sonhos exercícios de sonhos, e a lucidez, experimento de lucidez. Tal se fora uma repetição infindável com entonação distinta, numa escrita que vai de geração em geração, sempre em processo. E a própria crítica tende a ser dialógica, em busca de verdade e valores[16]. E falta alguém, isso sim, que escreva uma Autobiografia Universal. Por que a crítica só há de ser feita com os óculos na alma? E há que admitir, de outra feita, com Goethe, os obstáculos naturais que se levantam na compreensão, sobretudo das grandes obras: "Estou persuadido de que, quanto mais incomensurável e difícil é uma obra poética, tanto melhor ela é." (Carta a Eckermann: 6.5.1827). E, nesse contexto, não se pode fugir da história política (ou "construção da urbe" – porque, se não nos preocuparmos com ela, ela se preocupará conosco), nem se pode fugir da história da literatura, a que nos vinculamos pela criação. Porque somos e seremos, mais ou menos, *vozes* (ainda que límpidas, originais, seja no instrumento que as conduz, seja no reboo que produzem) *das grandes vozes*, que, por sua vez, foram *vozes de*

---

14. AMADO, Jorge apud COUTINHO, Eduardo de Faria; CASTRO, Ângela Maria de Bezerra. **José Lins do Rego**: resenhas. João Pessoa: Funesc, 1991.

15. UNAMUNO, Miguel de. **Como se faz uma novela**. Rio de Janeiro: Grigo, 1998.

16. TODOROV, Tzvetan. **Crítica de la crítica**. Barcelona: ed. Paidós – Surcos II, 2005.

outras grandes vozes. Com todas as implicações de herança e ruptura, há que dizer o que ninguém dirá por nós. E os fatos são fatos, o mais são interpretações: as que achamos mais válidas, ou as que descobrimos, nos descobrindo na leitura dos textos que lemos e nos leem. Assim pensamos – e pensar é falar indagando; imaginar é retirar imagens, linhas de força da memória para a inteligência. E, também, ao abranger nomes e critérios – que são de nossa *antologia pessoal* – do melhor que julgamos da criação literária contemporânea. E todas as noções de racionalidade ou "paradigmas consolidados", armaduras envilecidas por grupos ou sistemas, acostumados a querer dar a última sentença, emudecem diante da história, cultura e inventividade de um povo, crendo que o coração humano não tem fronteiras. Ou acreditando, com José Lezama Lima[17], que "o desconhecido é quase nossa única tradição." E, se a realidade é a história, ou se a história é fábula, ou ambas, na medida em que se mitificam, não nos interessa tanto como o privilégio de conferir, parafraseando o pensamento do filósofo norte-americano Richard Rorty[18]: "A literatura não faz progresso por tornar-se mais rigorosa, porém, por tornar-se mais criativa." O que é intento de novo paradigma, com nova visão. Reformar, na maioria das vezes, é não mudar, porém, dar outra forma ou nome ao que já existia. Mudar é operar na essência, com a crítica da realidade na linguagem. Julgar, interpretando. Ou ver, não a borboleta espetada na página, mas a borboleta voando. O tempo é a distância entre a borboleta aprisionada e a borboleta se movendo. E, se não pego o tempo, não flagro a vida. Ou a maior mudança talvez seja a de deslocar o lugar das coisas, com o andar do tempo. Ensina Michel de Montaigne[19] (*Ensaios*): "O mundo não passa de uma eterna gangorra, onde tudo se alterna sem cessar." E, com a obra de Aby Warburg, vem o esforço para a viagem como dispositivo para dinamizar e deslimitar a história da arte, mostrando-se

---

17. LIMA, José Lezama. **A expressão americana**. São Paulo: Brasiliense, 1988.

18. RORTY, Richard apud VATTIMO, Gianni. **A tentação do realismo**. Rio: Lacerda editores/Instituto Italiano di Cultura, 2001. p. 11.

19. MONTAIGNE, Michel. **Ensaios**. Porto Alegre: Globo, 1961.

a memória, a montagem psicológica e expressiva do mundo. E esse texto não se esquiva dessa viagem, mas também está descrevendo essências e transição, "um relato de vários e cambiantes acontecimentos fortuitos, de ideias indefinidas e, como acontece, até mesmo contraditórias. Não apenas o vento do acaso me move em sua direção, como também eu, por meu turno, me movo e mudo a direção. Sendo, hoje, o movimento do profeta o mesmo do historiador. E aquele que prestar bem atenção ao ponto de partida, dificilmente há de se encontrar duas vezes no mesmo lugar."

E é Galileu Galilei, sábio e mártir da ciência, que nos vem à mente, ao bradar a famosa frase – *Eppur si muove*. Sim, no Concerto das Nações, este País se move, é uma força incontrolável, e nenhum interesse, seja de quem for, haverá de sufocá-lo. Muito menos sua literatura, entre as mais significativas deste tempo, por havermos criado uma forma de ser, numa língua que se fez livre para os que a utilizam, seja em Portugal, no Brasil, na África, onde é falada. Língua de todos, por isso, universal. E assim merece ser mais reconhecida. Porque *a alma também se move*. Como se move o *livro de um espírito no tempo*, ou o espírito de um livro que se entretece e avulta ao longo desta *História*.

Rio de Janeiro, Morada do Vento, 4ª edição, Rio de Janeiro, 15 de junho de 2021.

Carlos Nejar

SUMÁRIO

O ESPÍRITO POÉTICO E A VERDADE DA CRÍTICA IX

O GÊNIO DA HISTÓRIA E A HISTÓRIA DO GÊNIO XV

APRESENTAÇÃO À 4ª EDIÇÃO XIX

INTRODUÇÃO 1

    Nova dimensão da literatura. Gêneros. Mudança de polo. Ou de como a linguagem aprendeu a ler 9

CAPÍTULO 1 – Dos primeiros registros 17

    A carta fundadora 17

    Os povoadores da Terra e a identidade nacional 20

    José de Anchieta, ou a lucidez combatente 23

CAPÍTULO 2 – Alcançados pelo Barroco 27

    Bahia, a ilha de Maré 27

    A eminência barroca: Gregório de Matos e Guerra 30

    Os sermonistas e tribunos 36

    Padre Antônio Vieira 37

    Matias Aires da Silva de Eça 44

CAPÍTULO 3 – Arcádia e os poetas mineiros no século XVIII 47

    Cláudio Manuel da Costa 47

HISTÓRIA DA LITERATURA BRASILEIRA
Da carta de Caminha aos contemporâneos

José de Alvarenga Peixoto	50
Manoel Inácio da Silva Alvarenga	51
Tomás Antônio Gonzaga	52
José Basílio da Gama e Santa Rita Durão. Dois épicos	55

CAPÍTULO 4 – O primeiro romantismo brasileiro.... 65

Antecedentes	65
O precursor brasileiro: Domingos José Gonçalves Magalhães	69
Manuel José de Araújo Porto Alegre	70
Antônio Gonçalves Dias	71
O Indianismo	71
A Canção do Exílio	73
José Martiniano de Alencar	76
Joaquim Manuel de Macedo e A Moreninha	82
Manuel Antônio de Almeida – um caso singular	83

CAPÍTULO 5 – O segundo romantismo brasileiro..... 87

Manuel Antônio Álvares de Azevedo	87
Casimiro de Abreu e José Junqueira Freire	90
O Albatroz, ou Antônio de Castro Alves	95
Entre o surgir de Casimiro de Abreu e de Antônio de Castro Alves, Luís Nicolau Fagundes Varela	106
Bernardo Guimarães e A Escrava Isaura	109

CAPÍTULO 6 – Joaquim Maria Machado de Assis 113

O gênio de Machado de Assis	113

CAPÍTULO 7 – Os olhares da palavra 135

    Afonso Henrique Lima Barreto 135

    João do Rio, ou "A Alma Encantadora das Ruas" .. 142

    Humberto de Campos, cronista das sombras que sofrem 145

    Afrânio Peixoto 147

CAPÍTULO 8 – Parnasianismo brasileiro 149

    Antecedentes 149

    Alberto de Oliveira 150

    Raimundo Correia 154

    Olavo Bilac 158

    Vicente de Carvalho, poeta entre coração e oceano 163

    Augusto de Lima, ou o mar como elefante negro... 170

CAPÍTULO 9 – Poetas do intermédio, ou pré-simbolistas 173

    Bernardino da Costa Lopes (B. Lopes) 173

    Luiz Delfino 175

    Alceu Wamosy 177

    Artur Azevedo e o riso da condição humana 178

    Laurindo Rabelo 180

    Emílio de Menezes: a bela e ferina época 181

    O satírico e trágico Moacir Piza 183

CAPÍTULO 10 – O Rio Grande eterno 185

    O gênio precursor de Simões Lopes Neto 185

    Alcides Maya entre as ruínas vivas e a tapera, com alma bárbara 188

A explosão literária gaúcha. Cyro Martins, Ivan Pedro de Martins e Barbosa Lessa 193

CAPÍTULO 11 – Sousândrade: ou de como um poeta estranhamente extrapola todos os conceitos de escola e tempo 197

    Sousândrade 197

CAPÍTULO 12 – Pré-simbolistas 201

    Alberto da Costa e Silva 201

    Raul de Leoni 204

    José Albano 206

    A singularidade: Augusto dos Anjos 209

    Hermes Fontes 214

CAPÍTULO 13 – Simbolismo brasileiro 217

    Antecedentes 217

    João da Cruz e Souza 219

    Alphonsus de Guimaraens 227

    Pedro Militão Kilkerry 232

    Eduardo Guimarães 234

CAPÍTULO 14 – O romance realista 237

    Visconde Alfredo de Taunay: o esplendor de Inocência e A retirada da Laguna 237

    João Franklin da Silveira Távora 240

CAPÍTULO 15 – O Realismo de Aluísio Azevedo 245

    Os seres simples dos cortiços 245

CAPÍTULO 16 – Naturalismo 249

    Júlio Ribeiro e seu romance A carne 249

    Domingos Olímpio e Luzia-Homem 250

    Adolfo Caminha 251

    Inglês de Souza 253

CAPÍTULO 17 – Euclides da Cunha e Os sertões da alma, ou a ruína de Canudos 257

CAPÍTULO 18 – Coelho Neto e Rui Barbosa, homens de muitas letras 265

CAPÍTULO 19 – Raul Pompeia e o incêndio de Troia, Ateneu de uma época 271

CAPÍTULO 20 – Monteiro Lobato (José Bento) e o mundo imperioso da infância 275

CAPÍTULO 21 – Pré-modernistas, ou Pós-Simbolistas 279

    Mário Pederneiras 279

    Álvaro Moreyra 280

    Olegário Mariano 284

    Tyrteu Rocha Vianna 286

    Ernani Fornari 286

    O menino Felipe, de Afonso Schmidt 289

    Paulo Setúbal, o romancista da história 290

CAPÍTULO 22 – Modernismo brasileiro 293

    Primórdios 293

    As vanguardas europeias e o Modernismo brasileiro 295

    Alguns aspectos paralelos 296

CAPÍTULO 23 – Poetas do Modernismo 299

    Mário de Andrade 299

    Oswald de Andrade, ou de como ir contra a corrente, atuando nos repuxos 309

    Manuel Bandeira e a permanência da água 315

    Augusto Frederico Schmidt, ou o profeta no caos . 321

    Raul Bopp, Cobra Norato, ou Fura-mundo 326

    Sosígenes Costa e o búfalo celeste 332

    O reino impossível de Emílio Moura 336

    Cecília Meireles, da fidência à inconfidência mineira, do metal rosicler à solombra 339

    Tasso da Silveira e o poema do êxtase 349

    Henriqueta Lisboa, além da imagem 353

CAPÍTULO 24 – Pluriculturalidade e humanismo 359

    Gilberto Freyre e a imaginação da sociologia 359

    Câmara Cascudo, o humanista do povo 364

CAPÍTULO 25 – Outros poetas e alguns do segundo Modernismo 367

    Joaquim Cardozo, ou a engenharia do inefável 367

    Ascenso Ferreira, ou a fala do povo 370

    Dante Milano que não precisou ser Alighieri 375

    O fogo puro e estranho em Invenção de Orfeu de Jorge de Lima 378

    O mundo na máquina do poema em Carlos Drummond de Andrade, ou o cão devorando o futuro 389

    Murilo Mendes: organização do diamante 397

    Cassiano Ricardo e a sobrevivência de Jeremias ... 402

Ribeiro Couto, ou as coisas perdidas, irrecuperáveis — 409

Ronald de Carvalho e a América — 415

Menotti del Picchia – O Juca Mulato – ficcionista e poeta — 417

Guilherme de Almeida e as rimas ricas — 419

Augusto Meyer – o poeta e a crítica — 422

Sofotulafai: Abgar Renault — 430

Guilhermino César e sistemas, portulanos — 436

Do grupo de cataguases: Rosário Fusco — 439

Alphonsus de Guimaraens Filho, ou o que, sem danos, ficou e saiu da sombra paterna — 440

Manoel de Barros, ou da gramática do chão para o livro do nada — 445

Gerardo Mello Mourão — 453

Odylo Costa, filho e A boca da noite — 458

CAPÍTULO 26 – Poetas da geração pós-Modernista — 461

Vinícius de Moraes – a fidelidade e a dessacralização do eterno feminino — 461

Mário Quintana: esconderijos — 466

Lila Ripoll (os maduros frutos) e a túnica vazia de Nilson Bertolini — 474

Helena Kolody e a verbal sinfonia dos sonhos — 477

Lara de Lemos e Aura Amara — 478

CAPÍTULO 27 – O romance de 1930 e seus afluentes — 481

José Américo de Almeida e A bagaceira — 482

Rachel de Queiroz – dos trinta ao memorial — 483

HISTÓRIA DA LITERATURA BRASILEIRA
Da carta de Caminha aos contemporâneos

Jorge Amado e a Bahia dos velhos marinheiros e milagres	488
As vidas secas, contínuas de Graciliano Ramos e a poética da escassez e da negatividade	498
Octavio de Faria e a tragédia das almas vivas	506
José Lins do Rego – do Menino de engenho ao Fogo morto	514
Amando Fontes e Dalcídio Jurandir	521
Aníbal Machado, o João Ternura	523
Rodrigo M. F. de Andrade e os velórios	526
Érico Veríssimo, ou o pampa do tempo	528
O carioca Marques Rebelo (Edi Dias da Cruz)	536
Adonias Filho, ou as léguas de Itajuípe e o silêncio armado da crítica	541
Josué Montello e o cais do degredo: sagração, paraíso. As autobiografias e memórias	547
Dinah Silveira de Queiroz e A muralha	553
Orígenes Lessa na Rua do sol	556
Vianna Moog e o romance-ensaio brasileiro	559
Osman Lins: O fiel da pedra	563
A expedição ficcional de Antônio Callado	567
Antônio Olinto, entre a casa das águas e o menino e o trem	570
Cyro dos Anjos e o amanuense dos sonhos	576
Dyonélio Machado – dos ratos ao Louco do Cati	579
Lúcio Cardoso e o subsolo	584
Breno Accioly, o Goeldi da ficção	588
Cornélio Pena: a menina não tão morta quanto se pensa	589

CAPÍTULO 28 – Poetas da luz no deserto e do deserto na luz 593

    João Cabral: os favos de um engenheiro de pedra que se entranha na alma.. 593

    Lêdo Ivo, entre a noite misteriosa e o plenilúnio ... 603

CAPÍTULO 29 – Poetas emblemáticos da geração de 1945.. 613

    Domingos Carvalho da Silva e Cyro Pimentel 613

    Péricles Eugênio da Silva Ramos 614

    Marcos Konder Reis.. 614

    Ives Gandra da Silva Martins 615

CAPÍTULO 30 – Poetas além dos cânones da Geração de 45 617

    José Paulo Paes e as odes mínimas........................ 618

    Paulo Bonfim ou a ciência da nuvem...................... 621

    Jorge Medauar entre a estrela e os bichos 622

    Santo Souza: o profano e o sagrado....................... 624

    Lélia Coelho Frota, deitada na Alfa 626

    José Santiago Naud, entre o centauro e a lua 627

    Stella Leonardos e a canção.................................... 629

    Izacyl Guimarães Ferreira e a criação do espaço... 629

    Homero Homem e Zila Mamede: Duas vozes no Nordeste 631

    Joanyr de Oliveira e seu pluricanto 633

    O mundo harmonioso de Octávio Mora.................. 633

    José Godoy Garcia Arco-íris 634

HISTÓRIA DA LITERATURA BRASILEIRA
Da carta de Caminha aos contemporâneos

O Dantas Mota de Minas, ou prosa mágica do rio São Francisco 636

José Paulo Moreira da Fonseca e os simples 641

Bueno de Rivera – o ruralismo e a secura 643

O tecelão e pintor Mauro Mota 644

Alberto da Costa e Silva – ou a lucidez compadecida ... 651

Thiago de Mello, Amazonas, ou vento armado 654

O canto mais claro de Geir Campos 659

Paulo Mendes Campos, o tímido superior 661

Afonso Félix de Souza. O chamado e os escolhidos ... 665

Dora Ferreira da Silva 666

Carlos Pena Filho 667

José Alcides Pinto – o catador de insônias 670

Francisco Carvalho e as verdes léguas 673

Geraldo Holanda Cavalcanti 677

Carlos Heitor Saldanha e o grupo Quixote 678

CAPÍTULO 31 – Poética do Romance contemporâneo. 683

João Guimarães Rosa, desde o sertão das Gerais.. 683

Clarice Lispector. Névoa úmida, paixão do silêncio ... 705

O memorialista Gilberto Amado 714

CAPÍTULO 32 – Cronistas da nova ficção, ou de como a ficção quer ser realidade 719

Rubem Braga, o poeta inventor da nova crônica ... 719

Fernando Sabino e O encontro marcado com Viramundo 722

Otto Lara Resende 729

O transgressor Antônio Fraga 732

Bernardo Élis e Mário Palmério, ou o sertanismo goiano-mineiro 733

Herberto Sales, ou a palavra como o seixo do rio .. 743

Os abissais alqueires de Gustavo Corção 746

José Sarney, o dono do mar 747

Gilvan Lemos, ou o morcego da fatalidade 752

Darcy Ribeiro – índio universal 754

Geraldo França de Lima 757

Carlos Heitor Cony: O ventre e a informação do crucificado 759

Hermilo Borba Filho, ou a decadência que se contempla 764

Salim Miguel e Nur na escuridão 766

CAPÍTULO 33 – Os mágicos da ficção 769

O ex-mágico, pirotécnico Zacarias, ou Murilo Rubião 769

Campos de Carvalho e o nariz sutil das coisas 773

Lygia Fagundes Telles, ou a disciplina do amor 779

Dalton Trevisan, ou a Curitiba mítica 784

Samuel Rawet e Ahasverus, o judeu errante 787

Ricardo Ramos 790

Autran Dourado e Minas cada vez mais Minas 792

José J. Veiga, ou de como é fantástico o real 799

O coronel e o lobisomem e outras histórias do picaresco e assombrado de José Cândido de Carvalho 806

Hilda Hilst e o júbilo da paixão 811

Moacir C. Lopes e o chão de mínimos amantes 816

Hélio Pólvora entre as noites vivas e Xerazade 818

CAPÍTULO 34 – Poetas de um tempo veloz 823

Ferreira Gullar, ou de como as labaredas criam o ferreiro 823

Moacyr Félix ou as transformações de um poeta na cidade e no tempo 830

Jorge Tufic e o *Sétimo dia* 834

José Chagas e o canhão do silêncio 835

Renata Pallottini e seu chão de palavras 839

Marly de Oliveira, poeta entre Orfeu e a via de ver as coisas 841

Walmir Ayala e a pedra iluminada 844

Lupe Cotrim Garaude, ou poeta do mundo e do outro 848

Reinaldo Jardim e Joana em flor 849

Foed Castro Chamma O andarilho entre os róseos dedos: a aurora das coisas 850

Mário Faustino 853

Fernando Fortes 856

Gilberto Mendonça Teles 857

Haroldo de Campos, entre Signantia Quasi Coelum e Finismundo 862

Augusto de Campos e Décio Pignatari 867

Mário Chamie e a poesia práxis. Ou Pauliceia dilacerada 871

Affonso Ávila e o código de Minas 875

Arranha-céu, entre as constelações: César Leal 878

CAPÍTULO 35 – Década de 1960. Ficção 885

Zero. Ou a obra de Ignácio de Loyola Brandão 886

Moacyr (Jaime S.) Scliar. Desde o exército de um homem só ao centauro no jardim 890

Nélida Piñon, de O fundador à República dos sonhos. As vozes do Deserto e Sagres 897

Rubem Fonseca ou a fúria e o delito sem castigo... 907

Márcio Sousa, Imperador do Acre 912

João Ubaldo Ribeiro e Viva o povo brasileiro 918

João Antônio (J. A. Ferreira Filho), abraçado à cidade humana 928

Fausto Wolff, o acrobata 933

Os Guaianãs de Benito Barreto e o esquecimento da crítica 934

Alguns grandes nomes na ficção surgidos após a década de 1970 939

Roberto Drummond 944

Josué Guimarães 945

Sérgio Faraco 946

Godofredo de Oliveira Neto 948

Aldir Garcia Schlee 948

Flávio José Cardoso 949

Holdemar Menezes 950

Raimundo Carrero 950

Tânia Jamardo Faillace 952

Antônio Torres 953

Raduan Nassar 954

Assis Brasil (Francisco de A. Almeida B.) 955

HISTÓRIA DA LITERATURA BRASILEIRA
Da carta de Caminha aos contemporâneos

Luiz Antônio de Assis Brasil 956

Luiz Vilela 957

Luiz Ruffato 958

Ana Miranda 958

Lya Luft 959

Rachel Jardim 960

Deonísio da Silva 961

José Carlos Gentilli 963

Milton Hatoun e a Amazônia 963

Vicente Cecim 964

Miguel Jorge 966

Cristóvão Tezza 967

Antônio José de Moura 968

Flávio Moreira da Costa 969

William Agel de Mello 970

Caio Fernando Abreu 971

João Gilberto Noll 972

Bernardo Carvalho 973

João Almino, o romancista de Brasília 974

Ana Maria Machado 974

José Louzeiro 977

Silviano Santiago 978

CAPÍTULO 36 – Ariano Suassuna 981

Do Auto da Compadecida a uma pedra que tem reino dentro 981

De como funcionam os folhetos de cordel na criação de Ariano 982

A realidade do teatro, segundo Ariano Suassuna .. 984

CAPÍTULO 37 – O teatro brasileiro. 991

CAPÍTULO 38 – Poesia brasileira da geração de 1960 até 1980. Nomes representativos 1001

Ivan Junqueira 1004

Ildásio Tavares 1007

Armindo Trevisan 1008

Armando Freitas Filho e Mauro Gama 1010

Orides Fontela 1012

Affonso Romano de Sant'Anna 1013

José Carlos Capinam 1015

Fernando Py 1016

Cláudio Murilo Leal 1018

Álvaro Pacheco 1020

H. Dobal 1020

Hardi Filho 1021

Antônio Fantinato 1022

A. B. Mendes Cadaxa 1022

Olga Savary 1022

Astrid Cabral 1023

Eunice Arruda 1024

Fernando Mendes Vianna 1025

Nauro (Diniz) Machado 1026

Bruno Tolentino 1029

HISTÓRIA DA LITERATURA BRASILEIRA
Da carta de Caminha aos contemporâneos

Neide Archanjo e Myriam Fraga 1031

João de Jesus Paes Loureiro 1033

Paulo Roberto do Carmo 1035

João Manuel Simões 1037

Carlos Felipe Moisés 1038

Álvaro Alves de Faria 1040

Lindolf Bell 1041

Carlos Ronald Schmidt 1042

Ruy Espinheira Filho 1043

Sérgio Mattos 1044

Carlos Saldanha Legendre 1045

Itálico José Marcon 1049

Luiz de Miranda 1050

Reynaldo Valinho Alvarez 1051

Adélia Prado 1051

Paulo Leminski 1053

Francisco Alvim 1055

Anderson Braga Horta 1056

Antônio Carlos Brito 1056

O Surrealismo: Cláudio Willer 1057

Roberto Piva, Carlos Augusto Lima, Floriano Martins, Péricles Prade e Sebastião Nunes 1059

Luca Zandon 1062

Jayme Paviani 1062

Brasigóis Felício e Aidenor Aires 1063

Gabriel Nascente 1063

Florisvaldo Mattos 1064

Marcus Accioly	1065
Ângelo Monteiro	1068
Alberto da Cunha Mello	1069
Domício Proença Filho	1070
Antonio Cícero	1071
Luiz Coronel	1072
Outros nomes mais recentes	1077
Novos valores da literatura brasileira - na poesia	1082
Lírica de Transgressão	1085
Lírica de Síntese ou Plural	1086
Poesia dos 90	1089
Poetas novíssimos	1091
Outros poetas	1091
A importância e significado da presença literária do Brasil ao longo desses séculos	1106
Observações à parte, ou de como "por meios diversos chega-se ao mesmo fim". (O ensaísmo Modernista de linha mais universal e dois livros esquecidos)	1107
Nota complementar de ensaístas, memorialistas, críticos, tradutores (ou a visão do trigal de Van Gogh, depois do vento)	1109
Conclusão ou de como todos os povos de língua portuguesa olham a identidade do idioma no presente e no porvir	**1121**
O AUTOR	**1125**

INTRODUÇÃO

Poesia lírica, épica e ficção
Nova dimensão da literatura. Gêneros. Mudança de polo. Ou de como a linguagem aprendeu a ler

A ARTE DA POESIA é a arte do voo e a prosa é o voo da arte. E as palavras no texto precisam flutuar mais leves do que a densidade do ar. E o ar é como a água para o sonho. "A palavra funciona numa espécie de contexto de situação."[1] E, se a poesia, para Mallarmé, se faz com palavras, não com ideias, não são palavras sozinhas. São palavras que sonham com outras palavras que fermentam em busca de sentido. Todas pertencem ao mundo. E onde há mundo, vige a história. Que em constância se repete. O nietzschiano eterno retorno. E o que fica é sempre outra coisa. Porque "a imagem é a consciência de alguma coisa."[2] Sim, o que fica do poema é uma álgebra verbal, o bicho-da-seda no fogo e o desfilar de metáforas que efetivam a unicidade do universo com imagens, desde a inscrição primitiva no casulo das cavernas, capazes de perseverar para além, aos séculos. E é o que ilustra Ernst Cassirer[3]: "as primeiras nações não pensavam por conceitos, mas por imagens poéticas; falavam por fábulas e escreviam em hieróglifos. O poeta e o criador de mitos parecem viver, com

---

1. MANILOWSKI, Braslav. O problema do significado em linguagens primitivas. In: OGDENS, C. K.; RICHARDS, I. A. (Ed.). **O significado de significado**. Rio de Janeiro: Zahar Editores, 1972. p. 303-304.

2. SARTRE, Jean Paul. **L'imaginaire:** Psychologie phénoménologique de l'imagination. Paris: Gallimard, 1940. p. 27.

3. CASSIRER, Ernst. **Ensaio sobre o homem**. São Paulo: Martins Fontes, 2001. p. 251.

efeito, no mesmo mundo [...]" E adianta que "um dos maiores privilégios da arte é nunca poder perder essa idade de ouro."⁴ E a ficção, o ensaio, o teatro? Frutos de conceitos e percepções lógicas posteriores da humanidade, também se fazem com palavras que se enredam nos seus labirintos e pensam a saída com o novelo de Teseu. Descobrir é melhor do que sair. Reinventar o mundo e os mitos é a perene contingência. Por isso, ao tentar o Concretismo abolir o tema, aboliu a si mesmo, continuando sem a visão do mundo – essência da criação. Porque o tema é testemunho e pensamento. Não há grande poesia ou ficção, ensaio ou teatro sem visão de mundo. Giuseppe Ungaretti – conhecido poeta italiano que viveu e lecionou em São Paulo, assevera: "Se quisermos ter um testemunho sincero e precioso do drama e da tragédia de nosso tempo, devemos consultar os poetas. Eles experimentaram o desequilíbrio entre a vida ativa e a vida contemplativa." Ademais, quanto ao mundo das palavras, existem as que funcionam – são leves e naturalmente poéticas – e as que não funcionam – material pesado, naturalmente prosaico, como queria Ezra Pound. E apenas a junção do elemento mágico no prosaico consegue elevar o poema à potência de sonho, o poema.

"A verdade do romance não reside em outra coisa senão em seu poder de ilusão."⁵ Daí porque a narrativa ficcional pode elevar-se à potência de fábula, ou de senso de uma realidade que vai para a alma dos seres que se criam, para a trama de um destino, foz do desconhecido. Distingue Mikhail Bakhtin⁶ dois tipos de romance: o monológico, ocupado por uma só voz, e o dialógico ou polifônico, dominado por um diálogo com o mundo e uma palavra voltada para o outro. Num sentido mais abrangente, o romance é diálogo entre seres, linguagens, gêneros e sociedade. Sendo cada livro, criatura inesgotável. O romance, mais do que a perfeição, é pessoal, ingovernável e

---

4. CASSIRER, Ernst. **Ensaio sobre o homem**. São Paulo: Martins Fontes, 2001. p. 251

5. ROBERT, Marthe. **Romance das origens, origens do romance**. São Paulo: Cosac Naify, 2007. p. 27.

6. BAKHTIN, Mikhail. **A cultura popular na Idade Média e Renascimento**. São Paulo: Hucitec, 1987.

impõe uma forma de existir. E, paradoxalmente, é monarquia da imaginação. Mas o poeta não passa de um novelista da infância, capaz de criar, com o fio do sentido, uma linguagem eminentemente mágica e lúdica, com evidências não lógicas, carregadas de forças, com a imagem não só tendo a finalidade de "aproximar seu significado a nosso entendimento, mas de criar uma percepção particular do objeto, de criar sua visão."[7] O ensaísta é o que se introduz no mundo da poesia, da ficção, do teatro e mesmo do ensaio ou da crônica, incorporando-se ao seu movimento de tinos e formas (embora imbricadas), com a imaginação e a lucidez de um geólogo que examina as camadas de sonhos. E há sempre uma câmara secreta na linguagem que se desvenda, e o segredo é dos que buscam. Daí porque é preconceito dizer que o poeta não pode ser crítico, por tender ao autobiográfico, ou vice-versa, pelo mesmo motivo de compor-se certa reserva descabida diante de um crítico que é poeta ou ficcionista, ou teatrólogo. Einstein afirmava que era mais difícil desintegrar o preconceito do que o átomo. Tudo é problema de visão e de linguagem. E, se a miopia é imposta por empatia ou antipatia, ou por falta de lume (necessita de óculos bifocais), pelas idiossincrasias, inclusive pela falta de síntese que a dimensão do tempo concede para julgar uma obra, "a própria obra é que julgará o julgador" – salienta Jean Cocteau.[8] E mais duramente do que ele. E é por isso que P. Boulez assegura:

> Quer-se frequentemente estabelecer uma parede impermeável entre teoria e prática de uma arte. Velhas separações de fundo e de forma, de ensaios e de obras que uma tradição acadêmica quer invejosamente conservar. É evidente, contudo, que a situação de um criador é muito mais complexa que esta distinção acadêmica poderia supor. [...] Daí, pode-se perceber que a atividade crítica de um criador – que ele a formule ou somente a pense – é indispensável à sua própria criação. [...] Assim o ponto de vista que se esforçam em impor e de manter a propósito dos

---

7. CHKLOVSKI, Viktor. **A ressurreição da palavra**. [S.l.: s.n.], 1914.
8. COCTEAU, Jean. **A máquina infernal**. Petrópolis: Vozes, 1967.

artistas-artistas e dos artistas-teóricos, nada mais é do que hipócrita burrice inventada por impotentes para proteger incapazes.[9]

E há também outro fator a impedir que a consciência de um crítico descubra os inovadores: o político. E interfere de tal modo na constatação estética de um autor ou de uma obra, que leva a preferir sempre a análise sem risco das reputações reconhecidas. Não sendo em vão que Antonio Gramsci distinguia os intelectuais críticos dos intelectuais orgânicos, seguidores do poder.

Entretanto, vale enfatizar: a criação literária apenas atinge a universalidade quando tem a "lógica" misteriosa da vida e do amor, no idioma capaz de fazer todas as coisas e criaturas falarem. Ensina o Mestre Cassiano Ricardo:[10] "Imaginar é desenhar, é criar figuras pelo espírito." E há sempre um retorno à alta voltagem da palavra primitiva, quando a palavra é coisa, e a coisa, palavra viva.

Assegurava Gabriel Garcia Márquez:[11] "É como se o tempo estivesse girando em círculos e agora tivéssemos voltado ao começo". "O começo está no fim e o fim no começo" – prenuncia T. S. Eliot.[12] "Eu sou o começo e o fim, o Alfa e o Ômega"[13], refere o *Apocalipse*, de João. "No início era a Palavra"[14] – anuncia o *Gênesis*. E é onde tem princípio toda a criação. Desde o sopro, enchendo a palavra de rumo e significado. Enchendo o vento de Deus no coração do homem. Soprando onde quiser. E somos sopros de Deus. Sopros de vontade da linguagem. E, "se não há

---

9. BOULEZ apud MODERNO, João Ricardo. **Estética da contradição**. 2. ed. Rio de Janeiro: Atlântica, 2006. p. 113-114.

10. RICARDO, Cassiano. **Sabiá & sintaxe** (e outros pequenos estudos sobre poesia). Secretaria de Cultura, Esportes e Turismo, Conselho Estadual de Cultura. p. 39.

11. MÁRQUEZ, Gabriel Garcia. **Cem anos de solidão**. Rio de Janeiro: Record, 1998.

12. ELIOT, T. S. East cocker. In: **ELIOT, T. S. Four quartets**. USA: Harcourt Brace Jovanovich, 1971.

13. BÍBLIA ONLINE. Disponível em: <www.bibliaonline.com.br/acf/jo/l/l+>. Acesso em: 12 dez. 2010.

14. BÍBLIA ONLINE. Disponível em: <www.bibliaonline.com.br/acf/jo/l/l+>. Acesso em: 12 dez. 2010.

vontade de linguagem no romance da América Latina, este romance não existe."[15] No Brasil, como na América Latina, há o mito da identidade, pelo fato de a realidade opor-se aos mitos, e, simultaneamente, permitindo ser administrada com eles. Não à margem da violência social. Mas o maravilhoso de seu povo e dos criadores, é a portentosa imaginação que toma a medida das coisas. E não sem motivo, tratando-se da poesia, e da *poesia lírica*, que tenha ela como objeto a emoção, o mundo interior do poeta. Para José Guilherme Merquior[16], "vai além da consciência reflexiva de uma emoção. É o nascimento de uma significação". E a *poesia épica* (falo de uma nova épica) tem como objeto a infância do mundo na palavra e a ação humana, ou história, que chamamos de significação do tempo histórico que se vivifica, ou, no parecer de Octavio Paz, "tempo em viagem". Assim, a poesia lírica é a razão do coração que toma sentido, e a épica é o coração do tempo que se faz memória. Isso conforme a visão da infância pessoal (lirismo) e a infância coletiva (épica), a memória da emoção na inteligência da vida (a poesia lírica), a memória do povo na imaginação do mundo (a poesia épica), quando a metáfora é relato da imaginação. E, na prosa ficcional, é a imaginação da memória. Dirão alguns que tudo é lirismo, com "a cabeleira (da amada) feita de chamas negras"[17] – no dizer de Mário Quintana, onde "Vovô resmunga qualquer coisa no fim do século passado. Tendo a alegria de um espantalho inútil / Aonde viessem pousar os passarinhos."[18] Dirão outros, com acerto, como Octavio Paz que "o novo tempo exige uma nova épica"[19], diferente da antiga ou tradicional, sem o tempo e o espaço clássicos, pensando em S. John-Perse. Outros visionam o épico vinculado ao órfico, como Jorge de Lima, que cantou o Brasil, a Ilha, ou o cosmos. Outros, como Goethe, salientam que "seu campo é o tempo"; outros,

---

15. FUENTES, Carlos. **Eu e os outros**. Rio de Janeiro: Rocco, 1989. p. 19.

16. MERQUIOR, José Guilherme. **Razão do poema**: ensaios de crítica e de estética. Rio de Janeiro: Topbooks, 1996

17. QUINTANA, Mário. **Nova antologia poética**. São Paulo: Globo, 1981.

18. QUINTANA, Mário. **Nova antologia poética**. São Paulo: Globo, 1981.

19. PAZ, Octavio. **O arco e a lira**. Rio de Janeiro: Nova Fronteira, 1982. Col. Logos.

como Carlos Drummond de Andrade, cantam o acontecimento, "a rosa do povo"; ou, como João Cabral, celebram o povo do Nordeste, com "a morte e vida severina", ou como "o romanceiro da Inconfidência", de Cecília Meireles, que difere do épico na singularidade de celebrar a dor e a derrota dos inconfidentes, diante do sonho do novo Brasil, erguendo uma façanha de arquitetura verbal, com variação rítmica, de todas as Minas, ou como Cassiano Ricardo, injustamente esquecido, aedo de *João Torto e a fábula*, um Jeremias do mundo cibernético, da perda de inocência e terror apocalíptico. Ou caímos na ficção de um Juan Rulfo, Guimarães Rosa, Clarice Lispector, ou Cortázar, ou Borges. Tudo é dimensão da abrangente, terrível realidade que rebenta e ilumina. Há que desconstituí-la, para torná-la essencial.

Bakhtin[20] distingue a epopeia do romance. A epopeia lida com categorias de um mundo acabado. E o romance reflete um movimento dinâmico. O crítico russo se refere à épica tradicional, jamais à épica contemporânea, que é a de um mundo em constante mutação, onde o tempo – o que muda – é o principal personagem. E, para o grande crítico, o romance é uma poética (como no caso de Dostoievski). Mas acordamos uma memória, a dos sonhos de nossas palavras. E a poesia, quando é grande, começa a perder a autoria, sendo cantada pelo povo. Como a de Homero. Ou, como observou Croce[21-21], "a de todo um povo poetante."

Para nós, não há a fixação de gêneros, com sua clárida ruptura (poesia, romance, ensaio, teatro): o que existe é a habitação da linguagem, e a poesia épica pode ter momentos de alto lirismo e vice-versa. No poema, o trovão e as nascentes se misturam sem choque. O milagre da poesia é a aliança inconciliável – para a lei da física – do fogo e da água. Porque a poesia sabe ser, quando vívida, o fogo da água e a água do fogo.

---

20. BAKHTIN, Mikhail. **A cultura popular na Idade Média e Renascimento**. São Paulo: Hucitec, 1987.

21. CROCE, Benedetto. **A poesia**. Porto Alegre: Faculdade de Filologia da UFRGS, 1967.

Os poetas de nosso tempo se acostumaram com o desterro: dentro ou fora de sua pátria. O espanhol Luis Cernuda afirmava que "nenhum país suporta os seus poetas vivos." E diríamos, que, entretanto, os tolera quando mortos. Dá-lhes nomes de praça e ruas, monumentos, exposições. É mais fácil. Não é em vão que Platão não desejava o poeta na sua "república". Ou Octavio Paz[22] pondera, profeticamente, que "a poesia retorna às catacumbas." Talvez pela dificuldade de um livro sair à luz, ou pelos raros leitores, ou pela forma silenciosa com que luta para sobreviver. E creio que, se a poesia habitar a casa, será capaz de mudá-la, como cidadã, jamais pedinte. Nesse caso ou noutros, admoesta o ensaísta-poeta Hans Magnus Enzensberger[23]: "É quase um milagre que ela continue entre nós. O próprio nome, poesia, tem o eco de tempos antigos." E adiante confirma: "A poesia é a única forma literária que é conservada na memória."[24] Daí porque ela *só é inútil, quando não é poesia*. Será hermética, se formos herméticos para ela, e será pequena, se a nossa alma (lembrando Pessoa) for pequena. Como reconhecer inútil o que nos ajuda a reconhecer o universo, o tempo, a natureza e as coisas, a plenitude humana e a raiz de Deus? Como será inútil o que nos ajuda a compreender, além do poder terapêutico que ela possui? E mesmo a desutilidade, porfiada por Ponge e por Manoel de Barros, é a prova indiscutível de sua significação, alertando para o nada como forma de tudo ("O nada que é tudo", do Poeta de *Mensagem*). Shakespeare chamava a poesia de trombeta da manhã. Como ficar sem essa sentinela do porvir? Ou sem o plasmar de uma realidade (seja na poesia, seja na ficção), que, por excessiva carga, é capaz de ser desmontada, ou resplandecer? Salienta Novalis[25]: "Tudo é mágico ou não é nada." E o velhíssimo, sempre novo Voltaire, que gostava dos paradoxos na existência e na criação, para quem o preconceito é "uma

---

22. PAZ, Octavio. **O arco e a lira.** Rio de Janeiro: Nova Fronteira, 1982. Col. Logos.

23. ENZENSBERGER, Hans. **Ziguezague.** Rio de Janeiro: Imago, 2003. p. 153-154.

24. ENZENSBERGER, Hans. **Ziguezague.** Rio de Janeiro: Imago, 2003.

25. NOVALIS. **Novalis' philosophical writings.** New York: Ed. Margaret Mahoney Stolyar, 1997.

opinião sem julgamento", temido e audacioso, atestava, com razão, que "o futuro é bárbaro". O que vai ao encontro das palavras de Constantin Kávafis:[26] "Eis que os bárbaros chegam!" Mas, convenhamos, assim será, se aceitarmos. O porvir terá a contextura da linguagem com que o forjarmos. Não em vão, Paul Valéry advertiu: "Quando me perguntam o que eu quis dizer num poema, respondo que eu não quis dizer. E foi a intenção de fazer que quis o que eu disse."[27]

E o poema, quando for vivo, lírico ou épico (e estendemos por nossa conta à "transficção"), dirá apenas o que o texto quis e disse. "Fundando o que permanece."[28] E, na palavra, tudo sucede em nós, bem antes de acontecer. Até não acontecer nunca mais da mesma forma. Garcia Lorca salienta que "os clássicos não são arqueológicos e o teatro agoniza, porque está detido pelas fortes ataduras da realidade." Também na criação contemporânea, os clássicos jamais serão arqueológicos.

Observa François Hartog:

> O historiador, segundo Heródoto, concebe-se efetivamente tal qual Ulisses evocado pelo poeta Mandelstam: como aquele que retorna, 'cheio de espaço e de tempo'. Para narrar. A esse primeiro retrato Políbio subscreverá, insistindo no fato de que o historiador é visto com seus próprios olhos e suportado em seu próprio corpo, o que soma as qualidades do historiador às do político. No século I, Diodoro da Sicília começou sua *História Universal* invocando Ulisses. O ponto de vista mudou: não se trata mais da experiência do historiador, mas da experiência do leitor: a história comporta um ensinamento sem que se tenha de sofrer, por si mesmo, a provação dos males. O que é, sem dúvida, mais confortável. Os romanos deram boa acolhida a este Ulisses, homem experimentado e *exemplum virtutis* ..., porém, qual o interesse dessa instrução senão para nos instruir?[29]

---

26. KAVÁFIS, Konstantinos. **Collected poems**. Princeton, NJ: Princeton University Press, 1992. p. 18. (Tradução livre do autor.)

27. VALÉRY, Paul apud BARBOSA, João Alexandre. **A comédia intelectual de Paul Valéry**. São Paulo: Iluminuras, p. 54.

28. HÖLDERLIN apud NUNES, Benedito; CAMPOS, Maria José. **Hermenêutica e poesia: o pensamento poético**. Belo Horizonte: UFMG, 1999. p. 125.

29. HARTOG, François. **Memória de Ulisses**. Belo Horizonte: UFMG, 2004.

Alguns dos nossos autores já são clássicos ou serão clássicos amanhã, apesar de nossa carência de passado, nós precisamos, para subsistir, tanto na poesia, ficção, ensaio, memórias, teatro, crônica, de uma volta ao passado para o futuro. Nossos criadores não escapam da precisão de serem historiadores que sofrem memoriando Ulisses na viagem para o coração dos leitores. É do passado renovado que se inventa a língua da eternidade. E só é de eternidade a língua do que, entendendo, nos possui.

Nova dimensão da literatura. Gêneros. Mudança de polo. Ou de como a linguagem aprendeu a ler

Se é verdade que não desenvolvemos, como desejávamos, um e outro traço, quiçá menos necessário, desta *História da Literatura*, no que concerne aos primórdios, até ao Modernismo, sei que se agregará mais sedimento na margem do rio, ciente de que aqui estão os autores essenciais e suas correntes literárias dentro de nossa perspectiva, que há de ser a do tempo, também personagem desta criação. "Ninguém como o executor de uma obra conhece a fundo suas deficiências" – observou Paul Valéry[30]. Que se suprirão no tempo e no caminho. Porém, o ponto axial da criação contemporânea tem sido gerado por dois preconceitos. O primeiro, o da verossimilhança. O segundo, o dos gêneros em relação à linguagem e vice-versa. A verossimilhança na ficção ou na poesia não passa do fingimento pessoano. Ou adentramos a mágica da invenção, ou não temos esperança ("lasciate la speranza"). A lógica está centrada na mágica, e essa é a única verossimilhança admissível. "No amor que tiverdes, / tereis o entendimento dos meus versos."[31] E tal lógica é a do amor que conflui noutra dimensão da realidade, como a dos sonhos e pesadelos. Ou a própria realidade rebenta do que é mágico. "Nada é mais inverossímil

---

30. VALÉRY, Paul. **Cahiers**. Gallimard, Paris, 1973, p. 24, p. 69.
31. CAMÕES apud AMORA, Antônio Soares (Ed.). **Presença da literatura portuguesa**: história e antologia. São Paulo: Difusão Europeia do Livro, 1961. p. 192. v. 1.

do que o real" – dizia Graciliano Ramos e, antes dele, Camilo Castelo Branco. "A palavra é a sombra do ato" – vislumbrou Demócrito. Contudo, a palavra vai além, já é o ato. Um ato cercado de sentidos. Para sermos reais, temos de morrer da razão, para nascermos imaginando. É "a empresa da imaginação", o resultado de uma memória, que é "o grilo falante" do futuro. E esse, a descoberta de um presente que amadureceu. A verossimilhança – escreveu Proust – é como uma senhora com um guarda-chuva.

    A ficção tradicional, a que denomino *linear* – é a que usa o guarda-chuva com sol. A nova ficção utiliza o real como um guarda-chuva apenas quando chove. Seguindo esquema ordenadamente digitalizado, com novelístico rito de autoajuda, fórmula requentada, enredo agradável ao leitor, pronto para o espectro televisivo. O que é invento de idioma e a imaginação desequilibra. E o sol é sempre a outra realidade que só a imaginação vislumbra. Sentir é perceber. E perceber, imaginar. Porque assevera Kafka: "Nenhuma lógica é capaz de impedir o homem que quer viver."[32] Se nos ampararmos na verossimilhança da tradição, a obra kafkiana, a partir de *A Metamorfose*, seria recusada, deixando-se fora um legado de gênio por miopia. O ponto nodal é a arte de ver que está entupida de preconceitos e conceitos. Então não permite a passagem do vento encanado do Espírito. A verossimilhança racional é a muleta de quem não sabe andar sozinho na luz. Porque a luz se reinventa, caminhando. Também se abre, quando aprendemos primeiro a ver no escuro, depois o escuro que nos alcança de claridade. Sim, escrever com clareza é escrever com claridade. Não com a razão, mas carregando outra, mais poderosa, a da imaginação e dos sonhos. Descobrir faz parte da linguagem que *"ama o que deseja"*, goethianamente, *"o impossível"*. Não há impossível para quem é capaz de fazer as palavras voarem e elas gostam de se ver, planando. Ou então as deixamos inermes no campo dos signos – que é limitado e pequeno – como lascas de matéria, ou cascas abandonadas. Quanto aos gêneros, jamais se negou ou se negará sua existência. O

---

32. KAFKA, Franz. **A metamorfose**. [s.l] Atlântico Press, 2013.

poema há de ser o poema; o romance, romance; o conto, conto; o teatro, teatro; a crônica, crônica; o ensaio, ensaio. Mas, em qualquer um deles, é a linguagem que determinará os gêneros, não os gêneros, a linguagem. Poesia, por exemplo, é tudo o que tocamos, chorando, com o sussurro do povo nas raízes. "É a imagem que fala."[33] "O ensaio é o pensamento que vê sem precisão de óculos, por serem as palavras olhos (quando carece de óculos, é porque a visão entortou). A crônica é o acontecimento desenhado na fala. E, o conto, "a imagem que raciocina" (Bachelard). E, no romance – tratando-se da visão do ser humano – há um problema, que é "o equilíbrio entre a *veritas e a realitas*" (Otto Maria Carpeaux). Entre o excesso de realidade e o de fabulação, desequilibrou-se pela carência de pensamento. No entanto, *se move* com o novo romance, que se eleva na linguagem, exigindo a arte de fabular no real e a arte de ser verdadeiro no pensamento. Sem o que o século é envergonhado. Assim, o romance ou poema, o teatro, o ensaio, a história vivem da linguagem, não dos gêneros que os designam. É relâmpago que apenas se clareia na escrita. O miraculoso das palavras não procura tribos, são as tribos que procuram as palavras. E que não se esqueça que a ruptura de gêneros já se estabeleceu com Oswald de Andrade (*Memórias Sentimentais de João Miramar*) e Mário de Andrade (*Macunaíma*). Todavia, "a literatura é o sonho desperto das civilizações" – lembrou Antonio Candido – a ponto de "não haver equilíbrio social sem literatura". Vamos além. A literatura não é só "o despertar dos mágicos", é o despertar, aos poucos, também, do que continuará sonhando. Inexistindo equilíbrio humano sem literatura, porque lida com a imaginação. O que podem os homens sem ela? O que podem, sem essa fala dos historiadores de um imaginário sem fronteiras, estabelecido no coração do homem? E, para isso, há que voltar à oralidade, como a dos aedos gregos. Numa aprendizagem que se faz coletiva, contemplando e mudando as coisas. Há que dar aos leitores novos olhos – fazer o trajeto que nos mostra, argutamente,

---

33. NOVALIS. **Novalis' philosophical writings**. New York: Ed. Margaret Mahoney Stolyar, 1997.

HISTÓRIA DA LITERATURA BRASILEIRA
Da carta de Caminha aos contemporâneos

José Saramago, do ensaio sobre a cegueira e, dessa, para a lucidez. Há que captar e reencontrar o mundo que está no imaginado. Porque limitar ou diferenciar o que se deslimita, não gerando diferença, desvincula-se da linguagem fiel à invenção do abismo que traz dentro dela. É fugir do centro da matéria que se perde pela linha das aves. Criar é abismar-se. Simultaneamente, desenraiza-se e sobe aos píncaros, porque, de se alar, se sustenta. O ensaio não é maior ou menor, devendo ser ele, como o alega com autoridade Eduardo Portella[34], "uma nova forma de pensar e de escrever", caracterizando-se por "fundamental leveza". Por sua vez, o escritor americano David Foster Wallace, na introdução aos *Melhores Ensaios dos Estados Unidos*, afiança que "o bom ensaísta é o que consegue se orientar em um mundo saturado de informação, extraindo sentido da massa indiferenciada de descrição, e reflexão, vale pelo calibre da linguagem de quem nele se estabelece, que desperta ao mesmo tempo euforia e torpor"[35], sem perder o som da cultura. Mas – o que não se pode olvidar – é que o ensaio se impõe pelo calibre da linguagem de quem o escreve.

Quanto aos personagens romanescos, podem ser vivos com a nossa pele e ossos. Nascem e se apagam como os sonhos e pesadelos. Duram, sobrevivendo ao criador. Enfrentando-o, independentes, rebeldes, porque só criamos, se formos criados. E a escrita carece de livrar-se dos lugares comuns ou da banalidade. O que se reconhece, criando, começa a nos reconhecer. Não se sabe nunca onde a criação nos leva e vamos com a fé, aparentemente cega, resoluta, pois todo um mundo está por se reinventar. O escritor, hoje, observou Proust, há de ser um novo Homero. Mas a cegueira de Homero é mais visionária e visível do que a que vem de olhos sadios e intactos. A cegueira homérica é transfiguradora e nos ilumina, ensinando a perceber por ele. Concedendo olhos a uma imaginação que não se recusa a ver mais longe. Entender é saber prolongar-se no que não se conhece, porém se adivinhou, antes, ao sonhar.

---

34. PORTELLA, Eduardo. **Crítica literária**. Rio de Janeiro: Agir, 1998. v. 1.

35. WALLACE, David Foster. **Melhores Ensaios dos Estados Unidos**. [S.l.: s.n., s.d.].

Sonha-se de enlouquecer no amor. "Onde é bobice a qualquer resposta, é aí que a pergunta se pergunta."³⁶ Ou é a lição de André Malraux: "Eu não posso mais conceber o Homem independente de sua intensidade ... O real que declina se alia aos mitos, e prefere aqueles que são nascidos do espírito" (*La Tentation de l'Occident*).³⁷ E, se o conceito de progresso não vige na arte, segundo Proust, no dizer de Giorgio Agamben:

> O fato de a linguagem demarcar os gêneros, e não os gêneros à linguagem, não significa progresso, no sentido de avanço de espaço. Significa descoberta do mecanismo da criação, que é a descoberta de nós mesmos, essa, sim, que exige progresso, o alvo com que se busca ser humano. E o humano é, exatamente, esta fratura, que abre um mundo e sobre o que se sustenta a linguagem.³⁸

É tal fôlego que impulsiona o flutuar dos nadadores. Por isso, é o mesmo Proust, mais mestre da memória do que do esquecimento, a declarar que um escritor contemporâneo tem tudo por fazer. E foi Mário de Andrade que assinalou: "Todos os gêneros sempre e fatalmente se entrosaram, não há limites entre eles. O que importa é a validade do assunto na sua forma própria."³⁹ E a forma é dada pela exigência da linguagem. "Na origem de vossa busca, eu encontro um ato de fé."⁴⁰

E mais. Tzvetan Todorov, com sua autoridade, não apenas reconhece a dificuldade adicional ao estudo dos gêneros, como alega que "todo grande livro estabelece a existência de dois gêneros, a realidade de duas normas: a do gênero que

---

36. ROSA, João Guimarães. **Grande sertão**: veredas. Rio de Janeiro: Nova Fronteira, 2006. p. 99.

37. MALRAUX. André. **La tentation de L'Occident**. Paris: Le livre de poche, 1926. p. 123 e 155.

38. AGAMBEN, Giorgio. **Estâncias**: a palavra e o fantasma na cultura ocidental. B. Horizonte: UFMG, 2007. p. 248.

39. ANDRADE, Mário de. Carta de Mário de Andrade a Fernando Sabino. **Cartas a um jovem escritor**. Rio de Janeiro: ed. Record, 1981. p. 23.

40. MALRAUX. André. **La tentation de L'Occident**. Paris: Le livre de poche, 1926. p. 123, p. 155.

ele transgride, que predominava na literatura precedente, e a do gênero que ele cria." E avança: "geralmente, a obra-prima literária não se encaixa em nenhum gênero."[41] Só não reparou que se tal sucede, é porque a linguagem é que determina os gêneros. E, sem dúvida, leitores, a construção da vida ou da morte pode conduzir à construção da fábula. E a fábula é o que está no coração do homem, preexistindo, como o amor, a fraternidade, ao avesso de Bernard Shaw: "Criem-se velhas necessidades, porque as novas vão cuidar de si, sempre mais novas." Mário Quintana, com seu gosto pelo paradoxo, afirma que "os antologistas do futuro recolheriam de cada *poeta* (o que vale para os criadores, abrangentemente) apenas algumas palavras"[42] – o que pode ser um exagero. Mas, nesse raciocínio, seriam essas palavras que farejariam e reconheceriam seus poetas. E somente elas haveriam de saber seus nomes e fariam a sua própria *História da Literatura*. Sem a intervenção – é lógico – dos historiadores. E não chegamos a tal excesso, porque é sempre possível descobrir mais memória nas palavras. E elas também não podem esquecer o quanto carecem de que alguém as sopre ou desperte de seu ancestral limo, por uma invencível ou albergante verdade.

Dirão alguns, ou terão dito na anterior edição, ou poderão alegar os vigias do espanto ou da aventura alheia, que se aliam aos burocratas, ou epistemólogos fanáticos, que seria este escriba, especialista de ideias gerais, não só por conhecer o tal mecanismo de leitura textual, como por ser um poeta que se aventura na crítica e não pode ser diminuído por esse fato, ainda mais quando certa parte dos críticos contemporâneos, com exceções, não se aventura, salvo no passado, entre autores reconhecidos, ou no que se reitera de um a outro, como sacrossanta fórmula. "Os críticos, em sua grande maioria, dão as costas ao presente e olham fixamente para o passado. Com prudência, sem dúvida, abstêm-se de fazer comentários sobre o que realmente está sendo escrito no momento atual; deixam

---

41. TODOROV, Tzvetan. **Poética da Prosa**. São Paulo: Martins Fontes, 2003. p. 54-65.
42. QUINTANA, Mario. **A vaca e o hipogrifo**. São Paulo: Globo, 2006. p. 100.

essa obrigação para a classe dos resenhistas, cuja própria função dá a entender a transitoriedade que há neles e nos produtos que examinam. Nós, porém, já nos perguntamos algumas vezes: o trabalho de um crítico tem sempre de se haver com o passado, o seu olhar tem sempre de se fixar lá atrás? Ele não poderia virar-se às vezes, e, protegendo os olhos da luz, à maneira de Robinson Crusoé na ilha deserta, voltá-los na direção do futuro e traçar em sua neblina as vagas faixas de terra que poderemos talvez alcançar um dia?" (Virginia Woolf). Em Portugal, Eduardo Lourenço foi acusado de *ser impressionista*, ou o grande George Steiner. E é palavra cega e inditosa, que pode ser utilizada contra os maiores, entre nós, Machado de Assis, Augusto Meyer, na Inglaterra, T. S. Eliot e, na França, Paul Valéry, esses quatro últimos, todos poetas. Não há crítico impressionista, há o crítico, ou não, quando não é a teórica máquina na sua opulência que lê o texto – se não se aliar à sensibilidade da inteligência de quem desvenda o fenômeno estético, termina como monstrengo enferrujado no quintal da história. Por ser a intuição o instrumento que desvenda o texto, na medida em que também ela se aplica. É a imagem que compõe a história da imaginação. Por navegar no real. Não é o poeta que inventa a verdade. É a verdade que inventa o poeta.

CAPÍTULO 1

Dos primeiros registros

A carta fundadora
Os povoadores da terra e a identidade nacional
José Anchieta, ou a limpidez combatente

A carta fundadora

O *primeiro aspecto* da *Carta de Pero Vaz de Caminha* é o ato de nomear. Possuímos as coisas quando as designamos. Descobrir já é ser com a coisa descoberta: no descrever a terra, a palavra foi estabelecida para o futuro, num português quinhentista. ("Tome Vossa Alteza, porém, minha ignorância por boa vontade... não porei aqui mais do que aquilo que vi e me pareceu"). O *segundo aspecto* é o de que "o traço característico coletivo é a imaginação."[43] Caminha seduz o leitor de hoje, como o fez com o leitor de então, o Rei de Portugal: dando-lhe um "poder de decisão" que, ao final, é dele. ("E nesta maneira, Senhor, dou aqui a Vossa Alteza do que nesta vossa terra vi"). O *terceiro aspecto* é a forma com que Caminha tenta forjar o sagrado com a visão do Paraíso, e o sagrado é o que nem o texto consegue perpetuar, por ser eternamente inventável. E quanto mais se fala do sagrado, mais o perdemos. Diz Mircea Eliade[44], em *Aspects of the myth*: "O mito não é nele

---

43. ARANHA, Graça; ARINOS, Afonso. **Obra completa**. Brasília: Instituto Nacional do Livro, 1969. p. 619.

44. ELIADE, Mircea. **Myth and reality**. New York: Harper & Row, 1963. p. 144.

mesmo uma garantia de bondade, nem de moral, sua função é revelar modelos e fornecer uma significação ao mundo e à existência humana." E, ao lermos a Carta, sentimos a mitificação do Brasil no tempo, como se, no ato de criar labareda, fosse clareada a grandeza da terra dentro de si e, também, a grandeza da terra para todos. ("Pelo sertão nos pareceu, vista do mar, muito grande... Águas são muitas; infindas. E em tal maneira é graciosa que, querendo-a aproveitar, dar-se-á nela tudo, por bem das águas que tem"). O *quarto aspecto* é o da construção de um texto impossível. E diz Barthes[45] que "a modernidade começa com a busca de uma literatura impossível." Denotando, assim, a modernidade da *Carta* de Pero Vaz de Caminha. É a perspectiva do civilizador, mas de um civilizador que se maravilha com a ingenuidade e a inocência indígena, capaz, portanto, do deslumbramento, ato poético por excelência, configurando a crença no *bom selvagem,* séculos antes de Jean-Jacques Rousseau. ("Bastará dizer-vos que até aqui, como quer que eles um pouco se amansassem, logo duma mão para a outra se esquivavam, como pardais, do cevadoiro ... E uma daquelas moças era toda tingida, de baixo a cima daquela tintura; e certo era tão bem feita e tão redonda, e sua vergonha (que ela não tinha) tão graciosa, que a muitas mulheres de nossa terra, vendo-lhe tais feições, fizera vergonha, por não terem a sua como ela"). O *quinto aspecto* é o de que estamos diante do embrião do que veio, posteriormente, na literatura brasileira, profeticamente. No instante em que foi escrita a *Carta*, tornou-se o primeiro documento a vislumbrar as pegadas mágicas do território, seja pela parição da linguagem, seja pelo sonho dela consigo mesma, imperceptivelmente, com a presença visível ou invisível de tantos autores, até contemporâneos. ("Neste dia, a horas de véspera, houvemos vista de terra!") Sem esquecer o tratamento de respeito dado ao selvagem. O que nos posterga a Basílio da Gama, em *O Uraguai*, contemplando o índio com olhar de benevolência; ou então à posição de dignidade do filho e a honra do pai

---

45. BARTHES, Roland apud SCHÜLER, Donaldo. O projeto épico de Carlos Nejar. **Colóquio-Letras**, Lisboa, n. 86, p. 40, jul. 1985.

injuriada no *Y-Juca-Pirama*, de Gonçalves Dias, terminando em filial sacrifício, ou antropofagia, antes de Oswald de Andrade, que a desenvolveu; com retorno à inocência primitiva de alguns "alumbrados" poemas de Manuel Bandeira e mesmo *Pasárgada*; ou a fascinante *Visão do Paraíso*; a semente selvática de Cobra Norato, de Raul Bopp, com "matos", "riozinhos". ("Parece-me gente de tal inocência que, se homem os entendesse e eles, a nós, seriam logo cristãos..."). Ou a aproximação com o lusitano Sá de Miranda, por expressões como "o sol é grande", vinculada ao célebre soneto *O sol é grande co'as aves*. E, nesse correr de metáforas, "a virgem dos lábios de mel", de José de Alencar; "os olhos de ressaca" de Capitu, os "olhos da cor de ferrugem", de Tibite, do baiano Adonias Filho. E essa utilização metafórica da *Carta de Pero Vaz de Caminha* se alastrou pelo Modernismo, com Mário de Andrade – o que Sílvio Castro visionou – ao mencionar os "quatrocentos, quatrocentos e cinquenta" do navegador e escritor português, lembrando: "Eu sou trezentos, sou trezentos e cinquenta"; a previsão de um Drummond na fixação telúrica e de um Jorge de Lima, na *Ilha Brasil* de *Invenção de Orfeu* ("Como conhecer as coisas, senão sendo-as?"[464]). As muitas águas que aparecem em Vaz de Caminha reaparecem, ondulantes, na poesia de Cecília Meireles ("tudo por bem das águas que têm"). Ou certo exótico e desnudez de Jorge Amado. Ou, em *Grande sertão: veredas*, e esta "neblina", atestada de Diadorim a Riobaldo (rio baldo, cansado), "a neblina que marca a ótica entre o civilizador e o civilizado, a neblina que separa a natureza da Metrópole e da terra conquistada, de lustral beleza, a neblina de uma linguagem que, aos poucos, alvorece"[47]. *O sexto aspecto* é o da ambiguidade da *Carta* de Pero Vaz de Caminha (as raízes de um barroco que será nossa peculiaridade), ambiguidade que Machado muito mais tarde levará ao paroxismo, este espelho de outro espelho do imaginário. *O sétimo aspecto*, o mais assombroso, é o da qualidade visionária do texto de

---

46. LIMA, Jorge de. **Invenção de Orfeu**. Rio de Janeiro: Record, 2005.

47. AMADO, Jorge apud COUTINHO, Eduardo de Faria; CASTRO, Ângela Maria de Bezerra. **José Lins do Rego**: resenhas. João Pessoa: Funesc, 1991.

Caminha. Por ser um texto miscigenado, não um texto puro, contendo mensagens do tempo para o tempo, o mais remoto, o do porvir. E o *oitavo aspecto*, talvez o último, é o de que esta *Carta* de Pero Vaz de Caminha comprova que, inicialmente, as coisas nos descobrem na palavra, depois nós é que descobrimos as coisas. Não apenas a lemos; é ela que, aos poucos, começa a nos ler. Com a conotação de tornar conhecido este "mundo novo", através da narrativa de viagem, eivada de realismo. E mal sabemos, adivinhando nesta generosa *Carta de Pero Vaz de Caminha*, quanto somos os nossos sonhos.

Os povoadores da Terra e a identidade nacional

Os primeiros povoadores do Brasil mais se preocupavam em amealhar riquezas para a Metrópole, do que se enraizar, prosperando. Frei Vicente do Salvador anotava, no século XVI, tanto sobre os nascidos aqui, como os que vieram, e outros que "usam da terra não como senhores mas como usufrutuários, só para desfrutarem e a deixarem destruída". Se Pero Vaz de Caminha com sua *Carta* tomou posse da Terra através da palavra, os que o seguiram, tomaram posse, como se a não tomassem. Sem amor, sem desejo – gente parasita – pensavam noutra região distante, a que deixaram.

A identidade só existe no momento em que a terra é palavra vivida.

A Prosopopeia, de Bento Teixeira Pinto, em 1601, nasceu com as Capitanias e o estabelecimento do Governo central da Bahia, a vinda dos jesuítas, o crescimento das cidades, os colégios e os conventos religiosos. E seu autor veio à luz no Porto, em Portugal, em 1561, chegando no ano de 1567, ao Brasil, mais especificamente, à Capitania do Espírito Santo, residindo depois no Rio e na Bahia. Por haver assassinado a esposa, foi perseguido pela Inquisição, acabando preso em Olinda e, a seguir, embarcando a Lisboa. Abjurou o judaísmo e, enfermo, ali faleceu na cadeia, em 1600. *A Prosopopeia*, em noventa e quatro estâncias, é a primeira manifestação nativa, esse seu mérito, com oitavas seguindo as diretivas clássicas, imitando

Camões, embora fosse a imitação preceito da escola. Com a narração do domínio espanhol, dirigindo o alerta para a Metrópole. A sonoridade e o manar de pensamento, no cadenciar das oitavas, não o diferem do modelo. E há um instante em que o poema se eleva, quando, em Alcácer-Quibir, os lusitanos fogem amedrontados. Eis alguns fragmentos: "Vede donde deixais o Rei sublime? / Que conta haveis de dar ao Reino dele? / Que desculpa terá tão grave crime? / Quem haverá, que por traição não sele, / Um mal, que tanto mal, no mundo imprime? / Tornai, tornai, invictos Portugueses, / Cerceai malhas, e fendei arneses. // Assim dirá: Mas eles sem respeito, / À honra, e ser de seus antepassados, / Com pálido temor, no frio peito, / Irão por várias partes derramados, / Duarte, vendo neles tal defeito, / Lhe dirá: Corações efeminados, / Lá contareis aos vivos, o que vistes, / Porque eu direi aos mortos, que fugistes. //"

Afrânio Peixoto considera que essa estrofe merece atenção sobre o poema de Bento Teixeira. A mesma impressão é a de Ivan Teixeira, que propõe sua restauração, pelo que, por alguns versos, se distingue do modelo português. E cita a forma como dialoga com o Canto VI, de *Os Lusíadas*. Camões evoca Tritão, a entidade ou monstro marinho, mensageiro de Netuno, sendo para o lusitano, o gorro que ele usava, uma casca de lagosta. Bento Teixeira corrige ao mestre: "Não lhe vi na cabeça casca posta / (como Camões descreve) de lagosta"[48]. E a tese também proposta por Ivan Teixeira, com agudeza, é a de que o autor de *Prosopopeia* pretendia interferir no debate europeu sobre o reconhecimento da Colônia na formação da economia e nos valores morais da Metrópole. Mas não se pode negar, igualmente, a monotonia. Assim, não se pode comparar, como o fez Wilson Martins, *Prosopopeia* e *Uraguai*. Se o primeiro forjou uma epopeia, ou se o segundo foi um poema épico, isso nada significa sobre os calibres poéticos alcançados. O que define não é o gênero, é a pura e verdadeira poesia, capaz de duração no tempo. E a criação estética de Basílio da Gama é notavelmente superior, além da imposição de

---

48. TEIXEIRA, Bento. **Prosopopeia**. Brasília: Instituto Nacional do Livro, 1972. p. 77.

um texto inovador. O que não sucede com Bento Teixeira, que dedica seu livro ao Governador de Pernambuco, Jorge Albuquerque Coelho, o primeiro donatário, ao aportar na capitania em maio de 1533. Depois de combater os caetés, fundou a cidade de Olinda e apoiou a sua colonização. É um versejador com falhas métricas, sem unidade, de confusa mitologia e obtuso relato, com faíscas e achados, conforme se exemplificou, dentro da lentidão monocórdica, entre alongadas invocações e descrições. Esse versejar era o reflexo de uma época em que predominava o domínio econômico, político e literário de Portugal, e, o que é consolador, nas raízes infiltrava-se um sentimento novo, abrasado pela fascinante natureza, o sussurro da identidade, inicialmente sopro, depois grito.

E, nesse panorama, não se pode esquecer que, em 1618, exsurgiu uma obra, com características singulares, trovão no meio da aparente calmaria: *Os Diálogos das Grandezas do Brasil*, de Ambrósio Fernandes Brandão. E que José Veríssimo acentua que, sem ter as notas do romance ou novela tradicional, não deixa de ser ficção, com personagens, firmando-se como a primeira escrita mais relevante no Brasil. Utilizando o processo de diálogos, que Varnhagen reconheceu andar em voga na Metrópole, trouxe uma forma que aninha o paradoxo, a contradição, a crítica, autoprotegendo-se entre ditos e contraditos, numa exposição de ideias e noções de ordem moral ou intelectual. E esse livro, ao congregar elementos geográficos, políticos e econômicos, arma-se de perspicácia, até então desconhecida, num estilo clássico, com construções primorosas e lúcidas. É o mais alto legado dessa fase inaugural, fruto de um erudito que se embebera nos autores mais sapientes e límpidos da tradição de sua época. E era um Platão com a moralidade socrática, dando ao texto objetividade e argúcia, sendo a terra, fonte e objeto. Como os seus costumes. Tem rosto nacional – o que não é pouco. Só mais tarde, inteirado por essa feição inspiradora, surge Frei Vicente do Salvador, com sua *História do Brasil* (editada apenas em 1889). Embora trate do espaço geográfico e humano, mostra-se pouco interessada em relatar a flora, a fauna, ou a fascinante natureza tropical, dedicando-se mais a examinar os governos e os erros políticos dos governantes, observando a forma com que a valiosa riqueza da terra era transportada para Portugal. Outra façanha não menos importante é a do *Tratado Descritivo do Brasil*, de Gabriel Soares de Souza. E, sendo textos ufanistas, enaltecendo esse último, as beatitudes da natureza – há neles um senso crítico, um militante amor ao Brasil. José Guilherme Merquior, aliás, verbera, sobretudo no primeiro, certo humor e seduzido espírito de nativismo, com visão que não era ingênua, com projeto avançado em sua época. O colóquio entre Alviano e Brandônio, a par de censurar costumes e defeitos dos colonos – como a indolência e prepotência econômica – termina por "apregoar as grandezas" daquela pátria, seu glorioso destino. Moralismo, sim: desejo de que a corrupção dos perversos hábitos não corroa a plenitude e magnificência da natureza, nem a pequenez do homem ouse embaçar os prodígios daquele novo mundo. O que, por parecer antigo, é tão atual.

José de Anchieta, ou a lucidez combatente

Notável homem de letras e apóstolo, o padre jesuíta José de Anchieta (1534-97), nascido nas Canárias, Tenerife, vindo ainda noviço ao Brasil, cooperando na fundação do Colégio de Santo Inácio, em Piratininga, São Paulo, e falecido em Reritiba, Espírito Santo, em 1597, foi, como adverte com justeza o historiador Oscar Gama Filho[49], em *Razão do Brasil*,

> A figura máxima do pré-barroco brasileiro, onde o verso está sempre presente e a visão de conjunto de sua obra nos deixa a impressão de que seus trabalhos melhoram de qualidade à medida que se aproximam do paradigma barroco.

E, num Brasil que se ordenava entre governadores-gerais e dentro de um mundo transeunte (ainda medievo) parindo o renascimento, o Pe. José de Anchieta foi um humanista, por encarnar o ideal terreno e divino: o poeta que é continuado

---

49. FILHO, Oscar Gama. **Razão do Brasil:** em uma sociopsicanálise da literatura capixaba. Rio de Janeiro: José Olympio, 1991. p. 21.

na militância catequizadora. Vinculando-se ao universo nativo que o rodeava, sem ser dele. Daí porque não foi o primeiro indianista, por não abandonar jamais sua bagagem cultural. Não escreveu sobre os índios, mas para os índios. E era um português, um civilizador, incorporado à tradição quinhentista do "fundador do teatro lusitano", ou a Sá de Miranda, Bernardim Ribeiro, e ao italiano Petrarca. Mas ninguém lhe retira a glória de primeiro cantor destes trópicos.

De outra feita, se é verdadeiro nele o traço pré-barroco, não acompanhamos a alegação de algumas vozes críticas que consideram as *Cartas* a parte superior de sua obra, ou dos que põem nesse patamar apenas os *Sermões*, ou ainda os que vislumbram seus poemas épicos com primazia sobre os poemas líricos e as peças teatrais. Tanto nos autos sacramentais, como nos versos líricos, José de Anchieta é dadivoso poeta – e é para nós, a primícia de sua criação. Naqueles, salta para fora da compleição teatral, dos artifícios de retórica da sua época, para atingir a mesma límpida poesia, que a do estro lírico, com o acrescentamento de um suporte referencial de representação que o teatro concede e amplia. Tinha em vista sempre os ouvintes, a cena no projeto de evangelização. Se é, por vezes, falho no todo, destaca-se pela beleza de fragmentos antológicos. Assim, se

> A lírica de Anchieta se mantém fiel à medida velha dos cancioneiros medievais ou é a poesia mística, dominada pela beatitude do amor de Deus, ou melhor, aos símbolos simples e diretos da divindade: é poesia primitiva, de metros e estribilhos fáceis de serem cantados, em singelas comemorações litúrgicas, por coros de conversos ou populares.[50]

Como assinala José Guilherme Merquior em *De Anchieta a Euclides*. Discordamos desse pensamento em relação ao jesuíta, quando afirma, com exagero e alguma parcialidade, "que o seu lirismo seja desprovido de qualquer fantasia, complexidade ou substância mental". Por ser o autêntico lirismo já

---

50. MERQUIOR, José Guilherme. **De Anchieta a Euclides**: breve história da literatura brasileira. Rio de Janeiro: José Olympio, 1979. p. 9.

uma mescla de fantasia, complexidade e substância mental, ao concretizar elementos abstratos com espirituais. E, no caso específico da arte anchietana, sua linguagem abrigava, ambiguamente, a pregação evangélica e a mitologia indígena, ao usar a técnica do "contrafactum", aconchega os índios ao Evangelho, mesmo que resulte em aparente simplicidade, nunca deixa de ser instrumento de bela poesia. E o poeta não cede ao didata, o que demonstra a segurança de seu talento inventivo. Basta, por exemplo, se tomarmos o seu poema *Cordeirinha Linda*, que integra a recepção no porto de São Vicente, feita em homenagem a uma das Virgens Mártires de Colônia, em 1577. Composto de redondilha menor de cinco versos. "Cordeirinha linda, / como folga o povo! / porque vossa vinda / lhe dá lume novo... // Santa padeirinha, / morta com cutelo, / sem nenhum farelo / é vossa farinha. // Ela é mezinha / com que sara o povo, / que, com vossa vinda, / terá trigo novo. // ... Não se vende em praça / este pão de vida, / porque é comida / que se dá de graça. // Ó preciosa massa! / Ó que pão tão novo / que, com vossa vinda, / quer Deus dar ao povo!" // ... Com a utilização da medida velha, a rima rica ("povo" e "novo") é repetida como um sino. Na primeira parte, o martírio sofrido pela ovelha, O Cordeiro de Deus. Na segunda parte, a feitura do pão, cuja farinha é amassada com o sacrifício da virgem morta, no cutelo: "sem nenhum farelo é vossa farinha". E depois suscita a lembrança do "pão vivo que desceu do céu", ligado à palavra que a isso revela. O zelo anchietano pela virtude é o mesmo de Gil Vicente, que se norteou na tradição de Juan del Encina, dentro da visão teocêntrica. E, como o mestre do Teatro português, sua poesia é didática, visando educar e ensinar os indígenas. Sabe aliar na simbologia da fé, poder de contensão e manejo de adjetivos, com o aproveitamento de uma oralidade que funciona entre fala e silêncio. Valendo ressaltar a fulgurante criação alegórica de Anchieta, onde "o segundo sentido é mais importante que o primeiro"[51], consoante a lição de Ivan Teixeira no prefácio do *Auto da Barca* vicentino.

---

51. ANCHIETA, José de. **Poemas**: lírica portuguesa e tupi. São Paulo: Loyola, 1984. p. 111.

E o que se afigura nele de primitivismo, ou suavidade e singeleza, não passa de um desnudamento de alma, em poesia de pura fonte. Ou espiritual, sem o peso de adornos e atavios. Sim, despojado. Estas redondilhas revelam o poeta, na medida em que Cristo é revelado sob o pão: "Morra eu, por que viver / vós possais dentro de mim. / Ganhai-me, pois me perdi // Em amar-me. // Pois que para incorporar-me / e mudar-me em vós de todo, / com um tão divino modo / me mudais, // quando na minh'alma entrais / e dela fazeis sacrário / de vós mesmo, e relicário / que vos guarda, // ... Pois não vivo sem comer, / coma-vos, em vós vivendo, / viva a vós, a vós comendo, / doce amor! // Comendo de tal penhor, / nele tenha a minha parte / e depois, de vós me farte / com vos ver! //" (*Do Santíssimo Sacramento*).

Há que registrar, além disso, *O Poema à Virgem*, escrito em latim vulgar, e, pela força de depoimento, o *De Gestis Mendi de Saa*, impresso em Lisboa, 1563, tratando das vicissitudes dos colonizadores diante das revoltas indígenas e a invasão dos franceses na Guanabara. Segundo Eduardo Portella, que republicou, quando presidente da Biblioteca Nacional, a edição fac-símile, "a luta contra os invasores, que atravessa o percurso da cultura brasileira, de ponta a ponta, tem aqui a sua representação matinal". Mais tarde, Anchieta publicou *A Arte da Gramática da Língua Mais Usada na Costa do Brasil*, com impressão em Coimbra, datada de 1595, contendo os fundamentos da língua tupi. E, para darmo-nos conta da limpidez combatente de Anchieta, fiquem-nos estes versos de uma juventude, que é a maneira de serem eternos: "A vida não tem dura. / O bem se vai gastando. / Toda criatura / passa voando"//.

CAPÍTULO 2

Alcançados pelo Barroco

Bahia, a ilha de Maré
A eminência barroca: Gregório de Matos e Guerra
Os sermonistas e tribunos
Padre Antônio Vieira
Matias Aires da Silva de Eça

Bahia, a ilha de Maré

A originalidade da criação brasileira se funda nas etapas do açúcar, ouro e café, que Luciana Stegagno-Picchio, em sua admirável *História da Literatura Brasileira*[52], assinala, com acuidade: "A civilização do açúcar caracteriza por si os primeiros dois séculos da colônia; ao século XVII, sucederá o século XVIII, século do ouro, e por fim, o XIX, século do café." E, citando Roger Bastide, salienta que "o barroco brasileiro não é intransigente", adaptou-se, portanto, à civilização do açúcar, à civilização do ouro e ao século do café, com o instinto de nacionalidade que, mais tarde, Machado de Assis soube vislumbrar. O culteranismo transparece no barroco da Colônia em metáforas sobrecarregadas, num quase "engarrafamento de trânsito", sob a sombra opulenta de Gôngora, com a paixão da forma e do jogo, às vezes de um brincar desvanecido, entre a Academia dos Esquecidos e o aristocracismo dos

---

52. STEGAGNO-PICCHIO, Luciana. **História da Literatura Brasileira.** Rio de Janeiro: Editora Nova Aguilar, 1997. p. 97-99.

adornos. E prefiro dar primeiro destaque ao bom, cordato e inventivo Manuel Botelho de Oliveira (1636-1711), de temperamento diametralmente oposto do belicoso Gregório, que já portava "Guerra" no próprio nome, e viveu entre as guerrilhas de seu poderoso verso. Nasceu em Salvador, como seu contemporâneo, estudou em Coimbra, regressou à pátria, na fidalguia real, abastadamente, recoberto de respeitabilidade, tendo seus validos ganhos como agiota. Publicou em Lisboa, no ano de 1705, *Música do Parnaso*, obra influenciada pelo poeta lusitano Francisco Manuel de Melo, mas com pessoalíssima maestria, juntando a utilização de rimas castelhanas às portuguesas, com versos latinos, no eloquente sotaque de sua época, dentro de um barroco girante, multívoco, perito em paralelismos, discípulo pertinaz de D. Gôngora e de Marino, sem ter o gênio desses. Mas havia nele um outro, peculiar, de brasilidade, poliglota, consciente, de superior qualidade, erudito pós-renascentista, utilizando todas as formas de verso, no tom lírico ou mesmo na comédia. Botelho não é apenas um versejador, tem o sentido intuitivo, plástico, malicioso, visceral, que o leva a grandes temas: "O vidro espelho do rosto, / o rosto espelho do sol. //" Ou no episódio de *A Ilha de Maré*, cujo olhar nativo desfaz toda a louçania pesarosa do estilo, na simpleza, com nomes indígenas, nomes de peixes, alimentos, frutas que explodem, apetitosamente, com a beleza do que se enamora da terra: "E na desigual ordem / Consiste a formosura na desordem. //" Esses versos apontam visionariamente para a febre como ordem na *Invenção de Orfeu* jorgeana. Afirma José Saramago que "a alegoria chega quando descobrir que a realidade já não basta." Ou porque a realidade carece de desfiar-se em outras dimensões. Essa sede de realidade é o fermento da alegoria de Botelho de Oliveira que, não contente em descrever a formosura de Anarda, cria sua relação com elementos da natureza, dando-lhe caráter mais universal, escapando com habilidade da "confluência" ou rédea gongórica, pela ciência do fogo, onde exprime pura e inspirada poesia, logrando explodir a forma: "Ardem chamas n'água e como / Vivem das chamas que apura; / São ditosas Salamandras / As que são nadantes Turbas. / Meu peito também que chora / De

Anarda ausências perjuras, / O pranto em rio transforma, / O suspiro em vento muda. //" E não foi em vão que William Blake observou que "a exuberância é beleza." Pois o poeta soube com fulgor acender Anarda em nossa memória poética, onde se aloja o reino da linguagem. E, por concentrar-se na amada, idealiza sua unidade. Todas as vozes são unas. E o amor as impele. E por sábio, prudencioso, jamais há de ser um campo cego. Escapa do olho só de Polifemo, também do texto gongoriano. Por ser mais Ulisses pelo amor. Engendrando campos de muitos sentidos, que têm muitos olhos. Nas pálpebras do poema. E tudo nele vê. Com obras-primas, como estas amostras de madrigal, dois sonetos e dois tercetos, de alto lavor e maestria, tanto nos paralelos, como no uso de contrapontos, seguindo rico processo metafórico: *Navegação amorosa* (Madrigal I): "É meu peito navio, / São teus olhos o Norte, / A quem segue o alvedrio, / Amor Piloto forte; / Sendo as lágrimas mar, vento os suspiros, / A venda velas são, remos seus tiros. //" *Não podendo ser Anarda pelo estorvo de uma planta* (Soneto XI): "Essa árvore, que em duro sentimento, / Quando não posso ver teu rosto amado, / Opõe grilhões amenos ao cuidado, / Verdes embargos forma ao pensamento; // Parece que em soberbo valimento, / Como a vara do próprio, que há logrado, / Dando essa glória a seu frondoso estado, / Nega essa glória a meu gentil tormento. // Porém, para favor dos meus sentidos / Essas folhas castiguem rigorosas, / Os teus olhos (Anarda) os meus gemidos:// Pois caiam, sequem pois folhas ditosas, / Já de meus ais aos ventos repetidos, / Já de teus sóis as chamas luminosas. //" *A um clarim tocando no silêncio da noite* (Soneto XIII): "Quando em acentos plácidos respiras, / Por modo estranho docemente entoas, / Que estando imóvel, pelos ares voas, / E inanimado, com vigor suspiras. // De saudade cruel a dor me inspiras, / Despertas meu desejo, quando soas, / E se ao silêncio mudo não perdoas, / De minha pena o mesmo exemplo tiras. // Sentindo o mal de um padecido rogo, / Com que Nise se opõe a meu lamento, / Pretendes respirar-me o desafogo:// Mas contigo é diverso o meu tormento; / Que eu sinto de meu peito o ardente fogo, / Tu gozas de teu canto o doce vento. //" Vejam esta Comparação do rosto de Medusa com o de Anarda: "Contra amorosas venturas / É de Medusa teu rosto, / E por castigo do gosto / são cobras de iras duras. // ... Pois ficando nos ardores / Todo mudado em finezas, / Sou firme pedra à tristeza, / Sou dura pedra aos rigores. //" Onde já se percebe a obsessão da pedra, seja à tristeza, seja aos rigores e que vai redundar com Drummond, futuramente, na pedra que havia no meio do caminho. Por fim, vale citar os preciosos tercetos do *Soneto VIII* (cego duas vezes, vendo Anarda): "De sorte, que padeço os resplandores, / Que em teus olhos luzentes sempre avivas, / E sinto de meu pranto os desfavores:// Cego me fazem já com ânsias vivas / De teus olhos os sóis abrasadores, / De meus olhos as águas sucessivas. //" Essas "águas sucessivas" não viriam a exsurgir mais tarde em Capitu, nos seus "olhos de ressaca"? Ou apenas serão as águas sucessivas da memória?

A eminência barroca: Gregório de Matos e Guerra

Gregório de Matos e Guerra (1636-1695) foi o maior poeta do Brasil Colonial, o que ainda lhe é pouco, diante da generosidade e dureza de seu gênio, lírico algumas vezes, satírico na maior parte. E, se influências sofreu, foram as de Góngora e Quevedo, forjando sua criação barroca, ao contato do Brasil vertiginoso, contraditório, com a cor de seu povo. O cognome de Boca do Inferno bem lhe condiz, por não suportar a mediocridade e a corrupção dos poderosos e os péssimos costumes do seu tempo. É um moralista, impenitente crítico e amoroso do futuro. Natural da Bahia, educado pelos jesuítas, formado em Coimbra, onde se doutorou em leis e assumiu a função de juiz de fora em Alcácer do Sal. Volta a sua terra e ocupa cargos eclesiásticos. Deles foi dispensado. Termina por exercer a advocacia. Era "o doutor Gregório de Matos de boa estatura, seco do corpo, membros delicados, poucos cabelos, e crespos: testa espaçosa, sobrancelhas arqueadas, olhos garços, nariz aguilenho, boca pequena, e engraçada: barba sem demasia, claro, e no trato cortesão" – assim o retratou o licenciado Manuel Pereira Rabelo (persona gregoriana). Araripe Júnior assinala sobre ele: "Pessimista objetivo, alma maligna, caráter rancoroso, relaxado por temperamento e por costumes."[53] Daí já se vê quanto foi polêmico na vida e depois da morte. Ao retornar a Salvador, em 1682, já nomeado vigário geral e tesoureiro-mor da Sé da Bahia por Dom Gaspar Barata, recusou a batina ao exercer tais funções, sendo por isso demitido. Passa a viver da herança de seu pai e da advocacia. Denunciado ao Santo Ofício, sobretudo por ser ateu, não chegou a ser processado, já que o subchantre da Sé se pronunciou a seu favor. Mais tarde foi condenado ao degredo em Angola, pelas ferozes sátiras aos nobres, às mazelas sociais e à moral tão oficiosa e descumprida. Aconselhando, ferino: "Furte, coma, beba, e tenha amiga, / Porque o nome d'El-Rei dá para tudo / A todos que El-Rei trazem na barriga // (*À Cidade e alguns pícaros, que havião nella*)". Regressa e fica até a morte no Recife. "Graças a Deus que cheguei / a coroar meus delitos / com o décimo preceito, / no qual tenho delinquido /..." (*Preceito 10*). Não temia a palavra, temia a omissão e o silêncio. Não compactuava. "Querem-me aqui todos mal, / Mas eu quero mal a todos, / Eles e eu por vários modos / Nos pagamos tal e qual: / E querendo em mal a quantos / Me têm ódio tão veemente, / O meu ódio é mais valente, / Pois sou só e eles são tantos. //..." E, em outra parte: "Estupendas usuras nos mercados, / Todos os que não furtam, muito pobres: / E eis aqui a Cidade da Bahia." No escárnio de seu verso não poupou fidalgos, criminosos, pregadores, carolas, usurários, luxuriosos. "Que os brasileiros são bestas / E estão sempre a trabalhar / Toda a vida por manter / Maganos de Portugal //...Tu dizes que é da outra vida, / E essa razão te desmente; / Pois para morto ainda falas / Como se vivo estivesses //...". Outras vezes, Gregório se desataviava em implícito amor-erótico: "O craveiro que dizeis, / Não vô-lo mando, Senhora, / Só porque não tem agora / O vaso que mereceis: / Porém, se vós o quereis, / Quando por vós eu me abraso, / Digo em semelhante caso, / Sem ser nisso interesseiro, / Que vos darei o craveiro, / Se vós me deres o vaso. //" (*A

---

53. ARARIPE JÚNIOR apud NASCIMENTO, José Leonardo do; FACIOLI, Valentim (Org.). **Juízos críticos**: Os sertões e os olhares de sua época. São Paulo: Unesp, 2003.

uma dama que lhe pediu um craveiro). Ou nos versos à *Morte de uma senhora*: "Morreste, ninfa bela, / Na florente idade; / Nasceste para flor, / Como flor acabaste! // Viu-te a alva no berço, / A véspera no jaspe; / Mimo foste da aurora, / E lástima da tarde//" ... E, vergado pela culpa, invade-lhe a experiência religiosa, seja pelo espírito penitente, seja pela ponderação bíblica, como este sobre o dia do Juízo Final: "O alegre do dia entristecido, / O silêncio da noite perturbado, / O resplendor do sol todo eclipsado, / E o luzente da lua desmentido! // Rompa todo o criado em seu gemido, / Que é de ti, mundo? Onde tens parado? / Se tudo neste instante está acabado, / Tanto importa o não ser, como haver sido. // Soa a trombeta da maior altura, / A que vivos e mortos traz o aviso, / Da desventura de uns, de outros ventura. // Acaba o mundo, porque já é preciso, / Erga-se o morto, deixe a sepultura, / Porque chegado é o dia do juízo." Esse poema sacro trata, sobretudo, do previsto no *Evangelho de Mateus 24:30-31*, combinado com o *Apocalipse, de João, 8-9*. Humaníssimo, este poeta tinha a grandeza de reconhecer os erros, ajoelhando-se em palavras, ardendo na busca de salvação. Não a uma Igreja, mas ao que é *A Porta do Céu*:

> Ofendi-vos, meu Deus, bem é verdade, / É verdade, meu Deus, que hei delinquido, / Delinquido vos tenho, e ofendido, / Ofendido vos tem minha maldade. // Maldade, que encaminha a vaidade, / Vaidade, que todo me há vencido, / Vencido quero ver-me e arrependido, / Arrependido a tanta enormidade. // Arrependido estou de coração, / De coração vos busco, dai-me os braços, / Abraços que me rendem vossa luz:// Luz, que claro me mostra a salvação, / A salvação pretendo com tais braços, / Misericórdia, meu Deus, Jesus, Jesus. // (*Ao pecador arrependido*).

Adriano Espínola, em livro agora fundamental na compreensão do vate baiano, *As Artes de Enganar*[54], não apenas visiona o nexo literário entre os poemas e a biografia, como comprova o uso pelo poeta de máscaras biográficas, ora citando o licenciado Rabello, ora a Frei Lourenço Ribeiro, chegando

---

54. ESPÍNOLA, Adriano. **Artes de enganar**. Rio de Janeiro: Topbooks, 2000.

a fingir "personae" simétricas e opostas, em verdadeira ficção teatral, funcionando a sua didascália, à guisa de súmula metatextual. O que não somente revela a modernidade deste criador do Brasil Colônia, aproximando-se de um Pessoa (o "poeta fingidor"), ou de outra forma de seus heterônimos, ou mesmo dos *personae*, de Ezra Pound. Refere o licenciado Rabello, uma das máscaras do poeta baiano citado por Adriano Espínola: "Muitas vezes, quis ele refrear o gênio, que conhecia prejudicialmente pecaminoso, fazendo os atos de cristão ... Mal debalde intentava, porque o seu furor intrépido imperava dominante na massa sanguinária (contra) os desacertos daquela cidade"[55], que enfrentava com a lira maldizente, talvez porque seu gênio era maior do que sua vida. E a sua vida não conseguia conter-se de tanto que está na matriz do dizer brasileiro, do ânimo malicioso e mordaz, do barroco que se estendeu a um Jorge de Lima, a um Drummond e a um João Cabral, caminhando por dentro de uma linguagem rumo ao futuro. Pela coragem de ser grotesco, cruel, lírico, espantosamente humano. Mário Chamie, em *A Palavra Inscrita*, observa argutamente:

> Gregório concebia o enigma do mundo como sombra ou fundo infinito sobre o qual mantém relevo o brilho límpido da fé. Por extensão, e segundo o estilo barroco, o negro é a dor que contém a alegria, como o vício é o desvio que contém a virtude, como o ódio é a exasperação que abriga o amor, e como a noite é a opacidade por onde as fendas do dia penetram. Drummond entrevê e concebe o enigma do mundo na luminosidade devastadora que engloba o breu, no carvão da retina enceguecida pelo raio clarificador.[56]

E coloca-os, exemplarmente, como os "mais explícitos construtores da duplicidade exemplar." Em Gregório está vívida a Antropofagia, de Oswald de Andrade, a visão trituradora do real, além do jardim de caminhos que se bifurcam borgiano-barroco, a presença igualmente do divino, aliado ao profano, capaz

---

55. ESPÍNOLA, Adriano. **Artes de enganar**. Rio de Janeiro: Topbooks, 2000. p. 376.
56. CHAMIE, Mário. **A palavra inscrita**. São Paulo: FUNDEP Editora, 2004. p. 173 e 177.

de comparar-se na devoção a uma Teresa de Ávila, ou João da Cruz, ou ao engenhoso tardio José Albano: "Senhor, assim pregado ao duro lenho, / Não negas a ninguém o teu socorro; / A mim, pois, que de mágoa vivo e morro, / Dá-me o brando sossego que não tenho. //... Lembra-te destas dores tão escuras, / De que tu és o meu Pastor divino / E de que eu sou a ovelha que procuras." Aliás, esse soneto podia ser a continuação do de Gregório de Matos e Guerra *A Jesus Cristo Nosso Senhor*: "Se uma ovelha perdida e já cobrada / Glória tal e prazer tão repentino / Vos deu, como afirmais na sacra história, // Eu sou, Senhor, a ovelha desgarrada, / Cobrai-a; e não queirais, pastor divino, / Perder na vossa ovelha a vossa glória."// Ao lado do autor de versos altamente satíricos, vulcanicamente ferinos, com a força do anátema e da imprecação, há um coração ameno e suspiroso, o que também se vê num Tomás Antônio Gonzaga, mas é exceção, como se não tivesse mais tempo disso, tanta era a corrupção e a forma irada com que brandia a espada, que só ele detinha. Essa multiplicidade na unidade e a unidade na multiplicidade são a força do gênio gregoriano. Sim, canto gregoriano-barroco, veraz e divinatório. O divino é a plenitude do humano, mas o humano atravessa as paredes do Averno, os arcanos dos ossos e da alma. Sua constante diatribe contra tudo e contra todos, inclusive contra negros e mulatos: ... "ser mulato, / Ter sangue de carrapato / Cheirar-lhe a roupa a mondongo / É cifra da perfeição, / Milagres do Brasil são." Mas o seu exemplo não era o melhor, nem lhe dava autoridade para tais verberações. Atacava os mulatos e se amasiava com mulatas; criticava os bajuladores e bajulava. Mudando-se da Bahia para Pernambuco, levou a mesma existência dissipada na boemia e na vagabundagem. Plagiando Lope de Vega, Garcillaso, Gôngora, Quevedo (vejam esta mostra de sátira desse espanhol: "Qué te ríes, filósofo cornudo? / Que solluzas, filósofo anegado / Sólo cumples con ser recién casado, / como el otro cabrón recién viudo"...), tinha gênio e o gênio é uma soberania, a fatalidade da luz, mudando escolas e regras. E sua *Obra Poética* resiste ao tempo, às confluências, aos ódios e às controvérsias. "*E se és enigma escondido, / Eu sou segredo inviolável / Pois ouves e não percebes / Quem te diz o que não sabes. //*" Ou ainda, esta joia de invenção e sátira, *A Sé da Bahia*: "A nossa Sé da Bahia, /

Com ser um mapa de festas, / É um presepe de bestas, / Se não for estrebaria; / Várias bestas cada dia / Vejo que o sino congrega: / Caveira – mula galega, / Deão – burrinha bastarda, / Pereira – rocim de albarda, / Que tudo da Sé carrega."// *Um livreiro que havia comido canteiro de alfaces com vinagre*: "Levou um livreiro a dente / De alface todo um canteiro, / E comeu, sendo livreiro, / Desencadernadamente. / Porém, eu digo que mente / A quem disso o quer tachar; / Antes é para notar / Que trabalhou como um mouro, / Pois meter folhas no couro, / Também é encadernar. //" A propósito de tudo, Gregório satirizava. Era a sua maneira de estar com todos. Moralizava rindo. E, entre as *Sátiras*, estão estas décimas, que pertencem muito mais à lírica. Nelas, o poeta glosou a alma cristã resistindo às tentações diabólicas: "... Alma: se o descuido do futuro, / e a lembrança do presente / é em mim tão continente, / como do mundo murmuro? / Será, porque não procuro / temer do princípio o fim? / Será, porque sigo assim / cegamente o meu pecado? / mas se me vir condenado, / meu Deus, que será de mim? Demônio: Se não segues meus enganos, / e meus deleites não segues, / temo que nunca sossegues / no florido de teus anos... Alma: Se para o céu me criastes, / Meu Deus, à imagem vossa, / como é possível que possa / fugir-vos, pois me buscastes: / e se para mim tratastes / o melhor remédio, e fim, / eu como ingrato Caim / deste bem tão esquecido / tenho-vos tão ofendido: / Meu Deus, que será de mim? //" Escreveu, certa ocasião, Ítalo Calvino: "A única coisa que está no mundo é o fim do mundo." Também o começo. Gregório de Matos, nas contradições pessoais, buscava a sua identidade; nas contradições da época, a de seu povo. Mas se perdeu entre máscaras vocábulas. Nos muitos Gregórios de Matos: o homem erudito e organizado, bem composto nos ofícios; contraditório e lúcido; o revoltado, malévolo e irônico das sátiras diante dos costumes e do poder; o amoroso, mágico e lírico; o paródico inventivo e irreverente; o religioso, humilde diante de Deus; o eloquente, dramático e agônico. Tendo em todas as máscaras, a poesia, seu sortilégio de linguagem. Porém, o verdadeiro rosto se esconde nas sombras. E é o de um menino ferido e desamparado diante do mundo. Entre os vícios, esquecendo as virtudes, não podia ver a face completa de seu tempo. E a luz que ele não vislumbrou, sua palavra viu através de fogosa arte. Da confusão, tirou o proveito das antíteses. Limitado por um ambiente tacanho, galhofou juristas, magistrados, clérigos, freiras, letrados poderosos. "Que fora juiz, se alista / este burro, este asneirão, / e com tal jurisdição / nada teve de Jurista: / e por mais que ser insista / Juiz, como significa, / então maior asno fica, / dos que vão, e do que vêm: / mas não o saiba ninguém. //" (O poeta escreveu esta sátira em nome do Vigário Lourenço Ribeyro). Não poupava a ninguém e nem a si. A mesma boca mesclava mel e fel, ora atirando setas de ígneos versos, usando trocadilhos, homofonias, sintagmas, deformando ou subvertendo sentidos, ora desnorteando a estrutura frásica, sempre almejando o alvo; ou então, diante de Deus apresentava-se – réu culpado, arrependido, com mais sincera piedade. Paradoxal, sim, verbalizava com tal periculosidade o agravo, a falha, o engodo, as falsas aparências do poder ou da ética oficializada, que, ao atacar, era mais como dinamite. "É o nosso Villon" – admite Tristão de Athayde. "É um libertário erótico, um moralista e místico. Foi sua Obra Poética preparada e publicada por James Amado, em sete volumes, em 1968, Salvador/Bahia, sob o título de 'Obras Completas', pela editora Janaína; depois pela editora Record, 1970." E vale constatar a sua atualidade. Se Casaduero adverte que "a única coisa verdadeira do barroco: é a falsa", na pena de Gregório de Matos e Guerra tudo é verdadeiro, por recusar o engano. No barroco, sob as máscaras, sempre se oculta o rosto verdadeiro da palavra, o rosto colado aos sonhos. E, se a inicial pompa foi, aos poucos, substituída pela subserviência, pela vida funcionária da corte, persiste o mito da identidade numa natureza de paraíso, ainda que velho ou perdido. Ou, quem sabe, ainda com as cicatrizes inefáveis do Éden.

Os sermonistas e tribunos

Nesse período colonial, há que ressaltar o destaque dado à retórica sacra, com figuras como Manuel da Nóbrega, também grande epistológrafo, Frei de Mont'Alverne e Pe. Antônio Vieira, a maior delas. E, paralelamente, desde o tempo desses notáveis oradores sacros, vigorou, por influência do jornalismo e do bacharelismo do Direito, a eloquência profana dos tribunos de salões, ou dos oradores do povo. Com a preleção, as associações político-culturais, o livro, a influência da religião, da Maçonaria, seja no romantismo, com a campanha abolicionista, ou a favor da república, ou, mais tarde, nas províncias, com os famosos júris e os causídicos que assim fizeram renome. Isso seguiu até a queda de Getúlio Vargas, sendo substituído, e muito, esse discurso, pela Oração Parlamentar.

Houve jornalistas como um Hipólito da Costa, tribunos extraordinários como Gaspar Silveira Martins, Rui Barbosa, Silva Jardim e José do Patrocínio, este *Danton brasileiro* (deselegante, feio, fascinante ao tomar a palavra, eletrizando a multidão). Mais tarde, a tribuna se desenvolveu na Universidade. Observa Antonio Candido "a raridade e dificuldade da instrução, a escassez de livros, o destaque dado aos intelectuais (pela necessidade de recrutar entre eles funcionários, administradores, pregadores, oradores, professores, publicistas) deram-lhe um relevo inesperado."[57]

Esse prestígio verbal ladeou, fascinantemente, a vida pública brasileira, até a figura polêmica e extraordinária de Carlos Lacerda, que unia o orador de arrasante poder verbal (Dizia Juscelino: "Se deixo o Carlos Lacerda falar, é capaz de derribar o meu governo!") e o administrador, talvez o maior da história do Rio de Janeiro. Todavia, um exame à parte, merece o genial Pe. Antônio Vieira, no Brasil Colonial, que foi como um raio, uma alucinada consciência. Sobretudo sempre na contramão da fúria dos interesses desagregadores da sociedade, que não mudou muito desde então. E, se pensamos o futuro, é porque estamos inseridos no passado.

Padre Antônio Vieira

O injustamente esquecido poeta lusitano Teixeira de Pascoais e o orador sacro de *Os Sermões* se entrelaçam no tempo através do Barroco e do Maravilhoso. Um é o poeta que

---

57. CANDIDO, Antônio. **Formação da Literatura Brasileira**. 10. ed. rev. Rio de Janeiro: Academia Brasileira de Letras: 2006. p. 246.

descobriu que não são os artistas do verso, "mas os criadores de poesia que têm interesse vital e universal, como uma flor ou uma estrela". E o outro, que soube inventar a fábula da língua, tornando as ideias com sinais mortos em seres vivos, porque amalgamadas "nos desenhos infantis do Espírito". Talvez, em ambos, a capacidade de infância tenha suplantado os adultos seríssimos, os eruditos vazados de velhas batalhas no idioma. E. M. Meletinski, em *Arquétipos Literários*, adverte, citando Tolstói, que há "algo comum, inconsciente, da vida coletiva da humanidade, à qual o ser humano se submete inconscientemente, como meio para obtenção de finalidades históricas comuns a toda a humanidade."[58] Centremo-nos em Vieira, cuja agudeza se move entre alegorias, sempre arauto coletivo, seja na defesa dos índios, seja na defesa da pátria ou dos judeus, seja na luta contra o jugo inquisitorial que esmagava boa parte do povo, tirando a liberdade de pensamento e de fé, seja para – como Fernando Pessoa, de *Mensagem* – tomar a si o sonho lusitano do retorno do Rei D. Sebastião, o que penetrou no imaginário de nossa língua, haja vista essa semente de arcaísmo plantada fervorosamente no nordeste brasileiro. O artifício dramático em Vieira não busca apenas um fim religioso, da salvação ou edificação das almas, busca também estabelecer certas premissas políticas da nacionalidade. Veja-se este toque de aguçado transverberar do *Sermão das Chagas de São Francisco*:

> Imaginas, Pedro, que não posso rogar a meu Pai, e me mandará logo do Céu mais de doze legiões de anjos? Notável razão! Não estava mais achado dizer Cristo: Embainha, Pedro, a espada, porque para me defender a mim não são necessárias nenhumas armas, e muito menos as tuas? Não vês que com só uma palavra acabo de prostrar por terra meus inimigos? Pois se esta razão estava tanto à flor da terra, por que vai Cristo buscar outra no Céu? E por que faz menção dos Anjos nessa ocasião? Porque como os Anjos costumam assistir e ajudar invisivelmente as ações humanas, soubessem os homens por essa advertência, que nem aos Anjos do Céu admitia Cristo à companhia de suas penas. São os Anjos impassíveis por natureza, são espíritos, que não podem

---

58. TOLSTOI, apud MELETINSKI, E. M. **Arquétipos literários**. São Paulo: Ateliê Editorial, 1998. p. 307.

padecer corporalmente; e era Cristo tão amante das penas de sua paixão ... Por isso não quis ter Anjos por companheiros ... porque ainda que lhe não podia participar dos tormentos pela paciência, podiam-lhe levar parte da glória pela companhia.[59]

 Denominou Goya certa fase de seus desenhos: "Os sonhos da razão são monstruosos." Todavia, os sonhos da imaginação se congregam à memória do porvir. E essa não padece de qualquer defeito de nascença, porque é a memória do maravilhoso, dentro das potencialidades semânticas e sintáticas da linguagem, que, ao revelar o homem de seu tempo, revela todos os homens. Vieira sempre se desvanece na esperança, mesmo argumentando contra ela. "Ora, Senhores", – assegura ele – "já que somos Cristãos, já que sabemos que havemos de morrer, e que somos imortais; saibamos usar da morte, e da imortalidade. Tratemos desta vida como mortais, e da outra como imortais."[60] Seu barroco se entretece de camadas de imagens, símbolos, raciocínios, invocações, interjeições, doutrina, referências latinas, vertigens, devaneios, como se erguesse na linguagem, entre estrelas, as camadas do firmamento. E falasse aos homens da altura dos anjos e falasse a Deus, de palavra a palavra, como Moisés, face a face. O Pe. Antônio Vieira nasceu em Lisboa, Portugal, no ano de 1608, e faleceu na Bahia, em 1697. Escritor, orador, epistológrafo, político. Um defensor implacável dos marginalizados. Veio a Salvador, Bahia, aos 6 anos. Adolescente, entrou na Ordem dos Jesuítas, indo a Portugal apenas aos 33 anos, "passando Vieira no Brasil a maior parte de sua vida: 52 dos seus 89 anos, quase dois terços", como observou em livro exemplar Arnaldo Niskier.[61] Além disso, é de Batista Caetano de Almeida Nogueira o informe de quanto Vieira foi influenciado "pela fala brasileira" na inflexão da voz, no torneio gramatical e no fraseado novo, pouco comum à linguagem da Corte. Teve a

---

59. PÉCORA, Alcir (Org.). **Sermões**. São Paulo: Hedras, p. 414.

60. VIEIRA, Antonio. **Sermões**. Porto: Lello & Irmão, 1970. p. 68.

61. NISKIER, Arnaldo. **Padre Antônio Vieira e os judeus**. Rio de Janeiro: Imago, p. 2004.

Inquisição atrás de si, foi por ela preso, perseguido, degredado na Bahia, conseguindo do Papa, em 1665, um *Breve* que o colocava apenas sob a jurisdição de Roma, absolvendo-o de todas as censuras, penas, proibições sofridas. Foi Pregador Régio, depois de recusar a investidura de Bispo, e tentou tornar mais justo o processo da Inquisição. Sua obra publicada: *Sermões, Cartas* e *O Livro do Futuro*. Embora Antônio Carlos Villaça prefira aos *Sermões*, a epistolografia, sou de parecer discordante. É nos *Sermões* que se vislumbra "o imperador da língua portuguesa" (Fernando Pessoa), onde o gênio toma sua total liberdade. Acham-se, ali, obras-primas no gênero, como o *Sermão pelo Bom-Sucesso das armas portuguesas contra os holandeses* (em que muda o polo – não fala ao povo, fala diretamente com Deus), ou *O Sermão da Epifania* ou *O Sermão da Quarta-Feira de Cinzas* (15.2.1973), ou o famoso *Sermão de Santo Antônio aos Peixes*, onde usa poderoso jogo metafórico para arrostar a Inquisição, como "monstro dissimulado", com o distanciamento brechtiano, antes de Brecht: "Salta o coração, bate o peito, mudam-se as cores, chamejam os olhos, desfazem-se os dentes, escuma a boca, morde-se a língua, arde a cólera, ferve o sangue, fumegam os espíritos; os pés, as mãos, os braços, tudo é ira, tudo fogo, tudo veneno." Poucas páginas têm tanta veemência, com verbos de ação crescente, dardejantes. Sua técnica: a de abordar com proposições um horizonte abrangente no texto que depois se particulariza aos mais íntimos pormenores. Do geral para o particular e do particular ao universal. Leia-se esta outra peça maravilhosa, *Sermão da Quarta-Feira de Cinzas*:

> Morrer de muitos anos e viver muitos anos não é a mesma coisa. Ordinariamente os homens morrem de muitos anos e vivem poucos ... Também os cadáveres debaixo da terra, também os ossos nas sepulturas acompanham os cursos dos tempos e ninguém dirá que vivem. As nossas ações são os nossos dias; por elas se contam os anos, por elas se mede a vida: enquanto obramos racionalmente, vivemos; o demais tempo, duramos.

Alcir Pécora assevera: "O sermão se constitui como uma ação verbal de descoberta e atualização dos sinais divinos ocultos na ação do mundo, com vista à produção de um movimento de correção moral."[62] Todavia, Pe. Antônio Vieira não escreveu só para o seu tempo, escreveu para a perenidade (como queria Guimarães Rosa), ou a eternidade se escreveu nele. Por ser primeiramente um fabuloso mestre da palavra, extraindo todos os efeitos possíveis, como instrumento musical de muitas cordas – visíveis e invisíveis. Depois – e é o segundo aspecto – foi moralista. E mais: um moralista civilizador. O terceiro é o orador sacro eloquentíssimo e sapiente, "tempestade de homem"[63], onde a inteligência superior coordenava a superior sensibilidade artística. E, em quarto lugar, o visionário e utopista, para não dizer, profeta. E um profeta saído do Antigo Testamento, e os grandes profetas como os santos rareiam na história. "E quanto mais se é santo, mais se é singular."[64] Ao utilizar a Bíblia, manuseava – não *a letra que mata*, buscava *o espírito que vivifica*, o que está por trás das coisas, como se falasse para os séculos. Donde não importa a discussão se foi profeta ou visionário ou utópico, no terreno da linguagem. Importa que tenha sido um artista entre os maiores. E é outra frase de Bloy: "Nasce-se grande artista, como se nasce santo."[65] Ainda que o exegeta, que é Alfredo Bosi, trate largamente, em *Literatura e Resistência* (p. 54-108), desse tema, prefiro acompanhar o pensamento de Eduardo Portella que observa não haver incompatibilidade entre a contradição e a unidade na obra do grande português-brasileiro. E penso que a grandeza da linguagem de Vieira está no choque entre a tese e a antítese, para a síntese, a utopia, ou *a loucura de ver a história do futuro*. Sua natureza não é confundir, é trabalhar a luz, até nos exageros, para que se vislumbrem melhor todos os recantos de treva. Com a arte de desplumar, com evidência solar, a organização das sombras. Donde o Pe. Antônio Vieira não opera somente uma "ação verbal de descoberta", alcança a descoberta imperiosa e deslumbradora da ação verbal. Isto é, a palavra que se

---

62. PÉCORA, Alcir. **Escolas Literárias do Brasil**. Rio de Janeiro: ABL, 2005. v. 1.
63. NISKIER, Arnaldo. **Padre Antônio Vieira e os judeus**. Rio de Janeiro: Imago, p. 2004.
64. FARIA, Octavio de; BLOY, Léon. **Léon Bloy**. Paris: Éditions Tournon, 1968. p. 254.
65. FARIA, Octavio de; BLOY, Léon. **Léon Bloy**. Paris: Éditions Tournon, 1968. p. 254.

faz ato. E a alma que se torna corpo. Tendo sido o Pe. Vieira pregador da corte, nem aos reis poupava, com invencível rigor e força dialética. E os ornatos e figuras de seu procedimento são todos bem-sucedidos, como recursos peculiares da retórica, que, para ele, *era arte sem arte, com a utilização do espaço, tempo e lugar previstos no gênero*. Verberava: "Nem os reis podem ir ao Paraíso sem levar consigo os ladrões, nem os ladrões podem ir ao Inferno sem levar consigo os reis."[66]

O poder de concretização do abstrato, o uso da alegoria, as ilações auferidas em relação aos poderosos são tão lúcidos que se fazem diláceradamente atuais. Porque a natureza humana não teve variância e os seus vícios e virtudes estão de tal modo nela inseridos, que alcançam fatos universais. Como a fome, a penúria, o jugo, a corrupção e a esperança.

E ainda que a criação embarque na popa da ambiguidade, no *Sermão do Bom Ladrão*, Pe. Antônio Vieira, ao tratar de verdades subjetivas, consegue transfigurá-las, ao tratar de monarcas e governantes da província simultaneamente versa sobre os ladrões, os corruptos sem pátria (porque só a tem no seu bolso), distinguindo tais espécimes nefastos que vingam, sem que desejemos, através das civilizações. Nos artifícios da literatura, desaparece o engano, rompendo as divisas entre a escritura e a história.

> (Os pequenos) roubam um homem, (os grandes) roubam cidades e reinos. (Aqueles) furtam debaixo de seus riscos, esses sem temor ou perigo; (os pequenos) se furtam, são enforcados, (os grandes) furtam e enforcam... Lá vão os ladrões grandes enforcar os pequenos.[67]

E segue mais a fundo, com a intrepidez de quem se dirige a cetros (de ouvidos largos) e aos súditos (de ouvidos breves):

> O que entra pela porta poderá vir a ser ladrão, mas os que não entram por ela já o são. Uns entram pelo parentesco, outros pela valia, outros pelo suborno, e todos pela negociação... Pois se eles

---

66. SERMÃO do bom ladrão, pregado na Igreja da Misericórdia. Lisboa, 1655.
67. SERMÃO do bom ladrão, pregado na Igreja da Misericórdia. Lisboa, 1655.

furtam com os ofícios, e os consentem e conservam nos mesmos ofícios, como não hão de levar consigo ao inferno os que os consentem.[68]

Tudo *que o mestre da retórica sacra* percebia, hoje percebemos com igual impunidade. E, se "pensamento e palavra são sinônimos", como assinala Joseph de Maistre[69], o parecer do genial português era de total inconformidade com o tempo, de que foi paradoxal espelho, fazendo circular os símbolos e os atrelando à linguagem. E o espelho é bem mais: máscara ou juízo verbal, colada ao rosto de todos. Descabendo, portanto, arrancar-lhe a antevisão do profeta, até dos escombros da alma geral, profeta da liberdade, mesmo perseguido pela mão não tão santa da Inquisição, profeta da utopia.

E, no seu empenho, soube vislumbrar a maldade, um dos espectros do medo que tem séculos e lógicas imprevisíveis.

Quando Gilbert K. Chesterton afirma que "todo pensamento que não se torna palavra é um mau pensamento, toda palavra que não se torna ato é uma palavra ruim, todo ato que não dá fruto é uma ação má", não esquece que a palavra é ato, que o ato é alma, e a alma é um movimento eterno. Por isso, a indagação corajosa de um dos seus *Sermões*: "Sabeis, Senhores, por que temeremos o pó que havemos de ser?"

Porque o pó volta ao pó e o seu espírito reside na linguagem que não se gasta, não sabe mais morrer. Por ser Espírito, a linguagem. E o Pe. Antônio Vieira – enfatizamos – incendiou as palavras, mesclou o raciocínio mágico e lógico, enlouqueceu a sintaxe de uma nova "claridão", tomando as coisas por outro parâmetro de realidade. Com o estilo atravessado de *estalos* ou *abalos sísmicos* na inteligência. E, se o nevoeiro foi inventado para melhor compreender o sol, Vieira é um nevoeiro solar. Ou o sol que inventou o seu próprio nevoeiro.

---

68. SERMÃO do bom ladrão, pregado na Igreja da Misericórdia. Lisboa, 1655.
69. MAISTRE, Joseph de. **Viagem em torno do meu quarto**. [S.l: s.n, s.d].

Matias Aires da Silva de Eça

Antes de penetrar no território mágico de Minas colonial e seus arautos, há que destacar um prosador singular, dúctil, conjugado ao observador arguto, espécie de Montaigne brasileiro, Matias Aires da Silva de Eça. Nascido em São Paulo, em 1705, faleceu de apoplexia, em 10 de dezembro de 1763. Foi mestre de artes na Universidade de Coimbra e publicou seu livro *Reflexões Sobre a Vaidade dos Homens*, em Lisboa, no ano de 1752. Se é a obra de um moralista erudito, que sabe pensar sobre o seu tempo e os humanos costumes, é também a de um artífice, capaz de palavra nobre, pródigo de ideias, aproveitando-se das antíteses e da sonora inflexão de grande inquiridor de nossa terrena espécie. Mesmo girando em torno do obsedante tema judaico-cristão, a vaidade, amparado e muito, no *Eclesiastes*, consegue erguer um conjunto harmonioso de preceitos de bom viver e morrer. E mais. Alceu Amoroso Lima, em sua modelar *Introdução às Reflexões*, adianta que há nele "não apenas um conceito do homem e sim uma concepção do universo"[70] Como um Sêneca, que não precisou enfrentar nenhum imperador, conscientiza-se dos vícios e limites, a precariedade deste "bicho da terra tão pequeno", foi mais bem visto pelos contemporâneos, que o apreciaram, que pelos pósteros, que nele veem, talvez por certa vereda de influência eclesial, um temporão estoicismo. Ou talvez porque os pósteros, já de vaidade se afogaram, e o tema, sendo de sempre, tornou-se arcaico. Sua importância, no entanto, é sublinhada por ensaístas do porte de Antônio José Saraiva e Oscar Lopes, alegando ter Matias Aires mantido na escrita feições do barroco peninsular, atingindo, com sua enraizada crise ideológica, certas características do romantismo. Sem deslembrar que, na forma de refletir, abriu "caminho aos estudos e às pesquisas da psicologia experimental."[71] Eis dois pequenos trechos de suas *Reflexões*:

---

70. LIMA, Alceu Amoroso. **Introdução às Reflexões**. São Paulo: Livraria Martins, 1942.

71. CARVALHO, Ronald de. **Pequena história da literatura brasileira**. Belo Horizonte/Brasília: Itatiaia/Instituto Nacional do Livro/Fundação Nacional Pró-Memória, 1984. p. 158.

> As ciências humanas, que aprendemos, comumente são aquelas, que importava pouco que soubéssemos; devíamos aprender-nos a nós, isto é, a conhecer-nos; de que serve o saber, ou pretender saber, como o mundo se governa, ao mesmo tempo que ignoramos, o como nos devemos governar?
>
> ... A vaidade da fermosura é a mais natural de todas as vaidades, é vaidade inocente; a natureza em nada se recreia tanto, como em contemplar-se a si, na sua obra e em rever-se na sua mesma perfeição; por isso a fermosura é um encanto, a que não resiste, nem ainda quem o tem; ela a si mesma se namora, a si se busca, ama-se a si, e de si se rende; é como um efeito, que vem a retorquir-se contra a sua causa, ou contra o seu princípio; e como um movimento, que retrocede, e se dirige contra o seu mesmo impulso; a fermosura pelo que sente sabe o que faz sentir; e pelo que se ama, conhece que se faz amar; daqui vem que a vaidade e a altivez são partes de que a fermosura se compõe; a mesma tirania, e rigor atrai: e haverá na fermosura, que não sirva de laço, de prisão, de amor?[72]

Qual seja o critério de reconhecer essa obra, se didática, iluminista, edificante, não importa. Está na encruzilhada do futuro. Com linguagem apurada, que não arreda o rasto arcaizante, tendo no peso, ígnea leveza, no alumiar do pensamento, a sobranceira verdade, é capaz de reconhecer, agudamente, de que "nossas virtudes não são, geralmente, mais do que vícios disfarçados". E os aparentes vícios, grandes virtudes. Foi um La Rochefoucauld do Brasil Colonial, visitado pela influência de Montaigne, sob a pele estilística de Manuel Bernardes. Retratista dos costumes de seu tempo com afiada voz merece ser redescoberto por tudo o que espelhou de universal. Falando dos homens de sua época, não calou a salomônica voz, não calou quanto é preciso o homem avançar aos íntimos arcanos, para enfim reconhecer-se. Tendo a coragem de não usar a máscara – mas a fundura do rosto.

---

72. AIRES, Matias. **Reflexões sobre a Vaidade dos Homens**. São Paulo: Livraria Martins, pp. 201-202.

CAPÍTULO 3

Arcádia e os poetas mineiros no século XVIII

Cláudio Manuel da Costa
José de Alvarenga Peixoto
Manoel Inácio da Silva Alvarenga
Tomás Antônio Gonzaga
José Basílio da Gama e Santa Rita Durão. Dois épicos

Cláudio Manuel da Costa

Publicou suas *Obras Poéticas* no ano de 1768, em Coimbra, tendo fundado, apesar de alguma opinião divergente, a *Arcádia Brasileira*, cujo objetivo era imitar no canto, os idílicos montes, árvores, rios, ovelhas, num retorno aos pastores gregos, sob os modelos de Teócrito, Horácio e Virgílio. A cena geográfica era outra, também o espírito da brônzea Grécia. Mas o Brasil nada lhe devia na verdejante paisagem. E, se algo artificiosa era a tradução de ares tão diversos, cada poeta se revestia de um nome pastoril – mais literário do que real. E, mesmo tentando refletir os numes da Arcádia, refletiam seu estro e suas circunstâncias ricas e insofismáveis. Em 1724, foi fundada por D. Vasco Fernandes César de Menezes, Vice-Rei, a *Academia dos Esquecidos,* que se extinguiu, brotando, em 1759, a *Academia dos Renascidos*, de mais curta duração ainda. No Rio de Janeiro, depois de outras, foi fundada a *Sociedade Literária*, em 1786, por Silva Alvarenga. Depois nasceu a *Arcádia Ultramarina*, a que pertenceu Cláudio Manuel da Costa, mostrando mais do que a carência de um lugar a reuni-los, a necessidade invencível de expressão. E, não só através dessas Academias, também pelos poetas escreviam-se versos que faziam prosperar o mundo das letras. Porém, nada desprezível era o fator poderoso da terra, o solo áspero e quase intratável de Vila Rica, as penhas e montanhas. E eram participantes da Arcádia, além de Cláudio, Basílio da Gama, Silva Alvarenga, Alvarenga Peixoto e Tomás Antônio Gonzaga. No seu amadurecimento, o grupo se esquivava de fórmulas cultistas, descobrindo o bucolismo, que, mesmo sob a égide dos gregos, pela simplicidade e contido emprego de vocábulos, já não o era mais, tendo o sopro identificadamente brasileiro, para não dizer telúrico ou nativo. Desenvolvia-se nele um barroquismo agreste, com viso social e amoroso, que se destacava do adornado maneirismo de sua época. E foi inegavelmente dessas reuniões de Academias que nasceu o movimento dos conjurados, pois "o número considerável de poetas que figuram entre os chefes da conspiração dá-lhe certo caráter de elevação intelectual e teórica". (Ribeiro). Nasceu Cláudio Manuel da Costa na Vila do Carmo, Mariana, em 1729, doutorou-se em Coimbra, no Direito Canônico, com radiosa carreira de advogado se abrindo diante dele no regresso à Colônia. Fez parte dos que urdiram a famosa Conjuração Mineira, o que pagou com a prisão na Casa dos Contos, suicidando-se, ou sendo assassinado. Alguns acham mais plausível a última hipótese, restando enevoado o episódio. "Ah! Queira Deus que minta a sorte irada: / Mas de tão triste agouro cuidadoso / Só me lembro de Nise, e de mais nada."// Ainda que sua lira se houvesse amanhado em modelos clássicos, tendo bebido nas águas do Mondego camoniano, foi tão ligado à natureza da pátria, que se tornou ela própria, na penha barroca, o berço em que brotou, asseverando: "Ó quem cuidara / Que entre penhas tão duras se criara / Uma alma terna, um peito sem dureza?"// Para José Guilherme Merquior, "essa proeza, Cláudio, muito mais artista que os árcades portugueses seus contemporâneos, a realizou num admirável diálogo com a tradição lírica do idioma. ... Guardou a técnica barroca no que ela possuía de plena funcionalidade estética."[73] No so-

---

73. MERQUIOR, José Guilherme. **De Anchieta a Euclides**. Rio de Janeiro: Topbooks, 1996. p. 29.

neto, sobretudo, Cláudio deu vazão ao que Antônio Cândido denominou de "imaginação da pedra", para não dizer, gruta de uma nova imaginação, precursora silenciosa dos poetas da pedra – Drummond e Cabral – material de paixão ocultando a timidez enternecida, o pudor quase recluso. No instante em que se aproximou da tradição de Camões, fugindo de certos cânones da escola, Cláudio alteou-se, singularmente. Vejam, por exemplo, o dinamismo lírico, moto-contínuo deste soneto carregado de sinais:

> Nise? Nise? Onde estás? Aonde espera / Achar-te uma alma, que por ti suspira; / Se quanto a vista se dilata, e gira, / Tanto mais de encontrar-te, desespera! // Ah se ao menos teu nome ouvir pudera/Entre esta aura suave que respira! / Nise, cuido que diz; mas é mentira. // Nise, cuidei que ouvia; e tal não era. / Grutas, troncos, penhascos da espessura, / Se o meu bem, se a minha alma em vós se esconde, / Mostrai, mostrai-me a sua formosura. // Nem ao menos o eco me responde! / Ah como é certa a minha desventura! / Nise? Nise? Onde estás? aonde? aonde? //

Evidencia-se a oposição de temperamento entre Gregório de Matos e Guerra e este mineiro de espessos penhascos: de alma delicada entre grotas e funduras. A do baiano é atrevida, ousada, militante. Um é de pedra e outro, de ferro. Um se quebra no movimento da vida, tentando resistir; outro tem o martelo de ferro do profeta que nada teme e esmiúça onde toca e fere e continua a bater na palavra, tempo adentro. Cláudio ainda escreveu *Vila Rica* – poema épico arquejantemente monótono, fora de seu *páthos* emotivo e terno, sob a confluência de *O Uraguai*, de Basílio da Gama, e da *Henriada*, de Voltaire, de quem não era o forte, a poesia. E o fulgor que nos legou Cláudio – na lírica – foi "o de uma pedra áspera e dura"[74]. Um grito de dentro da pedra. Tantas vezes sortílega e alumiada. Outras vezes tão escura, como se fosse uma "noite da alma". Mas a alma tem noite, para que se alce o dia. Ou eram muitas almas sob a prisão de uma ternura entorpecida. E sua "pedra áspera e dura" não possuía o dia dentro, como

---

74. COSTA, Cláudio Manuel da. **Poemas**. São Paulo: Cultrix, 1966. p. 10.

sucedeu com Jorge de Lima ("pedra onde nasce o meu dia"), de sua *Invenção de Orfeu*. Às vezes é pedra de pedra apenas, pedra de nada, pedra de coração cansado e sem esperança. O de quem nem pôde ver dias melhores na cela de Vila Rica, onde morreu (ou foi morrido).

José de Alvarenga Peixoto

Nascido em 1744 e falecido no ano de 1793, carioca, formado em Coimbra, juiz em Portugal e ouvidor em São João Del Rei, homem de negócios, entre lavoura e mineração ao sul de Minas, foi um poeta de pouco brilho, autor de panegíricos, elogios e comemorações, deixando-nos o famoso soneto dedicado à sua mulher, Bárbara Heliodora da Silveira, quando no cárcere, por integrar a desditosa insurreição. Morreu em Angola, no exílio. E, sem a glória de seus companheiros, sua vida de comerciante e de insurrecto conheceu outro desterro, o da poesia. Esse não tão feroz, porém, imaginativo e um tanto injustiçado. Teve fama de eloquência, onde brilhou nas tribunas ou salões, o que não o contentava, pelo brilho fátuo. Porém, pouco permaneceu de sua obra, de poesia menor: algumas sextilhas, três odes incompletas, aflorando, em regra, nos temas, ora certo ar profético e científico, aliado à visível exigência de expressão, ora um canto genetlíaco em oitava rima, ora o ar de lisonja diante do poder, ora o sentir nativista, com algum visionarismo, vergado em simpatia aos humildes. Em suma, seu legado compõe-se de vinte sonetos, entre eles, o de "a paz, a doce mãe das alegrias" (o mais realizado). Nenhuma obra-prima. E foi sua própria fama oratória e a contaminante influência literária da metrópole que encobriram seu elã criativo, o sotaque próprio e a valorização de sua poesia. Escreveu também um drama em verso, *Eneias no Lácio*, traduzindo *Mérope*, de Mafei. Dele é a legenda conjuratória, extraída de Virgílio: *Libertas quae sera tamen*. E não lhe chegou no desterro, nem tardiamente: a liberdade. E lhe foram proféticos os versos seguintes da fala do poeta de Mântua, em Tityrvs: "A liberdade que, embora tardia, me viu inerte (Libertas quae sera tamen respexit inertem)."

Manoel Inácio da Silva Alvarenga

Natural do Rio de Janeiro, onde veio à luz em 1749, fez os estudos no Colégio dos Jesuítas. Depois se formou em leis na Universidade de Coimbra, passando a exercer o juizado de fora em Portugal. Em 1777, vem ao Brasil, onde se fixou na comarca de Rio das Mortes, como ouvidor. Tendo com Cláudio Manuel da Costa um convívio fraterno e por companhias esse e outros homens, suspeitosos homens de letras, viu-se atirado na *Conjuração de Minas*, do que não fugiu, apesar do ânimo bajulador. Punido foi com cárcere no Rio, exilando-se após em Ambaca, na África, onde faleceu em 1814. Sua obra mais importante é *Glaura*, publicada em Lisboa (1799), embora tenha antes editado *O Desertor* (1774), com certo buril satírico, que não era de seu temperamento eminentemente amoroso, idílico. Foi dedicado ao Marquês de Pombal, exaltando sua reforma universitária, o que nada lhe valeu. Hoje permanece por seus rondós e madrigais de *Glaura*, com certo exotismo barroco e a introdução de temas nativos na poética, que alguns consideram superior aos versos de Marília de Dirceu, no que discordamos, ainda que seja bem mais "brasileiro", com estampa bem menos europeia, anunciando, segundo outros, o advento do Romantismo. E sabendo guardar o sabor das modinhas, com ressonância do cancioneiro lusitano. Usando formas fixas, é um lúdico. Às vezes se encarcera no próprio jogo, mas a forma não é o cárcere, quando o amor o abrasa e queima; a poesia não é a forma, é a arte de desequilibrá-la. E o seu arder é o próprio desequilíbrio. Um Anacreonte carioca. Com alto senso de musicalidade, a utilização da melopeia, tendendo a avizinhar-se do popular. Celebrando: "Glaura, as ninfas te chamaram / E buscaram doce abrigo: / Vem comigo, e nesta gruta / Branda escuta o meu amor. // ...Todo o campo se desgosta, / Tudo...ah! tudo a calma sente: / Só a gélida serpente / Dorme exposta ao vivo ardor. //"[75] Explode em sensualidade, ritmos mágicos, imagens de uma lasciva natureza que assume

---

75. ALVARENGA, Manuel Inácio da Silva. **Glaura**: poemas eróticos. São Paulo: Companhia das Letras, 1996. p. 101.

traços de erotismo, pouco utilizados pelos bardos da mineira Arcádia. Seus rondós possuem radiante sonoridade, a fascinação diante da paisagem tropical, o ondeante encantamento, a dolência de silvestre violão. Entanto, não seria já esse despojamento do racional para o sensível um retorno ao sentimento nacional, que se arraiga no limo da fala para a linguagem? E não seria esse sentir, na falta de adornos, o vigor nativista? E, pela natureza, a posse da liberdade? "Ditoso e brando vento por piedade / Entrega à linda Glaura os meus suspiros; / E voltando os teus giros, / Vem depois consolar minha saudade"//[76] Aqui, a *saudade* lusitana, como pode observar o leitor, torna-se definitivamente brasileira. E é como o poeta devolve ao povo essa voluptuosa nostalgia, que é sua, esvaziando o intelectualismo no lírico amoroso, do que padeceu muitas vezes Tomás Gonzaga. E foi "emblema de amor" dessa criação obstinada *Glaura:* "No ramo da mangueira ventura / Triste emblema de amor gravei um dia"//[77] ... Sua unidade é a língua de amor, com fogo soldando os versos, para se amarem entre si, tal a maestria, tal a doçura, tal a agilidade, como em barcos, os remos. Capaz de, por amor, gravar um dia. Ao se gravarem um no outro. E em todos os dias.

Tomás Antônio Gonzaga

Nasceu em Portugal (1744), vindo para o Brasil ainda menino. Estudou com os jesuítas na Bahia, até a sua expulsão, por ordem do Marquês de Pombal. Formou-se em Coimbra, exerceu a magistratura no Brasil e o cargo de ouvidor de Vila Rica. Apaixonou-se por uma rica jovem, Joaquina Doroteia de Seixas, a Marília de Dirceu, imortalizada no livro de mesmo nome, publicado em três partes, de 1792 a 1812, tornando-se um clássico do lirismo e do amor desafortunado. Por ter sofrido oposição da família de Doroteia, requisitou à rainha

---

76. ALVARENGA, Manuel Inácio da Silva. **Glaura**: poemas eróticos. São Paulo: Companhia das Letras, 1996. p.281.

77. 5ALVARENGA, Manuel Inácio da Silva. **Glaura**: poemas eróticos. São Paulo: Companhia das Letras, 1996. p. 269.

D. Maria I a licença de casamento, aliás, com grande diferença de idade (Tomás com 40 e Doroteia com 17 anos), que não se concretizou. Pois caiu em desgraça, denunciado entre os conspiradores, preso na fortaleza da Ilha das Cobras, acabando por padecer desterro de dez anos em Moçambique, onde sua fortuna mudou entre abastado comerciante e Juiz da Alfândega. O cântico é de um pastor para a suavíssima pastora, ela mais distante que presente, com merencório e doloroso traço neoclássico, às vezes ornado de sentenças e evocações da falhada vida, entre conveniências de um Petrarca diante de sua "Laura", às alusões realistas na condição de amante enamorado. Mais platônico do que realista, escreveu-o atordoado da lembrança, ou melhor, da vista do que seria a desejada união com Doroteia, causando mais inspiração, muitas vezes, a ausência, do que a presença. E é o caso. Seu livro foi urdido entre gemidos, perdas e paisagens pastoris. De uma Grécia luso-brasileira. "Chovam raios e raios, no meu rosto / não hás de ver, Marília, o medo escrito, / o medo perturbado, que infunde o vil delito."[78] Quanto maiores os grilhões, mais o seu verso se cristaliza. E, como em medida breve ou mais longa, também forjou no infortúnio, o semblante da formosa amada, sua graça e fulgurância, que persistem diante de nós, pelo apuro da lira: "Junto a uma clara fonte / a mãe de Amor se sentou; / encostou na mão o rosto, / no leve sono pegou."//[79] Ou sentencioso, no vislumbre da sorte injusta, exclama: "O ser herói, Marília, / não consiste / em queimar os impérios; / move a guerra, / espalha o sangue humano, / e despovoa a terra / também o mau tirano. // Consiste o ser herói / em viver justo: // E tanto pode ser herói / o pobre, como o maior Augusto." //[80] E não deixa de ser um poeta do tempo que levamos e que se desfaz tão breve. Talvez também de um tempo para dentro da palavra que não flui com a luz e nem a fugacidade das coisas mudas. Pressentindo, antes de Jorge Luis Borges, que "somos tempo": "Assim também serei, minha Marília, /

---

78. GONZAGA, Tomás Antônio. **Marília de Dirceu**. Livraria Sá da Costa, 1937. p. 81.
79. GONZAGA, Tomás Antônio. **Marília de Dirceu**. Livraria Sá da Costa, 1937. p. 69.
80. GONZAGA, Tomás Antônio. **Marília de Dirceu**. Livraria Sá da Costa, 1937. p. 65.

daqui a poucos anos, / que o ímpio tempo para todos corre: / os dentes cairão e os meus cabelos. // Ah! Sentirei os danos / Que evita só quem morre." //[81]

    Para José Guilherme Merquior, Gonzaga ampliou e modernizou o registro poético brasileiro. E vou além. Ampliou-o pelo sotaque lusitano e deu, assim, maior registro poético à língua comum. Lembrando Bernardim Ribeiro. Suas reedições demonstram quanto se tornou valioso, entre nós. E *Marília de Dirceu* manteve "a ingênua simplicidade que faz com que Rodrigues Lapa o coloque acima dos árcades da metrópole", do que discordamos, por haver um tanto de exagero no juízo, o que lhe não retira o pincel com que foi desenhado: de inocência singela, como queria Almeida Garret, aliada a uma dose de razão, que ativou o fio condutor do poema, nos entrechos. Gonzaga possuía gênio lírico, a chama, que atinge na posteridade, seu verdadeiro tempo, longe da neblina das épocas. Para Waltensir Dutra, os principais aspectos de renovação dessa lira apurada na imitação de gregos e latinos estão na precisão pouco poética do vocabulário, com poder de sugestão diminuído ao mínimo, o harmonioso equilíbrio de sons agudos e graves implicando em ritmo, geralmente, binário na combinação de estrofes de quatro a sete versos, seguindo padrão variável. Ao traçar Doroteu, mescla o toque melancólico e psicológico ao perfil localista. Com um rasgo rítmico próprio, onde o artesanato se esmera dentro do bucolismo de suave natureza, entre pastoris arroubos, tendo sempre diante de si o fugitivo tempo.

    A unidade do poema para alguns é idealizada. Hipótese que aceito. Embora para outros, não, está ínsita no plasma que o amalgama, de verso a verso.

    A crítica contemporânea outorga-lhe a paternidade das *Cartas Chilenas*, poema heroico-cômico, em decassílabos, tanto pelo estilo, como pelas ideias. Provavelmente influenciado pela epopeia famosa na época, *A Henríada*, de Voltaire, em honra de Henrique IV, rei de França e Navarra, criada à

---

81. GONZAGA, Tomás Antônio. **Marília de Dirceu**. Livraria Sá da Costa, 1937. p. 48.

sombra da virgiliana *Eneida*. As *Cartas Chilenas* descrevem, através de cartas, as prevaricações do então Governador das Capitanias de Minas Gerais, de 1783 a 1788. Luís de Cunha Meneses é o herói burlesco, *Fanfarrão Minésio*. E o poeta relata as atrocidades cometidas contra os negros cativos na infatigável cata do ouro. Mais do que a beleza, vale pelo tom cáustico, com que satiricamente vergasta o governante. "A gemer igualmente na desgraça / Dos míseros vassalos, que honrar devem / De um Tirano o poder, o trono, o cetro." //[82]. Ou sobre a corrupção, atualíssima, em mordente ironia: "Não penses, Doroteu, que o nosso Chefe / Comeu este dinheiro. Longe, longe / De nós este tão baixo pensamento. //[83] E, de sua sentença, nem o povo escapa: "O povo, Doroteu, é como as moscas, / Que correm ao lugar, aonde sentem / O derramado mel;" //[84] Pelo canto de amor logrou ser o mais popular dos poetas da Arcádia, continuando a ser lido e admirado. E o amor é o que há de mais revolucionário num período de jugo e penúria. Porque sua voz não se cala.

José Basílio da Gama e Santa Rita Durão. Dois épicos

Basílio da Gama nasceu em São José Del Rei (Tiradentes), de pais fazendeiros, em 22 de julho de 1740. Estudou no Colégio dos Jesuítas, no Rio. Com a expulsão da Ordem, por Pombal, deixou de ser ordenado sacerdote, vivendo na Itália, onde foi acolhido pela Arcádia Romana, tomando o pseudônimo de Termindo Sepílio. Tentou a Universidade de Coimbra e teve o desdouro de ser exilado em Angola, como adepto da ordem jesuítica. Ao solicitar a intercessão da filha de Pombal, num epitalâmio, foi perdoado e elevado a funcionário da Secretaria de Estado do Reino. Convertido ao Pombalismo, ao

---

82. GONZAGA, Tomás Antônio. **Cartas Chilenas**. São Paulo: Companhia das Letras, 1995. p. 39.

83. GONZAGA, Tomás Antônio. **Cartas Chilenas**. São Paulo: Companhia das Letras, 1995. p. 243.

84. GONZAGA, Tomás Antônio. **Cartas Chilenas**. São Paulo: Companhia das Letras, 1995. p. 73.

seu protetor, quando em desgraça. Faleceu em 31 de julho de 1795, no Brasil, tão solteiro quanto burocrata. Sua obra, *O Uraguai*, foi publicada em 1782, tomando vida própria. Machado de Assis, que sabia ver, considerava Basílio o maior poeta do grupo de Minas. Não lhe faltando nem a sensibilidade, nem o estilo em alto grau, nem a imaginação grandemente superior à de Gonzaga. E quanto à versificação, nenhum outro a possui mais harmoniosa e pura (A *Nova Geração, Crítica*. Obra Completa. Rio de Janeiro: Aguilar, 1959. v. III). E penso que cada vez mais há que reconhecer-lhe o gênio: não só pela junção do lirismo ao verso que narra, como pelas imagens e o dinamismo verbal, impondo um novo projeto épico pessoalíssimo, ao abandonar o arrimo da oitava rima. Não foi apenas escrita ágil, é invenção de nova forma, com narrativa livre, quando a épica dominante era a camoniana. E diferente do projeto lusitano, quanto aos heróis que são os navegantes e colonizadores, ainda que Andrade guarde heroico perfil pombalino, unido a Cataneo, chefe espanhol. E os protagonistas que se destacam pela bravura são os colonizados ou indígenas.

 Ao abolir o maravilhoso cristão e pagão, tão comum à época, aliou à altiva beleza, rara qualidade poética. Talvez seja o caso de "um poeta mais da poesia que do verso", na expressão de Eduardo Portella, motivo que explica a maneira com que o seu verso é arrebatado, não como barco, mas tripulante. E em mar alto. Rompe normativamente o neoclassicismo, ao relatar os amores de Cacambo e Lindóia. (O nome Cacambo é visivelmente extraído do livro "Cândido", de Voltaire, de notável influência na época). E sua intertextualidade com Homero, Virgílio, Alonso de Ercilla advém do aluvioso armazém do inconsciente que habilmente maneja. Congregando invenção rítmica com peculiar arquitetura sintática, Basílio da Gama é romântico, ao rebelar-se contra certas regras de sua escola, pelo sentimento, pelos episódios ou sequências de seu poema e pelos versos brancos, meio século antes do precursor luso, Almeida Garret, vindo influenciar, bem mais tarde, Gonçalves Dias. Ademais, ao contrário do que afirma Antonio Candido sobre a vagueza nos nomes dos lugares, o poeta aciona um espaço de mais universalidade, o espaço mítico. N'*O Uraguai*, a semântica do texto se enleva nos flexuosos músculos de consoantes e vogais, com uma natureza edênica, onde os elementos como a água, o vento e o fogo, ou mesmo a noite, servem à vida primitiva, que a violência do homem agride: "As tendas levantei, primeiro aos troncos. / Depois aos altos ramos: pouco a pouco / Fomos tomar na região do vento / A habitação aos leves passarinhos" / (27220) "E vai ver de mais perto no ar vazio / O espaço azul, onde não chega o raio..." / (19-20) "Pelo silêncio vai a noite escura / Buscando a parte donde vinha o vento" / (99-100). E nem se diga que é decomposto ou incoerente o poema, quando a poesia cria a sua própria ordem interior, que é mágica, não lógica. Com a possibilidade de muitas leituras – o que não é penúria, mas riqueza. As camadas do poema são camadas de consciência. E suas cenas fluem como se adviessem de uma montagem cinematográfica. E não tem gratuidade: o seu *ludus* é o que impregna a convivência humana (Johan Huizinga) e o fabulismo mítico, atmosfera natural *da poesia*. Nem carece de razão o argumento de Capistrano de Abreu, condenando o fato de haver Basílio arquitetado esse poema épico sobre a campanha deplorável de Gomes Freire de Andrade, como se o tal general fora excelso herói, ao dizimar os índios das Missões Jesuíticas na banda oriental do rio Uruguai, revoltados com a invasão dos Sete Povos. Primeiro: os seus personagens (Cacambo e Sepé) denunciam o invasor e o Tratado de Madri. Segundo: porque ao criador não importa a grandeza ou ignomínia do tema, mas o tratamento estético que a ele concede.

    Outros, entre eles, Afrânio Peixoto, não vislumbram no poema basiliano nenhuma réstia de epopeia, sendo salvo por alguns versos descritivos. Não é o que observa – com agudeza proverbial – Fidelino Figueiredo – constatando em *O Uraguai* – "verídico impressionismo, de uma força absolutamente inédita".

    E, quanto ao aspecto da ambiguidade do poeta, prefiro aceitar que, apenas na aparência cantou os feitos do lusitano Gomes Freire de Andrade. O que ressalta, como pano de fundo, é a valentia e o conteúdo de verdadeiro *epos* dos ditos índios guaranis, chegando a referir no soneto *Ao inca*, estes versos: "Rompe as cadeias do Espanhol injusto / E torna a vindicar os pátrios lares. //"

Alfredo Bosi, entretanto, coloca a questão do grau da consciência americana na obra de Basílio da Gama. E, em vez de enquadrá-lo como precursor, no sentido forte do termo, considera mais justo vê-lo como intelectual luso-mineiro aberto ao rico e diversificado pensamento de seu tempo.[85] Todavia, há um ponto a ser examinado: a forma com que Basílio enfrentou a divisão, este enigma interno entre civilizador e civilizado, ao sabiamente trabalhar (manhas da ambiguidade) nas entranhas da língua através do barroco, pondo ali, nessa fusão, um sotaque próprio, identificador com a arte de conciliar o aparentemente inconciliável. E, mesmo sendo homem aberto à sua época, como intelectual luso-mineiro, não deixou de ser visionário, na medida em que seu instinto criador se alastrou adiante: no rastilho. E as palavras de Quitúbia – ("Ah! Que eu sinto gemer a Humanidade!") – expressam a perplexidade de Basílio diante do Brasil, gemendo entre o espírito de independência e o do domínio lusitano, o que revela uma opção a favor deste, contra aquele. Aliás, quem enraíza a dubiedade maior é Sepé, ao arrostar o invasor, ao lado dos oprimidos, os índios. Atentem os versos: "Detestamos jugo / Que não seja o do céu, *por mão dos padres. //*" (v. 81,82). E o poeta venceu. Seu grande texto parece manter a característica superior de apartar autor e obra no tempo. Para G.W.F. Hegel, em seu *Sistema das Artes*, ao conseguir o autor se apagar diante de sua obra, "formula o maior elogio que se pode dirigir a um poeta épico"[86]. Talvez por não se tornar mais dele, e sim do seu povo.

Ivan Teixeira assevera que os tratadistas do Antigo Regime definem a epopeia como uma forma de ficção histórica. E, assim, insinuam eles que o núcleo conceitual do poema consiste na imitação de ações extraídas do discurso de formação dos povos, com ênfase em suas guerras, aventuras, viagens, lendas e tradições.[87]

---

85. BOSI, Alfredo. **Literatura e Resistência**. São Paulo: Companhia das Letras, 2002. p. 87-99, 109, 110.

86. HEGEL, G. W. F. **O sistema das artes**. São Paulo: Martins Fontes, 1977. p. 447.

87. TEIXEIRA, Ivan. **Obras poéticas de Basílio da Gama**. São Paulo: Edusp, 1996.

Amparado nisso, Richard Burton considera O *Uraguai* "um romance épico", por seu teor eminentemente narrativo. E, diga-se de passagem, o próprio Ivan Teixeira, no monumental *Obras Poéticas de* Basílio da Gama, chamou a atenção ao espírito de pesquisa do poeta, e, sobretudo, "pela jovialidade do texto"[88], que foge do Arcadismo e avança para o futuro.

Seus heróis mais relevantes e fortes são: Cacambo, Sepé, Caitutu, Balda e Lindoia – e, entre eles, não está Gomes Freire de Andrade, figura secundária. Com a autoridade dos padres e dos nativos, tratando da vida dos índios na comunidade, e o Padre Balda querendo o poder de cacique para seu filho Baldeta, mata Cacambo e intenta as núpcias do filho com Lindoia, viúva de Cacambo. E Lindoia busca o suicídio com uma serpente. Com severa crítica à catequese jesuítica. Há um antagonismo entre a civilização e a natureza, e tal abismo, tal voragem de consciência é que o faz moderno. Valendo destacar que Basílio da Gama, ao empregar a metonímia, acentuou o aspecto "cubista" na arquitetura de sua poesia, como assinalou Ivan Teixeira. E o "cubismo" impõe sensação dinâmica, com uma pressão verbal quase explosiva às imagens. E é então que ele fulgura ora no efeito onomatopaico: ("Os fogosos cavalos e os robustos / E tardos bois que hão de sofrer o jugo / No pesado exercício das carretas" // Canto I, 47-49)[89], ou ("Quantos sonoros eixos vão gemendo / C'o peso da funesta artilheria"// Canto I, 7071)[90]; ora no cavalgamento e intensa hipérbole que pessoaliza o rio, e ele age contra os invasores lusos: ("O rio sai furioso do seu seio. / Vai alargando com o desmedido / Peso das águas a planície imensa"// Canto I, 215-216)[91]; ora na música: ("As sibilantes balas/ E o bronze que rugir nos seus muros"// (Canto IV, 14-15)[92], ou ("Um cavalo e o peito e as ancas / Coberto de suor e branca escuma"// Canto

---

88. TEIXEIRA, Ivan. **Obras poéticas de Basílio da Gama.** São Paulo: Edusp, 1996.

89. GAMA, Basílio. **O Uraguai.** [S.l: s.n.: s.l].

90. GAMA, Basílio. **O Uraguai.** [S.l: s.n.: s.l].

91. GAMA, Basílio. **O Uraguai.** [S.l: s.n.: s.l].

92. GAMA, Basílio. **O Uraguai.** [S.l: s.n.: s.l].

I, 5-6)[93]; ora no desenho dos personagens, quando descreve o fim do corajoso Sepé, que, ferido três vezes, quis três vezes levantar e três vezes caiu ("E os olhos já nadando em fria morte / Lhe cobriu sombra escura e férreo sono"// Canto I, 352-353)[94].

Inquestionavelmente, é no episódio da morte de Lindoia, ferida pelo fatal veneno de uma serpente, que seu canto se sublima. Não só pela exatidão dos pormenores, seu realismo, também pela viveza imagética, em processo reiterativo, clarão, espanto, ânsia, terror. E nos faz partícipes. Vemos Lindoia sendo atrozmente atacada pela cobra e sofremos juntos. A simplicidade, unida à cor e à sugestão metafórica, fulgura no poema, até assim culminar: "E por todas as partes repetido / O suspirado nome de Cacambo / Inda conserva o pálido semblante / Um não sei quê de magoado e triste / Que aos corações mais duros enternece. / Tanto era bela no seu rosto a morte!" // (Canto IV, 144-197).[95]

Basílio não é apenas grande poeta épico, é também lírico, legando aos vindouros, sonetos, dos mais belos da literatura brasileira, como o soneto *A uma Senhora* (natural do Rio de Janeiro, onde se achava então o autor):

> Já, Marília cruel, me não maltrata / Saber que usas comigo de cautelas, / Que inda te espero ver por causa delas / Arrependida de ter sido ingrata: // Com o tempo que a tudo desbarata, / Teus olhos deixarão de ser estrelas; / Verás murchar no rosto as faces belas, / E as tranças d'ouro converter-se em prata. // Pois se sabes que a tua formosura / Por força há de sofrer da idade os danos, Por que me negas hoje esta ventura? // Guarda para o seu tempo os desenganos, / Gozemo-nos, agora, enquanto dura, / Já que dura tão pouco a flor dos anos //[96]

E este outro: *XVIII – Soneto a uma Senhora* (que o autor conheceu no Rio de Janeiro e viu, depois, na Europa,

---

93. GAMA, Basílio. **O Uraguai.** [S.l: s.n.: s.l].
94. GAMA, Basílio. **O Uraguai.** [S.l: s.n.: s.l].
95. GAMA, Basílio. **O Uraguai.** [S.l: s.n.: s.l].
96. GAMA, Basílio. **A uma Senhora.** [S.l: s.n.: s.l].

Na idade em que eu, brincando entre os pastores, / Andava pela mão e mal andava, / Uma ninfa comigo então brincava. / Da mesma idade e bela como as flores. // Eu com vê-la sentia mil ardores, / Ela punha-se a olhar e não falava; / Qualquer de nós podia ver que amava, / Mas quem sabia então que eram amores?// Mudar de sítio à ninfa já convinha, / Foi-se a outra ribeira; e eu naquela / Fiquei sentindo a dor que n´alma tinha. // Eu cada vez mais firme, ela mais bela; / Não se lembra ela já de que foi minha, / Eu ainda me lembro que sou dela!..."//[97]

Afirma Umberto Eco que "cada civilização encontra a sua identidade quando um grande poeta compõe seu mito fundador."[98] E Basílio da Gama, no seu poema *Uraguai*, inseriu, queiramos ou não, a civilização, o mundo todo que se organizava – mais primitivo e tão semelhante ao nosso – entre guerras, poderes e resistência silenciosa. Não é em vão que Waltensir Dutra chama atenção para a sua "linguagem direta e sem artifícios", servindo-se "quase que somente de adjetivação, vindo em seguida a metáfora e, em escala bem mais reduzida, o símile". Aproximando-se do leitor contemporâneo. "Serás lido, Uraguai. Cubra os meus olhos / Embora um dia a escura noite eterna. //" (V Canto, final do *Uraguai*)[99]

O épico em Basílio da Gama é dinâmico, germinal, com o moderno uso dos verbos de ação no caminhar dos seres e do texto. O épico de um tempo vivo sob a sombra das palavras.

Santa Rita Durão é, em vários aspectos, o oposto. Um conformado aos hábitos e aos princípios estéticos de seu tempo. Nasceu em Cata-Preta, Minas, no ano de 1722. E, em Lisboa, Portugal, faleceu em 1784. Pertenceu à ordem religiosa agostiniana, publicando *Caramuru* em 1781. Seu modelo inconfundível: *Os Lusíadas,* de Luís Vaz de Camões, inclusive nas rimas encadeadas pelos dois versos finais das oitavas. Todavia, na medida em que se afinava exemplarmente ao esquema e

---

97. GAMA, Basílio. **XVIII - Soneto a uma Senhora**. [S.l: s.n.: s.l].

98. ECO, Umberto. **Seis passeios pelos bosques da ficção**. São Paulo: Companhia das Letras, 2002. p. 64 e 119.

99. GAMA, Basílio. **O Uraguai**. [S.l: s.n.: s.l].

estrutura do grande épico lusitano, afastava-se dele através de imagens plásticas, musicais, enriquecidas e imantadas pela emoção exuberante da paisagem tropical. Foi a natureza brasileira e seu fascínio que salvou o autor e o poema, classicamente bem composto, do naufrágio da pura imitação camoniana, inovando-o pelo sentimento pátrio. E, por sinal, é a um naufrágio que relata: o de Diogo Álvares Corrêa, vulgo Caramuru, (apelido dado pelos indígenas, quando usou uma arma de fogo, espantando-os). Originário de Viana ("Manda honra na Colônia lusitana / Diogo Álvares Corrêa de Viana" //. Canto Décimo, LXXVII), aportou nas praias da Bahia. Contando também os seus amores, o casamento com a índia Paraguaçu e o retorno à Europa. O episódio antológico é o do Afogamento de Moema, no Canto VI, que delineia o instante mais dramático do poema, diante da infortunada rejeição, lançando-se Moema ao mar, atrás do navio do seu amado português, que se dirige à Europa para o matrimônio com a rival Paraguaçu. "Perde o lume dos olhos, pasma e treme, / Pálida a cor, o aspecto moribundo, / Com mão já sem vigor, soltando o leme / Entre as salsas escumas desce ao fundo. / Mas na onda do mar, que irado freme / Tornando a aparecer desde o profundo: / "Ah Diogo cruel!" disse com mágoa, / E sem mais vista ser, sorve-se na água. //" (Canto XLII).[100] Ainda que boa parte da crítica julgue *Caramuru* mera "maquinaria da épica de Camões", não se pode esquecer, apesar de às vezes empolado, que possui trechos fulgurantes, concisos e de poder pictórico: "Duas faces belas, se na terra houvera.../ às flores mais gentis da primavera / pelo encarnado e branco eu comparara; / mas flor não nasce na terrena esfera. // Não há estrela no céu tão bela e clara, / que não seja, se a opor-se-lhe se arrisca, / menos que à luz do sol breve faísca."// (Canto X, VI).[101] Penso que este fator de influência há de ser analisado dentro da dimensão do tempo em que foi composto o poema, quando a imitação criadora era corrente. Como a *Eneida* de Virgílio buscou a sua fonte na *Odisseia* de Homero, e *Os Lusíadas na* Eneida.

---

100. GAMA, Basílio. **O Uraguai**. [S.l: s.n.: s.l]

101. GAMA, Basílio. **O Uraguai**. [S.l: s.n.: s.l]

Pode-se levantar certo artificialismo, em regra, das criaturas de Santa Rita Durão, ou suscitar, como o fizeram José Veríssimo e Manuel Bandeira, como enganoso o amor de Diogo Álvares Corrêa e Paraguaçu, numa tribo de fáceis costumes, ao manter intacta a futura esposa até as núpcias.

E o *Canto VII*[102] é dos mais destacados, por enumerar nossas riquezas, pintando-as com eloquência e cores, divagando a respeito das grandes plantações de milho e cana e os "vastos rios e altas alagoas", discorrendo até sobre a plumagem dos pássaros que "parecem de purpúreos vestidos".

É injusto não reconhecer que Rita Durão trouxe à épica clássica, com erudição e brasilidade, elementos novos constantes da geografia, da fauna, flora e da gente brasileira. Sob a influência da crença da bondade do homem natural, *o bom selvagem*, de Jean Jacques Rousseau, com o objetivo de "pôr diante dos olhos libertinos o que a natureza inspirou a homens que viviam tão remotos". De início narra como *Caramuru* naufragou e convenceu o cacique Gupeva a lutar a seu favor contra o outro chefe, Sergipe. Segue-se a exposição das crenças dos selvagens e dos mistérios da religião. E a formosura de Paraguaçu, filha de Taparica, que mais tarde se casou com Diogo Álvares Corrêa, em Paris, apadrinhados pelos Reis da França: "De cor tão alva como a branca neve / E donde não é neve, era de rosa; / O nariz natural, boca mui breve, / Olhos de bela luz, testa espaçosa. //" Pode-se atentar a certo artificialismo, em regra, das criaturas do poeta, que, moralista ou não – e tendendo muito a sê-lo por sua formação católica – por que exigir tamanha veracidade de sentimentos aos viventes do poema, se são por excelência seres poéticos, seres mágicos, ainda que tenham suporte de realidade? E, se o amor intenso dos dois personagens principais são invenções do poeta, ao serem inventados e nomeados, passam a existir.

Quanto à presença camoniana, vale recordar o processo dialógico, elucidado por Bakhtin, que abre discussão da própria originalidade. E é por isso que Goethe adverte: "Minhas

---

102. GAMA, Basílio. **O Uraguai**. [S.l: s.n.: s.l].

obras estão nutridas de milhares de indivíduos diversos... Minha obra é a de um ser coletivo". Não é camoniana *a máquina do mundo* de Drummond? Diz Ariano Suassuna que "a arte não tem progresso", mas tem depurações. Penso que *Caramuru* resistirá, em face de sua estrutura fechada, como uma concha, com o dorido rumor do episódio da morte de Moema. E por faltar-lhe o que sobra em Camões: esta dialética de corrosão entre o lírico, heroico e o crítico, cuja carência se faz perda, também é seu ganho, sua eficácia, considerando o que T.S. Eliot chama de explosão da realidade. Santa Rita Durão está entre os clássicos. Embora *Caramuru* contenha partes mortas, envelhecidas e até arqueológicas, naturais num criador de fôlego, sob o peso da própria armadura, muito antiga, até onde o tempo não sabe perdoar, é compensado por partes vivas, viçosas, vazantes entre formas e fórmulas. E a engenhosidade inegável de construir uma épica em torno de um náufrago lusitano, "o Filho do Trovão", não por feitos de guerra, mas pela façanha moral de superar o infortúnio. Arredando o exagero de considerar o poema, "prosa rimada" como o fez Waltensir Dutra. Seu tema não condiz com o estro, nem com a pretensão do poema, gerando desequilíbrio. Mas não é o desequilíbrio forma de interior resistência? E assim considerando, o que realizou foi uma façanha. E tal que mereceu leitores do porte de um Bocage, logrando emergir, vez e outra, no seu canto, algumas imagens insólitas, visuais, com linguagem suave, escorreita, quase líquida: "De cor tão alva como a branca neve; / E donde não é neve, era de rosa //" ...

Não seria o poema muitas metáforas que buscam ser uma só? Sim, sua verdadeira natureza, a que mais fica, é a lírica, não a épica. Tal se tivesse – com pesquisa, talento, técnica, amor, rima e sonho, tal se tivesse que encher de pedras, o abismo.

CAPÍTULO 4

O primeiro romantismo brasileiro

Antecedentes
O precursor brasileiro: Domingos José Gonçalves
de Magalhães
Manuel José de Araújo Porto Alegre
Antônio Gonçalves Dias
José Martiniano de Alencar
Joaquim Manuel de Macedo e A Moreninha
Manuel Antônio de Almeida – um caso singular

Antecedentes

O Romantismo é fruto de um acontecimento que abalou o mundo ocidental: a Revolução Francesa, de 1789, e a consequente Revolução Industrial. Os princípios de "liberdade, igualdade e fraternidade" demarcaram a ruptura profundíssima entre a aristocracia declinante e a burguesia, com a indústria, o comércio e as massas urbanas. No Brasil, foi efeito, sobretudo, da vinda de D. João VI, em 1808, com sua corte, à Colônia, trazendo junto o vento da mudança cultural e do progresso: a Biblioteca Real, o Museu Nacional, a fundação da Imprensa Nacional, as cátedras de economia e de política, o Observatório Econômico, a Academia da Marinha e a Militar, entre outras instituições que abriram o horizonte da nova Nação ao mundo. Escreveu Sílvio Romero que "a história literária é um sistema de eliminação"[103],

---

103. ROMERO, Sílvio. **História da literatura brasileira**. Rio de Janeiro: José Olympio, 1943.

mas não deixa de ser, também, um sistema de adição sobre o que não pôde ser eliminado, como o amadurecimento do ambiente, a propagação da cultura, a busca de identidade que já se entretecia no século XIX, em porfia barroca da linguagem, ora acolhendo estilos do civilizador, ora contrabandeando, lúcida ou secretamente, elementos peculiares e novos do civilizado. É um respirar orgânico, o achamento da história. Revistas surgem e desaparecem, como os *Anais Fluminenses de Ciências, Artes e Literatura* ou *O Jornal Científico, Econômico e Literário* (1833). Pregador impressionante, o franciscano Francisco de Monte Alverne sabia delinear as cores de nossa comum humanidade e apostrofar os tiranos, fazendo-se ouvir, solene, corajosamente. Era um gigante, terminando na cegueira – o que nele, até isso se tornava claridade. Ao retirar-se ao claustro, havia um público adestrado. O Regente governava sob o olhar atento de um clero culto, com a corte se magnificando no refinamento. *Os Sermões de Monte Alverne* foram enfeixados em quatro volumes de *Obras Oratórias*, publicados em 1854, dando conta deste Mestre das interrogações, entreavisos, que trovoava veemências, por vezes, apocalípticas. Como um profeta que proclamou entre as crises: "É tarde! É muito tarde!" Com avassalantes imagens, na febre de retumbância verbal, seus *Sermões* se alçam à sensibilidade exaltada, e, bem menos, à lógica fria:

> Nós esquecemos sem dúvida, que foi este mesmo ímpeto divino, que depois de esmagar as potências da terra, conquistar os reis e vencer os tiranos, desceu dos cadafalsos e do alto das fogueiras, para dissipar o falso esplendor duma filosofia orgulhosa... Os mares, as tempestades, os gelos do polo, os fogos do trópico não puderam retardar a lava incendiada, com que a religião abrasou o Universo" ... (*Segundo panegírico de Santa Luzia*).[104]

De seu magistério no Colégio de São José saíram Gonçalves de Magalhães e Araújo Porto-Alegre, arautos do Romantismo. É verdade que regurgitava na Europa uma ebulição sem tréguas, desde o deformado pensamento de Rousseau com o louvor da vida natural e selvagem, à filosofia de Fichte,

---

104. MONTE ALVERNE, Francisco de. **Obras oratórias**. [S.l: s.n.], 1854.

com o predomínio do "eu". O Werther apaixonado de Goethe, ou Ossian, do inglês Macpherson, ou o advento do romance histórico de Walter Scott, aliado ao sentido de totalidade de Novalis, que falava da "natureza animal da chama", demolindo dogmas com os aforismos, e os aforismos acionavam no artista a intuição do todo, a religião do universo. Sem esquecer Hoffmann e o seu visionarismo, ou o *Atalá*, de Chateaubriand, ou Alfred Musset, Lord Byron, Shelley. E Victor Hugo, Abrahão de gênio do romantismo ocidental, com numerosa prole, como poeta e romancista, em sua "marcha dos séculos".

Poder-se-á dizer – e é verídico – que o romantismo, além da escola literária, é um estado de espírito. E levou o entranhamento da natureza e do mundo ao paroxismo, já que "a natureza é um dicionário"[105], concentrando-se todas as forças emocionais e espirituais para um determinado fim na etimologia da imaginação. Há românticos em todas as escolas, numa busca incessante de juventude, ou de viver uma juventude que deseja eternizar-se. Caracteriza-se pela revogação de estágios anteriores, certa vocação adâmica, o prelúdio bíblico de "fazer novas todas as coisas". E, se essa subversão é culminância de energia, verdor, "a volúpia da subversão" – como salienta José Guilherme Merquior – "começa pelas formas literárias: o romantismo revoga as regras de composição e a lei da separação de gêneros". Com consequências contemporâneas: sim, a ruptura dos gêneros tem aí sua fonte. E, também, não há que olvidar, o outro aspecto, que é o apoteótico, epifânico, o embriagamento do êxtase.

Victor Hugo, no seu estudo do grotesco e do sublime, acentua que "o verso é a forma ótica do pensamento"[106] – o que nos leva à percepção do próprio Cassiano Ricardo ao dizer que "o poema é um desenho animado"[107] e o condoreiro

---

105. DELACROIX, Eugène apud FABRIS, Annateresa. **Fotografia**: usos e funções no século XIX. São Paulo: Edusp, 2008.

106. HUGO, Victor. **Do grotesco e do sublime**. São Paulo: Perspectiva, 2002.

107. RICARDO, Cassiano. **22 e a poesia de hoje**. Brasília: Ministério da Educação e Cultura, 1962.

francês lança-se no futuro, com **La Harpe**, aproximando-se de Jorge Luis Borges: "Imaginar não é no fundo senão lembrar-se". Ao defender o sublime no Romantismo, afiança que "há um véu de grandeza e de divindade sobre o grotesco". Advindo da difícil proporção, o ridículo: "um passo do sublime" (Napoleão). E à aplicação rígida dos clássicos, ao tempo e ao lugar, assegurava que "a unidade de tempo não é mais sólida que a unidade de lugar [...] Toda ação tem sua própria duração como seu lugar particular."[108] A fluência ardorosa do tempo, o gosto pelo nebuloso e antigo, a busca de consolidação da identidade nacional, o rosto pátrio, a afirmação de seus primeiros habitantes, os índios (de que Fenimore Cooper e Chateaubriand são precursores), o uso da canção de verso breve, o folhetim, a comédia, certa tendência declamatória e a exploração fremente do sentimento sobre a razão. Todas essas foram enunciações inexoráveis.

Se o Romantismo foi um movimento crítico, na estética também foi um modo de ver o homem e a natureza, recuperando-os, ao operar também no juízo da civilização, tantas vezes corruptora.

E é por isso que Afonso Arinos de Melo Franco acentua:

> Robinson Crusoé é um romance em que o Brasil ocupa a parte principal. A ilha deserta, imaginada nos moldes de tantas outras anteriores, desde a Utopia, é localizada um pouco vagamente ao norte do Equador, nas vizinhanças de Orinoco. [...] foi no nosso País que Robinson enriqueceu e ainda aqui voltou.[109]

Rousseau inspirou-se em Defoe e seu Robinson Crusoé para engendrar o *Contrato Social*, com as ideias da bondade natural do selvagem. Mas o núcleo de suas ideias está no conceito irredutível entre natureza e civilização.[110] Portanto, quando o Roman-

---

108. HUGO, Victor. **Do grotesco e do sublime**. São Paulo: Perspectiva, 2002. p. 49.

109. FRANCO, Afonso Arinos de Melo. **O índio brasileiro e a revolução francesa**. 3. ed. Rio de Janeiro: Topbooks, [s.d.], p. 276-277.

110. FRANCO, Afonso Arinos de Melo. **O índio brasileiro e a revolução francesa**. 3. ed. Rio de Janeiro: Topbooks, [s.d.], p. 276-277.

tismo, com Gonçalves Dias, José de Alencar e, episodicamente, Machado de Assis, apresentam os índios, como personagens de poemas e romances, estavam simplesmente retornando aos *bons selvagens*, cuja visão foi transmitida por viajantes, nos séculos XVI a XVIII. E mais: retornavam a um dos seus verdadeiros protagonistas, Jean-Jacques Rousseau, antes inspirado pelos personagens de Daniel Defoe, ao contemplar a existência dos indígenas do misterioso e insondável Brasil. E, se houve um Indianismo francês, ou norte-americano, com certa ressonância entre nossos criadores, houve um Indianismo peculiar, nativo, ainda que algo ingênuo e extravagante, advindo de nossa visão e natural exuberância, num processo de redescobertas. E alteiam-se no balanço desse movimento europeu, que também se desencadeou na América, as observações atiladas de Julio Cortázar:

> O romantismo inglês tem traços diferenciais que o situam adiante do romantismo alemão e do francês, no plano em que vemos Mozart em relação a Beethoven. No grande romantismo inglês não há egotismo no modo cultivadamente subjetivista de Lamartine ou Musset; não há mal do século endêmico. A ideia geral consiste em que o mundo é deplorável, mas a vida – com ou contra o mundo – guarda toda sua beleza e pode, na realização pessoal, transformá-lo.[111]

Nosso romantismo tendia mais para o francês e alemão, como vislumbramos, acrescido ainda dos excessos apoteóticos do "eu", que se realça diante da natureza dos trópicos. Faltava a transfiguração de um Keats, capaz de escrever na água, por pairar certo fatalismo condenatório sobre o mundo, cabendo à beleza apenas o canto de cisne. Nada se escrevia na água e tudo no fogo.

O precursor brasileiro: Domingos José Gonçalves Magalhães

Carioca, nascido em 1811, ao retornar da Europa, irradiava prestígio (secretário do Duque de Caxias na campanha

---

111. IMAGEM DE JOHN KEATS. Buenos Aires: Suma de Letras Argentina S/A, 2004. p. 25.

contra a Balaiada), com o título de representante do Brasil em vários países do Exterior. Foi diplomata de carreira. Discípulo de Monte Alverne, encaminhou-se pelo espiritualismo, desapegando-se dos princípios clássicos, com o culto do "eu". Através de *Suspiros Poéticos e Saudades*, 1836, impôs-se como arauto da nova visão, tendo o fascínio mítico pelo gênio, sobretudo o de Napoleão em Waterloo, que seu texto mais conhecido e realizado enaltece. Deu vazão ao sentimento pessoal, a uma até então ignorada subjetividade, com emoção artisticamente valorizada. Embora cercado de paisagens e ideias, o voo é raso, o ritmo pobre, com marcas extenuadas do arcadismo, então passadio. Ao tentar a epopeia indígena da *Confederação dos Tamoios*, 1856, mais fez do que erguer numa estrofe solta, o caos pungente de dez cantos, onde nada se salva, nem o lírico. Ao tentar criar o teatro brasileiro com Antônio José ou o *Poeta e a Inquisição*, tendo como herói Antônio José da Silva, judeu queimado pelo Santo Ofício, em 1739, em Lisboa, gerou uma tragédia "incolor, sem vida, sem um tipo verdadeiramente acentuado."[112]

Magalhães observava como introdutor do Romantismo: "Pode o Brasil inspirar a imaginação dos poetas? Ou seus indígenas teriam cultivado a Poesia?" E propunha o ensinamento de Schiller: "O poeta independente não reconhece por lei senão as inspirações de sua alma, e por soberano o gênio." No primeiro postulado possuía razão. No segundo, eram os índios que motivariam os criadores.

Manuel José de Araújo Porto Alegre

Era amigo de Magalhães, tendo sido elevado à condição de Barão de Santo Ângelo por D. Pedro II, a quem não só faltava o pavio criativo para tão larga ambição, faltava-lhe gênio. Seu livro, *Colombo*, 1866, compõe-se de 40 cantos de extrema prolixidade e fastio. A paisagem perde-se no atrofiamento

---

112. ROMERO, Sílvio. **História da literatura brasileira**. Rio de Janeiro: José Olympio, 1943.

e no marasmo, entre o erudito e o nada. Um versejador que se munia de rara erudição, ainda que ela às vezes seja mais agravo e pesadume à poesia, do que asas. Seu Colombo infelizmente nem saiu do cais, pela ausência de navio, a poesia.

Antônio Gonçalves Dias

Surge um gênio, além e acima desse deserto poético – o de Antônio Gonçalves Dias, como não se explica o aparecimento de um raio, a não ser pela explosão da natureza inteira. Foi assim a vinda deste filho do Maranhão, em 1823, gerado da união entre um comerciante lusitano e uma mestiça cafuza. Aos seis anos, seu pai casou-se com outra mulher que, enviuvando, cuidou dos estudos do enteado, em Coimbra. Sem concluir o curso de direito, por motivos pecuniários, volta ao Maranhão e depois se fixa no Rio, em 1846. Ao publicar os *Primeiros Cantos*, 1847 é logo reconhecido. Professor de latim e história no Colégio D. Pedro II, edita *Os Segundos Cantos*, 1848 e os Últimos Cantos, 1851.

Após casar-se, ocupa o posto da Secretaria dos Negócios Estrangeiros e parte em missão científica oficial para a Alemanha. Publica a epopeia *Os Timbiras*, 1857 e o *Dicionário da Língua Tupi*. Separa-se da esposa, perde uma filha, retornando ao Brasil. Depois passa a chefiar uma Comissão de Exploração do Amazonas à Paraíba, mas necessita de novo dos ares da Europa para tratar de sua débil saúde. Morre ao voltar ao Maranhão, diante de suas praias, no naufrágio do navio Ville de Boulogne. Foi o único a afogar-se, quando todos se salvaram, em 1864.

O Indianismo

Gonçalves Dias conseguiu com seu gênio, naturalmente, o que Gonçalves Magalhães desejou, mas sem fôlego, nem estro. Não só pelo seu sangue índio, ou como quer Roger Bastide, ressentimento do africano, ou esforço para provar que seu morenismo provinha de raiz indígena. Também por *páthos*, sem o que era impossível tal façanha. Embora o Indianismo pareça, hoje, um tanto artificial, foi um movimento inovador, ao mudar a ótica do civilizado para a do indígena, habitante natural da terra, ainda que idealizado. O que foi inegável proeza, poupando-nos das estridentes proclamações da pátria, costumeira nos primeiros românticos. Porque a natureza, sim, era-lhe a verdadeira pátria.

Rapsodo, Gonçalves Dias reuniu sua produção em *Primeiros Cantos, Segundos Cantos, Últimos Cantos* e *Os Timbiras*, numa abrangente celebração da vida, amores, costumes dos índios, dentro de um projeto épico, lírico, dramático. Dominou com sabedoria todos os ritmos, sobretudo o hendecassílabo, a redondilha menor e o uso de anapesto. Mesclava versos de cinco sílabas com os de onze. Quanto à rima, gostava das toantes. Utilizava termos arcaicos, revitalizando palavras da tribo, acionando alusões a autores medievais, dialogando arteiramente com *Os Lusíadas*, como no caso de *Timbiras*: "Gente assim como da cor do dia". Cassiano Ricardo, no volume em que estudou o Indianismo gonçalvino,[113] assinala suas várias características:

> a) como apelo à origem, ao original contra os deformadores e exóticos; b) reconquista do poético através do primitivo, do mundo mágico; c) espírito vigilante da terra contra os intrusos; d) incentivo à assimilação racial e à formação do homem síntese; e) força renovadora contra os mitos caducos do passadismo; f) necessidade de "ser brasileiro" em seu sentido de condição para o humano e universal; g) esforço de autenticidade americana na afirmação do "homem cordial" e do "homem livre"; h) chamamento para o Oeste, marcha de nossa civilização; i) estudo, baseado na contribuição tupi; j) valorização das relações líricas do homem com a paisagem; k) atividade cultural (etnografia, folclore, linguística). E Gonçalves Dias, ao firmar o tipo do homem brasileiro – índio,

---

113. RICARDO, Cassiano. **O Indianismo de Gonçalves Dias**. São Paulo: Conselho Estadual de Cultura de São Paulo, 1964. p. 166-167.

com autoridade, pôde escrever: "a coisa que mais podemos dispensar é a colonização portuguesa em literatura".

A Canção do Exílio

Há entre todos os seus poemas, um que nos marcou, como o que se deu muito mais tarde, com *a pedra do meio do caminho*, de Drummond, escandalizando a poesia modernista. A famosa *Canção do Exílio* gonçalvina pertence aos *Primeiros Cantos*:

> Minha terra tem palmeiras, / Onde canta o sabiá; / As aves que aqui gorjeiam, / Não gorjeiam como lá. // Nosso céu tem mais estrelas, / Nossas várzeas têm mais flores. / Nossos bosques têm mais vida, / Nossa vida mais amores. // Em cismar, sozinho, à noite, / Mais prazer encontro eu cá; / Minha terra tem palmeiras, / onde canta o sabiá; // Minha terra tem primores, / Que tais não encontro eu cá; / Em cismar – sozinho – à noite / Mais prazer encontro eu lá; / Minha terra tem palmeiras, / onde canta o sabiá; // Não permita Deus que eu morra, / Sem que eu volte para lá; / Sem que desfrute os primores / Que não encontro por cá; / Sem qu'inda aviste as palmeiras, / Onde canta o sabiá //.[114]

Aurélio Buarque de Holanda vê na ausência de qualificativos a chave do excepcional lirismo do poema. Para José Guilherme Merquior: "a verdadeira razão, o verdadeiro segredo de sua direta comunicabilidade é a unidade obstinada do sentimento que domina *Canção do Exílio*."[115] O que faz dela um poema sem qualificativos é o fato de que todo o poema é qualificativo. E conclui: "Todo ele qualifica, em termos de exaltado valor, a terra natal."[116] Porém, não é apenas isso; há o elemento mágico, o trovoar do gênio na combinação dos vocábulos,

---

114. DIAS, Gonçalves. **Poesia completa e prosa escolhida**. Rio de Janeiro: José Aguilar, 1959.

115. MERQUIOR, José Guilherme. **Razão do Poema**. Rio de Janeiro: Topbooks, [s.d.]. p. 65-66.

116. MERQUIOR, José Guilherme. **Razão do Poema**. Rio de Janeiro: Topbooks, [s.d.]. p. 65-66.

no alucinante ritmo de ritornelo, com a repetição de palavras, espécie de "abre-te sésamo" do mistério criador. São vários os instantes antológicos em sua obra, além da *Canção do Exílio*, como, por exemplo, a *Canção do Tamoio*, que encantou nossa adolescência: "Não chores, meu filho; / Não chores, que a vida / é luta renhida; Viver é lutar"[117]. Afirmando mais do que nunca a perseverança do maranhense, afeito aos combates. E era um forte que sabia ser compassivo. O seu "eu" lírico arrostava a rejeição (que veio desde a infância), dando-lhe ânimo guerreiro, identificando-o com o índio, também pela marginalidade. E tudo rodeava o espírito da natureza incorporado nele, ao inspirar-se com poemas como *A Tempestade*, em que o ritmo se dinamiza no mudar dos elementos, onde ventania e chuva se entretecem em portentoso espetáculo. Ampliava-se, muito além: no sentimento amoroso, sendo autor de altos poemas, como *Olhos Verdes*: "Quando o tempo vai bonança; / Uns olhos cor de esperança. / Uns olhos por que morri; / Que ai de mim! / Nem já sei qual fiquei sendo? / Depois que os vi"[118]. Ou refulge no magistral e dorido relato de um desencontro, que é o de seu confesso amor por Ana Amélia, dos mais lancinantes de nossa literatura: *Ainda uma vez - Adeus!*, em que confidencia: "Adeus, qu'eu parto, senhora; / Negou-me o fado inimigo / Passar a vida contigo, / Ter sepultura entre os meus; / Negou-me nesta hora extrema, / Por extrema despedida, / Ouvir-te a voz comovida / Soluçar um breve Adeus!"[119] Sem esquecer certo pendor filosófico no seu texto – *Ideia de Deus*, além do medievalismo arcaizante, tanto nas *Sextilhas de Frei Antão*, 1848, quanto na tragédia de *Leonor de Mendonça*, 1847, centrada na intolerância do preconceito, que, aliás, o perseguiu tenazmente, a partir da meninice. Em toda a sua criação, tão vasta, poderosa, nenhum poema atingiu a grandeza e a

---

117. DIAS, Gonçalves. **Poesias de A. Gonçalves Dias**. Rio de Janeiro: B. L. Garnier, 1891. p. 125.

118. DIAS, Gonçalves. **Poesias de A. Gonçalves Dias**. Rio de Janeiro: B. L. Garnier, 1891. p. 275.

119. DIAS, Gonçalves. **Poesias de A. Gonçalves Dias**. Rio de Janeiro: B. L. Garnier, 1891. p. 128.

universalidade de *Y-Juca-Pirama*, que, para Antonio Candido, "tem a configuração plástica musical que o aproxima do bailado". E é ali que o poeta do Maranhão entrelaça o ritual indígena ao valor e força viril. "Mandai vir a lenha, o fogo / a maça do sacrifício ... //"[120] Sobrepairando esta terrível maldição de um pai ao filho que se negara ao sacrifício de ser devorado – o que era honra – pelos inimigos de outra tribo, sendo arrimo do progenitor cego e ancião. Não há nada em nossa literatura, de igual força e cólera:

> Tu choraste em presença da morte? / Na presença de estranhos choraste? / Não descende o cobarde do forte: / Pois choraste, meu filho não és! / Possas tu, descendente maldito / de uma tribo de nobres guerreiros, / implorando cruéis forasteiros, / seres presa de vis Aimorés. // Possas tu, isolado na terra, / sem arrimo e sem pátria vagando, / rejeitado da morte na guerra, / rejeitado dos homens na paz, / ser das gentes um espectro execrando; / não encontres amor nas mulheres, / teus amigos, se amigos tiveres, / tenham alma inconstante e falaz! // Não encontres doçura no dia, / nem as cores da aurora te ameiguem, / e entre as larvas da noite sombria / nunca possas descanso gozar; / não encontres um tronco, uma pedra / posta ao sol, posta às nuvens e aos ventos, / padecendo os maiores tormentos, / onde possas a fronte pousar. // Que a teus passos a relva se torre, / murchem prados, a flor desfaleça, / e o regato que límpido corre, / mais te acenda o vesano furor; / suas águas depressa se tornem, / ao contacto dos lábios sedentos, / lago impuro de vermes nojentos / donde fujas com asco e terror! // Sempre o céu, como um teto incendiado, / creste e punja teus membros malditos, / e oceano de pó denegrido / seja a terra ao ignavo Tupi! / Miserável, faminto, sedento, / Manitôs lhe não falem nos sonhos, / e de horror os espectros medonhos / traga sempre o cobarde após si. // Um amigo não tenhas piedoso / que o teu corpo na terra embalsame, / pondo em vaso d'argila cuidoso / arco e flecha e tacape a teus pés! / Sê maldito e sozinho na terra; / pois que a tanta vileza chegaste, / que em presença da morte choraste, / tu, cobarde, meu filho não és! //[121]

---

120. CÂNDIDO, Antonio. **Formação da literatura brasileira**: v. I (1750-1836). 6. ed. Belo Horizonte: Itatiaia, 1982.

121. DIAS, Gonçalves. **Poesias de A. Gonçalves Dias**. Rio de Janeiro: B. L. Garnier, 1891.

É uma vociferação patética na voz do velho pai e um dos píncaros da lírica nacional. E aí se aninha o prenúncio da *Antropofagia,* que Oswald de Andrade transformará em teoria do Modernismo. Seu tom de melopeia reveste-se também de acento sentencial. A descrição minuciosa do ritual do prisioneiro e todas as cenas que cercam o sacrifício. Por sinal, a lição clássica foi altamente benéfica em Gonçalves Dias, por um desses expedientes do gênio poético, que soube clarificar, desencadeando-se na plasticidade, na música dos versos e no instinto, ou paixão coletiva, sobretudo, no lirismo de um Orfeu austero e selvagem. O que parecia limite, ilimitou-se. Sua originalidade exsurge do tratamento melódico, da perícia rítmica, das dinâmicas imagens, da sabedoria técnica e de uma intuição trazida pela natureza, com o toque ancestral, de fonte lusitana. Assim, pôde dar visão jovem a velhos temas. Intentou a *Ilíada Americana,* em *Os Timbiras* – com a pretensão de 16 cantos, tendo sido publicados somente seus quatro cantos, todo em decassílabos brancos, entretecidos de passagens belíssimas como o seu início. Grande foi o desígnio de uma epopeia nacional, mas sem sobrepujar *O Uraguai* e *Caramuru,* resultando em obra intérmina, de frouxa estrutura, lacerada pela intromissão prosaica, ainda que o hausto da inspiração, a faísca, o triunfo da poesia hajam, vez e outra, rompido a carcaça da estrutura, operando, então, a metamorfose ovidiana: "O tronco, o arbusto, a rocha, a pedra, / Convertam-se em guerreiros //". É de lembrar que o trecho em que o poeta fala de "se morrer de amor" tem cadência e harmonia pouco atingidas em nossa língua. Esse livro ressoa como a sua sinfonia inacabada. Dizem que o manuscrito estaria pronto e naufragou com ele, não tendo o destino camoniano de salvar da espuma o seu poema. E mais inacabado ainda o pressentimos, por não haver tido o espaço de eclodir. Capistrano de Abreu observa que o Indianismo teve fundos racimos populares, jamais foi, ou será "flor exótica". E, sim, *flora brasiliensis* da mais rica espécie.

José Martiniano de Alencar

Nasceu no Ceará, em 1º de maio de 1829. Foi Deputado, Ministro, Conselheiro de Estado, integrando o Partido

Conservador. Morreu no Rio de Janeiro, em 13 de dezembro de 1877. Sim, era conservador em política, obstinado nos princípios. Mas inovador nas letras. Tímido, pela altivez, tendia à misantropia e por essa chegou a um envelhecimento precoce, ainda que nunca tenha perdido a juventude da palavra. Firmou-se inicialmente como crítico, ao atacar *A Confederação dos Tamoios,* de Gonçalves Magalhães, que o Imperador D. Pedro II protegia. Tendo-lhe dado razão, outro juízo maior, o do tempo. Ao entrar em choque com o poder reinante, mostrou-se insubordinado, independente. E, tendo gênio, faltou-lhe talvez a inteligência, à altura dele. Estreou no romance com a obra-prima *O Guarani,* em 1857, forjando um gênero. Com visão barroca da realidade brasileira, que é também uma linha de temperamento, pujança e estado de espírito, que vai se ampliar mais tarde, com *Os Sertões* e *O Grande Sertão: Veredas,* sinalizando o advento de sucessores que não tinham medo da exuberância, nem do esplendor. E essa criação de novo gênero em nossa literatura teve como precursor o lânguido e dúlcido Macedo, de *A Moreninha.* Ressalte-se: José de Alencar é um dos maiores narradores na história das nossas letras. E sua veia do romance, como ele próprio confessa em *Como e Porque Sou Romancista,* ressurgiu-lhe em 1848. E foi assim que vislumbrou "a coisa vaga e indecisa", que era o primeiro broto de *O Guarani* e *Iracema,* flutuando-lhe na fantasia. Tão vaga e indecisa e depois portentosa, opulenta. Seu altíssimo senso do pitoresco evocou nossos cenários, com intuição sobranceira. Pois era um contador de histórias nato, com imaginação assombrosa. Sabia abarcar a alma nacional, o seu folclore, o sonho nativista, a natureza abrasadora. Foi um Rapsodo do Brasil, dos mais bem capacitados, vinculando-se à sua fundação, ao consumar o percurso gonçalvino na prosa, com *O Guarani, Iracema* e Ubirajara. Nesse último, por exemplo, há um gigantismo, uma "criação adâmica", (na expressão de Ortega y Gasset), que surpreende com o heroísmo dos protagonistas. Senão vejamos:

> Toda a noite combateram. O sol nascendo veio achá-los ainda na peleja, como os deixara; nem vencidos, nem vencedores. Conheceram que eram os dois maiores guerreiros, na fortaleza do

corpo e na destreza das armas. Mas nenhum consentia que houvesse na terra outro guerreiro igual: pois ambos queriam ser o primeiro.[122]

José de Alencar *defendia* um Indianismo, para muitos, tardio e aparentemente anacrônico, com tal generosidade, amor à terra, com o colorido e a musicalidade do estilo, a capacidade de tornar verossímil o inverossímil, sob rútila prosa poética, em que desaparecem os excessos, o mau gosto, o desmedido diante da energia prodigiosa, a atilada psicologia, o discernimento das ambições civis, aliados a uma inabalável sinceridade. Cheio de imagens, ritmo avassalante, não só se manteve original, apesar das ressonâncias de René Chateaubriand e Fenimore Cooper, modelos, na época, da escrita de intenção histórica, possuindo engenho mais do que suficiente para superar a todos e nada dever a nenhum deles. Opunha a civilização ao *bom selvagem*, entrelaçando os contrastes de uma viçosa natureza e os arrabaldes pérfidos ou nobres de criaturas que emergiam de seu *instinto de nacionalidade,* que precede o de Machado de Assis. E não era em vão que esse o considerava autor de poema em prosa (referindo-se à *Iracema*), "com capítulos traçados com muito vigor". Diga-se vigor e "uma poderosa imaginação que transfigurava tudo, a tudo atribuindo um sentido fabuloso", para Augusto Meyer.[123] Sem esquecer que a sua principal protagonista, a tabajara Iracema, impõe-se como um mito do permanente feminino, invadido ou violado pelo conquistador-português, Martim. Valendo assinalar, por isso, quanto o elaborar alencariano funciona: ao descrever semblantes, gestos, caracteres, seus personagens penetram pelos olhos da imaginação, tão entranhadamente, que se apossam dos leitores e tomam existência, rosto, movimento, costumes, sentimentos, sonhos, conforme o que, junto, é capaz de adivinhá-los. Porque a realidade se inventa no que falta, completante. Tudo, ao ser nomeado, vive. E ainda que

---

122. ALENCAR, José de. **Ubirajara**. Porto Alegre: L&PM Pocket, 1999. p. 31.

123. MEYER, Augusto. Nota preliminar a O Guarani. In: ALENCAR, José de. **Obra completa**. Rio de Janeiro: Aguilar, 1958. v. II.

Alencar se encante no seu texto, de *primeiro amor*, é injusto tentar idealizar, dentro do espírito característico de sua escola, livros e personagens, simplesmente, porque conseguiu eximir-se pela força criadora, de alguns de seus paradigmas ou cânones mais nevoentos. E não se enganem: Alencar sempre parte da realidade para a imaginação, mais que da imaginação para a realidade. Alcançando, ao interpretar o ser humano de sua época, um ser de todas as épocas. Diferente de Machado, seu contemporâneo, que foi um paisagista de alma, Alencar punha alma na paisagem, exuberância nos pormenores, riqueza opulenta no descrever da natureza, jardim para o gozo do que é belo. Mas ainda era Alencar capaz de uma voltagem de inocência, o que dá esbeltez e atualidade ao seu texto. E essa situação de *poeta do romance* o levou a se aprimorar nos mitos, onde se acham as cicatrizes do passado, diante de um universo virgem, a revelar-se. *Aprofundando sentido* (na lição de Mikel Dufrene), dentro da sacral memória comum. Por acreditar que a imaginação transcende "a nudez cronista ou histórica", bem como, "a cosmogonia de um povo", chamando à existência um mundo novo. E é clara a lição de Mircea Eliade: "O mito reconta uma história sagrada; relata um acontecimento que teve lugar num tempo primordial, o tempo fabuloso dos 'começos'."[124] Seu idealismo conduziu-o aos meandros da história, esta vocação de inconsciente coletivo que germina em contato com os sucederes. A epicidade que ordena a infância de um povo e impulsiona ao dilatado mistério que a fascinação da palavra amoita. O mito luta com a realidade, até que ela também mais tarde se transforme em mito. Alencar foi contemporâneo pela mescla dos gêneros, com a transformação e amplitude prevista para o romantismo, por F. Schlegel. Sua prosa com alta dose de poeticidade, inumeravelmente rítmica, é a de um inventor de linguagem. Foi um Walt Whitman brasileiro, com sua *Relva de Orvalho*, diferente do norte-americano, com a sua *Folhas de Relva*. Não defendeu a democracia do povo, mas a democracia da floresta, a liberdade dos "mares bravios" de sua terra, ou a beleza da "virgem

---

124. ELIADE, Mircea. **Aspects du mythe**. Paris: Éditions Gallimard, 1963. p.16:

de lábios de mel" de um país de promissão. Mesmo quando exagera nos tipos ou nos diálogos, sofrendo, às vezes, de gigantismo ou do paradisíaco instinto de tecer tudo novo, desenhou personagens que se fixam como símbolos, metáforas invencíveis de uma poesia que não se cansava em trabalhar nos subterrâneos da palavra. Aproxima-se do povo pela oralidade, esta melodia dos sentidos, e é atual, na medida em que hoje a melhor ficção, inclusive a levantina ou africana, achega-se aos aedos e a Homero. Antônio Cândido pressentiu na linguagem alencariana "poesia e verdade". A verdade que é a plenitude da poesia, e a poesia que é a plenitude da imaginação. Sua obra se esculturou no "caráter do povo", como queria Goethe, definindo a genialidade. Tão vigoroso e fecundo é o seu temperamento que quis abranger vários polos, idiomas humanos do Brasil, desde *O Gaúcho, O Sertanejo, As Minas de Prata* (o bandeirante), *Guerra dos Mascates*. Foi, no deslindar a alma feminina, um novelista psicológico, conhecedor dos íntimos arcanos e seus desvios, principalmente com *Lucíola, Diva* e a *Pata da Gazela, A Senhora*, como se tivera a paleta de um Rubens, opulento de vida. Foi um narrador de fogo, com a descoberta da graça de um Brasil menino, como se fosse levado a inabaláveis infâncias. Cronista criativo, político inconformado, dedicou-se ao teatro, onde não prosperou, por ser desajustado ao meio, caindo nos estereótipos e na tentativa moralista. Sim, faltava-lhe a malícia ou a ironia brejeira que fez, mais tarde, o sucesso de *O Noviço*, de Martins Pena, mais lépido, fluido, popular, mestre na comédia dos costumes e da sátira, substituindo a tese pela anedota. Se José de Alencar se encantava com a música das palavras, a ponto de serem tão fônicas que rompiam seus próprios diques, tinha o toque de transformar sua carga adjetiva em substantiva, imantando os vocábulos de magia edênica, como se todos já fossem de um inaugural mundo. Ressalte-se que se o sertanismo não se assenta em monopólio romântico, foi o regionalismo de Alencar um precursor, sobretudo com *O Gaúcho* e *O Sertanejo,* no que acompanhamos o pensamento de Alfredo Bosi, sendo frutos de um Brasil *provinciano e arcaico*, de onde a energia poética alencariana soube tomar personagens, metáforas de seres coletivos. Ainda que Manuel Canho, em *O Gaúcho*, ande atrás da vingança pela morte do pai, cujo assassino casou com sua mãe, num ritornelo *hamletiano*, e seja linear sua descrição, sem o conhecimento geográfico da região, supera tudo isso pelo lance de imaginamento, ou a sabedoria com que conduziu a narrativa. Há um conflito em Alencar que advém do próprio excesso de imaginação, pouco se distingue na exuberância a fala dos personagens e a do que está narrando. No entanto, tal se brotassem dos desvãos, exsurgem figuras que jamais se esquecem, talvez de estranha vertente fabular, erguendo-se com furor de vida e fascinação, como *Guarani* e *Iracema*, que têm a virtude dos mitos nacionais. Ou a funda psicologia de *Lucíola*, sua pureza na infância, o sacrifício pelo pai, a violação, a sensualidade autopunidora, a recuperação pelo amor, ou de *Senhora*, onde Aurélia é vítima de ignominioso negócio. Afirma Antônio Cândido, com agudeza: "Alencar quase sempre ajeitou seus heróis com paternal solicitude... A poesia e a verdade da sua linguagem permitiram-lhe adaptar-se a uma longa escala de assuntos e ambientes, do mato ao salão elegante."[125] Essa proteção do autor se apura nas protagonistas, tendo por elas certa ternura, mesmo discernindo o choque entre o dinheiro e a burguesa virtude, não sendo as mulheres tão calculistas ou frias como, em regra, as de Machado. Criou Alencar os mais variados tipos no painel de personagens. Plenos, indobráveis alguns, como Peri, mudáveis outros – entre o bem e o mal, como Lúcia, de *Lucíola*, fugindo dos esquemas pelo jogo das paixões e pelo contraditório dos sentimentos e das situações, ou a circulante *roda da fortuna*. E isso engrandeceu sua invenção, sempre entremeada de imperioso imaginário – da memória e da natureza. Vigendo, ali, duas leis: a dos acontecimentos, com o passado influindo no presente dos protagonistas. E a dos desequilíbrios sociais, modificando os destinos. Sem esquecer – o que não é lei – a argúcia do que escreve: a força das minúcias de objetos, gestos, atos, caracterizando hábitos, vestimentas, que integram

---

125. CÂNDIDO, Antonio. **Formação da Literatura Brasileira**. 10. ed. rev. Rio de Janeiro: Academia Brasileira de Letras/ Ouro sobre Azul, 2006. p. 542 e 547.

seu romance, prendendo o leitor. A força das descrições alencarianas se ampara no fato de irem além do real, tangendo o imaginado. E, se me cabe ressaltar, na ampla galeria de seus *viventes*, lembro o misterioso Robério Dias, em *As Minas de Prata* e Loredano, de *O Guarani*, antigo monge, mestre da perfídia e intriga, que são os personagens mais completos de Alencar: verdadeiros seres shakespearianos. Sim, José de Alencar tinha "a tentação do impossível", de que falava Lamartine, "a sensação de que o mundo está mal-feito, de que o vivido está muito abaixo do sonhado e inventado", ou porque "a vida real é pequena e miserável em comparação com as esplêndidas realidades que constroem as ficções logradas."[126] Alencar trabalha a paixão do impossível; Machado de Assis, a paixão do real e do subterraneamente possível.

Joaquim Manuel de Macedo e A Moreninha

Joaquim Manuel de Macedo nasceu em Itaboraí, em 1820, e faleceu no Rio de Janeiro, no ano de 1882. Ao publicar *A Moreninha*, 1844, cristalizou indelevelmente o primeiro amor, para todas as idades, com protagonistas que, na infância, fazem um pacto e, na juventude, por obra do destino, mediante uma aposta, o cumprem. Esse aspecto de jogo e certo pieguismo não tiram o tisnar de orvalho da obra-prima de Macedo, com um sucesso que não conheceu, depois, com outros romances, sem a leveza e ingenuidade desse livro. Sofreu Macedo o resto da existência a sina de ser autor de *A Moreninha*, não conseguindo com outros livros sequer repetir o sucesso da primeira criação, nem a inocência, ou inefável vento da bondade. "Fome! exclamamos com espanto: fome! pois também morre-se de fome?... E instintivamente a minha interessante companheira tirou do bolso do seu avental uma moeda de ouro e, dando-a à velha, disse: Foi o meu padrinho que me deu, hoje, de manhã... eu não preciso dela... não tenho

---

126. LLOSA, Mario Vargas. **La tentación del imposible**. Chile: Alfaguara, 2005. p. 221.

fome".[127] E não seria essa generosidade subjacente, a do primeiro amor e de todos os amores que se renovam, de estação em estação, o talhe, a marca do que não conhece o esquecimento? Sim, o fundo da infância que une Augusto e Carolina é o mesmo sentimento delicado e doce que nutre este livro de sortilégio e duração. Porque Joaquim Manuel de Macedo, romancista do Rio, captou na simplicidade dos sonhos, o que os sonhos felizes sabem. Sem deixar de ser espelho e documentário dos salões elegantes de sua época. Chegando a ser um crítico feroz da corrupção de seu tempo, em *Um passeio pela cidade do Rio de Janeiro* (1862-1863), quando observa: "Em uma palavra, a desmoralização era geral. Clero, nobreza e povo estavam todos pervertidos."[128] Mas isso é desafortunado e o texto romântico e mágico de *A Moreninha* leva-nos a alcançar aquela expressão de felicidade que deve, perseverantemente, destilar-se, para Jorge Luis Borges, em linguagem. E, se tudo se soma e nada se perde, na lei da criação, *A Moreninha*, publicado em 1844, teve o bom destino de inúmeras edições e é clássico, na medida em que lido pelos jovens e, por que não, pelo enverdecer dos mais velhos? Todos encontrando talvez um perfil novo de realidade. Publicou, não com o mesmo sucesso, os romances: *O Moço Loiro* (1845); *A Luneta Mágica* (1844) e *Os Dois Amores* (1948). Escreveu também uma *História da Literatura*, uma das primeiras entre nós, abarcando de 1581 a 1823. Pregador a favor do abolicionismo, íntimo da Família Real, íntimo do sucesso dos salões da corte, manteve nas peças e romances, como regra, o tom convencional, pincelando a sociedade burguesa fútil e galante de um Rio já perdido no tempo. Que nem de si mesmo se recorda.

Manuel Antônio de Almeida – um caso singular

Nasceu no Rio de Janeiro, em 1831, filho de pais portugueses. Formou-se em medicina, foi jornalista, publicando no

---

127. MACEDO, Joaquim Manuel de. **A moreninha**. [S.l.: s.n.],1844. p. 54.
128. MACEDO, Joaquim Manuel de. **Um passeio pela cidade do Rio de Janeiro**. São Paulo: Planeta do Brasil, 2004.

Correio Mercantil, crônicas e, em forma de folhetim, a sua obra: *Memórias de um sargento de milícias*, que veio a lume entre 1852 e 1853. Morreu cedo, em 1861, num naufrágio de navio, quando se dirigia para Campos. Em *Memórias de um sargento de milícias*, retrata a sociedade fluminense do Século XIX, quando da chegada da corte de D. João VI ao Brasil e, ali, narra as peripécias de Leonardo, o malandro, ao redor de quem se desenrola esse saboroso e sapiente romance. Seus personagens são gente do povo, como os seus costumes e a vocação festiva. Tem dinamismo narrativo, descrições em regra pitorescas, relatos que agradam e acumpliciam o leitor de aventuras, com drágeas de muita picardia. E uma malícia inusitada antes, entre nós. Aproxima-se nos tons e nos ingredientes picarescos, da novela espanhola de Lazarillo de Tormes. É uma caixa de surpresas num texto em que Manuel não cansa de forjar armadilhas e astúcias. Inocorre o maniqueísmo usual entre bem e mal, tudo se mesclando sem amargura. Se era estreito o horizonte social, fixo o espaço geográfico e humano, num ambiente de cortesões, escravos, padres, soldados, barbeiros, comadres, ali Manuel Antônio de Almeida, como bom mestre de histórias, desencadeia as peripécias do protagonista e outros tipos – todos sem maior profundidade psicológica – como sói acontecer no *romance de costumes*, onde os fatos são frestas, coisas e seres brilham e se desfazem. O tempo não se faz sentir, apenas o que está acontecendo, ou já se deu, mudando ou deformando convivências, desventuras, costumes, sem conflitos morais, apesar de haver certo realce crítico, tão relampeante quanto fugaz, aos senhores da burguesia e ao clero, tal como se dá no teatro vicentino. Os homens iguais entre fortuna e desdita, valendo ao autor apanhá-los nas cenas e nas reações, como se os filmasse em movimento estático, sob o foco de cinema mudo. Os figurantes vivem para retratar mais indelevelmente os traços do personagem nuclear. Todos respiram para que ele – Leonardo – nos surpreenda, num português voluptuoso, descontraído, direto, onde o estilo depende mais do enredo, do que o enredo do estilo. E o que emerge deste livro picaresco – é o seu senso entranhado de realidade. Leonardo padece dos percalços que todos padecem: a ambição, desejo, amor, duplicidade. É de carne, osso, cara, coragem e medo, aventuroso e desafortunado. Sim, Leonardo é precursor, em grande medida, mais do que se apercebe de início, de um *Pedro Malazartes*, de Mário de Andrade, e do próprio *Malhadinhas*, o malandro por excelência, criado pelo português Aquilino Ribeiro. Talvez por ser Leonardo filho espiritual de *Tom Jones*, de Fielding, com o mesmo clima de candidez, as voltas revoltas voluptuosas e sentenciais dos capítulos. E, se tem caráter de romance histórico, é engenhosamente suplantado pelo bom humor e a ironia. Essa hibridez criou uma nova forma ficcional, onde sua época se retrata: coloquial, picante, desavergonhada, irônica, com tipos que depois serão mais desenvolvidos, ou ressurgentes, em nossa literatura: os malandros, os espertos, o bafio marulhoso de nosso povo dos bairros ou periferias, donde advirá generosamente a escrita de um Lima Barreto, Marques Rebelo e Jorge Amado. Essa escondida alegria de nossa gente, também protagonista, seja sob a terceira pessoa com que o autor inventa, seja pela perícia de existir que se expande por todas as suas criaturas, é filão que futuros escritores, alguns já citados, com maestria e talvez mais maturidade, abordarão. Filho de um militar e de Dona Josefina que, pela morte do marido, teve que prover a casa, com quatro filhos – Manuel era o segundo da grei. Sua corajosa mãe, devota e doce, quis torná-lo cura. Mas não foi. Acabou doutorando-se em medicina, quando os cirurgiões não estavam entre os homens bons de governança da cidade. Com o decorrer dos anos, o ficcionista, ao dar mostras de sua experiência com enfermos e sangrias, iguais às do barbeiro, entre ervas, ridicularizaria sua profissão, ao utilizar alguns personagens, no processo de *catarse*:

> Todo o barbeiro é tagarela e principalmente quando tem pouco que fazer; começou, portanto, a puxar conversa com o freguês. – Ó mestre! disse o marujo no meio da conversa, você também não é sangrador? – Sim, eu também sangro... – Pois olhe, você estava bem bom, se quisesse ir, conosco... para curar a gente a bordo; morre-se ali que é uma praga. – Homem, eu de cirurgia não entendo muito... – Pois já não disse que sabe sangrar? – Sim... – Então já sabe até demais.[129]

---

129. ALMEIDA, Manuel Antônio de. **Memórias de um sargento de milícias**. São Paulo: Ática, 2009.

É curioso é que sua palavra teve a confiança do tempo. Crescente na leitura das gerações, trazendo uma nova vereda de narrar. Tem um pouco da inquietude do inglês Tom Jones, com o senso de humor visível e invisível do norte-americano Mark Twain. É tão original, autêntico, brasileiro, como raros. Cumprindo a respeito de sua ficção, o que asseverou o francês François-René de Chateaubriand: "Escritor original não é aquele que não imita ninguém, é aquele que ninguém pode imitar".[130] E continua isolado no tempo. Um marco.

---

130. CHATEAUBRIAND, François-René. **Memórias de ultratumba**. Madrid: Alianza Editorial, 2003.

CAPÍTULO 5

O segundo romantismo brasileiro

*Manuel Antônio Álvares de Azevedo
Casimiro de Abreu e José Junqueira Freire
O Albatroz, ou Antônio de Castro Alves
Entre o surgir de Casimiro de Abreu e de Antônio Castro
Alves, Luís Nicolau Fagundes Varela
Bernardo Guimarães e A Escrava Isaura*

Manuel Antônio Álvares de Azevedo

Nasceu no Rio em 1831, onde foi educado. Cursou a Faculdade de Direito do Largo de São Francisco, em São Paulo. Faleceu antes dos 21 anos, em 1852, na tarde de 25 de abril, com inflamação do peritônio. Dizendo estas últimas palavras: "Fatalidade, meu pai!" Foi o terceiro ato ou o cumprimento da premonição advinda de duas mortes que o sensibilizaram, a primeira, com o suicídio de um colega, ocorrido em 22 de setembro de 1850, e a segunda, a do passamento de outro, no mesmo mês do ano seguinte. Foi universalista e europeizante na ficção. Tímido e ingênuo, como é descrito pelos biógrafos, viveu a grande aventura no espírito, entre vaticínios ("Eu morrerei mancebo"), delírios verbais, às vezes um tanto prolixos (*O Livro do Frei Gondicário, O Conde Lopo, Noite na Taverna*) e um desígnio de dúvida e medo que se instalou na sua generosa poesia. A morte não o deixava e a vida também. As influências de Byron e Hoffmann o bafejaram. Mas foi na ingenuidade que compôs os mais altos versos: "Se eu morresse amanhã, viria ao menos / Fechar meus olhos minha triste irmã; / Minha mãe de saudades morreria / Se eu morresse amanhã."//[131] Com *A Lira dos Vinte Anos*, em *Poesias Diversas*, aninha-se sua vertente criadora mais representativa que se perfaz com o tom elegíaco e a lamentação. "Quando em meu peito rebentar-se a fibra, / Que o espírito enlaça à dor vivente, / Não derramem por mim nenhuma lágrima / Em pálpebra demente."//[132] Esse sentimento de autopiedade diante do destino feroz, certa tendência masoquista da imaginação e a tuberculose que o toma, não o impedem de lucidamente exclamar: "Até o gênio / Que Deus lançou-me à doentia fronte, / Qual semente perdida num rochedo, / Tudo isso que vale, se padeço?"[133] Álvares de Azevedo não teve o tempo necessário para amadurecer a semente do seu gênio, embora vejamos centelhas, aqui e ali, em sua obra. Também porque na dor e no breve tempo, com pressa e desespero de ver, não sabia o que fazer com ele mesmo. Nem com as obsessões nos temas que denotam um mundo sedento de harmonia, onde os mitos tendem a aprofundar-se. Nem pela inteligência, que, por ser muita, dispersava-se nos inúmeros projetos. E seu vocabulário de blasfêmia e horror, o estro fantasmagórico, parte decorreu de acidente do tempo, parte decorreu do acidente de acelerada imaginação. E obsessivo por desejar viver, perdia-se na visão da morte e, por desejar eternizar-se, tinha medo de que o tempo lhe faltasse. E lhe faltou. Era mais repleto de dúvidas do que de respostas. Muitas viriam na maturidade, e, carecendo delas, não as teve. Na ficção sofreu a sombra trágica de Poe, Shakespeare (*Macbeth*, *Hamlet*), com quem teve grandeza de aprender, sem os imitar servilmente, precisando apenas de tempo para ombrear-se a eles, trazendo o sentimento tétrico, fantástico, macabro, que nada tinha com o estuante moço de futuro. Tudo isso porque talvez transportasse o que parece em si mesmo inconciliável: um terror inocente. E a mágica de na palavra existir. Foi um poeta nacional pela rica descrição da natureza, pela linguagem, unindo o sotaque erudito e popular,

---

131. AZEVEDO, Álvares de. Um canto do século. In: AZEVEDO, Álvares de. **Lira dos vinte anos.** São Paulo: Martins Fontes, 1996.

132. AZEVEDO, Álvares de. Um canto do século. In: AZEVEDO, Álvares de. **Lira dos vinte anos.** São Paulo: Martins Fontes, 1996.

133. AZEVEDO, Álvares de. Um canto do século. In: AZEVEDO, Álvares de. **Lira dos vinte anos.** São Paulo: Martins Fontes, 1996.

o simples e o complexo, o lirismo e o senso de humor, sem desvanecer jamais o rasgo do mistério. Certo materialismo de sensações que se entranham, com o halo de terras estranhas e uma candidez, para não dizer simplicidade de expressão que maravilha, por exemplo, diante do espanto destes versos: "Não têm mais *fogo* os cânticos das aves."[134]... Esse *fogo* é o desvio de signo e de lógica que detecta a grande poesia, *esta segunda potência da linguagem*. Diz Guimarães Rosa: "Quem quer viver faz mágica."[135] Álvares de Azevedo era sedento de conhecimento, e sua percepção mostrou-se bem maior do que a obra que alcançou realizar. "Teria morrido à míngua de excesso", como escreveu Sá Carneiro[136], também falecido precocemente? O excesso de dons na míngua de tempo. O oceano reduzido a um lago, porque não havia espaço, nem como tomar mais espaço – o que significa tempo, sob pena de ser invadido. E assim foi, porque a criação exige intervalo entre o consciente e o inconsciente, esta sombra geradora do espírito. Às vezes é a ação que mata o conhecimento e, outras vezes – e Nietzsche acerta o alvo –, o conhecimento é que mata a ação. Álvares de Azevedo tinha a lucidez da modernidade, mas não tinha a modernidade da lucidez. Não interessa quem inicia com a modernidade (Habermas, o pensador alemão, com os pés juntos, afirma que é com Hegel), interessa que a linguagem é a consciência da modernidade. E sua poesia – ainda que límpida, ingênua, com languidezes, sonolências, visão imatura da mulher, adjetivos gastos, lugares banais, fartura de orgias, certa devassidão reprimida e imaginada – é a de quem tem a consciência do efêmero. Consciência, aliás, que persegue *A Noite na Taverna*, a qual, embora fragmentariamente, carrega no seu bojo, a estalagem / peregrinagem / o hiato de viver, centrando a modernidade no pacto da vida e da morte, elementos de nossa transitiva espécie. Com embasamento na farta leitura dos clássicos, onde a *metamorfose* ovidiana (o corpo de mulher que

---

134. COHEN, Jean. **A plenitude da linguagem**: teoria da poeticidade. Coimbra: Almedina, 1987.

135. ROSA, João Guimarães. **Tutameia (terceiras estórias)**. Rio de Janeiro: Nova Fronteira, 2001.

136. SÁ-CARNEIRO, Mário. A queda. In: SÁ-CARNEIRO, Mário. **Dispersão**: 12 poesias por Mario de Sá-Carneiro. Lisboa: Typographia do Comércio, 1914.

se transforma em cipreste) mescla-se a Schiller e Platão, com lampejos que denunciam um criador ainda embrionário. Todavia, apesar dos intertextuais enxertos, o autor mantém um elo, ou coesão harmônica de quem desce às coisas, ou as faz subir até ele, em misterioso instinto. Tal um riacho que impelisse as águas, com seixos e margens. E fosse *a entremargem*, ou novo texto, seu mais delirante feito, com raízes de nonsense, um tanto rimbaudiano. Não é a *Noite* de Hölderlin, profética, enigmática, mas é a *Noite da alma* que não quer morrer. *A Noite de um João da Cruz – menino* que atravessou a escuridão e foi por ínferas espessuras – com a modernidade da lucidez, de todas as lucidezes, querendo ser eterno. E seu *Macário* (1855) é um texto híbrido, com *drama, comédia, dialogismo,* definido pelo autor como "inspiração confusa", com a descrição dos escuros estágios entre o real e a loucura. Manuel Bandeira louvou-lhe a inspiração, o langor das suas confissões de adolescente naqueles "cantos espontâneos do coração". Penso até que, de todos os românticos, era o mais inteligente, o mais dotado para o pensamento, movendo-se por uma fantasmagoria que precisava expandir-se na descoberta dos movimentos entre o bem e o mal da condição humana, o campo de batalha da alma, talvez o mais sedento de cultura humanista, deles todos. E que a sorte engoliu. Mas ficou em tantos versos, de pulsante modernidade. Como "E latiu como um cão / mordendo o século", que nos leva à metáfora drummondiana do "cão mordendo o caos." Seu mundo interior era tão grande, que nada tinha a ver com o estudante de direito e o adolescente. E queria vir à tona. O que veio, foi como um feto de espanto que não amadureceu em criança. Por não ter tido tempo para construir mais ampla posteridade, é a posteridade que o começou a se inventar, preenchendo esse vazio. Com a presunção do que poderia ter sido nos sortilégios e favores do porvir. E, às vezes, nem o porvir sabe nada de si mesmo.

Casimiro de Abreu e José Junqueira Freire

O primeiro é natural da Barra de São João do Rio de Janeiro (1839-1860), e o segundo, da Bahia (1832-1855). São dois pólos românticos. Casimiro publicou *Primaveras*, 1859 e foi um poeta, por excelência, da infância, da simplicidade, do cantar cândido, e, de tal forma que assim se plasmou na alma brasileira com a expressão direta dos sentimentos: "Oh que saudades que eu tenho / da aurora da minha vida, da minha infância querida / que os anos não trazem mais."[137] Ou: "Minha alma é triste como a rola aflita / que triste chora as ilusões perdidas; / ou como um livro de fanado gozo, / relê as folhas que já foram lidas."[138] Tal pureza expressiva só encontra paralelo num poeta português, igualmente amado pelo povo, João de Deus. Se Goethe postulava "no peito a matéria, / A forma na mente"[139], ninguém possuía a alma mais descalça do que Casimiro de Abreu. E tão descalça sua alma, como sua vida, por ter no peito a poesia e a forma no coração. Era, aliás, o que afirmou Maiakovski, num de seus versos: "era só coração." Pode-se discutir o artista, muitos apareceram maiores do que ele, mais escultóricos, mais altos no voo, mais densos na reflexão, mais loucos na memória e no calvário, nenhum mais meninamente desnudo, despojado, despido de adornos. E contrário à opinião de alguns, é escritor e poeta escorreito, o que o filólogo Sousa da Silveira demonstrou. Se Benedetto Croce assegura que "a arte é aquilo que todos sabem o que é", ninguém, nem o erudito e condoreiro Castro Alves, nem o nômade Fagundes Varela, nenhum foi mais sentido e amado pelo povo, por ser povo, do que ele. Todos sabem o que é a infância "de pés descalços e braços nus", debaixo dos laranjais. Todos conhecem que a alma chora como o arrulhar das pombas que se reencontra no *Cântico dos Cânticos*, de Salomão. E, na singular nudez de sua palavra, está toda a futura poética da pobreza, ou fome, que um Glauber Rocha utilizou no cinema e um Graciliano Ramos, mesmo erudito, compreendeu. Está a alma nua e limpa do povo. Perto do coração. Capaz de ter a amizade dos pássaros, ao ser solto e desinteressado. Até

---

137. ABREU, Casimiro de. Meus oito anos. In: ABREU, Casimiro de. **As primaveras**. São Paulo: Martin Claret, 2008.

138. ABREU, Casimiro de. Meus oito anos. In: ABREU, Casimiro de. **As primaveras**. São Paulo: Martin Claret, 2008.

139. 9 GOETHE, Johann Wolfgang von apud BOSI, Alfredo. **Céu, inferno**: ensaios de crítica literária e ideológica. São Paulo: Editora 34, 2003.

quando fala de Deus ou do mar, é um simples e é deles "o reino da poesia", céu dos pássaros.

O oposto, angustiado, opresso, é Junqueira Freire, marcado pela danação e pelo desespero. Borges diz que toda a criação é experiência da memória. Mas nem toda a memória é experiência da criação. Daí porque, sendo a crítica também criação, é memória e, num certo sentido, autobiografia, até do que diz que não é. Essa fidelidade à própria visão, essa integridade ou autenticidade, aliadas à instrumentação, são a base de toda a crítica. Aliás, não se pode compreender a concepção crítica de Aristóteles sobre a tragédia, sem menção à tragédia ática que ele viveu e donde se originou sua doutrina. A originalidade de Junqueira Freire foi a de objetivar a subjetividade como o poeta fingidor de Pessoa. E tão fingidor que acomodou a máscara na cara. Ou a máscara da disciplina monástica (para ele, não aos outros), ou a dor que deveras sentiu, como se a sentisse. "Nada desaparece no imenso universo, creiam no que vos digo, mas tudo muda e se renova" – observava Ovídio, nas *Metamorfoses*, bem antes de Lavoisier. Junqueira Freire nasceu em Salvador (1832) e viveu apenas até seus 23 anos. Aos 19 anos abraçou a vida conventual beneditina até 1854. E ele mesmo foi palco de uma luta feroz entre a educação religiosa, o temperamento nervoso e o clamor do século. Freudiano, antes de Freud. Em seu livro *As Inspirações do Claustro*, 1855, o remorso do monge desadaptado se mistura ao impulso da carne e à rebeldia por assim negar a vida. No seu segundo livro, *Contradições Poéticas* (e ele era a própria contradição), exsurge a agonia patética, sem nenhum horizonte ou esperança. O originalíssimo poema *Hora de Delírio* o caracteriza bem:

> Não, não é louco. O espírito somente / É que quebrou um elo da matéria. / Pensa melhor que vós, pensa mais livre, / Aproxima-se mais à essência etérea. // Achou pequeno o cérebro que o tinha: / Suas ideias não cabiam nele; / Seu corpo é que lutou contra sua alma, / E nessa luta foi vencido aquele. // Foi uma repulsão de dois contrários: / Foi um duelo na verdade, insano; / Foi um choque de agentes poderosos: / Foi o divino a combater com o humano. // Agora está mais livre. Algum atilho / Soltou-se-lhe do

nó da inteligência: / Quebrou-se o anel dessa prisão de carne, / Entrou agora em sua própria essência."[140]

O anel da prisão de carne desta alma sedenta de Absoluto se desfez em Salvador, no ano de 1855. Afirma Walter Benjamin que "o sujeito pode ter esquecido a base do lirismo ou a memória, mas elas não esquecem o sujeito." Em Junqueira Freire, a memória é tão voraz e o lirismo tão atormentado, que rebentam em versos que não buscam forma, impõem-na, como outros "enterram uma forma" e que por vezes rasgam as regras, imprimindo o selo do aflitivo espírito. Ou era o cárcere do claustro que, tal a prisão do corpo, amarrava-lhe a alma. Tinha ânsia de liberdade, e toda a sua poesia é a ausência do que não teve, essa falta, esse espaço vazio que não conseguiu preencher nem com palavras. E, por restar vazio, insone, o seu canto é a ausência desgarrada, todo ausência de amor. Registrando que a memória é sempre projeção de eternidade, podendo começar a partir do esquecimento. Talvez dos seus verdadeiros sonhos, ocultos sob os poemas, como em Virgílio, vaguem os sonhos debaixo das árvores. Há poetas que não nascem para a ascese, nascem para a trituração e a trituração é o abismo de si mesmo, o abismo da razão. "O inferno não são os outros", é o que deixamos os outros fazerem, ou o que nós próprios geramos em nós. Essa consciência é o princípio da libertação. E toda a existência desse poeta de obsedante niilismo se move rumo à catarse. A explosão da casca do ovo, para a crisálida. O desespero de Junqueira Freire foi máscara de uma moda trágica de sentir – mais do que de existir – advinda do Werther goethiano ou do fantasma melancólico de Byron, a máscara ritualística chinesa ao encenar o espetáculo do mundo, *a persona* (dos atores romanos). Doloroso ríctus mais para fora, do que para dentro, vivendo no sentir uma espécie isolada e espectral de "drama em gente", sem a sombra pessoana, tal se fora cidadão impossível de si mesmo. O grito de Junqueira Freire é delirante, seus versos são

---

140. FREIRE, Junqueira. Louco (Hora do Delírio). In: FREIRE, Junqueira. **Poesias completas de Junqueira Freire vol. II:** contradições poéticas. Rio de Janeiro: Zelio Valverde, 1944.

delirantes, assumindo formas expressionais mais primitivas, sem o domínio verbal de Castro Alves ou Álvares de Azevedo ou Gonçalves Dias. Há nele um simplismo lírico, com a obsessão dos mesmos metros. A sombra byroniana e baudelairiana aqui repercute com a investidura da noite dantesca, entre o funesto e o terrífico. Sendo a sotaina, que podia ser salvadora, uma forma de cárcere privado do amor, onde os traumas insolúveis de sua infância se plenificam. No seu caso, portanto, a sotaina é máscara de outra máscara. Entretanto, aí está o miraculoso da poesia: sua lira rebenta em haustos de agonia, em ébrios gemidos de toda uma condição humana desabrida, saindo da máscara, o som vertiginoso que lhe sufocava o rosto, a boca desorganizada da alma, o conflito entre a ânsia de amor e morte. Penso que nenhum dos nossos poetas românticos teve um canto tão lancinante e lúgubre. Poe é assustador; Hoffmann é assustador. Todos se mostram alarmados de razão. Junqueira Freire – até na máscara é vivo, naturalmente trágico, dolorosamente sem esperança. E o que é a esperança senão o último estertor da luz? Ele passou o Letes, e o Letes também foi sua máscara. Ainda mais que o claustro foi a gaiola. A outros podia ser vocação; a ele era cativeiro, o início da máscara. Um verso de Ezra Pound, engaiolado político na Itália, revela muito bem essa situação: "O leopardo ficava perto de seu prato de água". Precursor de Augusto dos Anjos? Talvez. Só que Augusto dos Anjos não possuía máscara, engolira a cara inteira para dentro, sendo do paraibano, o gênio lírico mais poderosamente dotado, com mais amplos recursos estilísticos. E Augusto dos Anjos era uma só ferida exposta. Toda a poesia de Junqueira Freire, aliás, não sofre "da ausência da verdadeira vida", como Arthur Rimbaud, padece da estranha e soluçante moléstia da morte na vida. E então não quer vivê-la. Quer imitá-la. E acaso é ele que denomina as coisas? Não, são as coisas que o denominam. E a teia de aranha de seu delírio despede um *continuum* de não haver mais a aranha, apenas o delírio. Sim, deixemos que o poeta fale:

> Do embate aos sinos pelos vãos da torre. / Noturnas aves correm. Surdo dobre / Era quase um choque incerto e vago / Nos ocos bronzes. A solidão profunda / Aumentava o pavor, crescendo

a noite. / Ali a mente em êxtases prendidos / Prolongava estes sons, pensando neles. /; Ninguém vivia: a profundeza do sono / Tinha com os mortos irmanado os vivos."[141]

A máscara do poeta são "os ocos bronzes", os sinos que tangem de seu corpo, a torre. Dividido entre o que vive e o que cria, esse *outro é* que fala de si mesmo. Enquanto um é cego, o outro é a voz que vê. E, entre os românticos, tal tragicidade é a viseira poética que dá a impressão de ele não ter sido o autor de seus poemas, mas que os poemas é que o fizeram.

O Albatroz, ou Antônio de Castro Alves

Nasceu em 1847, em Cabaceiras, fazenda do Recôncavo baiano, perto de Curralinho, onde cresceu. Cursou o Ginásio Baiano e, depois, matriculou-se na Faculdade de Direito de Recife, e então frequentou a Faculdade de Ciências Jurídicas e Sociais de São Paulo. Marcado pelo amor, enamorou-se da atriz Eugênia Câmara, com quem teve abrasado romance e de quem, dolorosamente, se apartou, deixando nestes versos decassílabos sua desolação:

> Quis te odiar, não pude. — Quis na terra / Encontrar outro amor. — Foi-me impossível. / Então bendisse a Deus que no meu peito / Pôs o germe cruel de um mal terrível. // Sinto que vou morrer! Posso, portanto, / A verdade dizer-te santa e nua: / Não quero mais teu amor! Porém minha alma / Aqui, além mais longe, é sempre tua. //"[142]

Houve a resposta de Eugênia afirmando que, apesar do rompimento, continuava a amá-lo. É gigante a dor? Bem maior a morte que, em sua amurada de navio, entre tristes vagas, conduziu o poeta, no Rio de Janeiro, aos 24 anos, em 6 de julho de 1871. Seus restos finais foram sepultados mais tarde, junto à base do monumento na praça que guarda seu nome,

---

141. FREIRE, Junqueira. O monge. In: FREIRE, Junqueira. **Inspirações do claustro**. Coimbra: Imprensa da Universidade, 1867.

142. ALVES, Castro. **Obra completa**. Rio de Janeiro: Nova Aguilar, 1960.

em Salvador. *As Espumas Flutuantes* foi o único livro que publicou quando vivo (1870), apresentando anos antes (1867) a sua peça *Gonzaga* ou *A Revolução de Minas*, na Bahia. No ano seguinte visita José de Alencar na Tijuca, Rio de Janeiro, com carta de Machado de Assis. Condoreiro, sob forte influência hugoana, Castro Alves é um poeta que une visualidade e oralidade, ou a visualidade oral que os sonhos têm. Se observarmos os seus poemas mais conhecidos, como *Vozes da África* ou *O Navio Negreiro*, vislumbraremos o quanto é possível cada um desses famosos textos serem cadernos de gravuras, onde uma imagem completa outra, na lógica irrefutável do sonho. E é impressionante essa verossimilhança mágica, apesar da carga das hipérboles e antíteses. O gênio do poeta a tudo transfigura, até o alegado tom de oratória dos versos. E a grandeza de um bardo se constata na forma com que ele transforma os defeitos em qualidades. Pois tem a arte de fazer voar o poema, malgrado o peso e a própria lei da gravidade das palavras. O fogo incendeia os vocábulos e estes não são mais os mesmos. Tanto em *Vozes da África*, como em *O Navio Negreiro*, a visão é a de quem contempla do alto, com as asas do futuro, desde os filhos da África, livres, em sua terra e as cenas da tragédia no mar que os torna escravos sob o açoite. E jamais perde a compaixão: "Antes te houvessem roto na batalha / que servires a um povo de mortalha!"[143] (diz ao pavilhão nacional desfraldado no navio). Castro Alves fala com imagens vivas e são mais imperiosas que os argumentos. Que argumentos são maiores que os da liberdade? Os versos deste baiano universal podem ser lidos como "desenho animado", através de uma história das imagens. E Castro Alves conseguiu amalgamar o sentimento da nacionalidade, contendo em si num tempo a aspiração de toda a nação a favor dos escravos, sendo, como o foi, uma força da natureza tal um tufão ou vendaval. Não bastando ter o porte de graça e simpatia, onde havia um não sei quê de insinuante e atrativo de que era impossível furtar-se (confissão de seu contemporâneo Luís Cornélio de Lima), era

---

143. ALVES, Castro. **Tragédia no mar:** o navio negreiro. [S.l.]: Academia Brasileira de Letras, 2000. p. 563.

ainda de arrebatadora eloquência. Sabia dizer os versos – o que rareia entre os poetas – raro dom que possuía também o andaluz Lorca – com "lampejos que ofuscam como o relâmpago." Portanto, de todos os românticos, Castro Alves criou a mais invencível lenda. Sua genialidade era maior do que a proverbial inteligência, como sucedeu com alguns grandes criadores (a exemplo de Victor Hugo). Um inteligir diferente: o instinto superior de invenção, que se aliava à intuição do tempo. Não era ele que pensava as imagens, eram as imagens que o pensavam. Sua perenidade cada vez mais se consolida, fonte de uma duração que é retomada na imagética lavradura, a do cinema pela visualidade, dentro do que dizia Novalis: "O poeta é o que fala por imagens."[144] A plasticidade do seu cântico e o projeto ótico com que se delineia, expandem-no, além do romantismo, porque é pela visão que este poeta consegue desenhar nossa visão, com o mistério do gênio, que é o de avistar e redimensionar o mundo de dentro das palavras. Isto é, com o encantatório de as palavras verem com ele e por ele num clarão, possuindo a arte de "habitar não só o clarão": também habitar o raio. Basta lembrar o fulmíneo remate de *O Navio Negreiro*: "Andrada! Arranca este pendão dos ares! / Colombo! Fecha a porta de teus mares!" //[145] As imagens castroalvinas não se repetem – boa parte delas – no Romantismo e são precursoras das imagens de um Augusto dos Anjos (de *Eu e Outros Poemas*), não apenas pela força inspiratória, seus achados, como pelo uso de conceitos e alguns termos – oratórios no baiano e científicos no paraibano. Os pesos e cargas metafóricas, os argumentos imagéticos capazes de raciocinar e fazerem raciocinar, persuadindo no sentir e sentindo no persuadir, demonstram uma faculdade moderníssima de crítica amorosa, social, com a arte de tornar palavras naturalmente pesadas, mais lépidas que o ar. Ambos, aliás, transformam palavras que não funcionam – na percepção poundiana – em palavras que funcionam e ganham nova essência. Vejam estes

---

144. NOVALIS. **Fragmentos.** Lisboa: Assírio e Alvim, 1971.

145. ALVES, Castro. **Tragédia no mar:** o navio negreiro. [S.l.]: Academia Brasileira de Letras, 2000. p. 563.

dois exemplos, respeitada a visão mais pessimista de Augusto dos Anjos:

> Para iludir minha desgraça, estudo / Intimamente sei que não me iludo. / Para onde vou (o mundo inteiro o nota) / Nos meus olhares fúnebres, carrego / A indiferença estúpida de um cego / E o ar indolente de um chinês idiota. // A passagem dos séculos me assombra. / Para onde irá correndo minha sombra/ Nesse cavalo da eletricidade?! / Caminho, e a mim pergunto, na vertigem: / - Quem sou? Para onde vou? Qual minha origem? / E parece-me um sonho a realidade.[146]

E este, *O Tonel das Danaides:*

> Assim o filho pródigo atira as vestes quentes / E treme no caminho aos pés da meretriz. // E quando debrucei-me à beira daquela alma / Pra ver toda riqueza e afetos que lhe dei!... // - Ai! nada mais achaste! o abismo os devorara.../ O pego se esqueceu da dádiva do Rei! // Na gruta do chacal ao menos restam ossos.../ Mas tudo sepultou-me aquele amor cruel."// [147]

Num, as imagens inesperadas, grotescas e a científica "eletricidade" noutro, o uso de simbologia histórica e mítica. Em ambos, a eloquência e a fundição de metais na leveza do sopro unificador.

Ensina Cassiano Ricardo que "à crítica, enfim, compete descobrir as regras que o poeta criou para si mesmo e não só aplicar regras gerais ao que ele fez."[148] Se a poesia não se estrutura em suportes prosaicos, não gera a possibilidade dos "espaços infinitos que nos atordoam" no poema, os espaços do sonho atiçados de luz, essa mesma que Dante diz ser filtrada com a visão do Paraíso. A ideologia do tempo há que ser trabalhada com o tempo da poesia. E como lavrar essa natureza ou linguagem de servidão, a dos senhores feudais da vida, senão

---

146. ANJOS, Augusto dos. Poema negro. In: ANJOS, Augusto dos. **Eu e outras poesias.** Rio de Janeiro: Bertrand Brasil, 2001.

147. ALVES, Castro. **Obra completa.** Rio de Janeiro: Nova Aguilar, 1960.

148. RICARDO, Cassiano. **Algumas Reflexões sobre a Poesia de Vanguarda.** Rio de Janeiro: José Olympio, 1964. p. 8.

pondo este peso ou carga semântica em oposição, com a beleza, cachoeira onírica, roldão de pedras e luas, golpes de água e pesadumes, dor de um povo aviltado mas por ele se rebelando. E o milagre: sempre com rigor. Consciência perseverantemente acesa. Isso, por sinal, aproxima os dois baianos – Castro Alves e o cineasta Glauber Rocha, que "capturava o universo cultural em estado bruto, fazendo renascer o imaginário na forma de uma segunda natureza, procurando a jurisdição das musas."[149] O poeta das *Espumas Flutuantes* arrosta, face a face, a hidra bifronte, por um processo avesso e de erosão, em choque contra o passadismo, o juridicismo, o arcaico, o velho, o moralismo reticente de sua época. Transforma o ferro em pluma, o antilírico em lírico e o lírico em épico. Fortifica-se do veneno da cobra como antídoto que a mata. Conforme o pensamento de Jean Cohen, "A linguagem poética destrói a estrutura opositiva, onde opera o romantismo. Libera ao significado do laço interno com sua própria negação que constitui o nível da língua e que a não poesia atualiza no nível do discurso."[150]

"Cai orvalho no sangue do escravo /, Cai orvalho na face do algoz; / Cresce, cresce seara vermelha, / Cresce, cresce vingança feroz."[151] O poema é fala do povo. Ou este outro: "A praça! A praça é do povo / Como o céu é do Condor /... O livro caindo na alma / é germe que faz a palma / É chuva que faz o mar."[152] Ou "Filhos dos séculos das luzes! / Filhos da Grande Nação! / Quando ante Deus vos mostrardes, / Tereis um livro na mão!"[153] Ou "Extingue nesta hora o brigue imundo / O trilho que Colombo abriu na vaga, / Como um íris no pélago profundo! / Mas é infâmia demais... Da etérea plaga / Levantai-vos, heróis do Novo Mundo..."[154] Semelhante ao que fez

---

149. VENTURA, Teresa. **Poética Política de Glauber Rocha**. Rio de Janeiro: Funarte. p. 177.

150. COHEN, Jean. **Lenguaje de la Poesía**. Madrid: Gredos, 1982. p. 115.

151. ALVES, Castro. **Obra completa**. Rio de Janeiro: Nova Aguilar, 1960.

152. ALVES, Castro. **Obra completa**. Rio de Janeiro: Nova Aguilar, 1960.

153. ALVES, Castro. **Obra completa**. Rio de Janeiro: Nova Aguilar, 1960.

154. ALVES, Castro. **Obra completa**. Rio de Janeiro: Nova Aguilar, 1960.

mais tarde Glauber Rocha na oralidade popular dos filmes, na toada dos cantadores. Castro Alves e Glauber operam, desde a raiz cancioneira, como se arquitetassem refrões saídos da boca do povo poetante, marcialmente, entre o apelo e a rebeldia, como um tambor. Adverte Glauber em *Terra em Transe*, no diálogo de Paulo e Sara: "Eu recuso a certeza, a lógica, o equilíbrio... eu prefiro a loucura de Porfírio Dias... Sou filho dessa loucura... A vida está acima das horas que vivemos, a vida é uma aventura."[155] E adiante observa: "A poética é política."[156] Tendo o medo confesso de não disciplinar sua imaginação, exclama: "Só o real é eterno."[157] Castro Alves sentia esse mesmo derramar da loucura, a luta contra o excesso da imaginação, ou seja, a avidez de viver: "Eu sinto em mim o borbulhar do gênio!"[158] – desabafa. E há uma singularidade talvez não devidamente aprofundada: o trabalho alegórico de profética atualidade. Porque o gênio castroalvino fincou, desde o cerne, a fala dos humilhados e ofendidos. Desde ao Brasil de sua época a este nosso tempo de terror, ou também de como os países mais fortes esmagam os mais fracos. Da estirpe dos Prometeus, o baiano rouba a favor dos humanos o fogo sagrado e conhece o travo da argila, do "sofrimento organizado" – na expressão do peruano César Vallejo.

A eloquência de Castro Alves levou alguns críticos, em tantos planos, translúcidos, como Mário de Andrade[159] ou Cassiano Ricardo[160], ao preconceito e à injustiça de dizer, por exemplo, que "Castro Alves teria sido muito mais um grande

---

155. VENTURA, Teresa. **Poética política de Glauber Rocha**. Rio de Janeiro: Funarte. p. 217.

156. VENTURA, Teresa. **Poética política de Glauber Rocha**. Rio de Janeiro: Funarte. p. 217.

157. VENTURA, Teresa. **Poética política de Glauber Rocha**. Rio de Janeiro: Funarte. p. 217.

158. ALVES, Castro. **Obra completa**. Rio de Janeiro: Nova Aguilar, 1960.

159. ANDRADE, Mário de. **Aspectos da literatura brasileira**. 5. ed. São Paulo: Martins, 1975. p. 110.

160. RICARDO, Cassiano. **Algumas reflexões sobre poética de vanguarda**. Rio de Janeiro: José Olympio, 1964. p. 54.

orador do que um grande poeta." Quintiliano, muito antes deles, muito antes, observava serem "a paixão e a fantasia que nos deixam eloquentes." Essas são qualidades não apenas do grande orador mas também do grande poeta, que é eloquente, porque divinatório, com a imaginação que canta e voa, e não eloquente por ser orador que exige outra dicção, a de um pelicano que vive mais no chão que no ar. Sim, a fantasia e a paixão, suportes da eloquência, para Quintiliano, não são qualidades apenas do orador, mas também do grande poeta (haja vista Shakespeare e sua obra). Ao contrário, a eloquência advém dessa imaginação e da paixão abrasadora do bardo, tocado pelas altas causas. E é nessa paixão que Euclides da Cunha vê muito "do gênio obscuro de nossa raça". Euclides que, como Castro Alves, tomou sobre si uma causa nobre. "E ninguém mais a favor da verdade que o homem de gênio."[161] – escreveu Henry Miller (falando de Rimbaud). Não foi em vão que o vate baiano foi o nosso primeiro poeta coletivo, confirmando o que assevera Johnson, quando trata do autor de *Hamlet,* "por ser versado nos costumes e hábitos dos homens, na medida em que estes espelham os princípios e aspirações dos seres humanos."[162] Ao tomar a si a luta pelo abolicionismo, com a voz dos oprimidos, fez-se a voz dos séculos. Feliz o poeta que encontra a sua causa, bem mais do que a causa que encontra o poeta. E não se diga – como é comum – que foi um hugoano. O genial francês, criador múltiplo, era dado a um desequilíbrio no vigor e a um grotesco no desequilíbrio que jamais perpassaram pelos versos que descreviam as amadas, com a mesma nitidez e matiz da natureza. Não há nele as tais paisagens mortas, tudo o que toca é fluido ouro. Se ambos possuíam o voo da águia, eram águias diferentes. Como uma folha não é igual a outra folha da mesma árvore. Agripino Grieco, sempre tão irônico e severo, constatava no baiano, além do rigor, uma legibilidade raríssima. E Lêdo Ivo declara

---

161. MILLER, Henry. **A hora dos assassinos (Um estudo sobre Rimbaud)**. Porto Alegre: L&PM, 1983.

162. JOHNSON, Samuel. **A história de Rasselas:** Príncipe da Abissínia. Rio de Janeiro: Imago, 1994.

vislumbrar nele "sólida construção lírica". E como toda a sólida construção, tijolo a tijolo, não tem palavra fora do lugar. É o lugar da exatidão em que as palavras respiram e respiram tanto ainda, que, às vezes, ventam. Ou pela janela da ambiguidade, ou pela frincha do sonho. Quanto às críticas injustas cometidas contra grandes escritores, recordo Jean Cocteau, este Voltaire contemporâneo:

> "Os críticos julgam as obras e não sabem que são julgados por elas."[163]

Há um aspecto que não carece deslembrar na criação de Castro Alves: o lado amoroso, dos mais castiços do romantismo, porque um dos mais ricos de experiência e paixão. Pois, como afirmava Croce: "Poesia é experiência." E muitas foram as amadas do poeta, entre elas *Leonídia*, a musa infeliz (que Myriam Fraga editou pela Casa de Palavras, de Salvador, em 2002), a *Ofélia dos trópicos*, até a atriz Eugênia Câmara, causa de duelo verbal com Tobias Barreto, que, bem mais pensador do que poeta, defendia Adelaide do Amaral. Sim, o seu cantar é carregado de realidade nas alusões, venturas e desventuras. Tinha o sentir camoniano: "Mais vivera, se não fora / Para tão grande amor, tão curta a vida."[164] Basta verificar o tom de embalo de seus poemas, como que sussurrados aos ouvidos, onde o traço do sedutor aplica-se, pois o amor leveda nos ouvidos e o que ama, na concha escuta o mar. Ama-se de imaginamentos, imagina-se, amando. Diz o poeta: "Teus olhos são negros, negros, / Como as noites sem luar... / São ardentes, são profundos / Como o negrume do mar. //... Sobre o barco dos amores, / De vida boiando à flor, / Douram teus olhos a fronte / Do gondoleiro do amor."[165] Esse ritmo se aproxima da música de Offenbach. Outras vezes de Chopin: "Era o tempo em que ágeis andorinhas / Consultam-se na beira dos telhados, / E inquietos conversam, perscrutando / Os pardos horizontes

---

163. 33 COHEN, Jean. **Lenguaje de la Poesía**. Madrid: ed. Gredos, 1982. p. 115.

164. ALVES, Castro. **Obra completa**. Rio de Janeiro: Nova Aguilar, 1960.

165. ALVES, Castro. **Obra completa**. Rio de Janeiro: Nova Aguilar, 1960.

carregados. //"[166] Constate-se a minuciosa descrição, como se a natureza estivesse em tela pulsante. Eis um pintor da alma:

> E como o cáctus desabrocha a medo / Das noites tropicais na mansa calma, / A estrofe entreabre a pétala mimosa / Perfumada da essência de sua alma... // No entanto ela desperta num sorriso / Ensaia um beijo que perfuma a brisa.../ A Casta-Diva apaga-se nos montes.../ Luar de amor! Acorda-te Adalgisa! //[167]

O que serve a alguns poetas, não serve a outros. O tal de "torcer o pescoço da eloquência"[168] foi a máxima de Verlaine, mas não a de Rimbaud, por exemplo. O que é fraqueza para alguns, é a força e grandeza de outros. Porque "cada poeta cria as suas próprias regras poéticas" – o que, antes de Cassiano Ricardo, foi vislumbrado por Maiakovski. É com o pescoço da eloquência que se erguem as cabeças formosas de guerreiros helênicos na escultura dos gregos. E com o pescoço da eloquência, vergado de humanidade, é que Castro Alves não aceitou a escravidão:

> Caminheiro que passas pela estrada, / Seguindo pelo rumo do sertão, / Quando vires a cruz abandonada, / deixa-a em paz dormir na solidão. // É de um escravo a humilde sepultura. / Foi-lhe a vida um gemer de agrura atroz. / Deixa-o dormir no leito de verdura, / Que Deus, entre as relvas, lhe compôs.[169]

Ou em *Vozes de África*, este bradar que chega até nós, pungente, aflitivo: "Deus, ó Deus, onde estás, que não respondes? / Em que mundo, em que estrela Tu te escondes, / Embuçado nos céus? // Há três mil anos te mandei meu grito / debalde, desde então, corre o infinito. / Onde estás, Senhor Deus?"[170] Ou em *Navio Negreiro*:

---

166. ALVES, Castro. **Obra completa.** Rio de Janeiro: Nova Aguilar, 1960.
167. ALVES, Castro. **Obra completa.** Rio de Janeiro: Nova Aguilar, 1960.
168. ALVES, Castro. **Obra completa.** Rio de Janeiro: Nova Aguilar, 1960.
169. ALVES, Castro. **Obra completa.** Rio de Janeiro: Nova Aguilar, 1960.
170. ALVES, Castro. **Obra completa.** Rio de Janeiro: Nova Aguilar, 1960.

HISTÓRIA DA LITERATURA BRASILEIRA
Da carta de Caminha aos contemporâneos

> Existe um povo que a bandeira empresta / Pra cobrir tanta infâmia e cobardia!... / E deixa-a transformar-se nesta festa / Em manto impuro de bacante fria!.../ Meu Deus! Meu Deus! mas que bandeira é esta / que impudente na gávea tripudia?... / Silêncio! Musa! Chora, chora tanto / Que o pavilhão se lave no teu pranto...[171]

O gênio de Castro Alves se apossa de figuras históricas e nos dá uma espécie de ablução dos séculos, pondo a poesia diante da história e da eternidade, como em *Vozes d'África*, onde a escravidão dos negros brasileiros se mescla a personagens bíblicas, falando a Deus, utilizando, como o Padre Vieira, no Sermão pelo "Bom sucesso das armas portuguesas", argumentos, não com o povo que o escutava, mas com o próprio Criador, persuadindo-o através de passagens do *Velho Testamento* (Ismael, Agar, a escrava). O poeta debate, usando símbolos e temas das Escrituras, com o Divino Inspirador, tal novo Moisés impondo ao Senhor dos Exércitos a retirada de seu nome do Livro da Vida, caso Deus não perdoasse a gente de Israel. Essa coragem é liberdade, o que é dada aos poucos, aos que têm a autoridade própria aos intercessores, intérpretes da causa de sua gente subjugada. Mesmo ao acatar o excesso verbal do bardo baiano, não é ele mais do que a nossa vocação barroca, o maravilhoso de um Carpentier, onde "todo o futuro é fabuloso." E que nada tem para ser confundido com o preconceito de certos puristas, pois barrocos somos de herança e destino. Machado de Assis é barroco; José de Alencar é barroco; João Cabral de Melo Neto é barroco; Euclides da Cunha e João Guimarães Rosa são barrocos. Barroca é a natureza do Brasil. E, indo mais longe, ao mundo latino, Virgílio na Eneida é barroco, prevendo o surgimento futuro de Flaubert. E Castro Alves simplesmente contrapôs, como Camões nos *Lusíadas*, a fusão do elemento crítico e corrosivo aos elementos da emoção criadora, com as armas da retórica, engendrando no seu lugar almas da retórica. E, ao almar vocábulos, ressurge-os de um corpo inerme, que é o assombroso processo do artista. Emprega as palavras em liberdade no sistema, para desarmá-lo, embaraçá-lo, subvertê-lo,

---

171. ALVES, Castro. **Obra completa**. Rio de Janeiro: Nova Aguilar, 1960.

desanimá-lo. Porque não há poesia pura, apenas poesia que se eleva, ou não poesia que se despluma.

Na invenção inexiste meio-termo. A poesia é a fala (Claudel diria: "A fala de todos os dias")[172] que se transfigura no poema. É música – e raros são os poetas tão musicais como Castro Alves – música com o sentido dos signos e o signo dos sentidos que se abrem em flor, à cata do rocio de um verso. "Un vrai poète se soucie peu de poésie"[173] – anota Jean Cocteau, pois "não há poema que contenha exclusivamente poesia" – confirma Mallarmé. Porque o texto necessita sempre de um suporte de passagem, às vezes prosaico, para se sobressair como lanterna iluminada nos corredores do futuro. E essa consciência incessantemente incandescida aproxima, mais uma vez, o bardo das *Espumas Flutuantes*, do cineasta, também baiano, Glauber Rocha e deste cantor do povo, que é Jorge Amado.

Outro aspecto castroalvino é o emprego da sinérese ("toda a vez que ocorre um hiato no interior de um vocábulo, é facultativo fazer a elisão de uma vogal na outra") – essa observação é de Manuel Bandeira, citada em livro de Ruy Espinheiro Filho.[174] E essa figura de linguagem é bastante empregada pelo genial baiano. Seguindo Castro Alves "a ampla e misteriosa lei do ritmo"[175] – o que é peculiar aos grandes criadores, no tino de estar acima das escolas, esta linguagem universal que a poesia desvela dentro do tempo. E, simultaneamente, "o ritmo é sutil e apurado", não fixo, mas móvel. O que é vivo respira e faz respirar no texto. O texto é quando a voz alcança a escala da alma, que é a música das esferas.

---

172. CLAUDEL, Paul. **Cinq grandes odes:** la Cantate à trois voix. 2. ed. Paris: Gallimard, 1966. p. 75.

173. Apud ARNOLD, Albert James. **Paul Valery and his critics:** a bibliography. French-language criticism, 1890-1927. Charlottesville: University of Virginia Press, 1970. p. 69.

174. ESPINHEIRO FILHO, Ruy. **Forma e Alumbramento.** Rio de Janeiro: José Olympio/ABL, 2004. p. 71.

175. ALVES, Castro. **Obra completa.** Rio de Janeiro: Nova Aguilar, 1960.

Salientou Martin Amin, na sua autobiografia *Experiências*: "O que escreve é um ser que nunca chega a tornar-se adulto."[176] Porque ele fica sempre no porão da infância do porvir – dizemos nós. E a vida teve com Castro Alves a aquiescência compreensiva de levá-lo para a Eternidade cedo, por ser longa e poderosa a sua carga de infância, que jamais haverá de envelhecer, nem conhecer o esquecimento. Porque é a de todos nós. Cabendo dizer com W. H. Auden: "Your gift survived it all."[177] (Seu dom sobreviveu a tudo).

Entre o surgir de Casimiro de Abreu e de Antônio de Castro Alves, Luís Nicolau Fagundes Varela

Nasceu em 1841, numa fazenda fluminense. Foi nômade, hipocondríaco, desajustado da civilização, não chegou a formar-se na Faculdade de Direito de São Paulo. Levando vida desregrada, tendo o casamento com uma artista de circo desfeito, perda de filho, depois viúvo, com novo matrimônio, perda de outro filho, sempre errante, e bêbado, morreu em Niterói, numa de suas visitas, durante um banquete, quando sofreu trombose cerebral, em 1875. Foi o poeta que vagou no homem ou o homem no poeta, até consumir o próprio fogo. Não teve paragem na existência. A morte do filho inspirou-lhe um dos mais altos monumentos da lírica romântica, o seu *Cântico do Calvário,* do livro *Cantos e Fantasias*:

> Eras na vida a pomba predileta / Que sobre um mar de angústias conduzia / o ramo da esperança. Eras a estrela / Que entre as névoas do inverno cintilava / Apontando o caminho ao pegureiro. / Eras a messe de um dourado estio. / Eras o idílio de um amor sublime. / Eras a glória, a inspiração, a pátria, / O porvir de teu pai! – Ah, no entanto, Pomba, varou-te a flecha do destino! / Astro – engoliu-te o temporal do norte! / Teto, - caíste. - Crença, já não vives! // Correi, correi, oh! Lágrimas saudosas, / Legado

---

176. AMIS, Martin. **Experiência.** Lisboa: Teorema, 2002.

177. AUDEN, W. H. Musée des Beaux Arts. In: **The Norton Anthology of English Literature.** 7 ed. [S.l.: s.n., s.d].

e madrugada à beira-mar, que acionam uma agudeza e fulgor, não conhecidos antes na poesia brasileira. Varela é um visionário no seu e nosso *Evangelho das Selvas*, mesmo que, em sua linguagem, não se tenha manifestado aos indígenas, mas a nós, seus leitores. Também é profeta no sentido de Platão, como aquele encarregado de interpretar e elevar a linguagem humana. Cada vez mais Varela precisa ser revisto, pois foi injustamente eclipsado pelo político e carismático Castro Alves. Talvez a glória não o tenha ainda bafejado plenamente, ou haja padecido por conta da própria abundância criadora de um romantismo que se esgotava, com um caudal que, apesar disso, surpreende por auspicioso, furiosamente inovador. Um Walt Whitman romântico? Entre os escombros de uma escola que quase mais nenhum frêmito de vida amenizava, foi a síntese da ruína e do sublime. E triunfou, atravessando a sinuosa fronteira que conduz – não para "o sol dos mortos": para o sol dos vivos.

Bernardo Guimarães e *A Escrava Isaura*

Nasceu em 1825, em Ouro Preto, Minas Gerais, e faleceu na mesma cidade, em 1884. Foi poeta, jornalista e ficcionista. Publicou: *Cantos da Solidão*, poesia (1852); *Poesias* (1865); *O ermitão de Muquém*, romance (1868); *Lendas e romances* (1871); *O garimpeiro*, romance (1872); *O seminarista*, romance (1872); *O índio Afonso*, romance (1873); *A morte de Gonçalves Dias*, poemeto (1873); *A Escrava Isaura*, romance (1875); *Novas Poesias* (1876), entre outros. Foi um poeta romântico, de vinco popular, levado mais pelo instinto e pela espontaneidade e certo facilismo verbal. Caçador, sertanista, telúrico, seu tema é a paisagem, que se transforma, depois, em saudade e solidão. Um tanto descuidoso em alguns versos, alteia-se em outros, entre plasticidade e melodia, mormente em *Novas Poesias e Folhas de Outono* (recordando *As Folhas Caídas*, 1853, de Almeida Garrett). Hábil usuário de poemas grotescos, também é capaz do oposto, o tom mais delicado do devaneio, ou mesmo – o que é expressivo – o ritmo alucinado de *O galope infernal*. Eis alguns exemplos de seu canto. "Minha alma que, ao teu sopro desperta / Murmura qual vergel harmonioso / Pelas brisas celestes embalado... //"[180] (*Invocação*). Ou "Fui ontem visitar essa paragem / Em que te via passar outrora. //[181] (*Lembrança*). Embora alguns valorizem mais sua poesia, penso que é no romance que transparece aquela natureza mais profunda, onde a terra e o homem se aliam. E, se padece da influência ficcional do inglês Walter Scott, que nos parece velho, por estar preso à arqueologia de sua fala e tempo, Bernardo é novo e livre pela autenticidade com que revela os seres e o linguajar caboclo. Foi precursor de um Herberto Sales, em *Cascalho*, com *O garimpeiro*, de 1872, onde se vislumbra a mesma luta pela exploração dos diamantes, que teve vigorosa e terrível feição social. Com acentos naturalistas, é um espírito libertário, problematizando as injustiças, seja a do clero e do celibato, seja a do índio e a dos subjugados pela cor. A sua duração está na razão direta de uma estética que reflete os problemas sociais e os leva para dentro do romance. A obra-prima de seu itinerário produtivo e humano é *A escrava Isaura*, libelo contundente contra a escravidão, conseguindo dar-lhe não só a contextura do conflito de classes, mas a visão universal, deixando-nos cativos da personagem, uma das mais expressivas e populares de nossa literatura, cuja adaptação à televisão tornou-a reconhecida, aqui e no exterior. Vale lembrar a forma com que Bernardo Guimarães trabalhou o *desvario* em seu romance *O seminarista* (1872), fazendo com que seu protagonista acordasse *doido* (situação que logo desapareceu), fruto do pecado da carne, desvario epidérmico, que o jugo da insone culpa domina, artificialismo forjado na convenção romântica. Todavia, pelo clima eclesial e opressivo, sem a opulência de estilo, aproxima-se do português Alexandre Herculano, em *Eurico, O presbítero* e *O monge de Cister*. Embora o artista não acompanhasse a alma, que era vasta e

---

180. GUIMARÃES, Bernardo. O galope infernal. In: GUIMARÃES, Bernardo. **Poesias de B. J. da Silva**. Rio de Janeiro: Garnier, 1865.

181. GUIMARÃES, Bernardo. O galope infernal. In: GUIMARÃES, Bernardo. **Poesias de B. J. da Silva**. Rio de Janeiro: Garnier, 1865.

generosa, servia-se da escrita como instrumento de libertação. Melhor dizendo: *a voz tirânica que se centrava no autor* (Barthes), reanimando os estratos do imaginário, é também voz que se eleva contra as tiranias e engrenagens do sistema. E era preciso, nietzschianamente, esmigalhar esse universo patriarcal, "perder o respeito pelo todo". Onde nem a alegoria basta. Ou ainda que, para Keats, "a vida do homem seja uma constante alegoria", a este *ermitão do tempo e das* "divinas fontes" apenas interessava, para si e para os outros, a *alegoria da salvação.*

CAPÍTULO 6

Joaquim Maria Machado de Assis

O gênio de Machado de Assis

Apareceu nos Estados Unidos o livro do importante crítico americano Harold Bloom, *Genius* (Warner Books, 2002, 680 p.), em que é apresentado um mosaico de cem exemplos de mentes criativas, em que, no frontispício 83, está Joaquim Maria Machado de Assis, reconhecido, em *Memórias Póstumas*, "como um gênio que nega todo o *páthos*, enquanto gentilmente subverte todos os supostos valores morais, princípios. ... O incomum niilismo do livro manifesta uma soberba originalidade."[182] Quanto a Harold Bloom, pena é que o seu monárquico e autossuficiente cânone não tenha alcançado outros nomes, entre nós, que também merecem a categoria de gênio, como Euclides da Cunha, Guimarães Rosa, ou Clarice Lispector, superando as marés da moda, usos e costumes culturais, ou os abissais limites dos idiomas. Não seria o seu cânone também uma ficção descrita por um narrador onisciente? E o reconhecimento da grandeza de Machado, se hoje é voz corrente no mundo, não o foi para todos os seus contemporâneos. Sílvio Romero salienta que nele não há nativa fluência na língua, nem movimento nas ideias: "é alguma coisa que não vem de fonte copiosa e precípite, porém que escorre docemente como um veio pouco abundante, posto que límpido e suave. É que tal em essência é o espírito do romancista. Pouco vasto, possui

---

182. BLOOM, Harold. **Genius:** a mosaic of one hundred exemplary creative minds. [S.l.]: Warner Books, 2002. p. 680.

em alto grau a facilidade da reflexão."[183] José Veríssimo, no entanto, teve a lucidez de reconhecê-lo como "a mais alta expressão de nosso gênio literário."[184] Essa discrepância comprova que o gênio é polêmico, divisor de águas. Num estudo modelar, Mário de Andrade assevera que o gênio de Machado raiou exatamente na consciência do limite e na maneira com que soube trabalhar esse limite. Embora achasse o Mestre do Cosme Velho que "escrever é uma questão de acentos." E quantos são os da ortografia da alma? Ou talvez ela não tenha ortografia, só abismo.

Foi um romancista, contendo dentro de si o contista – dos maiores que tivemos, bastando enunciar O *alienista* (na loucura é um Pirandello e um Itavo Svevo, *avant la lettre*) e *A missa do galo*. Trabalhava, severo, cada polegada na linguagem – o cronista brilhante, o teatrólogo e o jornalista. E todos se aliaram para construir um novo tipo de romance psicológico, onde as partes vivem independentes e associadas ao todo, num verdadeiro mosaico verbal. Entre ironia, humor, pessimismo e universalidade, que é o território da condição humana. Quanto mais pungente, mais universal. "O menino não é só o pai do homem", mas o sofrimento é a expansão do menino. E o menino é a perenidade do homem.

No romance, suas obras-primas: *Dom Casmurro, Quincas Borba, Memórias póstumas de Brás Cubas* e *Memorial de Aires*. Não se sabe qual a maior, nem importa. Uma só era suficiente para imortalizar um autor. Em *Dom Casmurro* (comparável à *Madame Bovary*, de Flaubert), a genial criação de Capitu, a de "olhos de ressaca", e a sua ligação com Bentinho, tão discreta quanto subterrânea, gera não apenas o olhar oblíquo ("olhos de cigana oblíqua e dissimulada") mas também a avassalante dubiedade do que percebe sem perceber. Por sinal, interessa-nos mais o fato de haver Machado de Assis criado

---

183. ROMERO, Silvio. **Machado de Assis:** estudo comparativo de Literatura Brasileira. Campinas: Unicamp, 1992.

184. VERÍSSIMO, José. **História da literatura brasileira**: de Bento Teixeira (1601) a Machado de Assis (1908). 3. ed. Rio de Janeiro: José Olympio, 1954.

Capitu, uma das figuras mais ambíguas e carnais (a alcova do que é velado) de nossa literatura, uma metáfora da mulher de sempre, do que ela haver ou não traído seu marido. Pintou a *Mona Lisa* de sua e nossa imaginação, *a Mona Lisa verbal* (como o famoso quadro é de Leonardo Da Vinci e Capitu é a ambivalente alma machadiana), com o rosto aquecido de silêncio e "olhos de ressaca", sendo ela o mar, e Bentinho, a praia. Bentinho é o narrador tradicional e Dom Casmurro é o instrumento machadiano para criar a dúvida no leitor sobre o caráter de Capitu, num verdadeiro jogo de espelhos. A longa discussão a respeito da traição ou não de Capitu, ou da neurose de Bentinho e o seu exagerado ciúme são elementos que integram e nada resultam, salvo para o engrandecimento estético e ficcional da obra machadiana. A lógica do real não é a lógica da arte, sob pena de degradá-la. Nem importa igualmente se o marido Bento veio a merecer Capitu, textualmente importa ser melhor personagem, mais mulher do que Bento era homem, num livro em que a maestria da sedução opera insidiosa, dando margem ao imaginário, ao avançar como mito do eterno feminino no fascinante universo simbólico. Essa complexidade vem de seu autor, cuja educação sentimental revela alguém que sobrepairou entre o matriarcado e patriarcado monárquico e republicano, numa verdadeira educação dos sentidos, educação às avessas. Por ser pessimista e niilista, Machado não acha lugar para o real sentimento no romance, nem é o romance ascensão social, ainda que não tenha sido poupado de infortúnios a vida. É a frieza do que não se impressiona com mais nada. Nem com a própria impressão, que é um descuido de sentir. Não importa tanto quanto se faz "cavalo de batalha" – se Capitu "capitulou", ou não, nem se Bentinho foi doce ou cruelmente traído por Escobar. Ou se a estratégia machadiana foi também disfarçar certa fixação de Bentinho em Escobar, espelho de outro espelho das "coisas que se não dizem". O fato é que Machado vinculava o nome à sina dos personagens, antes de Faulkner. Como é o caso de Capitu, Bento Santiago (Iago, do *Otelo*, de Shakespeare), Ezequiel (a profecia cumprida), ou Simão "Bacamarte"[4] (indicando antiga arma de fogo ou "indivíduo sem préstimo"

– Dicionário Houaiss),[185] e tantos outros. O processo do ciúme nesse romance é completado com o seu fruto, a terrível dúvida que se materializa no aparecimento do comborço, o exato e verdadeiro Escobar, de sotaque afrancesado, profético nome – Ezequiel A. de Santiago – vestindo luto, como ele, Bentinho, pela finada mãe. É assim então que esse passa a sofrer a dor de ser tal moço, filho do finado amigo, não seu, tendo o jeito do pai de comer com a cara metida no prato. Sim, o caprichoso Machado, levando no miolo a malícia (assemelhada à de Capitu), como maçã dentro da casca, compraz-se em desafiar os leitores, jogar cabra-cega com o destino das criaturas, da forma com que o destino com ele jogou, engendrando na verossimilhança, seu oposto. Tal o que se deu com Proust, em Machado podem os jardins nascer de um bule de chá, mesmo que lhe não agradasse "tomar chá com os fantasmas". Ou que os fantasmas gostassem tanto de piparotes, quanto ele, ou *Brás Cubas*, em relação aos leitores, vítimas e fruidores de seus sarcasmos, ironias e achaques de gênio. Com a sutileza que ousa ser quase desapercebida para tocar mais. Como uma teia que a aranha disfarça. E "sea tu intención limpia, aunque la lengua no parezca."[186] E que língua pura, concisa, lapidar, esta em que Machado descreve a morte de Rubião, levitada de gênio! Assim vai:

> Poucos dias depois morreu... Não morreu súdito nem vencido. Antes de principiar a agonia que foi curta, pôs a coroa na cabeça – uma coroa que não era ao menos um chapéu velho ou uma bacia, onde os espectadores palpassem a ilusão. Não, senhor; ele pegou em nada, levantou nada e cingiu nada; só ele via a insígnia imperial. Pesada de ouro, rútila de brilhantes e outras pedras preciosas... – Guardem a minha coroa – murmurou. Ao vencedor... A cara ficou séria, porque a morte é séria; dois minutos de agonia, um trejeito horrível e estava assinada a abdicação.[187]

---

185. HOUAISS, Antônio. **Dicionário Houaiss da língua portuguesa**. Rio de Janeiro: Objetiva, 2001.

186. CERVANTES, Miguel de. **La de los perros Cipión y Berganza**. Alicante: Biblioteca Virtual Miguel de Cervantes; Madrid: Biblioteca Nacional, 2001.

187. ASSIS, Machado de. **Quincas Borba**. 28. ed. São Paulo: Ática, 2004.

acerbo da ventura extinta, / Dúbios archotes a tremer clareiam / A lousa fria de um sonhar que é morto" ...[178]

Publicou ainda Anchieta, ou *O Evangelho das Selvas* (1871), com dez cantos em versos brancos, que relatam a vida, morte e ressurreição de Cristo, dando a Anchieta uma fala erudita, dirigindo-se aos selvagens, de maneira que jamais compreenderiam, gerando um clima falso. Editou, ainda, *Os Cantos Meridionais* (1869) e os *Cantos do Ermo e da Cidade* (1869), este Virgílio romântico, com um arsenal metafórico que preludia os simbolistas, sol rútilo e sol negro, como Victor Hugo, que teve a sua fase escura, talvez a mais alta e contemporânea. Varela não apenas se apraz em contemplar a natureza e o sossego, rastreia a tormenta. Entre o retorno ao canto pastoril, a paisagem tão típica do interior, vai este ébrio de minúcias e caminhos. Não é uma visualização corriqueira, pinta sempre com o colorido de pincel certeiro: "O balanço da rede, o bom fogo / Sob um teto de um humilde sapé; / A palestra, os lundus, a viola, / o cigarro, a modinha, o café. // Um robusto alazão, mais ligeiro / Do que o vento que vem do sertão, / Negras crinas, olhar de tormenta, / Pés que apenas rastejam no chão"[179]... Poeta visual, melodioso e atormentado. Na descrição do cotidiano de uma fazenda, gera a eclosão de elementos com a inventividade que transcendem o romantismo. Para Sílvio Romero, é uma das mais impessoais vozes de nossa literatura, pode ser, talvez, pelo fato de conter em si as vozes da dúvida, da dor e o sentimento social de alguns antecessores românticos. Entretanto, aparece nele outro aspecto pessoalíssimo – que Sílvio Romero não vislumbrou. Se Castro Alves possuiu maior ebulição de gênio, que é a intuição antecipada das coisas, muitas sem as ter vivido, Fagundes Varela foi o oposto – exalta o que cantou, viveu até o êxtase. E quase na demência. Esse conflito, sua tragédia (exposta magistralmente no *Cântico do Calvário*),

---

178. VARELA, Fagundes. Cântico do calvário. In: VARELA, Fagundes. **Cantos e fantasias e outros cantos.** São Paulo: Martins, 2003.

179. VARELA, Fagundes. **Poemas de Fagundes Varela.** São Paulo: Cultrix, 1971. p. 91.

é um *continuum* de conflitos, que a voragem da bebida não absorveu, nem o nomadismo apaziguou. Tinha um assombroso dom de plasticidade, sentido de movimento, sendo um vidente das realidades exteriores, capaz de as interiorizar, cantando, intérprete das matas. O que o levou a engolfar-se para além do truísmo romântico, para além das vertentes de escola. Seus signos verbais jamais escapavam da significação e essa não se eximia da inteligência do mundo. Sem possuir um grande tema – como Castro Alves – para alastrar e consumir seu canto: sua vida era o tema, esta viagem para dentro da alma e das paixões, o que eclodiu seu estro. Eram o pano de fundo das próprias descrições da natureza, das sensações inebriantes e dos cotidianos, sonhos ou privações. Estando ao centro de tudo, manteve o maravilhoso grau de a tudo perceber. É o tema que faz o grande poeta? Não, é o poeta que clarifica e redimensiona os temas. Por haver sofrido, não foi uma carga de explosão genial, foi um pensamento que ardia e não cessava de ter olhos. Dir-se-á que andava cambaio e gasto como o romantismo: mas o que dele se esvaía nesta existência corroída foi-se estranhamente renovando, fazendo-o ultrapassar a escola, ao escavar nas minas interiores, energizar-se na desdita, cansado Homero pelas vilas e cidades, sendo também um *virgiliano*, entre outras Éclogas, a da penúria humana. As brasas das cinzas nele se altearam, não pelas palavras e adjetivos que se hauriam, mas por uma alma indomada, delirante e obscura, que pagava o preço da escuridão. E, simultaneamente, o preço dos limites, onde a loucura se clareia nas escurezas lancinantes do raio. Então já é um simbolista e às vezes surreal. Se, na perspectiva do italiano Cesare Pavese, a grandeza de uma poesia está na sua negação, Varela alcançou essa solitária grandeza. Assim, não há que vê-lo como um fim, é um começo. Nele há um inesperado precursor, tendo passado como Rimbaud por sua *Temporada no Inferno*, "onde a verdadeira vida está ausente". E como Poe – é Sílvio Romero que observa – desgastou-se na ebriez e na alucinação. Sim, está no esvoacento território da dor e da demência organizada, o seu verdadeiro *pactus* lírico, que, como se vislumbra nos poemas de *Visões da noite*

Rubião abdicou de viver, o gênio não. E talvez seja o gênio exatamente o que, deixando de falar aos vivos, já começa a falar aos mortos. Capitu, Virgília e mesmo as mulheres que assomam nos seus contos são poderosas. Muito mais até do que os personagens-homens. Não seria a tendência machadiana de desvendamento da alma bem mais labiríntica e astuciosa nas mulheres? Aliás, as personagens-mulheres em Machado são mais fortes do que as dos homens – enfatizamos – fortes, e algumas eivadas de maldade, ou secreta devassidão. Assim, é tão rica a obra do Gênio do Cosme Velho, que a sua análise psicológica, ou sociológica, não atinge, nem diminui o verdadeiro foco com que deve ser analisada, o de superior artista, cuja ambiguidade está na razão plena das possibilidades de sua leitura, com os planos que o tempo mais embeleza e acentua. Se a memória é o processo da morte, também é o da duração. E a ambiguidade é a desmemória, por afundar no poço sem parâmetros da alma humana. Mais do que Machado alcançava as coisas, velozmente as coisas o alcançavam.

Outro aspecto, o barroco contido na prosa machadiana; o passo justo de sentença a sentença, como se fosse caminhar para o juízo, onde o *Velho Testamento* subjaz sob o *Novo*, e a lógica de um sentimento trágico de existir pedem a erosão dos altos sentimentos. E esses requerem outra erosão, a da ironia fina, o estilo de requintes capazes de apanhar a psicologia humana (ou a armadilha shakespeariana de capturar "a consciência do Rei"), desprender-se no humor, agarrar pelo braço o jugo social, com uma polivalência e um significado de quem ausculta as obsessões e arquétipos do inconsciente que teima, às vezes, em se racionalizar. Permitindo não só a dupla leitura, as múltiplas interpretações, transparecendo a alegoria do espelho, como em Borges, com ambiguidades que se juntam, porque não querem ficar sozinhas. E mitologicamente desvela-se a retórica medusiana, sigilo do sagrado, sendo a cabeça da Medusa – espelho e máscara. Transportando, noutra face, ao mito de Narciso e o eco. Machado fala ao avesso, numa espécie de palimpsesto, ora através dos mitos arcaicos, ora através de figuras bíblicas (*Esaú e Jacó*, a luta dos gêmeos; não seria também, sem o plano do sangue, um Abel e Caim

– subterrâneos de alma?), ora através da filosofia, ora através de paródias ou textos dialogais com Sterne, Hugo, Voltaire e outros. Tal sucede no autobiográfico *Esaú e Jacó* – (o Conselheiro Aires, o alter ego machadiano), momento de serenidade goethiana, para não dizer, olímpica, em que o mestre de cerimônias da alma se despede, como quem contempla de cima a transição das coisas. O romance tem como protagonistas *dois* gêmeos de temperamentos opostos, Pedro e Paulo (Apostolares? Divisores de sendas? Formadores de raças?), filhos do banqueiro Santos e de Natividade. O primeiro é dissimulado e cuidadoso, e o outro, arrojado, com lances de ímpeto. E Flora, é a terceira – que não sabe por qual dos dois optar – mantendo uma rivalidade que enuncia o abismo da dubiedade absoluta, como linhas de pontos que cerzidos não se encontram, sendo a incompletude o mote desse romance exemplar. Trazendo à baila, o que é comum em Machado, um outro arrabalde interior, o de embarcar personagens – não na barca de Ulisses – nos veleiros da mitologia greco-latina, uma das grutas com maré montante ou vazante, de sua ambiguidade. O caso dos gêmeos Esaú e Jacó, além da simbologia bíblica, aproveitado mais tarde também por R. Musil, em *O homem sem qualidades* (1930), através de Ulrich e Ágata, advém igualmente da mitologia helênica, entre Íficles (filho de Júpiter, disfarçado em Anfitrião – motivo de uma comédia latina de Plauto) e Hércules (filho de Zeus), sendo esse nascido uma noite mais cedo que seu irmão gêmeo. A tortura ciumenta de Bentinho em *D. Casmurro* lembra a de Prometeu, supliciado por uma águia, como amante infeliz, que, a partir do século XVI, incorporou-se à simbologia amorosa. Mais que causa, em Machado, importa o efeito. O rompimento dessa lei de causalidade engendra outro real no real. E "o gênio – anota Marcel Proust – consiste no poder de refletir e não nas qualidades intrínsecas do espetáculo refletido."[188] E refletir, desrefletindo, é da natureza do autor de *Quincas Borba, onde* o narrador é Machado e *o Outro*, o que vislumbra da sombra (não seria precursor do *Outro* borgiano?). Diz o texto: "Este *Quincas Borba*, se acaso

---

188. ASSIS, Machado de. **Quincas Borba**. 28. ed. São Paulo: Ática, 2004.

me fizeste o favor de ler as *Memórias póstumas de Brás Cubas* é aquele mesmo náufrago da existência, que ali parece mendigo, herdeiro inopinado, e inventor de uma filosofia. Aqui o tens agora em Barbacena."[189] E Rubião achou rival no coração – um cão. Leva-o sempre com ele. Adiante observa a respeito da sua filosofia o *Humanitas*: "o princípio da vida que reside em toda a parte, até no cão."[190] E Quincas Borba comete a extravagância de pôr-lhe seu nome. Eis a exemplar descrição:

> Ris-te, não? Rubião fez um gesto negativo. – Pois devias de rir, meu querido. Porque a imortalidade é o meu lote ou o meu dote, ou como melhor nome haja. Viverei perpetuamente no meu grande livro. Os que, porém, não souberem ler, chamarão Quincas Borba ao cachorro, e... o cão, ouvindo o nome, correu à cama. Quincas Borba, comovido, olhou para Quincas Borba: – Meu pobre amigo! Meu bom amigo! Meu único amigo! – Único![191]

Há um riso oculto, condoído na ironia. Opondo-se ao que Cervantes chama de "roda da fortuna que não se cansa de perseguir os bons."[192] Ou a roda dos males que nos cerca. Porque "*Humanitas* (e isto importa, antes de tudo), *Humanitas* precisa comer."[193] Ou é a própria fome. E *Humanitas*, esse bálsamo ou panaceia, encontra seu rasto no *D. Quixote*, de Cervantes, na fala do Mondego a Sancho: "Olha, tenho aqui o santíssimo bálsamo – e mostra-lhe a almotolia da beberagem –, que com duas gotas que dele bebas vais curar sem dúvida."[194] E não é em vão que Roberto Schwarz e John Gledson intuem ser Quincas Borba a representação do Brasil. E esse último assinala a correspondência entre Rubião e o latino rubiaceae (vinculada à planta do café), e, para nós, Borba traz à baila, por relação onomástica com Manuel Borba Gato,

---

189. ASSIS, Machado de. **Quincas Borba**. 28. ed. São Paulo: Ática, 2004.
190. ASSIS, Machado de. **Quincas Borba**. 28. ed. São Paulo: Ática, 2004.
191. ASSIS, Machado de. **Quincas Borba**. 28. ed. São Paulo: Ática, 2004.
192. ASSIS, Machado de. **Quincas Borba**. 28. ed. São Paulo: Ática, 2004.
193. ASSIS, Machado de. **Quincas Borba**. 28. ed. São Paulo: Ática, 2004.
194. MIGUEL, Cervantes de. **Dom Quixote**. Rio de Janeiro: Record, 2005. p. 178.

bandeirante, descobridor de ouro nas Minas Gerais, dois paralelos aproximativos. No final do romance exsurge "a Constelação do Cruzeiro" (outro signo do Brasil) que sobrepaira a todos os aconteceres. Desde Rubião seduzido por Sofia e o rival Carlos Maria que lhe cria ciúmes, até Rubião virar o juízo e conhecer a morte e então "pegou em nada, levantou nada e cingiu nada"[195], vindo depois o fim do cão Quincas Borba. Em tudo, com ou sem a mão do arqueólogo a catar as idades, entre sorriso, humor, sarcasmo, não há dúvida de que Machado alcança a grandeza da fábula. Na paródia do processo darwiniano, mostra a luta voraz da sociedade, exemplificada na famosa frase – por sinal eminentemente barroca – "ao vencedor as batatas!" Mostrando, bem antes de Walter Benjamin, que a história vem sendo escrita na perspectiva do vencedor. E não é só. Mas o seguir lento, implacável de Rubião para a loucura. "A cara ficou séria, porque a morte é séria; dois minutos de agonia, um trejeito horrível, e estava assinada a abdicação."[196] Do quê? Do reinado da Prússia (ou do Brasil?) "E (Quincas Borba) o cão? Adoeceu também, ganiu infinitamente, fugiu desvairado em busca do dono, e amanheceu morto na rua ..."[197] Todavia, a linda Sofia não quis fitar o Cruzeiro: "está assaz alto para não discernir os risos e as lágrimas dos homens."[198] Não existe na literatura contemporânea maior pungência. Assinalou o poeta Allen Ginsberg: "alegorias não passam de alfaces, há que não esconder a loucura." E esse *elogio da sandice* traz nas dobras a lúcida volúpia de Erasmo, que borrifa de inefáveis vapores o processo evolutivo machadiano na fronteira estreita entre a razão e a loucura. Essa demência do personagem não elide outra, a social, com a corrupção que entra ora pela porta da cata aos cargos, interesses, ou prebendas, ora, como em Balzac, pela porta do dinheiro, sem divisa ou limite entre compra e venda, ou a venda da compra. Ou mesmo o comércio dos sonhos.

---

195. ASSIS, Machado de. **Quincas Borba**. 28. ed. São Paulo: Ática, 2004.
196. ASSIS, Machado de. **Quincas Borba**. 28. ed. São Paulo: Ática, 2004.
197. ASSIS, Machado de. **Quincas Borba**. 28. ed. São Paulo: Ática, 2004.
198. ASSIS, Machado de. **Quincas Borba**. 28. ed. São Paulo: Ática, 2004.

E, se *as Memórias póstumas de Brás Cubas* mostram a visão de além-tumba, o livro é ironicamente dedicado ao verme que primeiro roeu as frias carnes do seu cadáver (imitado pelo nosso contemporâneo, o francês Louis Ferdinand Céline, o qual afirma que "dirigir-se à posteridade é fazer discursos aos vermes"). Esse movimento machadiano não deixa de ser a continuação da paródia "ao vencedor as batatas", no seu trâmite avesso. Antes da vitória à derrota, agora da derrota para a vitória. Tudo igual. Anota no final de *Brás Cubas*: "entre a morte do *Quincas Borba* e a minha, mediaram os sucessos narrados na primeira parte do livro. O principal deles foi a invenção do "emplasto Brás Cubas, que morreu comigo, por causa da moléstia que apanhei."[199] E assegura: "Divino emplasto, tu me darias o primeiro lugar entre os homens, acima da ciência e da riqueza, porque eras a genuína e reta inspiração do céu."[200] E remata, como Jorge Luis Borges, mais tarde: "Não tive filhos, não transmiti a nenhuma criatura o legado de nossa miséria."[201] *O Memorial de Aires,* porém, é o romance da velhice que, para Machado, "esfalfa". Toma o ponto de vista de alguém se despedindo, com técnica que se esmera na própria maturidade, sob o fulgor da língua. Sobre os nadas do nada é a coleante trama. E o curioso: são constatáveis diferenças na estética machadiana antes e depois de *Memórias Póstumas*. Ou entre o romancista de *Helena, A mão e a luva* e *Iaiá Garcia* e o que veio após. Na visão de Peregrino Júnior e Afrânio Coutinho, teria vivido o escritor uma crise por volta de 1870, entre os 30 e os 40 anos, que determinou a mudança de sua estrutura espiritual e artística. Argutamente, Eduardo Lourenço suscita que Machado, por se transportar "para o espírito do narrador", faz com que "não saibamos nunca se ele é vítima absoluta da infidelidade de Capitu ou o super Otelo que projeta na realidade a forma do seu ciúme vertiginoso e

---

199. ASSIS, Machado de. **Memórias póstumas de Brás Cubas**. São Paulo: Ática, 1984.

200. ASSIS, Machado de. **Memórias póstumas de Brás Cubas**. São Paulo: Ática, 1984.

201. ASSIS, Machado de. **Memórias póstumas de Brás Cubas**. São Paulo: Ática, 1984.

sem cura",[202] considerando-o "verdadeiro precursor da era da suspeita."[203] Vamos além do ilustre ensaísta português – Machado é a própria suspeita, o sujeito ativo e passivo de seu drama. Ao desconfiar do ser da literatura, ou ao sujeitar a julgamento o artifício da escrita, desnudou os tradicionais autos de fé narrativos e até seus próprios fantasmas, para melhor diferenciá-los, pois a dúvida é o levantamento do véu. Antecedendo dois outros suspeitosos, Kafka e Borges. É a modernidade que se confronta consigo mesma, para sobreviver. Ou transcendeu-se com as influências que o alcançaram – e muitas foram – Sterne, Shakespeare, Stendhal, Swift, Rabelais, Montaigne – todas apenas interagindo "por semelhança nele", por acordarem fontes internas de sua criação. "Não há originalidade absoluta em literatura... E a influência verdadeira é antes um encontro, do que uma filiação" – adverte Afrânio Coutinho. Nem há influências ou (des)fluências capazes de prender a criação machadiana, por dissolver todas as teorias estéticas convencionais. Na sua voragem, desnorteia o critério de que os influenciadores (no seu caso, entre outros, Swift, Almeida Garret, Sterne, Maistre) põem sua reboante marca nos influenciados. Não importam as influências, importa o que um autor constrói ou desconstrói com elas. E Machado as desconstitui e recria, na proporção em que rege a forma de interpretar-se e interpretá-las. Machado, antes de Borges, engendra os seus precursores. Não se guia pelas teorias, é a própria teoria. E um dado importante. Como Goethe, é primoroso prosador, por sempre hospedá-lo, não expulsando de sua república, o poeta. E ainda que o não levasse tão a sério, como sua ficção, ao descobri-lo, descobriu-se.

Agripino Grieco, com verve sardônica, diz que "Machado está bem mais vivo numa produção qual *O Velho Senado*, em feitio de crônica, que dezenas de páginas de romance."[204] Adiante assevera que "As heroínas de Camilo discorrem como

---

202. LOURENÇO, Eduardo. **A nau de Ícaro**. São Paulo: Companhia das Letras, p. 198.

203. LOURENÇO, Eduardo. **A nau de Ícaro**. São Paulo: Companhia das Letras, p. 198.

204. GRIECO, Agripino. **Viagem em torno de Machado de Assis**. São Paulo: Martins, 1969. p. 53.

se estivessem no Parlamento lisboeta. As de Machado são às vezes também assim. Iaiá e Estela dialogam teatralmente."[205] Ou "as paisagens de Machado de Assis são comparáveis a essas ruas mais modernas que nem sequer têm nomes, têm apenas números."[206] E, num determinado trecho, estabelece, exatamente, a marca da genialidade machadiana, desdizendo essas alegações de libelo acusatório, ao reconhecer: "Todas as almas, nele, parecem examinadas ao microscópio. Gosto, um tanto maníaco, dos infinitamente pequenos, dos pequenos nadas que nem sequer valem os de Mozart."[207] Ora, Mozart é Mozart. Por que Machado teria com sua obra – tão diversa – valer a de Mozart? Mas é nesse detalhar microscópico da alma humana, próximo e antes de um Kafka, onde avulta a grandeza do Mestre do Cosme Velho. Interessante é que o processo kafkiano é o do acaso e o ilógico de uma inexorável lei sobre a razão humana, e o de Machado é o da razão que esmiúça e explode o acaso. Sendo o único endoidecimento possível, o da razão, com Simão Bacamarte, em *O Alienista*, que põe a cidade de Itaguaí inteira na "Casa Verde", e, por fim, se descobre como o único louco, ou insensato. Em Kafka, persiste a existência de um mundo que se arrasta atrás do mundo, com a ambiguidade de todos os elementos. E a ambiguidade/obliquidade é a lei geral machadiana, não havendo triunfo na loucura da razão, a que o gênio do Cosme Velho reduz Simão Bacamarte. Todavia, o desespero e o desamparo em Kafka não levam à demência os personagens, mas ao pesadelo. Sendo o absurdo uma sucessão de breves, intermitentes alucinações. No delírio de Brás Cubas, emerge esta frase: "A onça mata o novilho porque o raciocínio é que ela deve viver."[208] E, no final de *O processo*, vai este brado: "A lógica é, na verdade,

---

205. GREICO, Agripino. **Viagem em torno de Machado de Assis**. São Paulo: Martins, 1969. p. 55-56.
206. GREICO, Agripino. **Viagem em torno de Machado de Assis**. São Paulo: Martins, 1969. p. 76.
207. GREICO, Agripino. **Viagem em torno de Machado de Assis**. São Paulo: Martins, 1969. p. 57.
208. 27 ASSIS, Machado de. **Memórias póstumas de Brás Cubas**. São Paulo: Ática, 1984.

inexorável, mas ela não pode impedir um homem que quer viver."[209] E ali K. morre como um cão. E o cão, em Machado, ganha o nome de Quincas Borba e falece pouco depois de seu dono. Em Kafka, no conto, do mesmo nome, o guarda do mausoléu permite que os mortos passeiem no parque. Em *Memórias póstumas*, é um morto que conta sua existência e morte. Em Kafka, "é só a noção de tempo que nos faz datar o juízo final e a corte marcial tem andamento todos os dias."[210] Em Machado, "o tempo é um rato roedor das coisas" e "a justiça é a perpétua vigilante."[211] Para Kafka, o cosmos é a máquina de julgamento. E, em Machado, o cosmos é a lente onde penetra o microscópico das coisas e da alma. Afirma Kafka: "Minha fé é uma guilhotina, assim leve e assim pesada."[212] Machado não tem fé, mas possui guilhotina nos olhos. E não se sabe quais são os verdadeiros: se os de quem narra, ou os de quem vive ou sonha. Nessa vastidão de olhos, onde estarão os nossos? Certamente, ao comparar o gênio carioca e o tcheco, verificamos o quanto são deflagradores de alma. E conseguiremos alguma vez entendê-la?

Agripino Grieco, arguto e, às vezes, paradoxal, admite que o autor de *Dom Casmurro* transforma pequenos nadas em seres vivos, ou encontra alma no que outros não conseguem ver mais nada. E não está apontando aí, justamente, a fórmula da genialidade machadiana, que é essa terrível capacidade de desinventar o inventado e pôr as lentes de aumento no desconhecido, desocultando-o? Aliás, o próprio Agripino Grieco se contradiz, pois a alteza do Gênio do Cosme Velho é a de absorver de tal modo as influências, transformando-as em sua peculiar fisionomia, num irrenunciável rosto, como se fosse ele quem estivesse a influir, impondo imperiosa identidade. E é também essa a opinião de Eduardo Portella: "Passou desapercebido a Agripino Grieco que a grandeza de Machado

---

209. KAFKA, Franz. **O processo**. São Paulo: Abril Cultural, 1982.

210. KAFKA, Franz. **O processo**. São Paulo: Abril Cultural, 1982.

211. ASSIS, Machado de. **Memórias póstumas de Brás Cubas**. São Paulo: Ática, 1984.

212. KAFKA, Franz. **O processo**. São Paulo: Abril Cultural, 1982.

estava exatamente no seu modo sábio de machadianizar as influências."[213] Todavia, isso poderia resultar apenas no estranho, bizarro ou personalista, e ele só foi universal por tocar com a linguagem os extremos da condição humana. Sim, é o autor de *Dom Casmurro*, em crônicas, sob o título *A semana*, que confidencia: "Onde ninguém mete o nariz, aí entra o meu, com a curiosidade estreita e aguda que descobre o encoberto... A vantagem dos míopes é enxergar onde as grandes vistas não pegam."[214] Machado no seu mundo em concha, punha oceanos de mundo, com a topografia crítica e niilista de seu século. O cerne, aliás, de toda a questão – não é o de ter sido influenciado, é, sim, de ser *inimitável*.

E outra questão nos advém. Michaux denomina o infinito como inimigo do homem; Borges acolhe o infinito da literatura, engendrando uma história da eternidade. Samuel Beckett, no entanto, ao criar o inominável, busca absorver o infinito. Machado, todavia, opera, entre minúcias, paradoxalmente, no inominável do infinito, provando que o infinito continua, por persistir o inominável. A sua "obliquidade", o jogo do espelho e a memória que se reproduz, entre reflexos. Mesmo entre diferenças tipificadoras, Quincas Borba é interminável em Brás Cubas, ou em Esaú e Jacó, por ser interminável o pensamento machadiano, "um começo sem fim", como em fundo de espelho do Mágico de Cosme Velho.

E não só isso. Leva-nos Machado à elevada admiração pelo domínio vocabular, a doma impecável do ofício, sendo artista maior, beirando a perfeição, tal um Cellini da escrita e bem mais. Ilimitado na invenção, na aparência, limitando-se, com absurda discrição, para não parecer que fosse, e é, como será um permanente clássico. Nenhuma extravagância (salvo a exceção do episódio do delírio de Brás Cubas), sempre a palavra contida, controlada, admoestada, obediente. "Não se ama Machado, admira-se" – ponderou Mário de Andrade. Amamos Gonçalves Dias, Castro Alves, e admiramos

---

213. PORTELLA, Eduardo. **Dimensões II**. Rio de Janeiro: Agir, 1959. p. 179.
214. ASSIS, Machado de. **Obra completa**. Rio de Janeiro: Nova Aguilar, 1994. v. III.

fervorosamente Machado. Busquei o motivo e é este: tinha, ao contrário do autor de *Macunaíma*, o espírito bem maior do que a alma. Seu texto não nos transmite confiança na condição humana, transmite-nos um poroso sarcasmo, punhal envenenado, mórbido, que tenta nos abrir os olhos da inteligência, sendo a inteligência pouca diante do esplendor da vida ou do amor ou da solidariedade, embora "o desuso é que faça mal". Suas mulheres são frias, calculistas, avassaladoras, como Capitu, Sofia, Virgília – porque mais firmes e complexas do que os homens que habitam as regiões do *Hades* interior. Ora são trancados e retraídos como Bentinho, traidores como Escobar, ambiciosos e falsetes como Rubião, ora loucos como Quincas Borba ou o alienista, metidos a superiores pela ascensão social, como Carlos Maria, ou lisonjeadores e anedotistas como o picaresco Freitas, ora superficiais, sociáveis e afetados como o Conselheiro Aires. Nem vai, nem vem ao Paraíso. Com o tempo do discurso tentando prolongar o tempo da história. O retrato é de uma burguesia dominante, entretecida entre festas, dinheiro e política. Porque não podemos negligenciar "os critérios econômicos que norteiam o mundo ficcional", nem a importância para os leitores que entendam "que todo o texto de romance contém uma contradição básica exatamente porque se esforça tanto para fazer o mundo ficcional corresponder ao mundo real."[215] É impossível esquecer que Machado é um desmistificador, inclusive dos gêneros literários. A tal ponto que Augusto Meyer, com lucidez, afirma que Machado "ajuda ou retira a máscara nas barbas do leitor, como quem não leva a sério os seus compromissos de artífice, isto é, fabrica uma ilusão romanesca"[216], conseguindo a superação de seu pessimismo ou do abismo de consciência na obra de arte. Não lhe importava e fazia questão de que o leitor o visse – o gênero – queria criar e ser linguagem. E, por não ter o Brasil um passado, ou não se lembrar dele, é criada ou resgatada a memória nacional através de um de seus maiores

---

215. ECO, Umberto. **Seis Passeios pelos Bosques da Ficção**. São Paulo: Companhia das Letras, 2002. p. 64 e 119.

216. MEYER, Augusto. **Machado de Assis**. Rio de Janeiro: José Olympio, 2008.

escritores. Com a válvula de escape. Inclinando-se o homem a ter por vontade aquilo que recorda e designa.

A poesia no romance machadiano, analisada com clareza num estudo de Cassiano Ricardo, é de tal envergadura que, muitas vezes, é mais poeta na prosa que na poesia, com achados deslumbrantes, antes de Proust, que considerava a importância da metáfora semelhante à dos vasos sagrados no templo. Peguemos em voo de pássaro esta frase de Quincas Borba: "Rubião tinha nos pés um par de chinelas de damasco, bordadas a ouro... Na boca, um riso azul claro."[217] Ou a que aparece no conto *Sem Olhos:* "A vida do homem é uma série de infâncias."[218] Ou "Palavra puxa palavra, uma ideia traz outra, e assim se faz um livro, um governo ou uma revolução."[219]

A obsessão da memória na obra machadiana marca, igualmente, sua modernidade. Porque é da memória das coisas esquecidas que brotam os frutos das coisas mais lembráveis, uma espécie de húmus na próspera terra da criação, ou na própria penumbra da loucura ou desrazão, pátio das *rabugens pessimistas*. Ou insensatez na lógica medíocre e burguesa do Brasil de então. Onde vai o homem de juízo na generalizada loucura? Não só porque "*Humanitas (ou a demência)* necessita comer", também porque *Humanitas* é o gênero humano. O que, além das enfermidades e mesmo nelas, subsiste. E a demência, aliás, está muito localizada em *O Alienista*, com a semente presumível do enredo, que podia haver germinado de o *Rei Lear*, de Shakespeare (de quem Machado de Assis era fervoroso leitor), através da palavra do "bobo", que serviu para a consciência da loucura do velho pai que dividiu seu reino entre duas filhas más (Goneril e Ragan), punindo a sinceridade da que lhe era fiel (Cordélia). Achamos que essa

---

217. Apud NISKIER, Arnaldo. **O Olhar Pedagógico de Machado de Assis**. Rio de Janeiro: Expressão e Cultura, 1999.

218. Apud NISKIER, Arnaldo. **O Olhar Pedagógico de Machado de Assis**. Rio de Janeiro: Expressão e Cultura, 1999.

219. Apud NISKIER, Arnaldo. **O Olhar Pedagógico de Machado de Assis**. Rio de Janeiro: Expressão e Cultura, 1999.

sugestão teria repercutido como num espelho no Gênio do Cosme Velho. E é a que se encontra no Ato Primeiro, Cena IV, da referida tragédia:"*If I had a monopoly out, they would have part on´t and ladies too, they will not let me have all fool to myself; they´ll he snatching*" ('Se eu tivesse o monopólio da loucura, (os senhores e grandes homens) desejariam ter parte nela; e as damas, também, não deixariam que desfrutasse sozinho toda a loucura: elas me arrebatariam a doidice.' Trad. de F. Carlos de Almeida Cunha Medeiros e Oscar Mendes). Na primeira premissa: todos os que possuíam o monopólio da loucura seriam alojados na *Casa Verde*, ou de Orates, "uma torrente de loucos". Melhor dito: "no mundo dos doidos, são raros os sãos" (na versão shakespeariana do *Rei Lear*, feita, contemporaneamente, pelo cineasta Akira Kurosawa*)*. E a inversão: "No mundo de sãos, são poucos os loucos", que é a parte final da narrativa machadiana. E assim observa o Gênio do Cosme Velho: "... se tantos homens em que supomos juízo são reclusos por dementes, quem nos afirma que o alienado não é o alienista?" Sim, nesse conto, vislumbra-se o médico Simão Bacamarte tentando colocar a população de Itaguaí, na *Casa Verde*, por demência; depois, deu-se conta de que todos os habitantes eram sadios e ele, o único louco que merecia ser asilado. ("Fechada a porta da Casa Verde, entregou-se ao estudo e à cura de si mesmo.")

Observe-se outro efeito. Quanto à obsessão da memória, cria personagens que se lembram entre si: faces do Outro machadiano, o dostoievskiano (não haveria um elo entre a epilepsia de um e outro na obra?), ou é precursor de Kafka, bem antes de *O Processo* ou de *O Castelo*, ao desvelar facetas insuspeitadas da vida cotidiana. Aliás, raramente a capital carioca aparece num autor, como no Mestre do Cosme Velho, com todas as circunstâncias históricas e políticas, as ruas, hábitos, a ponto de Luciano Trigo haver escrito:

> O olhar agudo de Machado de Assis capta de forma natural essas alterações na dinâmica social – alterações que culminariam na Abolição, em 1888, e na Proclamação da República, no ano seguinte. Por meio de um exame minucioso e sistemático de sua

obra, é possível traçar um panorama inestimável do Rio de Janeiro do Segundo Reinado e dos primeiros anos da República, seus costumes e paisagens, seus meios de transporte e sua arquitetura, suas modas, até mesmo suas inquietações políticas e sociais. Foi uma época de desordem e agitação financeira.[220]

Citando um trecho de *Esaú e Jacó*:

[...] Cascatas de ideias, de invenções, de concessões rolavam todos os dias, sonoras e vistosas, para se fazerem contos de réis, centenas de contos, milhares de milhares de milhares de contos de réis. Todos os papéis, aliás, ações, saíam frescos e eternos do prelo. [...] Nasciam as ações a preço alto, mais numerosas que as antigas crias da escravidão, e com dividendos infinitos.[221]

Manuel Bandeira afirma que em Machado não existe paisagem. Prefiro observar que a paisagem é o estado interior do personagem, o estado de alma, permanecendo incólume sua figuração histórica. Por sinal é o próprio autor de *Instinto de Nacionalidade*, que é mais do que instinto, é uma intuição de futuro, ao admoestar: "Um poeta não é nacional *só porque insere nos seus versos nomes de flores ou aves do país*, o que pode dar uma nacionalidade de vocabulário e nada mais. [...] É preciso que a imaginação lhe dê seus toques."[222] E a paisagem oculta por trás da imaginação. Carlos Heitor Cony refere o que Coelho Neto afirmou, querendo tirar sarro do autor de *Memorial de Aires*, alegando ser a obra dele "uma casa sem quintal". Quintais, sim, habitam a criação de Coelho Neto. Ao contrário, Machado tem casa morando na vida dos personagens e, mais ainda: quintais, ruas e morros. Tudo é, por dentro, meticuloso. Não precisava de paisagem, por ser a paisagem.

Nasceu Joaquim Maria Machado de Assis de pais que foram trabalhadores braçais e agregados numa chácara do

---

220. TRIGO, Luciano. **O Viajante Imóvel:** Machado de Assis e o Rio de Janeiro do seu tempo. Rio de Janeiro. p. 70-71.

221. ASSIS, Machado de. **Esaú e Jacó**. Rio de Janeiro: Garnier, 2005.

222. ASSIS, Machado de. Instinto de nacionalidade. In: ASSIS, Machado de. **Obra completa**. Rio de Janeiro: Nova Aguilar, 1994. v. III.

HISTÓRIA DA LITERATURA BRASILEIRA
Da carta de Caminha aos contemporâneos

Morro do Livramento, Rio de Janeiro, em 1839. Foi tipógrafo, revisor de imprensa, jornalista, repórter, funcionário público, chegando a oficial da secretaria da agricultura, exercendo também o trabalho de tradutor. Foi um dos fundadores, em 1896, e o primeiro presidente da Academia Brasileira de Letras. Morreu cercado de reconhecimento nacional, em 1908, também no Rio de Janeiro. Em 21 de abril de 1999, foi sepultado, junto a sua amada Carolina, no Mausoléu da Academia Brasileira de Letras, onde está o imortal soneto *A Carolina*:

> Querida, ao pé do leito derradeiro / Em que descansas dessa longa vida, / Aqui venho e virei, pobre querida, / Trazer-te o coração de companheiro. // Pulsa-lhe aquele afeto verdadeiro / Que, a despeito de toda a humana lida, / Fez a nossa existência apetecida. / E num recanto pôs o mundo inteiro. // Trago-te flores - restos arrancados / Da terra que nos viu passar unidos / E ora mortos nos deixa e separados. // Que eu, se tenho nos olhos mal feridos / Pensamentos de vida formulados, / São pensamentos idos e vividos. //[223]

Machado de Assis, também como poeta, é um perfeccionista da linguagem. E mais descritivo nos poemas que na ficção, à sombra fraterna de Alberto de Oliveira. Ademais, é um mestre no sentido em que Ezra Pound refere e que se aplica aos que, "além de suas invenções pessoais, são capazes de assimilar e coordenar grande número de invenções anteriores."[224] Mas a poesia não era a sua maior vocação, nem forma de vida. Era um suporte ou ponte para o aprimoramento do artista. Daí o seu espectro primordialmente racional, o domínio do *logos* sobre o mágico ou onírico. Seguiu até o limiar parnasiano e aí parou. O que fez Manuel Bandeira observar que, no momento em que Machado de Assis alcança uma expressão mais livre de personalidade em *Ocidentais*, abandona a poesia. E não sendo ela, processo visceral, era um broto do excesso ou da deficiência de personalidade. E, além disso, desdobramento de suas reflexões. Sem atingir as bordas do

---

223. ASSIS, Machado. **Relíquias da casa velha**. [S.l.: s.n.], 1906.
224. POUND, Ezra. **Arte da Poesia**. São Paulo: Cultrix, p. 35.

pensar sentindo de Fernando Pessoa, já que sentir, no poeta de *Mensagem*, já era natureza pensante. E o seu "fingir tão completamente" transformava-se na melhor maneira de ser a dor, e de integrá-la no miolo da palavra. Machado, o Mestre, não deixava jamais que a poesia fosse maior do que ele. Mesmo que pretendesse, como Dante Alighieri, "sair às estrelas".

Quando o artista apaga os traços da lava interior, quando se faz tão domado e autoritário, nenhum fogo mais sobra. Sem o mínimo de explosão, as pedras da criação poética não se sustentam mais e a pedra num poema não há de ser só pedra, será sempre uma outra coisa. Todorov assegura que "cada obra de arte entra em relações complexas com as obras do passado que formam, segundo as épocas, diferentes hierarquias."[225] Machado, intertextualmente, dialoga com Dante, Camões, Shakespeare, Musset, Heine e o maranhense Gonçalves Dias, sua mais rica aderência. E esse confluir não passa – consciente ou inconsciente – de uma afinidade eletiva.

Talvez o pessimismo machadiano, o sarcasmo, a ironia, o humor doído (que, para Mário de Andrade, era a incapacidade de vencer a infelicidade, embora vencendo todo o resto: a desdita individual e social), talvez tenha sido essa raiz amarga, juntada à timidez e ao pudor, o que lhe tenha ocasionado a volúpia de dissecar as coisas e o jeito moderno de tratá-las diretamente. Mais abertamente, é Paul Valéry que explica esse fenômeno: "O artista se compensa como pode daquilo que a vida lhe negou."[226] O verso machadiano, sob a casca severa de delírios e devaneios, esconde um juízo duro sobre o existir humano e um *logos* que jamais se embebeda na própria luz. Como adverte em seu *Círculo Vicioso*: "Enfara-me esta azul e desmedida umbela... Por que não nasci eu um simples vaga-lume?"[227] A trituração da vida, o avolumar-se do infor-

---

225. TODOROV, Tzvetan. **A literatura em perigo**. Rio de Janeiro: Difel, 2009.

226. BARBOSA, João Alexandre. **A comédia intelectual de Paul Valéry**. São Paulo: Iluminuras, 2007. p. 92.

227. ASSIS, Machado de. Círculo vicioso. In: ASSIS, Machado de. **Poesias completas**. Rio de Janeiro: Garnier, 1901.

túnio, mais que o do amor, está presente em *Uma criatura* (*Ocidentais*): "Sei de uma criatura antiga e formidável, / Que a si mesmo devora os membros e as entranhas, / Com a sofreguidão da fome insaciável. //"[228] Ou em *Desfecho*, que fala de Prometeu, e que assim conclui: "Uma invisível mão as cadeias dilui; / Frio, inerte, no abismo um corpo morto rui; / Acabara o suplício e acabara o homem. //"[229] E na convulsão de "suavi mari magno", ao relatar o arfar de um cão envenenado, recorda as suas próprias convulsões de epilético.

Machado edifica os seus metapoemas operando em dois planos: a) descrição objetiva de alguma realidade; b) o sentido oculto de fugacidade, sarcasmo ou limite (espacial ou temporal), o que parece contraditório. O clássico, como base, tem estrutura fechada. Entretanto, em Machado, essa estrutura se abre, onde o adjetivo é poupado, para não dizer, destilado, sob contido barroquismo que permite outras leituras. É disso que vem sua atualidade. Dentro do que Jorge Luis Borges suscita em Pierre Menard, seu famoso conto. "Reler, traduzir são parte da invenção literária" – acentua Emir Monegal. "Daí a necessidade implícita de uma poética da leitura."[230] E acrescenta: "Em vez de uma poética da obra, uma poética de sua leitura."[231] E é o espírito universal do poema que conforma uma e outra. Porque "a crítica é também uma atividade imaginária."[232] E cada texto será devidamente valorizado, após as leituras que acordarem o espírito que nele dorme. Como a bela adormecida deste bosque inflado de palavras. E, se é que os anos passam igualmente sobre os poemas, há que ler

---

228. ASSIS, Machado de. Uma criatura. In: ASSIS, Machado de. **Ocidentais**. Rio de Janeiro: Garnier, 1880.

229. ASSIS, Machado de. Desfecho. In: ASSIS, Machado de. **Ocidentais**. Rio de Janeiro: Garnier, 1880.

230. MONEGAL, Emir. R. **Borges**: uma poética da leitura. São Paulo: Perspectiva, 1980.

231. MONEGAL, Emir. R. **Borges**: uma poética da leitura. São Paulo: Perspectiva, 1980.

232. MONEGAL, Emir. R. **Borges**: uma poética da leitura. São Paulo: Perspectiva, 1980.

a obra-prima machadiana, com razão ressaltada por Mário de Andrade, que é Última Jornada, com tercetos memoráveis, em confluência dantesca, com elevada beleza lírica e achados excepcionais, que o aproximam, no esplendor criativo, de *Y-Juca-Pirama*, de Gonçalves Dias. Brecht afirma que o proveito ganho vem da confusão; na clareza não há proveito. Machado tirou o máximo proveito de sua ambiguidade (e arte de se ocultar), usando a pá do mistério, a pá da tumba, a pá de não enterrar o tempo, para que nele não se enterre a pá da alegoria, de tal forma que, antes da trivialidade do grotesco, ou o fabular realismo de Kafka, tornava-se a própria alegoria. Não se preocupa com os precursores, mas com a dialética do paradoxo que atrai os precursores. Não enterrando o tempo, que é dialético, trabalha para ele, gratificado pela oculta parceria, transformando o que o transforma. Entendendo que o mundo minúsculo é a miniatura do grande. Com igual perplexidade.

Machado, antes de Thomas Mann, foi "filósofo", no sentido de haver intuído ser a construção ficcional, a minúcia da minúcia, o simples e o composto, prevendo que "o romance precisa ser mais do que romance". Borges diz que cada autor cria os seus precursores. Em perspectiva inversa, Borges gerou Machado, que, em nova circunstância, a verdadeira, gerou Borges. Como Poe gerou Baudelaire que gerou Mallarmé que gerou a si mesmo. "Em si mesmo a eternidade o muda." Ou ele muda a eternidade. E é algo impressionante quanto Jorge Luis Borges, o genial argentino, tem elementos comuns com Machado de Assis, que o precedeu: desde o pessimismo, o senso de humor, a sombra dos autores ingleses, a alegoria, o estilo dúplice, tunelar, a técnica das metamorfoses (em Machado, antes de Kafka, Brás Cubas se transforma em *Suma Teológica*, de Tomás de Aquino), e o sabor contencioso do mistério. Tanto o argentino, como o brasileiro pendulam mais no *logos*, que no *ludus*; apreciam narrar acontecimentos, ou figuras históricas, artísticas ou filosóficas marcantes, põem no poema a sabedoria narrativa do ficcionista; contam (mais que cantam), à medida que, contando, sugerem. É só verificar na *Obra Poética* (1923-1977) do autor argentino, onde encontramos, tal como em Machado, poemas dedicados a Luís Vaz de Camões. E, se existem no autor de *Ficções*, versos para Benarés, para o amanhecer, a Francisco López Merino, Elvira de Alvear, Susana Soca, Édipo (e o enigma) ..., o gênio de Cosme Velho, por sua vez, tem poemas a Elvira, aos arlequins, a Lúcia, a Corina, a Gonçalves Dias, Prometeu (desfecho), Artur de Oliveira, Antônio José, Alencar, Lindoia... Tanto em Borges quanto em Machado refluem, nas águas eruditas, o limo, que é o opulento espírito da cultura. Com a coincidência em ambos na celebração de Spinoza, onde se constatam profundas afinidades que o tempo não corroeu. Diz Croce que "a poesia é o próprio poeta." Machado de Assis[233] e Borges[234] parecem repetir o que escreveu Victor Hugo: "Sou um homem oculto por mim mesmo, só Deus sabe meu verdadeiro nome." Com Deus, a posteridade sabe o de Machado. E ao borbulharem nele muitas almas: todas elas na língua se reconhecem. Não deixando de ser, em relação a Borges (e, por que não, no que tange a Kafka, como se relatou na narrativa machadiana?), o primeiro e último na prosódia da antecipação e do sarcasmo. Capturando no prenúncio da glória de José de Alencar, a sua própria: "E ao tornar este sol, que te há levado, / já não acha a tristeza. Extinto é o dia / Da nossa dor, do nosso amargo espanto. // Porque o tempo implacável e pausado, / Que o homem consumiu na terra fria, / Não consumiu o engenho, a flor, o encanto... //"[235] Porque o gênio não é "uma longa paciência" (Buffon), é uma perseverante explosão.

---

233. ASSIS, Machado de. **Poesia Completa**. Rio de Janeiro: Aguilar. p. 471.

234. BORGES, Jorge Luis. **Obra Poética** (1923-1977). [S.l.: s.n., s.d.]. p. 498.

235. ASSIS, Machado de. **Ocidentais**. Rio de Janeiro: Garnier, 1880.

CAPÍTULO 7

Os olhares da palavra

Lima Barreto e João do Rio: o reino marginal
Humberto de Campos, cronista das sombras que sofrem
Afrânio Peixoto

Afonso Henrique Lima Barreto

Nasceu no Rio de Janeiro, em 1881. Diz ele: "Nasci sem dinheiro, mulato e livre." Faleceu em 1º de novembro de 1922, de gripe torácica e colapso cardíaco. Dois dias depois, morreu o pai do escritor. Ficcionista: romancista e contista; jornalista e amanuense na Secretaria da Guerra. Vai e volta três vezes ao hospício. Na segunda ida, o laudo médico adverte: "É um indivíduo precocemente envelhecido, de olhar amortecido, fácies de bebedor, regularmente nutrido." Concorre ao prêmio para o melhor romance da ABL e recebe "menção honrosa" pelo livro era *Vida e Morte de M. J. Gonzaga de Sá*. Desabafou a um amigo: "É preciso lutar, para... tirar menção honrosa na Academia de Letras."[236] Em 1921, concorre à vaga de Paulo Barreto na Casa de Machado e depois, por motivos íntimos ("minha vida urbana e suburbana não se coaduna com a sua respeitabilidade")[237], talvez o habitual excesso alcoólico, gerador de certa mania persecutória, fê-lo retirar-se do pleito,

---

236. BARRETO, Lima. **Toda crônica: 1890- -1919**. Rio de Janeiro: Ediouro, 2004. v. 1.

237. BARBOSA, Francisco de Assis. **A vida de Lima Barreto (1881-1922)**. Belo Horizonte: Itatiaia, 1988.

por estranho extravio de seu pedido. E sua eleição mais teria honrado a Academia, do que a Academia a ele. Teve publicados: *Recordações do escrivão Isaías Caminha*, Lisboa, 1909; *Numa e a Ninfa*, romance, Rio, 1915; *Vida e morte de M. J. Gonzaga de Sá*, 1919; *Histórias e Sonhos*, 1920; *Os Bruzundangas*, 1922; *Bagatelas*, 1923; *Clara dos Anjos*, 1948 junto com *Triste fim de Policarpo Quaresma*, com desenhos de Carybé; *Feiras e mafuás*, 1953; *Marginália*, 1953; *Diário Íntimo*, 1953; *Vida Urbana*, 1956; *Correspondência: ativa e passiva*, 1956; *O subterrâneo do Morro do Castelo*, 1997. *Obras Completas*, editora Nova Aguilar, Rio, 2001.

Lima Barreto apresenta, com a narrativa ficcional, um aspecto da vida cotidiana e outro, crítico: dimensões de sua linguagem carioca e universal. Tendo como partida a denúncia das existências que se amoitam na cidade do Rio, em sua *belle époque*, existências transeuntes, administradores corruptos, os espertos que se mascaram, os cúmplices, bandidos, políticos, mulheres de boa ou má vida, jornalistas subornados, ou ignorantes intelectuais de vária espécie, ou ainda o enfático culto da lisonja (Genelício, de *Triste fim de Policarpo Quaresma*), andando muitos entre honrarias ignaras, ou marginalidades, conforme a previsão do Escrivão Isaías Caminha (Isaías: *profeta*; Carta de Caminha: *Brasil*. O escriba profeta do Brasil. Não seria a semente de Policarpo Quaresma?) "Pode-se ser burro ou inteligente que é o mesmo."[238] Lima Barreto, portanto, é também memorialista e mestre dos usos e costumes, abarcando a luta das mentalidades, onde reina ainda o espírito colonizador. Entretanto nunca se conforma, enunciando um maravilhoso coletivo, de forma antes desconhecida, de anti-heróis, mais do que heróis, seres trôpegos, espécimes de atordoante humanidade, com uma narrativa eminentemente visual entre a caricatura, a sátira e a brutalidade. Lima Barreto é um Machado para fora, que não se envergonha de ser marginal, compreendendo os mecanismos urbanos e os tentáculos que cercam nosso povo, com sua valentia anônima.

---

238. BARBOSA, Francisco de Assis. **A vida de Lima Barreto (1881-1922)**. Belo Horizonte: Itatiaia, 1988.

Capta a atmosfera social de sua época, capta o autoritarismo policial ou militar, capta o desamparo das instituições. É uma literatura militante, comprometida, dignificada. Pioneiro do romance moderno, introdutor do povo na literatura. Sua carioquice mergulha na paisagem humana, geográfica, vocabular, boêmia ou noturna (o que escapuliu do Gênio do Cosme Velho, embora propenso igualmente ao minúsculo, com têmpera mais recolhida), com a visitação de ruas e bairros do Rio de Janeiro, a ponto de ofertar perspectiva antropológica e uma visão histórica, bem mais popular do que Machado. Sim, sua criação se apega às zonas suburbanas, aos humilhados e ofendidos, com o tom zombeteiro e uma escrita que equilibra o culto e o plebeu (o patriciado, em regra, padece-lhe o sarcasmo inexorável, peripatético e, às vezes, cínico, revelando um trauma ou a mágoa do preconceito). De origem humilde, pobre, mulato, observa com razão:

> Não há lá homem influente que não tenha, pelo menos, trinta parentes ocupando cargos do Estado. Não há lá político influente que não se julgue com direito a deixar para os seus filhos, netos, sobrinhos, primos, gordas pensões pagas pelo Tesouro da República. No entanto, a terra vive na pobreza, os latifúndios abandonados e indivisos.[239]

Sua obra possui a influência benéfica de Lazarillo de Tormes, Gil Blas, Eça de Queiroz, Anatole France, Turguêniev, Tolstoi, Gorki e Swift na criação da utopia. Sem esquecer jamais a outra, que é este apegar da fantasia na realidade.

Ficcionista de gênio, rebelde, desprezado, arrostando a incompreensão de sua época, teve vida desregrada na bebida e no desleixo consigo mesmo. Sabia como poucos entender a alma dos marginalizados, os esquecidos da sociedade, os párias. E é um dos mais duros críticos do pedantismo, das mazelas sociais, dos potentados, do mundanismo triunfal da burguesia, dos cortiços celebrados por Aluísio Azevedo, detestando o futebol, pelo mesmo motivo que Borges o menospreza

---

239. BARRETO, Lima. **Recordações do escrivão Isaías Caminha**. Rio de Janeiro: Ediouro, 1997.

e muitos intelectuais veem o quanto é valorizado pelo poder e pelo público, em troca da pouca valia à cultura e ao engenho. Os seus tipos, muitos deles, arrivistas, ambiciosos, medíocres, doidos, e quando inteligentes, subjugados pela astúcia ou pela sabideza, são protagonistas inesgotáveis, alguns espirituosos e humaníssimos, como o Major Policarpo Quaresma – escrito pelo narrador bem-humorado, espécime quixotesco, íntegro nos seus ideais e fora da realidade. Propõe o tupi, em vez do português, através de uma lei. E fracassou, por não mudar a realidade. E assim agiu, como seu outro personagem, o javanês, usando essa matéria de língua, em tom jocoso, de alma jocosa, irmão precursor pela malícia do Cel. Ponciano, de José Cândido de Carvalho, culminando com o sacrifício pela pátria sob as ordens do ditador, o Marechal. Porém, esse nacionalismo exacerbado traz com ele uma veemente sátira contra o uso da *pátria*, debaixo da capa dos interesses de classe. No cativeiro, o herói se lembrava, num hausto de aleivosa glória, "que há bem cem anos, ali, naquele mesmo lugar onde estava, talvez naquela mesma prisão, homens generosos e ilustres estiveram presos por quererem melhorar o estado de coisas de seu tempo."[240] Talvez só tivesse pensado, mas sofreram pelo seu pensamento. Tinha havido vantagem? As condições gerais tinham melhorado? Aparentemente, sim; mas, bem examinado, não. O que é uma sentença ao patriotismo disfarçado e ao arbítrio de todas as épocas. Apenas serviu de mito. E na boca do que o mandara exterminar, não passava de um traidor, um bandido! Observe-se também o escrivão Isaías Caminha – com o eu-narrador mostrando, ao final, o engodo de sua existência de escriba (*Memórias póstumas de Brás Cubas*, às avessas, para não dizer, em certo sentido, parodiada): "A má vontade geral, a excomunhão dos outros tinham-me amedrontado, atemorizado, feito adormecer em mim o Orgulho, com seu cortejo de grandeza e de força. Rebaixara-me, tendo medo de fantasmas e não obedecera ao seu império."[241] Ou Gonzaga de Sá – narrador dominado, para não

---

240. BARRETO, Lima. **Os Bruzundangas**: sátira. Rio de Janeiro: Ediouro, 1998.

241. BARRETO, Lima. **Recordações do escrivão Isaías Caminha**. Rio de Janeiro: Ediouro,1997.

ser autoritariamente onisciente, que vive com mania introspectiva, apaixonado, ainda que discreto, e, se resguardando das circunstâncias em torno, vem a falecer:

> As faces se encovavam; os olhos, seus doces olhos, perdiam o brilho, apareciam mortiços e ganhavam uma estranha auréola. Não andava com firmeza e seu humor começou a desequilibrar-se ainda mais. De uns tempos em diante, a sua palestra era frequentemente cortada por bruscas explosões de irritação, de queixumes indignos de sua altivez, em geral pueris e sem fundamento, passando espantosamente da mais intensa tristeza para a mais ruidosa alegria.[242]

Surgem outras criaturas, entre elas, Clara dos Anjos, dentro do mesmo diapasão de nulidade social: "Num dado momento, Clara ergue-se da cadeira em que se sentara (cacofonia!) e abraçou muito fortemente sua mãe, dizendo, com um grande acento de desespero: – Mamãe! Mamãe! – Que é minha filha? – Nós não somos nada nesta vida."[243] *A Numa e a Ninfa* invoca a trama política que acaba levando à Presidência o Mal. Hermes da Fonseca, delineando vasto painel de figuras civis e militares, caricatas, tragicômicas, gananciosas, vazias. O seu "mundo" é povoado de comparsas: D. Escolástica, tia de Gonzaga, ou Ricardo-Coração-dos-Outros, trovador, Genelício, Bustamonte, Aires de Ávila, que recebeu um epitáfio, atribuído a um poeta famoso, P.R.(A.A.): "Quando ele se viu sozinho/ Da cova na escuridão, / Surrupiou de mansinho? / Os bordados do caixão //"[244]. Policarpo Quaresma, Edgarda, Ninfa Egéria, Lucrécio, Barba-de-Bode, Isaías Caminha, Clara dos Anjos, o Dr. Bogóloff, Numa, o fiel Anastácio, Adelaide, o gramático Lobo, entre outros, todos viventes de Lima Barreto. E sua lavoura é uma família espiritual – entre Manuel de Almeida e Machado de Assis – conseguindo a síntese, sem se inclinar de um a outro lado,

---

242. BARRETO, Lima. **Vida e morte de M. J. Gonzaga de Sá**. Rio de Janeiro: Garnier, 1990.

243. BARRETO, Lima. **Claro dos Anjos**. São Paulo: Ática, 1998.

244. BARRETO, Lima. **Recordações do escrivão Isaías Caminha**. Rio de Janeiro: Ediouro, 1997.

porém, fazendo confluir de um, os personagens populares e a ambiência do Rio; e de outro, a ironia. E de nenhum dos dois, o visionarismo na utopia – que traçou com o vigor de raros, sobretudo, em *Triste fim de Policarpo Quaresma*, mais herói, que anti-herói, mais vertical, que pícaro, mais humano e lírico, que simbólico, chapliniano como o autor, um Carlitos para Alceu Amoroso Lima. Sem dúvida, o livro é uma obra-prima. Foi um escritor de inegável garra. No entanto, grande, sim, portentoso é o romancista, dos maiores de sua época, para não dizer o maior (se não houvesse Machado de Assis). E é Carlos Heitor Cony que diz bem da diferença entre Machado e Lima Barreto: "o primeiro nos encanta pela penetração psicológica, sua ironia rabugenta e o último, pela direta ação do homem humano, tocando a realidade no osso."[245]

    De Lima Barreto e sua literatura advirão, mais tarde, vias generosas e satíricas: a de Marques Rebelo, que analisaremos. Entanto, bem posterior a esse, a do contista João Antônio que assim se referiu sobre o autor *de Clara dos Anjos*: "Tudo de Lima é atual, de uma atualidade alarmante."[246] Sim, Barreto não tinha o toque poético da realidade, tinha a própria realidade, o mágico do humor e a humanidade que emana da comiseração por nossa pobre e penosa condição. Fugia do estilo, para ele rebuscado, de um Coelho Neto ("arte puramente contemplativa, estilizante ... consagrada no círculo dos grandes burgueses embotados pelo dinheiro")[247], buscando a fala candente do homem da rua, ou dos botecos, corrosivamente irônico, no que se comparava a Machado, sem seu pessimismo niilista. Deixava o leitor inventar com ele, não aceitando os puristas gramaticais, nem os formalistas. Cada palavra sua quer sentido, despreza o puro som e faz pensar. O que nele era detalhado em sua época, por um e outro crítico, como defeito, ou desleixo textual, tornou-se qualidade na

---

245. CONY, Carlos Heitor. **Chaplin e outros ensaios**. Topbooks, 2012. p. 180.

246. ANTÔNIO, João; BARRETO, Lima. **Calvário e porres do pingente**. Rio de Janeiro: Civilização Brasileira, 1977. p. 13.

247. BARRETO, Lima. **Toda crônica: 1890 - 1919**. Rio de Janeiro: Ediouro, 2004. v. 1.

simplicidade, e intensa no despojamento. Sua originalidade está no tema que faz a forma, não na forma que faz o tema. Sua capacidade em criar vida passou para os vocábulos que não sofreram a deformação do tempo, intactos de tão vivos. Não se preocupava, às vezes, com alguns desfechos de enredos, porque terminavam sozinhos. As criaturas são metáforas da sociedade que o rodeou, seja na alegoria, seja na caricatura política, seja em certo grotesco encharcado de imaginação delirante ou de loucura – não no estilo sempre enxuto – mas nos personagens, por tomarem personalidade, independência. "O país, no dizer de todos, é rico, tem todos os minerais, todos os vegetais úteis, todas as condições de riqueza, mas vive na miséria."[248] Ou o canhão – auge do sarcasmo – como instrumento agrícola: "Não há como ele para revolver o solo e não há como ele para adubá-lo com os mortos que vai fazendo."[249] Não se pode esquecer alusão a duas obras-primas do conto em língua portuguesa que são: *A Nova Califórnia* e *O homem que sabia javanês*. Em tudo o que escreveu, foi acompanhado de agudeza psicológica, ao debruçar-se sobre criaturas saídas da imaginação, como Jonas do ventre do peixe. E o seu mais admirável biógrafo, Francisco de Assis Barbosa, em livro, com nova edição publicada pela ABL, em 2001, chamou atenção para o fato de quanto Lima Barreto "procurou penetrar no âmago dos personagens e fazê-los viver uma vida verdadeira."[250] Aliás, pelas incompreensões que padeceu, poder-se-ia dizer com o francês Montherlant: "Se eu pudesse mudar um pouco de contemporâneos?"[251] É que os contemporâneos de época não têm o juízo adequado. Os verdadeiros contemporâneos são os que o acolhem, gloriosamente.

---

248. BARRETO, Lima. **Os Bruzundangas**:sátira. Rio de Janeiro: Ediouro, 1998.

249. BARRETO, Lima.**Coisas do Reino do Jambon**: sátira e folclore. São Paulo: Brasiliense, 1956.

250. BARBOSA, Francisco de Assis. **Lima Barreto e a reforma da sociedade**. Recife: Pool Editorial, 1987.

251. BARBOSA, Francisco de Assis. **Lima Barreto e a reforma da sociedade**. Recife: Pool Editorial, 1987.

João do Rio, ou "A Alma Encantadora das Ruas"

João Paulo Emídio Cristóvão dos Santos Coelho Barreto, que iria assumir o pseudônimo de João do Rio, nasceu no Rio de Janeiro, em 5 de agosto de 1881, e faleceu num táxi, na mesma localidade, em 23 de junho de 1921. Morreu com o deslumbramento do instante, com que viveu. Velozmente. Existiu e desapareceu num "flash" de *Cinematógrafo* (livro de crônicas cariocas, editado por esta Casa, em 2009, com prefácio de Lêdo Ivo). Flutuando sempre de um momento a outro, no auge da iluminação. Como se parafraseasse o poeta Ungaretti (magistralmente traduzido por Geraldo Holanda Cavalcanti), foi o que se "iluminava de imenso", cintilando no instante do que avançava no seu século, para outro. Possuía "a intuição do instante", de que fala Gaston Bachelard. Sendo mais seguidor da filosofia de Roupnel, a filosofia instantânea do ato, diferente da de Bergson, que é a da duração advinda do desenvolvimento temporal, ou "epopeia da evolução". João do Rio afiançava: "Não houve tempo de reler para notar defeitos – mesmo porque não há tempo para nada. A grande ideia dos que mudam o aparelho da reprodução da vida seria que os espectadores esquecessem o que já disseram na fita passada para sentir a novidade da próxima."[252]

Sua visão mundana e societária, que acompanhou o urbanismo e as medidas saneadoras de um Oswaldo Cruz (lembro, aqui, *Os bestializados*, de José Murilo de Carvalho e a biografia do grande sanitarista por Moacyr Scliar), que singularizou nas crônicas não procedia apenas de sua avidez pessoal de testemunhar, ou do esnobismo, ou da posição de *flâneur* que registrava os aconteceres em textos dialogais, mas provinha do desejo de revelar o instante que passava, às vezes maior do que ele. Foi um ensaísta do cotidiano, repórter fundador e ficcionista da época inquietante e cosmopolita, globalizante, midiático. Tanto que conseguiu, em suas crônicas, enorme aceitação pública. Como um verdadeiro porta-voz coletivo. Sem

---

252. RIO, João do. **Cinematógrafo**. Rio de Janeiro: Academia Brasileira de Letras, 2009. p. 6.

esquecer o jornalista internacional, precursor de um Austregésilo de Athayde e de um Murilo Mello Filho, entre outros.

Quis ser diplomata no que pode chamar de ambição civil, aproximando-se do Barão de Rio Branco. Não foi acolhido, ou por ser mulato e gordo, ou por não se nortear pelo esquema do politicamente correto. E entre mordacidade e espanto, escreveu sobre seu contemporâneo:

> Finalmente, há um que é imenso, é grande, é bom, e que a fantasia da informação pode pintar com todos os exageros sem conseguir pintá-lo. Um homem tremendo, que já deu ao Brasil pedaços do tamanho da França e que o faz, com calma e altivez, no mundo. Esse homem é o barão do Rio Branco. Não se sabe quando dorme, quando trabalha, a que horas come. É irregular. Trabalha 48 horas a fio, ou passa a noite tomando sorvete de fruta e conversando, almoça às 10 da manhã ou às 3 da tarde, mas é grande Senhor, aquele a quem os deuses benditamente deram os destinos de uma porção de meninos pretendentes à diplomacia. O seu palácio é morada do Luxo; o seu quarto tem um simples cabide, a mesa atulhada de papéis e pingos de espermacete por todos os lados – porque na noite alta, o estadista admirável diverte a sua insônia ou a sua preocupação caçando moscas com a vela.[253]

Chegou à Academia Brasileira de Letras em 1910. Foi Presidente da Sociedade Brasileira de Autores Teatrais, conhecendo o êxito com uma peça encenada no Municipal, *A bela madame Vargas*, em 1912. Entre os seus livros: *As religiões do Rio*, reportagem, 1906; *Dentro da noite*, contos, 1910; *A profissão de Jacques Pedreira*, romance, 1911; *A correspondência de uma estação de cura*, romance, com insólita forma epistolar, 1918; *A mulher e os espelhos*, contos, 1919; *Rosário da ilusão*, contos, 1921; *O bebê de tarlatana rosa*, contos, 1925 e as crônicas *A alma encantadora das ruas*, 1918 e 2008, Companhia de bolso, São Paulo. O *leitmotiv* de sua obra é a sociedade carioca, suas boates e salões da *belle époque*, imatura, feérica, paradoxal, hedonista, rutilante de champagnes e noitadas, esfuziante também, numa existência exibida como troféu, e não

---

253. RIO, João do. **Cinematógrafo**. Rio de Janeiro: Academia Brasileira de Letras, 2009. p. 63.

menos solitária e desamparada. E o pavio de um verbo insolente, lúcido, irônico, evocativo, híbrido. Foi um relator dos anais de uma Babel, o Rio que se modernizava, sob a flama de Paris, o Rio com sua fala secreta, soturna, e a outra, mais resplandecente. Se falhou nos romances, cuja avaliação previa para os seus próximos dez anos, foi um contista de primeira linha, com obras-primas, como *O bebê de tarlatana rosa*, *Penélope* e *Histórias da gente alegre*.

E o cronista resiste. Como exuberante observador, empolgado e crítico, nada lhe foi alheio. A ponto de não podermos vislumbrar o seu tempo, sem ele. Porque "olhava dentro dos olhos o seu século", nos versos do russo Osip Mandelstam. E, como João do Rio, foi um espectador e um analista, tomando distância, ao contemplar sua época, cumpre-se nas crônicas e nos contos, a constatação do pensamento do italiano Giorgio Agamben: "O contemporâneo não é apenas aquele que, percebendo o escuro do presente, nele apreende a resoluta luz [...]"[254] Soube ver na luz, com a luz, e soube ver na escuridade. Na sua obra se distingue também *A Alma Encantadora das Ruas*. Sim, declara ele:

> Eu amo a rua. Esse sentimento de natureza toda íntima não vos seria revelado por mim se não julgasse, e razões não tivesse para julgar, que este amor, assim absoluto e assim exagerado, é partilhado por todos vós. Nós somos irmãos, nós nos sentimos parecidos e iguais [...] É este mesmo sentimento imperturbável e indissolúvel, o único que, como a própria vida, resiste às idades e às épocas. Tudo se transforma, tudo varia – o amor, o ódio, o egoísmo... Só persiste e ficando, legado das gerações, cada vez maior, a rua [...] Se as ruas são seres vivos, as ruas pensam, têm filosofia e religião [...].[255]

Esse livro é o perfil de uma cidade, retratado por um *dândi*, no sentido de Baudelaire, vivido pelo inglês Oscar Wilde,

---

254. AGAMBEN, Giorgio. **O que é contemporâneo? E outros ensaios**. Chapecó: Editora Argos, 2010. p. 72.

255. AGAMBEN, Giorgio. **O que é contemporâneo? E outros ensaios**. Chapecó: Editora Argos, 2010. p. 72.

na mesma modernidade vislumbrada por Walter Benjamin. E dele é o parecer de que "um artista que não ensina nada a outros artistas não ensina nada a ninguém." João do Rio traçou o processo efervescente da então capital do Brasil, suas penúrias e grandezas, como observador e vivente, entre visões de ópio, mariposas de luxo, crimes de amor, trabalhadores de estiva e os velhos cocheiros. Observava Charles Baudelaire que "o coração de uma cidade muda mais depressa que o coração dos mortais."[256] E a perspectiva de João do Rio foi a de visionar o poço na luz que transitava na rumorosa escuridão. E, ao lê-lo, hoje, tirante certa retumbância próxima do mestre Anatole France, também reavaliado em seu país, nos ampliamos com sua onírica visão, tendo sido capaz de inventar para sempre os seus leitores.

Humberto de Campos, cronista das sombras que sofrem

Nasceu no Maranhão, em Miritiba, hoje Humberto de Campos, em 25 de outubro de 1886, e faleceu no Rio de Janeiro, em 5 de dezembro de 1934. Isto é, veio ao mundo um ano depois de João do Rio e morreu doze anos depois. Como ele, foi jornalista, contista, cronista. À sua maneira, memorialista de um Rio escondido – mais dos mortos que dos vivos. A ponto de seu *Diário Secreto*, com edição póstuma, causar o maior rebuliço pelo escândalo, irreverência e ironia ante aos contemporâneos. E as *Memórias*, 1886-1900 revelam a tragédia pessoal do escritor diante da doença incurável no instante de glória. Humorista nos relatos de *Alcova e salão*, 1927, narrador de histórias breves em *O monstro e outros contos*, 1932, jamais alcançou a grandeza ou a fabulação dos contos de João do Rio. E João era colorido, fulgurante como o povo da noite carioca, Humberto, ao contrário, se munia de penumbras, como se todo o sonho terminasse em pesadelo, ou em névoa da imaginação, embora a tendo, fértil, jubilosa nos tratados

---

256. BAUDELAIRE, Charles. **The flowers of evil.** London: Oxford University Press, 1998. p. 174. (Tradução nossa).

da miséria humana de *Os párias*, 1933, ou dos mortos. Dedicou volumes à Crítica (1933, 1935, 1936) e não passava de um tangenciador de temas e autores, com meditações, digressões e levitosas impressões de incansável leitor, autodidata à beira dos livros, erudito de sua própria esperança. O trabalhador do comércio e da tipografia fez-se um dos jornalistas mais lidos e influentes. E, se certa busca ao populismo o afetou, com a superficialidade no tratamento da matéria em algumas de suas crônicas, foi exatamente como cronista que se distinguiu, cronista do obscuro, ou dos acontecidos entre gente simples sem porta-voz, os fantasmas de uma cidade, embora tenha hoje provado a lúgubre posteridade do esquecimento. A fama de ontem são cinzas no amanhã. Seu melhor livro do gênero é *Sombras que sofrem*, 1934, sendo ele também uma delas. Sua escrita precisa, direta, comunicativa, generosa, apesar de um e outro pessimistas de plantão, resiste pelos achados verbais, pelo instinto de narrar corrente, nervoso. E não se desviava do senso de modernidade que Baudelaire aliava ao senso do real. E é curioso como o cronista se permeia de história ou fábula ou anedota, moralista que se enxertou, dolorosamente, na consciência de seu tempo. E é testemunha. Anotou:

> O seu destino de operário em construção ("Avant de temps", o título do poema de Vinicius de Moraes) não era diverso daquele que tivera Raimundo Preto. Levantava-se às quatro horas da manhã e tomava para a cidade, o trem das cinco ou das cinco e meia, conforme o bairro em que estivesse trabalhando ... As botas que calçava, pesadas e grossas, estavam permanentemente encharcadas. E, quando chovia, e se molhava em caminho, era com essa roupa molhada que regressava à tarde, após haver passado o dia inteiro metido na roupa úmida, e empapada de barro, com que sobrepunha tijolos ou rebocava paredes, levantando bangalôs elegantes ou vastos arranha-céus de vinte andares. [...] A colher com que alisava o barro possuía a sensibilidade humana dos seus dedos, e corria por ele como se acariciasse lentamente, sensualmente, um corpo de mulher ardente e moça.[257]

---

257. CAMPOS, Humberto de. **Sombras que sofrem**. Rio de Janeiro: W.M. Jackson inc. editores, 1941. p. 96-98.

E sabia que as palavras mudam de brilho ou classe, tendo a fortuna igual à dos homens.

Afrânio Peixoto

Nasceu em Lençóis, Lavras Diamantinas, Bahia, em 17 de dezembro de 1876. Médico, ficcionista, ensaísta, cientista, professor. Pertenceu à Academia Brasileira de Letras. Entre os livros publicados, os romances: *A esfinge*, 1911; *Maria Bonita*, 1914; *Fruta do mato*, 1920; *Bugrinha*, 1922; *Sinhazinha*, 1929. Ou de ensaios: *Elementos de medicina legal*, 1910; *Poesia da estrada*, 1918; *Trovas brasileiras*, 1919; Castro Alves, 1922; *Breviário da Bahia* e *Livro de Horas*, 1945/7. Foi na literatura sertanista/regionalista, um contador de histórias prodigioso, que começou com o simbolismo de *A esfinge*. Conhecedor da mulher, revelando aguda psicologia dos personagens, *Maria Bonita* foi sua obra-prima, ou o deslindamento do *mito de Helena*, onde comparecem os desígnios ou secretos arcanos da beleza que fascina e destrói. Ou dissecação corporal da alma, com ilógica, imutável fatalidade. E nisso seguiu muito a ambiguidade machadiana, sem o juízo exagerado, de um e outro, que a ele o compararam. Com uma ambiguidade que não afastava a natureza exterior, nem a geografia inexorável dos afetos. Outra presença em sua obra é a influência dos romances femininos de José de Alencar, de quem herdou a oralidade, melodia, fluidez. Nunca, por mais que desejasse, atingiu a indômita imaginação do cearense, imaginação que chegava a ser alma, ainda que mais aprofundado do que O autor de *Iracema*, nos caracteres, na linha de uma tradição simbolista, sem perder o ceticismo, pois o sentimento puro de Helena, personagem central, não impede a cobiça e o fim dos que dela se avizinham. Sua galeria de tipos interioranos é vasta. E expressou o caráter do povo e as "vozes da natureza". No ficcionista incorporou o ensaio, o cientista, o erudito e o poeta. Todos num só. E era também maravilhoso *causeur*, pesquisador fecundo e exegeta preciso e arguto. Não poupava ironia aos vanguardismos, embora os achasse úteis à cultura. E escreveu, profeticamente:

> O incendiário vira bombeiro e muitas vezes um incêndio é o único meio de desatravancar o caminho ou a cidade de velhas construções obsoletas que devem desaparecer. Gosto de todas as modas novas. Aquilo que não gosto é a mesmice. Na Academia, por exemplo, votei em Manuel Bandeira, não apenas por ser ele um grande poeta, mas, sobretudo, por ser um poeta original... Pois bem: Bandeira, professor, acadêmico, consagrado, já começa a ser atacado pelos novíssimos [...].[258]

Transcrevo outro trecho de sua *teoria poética*:

> Uma grande glória pesa aos contemporâneos. [...] Quando um monstro, um Hugo, depois de encher um século com a atroada e o clarão de seu gênio, morre por fim, a humanidade, que ele coagira ao admirar, suspira desabafada, e tacitamente conspira, daí por diante, em não lhe repetir uma imagem, declamar um verso, reler um livro, divertindo-se em lhe devassar a intimidade para o reduzir à miséria comum dos viventes. Ai de quem possui uma glória exclusiva, e, portanto, intolerável, ou uma glória demorada, e, então, fatigante? [...] Após o dia, a glória do sol, vem a noite, a vingança da treva e o sol renasce, um sol que não morrerá mais, porque os contemporâneos invejosos, ou fatigados, passarão, também.[259]

Não sei se Afrânio decifrou *A esfinge*. Ela certamente o decifrou.

---

258. PEIXOTO, Afrânio. Apud SENA, Homero. **República das Letras**, 1957. p. 97.

259. PEIXOTO, Afrânio. **Romances completos**. Rio de Janeiro: Aguilar, 1962. p. 24-25.

CAPÍTULO 8

Parnasianismo brasileiro

*Antecedentes
Alberto de Oliveira
Raimundo Correia
Olavo Bilac
Vicente de Carvalho – poeta entre coração e oceano Augusto de
Lima – ou o mar como elefante negro*

Antecedentes

Antônio Torres, em seu livro *Pasquinadas Cariocas*, tem uma visão severa do Parnasianismo, ao afirmar que:

> Com poucos oásis, a aridez desértica da nossa poesia chamada parnasiana, poesia sem alma, sem vibração, sem nenhuma destas palpitações que nos fazem estremecer o coração e nos incendeiam a inteligência na leitura de um simples verso, poesia sem vida, que, morreu, antes, de seus criadores.[260]

Esse é o Parnasianismo que se originou na França com a revista *Le Parnasse Contemporain*, defendendo a arte pela arte. Tendo como colaboradores, em Paris, os poetas Leconte de Lisle, Hérédia, Teóphile Gauthier, Banville, entre outros. Transladou-se ao Brasil com toda a virtuosidade do verso, algum preciosismo erudito nos vocábulos, a utilização dos mitos gregos comuns à Hélade, a ocorrência da métrica clássica

---

260. TORRES, Antônio. **Pasquinadas cariocas**. Rio de Janeiro: Livraria Castilho, 1921.

com predominância dos decassílabos, a esquivança de rimas pobres, certa sabedoria do encadeamento, ou *enjambement*. Essa opinião de Antônio Torres não era a vigorante no auge do parnasianismo, com a famosa trindade: Alberto de Oliveira, Raimundo Correia e Olavo Bilac, entre outros autores ou exceções que se sobressaíram pela singularidade, como Vicente de Carvalho, ou Augusto de Lima. Diante das épocas e escolas, vale o ensinamento de Ernst Robert Curtius, em *A Literatura europeia e a Idade-Média latina*, 1948, ao registrar que, "como a vida, a tradição é um vasto perecimento e renovação."[261] Os que não se afasta da visão de Harold Bloom, em seu *Mapa da desleitura*, ao ressaltar de maneira mais global:

> O final do Iluminismo, o Romantismo, (também o Parnasianismo), o Modernismo, o Pós-Modernismo, todos, estes são, por implicação, um só fenômeno, e ainda não podemos saber precisamente se este fenômeno apresenta uma continuidade em relação à tradição que vai de Homero a Goethe. E as Musas, ninfas que sabem, não estão mais disponíveis para nos dizer os segredos da continuidade, pois as ninfas agora estão certamente de partida.[262]

Discordamos. Se as Musas mudam de lugar ou de beleza, continuam inefavelmente belas, sedutoras, cautelosas, amando e sendo amadas pelos verdadeiros poetas, independente do humor de Harold Bloom. E os segredos da continuidade pertencerão sempre aos criadores. E as Musas – só para eles – disponíveis. Eis os principais representantes do parnasianismo. Começamos com o primeiro da conhecida tríade.

Alberto de Oliveira

Chamado por Bilac *de Mestre*, foi, talvez, o maior artista do verso do grupo, artista que nem sempre teve o poeta à sua altura, embora se destaque como o mais fiel às leis da escola, que Bilac celebrou num poema: "Assim procedo. Minha pena

---

261. CURTIUS, Ernst Robert. **Literatura europeia e Idade Média latina**. 3. ed. São Paulo: Hucitec, 1996.

262. BLOOM, Harold. **Mapa da desleitura**. Rio de Janeiro: Imago, 2003.

/ Segue esta norma, / Por te servir, Deusa serena, / Serena Forma! ...Vive! Que eu viverei servindo / Teu culto e, obscuro, / Tuas custódias esculpindo? / No ouro mais puro. //"[263] Mas o ouro, raras vezes, era o mais puro. E nem tudo que tem lume é ouro. Nasceu em Saquarema (RJ), no ano de 1859. Formado em Medicina, foi professor de Língua e Literatura, além de funcionário público. Estreou com *Canções Românticas*, 1878, firmando-se com *Meridionais*, prefaciado por Machado de Assis, 1884. E a sua recomendação foi a de se dedicasse ao temperamento lírico, que o caracterizava – fugindo dos temas sociais. O que, em geral, foi seguido pelo apadrinhado, a partir de *Poesias*, 1900, chegando a belos e delicados momentos de erotismo: "Deixa, cuidar a mão que a ensaboara, / De Olga a camisa ao sol, rendada e clara, / Clara de modo tal que o vento em breve / De longe a vê, de longe corre e ansioso / A beijá-la se atreve."//[264] [...] "Eram os ombros, era a espádua, aquela / Carne rosada um mimo! A arder na lava / De improvisa paixão, eu, que a beijava, / Hauri sequiosa toda a essência dela!"[265] (*Cheiro de espádua*). Ou de plangente invocação enamorada: "Foram-se os deuses, foram-se, em verdade: / Mas das deusas alguma existe, alguma / Que tem teu ar, a tua majestade, / Teu porte e aspecto, que és tu mesma, em suma//"[266] (Última Deusa). E esta obra-prima, no ardor de quem se integra dentro da natureza – parte do Todo: "Ser palmeira! existir num píncaro azulado, / Vendo as nuvens mais perto e as estrelas em bando; / Dão ao sopro do mar o seio perfumado, / Ora os leques abrindo, ora os leques fechando. //"[267] (*Aspiração*). Ou a superação da dor e o seu ocultamento aos olhos humanos: "Na terra, aos homens tua dor não contes. / Fala ao céu. O céu ama o que o procura. / Ergue os olhos além dos horizontes: / É lá que a vida está, está o remédio ou cura. //"[268] (*Poesias*).

---

263. BILAC, Olavo. **Poesias**. Rio de Janeiro: Francisco Alves, 1964.

264. OLIVEIRA, Alberto de. **Poesias**. Rio de Janeiro: Garnier, 1901.

265. OLIVEIRA, Alberto de. **Poesias**. Rio de Janeiro: Garnier, 1901.

266. OLIVEIRA, Alberto de. **Poesias**. Rio de Janeiro: Garnier, 1901.

267. OLIVEIRA, Alberto de. **Poesias**. Rio de Janeiro: Garnier, 1901.

268. OLIVEIRA, Alberto de. **Poesias**. Rio de Janeiro: Garnier, 1901.

Foi um dos fundadores da Academia Brasileira de Letras. Manteve-se altivo com uma poesia que se realçava na descrição, mais objetiva, embora com requintes de subjetivismo e nostalgia, lembrada pela perfeição do *Vaso grego* e do *Vaso chinês*. No primeiro desses poemas, com este fecho luminoso: "Ignota voz, qual se da antiga lira / Fosse a encantada música das cordas, / Qual se essa voz de Anacreonte fosse. //"[269] Ou então esta visão inefável, constante do Soneto XII, fragmento do Segundo Canto):

> Flores azuis, e tão azuis! aquelas / Que numa volta do caminho havia, / Lá para o fim do campo, onde em singelas / Brancas boninas o sertão se abria. // À ramagem viçosa, alta e sombria, / Presas, que azuis e vívidas e belas! / Um corvo surdo e múrmuro zumbia / De asas de toda espécie em torno delas. // Nesses dias azuis ali vividos, / Elas, azuis, azuis sempre lá estavam, / Azuis do azul dos céus de azul vestidos; // Tão azuis, que essa idade há muito é finda, / Como findos os sonhos, que a encantavam, / E eu do tempo através vejo-as ainda! //[270]

Ou estes dois tercetos fulgurantes: "Esta água... Olhe, porém, como é tão pura / Esta água! O chão de nítidas areias, / Plano, igualado, límpido fulgura; // E tão claro é o cristal que, abrindo o louro / Cabelo, em grupo trêmulas sereias / Se veem lá embaixo neste fundo de ouro."//[271] *(Lendo os antigos)*. Faleceu em Niterói, no ano de 1937, com o título de *Príncipe dos Poetas do Brasil,* recebido em 1924. Sua criação é mais próxima do mármore, do que de matéria viva, um escultor e primoroso artista. "O mais brasileiro dos poetas" – para Bilac. Apenas na medida em que lhe são retirados: o exotismo oriental, as deusas do Olimpo, os pastores da Arcádia ou as evocações da Hélade, ou as pedrarias de Ofir. A verdade é que seu mundo não tinha muito de nossa realidade nacional, era o mundo grego, glacial e artificioso. Há nele um naturalismo,

---

269. OLIVEIRA, Alberto de. **Poesias**. Rio de Janeiro: Garnier, 1901.

270. OLIVEIRA, Alberto de. **Poesias**. Rio de Janeiro: Garnier, 1901.

271. OLIVEIRA, Alberto de. **Poesias:** segunda série (1898-1903) Aima livre. Terra natal. Flores da serra. Versos de saudade. Rio de Janeiro: H. Garnier, 1906

muitas vezes panteísta, com exacerbação sonora de vocábulos solenes ou hieráticos, ainda que lhe brotem, em raios, ramos de simples e nobre poesia, como, ao confidenciar com uma árvore: "Assim eu falo... Eis que um soluço amigo? / Subtérreo ao meu responde, – coisa estranha! / Pulsava em ânsias, a chorar comigo. / O coração de pedra da montanha! //"[272] Ou "A horta ao pé do engenho, aberta em flores, / Do engenho ao fundo escravos trabalhando, / Remoer de rodas, cânticos, rumores."//[273], compondo a paisagem de Saquarema, sua terra. Ou "Agora é tarde para novo rumo / Dar ao sequioso espírito; outra via / não terei de mostrar-lhe e à fantasia / Além desta em que peno e me consumo. // ... Aí me hei de ficar até cansado / Cair... //"[274] (*Poesias*). Nestes versos foge por instinto dos preciosismos laboriosos, por graça da harmonia e do saber métrico e rítmico: "Longo geme e retumba a atra caverna ... O eco, nas praias côncavas rolando, / Repulsando retumba nos outeiros. // "[275] (*Poesias*) Exímio sonetista, dos mais aparelhados, entre os parnasianos, sua erudição, quando consegue não a amoitar nas funduras, passa a brilhar à tona, esmagadora.

É um singular paisagista, com desenhar minudente e natureza afetada. Mostrando-se então demasiadamente descritivo e até prosaico, adjetivador, monótono, apesar do rico manejo de rimas, musicando o nada. Um exemplo: "Vai pelo atalho, o espaço corta, / E nos guia na selva espessa e escura. / Outras, alada chusma de mil cores, / Vêm-lhe ao encontro, farfalhando... //"[276] Por ser a helênica glória, a das ruínas, é um árcade tardio, catador de palavras rutilantes e versos talhados em rocha. Com

---

272. OLIVEIRA, Alberto de. **Poesias completas de Alberto de Oliveira**. Rio de Janeiro: Uerj, 1978. v. 2. p. 557.

273. OLIVEIRA, Alberto de. **Poesias completas de Alberto de Oliveira**. Rio de Janeiro: Uerj, 1978. v. 2. p. 557.

274. OLIVEIRA, Alberto de. **Poesias completas de Alberto de Oliveira**. Rio de Janeiro: Uerj, 1978. v. 2. p. 557.

275. OLIVEIRA, Alberto de. **Poesias completas de Alberto de Oliveira**. Rio de Janeiro: Uerj, 1978. v. 2. p. 557.

276. OLIVEIRA, Alberto de. **Poesias completas de Alberto de Oliveira**. Rio de Janeiro: Uerj, 1978. v. 2. p. 557.

pesadíssima plumagem. Foi um poeta geralmente absorvido pelo versejador. Poucas vezes se entregava ao estro como se o frio das estátuas o plasmasse. Com pedra sobre o tempo. E o tempo, pedra sobre o nada. Embora seja o mais radical dos cultores da forma, muitas vezes deslizava para o barroco, pela força dos hipérbatos, como neste exemplar quarteto: "Esta de áureos relevos, trabalhada / De divas mãos, brilhante copa, um dia. / Já de aos deuses servir como cansada, / Vinda do Olimpo, a um novo deus servia//"[277] (Vaso grego). Ou ainda estes tercetos belíssimos de "Enfim!: Saibam-no, saiba o céu com a esfera toda / Que, enfim, sua mão, enfim, sua mão de leve.../ Borboletas, que pressa! Andais-me em roda! // Auras, silêncio! Enfim, sua mãozinha, / Sua mão de jaspe, sua mão de neve, / Sua alva mão pude apertar na minha! //"[278] (Poesia).

A força expressiva com a reiteração da palavra *mão*, os adjetivos *jaspe, neve, alva* completam a ação verbal do ato de *apertar*, mostrando neles a sombra dos árcades e a do espanhol Gôngora. E aqui esplende mais do que o artista impecável, o poeta que sabe utilizar, vigorosamente, a neve e o fogo. Ou o fogo da neve. O fogo mais durável do que a neve.

Raimundo Correia

Raimundo da Mota Azevedo Correia nasceu no Maranhão, em 1860. Estudou no Colégio D. Pedro II, do Rio. Formou-se em Direito em São Paulo (1882), dedicando-se à Magistratura, onde se realizou, a ponto de não querer misturar o poeta que era (esquivava-se de ser assim chamado) e o Juiz. Morre em Paris, em 1911. Trouxe com sua visão poética um ar de sinistra sombra, o dilacerante conhecimento da maldade e aspereza humana, o que faz com que seus versos transcendam a escola, mesmo que fiel às suas regras de brônzea forma. E, como os

---

277. OLIVEIRA, Alberto de. **Poesias completas de Alberto de Oliveira**. Rio de Janeiro: Uerj, 1978. v. 2. p. 557.

278. OLIVEIRA, Alberto de. **Poesias completas de Alberto de Oliveira**. Rio de Janeiro: Uerj, 1978. v. 2. p. 557.

demais parnasianos, era useiro e vezeiro nas rimas de vogais abertas com vogais fechadas, o que conduz a certa dissonância aliterativa. Diferente de Alberto de Oliveira, que se move na descrição escultórica da natureza em torno, aos rios, montes, árvores – sua natureza é a interior, o clima é o de lúcida previsão dos limites e precariedades, as paixões e os sonhos, a inutilidade da ciência no que é fáustico. Por sua tendência filosófica, o tom meditativo, é o nosso Antero de Quental. Todavia, pela musicalidade e certo tom original, soturno, aproxima-se, precursoramente, dos simbolistas. Na medida em que sua criação penetrava pelos arcanos dos delírios da alma, penetrava, aos poucos, na essência do gênio simbolista. Entre os eixos da paixão e o território soturno do sentimento e do sonho humano. Publicou, em 1883, *Sinfonias*, com várias obras-primas. Entre elas, os sonetos *Mal secreto* e *As pombas*, enfeixados em *Poesias*. Aliás, esse último foi fruto de polêmica. Luís Murat, injustamente, o acusou de plágio do francês T. Gauthier quando, como observou lucidamente Waldir Ribeiro do Val, em *Itinerário Poético de* Raimundo Correia (Rio: Edições Galo Branco, 2006. p. 45), o vate e magistrado "introduziu no poema (*As Pombas*) versos e ideias que não se encontram no original, tanto que, das seis quadras das *Caresses,* o poeta brasileiro fez doze, modificando inclusive a forma e o ritmo dos versos."[279] O que é apenas afinidade dialógica, confluência. Poucos, como Raimundo Correia, escreveram tão doridamente sobre a desilusão: "Tantos livros calcando aos pés, de tanto estudo / Ao inútil afã hei de pôr termo enfim: / E abandonando a ciência e abandonando tudo, / Voltar um dia ao berço obscuro donde vim. //"[280] Ou, a respeito da condição dos seres, seus disfarces de hipocrisia e falsidade: "Se se pudesse o espírito que chora / Ver através da máscara da face. / Quanta gente, talvez, que inveja agora / Nos causa, então piedade nos causasse!"...[281] "Quanta gente que ri, talvez existe,

---

279. VAL, Waldir Ribeiro do **Itinerário poético de Raimundo Correia**. Rio de Janeiro: Galo Branco, 2006. p. 45.

280. CORREIA, Raimundo. **Poesia completa e prosa**: introdução geral. Rio de Janeiro: J. Aguilar, 1961. p. 274.

281. CORREIA, Raimundo. **Poesia completa e prosa**: introdução geral. Rio de Janeiro: J. Aguilar, 1961. p. 136.

/ Cuja ventura única consiste / Em parecer aos outros venturosa! //"[282] (*Mal secreto*). Ou sobre a mocidade: "Ser moça e bela ser, por que é que lhe não basta? / Por que tudo o que tem de fresco e virgem gasta? / E destrói? Por que atrás de uma vaga esperança / Fátua, aérea e fugaz, frenética se lança / A voar, a voar?... //"[283] (*Poesias*). Tão contrário da percepção de Machado em torno do mesmo tema! Para Raimundo Correia tudo caminha para se esfumar, ser corroído. Machado, apesar de seu pessimismo em tantos textos, apenas delineia o instante da beleza e do vigor, não pretende vislumbrar mais nada. Pode-se pressentir o espectro baudelairiano, bem como algo da tristeza de Antônio Nobre neste abismo que se oculta atrás de sua estética classicista. Ou o fulgor sinestésico, com timbre surrealista: "Os sonhos, um por um, céleres voam, / como voam as pombas dos pombais. // (*As pombas*). E, apesar de todo o amargor, o impulso de viver é mais forte, o que se pode constatar neste trecho que é uma onomatopeia, o pulsar do coração: "Sofra o coração embora! / Sofra! Mas viva! Mas bata / Cheio, ao menos, da alegria / De viver, de viver!"[284] (*Poesias*). Até o uso das exclamações, a técnica da repetição, o emprego dos verbos de movimento, a aceleração do peito. Imagens veementes, como vindas de pesadelos: "Quem mais estreita torna-se a estreiteza / Do cárcere em que vivo encarcerado"[285] (*Incoerência*)... "Ante ela, a uivar, como famintos lobos, / Teus instintos, em bruta e voraz alcateia"[286] (*A uns 66 anos*) ...Como vindas de pesadelos. Raimundo Correia e seu estranho gênio merece ainda ser mais bem desvendado. Transcendendo a escola e as teorias. Além de ter, o que foi raro, o senso de humor, ou satírico, desconforme com

---

282. CORREIA, Raimundo. **Poesia completa e prosa**: introdução geral. Rio de Janeiro: J. Aguilar, 1961. p. 123.

283. CORREIA, Raimundo. **Poesia completa e prosa**: introdução geral. Rio de Janeiro: J. Aguilar, 1961. p. 247.

284. CORREIA, Raimundo. **Poesia completa e prosa**: introdução geral. Rio de Janeiro: J. Aguilar, 1961. p. 194.

285. CORREIA, Raimundo. **Poesia completa e prosa**: introdução geral. Rio de Janeiro: J. Aguilar, 1961.

286. CORREIA, Raimundo. **Poesia completa e prosa**: introdução geral. Rio de Janeiro: J. Aguilar, 1961.

"a figura concentrada, pensativa, que sorri às vezes, ou faz crer que sorri, e não sei se riu nunca", segundo Machado de Assis, que o conheceu pessoalmente. Não estaria também o *Mestre do Cosme Velho* falando de si mesmo? Vejam estes exemplos "...Dá dez horas o cuco. O sol abafa, / E do mal de Noé tocados – safa! / Ronca o barão e a baronesa ronca. // "[287] (*Mona Fidalga*)... "Parece descarga elétrica / Essa carga rimo-métrica! / Jocosa quer ser – e é tétrica, / Quer ser tétrica – é ridícula! //"[288] (*Epístola ao Bardo Muniz*). E o humor, mais do que contradição, pode ser pungência. A poesia de Raimundo Correia está eivada de um "estranhamento" na expressão de Harold Bloom, um caminhar para dentro. Ou girando numa esfera de tragicidade: "Homem, bicho da terra, hediondo é tudo / O que conheço aqui; eis por que volvo / O olhar, assim, para o que não conheço! //"[289] (*Homem, embora exasperado brades*). Tudo regido por uma fluida musicalidade que o faz consanguíneo de Paul Verlaine, do português Camilo Pessanha e ainda mais de Antero de Quental, pela poesia de pensamento e melancolia. Sem deslembrar a relação fraterna com a ácida mundividência de Augusto dos Anjos, mas isenta de cientificismo. Deixou uma obra breve, comparada com a de outros do mesmo Parnaso, que se torna importante no correr do tempo. A provar, sim, que o tempo nada sabe de si mesmo, nem pelo "buraco das estrelas de abóbadas celestes gastas."[290] E, para remate, observem a imagética, também constelar, do nosso Raimundo Correia, nestes tercetos de seu célebre *Banzo*: "Como o guaraz nas rubras penas dorme, / Dorme em ninhos de sangue o sol oculto.../ Fuma o sábio africano incandescente.. // vai co'a sombra crescendo o vulto enorme / Do baobá...E cresce n´alma o vulto /

---

287. ASSIS, Machado de. **Obra completa:** Poesia. Crônica. Crítica. Epistolário. Apêndice. Rio de Janeiro: Nova Aguilar, 1994. p. 916.

288. CORREIA, Raimundo. **Poesia completa e prosa:** introdução geral. Rio de Janeiro: J. Aguilar, 1961. p. 392.

289. CORREIA, Raimundo. **Poesia completa e prosa:** introdução geral. Rio de Janeiro: J. Aguilar, 1961. p. 379.

290. MAIAKOVSKI, Vladimir. **Maiakovski:** poemas. São Paulo: Perspectiva, 1997.

De uma tristeza, imensa, imensamente... //"[291] E o vulto de uma estrela, este poeta, que não se gasta no fio da agulha do poema. E do firmamento.

Olavo Bilac

Olavo Brás Martins de Guimarães Bilac – alexandrino perfeito, nasceu no Rio de Janeiro, em 1865. Abandonando a Medicina e o Direito, dedicou-se ao Jornalismo, com crônicas diárias que alimentaram diversos jornais. Meteu-se em política e foi tenaz opositor do Marechal Hermes da Fonseca, tendo sido por ele feito prisioneiro na Fortaleza da Laje, no Rio de Janeiro. Participou de movimentos cívicos, escreveu o *Hino da Bandeira*, firmando-se como o poeta mais popular do Parnasianismo. Em consequência, o que mais sofreu o desgaste do advento do Simbolismo e, depois, do Modernismo, que nem sempre foi moderno, passando por largo "exílio", ou esquecimento. Quando se equilibrou o fio de prumo das reputações, que vêm e voltam, acima dos preconceitos e ideologias, subiu à tona Bilac. E foi o amor à língua que lhe não foi arrancado: "Amo-te, ó rude e doloroso idioma, / Em que da voz materna ouvi: 'meu filho!', / E em Camões chorou, no exílio amargo, / O gênio sem ventura e o amor sem brilho. //"[292] (*A língua portuguesa*). Ivan Junqueira anota com justeza: "Bilac foi, sobretudo, hostilizado porque sua poesia não interessava em absoluto ao projeto modernista e não porque o julgassem mau poeta."[293] A descrição física, que Ruy Castro fez de Olavo Bilac, é perfeita:

> Podia ser alto, esbelto, elegante e o poeta mais querido do Brasil, mas era vesgo. Os amigos fingiam que não notavam, mas quando Bilac olhava de frente para eles, era como se com o olho esquerdo estivesse fritando o peixe e com o direito olhando o gato.

---

291. CORREIA, Raimundo. **Poesia completa e prosa:** introdução geral. Rio de Janeiro: J. Aguilar, 1961. p. 295.

292. BILAC, Olavo. **Poesia.** Rio de Janeiro: Agir, 1959. p. 86.

293. JUNQUEIRA, Ivan. **O encantador de serpentes:** ensaios. Rio de Janeiro: Alhambra, 1987. p. 65.

Tentando disfarçar o estrabismo, Bilac decidiu passar o resto da vida de perfil. Logo concluiu que era uma falsa boa ideia: enquanto seu tronco ficava de frente, o rosto parecia estar posando para uma efígie, o que lhe provocava torcicolo. Então Bilac adotou o *pince-nez*, com o que camuflou a vesguice.[294]

Era boêmio e um tanto dândi no vestir, mantendo socialmente uma posição olímpica, abominando a polêmica, talvez com a feição dos tímidos, com pudor a custo preservado. Faleceu no Rio de Janeiro, em 28 de dezembro de 1918. Tido por alguns como sentimentalista, Bilac possuía o raro dom de cair no uso popular, com alguns versos como *Ouvir estrelas*, o que sucedeu com a *Pasárgada* bandeiriana e *o José*, de Drummond, sintoma de permanência na alma comum. O Bilac institucional, patriótico, do serviço militar trazia singular amor à terra que o salvou, sendo ele o poeta parnasiano mais brasileiro, sobretudo depois da magistral criação que foi *O Caçador de Esmeraldas*, (episódio da epopeia sertanista no XXVII século), com o herói, Fernão Dias Paes Leme, em quatro sinfônicos Cantos, entre amargor e descoberta de riqueza, ficando ao lado de outros vigorosos projetos épicos do Brasil. Na variação rítmica e desfile de imagens febris, o poeta compõe sua partitura. "Fernão Dias Paes Leme agoniza. Um lamento / Chora longe, a rolar na longa voz do vento. / Mugem soturnamente as águas. O céu arde. / Trasmonta fulvo o sol. E a natureza assiste, / Na mesma solidão e na mesma hora triste, / À agonia do herói e à agonia da tarde. //"[295]

> Verdes, os astros no alto abrem-se em verdes chamas; / Verdes na verde mata, embalançam-se as ramas; / E flores verdes no ar brandamente se movem; / Chispam verdes fuzis riscando o céu sombrio; / Em esmeraldas flui a água verde do rio, / E do céu, todo verde, as esmeraldas chovem //[296]

---

294. CASTRO, Ruy. **Bilac vê estrelas**. São Paulo: Companhia das Letras, 2000. p. 9.

295. BILAC, Olavo. O caçador de esmeraldas. In: **Poesias**: antologia. São Paulo: Martin Claret, 2002. p. 37.

296. BILAC, Olavo. **Poesias**. Rio de Janeiro: H. Garnier, 1904.

Aqui, o gênio de Bilac se antecede à visão delirante dos sonhos do Surrealismo. Sua escrita tem a marca da elegância, aquele instinto que, por ser vivo, estuante, raramente é brônzeo. Explode para fora, com paixão. Sua poesia de *Panóplias*, seja *A morte de Tapir* (influenciada por Gonçalves Dias, a quem dedica um soneto), seja *Para a Rainha Dona Amélia*, seja *A sesta de Nero*, ou *O incêndio de Roma*, ou fatos históricos ou bíblicos como *O sonho de Marco Antônio*, ou *Vinha de Nabot*, ou *A samaritana*, ou *A Tentação de Xenócrates*, pode retratar o poder verbal de um versificador ou artesão, mesmo um escultor que cinzela a estátua, em densa forma. Ao exceder-se o artista por excessivo peso, diminui o poeta, encolhe, quando deveria flutuar, soberano, sobre os artifícios de escola ou moda. Então a vida, nesses versos menores, sopra, rarefeita, ainda que se admirem os rebocos e adornos, como se meros objetos verbais fossem. Em Olavo Bilac há uma consciência lírica que cintila com o clarão, o fogo puro, sem mácula. E aí vale reconhecer o seu traço luxurioso, alcançando o que vislumbrava Henry James: "uma floresta indomada onde o lobo uiva e o obsceno pássaro da noite chilreia". Que é sua modernidade espantosa. Teve a grandeza de ser contraditório, como todo o verdadeiro criador, o que o levou a ser acusado de fugir de sua "Profissão de fé", de ourives do verso, escapando também da sentença de Kierkegaard, de que "o esteticismo puro é uma forma de desespero". Mas o poeta nele era tão grande, que não deixou que se desesperasse. Ao falecer, seu enterro foi seguido por uma multidão, atestando o crescente prestígio.

Foi um dos fundadores da Academia Brasileira de Letras, sob a presidência de Machado de Assis. Do filão amoroso, com proverbial originalidade, extraiu textos magistrais, como em *Via Láctea*, que ficaram na memória coletiva: "Ilusões! sonhos meus! Íeis por ela / Como um bando de sombras vaporosas. / E, ó meu amor! Eu te buscava, quando / Vi que no alto surgias, calma e bela, / O olhar celeste para o meu baixando//"[297] (*Soneto I*). E, no *Soneto XIII*:

---

297. BILAC, Olavo. **Poesias**. Rio de Janeiro: H. Garnier, 1904.

> Ora (direis) ouvir estrelas! Certo / Perdeste o senso! / E eu vos direi, no entanto, / Que, para ouvi-las, muita vez desperto / E abro as janelas, pálido de espanto.../ E conversamos toda a noite, enquanto / A via láctea, como um pálio aberto, / Cintila. E, ao vir do sol, saudoso e em pranto, / Inda as procuro pelo céu deserto. / Direis agora: 'Tresloucado amigo! / Que conversas com elas? Que sentido / tem o que dizem, quando estão contigo?'/ E eu vos direi: 'Amai para entendê-las! / Pois só quem ama pode ter ouvido / Capaz de ouvir e de entender estrelas.'//[298]

Vários livros publicou, com clárido sentimento (oposto de Raimundo Correia, de tom escuro), rútilo, sonoro ou flamante, ora de arfante amor, ora sensual, erótico, (de musa pagã), ora versando sobre a fragilidade da carne e o transitório das coisas, com os poemas lapidares e agudos, a maioria, sonetos, de que era consumado mestre, em boa parte de *Alma Inquieta*. Vejam este *Inania Verba*, ou a impotência diante do Absoluto:

> Ah! Quem há de exprimir, alma impotente e escrava, / O que a boca não diz, o que a mão não escreve? /Ardes, sangras, pregada à tua cruz, e, em breve, / Olhas, desfeito em lodo, o que te deslumbrava... //O Pensamento ferve, e é um turbilhão de lava: / A Forma, fria e espessa, é um sepulcro de neve.../ E a Palavra pesada abafa a Ideia leve, / Que, perfume e clarão, refulgia e voava. // Quem o molde achará para a expressão de tudo? / Ai! Quem há de dizer as ânsias infinitas / Do sonho? e o céu que foge à mão que se levanta? // E a ira muda? e o asco mudo? e o desespero mudo? / E as palavras de fé que nunca foram ditas? / E as confissões de amor que morrem na garganta? //[299]

E eis, leitores, o fulgor destes tercetos de *Última página*: "Veio o inverno. Porém, sentada em meus joelhos, / Nua, presos aos meus os teus lábios vermelhos, / (Lembras-te, Branca?) ardia a tua carne em flor... / Carne, que queres mais? Coração, que mais queres? / Passam as estações e passam as mulheres.../ E eu tenho amado tanto! E não conheço o Amor!. //" É de ressaltar também, na obra bilaquiana, *Sarças de Fogo*, onde se lê o antológico *Nel mezzo del camin...*, afim e inspirador do

---

298. BILAC, Olavo. **Poesias**. Rio de Janeiro: H. Garnier, 1904.
299. BILAC, Olavo. **Obra reunida**. Rio de Janeiro: Nova Aguilar, 1996. p. 172.

famoso soneto do gaúcho Alceu Wamosy. Poeta de amor, de musa pagã, sua verve também sabia ser crítica, e com ferocidade, em *Poemas Satíricos*. Na prosa de primeira água, destila sensos de humor, coloquialismo, ternura com os simples, em suas primorosas crônicas, pondo a pena a serviço de causas nacionais. Depois de morto, veio a lume, a coletânea *Tarde*, em 1919. Sua obra poética foi toda englobada em *Poesias*. Recordo um dos seus mais condoídos poemas e da língua portuguesa: "Nunca morrer assim! Nunca morrer num dia / Assim! De um sol assim! / Tu, desgrenhada e fria, / Fria! postos nos meus os teus olhos molhados, / E apertando nos teus os meus dedos gelados" (*In extremis*). Ou este inesquecível, que tantos aprenderam de cor: "Quando uma virgem morre, uma estrela aparece, / Nova, no velho engaste azul do firmamento; / E a alma da que morreu, de momento em momento, / Na luz da que nasceu palpita e resplandece //" (*Virgens mortas*).

Olavo Bilac não foi apenas um *versemaker* de talento e graça, segundo alguns poucos. Tal não se dá num poeta contido e simultaneamente capaz de ser tomado pela força criadora, como Bilac. Tinha então ossos de fogo por dentro da palavra. Artista do verso, entretanto, não se deixou sufocar na gélida neve do Parnaso, nem se conduziu pelo auspicioso coro das sereias de um vazio verbalismo. Foi antes emotivo, ígneo, sensual, lúdico, enamorado, lúcido, vibrante, legando-nos versos definitivos (se definitiva é a inscrição humana), onde a poesia, a que fica, irrompe da forma, incendeia o verbo, desencadeia invenções e achados. É um poeta surpreendente, inegavelmente maior, em muitos momentos. Cercando, incansável, a cidadela da Poesia: "E à noite, à luz dos astros, a horas mortas, / Rondo-te, e arquejo, e choro, ó cidadela! / Como um bárbaro uivando às tuas portas! //" O parnasianismo é a granítica capa, o poeta é um vulcão, ou bárbaro. *Maldição* é a prova disso: "Se por vinte anos, nesta furna escura, / Deixei dormir a minha maldição, / Hoje, velha e cansada de amargura, / Minh´alma se abrirá como um vulcão. // E, em torrentes de cólera e loucura, / Sobre a tua cabeça ferverão / Vinte anos de silêncio e de tortura, / Vinte anos de agonia e solidão... // Maldita sejas pelo Ideal perdido! / Pelo mal que fizeste sem querer! / Pelo amor que morreu sem ter nascido! // Pelas horas vividas sem prazer! / Pela tristeza do que eu tenho sido! / Pelo esplendor do que eu deixei de ser!... //" É impressionante a aproximação desse soneto com a maldição do pai em *Y-Juca-Pirama* de Gonçalves Dias. O que parece despudor, ou descaro, é a voragem da labareda que lhe toma o engenho, saltando fora da objetividade, felinamente. Não teria Mário de Andrade fundamento, ao indagar a respeito de Machado de Assis, poeta: "a estética parnasiana não seria o abandono da poesia, no melhor de seu sentido?" Sob a sombra de Alberto de Oliveira, Bilac é adornoso, anacrônico, cheio de rebuscos, de que *Frineia* é exemplo. Depois, liberto, fez com que a poesia rebentasse o bronze, a fórmula, o padrão de ourives na labareda, até o grito, o brado, a exaltação. Acendeu a candeia do tino e do verso com perícia, grandeza. Pois a vida só respira na liberdade. A vida respira sozinha. Conseguindo o extremo de seus poemas serem ele, e ele, seus poemas numa identificação compacta de poeta e metáfora. Servia ao sistema, como se o não servisse. Era em verdade proprietário de um pomar de prodígios, sem deixar de usar o inconfundível *pince-nez* de imortalidade. Aquela que não dorme. E é "Milton Cego" – que diz muito da busca deste "poema universal", que todos anseiam: "Desvenda-se ao cego o mistério: as idades / Sem princípio; de sol a sol, de terra em terra, / A eterna combustão que maravilha e aterra, / Geradora de bens e de ferocidades; // Cordilheiras de espanto e esplendor, serra a serra, / De infinito a infinito; asas em tempestades, / Tronos, Dominações, Virtudes, Potestades, / Luz contra luz, furor de chama e glória em guerra. // E os rebeldes, rodando em rugidoras vagas; / E o Éden, a tentação, e, entre o opróbrio e a alegria, / O amor florindo ao pé da amaldiçoada porta; // E o Homem em susto, o céu em ira, o inferno em pragas; / E, imperturbável, Deus, na sua glória!... Ardia / O poema universal numa retina morta". // Porque talvez a imortalidade seja também cega, sem o saber, ou num dos olhos, como Camões. Cega de tanto ver.

Vicente de Carvalho, poeta entre coração e oceano

Quando W. H. Auden, o famoso poeta inglês, que se naturalizou americano, observava que se um jovem lhe respondia, ao ser indagado se desejava escrever poesia: "Gosto de vagabundear no meio das palavras e de ficar escutando o que elas dizem"[300], então poderia vir a ser um "poeta", mostrando o quanto é preciso deixar que a linguagem nos contemple. E saber escutar as palavras. Eis a nascente da inspiração vicentina, ainda que alguns considerem o poeta um *romântico tardio e outros,* poesia parnasiana com acentos simbolistas – para outros. A verbalização do ingênuo, e, muitas vezes, do inocente, que caracteriza a poesia de Vicente de Carvalho, traz no bojo certa noturnidade que torce o pescoço da eloquência. É a mágica dos vocábulos que busca o sentido, não o sentido que busca a relação secreta dos vocábulos. Guardando um lirismo popular, que o aproxima do espanhol Ramón Jiménez e da galega Rosalía de Castro, ao voltar à cantiga de amigo, feita pelo trovador Pêro Meogo, ou Rodrigues Lobo ("Descalça vai para a fonte / Leonor pela verdura, / Vai fermosa e não segura"), ou a um Garcilaso ou Calderón de la Barca, do *Siglo de Oro* espanhol. Observa Octavio Paz: "A poesia ignora o progresso ou a evolução e suas origens e seu fim se confundem com os da linguagem." Talvez permaneça pelo seu enigmático caderno de imagens que não se gastam, flutuando além das gerações, sendo "a essência da poesia."[301]

Vicente de Carvalho nasceu em Santos, abarcando o jornalismo, o conto, além da experiência política, jurídica e a de fazendeiro, sendo principalmente poeta. Não "do ar", como Drummond, nem como queria Huidobro, "o que contempla de tão alto que tudo se faz ar."[302] W. B. Yeats, aliás, atesta sua experiência com a poesia, dizendo que fazia versos de "bocados de ar."[303] O que diz do processo da oralidade da imaginação, quando o ritmo entra no jogo do verbo e no verbo do sentido: a fala onírica, certa dimensão da infância, o sotaque da alma geral, um cosmos que assume vida própria, "restabelecendo a palavra original" (W. Blake). E esse penetrar dentro da

---

300. AUDEN, W. H. **A mão do artista.** São Paulo: Siciliano, 1993.

301. PAZ, Octavio. **O arco e a lira.** Rio de Janeiro: Nova Fronteira, 1982.

302. HUIDOBRO, Vicente. **Altazor.** 2. ed. México: Premiá, 1982.

303. YEATS, W. B. apud VERISSIMO, Luis Fernando. **Banquete com os deuses.** Rio de Janeiro: Objetiva, 2003.

existência, e o absorvê-la, é a constância da linguagem. Como Noé na Arca, o poeta navega em círculos sem leme e, através deles, singra o inconsciente coletivo, a transgressão da lógica nas águas maternais da inocência e da loucura domada.

Vicente de Carvalho, de poesia eminentemente fonética, é enamorado de marés, fazendeiro do mar, pela paixão que o singulariza, sendo o oceano para ele "como o céu para o crente"[304]. Aqui, não é o brando e ameno lírico, afeiçoado à amada, ao beija-flor ou às garças, é o poeta elegíaco, dramático e, às vezes, órfico, clamando ante o desconhecido, o sofrimento e o destino, que nos faz lembrar José Régio, de *Poema negro*, pelo tom rebelde, libérrimo, ou *Cântico do calvário*, de Fagundes Varela, em catapulta de metáforas. Não é o poeta preso a uma flor, seja a da campina ou do firmamento, nem o que senta na beira da calçada para ver as estrelas se refletirem em poças de água, nem o vagabundo da esperança ou argonauta de pássaros. Não! O poeta é suas palavras; é o mar selvático; o tigre rugidor; o que não se dobra diante das adversidades. E tem as asas do albatroz baudelairiano, que não cabe na popa do navio, com soluçado grito de amor ou lamúria. Ou algo do *Cimetière marin*, de Paul Valéry ("Le vent s'est passé! Il faut tenter de vivre!"). Goethianamente, o poeta assina com seu sangue. Não seria o oceano, o seu *Fausto* prisioneiro das vagas? Eis alguns fragmentos de *Palavras ao mar*, onde versos permanecem no imaginário do povo, (quantos se lembram deles, diante do bater das ondas?), com força mítica: "Mar, belo mar selvagem / Das nossas praias solitárias! Tigre / A que as brisas da terra o sono embalam // ... "Há instantes que lembram um Lautréamont, a quem a poesia vislumbra "a verdade prática"[305], nos *Cantos de Maldoror*,[306] quando versa sobre a condição humana. Recordando-me deste romance magnífico de Ruy Câmara, *Cantos de Outono*[307] quando o poeta uruguaio-francês alude ao

---

304. CARVALHO, Vicente de. **Os melhores poemas de Vicente de Carvalho**. São Paulo: Global, 2005.

305. CARVALHO, Vicente de. **Poesia**. Rio de Janeiro: Agir, 1961. p. 26.

306. LAUTRÉAMONT. **Cantos de Maldoror**. São Paulo: Iluminuras, 1997. p. 80.

307. CÂMARA, Ruy. **Cantos de Outono**. Rio de Janeiro: Record, 2003, p. 314, 294.

seu *Outro*, o Isidore: "Penso que o tal Ducasse sofre de complexo da loucura, um complexo que curiosamente não se afina com as escolas, nem com as estéticas ensinadas ... Qual o mais profundo, o mais impenetrável dos dois: o oceano ou o coração humano?" Noutros versos parece-nos Guillevic, o poeta do mar de Carnac: "As profundezas que procuramos, serão as tuas?" Vicente de Carvalho confessa:

> Também eu ergo às vezes / Imprecações, clamores e blasfêmias / Contra esta mão desconhecida e vaga / Que traçou meu destino... Crime absurdo / O crime de nascer! Foi o meu crime. / E eu expio - vivendo, devorado / Por esta angústia do meu sonho inútil. / Maldita a vida que promete e falta, / Que mostra o céu prendendo-nos à terra, / E, dando asas, não permite o voo... //.[308]

Assinala Octavio D'azevedo, exegeta da obra vicentina: "O espírito do mar transluzia, efetivamente, nos seus anseios de liberdade, de aventura, de coragem, de independência e de conquista e domínio."[309] O que não quer significar que "não escutasse romanticamente a voz triste das águas, nem deixasse de contemplar velas e nuvens a fugir, e garças em torvelinho, e maretas, espumaradas, luares – elementos obsessivamente brancos com que armava as paisagens. Tanto quanto era atraído pelo mar, era Vicente de Carvalho um seduzido da flor, como se tivesse em flor e branco o coração."[310] (obra citada, p. 237). Afinado ao próprio Mário de Andrade em *Voltei-me em flor*, que inicia com estes versos belíssimos: "A tarde se deitava nos meus olhos..." E, adiante: "Voltei-me em flor. Mas era apenas tua lembrança."

Vicente de Carvalho nasceu (se é que os poetas nascem ou são apenas a biografia de suas palavras) em 5 de abril de 1866 e, em 22 de abril de 1924, (guardando a obsessão por abril no nascimento e na morte: "Quando eu nasci, raiava / O claro

---

308. CARVALHO, Vicente de. **Poemas e canções**. Porto: Livraria Chadron, 1909.

309. D'AZEVEDO, Octavio. **Vicente de Carvalho**: poesias e canções. Rio de Janeiro: José Olympio, 1970.

310. D'AZEVEDO, Octavio. **Vicente de Carvalho**: poesias e canções. Rio de Janeiro: José Olympio, 1970.

mês das garças forasteiras. / Abril, sorrindo em flor pelos outeiros, / Nadando em luz na oscilação das ondas, / Desenrolava a primavera de ouro"[311]). Foi eleito para a Academia Brasileira de Letras, na Cadeira número 29. Seu livro fundamental foi *Poemas e Canções* (1908), com várias edições, avaliado por críticos da estirpe de José Guilherme Merquior, como "parnasiano de mérito e de apurado paisagismo", embora julgue "raso" filosoficamente o soneto *Velho Tema - 1*, que o celebrizou. Fala sobre a felicidade, com dois quartetos maravilhosos e os tercetos com trocadilhos que não convencem pelo uso das rimas "supomos/pomos – (verbo)/pomos – (substantivo). Todavia, não há que esquecer estes versos lapidares: "Nem é mais a existência, resumida, / que uma grande esperança malograda". Ou "Só a leve esperança em toda a vida, / disfarça a pena de viver, mais nada". Aliás, *os Sonetos II, IV* e *V, do Velho Tema*, menos famosos, realçam-se pela beleza e invenção. No mesmo nível, os *Sonetos I, II, IV* (um deles a um poeta moço), que remata com este terceto magistral: "Trouxe a certeza, enfim (se há sonhos certos) / De ter vivido em plena claridade / Dos sonhos que sonhei de olhos abertos". E os versos derradeiros do *segundo*: "A mudança será para nós dois: / E então podereis ver, minha senhora, / Que eu sou quem sou / por serdes vós quem sois //". Ou este final do *Soneto IV*: "E nada sei do amor... Não, não sei nada, / E cada rosto de mulher formosa / Dá-me a impressão de folha inda não lida". Esses sonetos contêm espontaneidade, limpidez. E a marca registrada da invenção vicentina: a música. Uma simplicidade que vem de "pequenas infrações de regras formais". E a surpresa misteriosa, que a Machado de Assis fascinava na criação poética: "as descobertas do instinto". A poesia de Vicente de Carvalho arreda-se dos mestres parnasianos Olavo Bilac, Raimundo Correia e Alberto de Oliveira pela sua tendência à toada ou trova, a verbalização que se equilibra, desnudando-se, com ar humilde, despretensioso, singelo. Tal peculiaridade brilha nas *Canções*. Mais perto do povo, que dos eruditos e cultos. Tanto que é visível o parentesco com *Folhas Caídas*, de Almeida

---

311. CARVALHO, Vicente de. **Poemas e canções**. Porto: Livraria Chadron, 1909.

Garrett, ao explorar o romanceiro lusitano. Senão vejamos: "Eu vivo tão descuidado / De tudo mais desta vida, / Que nem me ocorre, querida, / A ideia de ser amado. ... // Confesso-me, nada nego: / Amo-te...E nisto de amar-te / Só tenho de minha parte / A culpa de não ser cego. // (*Trovas*). "Ó meu amor, porção de nadas! / Tu sonhas tanto... E eu vejo só / Sonhos que de asas fraturadas / Rojam no pó... // (*Oração Pagã*). E, ainda: "Roseira de tanta rosa / Roseira de tanto espinho / Que eu deixei pelo caminho / Aberta em flor, e parti: // Por não me perder, perdi-te: / Mas mal posso assegurar-me / Com te perder e ganhar-me / Se ganhei, ou se perdi... //" (*Rosa, Rosa de Amor*).

Chamo a atenção para esta descrição sinestésica, de um Van Gogh ou um Monet: "Vermelha e enorme flor, desabotoa / A madrugada as pétalas; o outeiro / A pouco e pouco avulta do nevoeiro, / Surge, e de cor de rosa se coroa. // A passarada surpreendida voa / E canta; há sol e azul no céu inteiro; / Vê-se na orla da praia o mar fagueiro / Que ondas sobre ondas amontoa. //" (*Na Praia*). Ou o conhecido poema *A Flor e a Fonte*: ... "Ai, balanços do meu galho, / Balanços do berço meu; / Ai, claras gotas de orvalho / Caídas do azul do céu! // Chorava a flor e gemia, / Branca, branca de terror, / E a fonte sonora e fria, / Rolava, levando a flor. //" Esse tema da flor levada pelas águas, símbolo da fragilidade, continua a sensibilizar os poetas contemporâneos. E sua relação dialógica é com o poema *A fonte e o mar*, de Victor Hugo. E, se "o português é o espanhol sem ossos" – para Unamuno – vale reproduzir a suavidade e a sublime surdina interior de *Negra Sombra*, da galega Rosalía Castro, de *Folhas Novas*, (VIEIRA, Yara Freteschi de. *Antologia da Poesia Galega*. Campinas: Unicamp. pp. 47-48): "Em tudo estás, e tu és tudo / Para mim, e em mim mesma moras, / Nem me abandonarás nunca, / Sombra que sempre me assombras //". E comparem com este tom de cantiga vicentino, com metáforas que têm olhos novos para coisas velhas: "Ser amada por ti, / claro sol que tu és!" Ou a sinestesia e musicalidade: "No ar claro e sonoro [...] Insetos de ouro e azul, / ou rubros como brasas, / Ou claros como neve"; o movimento: "Tumultuando, o chão corre às soltas, sem rumo". Se o *sistema de signos* (que denominamos *constelação*), cria critérios de avaliação de uma obra no tempo, que não são estáticos, mas dinâmicos, permitindo várias leituras e mudanças de perspectiva, qual é a atualidade da obra vicentina? A um poeta do século passado, há que, criticamente apurar a sobrevivência do que é a Poesia, longe dos tiques e modismos. E as seletividades todas correm o risco da impotência, dos cochilos, dos erros e das idiossincrasias daqueles que as catalogam. E o lirismo vicentino resiste – a nosso juízo – ao se esquivar da fastidiosa forma pela forma, sendo mais espontâneo, mais perto do instintivo, que do racional. Mesmo que sua versificação não se diferencie muito quanto à técnica dos demais parnasianos, a não ser pela medida curta, nem deles se distinga pelo tema do amor, ainda que o redescubra de maneira especial com achados, como que se evadissem da alma popular, há nele um movimento silencioso para a modernidade. E penso que o núcleo que o individualiza e designa entre todos, é um certo despojamento verbal, a língua do coração e a originalidade, que cintila em o *Velho Mar Selvagem*, entre os grandes líricos do Oceano. Ou nas canções vicentinas, em que a pureza e fulgor fazem-nas escapar do lugar-comum: não apenas pela clareza, também pela claridade, fresta que a palavra rasga, com vocábulos de todos os dias, penetrando, em filão recôndito, certa álgebra da alma. Ou a astúcia e desarme da inocência, que veste o texto de antigo e muito rente ao cerne da emoção humana, que possui cavidades e profundezas, e, às vezes, torto espelho. Brandindo o clamor do poeta santista, ao arremessar vocábulos como pedras, diante do mar: "Ó cavassem-te embora / O túmulo em que vives – entre as mesmas / Rochas nuas que os flancos te espedaçam, / Entre as nuas areias que te cingem! //... E nada mais! Nem visses nem sentisses / Aberto sobre ti de lado a lado / Todo o universo deslumbrante – perto / Do teu desejo e além do teu alcance! // Nem visses nem sentisses / A tua solidão sentindo e vendo / A larga terra engalanada em pompas / Que te provocam para repelir-te; / Nem buscando a ventura que arfa em roda, / A onda elevasses para a ver tombando... //" *Palavras ao Mar*. Um lado humorístico de Vicente de Carvalho: *Imitando* Camões: "Quando partiste, em pranto, descorada / A face, o lábio trêmulo... confesso: / Arrebatou-me um verdadeiro acesso / De raivosa paixão desatinada. // Ia-se nos teus olhos, minha amada, / A luz dos meus, e então, como um possesso, / Quis arrojar-me atrás do trem expresso / E seguir-te correndo pela estrada... // 'Nem há dificuldade que não vença / Tão forte amor!' pensei. Ah, como pensa / Errado o vão querer das almas ternas! // Com denodo atirei-me sobre a linha.../ Mas, ao fim de uns três passos, vi que tinha / Para tão grande amor bem curtas pernas //" Escrever não é a diferença apenas entre *espelhar* e *segurar um espelho*. Escrever é entrar dentro do espelho. E cito outra vez W. H. Auden, voltando-me para Vicente de Carvalho: "Os artistas morrem quando querem ou quando devem, e não existem obras incompletas."[312] Pois são as palavras que completam o que na vida ao poeta careceu de viver.

Augusto de Lima, ou o mar como elefante negro

Nasceu em Congonhas do Sabará, hoje Vila Nova de Lima, em 5 de abril de 1860, e faleceu no Rio de Janeiro, em 22 de abril de 1934. Magistrado, poeta, jornalista, pertenceu à Academia Brasileira de Letras. Publicou em poesia: *Contemporâneas*, 1887; *Símbolos*, 1892 e *Lautas Inéditas* (LIMA, Augusto de. *Poesias*. Rio: ABL, 2008, organização de Antônio Carlos Secchin). Seu primeiro livro é dedicado a Alberto de Oliveira e tem um soneto a Raimundo Correia, o que diz muito de suas afinidades. Teófilo Dias denuncia nele versos de um grande poeta. Sua contenção formal é parnasiana; o domínio do verbo é de quem se aprimorou na técnica e no arsenal de símbolos. É um parnasiano a mais? É um parnasiano com a riqueza imagística de simbolista. E um "sentimento do mundo" que o singulariza. O raro sentimento do paradoxo e da contradição humana, o que fez dele descrente da ciência e um meditativo, com nostalgia panteísta, como no soneto do mesmo nome:

> Um dia interrogando o níveo seio / de uma concha voltada contra o ouvido, / um longínquo rumor, como um gemido, / ouvi plangente e de saudades cheio. // Esse rumor tristíssimo escutei-o: / é

---

312. AUDEN, W. H. **A mão do artista**. São Paulo: Siciliano, 1993.

a música das ondas, é o bramido, / que ela guarda por tempo indefinido, / das solidões marinhas donde veio. // Homem, concha exilada, igual lamento / em ti mesmo ouvirás, se ouvido atento / aos recessos do espírito volveres. // É de saudade, esse lamento humano, / de uma vida anterior, pátrio oceano / da unidade concêntrica dos seres. //

Outro poema, em que se verifica sua maestria é *Supremo bem*: "Supremo bem, arcano misterioso! / A plenitude da alma satisfeita, / o abraço eterno que o desejo estreita / à posse infinda do sonhado gozo! // Quimera vã que o espírito rejeita: / como é que à perfeição de um ser glorioso / pode unir-se o desejo, filho e esposo / da humanidade efêmera e imperfeita? // Mas também possuir o ideal puro, / sem desejo, sem fibras, inconsciente... / Tédio implacável ou enigma escuro! // O desejo sem posse é o mal presente. / Se a posse sem desejo é o bem futuro, / melhor é desejar eternamente! //" Cabe também registrar a beleza destes tercetos, de *Epílogo:* "Impetuoso coração, que esperas? / Basta! Que esperas através de escolhos, / de dilúvios, vulcões e terremotos? // Sangrei meus lábios de beijar quimeras; / cegos de ver miragens tenho – os olhos – / e de abraçar o vácuo – os braços rotos! //" E, se para Vicente de Carvalho, o mar era um tigre, para Augusto de Lima é um elefante negro. Embora um tanto esquecido, pelo refinamento verbal e por sua reflexão sobre a transitoriedade, nada deve aos influentes companheiros do Parnaso. Observem a exuberância, o mágico caderno das imagens, a visualidade contemporânea e surrealista destes versos: "Disse o rochedo ao mar, que plácido dormia: / Quantos milênios há que, tu, negro elefante, / tragas covardemente esses, cuja ousadia / se arriscou em teu dorso enorme e flutuante? //" O mar não respondeu; mas um tufão horrendo / cavou-lhe a entranha e fez estremecer de medo / o coração do abismo. Então o mar se erguendo, / atirou um navio aos dentes do rochedo! //" (*Cólera do mar*). Comovente e comovida, sua dicção se abastece no inacessível entre o desejo e o desconsolo. Ou esta "gota no escuro, do céu preso em água", tão bem expressa pelo irlandês Seamus Heaney. Com o plácido e negro elefante do mar que se levanta.

CAPÍTULO 9

Poetas do intermédio, ou pré-simbolistas

Bernardino da Costa Lopes
Luiz Delfino
Alceu Wamosy
Arthur Azevedo e o risco da condição humana
Laurindo Rabelo
Emílio de Menezes: a bela e ferina época o satírico e trágico
Moacir Piza

> *Eu não sou eu nem sou o outro,*
> *Sou qualquer coisa de intermédio:*
> *Pilar da ponte de tédio*
> *Que vai de mim para o Outro.*
>
> Mário de Sá-Carneiro (Lisboa, fevereiro/1914).

Bernardino da Costa Lopes (B. Lopes)

Filho de escrivão e de uma costureira, nasceu em Rio Bonito, município fluminense, em 1859, sendo funcionário dos Correios no Rio de Janeiro. Tinha a esterilidade de uma vida inefavelmente elegante. Dândi mulato, com polainas e monóculo, buquê na lapela, conforme relata José Guilherme Merquior, boêmio, anarquista. Atacado pela tuberculose, afundou no álcool e na sífilis. Morreu no Rio, em 1916, tendo feito fama como poeta parnasiano com *Cromos*, 1881, que influenciou a muitos, a partir de um senso de realidade silvestre e amoroso, ainda que mais amoroso que silvestre. Graças ao cromatismo inusitado, à imagística erótica, à sinestesia, com uma semântica capaz de concretizar o abstrato, além da crítica ao mundanismo, mundano também ele, enxertou-se na galante superficialidade dos salões, impondo-se com os sonetos magníficos de *Brasões*, 1895, como um dos que, antenados, sentiram ventarem os signos da nova escola. Aqui vai um exemplo de seu estro: *Esmeralda*

> Esmeralda no heráldico diadema, / No lóbulo da orelha cor-de-rosa; / O colo – arde na luz maravilhosa / De um tríplice colar da mesma gema. // No peito, aberto céu de alvura extrema, / Entre nuvens de tule vaporosa, / Verde constelação, na forma airosa / De principesca e requintada estema. // Agrilhoa-lhe o pulso um bracelete, / Glaucas faíscas desprendendo; ao cinto / Um florão de esmeraldas por colchete; / Nos dedos finos igual pedra escalda... / Mas deixam todo esse fulgor extinto / Os seus dois grandes olhos de esmeralda! //[313]

Ou este trecho:

> É justo, é natural que ela capriche / Em mostrar o cabelo, a espádua, a nuca / E essas pálpebras roxas de dervixe, / Com um goivo aromal que se machuca. // Vou docemente conduzindo-a à mesa... / Sentam-se todos num festim galhardo: / E eu, defronte, aparando o frio dardo / Do ciumento e garço olhar da inglesa. //[314]

Mesmo que sejam descrições realistas, não se lhe pode negar certa melopeia, cor e musicalidade. Na lição verlainiana: "Que teu verso seja a coisa volátil, sentindo-se fugir de uma alma em voo."[315] Era terrível poeta satírico. Erguendo-se contra o Marechal Hermes da Fonseca, inimigo figadal de Ruy Barbosa e de sua campanha civilista, tendo merecido da Águia de Haia, entre outras, estas candentes palavras: "Esvazie-se

---

313. LOPES, Bernardino da Costa. **Poesias completas de B. Lopes.** Rio de Janeiro: Agir. 1962. 4 v.

314. LOPES, Bernardino da Costa. **Poesias completas de B. Lopes.** Rio de Janeiro: Agir. 1962. 4 v.

315. LOPES, Bernardino da Costa. **Poesias completas de B. Lopes.** Rio de Janeiro: Agir. 1962. 4 v.

a ânfora copiosa, tintinem copos uns nos outros, e bebamos também nós, a uma, com o trovador. Evoé, senhores! Bonito herói! Cheirosa criatura!"[316] Eis o soneto – *Marechal Hermes:*

> Lembra-me, ao vê-lo, a flor extraordinária, / Sob um céu limpo, azul e iluminado... / Não há, como ele, outro imortal soldado, / De mais bela feição humanitária! // Puxa do raio – a lança ebúrnea e vária – / Em defesa da Pátria, lado a lado; / Faz-se de tudo um santo bem-amado... / Só busca a força, quando necessária! // O vinho d'Ele é saboroso e quente, / De encher a taça, e embriagar a gente, / Entre os festins gloriosos da bravura!... // Não há por esse mundo – agora o digo – / Quem mais piedade tenha do inimigo.../ – Bonito herói! Cheirosa criatura![317]

Grande poeta e infortunado, não se sabendo ao certo se foi maior sua poesia ou sua desventura.

Luiz Delfino

Catarinense, nasceu em 1834, no Desterro. Estudou no Colégio dos Jesuítas, concluindo no Rio de Janeiro, o Curso de Humanidades. Ingressou na Academia Imperial de Medicina, onde se formou, exercendo a profissão de Hipócrates e a da Poesia. Foi senador, teve séria crise com a perda de Carlos, seu filho, e o agravamento do estado mental do outro, Luiz, chegando a internar-se no Hospital Nacional dos Alienados. Aos 62 anos, o poeta assumiu a paixão de velhice, Eugênia Caldeira, tomando a sua Musa o nome de Helena, motivo de muitos poemas. Abandonado pela amada, morre o poeta em 1910. Usava sobrecasaca, cartola, luvas, bengala e perfumes preciosos, detestando velharias; amando a moda e bem-vestido, passava em casa o dia todo. O amor foi o centro de sua poética, indo da última fase do Parnasianismo ao Decadentismo e ao Simbolismo. Para José Veríssimo, "uma das figuras

---

316. LOPES, Bernardino da Costa. **Poesias completas de B. Lopes.** Rio de Janeiro: Agir. 1962. 4 v.

317. LOPES, Bernardino da Costa. **Poesias completas de B. Lopes.** Rio de Janeiro: Agir. 1962. 4 v.

mais curiosas, mais extraordinárias até da nossa poesia [...] Trazia maior riqueza, maior variedade, maior novidade de imagens, expressas em formas menos vulgares."[318] Entre os livros, publicou *Imortalidades I, Arcos de Triunfo, Sombras e relâmpagos, Camoneana*, 1880, onde o sonetista exímio reveste-se de erotismo, melodia dos versos, ar de "belo e vago sonho", idealização e cosmovisão lírico-amorosa, agregados à ebriez do verbo, pulsando-lhe a intuição antecipada do Simbolismo, mesmo que certa crítica o deslembre. Haja vista *Luiz Vaz de* Camões *Leão Alado*:

> Como um leão, que volta, e vem do firmamento, / Tinta a boca de luz dos astros imortais, / E que na fulva garra – ousado e famulento, – / Arranca ao céu azul pedaços colossais... // E sacudindo a crina e as asas de oiro ao vento, / Como às girafas dos seus pátrios areais. / Das estrelas no colo – indômito e violento, – / Mete o dente... e revoa em procura de mais... // Seu gênio assim – Leão alado da harmonia, – / Roubava as ideais estrelas da poesia, / Pendurando-as da pátria aos múltiplos florões... / Quem não ouve o fremir dos mundos fulgurosos, / Nos ombros carregando os versos sonorosos / Do canto secular que nos legou Camões?[319]

Talvez tenha sido a facilidade criadora seu defeito. O que podia ser visto como qualidade estética ou preciosismo verbal, veio-lhe de juízo, na severidade do tempo, com instantes de exaltada beleza. Há sonetos seus magníficos, forma que dominou com maestria. E quem o caracteriza com acerto é Alceu Amoroso Lima:

> Foi Luís Delfino um poeta de dons fora do comum e de uma cultura também invulgar. Seu poder verbal era prodigioso. Sua faculdade de sugestão inegável e aguda. Mais dotado para a epopeia que para o lirismo, experimentou todas as escolas literárias [...] numa versatilidade estética que correspondia à sua inquietação filosófica incessante. [...] Sentem-se roncarem nele a ênfase e a eloquência no subsolo do que podíamos chamar o seu macrolirismo. [...] O espírito do Século XIX deixou marcas indeléveis em sua mente e em sua obra poética. É, por isso mesmo, figura

---

318. VERÍSSIMO, José. **História da literatura brasileira**. Brasília: UnB, 1998.
319. SANTOS, Luiz Delfino dos. **Poesia completa**. [S.l.]: ACL, 2001.

altamente representativa do tempo em que viveu, mas que nenhuma influência ou repercussão tem tido nas forças vivas da atualidade.[320]

Leve, suave, delicado, seu artesanato excessivo esfriou seu fogo verbal. E, ao enterrar-se no passado, Luiz Delfino não logrou subir à tona. Ou talvez suba no movimento cíclico da memória. Capaz de emergir como o oceano.

Alceu Wamosy

Há um gaúcho – entretanto, mais parnasiano que simbolista – a quem não deixou o tempo, com suas devassas e caprichos, cumprir nele o que merecia o seu talento como protagonista, Alceu Wamosy.

Diz-se que os deuses amam os que cedo levam, e como não creio neles, penso que foi na sua vida uma construção que parou. Nasceu em Uruguaiana, em 14 de fevereiro de 1895. Foi jornalista em Alegrete. Publicou, no ano de 1913, *Flâmulas*; e as *Poesias Completas*, em 1925. Postumamente, portanto: faleceu em Livramento (era 13 de setembro de 1923). Ferido numa batalha, casou-se "in extremis" com sua noiva. Vaticinando antes: "Morrer com uma tarde, assim como esta tarde, / fim de dia outonal, tristonho e doloroso, / quando o dia anoitece e a noite está em repouso / e a lâmpada do sol no altar do céu não arde... Morrer mantendo as minhas mãos nas tuas"[321]... A morte foi jovem como ele e amante. O poema que o imortalizou e está em bronze na praça de Uruguaiana, é este – *Duas Almas* (A Coelho da Costa):

> Ó tu, que vens de longe, ó tu, que vens cansada, / Entra, e, sob este teto encontrarás carinho: / Eu nunca fui amado, e vivo tão sozinho, / vives sozinha sempre, e nunca foste amada. // A neve

---

320. TELES, Gilberto de Mendonça (Org.). **O pensamento estético de Alceu Amoroso Lima**. Rio de Janeiro: Paulinas, 2001. v. I. p. 531-532.

321. WAMOSY, Alceu. **Poesia completa**. Porto Alegre: Alves Editores/IEL/EDI- PUCRS, 1994.

anda a branquear, lividamente, a estrada, / e a minha alcova tem a tepidez de um ninho. / Entra, ao menos até que as curvas do caminho / se banhem no esplendor nascente da alvorada. // E amanhã, quando a luz do sol dourar, radiosa, / essa estrada sem fim, deserta, imensa, nua, / podes partir de novo, ó nômade formosa! / Já não serei tão só, nem irás tão sozinha! / Há de ficar comigo uma saudade tua... / Hás de levar contigo uma saudade minha... //[322]

Ainda que tenha "a ressonância" de Olavo Bilac, deu-lhe um acento pessoal e inimitável. Vive por si. E basta.

Artur Azevedo e o riso da condição humana

Artur Azevedo nasceu em São Luís, Maranhão, em 7 de julho de 1855, e morreu no Rio, em 22 de outubro de 1908. Irmão de Aluísio Azevedo. Como ele, desde cedo foi destinado à carreira comercial, precoce foi nas letras. Tomou parte ativa na campanha abolicionista. Jornalista, contista, romancista, teatrólogo, poeta, sobretudo mestre do humor. Publicou: *Capapuças*, 1893, versos humorísticos; *Sonetos*, 1876, poesia; *Um dia de finados*, 1880, sátiras; *Contos possíveis*, 1897; *Contos fora de moda*. 1898; *Contos efêmeros*, 1897; *Contos em verso*, 1898; *Rimas*, 1909, poesia; *Contos cariocas*, 1929; *Histórias brejeiras*, 1962; *Sonetos e peças líricas*, 1973, contos. No teatro: *Amor por anexins*, 1872; *A filha de Maria Angu*, 1876; *Uma véspera de Reis*, 1876, de grande sucesso; *Joia*, 1879; *O escravocrata*, 1884; *Almanjarra*, 1888; *A Capital Federal*, 1897; *O retrato a óleo*, 1902; *O dote*, 1907; *O oráculo*, 1956; *Teatro*, 1983. Artur Azevedo foi um observador de enorme sutileza e senso de humor nos assuntos corriqueiros da vida social ou política. Revelou um Rio pequeno ainda, com seus bondes, sua vida noturna e ainda inocente. "Se o humor é a situação de um homem que atua fora de tom"[323], emerge, sobretudo, da ambiguidade, de uma realidade contrariada ou que se avaria de sentido. Escreveu alguns contos extraordinários que po-

---

322. AMORA, Antonio Soares; CAVALHEIRO, Edgar. **Panorama da poesia brasileira.** Rio de Janeiro: Civilização Brasileira, [s.d.]. v. 4. p. 344.

323. Azevedo, Artur. **Contos fora de moda.** Rio de Janeiro: Alhambra, 1982.

voam sua vasta obra. Entre eles, *O Viúvo, Uma Embaixada, Ardil* ou *A Praia de S. Luzia*. Suas criaturas são as de todos os dias, com mitologia urbana eminentemente carioca. Seus diálogos correm diretos, sem artifício, advindos da própria vida. O mistério se conjuga com o riso. Diz dele Agripino Grieco: "Seus contos são deliciosos, obrigando a pensar sem remexer o cérebro", ocupando-se das desmedidas: as obliquidades e contornos do ser humano. Gostava dos refrões ou ditos populares, reinventando-os, como, por exemplo: "Não é a ocasião que faz o ladrão, o provérbio está errado. A forma exata deve ser: a ocasião faz o furto; o ladrão nasce feito." O criador nele nasceu feito, era um instintivo. Tinha a simplicidade e o despojamento dos adornos, saltando para fora dos lugares--comuns, pela graça e inteligência, levitando o texto. Para não dizer que o texto que o levitava. Vejam esta pequena prova de *A Companheira*, onde se verifica certa gaiatice:

> Pela manhã, a nova cozinheira veio trazer o café para o patrão que se achava ainda recolhido, lendo A Gazeta. A senhora estava no banho; os meninos tinham ido à escola. – Eh! eh! meu amo, é vosmecê que é dono da casa? Araújo levantou os olhos; era a Josefa, a cozinheira que tinha estado em Casa de Maricas. – Cala-te, diabo! Não digas aqui que me conhece! ... O nosso herói prontamente se convenceu de que a Josefa lhe havia dito a verdade. Em poucos dias, desembaraçou-se da amante, deu melhor casa à mulher e aos filhos, começou a jantar em família, e hoje não sai à noite sem Dona Ernestina. Tomou juízo e vergonha.[324]

Pertenceu à Academia Brasileira de Letras. Sendo amigo e confrade de Machado de Assis, armou-se da capacidade estranha, fraterna e antiga de rir para "castigar os costumes". Além do contista antológico de *O plebiscito*, meteu-se em jocosa urdidura de rimas e versos nas peças *A fonte Castália* e *O badejo*, com um idioma muito carioca e brejeiro de sonhar sorrindo ou de sorrir sonhando. O que é raro é *o espírito do lugar*. Com um senso de realidade – não amargo ou pessimista como Machado – porém, bondoso, jovial, despojado. Mais perto do

---

324. AZEVEDO, Artur. **Contos fora de moda**. Rio de Janeiro: Alhambra, 1982.

lírico que do moralista. Embora o moralista seja um lírico que se distrai com alguma regra a qual desconfia ser muito importante. Mas não o é. Escreveu, com razão, Henri Bergson: "O humor é uma inversão especialíssima do senso comum."[325] Ou talvez um senso comum que enlouqueceu.

Laurindo Rabelo

Denominado Poeta Lagartixa, por seus traços físicos, e algumas alcunhas a que ninguém poupam, nasceu em 3 de julho de 1826, no Rio de Janeiro, e na mesma cidade morreu, em 28 de setembro de 1864, sendo patrono da Cadeira 26 da Academia Brasileira de Letras. Publicou livros de versos, que não tiveram os sinais denunciadores da grande poesia, compôs – outro adorno de seu talento multiforme – uma gramática de língua portuguesa. Foi grande tocador de violão, produzindo cançonetas e modinhas a gosto do público. Entre os livros, distinguem-se alguns de poemas eróticos: *Namorado sem dinheiro, O estudante e a lavadeira, Chave, Gosto que excede a todos*. Reproduzo *Mote e glosa*. O Mote:

> Quem Feliz-asno se chama, / Decerto é asno feliz. Glosa: Se Camões cantou um Gama / Por seus feitos de valor, / Também merece um cantor / Quem Feliz asno se chama. / Qualquer burro pela lama / Enterra pata e nariz / Mas este que com ardis / Chegou a ser senador, / É besta d'alto primor. / É decerto asno feliz.[326]

Epigrama: "Dizem que a morte e Maurício / Andaram na mesma escola; / A morte mata somente.../ O Maurício mata e esfola."[327] E entre glosas, cançonetas, modinhas, poemas eróticos, ele é o único e insubstituível personagem. E como os leitores observaram, a nada e a ninguém poupava. Muito menos a si mesmo.

---

325. BERGSON, Henri. **O riso**. Rio de Janeiro: Guanabara, 1987. p. 94.

326. RABELO, Laurindo. **Poesias completas de Laurindo Rabelo**. Rio de Janeiro: Edições de Ouro, 1966.

327. RABELO, Laurindo. **Poesias completas de Laurindo Rabelo**. Rio de Janeiro: Edições de Ouro, 1966.

Emílio de Menezes: a bela e ferina época

Nasceu em Curitiba, em 4 de julho de 1866, e faleceu no Rio de Janeiro, em 6 de junho de 1918. Dedicou-se ao comércio em farmácia. Era jornalista, poeta lírico e satírico. Excêntrico, boêmio, foi eleito para a Academia Brasileira de Letras, mas não tomou posse. Gordo, extravagante e de verve agressiva. Publicou: *Marcha Fúnebre*, 1983, poesia; *Poemas da morte*, 1901, poesia; *Dies irae – A tragédia de Aquidabã*, 1909, poesia; *Mortalhas – os deuses em ceroulas*, 1924, poesia; *Obras Reunidas*, 1980, poesia. Emílio de Menezes era temido e tinha um poder demolidor no verso, o que o fez famoso. Conta o poeta Alexei Bueno, em crônica (*Rio-Arte, n. 39, Rio*), numa amostragem de como na então Capital Federal, atacava-se o próximo, que Emílio de Menezes era uma das estrelas da paródia e Bernardino da Costa Lopes, outra. Sim, esse pobre mestiço de Boa Esperança enamorou-se de uma cabocla pernambucana, Adelaide Mendonça Uchoa, com o apelido de "Sinhá-Flor". Eis o que aquele preparou a esse, na surpresa: *Soneto arrancado às hortas e capinzais do Catumbi, no primeiro dia da florescência dos agriões, aniversário de Sinhá-Flor, escrito por* Emílio de Menezes:

> – Como passas, B. Lopes? – Eu? Maluco! / Julguei um dia possuir princesas... / – E arranjaste este tipo mameluco? / – Que anda me pondo cá lampas acesas... // – Mas eu te vejo sempre em tais proezas... / – Era a mais bela flor de Pernambuco!" / – E hoje? Perdeu acaso tais belezas? / – É o mais feio canhão de Chacabuco. // Mais coragem! que a rima se derive / Pelo reguinho do meu verso, à toa. / Murmurando, ao passar, rimas em ive. // – Vejo-te magro, espinafrado... É boa! / Pois tu não sabes que comigo vive / D. Adelaide de Mendonça Uchoa?[328]

Foi o amigo, Machado de Assis, ferido pela veia maléfica do gramático Hemetério dos Santos, péssimo poeta, autor de *Frutos Cativos*, que o insultou como "bolorento pastel literário ... tipo morto antes do tempo ..., com períodos vazios,

---

[328]. MENEZES, Raimundo de. **Emilio de Menezes, o último boêmio.** São Paulo: Saraiva, 1949.

retordilhados". Ora, Emílio de Menezes, levantando-se a favor de Machado, ensarilhou dois sonetos racistas e fatais: *H.S.*

> Neto de Obá, o príncipe africano / Não faz congadas, corta no maxixe; / Herbert Spencer de ébano e de guano, / É um Froebel de nanquim e de azeviche. // No pedagogium de que é soberano, / Diz que: – comigo a crítica se lixe; / Sou o mais completo pedagogo urbano, / Pestalozzzi genial pintado a piche! // Major, fez da cor preta a cor reiúna. / Na vasta escala da ornitologia, / Se águia não é, também não é graúna. // Um amador de pássaros diria: / Este Hemetério é um pássaro turuna, / É o vira-bosta da pedagogia//. [2] O preto não ensina só gramática. / É pelo menos o que o mundo diz. / Mete-se na dinâmica, na estática, / E em muitas coisas mais mete o nariz. // Dizem que, quando ensina matemática, / As lições de mais b, de igual a x, / Em vez de em lousa, com saber e prática, / Sobre a palmada mão escreve a giz. // Uma aluna dizia: – Este Hemetério / Do Ensino fez um verdadeiro angu, / Com que empanturra todo o magistério. // E é um felizardo, o príncipe zulu, / Quando manda um parente ao cemitério. / Tem um luto barato: fica nu.[329]

Contra o cronista João do Rio, quando de sua entrada na Academia Brasileira de Letras, contam ser Emílio de Menezes autor desta quadrinha: "Na previsão dos próximos calores / A Academia que idolatra o frio, / Não podendo comprar ventiladores / Abriu as portas para o João do Rio..."[330] Pena que Emílio de Meneses tenha desperdiçado o seu talento com diatribes, considerando o ditado: "Muitas palavras não enchem um cesto". O humor ou a sátira se eternizam quando acham na desinvenção da verdade, a invenção da beleza. E é fundamental na poesia que a nuvem das palavras faça chover. Retrata o polêmico Oswald de Andrade, a figura de Emílio de Menezes:

> Não era somente gordo, mas alto e forte. O que era curioso-ele, que espinafrava as reputações, não admitia a menor brincadeira a seu respeito, tendo muitas vezes metido o bengalório nos minúsculos ariscos opositores que encontrava. Com seus belos olhos azuis e seus bigodes brancos em ponta, punha o mundo

---

329. MENEZES, Raimundo de. **Emilio de Menezes, o último boêmio.** São Paulo: Saraiva, 1949.

330. MENEZES, Raimundo de. **Emilio de Menezes, o último boêmio.** São Paulo: Saraiva, 1949.

abaixo diante de qualquer suposto inimigo. Sofria visivelmente de um poderoso complexo de inferioridade social. [...][331]

Guardo de memória algumas quadrinhas de Emílio: "Morreu depois de uma sova / E como não tinha campa / Duma orelha fez a cova / E da outra fez a tampa. // Morreu o Pinto da Rocha / Ardem as velas em torno / Diz uma tocha à outra tocha / Isso é bigode ou é corno?"[332] Esse talento verbal que se esbanjou, de alguém que não sabia o que fazer (salvo a sátira) de sua enorme inteligência, foi o drama íntimo de Emílio de Menezes, voltado mais para a plateia, do que para o universo. Volúvel como a zombaria ou a tempestade, de que era dileto filho. Sendo mais tarde, inimigo figadal de Machado, por não apoiá-lo quando candidato à Academia. Mas a obra de Emílio de Menezes ficou aquém. Ou foi engolida pela triturante inteligência. As palavras não salvam: nós que salvamos as nossas palavras.

O satírico e trágico Moacir Piza

Jornalista panfletário e poeta satírico, injustamente esquecido. Nasceu em 1891 em São Paulo e morreu ainda moço, de uma paixão trágica. Apaixonado pela mundana Nenê Romano, matou-a a tiros e se suicidou em 25 de outubro de 1923. Publicou: *Sátiras*, em 1916 e, a seguir, os versos satíricos em *Vespeira*. Reproduzo um dos seus poemas, *A uma alimária*:

> Se tu não fosses tão burro / (Melhor diria tão Meira) / Dar-te-ia, de certo, um murro / Na sórdida focinheira. // Mas não o faço: a prudência / Diz que eu me cale e me calo.../ Pois seria uma indecência / O bater-me com um cavalo. // Cavalo? Burro? Em verdade, / Só sei que és bicho de pêlo.../ Quem faz o que fazes há de / Ser, no mínimo, um camelo. // Camelo? Cavalo? Burro? / Alto, baixo, gordo ou magro, / Tu podes ser, pelo zurro, / Perfeitamente

---

331. ANDRADE, Oswald de. **Um homem sem profissão:** memórias e confissões, sob as ordens de mamãe. São Paulo: Globo, 2002. p. 126.

332. MENEZES, Emílio de apud JORGE, Fernando. **A Academia do Fardão e da Confusão:** a Academia Brasileira de Letras e os seus "imortais" mortais. Belo Horizonte: Geração Editorial, [s.d.]. p. 55.

um onagro. // Onagro? Seria estranho / Com esse pêlo cinzento: / Tu, pela cor e tamanho, / És sem dúvida um jumento. // Mas aonde vou? Com efeito! / Se prossigo tal estudo, / Não paro mais. Pelo jeito, / Podes, a um tempo, ser tudo. //[333]

Jumento talvez tenha sido o próprio Destino, que o largou, a meio caminho, da andadura. E andadura que o pôs a meio caminho do destino.

---

333. PIZA, Moacir. **Vespeira**. [S.l.: s.n.], 1916

CAPÍTULO 10

O Rio Grande eterno

O gênio precursor de Simões Lopes Neto
Alcides Maya entre as ruínas vivas e tapera, com alma bárbara
A explosão literária gaúcha. Cyro Martins, Ivan Pedro de
Martins e Barbosa Lessa

O gênio precursor de Simões Lopes Neto

Nasceu em Pelotas, em 1865, e faleceu na mesma cidade, em 1916. Ficcionista, poeta, jornalista. Publicou: em poesia, *Cancioneiro guasca*, 1910, e, em ficção: *Contos gauchescos*, 1912; *Lendas do sul*, 1913; *Casos do Romualdo*, 1952; *Terra gaúcha*, 1955; *Obra completa* (ed. Sulina, J. A. editores e Copesul, 2003).

A singularidade de Simões Lopes Neto na literatura brasileira é marca de nascença de um gênio e precursor. O que não procurou inventar nada, apenas existir com sua região e povo, em segunda natureza. Com imaginação prodigiosa, é um dos contadores de história, dos mais bem dotados, qualidade que Erico Verissimo e Jorge Amado levavam como o maior dom. E o é: que o digam os Gorki, Turguêniev, Tchekhov, Tolstoi, García Márquez e outros. 'Um contador de histórias que puxam histórias', criando as "veredas", em linguajar caipira, o humanizar dos bichos, o que veio a influenciar o grande Guimarães Rosa.

Minucioso, perfeccionista, fabulou sobre o pampa heroico, armando com tal simpleza sua construção ficcional, com tal naturalidade os diálogos, com tanta viveza e invenção os ditos e refrões, que tudo parece, magicamente, saído da boca do povo.

Foi regionalista e universal, na medida em que ultrapassou o limite do rincão para o da humanidade. Antonio Candido o considera um super-realista, mas em muitas características é um realista fantástico. Não importa se foi ambas as coisas, sendo ele próprio. Porque o verdadeiro criador não inventa porque deseja romper a tradição, inventa porque faz o que sabe apenas. Desde sempre.

Com inteligência (como se visse de dentro para fora) conduzia o relato das espertezas, caçadas, façanhas de luta ou de fagueiras proezas, erguendo sob o véu do tempo um maravilhoso, que estava na existência campeira, como se no cristal a encantasse. E isso o engrandeceu, sendo amado pelos leitores, de geração em geração. Diferente de Alcides Maya, que é o contador do pampa em decadência pela crise advinda do progresso, que reflete no próprio estilo o empolar do tempo, atrofiando-se, ou da selvageria, versando sobre as ruínas de um Rio Grande interiorano, Simões Lopes Neto é o poeta da infância do Rio Grande, em sua precisa e casta simplicidade, pleno das tradições orais que se foram transmitindo. É de quando o tempo se destila na original pureza.

Simões Lopes Neto faz emergir dos seus arcaicos troncos os falares do peão, os 'causos' da estância, o entreato depois da lida de campo e o galpão, junto ao fogo, indo a cuia de um a outro, sem classes – fazendeiro, lindeiros, peões – ou o dialeto sem mácula entre o carnear do boi e a sapiência do churrasco. Sem esquecer a narrativa das contendas de proteção contra os intrusos gringos, ou a busca incessante de identidade. Com o suporte da linguagem, enunciando fatos e seres.

Tudo começa em Simões Lopes Neto e tudo acaba em Alcides Maya. Depois vem o homem a pé, de Cyro Martins, Ivan Pedro de Martins e Barbosa Lessa. Duas etapas, com seus intérpretes, Simões e Alcides, generosos e de superior talento. A narrativa segue por um 'eu-que-relata' ou por narrador quase onisciente (o quase é o clima tão natural que se desfazem autoridades, até a do autor). Há muitos contos antológicos que já pertencem à literatura brasileira: *Trezentas onças, O negro Bonifácio* (tipo de herói vertical pela valentia),

O boi velho (aproxima-se de *Sagarana*), *Os cabelos da China, Contrabandista, Jogo de osso, Duelo de farrapos, Amboitatá, Salamanca do Jarau, O negrinho do pastoreio*.

Os contos são ágeis, desenhados, cinematográficos. Seus protagonistas: Blau Nunes, Romualdo. A comparsaria é vasta e entra em cena conforme a precisão da história. E, nele, o mítico é operação de um perito de fábulas, onde o silêncio não é de ouro; é silêncio mesmo, em pepitas. Eis um trecho de *Trezentas onças*:

> Parece que foi ontem!... Era por fevereiro; eu vinha abombado na troteada. – Olhe, ali, na restinga, à sombra daquela mesma reboleira de mato, que está nos vendo, na beira do passo, desencilhei; e estendido nos pelegos, à cabeça do lombilho, com o chapéu sobre os olhos, fiz uma sesteada morruda. Despertando, ouvindo (o uso do gerúndio, para dar a ideia de algo sucedendo) o ruído manso da água limpa e tão fresca rolando sobre o pedregulho, tive ganas de me banhar; até para quebrar a lombeira... e fui-me à água que nem capincho! Debaixo da barranca havia um fundão onde mergulhei umas quantas vezes; e sempre puxei umas braçadas, poucas, porque não tinha cancha para um bom nado. E solito e no silêncio, tornei a vestir-me, encilhei o zaino e montei. ... Ah!... esqueci de dizer-lhe que andava comigo um cachorrinho brasino, um cusco mui esperto e boa vigia. Era das crianças, mas às vezes dava-lhe para acompanhar-me, e depois de sair à porteira, nem por nada fazia caravolta, a não ser comigo. E nas viagens dormia sempre no meu lado, sobre a ponta da carona, na cabeceira dos arreios. Por sinal que uma noite[...][334]

Seu biógrafo e exegeta, Carlos Reverbel, em *Um Capitão da Guarda Nacional*, constante de seus *Textos Escolhidos*, relata que, por ocasião de seu falecimento,

> [...] era um homem derrotado [...] Com os sonhos extraviados, encanecido, gasto, arruinado em negócios, despido dos cargos que exercera nas principais entidades comunitárias, o nosso querido Capitão ficara reduzido a ter de morar na modesta casa de uma cunhada doceira e a ter de trabalhar como redator remunerado num órgão de imprensa local, o que correspondia a um atestado oficioso de pobreza [...][335]

---

334. LOPES NETO, Simões. **Contos gauchescos**. Rio de Janeiro: Imago, 1993. p. 15-16.
335. LOPES NETO, Simões. **Contos gauchescos**. Rio de Janeiro: Imago, 1993. p. 15-16.

Depois de morto, ressurgiu como autor de uma obra com sentido universal. Muitas de suas criaturas, como sucede até em Shakespeare, são *personae* (máscaras) que tenazmente dialogam. E o exercício de memória nem sempre é o de alma.

Em Simões Lopes Neto, porém, a memória só é alma nas ondeantes flutuações da superfície; jamais nos arcanos. Mas a sua palavra não só de silêncio, é de ouro.

Alcides Maya entre as ruínas vivas e a tapera, com alma bárbara

Nasceu em São Gabriel, na antiga Praça da Caridade, em 15 de outubro de 1878, viajando, adolescente, com sua família para Porto Alegre, em face da insegurança gerada pela Revolução de 1893. Não chegando a se formar na Faculdade de Direito de São Paulo, volta ao jornalismo. Em 1900, muda-se para o Rio de Janeiro. Graça Aranha, ao vê-lo conferenciar nos círculos intelectuais da Corte, ficou fascinado com o brilho e erudição de Alcides Maya, que se consagrou com o ensaio sobre o gênio de Machado de Assis. É eleito em 6 de setembro de 1913 para a Cadeira número 4 da Academia Brasileira de Letras, concorrendo com Alberto Torres, Almáquio Diniz e Virgílio Várzea. Alcançou 19 votos no terceiro escrutínio, sucedendo a Aluísio Azevedo. Foi saudado pelo acadêmico Rodrigo Otávio.

Muito precoce, aos 19 anos publicou seu primeiro trabalho, *Pelo futuro*; a seguir, *O Rio Grande independente*, 1898. Em 1910, com ruidoso acontecimento, apareceu seu romance *Ruínas vivas*, onde se revela paisagista de força, com a exegese dos costumes gaúchos, sendo, no ano seguinte, prefaciado por Coelho Neto. Publica mais tarde os contos de *Tapera*. Em 1912, o magnífico Machado de Assis (ensaio sobre o humor), respondendo ao polêmico – e no caso, injusto – Sílvio Romero. As observações de Alcides Maya, mais do nunca, se tornam atuais.

> Ele (Machado) é mais do que um homem triste, do que um vulto de raça frustrada: representa uma civilização que de si própria duvida [...] Os efeitos decisivos nascem da naturalidade com que

> o escritor descreve e sugere; é simples, lúcido, sardônico, escarnecedor sem ostentação; fere acariciando; sacrifica por entre flores; esbate a pintura, vela as formas, enternece; porém o prisma é sempre o mesmo e sempre os tipos e as ações movem-se e executam-se refrangidos comicamente por uma branda revolta e por uma suave tristeza irônica. Do seu diário, afirma o conselheiro Aires não ser uma obra de imaginação e, sim 'livro de verdade exata', com todas as simetrias da vida. Mas a vida resume-se para ele na verdade, na ambição, no erro inconsciente. São essas as suas simetrias únicas. [...] Machado de Assis é um artista novo de português novo: a frase harmoniosa, tersa, ladina sem ser culturana, expande uma sensibilidade toda de hoje. [...] Recomenda-se como estilista poderoso e poderoso observador.[336]

Sua análise sobre o "humour" machadiano foi pioneira. Editou, ainda, *Crônicas e ensaios*, em 1918; os contos de *Alma bárbara*, em 1922, e um estudo sobre Romantismo e Naturalismo, em 1926. Faleceu em 2 de outubro de 1944, no Rio de Janeiro.

Sua obra ficcional toda se vincula ao Rio Grande do Sul. É um erudito no romance. Cyro Martins assevera que Maya acumula um vocabulário empedernido de adornos, com a sombra estilística de Coelho Neto, segundo ele, desde a parte inicial até a metade da primeira parte de *Ruínas vivas*. Prefiro outra ótica: a de constatar que nem sempre o escritor de estilo oposto é crítico apropriado, por tender a ver o próximo com as órbitas de sua pessoalíssima criação, por sinal, quase franciscana. Nenhuma influência faz um livro viver, se não tiver sopro próprio. Machado de Assis é que bem adverte:

> Cada tempo tem o seu estilo. Mas estudar-lhes as formas mais apuradas da linguagem, desentranhar deles mil riquezas, que, à força de velhas que se fazem novas, – não me parece que se deva desprezar. Nem tudo tinham os antigos, nem tudo têm os modernos; com os haveres de uns e outros é que se enriquece o pecúlio comum.[337]

---

336. MAYA, Alcides. **Machado de Assis:** algumas notas sobre o humor. Rio de Janeiro: Jacinto Silva, 1912.

337. ASSIS, Machado de. **Obra completa**. Rio de Janeiro: Nova Aguilar, 1994.

A fonte expressiva de Alcides Maya – pensamos, mesmo com anacronismos, reflete o mundo em volta, fenecendo. Outra ressonância, subterrânea com a de Coelho Neto, é a de Flaubert, que se preocupava mais com o desenho do que com a vibração, evitando o engano da natureza. Em contrapartida, Maya tem a qualidade poética renovadora da sua vivência campestre, o êxtase da natureza, a emoção de que não se arredava, ao falar da terra, não permitindo que perdesse *a sombra* como aquele personagem de Adelbert von Chamisso, alemão--francês. Pois no fluir da prosa, vence pela autenticidade, pelo vocabulário gaúcho, pelo élan criativo que concede aos seres da imaginação, o que lhe sobra de talento pictórico. Se a arte se consolida em manusear os clássicos, ela se anima em contato com as criaturas e se aprofunda, na proporção em que se apossam do criador. O que sucede, entre conjugar paisagem, amor nativo, cenas de costumes. E agiganta-se como ficcionista. Tal experiência textual se estende a *Tapera* ("O fim da estrada é a tapera" – diz um "payador" pampiano) e à *Alma bárbara*. Foi, aliás, em *Ruínas vivas*, que Augusto Meyer vislumbrou a preocupação de alinhar a frase com torturada exatidão: o que perseguiu Flaubert. Na minúcia, Alcides Maya deu-se conta da falta de perspectiva do conjunto, fazendo com que cada capítulo assumisse a importância de um todo. E, engenhosamente, deu maior unidade à obra. Miguelito – protagonista – que luta contra o proprietário da fazenda, seu genitor, "é uma projeção alegórica do passado."[338] Miguelito, portanto, situa-se entre os heróis da decadência, ou do supérfluo, de mesma família espiritual de um Eugênio Oneguin, de Puchkin, na Rússia, de um Paulo Honório e Fabiano, de Graciliano Ramos, mesmo de um Riobaldo (rio falhado ou exausto), de Guimarães Rosa. Miguelito não assume a missão que lhe cabe, fica na rebeldia de filho bastardo contra a autoridade paterna. Não rasga caminho. Os demais seres são secundários – Anilho, Bento, Carmen e Ritoca, o cão rafeiro, Gaudério, o convincente Jango Souza, Chico Santos e seu delírio quase

---

338. SILVA, João Pinto da apud BARCELLOS, Rubens. **Estudos rio-grandenses:** motivos de história e literatura. Porto Alegre: Globo, 1960.

machadiano. E disse "quase", porque o delírio das *Memórias Póstumas de Brás Cubas* se racionaliza e o de Maya é o de uma emoção que endoidece. Cintilam os episódios: o funéreo coro das reses, a morte de Carmen, as carreiras. Tão magnificamente se envolve Alcides Maya no assunto que os excessos se obscurecem diante da orvalhosa natureza campeira, aliada ao tino inventivo. Porque "assinou com sangue." Eis um trecho:

> Miguelito, à beira do fogo, às horas de mate e de prosa, olvidava-se a ouvir todos aqueles episódios, descritos no bravo dialeto sugestivo dos acampamentos fronteiriços. Escutava com paixão, atento, evocativo, fazendo gestos inconscientes de quem carrega sobre o inimigo ... E suas distrações eram contínuas: ora, ao encher a cuia, a água extravasava, com indignação geral, desmanchando a erva, queimando-a; ora, ao receber de alguém o pega-brasas, de arame retorcido, esquecia-se ao depô-lo no rescaldo, conservando-o nos dedos crispados, como uma adaga. – Que lástima para ele não ter nascido nesses tempos de "peleia."[339]

Tapera guarda o juízo exigente de João Ribeiro (1918):

> É um dos livros mais curiosos e paradoxais que tenho lido. [...] A exuberância das cores é toda arrancada ao tédio da planície. Milagre de artista! [...] Não sei de livro que traduza mais e melhor essa intranquilidade vibrátil dos sertanejos do sul. É talvez hiperbólico, descomedido [...] mas é um livro forte, fiel, dos raros que espelham a nossa vida, sem lhe tirar as feições mais próprias. Viverá, se bem o julgo.[340]

Esse livro de contos, eivado de melancolia, mostra a desagregação do homem de campanha na crise transformadora do progresso. Como observa o cantador Jayme Caetano Braum: "O Rio Grande gaudério / fugindo da evolução."[341] Disso Maya foi radioso espelho e para despertar essa época em nós, há que mergulhar na sua leitura. Ao fluir entre tradição e progresso, evoca-se, a propósito, o espanhol Quevedo: "O que

---

339. MAYA, Alcides. **Ruínas vivas**. Porto: Livraria Chardon, 1910.
340. RIBEIRO, João apud MASINA, Léa. **Alcides Maya**. São Leopoldo: Unisinos, 1998.
341. BRAUN, Jayme Caetano. **De fogão em fogão**. Porto Alegre: Artes e Ofícios, 2002.

chamais morrer é acabar de morrer, / e o que chamais nascer é começar a morrer, e o que chamais viver é morrer vivendo."[342] Certa crítica o estigmatizou, carecendo de abordagem mais profunda e contemporânea de sua obra. É verdade que padecia da avidez pela perfeição formal – o que Guilhermino César reconhece – porém, é verdade também que, dentro de uma dimensão barroca, pode ser hoje compreendido e mais bem avaliado. *Tapera* – por exemplo – relata uma religiosidade ancestral e administra os mitos da origem gauchesca que afligiam Jorge Luis Borges. É a sua arquitetura ficcional que nos conduz à riqueza das contradições – o sobrenatural, o trágico, o maléfico – abrindo novo espaço de representação e reconhecimento textual. Focaliza a ação como quem a vê e, às vezes, deixa que o leitor pressinta seu respirar. É mágico, como neste trecho: "A escolta parou, a observar o sítio. Desconfiados, os gaúchos consultavam-se, em grupo, atentos, mas de rédeas frouxas sobre o pescoço dos cavalos."[343] E adiante: "E não pensava mais no inimigo a quem procurava, e que bem longe andava àquela hora, zombando deles... – China-Flor! – limitou-se a dizer aos camaradas taciturnos."[344]

Em *Alma bárbara*, há o deslocamento narrativo dos personagens. Despojando-se, aumenta o vigor dos contos. É o tempo da degola, da brutalidade, trazendo às descrições um anseio de maior humanismo, onde o naturalista se afia e o alquimista se apura. O gaúcho se desenraíza diante do processo reificador. Maya, ao utilizar os elementos impressionistas, romanticamente mitifica a própria desarticulação social, denuncia a miséria, o abandono e a sucessiva marcha urbana: "Pois, patrício, dia veio que inté essa me traiu! Eu dormia com ela nos arreios, não me apartava nunca de sua vista e, mesmo ansim, se perdeu... A polícia me pisou no rastro e passou-me o maneador. Era sorte [...]"[345]. Prefigura o advento do homem

---

342. MAYA, Alcides. **Alma bárbara:** contos. Porto Alegre: Movimento, 1991.

343. MAYA, Alcides. **Alma bárbara:** contos. Porto Alegre: Movimento, 1991.

344. MAYA, Alcides. **Alma bárbara:** contos. Porto Alegre: Movimento, 1991.

345. MAYA, Alcides. **Alma bárbara:** contos. Porto Alegre: Movimento, 1991.

a pé, o desalojado pela civilização, sem eira, nem beira. Na cantiga de Caetano Braun, o trovador, vislumbra-se a decadência econômica e social: "O juro é sempre a velhice / e de que adianta este juro? / se ao índio mais queixo duro / o tempo amansa no assédio? / Porque na conta da vida / não adianta saldo médio."[346] Sim, o bárbaro pode ser o civilizado. Querendo ou não, engendra-se a lenda da valentia do morador dos pagos: "Sou gaúcho de bom gosto / Da serra do Caverá / A faca da ponta grande / Vai dizer como será."[347]

Em 1944, os restos mortais de Alcides Maya foram transferidos ao Rio Grande do Sul: homenagem póstuma. Onde ele dorme. Sendo autor de livros que o imortalizaram pela grandeza, livros que – no parecer do crítico italiano Roberto Cotroneo – "precisam de leituras diferentes, abrem-se com chaves que você tem que encontrar, ou que a sorte entrega em suas mãos quando menos você espera."[348] Mas o tempo só guarda uma leitura: a dos que lhe são veteranos. Canta o mesmo *payador*: "Não se apagam por decretos / heranças de todos nós. / Não vou matar meus avós / para ficar de bem com os netos."[349] O que é o pensamento de Carlos Fuentes: "Não há futuro vivo, com passado morto." Nem passado que sobreviva sem futuro.

A explosão literária gaúcha. Cyro Martins, Ivan Pedro de Martins e Barbosa Lessa

Esse trajeto evolutivo da ficção gaúcha não parou em Alcides Maya. Continuaram-no, sobretudo, três romancistas, com voz própria, representando todas as contradições do progresso. E, para Pangloss, de Voltaire: "O progresso não anda direito, coxeia." O que não diz dos romancistas, mas da rápida e ruinosa degradação do tempo.

---

346. BRAUN, Jayme Caetano. **Do tempo**. [S.l.: s.n., s.d.].

347. BRAUN, Jayme Caetano. **Do tempo**. [S.l.: s.n., s.d.].

348. COTRONEO, Roberto apud FUENTES, Carlos. **Valiente mundo nuevo**. México: Tierra Firme, 1992.

349. COTRONEO, Roberto apud FUENTES, Carlos. **Valiente mundo nuevo**. México: Tierra Firme, 1992.

Cyro Martins, com *Sem rumo*, 1937, Ivan Pedro de Martins, com *Fronteira agreste*, 1944 e, mais tarde, Barbosa Lessa, com *Os guaxos*, 1959, demarcaram passagem. O primeiro, fugindo do prisma pitoresco, aprofunda a humanidade dos personagens, ao tratar da figura do anti-herói; o outro, lutando a favor de uma utopia social, e o terceiro, trazendo o filão gauchesco sob maior rigor estético. Com exceção do último, as obras seguem a linha de uma narrativa tradicional, onde o real predomina sobre o imaginário, sem a invenção estilística dos seus antecessores. O "velho" gaúcho desapareceu com a mesma velocidade que o cavalo como veículo. E pela mecanização, o interiorano sulino já se identifica nas vestes e costumes ao cidadão urbano de nossas metrópoles. A dolorida metamorfose, com o Rio Grande a clamar por seu primitivo habitante, é o painel dessa literatura.

Além dos sintomas da desagregação, não se pode esquecer o que se tornou um monumento popular e literário: *Antônio Chimango*, 1915, de Amaro Juvenal, poemeto campestre, criado por Ramiro Barcellos. Sátira contra Borges de Medeiros e seu governo, celebra o gaúcho, com suas tradições, num toque mordaz. Se os figurantes já não existem, permaneceu sua palavra fundadora. "Clássico" para Carlos Reverbel. Eis uma sextilha: "Na mão do triste Chimango / O arvoredo está no mato; / O gado... é só carrapato; / O campo... cheio de praga. / Tudo depressa se estraga / No poder de um insensato."[350] Mas há sensatez na esperança? Na ficção contemporânea do pampa, surgiu um ficcionista satírico e de inventivo humor, natural de Erexim, RS, Gladstone Mársico, que faleceu sem completar a obra que estava destinado a realizar. Seu livro *Cogumelos de outono*, em 1972, revela mais do que o humorista, um cômico hilariante, que não sói acontecer no romance, entre nós, o que o qualifica a ser vinculado, naturalmente, a Mark Twain. Inesquecível também é o nome de Alfredo Jacques, contista, ensaísta, tradutor. Surpreendentemente inventivo e fabulista em seu último livro. Merece ser revalorizado. *Os provisórios*, 1938; *O Mar perdido* e *outras histórias*, 1959; *O grande jogo e*

---

350. JUVENAL, Amaro. **Antônia Chimago**. São Paulo: Globo, 1961.

outras invariantes, 1973. Nem se há de deslembrar a figura estranha de Reynaldo Moura, mais ficcionista que poeta, autor de *Romance no Rio Grande*, 1958, em que um filho de fazendeiro, numa boate de Porto Alegre, matou com faca, sem motivo, na carótida, a um desconhecido. Essa gratuidade é trágica, vinculada à degola que se deu no interior pampeano, com Gumercindo Saraiva e seus asseclas. Na crítica, vale registrar a presença de Flávio Loureiro Chaves, extraordinário exegeta de Simões Lopes Neto e Erico Verissimo. E Maria da Glória Bordini, ensaísta da obra do romancista de *O tempo e o vento*. Três autores da *História da Literatura do Rio Grande do Sul*: Donaldo Schuller, mais abrangente – poeta, ficcionista, crítico e tradutor; e os dois últimos, de uma síntese – Regina Zilbelman e Luís Augusto Fischer. O polêmico Sérgio Ribeiro Rosa, da Geração de 60, um dos críticos de poesia mais lúcidos. Por fim, leitores, este nome: Luiz Sérgio Metz, que apareceu e desapareceu, como meteoro, tolhido, precocemente, pela morte. Publicou em 1995, *Assim Na Terra*, chamando atenção pelo tratamento novo dado a uma temática regional tão repetida e cansada. Eis um pequeno trecho de seu romance:

> – Seguimos, disse. Enveredamos por uma trilha poucos metros depois. O sol não tinha raiado. Caminhamos quietos emparelhados, uns poucos quilômetros. Ele falou com alegria: -- Foi um porre de derrubar, Gomercindo! Ele era o provérbio. Logo ouvimos seus cachorros e seus galos. A entrada de sua estância era cavada de árvores. – Pensei que estava caminhando com Gregor Samsa, eu disse. Ele riu. [...][351]

E é como se as casas também andassem para nós. E caminhássemos com o protagonista. E é o enredo que vai descobrindo a forma ficcional, até nos descobrir. E o que nos descobre, continua. Como se contra o esquecimento, fosse tudo isso falado ao ouvido. Certo de que "o ouvido é mais velho do que as coisas." (Longinus).

---

351. METZ, Luiz Sérgio. **Assim na Terra.** [S.l.: s.n.], 1995.

CAPÍTULO 11

Sousândrade: ou de como um poeta estranhamente extrapola todos os conceitos de escola e tempo

Sousândrade

Sobre ele muito se deve à revisão valiosa de Augusto e de Haroldo de Campos (*Re visão de Sousândrade*. 2. ed. Rio de Janeiro: Nova Fronteira, 1982). Joaquim de Sousa Andrade nasceu na Vila de Guimarães, pertencente a Alcântara, Maranhão, em 9 de julho de 1832. Com formação europeia, bacharelou-se em Letras pela Sorbonne, de Paris, e cursou Engenharia de Minas. Nesse período, viajou por vários países, fixando residência nos Estados Unidos em 1870. Estabeleceu-se em Manhattanville, numa pequena casa de família, perto do colégio de sua filha, o Sacred Heart. Em Nova York dirigiu o periódico em língua portuguesa *O novo mundo*. Retornando à terra natal, foi Presidente da Intendência Municipal de São Luís, realizando curiosa reforma no ensino. Tentou fundar, em vão, uma "Universidade Popular", acabando a vida, para alguns, excêntrico, e para outros, louco, em sua Quinta da Vitória, onde os alunos o acharam gravemente enfermo. Morreu no Hospital Português, em 21 de abril de 1902. Seus livros de poesia publicados: *Harpas selvagens*, 1857; *Obra poética*, primeiro volume, contendo *Eólias*, *Harpas selvagens*, *Guesa errante* (4 cantos iniciais e memorabilia) em 1872. Em 1877 e 1878, publicou os demais *Cantos de Guesa errante* e *Harpa de ouro*. Foi sua Poesia publicada no mencionado *Re visão de Sousândrade* (1982). Os irmãos Campos definem o estilo do poeta de "metafísico-existencial", tendo em sua dicção o uso da "fanopeia" e "logopeia", que o aproximam do Ezra Pound, de *Personae* e *Cantos*. Sendo possível o cotejo, como, por exemplo, em Pound: "Nem raio, nem lasca, nem parco disco de sol / Franja a branda água negra"[352] e, em Sousândrade: "Móveis noite d'estrelas que fagulham" (*Guesa*, Canto I). Ou a visão cinética, usual num Jorge de Lima ou Cassiano Ricardo: "... vede a tremente / Ondulação de malhas luminosas / Num relâmpago, o tigre atrás da corça" (*Guesa*, Canto V). Ou este trecho do maranhense, que o aproxima do barroco, com força metafórica: "Era a ilha sempre-Éden, sempre-verde, / Onde abria o rosal à natureza, / Crescia a palma que nos céus se perde - / Ao Sol dos Incas s'incantava o Guesa!" (*Guesa*, Canto VIII). Ou estes instantes órficos: "[...] Giro dos ventos! / Círculo eterno que descreve o sol! / Saímos de uma noite, entramos noutra, / Nós somos um só dia, e nós contamos / Nossos minutos pelas nossas dores." (De *Harpa* XXXV). Ou: "Olhei – Meus dias vi do sol caindo / Escutei... Foi meus lábios estalando / Em maldições ao ser dessa existência, / Ao Ser que sobre o sol conta os meus dias" (*Harpa* XXXVI). Ou ainda, "Aquele sol covarde vai fugindo / A voltar-me o seu rosto!" ... *Harpa* XXXV. Ou "A noite eu sou, consumo a minha treva" (*Guesa*, Canto I). Ou: "Me enlouqueceste de uma vida eterna!" (*Harpa* XXXV). "Antes da vida eu morro." ... (*Harpa* XLVI). E esta comparação com Mário de Sá-Carneiro: "Vê-se, como tão rápido anoiteço, / Como de sombra e solidão me enluto" (*Guesa*, Canto I) e "Manhã tão forte que me anoiteceu" (versos do poeta lusitano de *Dispersão*). Como Fernando Pessoa e Pound, o poeta maranhense se encobre da máscara ou "persona" do *Guesa*, personagem entre os índios da Colômbia e é um ser nômade, com quem Sousândrade se identifica. Indubitável o seu gênio poético. Com percurso solitário: "E sempre a alma, a palma / Dando à saudade sombras; / E o mundo abismo,

---

352. CAMPOS, Augusto de; CAMPOS, Haroldo de. **Re visão de Sousândrade**. 2. ed. Rio de Janeiro: Nova Fronteira, 1982.

abismos / Negros a tumultuar!" (*Guesa*, Canto VII). E são de demência lúcida e assombrosa estes versos: "Dos céus os corações se ressentiram / (Ó, partir sempre e sem chegar mais nunca!) (*Guesa*, CXII). Quando escreveu Jorge de Lima, em sua *Invenção de Orfeu*: "Chegados, nunca chegamos: eu e a ilha movediça."

    Erroso de vida, Sousândrade foi errante na arte. Não porque quis inventar novas vias, mas porque as novas vias já estavam nele. A ponta do iceberg: a necessidade de se desamparar e desconstruir, multiplicando-se. Jamais por desordem, e sim por sede aventurosa do confronto com o limite que, para ele, confundia-se com o destino. Embora gênio na antecipação do futuro, precursor na revolução de formas, não prima pela regularidade e beleza estética de um Gonçalves Dias, seu companheiro no tempo. Provando que não basta o gênio no deserto do homem, é preciso a inteireza do homem na vertigem do gênio. Coleridge concede à imaginação, "o estatuto de atividade criadora". E nós, o estatuto de memória da imaginação.

CAPÍTULO 12

Pré-simbolistas

Alberto da Costa e Silva
Raul de Leoni
José Albano
A singularidade: Augusto dos Anjos Hermes Fontes

Alberto da Costa e Silva

Poeta advindo da última geração simbolista, ao lado de Raul de Leoni, tornara-se arauto do Pré-Modernismo, trazendo a semente da crise, que é o começo da transformação estética. Quem o refere é José Guilherme Merquior:

> Da Costa e Silva, quase clássico, faz francamente uma figura de vocação harmônica. Isso se deve, em grande parte, às qualidades específicas da música com que soube vestir as imagens percucientes que caracterizam tanto os seus poemas.[353]

Há um lado estranho neste poeta, revolucionário para a época, o dos poemas experimentais, desenhando com vocábulos, o tema dos versos. O que interessava muito o filósofo e lógico americano Charles Peirce, sobretudo pelo análogo visual da onomatopeia poética, a que denominava *caligrafia artística,* seguida pelos *Calligrammes* de Apollinaire e em certos poemas do irlandês Dylan Thomas, em *Visão e pregação,* sua

---

353. MERQUIOR, José Guilherme. **Razão do Poema.** 2. ed. Rio de Janeiro: Topbooks, 1996.

terceira fase. Revelando não influência, porém certa afinidade de tempo e criação. Entre as obras poéticas do inspirado piauiense: *Sangue*, 1908; *Pandora*, 1916; *Verhaeren*, 1917; *Zodíaco*, 1917; *Verônica*, 1927; *Antologia*, 1934 e *Poesias completas* (em 4ª edição, revista e aumentada por Alberto da Costa e Silva, no ano 2000).

Nasceu em Amarante, Piauí, em 23 de janeiro de 1885, e faleceu no Rio, em 24 de junho de 1950. Licenciou-se na Faculdade de Direito no Recife em 1906, gerando uma poesia com apuro e força imagística, aliando símbolos religiosos e certa profanidade. Eis um exemplo, com o célebre soneto *Saudade*: Saudade! Olhar de minha mãe rezando, / E o pranto lento deslizando em fio... / Saudade! Amor da minha terra... O rio / Cantigas de águas claras soluçando. // Noites de junho... O caburé com frio, / Ao luar, sobre o arvoredo, piando, piando... / E, ao vento, as folhas lívidas cantando / A saudade imortal de um sol de estio. // Saudade! Asa de dor do Pensamento! / Gemidos vãos de canaviais ao vento... / As mortalhas de névoa sobre a serra... / Saudade! O Parnaíba - velho monge / As barbas brancas alongando... E, ao longe, / O mugido dos bois da minha terra... //.

Seu filho, também poeta, Alberto da Costa e Silva, no comovente *O pardal na janela*, editado pela Academia Brasileira de Letras, refere, com argúcia, o que se pode chamar de *ressonâncias*. O soneto *Ironia eterna*, de Costa e Silva, antecede Raul de Leoni:

> Desiludido ser que em vão maldizes, / Culpando a vida, as tuas vãs torturas, / Mal sabes tu que tantas desventuras / Na própria origem têm raízes. // Da Natureza mãe, nas suas crises / De dor, depende a sorte das criaturas; / Vêm daí as fatais selvas escuras / Do destino dos homens infelizes... // Prevendo a condição dessas desditas, / Tão natural nos homens e nos brutos, / Há nos seres revoltas infinitas. // É assim que existem córregos enxutos, / Ventres estéreis e árvores malditas, / Que não dão flores, para não dar frutos. (Zodíaco)[354]

---

354. SILVA, Alberto da Costa e. **O Pardal e a Janela**. Rio de Janeiro: Academia Brasileira de Letras, 2002. p. 8993.

E este outro, não teria tido reflexo na criação de Augusto dos Anjos, companheiro do piauiense na Faculdade de Direito, de Recife? Alegria perpétua das ossadas / Que, surgindo do lodo deletério, / Macabramente, pelo cemitério, / Gargalham chocalhantes gargalhadas... // Escárnio de ironias mais sagradas, / Sarcasmo eterno, exótico e funéreo / Do carnaval da Morte e do Mistério / Dentro do horror das noites apagadas... // Ironia infeliz dos esqueletos / Nus, sorrindo, funâmbulos e doudos / Dentro dos muros lúgubres e pretos... // Ride, Visões sinistras, agoureiras... / Pois que dos risos o melhor de todos / É o riso escancarado das caveiras //". Também é visível a concisão elegíaca, em Cecília Meireles, nestes versos de *Verônica*: "...Eu erguia a minha alma aos céus remotos, / Alheado do mundo e de mim mesmo, / Quando, o meu coração, a ansiar por duas asas, / O pranto me velou a luz dos olhos.../ E eu, tão perto de ti, sem poder ver-te //.

Da Costa e Silva é Virgílio mergulhado nas Églogas de um Piauí, onde o tempo é sempre infância. Popular e erudito, guarda traços simbolistas, com hábeis recursos provenientes do parnasianismo, mostrando-se antevisor da modernidade pelos experimentos formais (vale lembrar *Hino ao Sol*, *Hino ao Mar* e *Hino à Terra*). A melhor crítica não deixa de saudar-lhe a beleza sinfônica e o dinamismo rítmico de poemas com fôlego, tais como *Zodíaco*. Nem se pode deslembrar os andaimes musicais e as minúcias de espaço ou andamento de seu bestiário: a aranha, o besouro ou o sapo. Lírico superior? Sim. Voz seminal, onde o artista não sufoca o poeta e nem o poeta ao artista. Na medida em que a grande Ordenadora se avizinhava, foi-se tornando mais pungente. Sombrio, encolhendo-se aos umbrais da íntima escuridão, obscura para si e iluminadora para os outros. "E temo, certas vezes, que endoudeça / Minha triste e feíssima cabeça, / Coroada de estrelas e de rosas //" (*Cântico do bêbado*). Ou "Deu-me a Dor um burel; e eu, no claustro sombrio / Da Noite, busco alívio à mágoa que me fere."// (*Ante Noctem*). Sem a precisão de ser guia de ninguém, nem de Dante, o poeta indaga: "Quem és tu? Quem és tu? De onde vieste? / E não conheço enfim essa a quem amo//..." (*Ignota Dea*). E a Poesia, no entanto, o reconheceu. Ou fixou com durável rosto.

Raul de Leoni

Foi sobre quem Tristão de Athayde cunhou a expressão de "Pré-Modernista". Nasceu no Rio, em 1895, e morreu em Itaipava, Rio, em 21 de novembro de 1926. Reunia a elegância de traços gregos e a busca de pensamento, sendo um civilizado, atado às ideias e enamorado do mundo antigo. Lírico e harmonioso, em 1922 saiu o seu único livro *Luz mediterrânea e outros Poemas*, com várias edições. Não participando da Semana de 22, foi um clássico com o brilho da modernidade, mais pagão do que cristão. Embora, em regra, as ideias de nada sirvam para a poesia, se não houver a explosão estética, Raul de Leoni as cogitava como seres vivos, seres enternecidos e enternecedores, capazes de capturar o milagre poético. E essa era a sua visceral originalidade, a de ousar refugiar-se nas filosofantes emoções, delineando o conceito eterno da alma humana. Ou "a universalidade das estrelas." Sua *Ode a um poeta morto* é uma exposição celebratória de motivos do seu ofício, preso à dignidade da espécie e à harmoniosa beleza das sensações. É dedicada a Olavo Bilac, com este magistral *finale*: "Dirá aos homens que o melhor destino, / Que o sentido da Vida e seu arcano, / É a imensa aspiração de ser divino, / No supremo prazer de ser humano! //" O inspetor que foi de uma Companhia de Seguros, não o impediu de escrever inspirados poemas. Tinha alta admiração pelo autor de *Ecce Homo*, bebendo em Nietzsche o otimismo que é tônica de seu fazer poético, no gozo de invejável liberdade criadora, sem preocupação dos sistemas, convicto de um perene retorno, também na arte, pois o que se extingue aqui, há de reaparecer adiante sendo a alma, "estado divino da matéria".

Se é verdade que mantinha rastilho vago, quase inefável, da poesia simbolista, sua tendência antimetafísica, com materialismo devotado, transformou-o em precursor dos modernistas. Um aristocrata da poesia. "Mais cosmopolita que nacional." Sonetista de elevado mérito, não podemos deixar de transcrever este *Sei de Tudo:* Sei de tudo o que existe pelo mundo. / A forma, o modo, o espírito e os destinos. / Sei da vida das almas e aprofundo / O mistério dos seres pequeninos.

// Sei da ciência do Espaço, sei o fundo / Da terra e os grandes mundos submarinos, / Sei o Sol, sei o som e o elo profundo / Que há entre os passos humanos e os divinos. // Sei de todas as cousas, a teoria / Do Universo e as longínquas perspectivas / Que emergem da expressão das coisas vivas. // Sei de tudo e - oh! tristíssima ironia! / Pelo caminho eterno por que vou, / Eu, que sei tudo, só não sei quem sou. [...]

Há um orgulho ostensivo de ser, instigado, entretanto, pela velha pergunta que embaraçava os filósofos gregos – *quem sou?* A mesma que embaraçou Victor Hugo e a nós todos, os vivos. Com *todas as almas do mundo lutando dentro dele.*

E vejam, leitores, este poema de amor e doída separação, com versos memoráveis: No meu grande otimismo de inocente, / Eu nunca soube porque foi... um dia, / Ela me olhou indiferentemente, / Perguntei-lhe porque era... Não sabia... // Desde então, transformou-se de repente, / A nossa intimidade correntia / Em saudações de simples cortesia / E a vida foi andando para a frente... // Nunca mais nos falamos ...vai distante... / Mas, quando a vejo, há sempre um vago instante, / Em que seu mudo olhar no meu repousa, // E eu sinto, sem no entanto compreendê-la, / Que ela tenta dizer-me qualquer cousa, / Mas que é tarde demais para dizê-la... // (*História antiga*).

A poesia de Leoni eleva-se, quando escapa do estetismo puro, para a angústia do ser, despertando na memória "a antiga tradição divina". Sua verdadeira religião é a das fábulas e mitos, com algo do cientificismo de Augusto dos Anjos, sem o seu fúnebre reboo. E se prepara para as *Viagens de Gulliver* da Vida. Essa obsessão com o Swift, em *Sátira*, e noutros momentos de sua obra, é a de um gigante, cercado de anões, concedendo misericórdia aos trêfegos, daninhos e coitados pigmeus. Estaria o poeta julgando a mediocridade de sua época? Eis os tercetos de seu extraordinário soneto *A hora cinzenta*: "Espiritualidades comoventes / Sobem da terra triste, em reticência, / Pela tarde sonâmbula, imprecisa... // Os sentidos se esfumam, a alma é essência, / E entre fugas de sombras transcendentes, / O Pensamento se volatiliza. //" Mesmo pagão, sua inteligência aguda não lhe permitiu deslizar para o

Nirvana, nem ao estoicismo. É hedonista, com a ávida filosofia do prazer. Quer "mediterraneamente" existir, entre aventurosas abstrações e o esquecimento da morte. Entanto, nunca há de ser uma pedra inerme. Mas um homem. E ao observar esse contexto, valho-me da lição de Jorge Guillén: "Só importa é a situação de cada componente dentro do conjunto, e este valor funcional é o decisivo."[355] A palavra só tem força poética dentro do organismo do poema, organismo celular e ativado. A experiência é a glória verbal da poesia, quando alcança o sortilégio, no ápice. E não é insensível a quem o busca. Em Leoni, o bem e o mal estão nas sensações. Convém ignorar a morte, ou ignorar-se na morte, para que também nos ignore. Para ele, a ciência é o farol e o mar, andamento da excelência de existir na luz mediterrânea, a helênica e apaziguada serenidade. Onde reina o *primeiro sofrimento humano* e seu *primeiro pensamento eterno*.

José Albano

É outro poeta que sai da catalogação, autor do antológico *Triunfo*, entre os maiores tercetos, ao lado de *Última jornada*, de Gonçalves Dias, e *A máquina do mundo*, de Carlos Drummond de Andrade, no Modernismo. Albano era um clássico, nascido em Fortaleza, em 12 de abril de 1882. Após entrar para o Seminário Episcopal de sua terra, estudou na Europa, viajando para a Inglaterra, Áustria, França.

Mais tarde, retorna ao Rio e, dali, volta para Fortaleza, onde leciona como professor de latim no Liceu do Ceará. Convidado pelo Barão do Rio Branco, Ministro de Relações Exteriores, trabalha em seu gabinete no Itamaraty. Torna à Europa, após o casamento, com emprego no Consulado Brasileiro em Londres. Abandonando o trabalho diplomático, viaja como um nômade, um novo judeu errante, por Espanha, Portugal, França, Bélgica, Holanda, Alemanha, Hungria, Suíça, Itália, Romênia, Grécia, Barcelona, onde publica seu livro. *As*

---

355. GUILLÉN, Jorge. **Lenguaje y Poesía**. Madrid: Alianza Editorial, 1983. p. 115.

Rimas, compreendendo *Redondilhas, Alegoria, Canção a Camões* e *Ode à Língua Portuguesa*.

 Faleceu em 1923, no dia 11 de julho, anuviado de espírito, como um Hölderlin brasileiro, num hospital de Montauban (Tarn-et-Garonne), onde estão seus restos mortais.

 O poema *Alegoria*, de tom original, altitude e graça, "doçura prosódica", é um dos seus felizes voos, chegando Agripino Grieco a chamá-lo de "o último canto dos Lusíadas". Escreveu alguns sonetos lapidares. Manuel Bandeira o considerava "alto talento linguístico, conhecendo a fundo vários idiomas modernos e antigos, soando o seu *Poeta fui* como um soneto póstumo de Camões."

 Albano, segundo Tristão de Athayde, viveu fora de seu tempo, viveu contra o seu tempo, viveu torturado pelo seu tempo... "um clássico eterno". Eis, leitores, dois de seus notáveis sonetos, que o imortalizaram: Poeta fui e do áspero destino / Senti bem cedo a mão pesada e dura. / Conheci mais tristeza que ventura / E sempre andei errante e peregrino. // Vivi sujeito ao doce desatino / Que tanto engana, mas tão pouco dura; / E inda choro o rigor da sorte escura, / Se nas dores passadas imagino. // Porém, como me agora vejo isento / Dos sonhos que sonhava noute e dia / E só com saudades me atormento; / Entendo que não tive outra alegria / Nem nunca outro qualquer contentamento, / Senão de ter cantado o que sofria. //[356]

 Ou este: Se amar é procurar a cousa amada / E unir duas vontades num desejo, / Se é ressentir um mal tão benfazejo / Que quanto mais tortura, mais agrada; // Se amar é sofrer tudo por um nada / e a um tempo achar que é pouco e que é sobejo / Já claramente agora entendo e vejo / Que não há quem de amor me dissuada. // Ó doce inquietação e doce engano, /doce padecimento e desatino / de que não me envergonho, antes me ufano! // Comigo quantas vezes imagino: / Se é tão doce na terra o amor humano, / Que não será no Céu o amor divino? //"

---

356. ANJOS, Augusto dos. **Eu e outras poesias.** São Paulo: Ática, 2005.

Inegável é o gênio poético de José Albano que, ao ler sonetos camonianos de Drummond ou Vinícius de Moraes, sente-se quanto foi o cearense contemporâneo. Parente espiritual do autor de *Os Lusíadas, com fogo próprio.*

Bastariam os tercetos de *Triunfo* para colocá-lo entre os que a posteridade reconhecerá: E como sempre assim cantar quiseste, / Em sons ou d'amargura ou d'alegria, / Farei que teu amor se manifeste. // E erguerás nesta vida fugidia / Um monumento como outrora os houve / Contra que o duro tempo em vão porfia. // Assim falou e a flama em que me acendo / Dentro do coração ia aumentando / Enquanto a doce voz ia gemendo. // E ela, que de Cupido segue o mando, / Colheu no bosque os ramos duradouros / E com um sorriso milagroso e brando / Me coroou de mirtos e de louros. //

Observem o rico e delicado sentimento místico-amoroso, que deve ser posto entre os mais elevados de nossa literatura. *Soneto IX*: Bom Jesus, amador das almas puras, / Bom Jesus, amador das almas mansas, / De ti vêm as serenas esperanças, / De ti vêm as angélicas doçuras. // Em toda parte vejo que procuras / O pecador ingrato e não descansas, / Para lhe dar as bem-aventuranças / Que os espíritos gozam nas alturas. // A mim, pois, que de mágoa desatino / E, noute e dia, em lágrimas me banho, / Vem abrandar o meu cruel destino. // E, terminado este degredo estranho, / Tem compaixão de mim, Pastor divino, / Que não falte uma ovelha ao teu rebanho! //

Dele, diz Tristão de Athayde: Criou uma poesia intemporal, inespacial, realmente eterna na sua pureza intangível, em que o verdadeiro clássico, não o neoclássico, se perpetua em sua perenidade. Há um clássico eterno, como há um romântico eterno. Em geral não se entendem. Mas eu não consigo excluí-los.

Alguns o consideram passadio ou anacrônico, pelo fato de imitar Camões e até na beleza dos sonetos e tercetos, comparar-se a ele. Mas se esquecem de que no Modernismo, Guilherme de Almeida imitou o gênio lusitano nos sonetos, aliás, o maior momento de sua obra. E, mais tarde, Vinicius de Moraes teve nos sonetos a Camões, a plenitude e o reconhecimento.

Demonstrando, além de todos os eventuais preconceitos, que o que é ancestral e permanente sempre é contemporâneo.

Sua poesia foi o seu degredo, o seu perambular nômade, de cidade em cidade, sem tempo, sem concessões, atrás do perene. E, discordando de Tristão de Athayde, penso que todos os clássicos se entendem por terem a mesma idade na Eternidade.

A singularidade: Augusto dos Anjos

O Espírito não tem acaso (e o acaso, aliás, é mera invenção borgeana, em *Pierre Menard*), porém, não deixa de engendrar suas curiosidades. E uma delas foi o nascimento em Engenho Pau d'Arco, na Paraíba, em 1884, de Augusto dos Anjos, misantropo, para não dizer excêntrico, "pássaro molhado e encolhido pela chuva", da família dos grandes solitários, com vida intensa e breve (não passou dos trinta anos). Um poeta que cursou a Faculdade de Direito de Recife, morou no Rio – de 1910 a 1914 – com mulher e dois filhos, simples professor do Ginásio Nacional e da Escola Normal, cidadão da urbe e, ao mesmo tempo, um rebelde e angustiado, por ter em si esta estirpe esdrúxula, soberana, inclassificada, o gênio que lhe era segunda natureza e outras, todas opostas à primeira. Ou talvez a de apenas labareda. Criava escuridão, signos negros, vislumbrava pessimismo ou desespero em tudo, influenciado pelos livros vinculados à evolução, transformismo e determinismo. E era, como se fora, irmão mais moço de Baudelaire, não com a inteligência das flores do mal, porém, com as flores do mal na inteligência. As imagens inusitadas ou as palavras de voraz cientificismo, com a potente força poética capaz de elevar os poemas aos ares. Seu gênio tinha enfermidade de alma, enfermidade nos sentidos. Uma morbidez que o empurrava para o polo inclinado e sombrio da existência. Foi "gauche" antes de Drummond, possuindo a insondável e desconcertante vocação de abismo. E merece ser comparado ao gênio do simbolismo, Cruz e Souza; esse que a tudo via inefavelmente branco e aquele, escuríssimo, como se um tivesse farol nos olhos, e outro, a percepção de um profeta sonâmbulo.

É de se atentar para o bestiário peculiar do poeta: *O morcego, Ao carneiro morto, Versos a um cão, Corrupião* e *Asas de um corvo*. Publicou um só livro, por sinal expressionista, *Eu e Outras Poesias*, ajudado economicamente por seu irmão Odilon, o Téo deste Van Gogh da poesia brasileira, que trouxe novo sotaque, com rara dimensão de realidade, desconhecida para nós. Onírico e escatológico, grotesco e maravilhoso, misturando ciência e filosofia, rigoroso acabamento formal, entre a lucidez desavisada e o espectro da loucura.

> Triste, a escutar, pancada por pancada, / A sucessividade dos segundos, / Ouço, em sons subterrâneos, do Orbe oriundos, / O choro da Energia abandonada! // É a dor da Força desaproveitada / O cantochão dos dínamos profundos, / Que, podendo mover milhões de mundos, / Jazem ainda na estática do Nada! // É o soluço da forma ainda imprecisa... / Da transcendência que se não realiza.../ Da luz que não chegou a ser lampejo... / E é em suma, o subconsciente aí formidando / Da Natureza que parou, chorando, / No rudimentarismo do Desejo! // (*Lamento das cousas*).[357]

A mágoa é doença – para ele – que nem a morte cura: "E quando esse homem se transforma em verme / É essa mágoa que o acompanha ainda!". Antero de Quental, Leopardi? Sombra da sombra humana. Pois amparava nos versos, talvez o mesmo sol desvairado de Van Gogh por dentro das telas, com seus corvos. Sendo comparado, acertadamente, por Carlos Heitor Cony, quanto à desproporcionalidade verbal, a Euclides da Cunha. E o fascínio todo é de dentro, da sua existência ardendo, com a morbidez, que, às vezes, chega ao grotesco, à fascinação da morte.

Assim, a criação exasperada de Augusto dos Anjos, se, pelo excesso, é de um tardio romântico, pelo entranhamento deixa entrever trevoso surrealismo. E muda o polo: saindo do poema para a poesia.

Faleceu em 1914, contraditório, desamparado e inseguro, consta que pobremente, com parcos vencimentos no magistério, buscando alunos. E, se verdade não fosse, é de acreditar

---

357. ANJOS, Augusto dos. **Eu e outras poesias**. São Paulo: Ática, 2005.

ser isso igual invenção de seu espectro doloroso, com mesma sem cerimônia com que tratou de suas "taras" de família, ou levantou o estandarte de um partido socialista, antimilitarista, anticapitalista e anticlericalista, desequilibrado demais para frequentar os salões da moda. Morreu quase ignorado, vítima de pneumonia dupla, quando diretor do Grupo Escolar de Leopoldina, Minas. Por algum período, mais motivo de estudo de psiquiatras, do que de críticos, até depois de morto chamou atenção com a descoberta de sua tumba modesta, em Leopoldina, num estado de lastimável abandono e incúria, como se nem ali conseguisse repousar em dignidade. Augusto dos Anjos, considerado artesão imperfeito pelo autor de *Pasárgada* e por Dante Milano, dentro de paradigmas por ele conhecidos, todavia artesão perfeito e consumado para seu padrão – diferente de outros – ditados unicamente por seu gênio. Apenas podia expressar-se, como o fez, arrevesado, difícil, insubstituível. Deixou poemas perenes, como *O morcego*, falando da consciência: "A consciência humana é este morcego! / Por mais que a gente faça, à noite, ele entra / Imperceptivelmente em nosso quarto! //" Traçou imagens imprevistas, originalíssimas, ásperas como o chão da Paraíba, a terribilidade do destino humano: "Já o verme – este operário das ruínas – / Que o sangue podre das carnificinas / Come, e à vida, em geral, declara guerra, / Anda a espreitar meus olhos para roê-los, / E há de deixar-me apenas os cabelos, / Na frialdade inorgânica da terra! //" (*Psicologia de um vencido*).[358]

Ciente da própria grandeza, brada: "Tenta chorar e os olhos sente enxutos!.../ É como o paralítico que, à míngua / Da própria voz, e na que ardente o lavra, / Febre de, em vão, falar, com os dedos brutos / Para falar, puxa e repuxa a língua, / E não lhe vem à boca uma palavra!" (*O martírio do artista*)[359]. Ou protesta contra a ferocidade da condição humana, cantada como poucos:

> Vês? Ninguém assistiu ao formidável / Enterro de tua última quimera. / Somente a Ingratidão – esta pantera – / Foi tua

---

358. ANJOS, Augusto dos. **Eu e outras poesias**. São Paulo: Ática, 2005.
359. ANJOS, Augusto dos. **Eu e outras poesias**. São Paulo: Ática, 2005.

companheira inseparável! / Acostuma-te à lama que te espera! / O Homem, que, nesta terra miserável, / Mora, entre feras, sente inevitável / Necessidade de também ser fera // (*Versos íntimos*)[360].

Não, não se pode deixar de transcrever este poema magnífico nas soluções e na plasticidade:

> Recife. Ponte Buarque de Macedo. / Eu, indo em direção à casa do Agra, / Assombrado com a minha sombra magra, / Pensava no Destino, e tinha medo! / Na austera abóboda alta o fósforo alvo / Das estrelas luzia... O calçamento / Sáxeo, de asfalto rijo, atro e vidrento, / Copiava a polidez de um crânio calvo. / Lembro-me bem. A ponte era comprida, / E a minha sombra enorme enchia a ponte, / Como uma pele de rinoceronte / Estendida por toda a minha vida!... // (*As cismas do Destino*)[361]

É um Recife transreal, com ruas praças e pontes, numa visão catastrófica ou desolada, "onde a alma é um hospital / onde morreram todos os doentes". Seu mundo exsurge de um "eu" miraculoso, poço cósmico, ser plural, de onde fluem seres, símbolos, fantasmas, ou o mapa de um inconsciente, com imagens vertiginosas, próximo do que povoa os pesadelos. E tão ferozes que não querem acordar. Voltaire diz que a poesia é feita de detalhes, conformando-se a um encadeamento de giros, dissonâncias, com relações amorosas de vocábulos. E, nesse diapasão, *As Cismas do Destino* é um longo e poderoso texto, dos mais alucinantes da língua. E não são menores os sonetos, *Solilóquio de um Visionário, Vozes da Morte, Asa de corvo, O martírio do artista, Soneto II* ("Como Elias num carro azul de glórias, / Ver a alma de meu Pai subindo ao Céu! //") *Depois da Orgia, Árvore da serra, O Canto dos presos, Aberração*. Em todas as criações, vislumbra-se a ciência divinatória de metamorfose, até do chumboso, o tétrico, o lacerante, ou de adjetivos estrambóticos, cacofônicos ("rijo, atro e vidrento"), ou desúteis, desprezíveis, os párias-vocábulos, em altíssima, imperiosa poesia. Alquimia? Febre? Não apenas. Mas o

---

360. ANJOS, Augusto dos. **Eu e outras poesias**. São Paulo: Ática, 2005.

361. ANJOS, Augusto dos. **Eu e outras poesias**. São Paulo: Ática, 2005.

sol queimando a tela do poema, a escrita mais demente – que nem o poeta controla. Porque é dominado, elevando-se com asas inevitáveis. Dizia Jean Cocteau que "o poeta é o escravo de uma força que o habita, mas que ele desconhece. Tem apenas que ajudar essa força a tomar forma."

E essa poesia só tem em Portugal um parentesco, sem igual variedade rítmica, por demais descritiva, a de um poeta também de um só livro, *O Livro de Cesário Verde*, de quem não se pode dizer, pelo tempo e distância, que tenha sofrido recíproca influência, cogeniais, filhos do futuro. E, mais tarde, achega-se a um Fernando Pessoa, ou um Torga pelo senso de realidade, aquela que, eliotianamente, explode. Cumprindo-se em Augusto dos Anjos o parecer de Schlegel[362], o filósofo alemão: "O gênio poético é saber muito mais do que ele sabe que sabe." Poucos de seus críticos contemporâneos dele trataram, e, hoje, é um dos poetas mais lidos e admirados, o que não deixa de ser uma compensação do tempo. Otto Maria Carpeaux salienta:

> A abundância de estranhas expressões científicas e de palavras esquisitas em seus versos atraiu os leitores semicultos que não compreenderam nada de sua poesia e ficavam, no entanto, fascinados pelas metáforas de decomposição em seus versos assim como estavam em decomposição suas vidas.[10]

Embora Carpeaux esteja entre os que reconheceram a grandeza de Augusto dos Anjos, seu fascínio não é apenas pelo exotismo verbal, nem só entre os iletrados, igualmente entre os eruditos, porque se impõe pelo impacto das imagens, a ponto de influenciar longo ramo da poesia contemporânea – de um João Cabral ou Ferreira Gullar, a um Nauro Machado.

Além disso, se a poesia do paraibano não fosse *alvejada com o espírito*, teria sido já enterrada com o peso esmagador de seu léxico, com termos que somente funcionam porque elevados à potência celeste, a do gênio.

---

362. CARPEAUX, Otto Maria. **Ensaios reunidos, em dois volumes**. Rio de Janeiro: Topbooks-Univercidade, 1999.

HISTÓRIA DA LITERATURA BRASILEIRA
Da carta de Caminha aos contemporâneos

Sobrepaira uma história – quase lenda, relatada por Hélio Pólvora e Soares Feitosa – que *A árvore da serra*, soneto de Augusto, brotou da paixão por uma jovem retirante, e era a família do poeta, proprietária de engenho de açúcar, não permitindo essa relação. Teria a mãe de Augusto, autoritária (inclusive sobre o marido, a favor do filho), determinado uma surra na moça que, grávida, morreu.

Assim, a interpretação de tal soneto não seria ecológica, mas, simplesmente, transposição desse drama. A árvore cortada seria a amada do poeta, que, abraçado ao tronco, "nunca mais se levantou da terra." Aliás, *o nunca mais* crocitante (ou *nevermore!*, de *O Corvo*, de Poe), também caracteriza Augusto dos Anjos, artífice de significativas e opulentas relações, com tendência invencível de ser póstumo e irremediavelmente capturado pelas coisas da Noite. E, como ela, tem muitos rostos. O verdadeiro? Ninguém sabe. Por serem os de todos.

Hermes Fontes

Escreveu Andrade Muricy sobre o limbo em que vive o nome de Hermes B. Martins Fontes: "Está mais esquecido de que a decência deve permitir em terra culta." Nasceu na Vila de Buquim, em Sergipe, em 28 de agosto de 1888, e faleceu, suicidando-se por causa de um drama conjugal, em 26 de dezembro de 1930, no Rio de Janeiro. Poeta, funcionário do Ministério da Viação, formado em Direito, conheceu imensa fama, desde o primeiro livro, em 1908, com *Apoteoses*; seguido de *Gênese*, também poesia, em 1913, reiterando-lhe a notoriedade.

Seus últimos livros foram suas criações mais importantes: *A lâmpada velada*, 1922, e *A fonte da mata*, ambos de poesia, depurados pela sobriedade e pelo sofrimento, na viagem alucinada ao mundo interior, *a noite escura*. Pertenceu à Academia Brasileira de Letras. Desde o início, caracterizou-se pela originalidade inventiva, a música verbal e um facilismo, este carregar verboso e negligente que o prejudicou. Não pode ser posto, em grandeza, ao lado de Augusto dos Anjos, é um poeta menor, embora partilhe com ele a visão sombria: só que para dentro do ser. Se a luta de Augusto era contra o mundo em perpétuo conflito, ainda que tomado de melancolia, a de Hermes Fontes não possuía a cientificidade, a filosofia, muito menos a realidade tão funérea do grande Poeta da Paraíba, reboava artificiosa, vazia. Hermes Fontes, poeta da moda, conheceu a fama, quando vivo, diferentemente do sergipano, reconhecido apenas depois de morto. Eis um texto de Hermes Fontes, *Arquejo*: Comoção de Minha Alma iluminada... / Maturidade esplêndida do Amor... / Para quê? É-me inútil a escalada / e já descri de ser o vencedor... / Desfeito o altar, por que manter a escada? / Meu destino é de chamas e esplendor, / Mas olho em derredor, não vejo nada, / senão a Minha Sombra e a minha Dor! / A minha Dor – essa imortal ruína; / a minha Sombra - essa espiã divina, / e a minha Solidão, em torno a mim: / E esta desilusão, e esta saudade, / e esta mentira de celebridade, / e este começo de esperar o fim [...] // Há uma decência na morte que não existe no injusto esquecimento.

CAPÍTULO 13

Simbolismo brasileiro

Antecedentes
João da Cruz e Souza
Alphonsus de Guimaraens
Pedro Militão Kilkerry
Eduardo Guimarães

Antecedentes

O Simbolismo no Brasil foi o espelho do Simbolismo francês, só que convexo, mais ligado às nossas realidades e ao tempo histórico em que surgiu. Cruz e Souza foi nosso Rimbaud negro, e Alphonsus de Guimaraens, o Baudelaire místico, Pedro Kilkerry, o baiano redescoberto e o gaúcho Eduardo Guimarães, injustamente esquecido, autor de A *divina quimera*, o Verlaine brasileiro. Com predominância mística, acorrência da liturgia católica, o Simbolismo mais sugere do que diz, hospedando alguns preciosismos verbais, com certa busca do inefável. O espelho é convexo porque se faz visível a dificuldade das comparações, apesar de influências e confluências, ou do mágico fascínio que a literatura e a cultura francesa exerceram em Portugal e no Brasil – desde o tempo Colonial à República. Essa ideia de que o de fora dita a moda aqui é a parte do espelho. Ainda bem que a sua especular deformação com o barroco, que é característica nacional, insere certa e feliz ambiguidade, abrindo-nos o leque inventivo e arredando para longe a imitação, *o macaquear* de que fala Bandeira num de seus poemas.

O Simbolismo nasceu na França, em 1886, através do *Manifesto de Jean Moréas*, no suplemento literário do *Le Figaro*, tendo como precursor Charles Baudelaire, o grande poeta de *Fleurs du Mal*, donde emanaram Arthur Rimbaud, Mallarmé e Paul Verlaine. Caracteriza-se pelo uso de símbolos, marca registrada do movimento, o emprego de palavras raras, mística inspiratória, recusa do egocentrismo, com forte musicalidade, quase partitura, a utilização de imagens novas, entre o religioso, o grotesco e o mágico. O poeta tomando o espaço de vate ou vidente. "Com o desregramento de todos os sentidos", como queria o autor de *Uma temporada no inferno*[363], necessitando ser "absolutamente moderno". Essa nova consciência se encontrou com um mundo em grande depressão, seguindo a *belle époque* (1895), a queda do Capitalismo e a Segunda Revolução Industrial. Assegura Merquior que "a chamada filosofia da vida (Dilthey, Nietzsche, Bergson) dará cobertura ao antipositivismo estético", gerando o tempo da crise, que é transformação entre a decadência e o rebrotar do Espírito, através do maior senso de realidade, alargando a magnificência da poesia neossimbolista de um Rilke, Blok, Yeats, sem esquecer o sardônico Lautréamont, *sol negro*, ou Jules Laforge (sob a égide eliotiana, com suas *Litanias da Lua*: "Ricas noites! Eu me deito, / A província no meu peito! // E a lua, bondosa velha, / Enfia algodão na orelha." – tradução de R. Bonvicino). Verifique-se que *Illuminations*, de Rimbaud, saiu depois de 1891 (com a morte do poeta) e após os livros de Laforge em 1885 e 1886 – *Les Complaintes* e *L'Imitation de Notre-Dame la Lune* –, trabalhando uma linguagem entre a realidade e o humor. O visionarismo rimbaudiano aproxima-se da logopeia e a prosa poética laforguiana da fanopeia, ambos possuindo imagens ricas, invenção lúdica e a visão de outro tempo. Vale lembrar o que observou agudamente o poeta e crítico Ivan Junqueira:

> O Simbolismo transcendeu imensamente os limites de suas atividades programáticas, dando origem à grande poesia pós-simbolista, que a rigor já pertence ao Modernismo... Essa herança é bem visível na poesia de Valéry, de Rilke, de Eliot, de Yeats, de

---

363. RIMBAUD, Arthur. **Uma temporada no inferno**. Porto Alegre: L&PM, 2006.

Jiménez e de Claudel. ... A poesia simbolista é, antes de tudo, uma experiência com a imagem e o ritmo do verso. Como se sabe, a origem de tal pesquisa acha-se na Teoria de Correspondências, de Baudelaire, tão bem assimilada por Cruz e Sousa.[364]

Os representantes do Simbolismo, entre nós, são João da Cruz e Sousa, Alphonsus de Guimaraens, Pedro Kilkerry e Eduardo Guimarães.

João da Cruz e Souza

Entre todos, distingue-se este filho de escravos, João da Cruz e Souza, o Dante negro, nascido a 24 de novembro do ano de 1861, em Florianópolis, morrendo vítima de tuberculose, na mesma cidade, em 23 de março de 1898. Escreveu uma das obras poéticas mais altas e preciosas da literatura brasileira, apesar dos infortúnios (parteira do gênio), com morte de dois filhos e o enlouquecimento de sua mulher Gavita. Conseguiu ultrapassar pela obstinação, estudo, talento, a diferença de cor que lhe pesava e todos os obstáculos, sem dever nada a um Mallarmé ou Baudelaire, provando que *o vento sopra onde quer*.

Teve voz própria, entre tantas vozes que a ele confluíram, fundando novo cromatismo plástico, sistema léxico luxuriante, o uso das iniciais maiúsculas, vocábulos raros, ritmo alucinante das tribos negras da África, entre violas, tambores e volúpias, negritude com obsessão pelo branco, a altitude do branco cimo de montanha, e, simultaneamente, pioneiro, engendrou a negritude antes de Senghor, a partitura antes do grande poeta-presidente do Senegal, entre "sons de violões dormentes, mornos."[365] Diferente dele, entretanto, que cantou a negritude, a beleza das moças negras, Cruz e Sousa perseguia a cor branca, tendência observada por Roger Bastide, sem o exagero de sua dita preferência ariana. Essa obsessão da cor branca para o poeta era a libertação do preconceito; seu direito de ser igual

---

364. JUNQUEIRA, Ivan. **Escolas literárias do Brasil.** Rio Grande do Sul: ABL, 2005. 2 v.

365. PAVESE, Cesare apud SCHLAFMAN, Léo. **A verdade e a mentira**: novos caminhos para a literatura. Rio de Janeiro: Civilização Brasileira, 1998.

aos de pele clara, já que intelectualmente os superava; a libertação das trevas pela luz, esta luz que o amava e reconhecia em cada verso. "A imaginação humana é imensamente mais pobre do que a realidade."[366] Contudo, também a imaginação humana pode ser invenção da realidade.

Publicou *Missal e Broquéis*, em 1893, no Rio, editando postumamente *Evocações*, 1898; *Faróis*, 1900 e *Últimos Sonetos*, 1905, todos no Rio de Janeiro, graças aos críticos Nestor Vítor e Andrade Muricy. Inventou a realidade do seu futuro e um futuro para sua realidade, talvez porque também a realidade desafia os mitos. Conseguiu o poeta cristalizar elevada espiritualização, onde os sentidos se depuram e se aliam, liberando-se da carga pesada da matéria, o que era puro dom de voar e se sublimar. Essa transcendência, ocasionada pela dor e perda, não elide a sensualidade, nem a paixão pela vida. Humanizou o poema, quando Mallarmé o tentava consumar ou extinguir entre o vazio e *as palavras da tribo*, ainda que a divinização ou religiosidade do verbo fosse uma espécie sonorosa de ascensão social. Mas Cruz e Sousa era da tribo das esferas estelares, da tribo de palavras relampeantes, cheias de vozes ancestrais e futuras. Irmão de Rimbaud, nascido no Desterro, mas que não desterrou jamais o espírito do verbo, iluminando-se. Mallarmé desejava "dar o mais puro sentido às palavras da tribo"[367], Cruz e Sousa trouxe a elas também vigor, saúde, rutilante sopro, expansão e até – por que não? – a explosão. Pureza não basta e muito menos racismo verbal. É preciso que as palavras arquejem, transpirem, vibrem como arcos, tenham o som dos sonhos. Mestre das litanias, o catarinense dos coros gregos, entre musicalidade e fulgurância, tem prestígio crescente com o tempo. Diz num fragmento de *Recolta de estrelas*:

> Filho meu, torre mais alta
> De onde o meu amor se exalta

---

366. CRUZ e Sousa. Violões que choram. In: **Poesias completas de Cruz e Sousa**. Rio de Janeiro: Zélio Valverde, 1994.

367. Cruz e Sousa. Violões que choram. In: **Poesias completas de Cruz e Sousa**. Rio de Janeiro: Zélio Valverde, 1994.

CARLOS NEJAR

Ânfora azul, de onde o incenso
Dos sonhos se eleva denso.

Constelação flamejada
De toda esta vida ansiada.

Crisol onde lento, lento
Purifico o sentimento.

Íris curioso onde giro
E alucinado deliro.

Signo dos signos extremos
destes tormentos supremos.

Órbita de astros onde pairo
e em lebre de luz desvairo.

Vertigem, vertigem viva
Da paixão mais convulsiva.

Traz-me unção, traz-me concórdia
E paz e misericórdia.

Do teu sorriso a frescura
Rios de ouro abra, na Altura.

Abra, acenda labaredas,
Iluminando-me as quedas.

Flor noturna da luxúria
Brotada de haste purpúrea.

...Ó meu filho, é meu eleito
Deslumbramento perfeito.

Traz novo esplendor ao facho
Com que altos Mistérios acho...

Ou a *Litania dos pobres*, que Luciana Stegagno Picchio e Alfredo Bosi aproximam, nas entonações, dos *Doze*, do russo Blok – com o tam-tam africano – acrescemos. Sendo consanguíneo também de *Epílogo*, da grande Ana Akhmátova, em *Réquiem*, embora também relembrem as reiterações baudelairianas, ou ladainhas do ritual católico romano: "Os miseráveis, os rotos / São as flores dos esgotos. // São espectros implacáveis / Os rotos, os miseráveis... // São os grandes visionários / Dos abismos tumultuários... // Bandeiras rotas, sem nome / Das barricadas da fome". Ou este trecho sinfônico: "Vozes veladas, veludosas vozes / vogam pelos vórtices, velozes //." Ou "Bendita seja a negra boca / Que tão malditas coisas diz! //".

    Poeta maldito, só mais tarde reconhecido, diverso do também mulato Machado de Assis que teve as honras em vida. Todavia, há que frisar: foi um *dândi*, filho adotivo de pai abastado, o que, segundo Charles Baudelaire[368], "deve procurar ser ininterruptamente sublime. Deve viver e dormir como se estivesse diante de um espelho". A miséria, conheceu apenas no fim da existência, com gastos no tratamento da saúde debilitada de sua mulher, Gavita, e foi "maldito" no sentido de quem, traumatizado com a cor da pele, cultivou o branco abismo da condição humana. E, se a técnica mallarmeana, segundo Guy Delfel[369], "é a técnica negativa", a de Cruz e Sousa caminha toda, apesar dos infernos interiores, para a luz e a positividade. Pois "todo o Simbolismo postula a existência de um mundo transcendente." (Roger Bastide). Entre o tanger musical sonoríssimo de um Beethoven e o vendaval do *Cavalgar das Walquírias*, de Wagner, Cruz e Sousa inaugurou, no dizer de Eduardo Portella, citando David Hayman, *a estilística da sugestão*. E é, de acordo com o crítico baiano, tal sentimento "que igualmente movimenta todo o seu aparelho imagístico. E essa estrutura poemática, convém que se advirta, funciona em íntima harmonia com o repertório de temas que constituem o universo único do poeta Cruz e Sousa."[370] Porém, há também outra estilística,

---

368. BAUDELAIRE, Charles. **Escritos sobre arte**. São Paulo: Hedra, 2009.

369. DELFEL, Guy. **La Estética de Stéphane Mallarmé**. Buenos Aires: Editorial Assandri, 1960. p. 158.

370. COUTINHO, Afrânio (org.). **Cruz e Sousa, nota prévia**. Rio de Janeiro: MEC/Civilização Brasileira, 1979. p. 305.

a da repetição. E, também, a mais especiosa, a das assonâncias e aliterações. Entretanto, com a musicalidade simbolista, com a neblina incandescente do poema, jamais deixou de lado o cuidado extremoso das formas fixas, o que sucedeu com Baudelaire, tendo a sublime audácia de avançar no tempo, vivíssimo entre Lautréamont e Blake, sugerindo mais do que dizendo, despossuindo-se, para possuir, no "centro de sua humildade" (João da Cruz), ou desprender-se "dos carnais anelos!" E não seriam esses bem mais do que o despojo da carne, e sim o despojo de tudo o que era obstáculo social e preconceituoso, para ser como todos? E estará na raiz, bem mais tarde, da *Invenção de Orfeu*, de Jorge de Lima, na percepção de um Simbolismo contemporâneo. O que está na raiz, depois reaparece na cumeeira da árvore. Escreveu Cioran: "Toda a lucidez é a consciência de uma perda."[371] Cruz e Sousa foi lapidado de perdas, devolvendo em ganhos de claridade o que recebeu das sombras, numa sociedade que, tenazmente, tentou esmagá-lo. E pode-se esmagar o gênio?

    Outro aspecto não devidamente percebido pela crítica, com exceções, é a prosa de Cruz e Souza, que vem sendo considerada *prosa poética* – o que é uma *contradictio in terminis* – porque se é prosa, não é poesia. E, se é poesia, não é prosa, salvo admitindo – o que pleiteamos – o princípio de que é a linguagem que determina os gêneros. E, em Cruz e Souza, tudo era linguagem. Afirma Lezama Lima, delineando prosa e poesia, à sua maneira: "Quando estou claro, escrevo prosa; quando estou obscuro, escrevo poesia."[372] Cruz e Souza – enfatizamos – jamais escreveu a prosa da poesia, escreveu a *poesia da linguagem*, claro ou obscuro, acima de todos os gêneros. Como o realizou Rimbaud em suas *Iluminações* e *Uma temporada no inferno*, se o contemplarmos fora dos tradicionais esquemas. Seguindo o aforismo de Heráclito de que "a natureza gosta de ocultar-se", o simbolismo produz uma intensificação continuada da obscuridade, radicando-se "na

---

371. CIORAN. **O euvres**. Quarto Gallimard, Paris, 1995

372. LIMA, José Lezama. **A expressão americana**. São Paulo: Brasiliense, 1988.

proporção enigmática, variável, que se vai produzindo entre os signos e os sentidos", como queria Jean Paulhan, "tal se fora uma mística".[373] E, em Cruz e Souza, é tamanho o fragor das chamas com que seu gênio arde, que faz da beleza o permanente incêndio, mesmo que a tumba o espere. E abrasa-se ao ser a Natureza onde o Amor imortal viceja: "Diante da luz que a Natureza encerra / Andas a apodrecer por sob a Terra, / Antes de apodrecer nos sete palmos! //" (*Floresce!*). Sim, acende-se de muito queimar e dura como o diamante, consumido o núcleo do carvão. Consome-se, de vez, para se não consumir nunca mais. Bradando: "Não sei se é sonho ou realidade todo / Esse acordar de chamas" (*Pandemonium*). Junto com a cor e a penúria, eis quanto ele exclama, sadio, estuante, *Na luz*:

> De soluço em soluço a alma gravita,
> De soluço em soluço a alma estremece,
> Anseia, sonha, se recorda, esquece
> E no centro da Luz dorme contrita.
>
> Dorme na paz sacramental, bendita,
> Onde tudo mais puro resplandece,
> Onde a Imortalidade refloresce
> Em tudo, e tudo em cânticos palpita.
>
> Sereia celestial entre as sereias,
> Ela só quer despedaçar cadeias,
> De soluço em soluço, a alma nervosa.
>
> Ela só quer despedaçar algemas
> E respirar nas amplidões supremas,
> Respirar, respirar em luz radiosa.[12]

Ou então nestes tercetos luminosos: "Abandonar os lânguidos rugidos, / O infinito gemido dos gemidos / Que vai no lodo a carne chafurdando. // Erguer os olhos, levantar os braços / Para o eterno Silêncio dos Espaços / E no Silêncio emudecer olhando... //" (*Imortal atitude*). Ou nestes versos finais: "Sorrindo a céus

---

373. Paulhan, Jean. **Clef de la Poésie**. Paris: Gallimard, 1944.

que vão se desvendando, / A mundos que se vão multiplicando, / A portas de ouro que se vão abrindo! //" (*Supremo verbo*).

   Dinâmico e persuasivo é o signo simbolista, para não dizer candente, em que vige apenas uma lógica, a da sugestão mágica, desenhando-se nos sentidos, através de imagens, tanto vinculadas ao tato quanto ao cheiro, ainda que seja fulgurantemente visual. Mistura "a cálida fragrância" aos "sonhos das almas dolorosas". Não conseguia ultrapassar o sofrimento, porque a dor já era sua natureza. E o que interessa, não é saúde ou enfermidade, no elaborar da linguagem, interessa o que obteve dos seus acesos dons. Tendo com ele sua época, dela escapa por raro senso do universal. A alegoria da fusão do sagrado e do profano desemboca na do próprio destino, ou na aliança ancestral do bardo e do vidente. O *páthos* de danação é no clamor transformado em *páthos* de redenção. E toda a alegoria é a revelação de outra coisa mais plena. É como se Cruz e Souza quisesse com sua alma atravessar o corpo, com a grandeza de extraviar suas intenções no que vai engendrando e não carece de entender, deixando que apenas os poemas o entendam. Assim, sua imprecisão vocabular atrai a multiplicidade da significação, penetrando em metonímia de espiritualidade, criadora de surpreendentes associações. O silêncio pode-lhe ser negação e, também, um dizer mais fundo que a palavra: não gera impasses textuais, gera abertura de universo interpretativo.

   Fecundo, Cruz e Souza, ao tratar da morte, é shakespeariano. Um de seus poemas mais terríveis pode ter saído da boca de Hamlet, no genial monólogo diante do crânio do coveiro Yorick. Foi essa, aliás, a reação de Sílvio Romero, ao ler o verso do catarinense: "Caveira, caveira, caveira, caveira!" E essa percepção do abismo humano *oculto, secreto e aterrador* é sua apetência mais atenta e clarificadora. Eis o soneto, que é autobiográfico (*Vida obscura*):

> Ninguém sentiu o teu espasmo obscuro,
> Ó ser humilde entre os humildes seres.
> E embriagado, tonto de prazeres,
> O mundo para ti foi negro e duro.

Atravessaste num silêncio escuro
A vida presa a trágicos deveres
E chegaste ao saber de altos saberes
Tornando-te mais simples e mais puro.

Ninguém te viu o sentimento inquieto,
Magoado, oculto e aterrador, secreto,
Que o coração te apunhalou no mundo.
Mas eu que sempre te segui os passos
Sei que cruz infernal prendeu-te os braços
E o teu suspiro como foi profundo!

    Sua missão é transcender, ir além da dor, além da maldade. Atravessar. "Subindo, a Perfeição na alma sentindo / Florir e alvorecer libertamente! //"[374] Não, não é sem razão que Jean Cocteau escreveu: "O poeta lembra-se do futuro."[375] E o futuro tem-lhe um amor constante. Não foi um amor sozinho, por se munir de assonâncias e aliterações, acumulando música e cores, sem o nexo racional, mas o nexo de um discurso do sonho, como se os sons e aromas de seu canto ecoassem uns de outros. A misteriosa combinação de vocábulos ressoa como um selvagem idioma de harmonias, flores e pássaros, fundindo-se em outras repentinas associações, puxando o inconsciente para a consciência de soberana dimensão estética. João Guimarães Rosa, desde o futuro, onde Cruz e Sousa se desvela, confessa: "E eu, por um querer, disse que ia subir mais, até no cume. Poucos foram os que comigo vieram. As alturas."[376] Ali, com as "Indefiníveis músicas supremas... / Réquiem do Sol que a Dor da luz resume //" (*Broquéis*). Sim, Cruz e Souza foi um luxurioso inventor de metáforas e cumes. Quem tem alma vai à luz. Sim, Cruz e Souza é o Dante negro que saiu direto do Inferno ao Paraíso.

---

374. SOUZA, João da Cruz e. **Últimos Sonetos**. Rio de Janeiro: Editora da UFSC / Fundação Casa de Rui Barbosa / FCC, 1984.

375. COCTEAU, Jean. **Journal d'un inconnu**. Paris: Bernard Grasset, 1953.

376. ROSA, João Guimarães. **Grande sertão: veredas**. Rio de Janeiro: Nova Fronteira, 2005.

Alphonsus de Guimaraens

Nasceu em Ouro Preto, Minas, em 1870. Foi juiz municipal. Perdeu uma prima aos 18 anos, Constança – o que marcou toda a sua poesia, pois dela se enamorara. Vindo daí a sua melancolia, ainda que suavizada ou distraída, trauma, aliás, que, de forma semelhante, sem os trágicos efeitos autodestrutivos, acompanhou obsessivamente Edgar Allan Poe. Formou-se na Faculdade de Direito, em São Paulo, achando seu ganha-pão como magistrado em terra mineira – pão e poesia, ou seja, ofício de resistir. Entre a rotina interiorana e o devaneio, não teve reconhecimento, nem pelos críticos do próprio Simbolismo, o que veio apenas depois da visita de Mário de Andrade, em 1919, cujo encontro é relembrado por Drummond, em magnífico poema. Publicou *Septenário das dores de Nossa Senhora*, 1899; *Câmara ardente*, 1899; *Dona mística*, 1899; *Kiriale*, 1902; *Pastoral dos crentes do amor e da morte*, 1923; *Escada de Jacó* e *Pulvis*, 1938.

Sua constante musicalidade, docilmente vibrada, é afim da de Verlaine, como se pode observar nestes versos: "De Noite pelos ermos / Choram violões. / São como enfermos / Corações" (*Serenadas*). É um dedilhar de invisíveis cordas, em que o preciosismo sazonal não maculava sua doçura e ingenuidade. Pode-se compará-lo aos arpejos de Camilo Pessanha ou ao melodiar dos nevoeiros épicos de Teixeira de Pascoais, simbolistas lusitanos.

Embora de temperamento eminentemente lírico, de extravagante sensibilidade, Alphonsus utiliza decassílabos e alexandrinos como base e, excepcionalmente, a redondilha maior, advinda do romanceiro ou de certo arcaísmo medievo. O emprego das rimas é sóbrio, entre aliterações e assonâncias. Temática um tanto monótona, arrastada, quase de embalo ou toada. Um idealista? Sim. Ainda que sombrio, ao figurar mitos e o correspondente conteúdo simbólico, com imagens que se vinculam às sensações que se vão modulando em pano de fundo, por vezes alegórico, dúctil, muitas vezes religioso, ou de amor, ou fúnebre, diapasões desta melancólica lira de clima voluptuoso ou sidéreo. "O cinamomo floresce / Em frente do teu postigo; / Cada flor murcha que desce / Mora de sonhar contigo. // E as folhas verdes que vejo / Caídas por sobre o solo, / Chamadas pelo meu beijo / Vão procurar o teu colo."[377] Serve-se do tom de medida velha, com influência das cantigas lusitanas, terra de onde se originou seu pai. E é curioso que, apesar de ser tangido por algumas formas decadentes (a poesia é a arte de também reavivá-las), Alphonsus é o contrário de um resignado, com a têmpera de jamais se inclinar diante do infortúnio. Entretanto, suficientemente lúcido, atinado de nossa humana condição (*Soneto XXIII*):

> Folhas varridas pelo vento norte,
> Que ruge em meio às noites hibernais,
> As almas vão seguindo para a morte,
> Entre gemidos que não cessam mais.
>
> Há sempre uma invisível mão que corte
> Da nossa vida as hastes... Oh! Jamais
> Alguém dirá qual é a sua sorte...
> Homens de carne vil, em vão clamais.
>
> O céu que era tão claro, escureceu:
> Todos, na noite incerta da agonia,
> Soluçareis tão pávidos como eu.
>
> A vida... a morte... tudo nos crucia
> Quem não sabe onde, mísero, nasceu?
> Mas onde morrerá quem sabe um dia?[378]

Exemplar soneto que podia ter saído do estro de um Camões e que demarca os polos desta poesia, de existência presa ao fim e à consciência do destino, à beira de Deus. Portanto, regida por um princípio místico, onde o aprofundamento da dor irremediável atinge plenitude e beleza, com certa morbidez

---

377. GUIMARAENS, Alphonsus de. **Cinamomo floresce**: poesia completa. Rio de Janeiro: Nova Aguilar, 2001.

378. FAUSTINO, Mário. **Artesanatos de poesia**. São Paulo: Companhia das Letras, 2004.

ou obsessão pela morte. É impressionante como sente a presença dos seres e da natureza em torno (V – *Primeira dor*):

> O jumento abre os olhos compassivos,
> E montanha e rios atravessa.
> E a Mãe aflita, e o Esposo, apenas vivos,
> Fazem gestos de angústias e de pressa.
>
> As horas de pavor e os aflitivos
> Dias, ei-los: a Dor cedo começa.
> Surgem na treva espectros redivivos:
> E o pesadelo trágico não cessa...
>
> Seguem-se dias claros, noites quentes,
> E o céu, que é uma turquesa de luar cheia,
> Enubla-se de lágrimas dolentes.
>
> E parece que se ouve o leve passo
> Da lua, pobre morta que passeia
> Nos castelos hieráticos do espaço...[379]

Shakespeariano no seu ar *sublime e vago*, muitas vezes, trágico, é *entre ser e não ser* o mote de sua inspiração, com permanência pela qualidade imperativa da arte que aprendeu a desobedecer a lei do tempo. Atentem, leitores, para esta cena que retrata Julieta, em Verona (XXXII – *Pastoral aos crentes*):

> Estão mortas as mãos daquela Dona,
> Brancas e quietas como o luar que vela
> As noites romanescas de Verona
> E as barbaças e torres de Castela...
> No último gesto de quem se abandona
> À morte esquiva que apavora e gela,
> As suas mãos de Santa e de Madona,
> Inda postas em cruz, pedem por ela.

---

379. FAUSTINO, Mário. **Artesanatos de poesia**. São Paulo: Companhia das Letras, 2004.

Uma esquecida sombra de agonias
Oscula o jaspe virginal das unhas, E ao longo oscila das falanges frias...

E os dedos finos... ai! Senhora, ao vê-los,
Recordo-me da graça com que punhas
Um cravo, um lírio, um goivo entre os cabelos![380]

Notável sonetista, é dotado de nobre elegância, com acento plástico e colorido, fascinando pelo fluir, ora sereno, ora plangente, de acordes amorosos e sagrados. E menos, os elegíacos, chamando atenção quanto é pouco discernível nele, a divisa entre o profano e o divino, como se vislumbra pelos próprios títulos de alguns livros: *Dona mística, Pastoral aos crentes, Escada de Jacó*. Monocórdicos os temas? São os de sempre e que não variam em nossa terrestre passagem: o desejo, o afeto, a morte e a imantada, inviolável sede do Absoluto, a sede pura de uma grande alma. O que, posteriormente, foi território modernista, com Cecília Meireles, Manuel Bandeira, Mário Quintana.

Luciana Stegagno Picchio chama-o de *Petrarca brasileiro* – o que de fato o singulariza na própria escola, dada a frequência dos sonetos de amor, com altíssimo nível. O fato é que – diferente do italiano – perdeu precocemente a sua *Laura*, o que a tornou diáfana, irreal, fantasmagórica. Com o desolador espírito de uma histórica Minas, onde se adiciona a discreta e indizível solidão que o habitava. "Hirta e branca... Repousa em sua áurea cabeça / Numa almofada de cetim bordada em lírios. / Ei-la morta afinal como quem adormeça / Aqui para sofrer além novos martírios." Alphonsus seguiu a lição poundiana da importância da música como ponte, disciplina e fim da poesia. Pode-se dizer a respeito do grande mineiro que "é um criador de organismos verbais originais"[381], na expressão feliz de Mário Faustino. O poema de Alphonsus sustenta-se, estruturalmente,

---

380. 18 FAUSTINO, Mário. **Artesanatos de poesia**. São Paulo: Companhia das Letras, 2004.

381. FAUSTINO, Mário. **Artesanatos de poesia**. São Paulo: Companhia das Letras, 2004.

com imagens que não são estáticas: movem-se de um círculo a outro, onde o rigor se entrelaça à musicalidade e o tom templário, harmônico, entreliga-se a certo medievalismo. Analogicamente sobrepaira a sombra de Constança – mais na morte que na vida, mais da dor e ausência do que da clarividente presença, mais de penumbra na paisagem, como nos níveos ou pétreos sentimentos. Artista, a um tempo, lúdico e severo, sugestivo e pictórico, com cenas de um cineasta como Pasolini, ou de um quadro de Kandinsky, Miró, Klee ou Chagall, criou esta autêntica obra-prima, *Ismália*, do livro *Pastoral aos crentes do amor e da morte*, publicado em 1923, postumamente:

> Quando Ismália enlouqueceu,
> Pôs-se na torre a sonhar...
> Viu uma lua no céu,
> Viu outra lua no mar.
>
> No sonho em que se perdeu,
> Banhou-se toda em luar...
> Queria subir ao céu,
> Queria descer ao mar...
>
> As asas que Deus lhe deu
> Ruflaram de par em par...
> Sua alma subiu ao céu
> Seu corpo desceu ao mar.

Ismália nos relembra a *Ofélia* shakespeariana, que, endoidecida pelo amor de Hamlet, que a desprezou, atira-se num lago. Destacam-se, igualmente, estes belíssimos tercetos finais de um soneto, onde mostra sábia arquitetura: "Vi-me no cimo eterno da montanha, / Tentando unir ao peito a luz dos círios / Que brilhavam na paz da noite estranha. // Acordei do áureo sonho em sobressalto: / Do céu tombei ao caos dos meus martírios / Sem saber para que subi tão alto //..." O jogo lúcido de sua obra, mistura-se ao do poeta erudito.

Em *Pulvis*, despido das influências, depurado pela dor e a resignação cristã, medita sobre o destino com sábia serenidade. "Ah, se chegasse em breve o dia incerto! / Far-se-á luz dentro em mim, pois a minh'alma / Será trigo de Deus no céu aberto... //" Construtor e construído, se o poeta é o que engendra a realidade que lhe falta, Alphonsus escreve o que lhe foi sonhado, para depois sonhar. O intervalo dessa consciência ferozmente inconsciente é o vulto nevoento que pela memória se dissipa e se obstina em recuperar, inventando o que não alcança. Por ser a ausência o assunto mais tormentoso. Esta criação se move entre neologismos, ou contornos de um clima fantasmal, com vocábulos fugidios ou cediços: lírios, goivos, regaços, gládios, ebúrneos, oiros, lis, palor, vergéis, aromais, tesoiro, agoiro, hausto, mansuetudes, açucenas – que são chaves de seu universo. A tal insistente ou corrosiva neblina inebria palavras, signos, como se no desconhecido nevoeiro passassem a sofrer de congênita falta de caminho.

Se alguém certa vez afirmou ser o poeta "um engarrafador de nuvens", Alphonsus de Guimaraens – ao contrário – é um derramador de nuvens. E, no entanto, tinha os olhos pétreos de palavra, de que são edificados os santuários, com símbolos capazes de muitos olhos, não só os do rosto, também olhos na nuca e nos ouvidos. Olhos de Ismália, olhos nostálgicos de Minas, os exatos olhos do poema.

Pedro Militão Kilkerry

Baiano, nasceu em Santo Antônio de Jesus, em 1885, e faleceu em Salvador, no ano de 1917. Formou-se em Direito pela Faculdade da Bahia. Morreu tuberculoso. Foi primeiro escriturário da Repartição de Contabilidade do Tribunal de Contas. Os poemas foram redescobertos por Augusto de Campos, em *Re visão de Kilkerry* (1970), "poeta de estranhos tons e ousada expressão", adensando a sintaxe, com visão metafísica e uma "linguagem de movimento e cor." Por vezes, altamente prolixo. Tudo nos dá a percepção não do que é, mas do que, manuelinamente, "poderia ter sido". Eis um poema, colocado entre os escolhidos do século, segundo José Nêumanne, *Cetáceo*:

> Fuma. É cobre o zênite. E, chagosos do flanco
> Fuga e pó, são corcéis de anca na atropelada.
> E tesos no horizonte, a muda cavalgada.
> Coalha bebendo o azul um largo voo branco.
>
> Quando e quando esbagoa ao longe uma enfiada
> De barcos em betume indo as proas de arranco.
> Perto uma janga embala um marujo no banco
> Brunindo ao sol brunida a pele atijolada.
>
> Tine em cobre o zênite e o vento arqueja e o oceano
> Longo enfoca-se a vez e vez e arrufa,
> Como se a asa que o roce ao côncavo de um pano.
>
> E na verde ironia ondulosa de espelho
> Úmida raiva iriando a pedraria. Bufa
> O cetáceo a escorrer d'água ou do sol vermelho.

Ou estes versos: "E abro a janela. Ainda a lua esfia / Últimas notas trêmulas... O dia / Tarde florescerá pela montanha. // E ó minha amada, o sentimento é cego... //." Mistura saudade e aranha, patas de um gato e asas de um morcego, o que mostra um aspecto sumamente grotesco e o gosto da metamorfose. O que é a sombra nas imagens insólitas do surrealismo e do exótico. Seu hermetismo, com o acúmulo de imagens sinestésicas, vocábulos raros, sugestões vocabulares originais, ruptura rítmica, tudo acena para uma estranha modernidade, de traços visuais e certo humor negro de um Goya. E o poeta tem asas:

> Movendo os pés dourados, lentamente
> Horas brancas lá se vão, de amor e rosas,
> As impalpáveis formas, no ar cheirosas...
> Sombras, sombras que são da alma doente!

E eu, magro, espio... e um muro, magro, em frente
Abrindo à tarde as órbitas musgosas
– Vazias? Menos do que misteriosas –
Pestaneja, estremece... O muro sente!

E que cheiro que sai dos versos dele
Embora o cale um ruído cor de brasa
E lhe doa talvez aquela pele

Mas por um prazer ao sofrimento casa
Pois o ramo em que o vento a dor lhe impele
É onde a volúpia está de uma asa e outra asa.

Eduardo Guimarães

Vários críticos como Péricles Eugênio da Silva Ramos, Fernando Góis, Mansueto Bernardi, Donaldo Schiler, defendem – e com eles concordamos – o nome deste poeta, nascido em Porto Alegre, em 30 de maio de 1892, como partícipe da grande trindade, com Cruz e Sousa e Alphonsus de Guimaraens. E, se considerarmos Kilkerry, apesar de sua contribuição, não ultrapassa a do gaúcho, também injustamente relegado a um segundo plano. Ou que se integre o Quarteto. Dono de uma delicadeza de tons e fluidez nos versos, Eduardo Guimarães dignifica várias das peculiaridades da Escola, tendo a melodia que se aparenta com a triste, radiosa música de Chopin, ou a suave e mansa cadência rítmica de Verlaine, como se tangesse violino ou harpa.

Suas imagens se entrelaçam à influência enriquecedora dos simbolistas franceses, do português Camilo Pessanha e de Dante Alighieri, a quem admiravelmente traduziu. Esse enlace deu jovialidade ao verso, caracterizado por certo ar divinal, que jamais se perde no abstrato, antes é composto por imagens de diáfana concreção. Seu mais importante livro, onde se alça a mitológica *quimera da poesia* é a *Divina quimera*, editada no Rio, em 1916, e que teve a 2ª edição aumentada, com inclusão de *Le garbe sans fleurs*, *Cantos da terra natal*, *Estância de um peregrino* e *Rimas do reino dos céus*, organizada por Mansueto Bernardi, vinda a lume em 1944. Ocupa, queira-se ou não, pela qualidade estética dos poemas, posição emblemática, em nível nacional. Anota, com justeza, Donaldo Schiler: "Eduardo Guimarães age como um divisor de águas. Liberta o 'eu' poético de aparições gigantescas que o subjugam entronadas em pretéritos mundos legendários. O gaúcho mitizado ... obstava o desvendamento do 'eu' para si mesmo".[382] Porque, segundo ele, houve a desarticulação do texto monárquico, a favor do texto arcaico.

Morreu no Rio de Janeiro, em 13 de dezembro de 1918. Foi jornalista, bibliotecário, tinha o gosto ora pelo verso largo, ora pelo verso breve, com o dispersamento ou desatomização dos mesmos, quase à Cummings, mostrando-se um poeta original, diversificado e de recursos rítmicos (*Divina Quimera*):

> Na tarde morta que sino chora?
> Não chora, canta, replica, tine...
> Dos matos vago Perfume sobe.
> Na tarde morta, que sino dobra?
> Não dobra...Canta por simples gozo
> das coisas belas que apenas vivem, a esta hora triste divinamente.
> Das águas mortas, dos campos quietos, dos bosques murchos, dos charcos secos, dos cerros claros que se erguem longe, dos ninhos no alto dos galhos tortos... E sobre-tudo das criaturas!

O gaúcho Guimarães, que, nem na vida, nem na criação, conheceu o detonar da realidade, entre livros, traduções, poemas e notícias de jornais, deixou o *Seu outro*, na página branca, com os inefáveis fantasmas, ou no universo borgeano da Biblioteca. E não seria ela o espelho sinuoso do tempo? E o tempo, uma nova biblioteca que nem Borges, nem Eduardo Guimarães previram.

---

382. SCHILER, Donaldo. **A poesia no Rio Grande do Sul**. Porto Alegre: Ed. Mercado Aberto, 1987. p. 103.

CAPÍTULO 14

O romance realista

*Visconde Alfredo de Taunay: o esplendor de Inocência
e A retirada da Laguna
João Franklin da Silveira Távora*

Visconde Alfredo de Taunay: o esplendor de Inocência e A retirada da Laguna

O carioca Visconde Alfredo d'Escragnolle Taunay (1843-1899) foi engenheiro, militar e depois político. Integrou o quadro da Academia Brasileira de Letras, tendo sido agraciado com o título de *Visconde de Taunay* no Império.

Entre seus feitos, participou da Expedição do Mato Grosso, que tornou célebre com o clássico *Retirada da Laguna*, 1872.

Em *Inocência*, romance publicado no mesmo ano de 1872, relata a tragédia de um *Romeu e Julieta* sertanejo. O enredo é simples. Manecão é imposto à Inocência como marido, igual a uma "garrucha, ou um guampo (vasilha de chifre para tirar água) lavrado" que Pereira (o pai da moça) lhe tivesse dado. Inocência não é sequer ouvida. O livro se desenvolve com diálogos que rastreiam a fala do interior mato-grossense na metade do século passado. E esse linguajar, unido ao talento da minúcia nas descrições e ao traço pictórico, apesar de sua inserção no romantismo, confere ao texto um realismo que não o deixa cair no excesso sentimental. Há um mundo de costumes bárbaros, com efeitos funestos. O poder do chefe de família arrasta o destino da filha ao casamento arranjado e infeliz, com a impossibilidade de *a inocência frutificar* nesse solo perturbado, muito menos o amor. Semelhante aos dramas gregos, em que a força da terra é tão forte quanto a do seu engendrar primitivo entre os homens, aqui vigora ainda a soberania das arcaicas tradições ou códigos de honra. Se o amor é impossível pela tirania paterna, a morte é seu preço, ceifando Inocência e o apaixonado forasteiro Cirino (Cirineu, o que ajuda a levar a cruz?). O tom coloquial é renovador, o desenho dos seres se colore de plangente realidade com o dom de fluírem ao natural os diálogos, sem a pesada retórica de alguns de seus contemporâneos.

 O militar em Alfredo Taunay completa o político, o engenheiro – construtor do edifício ficcional – completa e aperfeiçoa o estilista. Todos são o mesmo e exímio historiador da memória. Trabalha em três planos. No primeiro relata o caso de amor contra a brutalidade do costume e da "palavra que não volta atrás", a sustentar a fugidia e desarvorada honra. *A inocência também é Cirino*, que acaba morto, com a garrucha à queima-roupa, pelo pretendente Manecão. E os amantes só se encontram libertos, como no drama shakespeariano, com a aliança na morte. O segundo plano é espiritual. Cirino tipifica a figura de Jesus, cujas últimas palavras são de perdão aos algozes. Cesário (é Pilatos e José de Arimateia), juntando o que lavou as mãos diante do ânimo vingativo de seu compadre e o que, após, enterra caridosamente o cadáver de Cirino. Por sua vez, Pereira, pai de Inocência (e a moça configura o amor e a pureza), é como a árvore da cruz, que firmou e acumpliciou a morte no seu tronco. Manecão, ou Manuel Cão, o inimigo, personifica o Mal. E, em último plano, Inocência neste mundo ferrenho, é a borboleta ou *papilio innocentia*. Nada é por acaso. Até as epígrafes de cada capítulo demarcam o diálogo com a cultura, a visão crítica do autor, coro de vozes, uma espécie de texto de textos invisíveis, sombras de testemunhas com ressonâncias do *Eclesiastes*, do *Apocalipse*, Cervantes, Goethe, Catulo, Menandro, Pope, Walter Scott ou Shakespeare.

 Não é apenas a perspectiva de quem vislumbra o futuro e a percepção de seu tempo, limitado, tacanho. Também é a posição de um disciplinador, ou melhor, o moralista que, ao contar a tragédia, sabe clarificar entre a ironia, o estoico sorriso e o reboar de um tempo que se aniquila.

É escritor, mestre dos vocábulos, com a ciência de dialogar com os que o antecederam, recordando Isaac Newton, quando observa: "Se eu vi além dos outros, é porque estava sobre os ombros de gigantes." Bastaria a Taunay, como visionava Borges, narrar a fábula. Foi além: dotou, como vimos em testamento, com a sombra das testemunhas, o porvir de sua ardente esperança. E antecede a nossa.

Por sua vez, *A Retirada da Laguna*, com a edição original francesa em 1871 e 1872, no Brasil foi um livro escrito na forma de diário, denotando aspectos trágicos dos combates, e outros, líricos.

Por exemplo, ao citar o único ferido do exército inimigo preso, acrescentou:

"Quando lhe pediram informações sobre a artilharia, disse que não respondia e nada sabia. Mas deu-nos espontaneamente notícias da guerra do Sul. Tendo-lhe perguntado o filho do guia se fora tomado Curupaiti, respondeu com uma só palavra: Não.

– E Humaitá?

– Nunca!

– Então a guerra não está para acabar?

Após uma pausa, durante a qual a mesma pergunta foi repetida, o moço replicou, como despertando d'um sonho, e com o tom enfático próprio da sua língua: 'A terrível guerra está dormindo!' Vimos que estava delirando; levaram-no para uma das carretas da ambulância."[383]

Adiante, atentem para este momento elucidativo, ponto nodal da narrativa.

"Uma ordem do dia do nosso intrépido chefe, José Thomaz Gonçalves, baixada em 12 de junho, resume os sucessos

---

383. TAUNAY, Visconde de. **A retirada da Laguna**. Rio de Janeiro: Garnier, [19--]. p.100

dessa tremenda campanha de trinta e cinco dias: A vossa retirada efetuou-se em boa ordem nas circunstâncias mais difíceis: sem cavalaria, contra um inimigo audaz que a possuía formidável; em campinas, onde o incêndio da macega continuamente aceso, ameaçava devorar-vos e vos disputava o ar respirável; extenuados pela fome, dizimados pela epidemia de cólera que arrebatou em dois dias o vosso comandante, seu imediato e os vossos dois guias: todos estes males, todos estes desafios, todos estes desastres, suportastes no meio de uma inversão de estações sem exemplo, debaixo de chuvas torrenciais, no meio de borrascas, através de imensas inundações em tal desconcerto da natureza que se diria contra vós conspirada. Soldados, honra à vossa constância, que conservou ao Império os nossos canhões e as nossas bandeiras!" [384]

Essa história, que mistura morticínio e coragem, é romanceada pela força criadora de Taunay, que, em forma de reportagem sobre a Guerra do Paraguai, é precursor de *Os sertões*, de Euclides da Cunha. Em episódio exemplar, mostra não um avanço brasileiro, vencedor, ao final da Guerra, porém, a heroica vitória de um recuo diante do inimigo muito mais numeroso. É obra primorosa, de um narrador de primeira, confluindo em tragédia, monumento erguido contra a inutilidade das guerras.

João Franklin da Silveira Távora

Nasceu na Serra do Baturité, Ceará, em 13 de janeiro de 1842, e faleceu no Rio de Janeiro, em 18 de agosto de 1888. Advogado em Porto Calvo, Alagoas, jornalista na capital de Pernambuco, passou a trabalhar no Jornal de Recife. Foi Diretor da Instrução Pública, amigo do General Abreu e Lima. Escreveu *Os índios do Jaguaribe*; *O matuto* e *O cabeleira*, sua obra-prima, romanceando a vida de um feroz cangaceiro do final do século XIX.

---

384. TAUNAY, Visconde de. **A retirada da Laguna**. Rio de Janeiro: Garnier, [19--]. p. 202-203.

Cabeleira matava mulheres, destruía e queimava casas, propagava a morte onde passasse. Violento, contraditório, era mais terrível nas retiradas e entrechoques, com *suas armas matadeiras,* impondo-se nas caatingas, junto aos canaviais, perto do mar. Uma alegoria do terror.

E "os cangaceiros, como todo tipo e natureza de Terrorista, assumiam e praticavam o que é monopólio do Estado – expropriar; administrar justiça", assinala Nilton Freixinho.[385]

A descrição de José Gomes, o Cabeleira, segundo o autor, é a de um moço bem-dotado, "sua fronte era estreita, os olhos pretos e lânguidos, o nariz pouco desenvolvido, os lábios delgados como os de um menino." Conta-nos mais: que os trovadores ajuizavam o famoso valentão pela seguinte letra: "Fecha a porta, gente, / Cabeleira aí vem, / Matando mulheres, / Meninos também. //"

Alertam Margaret Mark e Carol S. Person:

> O herói quer ser admirado, o Fora-da-lei se contenta em ser temido... Contém em si as qualidades sombrias da cultura – ou seja, as qualidades que a sociedade desdenha e negligencia... Libera as paixões reprimidas da sociedade... quer destrui-la.[386]

É parte de uma galeria que se expande na literatura brasileira e depois se confunde com *O patriarcado,* na escrita de Lins do Rego, entre coronéis, policiais, santeiros, povo. Que não mudam a ordem social, antes a desordenam mais ainda.

Távora acabou por fixar residência no Rio. Combativo, rebelde, lutou a favor do Abolicionismo, morrendo na pobreza, tendo que vender os livros para sobreviver, sem nada deixar para sua família. E foi um severo crítico do universo feudal nordestino:

---

385. FREIXINHO, Nilton. **O sertão arcaico do Nordeste do Brasil.** Rio de Janeiro: Imago, 2003. p. 25.

386. MARK, Margaret; PERSON, Carol S. **O herói e o fora-da-lei.** São Paulo: Cultrix, 2001. p.132-133,135.

A justiça executou O Cabeleira por crimes que tiveram sua principal origem na ignorância e na pobreza. Mas o responsável de males semelhantes não seria primeiro que todos a sociedade que não cumpre o dever de difundir a instrução, fonte da moral, e de organizar o trabalho, fonte da riqueza.[387]

E a riqueza é fonte de corrupção e iniquidade. Mostrando, o que ainda se dá: bandidos, como *O Cabeleira*, nascem da exclusão social.

Távora escrevia – não como quem fala, escrevia como quem julga e condena. E, se "havia em Hamlet pouca fé em Deus e em si mesmo"[388], em Távora deu-se o contrário: traduziu sua fé tão poderosamente nos personagens, inclusive em *O Cabeleira*, que eles passaram a existir por si, alimentados pela chama deste audacioso criador.

Relata assim a morte do facínora:

"Com um olhar longo e rápido abrangeu a multidão que se apinhava em derredor do *patíbulo*, e proferiu, sem titubear, com voz ligeiramente alterada, estas palavras que a tradição recebeu como herança, para transmitir às gerações vindouras:

– Morro arrependido dos meus erros. Quando caí no poder da justiça, meu braço já era incapaz de matar, porque já tinha entrado no caminho do bem.

E ao escutar a voz de sua mãe Joana do meio do povo, voltando-se confuso e comovido, murmurou:

– Adeus, mãezinha do meu coração!"[389]

Para Sílvio Romero, o estilo desse romance torna-se apurado e mais firme, salientando que "as cenas dos costumes, tomadas ao vivo, multiplicam-se"[390] num livro belo. E,

---

387. TÁVORA, Franklin. **A cabeleira**. Rio de Janeiro: Ediouro, 1966. p. 207.

388. AUDEN, W. H. **A mão do artista**. Trad. José Roberto O'Shea. São Paulo: Siciliano, 1993.

389. TÁVORA, Franklin. **A cabeleira**. Rio de Janeiro: Ediouro, 1966. p. 205.

390. ROMERO, Sílvio. **História da literatura brasileira**. Rio de Janeiro: José Olympio, 1943.

na verdade, cristalizava as ideias ficcionais do autor, que se resumiam em pouco: "o banimento da retórica, descrições naturais; princípios de utilidade prática e social". Sua intuição sobre o domínio do regionalismo na literatura brasileira se cumpriu, sendo não só o que primeiro forjou o romance do Nordeste, como o primeiro a fixar a tragédia dos sertanejos e suas epopeias, com o movimento das massas de povo. Foi autêntico antecipador, embora tenha palmilhado as pegadas do Indianismo, com *Os índios do Jaguaribe* (1862, sua estreia), texto, aliás, sem a força narrativa e a fantasia de Alencar, a quem atacou sob o pseudônimo de *Semprônio*. Já *O matuto*, 1878 realça maior lapidação estilística e mais veracidade descritiva, culminando com *O Cabeleira*, como precursor do Naturalismo, ao romper com o idealismo romântico.

Nesse último livro, aliás, sem jamais girar sobre o mal-entendido, faz o entendimento sentir e leva a uma convicção – que, embora não seja a verdade – pode ser a sua fabricação da verdade. Gira entre os polos da razão e da loucura, porque a justiça que executou *O Cabeleira* é a mesma que se deixou enfraquecer pela cobiça. O mal só acaba no mal, quando a justiça não é apenas cega – é apodrecida. Pessimismo? Não. Obsessão cada vez maior de realidade, por haver sofrido até o tutano, os males da pobreza e da incompreensão, sabendo-a maior que a imaginação.

O Cabeleira é mais do que um protagonista, é uma metáfora de sangue. Um produto de ambiente arcaico, em estado bruto. E é perceptível que ninguém mata a metáfora, porém ela pode matar. O bem é o mal e o mal é o bem. Franklin Távora quer a resposta de quem não perdeu, nem quer perder o sonho, ainda que o sonho o possa perder. E essa alegoria de algoz e vítima social, que o *Cabeleira* representava, pela desventura na miséria que o perseguiu, e a falta de reconhecimento de sua singularidade criadora na época, transforma o autor na sombra da própria alegoria.

CAPÍTULO 15

O Realismo de Aluísio Azevedo

Os seres simples dos cortiços

Aluísio Tancredo Gonçalves de Azevedo nasceu em São Luís do Maranhão, em 14 de abril de 1857. Exerceu função consular, como adido comercial junto às legações do Brasil, na Argentina, no Chile, Uruguai e Paraguai. Veio a falecer em Buenos Aires, de miocardite, no dia 21 de janeiro de 1913, indo seu esquife de cônsul brasileiro para ser sepultado em sua terra natal. Seguiu-se a sessão de saudade da Academia Brasileira de Letras, a que pertencia (cadeira número quatro). Começou carreira como vice-cônsul em Vigo, mudando-se depois ao consulado de Iokoama, Japão, La Plata, Cardiff e Assunção. *O cortiço*, sua obra-prima, foi lançado em 1890, e seu último romance, *Livro de uma sogra*, em 1895.

O cortiço tem uma história simples e dramática. João Romão, dos treze aos vinte e cinco anos empregado de um comerciante, no delírio de enriquecer, abre uma venda e se amiga com a negra escrava trintona de um velho-cego, Bertoleza, e consegue fortuna, com o seu dinheiro aplicado. E forja o documento de liberdade, ou forra da companheira. Com *fumaças de nobreza* apareceu um comprador – Miranda, negociante lusitano, acompanhado da mulher, D. Estela, e a filha Zulmirinha. Miranda torna-se concorrente e invejoso da fortuna do vizinho, que se estendia às construções dos cortiços. Termina de maneira dolorosa, irônica. João Romão se apaixona por Zulmira, filha de Miranda, que a negocia. Com a surpresa de Bertoleza: o filho mais velho do seu antigo senhor veio exigir

245

seu direito de escrava, quando se achava livre, enganada por Romão. Tenta escapulir e não consegue. Então se esfaqueia, depois de lutar como anta bravia. E ali cai morta. Conclui com a frase de sarcasmo: "Ele (Romão, que fugira, após a cena, ao escuro do armazém) mandou que conduzissem os abolicionistas que vinham trazer-lhe o diploma de sócio benemérito para a sala de visitas."

Padre Antônio Vieira, já no Brasil Colonial, não foi insensível à situação dos negros, como Bertoleza: "Não se pudera, nem melhor nem mais altamente, descrever que coisa é ser escravo."[391] Essa descrição sombria dos novos marginais da sociedade da sua época nos cortiços, de que Aluísio Azevedo foi crítico implacável, é corajosa. E atualíssima no Rio, em muitos pontos da cidade e nas favelas. Observa:

> A rua lá fora povoava-se de um modo admirável. Construía-se mal, porém, muito; surgiam chalés e casinhas da noite para o dia; subiam os aluguéis; as propriedades dobravam de valor. Montara-se uma fábrica de massas italianas e outra de velas, e os trabalhadores passavam de manhã e às ave-marias, e a maior parte deles ia comer à casa de pasto que João Romão arranjara aos fundos da sua venda. Abriram-se novas tavernas; nenhuma, porém, conseguia ser tão afreguesada como a dele. Nunca o seu negócio fora tão bem, nunca o finório vendera tanto; vendia mais agora, muito mais que nos anos anteriores. As mercadorias não lhe paravam nas prateleiras; o balcão estava cada vez mais lustroso, mais gasto. E o dinheiro a pingar, vintém por vintém, dentro da gaveta, e a escorrer da gaveta para a burra, aos cinquenta e aos cem-mil réis, e da burra para o banco, aos contos e aos contos. ... As casinhas do cortiço, à proporção que se atamancavam, enchiam-se logo, sem mesmo dar tempo a que as tintas secassem. Havia grande avidez de alugá-las: aquele era o melhor ponto do bairro para a gente do trabalho.[392]

Aluísio Azevedo foi influenciado por Eça de Queiroz e pelo francês Émile Zola, lutando contra o preconceito de cor, o cotidiano da miséria do povo, a exploração, a riqueza bem ou mal

---

391. VIEIRA, Padre Antônio. **Sermões**. São Paulo: Hedra, 2003.

392. AZEVEDO, Aluísio de. **O cortiço**. São Paulo: Ática, 2009.

havida, os vícios de seu tempo – no que se mostra moralista – desvendando a trama dos poderosos, a falsidade, a febre do dinheiro e os paradoxos clericais. Nem se pode esquecer a afinidade com *A comédia humana*, de Honoré de Balzac, e a forma com que trata do dinheiro, o que o crítico russo Georg Lukács aprofunda nos seus *Ensaios sobre Literatura*, alertando:

> Balzac, o artista, pressente que a Restauração é o cenário aparente da crescente capitalização da França; a produção capitalista já arrastou consigo irresistivelmente a nobreza. Por isso retrata-nos todos os tipos grotescos, trágicos, cômicos e tragicômicos, frutos da evolução do capitalismo.[393]

É o que sucede na literatura de testemunho de Aluísio Azevedo, em que, ao satirizar, põe a faca impiedosa na hipocrisia, câncer social de todos os tempos. Propõe uma sociedade mais justa e humana, através de tipos embrutecidos como Miranda ou Romão, adúlteros como Estela, trágicos como a escrava fraudada, Bertoleza.

Sua escrita é dura, escorreita, com agudeza do fio de lâmina, desfiando as alienações de uma sociedade apodrecida e ilusória. É escrita que sabe fazer doer e se apropria do sofrimento coletivo. Um retrato irretocável dos seres obscuros que revela para sempre.

Ressalta, no seu *Em louvor de anti-heróis*, Victor Brombert:

> A originalidade ou o absurdo da existência se torna um antídoto contra o venenoso sentimento de imolação. A grande ferida, esta quase heroica grande ferida, também sinaliza uma vitória que exibe um sorriso irônico. Pois o sorriso dessa vitória é inseparável da consciência da derrota.[394]

E, se o naturalismo de Aluísio Azevedo, para Antonio Candido, em sua exegese de *O cortiço*, conduz à alegoria, por

---

393. LUKÁCS, Georg. **Ensaios sobre Literatura**. Rio de Janeiro: Civilização Brasileira, 1965. p. 131.

394. BROMBERT, Victor. **Em louvor de anti-heróis**. São Paulo: Ateliê editorial, 2002. p. 104.

suscitar outro plano, isso jamais diminui o vigor do romance. Ao contrário, o engrandece, seja pela reificação, seja pela deformação. O alegórico há de produzir – e o faz – a ampliação dos sentidos. O naturalismo se esgota em si mesmo, se lhe falta o humano sentido. E a sociedade daquela época estava regida pelo fenômeno que Roberto Schwarz denomina de *volubilidade*, seja pela cultura do dinheiro, seja pelo conluio de interesses.

Theodor Adorno, em sua conferência sobre lírica e sociedade, admoesta que "a referência ao social não deve levar para fora da obra de arte, mas sim levar mais fundo, para dentro dela."[395]

A grandeza da obra de Aluísio Azevedo suplanta os objetivos de sua escola, quando o seu desígnio não é apenas estabelecer a injustiça de classes. Foi mais longe. Mergulhou para dentro da condição humana dos protagonistas e de todos nós.

E a alegoria é a arte de criar planos, com situações-limites, transportando o leitor a reflexões, muito além do que está sendo relatado. E todos sofremos com a injustiça padecida pela negra Bertoleza – que se suicida, enganada e ainda escrava. E essa mesma carga social do homem como coisa, isso vem, com ferocidade, reaparecer mais tarde na ficção do grande Graciliano Ramos.

A radiografia da sociedade em que viveu, infelizmente, em muitos aspectos, é a de hoje ainda. Apregoando num artigo, denominado Álbum, 1893:

> A época é de ladroeiras comerciais e sobressaltos políticos [...] Depois da bancarrota, o público divide-se apenas em duas ordens: a dos que tudo perderam e a dos que tudo ganharam ... Uns se escondem para ocultar a miséria; outros para fugir à justiça.[396]

---

395. ADORNO, Theodor. Discurso sobre lírica e sociedade. In: LIMA, Luiz Costa (Org.). **Teoria da literatura e suas fontes**. Rio de Janeiro: Francisco Alves, 1975.

396. BRITO, Mário da Silva. **História do modernismo brasileiro**: antecedentes da semana da arte moderna. 4. ed. Rio de Janeiro, Civilização Brasileira, 1974.

CAPÍTULO 16

Naturalismo

Júlio Ribeiro e seu romance A carne
Domingos Olímpio e Luzia-Homem
Adolfo Caminha Inglês de Sousa

Júlio Ribeiro e seu romance A carne

Júlio Ribeiro, cujo nome completo era Júlio César Ribeiro Vaughom, nasceu em Sabará, Minas Gerais, em 10 de abril de 1845, e faleceu em Santos, São Paulo, no dia primeiro de novembro de 1890. Foi romancista, jornalista, panfletário, polemista. Publicou: *O padre Melchior de Pontes* (romance histórico, 1876) e *Cartas sertanejas*, 1885. Fez sucesso com uma Gramática Portuguesa, pelas inovações linguísticas. Era poliglota; falava grego, latim, inglês, francês, italiano e espanhol.

Sua obra-prima é *A carne*, 1888. Seguindo o modelo de Émile Zola, dentro de sua estrutura narrativa, encarcerou-se no paradigma do romancista francês. Esquecendo-se de nossa realidade, diferente de *O Cortiço*, de Aluísio Azevedo, que é eivado de humanidade, a narrativa de Júlio Ribeiro é seu próprio limite e trata de um caso patológico de histerismo.

Tenta aliciar com as ousadias descritivas, ou minúcias voluptuosas, visando dar impacto às cenas, mormente com a untuosa e decadente união de um vagabundo com Piedade, como se pormenores, objetos e seres estivessem numa glacial sala de anatomia romanesca.

Quer confirmar, ficcionalmente, o predomínio da força biológica sobre as faculdades intelectivas do homem. E nessa meta, sua linearidade esgarça mais ainda o entorpecido relato. Esvazia-se sozinho.

O linguajar é rebarbativo, afetado, tal se lhe pusesse o autor – não a astúcia de atrair – mas a plúmbea esfera de vocábulos que pesam. Alguns tão prolixos que não se soldam entre si, no pesadume do enredo, que não vale nem como documento, nem como testemunho. Morre em si mesmo. Mais grotesco, mais ruinoso do que literário. Com a arte morrendo à míngua de arte.

O livro é comandado pelo arbítrio narrativo, que não percebe em torno. Um gesto autoritário do que escreve, que não obtém o sutil ocultamento, querendo impor suas ideias, com figuras despidas de calor e vida. Mesmo o que tende a ser forte – a sexualidade dos protagonistas. Buscando provar sua tese, quando a mecanicidade é inimiga da imaginação.

A sombra de Zola é por demais imperiosa. Desde a dedicatória abusivamente francófila. E essa sombra mais amarra que liberta, sem estar o livro cercado de circunstâncias sociais e raciais – que o motivem. Desejemos ou não, a linguagem há de ser uma forma convincente de cura pela esperança. Há que ter a percepção de que o naturalismo não pode sonhar com a razão, porque a razão jamais aprendeu a sonhar. Salvo corroer-se. Por digno e nobre que tenha sido o afã do naturalismo ou desse texto de Júlio Ribeiro – sob o impulso do cientificismo da época, o de dissecar a matéria de amor ou os atos humanos, salvo para o desvendamento da prisão social ou econômica, que os subjugam, com a consciência que é capaz de, clareando, libertar – há zonas de luz e sombra impenetráveis. E o espírito do homem – que "move o sol e os demais astros" – não consegue ser dissecado, ou posto a nu, jamais. O espírito do homem jamais será violado.

Domingos Olímpio e Luzia-Homem

Domingos Olímpio nasceu em Sobral, Ceará, em 18 de setembro de 1850, e faleceu no Rio de Janeiro, em 6 de outubro de 1906. Foi romancista, advogado, jornalista, transitando do Regionalismo ao Realismo. Sua obra-prima: Luzia-Homem. Uma das criaturas ficcionais mais hipnóticas, convincentes pela vida. Trabalha o alegórico, na medida em que gera na metáfora – Luzia (ou Estrela); Homem (mulher) outras dimensões, inclusive míticas, com planos da imaginação que se cruzam, enriquecendo os seus significados, ao escapar da linearidade. Sendo retirante, o povo, nas romarias de vila em vila, atrás de um espaço habitável, lembra, pela dramaticidade, o quadro de Portinari *Os retirantes*. Essa mescla de homem (valentia) e mulher (feminilidade) se mitifica. Conduz-nos mais tarde, em nossa literatura, a *Diadorim*, de Guimarães Rosa (mulher escondida nas vestes e gestos masculinos; sendo descoberta donzela, depois de morta). E como Diadorim, esta heroína termina ferida mortalmente no combate. (Não teria o mineiro de Cordisburgo parodiado Luzia-Homem?) A descrição final do livro é arrebatadora:

> Luzia aconchegou ao peito as vestes dilaceradas, e, com a destra, tentou lhe garrotear o pescoço; mas, sentiu-se presa pelos cabelos e conchegada ao soldado que, em convulsão horrenda, delirante, a ultrajaria com uma veracidade comburente de beijos. Súbito, ela lhe cravou as unhas no rosto para afastá-lo e evitar o contato afrontoso. Dois gritos medonhos retrugiram na grota. Crapiúna, louco de dor, embebeda-lhe ao peito a faca, e caía com o rosto mutilado, disforme, encharcado de sangue.
>
> Mãezinha! balbuciou Luzia, abrindo os braços e caindo, de costas, sobre as lajes.[397]

O romance é despojado, crispante, duro, e a tragédia com a morte de Luzia faz com que o leitor seja personagem oculto. O sistema, unido à morte, são os protagonistas mais visíveis.

Adolfo Caminha

Nasceu em Aracati, Ceará, em 29 de maio de 1867, e faleceu no Rio de Janeiro, em 1º de janeiro de 1897. Romancista,

---

397. Olímpio, Domingos. **Luzia-Homem**. Rio de Janeiro: Ediouro, 2003.

contista, crítico, jornalista. Entrou na Marinha, chegando ao posto de segundo-tenente, de que se desligou em 1890, tornando-se funcionário público. Publicou: *Normalista* (romance, 1893); *Bom-Crioulo* (romance, 1895); *Judite* e *Lágrimas de um crente* (1887). Marcou sua presença indelevelmente na literatura com *Normalista*, narrando a ligação carnal e o drama, daí decorrente, entre o padrinho, João da Mata, a afilhada, Maria do Carmo, normalista, e a sua paixão, que era Zuza, amável, sincero, bom. E a atração física pelo sedutor João, que lhe comunicava "ao corpo um fluido misterioso", o poder extraordinário como o da cobra sobre o rato. Pela sexualidade, aproxima-se de Júlio Ribeiro, em *A carne*, apesar de ser, neste, mais candente e luxuriosa do que naquele. Clima, aliás, que surgiu no romance inglês, através de D. H. Lawrence, em *Lady Chatterley* e em *Mulheres Apaixonadas*, a efusão dos sentidos, ou a poética erótica do corpo, sem esquecer a poderosa sombra de Eça de Queirós. Eis um trecho:

> As palavras do padrinho, embebidas de voluptuosidade e ternura, o nome de Zuza pronunciado naquele instante e, mais que tudo isso, a invocação feita à ama de sua mãe, confundiam-lhe os sentidos, acordando no seu coração de donzela o que ele tinha de mais delicado. Teve piedade de João, como se fosse na verdade o mais desgraçado de todos os homens. Sentia-o a seu lado, humilde como um ser desprezível, que reconhece a própria baixeza, com uma tremura na voz, rendido, suplicante. Sem ter a coragem sequer de o enxotar, de dar-lhe com a mão na cara e de sumir para sempre daquela casa imoral, onde ela vivia tristemente com as doces recordações de seu passado, como uma flor que vegeta num montão de ruínas. Ao contrário disso, a submissão do padrinho doera-lhe na alma como a ponta de uma lanceta.[398]

É de constar a finura psicológica do romancista no trato dos personagens, captando-lhes o caráter e o insidioso jogo de posse. Adverte a romancista Agustina Bessa-Luís, em *Contemplação carinhosa da angústia*[399]: "Nenhuma situação humana

---

398. CAMINHA, Adolfo. **A normalista**. [S.l.]: Ebooks Brasil, 2001.

399. LUÍS, Agustina Bessa. **Contemplação carinhosa da angústia**. Lisboa: Guimarães editores.

tem o privilégio de uma estrutura sexual senão como processo totalizador do vivido." Passando do plano da existência para o simbólico e do simbólico para o social. Aliás, é Claude Lévi-Strauss[4] que salienta: "Como a linguagem, o social é uma realidade autônoma, o mesmo que sucede, aliás, aos símbolos que são tão reais, que aquilo que simbolizam no significante, precede e determina o significado."[400] Eminentemente social, embora não perca seu caráter de erotismo, *Bom-Crioulo*, concentra-se no tema da homossexualidade, ou o amor entre dois marinheiros, Amaro, o bom crioulo, de sedutora figura, e seu colega Aleixo. Ao ver-se traído pelo companheiro, por enamorar-se da bela Carolina, ciumento, Amaro o mata. O assunto é escabroso em sua época, propício ao naturalismo. E se torna um grito social contra o preconceito, desmascarando uma sociedade falsamente moralista, hipócrita, opressora, com a loquaz diferença entre discurso e realidade. Sempre deixou que vencesse a realidade. E seus tipos têm a vida do que permanece. Pouco tempo lhe coube, para a importante e corajosa obra que legou, quando alerta que "em relação à vida, a arte é sempre um apesar de tudo."[401]

Inglês de Souza

Nasceu no Pará, em 28 de dezembro de 1853 e faleceu no Rio, em 6 de setembro de 1918. Ficcionista, advogado e jornalista. Foi um dos fundadores da Academia Brasileira de Letras. Obras: *O cacaulista*, 1876, romance; *História de um pescador*, 1876, romance; *O coronel sangrado*, 1877, romance; *O missionário*, 1891 romance; e *Contos amazônicos*, 1893. Seu livro mais conhecido e representativo da escola naturalista, sua obra-prima, é *O missionário*, em que revela um estilo limpo, a descrição plástica, a argúcia que se soma ao conhecimento dos costumes do povo e ao senso de realidade, ferozmente crítico. Mantém o talhe autobiográfico, sobretudo em *O coronel*

---

400. LÉVI-STRAUSS, Claude et al. (Org.). **Teoria da Literatura em suas Fontes.** 3. Ed. Rio de Janeiro: Civilização Brasileira, 2002. 2v.

401. LUKÁCS, Georg. **Teoria do Romance.** Lisboa: Editora 34, 2000.

sangrado. Não inventa os registros da natureza, porque são eles que o descobrem. E as faculdades de análise sobressaem, por sua força documentária. Não é um sonhador, é um investigador, sob a sombra de Émile Zola e Eça de Queirós, buscando não só os alucinantes elementos do real, muitas vezes mais terríveis do que a imaginação, também as causas sociais e psicológicas dos acontecimentos. O que tende ao veraz, ou até ao patológico, há que possuir expressão estética, para ser literatura, longe do furor panfletário. O clima de ódio social e deterioração, que impulsiona O *coronel sangrado*, culmina no corrupto universo eclesiástico de O *missionário*, apontando para os modelos de Eça, em O *crime do padre Amaro*, e de Zola, em *La Faute de l'abbé Mouret*.

O protagonista, cercado de beatitude, vive na luxuriante natureza dos trópicos, entre sendas amazônicas, tentações e vedadas paixões. Seu nome, padre Antônio de Morais, D. Quixote corrupto e corruptor. E, nas empreitadas, é assessorado por Macário, sacristão, um Sancho-Pança, que tinha o *maquiavelismo* astucioso de tudo fazer sem ferir as conveniências, um *Malhadinhas*, tendo a pele do *Sargento de Milícias*, de Antônio de Almeida. E essa criatura, com suas artimanhas no romance, é mais livre e poderosa que a do próprio reverendo Antônio, seduzido pela mameluca, de 15 a 16 anos, Clarinha. Aliás, tal atração carnal se concretizou voluptuosamente, sob o pálio segredoso da batina, quando o povo o julgava na catequese dos índios ou concentrado no projeto de opulenta catedral. A burla da amante e o abandono trazem ao clérigo um sentimento incurável de amargura. Mas o sucesso de sua carreira eclesiástica conta com a benevolência episcopal, com mostrança de bons serviços, ganhando prebenda no cabido da Sé de Belém. Assim, nem o Imperador perdia de vista o tal missionário sacrificado pela fé, premiando mais a ambição do que a virtude. Tem o vigor da denúncia, mostrando uma sociedade em decomposição, com abandono de Deus e ruína moral.

Os Contos amazonenses são envolventes, com enredo, diálogos e suspense bem articulados, ambientando-se em sua violenta infância no *inferno verde*. O texto de Inglês de Sousa aciona uma veracidade assustadora. E, se o naturalismo se apura na investigação da verdade, aproximando-se de certo grotesco das crônicas policiais, por outro lado adota um mecanismo doentio, agressivo e cego. Todos são vítimas e algozes de um Sistema, embora gozem de suas mordomias. Se este mundo não tem a carga de velhice do francês Zola, por ser mais bravio e espesso, contém o mesmo princípio de erosão. Por vezes há uma flaubertiana limitação voluntária do raio de observação do texto. A visibilidade dos personagens se alia à dos fatos, todos esmagadores. A épica das coisas e dos meios suplanta a épica do homem, ostentando a malícia e a concupiscência e prenunciando com o fim da burguesia, o começo do capitalismo. Diz Ernesto Sábato que os sonhos são loucos. A realidade é louca, nós é que somos loucos e os sonhos podem ser mais humanos do que nós.

CAPÍTULO 17

Euclides da Cunha e Os sertões da alma, ou a ruína de Canudos

Euclides da Cunha é um caso à parte. A passionalidade que terminou em tragédia pessoal integrava um temperamento corajoso, orgânico na lucidez implacável, com emoção à flor da alma que não o deixava em descanso. Nem o descanso que aos outros mortais era paz, amor e alegria usufruiu. Foi, sozinho, uma geração, no princípio do século XX, em que o pensamento engatinhava, apesar de intelectuais do porte de um Machado de Assis, Ruy Barbosa e Monteiro Lobato. Mas a mentalidade se aliava a uma Monarquia em artigo de morte.

Aos 22 anos, cadete, diante do Ministro da Guerra, rebela-se, anunciando a fé na República. Volta ao exército através do perdão do Imperador e torna-se engenheiro das ferrovias durante a ditadura de Floriano, tomando o partido sempre dos humilhados e ofendidos. Conheceu o exílio de Minas Gerais, tendo sido apenas contratado como enviado especial de *O Estado de São Paulo* para acompanhar as operações militares de Canudos, no interior baiano, onde um movimento messiânico explodiu, chefiado por Antônio Conselheiro e fizera o Governo Central tremer, alcançando destruir o último reduto de resistência na quarta tentativa, comandada pelo General Artur Oscar, com grande número de soldados e armas, num morticínio, que Euclides trouxe ao conhecimento nacional em reportagens que se incorporaram a *Os sertões*: literatura épica através do jornalismo. O alarmante para o governo é que as três anteriores expedições, comandadas por hierarquias – que iam de tenente, major a coronel – cada vez com maiores contingentes e armas, foram aniquiladas. E tudo é relatado no grande livro, desde os aspectos da terra, do povo, até os combates descritos magistralmente pela pena de um novo Tolstói, uma guerra sem paz. Membro eleito da Academia Brasileira de Letras, revoluciona a nação com essa narrativa, seguindo em viagem, depois, para a Amazônia. Derrota num concurso de lógica no Colégio D. Pedro II, o filósofo Farias Brito, por pontos. Em 15 de agosto de 1909, é morto, ao disparar vários tiros contra o amante de sua mulher, Tenente Dilermando de Assis, que acabou, tempo após, por ferir letalmente um filho do escritor, que buscara vingar o pai.

Os sertões foi lançado em 1902, com êxito extraordinário. Cem anos se passaram e o livro continua vivo, polêmico, fonte de estudos e interpretações variadas, como toda a criação de gênio. Incentivou críticos calorosos e defensores fiéis. Diz Múcio Teixeira[402] que *Os sertões* é obra histórica, científica e obra de arte. José Veríssimo assinala "ser um livro único" que reúne forma artística superior e original, com elevação histórico-filosófica impressionante. Mesmo que, no tempo, o seu cientificismo se dilua, solidifica-se em robusta formação filosófica, escrita por um poeta que se identificou com o homem e a terra sertaneja, constatando o Brasil dividido: um, próspero, civilizado, nas regiões litorâneas, e outro, deficiente, abandonado, primitivo, no sertão, lutando, sobretudo, a favor da condição de um povo ameaçado, em luta pela liberdade, contra um jugo que se caracterizava pela prepotência. Paradoxalmente, quando morreu o autor de *Os sertões*, o mesmo Veríssimo, em carta a Mário de Alencar, observou:

> Pobre Euclides!... Com toda a sua ingenuidade e simpleza real, o seu matutismo inveterado e às vezes encantador, e algumas boas qualidades de caráter, e creio também de coração, havia nele um egotismo que me era insuportável e me fazia às vezes julgá-lo com acrimônia ou injustiça. Pelo lado literário, você sabe que eu não podia absolutamente estimá-lo senão com muitas restrições, e, ainda

---

402. TEIXEIRA, Múcio. Os sertões (Euclides da Cunha - Campanha de Canudos (Conclusão). In: NASCIMENTO, José Leonardo do; FACIOLI, Valentim (Org.). **Juízos críticos**: os sertões e os olhares de sua época. São Paulo: Nankin/ Unesp, 2003.

admirando-o quanto podia, sempre achei excessiva a sua fortuna literária, que estou certo não lhe sobreviverá muito tempo.[403]

    Essa contradição do crítico mostra bem a miopia contemporânea diante dos ditos defeitos do homem, ou o desanuviar da precariedade na grandeza do gênio. E é o tempo que faz essa triagem, só o tempo. O que é escondido revela-se aos simples, o escondido das erosões coletivas. E, hoje, há cem anos de seu falecimento, sabemos que Euclides da Cunha persiste ainda mais vivo – também pela profundeza de seu olhar e por haver tomado a defesa formidável do povoado de Canudos, com a paixão, que é cristal de fogo da sua permanência: escrita candente entre trovões de adjetivos, com a forja da história na mão, a dos que não têm voz. Um conflito brutalmente esmagado pelas armas, e que, como Tristão de Athayde observou, "não passava de um conflito de mentalidades". E é talvez dos piores. Euclides foi enciclopedista do horror, em Canudos, mostrando com terrível veracidade nada mais do que a perversão dos homens. Não é a consciência da *condição humana* neste precursor de André Malraux, é a desumanidade da consciência que se consuma na tragédia. Se a *Eneida* e *Os Lusíadas* são a epopeia dos vencedores, a obra-prima deste carioca de Santa Rita do Rio Negro (nascido em 1866 e assassinado em 1909), trata dos que foram, sem misericórdia, destruídos.

    A ideia de raça, o evolucionismo com seu arrazoado, morreu com o século, porém não a obra de Euclides, seu colorido descritivo, o fragor das metáforas deste Coelho Neto de paixão reveladora, vulcânica – que deu certo. Porque o gênio se eleva na circunstância e a circunstância engendra o gênio. O mesmo que se dirá de Machado ou Guimarães Rosa – o estilo é o gênio. Era discípulo de Gumplowicz, sociólogo polonês *sorumbático* (como ele o denomina), por sua vez discípulo de Darwin, sob a influência de Nietzsche. O isolamento étnico e histórico dos Canudos, em sub-raças sertanejas, jamais coexistiria, com

---

403. VERÍSSIMO, José. Uma história dos Sertões e da Campanha de Canudos. **Revista de Cultura da Bahia**, Salvador, Secretaria da Cultura da Bahia, n. 20, p. 175-191, 2002.

a utopia que embasa o espírito da nacionalidade encravado no parasitismo dos Senhores, acostumados à prática da indolência, como frisou Manuel Bonfim. Embora sejam visíveis as contradições nesta obra-prima, em que obtém o mítico, apesar do apreço científico, paradoxal e envelhecido, pulsa nela a verdade do Brasil e atinge *o grande romance*, como assevera Luiz Costa Lima. E aí há uma polêmica. Merquior, por exemplo, considera *Os sertões*, "obra de ficção embutida no ensaio"[404]; Tristão de Athayde, "épica romanesca"[405], Afrânio Coutinho, "obra de ficção"[406] que se avizinha de *Guerra e paz*, de Tolstói. Franklin de Oliveira defende a tese de *Os sertões* serem ensaios, como obra de arte, tal como sucede com Gilberto Freyre, ou Raimundo Faoro, em *Os donos do poder*. Para nós não importa que *Os sertões* sejam obra de ficção, ou de ensaio, ou de reportagem. Com a ruptura dos gêneros, e eles são determinados pela linguagem, em realização artística, podem-se mesclar vários gêneros – como sucede – a reportagem, a memória, a épica, a poética, o ensaio, a história, a ficção. E, embora nos inclinemos para a ficção, sua característica maior, contendo todos os outros elementos, já aludidos, importa-nos, sobretudo, que seja – e é – uma *obra-prima de linguagem*.

Livro único, portanto, além das classificações, concretizando feroz alegoria do terror ou da morte, como no quadro de Brueghel – *O triunfo da morte*. O que é grande sem contradições? "Eu me contradigo? Sim, eu me contradigo!" [407]– escreveu Walt Whitman. Porque não carecemos de afirmações que procuram se impor. O terrível é a situação na cultura do *Esperando Godot*, de Samuel Beckett: "Nada acontece, ninguém vem, ninguém se vai, é terrível."[408] Em Canudos, não só

---

404. MERQUIOR, José Guilherme. **De Anchieta a Euclides**. Rio de Janeiro: Topbooks, 1996.

405. ATHAYDE, Tristão de. **Três ensaios sobre Machado de Assis**. Rio de Janeiro: Bluhm, Rio 2000.

406. COUTINHO, Afrânio. Os sertões, obra de ficção. In: Cunha, Euclides da **Obra completa**. Rio de Janeiro: Nova Aguilar, 1995. v. 3.

407. WHITMAN, Walt. **The complet poems**. London: Penguin Classics, 2004

408. BECKETT, Samuel. **Esperando Godot**. São Paulo: Cosac Naify, 2010

na tragédia de Antônio Conselheiro e seus adeptos pelo morticínio, como na descrição minuciosa e terrível de Euclides, tudo acontece e é um acontecido que, de outras maneiras, não deixa nunca de acontecer. O conflito gera a repulsa contra os que o engendraram. E o que aconteceu, como toda a guerra, arma-se de contradições. E o horror soa em nossos ouvidos clamando por toda a humanidade. Sair do horror é sair do hábito que o poder gera, em sufocar, para que o mal não seja noticiado, acorrentando-se como um cão ao vômito. Euclides prova que o gênio ensina a valentia e não se acovarda diante do terror dos sistemas, flutua sobre as sombras. A coisa espantosa é de como desmistifica o poder e eleva a dignidade do homem. Afirma Luiz Costa Lima, não sem acerto: "Euclides tinha pela ciência veneração, mais que o respeito às instituições." E, para que servem as instituições, senão para melhorar o convívio humano? Todavia, não é a ciência absolutizada ou não que faz jus à grandeza de *Os sertões*, como vislumbrou o eminente ensaísta. Porque a ciência, sem o embasamento de humanidade, é mais destrutiva que construtora.

Outro aspecto que merece ser enfatizado: *Os sertões* é precursor do romance-ensaio. E os romances-ensaios que o sucederam, como, por exemplo, *A montanha mágica*, de Thomas Mann, todos eles têm um sotaque também erótico, aqui ou ali, o que não sucede na obra-prima de Euclides da Cunha que, segundo Franklin de Oliveira, é deserotizada, com beatas ou vivandeiras, bruxas ou viragos, de olhos zangos e maus. Curiosamente, entretanto, o mesmo autor em seu livro, *Campanha de Canudos* (que Guimarães Rosa considera superior a *Os sertões*), faz-se poderosa a presença feminina, o que é corroborado por Olímpio de Souza Andrade. E como Virgílio – assinala o mesmo Franklin de Oliveira – Euclides não celebra os vencedores, mas os vencidos. (Ou *Os invencidos* – nome de famoso romance de Faulkner). Eis uma página desse livro, das mais altas, de avassalante ironia sobre a prepotência dos mais fortes e da penúria de nossa natureza:

> Antes do amanhecer daquele dia, a Comissão adrede escolhida descobrira o cadáver de Antônio Conselheiro. Jazia num dos

casebres anexos à latada, e foi encontrado graças à indicação de um prisioneiro. Removida breve camada de terra, apareceu no triste sudário de um lençol imundo, em que mãos piedosas haviam desparzido algumas flores murchas, e repousando sobre uma esteira velha, de tábua, o corpo do famigerado bárbaro agitador estava hediondo. Envolto no velho hábito azul de brim americano, mãos cruzadas ao peito, rosto tumefacto e esquálido, olhos fundos cheios de terra – mal o reconheceram os que de mais de perto o haviam tratado durante a vida... Desenterraram-no cuidadosamente. Dádiva preciosa – único prêmio, únicos despojos opimos da tal guerra! – faziam-se mister os máximos resguardos para que não se desarticulasse ou deformasse, reduzindo-se a uma massa bugulhenta de tecidos decompostos. Fotografaram-no depois. E lavrou-se uma ata rigorosa firmando a sua identidade: importava que o país se convencesse bem de que estava, afinal, extinto, aquele terribilíssimo antagonista. Restituíram-no à cova.[409]

Atesta, com acerto, Maria José de Queiroz:

> Tanto o empalamento do coronel Tamarindo pelos revolucionários de Canudos como a exposição do crânio do Conselheiro pelos militares comprovam a escolha de uma vítima expiatória única, apta a representar a comunidade. E é justamente nessa ocasião, quando a unanimidade se manifesta na mimese violenta, que a catarse se torna possível. A violência absoluta resolve-se na vingança absoluta, concentrada numa única vítima. Com ela e nela se destrói o mal (que continuaria a imperar, dando origem a novas réplicas).[410]

E o final do livro é um tiro à queima-roupa: "É que ainda não existe um Maudsley para as loucuras e os crimes das nacionalidades."[411]

Com efeito, em Euclides da Cunha há o antagonismo entre o mundo arcaico e o mundo civilizado, a brutalidade do jugo de uma visão moderna contra a outra, antiquíssima, que na

---

409. CUNHA, Euclides da. **Os sertões**. Rio de Janeiro: Francisco Alves, 1989.

410. QUEIROZ, Maria José de. **Refrações no tempo**. Rio de Janeiro: Topbooks, 1996. p. 51-52.

411. CUNHA, Euclides da. **Os sertões**. Rio de Janeiro: Francisco Alves, 1989.

caatinga resiste, não se entrega. O que move é o preconceito de uma consciência arrogante, que se acha bem maior do que a outra, porque treinada na guerra, tem a força (in)civil das armas. O bárbaro é mais uma vez o civilizado. O épico está em tentar vencer essa diferença imponente e organizada. E nesse embate de *honra* já se desenha uma premonição da vida pessoal de Euclides, o seu fatídico fim, ante um adversário que arrostou sua privacidade (mulher), Dilermando, mais jovem (como a civilização que desencadeara a República), perito em atirar, e ele, perito de viver e escrever. Um adestrado para matar e outro, apenas para amar e viver. A operação destrutiva da violência não contente de dizimar Canudos (pela forma com que sentiu, Euclides podia dizer: "Os Canudos, sou eu"), exterminou seu filho (o que foi *semente de Canudos*). Porém, a semente do gênio é muito mais ampliadora – através de sua obra maior, veio a plantar no devir o surgimento da mais alta criação roseana.

Desdobrando anotações anteriores, pela exuberância inextinguível, vale acrescer a esses comentários, *A história e interpretação de Os sertões*[412], de Olímpio de Souza Andrade (com organização e introdução de Walnice Nogueira Galvão e apresentação de Alberto Venancio Filho) pelo perfil que delineia de Euclides da Cunha e informações valiosas sobre a criação de *Os sertões*. Ao citar Maudsley, observa que, na sua modéstia, o feito euclidiano foi o do verdadeiro Maudsley, trazendo à baila os crimes da nacionalidade. Acentua, além disso, como Francisco Escobar, singular pela erudição, amigo de Euclides e preso a ele por afetuosa admiração, deu-lhe clima, ajuda moral e social, assistência de pesquisa, em São José do Rio Pardo, vindo de Camanducaia. Nessa cidade bucólica do interior paulista, diante de uma plateia que o escutava, aos poucos, em 1943, leu o que escrevia de *Os sertões*, decorridos menos de cinco meses, desde a sua chegada. Baseou-se nas anotações feitas durante a expedição da Campanha de Canudos. Esse mesmo Euclides que, sendo militar, num banquete, em abril de 1906, arrostou o Ministro da Guerra do Imperador,

---

412. ANDRADE, Olímpio DE Souza. **A história e interpretação de Os sertões**. 4.ed. Rio de Janeiro: Academia Brasileira de Letras, 2002.

saudando a República, quando o encarceraram na Fortaleza de Santa Cruz, diante de sua indignação, por o desejarem mandar para a companhia de forçados, recebeu a resposta irada do Comandante: "Esta formiguinha, depois do que fez, ainda quer falar neste tom!" Sobre essa *formiguinha* e *Os sertões* (os últimos dias de Canudos), afirma Araripe Júnior: "Não conheço em língua portuguesa, fora do teatro em livro de história cena descrita com potência trágica superior."[413] E Coelho Neto assim opinou:

> Não sei de páginas mais verdadeiras nem mais empolgantes na literatura nacional, do que estas que, sendo as de um poema enorme, são ao mesmo tempo, as de um tremendo libelo. Há nelas um sopro bíblico como o que revolve o livro fremente de Isaías.[414]

Desajustado na vida, desajustado com a morte. Essa *formiguinha* se preparava para o verão. E era um gênio.

---

413. ARARIPE JÚNIOR. [Capítulo da obra]. NASCIMENTO, José Leonardo do; FACIOLI, Valentim (Orgs.). In: **Juízos críticos**: os sertões e os olhares de sua época. São Paulo: Unesp, 2003.

414. COELHO NETO. [Capítulo da obra]. NASCIMENTO, José Leonardo do; FACIOLI, Valentim (Orgs.). In: **Juízos críticos**: os sertões e os olhares de sua época. São Paulo: Unesp, 2003.

CAPÍTULO 18

Coelho Neto e Rui Barbosa, homens de muitas letras

Coelho Neto nasceu em Caxias, Maranhão, em 1º de fevereiro de 1864, e faleceu em 1934, no Rio de Janeiro. Jornalista, escritor, conferencista, que vivia de sua pena, conheceu logo a fama, e, no fim, o ostracismo. Cronista, contista, romancista. Pertenceu à Academia Brasileira de Letras, convivendo com Machado de Assis, Joaquim Nabuco, Olavo Bilac, entre outros. Mais do que o pretexto de uma literatura afetada, prolixa, helênica, padeceu o choque direto do Movimento Modernista na Academia Brasileira de Letras, e, sendo navio à vista, serviu também de alvo para a Geração de 1922, junto com Rui Barbosa. E abro parêntesis para tratar de Rui, a Águia de Haia.

Nascido em Salvador, em 5 de novembro de 1849, Rui Barbosa faleceu em Petrópolis, em 4 de março de 1922. Pertenceu como Coelho Neto à Academia Brasileira de Letras. A verbalidade de Rui, apesar de anacrônica, não se desligava da inteligência superior de abranger, absorver conhecimentos, utilizá-los em catapulta, pensar nas lides do direito, da política ou da gramática, ou a inteligência das línguas, sem esquecer o quanto contribuiu para a arquitetura institucional do Brasil contemporâneo. Foi um reformador mais social e político do que econômico, embora episodicamente Ministro da Fazenda do País. Pequeno homem num grande homem, por longo estudo, um erudito, polêmico, advogado exemplar das sagradas causas da República, foi em parte seu sonhador e em parte por ela sonhado. Através da campanha abolicionista, civilista, gravou seu nome como herói e mito em nosso inconsciente coletivo.

Rui não passou na literatura, foi a literatura que passou por ele, com seu classicismo (de recôndito gramático), eivado de longos períodos e certo gosto arcaico, que, simultaneamente, ousava desdobrar, com inesperada habilidade, argumentos, ideias, princípios. Devendo à mente cintilante e voluptuosa a metamorfose do peso em leveza. Arrastando-se, no entanto, nos adjetivos suntuosos, retumbantes. Sim, sua opulência encarneirada de sinônimos semelha-se a um chocalhar de lataria verbal. Portentosa inteligência, a que faltou gênio.

Coelho Neto e Rui Barbosa foram irrecusavelmente barrocos e desproporcionais. O baiano, orador da família do Padre Antônio Vieira, jurisconsulto, candidato à Presidência da República, ministro, representante do Brasil em Haia, figura singular, cujo engenho assombrou o Reinado e a República, nem sempre a inteligência, que era superior, subiu-lhe à cabeça; às vezes, foi a cabeça que lhe desceu a inteligência, apalavreado, preso à juba volumosa da eloquência, rebuscamento, entre os argumentos considerantes de *homo juridicus*. Dele diz, com acerto, Lima Barreto[1]: "artificiosamente artista e estilista"[415] e Monteiro Lobato:

> Vejo nele Vieira, Bernardes, Latino, Frei Luís, Herculano, Camilo, dele pessoalmente, só a sabedoria e a fina arte do misturador ... Que cetáceo, neste nosso marzinho de arenques! Ele rege as frases como um cocheiro russo rege o troika! Que nababo![416]

Sendo um misturador, era a própria contradição. Contudo, ao ser aproximado, pelo estilo, a Vieira ou Camilo, expurgando-se o mais, fruto da ironia lobatiana, não deixa de ser um reconhecimento de grandeza. E Rui produziu, inegavelmente, obras-primas como orador: *Oração aos moços*, o *Discurso saudando Anatole France* e a *Oração na morte de Machado de Assis*, do que vai este fragmento:

---

415. BARRETO, Lima. **Diário íntimo**: memórias. São Paulo: Brasiliense, 1961. p. 51
2 LOBATO, Monteiro. **A barca de Gleyre**. São Paulo: Globo Editora, 2010.

416. BARRETO, Lima. **Diário íntimo**: memórias. São Paulo: Brasiliense, 1961. p. 51
2 LOBATO, Monteiro. **A barca de Gleyre**. São Paulo: Globo Editora, 2010.

Não é o clássico da língua; não é o mestre da frase; não é o árbitro das letras; não é o filósofo do romance; não é o joalheiro do verso, o exemplar sem revel entre os contemporâneos, da elegância e da graça, do aticismo, da singeleza no conceber e no dizer; é o que soube viver intensamente da arte, sem deixar de ser bom.[417]

Ou inteiro se acha neste *Discurso sobre a velhice*:

Que é a velhice? Uma das mais relativas coisas humanas, se a medimos pelos anos. As mulheres, dizem os ingleses, e muito bem, as mulheres têm a idade que mostram; os homens, "a que sentem". Eu não me sinto velho, senão quando não tenho o que fazer[418]

Sem pressa de envelhecer de futuro, Rui Barbosa foi também um civilizador. Pondo na dedicatória do livro ao jovem Afrânio Peixoto, sua epígrafe: "Só o que escreveu nas almas não morrerá."

Quanto a Coelho Neto, paira certa injustiça crítica sobre boa parte de sua obra – ainda que Octavio de Faria já tenha iniciado uma revalorização. E essa certa injustiça foi criada pelo próprio autor de *A Conquista*, na medida em que trocou o romance realista, que o fez conhecido, pelas louçanias verbais. Essa perda de densidade interior – que o tornou vulnerável – não lhe retirou suas qualidades inegáveis de narrador, com rara efabulação. Mais do que tecedor de personagens, é um construtor de ambientes. A propósito, adverte Paul Valéry que "o gosto se faz de mil repugnâncias."[419] Esse gosto já está em fase de maior redescoberta, depois de haver sofrido muitas vezes o inferno da rejeição, mas não era o último dos helenos, nem heleno algum. Seu estilo era pesado, com timbre anacrônico. Dizia Montaigne na obra *Razões e sensibilidades*, bem a propósito, que "o retórico é um sapateiro que sabe

---

417. BARBOSA, Rui. **Obra completa**. Rio de Janeiro: Nova Aguilar, 1995. p. 1061.
418. BARBOSA, Rui. **Obra completa**. Rio de Janeiro: Nova Aguilar, 1995.p.655-658.
419. VALÉRY, Paul. [Capítulo]. In: DUALIBI, Roberto; PECHLIVANIS, Marina (Orgs.). **Minidicionário com mais de 4.500 frases essenciais.** São Paulo: Elsevier Brasil, 2006.

fazer sapatos grandes para os pés pequenos"[420] e Coelho Neto era um retórico. Jamais poeta – ainda que o intentasse – nem seu texto foi salvo pela poesia. Foi salvo, no entanto, pela imaginação. A *selva selvaggia* das palavras de Coelho Neto, o seu comprazimento rutilante, mostra quanto buscava tenazmente a exatidão delas com o seu íntimo universo, não com o mundo exterior. Paisagista exuberante, perdeu-se descrevendo. E, por outro lado, seu mundo interno era tão escuro, caótico, às vezes impalpável, que não se abrandava de claridades, mesmo que as quisesse. E tal ferocidade vocabular, ora tendia a ser autofágica, mais anulando a força expressiva do que a procurando ampliar ao esteticamente desejável. Ou então fugia disso, conseguindo a convivência cidadã entre a fúria e a necessidade de revelar as coisas em torno, episodicamente até com ausência de ornato, esplendendo a fantasia do narrador, o fabulário popular, o realismo impressionista dignos de notas, pois o sentido é que sustenta o peso das palavras. E, nesse último caso, estão suas obras-primas: A *Conquista*, 1899; *O rei negro*, 1914; *O morto – Memórias de um fuzilado*, 1898; *Turbilhão*, 1906. Além do contista que deve ser destacado nos livros *Sertão* e *Treva*, com textos, que se leem ainda com admiração e interesse, alguns mais perto da crônica, outros mais próximos da novela, como é o caso de *Os velhos* (constante de *Contos escolhidos*, 1913), onde se mesclam a descrição da paisagem e dos tipos. Aliás, ao contrário do que alguns pensam pelo seu amplo vocabulário, Coelho Neto não inventou palavras, usou apenas as que estavam dicionarizadas.

    Possuía o cultivo da língua, a erudição, a percepção da arte, o estilo do tempo nem sempre articulado, a dramaticidade. Faltou-lhe, vez e outra, o fogo capaz de amalgamar o elemento criador, o senso da proporção, o senso do ridículo, o senso de humor, sobretudo, o senso do infinitamente pequeno, as minúcias da alma – o que sobrava em Machado de Assis. Eis um fragmento de *Os velhos*:

---

420. MONTAIGNE. [Capítulo]. In: CORTINA, Arnaldo; MARCHEZAN, Renata (Orgs.). **Razões e sensibilidades - a semiótica em foco**. São Paulo: Unesp, 2004.

> Longe, de espaço a espaço, surdamente, tristemente, um touro mugia e, através do campo, dolente, vibrou a primeira badalada do toque a finados. As duas mulheres levantaram-se em silêncio e, de pé, as mãos postas, fitaram o céu azul. Os homens, suspendendo o serviço, firmaram-se às enxadas, tiraram os largos chapéus e ficaram ouvindo religiosamente, de cabeça baixa, imóveis.[421]

    Ou então, as narrativas, *Lenda do rei avaro, Corações loucos, O ambicioso, Viúvas, A vaquinha branca, Atração da Terra*. O tempo faz mais o escritor, que o escritor ao tempo, que vai privilegiar seus filhos, dos que não o são. E nem assim, menos amados. Exemplos semelhantes exsurgem na literatura lusitana, com Aquilino Ribeiro, mais aquilino de linguagem, inventariante da aldeia, no olhar ribeirinho, ou Lezama Lima, de Cuba, em *Paradiso*, considerado obra-prima por Cortázar, esse, sim, às vezes, ilegível, mais acostumado à escuridão e ao bosque espesso dos vocábulos. Entre nós, Euclides da Cunha não é menos barroco que Coelho Neto, tendo a iluminá-lo – o que careceu ao maranhense – uma causa a defender, o gênio trágico na história que narrou e o da própria existência, de que foi protagonista-sofrente, ao emoldurar o que trouxe em foco nacional, *A guerra dos Canudos*, mais a chama intermitente que incendiou o cientificismo e a cintilância vocabular.

    A lógica das reputações literárias não segue, às vezes, a norma da qualidade. Nasce, às vezes, da controvérsia, das oposições, ou das diferenças. A reputação só tem uma lógica, a da variação das ondas que sobem e descem. O que sobrevive é o clássico. O que sobrevive é o que se edifica sobre o que vive. Nem se mede a fama e o reconhecimento com colherinhas de chá. Tendo sido uma das maiores vítimas do Modernismo, *bête noir*, ou *bode expiatório* de chavões que o Movimento nascente também produziu, foi alvo de zombaria, quando melhor parte de sua obra é vincada de equilíbrio, exuberante, sim, edifício de criação verbal de um verdadeiro Mestre. E tanto o foi, que vislumbramos nele o que nos outros se veem, tanto em Euclides da Cunha, ou em Machado, ou em

---

421. COELHO NETO. **Antologia**. Contos escolhidos. Bahia: Livreiro Editor, 1913.p. 10.

Alencar: a força do estilo e o poderoso domínio da língua. E a propósito, vale recordar o seu livro, *O morto*, onde subjaz o moderno *romance de duas faces*. Gira ao redor da existência de um tranquilo fazendeiro, subitamente envolvido na Revolta da Armada, de 1893, com soluções kafkianas. Coelho Neto o sabia bem:

> Na guerra o pior inimigo é o boato. Fugi dele mais depressa do que de uma hoste aguerrida e má. Um visionário é capaz de arrancar o mundo dos seus eixos [...] E ele foi um visionário, padecendo da aleivosia crítica, exatamente, como Kafka previu: há muita esperança, só não para nós.[422]

---

422. COELHO NETO. **O morto:** memórias de um fuzilado. Rio de Janeiro: [s.n.], 1898.

CAPÍTULO 19

Raul Pompeia e o incêndio de Troia,
Ateneu de uma época

Nasceu em 12 de abril de 1863, em Angra dos Reis, Rio de Janeiro, e suicidou-se na mesma cidade, em 25 de dezembro de 1895, deprimido com um artigo de Luís Murat, poeta medíocre, a propósito do enterro de Floriano, ao caluniá-lo, dizendo que fugira, covardemente, do duelo com Bilac. Frequentou o Colégio Imperial D. Pedro II. Formou-se em Direito. Foi romancista, contista, jornalista, desenhista, escultor e poeta. Publicou: *Uma tragédia no Amazonas*, 1980, romance, *Microscópios*, 1981, contos, *Joias da coroa*, 1882, romance, *Canções sem metro*, 1883, poesia, *O Ateneu*, 1888, romance, *A rua*, 1889, em parceria com Pardal Mallet, *O Brasil crucificado entre dois ladrões*, 1893, a favor de Floriano, panfleto. No ano anterior é ofendido por Olavo Bilac e desafia-o a um duelo. Foi a *belle époque*. Mais sinistra do que bela, com seu jornalismo polêmico e marrom. No caso de Pompeia, atacado por Luís Murat: sanguinolento.

A obra-prima de Raul Pompeia, *O Ateneu* (o nome que trazia de *Pompeia* guardava no inconsciente o seu Vesúvio). Embora sobrepairem dúvidas, teria o livro sido baseado no Colégio Abílio, que possuía como diretor Abílio César Borges, *Barão de Macaúbas*. O que não lembrava o seu Aristarco. Nem precisava lembrar: basta que ficcionalmente Aristarco tenha passado a existir, com o autoritarismo do sistema escolar patriarcal. Relata a comovente e bela história de amor entre Sérgio e Ema (segundo alguns, confluência da heroína flaubertiana). Os caracteres dos personagens são traçados com mão de mestre. Momento antológico – fim de toda uma época – *o incêndio do Ateneu*. Embora haja críticos que o considerem naturalista, prefiro colocá-lo no Realismo, precursor do Modernismo pela forma narrativa. A história do internato fala da sufocante educação sexual e as mazelas morais do Internato, em pleno desenvolvimento intelectual dos adolescentes. Espelhando a falência de uma Monarquia que naufragava e prevendo o fim do tempo escravagista (sendo Raul Pompeia um dos propugnadores da abolição). Nearco, aluno do colégio de Aristarco, é assim descrito. Observem, leitores, o colorido e a pintura dos pormenores:

> Era um mancebo de dezessete anos, rosto cavado, cabelos abundantes, de talento não comum, olhos vivos, moroso de imponência, nariz adunco, avançado, seco, quase translúcido como um nariz de vidro. Franzino como a infância desvalida, magro como uma preleção de osteologia, surpreendeu-nos, entre outras, uma recomendação a seu respeito pelo próprio diretor às barbas do pai: – Nearco de Fonseca era um grande ginasta, talentoso que fosse, concebíamos, se por nada mais ao menos pela cabeleira..., Mas um ginasta com aquele aspecto de necessidade.[423]

O estilo de Pompeia é nervoso, contagiante, com dinamismo imagético e as minudências de um pintor ou desenhista, que a nada deixa escapar nos traços. Habilmente, desenha os personagens dando-lhes alma. O poder encantatório e crítico lava certo ar sombrio, além da acidez corrosiva da pena que é exemplar. Com a subversão da retórica, ora pelo excesso da opulência frásica, ora pelo preciosismo, compondo uma erosão através de componentes opostos, ao reproduzir os destroços do ensino da época e os do edifício escolar do *Ateneu*. Foi moderno na contraposição de temperamentos, paixões, injustiças. E o asfixiante sistema escolar, que era o Império, seja na escravidão ainda vigente, seja no apodrecer de um regime político e social. O incêndio é simbólico; *o internato tipifica o Império*. Os habitantes, adolescentes em formação ou deformação, diante de Aristarco, o decrépito e impotente diretor.

---

423. POMPEIA, Raul. **O Ateneu**. São Paulo: Nova Cultural, 2003. p. 76.

(Imperador?) Pompeia celebra como poeta a queda de Troia e "os poetas parecem sozinhos mas pressentem"[424] – adverte Hölderlin. Eis que a criação como a personalidade de Pompeia são enigmáticas. "Todo o pensamento redunda de uma reação contrariada"[425], Cioran. A crítica do sistema é a consciência da liberdade, é um empreendimento contra o esquecimento. E o que parece que ele não viu, nós vemos, porque suas palavras viram. Como o Sísifo, de Elias Canetti, que as empurrou tão dificultosamente, que vieram a cair sobre ele como pedras. No entanto, essas mesmas palavras continuam demasiadamente vivas, esbraseantes, capazes de contemplar o futuro. "Não era um homem aquilo: era um *de profundis*." Não estaria nesse livro genial, junto ao seu *de profundis*, a semente futura de outro tempo, o de *Os sertões* euclidiano, aquele que assistiu à queda da Troia dos Canudos, a dos valentes sertanejos dizimados até o último homem? *O Ateneu* é uma alegoria da Monarquia incendida, fazendo-se em escombros. Não teria sido a tentativa, ao escrever o livro, de recuperação da sua infância dizimada? Todos os incêndios, como as atrocidades, têm o mesmo e bárbaro rosto feito de cinzas. Registra Maria João Cantinho, em seu exemplar estudo sobre Walter Benjamin:

> A atividade alegórica parte da experiência do (re)conhecimento de uma desintegração, com o (re)conhecimento de uma tendência para a aniquilação que se apresenta nas próprias coisas (contendo em si esse princípio de destruição), isto é, parte do (re) conhecimento de uma ausência de unidade orgânica nelas.[426]

Raul Pompeia tinha a ironia demolidora de quem constata uma civilização que está prestes a se acabar:

> Quanto a mim, o que sobretudo me maravilhava era a coragem com que Aristarco fisgava os astros, quando todos sabem que

---

424. HÖLDERLIN. In: NUNES, Benedito; CAMPOS, Maria José. **Hermenêutica e poesia**: o pensamento poético. Belo Horizonte: UFMG, 1999. p. 125.

425. CIORAN. **Oeuvres**. Coleção Quarto. Paris: Gallimard, 1995.

426. CANTINHO, Maria João. **O anjo melancólico:** ensaio sobre o conceito de alegoria na obra de Walter Benjamin). Coimbra: Ângelus Novus, 2002.

apontar estrelas faz criar verrugas. Uma vez, muito entusiasmado, o ilustre mestre mostrou-nos o Cruzeiro do Sul. Pouco depois, cochichando com o pouco que sabíamos dos pontos cardeais, descobrimos que a janela fazia frente para o Norte; não atinamos. Aristarco reconheceu o descuido: não quis desfazer-se. Lá ficou a contragosto o Cruzeiro estampado no hemisfério da estrela polar.[427]

Aristarco é uma das mais exemplares e convincentes personagens de nossa literatura, sendo *O Ateneu* um texto escrito com claridade, ainda que seja sobre ruínas. E a arte de celebração da ruína é estratégia narrativa que sempre leva a um desvio do plano da representação, rejeitando o uso da primeira pessoa no texto, para não acarretar o tom autobiográfico. E nisso congemina com a estratégia do norte-americano Henry James (1843-1916), de que Raul Pompeia é contemporâneo e quem sabe, a ele agregado pelas afinidades do tempo, o mesmo que uniu um Newton e um Leibniz. Com o verdadeiro se juntando ao descoberto e ao inventado. Parafraseando E. M. Cioran, é impossível ler uma linha de Raul Pompeia, sem pensar na morte com que se vitimou. Como se tivesse ele precedido com os escombros, a sua obra-prima.

---

427. POMPEIA, Raul. **O Ateneu**. São Paulo: Ática, 2010.

CAPÍTULO 20

Monteiro Lobato (José Bento) e o mundo imperioso da infância

Nasceu em Taubaté, São Paulo, em 18 de abril de 1882, e faleceu em São Paulo, em 4 de julho de 1948. Foi editor, pioneiro na Indústria do Livro, fundador da Companhia Editora Nacional. Romancista, ficcionista, jornalista, ensaísta, panfletista. Formado em Direito pela Universidade de São Paulo, exerceu a promotoria de justiça em Areias por sete anos. Tornou-se fazendeiro em Buquira, quando iniciou a vida de escritor. Nacionalista, sempre voltado para o futuro do país, tendo sido até condenado pelo governo ditatorial à prisão por sua posição a favor do petróleo brasileiro. Tentou morar na Argentina, não conseguiu.

Foi um grande homem – espécie que escasseia – e um grande escritor. É o inventor da literatura infantil e infanto-juvenil, para não dizer o Pai desta nova visão, que lhe permitiu educar gerações como um exímio contador de histórias, criando personagens maravilhosas que povoam a infância de nossa gente e povoaram a nossa: Dona Benta, Lúcia, a de Nariz Arrebitado, com suas reinações, o Marquês de Sabugosa, Peter Pan, Emília, Pedrinho e suas caçadas, Tia Anastácia, o Sítio do Pica-pau Amarelo, o Marquês de Rabicó, o Saci. Suas histórias em regra se dão no Sítio de Dona Benta, o *Sítio do pica-pau amarelo*. Fabulista raro, que pode ser posto ao lado de um Grimm, Hans Christian Andersen, do autor de *Pinóquio*, todos os que habitam a civilização da infância. Os que de tão meninos, que não mais souberam morrer. Porque a morte é sempre adulta, seríssima e não tem imaginação alguma. Sua fábula é interminável pela genial imaginação. Sucesso de vendas, leitores inveterados. Gerou uma mitologia própria, brasileira, combatendo a literatice e o oficialismo. Criou Emília, uma das mais importantes personagens – não só da literatura infanto-juvenil – que alcançou um grande *status* no mundo contemporâneo. E, de tal monta, é concedido o Nobel da literatura infantil (*Hans Andersen*), tendo entre as premiadas, duas brasileiras: Lygia Bojunga e Ana Maria Machado. Surgindo mestres como Malba Tahan (*O Homem que Calculava*), Ziraldo, com obra de espantosa invenção: *O menino maluquinho* e *Flits*. Ou a autora de *A vaca voadora*, Edy Lima, acrescidos dos nomes de Maria Dinorah, Mery Wess, Sérgio Cappareli, entre outros.

Monteiro Lobato, além dessa magnífica obra vinculada à infância, marcou sua presença como romancista, através de livros visionários, próximos de Júlio Verne – *O choque das raças* e *O presidente negro* (1926). Publicou contos exemplares, em vários volumes: *Urupês* (1918) onde aparece o *Jeca Tatu*, personagem que chamou atenção de Rui Barbosa, como o tipo do camponês brasileiro, abandonado à sorte pelo governo. Chegando a criar o vocábulo no Dicionário, do *Jeca*, o miserável, o que honra um escritor, fazendo sua palavra coletiva. Lançou *As ideias de Jeca Tatu*, 1919. Publicou ainda: *Cidades mortas*, 1919, contos; *Negrinha*, 1920, contos, entre eles, a obra-prima *O colocador de pronomes*, um tal de Aldrovando Cantagalo, que nasce e morre por erro de pronome. Para Júlio Ribeiro, um dos mais engenhosos da língua. E eu o ponho ao lado de *O jardineiro Timóteo*, *Duas cavalgaduras* e *O herdeiro de si mesmo*. E de outra obra-prima, *A facada mortal*. E explica a arte certeira do contista na ponta da palavra e das ideias, ou de pontaria na mão arteira. Seus contos trazem no bojo o amor pelos mais simples ou pelos desprezados da sorte, dando rosto ao povo. Nele, a psicologia completa a imaginação. Condenando o nacionalismo estreito, adequava-se ao verdadeiro *sentimento do país*. O volume do gênero, mais representativo ainda que *Urupês*, é *Negrinha*, que, maduramente, identifica essa façanha de narrar com elegância e os dengos de dialogante e manhoso estilo. Disse Monteiro Lobato, certa ocasião, que a origem de suas histórias era melhor do que elas. Não sei. Porque o contador de casos é prodigioso, com a afluência tangida de vida e verve, sem abandonar o clima onde *cabeceiam certos clássicos*, como Dickens, Camilo, Balzac. Sim, manipula o sarcasmo mordaz, fraseado claro, objetivo, moderno, comunicante, cheio de ironia e notas de lirismo. Uma fortíssima humanidade.

Lobato não era apenas um criador de tipos, figuras imperecíveis, também era alguém que sabia penetrar no inconsciente coletivo, através dos símbolos. É de acrescentar os livros de contos: *A onda verde*, 1921; *Mundo da lua*, 1923; *O macaco que se fez homem*, 1923, realismo fantástico, pioneiro; *Contos pesados*, 1940; *Contos leves*, 1941. Sentia-se mais à vontade no conto do que no romance, talvez pela sua vocação de captar o sentido imediato das coisas, penetrá-las até o cerne, com o máximo de emoção e intensidade. Tinha a memória procelosa da imaginação e a imaginação da memória. No romance foi visionário. Sobretudo, em *O presidente negro* (que, hoje pelos últimos acontecimentos na eleição americana, é perturbador e contemporâneo). Curiosamente, anos mais tarde, o dominicano Manuel de Cabral, escreve *El presidente negro*, girando sobre o mesmo tema, o que dá ao brasileiro o reconhecimento devido a um profeta e precursor. Vale registrar igualmente sua correspondência com outro grande escritor e seu amigo, Godofredo Rangel, em *A barca de Gleire*, que é muito importante para o melhor conhecimento do Brasil da sua época e do pensamento de ambos. Observa numa das cartas: "Nos grandes mestres o adjetivo é escasso e sóbrio e vai abundando progressivamente à proporção que descemos a escala de valores."[428] Seu nome sempre retorna, porque cresceu pelo amor da memória por si mesma, o ápice da imaginação. Expandiu sua alma, adentrando-se no tempo de uma perene meninice. Pois a infância é vara de lembranças mágicas, cuja única verossimilhança é a invenção de uma realidade tão extrema e tão próxima à nossa, que até nos sonha, antes de a lermos. Já estava em nós. Tal um cego que pudesse, com as mãos do inventado, ler nosso rosto. E é um rosto de todos de que foi precursor?

Talvez apenas tenha sido precursor de si mesmo.

---

428. LOBATO, Monteiro. **A barca de Gleyre**. São Paulo: Globo Editora, 2010.

CAPÍTULO 21

Pré-modernistas, ou Pós-Simbolistas

Mário Pederneiras Álvaro Moreyra
Mansueto Bernardi
Aureliano de Figueiredo Pinto
Paulo Correia Lopes
Telmo Vergara
Olegário Mariano
Tyrteu Rocha Vianna
Manoelito de Ornellas
Rui Cirne Lima e outros
Ernani Fornari e a comparação com Tyrteu Rocha
O menino Felipe, de Afonso Schmidt
Paulo Setúbal, o romancista da história

Se o projeto simbolista teve a transitória participação de um Álvaro Moreyra, de um Mário Pederneiras e do *Poeta das cigarras*, Olegário Mariano e outros a seguir citados, todos, de alguma forma, mais ou menos, por essa via, se adentraram no Pré-Modernismo. Chamo estes autores de Pré-modernos, como poderia chamá-los de pós-simbolistas. O fato é que vieram no intermédio. E de uma forma ou de outra sinalizaram o modernismo. Ou por alguma singularidade vanguardista, ou por signos que depois seriam ampliados.

Mário Pederneiras

Nascido no Rio, em Paranhos, no dia 2 de novembro de 1868, faleceu na capital do Estado, em 8 de janeiro de 1915.

Teceu poemas simples, entre a serenidade e certa bizarrice. Com a introdução do verso livre. Antonio Carlos Secchin, na valiosa introdução à sua *Poesia completa*, examina quanto Pederneiras ficou margeando a modernidade.

> O que temos? Uma sextilha com rimas a-b-a-c-c-b (nenhum verso deixou de ser rimado), com um octossílabo, um pentassílabo e, consecutivamente, quatro decassílabos, o primeiro heroico, o segundo sáfico, o quarto, heroico. Versos livres? Melhor inferir uma permanência do antigo sob o manto do moderno, ou, na melhor das hipóteses, uma plácida convivência entre traços arcaicos e algum ímpeto de modernidade. Sim, porque a rigor, Pederneiras parece um poeta "à beira"; percebe o rumor da iminente modernidade, mas a ela não se entrega.[429]

Ainda que se dê razão ao nobre crítico e poeta, há que considerar que o verso livre jamais foi livre, jamais o será totalmente. É miscigenado sempre pela herança cultural, as parentelas que influíram no plasma sanguíneo do verso que se renova, mas não se transforma com plenitude. A literatura há de levar com ela, queira-se ou não, essa carga genética. O que também se dá na família espiritual dos autores, de quem jamais se libertam. Porque o sangue é espírito – dizia Nietzsche. Curiosamente, a nosso ver, Mário Pederneiras realiza-se melhor no soneto, como o admirável *A medalha de um soldado*.

> "Modernidade? Emerge da luta consigo mesma."[430]

Álvaro Moreyra

Álvaro Moreyra nasceu em Porto Alegre, RS, em 1888, e faleceu no Rio de Janeiro, em 1964, destacando-se desde a mocidade. Pertenceu à Academia Brasileira de Letras, sendo, sobretudo, um arquiteto de crepúsculos, desde *Casa desmoronada*, 1909 a *Lenda das rosas*, 1916.

---

429. PEDERNEIRAS, Mário. **Poesia reunida**. Antonio Carlos Secchin (Org.), Rio de Janeiro: Academia Brasileira de Letras, 2004.p. 21.

430. PEDERNEIRAS, Mário. **Poesia reunida**. Antonio Carlos Secchin (Org.), Rio de Janeiro: Academia Brasileira de Letras, 2004.p. 278

Sua arte forjou um texto saboroso de verso/prosa, com humor e lirismo, tirando coelhos, assemelhando-se a um mágico, de sua miraculosa cartola no posterior volume, *O circo*, 1929. Álvaro Moreyra aderiu, a seguir, ao Modernismo, nos tendo legado como obra-prima, *As amargas não*[431], em que o pensador se une ao idílico inspirado, com grandeza humana, despojada pureza, mais irônico ou dorido, sabendo ser erudito e popular, cuja epígrafe revela sua meta, por sinal, atingida: "[...] Tu ias buscar na fonte a água cheia de imagens"[432], com provérbios, observações certeiras:

> Tenho notado que as pessoas de vista cansada são as que veem melhor [...] Os olhos das corujas condenam. Os olhos dos burros perdoam... O tempo feliz é sempre o tempo que passou [...] O que falta ao mar é a calma [...] O desejo é o primeiro clarão da saudade... Para fazer um céu, basta uma estrela [...]. Os egoístas morrem sozinhos [...] Não nasci para ser chefe. Chefe manda, eu peço. Peço que não me mandem [...] Sou contra o equilíbrio. Acho que a gente deve cair para poder levantar-se.[433]

E se levantava com a palavra. Por trazer a insustentável leveza da crônica (muito tempo antes do conselho de Ítalo Calvino para o novo milênio) que deslizava igual a um arroio ou nascente. Influenciou a criação do futuro autor da *Rua dos cata-ventos...*

Quando lemos o que Mário Quintana alude sobre as suas tias, como Élida, revemos o que Álvaro fala de sua vovó Maria da Glória. Ou a vida é uma escada de um para outro. Tais as escadas em caracol de Quintana. Sim, um continua no outro, inapelavelmente.

Ao vagar por *Do Caderno H*, ou, ainda, *A vaca e o hipogrifo* com seus prosopoemas, deparo-me com estas *Amargas, não*. Ambos são simples, carregados de bondade. Quintana,

---

431. MOREYRA, Álvaro. **As amargas não**. Rio de Janeiro: ABL, 2007.
432. SCHEHADE, Georges. [Epígrafe]. In: MOREYRA, Álvaro. **As amargas não**. Rio de Janeiro: ABL, 2007.
433. MOREYRA, Álvaro. **As amargas não**. Rio de Janeiro: ABL, 2007.

no entanto, singulariza-se pelo clima surrealista e pelo cristalino humor. Álvaro é um desamparado, preso em pleno simbolismo, entre D'Annunzio, Antero de Quental, Antônio Nobre, o irmão de candidez, João de Deus, com iluminações no telhado da alma. Aqui e ali, de repente o clarão! Mário tem maior senso de erudição e de rigor no texto, Álvaro é uma pandorga de lirismo que se abandona ao vento do céu. Rindo de luz. Quintana se envolve com o anjo Malaquias e Álvaro com o anjo da guarda, ou o anjo que permaneceu músico entre as celestes hierarquias. A ponto de não haver perdoado "Santa Cecília (por) ter contado a Valeriano o seu segredo: – Possuo um amante. É um anjo de Deus que, com maior ciúme, cuida de meu corpo."[434] E essa angelitude de ambos, demonstra igualmente a leveza interior. Sim, porque no dizer de Chesterton, "os anjos voam porque se prendem à leveza."

Mário quer sepultar-se no céu e, para Álvaro, "o céu é uma cidade de férias, férias boas que não acabam mais."[435] E "que céu pode saciar o teu sonho de céu?"[436] – murmurava Manuel Bandeira. E o céu não é trocável entre um e outro.

Álvaro Moreyra era uma figura em sucessivo estado de poesia. Quando soube que morreu Francis Jammes, o gaúcho não se conteve. Aproximou-se de um burro e contou-lhe a infausta notícia. É que Francis Jammes era o poeta dos burros e queria subir aos céus com eles. Pena é que não se tenha sabido a reação do animal. Talvez a mais fraterna. E a construção de seu mais importante livro, *As Amargas, não*, 1954, se assentou no *assunto que falava*, tecido pelo diálogo entre ele e o mundo, ele e as criaturas que conhecera, ele e seus sonhos, ele e as palavras que o amavam.

Nesse ambiente literário, em que, no Rio de Janeiro, brilhava Álvaro Moreyra, no Rio Grande do Sul o Regionalismo dava aos novos poetas uma realidade como matéria de arte e

---

434. MOREYRA, Álvaro. **As amargas não**. Rio de Janeiro: ABL, 2007.

435. MOREYRA, Álvaro. **As amargas não**. Rio de Janeiro: ABL, 2007.

436. BANDEIRA, Manuel. A morte absoluta. In: BANDEIRA, Manuel. **Estrela da vida inteira**. Rio de Janeiro: Nova Fronteira, 2009.

o Simbolismo lhes oferecia a forma mais liberta de tratar essa realidade – é o que suscita Lígia Chiappini de Moraes, na sua análise do Modernismo.

O surgimento de Érico Veríssimo revela-se nesse clima, entre Augusto Meyer, Theodomiro Tostes, Reynaldo Moura, Carlos Dante de Moraes, Moisés Vellinho, Manoelito de Ornellas, Dyonélio Machado, Mário Quintana, Lila Ripoll, Cyro Martins, Ruy Cirne Lima. Entre esses, alguns de boa lembrança:

Mansueto Bernardi nasceu em Ásolo, Itália, em 1888, e faleceu em Veranópolis, em 1966. Autor de livro que o singularizou – *Terra convalescente*, 1918, com poemas singelos, franciscanos, e de *Vida e obra de Eduardo Guimarães*, 1949.

Aureliano de Figueiredo Pinto nasceu em Tupanciretã, RS, em 1898, e faleceu em Santiago, em 1959, publicou as coletâneas de poesia *Romances de estância e querência I e II*, em 1959-1963, marcadamente gauchescas, e o romance póstumo, *Memórias do Coronel Falcão*, 1973.

O poeta Paulo Correia Lopes nasceu em Itaqui, em 1898, e faleceu em Porto Alegre, em 9 de setembro de 1957. Editou sua *Obra poética*, 1958, sendo contista primoroso em *História de uma traça*. Eis um fragmento, de mordaz ironia:

> Conheci uma traça que se tornou espírita por ter passado uma temporada dentro de um volume de Allan Kardec. Nunca vi espetáculo mais engraçado do que ouvi-la dissertar sobre a teoria da reencarnação para o aperfeiçoamento das almas. Por mais que tentasse convencê-la do absurdo do espiritismo. Nada pude conseguir. ... Numa vida anterior fui um elefante que vivia feliz nas florestas da Abissínia. Uma tarde, quando me dirigia a um lago para matar a sede, fui ferido em pleno coração pelo poeta Rimbaud, que negociava com marfim para esquecer seu sonho de poesia. – Você, que me ouve, dizia-me, talvez já tenha sido um tigre e um dia será uma árvore [...].[437]

Vale registrar, também, o ficcionista Telmo Vergara (nasceu e morreu em Porto Alegre, RS, 1909-1967). Romancista de

---

437. LOPES, Paulo Corrêa. História de uma traça. In: LOPES, Paulo Corrêa. **Obra poética**. Lisboa: Portugália.

Estrada perdida, é no conto que se faz lembrado – *Cadeiras na calçada*, 1936, onde o cronista se mescla ao cultor de histórias curtas, fotografando uma época mais descontraída, quando os vizinhos conversavam com as cadeiras nas calçadas.

Olegário Mariano

Filho de Pernambuco, Recife (veio à luz em 24 de março de 1889, falecendo no Rio, a 28 de novembro de 1958). Era de família rica, dono de cartório. Ali trabalhou como formiga e, na poesia, foi cigarra. Pertenceu à Casa de Machado, granjeando popularidade, com papel proeminente na vida intelectual e na boemia carioca. Alguns dos seus livros de poesia que se destacaram: *Ângelus*, 1911, *Evangelho da sombra e do silêncio*, 1912, *XIII Sonetos*, 1912, *Últimas cigarras*, 1915, Água corrente, 1918, *Toda a vida de poesia*, 1957. Romântico inveterado, que encantou sua língua no dialeto das cigarras, foi nascido fora de seu tempo, que era antes, muito antes. E escreveu: "Sem o brilho de uma estrela, / Muita estrela acompanhei. / As estrelas se apagaram, / De olhos sem elas, chorei ... Sem amores, velho e triste, / Eu que fui poeta e fui rei, / Posso morrer sem remorsos: / Tudo o que me deram, dei. //"[438] Parnasiano e simbolista, sofria de palavras que envelheceram e as amou. Personalidade melancólica, ingênua, comovida, não postulava nenhum projeto estético, salvo o de ir gorjeando, o que no calibre de viver e no mirar da natureza lhe foi dado. Seu texto, *O poço da panela*, é próximo de Antônio Nobre, tanto pelas alusões de infância quanto pela fascinante descrição de paisagem geográfica e humana. Não acompanhou a moda, nem o Modernismo. Alcançou a regularidade poemática, não o verso livre. Mas não decaiu de imaginação: importava-lhe a linguagem que sabe as coisas livres, ou que se volve às coisas universais como os pássaros, a brisa, as estrelas e certa alegria que não lhe foi tirada, que continuará além de todas as modernidades, que ele não entendeu, nem o entenderão. E nada lhe haveriam de acrescer, diante da

---

438. MARIANO, Olegário. **A vida que já vivi**: poemas. Porto Alegre: EDIPU- CRS, 1991.

certeza de "levar dentro dos olhos, / A beleza imortal de tudo quanto amou." O que no plano da existência lhe foi propício, no da invenção teve a efêmera glória, ainda que, para muitos, gasta, cristalizando aquele derradeiro instante entre formiga e cigarra, ou talvez o antiquíssimo da fábula, com sonetos que ainda se leem, como se nos lessem:[439]

Conselho de amigo
Cigarra! Levo a ouvir-te o dia inteiro,
Gosto da tua frívola cantiga,
Mas vou dar-te um conselho, rapariga:
Trata de abastecer o teu celeiro.

Trabalha, segue o exemplo da Formiga.
Aí vêm o inverno, as chuvas, o nevoeiro,
E tu, não tendo um pouso hospitaleiro,
Pedirás... e é bem triste ser mendiga!

E ela, ouvindo os conselhos que eu lhe dava,
(Quem dá conselhos sempre se consome...)
Continuava cantando... continuava...

Parece que no canto ela dizia:
– Se eu deixar de cantar, morro de fome...
Que a cantiga é o meu pão-de-cada-dia.

O enterro da cigarra
As formigas levavam-na... Chovia...
Era o fim... Triste Outono fumarento!
Perto, uma fonte, em suave movimento,
Cantigas de água trêmula carpia.

Quando eu a conheci, ela trazia
Na voz um triste e doloroso acento.
Era a cigarra de maior talento,
Mais cantadeira desta freguesia.

---

439. MARIANO, Olegário. **Conselho de amigo**: poemas. [S. l.; s. n.], [19--].

Passa o cortejo entre árvores amigas...
Que tristeza nas folhas... que tristeza!
Que alegria nos olhos das formigas!

Pobre cigarra! Quando te levavam,
Enquanto te chorava a Natureza,
Tuas irmãs e tua mãe cantavam...
Também foi ele a última cigarra!

Tyrteu Rocha Vianna

Tyrteu Rocha Vianna, considerado, por alguns, "o Revolucionário de São Francisco de Assis", onde nasceu no ano de 1898, faleceu em Alegrete, no dia 21 de setembro de 1963. Formado na Faculdade de Direito, advoga na terra natal, radicando-se, após, em Alegrete, ligado aos *Cadernos do Extremo Sul*. É, para alguns, como Itálico Marcon, que o descobriu, precursor do Modernismo. Sendo apontado por João Batista Marçal como o mais radical e subversivo integrante do referido Movimento literário gaúcho, comparado a um Qorpo Santo.

Acrescentem-se os nomes de Manoelito de Ornellas (memorialista de *Terra xucrae*, notável ensaísta de *Gaúchos e Beduínos*), Rui Cirne Lima (um dos maiores juristas do Brasil), que soube ser poeta telúrico, paisagista, com descrições concisas e vivíssimas de amor ao Rio Grande, publicando *Minha terra*, 1926, poesia; *Festa noturna*, 1927, poesia; *Colônia Z e outros poemas*, 1928. Além desses, Theodomiro Tostes, Athos Damasceno Ferreira, Olmiro de Azevedo, Paulo de Gouvêa e Ernani Fornari, da fase heroica do Modernismo (1922-1930).

Ernani Fornari

E é Ernani Fornari (1899-1964), autor de *Trem da serra*, com imagens avançadas e surpreendentes, que merece ser revalorizado, como *o revolucionário da serra*. Desdobra seu poema, a cada parte ou capítulo, com uma estação de comboio, assinalando com os versos a trajetória da *conquista da serra*, ao tratar da imigração italiana no Rio Grande do Sul. E é dele este fragmento:

> E a china ficou espiando atrás do pinheiral
> O gringo que chegava, loro como o sol – que era o deus dos seus avós.
> – Buenas tardes pra vancê!
> – Bona sera!
> – Que é que ele disse?
> E o gringo construiu uma casa com telhado de tabuinhas...
> (O rancho da china era de santa-fé!)
> E o gringo plantou trigo na montanha
> – milagrou aquele chão que era só pedra...
> E a china ficou espiando aquele estranho que plantava
> Também cabelos louros no cocoruto da montanha
> E gostou tanto da maciez estranha da seara
> Que quis deitar-se sobre ela e adormecer.
> (Até parecia os cabelos dele!)[440]

Essa visão, que encontramos no lúcido crítico gaúcho, Luís Augusto Fischer[441], também é a nossa. Se o volume *O saco de viagem*, de Tyrteu Rocha, publicado pela Livraria do Globo (1928), une-se ao futurismo de Marinetti, ligado a Oswald de Andrade, celebrando a velocidade, "desmistificando e dessacralizando o idioma poético consuetudinário, valendo-se de uma poemática mais prosaica, crítica, desierarquizada e mordaz"[442], na expressão de Itálico Marcon, *O Trem da serra*, de Fornari, ao reger-se pela mesma influência de Marinetti, desmonta a dicção tradicional, com poemas como *Cinematógrafo* ("Vesperal infantil / Dos meus olhos de homem feito! //"), com lógica verbal mais poética, telúrica e menos descritiva do que

---

440. FORNARI, Ernani. **Trem da serra.** [s.l.]: Livraria Editora Acadêmica, 1987.

441. FISCHER, Luís Augusto. **Literatura gaúcha.** Porto Alegre: Leitura XXI, 2004. p. 76-77.

442. ROCHA, Tyrteu. Recordações. In: ROCHA, Tyrteu. **Saco de viagem.** Porto Alegre: Livraria do Globo, 1928.

HISTÓRIA DA LITERATURA BRASILEIRA
Da carta de Caminha aos contemporâneos

Tyrteu, que, contrariamente à certo exagero crítico, não foi tão solitário na *sua geração*, quanto se diz, bastando examinar estes enxertos de *O saco de viagem*:

> O general Bento Gonçalves da Silva
> Fez a separatória república de 35
> Com bandeira
> Verde amarela encarnada
> Escudo complicado
> Ajutório de Garibaldi dei due mondi
> E o rubro barrete frígio
> Da mulher deusa Razão parisiense
> Quando eu gurizava fundaços passarinheiros
> Em um São Chico bastante menor
> Que o atualíssimo de empréstimo americano
> Asseio público e praça de esportes
> Hipotéticas hipóteses relatoriais
> Ditadurazinha desgovernamental de Trois...tky
> Felizmente quadrienal
> Homenageavam filarmônica churrasco
> Cervejada subscrição República de Piratinim
> Subindo barbante
> Foguetório vivarada
> Discurso obrigatório major Laláo
> Meio metro bandeiral
> Histórico reverenciado respeito
> Trapo nem verde nem amarelo nem mais nada
> Meu Pai respondente
> Sentado me dizia
> É o regime econômico vaca magra
> Das tetudas economias invisíveis
> Do dinheiro municipal calotíssimo.[443]

---

443. ROCHA, Tyrteu. Recordações. In: ROCHA, Tyrteu. **Saco de viagem**. Porto Alegre: Livraria do Globo, 1928.

Ou este pequeno fragmento: "E durante todo o tempo em que / Eu podia crer na vida da Mãe d'Água / O meu nariz foi o único culpado / Dela não ter me aparecido."[444] Donaldo Schüler fala que teria o poeta usado uma técnica de montagem de Eisenstein e essa era feita de tomadas semissimbólicas de figuras opostas ideologicamente, com a música e a filmagem inversa, o que, a meu ver, é exagero. Como é excessivo compará-lo a Qorpo Santo. Se há comparação possível, pela genialidade na loucura, é a de Qorpo Santo e Sousândrade. Em Tyrteu, anuncia-se mais o exótico e curioso. E, tendo sido discípulo ferrenho de Marinetti, usando a mesma técnica de elipse e descrição do mestre italiano, onde palavras do texto mais parecem títulos altissonantes de notícias de jornal do que a misteriosa fusão de signos e símbolos que gera o mágico, ou mesmo o estágio de infância, instaurador de poesia. E "só o espírito de infância é capaz de criar" (Joaquim Nabuco). Nas invenções de palavra – como *gurizava* – é inegável o achado. No mais, o poema é um telegrama urgente de um nada a outro. Salvo se entrarmos no processo de Beckett: de nada expressar e escrever, mas, ao se extinguir o tema, permanece a escritura. Em Beckett, a escrita é povoada de sentidos, e, em Tyrteu, deserta.

O menino Felipe, de Afonso Schmidt

Nasceu em Cubatão, São Paulo, em 1890, e faleceu na capital do Estado, em 3 de abril de 1964. Viandante, aventureiro, afigurando-se no *furor de viver* protagonista de Jack London, se não era ele mesmo, sem que o soubéssemos, sob outra terra e gente. Inicialmente poeta, firmou-se como ficcionista. Seu primeiro livro de contos foi *Brutalidade*, 1922. Publicou outros volumes no mesmo gênero, além desse: *Os impunes*, 1923; *O retrato de Valentina*, 1948. E, entre os romances, *Saltimbancos*, 1950. O seu melhor, para nós, foi *O menino Felipe*, 1950, romance, vencedor de um grande concurso de *O Cruzeiro*. Descreve as peraltices de seu personagem em Cubatão, *entre*

---

444. ROCHA, Tyrteu. Recordações. In: ROCHA, Tyrteu. **Saco de viagem**. Porto Alegre: Livraria do Globo, 1928.

lírios e sapos. É livro de boa infância, como o *Menino de engenho*, de José Lins do Rego, estilo saboroso, autobiográfico, simples e miraculosamente humano.

> Dali a pouco ouvi o trotar de um cavalo defronte da casa. Corri à janela, a ver o cavaleiro. Ora, quem havia de ser? O Pereira do Violão. Ele foi até lá adiante e parou na porta da venda. Amarrou o cavalo na argola da porta e entrou. Logo depois Edwiges, que andava a cantar lá pelos fundos da casa, voltou correndo, estacou diante de mim e perguntou-me:
>
> – Que é que você diz disto? E começou a requebrar-se, como se estivesse diante de um espelho. Respondi, sem pensar:– Parece que a senhora viu o passarinho verde.[445]

E consta que a criatura, como seu criador, ambos foram andarilhos, viajantes da noite, sem bastão e sem lanterna. E tal é o dom do narrador que a história, se verdadeira, parece inventada e, se inventada, verdadeira.

Paulo Setúbal, o romancista da história

Nasceu em Tatuí, São Paulo, em 4 de maio de 1893, e faleceu na capital paulista, em 4 de maio de 1937. Formado em Direito, sofreu tuberculose e a enfrentou, vencendo a doença. Conhecendo bem o interior paulistano, foi seu poeta, com *Alma Cabocla* (10. ed., 1993), tal como se deu com Menotti del Picchia e seu *Juca Mulato*. Diz num trecho, em que o lirismo e o amor a terra, às paisagens, trabalhos, transparecem:

> O ribeirão que tomba dum penedo,
>
> Faz tocar o volante da engrenagem
> Que as canas remoinha;
> E mal desponta o sol de manhã cedo,
> Começa a faina imensa da moagem
> Que acaba de tardinha.

---

445. SCHMIDT, Afonso. **O menino Felipe**. Rio de Janeiro: O Cruzeiro, 1950. p. 131.

CARLOS NEJAR

> Carros de bois, atravessando as roças,
> Trazendo canas aos montões ceifadas,
> Passam chiar-chiando;
> E vêm do canavial as vozes grossas
> Que entoam sem cessar os camaradas,
> Entre ioçás foiçando![446]

Pertenceu à Academia Brasileira de Letras, foi poeta, contista, romancista e memorialista e advogou na capital paulista. Publicou: *Alma Cabocla*, poesia; *Marquesa de Santos*, romance histórico, 1925; *O Príncipe de Nassau*, 1926, romance histórico; *As maluquices do Imperador*, 1927, conto; *Os irmãos Leme*, 1933, romance histórico; *Confiteor*, 1937, entre outros. Paulo Setúbal foi um notável narrador de fatos históricos, tendo a graça, o estilo direto, agradável, capaz de comover os leitores, conhecendo em vida a popularidade. Foi num certo sentido o renovador do romance histórico entre nós, sendo contemporâneo de *Olga*, de Fernando Morais, ou de *Joaquina, filha de Tiradentes*, de Maria José de Queiroz. Seus personagens possuem, o que é raro, abundante vida, porque se realizou como poeta da história no romance, e está esquecido, merecendo sair do *limbo* de nossa tão precária memória. O seu *Confiteor*, que lembra o de Santo Agostinho, revela grandeza de espírito, o que não é pouco. Embora tenha seu percurso interrompido pela morte, fulgura em suas páginas um desnudamento de estilo que reflete o despojamento interior, com invenção na fala popular que não se alberga nos lugares comuns, com a dramática e irresistível entrega "aos pés do Cristo que perdoa tudo". E testemunha:

> E Deus escutou minha mãe. Oh, se escutou... Tenho certeza que escutou. Pois foi Ele, na sua complacência, quem mandou um anjo do céu, fino e doce, a salvar com a sua pureza o filho da pobre velha humilde. Este anjo foi minha noiva. Sim, amigo, enquanto eu estroinava pelas vilezas do mundo, enquanto eu me rojava às tontas por tanto atascadeiro poluidor, lá estava no seu colégio de freira, escondidinha, sem que o mundo a conhecesse,

---
446. SETÚBAL, Paulo. **Alma cabocla**. 10. ed. São Paulo: Editora Nacional, 1993.

uma graciosa menina, frágil e tímida, que viria a ser na vida minha poderosa soerguedora.[447]

É o nobre desabafo de um coração que está despido, sem peso, ou sob a levitação da graça: "Cheguei-me a Cristo e sou feliz."[448] E, no plano do Espírito, muito do que não se entende, é o que permanece.

---

447. SETÚBAL, Paulo. **Confiteor.** São Paulo: Loyola, 1937. p.155
448. SETÚBAL, Paulo. **Confiteor.** São Paulo: Loyola, 1937. p. 10

CAPÍTULO 22

Modernismo brasileiro

Primórdios
As vanguardas europeias e o Modernismo brasileiro
Alguns aspectos paralelos

Primórdios

O Modernismo no Brasil não foi apenas um movimento de alguns criadores, fazendo de sua visão particular uma visão geral. Foi muito mais, a expansão de um programa criativo, entretecendo ideologia e arte. Abarcou todo um período do existir nacional, dentro de um processo societário e econômico que se estendeu, entre a renovação e o aguçamento de suas premissas de tempo. Porque "o humano nunca lhe será alheio". É verdade que houve a valorização do Regionalismo e a sua universalização, a busca de uma língua brasileira por Mário de Andrade, surgindo grupos em vários Estados da Federação: Rio de Janeiro, Rio Grande do Sul, Recife, Minas, Bahia, Ceará, Alagoas... A partir de 1922, na Semana de Arte Moderna de São Paulo, com Mário de Andrade, Oswald de Andrade, Graça Aranha, intelectual da velha geração, Manuel Bandeira, Cassiano Ricardo, Raul Bopp, Augusto Frederico Schmidt, Guilherme de Almeida, Menotti del Picchia, Ronald de Carvalho, Alceu Amoroso Lima (Tristão de Athayde), Luís Aranha, Sérgio Milliet, entre outros. Mário de Andrade reconhece que *o estopim do Modernismo* se deu com a artista plástica Anita Malfatti (com exposições: numa delas, o artigo de

Monteiro Lobato que lhe reconhece o talento, mas é dúbio e virulento quanto às inovações de sua arte). E o Movimento se ampliou através de Segall, Portinari, Di Cavalcanti, Tarsila do Amaral, Vicente do Rego Monteiro; na escultura com Brecheret; na música com Heitor Villa-Lobos; Gilberto Freyre na sociologia (*O Imperador das ideias*); Afonso Arinos de Mello Franco no ensaio, durante a primeira fase. Depois Carlos Drummond de Andrade, Murilo Mendes, Jorge de Lima, Ribeiro Couto, Augusto Meyer, Cecília Meireles, Tasso da Silveira, Emílio Moura, Abgar Renault, Guilhermino César, Antonio Candido, Sérgio Buarque de Holanda, Vianna Moog e vários outros. Quem sintetiza a necessidade do Modernismo é Alceu Amoroso Lima, ao afirmar "a sensação de esgotamento das formas consagradas começou a agitar profundamente a nova geração, enquanto as gerações anteriores se acomodavam às situações já adquiridas."[449] Antônio Carlos Secchin, ao examinar a sucessão do Parnasianismo - Simbolista, adverte que a passagem não foi linear. O mesmo aconteceu em relação ao trajeto do Simbolismo para o Modernismo, havendo um gradual apodrecer ético nos costumes e a consequente decadência da linguagem. O processo de renovação criadora é sempre sobre as ruínas do mundo anterior: ruínas políticas, econômicas, culturais, ruína no tratamento da palavra e a febre de ouro na ideia de uma identidade nacional, a realidade de um idioma conforme a fala e a invenção do povo brasileiro. E os sintomas do que sucedeu então tem parecenças, com diferentes invólucros, do que está sucedendo: nas narinas do ar vibra um novo tempo. A história não sai do lugar; nós é que saímos dela. Para outra.

---

449. COCTEAU, Jean apud ALCÂNTARA Machado, Antônio. **Intelectuais na encruzilhada:** correspondência de Alceu Amoroso Lima e António de Alcântara Machado, 1927-1933. Rio de Janeiro: Academia Brasileira de Letras, 2001.
ATHAYDE, Tristão. **Cartas do pai.** (De Alceu Amoroso Lima para a sua filha Madre M. Tereza). São Paulo: Ed. IMS, 2003.
BARBOSA, Francisco de Assis. **Intelectuais na encruzilhada.** Correspondência entre Alceu Amoroso Lima e Alcântara Machado. Rio de Janeiro: A. Athayde, 2002.
TELES, Gilberto Mendonça. **O pensamento estético de Alceu Amoroso Lima:** seleção e apresentação. Rio de Janeiro: Ed. Paulinas; EDUCAM, 2001. 2.v.

As vanguardas europeias e o Modernismo brasileiro

O Futurismo de Marinetti propugnava uma arte nova, valorizando a beleza da velocidade e o homem como herói (*Manifesto de 1909*, publicado em Milão, em 1912). Na destruição da sintaxe, supervaloriza o substantivo e os adjetivos, advérbios, elementos de conexão, que devem ser abolidos. A Primeira Grande Guerra Mundial revelou a ambiguidade futurista, vigorando no Brasil apenas alguns slogans e vestígios ideológicos decorrentes das raízes comuns socioculturais. Se, de um lado, teve influência no processo de libertação do Modernismo, de outro, a interrompeu na proposição ou tese. O difícil é o fato de que esse Movimento, ao criar um primitivismo de expressão, em busca sequiosa de identidade nacional, ou, ao acolher as influências do Movimento *Orfeu*, de Portugal e dos poetas Walt Whitman, Verhaeren e D'Annunzio, absorvendo o experimentalismo europeu e o espírito da nova civilização, em vez de ampliar sua abrangência, sequestrou-a, nem sempre chegando a ser moderno. E o Modernismo se agigantava, na medida em que se propagou a Utopia e se encolhia, quando ela se punha a encolher.

Além disso, não se pode particularmente deslembrar quanto o Dadaísmo influiu através de Oswald de Andrade, no uso, em primeira hora, da tática irreverente e demolidora de Tzara, posta em ação na Semana de Arte Moderna de São Paulo, em 1922, como tomada de posição agressiva contra o passado. Todo período revolucionário tende a uma desconstituição. E o ensinamento de Baudelaire é o de que "só se destrói, realmente, o que se substitui."[450] E teria o Modernismo substituído toda a conquista da tradição literária que o precedeu, se no passado é que se acham também as abertas sobrancelhas do futuro?

Eis as várias confluências:

1. O Manifesto do Surrealismo francês, liderado por André Breton, aprofundou as linhas do marxismo e

---

450. BAUDELAIRE, Charles. **Escritos sobre arte**. Editora Hedra, São Paulo, 2009

da psicanálise já enxertadas no Modernismo, com a utilização da técnica expressiva surrealista na prosa e na poesia.

2. Os Manifestos teóricos do Movimento, tanto de Mário de Andrade no seu *Prefácio interessantíssimo* e *A Escrava que não é Isaura*, além de *Macunaíma*, como de Oswald de Andrade, através do *Manifesto antropofágico*, com a edificação de novo código da língua. A que se veio somar, o romance *Memórias sentimentais* de João Miramar, bem como, *O manifesto da poesia Pau-Brasil*, de 18 de março de 1924, radicalizando o Modernismo. E dele, Mário de Andrade foi o maior crítico, transcendendo – e muito – o irreverente Oswald de Andrade.

Princípios básicos: a) Respeito à liberdade do subsconsciente; b) O poeta se integra ao seu tempo e o tempo ao poeta; c) O uso da frase elíptica; d) Libertar a palavra do cárcere sintático; e) A técnica do ritmo como arte do tempo; f) O uso da rima livre; g) Imagética com intensidade expressiva; h) Um desvairismo verbal organizado; i) A introdução do verso livre; j) O nacionalismo estético como afirmação de liberdade; k) Há o enquadramento político, através de Getúlio Vargas e o Estado Novo, aproveitando a ruptura trazida com o Modernismo; l) Rui Barbosa e Coelho Neto tornaram-se anátemas, por utilizarem como paradigma o *português lusitano*; m) A conferência veemente de Graça Aranha na Academia Brasileira de Letras, sobre *O espírito moderno*, que dali, corrosivamente, se disseminou.

Alguns aspectos paralelos

Há poetas de uma só voz e outros de muitas vozes. Na Inglaterra, há exemplos do primeiro e do último caso: Percy Shelley (o ensaísta Salvador de Madariaga levanta a influência de Calderón de la Barca, com *O mágico prodigioso*, em *Prometeu libertado,* não só por haver traduzido o texto do espanhol, como por julgá-lo "a mais alta contribuição à poesia dramática do mundo") e Robert Browning (precursor dos *personae*, de Ezra Pound). Entre os poetas do Modernismo poderíamos situar no primeiro grupo: Oswald de Andrade, Manuel Bandeira, Cecília Meireles, Emílio Moura, Murilo Mendes, Dante Milano. No último grupo: Mário de Andrade, Carlos Drummond, Cassiano Ricardo, Jorge de Lima. Isso a *voo de pássaro*, para não dizer mais de pássaro do que de voo. Porque não se arreda a hipótese que atentou João Cabral, a de o poeta ser um pássaro que anda mais tempo no chão que no ar. E, se suscito essa diferença de vozes, não é para o ajuste de valor, mas de natureza. Os primeiros tendem à unidade e os últimos, à diversidade. A magnitude poética é dada pela singularidade. É a linguagem que designa o poeta, depois de ele designar a linguagem.

CAPÍTULO 23

Poetas do Modernismo

*Mário de Andrade, ou de como Macunaíma e as saúvas
podem morder o Brasil – não sua grandeza
Graça Aranha
Antônio de Alcântara Machado
Oswald de Andrade, ou de como ir contra a corrente,
atuando nos repuxos
Manuel Bandeira e a permanência da água
Augusto Frederico Schmidt, ou o profeta no caos
Raul Bopp – Cobra Norato, ou Fura-mundo
Sosígenes Costa e o búfalo celeste
O reino impossível de Emílio Moura
Cecília Meireles – da fidência à Inconfidência Mineira, do
Metal Rosicler à Solombra
Tasso da Silveira e o poema do êxtase
Henriqueta Lisboa, além da imagem*

Mário de Andrade

Mário de Andrade foi a grande personalidade do Modernismo brasileiro, a maior delas, representando sozinho suas grandezas e falhas. Grandeza num projeto que embasou a melhor criação contemporânea. Falha no tempo que não teve para sintetizá-lo, já que, hegelianamente, a tese se defronta com a antítese, que reúne ambas, numa terceira situação, bem junto à terceira margem do rio, a síntese. Como o norte-americano Ezra Pound, foi um provocador de gênio, desencadeando na correspondência com Bandeira, Oswald, Drummond,

HISTÓRIA DA LITERATURA BRASILEIRA
Da carta de Caminha aos contemporâneos

Guilherme de Almeida, Ronald de Carvalho, Graça Aranha, Ribeiro Couto, Cecília, Alceu, Sérgio Milliet, Augusto Frederico Schmidt, Ascenso Ferreira, Menotti, Sabino, entre outros, uma vocação apostólica da nova estética, sem precedentes entre nós, repartindo-se em trezentos e cinquenta. Pode-se dizer que suas *cartas* são os mais valiosos documentos do Modernismo, onde ele foi mestre inconteste, divulgador nas várias áreas – da música ao romance, do conto à crítica.

Erudito, pesquisador, poeta e ficcionista, escritor completo, com uma dose rara de sabedoria, a todos influenciando, ajudando, corrigindo. Às vezes irmão mais velho – como no caso de Bandeira ou Drummond – outras, paternal, humaníssimo, sincero. Sofria de gigantismo epistolar. O que vai ao encontro do pensamento de Antonio Candido, já prevendo isso em 1946, quando ainda não viera à luz a maior parte da *Epistolografia* do autor de *Macunaíma*. E Mário, o dialogante, reconhecia que "o confronto de espíritos independentes concorre para o estabelecimento de uma amizade vincada por uma atitude respeitosa, mas imperativa."[451] Consciente como Oscar Wilde, punha o gênio mais na vida que na criação. Esse diálogo que manteve também com os grupos dos estados foi centralizador do *Movimento de 22* e, simultaneamente, a própria expansão. Porque a inteligência se propaga, como a febre amarela ou a burrice. E *Macunaíma* é inclassificável, também no substrato linguístico que o embasa, segundo Benedito Nunes, no romance *Amar, verbo intransitivo,* captou as virtudes de nosso idioma, enriquecendo o português falado no Brasil, mais do que uma legião de gramáticos.

De sua casa na Rua Lopes Chaves, na Barra Funda, São Paulo, movia-se pelo Brasil. É *o retrato de corpo inteiro*, entre contradições, afetos, observações de sensatez e beleza, o *desvelamento autobiográfico*, a psicologia, entre *rosas e urtigas*.

Enquanto Mário preconizava o abrasileiramento sistemático, Bandeira aceitava o abrasileiramento sem nenhum sistema. E, se ele se estendeu através do regionalismo: nossa

---
451. ANDRADE, Mário de. **A meditação sobre o Tietê**. São Paulo: Abril, 1982.

língua é a nossa alma. Isso basta. Mário de Andrade foi um poeta que ficou aquém de sua grandeza, por não ter a seu favor a cristalização do tempo. Viu antes e enverdeceu sem o fruto acabado. Sua influência foi maior do que sua criação poética. A publicação de *Pauliceia Desvairada*, 1922 trouxe com o *Prefácio interessantíssimo*, a plataforma do Movimento Modernista. E ali diz:

> Está fundado o Desvairismo [...] Parece que sou todo instinto[...] A gramática apareceu depois de organizadas as línguas. Acontece que inconsciente não sabe da existência das gramáticas, nem de línguas organizadas, [...]. Escritor de nome disse dos meus amigos e de mim que ou éramos gênios ou bestas. Acho que tem razão. Sentimos, tanto eu como meus amigos, o anseio do farol... Versos não se escrevem para a leitura de olhos mudos [...] Não continuo. Repugna-me dar a chave do meu livro.[452]

Começando com o poema *Inspiração*: "São Paulo! Comoção de minha vida... / Os meus amores são feitas flores de original!... / Arlequinal!... Trajes de losangos... Cinza e ouro... / São Paulo! Comoção de minha vida... / Galicismo a berrar nos desertos da América. //" E o agressivo *Ode ao burguês*: "Eu insulto o burguês! O burguês-níquel, / O burguês-burguês! //" Pioneiro é este livro, por trazer a urbe dentro de nossa poesia. O que antes dele, é verdade, fez Baudelaire, em *As flores do mal* e o lusitano Cesário Verde, em poemas de *No bairro* e *O sentimento de um ocidental*. Em 1922-1924, saiu *Losango cáqui*, dedicado a Anita Malfatti. Com versos significativos: "Meu coração estrala... Detesto os mortos que voltam. / São tão mais nossas imagens! Eu trago a raiva engatilhada... //" Em seu livro, *Clã do Jabuti*, 1927, destaca-se o poema *Acalanto do seringueiro*. No *Remate de males*, 1930, chama a atenção, sobretudo, em *Improviso do rapaz morto*, sendo o ponto mais alto, a parte dos *Poemas da amiga*, com o belíssimo verso: "A noite se deitava nos meus olhos." O que se observa, entanto, no poema marioandradino, é a existência de um conflito – nem sempre dirimido – entre sua obsessão de linguajar brasileiro e a cultura erudita que o

---

452. ANDRADE, Mário de. **A meditação sobre o Tietê**. São Paulo: Abril, 1982.

permeava, fazendo, às vezes, que seu pensamento pule para fora da forma, ou a forma para fora do pensamento. Consegue a harmonia desejada no livro *Lira Paulistana*, 1955, com o inspiradíssimo e um dos magníficos poemas da poesia brasileira, *A meditação sobre o rio Tietê*, em que a estrutura culta se impõe sobre as suas *juvenilidades auriverdes*, com verso largo, ritmo do coração pulsante do rio, força telúrica e órfica. Assim inicia Mário de Andrade o exemplar poema:

> É noite. E tudo é noite. Debaixo do arco admirável
> Da ponte das Bandeiras o rio
> Murmura num banzeiro de água pesada e oliosa
> [...]
> Mas porém, rio, meu rio, de cujas águas eu nasci,
> Eu nem tenho direito de mais de ser melancólico e frágil,
> Nem de me estrelar nas volúpias inúteis da lágrima!
> Eu me reverto às tuas águas espessas de infâmias,
> Oliosas, eu, voluntariamente, sofregamente, sujado
> De infâmias, egoísmos e traições.
> [...]
> É humaníssimo, doído, conspurcado pela condição vivente:
> Mudo, esquivo, dentro da noite, o peito das águas, fechado, mudo,
> Mudo e vivo, no despeito estrídulo que me fustiga e devora.

Adiante:

> Estou pequeno, inútil, bicho da terra, derrotado,
> No entanto eu sou maior... Eu sinto uma grandeza infatigável!
> Eu sou maior que os vermes e todos os animais.
> E todos os vegetais. E os vulcões vivos e os oceanos,
> Maior... Maior que a multidão do rio acorrentado,
> Maior que a estrela, maior que os adjetivos,
> Sou homem! vencedor das mortes, bem-nascido além dos dias,
> Transfigurado além das profecias![453]

---

453. ANDRADE, Mário de. **A meditação sobre o Tietê**. São Paulo: Abril, 1982.

Assemelha-se a Walt Whitman e Álvaro de Campos no tom que se torna triunfante, abrangente, eterno. Não há que esquecer também o notável poema que principia com: "Quando eu morrer quero ficar, / Não contem aos meus inimigos, / Sepultado em minha cidade, / Saudade." E finda com estas fascinantes imagens: "As mãos atirem por aí, / Que desvivam como viveram, As tripas atirem pro Diabo, / Que o espírito será de Deus. / Adeus. //"

Perdido entre a busca de abrasileiramento, a criação de uma linguagem longe da cunha lusitana, a esquivança ao lugar-comum que o levou a exageros expressivos, tombando em vazio palavroso, grandiloquente, sempre se norteou por uma originalidade expressional, por uma erudição sensível, a intuição certeira de valores com percepção do futuro. E o que não conseguiu em si – que foi muito – teve a *empatia*, a humanidade de captar nalguns dos companheiros grandezas, limites, profundidades. Com a agudeza e limpidez de quem anotava para a posteridade, como Moisés do Modernismo, tão abrangente era a sua visão literária, musical, folclórica e de todas as formas de arte. E tão universal que não teve tempo, nem possibilidade de pousá-la, inteira, abissal. Muito embora sabendo que não entrava em *Canaã*.

Num parêntesis é esse o nome da obra-prima de Graça Aranha (1868-1932), maranhense, que morreu no Rio, poeta-ficcionista e filósofo, publicado em 1902, com instantes de descrição da natureza, por sinal admiráveis, tendo como personagens dois imigrantes alemães em Santa Leopoldina, no Espírito Santo, Milkau e Lentz, num livro de ideias. A visão de um Brasil, rumo à *terra prometida*, com a discussão das raças – o que não convence e como a tese do progresso, é tropeçante ou perneta. Seu texto infelizmente encaneceu. Figura polêmica, que teve liderança ideológica entre os mais jovens no Modernismo, acabou por contender com a barricada dos Coelho Neto e Rui Barbosa, da Academia Brasileira de Letras. Esse, pela mudança literária e aqueles, sobretudo, o primeiro, pelo helenismo, dizendo-se o último dos *helenos*. Afirmou Graça, numa carta para Afonso Celso (de 22.12.1924): "A minha separação da Academia não foi determinada por motivos de ordem pessoal. Foi uma questão de princípios que me obrigou a apartar-me dos meus colegas."

Recentemente saiu uma biografia de Graça Aranha, revalorizado através do trabalho notável de Maria Helena Castro Azevedo, *Um Senhor Modernista*[454], onde se vem a saber que deixou sua autobiografia incompleta. Faleceu em 22 de janeiro de 1932. Prosador visionário, mesclou, pioneiramente, poesia, ensaio e pensamento, aproveitando sua experiência de magistrado no Espírito Santo e um processo-crime de que participou como julgador. Nilo Scalzo definiu *Canaã* como livro revolucionário. Emerge do ardente diálogo entre Lentz e Milkau. Para Franklin de Oliveira, "é co-irmão menor de *Os Sertões*, inaugurando a ficção ideológica brasileira. É romance social e romance de ideias, invenção de pensador e de artista. Mas, quanto às ideias *Canaã* ainda atua no abstrato"[455]. Ou melhor, mostra-se artificioso, cintilante e sem profundidade. Graciliano Ramos ousa chamar essa obra de medíocre e falsa. E há que reconhecer não só a carência de praticidade ou transporte das ideias de Graça Aranha à realidade do mundo, mas a quase ausência de pathos ficcional. E, se as ideias não são importantes: o que importa é a realização estética que se faz, com ou sem elas. Creio que, apesar de Graça Aranha se esforçar, não era, nunca foi um romancista, repetimos, por faltar-lhe o indispensável senso de imaginação, assim como pelo fato de seus personagens não conseguirem viver. Escreveu:

> O ipê é uma glória de luz; é como uma umbela dourada no meio da nave verde da floresta; o sol queima-lhe as folhas e ele é o espelho do sol. Para chegar àquele esplendor de cor, de luz, de expansão carnal, quanto não matou o belo ipê... A beleza é assassina e por isso os homens a adoram mais... Aqueles que cruzam as armas são os mortos. Os grandes seres absorvem os pequenos.[456]

---

454. AZEVEDO, Maria Helena Castro. **Um Senhor Modernista**. Rio de Janeiro: Academia Brasileira de Letras, 2002.

455. OLIVEIRA, Franklin. **A dança das letras**: antologia crítica. São Paulo: Topbooks, 1991.

456. ARANHA, Graça. **Canaã**. 4.ed. Rio de Janeiro: Nova Fronteira, 1981. p. 63.

Já ter sonhado com *Canaã* foi seu grande passo, viu a terra prometida do alto da montanha, como um outro Moisés, mais à sombra, porém andou em círculos pelo deserto. Só o Guimarães das *Veredas, novo Josué*, é que chegaria. Foi um profeta? Sim, *ao profeta a honra de profeta*.

Fechando o parênteses, prosseguindo os círculos, já que a criação caminha em círculos e com eles entremeamos o itinerário de nossa literatura, que, como a existência, tem planícies e montanhas, possuindo outra lógica, a do desconhecido. Sempre à outra mais distante margem. O rio não para.

Para Mário de Andrade, duplo do outro Moisés, conduzindo o exército de uma geração renovadora, pode-se aplicar a frase de Samuel Beckett: "Já não sou eu, mas outro que mal acaba de começar."[457] Ou que nunca terminará de começar. Vendo de longe, do monte, *a terra prometida*.

No livro, o mais importante de sua crítica, *Aspectos da literatura brasileira*[458], faz análises corajosas e lúcidas, também sobre Tristão de Athayde, pensador católico e ensaísta de escola. Para ele, "das mais fortes figuras de críticos que o país produziu", e que, no momento de obscuridade do Brasil, assumiu papel predominante. Seu estudo sobre Machado de Assis é modelar, bem como a visão generosa e, nem por isso, menos penetrante, de seus companheiros, como Manuel Bandeira, Drummond, Murilo, Frederico Schmidt ou Luís Aranha, hoje esquecido e que ele supervalorizou, mais Raul Pompeia, Gonçalves Dias, Álvares de Azevedo ou Castro Alves (com acertos e incompreensões a respeito do imenso baiano, achando ter ele ficado ao lado das qualidades *florais do gênio*, não se dando ao trabalho de cavoucar – o que é um juízo de quem não percebeu que, exatamente, o fruto do gênio castroalvino é o da grandeza que explode. Não vem da pesquisa, nem de cavar, nasce do amor). Curioso é também que o Moisés da nova literatura não

---

457. BECKETT, Samuel. apud PIRES, José Cardoso. **De profundis**. Alfragide: Publicações Dom Quixote, 1997.

458. ANDRADE, Mário. **Aspectos da literatura brasileira**. 5· ed. São Paulo: Livraria Martins Editora, 1974.

tivesse a inteira compreensão da voz que se levantou entre os hebreus num Egito de trevas "Há dois mil anos te mandei meu grito!". Porém, foi tão justo com Álvares de Azevedo, Gonçalves Dias e afiadíssimo na análise dos contemporâneos. Mário de Andrade: exemplo brasileiro de quem tinha mais alma do que espírito. Talvez um coração tão enorme que apenas por ele via, iluminadamente. *O empalhador de passarinho*, 1944, completa o seu espectro crítico, abordando a teoria do subconsciente na construção da poesia e o problema que o preocupava, o da língua brasileira. O ato de empalhar é o artifício. Nem sempre a criação de Mário foi a de um passarinho, pois, como todo reformador, trazia junto os artifícios (um deles, o de engendrar uma língua brasileira, quando a língua é criação do povo). Certos tiques impediram de o *passarinho da invenção* se alçar. Ora expressões, cacoetes, objetos não identificados do verso.

Todavia, sua energia vital de artista, muitas vezes, os sobrepujava. Foi contista inventivo, singular, com altíssimos momentos em *Belazarte*, 1934 e *Contos novos*, 1946, póstumo, tendo narrativas antológicas, como *O poço* e, aliando o cunho rico da fala e a psicologia do povo. Eis um trecho desse último:

> Eu sabia que ficava um veneno em Frederico Paciência, mais isso agora não me inquietava mais. Ele, inteiramente entregue, confessava, agora que estava liberto do livro, que ler certas coisas, apesar de horríveis, dava uma sensação esquisita, Juca, a gente não pode largar... Diante de uma amizade assim tão agressiva, não faltaram bocas de serpentes. Frederico Paciência, quando a indireta do gracejo foi tão clara que era impossível não perceber o que pensavam de nós, abriu os maiores olhos que vi. Veio uma palidez de crime e ele cegou. Agarrou o ofensor pelo gasnete e o dobrou nas mãos inflexíveis. Eu impassível, assuntando. Foi um custo livrar o canalha. Forcejavam pra soltar o rapaz daquelas mãos endurecidas numa fatalidade estertorante. Eu estava com medo, de assombro. Falavam com Frederico Paciência, o sacudiam, davam nele mas ele quem disse acordar! Só os padres que acorreram com o alarido e um bedel atleta, conseguiram apartar os dois. O canalha caiu desacordado no chão. Frederico Paciência só grunhia "Ele me ofendeu, ele me ofendeu."[459]

---

459. ANDRADE, Mário. **Os melhores contos**. São Paulo: Global, 1997.

Mais paulista na gíria, nos vocábulos, inventando-se a cada instante, expandem-se o pitoresco e a originalidade de um Antônio de Alcântara Machado (1901-1935), talvez o maior contista que o Modernismo produziu, com *Laranja da China*, 1928 e *Brás, Bexiga e Barra Funda*, 1927, falecido prematuramente. "Teve a preocupação de criar algo de novo e sólido" (Tristão de Athayde), tão novo e sólido que permanece em seu estilo indefectível, cortante, com linguajar tão sabiamente dedilhado pelas pontas do idioma, conseguindo – o que é raro – a previsão de Jean Cocteau, que Alcântara apreciava: "esconder a poesia debaixo do objeto."[460] E às vezes o objeto debaixo da poesia. E isso é feito com tal virtuosidade, que a rebentação do poético é a rebentação das coisas, das palavras e dos seres. Tudo vivificado na energia de se ocultar, alumiando. Mas tornemos ao exame da obra para Mário de Andrade, o paulistano da emoção e do desvarismo, o que tinha tantos instrumentos que não sabia bem o que melhor usaria: se o poeta, se o ensaísta – crítico, se o folclorista, o mestre no magistério, o musicólogo, o epistolar, o teórico. Talvez fosse este tão largo diapasão de talentos, o que mais o embargava ou restringia, não podendo ser o máximo num deles, por tê-los que utilizar a todos. Assim editou o romance *Amar, verbo intransitivo*, 1927 e, um ano antes, sua obra-prima, a rapsódia, *Macunaíma*, "única obra de arte, deveras artística, isto é, desinteressada, que fiz na minha vida" – declarou Mário de Andrade, em carta para Alceu Amoroso Lima. Misto de invenção e investigação linguística, criando o personagem que centraliza o livro, como *herói sem nenhum caráter*, com os irmãos, índio e negro, num bordado de mil-e-uma-noites de lendas, fiadas na tapeçaria da linguagem, como Homero do maravilhoso, que se funde num Rabelais dos trópicos, agregando poesia, folclore, ficção. E ali se destaca, num português clássico, *a famosa carta aos icamiabas*, mandada pelo Imperador Macunaíma aos súditos da Amazônia, de "histriônico abuso da retórica epistolar"[461], onde ironiza os parnasianos

---

460. COCTEAU, Jean. Apud BARBOSA, Francisco de Assis. **Intelectuais na encruzilhada:** correspondência de Alceu Amoroso Lima e António de Alcântara Machado, 1927-1933. Rio de Janeiro: Academia Brasileira de Letras, 2001.

461. ANDRADE, Mário de. **Macunaíma.** Rio de Janeiro: Agir, 2008.

ou o estilo engomado. Mário principia *Macunaíma* com diálogo textual e paródico do Alencar de *Iracema*: "No fundo mato-virgem, nasceu Macunaíma, herói de nossa gente. Era preto retinto e filho do medo da noite." E finda, contando a história: "Tem mais não." A esse livro, Alfredo Bosi chama de "antirrealismo formal, com extremos de sátira e paródia, alegorias de otimismo e pessimismo surrealmente cruzadas."[462] Telê Porto Ancona Lopez adverte que "é rapsódia que transcende o nacionalismo modernista de programa, sulcando profundamente a literatura do Brasil, e, desta forma, crescendo até uma representação dos povos do terceiro mundo [...]."[463]

Não chega a tal ponto. É um livro inventivo, dentro da fala mais indígena, do que o coloquial brasileiro, com mitos que não se fundam por sua obscura origem, desformulados no inconsciente coletivo, não chegando ao universal. Além disso, tem, como sentiu o autor, certo ar de sinfonia inacabada. Anatol Rosenfeld fala em "esfacelamento de Macunaíma"[464]. Está também na *galeria pestilenta*, a que o próprio Mário, num toque moralista, criticou os tipos de nossa literatura que se moveram na roda da desistência. *Macunaíma* não reflete o homem brasileiro num país, que é continente. Nem o gaúcho, cujo caráter é bem mais presentificado em Simões Lopes Neto, nem o paulista revelado em *Marcha para oeste*, de Cassiano Ricardo "onde a origem de todas as pátrias – para ele – está na violência"[465], nem o nordestino, representado em *Os sertões*; ou o povo de Goiás, na ficção de um Hugo Carvalho Ramos, Bernardo Élis, ou José Veiga, ou o carioca, bem mais tipificado num *Policarpo Quaresma*, por exemplo. Outro lado é o de sua difícil leitura, que Manuel Bandeira confidenciou ao próprio autor. Sua fonte confessa é *Vom Roroima Zum Orinoco*, do etnólogo naturalista alemão Theodor Koch-

---

462. BOSI, Alfredo. **Céu, inferno:** ensaios de crítica literária e ideológica. São Paulo: Ática, 1988.

463. LOPEZ, Telê Porto Ancona. **Mario-deandradiando**. São Paulo: Hucitec, 1996.

464. ROSENFELD, Anatol. **Texto**. São Paulo: Perspectiva, 1969.

465. RICARDO, Cassiano. **Marcha para o Oeste**.Rio de Janeiro: J. Olympio, 1970.

-Grunberg. *Macunaíma* significa *Grande Mau*, o que mostra o caráter insidioso e malévolo do herói. O livro é seminal e ressurgirá, depois, de alguma forma, não na expressão indígena, porém na estilização da fala caipira, com amplitude criadora, em *Grande sertão: veredas*, de Guimarães Rosa. E, antes dessa utilização de *Macunaíma*, não se pode esquecer a trilha regionalista, sobretudo, a de Simões Lopes Neto, em *Casos do Romualdo* e *Contos gauchescos*.

Em 25 de fevereiro de 1945, na sua casa, em São Paulo, morre Mário de Andrade. "O que não veio no mundo para ser pedra". E cujo "espírito é de Deus", como põe na lápide de um verso. Ou noutro: "Mas um dia afinal eu toparei comigo." E nós topamos com ele, porque deixou de esconder-se. E nem há mais razão, ou lugar de esconder-se, salvo no coração dos leitores. Que continuarão sua correspondência agora interminável.

Oswald de Andrade, ou de como ir contra a corrente, atuando nos repuxos

Oswald é o homem das contradições. Foi injustiçado no seu tempo pela têmpera ferina, agressiva. O que demonstra o menino rebelde e carente, mas capaz de ver com clareza a sua época. Foi na poesia mal considerado, em comparação com Mário de Andrade, que a nosso ver começa a perder no tempo, mais artesão do que poeta, enquanto Oswald guardava a limpidez de fonte correndo, retornando à idade da fábula. Vejam a beleza despretensiosa destes versos: "Aprendi com meu filho de 10 anos que a poesia é a descoberta das coisas que eu nunca vi." Mantém o clima e o desenvolvimento cotidiano, próximos ao de Manuel Bandeira, sem o seu humor. Observem esta obra-prima – *Ditirambo:* "Meu amor me ensinou a ser simples / como um largo onde não há nem um sino, nem um lápis, nem uma sensualidade." Ou este *Fragmento:* "Na igreja toda a gente me olhava / Ando desperdiçando beleza / Longe de ti." *Pero Vaz de Caminha - a descoberta*: "Seguimos o caminho por nosso mar de longo / Até a oitava de Páscoa / Topamos aves / E houvemos vista de terra." *As meninas de gare:* "Eram três ou quatro moças bem moças e bem gentis / Com cabelos mui pretos pelas espáduas / E suas vergonhas tão altas e tão saradinhas / Que de nós, muito bem olhamos / Não tínhamos nenhuma vergonha". *Enterro*: "A voz na noite / Cheia de ladeiras acesas". *Congonhas do Campo*: "O carro de boi / Canta como um órgão." Essa poesia de retorno à infância, é afim do francês Francis Ponge no seu "caderno de exercícios" de um escolar que se exercita em dispor palavras na expressão do mundo. E graças ao fascínio dessa poesia, é inspirador de toda a nova geração, como a dos Marginais, com influência visível em poetas como Chacal e o autor de *Elefante*, Francisco Alvim.

Foi redescoberto e valorizado pelos concretistas, Augusto e Haroldo de Campos. Seus manifestos *Pau-Brasil* e *A utopia antropofágica* registram posições de Vanguarda. E desfraldou a *Antropofagia*: metáfora, diagnóstico e ao mesmo tempo terapêutica, com aforismos impetuosos contra a prepotência dos dogmas. Sua origem etimológica emana da cerimônia guerreira de imolação do adversário corajoso, depois da luta, pelos tupis. Forma de absorver o valor do inimigo, com grandes repercussões num João Ubaldo Ribeiro, em *Viva o povo brasileiro* e num livro terrível do romancista argentino, José Saer: *O enteado*. Há frases de combatente lucidez: "Nunca fomos catequizados. Viemos através de um direito sonâmbulo" – o que revela muito o nosso Direito. No seu *Manifesto,* não havia nada do *bom selvagem,* de Rousseau, havia um *indianismo crítico, feroz, devoratório, inconformado*, questionando as estruturas dos colonizadores. Essa rebeldia era sua marca. Não, não perdia o mote para a ironia contra alguns de seus companheiros ou adversários. Com dardos ferinos. Dessas polêmicas, um dos espelhos é o seu livro *Ponta de lança*. Foi teatrólogo com *O homem e o cavalo*, 1934, redescoberto, sobretudo, com *O rei da vela*, 1937, de reboante sucesso, quando representado anos mais tarde pelo Diretor José Carlos Martinez Corrêa, 1967. *Memórias sentimentais de João Miramar*, 1954, é sua mais alta realização ficcional, com imagens raras, imprevistas, de incrível inventividade, aliadas a frases elípticas, de clima onírico, delirante. Como se fora uma memória que se dá conta de haver adormecido. Estilo telegráfico, com iluminâncias. Visão cinematográfica, de momentos lapidares, queira-se ou não. Saindo por força original das sombras do francês Blaise Cendrars. Merece ser revisto na sua genial atualidade, apesar dos excessos da invenção, mais por conta dos artifícios ou dos arcabouços à vista, tutelares – nem sempre lúcidos. Não perdia o lampejo das frases virulentas, a maioria delas eram brasas e viraram cinzas, voltadas contra alguns de seus companheiros, espécie de B*oca do Inferno do Modernismo*. Isso de nada lhe valeu, a não ser um rol de trocadilhos, diatribes, malabarismos de *humor negro*, piadas, que se enterraram num vão, entre nadas.

Seu melhor está no acervo de poemas e nas *Memórias sentimentais de João Miramar*, com magníficos trechos de um inventor. Como, por exemplo, *Fio de luzes*: "O vento batia a madrugada como um marido. Mas ela perscrutava o escuro teimoso. Uma longe claridade borrou a esquerda na evidência lenta de uma linha longa." Ou esta frase iniciante de *Nova-lombardia*: "Molhei secas pestanas para o rincão corcunda que vira nascer meu pai [...]" Ou *Hinterland*:

> A Estação da Luz estacou na quinta-feira manhã com embarques esportivos para disputas boot-bolares de cores vivas nos estádios rurais. Matutos matutinos pullmavam civilizações. E meus olhos morenos procuraram almoçar os olhos de prima Célia. A laparotomia da adolescência cortara-lhe rentes bochechas com próteses minúsculas de seios e maneiras de caça presa com cachos. O mato despencava hangars viários.[466]

Tentou o romance social com *Serafim Ponte Grande*, 1933, que malogrou, não só pelo desconcerto verbal, também pela impotência imaginatória na arquitetura dos personagens. O que igualmente se dá com *Marco zero*. Albergava certa contradição autodestrutiva, uma antropofagia que acabou em autofagia. A virulência ou espírito sardônico se chocava com a arte de narrar, ao criar personagens como vultos sem rosto, máscaras, onde as palavras eram lanças plantadas. E sem flor estiolavam.

---

466. ANDRADE, Oswald de. **Memórias sentimentais de João Miramar**. São Paulo: Secretaria de Estado da Cultura de São Paulo, 1990.

Cada vez mais aumentava a solidão e carência afetiva, vendo-se esquecido. Por se isolar, ficar sem amigos: foi isolado.

Ator assombroso, capaz de iludir a si mesmo, como ficcionista, mais do que um autor, chegava a isso, quando deixava vir à cena o menino que nunca desapareceu. Por teimosia, proibindo, quase sempre, que "o menino fosse o pai do homem", ou por descuido, irmão do homem. De seu inventário de sonhos, cada vez mais duráveis e prestigiadas são as *Memórias sentimentais de João Miramar*, 1924, e, como foi dito, o acervo da poesia, com poemas curtos, como os do italiano Ungaretti, (que esteve no Brasil lecionando), cercados de imagens como pássaros em movimento, com a musicalidade das folhas batendo. Mágicos. Originais e originários, respeitando o ritmo de aluno na escola das árvores, aluno de infância. O que denota uma sabedoria e simplicidade que nada tem a ver com o polêmico, agitador, de inteligência relumeante, arguta, com o senso de que ele devia correr no descalço tempo.

Oswald de Andrade, nascido em São Paulo, em 11 de janeiro de 1890, faleceu, na mesma cidade, em 22 de outubro de 1954. Foi também um romancista, em que "os livros revelam uma inteligência de extraordinária agudeza, um gosto requintado e uma acuidade social muito grande que o ligou ao mais avançado extremismo político, sem lhe fazer perder jamais a independência de juízo"[467] – para Tristão de Athayde. Preferimos acompanhar o pensamento de Antonio Candido. Pois há uma verdadeira máquina de estereótipos compondo suas criaturas, com psicologia à beira do trivial. O que nas *Memórias* funcionou, falhou nos romances: não foi o estilo que o achou, foi ele que buscava um estilo. Não conseguindo tudo isso afogar o escritor ávido, torturado. Nem afastou o fato de ser um dos espíritos mais versáteis e espetaculares do nosso movimento Modernista, cujas relações, em Paris, com o poeta e romancista Blaise Cendrars muito concorreram para desencadear a revolução literária de 1922. Aliás, Oswald se

---

467. ATHAYDE, Tristão de. **O pensamento estético**. Rio de Janeiro: Paulinas e Ducam. v. 2, p. 316-317.

abeberou na modernidade europeia, o que, sem invalidar sua contribuição, comprova a tese de que a mesma água pode ter gosto diverso, a cada verdadeiro criador, ainda mais que nunca deixou de ser dono de um núcleo lírico particular.

Seus romances principais foram a trilogia: 1. *Os Condenados*, 1922; 2. *A estrada de absinto*, 1927; 3. *A escada vermelha*, 1934. E, em 1954, teve uma retomada de contato com a matéria romanesca, com *Marco zero* (1. *A revolução melancólica*; 2. *Chão*), de que só foram publicados dois volumes, os mais apreciados, sem dúvida, de sua obra. Se apelidado foi de *Jean Cocteau do Modernismo* pelo prazer de escandalizar, nem sempre os epítetos funcionam, em face das disparidades. Mas nele se assenta, por ter sido um ser voltairiano, de inteligência demasiadamente vivaz, que o fez vítima, regedor e algoz. Não se ausentando de um desejo subconsciente de *despertar a ternura no coração dos homens*. Essa ternura, unida à simplicidade, contensão, num retorno ao primitivo (o que ocorreu na pintura de um Picasso), é o retrato da poesia de Oswald de Andrade. E parece desligar-se do outro extremo agudíssimo – do contestador, do panfletário e do crítico, cuja empatia era a única bússola, demolidor na campanha contra o passadismo, contundente e mais do que iconoclasta, reconstrutor, em sua pesquisa e experimentação, do que julgava poder contribuir para a reforma social, política e literária nacional.

Era um apaixonado que se aliava ao grande provocador. Espírito sintético por excelência, em dois livros, *Ponta de lança*, 1945, aliás, já referido, e *Um homem sem profissão*, 1954, agregou seus artigos e ensaios, atirando intuições certeiras sobre sua época e alguns de seus contemporâneos. Jogava centelhas, ainda que fosse para vê-las brilhar por um instante no ruído branco da página. Seu espírito era o de um pioneiro, em constante audácia. A ponto de o texto desafiar o autor, as cinzas desafiarem (ao inverso de René Char) as chamas e a água desafiar a sede. Tem lugar relevante de aventuroso e desintegrador da antiga ordem. Para João Cabral, Oswald de Andrade é "sujeito interessantíssimo e um poeta extraordinário, com obra menor e melhor que a de Mário de Andrade". Publicou os poemas de

Pau Brasil na *Revista do Brasil,* de outubro de 1924. E, em 1927, *Primeiro caderno do aluno de poesia* Oswald de Andrade, com capa de Tarsila do Amaral e ilustrações próprias. Tendo conhecido Maria Antonieta d'Alkimin, dedica-lhe, em 1943, *Cântico dos cânticos para flauta e violão,* ilustrado por Lasar Segall, na *Revista Acadêmica* de junho, São Paulo. Publicado pelas Edições Gaveta, em volume de luxo, capa de Lasar Segall, *Poesias reunidas de* Oswald de Andrade, em São Paulo, 1945. Poucos sofreram como ele o infortúnio do empobrecimento súbito. Conta, em *Ponta de lança*[468], a insidiosa campanha de desmoralização, contra ele encetada, a partir do debate do café, em 1929. E lamentou a incompreensão:

> Criou-se então a fábula de que eu só fazia piada e irreverência, e uma cortina de silêncio tentou encobrir a ação pioneira que dera o Pau Brasil, donde, no depoimento atual de Vinícius de Moraes, saíram todos os elementos da moderna poesia brasileira. Foi propositadamente esquecida a prosa renovada de 22, para a qual eu contribuí com a experiência das Memórias sentimentais de João Miramar. Tudo em torno de mim foi hostilidade calculada... Resignei-me em clima absoluto da solidão, quando encontrei Jorge Amado. E dessa criança que tinha escrito um livro – País de Carnaval – brotou uma tão tenaz e efusiva assistência a tudo que eu fazia, que agradeci ao destino dirigido (dirigido, sobretudo, pela economia) a ingratidão da seleta dos meus antigos comensais.[469]

É um libelo diante da inveja ou despeito, não apenas provincianos, contra os insuportavelmente lúcidos, ou insuportavelmente grandes para os filisteus de seu tempo, ou aos criativamente insuportáveis e verdadeiros. A figura humana torna certos autores muito visíveis, sua singeleza sem pose irrita os contemporâneos, eventuais defeitos são expostos, as qualidades e méritos escondidos. A inveja é ferrugem da alma. Antonio Candido admite: "Em suma, Oswald não procurava glorificação, mas não podia viver sem o reconhecimento de

---

468. ANDRADE, Oswald de. **Ponta de lança**. 5·ed. São Paulo: Livraria Martins, Globo, 1945. p. 81-82.

469. ANDRADE, Oswald de. **Ponta de lança**. 5·ed. São Paulo: Livraria Martins, Globo, 1945. p. 81-82.

seu trabalho."[470] A história não o entendeu e ele tinha a intuição da história e exigia mutualidade. O que o tempo devolve. Apesar de um Mário de Andrade sentir que sua geração muito ficou a fazer, tendo consciência do que faltava e que só o tempo, em sua síntese, obteria, ao reconhecer não existir "uma obra, em toda a ficção nacional em que possamos seguir uma linha de pensamento e muito menos a evolução de um corpo orgânico de idéias."[471] Basta aos precursores o ato de levantar, como Diógenes, a lâmpada. Ou são, sem que ninguém perceba, a própria lâmpada.

Manuel Bandeira e a permanência da água

Nasceu no Recife, em 19 de abril de 1896, e faleceu no Rio de Janeiro, em 13 de outubro de 1968. O conhecimento da poesia manuelina concede o privilégio do *alumbramento*, ou seja, a descoberta misteriosa do cotidiano, a contensão de linguagem, a visão do *homem cordial* brasileiro, que Sérgio Buarque de Holanda vislumbrou em *Raízes do Brasil* (antes desse, Ribeiro Couto). Bandeira possuía o senso de humor, essa espécie de benevolente inteligência, ou a desnudez corajosa de ser original. Marcado pela poesia medieval, artista consumado no verso, pregou o lirismo sem regras, libertário. No "sapo cururu / à beira do rio" – alvejou os parnasianos, embora à primeira vista escape de qualquer conceituação. Sobrepairou as escolas, onde a saudade foi integradora de seu sentimento nacional. A toada ou cantiga, o soneto, a elegia, a balada. Na sua autobiografia modelar, *Itinerário de Pasárgada*, é Bandeira que observou ter Otto Maria Carpeaux escrito a seu respeito, que, se ordenasse a poesia manuelina, partiria "da vida inteira que podia ter sido e que não foi", para outra vida que viera ficando "cada vez mais cheia de tudo". Sérgio Buarque de Holanda constata na poesia de Bandeira "justamente a imagem do movimento e da queda d'água, que sobrevive longamente à fase inicial, e é a esse respeito

---

470. CÂNDIDO, Antonio. **Vários escritos**. São Paulo: Duas Cidades, 1977. p. 91.
471. ANDRADE, Mário de. **Obras completas**. São Paulo: Martins, 1944.

característica"[472], transparecendo "o desencanto do poeta". Em que a música "é latente na fala comum da época. E latente na fala comum do lugar do poeta" (T.S. Eliot). Mas há também outro aspecto, o equilíbrio rítmico, a prudência na substantivação, a reserva com os adjetivos, como se quisesse sussurrar na intimidade, com "a divinização do corpo"[473], em que o erótico e o amoroso se perfazem. "O corpo nos entende, / a alma não." Ou "A beleza é um conceito. / Prefiro o corpo: / Alma tenho demais." Admite Franklin de Oliveira que, ao poema de Jorge Manrique: "como se pasa la vida, / Como se viene la muerte / tan callando", alcança a resposta de Bandeira em *Profundamente*: "Onde estão todos eles? / – Estão todos dormindo / Estão todos deitados / Dormindo / Profundamente." O que o aproxima do poeta do norte-americano Edgar Lee Masters, no seu famoso livro *Spoon River*, 1915, *A colina*: "Todos, todos dormem sobre a colina... Todos dormem pacificados sobre a colina."

Hoje se discute se foi poeta menor – como se confessa, ou poeta maior. Dentro da visão de T.S. Eliot, "poeta maior é aquele cuja obra completa deveríamos ler a fim de apreciar inteiramente qualquer parte dela."[474] E refere como exemplo o poeta George Herbert: "Quando penso nele não recordo alguns poucos poemas conhecidos, mas sua obra total." Bandeira dá-nos a mesma perspectiva. Sua obra enriquece de humanidade, pureza, despojamento e claritude a alma coletiva. Mesmo tratando das coisas mínimas, desprezadas, por sua arte e alteza de criatura da comum espécie, trata esse material com tal hombridade e emoção, que nos comove. Honra com graça e perenidade todas as suas palavras. Além disso, o que não é pouco, Bandeira soube ser o poeta de uma utopia chamada Pasárgada, criando uma cidade (do livro *Ciropedia*, de Xenofonte), quando Oswald de Andrade pensou nas caravelas da utopia, como Quintana inventou a sua rua dos cata-ventos. E a utopia existe, porque o mundo não é perfeito e é preciso completá-lo com os nossos sonhos.

---

472. HOLANDA, Sérgio Buarque de. **Circo dos prefácios**. São Paulo: Companhia das Letras, 1996.

473. OLIVEIRA, Franklin de. **A dança das letras**. Rio de Janeiro: Topbooks, 1991. p. 90.

474. ELIOT, T. S. **Ensaios Escolhidos**. Ed. Cotovia, Lisboa, 1992.

Praticou a poética de recuperação dos espaços possíveis de tempo contra a morte que a tuberculose lhe apontava, desde a juventude. E assim foi arrancando da erosão da vida, pela palavra, momentos intocados. O momento do café, o momento de Irene entrar no céu, o porquinho-da-índia, a sua primeira namorada, os momentos de seu quarto (*Última canção do beco*), "não como forma imperfeita / neste mundo de aparências: / vai ficar na eternidade, / com seus livros, com seus quadros, / intacto, suspenso no ar!" – Até o momento de chegar *A indesejada das gentes* e então encontrará "lavrado o campo, a casa limpa e cada coisa no seu lugar". Não se preocupou jamais com as grandes horas, os grandes lances, os histrionismos da época: bastou-lhe eternizar o momento. O que atinge, vitalmente, todos os momentos. E eles ficam conosco, seus leitores.

Por isso, essa matéria que Bandeira retira da morte, do amor, do trabalho dos homens, dos gestos ou da melancolia, da contemplação de Deus, é a luta de sua poesia, num retorno à inocência que não se finda. Essa matéria é alma e a alma – para ele – é matéria. Tanto que, em *Momento num café*, afirma: "E saudava a matéria que passava / Liberta para sempre da alma extinta". Matéria andante, alma morta. Ademais, são ternas, silentes e úmidas as marcas de humildade desta poesia: o desapego, desamparo, desnudez, o falar mais manso, a opção de silêncios, decoro e coragem de se expor, a convalescência como uma roupa estendida, domínio do dia a dia como conquista. Compondo a captação da unidade de sua permanência. E é esta poesia – exatamente pelo tempo que nada perdoa e a tudo limpa – que vai-se agrandando no afeto desse que "é o maior antologista." Sim, o tempo se armazenou, dolorosamente. Gravado está. Afirma Ivan Junqueira, com argúcia, num livro fundamental, a um tempo, antologia e estudo de Manuel Bandeira, *Testamento de Pasárgada:* "Sem dúvida, a intimidade de Bandeira com a morte tornara-se então absoluta, e o poeta ocupa-se agora em aprender 'todas as manhãs as lições de partir' que lhe dá 'o aeroporto em frente."[475] Em seus derradeiros

---

475. JUNQUEIRA, Ivan. **Testamento de Pasárgada**. Rio de Janeiro: Nova Fronteira/ABL, 2003.

versos dedicados ao tema, o autor chega mesmo a revelar certa impaciência ante a demora daquela que, sem o saber, já se havia tornado *a desejada das gentes*. Seja porque *viveu morrendo* ou porque, *morrendo, viveu*, seja ainda porque, como poeta, intuísse a verdade de que não concederia à morte senão um efêmero e ilusório triunfo. É que a ela caberá apenas recolher o "triste despojo da carne": "Falta a morte chegar... Ela me espia / Neste instante talvez, mal suspeitando / Que já morri quando o que fui morria." E despojado de todos os medos, com "a vida mais cheia de tudo", Bandeira buscou desesperadamente a *estrela da manhã*, depois *a estrela da tarde* e, por fim, *a estrela da vida inteira* (poemas e títulos de seus livros). Porque a estrela da manhã não podia viver sozinha, sem a companhia do poeta, com quem tanto desejara estar junto. Era parte de sua existência mais funda, com quem se habituou a contemplar distante e pela escada de Jacó do poema ainda iria alcançá-la. Sendo fiel a ela, a qualquer custo. "Eu quero a estrela da manhã" – escreveu. E diferente de *D. Quixote*, que buscava a *estrela inalcançável*, Bandeira pressentia que era um milagre possível: "Mas quem sou eu? Não mereço. / Isto feito, me abismarei / na contemplação de Deus / e de sua glória. //" Sabendo que "a consciência é um milagre. / Tudo é milagre." E não é em vão que o *Apocalipse*, de João 2:28 adverte: "Dar-lhe-ei a estrela da manhã." Não seria essa a ambição escondida de sua existência? E a resposta está em Pascal: "*Console-toi, tu ne me chercherais pas si tu ne m'avais trouvé*" (Consola-te: não me procurarias se já não me tivesses encontrado).[476]

Rubem Braga, nosso maior cronista, filho dileto de Cachoeiro de Itapemirim, reconheceu, certa vez, sua dívida com a poesia de Manuel Bandeira, onde aprendeu a substantivação e o uso de raros adjetivos. O substantivo é ouro e o adjetivo, muitas vezes, supérfluo.

Essa simplicidade na escrita, a limpidez da palavra exata *como uma concha*, é uma das heranças valiosas de Bandeira, um dos suportes de sua duração. É esse diáfano toque de realidade,

---

476. PASCAL apud Veloso, Agostinho. **Antero e seus fantasmas:** ensaios filosóficos do drama de Antero de Quental. Porto: Livraria Tavares Martins, 1950.

onde se insere junto o tato da intuição, que torna de todas as línguas a língua do poema. Com a imaginação, a mais sutil inteligência do humano. E é dos seus mais expressivos poemas e mais reveladores – *Contrição* (pertence a *Estrela da manhã*):

> Quero banhar-me nas águas límpidas
> Quero banhar-me nas águas puras
> Sou a mais baixa das criaturas
> Me sinto sórdido
>
> Confiei às feras as minhas lágrimas
> Rolei de borco pelas calçadas
> Cobri meu rosto de bofetadas
> Meu Deus valei-me
>
> Vozes da infância contai-me a história
> Da vida boa que nunca veio
> E eu caia ouvindo-a no calmo seio
> Da eternidade.[477]

Não só chama atenção esse texto pelo uso das palavras proparoxítonas, como se verifica nele a confluência surrealista, dentro do famoso paradoxo de Klossowski: "Não posso deixar de desejar a pureza, porém, ao mesmo tempo sou impuro porque quero gozar da intocável pureza."

E Bandeira, sob a virgindade das coisas ou na redescoberta do que parecia perdido, encontra a dificílima concisão de concha (dentro dela o abismo), que se fez legado substantivo, influenciando Drummond, Cabral e o melhor da poesia contemporânea no Brasil.

E mais um dado. É singular a forma manuelina de trabalhar o poema. Opera com blocos de palavras humildes, operárias dentro de um objetivo comum, o resultado. E não são seus vocábulos, é o poema todo que brilha insubstituível, como se formigas carregassem a toca.

---

477. BANDEIRA, Manuel. **Andorinha, andorinha**. Rio de Janeiro: José Olympio, 1986.

Enquanto Murilo Mendes ou Jorge de Lima e mesmo o poeta de *Rosa do povo* usam as palavras com metáforas vivas no contexto, Bandeira usava o contexto como grande metáfora. Humildemente crescendo de dentro para fora, contendo o seu próprio tempo inteiriço e definitivo. Como não se comover com a beleza de *Pardalzinho*?

> O Pardalzinho nasceu
> Livre. Quebraram-lhe a asa.
> Sacha lhe deu uma casa,
> Água, comida e carinhos.
> Foram cuidados em vão:
> A casa era prisão,
> O Pardalzinho morreu.
> O corpo Sacha enterrou
> No jardim; a alma, essa voou
> Para o céu dos passarinhos![478]

É despojada, fluida a musicalidade de Manuel Bandeira. Salienta argutamente Franklin de Oliveira:

> Não decorre da organização do poema, não emerge do processo de elaboração do poema, mas resulta da natureza intrínseca da emoção poética: música como que armada quase numa só equação de silêncio – tão fina se esconde na última camada audível da palavra; música que começa onde a palavra acaba.[479]

Por ser a música, palavra, para dizer: sua alma oculta. E são exemplos a serem citados dessa *musicalidade subentendida*: Debussy e Berimbau. E que se afirme – na sugestão de W.H. Auden: "a poesia é música verbal, porque o som é inseparável de seu significado."[480]

E não se enganem. A destilada juventude, a claridez, a humildade, a serena modéstia, a percepção dos limites, o preciso

---

478. BANDEIRA, Manuel. **Andorinha, andorinha**. Rio de Janeiro: José Olympio, 1986.
479. OLIVEIRA, Franklin. **A dança das letras**. Rio de Janeiro: Topbooks, 1991. p. 90.
480. AUDEN, W. H. **A mão do artista**. São Paulo: Ed. Siciliano, 1988.

sortilégio estão no olhar bandeiriano. Toda a sua poesia é a do olhar, que, para Walter Benjamin, "é o fundo copo do ser humano".

O poeta de *Pasárgada* tem sua criação inteira reunida em *Obra completa* (Ed. Aguillar), com *A seleta de prosa* (Ed. Nova Fronteira, 1997), juntando-se a *Estrela da vida inteira* (Livraria José Olympio Editora – o que mostra o interesse que sua criação tem provocado).

De Manuel Bandeira, sua pessoa e poesia, pode-se dizer o que ele próprio observou a propósito de Albert Camus: "Era um homem da rua, um simples homem, dando a outro homem um pouco de sua substância espiritual, simplesmente humana." O mais brasileiro de nossos poetas, com o rigor e o lirismo, tangido de ancestralidade, foi saindo de si mesmo, descentralizando o olhar do leitor para fora, para as coisas cotidianas, alcançou o lirismo libertador. E não há glória maior do que a humildade que não carece de mais nada para existir.

Augusto Frederico Schmidt, ou o profeta no caos

É uma das figuras raras, em que o poeta estava com o político, tendo visão de estadista, homem de negócios, editor, prosador dos mais fascinantes. Era gordo, pesado, com alma de *galo branco* que tanto celebrou e possuía em sua casa, galo do amanhecer, trombeta profética de versos longos, amplos, oceânicos, visionários, saídos de alguma parte do *Apocalipse* e com uma alma mais do Velho que do Novo Testamento. Venceu, poeta, o aparente anacronismo com a energia oral dos poemas, como camadas vivas que se moviam ao vento: lírico num tempo que começava a ser antilírico. As palavras comuns, cotidianas, sabem nele transbordar de serenidade. Salta dos lugares usados de expressão, embora com vocábulos banais, num milagre da poesia, disparando o poema, passando a planar mais etéreo e célere que as nuvens. Tal se também tivessem no interior, gavetas de nuvens de palavras. Depois se propagando em bando, como se viessem – não de boca humana – porém de um profeta em língua de fogo, com solenidade bíblica, coerência de destino. O amor que parece impossível na sua arte vai-se tornando possível, dando, às vezes, a impressão de muitas vozes, de um coro universal. Fala aos homens e aos vendavais, ou às amadas, como a mítica Luciana, com a medida de transitoriedade das coisas, seguindo temas frequentes: a morte, o amor, a sina, os pássaros, tempestades, a religiosidade, Deus, a alegria, a tristeza. O desespero, a esperança. É um claudeliano sem Claudel. Os olhos que convergem para o Absoluto, o mistério de existir. Lirismo que não tem o preconceito de se alargar, ser feito de rios e mares, montanhas.

Não tinha o medo da grandeza, nem se intimidava com sua forma espaçada de ser. E olhava tranquilo para o porvir: "Já hoje no meio do caminho, ainda me conservo à espera da minha geração, da geração que me revelará a mim mesmo e que, se o passado não me deu, o futuro me dará certamente." Clamando, diz o poeta que, distraidamente: "Sou como um navio perdido na névoa / Uma âncora, Senhor! //" E essa mesma premonição da *Estrela*, que Bandeira vivenciou, ele canta em *O nascimento*: "Vamos ver a Estrela! / Sairemos pelas estradas, cantando, / Sairemos de mãos dadas, / E acordaremos as brancas e tímidas ovelhas. / Iremos surpreendê-lo, Pequenino e Simples. / Sua inocência iluminará os caminhos felizes, dormindo. / Vamos ver a Estrela!" (*Estrela Solitária*, 1940).

Como não meditar diante desta obra-prima – não apenas de sua poesia – que é o *Soneto XLIX* de *Fonte invisível*, 1949?

> Morrer, Senhor, de súbito, não quero!
> Morrer como quem parte lentamente
> Vendo o mundo perder-se pouco a pouco
> E com o mundo as imagens da memória.
>
> Morrer sabendo próxima e implacável
> A hora de deixar o triste efêmero.
> Morrer o olhar voltado para a altura
> Para a face de Deus, ardente e pura.
>
> Morrer como quem vai se despedindo

A fixar as paisagens mais antigas
E os seres mais longínquos, já partidos.
Morrer levando a vida já vivida!
Morrer maduro, e não qual fruto verde
Por violência dos galhos arrancado.[481]

Ou então este *Cairei de joelhos*, do volume *Canto da noite*, 1934, ano em que casou com Yeda Ovalle Lemos, sobrinha de Jaime Ovalle:

Cairei de joelhos soluçando.
Teu amor distante ficará.
Mortas as flores, sombras doentes.
Teu amor perdido ficará.

Noites sombrias. Ramos tão tristes.
Nuvens no céu lentas passando.
Cairei de joelhos soluçando.
Ventos de leste! Ventos soprando!
Morreu a amada que vai de branco.
Mãos em abandono, risos e choros,
Bêbados loucos, lobos nas matas.

O Poeta olhando pelas vidraças.
A neve, o frio, pesando enorme a solidão.
A alma da amada passa voando.[482]

E transcrevo este poema lapidar, pertencente a *Estrela Solitária–Soneto*:

Passa a saudade do que foi e é morto.
Passa a glória que eu quis e me fugiu.
Passam as próprias visões do mundo e a vida,
E é sonho quanto tive em minhas mãos.

---

481. SCHMIDT, Augusto Frederico. **Poesia completa**. Topbooks, 1995.
482. SCHMIDT, Augusto Frederico. **Poesia completa**. Topbooks, 1995.

HISTÓRIA DA LITERATURA BRASILEIRA
Da carta de Caminha aos contemporâneos

Passam as flores nascidas mais perfeitas.
Passa a beleza, e a dor, passam tormentos.
Passa esta angústia diante do eterno nada.
Que não passa, Senhor, todo momento?
De incerteza em incerteza, a vida corre,
E nos mudamos nós, de instante a instante.
O que foi, ele próprio, sofre muda.
Só não passa este amor passageiro.
Só não muda este amor que é tão mudável.
Só este amor incerto é certo em mim.[483]

E ainda este belíssimo poema do livro *O caminho do frio*, 1964, *A casa vai descendo o rio*:

A casa vai descendo o rio.
A casa é um navio que vai viajando.
A casa cercada por muros de pedra
Vai sendo levada, flutuando sempre, para longe.
Parece que está imóvel, com as suas raízes na terra,
Pousada em alicerces sólidos.
No entanto a casa desce com as águas do rio.
E é alguma coisa de frágil e de leve com o seu jardim
Onde nas manhãs de sol as borboletas palpitam
Na breve ilusão da vida.
Nas árvores desse jardim cantam pássaros.
Quando a noite cai sobre a casa
É que chegam as sombras dos habitantes desaparecidos.
E a casa desce nas águas do rio,
Como um navio no tempo.[484]

Sua obra poética foi reunida em *Poesias completas*, publicada no Rio de Janeiro, em 1956, pela Livraria José Olympio Editora. Saindo após *Aurora Lívida*, 1958, *Babilônia*, 1959, O

---

483. SCHMIDT, Augusto Frederico. **Poesia completa**. Topbooks, 1995.

484. SCHMIDT, Augusto Frederico. **O caminho do frio**. Rio de Janeiro: José Olympio, 1964.

caminho do frio, 1964, e *Nova antologia poética*, 1964. Além das *Poesias completas*, 1995, publicados postumamente pela Editora Topbooks.

    Se é que um poeta sempre está nascendo, Schmidt veio à luz no Rio, em 1906. Faleceu no dia 8 de fevereiro de 1965, também no Rio, onde foi sepultado. Exerceu várias funções públicas no governo do Presidente Kubitschek, tendo sido o inspirador da Aliança para o Progresso, ocupando o posto de Embaixador brasileiro junto à Comunidade Econômica Europeia. Formulou também a Operação Pan-Americana, chefiando a Delegação do Brasil na ONU. Fruto dessa experiência é o livro *Antologia política*. Ao ler seus poemas, afirma-se o assombro que é a arte de Schmidt. Nunca se viu ninguém, como ele, num passe de mágica, transformar o abominável-homem-da-neve-do-lugar-comum, o banal, os vocábulos tomados de carga ou ferrugem, os adjetivos gastos, os termos arranhados de fácil romantismo (ilusão, pálido, lívido, triste, martírio, pacificação, instabilidade, delicado...), em poesia capaz de ganhar voo. É incrível como consegue, com seu sopro ou ventania, avivar o que parece morto ou apodrecido, levantar o chumboso, fazer boiar o ferro na água, elevar no tapete de Aladim as palavras. Até que, de tão infladas, não conseguirem mais pousar. E elas são empurradas, encharcadas de ar ao céu ilimitado dos desconhecidos. As palavras se repetem e se repetem como um ritual sagrado, e o tempo se abre para elas e elas, ao tempo, com a serenidade com que os sonhos se enchem de lume e os lumes se enchem de sonhos. Porque o que existe não é a palavra, mas os sonhos das palavras. "O vidro polido ao sol" (Tristão de Athayde). Esse mistério de flutuar, em poeta que não tivesse o seu fôlego lírico e profético, restaria completamente aterrado. E exsurge outro aspecto, riquíssimo em Augusto Frederico Schmidt, sua prosa iluminada, saborosa, absorvente, experiente do vivido. "Os galos e as amizades, os fatos perdidos que voltam à tona e nos envolvem. Sua visão é maior que a realidade, quando a plenitude é a justiça da visão", com trechos antológicos sobre personagens eminentes, Cornélio Pena, Pancetti, Casa de Renan, Assis Chateaubriand, ou de cidades como Veneza, Paris ou Avignon. E inicia desta forma, belíssima: "Acompanha-me há muito e mora em meu espírito uma frase de Maurice Guérin, encontrada num dos cadernos de Barrès: 'As florestas futuras, imperceptíveis às florestas vivas, ondulam.'" E em 2000, pela mesma editora, saiu a 2ª edição da *Antologia de Prosa*, onde se destacam pela beleza: *Os passos perdidos*; *O mar*; *Os mortos leves*; *Viagem ao Rio Grande do Sul*; *A fuga da velha*; *O corpo e a noite* e a *Consciência do efêmero*. Os mesmos temas de sua poderosa poesia servem a uma personalidade das mais bem dotadas que o Brasil conheceu. Diz em *Ciclo da Moura*, 1964, inédito:

> Voz de água caindo em bátegas,
> Voz do sono, de píncaro.
> Voz de coisa humana,
> Voz tão sem beleza
> Mas bela assim mesmo.
> Voz discreta e aberta,
> Voz que chama e aquieta,
> Voz tão misteriosa
> Não tendo mistérios,
> Cheia de mistérios.
> Voz clara e madura
> Feita dessa infância
> Que não passa nunca
> Mas que se transforma.[485]

É como hoje ainda sentimos a sua voz, tão coletiva como os sonhos e as profecias.

Raul Bopp, Cobra Norato, ou Fura-mundo

Gaúcho e amazônico. Nasceu em Tupanciretã, Rio Grande do Sul, em 4 de agosto de 1898, e faleceu no Rio de Janeiro, em 2 de junho de 1984. Poeta e diplomata. Integrante do Pen Clube

---

485. SCHMIDT, Augusto Frederico. **Poesia completa**. Topbooks, 1995.

do Brasil. O princípio goethiano de que no início era a Ação encontra-se confirmado no poema de Raul Bopp: *Cobra Norato*. Seguiu carreira diplomática, estando, segundo a expressão sutil de Oswald de Andrade, exilado num consulado, ou numa Embaixada. Há em Cobra Norato um sopro épico novo, visionário e selvagem, aquele em que a terra forja ao amanhecer no abrir das flores, ao respirar suas árvores, ao derramar a temporal seiva. Contrafeito ao derruir da civilização, uma Amazônia da alma. O poema boppiano é cada manhã. Por isso, é todo o tempo, a duração da linguagem e "esta aspira à ação."[486] Assume um fluxo vertiginoso, com as imagens eidéticas. Como se a selva fosse o poema rasgado por rios, sulcado de ritmos, guardado por um jacaré, perseguindo pela Cobra Grande, entranhado de amor pela filha da Rainha Luzia.

Funda-se na lenda ou mito a respeito do *princípio da fecundação*. O bem, o mal, a luz, a escuridão, o sonho, o entressonho. O universo boppiano é dramático, cósmico, antropomórfico, com sua palavra destampando a fresta do nascimento da noite e da luz. "O sono escorregou das pálpebras pesadas //."[487] "Rios escondidos sem filiação certa / vão de muda //."[488]

Esse antagonismo brilha nas metáforas – o cativeiro e a libertação do povo das árvores e da terra – e engendra o clima, a perspectiva de um vedor caminhante, que vai rompendo a passagem na selva. "Vou andando caminhando caminhando / Me misturo no ventre do mato mordendo raízes //"[489] "A floresta vem caminhando / Abre-me que eu quero entrar //."[490] Vai assistindo o espetáculo dantesco, o inferno e o paraíso da terra. Sem perder o mormaço, a lentidão, o contato afetuoso com os seres sofrentes, o uso carinhoso dos diminutivos ("solzinho, arvorezinha"). O universo está em marcha, todas

---

486. BOPP, Raul. **Cobra Norato**. Rio de Janeiro: Livraria São José, 1962.
487. BOPP, Raul. **Cobra Norato**. Rio de Janeiro: Livraria São José, 1962.
488. BOPP, Raul. **Cobra Norato**. Rio de Janeiro: Livraria São José, 1962.
489. BOPP, Raul. **Cobra Norato**. Rio de Janeiro: Livraria São José, 1962.
490. BOPP, Raul. **Cobra Norato**. Rio de Janeiro: Livraria São José, 1962.

as coisas se mexem, vagam, num sonambulismo ordenado, imperioso. Assinala com justeza Vera Lúcia de Oliveira:

> Em vez de falar do mito (ou mesmo utilizar temas e sugestões mitológicas com finalidades precisas, não necessariamente ideológicas), o poeta prefere traduzi-lo em uma linguagem que seja a mais próxima possível da mítica. Mas Bopp vai além e assume não somente a forma de linguagem mitológica, mas a ótica do mito.[491]

A capacidade da empatia é instinto de entrar nas coisas, ser as coisas para dentro de sua abissal infância. "Lá adiante / O silêncio vai marchando com uma banda de música."[492] "As águas de barriga cheia / espreguiçam-se nos iguapés."[493] Um comando no rito da natureza. A fauna se deixa vaticinar por este profeta, lamentando a prisioneira Sião de folhas e troncos.

– Vocês são cegas de nascença. Têm que obedecer ao rio.
– Ai ai! Nós somos escravas do rio!
Vocês estão condenadas a trabalhar sempre sempre.
Têm a obrigação de fazer folhas para cobrir a floresta.
– Ai ai! Nós somos escravas do rio.[494]

Talvez de Dante Alighieri nasça a obsessão pictórica. De Blake, o ar visionário. De Arthur Rimbaud, a magia. E o *llanto fondo* de Garcia Lorca, sob o cadinho brasiliano, brasileiramente universal. O Amazonas em linguagem moldada ao povo, aos dizeres da meninice do rio.

Lígia Averbuck publicou uma obra definitiva, por sua importância: *Cobra Norato e a Revolução Caraíba*. Ali podemos, em exemplar exegese, ver as pegadas de Cobra Norato e deste poeta que estendeu o seu pampa à Amazônia: "Segundo

---

491. OLIVEIRA, Vera Lúcia de. **Poesia, mito e história no Modernismo brasileiro**. São Paulo: Edifurb/ Unesp, 2001. p. 276.

492. BOPP, Raul. **Cobra Norato**. Rio de Janeiro: Livraria São José, 1962.

493. BOPP, Raul. **Cobra Norato**. Rio de Janeiro: Livraria São José, 1962.

494. OLIVEIRA, Vera Lúcia de. **Poesia, mito e história no Modernismo brasileiro**. São Paulo: Edifurb/ Unesp, 2001. p. 276.

os critérios de Angel Rama, que o traduziu para o espanhol, Cobra Norato é um longo poema lírico, cujo sentido é fornecido metaforicamente pelo próprio título: Cobra Norato, ou, se quisermos, "Eu sou Cobra Norato". É no mesmo sentido a afirmação de Donaldo Schüler.

> Ver-se-á que Cobra Norato, como poema de extraordinário vigor narrativo, desenvolvido pelo próprio contar de um herói fantástico, num processo que efetiva "a fusão do sujeito (o poeta) com o objeto real" (o herói mítico) que realiza uma aventura entremeada de conteúdo onírico e divagação lírica, participa tanto do espírito épico como do lírico, não podendo ser englobado por nenhuma das duas classificações.[495]

Raul Bopp é um poeta que o tempo ama. Inovador de linguagem, tal Oswald de Andrade e Cassiano Ricardo. Como eles, buscou a identidade nacional. Caçador do mito da infância do mundo, como eles. Épico na grandeza de captar nosso inconsciente, lírico na estima que as palavras lhe devotavam. O que Jorge de Lima tentou em *Invenção de Orfeu*, num "cubismo poético" (Luís Busatto) e Cassiano Ricardo projetou em *Martim Cererê*, Raul Bopp concretizou com gênio. Foi roseano, antes de Guimarães Rosa; ideador das *pré-coisas*, antes de Manoel de Barros. Sua criação madurou, o que Oswald de Andrade pressentiu na poesia e não logrou com igual magnitude, como um pé de laranjas que apenas tivesse enverdecido. Bopp achava o primitivo, sendo, Klee ou Miró antes da pintura. Seus versos desenham, pintam, gravam o mural primevo e mágico, de alguns dos nossos (foragidos) sonhos.

Fenelosa, citado pelo poeta inventor norte-americano Ezra Pound, escreveu, certa vez, que "Os poetas fazem conscientemente o que os povos primitivos realizam inconscientemente." Recordei-me dessa frase para comentar a criação de Raul Bopp, reeditado de forma ousada e bela, com sua *Poesia completa,* através da Livraria José Olympio Editora, em convênio com a Edusp, tendo a organização e os comentários de

---

495. SCHÜLER, Donaldo. **Cobra Norato**: escritura-leitura. Porto Alegre: Graphé, 1975, p. 59.

Augusto Massi. Sobretudo em Cobra Norato, esse notável poeta gaúcho alcança a mais límpida e grávida poesia, ao contato com a linguagem da infância (não só a dele) da humanidade. Por isso é singularmente épico, simples, *criançando* o verbo, trazendo-o aos lábios de um menino que contempla o mundo pela primeira vez. Não é só pelo uso da fragmentação na dicção direta, na descrição rápida (o *flash*) – pela constante ação e rotação das imagens, também pelo sentido onírico, mágico, maravilhoso de uma Amazônia que irrompe, sai da lenda ou de um documento folclórico ou bizarro, para o mito, a energia da palavra criadora. Cobra Norato, a rainha Luzia, sua filha, as sete mulheres brancas guardadas por um jacaré, o mato e a vegetação andando, os riozinhos (o diminutivo é utilizado a contento), as estrelas que conversam em voz baixa, as mirongas na lua nova, os coqueiros que se acordam ao hálito da madrugada, o barulho da selva crescendo com as águas abaixo, as *Terras do sem fim,* tudo é ato poético de fascinante beleza. O animismo da terra e o movimento do céu se mesclam a uma intuição ancestral deste *Homero do mato,* preso às raízes que tomam voz e se carregam de sombras. Seu léxico e ritmo são novos e faiscantes, sua visão assombrada. Liga-se aos artistas primitivos africanos e como Picasso neles achou modelo de criação, pelo despojamento, seja pela visão primeva das coisas, *as coisas em si,* sem história, dentro da religião da noite mais arcana que as suas estrelas. Esse reeducar-se com vista nova "os olhos não se fartam de ver os olhos da alva" é fundador, insólito. Raul Bopp achou a infantil (sapiente) coerência do mistério da linguagem sonora e fluvial dos seus poemas, dando fala aos signos exilados ou confiscados pelos civilizadores. E um povo só se civiliza pela consciência. Disse alguém que Deus é simples. O futuro também é simples, findo como o texto boppiano, sempre recomeçando. Por isso, Cobra Norato tem sua leitura em cada geração. O que é destino de já ser um clássico, quando o tempo começa a estabelecer sua justiça. Cassiano Ricardo adverte que o poema "é um desenho animado." *Desenho,* porque composto de imagens-relâmpagos. *Animado,* porque vivo. Como um ser respirante, a plenos pulmões – signos. Os poemas de Cobra Norato funcionam como um sonho posto em filme, a trabalhar cineticamente as nossas mais avassalantes imaginações. Até ao ponto de o poema ser um sonho lógico. Ou poema mágico de um sonho que divisamos em Raul Bopp. E quanto mais mágico, mais rigorosamente real. E nós que nos saturamos tantas vezes de certa modernidade, vamos aprendendo que o mais antigo pode ser o mais contemporâneo e o dito contemporâneo, muito velho. Porque as coisas que resistem são as que podem sonhar sozinhas no tempo, fazendo o tempo também sonhar através delas.

Se o poeta é o que descobre suas regras, que repousam no fundo atávico do sentir humano, aquelas que da figura dos bisontes na caverna passou para a escrita desenhada de bisontes na página branca das gerações, Raul Bopp dá a impressão, que é a de toda grande arte, a de um pássaro cantando a primeira música junto à árvore primordial da palavra. E há que ter coração suficientemente soberano para valorizar essa poesia tão cheia de permanência:

> Trovãozinho roncou: *já vou*
> Vem de longe
> um trovão de voz grossa resmungando
> Abre um pedaço do céu
> Desabam paredões estrondando no escuro
> Arvorezinhas sonham tempestades...
> A sombra vai comendo devagarinho
> os horizontes inchados.[496]

Acaso não é a própria natureza falando, dizendo de suas coisas espessas? Só a alta poesia atinge esse fulgor. Raul Bopp não ficou só no imaginário (a mitologia da Amazônia e a sua particular cosmogonia), criou uma estrutura léxico-sintática capaz de configurar esse imaginário. *Conseguiu passar de seu mundo interior para o mundo da linguagem.* O que é fundamental e designa um poeta-inventor. A falta de disciplina funciona como exercício filosófico, teológico, jamais como ato

---

[496]. BOPP, Raul. **Poesia completa de Raul Bopp**. Rio de Janeiro: José Olympio, 1998.

poético. A ausência de tal estrutura pode trazer à baila um exótico exacerbado, um estranhamento, às vezes confuso e banal, jamais o entranhamento. Isto é, a entrada para dentro das coisas. Ficar só no imaginário, sem estrutura, sem trabalho de linguagem, pode resultar no brilho de algumas imagens, mas a poesia morre por perda de sangue (a hemorragia dos versos), morre por debilidade. E Bopp é o primitivo – não de fora para dentro, mas de dentro para fora. Não é adulto que imita a criança: ao invés de trabalhar o tema da infância, torna infante a linguagem. Não importando o fascínio ou a bizarrice das imagens, elas precisam chegar a ser poema, estruturalmente. Ou então são pandorgas no ar: entusiasmam pela beleza, rutilam e se isolam, não se congregam. O poema há de ser sempre ou uma tribo, ou uma comunidade. Se buscasse apenas a ciência das coisas, não terminava no homem, terminava nas coisas. E Raul Bopp concretizou em poesia o mundo áspero, inebriado da floresta, (inconsciente coletivo), sendo centro cósmico o homem.

É visível a confluência deste singular poeta gaúcho em Guimarães Rosa, de *Grande sertão: Veredas*, 1956, obra-prima de nosso tempo, como também na linguagem de *Noites do sertão*, por exemplo, onde se encontram invenções comuns a Bopp: [...] um riachinho, bichinho, bem um fiapo, só, só, que fugia no arrepiado susto de por algum boi de um gole ser todo bebido [...] Nem tudo era perigo; fazia um barulhinho, o cavalo tirava de banda, entortado [...]". E Cobra Norato já faz parte do nosso futuro. *Furou o mundo até achar o mundo.*

Sosígenes Costa e o búfalo celeste

Caminho solitário, como o do alegretense Mário Quintana, o carioca Dante Milano, o nordestino, poeta e teatrólogo Joaquim Cardozo, todos difíceis de serem rotulados em escola, corrente ou sina, entre eles, surgiu como cadeia de montanha, arredio, avesso às manchetes – *Sogígenes Marinho da Costa* – poeta da Bahia, poeta magnificente dos pavões, de índole sensual, gongórico. E falecido no Rio de Janeiro, em

1968. Com a modéstia fascinante – para Johnson – provocada pelas palavras pouco comuns. "Na visão de Sosígenes[47], à noite, Ilhéus se transforma. Transfigura-se: Búfalo de Fogo"[497] – diz Wilson Rosa. Eis uma amostra de sua exuberância: "E na ponta de um cônico cipreste, / a lua nova paira, curva e fina, / como o chifre de um búfalo celeste."

Sosígenes Costa é o poeta das azaleias, ânforas, bromélias, lilases, heliantos. Exótico por natureza, luxurioso verbal, saído de uma Bahia mais do Oriente do que do Ocidente, simbolista de uma Grécia desvairada, às vezes um Mário-de-Sá--Carneiro do acaso, outras, Omar Khayam de vinhoso verso, mistura o maravilhoso bíblico e o da cultura ou história, com cantar bizarro. Onde a música não falta, nem a fúria mitológica. Seu ritmo é avassalante, com imagens que pegam fogo. Buscando "um tempo em que a vida era um paraíso e o beco era um céu aberto"[498], que não é o tempo de Proust, é o tempo da terra, o tempo de *Iararana* (falsa sereia). *Iararana* é seu longo poema, com clichês do Modernismo. Como Cobra Norato, de Raul Bopp, envolvido em lendas populares e, no caso, a da Mãe-Dágua-do-Pardo. Poema grapiúna, em 15 partes, cosmogônico, eivado de coloquialismos e expressões regionais, uma *pantomina* com a técnica do verso-livre, sob um *verde--amarelismo tardio*. Faz reboar as vozes do índio, do lavrador e do caboclo. De tantos termos e idiomatismos baianos, é ilegível sem um glossário. Há um passadismo salvo pela sede da infância, o que dá vazão ao seu instinto eminentemente lírico (não épico). A matéria nem sempre é a mais poética e nem possui a alteza, nem a dinamização de Cobra Norato, com seus verbos de ação. E embora alguns os comparem, penso que, se há aproximação folclórica, há longa distância estética entre ambos. Eis um fragmento:

> Cavalo-marinho
> me dê essa anágua,

---

497. COSTA, Sosígenes. **Obra poética**. São Paulo: Cultrix, 1978.
498. COSTA, Sosígenes. **Obra poética**. São Paulo: Cultrix, 1978.

HISTÓRIA DA LITERATURA BRASILEIRA
Da carta de Caminha aos contemporâneos

> Cavalo-marinho
> não jogue a peneira em cima da bica
> da casa do homem
> que a dona da anágua
> Não é cobra preta
> E quer peneirar /
> fubá pra canjica? E arroz pro cuscuz.
> Muruçanga não pôde matar cobra preta.
> E o cavalo-marinho ficou danado
> como se tivesse sido mordido
> por marimbondo-tatu e formiga pixixica
> e formiga de estalo do pé de araçá.
> E nesse dia não plantou banana das almas
> nem botou na cachaça raiz de gambá.[499]

Seus sonetos carregados de símbolos e cores, de vestígio parnasiano, são de grande maestria, onde se destaca *A morte do sol*:

> Chovem lilases. Pôr-de-sol. Em frente
> a mata é de nanquim. Passam de lado,
> no rodapé vermelho do ocidente,
> carros de rum de papel pintado.
> É ali que o sol vai ser decapitado
> para que à noite, Salomé dolente,
> baile. Não há quem tanta dor aguente, em mar de roxos e cinzentos nado.
> No poente degola-se. – Quem morre?
> Ninguém responde. Unicamente escorre
> a golfada de sangue do arrebol.
> E de Herodes fantástico soldado
> põe na salva do ocaso ensanguentado
> a cabeça de São João do sol.[500]

---

499. BOPP, Raul. **Poesia completa de Raul Bopp**. Rio de Janeiro: José Olympio, 1998.
500. BOPP, Raul. **Poesia completa de Raul Bopp**. Rio de Janeiro: José Olympio, 1998.

Ou então *Pavão azul*:

> No jardim do castelo desse bruxo/ d'asas d'ouro e olhos verdes de dragão,/ tu és à beira de um lilás repuxo/ um grande lírio de ouro e de açafrão.
>
> Transformado em pavão por esse bruxo,/ vivo te amando em tardes de verão, /dentre as rosas e os pássaros de luxo /do jardim desse bruxo castelão.
>
> Tenho medo que um dia o jardineiro/... Mas nunca estou bem certo, do canteiro/ há de colher-te, ó minha flor taful!
>
> Porque ele sabe que em manhã serena/ não suportando a ausência da açucena, /há de morrer este pavão azul.[501]

Observem a riqueza rítmica e o tom dramático do poema – *Quem bate é a noite sombria* (fragmento): "– Meu Deus, quem bate tão tarde / na minha porta de pedra? / Será Cervantes Saavedra? / Será a estrela da tarde? / Será a sombra de Fedra? / ou a alma de Leopardi? / Insistem de modo insólito. / Se for a sombra de Fedra, / dizei que não sou Hipólito. //"

Sosígenes Costa tem algo de principesco, com originalidade suntuosa, vocabulário opulento, cinzelado por um virtuose de signos e sonhos. Nasceu no lugarejo de Belmonte, em 1901 e faleceu no Rio de Janeiro, em 1968. Professor, telegrafista e jornalista. Aposentando-se no ano de 1964, veio para o Rio, onde publicou toda a *Obra poética*, 1978. Por não haver ganho o reconhecimento em vida, apesar da divulgação generosa de amigos como Jorge Amado, sua arte foi agora, livre do naufrágio, que é "o exílio no próprio país", tão grande quanto o do esquecimento, surgindo a consagração neossimbolista depois da morte. Diante de Sosígenes e a solidão de sua obra, cabe a pergunta de Pierre Reverdy: "Por que o público nunca tem a culpa de não compreender?"[502]

---

501. BOPP, Raul. **Poesia completa de Raul Bopp**. Rio de Janeiro: José Olympio, 1998.

502. REVERDY, Pierre. In: FAUSTINO, Mário; BOAVENTURA, Maria Eugênia da Gama Alves (Org.). **Artesanatos de poesia**: fontes e correntes da poesia ocidental. São Paulo: Companhia das Letras, 2004.

O reino impossível de Emílio Moura

Fábio Lucas reuniu pela Art Editora, em São Paulo, em 1991, as *Poesias* de Emílio Moura, com excelente introdução crítica e seleção. Nasceu em Dores do Indaiá, Minas Gerais, em 14 de agosto de 1902, e morreu em Belo Horizonte, no dia 28 de setembro de 1971, quando o grande poeta mineiro e universal atingiu o seu *reino impossível*, ocupou sua casa, retomou os elementos mais obscuros da palavra. Sim, completo é o retrato que nos é apresentado, tanto sob o prisma humano, como intelectual. Emílio tinha, conforme a exata descrição de Pedro Nava, algumas coisas de Dom Quixote, e, do engenhoso fidalgo, copiava também a postura do resto do corpo. Era alto, desengonçado, desempenado e tinha no físico e na alma o comprido – *em comprilongo* – a que Carlos Drummond de Andrade emprestou ainda o componente moral.

Seu lirismo se munia de meditação. Porque a busca mais profunda vai desde as raízes. Indagar, inquirir faz parte de sua estrutura existencial. E a densidade da linguagem emiliana contém sua própria técnica, existindo como canto e fôlego terrestre. E não é sem razão que recordo a assertiva de Manuel Bandeira, em uma de suas crônicas, sobre *La strada*: "A sua densidade humana é tão alta, que atesta, só por ela, a alta classe de sua técnica."[503] Não há, portanto, técnica mais alta que a de ser humano! "Viver não dói. O que dói, / ferindo fundo, ferindo, / é a distância infinita / entre a vida que se pensa / e o pensamento vivido. / Que tudo o mais é perdido."[504]

Emílio Moura publicou *Ingenuidade*, 1931, *Canto da hora amarga*, 1936, *Cancioneiro*, 1945, enfeixando todos com o inédito *A casa*, em *Itinerário poético*, 1970. Sua poesia se caracteriza pela interrogação. E sabe perguntando. E de tanto perguntar, ganha foros de silêncio. Mesmo entre fulgurações, não é a *poesia-liberdade* muriliana ou o *claro enigma*, de Drummond. E alcança notáveis poemas, como *Tempo, Naufrágio*,

---

503. BANDEIRA, Manuel. **Andorinha, andorinha**. Rio de Janeiro: José Olympio, 1986.

504. BANDEIRA, Manuel. **Andorinha, andorinha**. Rio de Janeiro: José Olympio, 1986.

O morto-vivo, Talvez, Que pode amor?,To be or not to be, Fragmento, Sombras fraternas, Fim de tarde em Ipanema, Presença, Viajor imóvel, Viagem, Palavras a Isaías. E o antológico *A casa*, paradigmático na criação emiliana. Sua poesia confunde-se com a origem, a infância, o amor e a morte, suspendendo-se entre o instante e a eternidade. "Que culpa tenho / se habito o impossível, / se tudo se esconde / já não sei mais onde? // Ah, tudo é descaminho / no horizonte que foge. / Por que não ser adivinho, / Sendo amanhã, sendo hoje? //"[505]

Ao interrogar, afirma. Ou como diz Fábio Lucas, calca-se "na força das exclamações"[506]. Ao tocar nos limites, se deslimita. E, se a metafísica se arma no campo do tempo, apenas se engrandece no da fé. Entre clarões. "En el concepto del límite se opera la sutura de lo linguístico y de lo cósmico", anota Jean Cohen, em *El Lenguaje de la Poesia*.[507] E o limite de Emílio Moura é o da pergunta. Ou melhor, é o da pergunta que se instala sob as noturnas respostas. A ponto de se tornar a grande resposta. E o grande silêncio. "Amor, amor! Em que árias escutá-lo? / Em que restos de coros, em que embalo / de um cantar esquecido? //".[508]

Emílio Moura propõe-nos assim uma poesia que não se satisfaz com a explicação materialista das coisas, porém nos conduz seguramente a nenhuma teologia. Dir-se-ia que o poeta, cultivando jardins do espírito, conserva o triste e severo privilégio de se não exaltar." Esse é o parecer de Carlos Drummond, fiel amigo e companheiro de geração, em *Confissões de Minas*.[509] Mesmo sem se exaltar, há um jorro de cintilações no seu verso, com medo de ferir a privacidade alheia e a própria, tendo a consciência da espessura tênue que reveste o tecido dos vocábulos. E a reverência diante do Eterno. "A eternidade Te conservará

---

505. MOURA, Emílio. **Poesias de Emílio Moura**. São Paulo: Art, 1991.

506. LUCAS, Fábio. **Henriqueta Lisboa**: obras completas. São Paulo: Livraria Duas Cidades, 1985. v. 1.

507. Cohen, Jean. **Lenguaje de la Poesía**. Madrid: Gredos, 1982. p. 238.

508. MOURA, Emílio. **Poesias de Emílio Moura**. São Paulo: Art, 1991. p. 94.

509. ANDRADE, Carlos Drummond de. **Confissões de Mina**. São Paulo: Cosac Naify, 1944.

até que a última noite desapareça" (*Poema*, p. 110). Seu ritmo é vário, sincopado, as imagens se dobram. E a poesia mantém a inclinação da boca que se abre no clamor. Mas não grita. Ou gritando, não chega nunca lá onde está a aurora. David Arriguci Jr., em livro exemplar – *Humildade, paixão e morte* – refere que Manuel Bandeira "tem uma concepção do fazer poético, para o qual o sublime se acha oculto no mais humilde cotidiano."[510] A poesia de Emílio Moura se move para o sublime, saindo do cotidiano. E, por sua vez, esse sublime se desencadeia através de uma espécie de sábia ignorância do universo, utilizando termos simples e comuns, como *noite, lua, estrela, tempo, amor, sonho, morte, infância, pesadelo, manhã*... Com o poder de mitificar as coisas, cristalizando-as. "Estás em mim e fora de mim. / És mito e realidade, forma nítida e sombra esquiva. / Só em sonhos é que já foste minha; / só nos momentos de solidão absoluta / é que realmente te encontro. //" (*Quantas vezes?*, p. 82).

Não é só de interrogação que é feita a poesia emiliana, como se um frêmito a tomasse. É também a poesia do *talvez*. E esse *talvez* é o *durante da infância:* "Tudo o que dói nesta noite, / eu sei, é dela que vem // " (*Toada*). E não são os vivos, os mortos é que falam, estão livres, completos, definitivos (que o diga o poema *Os que se foram*). Esse *talvez* seja o intervalo entre a palavra e o grande silêncio. Mais: tudo já se dá no bojo da eternidade, na medida em que o silêncio se faz grito. E o grito, a realidade sonhada.

Para Picasso, a pintura "é a arte do cego". Ou a de arrancar da escuridão a luz. Também a arte emiliana ronda em torno desses percalços, sabe que a escuridão precisa inapelavelmente ver. "Nada nos salva. A treva / já nos engole. É noite. / É noite, profeta, é noite! //" (*Palavras a Isaías*, p.120). Poesia circular. Como a de um cego que nos faz ver. Diz Paul Valéry, em seu *Fausto*[511]: "A verdade não é mais do que o inefável". E o inefável não é mais do que a verdade.

---

510. ARRIGUCCI JÚNIOR, Davi. **Humildade, paixão e morte**: a poesia de Manuel Bandeira São Paulo: Companhia das Letras, 1990.p. 44.

511. VALÉRY, Paul. **Variedades**. São Paulo: Iluminuras, 2007.

Cecília Meireles, da fidência à inconfidência mineira, do metal rosicler à solombra

Cecília Benevides de Carvalho Meireles nasceu no Rio de Janeiro, em 7 de novembro de 1901. Perdendo o pai antes de nascer e a mãe três anos depois e mais três irmãos, ficou ao cuidado da avó materna Jacinta Benevides, nascida nos Açores. Aí se encontram dois fatores que se aliarão à sua poesia: a presença da morte e a sua transcendência como forma de sobreviver, com o vínculo às raízes lusitanas, o do cancioneiro. Formou-se professora e lecionou na Escola Normal. Casou-se com o artista plástico Fernando Correia Dias, que, após crises de depressão, termina por suicidar-se, deixando-a com três filhas e em situação difícil. Torna-se professora universitária e jornalista. Ganha o prêmio Olavo Bilac da Academia Brasileira de Letras, após uma polêmica, com defesa de Cassiano Ricardo. O livro premiado: *Viagem*. Nessa época, conheceu seu futuro marido, Heitor Grillo. Dedica-se ao trabalho de sua poesia, com escritório no Cosme Velho. Participa de um simpósio sobre Gandhi, na Índia, recebendo o título de *Honoris Causa* da Universidade de Delhi, onde criou *Os poemas escritos na Índia*. Morreu no Rio, com câncer, em 9 de novembro de 1964. Recebe o Prêmio Machado de Assis, da Academia Brasileira de Letras, postumamente. Obras publicadas: *Espectros*, 1919; *Nunca mais e Poema dos Poemas*, 1923; *Baladas para El-Rei*, 1925; *Saudação à menina de Portugal*, 1930; *A festa das letras*, em co-autoria com Josué de Castro, 1937; *Viagem*, 1939; *Vaga música*, 1942; *Mar absoluto e outros poemas*, 1945; *Retrato natural*, 1949; *Amor em Leonoreta*, 1951; *Dez noturnos da Holanda & O aeronauta*, 1952; *Romanceiro da inconfidência*, 1953; *Pequeno oratório de Santa Clara*, 1953; *Pistoia*, 1955; *Espelho cego*, 1955; *Canções*, 1956; *Romance de Santa Cecília*, 1957; *Metal rosicler*, 1960; *Os Poemas escritos na Índia*, 1961; *Solombra*, 1963; *Ou isto ou aquilo*, 1964; *Crônica trovada da cidade de Sam Sebastiam*, 1965; *Poemas italianos*, 1968; *Cânticos*, 1981; *Oratório de Santa Maria Egipcíaca*, 1986; *Poesias completas*, 1973, 9 volumes; *Melhores poemas*, 1984; *Obra completa*, Ed. Nova Aguilar, Rio, 1987; *Poesia completa*, em dois volumes, Nova Fronteira, Rio, Edição do Centenário, 2001, com introdução crítica de Antonio Carlos Secchin, entre outros de crônicas e sobre a educação.

Cecília Meireles começou inserida no Simbolismo com *Espectros*. Participante do Grupo da Revista *Festa*, incorporou-se à Modernidade, sem desprender-se dos valores intemporais. Sua lusitanidade vem desde as fontes da cantiga medieval ("Fita bem meu rosto, / guarda os olhos pálidos / com rios antigos / por onde viajaste. / Lembra-te da minha / sombra humana, diáfana, / por ser que um dia / todos nós passemos / pela Eternidade. //"[512]). A musicalidade que integra sua composição, com alguns adjetivos desgastados pelo Simbolismo (por exemplo, *pálidos*) toma um tônus diferente pela consciência da artista que metamorfoseia o que toca em matéria nova e o distanciamento, que lhe deu olhar de cima para baixo sobre as coisas, imponderáveis, como um espelho, donde emana sua indagação, como se uma outra a fitasse de fora, a que estava dentro: "Em que espelho / ficou perdida / a minha face? //"

Para o lusitano Teixeira de Pascoais, notável aforista, "não devemos confundir os artistas do verso com os criadores de poesia. Os primeiros importam apenas à Literatura e os segundos têm um interesse vital e universal, como uma flor ou uma estrela."[513] Cecília Meireles encaixa-se maravilhosamente nos dois tipos. Sua arte de aeronauta sobrepaira a efemeridade que a contempla, tendo a certeza de imortalidade, pastora do vento e amiga das nuvens: "É mais fácil pousar o ouvido nas nuvens / e sentir passar as estrelas... //" (*Aceitação*, de *Viagem*). Porém, a situação é de *viagem*. Toda sua existência, amor e criação são de viagem. ("Pus o meu sonho num navio / e o navio em cima do mar, / depois, abri o mar com as mãos / para o meu sonho naufragar.") com a constância da morte: ("meus olhos secos como pedras / e as minhas duas mãos quebradas"). Carlos Fuentes considera a *viagem de exploração* tanto causa como reflexo da

---

512. MEIRELES, Cecília. **Obra poética**. Rio de Janeiro: J. Aguilar, 1958.

513. MEIRELES, Cecília. **Obra poética**. Rio de Janeiro: J. Aguilar, 1958.

fome do espaço[514]. Ora, essa fome de lugar adveio-lhe das perdas, do acanhamento afetivo, necessitando, adulta, de recuperar esse espaço de tempo e memória. Ou a viagem do ventre ao nascimento. Mas é Hegel que percebe que toda a viagem em direção a um princípio é uma volta ao lar, como se caminhasse para os seus antepassados, ou seus antepassados nela caminhassem. Entretanto, à medida que a poeta viaja, liberta-se das raízes, solta-se, transfigura-se. E é a transfiguração, a marca de sua última fase.

O historiador Heródoto fala de Anácasis, um viajante nômade vindo da Cíntia à Grécia e a mensagem sobre ele que Heródoto nos passa é a de que, para os citas, *ele é aquele que se deve esquecer, por ter partido em viagem (eufemisticamente, rumo à morte), já que transgrediu a lei, acabando por esquecer as fronteiras*. O que é emblemático no caso da poética ceciliana. Esqueceu as balizas do Simbolismo, para a Modernidade. Esqueceu as fronteiras da Modernidade, para o Eterno, o Intemporal. Para Heródoto, Anácasis é um andarilho do saber. A ponto de Protágoras mencioná-lo, junto a Tales, exemplo desses a quem se deve guardar os traços e as invenções. E a poeta inventa nos ignotos em viagem. Inventa? Ou apenas desenrola o périplo de sua criação, ou de onde a criação se faz universo. E, mesmo tendo diante de si a morte, ultrapassa as divisas do dizível para o indivisível, do tempo para a Eternidade. Assim, a poesia vai-se concentrando – a partir do início de claro e liberto lirismo, com a diáfana transparência de água (*viagem fluida*), um amargo ceticismo, com o trânsito pelo surrealismo e a sombra vespertina de Claudel e Valéry, em *Vaga Música*. É Ariel, o puro espírito da palavra, levado pelo gênio de aérea linguagem, sob o véu do espaço, penetrando nos abismos do *Mar Absoluto* – onde, curiosamente, vimos o mote futuro do *Romanceiro da inconfidência*: em "Este é o lenço (de Marília)". Porque a poeta vai semeando premissas vindouras, como um cordel a ser desenrolado. Entre as correntes do oceano, esta linguagem que não se acaba, o mar absoluto de Deus, lá nas profundezas, como antes foi nas alturas, o talvegue da alma,

---

514. FUENTES, Carlos. **Valiente mundo nuevo**. México: Tierra Firme, 1992. p. 54.

onde Cecília descobre o seu verdadeiro retrato, a face que se perdera no espelho, o domínio de sua plenitude: "Não tens fala, nem movimento nem corpo. / Mas eu te reconheço". É no *Retrato natural* que há o encontro desejado: "Dize-me, tu, ó céu deserto / dize-me tu se é muito tarde, / se a vida é longe e a dor é perto / e tudo é feito de acabar-se! //" Volta ao lirismo, natureza de suas feições de cancioneira e ali, situa-se um dos seus antológicos textos – *O afogado*, com este fecho: "Nu como nascera / ali se cala. / só tinha os sapatos: / lembrança da vida. //" E sobre o cavalo, há dois poemas, ambos extraordinários: *Recordação*: "Vejo o cavalo parado / ao pé do tanque de limo. / Cai-lhe por cima a tristeza / de um cipreste muito antigo. //" E o *Cavalo morto*, com um verso depois dos quartetos e do último, um quinteto, como refrão: "Tão pesado, o peito do cavalo morto! //" A seguir vem *Leonoreta*, tendo a epígrafe de Amadis de Gaula e a utilização de arcaísmos e vocábulos que levam ao clima da Idade Medieval, o tempo dos menestréis, o que aproxima Cecília da grande galega, Rosalía de Castro.

Depois, descreve os seus *Doze noturnos da Holanda*, com versos longos, virgilianos, com três poemas que se destacam pela fulgurante beleza: *Um, Cinco* e *O derradeiro*. Retorna ao voo, rompendo limites tantas vezes vertiginosos. E não é mais terrestre. É como se o corpo ainda respirasse o mundo e o espírito vagasse já no paraíso, livre das amarras humanas: "Agora podeis tratar-me / como quiserdes: / não sou feliz, nem sou triste, / humilde nem orgulhoso, / – não sou terrestre. //" Após essa advertência que aponta para a ascese mística, achamos várias obras-primas, de inexcedível perfeição e leveza, como as que a poeta denomina de *Um, Dois, Três, Quatro, Seis, Sete, Oito, Onze*. Altíssimo o voo. Deslumbrantes e exatas imagens, cantos órficos, sublimes. Vejam os leitores que citei quase todos e, se a todos citasse, não correria risco. Após essa latitude, a poeta está preparada para a empreitada da história. Por ser Cecília uma contemplativa, não supera o acontecimento, apenas o celebra com grandeza. Como dizia Kierkegaard, em *Temor e tremor*, "ao poeta só cabe cantar o herói, rejubilar-se com ele. Porém, se ao celebrá-lo, canta-o com altitude, torna-se também herói."[515] Possuindo o *gênio da memória*. Todavia, se algo falta, é apenas o tempo em sua síntese, havendo a tese, ou a palavra como ato, *ou seja, ação de mudança*. Cecília desce à humanidade, aos descalabros do tempo, às sedições da maldade e valentia humana, corporifica-se em Tiradentes, Cláudio Manuel da Costa, Marília de Dirceu, Tomás Antônio Gonzaga e em outros seres secundários que se agregam ao enredo – porque ele é narrado como um *romance medieval* – *Romanceiro da inconfidência*. Desfazendo lindes e desenvolvendo fios da teia criadora: o ser lírico – não à antiga – mas da história tecendo-se nos vocábulos. Não mais sobrevoando ou vislumbrando de cima, como lhe acontece, em regra, mas se põe, voluntariamente, na pugna, junto, ao lado dos insurrectos, percebendo a conspiração, o vilipêndio, o ouro das minas e o ouro do heroísmo, o amor que se oculta, a coragem de quem enfrenta o destino, declarando juízo pela potência da palavra sobre a traição e os pusilânimes, as armas do poder e o sonho dos conjurados. Sim, refiro-me a este poema único, dividido em partes, de nossa, mais viva memória (o poeta, historiador da memória) que, pictórica e musicalmente, como uma sinfonia trágica de Berlioz, corre diante de nossos olhos, filme de imagens consteladas – e que enfatizo: *Romanceiro da inconfidência*. E todo um tempo é trazido ao sol, os escondidos, soturnos mistérios, os rostos e as mágoas, a dor e o sacrifício.

> Por aqui passava um homem
> – e como o povo se ria! –
> que reformava este mundo
> de cima da montaria.
> (...)
> Mas ninguém mais se está rindo
> pois talvez ainda aconteça
> que ele por aqui não volte,
> ou que volte sem cabeça...

---

515. KIERKEGAARD, Soren. **Temor e tremor**. Lisboa: Guimarães, 1959.

(Pobre daquele que sonha
fazer bem – grande ousadia –
quando não passa de Alferes
de cavalaria!)[516]

    A sina de Tiradentes e de seus companheiros é descrita em romances populares, com variação rítmica, força de vida, senso de realidade – *como quem sofre junto* (a palavra ceciliana se torna geral, assume o sofrimento de todos os que o tempo encobre e não puderam falar). É impressionante não apenas a unidade, também o relato com minúcias pesquisadas ou sopradas pela tradição. Diferente de seu trajeto anterior, a poeta deseja agora o limite, porque é da condição humana, sua devastação e a conquista da liberdade – ponto axial do cântico. E o que deslimita – ao conhecer o limite e a sua prisão. É um dos momentos altos da poesia brasileira, em que o tom descritivo se mescla ao lírico, com Cecília trabalhando as sombras da conspiração mineira, sem a metaforização do *romancero gitano*, de García Lorca, com seu barroco cordovês (Góngora), mais ligada ao romanceiro português (via Almeida Garrett). E ocupando a voz dos vivos, depois com a voz do tempo, fala aos inconfidentes mortos:

    Capa da noite,
    lanosa capa
    nos ombros curvos
    dos altos montes
    aglomerados...
    Agora, tudo
    jaz em silêncio;
    amor, inveja,
    ódio, inocência,
    no imenso tempo
    se estão lavando.
    Grosso cascalho

---

516. MEIRELES, Cecília. **O romanceiro da poética**. São Paulo: Cultrix, 1978.

da humana vida...
Negros orgulhos,
ingênua audácia,
e fingimentos
e covardias
(e covardias!)
vão dando voltas
no imenso tempo,
– água implacável
do tempo imenso,
rodando soltos,
com sua rude
miséria exposta...

Parada noite,
suspensa em bruma:
não, não se avistam
os fundos leitos...
Mas no horizonte
do que é memória
da eternidade,
referve o embate,
de antigas horas,
de antigos fatos,
de homens antigos.

E aqui ficamos
todos contritos,
a ouvir na névoa
o desconforme,
submerso curso...
Quais os que tombam
em crime exaustos,
quais o que sobem,
purificados?[517]

---

517. MEIRELES, Cecília. **O romanceiro da poética**. São Paulo: Cultrix, 1978.

HISTÓRIA DA LITERATURA BRASILEIRA
Da carta de Caminha aos contemporâneos

Ainda que Antônio Carlos Secchin defenda a tese de ser esse livro ceciliano, antiépico, por lhe faltar a monumentalidade camoniana e possuir como tema – não a vitória – mas a derrota – a nosso ver procede essa posição apenas em relação aos paradigmas da épica antiga, jamais da épica contemporânea, desde T. Eliot, de *A terra desolada,* ou Os *Cantos,* de Ezra Pound, que versam sobre o homem no limite. Ademais a insurreição mineira pode tratar de uma derrota no seu tempo, não depois, ao vislumbrar um Brasil liberto. E o herói épico, hoje, é o povo, os joões ninguém do cotidiano, que são maiores do que Heitor ou Eneas, por sobreviverem com salário mínimo ou sob desassombrada corrupção dos poderosos. Esse *Romanceiro* revela um processo de purificação, ao cotejar a história, elevando-se a poeta depois disso, para o cume da montanha, o último degrau da entrega ao Ser Supremo, o que é *Revelação*, com livros de extrema pungência e despojamento, para os arcanos mais doridos da alma, onde ressalto *Metal Rosicler* e *Solombra,* exemplares na lírica de língua portuguesa. Raros poetas alcançaram tão límpidos e rarefeitos pincaros, um caminhar vagaroso e nobre, intrépido e solto para a morte. Pois sua poesia não é somente de metamorfose, é de transcendência. E memória. A propósito, observou Longinus que "o verdadeiro poeta tem a memória da espécie".

Sim, Cecília como alta poeta desfaz as escolas, as teorias, criando suas regras. Com a arte olhando sem medo o futuro, com a linguagem como o Arco de Heráclito, comparáveis a um Hölderlin, um Goethe, Camões, João da Cruz ou Garcilaso, a pureza de um *Cântico* de Guillén, ou *As elegias de Duíno*, de Rilke, na exaltação, onde "o belo é terrível". Estes versos que são epígrafes de eternidade: "Alta é a alucinação da provada Beleza. / Pura e ardente, esta angústia. E perfeita, a agonia."[518] Não, não mais existe fronteira. Cecília ultrapassou todas as fronteiras e não deixou de ser, nunca, ela mesma e todos. *A perfeita agonia*. Com a tendência de cantar, como poeta maior, a morte. Difícil, portanto, é achar-se no texto ceciliano senões,

---

518. MEIRELES, Cecília. **Poesia completa**. Rio de Janeiro: Nova Aguilar, 1994.

porque a artista é equilibradíssima, mantendo o nível elevado de artífice, desvestindo as indumentárias pesadas e inúteis.

Menciono apenas algo que me chamou a atenção no seu território lírico, a cacofonia no *Poema 3*, de *Metal Rosicler*: "em sua acúlea coroa". Além de: "E a pérola imóvel deixa". Tal poema é belíssimo e não carece desses dois versos. Ficaria: "Deixa a Medusa perfeita / na sorte da intacta concha. //" Mancha no sol? Um alfinete no campo da perfeição é elefante. O *Poema 34*, de *Metal Rosicler*:

> Assim n'água entraste
> e adormeceste,
> suicida cristalina.
>
> Todos os mortos vivem dentro de uma lágrima:
> tu, porém, num tanque límpido,
> sob glicínias,
> num claro vale.
>
> Não vês raízes nem alicerces,
> com os outros mortos:
> mas o sol e a lua,
> Vésper, a rosa e o rouxinol,
> nos seis espelhos que fecham por todos os lados.
>
> Pode ser que também Deus se aviste,
> nessa imóvel transparência.
> E pode ser que Deus aviste teu coração,
> e saiba por que desceste
> esses degraus de cristal que iam para tão longe.
>
> Ah!
> é o que rogamos para sempre,
> diante da tua redoma
> onde dormes sozinha com os teus longos vestidos,
> diante da tua transparente,
> fria, líquida barca.[519]

---

519. MEIRELES, Cecília. **Poesia completa**. Rio de Janeiro: Nova Aguilar, 1994.

Obra-prima. Igualmente o *Poema 5*, desse mesmo livro:

> Estudo a morte, agora
> – que a vida não se vive,
> pois é simples declive
> para uma única hora.
>
> E nascemos! E fomos
> tristes crianças e adultos
> ignorantes e cultos,
> de incoerentes assomos.
>
> E em mistério transidos,
> e em segredo profundo,
> voltamos deste mundo
> como recém-nascidos.
>
> Que um sinal nos acolha
> nesses sítios extremos,
> pois vamos como viemos,
> sem ser por nossa escolha;
>
> e quem nos traz e leva
> sabe por que é preciso
> do Inferno ao Paraíso
> andar de treva em treva...[520]

Voz singular e universal: gênio de água límpida. Com a benevolência de conciliar a língua da poesia brasileira com Luís Vaz de Camões. Mestre no sentido poundiano, devedora, sim, de toda uma tradição galaico-lusitana, a par de ter a técnica do instinto e o instinto da técnica, seu cântico é tão diáfano e puro que vem das raízes melódicas e profundas da palavra, as regiões míticas do humano. Sim, na medida em que seu canto sobe das profundezas, seu olhar desce do alto para o fundo. Contempla do céu a terra e não de igual para os

---

520. MEIRELES, Cecília. **Poesia completa**. Rio de Janeiro: Nova Aguilar, 1994.

iguais. Contempla de cima, desde sempre, desde a eternidade. Daí porque é tão plácida e severa. Elaborando uma poesia que é divina e terrestre. E tem na dicção e na melodia, o que ao poeta inglês George Herbert é a essência do coração: "Prata, ou ouro, ou pedra preciosa, / Ou estrela, ou arco-íris, ou uma parte / De todas essas coisas, ou todas numa só? //" (*Mattens*). Raríssimos poetas da língua comum chegaram à altura órfica de Cecília Meireles. Ou a tamanha serenidade. Por ter ela logrado: "Dizer com claridade o que existe em segredo". E murmurar como em segredo, o que existe de claridade.

Tasso da Silveira e o poema do êxtase

Tasso da Silveira nasceu em Curitiba, Paraná, em 11 de março de 1895, e faleceu no Rio, em 3 de dezembro de 1968. Formado em Direito, foi poeta, jornalista, professor, ensaísta, romancista e dramaturgo. Pertenceu ao Grupo *Festa*, junto com Cecília Meireles, Murilo Araújo, Francisco Karam e outros. Publicou, em poesia: *Fio d'água*, 1918; *A alma heroica dos homens*, 1924; *Alegorias do homem novo*, 1926; *As imagens acesas*, 1928; *O canto absoluto*, 1940; *Cantos do campo de batalha*, 1945; *Contemplação do eterno*, 1952; *Canções a Curitiba*, 1955; *Puro canto*, 1956; *Regresso à origem*, 1960; *Puro canto*, 1966 (reunindo os 10 livros anteriores de poesias); *Poemas de antes*, 1966; *Poemas de* Tasso da Silveira, organização de Ildásio Tavares.[521] Ensaios: *Jackson de Figueiredo*; *A igreja silenciosa*; *Romain Rolland*; *Alegria criadora*; *Definição do Modernismo Brasileiro*; *Tendências do pensamento contemporâneo*; *Caminhos do espírito: O estado corporativo*; *30 espíritos fontes*; *Gil Vicente e outros estudos portugueses*; *Diálogo com as raízes* e *Literatura Comparada*. Romances: *Só tu voltaste?*; *Silêncio*; *Sombras no caos*. Teatro: *O sacrifício*; *As mãos e o espírito*; *Os mortos foram para sempre*; *O emparedado*.

---

521. TAVARES, Ildásio. **Odes brasileiras**. [s.l.]: Ministério da Cultura, Fundação Biblioteca Nacional, 1998.

A poesia de Tasso da Silveira, com profundo vinco do Simbolismo, denominada Neossimbolista, em contato com o Modernismo, tomou um acento de pureza, de êxtase, de espiritualidade pouco habitual em sua época. A musicalidade e a maior limpidez de sintaxe, com a busca do inconsciente primitivo através da contenção do verso, a procura de uma "poesia desnuda / para sempre", como diz Ramón Jimenez (autor de *Platero y Yo), O canto absoluto*, com as estrelas de cristal, "as árvores imóveis no crepúsculo", "a origem perdida de todas as coisas", a amada translúcida, "hino de silêncio", "seio da massa informe", "mar de esquecimento". Pode o leitor observar pelas metáforas quanto o poema silveiriano continua simbolista e como o que o nutre de duração e nitidez é a palavra antiquíssima, primordial. Entre algumas imagens gastas, preserva a virtude de incendiá-las, suavizando-as, outras vezes, ou as alentando. Com um misticismo, que não extravia certo tom universal, e que foge, felizmente, de suas próprias circunstâncias. Há uma missão salvática, "capaz de arrancar a trombeta do Anjo da Anunciação para acordar os mortos", no dizer Roger Bastide. Por sua vez, Mário de Andrade, lucidamente adverte:

> Eu não sei nem me interessa saber a posição que assumirá futuramente na poesia contemporânea do Brasil, o canto claro e belo do poeta de *O canto absoluto*. Sei que, no momento, representa um fantasma quase insuportável, apavorando, castigando a maioria de nossas consciências individuais.[522]

Assinala Tasso da Silveira, no Soneto XIII, de *Puro canto*:

Vamos pelos caminhos deste mundo.
Há visões de beleza imemoriais.
Das estrelas ao ritmo profundo,
repetiremos passos ancestrais.

Vamos pelos caminhos deste mundo.
Há pratas, ouros, sândalos, rosais.

---

522. ANDRADE, Mário de. **Obras completas**. São Paulo: Martins, 1944.

Marcharemos ao ritmo profundo
dos nossos pobres sonhos desiguais.

Do coração, ao ritmo profundo,
seguiremos, serenos, sem alarde:
nalgum porto remoto haverá paz.

Vamos pelos caminhos deste mundo.
Esquecerei que vieste muito tarde;
Esquecerás que vim cedo demais...[523]

Palpável é a sombra dantesca que se alia à religiosidade do poeta (Soneto 6, *Regresso à Origem*):

Da minha vida ao fim da caminhada
vejo-me agora numa selva escura,
não como a do Alighieri dominada
pelas três feras da hórrida aventura:

uma selva que, embora de amargura,
é por sinais de Deus iluminada:
há brancos trêmulos na altura,
leva-me pela mão a muito amada.

A infinita esperança deste instante
(Senhor, Senhor! Bem sei que nunca pude
fazer da clara estrada a via eterna),

é que para o meu passo vacilante,
esta selva de aspecto triste e rude
seja o caminho da Mansão Paterna.[524]

Ou o fascínio destes versos de surdina e claridade: "Um passarinho canta / para o canto perder-se. // Para o canto fundir--se / no éter puro e sereno, / no silêncio das coisas, no mistério

---

523. SILVEIRA, Tasso da. **Regresso à origem**. Lisboa: Livros de Portugal, 1960.
524. SILVEIRA, Tasso da. **Regresso à origem**. Lisboa: Livros de Portugal, 1960.

dos seres. // Um passarinho canta / apenas porque é vida: / a vida é apenas canto, / canto efêmero. //" (12 – *Poema de Antes*). E este antológico *Cavalos do tempo* (de *Regresso à origem*):

> Os cavalos do Tempo são de vento.
> Têm músculos de vento,
> nervos de vento, patas de vento, crinas de vento.
>
> Perenemente em surda galopada,
> passam brancos e puros
> por estradas de sonho e esquecimento.
>
> Os cavalos do Tempo vão correndo,
> vêm correndo de origens insondáveis,
> e a um abismo absoluto vão rumando.
>
> Passam puros e brancos, livres, límpidos,
> no indescontínuo, imemorial esforço.
> Ah, são o eterno atravessando o efêmero:
> levam sobras divinas sobre o dorso...[525]

Exatamente o tema silveiriano é o eterno atravessando o efêmero. Esse sentido de transitoriedade, de *viagem* (que também singulariza Cecília Meireles), de sede do Absoluto, rastro de Eternidade, centro de toda a sua poética altamente visionária, vinculando-se ao Messianismo/Visionarismo que aponta para Murilo Mendes e de quem Tasso se aparta, pelo surreal. Mário de Andrade sinaliza a coragem de quase um fantasma de pureza no meio das inteligências *gordas da província*. Poesia de reação contra a falta de significado, o vazio deste tempo, que Drummond chama de "tempo pobre, tempo de homens partidos."[526] A inocência desarma. A beleza inocente da poesia desarma mais ainda. Não tem a altura órfica de Cecília, nem a grandeza drummondiana, ou a humildade

---

525. SILVEIRA, Tasso da. **Regresso à origem**. Lisboa: Livros de Portugal, 1960.

526. ANDRADE, Carlos Drummond de. **Poesia e prosa**. Rio de Janeiro: Aguilar, 1978. p. 1343.

serena de Bandeira. Segue a lição de Ruysbroeck: "É assim que nos tornamos videntes na luz divina."[527] Tasso da Silveira é autêntico, simples, transparente. Com a luz da manhã perto de tudo. Luz que nem certo anacronismo ou pesadume de matéria ferida desfigura. Por servir-lhe de epígrafe a frase de Joubert: "O repouso na luz". E a luz no repouso.

Henriqueta Lisboa, além da imagem

Henriqueta Lisboa nasceu em Lambari, Minas Gerais, em 15 de julho de 1901, e faleceu em Belo Horizonte, no dia 10 de outubro de 1985. Professora, poeta, tradutora, ensaísta. Publicou: *Enternecimento*, 1929; *Velário*, 1936; *Prisioneira da noite*, 1941; *O menino poeta*, 1943; *A face lívida*, 1945; *Flor da morte*, 1949; *Poemas*, 1951; *Madrinha lua*, 1952; *Azul profundo*, 1969; *Lírica*, 1958; *Além da imagem*, 1963; *Nova lírica*, 1971; *O alvo humano*, 1973; *Poemas escolhidos*, 1974; *Reverberações*, 1976; *Miradouro e outros poemas*, 1976; *Celebração dos elementos – água, ar, fogo, terra*, 1977; *Casa de pedra: poemas escolhidos*, 1979; *Obras completas*, com a inclusão de *A pousada do ser*, 1985. Ensaios: Alphonsus de Guimaraens, 1945; *Vigília poética*. Traduções: *Poemas escolhidos de Gabriela Mistral*, 1969; *Cantos de Dante*, 1970.

Fábio Lucas adverte, com proverbial lucidez:

> O poema de Henriqueta Lisboa, via de regra, comporta assim. Ela parte de uma palavra, uma ideia, um sintagma que lhe serve de mote. Depois o poema progride em anáforas, em desdobramento de vasos comunicantes, em analogias, em ocupação de campos semânticos mais próximos, em contiguidade metonímica.[528]

---

527. RUYSBROECK, Jan Van apud VILLENA, Heloísa Araújo. **O espelho**: contribuição ao estudo de Guimarães Rosa. São Paulo: Mandarim, 1998.

528. LUCAS, Fábio. **Henriqueta Lisboa**: obras completas. São Paulo: Livraria Duas Cidades, 1985. v. 1.

Todo o percurso desta grande Poeta de Minas e do Brasil é na direção de um *alvo humano*. Seu verso vai endurecendo cada vez mais, como se a pedra se incorporasse no seu organismo verbal, a música inicialmente melódica, agora (ao contrário de Cecília) atonal. E a tal ponto trabalha a matéria do poema, que a concisão rigorosa e o uso de algumas palavras vinculadas ao Simbolismo (*delíquio, reposteiro, lírio, arco-íris*) provocam a batida de punho no chão do poema, o martelo no cinzel. A elegância feminina que lhe dá a pompa de quem sobrepõe tijolos num edifício, em que, persistente, Henriqueta Lisboa, cimenta a busca do inefável. Um inefável da pedra. Na proporção que amplia o texto, desenvolve suas premissas na caça do indizível, vai caminhando para o mundo robustamente concreto, o mundo de lutas, ou do tangível, vai-se apossando dos vocábulos que a fazem dominar o universo que está sendo edificado. Enquanto a vocação ceciliana é para a de notável musicista, a de Henriqueta é a da escultora do verbo. A palavra na sua mão fica maleável, plástica, visualíssima, às vezes, porém, pedante, cacofônica, de mau gosto, como leremos adiante: "ferreiro, salvou-te o rubro." O que já não sucede no primeiro verso de *Flama*. E, na medida em que as cerca com o buril, elas se agudizam, monumentalizam-se, fecham-se na carapaça de bronze. Verga suas palavras como o ferreiro na bigorna, martelando. Até se tornar ela própria, a visionária, profeta, *o martelo que esmiuça a penha*. Há um quê, não de brônzeo – de férreo – para não dizer de aço, na qualidade do seu verso dúctil e compacto. Uma espécie de matemática na elaboração da geometria. Do particular para o universal. "Vida aérea / corpo de alma / nenhum rastro / deixou. //" Essa dureza vocábula a identifica com Murilo Mendes, após *O tempo espanhol*. Ou porque ambos se acharam próximos do vislumbrado *Tempo de Eternidade*, com a promessa na boca. "Amor – espada de dois gumes, / cada qual mais frio e mais forte: / se a vida está no que resumes, / és o caminho para a morte. //" Henriqueta revelará, depois, suas *reverberações*, quando Murilo anunciar os *murilogramas*: cada um dentro de peculiar natureza inventora.

CARLOS NEJAR

As obras-primas de Henriqueta Lisboa, a nosso ver, são os dois livros – *Além da imagem* e *A pousada do ser*. O primeiro reúne as peculiaridades da artista, como verso atingindo um ponto de chegada, de imagens dolorosas e rudes, como se tivessem prego na ponta. E o último mostra maior ambiência vocabular num cimo de beleza e ritmos raros. Eis alguns poemas de *Além da imagem:*

A flama

Ferreiro inventaste o rubro.
Teu magro rosto ferrenho,
teus fundos olhos clamantes,
teu torso de bronze oleoso,
teus punhos certeiros de aço,
tua forja, teu reduto,
são os libelos desse ódio
com que incendiaras o mundo.

Porém o rubro que ateias
dos próprios núcleos transborda
e, entre o esfuziar das centelhas,
abre-se um painel de lumes
em que amorosos enlaces
novos lábaros alumbram.

Descobrem teus olhos ávidos
os belos raptos da cor
para a forma – nesse enleio
da inspiração redentora
que propele o rito bárbaro
ao mergulho dos mistérios
em que os corações se cumprem.

Da perene labareda
surgidas dentro da noite...[529]

---

529. HENRIQUETA Lisboa. **A pousada do ser**. Rio de Janeiro: Nova Fronteira, 1982.

E do último livro, estes exemplos – *Metamorfose*:

Do transitório ao permanente
terá sido um simples arroubo
uma surpresa do momento

Onda sem rumo vem à praia
traz um balouço que se afrouxa
leva um suspiro que se esvai

Sem mais palavra que o desvende
no seu reduto de proscrito
o pensamento está suspenso

o vislumbre mal entrevisto
que a memória já não sustenta
vaga entre nébulas de ocaso

E a noite baixa para sempre
junto ao silêncio milenar
para tudo quanto se move

na prenhe metamorfose
do fértil para o esgotamento
do voo livre à dura lousa
do transitório ao permanente.

Ou *Verde*:

É verde a vida que se escoa
dos alvéolos da primavera
É verde o fruto que não doa
verdor a quem desespera

Estala o verde do vergel
em longos talos dobradiços
para mesclar-se no aranzel
que vai do avesso à superfície.

A lua verde com o susto
o logro o oposto a falência
o rosto verde à luz da lua
da Demência.

    Henriqueta Lisboa baniu dos versos a facilidade ou inflação verbal, os modismos, com seu austero conhecimento, seriedade e o indagar da poesia. Crendo com Maria Zambrano: "A palavra, o *logos*, é o universal, o que expressa a comunidade no humano." E o que está além da imagem? A eternidade. O que Rimbaud definiu como "o sol que se une / ao mar." De que Henriqueta pagou o preço. Pois a imagem não é estacionária, é dinâmica, veloz, rompedora, capaz de ultrapassar a fixidez do espelho. Seguindo Teresa de Ávila, de *Moradas*: "Deve-se considerar que a fonte, este sol resplandecente que está no centro da alma, não perde seu brilho nem sua beleza ...". Henriqueta Lisboa foi capaz de ultrapassar a pedra com a luz. Sendo também de pedra, o espelho, a estrela. Mas a luz não, nunca será pedra, ainda que a pedra a resguarde. A luz é a comunidade das estrelas.

CAPÍTULO 24

Pluriculturalidade e humanismo

Gilberto Freyre e a imaginação da sociologia
Câmara Cascudo, o humanista do povo

Gilberto Freyre e a imaginação da sociologia

Nasceu no Recife, em 15 de março de 1900, e faleceu na mesma cidade, em 18 de julho de 1987. Escritor, sociólogo, professor, jornalista. E não se sabe qual o maior, se o escritor, se o sociólogo, por ser um dos mais cativantes estilos de nossa língua. Acrescentarei o título justo de romancista da sociologia – aí, sim, pela imaginação, pela intuição dos tipos coletivos e pelo conhecimento, é um dos grandes de sua gente. Sabendo absorver contradições, conflitos e lutas sociais dentro de uma abrangência que os dispersa e indefine. Nessa busca de conciliação, alcançou a convergência difícil entre etnias, sendo o intérprete, com abordagem peculiar, de uma sociedade oligárquica em transformação.

Novelista foi e até poeta. Sobretudo, morador de Apipucos e do universo – ainda pequeno para a sua sede. Organizou o primeiro *Congresso Nacional Regionalista*. Foi um revolucionário conservador, mais transgressor do que tradicional. Não menos normativo, pois imprimiu ao que era esparso, um método objetivo do fenômeno social, onde se ressalta a *teoria do luso-tropicalismo*, aplicável nas áreas africanas, bem como em regiões do Brasil ainda não reflorestadas ou selvagens. Foi um ensaísta notável também na literatura, reinterpretando José de Alencar, ou delineando o perfil de Euclides da Cunha, entre outros. Estudou na Universidade de Baylor na Columbia, defendendo a tese *Social life in Brasil in the middle of the 19th century*, plasma seminal de sua obra; frequentou também a Universidade de Oxford e vagou pela Europa. Publicou: *Casa-grande e senzala*, 1933, ensaio sociológico; *Guia prático, histórico e sentimental da cidade de Recife,* 1934; *Artigos de jornal,* 1935; *Sobrados e mucambos,* 1935, ensaio sociológico; *Nordeste, ensaio sociológico,* 1937; *Olinda, segundo guia prático, histórico e sentimental,* 1939; *O mundo que o português criou,* 1940; *Região e tradição,* ensaio sociológico, 1941; *Ingleses no Brasil,* ensaio. 1948; *Ordem e progresso,* 1959, ensaio; *Manifesto regionalista de 1926,* 1952, ensaio; *Arte, ciência e trópico,* 1962, ensaio; *Vida, forma e cor,* 1962, ensaio; *Talvez poesia,* 1962; *Dona Sinhá e o filho padre,* 1964, novela; *Como e porque sou escritor,* 1965, ensaio; *Oliveira Lima, Dom Quixote gordo,* 1968, ensaio; *Pernambucanidade, nordestinidade, contemporâneos,* com Mauro Mota, 1970; *Presença de Recife no Modernismo brasileiro,* 1972, ensaio; *O outro amor do Dr. Paulo,* 1977, novela; *Alhos e bugalhos,* 1978, correspondência; *Heróis e vilões no romance brasileiro,* 1979, ensaio; *Poesia reunida,* 1980; *Camões, vocação de antropólogo moderno,* 1984, conferência.

 Gilberto Freyre foi *pluricultural* de uma região para o mundo, não do mundo para uma região. Explico. Sua multiplicidade criadora e germinal, num estilo sensualíssimo e pictórico, dengoso e acarinhante da palavra, ao examinar a nossa sociologia, fez emergir o mundo dos senhores e escravos, os costumes, a comida, os sabores, o mundo arcaico do Nordeste (próximo ao do romancista que, ajudado por ele, cresceu: José Lins do Rego). A imposição do imperialismo de raças adiantadas sobre as atrasadas e a contemporização com as novas condições de vida conduzem às distinções de raça e religião, discriminando as consequências sociais, genéticas ou de herança cultural. Esse mundo arcaico tende a se solidificar. Com a presença açucarada dos engenhos e a insinuante sombra de Joaquim Nabuco. E não é mais *A lavoura arcaica,* de Raduan Nassar. Depois das ruínas desse mundo, até por inércia, apodrecendo de si mesmo, levanta-se novo arcabouço, o da *ordem com o progresso*, a identidade não só dos privilegiados, dos senhores da terra, mas a dos que ganharam alforria, atufados, justamente, de ambição civil, *os ofendidos e humilhados* (Tolstoi e Dostoievski estão presentes em Gilberto Freyre, junto ao seu tocante lusitanismo). Porque o tempo "é composto de mudança."[530] Nas peculiaridades que Gilberto se faz regional; e nos elementos combináveis, universal. Pois é universal o traduzível aos idiomas do inconsciente coletivo. De um povo, todos os povos.

    Gilberto Freyre alavanca e desvenda o véu da miscigenação do senhorio da terra com as mulheres índias – escravas ou agregadas – que se tornaram vítimas da *genesia* selvática explorada pelos colonizadores no ato seminal de povoamento. No instante em que o civilizador se miscigena com o civilizado, ou *autóctone*, desfaz a morte simbólica ou o exílio advindo da lei ancestral, perpetrando ao novo ser, nova vida (a da terra). E, ao adentrar-se na análise da miscigenação, adentra-se no mito que, sob ela jaz o das raças, não havendo nada mais solitário do que os mitos. Sem deixar de ver quanto se refletiu nas leis lusitanas a escassez de gente, a ponto de ser sacrificada a ortodoxia católica, suportando begninamente os filhos naturais, sobrepairando na *senzala e na casa-grande* a tendência à poligamia sob o voluptuoso clima tropical. Freyre vai do colonizador à colonização e daí à constituição comunitária nacional com a mobilidade e a miscibilidade que, em si, agem nos antagonismos em equilíbrio, entretecendo o branco, negro e índio numa formação societária *sui generis*, o *abrasileiramento*. Confrontando a estrutura da absorção arcaica com a aderência lusitana, ou seja, a guerra destrutiva e a civilizada, trazendo a cor e o afago de seu amoroso trato do idioma. E, se Georges Dumésil já estudara comparativamente *as estruturas ancestrais da mitologia indo-europeia*, nunca pincelou, como Gilberto Freyre a insidiosa e bruxuleante guerra do tempo no poderio feudal dos engenhos, ou no astuto caldeamento desta cana-de-açúcar das raças. Em *Sobrados e mucambos* observa as *pequenas sodomas e gomorras* que floresceram à beira do

---

530. CAMÕES, Luís Vaz de. **Versos de amor e morte**. São Paulo: Peirópolis, 2007.

sistema patriarcal no Recife, "com a condição cristã manchada por extremos de libertinagem"[531], sendo casas-grandes e fazendas reduzidas à prostíbulos ou serralhos através da perversão de senhores, o *jus domini*, o *poder fático sobre as coisas*, os escravos, a duplicidade do *pater familias* e a senzala, ou *casa de (in)tolerância*, salientando o sadismo do menino patriarcal. Além disso, há uma ramificação do Islamismo no *escuro das senzalas*, impregnando o Catolicismo de um fetiche, que se estendia a indígenas e negros, verificando também como as palavras na sua *ideologia* acolhem e sustentam idiossincrasias e privilégios. O estudo dos mulatos, muitos daí gerados, é afiado e certeiro, com a miscigenação reprodutora e este barroquismo criativo das raças. Com a caminhada através das societárias profundezas do Brasil, idealizando o ciclo econômico da cana-de-açúcar que resistiu bravamente à ancestral oligarquia, incorporando a ideia de que este país é exemplo de democracia racial, levando em conta o fato de serem os portugueses afeitos a uma boa relação com a África, aperfeiçoando assim o adequado espírito de tolerância. Isso sem deixar de perceber outros aspectos como o *luxo mórbido* das famílias feudais que se excediam na aparência, à custa de dívidas, das telhas-vãs e bichos, *caindo na cama dos moradores*. Ou verificando certos gestos, gostos, modas, sabores, costumes, arquiteturas, aos poucos substituídos pela europeização. E vale aí a lição de Manoel Bonfim: "transplantando aos pequenos grupos sociais mais retrógrados, em vez das qualidades da civilização ocidental, os seus defeitos."

Gilberto pontua um aspecto valioso, qual seja, a forma com que a geração saída das escolas gerou a Abolição e a República, ocupando o bacharel estranho, violentamente, com atritos e choques, o lugar do patriciado, ostentando certo radicalismo entre ideias anticlericais e o republicanismo jacobino. Aliás, Silvio Romero já previu: o país de mestiços governado por um resto de elite de brancos. Pois o vinho jovem das ideias requer odres jovens. Gilberto Freyre assume o renovador no tradicional, sendo mais Progresso, do que Ordem, mais visão,

---

531. FREYRE, Gilberto. **Sobrados e mucambos.** São Paulo: Global, [19--].

mais incandescência, por ser a imaginação adversária dos preceitos impostos. O progresso é a raiz positivista, de Augusto Comte, que influiu no mundo arcaico, na medida em que *os mortos governam os vivos*, o que foi e não poderia ter sido (*Tudo o que poderia ter sido, mas não foi*, de Bandeira, poeta do Recife). A Ordem é a que se (con)forma. E o universo gilbertiano é anticonformista, com muitos ouvidos, como a sua linguagem, capaz de perscrutar, proustianamente, a reconstrução do tempo dos ancestrais, dos engenhos e as senzalas, depois dos *Sobrados e mucambos*. E não para nisso, avança ao porvir. Cada livro seu é história, sociologia, prazer de existir, instinto, erudição, romance de pensamento – o que rareia, entre nós – imaginação da realidade, aprofundamento no tonel das origens, mitos, crenças, a solidão indizível das raças e as raças inescrutáveis da solidão. Então avança pela culinária, pelas cantigas, pela dimensão luso-hispano-americana. Contudo, ao tratar de um Brasil antigo, ruma para o contemporâneo. Porque o tempo é o círculo por onde se move, como roda, na imensa *máquina do mundo*. O que o qualifica, ao lado daqueles que são os intérpretes do Brasil de sempre, como Oliveira Lima (*Memórias sobre o descobrimento do Brasil*), Manuel Bonfim (*América Latina*), Paulo Prado (*Retrato do Brasil*), Caio Prado Júnior (*Formação do Brasil Contemporâneo*), Oliveira Vianna (*Populações meridionais do Brasil*), Sérgio Buarque de Holanda (*Raízes do Brasil*). Gilberto aplicou, em alguns aspectos, pioneiramente, *a desconstrução* na sociologia, que, mais tarde, Jacques Derrida inseriu na filosofia e economia, o que não significa destruir, porém, dar outras perspectivas e parâmetros, tendo em conta o tempo passado como diferença, através da constituição histórica, concedendo uma leitura inaugural do tempo e da origem de suas diferenças. Sempre adiante do que viveu. Ficcionista e memorialista da Sociologia, com estilo fulgurante e de barro tangido, este barro de nossa obstinada condição e de personagens vivas, vivíssimas, algumas sem rosto, cheias de eternidade. Se bem que a validade sociológica de um romance independe do seu quilate literário, havendo naturalmente dificuldade na aplicação de conceitos críticos e na deformação que se dá, ficcionalmente

Gilberto é um caso de vitória do estilo sobre a sequidão do método científico, por haver romanceado sem o pretender, sendo eminentemente poeta, sim, numa ode aos trópicos, ode ao Brasil rural e patriarcal, ordenando com o poder da poesia, vertigens e costumes familiares, num armário mágico de soluçantes passados. Com vocação para juntar os fios das relações humanas, de um tratado da vida privada chegou a um tratado de vida coletiva. E seu olhar para as ciências humanas e sociais é de uma unidade tão convicta e abalizada que não mais será viável dividir. Alargou-se também para a *americanidade e latinidade*, reivindicando uma civilização híbrida, estruturada de tradições ameríndias, negras e europeias, captando energias regionais e provinciais, antevendo a tolerância dos antagonismos, em busca de humanista compreensão da modernidade nos trópicos. Contrariando Tácito, a quem considerava a maior inteligência da antiguidade, alegava Cioran que "a glória é o último prejuízo, a última vaidade de que se despoja o sábio."[532] Gilberto foi um sábio e a glória também é seu triunfo. Consciente, cada vez mais, de que "nenhuma sociedade pode viver nutrindo-se de verdades mortas" (Henrik Ibsen), acreditava nas pequenas e grandes metamorfoses, bem como na nossa essência de povo e nação. E por estar na raiz, Gilberto Freyre também se alteia ao cimo.

Câmara Cascudo, o humanista do povo

Nasceu em Natal, Rio Grande do Norte, em 30 de dezembro de 1898 e faleceu na mesma cidade, em 30 de julho de 1986. Folclorista, polígrafo, pesquisador incansável, jornalista, crítico, tradutor. Publicou uma imensa obra, desde *Alma patrícia*, 1921, crítica. Entre os seus livros mais importantes estão: *A origem das vaquejadas do Nordeste brasileiro*, 1953; *Dom Quixote no folclore brasileiro*, 1953; *Dicionário do folclore brasileiro*, 1954; *Lendas brasileiras*, 2000; *Dante Alighieri e a tradição popular no Brasil*, 1963; *Coisas que o*

---

532. CIORAN. **Oeuvres**. Coleção Quarto. Paris: Gallimard, 1995.

povo diz, 1968; *Sociologia do açúcar*, 1971; *Locuções tradicionais no Brasil*, 1997.

Luís da Câmara Cascudo foi o prodigioso psicologista da alma de nosso povo, amador de coisas, dizeres, comidas, um catalogador de mitos, erudito de visão universal. Impondo-se, sobretudo, como o nosso D. Marcelino Menéndez y Pelayo. E é o referido espanhol que observa:

> Nunca a obra de um poeta, por maior que seja, pode nos dar a noção total da cultura estética de seu século, como nos oferece um vasto cancioneiro, onde há lugar para o mediano e ainda para o ruim ... Supõe ou deve supor uma antologia onde o historiador reúne uma série de provas e documentos de sua narrativa e de seus juízos.

Câmara Cascudo é um antologiador, com estilo que mantém o sabor do redescoberto, certo senso de humor, longe do tom professoral, em que a simplicidade se mescla à sabedoria, e essa, a um interminável amor à lembrança de palavras, costumes, crônicas, contos, lendas, apólogos, locuções, superstições, assombros. Toda a infância de nossa nativa humanidade. Entre todos os seus livros, sobressaem-se pela abrangência, pioneirismo, o *Dicionário do folclore brasileiro;* e, pela erudição, *Dante Alighieri e a tradição popular no Brasil*, examinando as crenças, ditos e costumes do povo, que influenciaram também no universo medieval a *Divina Comédia,* a exemplo do que fez o ensaísta russo, Bakhtin, com Rabelais. E viu mais do que um homem, viu como *passarinhos verdes*, viu tal se sonhasse, ao guardar e traduzir, em arte humilde, trabalhosa, com *mundos e fundos,* cuidando de que não se extraviasse o inventário de nossa gente.

CAPÍTULO 25

Outros poetas e alguns do segundo Modernismo

Joaquim Cardozo, ou a engenharia do inefável
Ascenso Ferreira, ou a fala do povo
Dante Milano, que não precisou ser Alighieri
O fogo puro e estranho em Invenção de Orfeu, de Jorge de Lima O mundo na máquina do poema em Carlos Drummond, ou o cão devorando o futuro
Murilo Mendes: organização do diamante
Cassiano Ricardo e a sobrevivência de Jeremias
Ribeiro Couto, ou as coisas perdidas, irrecuperáveis
Ronald de Carvalho e a América
Menotti del Picchia – O Juca mulato – ficcionista e poeta
Guilherme de Almeida e as rimas ricas
Augusto Meyer – o poeta e a crítica
Sofotulafai: Abgar Renault
Guilhermino César e sistemas, portulanos
Do grupo de Cataguases; Rosário Fusco
Alphonsus de Guimaraens Filho ou o que, sem danos, ficou e saiu da sombra paterna
Manoel de Barros, ou da gramática do chão para o livro do nada
Gerardo Mello Mourão
Odylo Costa, filho e A boca da noite

Joaquim Cardozo, ou a engenharia do inefável

Nasceu em 26 de agosto de 1897, em Recife, Pernambuco, e faleceu em 4 de novembro de 1978, na cidade de Olinda. Era caricaturista, engenheiro civil, trabalhando em arquitetura e urbanismo, calculador de projetos de Oscar Niemeyer, poeta e autor de teatro em versos. Teve uma tragédia, a da Gameleira, de Minas Gerais, tendo sido condenado pela justiça de 1ª instância e absolvido na 2ª instância, ficando provado não ter culpa alguma na morte dos 68 operários e no desabamento do Pavilhão. Porém, isso o marcou inapelavelmente. A seu respeito saiu lúcida antologia organizada por César Leal e um livro primoroso com a análise de sua obra e seleção de poemas, por Maria da Paz Ribeiro Dantas, com o título Joaquim Cardozo, *contemporâneo do futuro*, Recife, 2004. Publicou *Prelúdio e elegia de uma despedida*, 1952; *Signo estrelado*, 1960; *Coronel de Macambira*, 1963; *Uma noite de festa*, 1971; *Poesias completas*, 1971; 2ª edição, 1979; *O interior da matéria*, 1975; *Teatro moderno e as peças Antônio Conselheiro, O capataz de Salema e Marechal Boi de Carro*, 1975; *Um livro aceso* e *Nove canções sombrias*, 1981; *Poemas selecionados*, por César Leal, 1996; *Obra teatral de* Joaquim Cardozo, 2001.

Se há um poeta-engenheiro, que vê o poema como um cálculo matemático de sensações e imagens, a comprovar quanto a matemática é poesia e quanto o espaço exige espaço na pureza de linhas e no ritmo de um signo estrelado, é Joaquim Cardozo. Não é percepção isolada: traz a terra junto, o Recife de sonho e pedra. A erudição e o popular que se ajudam neste poeta – desde a erudição de uma arquitetura solar à cantiga ou toada de noites pernambucanas, com sabor medieval. "O mecanismo das paráfrases lógicas de sentenças gramaticais de Quine. ... Nas paráfrases, cada segmento de tempo de um sujeito corresponde a uma respectiva mudança de estado"[533] – adverte a crítica Maria da Paz Ribeiro Dantas. E isso explica não só a construção de toda a poesia cardoziana, como a obra-prima que é *O último trem subindo ao céu*, com a ausência de conexões de tempo, exatamente essas mudanças de estados que se (des)relacionam, para o objetivo de viagem. O trem é a metáfora da transitoriedade;

---

533. DANTAS, Maria da Paz Ribeiro. **Joaquim Cardozo**: poesias completas. Rio de Janeiro: Civilização Brasileira, 1971.

as estações são etapas ou idades. A curvatura do universo na visão einsteniana, a marca do sublime artista – do céu ao ventre da mulher. O espaço, que é tempo e o tempo que se perde na eternidade. O jogo de paralelismos e antíteses engendram novas dimensões da realidade, *o ritmo das coisas imperfeitas*. O que impressiona é a originalidade deste grande poema sem confronto em língua portuguesa. E, como adverte o português Teixeira de Pascoais, em Cardozo "a ciência desenha a onda; a poesia enche-a de água"[534]. Apenas a sua criação já seria dádiva de uma aventura que delineia a alta poesia, a da aventura humana. São operações de álgebras estelares: o percurso do comboio é o da existência. Os signos constelados demarcam a trajetória – da velocidade com desenhos – seja de Z, seja a junção ou disjunção de trilhos, pelos parênteses, seja a ascensão ao céu, entre sinaleiras com uso de volutas gráficas, seja a de entrada nas regiões sombrias "Sombra do que se pergunta / Sombra do que se não sabe"[535], até o grafismo do sonho, ou de que tudo é sonhado. Com o remate do maravilhoso: "O Acontecimento Branco. Divino? Eterno."[536] Essa linguagem tem dentro de si *a superioridade do exílio* de um idioma que se adentra nos mergulhos do indizível.

Outra obra-prima do poeta, sobejamente analisada em *A razão do poema*, de José Guilherme Merquior: *Canção elegíaca*. De enternecida beleza, com o refrão: "Quando os teus olhos fecharem." E que conclui: "Fechados no anoitecer //". Rica é a variação rítmica diante do coração do poeta, "coração descoberto". Porque "Hão de murchar as espigas, / Hão de cegar os espelhos." Elegia antológica. Juntem-se também outros poemas dignos de nota: *Prelúdio e elegia de uma despedida, Imagens do Nordeste, O relógio, Soneto sobre os motivos de Chagall, Maria Bonomi, Maria Gravura, Sonetossom, Soneto*

---

534. DANTAS, Maria da Paz Ribeiro. **Joaquim Cardozo**: poesias completas. Rio de Janeiro: Civilização Brasileira, 1971.

535. DANTAS, Maria da Paz Ribeiro. **Joaquim Cardozo**: poesias completas. Rio de Janeiro: Civilização Brasileira, 1971.

536. DANTAS, Maria da Paz Ribeiro. **Joaquim Cardozo**: poesias completas. Rio de Janeiro: Civilização Brasileira, 1971.

da vinda, Soneto do indigente, O cego. Essa poesia que se esculpe vocabularmente, geométrica e estrelada, cheia de símbolos, possui a obsessão da terra, dos costumes de sua gente, o amor e a morte. No ludismo matemático da palavra, "o universo é um brinquedo de criança: / Entretidos com ele os sábios morrem cansados de brincar. //"[537] Não se pode igualmente deslembrar seu *Teatro poético*, onde as tradições telúricas descobrem a oralidade de severa poesia. A sua arte do mito é a álgebra da luz, de quem regressa a uma infância, onde nada termina. Corbusier e Valéry são sombras brancas atrás dessa criação de formas e signos. João Cabral foi engenheiro do verso, depois dele; e, ao ser lido, descobrimos esta objetividade do inconcreto, as linhas que, de vívidas, jamais envelhecem, irmãs de Oscar Niemeyer. Cabral partiu para o mais prosaico e mais concreto. Joaquim Cardozo é *lição das coisas*, antes de Drummond, a mágica divisa. O que soube reavivar o pensamento de Novalis: "a poesia é a que cura as feridas do entendimento."[538] E o entendimento cura as feridas da poesia. Mesmo que não haja maior entendimento que o do assombro da poesia.

Ascenso Ferreira, ou a fala do povo

Nasceu em Palmares, Pernambuco, em 9 de maio de 1895, e faleceu no Recife, em 5 de maio de 1965. De *Aníbal* no berço, mudou para *Ascenso* e mudou de sina, recitador de suas criações. Aedo nordestino? Pobre, cedo deixa os estudos para trabalhar como caixeiro de loja e, depois, escriturário do Tesouro do Estado. E foi, sim, escriba do tesouro de seu povo. Alto (o tamanho já não cabia mais nele), chapéu (de céu) grande, corpulento, tonitruante, boêmio, era uma presença imperiosa, onde estivesse. Acordou para a nova estética, após uma conferência no Recife, de Guilherme de Almeida. Teve em Maria

---

537. MERQUIOR, José Guilherme. **Razão do poema**: ensaios de crítica e de estética. Rio de Janeiro: Topbooks, 1996.

538. NOVALIS. **Fragmentos**. Lisboa: Assírio e Alvim, 1971.

de Lourdes Ferreira sua grande companheira. E foi assim que se acharam, ou foram achados de um para o outro:

> Era a hora do crepúsculo e o vulto, vislumbrado à contra-luz, pareceu-lhe o fantasma de Caetano Vidal, amigo de sua família, recém falecido. O susto foi tão grande que não viu o bonde se aproximando. Foi jogada ao chão. O vulto enorme correu em sua direção, desejoso de ajudá-la a levantar-se.
> – Quem é o senhor? É o espírito de Caetano Vidal?
> – Não, eu sou Ascenso Ferreira.
> Pronto. Danou-se. Destinos cruzados, destinos selados.[539]

Seus livros de poesia: *Sertão*, 1922; *Catimbó*, 1927; *Cana caiana*, 1939; *Poemas* (onde reúne toda a produção anterior, mais os inéditos: *Xenhen-nhém*, com prefácio de Manuel Bandeira). *Catimbó* o celebrizou na época, incorporando o folclore, o cordel e os metros ímpares românticos na poesia Modernista (caso de *Maracatu*, *Martelo* e *Noturno*). E uma arte ingênua, exótica e predominantemente oral. Diz dele, Roger Bastide: "Aliando a intuição à ciência, realizou algo muito difícil, a poesia popular."[540] Originalíssima. Com o ritmo de ferreiro malhando, dos bois andando na caatinga, dos sinos badalando, dos cavalos nas cavalhadas, ou as passadas do sol: "O sol é vermelho como um tição! – Sertão! Sertão!"[541] Ou o gingar do trem de Alagoas: "Vou danado pra Catende, / vou danado pra Catende, / vou danado pra Catende / com vontade de chegar... //"[542]. Sua técnica de verso batida, à feição dos cantadores, tem sintaxe inusitada e inusitado sabor. E Manuel Bandeira, ao constatar quanto sua obra é genuína, nela não contempla

---

539. FERREIRA, Ascenso. **50 anos de catimbó**. Rio de Janeiro: Livraria Editora Cátedra, 1977.

540. FERREIRA, Ascenso. **50 anos de catimbó**. Rio de Janeiro: Livraria Editora Cátedra, 1977.

541. FERREIRA, Ascenso. **50 anos de catimbó**. Rio de Janeiro: Livraria Editora Cátedra, 1977.

542. FERREIRA, Ascenso. **50 anos de catimbó**. Rio de Janeiro: Livraria Editora Cátedra, 1977.

qualquer intenção social, apenas profundo amor. Mantidas as distâncias, uma espécie de Nicolas Guillén brasileiro, que vai atrás do som, atrás da imagem, atrás do *lusco-fusco*. Criou poemas para serem ditos em voz alta. "Voltando à origem da poesia que é a palavra falada"[543] Eis aqui um exemplo:

> Dos engenhos de minha terra
> Só os nomes fazem sonhar:
> – Esperança!
> – Estrela d'Alva!
> – Flor do Bosque!
> – Bom Mirar!
> E um trino... um trinado... um tropel de trovoada...
> e a tropa e os tropeiros trotando na estrada:
> – Valo!
> – Êh, Andorinha!
> – Ê, Ventania!
> – Ê...[544]

"Meu alazão é mesmo bom sem conta! / Quando ele aponta tudo tem temor... / A vorta é esta; nada me comove! / Trem, outomove, seja lá qui for... //"[545] "Por isso mesmo o sabiá zangou--se! / Arripiou-se, foi cumer melão... / Na bananeira ela fazia: piu! / Todo mundo viu, não é mentira não... //"[546] "– Bom dia, meu branco! / – Deus guarde Sua Senhoria, Capitão!... //"[547] Dos engenhos de minha terra / Só os nomes fazem sonhar:// – Esperança! / Estrela d'Alva! / – Flor do Bosque! – Bom Mirar! /" É hábil na sátira e num lirismo que vem direto de sua gente, do arroio miraculoso, limpo de sua gente. Ou na *Rua do rio*:

---

543. PAZ, Octavio apud NEJAR, Carlos. **Caderno de fogo**. São Paulo: Escrituras, 2000.

544. Idem.

545. Ibidem.

546. Ibidem

547. Ibidem

CARLOS NEJAR

>Na outra ponta da rua,
>Bem nos fundos do quintal da casa de minha mãe,
>Morava o fogueteiro Lulu Higino,
>Que no silêncio das noites consteladas,
>Arrancava da flauta uns acordes tão suaves,
>Que até parecia serem as estrelas lá no céu
>Que estavam tocando...[548]

Seus poemas trazem a mais autêntica tradição pernambucana ou da *pernambucânia*, alcançando, alguns deles, tal voz coletiva, que se tornaram anônimos, ocultos de alma geral. Porém, ao lidar com o fogo do verso, adverte: "Se acaricio a chama clara, / a chama queima a minha mão! //". Mescla a toada, que é música, com achados ou frases à flor da língua, aquela bem pura, brotada de terra, preferindo cantar *o gênio da raça*, ou seja, "aquela mulatinha chocolate / fazendo o passo de siricongado / na terça-feira de carnaval//". O poema seu que ficou famoso, constante de muitas antologias; *Filosofia*: (A José Pereira de Araújo – *Doutorzinho de Escada*) "Hora de comer – comer! / Hora de dormir – dormir! / Hora de vadiar – vadiar! / Hora de trabalhar? / – Pernas pro ar que ninguém é de ferro!". Ou então *Xenhenhém* nº 2:

>Em meio às minhas muitas dores
>talvez maiores do que o mundo,
>surges, às vezes, um segundo
>cheia de pérfidos langores.
>Chegas sutil e sem rumores...
>E até sinto o odor profundo
>no qual eu sôfrego me inundo –
>pária do amor, sonhando amores.
>Depois, tu falas não sei donde...
>és como um eco que responde
>mas, sempre e sempre, além... além...
>Súbito encontro a casa oca.
>Não estás! – Meu Deus, que coisa louca,

---

548. Ibidem.

só é na vida um xenhenhém!

Ou Êxtase: "Emana do teu ser uma tão grande calma, / um langor tão suave, expressivo, profundo, / que tenho a sensação virgem de que minha alma, / desgarrada de mim, anda solta no mundo. //" Ou este líquido *Arco-Íris*:

> – Como é bonito! Como é bonito!
> Cheio de cores... cheio de cores...
> – Viva o Arco-Íris! – ecoa um grito.
> – Oh! Como é belo! Tem sete cores...
> – Está bebendo água no riacho!...
> – Vamos cercá-lo... vamos cercá-lo...
> – Vamos passar nele por baixo!
> – Vamos cercá-lo... vamos cercá-lo...
> – Fugiu do riacho... Subiu o monte...
> – Vamos pegá-lo... vamos pegá-lo...
> O monte é no alto... Só o horizonte
> vazio resta...Onde encontrá-lo?
> Fugiu...
> A chuva fina tem carícias de morte...
> Fugiu...
> Para o Sul? Para o Norte?
> – Quem sabe?
> Desapareceu...
> Além...
> Vida
> Arco-Íris também...

Ou *Gaúcho*: "Riscando cavalos! / Tinindo as esporas! / Través das coxilhas! / Saí dos meus pagos em louca arrancada! // – Para quê? / – Pra nada!". Ou *Glória* "... Entretanto, tua glória, / ó virgem das virgens, / mais bela entre as belas, / brilhando mais perto / clareia mais alto... / Pois brilha sorrindo / lá nos longes imponderáveis / onde minha sensibilidade começa / e a minha razão acaba... //". Ou os tercetos de *Inquietação*:

Vejo-te tão franzina! Tão sem norte...
E eu, que te quis na vida até o escândalo,
recordo-te que o mau deve ser ser forte!
Não vás ferir, no ardor que te tonteia,
diferente de mim –, igual ao sândalo
perfumando o machado que o golpeia!

E o constelado bafo de *Alucinação*: "As chamas... / As brasas... / Depois, apenas o bafo morno das cinzas... / O pó... // ... Amor! Amor! / Ajuda-me ao menos a arder com violência! //" E ardeu. Via com a boca, o que testemunhava com os olhos e era descalço na esperança. A mesma escondida sob o seu grande chapéu de céu. E o céu grande do seu povo.

Dante Milano que não precisou ser Alighieri

Nasceu em 16 de junho de 1899, no Rio, e faleceu em Petrópolis, no dia 15 de abril de 1991. Inspetor de Ensino, poeta, tradutor excepcional de Dante e Baudelaire, prosador admirável, seja na crítica, seja nos aforismos. Até onde chega a prosa da poesia, ou a poesia da prosa. Publicou: *Poesias* (1ª edição em 1948, 3ª edição em 1971); *Antologia de poetas modernos*, organização e introdução (1935); *Três cantos do inferno*, 1961; *Poesia reunida*, com seleção e prefácio lúcido de Ivan Junqueira[549]. Apenas tardiamente, aos 50 anos, integrou-se ao Movimento Modernista, com uma poesia tão cristalina como a de Joaquim Cardozo, não se vinculando à arquitetura como o pernambucano, porém, ao pensamento mais clárido, harmonioso. Desnuda-se, fazendo-se translúcida, ou melhor, atravessada de luz. Apesar de ser injustamente considerado por Álvaro Lins como poeta menor, seu prestígio alteou-se da humildade para os píncaros da nossa poesia. Usa mais analogias do que metáforas, medita mais do que sente, embora sinta pensando. Melodioso, espiritualiza-se no corpo e corporifica-se na alma. Com a simplicidade banderiana no dizer,

---

549. MILANO, Dante. **Obra reunida**. Rio de Janeiro: ABL, 2004.

desprende-se e voa. Porque a sua palavra é de elementos radiosos, não devassáveis na matéria do dia. Seu ritmo, por vezes, é alucinado como neste poema antológico, que é *Imagem*, e que designa sua estrutura verbal:

> Uma coisa branca,
> Eis o meu desejo.
>
> Uma coisa branca,
> De carne, de luz,
>
> Talvez uma pedra,
> Talvez uma testa,
>
> Uma coisa branca,
> Doce e profunda
>
> Nesta noite funda,
> Fria e sem Deus,
>
> Uma coisa branca,
> Eis o meu desejo,
>
> Que eu quero beijar,
> Que eu quero abraçar,
>
> Uma coisa branca
> Para me encostar
>
> E afundar o rosto,
> Talvez um seio,
>
> Talvez um ventre,
> Talvez um braço,
>
> Onde repousar.
> Eis o meu desejo.
>
> Uma coisa branca
> Bem junto de mim.
>
> Para me sumir,
> Para me esquecer

CARLOS NEJAR

>Nesta noite funda,
>Fria e sem Deus.

Sua poesia trabalha em ondas, como um motor que se vai espalhando, qualificando, numa explosão de brancura, de solidão, de erotismo, a repetição silábica, em crescente musical, com utilização plástica e sinestésica do verso curto. Ou neste trecho de poema: "Boi do meu cansaço, / Boi da minha solidão" – que se associa ao *boi piedoso* do italiano Carducci. Os poemas não se alongam muito. São contidos, densos, destros no alvo, sempre cogitando seja a vida, o amor, o corpo, ou a carne e a alma. Tende a uma visão beatífica do Paraíso dantesco, embora lute na oposição de um Inferno (corpo/alma), o conflito de que fala Paulo, o Apóstolo, e que encontra nesta poesia o espaço de combate. Parafraseando Sá-Carneiro: "Um pouco mais de sol, eu era brasa / E um pouco mais de azul, eu era além / Para atingir, faltou-me um golpe de asa ..."[550] É esse *golpe de asa* que singulariza a tragicidade e o jorro de estranha clarideza, como se de sofrer as mãos do poeta suassem clarões de manhãs. Vejam, leitores, a brevidade e fundura deste pequeno poema: *Escultura*: "A forma da fêmea integrou-se no corpo do macho, / Ambos uma só pedra / Onde ressaltam, invisíveis, separando-as / As duas almas supérfluas. //" Há uma descrição para dentro do ser, como se percebe neste grego e extraordinário *Elegia de Orfeu*, começando e terminando com o passeio pelo prado de Eurídice. No ínterim é que o texto se aprofunda e configura. Tem cumes elevados de poesia que em nada se concede, perdurando pela obsessão de claridade, essa eterna Beatriz que vai sendo desenhada, verso a verso. E tem algo de diáfano, algo de brumoso, sem ser simbolista, já que penetra numa universalidade sem estadinhos de alma, com outros modelares poemas, que acham o raro e anelado filtro do encantamento. Porque esta poesia não apenas se admira, também se ama, pelo sortilégio de nos captar e se unificar na vida, a mais resplendente. Se, vez e outra, é interrogativo, como Emílio Moura, atira suas *astúcias*, atando no fascínio, o leitor. Ora uma imagem rútila, ora um pensamento

---

550. SÁ-CARNEIRO, Mário de. **Poesia**. São Paulo: Iluminuras, 1995.

brusco e tocante, ora um pessimismo sem esperança da *Canção inútil*, onde o tédio é inteligência do precipício. Seus sonetos são magníficos numa arte que não se converte nunca em apertado leito, porém, derrama-se para fora da margem, como se quebrassem ânforas de efêmeras madrugadas. Sim, esta poesia traduz o lance do efêmero para o eterno, numa fluidez de água que não cessa, como se fosse o texto interminável. Muitas almas num só corpo sonoro e transfigurado. "Ajoelhados no chão imploramos perdão / Para os que amam demais. //" É um antilírico que não perde o lirismo, de um granito que se molda de labaredas. Dante Milano, como Bandeira, possuía o sentido coletivo da metáfora. Todos os vocábulos, todas as imagens, símbolos se conjugam a favor do texto inteiro, não se distinguindo em si mesma pelo brilho, no entanto, se congregando ao poema como resultado: uma só metáfora cristalizada. Pensador que não repousa a não ser na luz. E na música. Afirma Jean Starobinski que "a música tem o privilégio de levar as emoções a seu excesso"[551] – e assim é: excesso do *entusiasmo*, no sentido originário. Sem o cativeiro de cacoetes em que se amoitaram alguns dos seus companheiros de Modernismo. Parafraseando Villa-Lobos, "há revolucionários que o parecem e outros não. Mas alguns que não o parecem, são tão revolucionários quanto os outros". E é caso deste alto poeta. *A névoa como uma montanha andando.*

O fogo puro e estranho em Invenção de Orfeu de Jorge de Lima

Jorge de Lima nasceu em União, Alagoas, em 23 de abril de 1893, e faleceu no Rio, em 16 de novembro de 1953. Foi médico, pintor, ficcionista importante com *O anjo*, 1934; *Calunga*, 1935 e *A mulher obscura*, 1939.

Ainda não valorizado com justeza pela criação de uma prosa visionária, do sobrenatural, que Tristão de Athayde

---

551. STAROBINSKI, Jean. **Jean-Jacques Rousseau**: a transparência e o obstáculo, seguido de sete ensaios sobre Rousseau. São Paulo: Companhia das Letras, 1991.

considera quase tão grande quanto a poesia, com uma arte conduzida por pressão interior invencível que revela a autêntica personalidade genial. Foi desperto com a leitura de *À la Recherche du temps perdu*, de Marcel Proust. Certeiramente, Michel Eyquem de Montaigne pondera, num dos volumes de seus *Ensaios:* "*Je suis la matière de mon livre*"[552]. *A invenção de Orfeu*, 1952, é a biografia interior de Jorge de Lima, na *Ilha do Ser*. A luta entre o bem e o mal, a queda e remissão, em face da Eternidade. Se o livro não consegue objetivar, sair para fora, como façanha épica nacional brasílica, é no poeta que se dá o combate da palavra. O campo de batalha, *o eu dele*, mais profundo (ou a ilha). Tudo roda em torno deste *eu voraz e vertiginoso*, entre febre e lucidez, temores e assombros. Não tem história, tem dor. Não se divide em etapas, procura insondável unidade, a do absoluto. Sim, o absoluto poema no relativo da vida. O vácuo não preenchido. E responde sinfonicamente à eclosão desse vazio. Não tem personagem, a não ser ele próprio, Orfeu, por um tempo ou para sempre. Nem seres revivem, a não ser os das potestades, com mitos e símbolos recriando-se no *mar recomeçado*, desdobrando-se nas ondas de impressionantes imagens. "A poesia é uma sobrevivência"[553], escreveu Paul Valéry. Entretanto, o grande poema absoluto está distante. Ou subjaz em fragmentos de inefável claridade. Constrói-se e se desfaz em círculos de vozes. A obra é a epifania. O poema se ordena na desordem; o caos se refaz junto ao rio do tempo inexorável: "pois que esses rios / são rios do espaço / com as águas do tempo / velozes". (*Canto I, X*) Esse *eu* jorgeano tem muito com o *eu* de Arthur Rimbaud, em *Le bateau ivre*, ou de Lautréamont (*Cantos de Maldoror*), um *eu* que vaga à tona de todas as marés do texto, em constante agonia e renascimento. Mas é um *eu* que tem esperança de salvação. Porém, não se salva em si mesmo. Mune-se, obsessivamente, de elementos míticos, sem o *maravilhoso* que Camões abarca, como o instante em que Inês de Castro reassu-

---

552. MONTAIGNE. Michel Eyquem de. **Ensaios**. Porto Alegre: Globo, 1961.

553. VALÉRY, Paul apud BARBOSA, João Alexandre. **A comédia intelectual de Paul Valéry**. São Paulo: Iluminuras, 2007.

me nova simbologia e nova veste. "Inês da terra. Inês do céu. Inês. / Pronunciada dos anjos. Lume e rota. //" (*Canto II, XIX*).

O mundo jorgeano é o da natureza. Portanto, intransferível, o que o aproxima de Pablo Neruda de *Terceira residência*. Não é um poeta da cultura, como o foram Ezra Pound ou Eliot. Amado Alonso, em *Poesia e estilo de Pablo Neruda*, assinala: "Uma poesia do impetuoso curso das chuvas, não do regato de mata, impura, imperfeita e aos solavancos em materiais não assimilados"[554]. Há um desequilíbrio entre sentimento, palavras e sentido, como se os versos fossem se decompondo no paroxismo, o que é frequente no autor de *A invenção de Orfeu* e no poeta de *Canto Geral*. Ezra Pound, por sua vez, não possibilita distinguir suas "criações pessoais de suas interpretações de Homero ou Sexto Propércio, por exemplo, e de suas traduções (egípcias ou chinesas)", conforme advertência de J. M. Ibañez Langlois (*Rilke, Pound, Neruda – Três mestres da poesia contemporânea*). Em Jorge de Lima, verifica-se cada uma dessas peculiaridades, sendo ardente a busca de si mesmo. Apesar do simbolismo que o arrasta a extremos, inclusive de obscuridade, apenas se eleva na experiência ou síntese, que o tempo amorosamente concede. "Sua coroa é o amor. Só em virtude do amor podemos nos acercar dela"[555] (Goethe). Não sonda civilizações, sonda a existência. Busca ser as coisas que inventa. "Como conhecer as coisas, senão sendo-as? / E como conhecer o mar senão morando-o? //"(*Canto VII, XIV*). *A Invenção de Orfeu* não se reveste do relato de acontecimentos, como em T. S. Eliot em *The Waste Land*, ou em *The Cantos*, de Ezra Pound, que falam do mundo pós-guerra. O primeiro é um poeta cultural e o último, civilizatório. Ambos se amoldam na história, miticamente ou não. Sem esquecer Carlos Drummond de Andrade, de *A rosa do povo*. E o espantoso *The bridge*, de Hart Crane, que trata da mudança da América dos pioneiros aos Estados Unidos modernos, não se arredando da

---

554. LIMA, Jorge de. **A mulher obscura**. Rio de Janeiro: Record, 1998.

555. GOETHE, Johann Wolfgang Von apud BOSI, Alfredo. **Céu, inferno**: ensaios de crítica literária e ideológica. São Paulo: Editora 34, 2003.

celebração do sonho americano, nem do ato de construir a ponte e o canto, simultaneamente.

O *Orfeu* de Jorge de Lima é a edificação da biografia do poeta no presente, no ir vivendo. As coisas entram no poema e o poema nas coisas. Autor e mundo confundidos. E, se pode vigorar uma épica nesse estágio (apesar de feridos os seus pressupostos de exterioridade fatual), é a épica da subjetividade. Todavia, esta *Invenção* jorgeana caracteriza-se, sobretudo, por não ser catalogável. Lírica, órfica, dionisíaca. O fogo mais puro da inspiração, em boa parte, a mais alta, com poemas cimeiros em língua portuguesa. E o fogo estranho, em outra, de poemas cuja qualidade se corrói por sua intertextualidade ou montagem mal resolvida, ou de *materiais não assimilados*. Embora rebentem, vez ou outra, versos, trovões, diamantes. A febre em si não amealha ou harmoniza, mesmo que o poeta explique "que a unidade do poema vai durar durante a febre" (*Canto I, XXIII*). Ou ainda que, nietzschianamente, haja um caos interior para dar à luz a uma estrela dançante. Nunca se forjará *contra natura*. E o próprio organismo ergue suas ígneas rejeições. Por mais que o criador as enraíze, persistem estrangeiras no contexto. Luís Busatto publicou um livro de capital importância, mostra o uso da colagem cubista, descobrindo vários fragmentos que são transcrição recriada da *Eneida*, de Virgílio, na tradução de Odorico Mendes, ou da *Divina comédia*, de Dante, ou do *Paraíso perdido*, de Milton. Aliás, Gilberto Mendonça Teles[556], em estudo valioso, vislumbra ter o poeta usado a intertextualidade muito antes, desde *O mundo do menino impossível*. Assim, verifica-se no poema de Orfeu o que lhe é estranho, o que fica boiando como óleo no fio das águas. O fogo puro – não perde o incêndio. O frio e o gelo permanecem separados, tal a personalidade turbilhonante de Jorge Lima. É ela que abole, ao contato do verso, tudo o que não lhe pertence. Diferente de outros que sabem abranger ou absorver, ilimitadamente. O mais artificioso e estranho é quando o poeta visiona narrar a psicologia do brasileiro, tenta

---

556. TELES, Gilberto Mendonça. **Poemas reunidos**. Rio de Janeiro: José Olympio, 1978.

desenvolver o índio interior (*Canto I, XXXI*), ou quando fala de Veneza (*Canto I, XXXVIII*), ao versar sobre crimes, países soterrados, a polipersonalidade (*Canto II, XIV*), a exaustiva biografia – com exceção da primeira sextilha, admirável (*Canto VIII*). E a visão da bomba atômica (*Canto X, XIX*). Essa matéria estranha é ganga, informe, não digerida, que continua a pugnar no texto com o fogo puro, incandescente, que o sonho veleja. E o texto dividido vai contra si mesmo.

O poeta é Penélope, à espera de um Ulisses futuro, ou leitor, que singre a linguagem. Tece na noite o tapete, com ritmo marulhoso e noturno. Durante o dia, destece os fios, palimpsesto. Não são as confluências dialogantes que confundem Jorge de Lima, é o que não sabe às vezes o que fazer com elas, ora por mal absorvidas, ora por deslocadas. Assim, *fogo estranho* não é a absorção pura da afluência, o romano direito da *res derelicta*, é o conflito de plasmas, os anticorpos da criação. Porque não é novidade a forma com que os criadores assumem o que já existe.

E a assertiva é de Shakespeare: "Grandes poetas raramente fazem tijolos sem palha. Eles amontoam todas as coisas excelentes que podem pedir, tomar de empréstimo ou roubar de seus predecessores e contemporâneos e acendem sua própria luz no topo da montanha."[557]

Outro aspecto visível na criação jorgeana é a influência do cinema, o *flashback*, com a justaposição de imagens, como se fossem cenas, compondo uma *conexão elementar*, tendendo, às vezes, a algumas imagens anularem outras. Quando no mesmo clima não as sequencia, numa verdadeira intoxicação verbal, ou espelho impossível. E essa arte, para Jean-Claude Carrière, em *A linguagem secreta do cinema*,[558] traz a obsessão de destruição deliberada do tempo, em busca de rejuvenescimento, como dá a ilusão da imagem no espaço.

---

557. SHAKESPEARE, William. **Hamlet**. Porto Alegre: L&PM, 1997.

558. CARRIÈRE, Jean-Claude. **A linguagem secreta do cinema**. Rio de Janeiro: Nova Fronteira, 2006. p. 74,112.

De uma imaginação particular a outra, mais ampla, *A Invenção de Orfeu* forma um conjunto de poemas inesquecíveis em que o gênio jorgeano se entretece, congraçando ilha, tempo e infância. "Agora, escutai-me / que eu falo de mim / ouvi que sou eu, / sou eu, eu em mim. //" (*Canto III, VI*). "Te queres ilha: despe-te das coisas." (*Canto I, XXXIII*) "Chegados nunca chegamos / eu e a ilha movediça." (*Canto I, II*). "Há umas coisas parindo, ninguém sabe / em que leito, em que chuvas, em que mês." (*Canto I, IX*) "A garupa da vaca era palustre e bela, / uma penugem havia em seu queixo formoso; / e na fronte lunada onde ardia uma estrela / pairava um pensamento em constante repouso. //" (*Canto I, XV*) "Éguas vieram, à tarde, perseguidas, / depositaram bostas sob as vides. //" (*Canto I, XVIII*) "Que doces olhos têm as coisas simples e unas / onde a loucura dorme inteira e sem lacunas! //" (*Canto I, XXII*) "Diante do que entrevi resolvi desdenhar-me / e apagar de meu corpo o que houvesse de mar. //" (*Canto VII, VI*).

De outro lado, o homem Jorge, controvertidamente, entre lógicas, erudições, leituras e intertextos (mal solvidos), alinhavos, alguns inverossímeis, de gosto duvidoso, prosa inerme e esdrúxula, com pés de chumbo, arma, felizmente a menor parte, de seu poderoso livro. O fogo estranho. Jean Cocteau afirmou, certa ocasião, que "se o universo não fosse movido por um mecanismo muito simples, ele acabava se desconjuntando". Essa assertiva vale para o universo que nos cerca. E também para o poético, sobra daquele. Contudo, não se destroça, reinventa-se. O grande poema jorgeano, busca o livro, a unidade total, absoluta. E, se não consegue, vai a altitudes e em blocos: jamais se completando. O importante é o voo, não a chegada. "Chegados / nunca chegamos." E por ser composto, no seu interior, não apenas da *mudança* camoniana, compõe-se da infringência desse mecanismo simples do universo, ao inocular anticorpos dentro do organismo. *Porém o vivo no vivo se sustenta*. Pelo miraculoso gênio poético. Mesmo seguindo normas de violação, o poeta se sujeita a elas na aparência, *não no fundo*. Contradita-se, porque existir é contraditar-se, congregar e desagregar-se inexoravelmente. "Podemos avaliar a poesia pelos preceitos e pela arte" – afirma Montaigne - "mas a boa, a excessiva, a divina está acima das regras e da razão".[559]

Assim, vista no todo, *A invenção de Orfeu* tem poemas geniais, sem ser um livro inteiriço, com a mesma genialidade. Faltou a síntese do tempo, indispensável, o círculo acabado, por se permear entre tese e antítese (fogo puro e fogo estranho). Dir-se-á ser o livro como unidade, falho. Mas qual a unidade do sonho, se o delírio o argamassa e a amplitude o dissipa? A falha jorgeana é tão estupenda, de textos tão altos, que por si só é um triunfo. Jorge Luis Borges diz que a diferença da prosa e do verso está no leitor. Guimarães Rosa adverte em carta para Curt Meyer-Clason: "Toda a lógica contém inevitável dose de mistificação. [...] Precisamos também do obscuro."[560] Jorge de Lima não espera do leitor, nem define esses limites. Mistura obscuro e claro, engendrando seus enunciados e corolários. Em pensamento constante, rodante como a imaginação. "A alma aturdida diante da tormenta / prende-se à ventania como a um tronco. / A alma aturdida quer morrer, mas, ah! / Recrudesce a tormenta e a alma não morre. //" (*Canto I, XXXVI*).

José Guilherme Merquior, em *Crítica* (1964-1989), afirma, com argúcia: "O último Jorge de Lima pode ter sido – na sua ambição máxima – um poeta falho; mas a *originalidade de sua posição estilística* é inegável. Refiro-me à sua singularidade entre os modernistas."[561] Antes, alude, pertinentemente, soarem os seus sonetos "como confidência sussurrada, especialmente quando votados à evocação da infância por meio de um metamorfismo admiravelmente surrealizante". E é *O livro de sonetos*, para muitos, sua mais acabada realização. Mas continuo preferindo, pelos píncaros, *A invenção de Orfeu*.

Sim, e o metamorfismo é vigoroso e fundamental nos poemas mais notáveis de (sua) *Invenção*, sedimentando em luxuriante inspiração, poemas ébrios (afins do *Bateau îvre*

---

559. MONTAIGNE, Michel Eyquem de. **Ensaios**. Porto Alegre: Globo, 1961.

560. ROSA, João Guimarães. **Correspondência com seu tradutor alemão Curt Meyer-Clason (1958-1967)**. Belo Horizonte: UFMG, 2003.

561. MERQUIOR, José Guilherme. **Crítica**. Rio de Janeiro: Nova Fronteira, 1990.p. 293.

rimbaudiano) e visionários (carregados de meninice e febre). "Inda meninos, íamos com febre / comer juntos o barro dessa encosta. / Será talvez, por isso, que o homem goze / Ser a seu modo tão *visionário* e ébrio". (*Canto I, XXX*). No entanto, o metamorfismo se fragmenta, em regra, longe das vivências, com os rebuscamentos, e os versos reboando no vazio. O que é estranho, não elide o que é mais elevado e puro. O confronto depura e jamais unifica, harmoniza.

E, se a batalha entre o bem e o mal no drama do homem, antes da Queda, também se identifica, separando os poemas luminosos e os que levam a escória da inserção conflituosa, como a placenta que fica e poemas que não se desligam do cordão umbilical, seja de Virgílio, seja de Camões, embora a tudo o poeta tenha adotado de pai, a ânsia de dizer que se entrava em gavetas de imagens, é o que ocasiona, por vezes, trafegação obstruída.

Feito um balanço, o que fica para a posteridade da *Invenção de Orfeu*, de Jorge de Lima, são textos antológicos, não a unidade do livro, do grande livro que poderia ter sido, a que talvez houvesse faltado a síntese do tempo. Ficaram cumes de nossa poesia, momentos de rara intuição, densidade, voltagem, com a profundidade das coisas primordiais, sob a regência do *poeta-personagem-cosmos*, biógrafo e biografado. Essa herança é o amor. Tende a frutificar no tempo. O Apóstolo Paulo escreveu que "ainda que eu fale a língua dos homens e dos anjos, se não tiver amor, serei como o bronze que retine." E foi citado, a propósito, nas *Conversações com Goethe*, de Eckermann, referindo-se a Platen, dotado de grande talento, faltando amor. E o amor domina a poesia jorgeana. A Invenção do amor: Orfeu salvando dos infernos a bem-amada. Com a solidão de quem achou sua pátria – ainda que sua pátria ainda não o tenha encontrado:

> Nem as boninas e outras flores nem
> a mais humilde relva, nem os ventos,
> nada participava da quietude
> absoluta, absoluta, eternamente

> absoluta daquela pedra de
> tumba compacta, lisa, desprezada.
> Nem ninguém se lembrava da criatura
> e de seus sofrimentos e de sua
>
> atormentada vida ali deixada.
> Nem tristeza talvez nem alegria,
> não mais perpassam sobre a sua face
>
> parada, indiferente mesmo à morte
> que ele encerrou em treva e esquecimento,
> e o próprio esquecimento abandonou.[562]

E foi a visão de como se acha atualmente em abandono seu túmulo no Cemitério do Rio de Janeiro, onde foi sepultado. Enganando-se: sua poesia jamais terá esquecimento. Cresceu com o tempo, que a bem poucos respeita. Haja vista seu reflexo nos poetas que vieram após e nos que hão de vir. "Como conhecer as coisas, senão sendo-as?" Ou então de *Tempo e eternidade*:

> Alta noite, quando escreveis um poema qualquer
> sem sentirdes o que escreveis,
> olhai vossa mão – que vossa mão não vos pertence mais;
> olhai como parece uma asa que viesse de longe.
> Olhai a luz que de momento a momento
> sai entre os seus dedos recurvos.
> Olhai a Grande Mão que sobre ela se abate
> e a faz deslizar sobre o papel estreito, [...]

Não é esse o mistério insondado da criação, quando o gênio vai assumindo o temperamento? Sim, principalmente na última fase jorgeana, o delírio já não se importa de ser maior que a razão. E o juízo começa a ter a sua mais clarificadora alucinação.

---

562. LIMA, Jorge. **A invenção de Orfeu**. Rio de Janeiro: Record, 2005.

Paradoxalmente, a par dessa altitude lírica, ficou–lhe, o que é o contrário, de lógica e fluente simplicidade, a obra-prima de tantas Antologias, pertencente aos *Poemas negros*: *Esta Negra Fulô*, que o celebrizou por certo acento popular, descrevendo na síntese imortal da poesia, o liame entre a bela escrava e seu senhor, paralelamente, à dolente e libidinosa escrita, em tom de oralidade, de Gilberto Freyre, de *Casa-grande e senzala*. Seriam as raízes de simultânea e absoluta memória?

Todavia, a religiosidade programática, exacerbada, de cariz bíblico de *Tempo e eternidade*, *A Túnica inconsútil*, que, por extravagante, ocasiona certo esvaziamento do mistério, bem menos em *Mira-Celi*, subjaz na *Invenção de Orfeu*, mais vívida, atinada, com sulco místico.

Não, não se pode finalizar, sem a citação de alguns fragmentos maravilhosos (a primeira sextilha do *Canto VIII – Biografia*): "Estando findo o cântico das ilhas / chorei nesses janeiros flagelados / marejados de chuvas ondulantes / e tão cheios de ocasos e andorinhas / e de várias paisagens que mudavam / sob os ventos transidos nas folhagens// ..." E do *Canto Primeiro, XXXVI*:

    A imaginação dói-me.
    Quem ma deu, deu-ma para sofrer,
    para gastar-me nessas reminiscências e visões,
    nessas conchas conchas noturnas murmurantes,
    nesses aros sonoros, nesses muros
    cansados de lamentos, nestes **ermos**
    de carne vigilante, nesses gumes.
    Eu quero sossegar, forças rodantes,
    espiras, remoinhos, giros,
    elos, simetrias das órbitas violadas,
    pensamento contínuo circulando-me
    nas águas do passado e do futuro,
    insônias circulares, voos no quarto
    de asas e asas em torno à minha lâmpada.

Ou deste fragmento do Canto V, *Candeeiro familiar*:

> Havia mortos inda em derredor,
> conversavam de pé naquele idioma
> sem termos que os defuntos sabem só,
> porém tão eloquente fala muda.
>
> Conversam. Já choraram, já verteram
> esse chumbo de pranto hoje copioso,
> baixando as faces e baixando as almas,
> baixando, sem remédio as nossas lágrimas.

E findo com este verso que é genial, e que podia ser epígrafe de seu Canto elevado e generoso: "O perigo da vida são os vácuos." E esses vácuos não são mais dele, são da crítica contemporânea: já começa a vislumbrar a grandeza de sua poesia, porém não se deparou ainda com a de seu romance, não menor. Em boa hora a editora Record, do Rio, os está republicando, volume a volume. E *A mulher obscura* é o ponto alto de sua ficção que circula em torno da procura de amor. Uma cidade do interior, com os personagens que a compõem: juiz, padre, prefeito e algumas outras triviais. E disso cria um extraordinário livro, onde a magia do poeta se alia ao engendrador de dramas cotidianos, penetrando na soleira do imaginário dos leitores, agarrando o consciente pelo inconsciente, o drama, pela surdina e o mistério pela associação de sombras e vozes. Essa ambivalência notável advém do demiurgo da palavra, o que já começa a deixar que Orfeu fale para que depois possa cantar. Eis um pequeno trecho: "A família de meu companheiro de infância parecia não ter tradição nem história. Lembro-me que um dia, perguntando-lhe como se chamava seu avô, ele me disse: – Morreu há muito tempo."[563] Observa Chesterton, com raro acerto: "O grande poeta existe para mostrar ao homem pequeno quanto ele é grande."[564]

---

563. LIMA, Jorge. **A invenção de Orfeu**. Rio de Janeiro: Record, 2005.

564. CHESTERTON, Gilbert K. apud CORÇÃO, Gustavo. **Três alqueires e uma vaca**. Rio de Janeiro: Livraria Agir, 1946. p. 99.

CARLOS NEJAR

O mundo na máquina do poema em Carlos Drummond de Andrade, ou o cão devorando o futuro

Nasceu em Itabira, Minas Gerais, em 31 de outubro de 1902, e morreu no Rio, em 17 de agosto de 1987. Formado em Farmácia, foi poeta, cronista, ficcionista, tradutor e funcionário público. E um dos integrantes do Movimento Modernista de 1922, em Minas. Publicou *Alguma poesia*, 1930; *Brejo das almas*, 1936; *Sentimento do mundo*, 1940; *Rosa do povo*, 1945; *Claro enigma*, 1951; *O fazendeiro do ar*, 1954, entre outros. Carlos Drummond de Andrade, poeta conceitual, com inteligência extrema, (embora a poesia tenha pouco a ver com inteligência, mas com o ser mais profundo) percorreu o sonâmbulo fio do rigor obstinado e o da singeleza provinciana, que lhe permitiram grandeza, sem enveredar-se pelo lado abstrato da literatura, ou pela inveterada erudição. Também por ser um desenvolto transeunte na mineira e universal *educação dos sentidos*. Ou educação pelo mundo. Ou educação por amorosas relações intertextuais, sinalizadores da obra drummondiana, desde o verso "a desastrosa máquina do mundo". Se em Camões essa imperiosa máquina é vista através da universalidade terrestre, em prol de uma *Sapiência suprema*, que não deixa de ser flagrantemente teodiceica, além de geográfica, apontando o que era descoberto pelo espírito de aventura lusitano, em Drummond entra o ânimo de modernidade, que Baudelaire argutamente vislumbrou, com o absconso enigma do universo, das coisas e da criação. E esta é a reprodução do texto de Camões: "Vês, aqui, a grande máquina do mundo / Etérea e elementar, que fabricada / Assim foi do saber alto e profundo, / Que é sem princípio e meta limitada. //" O uso do terceto aproxima o itabirano do verso dantesco, conferindo majestade. Aliás, em tercetos há uma trindade antológica em nossa literatura: *A última jornada*, de Machado de Assis; *O triunfo*, de José Albano e esta *Máquina do mundo*.

Diz o poeta Carlos Drummond:

> E como eu palmilhasse vagamente
> uma estrada de Minas, pedregosa,
> e no fecho da tarde um sino rouco

se misturasse ao som de meus sapatos
que era pausado e seco; e aves pairassem
no céu de chumbo e suas formas pretas

lentamente se foram diluindo
na escuridão maior, vinda dos montes
e de meu próprio ser desenganado,

a máquina do mundo se entreabriu
para quem de a romper já se esquivava
e só de o ter pensado se carpia.

Abriu-se majestosa e circunspecta,
sem emitir um som que fosse impuro
nem um clarão maior que o tolerável

pelas pupilas gastas na inspeção
contínua e dolorosa do deserto,
e pela mente enxuta de mentar

toda uma realidade que transcende
a própria imagem sua debuxada
no rosto do mistério, nos abismos.

Abriu-se em calma pura, e convidando
quantos sentidos e intuições restavam
a quem de os ter usado os já perdera

e nem desejaria recobrá-los,
se em vão e para sempre repetimos
os mesmos sem roteiro tristes périplos,

convidando-o a todos, em coorte,
a se aplicarem sobre o pasto inédito
da natureza mítica das coisas,

assim me disse, embora voz alguma
ou sopro ou eco ou simples percussão
atestasse que alguém, sobre a montanha,

a outro alguém, noturno e miserável,
em colóquio se estava dirigindo [...][565]

---

565. ANDRADE, Carlos Drummond apud BOSI, Alfredo. **Céu, inferno**: ensaios de crítica literária e ideológica. São Paulo: Editora 34, 2003.

Em primeiro lugar, vê-se a fixação de seu canto: Minas. Com a aparição dentro da escureza vinda dos montes – sua criação na "inspecção contínua e dolorosa do deserto" – a página branca. Em segundo lugar, "a estrada é pedregosa" – por "ter a pedra no meio do caminho". E, aqui, abre-se um parêntesis. Desde quando "um anjo torto, desses que vivem na sombra, disse: 'Vai, Carlos, ser gauche na vida!'" – nasceu a pedra no meio do caminho. Pois, dela surgem os três movimentos que envolvem a criação drummondiana. O primeiro é a pedra no meio do caminho (poeta, poesia e história) como algo inesquecível, imperioso. "Jamais me esquecerei deste acontecimento na vida de minhas retinas tão fatigadas!" O poeta com sua pedra de Sísifo é maior do que o mundo, a grande pedra na poesia brasileira, a ponto de chocar os leitores, como se recebessem com o poema, "uma pedra na testa!" O segundo movimento é a pedra da camaradagem, *A outridade*, de que fala Octavio Paz. O poeta se identifica com o mundo. *A Rosa do povo* torna-se mais leve, por ser coletiva. Sua voz é a de um poeta público. "Não quero, mas preciso tocar pele de homem, / Conhecer um novo amigo e nele me derramar". Os *gauches*, os rebeldes, as pedras se conhecem entre si. E o terceiro movimento é do da *pedra da memória*. O poeta já é menor que o mundo. A pedra se incorpora no Sistema: "De tudo quanto foi me passo caprichoso / na vida, restará, pois o resto se esfuma, / uma pedra que havia" (vejam o uso do verbo dentro da disciplina, o cânone, a ordem; antes, em *Alguma poesia*, o poema da pedra usava o verbo *ter* – forma popular – como *haver*). Drummond confessa: "Não amei bastante meu semelhante ... Do que restou, como compor um homem / e tudo o que ele implica, de suave, / de concordâncias vegetais, murmúrios / de riso, entrega, amor e piedade?" (*Confissão*) E a pedra da memória não seria a rósea aurora de Homero? Mas voltemos ao texto principal. Estamos examinando, agora, onde houve o encontro com a *Máquina do Mundo*: "na escuridão, selva escura", ali, justamente, "no meio do caminho da sua existência", em plena tarde, a madureza ("No meio do caminho de minha vida / encontrei uma selva escura"). A seguir, perfaz-se o convite ao mítico, à ciência sublime e formidável, à explicação da vida, e isso é feito com uma voz sem voz, num colóquio invisível. Tudo se apresenta ao poeta: os recursos da terra, as paixões, impulsos, tormentos, o ser terrestre, a memória dos deuses e o sentimento da morte, tudo isso é um apelo maravilhoso, aliciadoramente sedutor. Como se tivesse a soberba da vida entreaberta diante dele, ou a Revelação. Opondo-se à beatitude visionária de Dante e à visão globalizadora de Camões. E, entre nós, à de Murilo Mendes, em que "os sons transportam o sino" na *poesia-liberdade*, ou de Jorge de Lima, em *Mira-Celi*. Porém, o poeta de rosa do mundo, não tem fé, que é um dom gratuito, mais divino que terral; sente-se, *pequeno* ("com apenas duas mãos"), *noturno* (com "versos à boca da noite"), *miserável* ("se os olhos reaprendessem a chorar seria um segundo dilúvio"), pondo-se diante de sua própria consciência falida, homem devastado (muito próximo do homem da *terra destruída*, de T.S. Eliot). Nesse momento, sucede o que José Guilherme Merquior, em a *Razão do poema,* adverte:

> O caminhante recusa o dom gracioso da máquina do mundo. Desdenha o conhecimento sobre-humano, acima das deficiências insanáveis da medida humana; o conhecimento místico, a graça, o presente de poderes mais altos que o homem. Ao recusá-lo, investe-se da condição plenamente antropocêntrica, estritamente profana, do homem moderno.[566]

Nesse momento, o poeta de Itabira, desdenhando *a coisa oferta*, estabelece o marco e o limite, *a pedra do caminho*. E abandona o combate que começara com *O lutador* ("Lutar com palavras / é a luta mais vã. / Entanto, lutamos / mal rompe a manhã."). Goethiano, Drummond tinha "no peito a matéria / e a forma na mente". Sendo sua matéria o tempo, a forma fez *a lição das coisas*. O que era *Sentimento do mundo* transformou-se em *Boi-tempo*. Porque antes o tempo era veloz, cheio de acontecimentos, com "os olhos pequenos para ver", depois do *enigma*, a lentidão do boi no campo, o campo da memória, a regressão ao passado. Não deixa de ser – e é – uma espécie

---

566. MERQUIOR, José Guilherme. **Razão do poema**: ensaios de crítica e de estética. São Paulo: Topbooks, 1996.

de retorno ao *eu* e ao fechar-se, reticente, do mistério, Elias contemporâneo a se esconder de sua *matéria de tempo*, na caverna, sem o chamado para fora de Deus. E as mãos ficam pensas simplesmente porque se quedam sem tocar a *coisa-oferta*, sem pegar *o sentimento do mundo*. Contenta-se ainda com o contemplar metafísico, *o pensar sentindo* pessoano, apenas. O presenciar sofrendo, que também é o de Mário de Andrade, Manuel Bandeira, Cecília Meireles, Cassiano Ricardo, Mário Quintana: a máquina do poema triturando somente o visível. E o que se impõe, hoje, é no mundo em metamorfose, a transcendência da barreira, além do marco de Sísifo, a pedra levada além da montanha, sem precisar de "ver Sísifo feliz"[567] (Camus), com a arte de suportar e tentar o infortúnio.

O espírito humano é invencível. A consciência de ver é também a consciência de mudar. Certa vez Walter Benjamin se referiu a Robert Musil, como sendo "mais inteligente do que o necessário". O drama de Drummond, sendo um tímido por natureza, foi exatamente o de haver "tido inteligência mais do que o necessário". Diante da máquina do mundo sobrou-lhe a inteligência do limite e faltou-lhe a louca inteligência da fé. E todo esse processo é manipulado formalmente na *máquina do poema*. João Cabral utilizou a *máquina, quase lâmina*, de ir descascando a pedra, até o miolo, o núcleo, o cerne da linguagem. Nele o mundo é mais linguagem do que mundo. Em Drummond, o mundo tende a ser o espelho fiel da *máquina do mundo*. Até o instante da corrosão do *eu* do poeta contra o seu mecanismo. O derruir da perspectiva do mundo é também a evidente desistência diante da viagem do visível no invisível. Lucidez demasiada? Talvez. Ligada à ausência de fé no poder suasório da palavra. Ao negar o absoluto da máquina do cosmos, Drummond se nega e nos nega, se usarmos a máscara romântica da voz coletiva do que cantou a *rosa do povo*. É como ele próprio refere: "O meu amor é tudo o que, morrendo, / não morre todo, e fica no ar, parado."[568] Pois que

---

567. CAMUS, Albert. O **mito de Sísifo**. 6. ed. Rio de Janeiro: Record, 2008.

568. ANDRADE, Carlos Drummond de. **A rosa do povo**. 29. ed. Rio de Janeiro: Record, 2005.

a máquina do mundo "não para, não pode parar." E tem de ser alimentada na constância, como assegura o genial itabirano: "Bruxuleia a chama que o dia claro alimentava, ardência". A máquina do poema é o dia claro e o seu andamento é a ardência da flama, de que somos o lenho. E dia claro no poema, a vida, iluminação desvendadora da realidade. Porém, se a chama é excessiva, pode comburir a engrenagem, com tamanha lucidez. Assim, a criação sempre necessita do intervalo entre o consciente e o inconsciente para não ser abalada na voracidade do próprio fogo. O excesso de sol requer também a compensação de sombra para não se desvairar. O que sucede em Drummond não é a explosão em pleno ar de seus sentidos abertos ao cosmos. É o gradativo recuar e apagar-se, ficando *o fogo frio* e o frio sem fogo. A invenção então passa a ser desinventada. Ao ser paralisada a máquina, paralisa-se o destino.

A linguagem é um movimento que jamais deve se acabar. Por começar a fluir até na morte. E nem a morte acaba. Mesmo que o poeta insista: "Baixei os olhos, incuriosos, lasso, / desdenhando colher a coisa-oferta / que se abria gratuita ao meu engenho..." A desistência em Drummond – e por que não, renúncia? – pesam-lhe na criação posterior, seja por desilusão política, seja por vicissitudes, desenganos. Sua máquina do poema continua, dútil, rutilante, precisa, porém *não é mais a máquina do mundo*. A desistência humana de Drummond flagrou-se no abandono a uma forma mais ampla, luminosa, sublime, com frutos de pétrea desistência no poema. Exercita a "máquina das coisas", que, em verdade, para outros, não é pouco: para ele queda-se tácito, imóvel, o capital mais valioso de seus sonhos. E a *lição de coisas* é bem menos dolorosa que a sua lição de mundo, menos terrível, menos catastrófica, menos rumorosa. Elas não machucam e os homens chocam e ferem. Desequilibram. E as coisas se esquivam do destino. Mesmo que no haver a linguagem, haja destino.

O poeta mineiro é um *Carlitos* de *Tempos Modernos*. Sem o seu senso de humor, peça da roldana produtora da fábrica, no aludido filme e sem os inesgotáveis gags. Carlitos absorve o tempo pelo espaço e Drummond, o espaço pelo tempo. E o tempo das coisas é mais mecânico que as coisas do tempo, tornando-se o homem arredio ao sagrado e cúmplice amortecido de uma indústria do silêncio. E não se deve olvidar que poeta da matéria do tempo ("O tempo é a minha matéria", como Goethe afirma "o meu campo é o tempo"), que é sua matéria de amor, na *oferta-coisa* desta máquina do mundo, viabiliza o *diálogo a um* (como se a máquina fosse parte integrante dele). O que torna o poder dramático do poema infinitamente mais concentrado e mais intenso, na lição de Eduardo Portella, em *Dimensões II* (1959), ao estudar a poesia de Manuel Bandeira. E seria Drummond um Bandeira em tom maior? Não. O recifense trilha o caminho para a libertação poética no desnudamento, aproximando-se nisso do espanhol João da Cruz que buscava descansar *no centro de sua humildade*. Tirante o aspecto espiritual, em Bandeira há uma espécie de santidade sem Deus. Carlos Drummond, por sua vez, desencadeia – do *Claro enigma* para *As impurezas do branco,* a explosão do eu, o desfazimento dos *eus* em vocação eletiva com a de Fernando Pessoa, na lucidez e nos vários poetas que não chegam a tomar nome, enfeixados num só. Os *eus* drummondianos não seriam visíveis / invisíveis heterônimos? E assim o seu *diálogo a um* transforma-se num *diálogo a muitos*: os *eus* do comburente cosmos.

    Não há que esquecer que, no momento em que Drummond se libera do contexto social e metafísico da *coisa-oferta* da máquina do mundo, vai-se também desprendendo, aos poucos, de certa técnica que o nutria, vai-se abandonando ao lastro da mais inabalável solidão, *a do boi-tempo do menino*. Seguindo desde o mistério da *coisa-oferta*, para o já não inventável de um memorioso, tal o Funes borgiano na catalogação através da infância, da lembrança do paraíso, história mágica de Minas. Um dado fundamental; se Aristóteles, na sua *Poética*, apresenta a poesia como atividade mais elevada e filosófica que a História – motivo de controvérsia – não se pode negar que a poesia drummondiana é a história preclara destes tempos. Importante, sobretudo, quando o que vige é o esquecimento. E o esquecimento da história não nos leva ao esquecimento de nós mesmos? Talvez o que nos captura na grande poesia seja a incapacidade da linguagem de nunca esquecer, mesmo que afirme ter esquecido. Ensina José de Ortega y Gasset que "aquilo que distingue um grande poeta dos demais é o fato de ele nos dizer algo que ninguém jamais disse, mas que não é novo para nós."[569] Porque é novo para nós, na medida em que nos descobre, e é velho, antiquíssimo, flutuante na memória de todos os homens. E memória das coisas acabadas, resistentes, de pedras fundadas com o grito de toda a força do limite humano na palavra *nascida do puro silêncio* e do *som inteiro e perfeito* – de Ronsard – o mais rudo peito de Minas, como no conhecido soneto de Cláudio Manuel da Costa.

Aqui um freio, um estugar de passos, pois falta configurar a máquina do poema. Máquina, para não dizer espelho que revela o que lhe é refletido, quando não avança tal um relógio. Às vezes como o espelho de *Alice no país das Maravilhas* ao avesso. Ou *máquina de morar*, usando uma expressão de Corbusier. A *máquina de imagens* – para Matthiessen. Ou a máquina feita de vocábulos, inventada por Swift. Assim, se Camões vislumbrou a *máquina do mundo*, há que falar em Carlos Drummond na *máquina do poema*. E também sua importância e situação para a futura poesia brasileira. E máquina do poema, jungida à máquina do mundo, talvez tenha chegado ao auge triturador, com o ruído de palavras doídas e mastigadas, a partir do famoso *A pedra no meio do caminho*. Não só o constatar do acontecimento, ("tinha uma pedra no meio do caminho"), mas o alucinante padecer na "vida de suas retinas tão fatigadas". A máquina do acontecimento no poema se eleva no instante em que há a descoberta do *Outro* (*Mãos dadas, Morte do leiteiro, Nosso tempo, Canto ao homem do povo Charles Chaplin*). Quando o Poeta de Itabira, que era *o espelho do acontecimento*, voltou-lhe as costas, passou a ser, *mais que a lição*, a máquina das coisas. Donde adveio em natural convergência, a cabralina máquina das *coisas-palavras*, girando até o miolo – com o movimento delas para o mundo – numa espécie de *acontecer ao avesso*. *A faca só lâmina* de um mestre da *escola de facas*, o tal João, de Pernambuco. E tudo desemboca

---

569. GASSET, José de Ortega y. apud **Revista Brasileira**. Rio de Janeiro: Academia Brasileira de Letras, 2003.

na máquina de letras-bibelôs do concretismo, já enferrujada no quintal da história.

A linguagem em Drummond tem sapatos grandes. Toca o solo fundo da condição humana, sem deixar de trazer à baila, toda a indormida mitologia. Sua arte rigorosa é a das coisas findas. Confessando diante do futuro: "As coisas findas / muito mais que lindas, / essas ficarão". Todos ficaremos, porque existiu um poeta chamado Carlos Drummond de Andrade, que conduziu consigo não apenas *o sentimento do mundo*, mas também a fugitiva, às vezes intratável, límpida, fraterna – *A Rosa do povo*. E é no seu *D. Quixote de la Mancha,* que vislumbramos o melhor Drummond, tão *gauche* como *o cavaleiro da triste figura:* "E não durmo, abrasado, e janto apenas nuvens, / na férvida obsessão de que enfim a bendita / Idade de Ouro e Sol baixe lá das alturas." (*Soneto da loucura).* Falou alguém, certa vez, de que Vinícius de Moraes era o mais bem dotado pela natureza, escrevendo pelo excesso; Drummond soube melhor aplicar seus dons, que eram grandes, porém não tantos (trabalhara bem os limites), e João Cabral escrevia por carência. Talvez tenha vindo da humildade cabralina essa frase. Todavia, há que reconhecer que Drummond mais regularmente com alguns pontos irregulares, atingiu os altos cumes de nossa poesia, embora *irregular*, sobretudo, depois de *Claro enigma*.

A grandeza drummondiana se acentua na medida em que expressa o sentimento do homem de hoje, *o sentimento do mundo*. O cronista, embora excelente, atrapalhava o poeta. O contista machadiano que era, sob o umbroso Anatole France, não chegou nem perto da alteza de sua intimidade com as Musas. É o poeta mais completo, de reconhecido gênio, dominou todos os ritmos, desde o soneto à elegia, da ode aos tercetos. Foi social, amoroso, órfico, coletivo. Universal.

Murilo Mendes: organização do diamante

Nasceu em Juiz de Fora, em 3 de maio de 1901, e faleceu em Lisboa, Portugal, em 15 de agosto de 1975. Viveu longo tempo na Itália, pelo Departamento Cultural do Itamaraty, lecionou em Roma, depois em Pisa. Poeta, crítico, prático de farmácia, veio ao Rio, onde conheceu Ismael Nery, amigo e pintor, que lhe foi de grande influência. Começou com *Poemas*, em 1930, publicando vários outros livros de poesia, entre eles, *Tempo e eternidade* (com Jorge de Lima, em 1935); *A poesia em pânico*, 1938; *O visionário*, 1941; *As metamorfoses*, 1944. No correr do tempo, diz Fábio Lucas, em trabalho emblemático sobre o autor de *Mundo-Enigma*, 1945 "a forma (de Murilo) se condensa, mas a temática, em grande parte, permanece."[570]

Poeta de expressão fantástica, prima por certa insondabilidade em vários de seus poemas, em que o maior exemplo é o *Mapa*. Seu trajeto é o da dispersão imagética e temática, ou a vertigem do conhecimento pela poesia, para a unidade de um *mundo à revelia*, como queria Guimarães Rosa, ou um mundo às avessas. Não é a angústia de Mário de Sá-Carneiro, que se dispersa do *eu* para o *outro*, é a febre de quem sempre deseja ver o mundo pela primeira vez e à sua maneira. Sem esquecer a arte da dança, que é a arte do delírio. Uma espécie de fúria da razão distraída, onde a poesia empurra o poema. Senão vejamos:

> O cemitério
>
> Céu azul com animais
> E uma corneta ecoando.
>
> Pobre vento sem personalidade
> Que não traduz a morte
> Nem sugere Emily Bronte,
> Mais útil vento humano
> Que recorda os vivos
> – Os vivos sem metafísica nem refúgio
>
> Do lado dos mortos
> Há um fogo que dança.

---

570. LUCAS, Fábio. **Murilo Mendes, poeta e prosador**. São Paulo: PUC-SP, 2001.

Os cadáveres das flores
São os mais abandonados

Duas crianças tomam sombra
Sentadas num túmulo
"Aqui Antônia
Irmã do padre Francisco de Luna
Espera a ressurreição dos mortos."[571]

Ligou-se – é verdade – a poesia muriliana ao Simbolismo. Sobretudo em *Contemplação de Minas, Sonetos brancos, Parábolas*; uniu-se à vertente dos poetas metafísicos ingleses, na sensualidade barroca e no fervor místico. E foi a fim do surrealismo de um Reverdy, René Char, Henri Michaux, mormente em *Poesia-liberdade* e a *Janela do caos*. Como eles, funda-se "em surpresa criada por uma nova imagem, ou por uma nova associação de imagens", na expressão de M. Juvet.[572] Essa surpresa não só recupera o pensamento mágico, como tenta mudar o mundo excessivamente utilitário. Ao mesmo tempo, Murilo se torna irmão de Ovídio, das *Metamorfoses*, no poder de criação e – por que não? – na sua hibernação italiana, tendo como ele a pátria na linguagem. "Quero falar das formas mudadas em novos corpos" – escrevia Ovídio no *Ponto Euxino*. E, em Murilo, cada livro é uma nova forma, já que a subversão não carece de genealogia, dentro da busca generosa de unidade. A unidade na multiplicidade. É *A poesia em pânico*, um dos seus cimos, com imagens atônitas se acumulando. O contato com uma inteligência da imaginação, ou imaginação de palavras que querem rosto, entrechocando-se na própria comburência, apoiada nos extremos, entre o Apocalipse e o Gênesis. Ao se fragmentar na explosão verbal, volta ao princípio. Cumprindo o dito indiano: *Deus está sempre envolvido nos começos*.

Foi um poeta-inventor na perspectiva poundiana – sem antecedentes ou sucessores, embora preso a uma larga

---

571. LUCAS, Fábio. **Murilo Mendes, poeta e prosador.** São Paulo: PUC-SP, 2001.
572. JUVET, M. **Structure des nouvelles théories physiques.** Paris, 1933.

tradição, usando o que ele próprio referiu em Michaux, "a linguagem de curtos-circuitos"[573]. Porque os circuitos, às vezes, se rompem ou se delongam, o leitor se vê diante de imagens de inacabável beleza, sem remates, como se fossem continuadas no silêncio. "Não será a palavra, a metáfora do silêncio?" – indaga-se. E, com Pascal e Drummond, "o silêncio dos espaços infinitos o atordoa". Também é cinematográfico, entre *flashes*, na ânsia de as imagens falarem, numa relação invisível entre metáforas e silêncios. E a tais sequências, Milan Kundera chamou de *rio semântico*. E como o outro rio heraclitiano, teria Murilo mudado de temas? Dir-se-á, cautelosamente, que Murilo Mendes não mudou nos seus temas, entre *tempo e eternidade*, amor e morte, vida, guerras, tirania, liberdade, os elementos naturais e a poesia do segredo. Sua discussão não foi apenas entre a ordem e a loucura, foi também sobre a desordem da loucura. E por não ter mudado é que mudou. De tanto não querer mudar. Diz F. Hölderlin que "o ímpeto de abandonar este mundo em direção ao outro, deve ser convertido em ímpeto de passar do outro mundo para este."[574] E, observando a poesia muriliana, verifica-se que passou de um conceito de plena liberdade, com a poesia em pânico, as metáforas tomando conta do poema como soltos relâmpagos, para uma estrutura rigorosa de contenção e unidade, em *Tempo espanhol* – ponto alto de sua trajetória. Saiu de certa despreocupação com a estrutura verbal do poema – transformando o abstrato em concreto, convertendo o seu ímpeto de religiosidade no sentimento trágico do tempo, como seu amigo Ungaretti, e no sentimento trágico da vida, como Miguel de Unamuno, sob o sol de Rimbaud, João da Cruz e Tereza de Ávila. Um *"riguroso horizonte"* – na expressão de Jorge Guillén[575]. João Cabral, que fora influenciado por Murilo, em *Pedra do sono*, dá-lhe, agora, algo de seu contingente concreto em *Tempo espanhol* (1955-1958).

---

573. LUCAS, Fábio. **Murilo Mendes, poeta e prosador**. São Paulo: PUC-SP, 2001.

574. HÖLDERLIN F. **Toda a América**. Rio de Janeiro: Pimenta de Melo & Cia, 1926. p. 19.

575. GUILLÉN, Jorge. **Lenguaje y poesia**.Madrid: Alianza, 1962. p. 15.

A desestruturação nos poemas anteriores de Murilo Mendes, ao abraçar o Surrealismo, com imagens esvoaçantes para fora do texto, com vida própria, achou sua estruturação veemente e generosa em *Tempo Espanhol*, com a perícia de amalgamar palavras como peixes todos no mesmo aquário verbal. Sim, cada poema tem a ferrenha espessura da pedra, a substância mineral da alma. E do tom, em regra, atonal, visionário, passou para o ritmo de canto-chão das grandes catedrais medievais, conseguindo desdobrar a poesia em *planos múltiplos*. E, na sua mutação, em *Convergência* (1963-1966), assume a síntese do seu *organizado diamante*, com os grafitos e os murilogramas, verdadeiros epitáfios de toda uma cultura, arte e invenção, sobre a pedra votiva do tempo. Imbricando poesia e poema, celularmente. Faz-me lembrar o que Hegel vislumbra como poesia da história e a épica solene dos monumentos. Cada vez mais parece nova esta criação, cuja *poesia do segredo* o poeta levou consigo para a Eternidade. *São João da Cruz*:

> Viver organizando o diamante
> (Intuindo sua face) e o escondendo.
> Tratá-lo com ternura castigada.
> Nem mesmo no deserto suspendê-lo.
> Mas
> Viver consumindo de sua graça.
> Obedecer a este fogo frio
> Que se resolve em ponto rarefeito.
> Viver: do seu silêncio se aprendendo.
> Não temer sua perda em noite obscura.
> E, do próprio diamante já esquecido,
> Morrer, do seu esqueleto esvaziando:
> Para vir a ser tudo, é preciso ser nada.[576]

Conta-nos Alberto da Costa e Silva, em *O pardal na janela*:

> Foi por meio da voz, do lápis e dos pincéis de Ismael Nery que Murilo Mendes intuiu o espaço surrealista, a paisagem surrealista

---

576. HEGEL, G. W. F. **O sistema das artes**. São Paulo: Martins Fontes, 1977. p. 447.

com que vai montar as suas poesias. Ele próprio confessa que dois dos seus primeiros livros – *Poemas* e *O visionário* – nasceram das contínuas conversas fraternas com Ismael Nery sobre sucessão, analogia e interpenetração de formas [...].[577]

O essencialismo, com seus elementos de heraclitianismo e platonismo, a crença na fecundidade da disciplina criadora, a fé no poema como construção da inteligência sensível e no mistério que se compõe de claridade, compensaram em Murilo, o fascínio por Delfos e por João em Patmos, com gosto pela montagem e recriação do mundo, que lhe adveio de Max Ernst. E de vários outros pintores – como De Chirico, Max Chagall, Magritte, elevado de paixão pela música de Mozart, a quem dedicou um de seus livros. Daí a autobiografia lírica – *A idade do serrote* (1965-1966) e outro volume dedicado aos seus pintores e escultores preferidos, *Retratos relâmpagos* (1965-1966), na obra coligida pela notável Luciana Stegagno Picchio, Editora Nova Aguilar. E sua escrita lembra Francis Ponge: real e onírica. Com certa espessura gongórica. "Orf*eu,* Orf*tu,* Orf*ele,* Orf*nós,* Orf*vós,* Orf*eles.*" Fascinante pela arbitrariedade das imagens, cosmopolita na criação e na cultura, com longa vivência no Exterior, seu espírito é o de quem pertence à *cidade universal do gênero humano*.

Cassiano Ricardo e a sobrevivência de Jeremias

Nasceu em São José dos Campos, em São Paulo, em 26 de julho de 1895, falecendo na cidade de São Paulo, em 14 de janeiro de 1974. Poeta, crítico, ensaísta, participando do Movimento Modernista nos Grupos *Verde-Amarelo* e *Anta*, pertenceu ao Conselho Federal de Cultura e à Academia Brasileira de Letras. Diz Mário Chamie: Cassiano Ricardo percorreu "séries de pontos-chaves que lastreiam os nossos movimentos poéticos, as nossas instaurações e as problemáticas válidas."[578] Rastreou as técnicas de linguagem e de experimentação, voltado para

---

577. SILVA, Alberto da Costa e. **O pardal na janela**. Rio de Janeiro: ABL, 2001.

578. CHAMIE, Mário. **Sábado na hora da escuta**. São Paulo: Summus, 1978.

o futuro. Com uma capacidade impressionante de renascer a cada livro, como nova árvore de mesmo broto. Foi o poeta das metamorfoses – como as de Ovídio, tendo um ouvido no seu presente, que nunca entortou, e outro, no porvir, tentando escutar a música e o pranto dos *Jeremias* do Brasil primitivo aos dos *sobreviventes* planetários e interplanetários. No fundo, sua meninez se encantara no som dos vocábulos e não sabia nada mais ver senão infância em tudo. E, como advertiu Longinus: "A linguagem só sai de si mesma pela infância." E talvez o mais fino e arguto teórico da crítica poética, que tivemos. O mais bem informado sobre todos os movimentos de vanguarda, apesar da *difícil manhã*. Com várias publicações: *A poesia na técnica do romance*, 1953; *Gonçalves Dias e o Indianismo*, 1956; *22 e a poesia de hoje*, 1964; *Algumas reflexões sobre poética de vanguarda*, 1964; *Poesia praxis e 22*, 1966. E o magnífico ensaio *Marcha para Oeste – a influência da bandeira na formação social e política do Brasil*, 1940.

Cassiano Ricardo é temerariamente esquecido, confirmando mais uma vez que não temos memória. A única exceção, *Martim Cererê*, 1928, com reedições. Sua busca de primitivismo poético, antecedido de *Vamos caçar papagaios*, 1926, ainda que reúna qualidades de despojamento, não é o melhor de sua criação, sem alcançar a invenção de linguagem do *Cobra Norato*, de Raul Bopp, onde singular epopeia se concretiza. Bem mais tarde, superada a ânsia participante dos Grupos *Verde-Amarelo* e *Anta*, alcança o projeto num signo mais erudito – *Eu na barca de Ulisses* (Em João Torto e a fábula). É com *Um dia depois do outro*, 1947, que ocorre o milagre da metamorfose, de livro em livro, para a grandeza desta poesia, que Drummond denominou *chapliniana* e que toma o mais concreto senso de realidade. Vislumbra-se o gastar incessante dos objetos e do tempo, a pungência assume acento de alucinante voz diante do mundo que perdeu a inocência. Aí estão poemas extraordinários, como *Relógio:* "Diante de coisa tão doída / conservemo-nos serenos. // Cada minuto de vida / nunca é mais, é sempre menos. // Ser é apenas uma face / do não ser, e não do ser. // Desde o instante em que se nasce / já se começa a morrer. //"; *Soneto da ausência; A imagem oposta; A rua; O anel que me deste; A flauta que me roubaram; O boi e o arco-íris; A inútil serenata*, onde se ressaltam estes versos: "Rua torta. // Lua morta. // Tua porta. //" *A baleia (I, II); O navio afundado; Discurso; Laços de chumbo; É tarde, é muito tarde; Há outros rostos que eu tive; Imemorial II* ("Gastei o meu futuro / em coisas que não fiz"); o belíssimo *A noite branca* ("Põe tua rosa vermelha sobre a noite branca"); *A graça triste; Ficam-me as penas; Em voz alta; Boa vizinhança; Cerração; Pose para retrato; O acusado; Sapato preto; O toque de silêncio; Inscrição* (o poema expressionalmente termina antes: "sobre uma onda cega".) *Sonata patética (I); Anoitecer.* E *Só hoje é que sou inocente*, dos mais belos poemas de nosso idioma. Depois surgiu outra operação poética, onde as deformações substituem as mutações do mundo mágico, com *João Torto e a fábula*, 1956.

Em seu *Prefácio desnecessário* (para o leitor que ler os poemas independentemente da fábula), explica que o personagem, ou João, é pescador que viu cair uma bomba de hidrogênio sobre a ilha deserta. Olhou-se no espelho e o rosto estava torto e monstruosamente inocente. Não é o espelho que se deformou, João que ficou torto. Sua mulher morreu na explosão que desintegrou a palavra *maravilha* em três – *mar, ave* e *ilha*. Entre as deformações, quer enterrar sua companheira: não consegue sepultá-la, por ser morta-viva. Depois faz de *Rosamusa* um banquete *pã-lírico* e, com o osso sobrante, fabrica a flauta. No terceiro ato, transforma-se em Pã e é expulso pelos deuses. No quarto ato, entra no barco de Ulisses. Há peças componentes: uma fábula (a enterrada-viva), uma lamentação bíblica (espelho torto), com a referida rapsódia, e uma farsa (cavalo em flor). E, quanto aos poemas, dois são do autor e, nos outros, Cassiano Ricardo cria o heterônimo, ou pessoas gramaticais e simbólicas como João Torto. A problemática inovadora do livro é a consciência de modernidade. E o homem padece os danos de sua própria invenção, com a bomba de hidrogênio. No mundo é pouca a esperança. Poeta deste tempo científico, desintegrador, persiste um *João Torto/Jeremias*. Porque ao poeta apenas resta o canto. Perde a identidade e a morte é *o jardim da matéria*; a bomba, não o homem, é inventora de jardins. É um livro único, onde uma coisa passa a ser outra coisa. E nesse volume, como em toda a poética ricardiana, embora execute todos os metros, é no metro curto a preferência, pluviômetro de sua criação. Observando na dedicatória: "E o que é a esperança? Uma espera no outro lado da esfera? / Ou um dado de fogo / numa mesa de jogo?" E versos luminosos atordoam o leitor: "E explicou-me que o verbo / morrer é transitivo, / tem algo de vivo". Adiante, lapidar: "Todos os mortos têm a mesma idade". O que é próprio da poesia maior, o desvelamento do ser. Ou desdobramento de naturezas, como se o caramujo das folhas saísse de outro e outro. Com fronde, árvore. Fotossíntese do verso.

Eis outro lance (de intertexto): "Ser por mim morrida / minuto por minuto, / misteriosa Lenora. // Como se não fora / para tão longa morte / tão curta a minha vida". Enfatizamos a inteligência do tratamento rítmico e melódico, que é magistral.

A seguir, constante de antologias, por sua humanidade: *O cacto*, com o mote: "Vamos todos brincar de cacto!... Subiremos ao céu num cacto". Na *Cidade confusa*: "Mas, de quem a culpa? / Não o sei; o que sei / é que Não fui eu / quem matou os símbolos." Ou este alumioso *Fauno em prantos*: "Corri atrás dela, pelo bosque, / e quanta vez caí de bruços, / levando um buquê de soluços, / sem alcançá-la na corrida, / pra recomeçar logo após; / que assim é a vida, assim é a vida. // ..." Este outro relâmpejo de alta poesia: "O céu tornou azuis os inimigos ..." E mais dois poemas magníficos: *Os cegos* e *Os deformados*. João Torto contempla: "Não comemos, a fome é que nos come?" João Torto torna-se milhares de Joões Tortos, porque tudo é deformação. O mundo é uma deformação. E, à parte, *Rapsódia*, com 10 fragmentos, do texto fascinante de *Eu no barco de Ulisses*, com vida própria, inserido em *João Torto e a fábula*, 1956. Tem "a pureza dos grandes cantores", épico e lírico. Começa:

>A nau pintada de preto, a vela como a asa de um cisne,
>no anilmarinho, lá fomos, agora, a buscar outra terra.
>
>Tínhamos visto, em tal viagem, o branco país dos lotófagos
>e o do Cavalo em Flor, vamos, agora, ao dos mortos, ao longo

> da cimeriana região, onde os homens suplicam o sol.
> Por aí só haver noite e ser, tudo uma treva perene.
>
> Os que morreram por nós, entre tantos que aí se reúnem,
> são os que falam mais, por não terem dormido até hoje.
>
> Quando, porém, escutaram a ária do cravo e da rosa,
> por mim tocada, na flauta de osso que eu trazia comigo,
> imaginando talvez que eu era um pássaro, e amanhecia,
> se levantaram de seus leitos duros. E um deles me diz:
> morremos lutando por uma manhã luminosa e feliz
> e aqui estamos no escuro, e vocês continuam no escuro
> aí fora. Onde a sonhada aurora?...[579]
> E assim remata:
> Enfim, aquela que os mortos estão reclamando no escuro,
> e nós, os vivos, iremos de novo buscar aqui fora,
> de céu em céu, por todo o oceano de safira e de iodo,
> mas como cegos, porque ninguém sabe, até hoje, onde mora.[580]

O final é solução que não está à altura, com a rima: furta-côr / disco voador. Já havia acabado o poema antes, por sinal inspiradíssimo, merecendo lugar especial na análise de sua obra, dentro de outro livro: *Apocalíptico*. Sem dúvida, a invenção ricardiana renova-se mais uma vez em *Jeremias Sem-Chorar*, 1969, "poema com grande sentido estético, político, filosófico, integrado *enla pensée planetaire* da era cósmica"[581] – explica Oswaldo Mariano. Citando dois exemplos a alumiar o propósito de vanguarda: *Rotação e Translação*. Com o emprego de *linossignos*: palavra reinventada, na sua história, na filologia, na semântica, na fisionomia gráfica: *m'ira*. Alude ao não verbal, ao visual específico de Jeremias. *E o autor refere que o dito no livro advém de Jeremias, não dele. Com sete razões pra não chorar*, entre elas, destaco a *quinta*: "Uns mataram a sede / no suor dos

---

579. CASSIANO, Ricardo. **João Torto e a fábula**. Rio de Janeiro: J. Olympio, 1956.

580. CASSIANO, Ricardo. **João Torto e a fábula**. Rio de Janeiro: J. Olympio, 1956.

581. MARIANO, Oswaldo. Notas didáticas sobre Jeremias Sem-Chorar. In: CASSIANO, Ricardo. **Jeremias Sem-Chorar**. Rio de Janeiro: José Olympio, 1968.

outros." E a *sétima*: "A lágrima é ridícula. / Um homem não chora." Chama atenção dos leitores a beleza: *Amor à Terra* – "Amo-a (hoje) como só amanhã / a deveria amar. Amo-a, mais ainda / em viagem. / Por antecipação. Como a um sol, / entre ouro e obtuso. / Monstruosa estrela já em desuso. / Já relegada para um verso. //" Em *Poética* assegura: "Que é Poesia? / uma ilha / cercada / de palavras / por todos / os lados." Saliento também: *Percurso, ladainha*, é impressionante:

> Por que levantar o braço
> para colher o fruto?
> A máquina o fará por nós...
> Por que pensar, imaginar?
> A máquina o fará por nós.
> Por que fazer um poema?
> A máquina o fará por nós.
> Por que subir a escada de Jacó?
> A máquina o fará por nós.
> Ó máquina, orai por nós.

Jornal sem data: "Tudo tão já, / sem onde, nem quando, / que o caçador me vende / um pás- / saro ainda voando." *Multiplicação dos peixes, Cavalo no jardim*, o antológico *Rotação, Cemisfério, Moinho*. No mundo cibernético, a ciência é inocente. E lignossignos que não são outra coisa senão o verso. Pode-se mudar o nome, se não é mudado o aroma da rosa, persiste sendo rosa (verso). Essa ânsia experimental ricardiana não superlativa a sua poesia – feita de haustos, sopros, intervalos de silêncios, entre fusíveis – vocábulos.

A impregnação ricardiana do espírito cibernético e interplanetário, a par de conter traços de visionarismo profético, tende a ser de fora para dentro, operando no núcleo febril de atualidade, que se embebe, vez e outra, do leite romântico, cuja fonte também amamentou o seu modernismo inicial. E o ânimo rimbaudiano e vanguardista foi invadido de algum cientificismo mais puro, igual ao que revestiu certamente a arte pictórica de Fernand Léger. Na busca de inventação, por vezes, desinventa-se. Pois o verso é verso como uma rosa é uma rosa. E quem diz é sempre a palavra. "Mas quem não chora / é apenas um pássaro / que não canta. //" Em seu último livro, *Os sobreviventes*, 1971, Eduardo Portella, prefaciador, anota que "Barthes chega a mostrar que nenhum sistema semiótico se monta sem o apoio do signo verbal."[582] É possível redimensioná-lo, como o faz Cassiano. Porém, tal redimensionamento nada mais faz do que aplicar o verso com o nome de *lignossigno* para a última fase ricardiana, o que vai ao encontro da mesma forma vérsica de, por exemplo, *A difícil manhã*, 1960: "O relógio / soluça como um pássaro / em meu bolso." O redimensionamento da colocação do poema na *página branca* não varia o efeito estético, considerando que a poesia nasce da fusão das palavras, bem mais do que da sua mera solidão. Sem deixar de perceber certo traço infantil que exsurge na caligrafia icônica de Apollinaire. Todavia, o poema é um ser vocacionado à solidariedade dos vocábulos. É a linha do signo? Mas o signo já é sua linha; os versos, suas imagens. Um fio de andorinhas na página que canta. E como mencionei esse livro de 1960, *A difícil manhã provoca*, cabe registrar o lúdico espanto nos leitores de seus poemas: *Quadro rural, o inimigo e o irmão*. Ou o instante de natureza viva: "O varredor de rua / varre o pequeno objeto: / um minúsculo Deus / dentro de um inseto. //" E a água *tem sede*. Tal manhã é difícil e áspera, porque, drummondiamente, é a luta das palavras. Rompendo-se a manhã com a visão de *Os sobreviventes*. Tendo como motor, esta matéria de estarmos resistindo, de vivermos entre espera e esperança, esmagados de tantas cargas e valores, a economia (*O velório* trata magistralmente, com a correção monetária e os juros, criados em tempo altamente inflacionário), as máscaras pessoais e societárias, com metáforas que sinalizam uma poesia em que a mundividência não deixa nunca ao desamparo o sentido. E esse sentido se mune de continuidade entre alusões, motivos, temas, achados, obsessões e humor mais crítico que ingênuo. E a significativa coisificação das

---

582. PORTELLA, Eduardo. Prefácio. In: RICARDO, Cassiano. **Os sobreviventes**. Rio de Janeiro: José Olympio, 1971.

palavras e da memória, delineando a ocupação do incógnito limite: *Entre parênteses* ("Palavras, pequenas memórias / de quando eram coisas virgens; / de quando as coisas é que eram / palavras."). Em Drummond, sente-se o tempo; em Cassiano Ricardo, o espaço: o fio de prumo do verso. Poeta de uma inocência que intenta se recuperar, de infância em infância – sabemos que sua viseira não é a *difícil manhã*. Cassiano Ricardo não se rendeu jamais ao Concretismo. Descobriu que, no momento em que se demitisse do signo, demitir-se-ia de si próprio. Mas, pela ruptura da casca de mistério, que é casca de sol, é que se apercebeu e nos fez entender que se desencadeia toda a luz. Com a realidade que rebenta de realidade.

Ribeiro Couto, ou as coisas perdidas, irrecuperáveis

Rui Ribeiro Couto nasceu em Santos, São Paulo, em 12 de março de 1898. Foi poeta, contista, romancista, jornalista e diplomata. Integrou o Modernismo Brasileiro. Embaixador, em Belgrado, em 1952. Pertenceu à Academia Brasileira de Letras. Morreu em Paris, de ataque cardíaco, em 26 de março de 1966. Publicou em poesia: *O jardim das confidências*, 1921; *Poemetos de ternura e de melancolia*, 1924; *Noroeste e outros poemas*, 1933; *Província*, 1934; *Poesia*, 1934; *Cancioneiro de Dom Afonso*, 1939; *Cancioneiro do ausente*, 1943; *Antologia poética – O dia é longo*, 1944; *Entre o mar e o rio*, 1952; *Poemas reunidos*, poesias completas, 1960; *Longe*, 1961; *Adeuses*, inédito. Ficção: Contos –*A casa do gato cinzento*; *O crime do estudante Batista*; *A cidade do vício e da graça*, 1924; *Baianinha e outras mulheres*, 1927; *Clube das esposas enganadas*, 1933; *Largo da matriz*, 1940; *Uma noite de chuva e outros contos*, 1944; *Histórias de cidade grande*, 1960. Romances – *Cabocla*, 1931; *Prima Belinha*, 1940. Crônicas: *Espírito de São Paulo*, 1932; *Conversa inocente*, 1939; *Barro do município*, 1956. Entre os Ensaios, *Dois retratos de* Manuel Bandeira, 1960.

Poeta da nostalgia, da tristeza, com imagens nebulosas, sem deixar a fala cotidiana, a simplicidade, certo tom de embargado lirismo, aproveitou o sentimentalismo, de raiz lusitana, cancioneira, com música sussurrada, ou fina ironia. Sua prosa é sensível ao povo, ao linguajar com volúpias e esconderijos. Tem voz própria, pessoal, de tonalidade fraterna, ternura. Revela ocultas agonias, as minúcias do coração que não é ligeiro, porém compassado, indormido. Gosta de dizer mais com os olhos das palavras, do que as palavras da boca. Tratado por alguns de poeta menor, foge a esse juízo, por ser aparentemente menor, ocultando um maior, pela humildade na dicção, pelos contidos gestos. Consanguíneo do grande simbolista português da saudade e do Marão, Teixeira de Pascoaes, bem como do autor de *Clepsidra*, poetas de mesma família espiritual de Verlaine, com um pouco do Cesário Verde na descrição urbana e do cais, sem o *Sentimento de um ocidental*, sempre entre viagens e exílio, Ribeiro Couto é um embaixador de brumas. Delicadeza que se entreabre a uma aguda percepção do tempo fluindo, foi modernista na prosa inventiva, entre Machado de Assis, que o marcou, e Mário de Andrade. Com o sotaque interiorano de um ser que nunca deixou o universal, preocupando-se em *Cabocla*, seu mais conhecido romance, e nos contos, nas crônicas com sua gente paulistana, a província de melancolia e nuvem. Sim, a inteligência e erudição eram modernistas, porém a poesia ficou intocada, romântica, simbolista, a ponto de Drummond o comparar a Casimiro, afirmando que teria perenemente repercussão. O que afinava com Menotti, o de *Juca Mulato*, Guilherme de Almeida e Augusto Frederico Schmidt, com a diferença de que esse último achou na largueza profética de seu verso, natureza mais camaleônica ao Modernismo. Ribeiro Couto teve a coragem de não se deixar conduzir (o que também sucedeu com Schmidt), por haver descoberto sua verdade da beleza e a beleza de sua verdade, sendo apenas ele mesmo. Nisso ajudou sua situação andarilha e o liame profundo com Portugal, onde viveu. Foi um violinista que não quis tocar piano, rabeca ou gaita. Seu ouvido era apurado, antiquíssimo, ancestral. Provando que o poeta é o que inventa, escutando. Comunicativo, singelo na superfície, complexo no íntimo, mantendo um sentimento, senão trágico da existência, comovidamente dorido. Por ser de passagem.

Um pouco *D. Quixote na generosidade e certo espírito crítico* que o impediu da loucura do Mondego, sua poesia, sob a transparência enternecida, aciona arguta inteligência das coisas. Como se verifica em *Guerrilha*: "De sentinela a noite inteira / Dentro da mata que trescala, / Pela manhã cede à canseira / E distrai-se. Um braço o apunhala. // Acham-no morto no caminho / Com seu fuzil sempre na mão: / Olha o céu em que um passarinho / Anda à caça de um avião." (Lisboa: Longe, Livros do Brasil, 1961).

Nutriu certa ironia com alguns companheiros de geração, muito por distinguir-se deles por opção e temperamento na arte, o que é visível em *A invenção da poesia brasileira*:

> Eu escutava o homem maravilhoso,
> O revelador tropical das atitudes novas,
> O mestre das transformações em caminho:
>
> "É preciso criar a poesia deste país de sol!
> Pobre da tua poesia e da dos teus amigos,
> Pobre dessa poesia nostálgica,
> Dessa poesia de fracos diante da vida forte.
> A vida é força.
> A vida é uma afirmação de heroísmos cotidianos,
> De entusiasmos isolados donde nascem mundos.
> Lá vai passando uma mulher... Chove na velha praça...
> Pobre dessa poesia de doentes atrás de janelas!
> Eu quero o sol na tua poesia e na dos teus amigos!
> O Brasil é cheio de sol! O Brasil é cheio de força!
> É preciso criar a poesia do Brasil!"
>
> Eu escutava, de olhos irônicos e mansos,
> O mestre ardente das transformações próximas.
>
> Por acaso, começou a chover docemente
> Na tarde monótona que se ia embora.
> Pela vidraça da minha saleta morta

Ficamos a olhar a praça debaixo da chuva lenta.
Ficamos em silêncio um tempo indefinido...
E lá embaixo passou uma mulher sob a chuva.[583]

Essa é a sua posição franca diante dos ditos inovadores, mostrando que a exigência de existir é bem mais imperiosa do que todas as arrogâncias desbravadoras. Em *Canção de Manuel Bandeira*, com quem era ligado por afeição e afinidade, criou um dos seus mais significativos poemas:

Já fui sacudido, forte,
De bom aspecto, sadio,
Como os rapazes do esporte.
Hoje sou lívido e esguio.
Quem me vê pensa na morte.
O meu mal é um mal antigo.
Aos dezoito anos de idade
Começou a andar comigo.
E esta sensibilidade
Põe minha vida em perigo!
Já sofri a dor secreta
De não ser ágil e vivo.
Mas, enfim, eu sou poeta.
Tenho nervos de emotivo
E não músculos de atleta.
As truculências da luta!
Para estas mãos não existe
O encanto da força bruta.
Nada como um verso triste
Verso, lágrima impoluta...
(O bem que há num verso triste!)[584]

---

583. COUTO, Ribeiro. **Dia longo:** poesias escolhidas (1915-1943). Lisboa: Portugália, 1944.

584. BANDEIRA, Manuel. **Apresentação da Poesia Brasileira, constante de poesia completa & prosa.** Ed. Aguilar, Rio de Janeiro, 1986.

CARLOS NEJAR

E inexiste conceituação maior para dizer sobre a poética riberiana, do que *Surdina*:

> Minha poesia é toda mansa,
> Não gesticulo, não me exalto...
> Meu tormento sem esperança
> Tem o pudor de falar alto.
>
> No entanto, de olhos sorridentes,
> Assisto, pela vida em fora,
> À coroação dos eloquentes.
> É natural: a voz sonora
> Inflama as multidões contentes.
>
> Eu, porém, sou da minoria.
> Ao ver as multidões contentes
> Penso, quase sem ironia:
> "Abençoados os eloquentes
> Que vos dão toda essa alegria".
>
> Para não ferir a lembrança
> Minha poesia tem cuidados...
> E assim é tão mansa, tão mansa,
> Que pousa em corações magoados?
> Como um beijo numa criança.[585]

E este, dedicado à infância, tema constante de sua poesia, vislumbra quanto a distância da pátria aumentou: *Lamentação do caiçara*:

> Minha infância é um porto, navios e bandeiras.
> Diante de um cais comercial foi que nasci.
> A gesticulação dos mastros que partiam
> Dava-me o desejo das travessias aventureiras,
> E o monótono adeus que as sereias mugiam

---

585. BANDEIRA, Manuel. **Apresentação da Poesia Brasileira, constante de poesia completa & prosa**. Ed. Aguilar, Rio de Janeiro, 1986.

Fazia-me sonhar com terras estrangeiras.

À noite, era longo o cais sonolento.
Luzinhas vermelhas picavam o escuro
E um cheiro de além chegava no vento.
Eu ficava a pensar – cismas de menino –
Que além desse escuro, além desse mar,
Um bem qualquer estava à espera do meu destino,
Um bem que se eu partisse iria encontrar.

O bem esperado ainda hoje o não tenho,
Mas pelo mundo andei e até me perdi.
Agora, a um outro cais é que cismar eu venho
E fica noutro mar o porto em que nasci.
Irão até ele estas ondas que passam ligeiras?
Levarão meu corpo a uma praia com palmeiras?
Se levarem, posso morrer aqui.[586]

E este laivo de doce lirismo singulariza sua dicção. Atado ao cabo flutuante dos extremos. Vivo, entrevendo morte. *Rosas de todo o ano*:

Um dia, quando eu já não for,
Não terá rosas a roseira
Junto à morada derradeira
Em que eu só serei morador.

Alguns amigos saberão
Onde é que me fiz de escondido,
Virão chamar-se pondo o ouvido
Rente à roseira desse chão.

Que venhas tu, mas bem depois.
Onde quer que eu esteja morto
Não há de faltar-te conforto,

---

586. MARIZ, Vasco (Org.). **Ribeiro Couto no seu centenário**. Rio de Janeiro: ABL, 1998.

> Bastante espaço para dois.
>
> E a roseira florindo então
> Perderá o jeito enfermiço;
> Terá rosas em pleno viço
> E sempre algumas em botão.[587]

Há que aludir ao prosador saboroso, sarcástico às vezes, colorido, direto e conciso. O romance *A Cabocla* trata, paralelamente, do mesmo tema de *A cidade e as serras*, de Eça de Queiroz, defendendo a vida do interior contra a citadina. E a personagem maior, portanto, é a paisagem rural, que paira acima das criaturas, com sua poderosa atmosfera. Ao ser criticado por alguns como cinematográfico, Ribeiro Couto contestou, alegando que não podia recusar o movimento da vida. Eis um trecho de seu livro de crônicas *Conversa inocente*:

> Confesso minha antipatia por Oscar Wilde. O fabricante de frases maravilhosas tinha um fundo egoísta e mau. Não basta um grande gênio poético para interessar o resto da humanidade. Wilde não mamou daquilo que seu compatriota Shakespeare chamava "o leite da bondade humana."[588]

E essa bondade suavemente desce na criação de Ribeiro Couto sem extravagâncias ou solenidades. Possuía a superior e difícil bondade de ser – não a que os outros queriam – a que somente ele foi capaz de exprimir.

Ronald de Carvalho e a América

Nasceu no Rio de Janeiro, em 16 de maio de 1893, e faleceu tragicamente, em desastre de automóvel, no Rio, em 15 de fevereiro de 1935. Formou-se em Direito e seguiu a carreira diplomática. Poeta e crítico.

---

587. MARIZ, Vasco (Org.). **Ribeiro Couto no seu centenário**. Rio de Janeiro: ABL, 1998.
588. COUTO, Ribeiro. **Conversa inocente**: crônicas. Rio de Janeiro: Schmidt, 1935.

Publicou: *Poemas e sonetos*, 1919; *Epigramas irônicos e sentimentais*, 1922; *Jogos pueris*, 1926; *Toda a América*, 1926. E, em crítica, *Pequena história da literatura brasileira*, 1919.

Foi um poeta simbolista que se integrou ao Movimento Modernista Brasileiro, tendo já liames com Portugal, colaborando na revista dirigida por Fernando Pessoa. Seus primeiros livros são lúdicos e irônicos, havendo mais lucidez do que sensibilidade criadora. Marcou sua presença com *Toda a América*, com que assinala, precursoramente, a América como estro inspirador, influenciado por Walt Whitman, de verso largo, solene e, vez-outra, enfático, empolado. "Nesta hora de sol puro / Palmas paradas / Pedras polidas / Claridades / Faíscas / Cintilações / Eu ouço o canto enorme do Brasil."[589] Ou este *epigrama* irônico: "A verdade é talvez um momento feliz: o teu momento mais feliz."[590] E apesar dos rasgos de liberdade inventiva, continuou até certa medida, simbolista. "Acho que todos nós somos simbolistas" – observava Dyonélio Machado – "nós não somos nós, somos uma imagem de nós..."[591] Foi muito mais crítico do que poeta, foi mais visionário do que crítico, embora tenha sido cortado pela morte. Sua *História da literatura*, ainda que breve, denota sua grande vocação de intérprete. Medeiros e Albuquerque no seu prefácio, ao comparar Sílvio Romero e José Veríssimo, alegando que, quanto à crítica, sem critérios fixos, discordavam entre si, não deixou de assinalar que os dois acima aludidos "não sabiam escrever", enquanto Ronald de Carvalho tinha "um estilo simples, claro, harmonioso. Diz bem o que quer dizer". Afirmando ainda a ausência de pedantismo, ao citar os representantes de cada período, distinguindo os mais significativos. Sua *História*, além da precisão, revela elegância narrativa e uma visão singular da realidade, com predominância ao sentido social

---

589. CARVALHO, Ronald de. **Pequena história da literatura brasileira**. Rio de Janeiro: [s.n.], 1919.

590. CARVALHO, Ronald de. **Pequena história da literatura brasileira**. Rio de Janeiro: [s.n.], 1919.

591. CARVALHO, Ronald de. **Pequena história da literatura brasileira**. Rio de Janeiro: [s.n.], 1919.

de seu tempo. E é ele que, sem que percebamos, nos julga. Sendo Ronald marcado pelo espírito de crítica e renovação: "Deixemos de pensar em europeu. Pensemos em americano. Temos o prejuízo das fórmulas, dos postulados e das regras que não se adaptam ao nosso temperamento."

Menotti del Picchia – O Juca Mulato – ficcionista e poeta

Menotti del Picchia nasceu em São Paulo, em 20 de março de 1892. Jornalista, advogado e deputado federal. Morreu em São Paulo, em 1988, pertencendo à Academia Brasileira de Letras. Sua fama de poeta veio do reconhecimento de seu livro *Juca Mulato*, 1917, a épica do caboclo enamorado, num tom próximo de Olavo Bilac, em *Fernão Dias Paes Leme,* ou *O caçador de esmeraldas,* com imagens peculiares, diretas, expressivas. A plantação do interior paulista é sua paisagem e a figura do caboclo, *como centro, o que era novo.* Esse livro continua vivo, com muitas edições, popularizando o autor. Eis um trecho:

> Juca Mulato cisma. Olha a Lua e estremece.
> Dentro dele um desejo abre-se em flor e cresce
> e ele pensa, ao sentir, esses sonhos ignotos,
> que a alma é como uma planta, os sonhos como brotos,
> vão rebentando nela e se abrindo em floradas...
>
> Franjam de ouro, o ocidente, as chamas das queimadas.
>
> Mal se pode conter de inquieto e satisfeito.
> Adivinha que tem qualquer coisa no peito,
> e, às promessas do amor, a alma escancara ansiado,
> como os áureos portais de um palácio encantado!...
> (...)
> Juca Mulato sofre... Esse olhar calmo e doce
> fulgiu-lhe como a luz, como a luz apagou-se.[592]

---

592. DEL PICCHIA, Menotti. **Juca Mulato**. Rio de Janeiro: Livraria Martins, 1965.

O livro é de tom facilista, trazendo a novidade do tema – o homem simples do interior paulista – carregado de adjetivos exauridos pelo romantismo e parnasianismo, visando o público, o que alcançou. Esquecendo muito a lição de Huidobro, que parafraseamos: "O adjetivo quando não aviva, desgasta."

Na fase Modernista, Menotti del Picchia, convencido a participar do Movimento por Oswald de Andrade, não conseguiu fluir dentro de sua verdadeira foz, embora tivesse uma poesia "colorida e engenhosa"[593] para Mário da Silva Brito. Mas altamente artificial, com modismos, fugindo do temperamento, ou de si mesmo, esquivando-se da voz interior, de onde assomou. *Juca Mulato,* apesar de todo o anacronismo linguístico e sentimental, sobrevive pelo frescor, genuinidade das imagens e o viço do cotidiano de um trabalhador rural. Sua posterior tentativa de modernidade, no entanto, é fria, marmórea, descritiva, crivada de onomatopeias: "Com um fino golpe metálico / um clarim acutila a tarde azul-celeste" (*Bairro da luz*). E (*Tangolomango*):

> O bicho Tangolomango
> – peluda carne de sombra,
> olhos de escuro e de medo –
> rondou toda a minha infância
> Como era? Não sei. Só era
> um arrepio em meu corpo
> pois na treva era só treva
> e na luz ficava nada.
> Varava o túnel da noite,
> chegava de madrugada:
> lascas de sol nos canteiros,
> canto de luz nos meus olhos![594]

---

593. BRITO, Mário da Silva. **Panorama da poesia brasileira**: o modernismo. 2. ed. Rio de Janeiro: Civilização Brasileira, 1968.

594. AZEVEDO Filho, Leodegário Amarante. **Poetas do modernismo**: antologia crítica. Brasília: Instituto Nacional do Livro, 1972. p. 121.

Seu poema é prosaico, mecânico e pesado, embandeirado e amorfo. É triste e duro ver quanto *Juca Mulato*, que "surgiu já numa revolução a começar pelo título, ocupando no *imaginismo* um lugar próprio"[595] para Tristão de Athayde[63], teve seguimento opaco na produção posterior, ao publicar *Os Estados Unidos do Brasil*, 1927.

Foi romancista com voz própria – de *Laís* a *Salomé* – dentro da forma narrativa tradicional, sem maiores invenções. Em 1946, editou suas *Obras completas*. Homem antigo e dantesco. Na variedade dos dons, não logrou a unidade. Nem a unidade o conheceu. Perdeu-se de amplidão. Dele se pode dizer: "Não há maior dor / que recordar-se do tempo feliz / na tristeza".[596] Era um homem que lutou contra o seu tempo. Sem o entender ou ser entendido por ele: nunca foi um modernista, muito menos moderno. Tentou ser. E é preciosa a observação de Jean Cocteau: "O tato na audácia é saber até onde se pode ir longe demais."[597] Menotti teve audácia: faltou-lhe o tato.

Guilherme de Almeida e as rimas ricas

Guilherme de Almeida nasceu em 24 de julho de 1890, em Campinas, e faleceu em São Paulo, em 11 de julho de 1969. Poeta, jornalista, advogado, da Academia Brasileira de Letras. Foi um notável tradutor de *Flores do mal*, 1944, de Baudelaire e de *Paralelamente*, 1944, de Paul Verlaine. A publicação de *Nós* o colocou entre os maiores líricos brasileiros. Continuando com *A dança das horas*, 1919; *Messidor*, 1919; *Livro de horas de Sóror Dolorosa*, 1920; *A flor que foi um homem: Narciso*, 1921.

Pertenceu ao Movimento Modernista, a que, verdadeiramente, nunca se entregou. A habilidade rítmica e vérsica

---

595. ATHAYDE, Tristão de. **Cartas do pai**: de Alceu Amoroso Lima para a sua filha Madre M. Tereza. São Paulo: IMS, 2003.

596. DEL PICCHIA, Menotti. **Poesias, 1907- 1946**. Rio de Janeiro: Livraria Martins, 1978.

597. COCTEAU, Jean apud GUARESCHI, Pedrinho A. **Psicologia em questão**: reflexões sobre a contemporaneidade. Porto Alegre: EDIPUCRS, 2003.

eram nele altaneiras, porém as imagens seguiam o velho e suado gibão imagético do simbolismo, que se grudou à sua pele, músico e com talento pictórico. Impressionista para uns, expressionista sem vocação para outros, seu controle do verso, talvez excessivo de virtuose, obstruiu em muito o jorrar da poesia, já que o verso nem sempre contém poesia e se gasta rapidamente. Seus momentos mais altos foram os que escreveu sobre o amor. Tinha um pé no avanço estético e outro mais fundo no passado, sendo um dos maiores artesãos do poema. Íntimo do Parnaso, não era íntimo da poesia. As chaves de ouro ou de prata ou de bronze dos sonetos o afagaram. Sua arte não o largou, a arte de um senhor dos ritmos, a melancólica cena do crepúsculo verbal, antes do salto. "Não há anacronismo na linguagem, mas no sentimento." Porém, quando o sentimento se desatualiza, a linguagem também, porque o reveste. Guilherme de Almeida, entretanto, tirava o máximo efeito dos ludismos verbais, o que o compensava dessa ferrujosa ancianidade e sisudez. Foi eleito príncipe dos poetas. E, como assevera Carlos Vogt, enquanto seus companheiros ouviam o cantar de sabiás, ele persistia com os rouxinóis. Romântico empedernido e às vezes anacrônico, mantinha leveza nesta *Canção do tédio*: "Ainda uma estrela pelo céu, / sozinha, arrastando um véu / de viúva. / – é a chuva. // Rola um soluço leve no ar, / bem longo no seu rolar, / bem lento. / – É o vento... // Batem à porta. Abro. Quem é? / Uma alta sombra, de pé, / se eleva. / – É a treva. //"

 Jogador verbal sem cartas no autêntico Modernismo, usuário das onomatopeias dentro de uma linha de brasilidade, manteve o suave e grácil traço amoroso – no que sempre teve boa acolhida popular. Outros livros: *Camoniana*, 1956. Foi prosador, ensaísta e cronista. Editou ainda *A frauta que eu perdi*, 1924; *Meu*, 1925; *Raça*, 1925; *Encantamento*, 1925; *Ritmo*, 1926, tese; *Do sentimento nacionalista na poesia brasileira*, 1926, ensaio crítico; *Gente de cinema*, 1929, ensaio; *Simplicidade*, 1929; *Estudante poeta*, 1943, teatro, em parceria com C. J. Barcelos,; *Poesia Vária*, 1947; *Toda a poesia*, 1952; *Sonetos de Guilherme de Almeida*, 1968.

O que mais tarde Vinícius de Moraes deslumbrantemente realizou, ao imitar sonetos camonianos, bem antes Guilherme de Almeida conseguiu com maestria. O que é comprovado pelo livro de *Sonetos* (Academia Brasileira de Letras, 2008), inegavelmente a obra-prima guilhermiana. Eis alguns fragmentos: "Qual glória heis de esperar, meus tristes versos, / se já vos falta aquela vossa causa / de serdes versos e de serdes tristes? //" (*Soneto I*) "Por que viver d'amor e amar a vida, / se para o bem amar a vida é breve, / se para o bem viver é breve o amor? //" (*Soneto VIII*) "Mudai vós mesma, que eu de mim não mudo: / Pois se tendes por muito o ser eu nada, / inda tenho por pouco o serdes tudo //" (*Soneto XI*) "Bendigo aquela, pois, que, mofina, / tanto valeu a est'alma desvalida, / tanto bem fez por mal, e de tal sorte// somente em ser cruel me foi benina: / que se foi morte o que me deu na vida, / há de ser vida o que me der na morte // (Soneto XX). "Todas as formas são boas" – afirmava Apollinaire. Desde que sejam vivas e guardem alma. Apollinaire rompeu a linearidade discursiva, com vocábulos-desenhos. Guilherme não rompeu nada. Só deixou que as formas persistissem existindo, como sempre.

Finalizo com a transcrição de um dos poemas mais contemporâneos de Guilherme de Almeida, *Rua*:

> A rua mastiga
> os homens: mandíbulas
> de asfalto, argamassa,
> cimento, pedra e aço.
>
> A rua deglute
> os homens: e nutre
> com eles seu sôfrego,
> onímimoro esôfago.
>
> A rua digere
> os homens: mistério
> dos seus subterrâneos
> com cabos e canos.
>
> A rua dejeta
> os homens: o poeta,

o agiota, o larápio,
o bêbado e o sábio.

E o seu livro *Meu* é uma exceção, pelo desfilar de estampas mínimas, com economia verbal e exemplar cromatismo (a cor integra o apelo plástico-visual do poema). Antidiscursivo. E não é em vão que a poesia é uma espécie de pintura móvel do cosmos. Ou de como um poema se desloca do céu até a página. Ou da página em céu.

Disse Picasso, certa ocasião, para Gertrude Stein, sobre o retrato que dela fez: "– Olhe-me aquele rosto, é tão velho como o mundo. Todos os rostos são tão velhos como o mundo." A permanência da arte é a alma, não o rosto. E a poesia não é original por ser nova, mas por ser antiga, ao tratar fundamente das origens. E a poesia de Guilherme de Almeida – de alma velha, mas nobre – da linhagem dos trovadores, artesanal, tardiamente romântica, limitou-se a sul e norte, pela chama breve e sutil que, ao se exceder, passa na navalha, sem fio ou crivo, de um sentimento passadista que se dilata, ou exagera. Tirava efeitos das palavras e as palavras também lhe tiravam efeitos de infância. Era alfabeto de amor, seu mundo. Mas o mundo não é maior do que o mundo?

Augusto Meyer – o poeta e a crítica

Nasceu em Porto Alegre, em 24 de janeiro de 1902, e faleceu no Rio de Janeiro, a 1º de julho de 1970. "O nosso Erasmo", para Alceu Amoroso Lima.[598] A meu ver, pela universalidade e vocação ensaística, "Um Montaigne gaúcho". Pertenceu à Academia Brasileira de Letras. Foi crítico: um dos maiores ensaístas de nossa literatura. Folclorista e poeta. Diretor do Instituto Nacional do Livro e integrante do Conselho Federal de Cultura. Integrou a *Geração de 1930 gaúcha*, autodidata como Quintana, Erico Verissimo e Vianna Moog, teve

---

598. LIMA, Alceu Amoroso apud CHAVES, Flávio Loureiro. **Prosa dos pagos**. Porto Alegre: Instituto Estadual do Livro, 2002.

à semelhança deles, *suas universidades no saber dos livros e da vida.* Com a diferença: Erico e Quintana trabalharam em farmácia, ambos aprendizes de boticário. Publicou em poesia: *Coração verde,* 1926; *Giraluz,* 1928; *Poemas de Bilu,* 1929; *Sorriso interior,* 1930; Últimos poemas, 1955; *Poesias,* 1957; *Os melhores poemas de Augusto Meyer,* 2002. Ensaios: *Literatura e poesia,* 1931; *Machado de Assis,* 1935; *Prosa dos pagos,* 1943; *À sombra da estante,* 1947; *Segredos da infância,* memórias - 1, 1949; *Guia do folclore gaúcho,* 1951; *Cancioneiro gaúcho,* 1959; *Le bateau ivre,* análise e interpretação, 1955; *Preto & branco,* 1971; *Gaúcho, história de uma palavra,* 1957; *Camões, o bruxo e outros estudos,* 1958; *A chave e a máscara,* 1964; *A forma secreta,* 1965; *No tempo da flor,* memórias - 2, 1966.

Observa Tânia Carvalhal, em obra modelar sobre Augusto Meyer – *A evidência mascarada:*

> O drama da personalidade dividida é, como vimos, nuclear na obra de Augusto Meyer. Mas o conflito que tem sua origem na acareação angustiosa das duas faces opostas do eu é mais do que um simples tema insistentemente explorado pelo autor, vindo a constituir em princípio dominante na estruturação da própria obra .... Configurada em definitivo a dualidade interior do eu lírico, ela se reflete na linguagem. Gera-se nesta, como em seu íntimo, um contínuo jogo de contrastes que organiza o imaginário do autor.[599]

E, nisso, Meyer, um dos primeiros a tomar conhecimento da obra borgeana no Brasil (*Forma secreta,* 1965), aproxima-se do genial poeta e contista argentino, que, em *Borges e eu,* prenuncia:

> A outro, a Borges, é que sucedem as coisas ... Seria exagerado afirmar que nossa relação é hostil; eu vivo, deixo-me viver, para que Borges possa tramar sua literatura e essa literatura me justifica ... Quanto ao mais, estou destinado a perder-me, definitivamente, e apenas algum instante de mim poderá sobreviver no outro. Pouco a pouco lhe vou cedendo tudo, se bem que me conste seu perverso costume de falsear e magnificar.[600]

---

599. CARVALHAL, Tânia. **Evidência mascarada**. Porto Alegre: LP&M, 1984.

600. MEYER, Augusto. **A forma secreta**. 4. ed. Rio de Janeiro: Ed. Francisco Alves, 1981. p. 172.

HISTÓRIA DA LITERATURA BRASILEIRA
Da carta de Caminha aos contemporâneos

Tânia Carvalhal chega ao mesmo ponto, em seu prefácio para a *Antologia* da Global, alegando – o que é verdadeiro – quanto Borges e ele indagaram sobre a origem do gaúcho. Foi, aliás, a pergunta que, pessoalmente, Borges me fez, quando em São Paulo, em 1971, e que Meyer estudou em *Gaúcho, história de uma palavra*. E ambos (ele e o argentino) usam a imagem do espelho em relação ao Outro: "Ociosamente / olha o seu rosto no cansado espelho. Pensa, já sem assombro, que essa cara / é ele... Eu fui Walt Whitman."[601] O espelho é a máscara. Ou a máscara do Outro. E mais detidamente, *Narciso*. "Cara na luz com dois olhos atentos... O espelho é o teu reino, rei. / Narciso está sorrindo à sombra dos momentos, / sombra, quem é que me olha assim? Não sei." (*Auto-retrato*). E a lucidez valeryana que nutre o seu ensaio, a de *Monsieur Teste*, cola-se ao seu rosto, marmórea, outras vezes lhe escapa, ao deter uma razão pulsante. E a dedicatória dos *Poemas de Bilu*, não seria a forma de dizer que estaria criando um *Macunaíma dos pagos*, um ser pampeano e *filosófico constipado, anárquico, metapatafísico*?

Nietzschiano provocador e gauchesco. Seu vínculo ao Rio Grande é emblemático. Não só na poesia, também no estudo folclórico e na sua inimitável *Prosa dos pagos*. Ainda nas memórias, das mais belas páginas da literatura brasileira pela finura e poesia: tanto em *Segredos da infância*, quanto *No tempo de flor*. Porém, o Rio Grande é difícil no reconhecimento aos seus maiores, sobretudo, quando se mudam do pampa, como se alguém pudesse mudar de alma. Meyer é obsessivo, tal um Proust das coxilhas, na restauração dos lugares perdidos, na recuperação de um tempo que se faz pela memória, ou até pelo esquecimento, memória bem mais longa, rastreante, acumuladora. Basta lembrar sua *Elegia para Marcel Proust*: "Marcel Proust, diagrama vivo sepultado na alcova, / o teu quarto era maior que o mundo: / cabia nele outro mundo... Proust: vejo melhor a amêndoa negra dos teus olhos." Nem se esqueça a mais importante exegese ou mapa das influências e

---

601. MEYER, Augusto. **A forma secreta**. 4. ed. Rio de Janeiro: Ed. Francisco Alves, 1981. p. 172.

confluências que sofreu Rimbaud, em *Bateau Ivre*. Que se não apartará mais, pela claridade arguta, do vertiginoso poema desse francês-universal. Muito menos as agudas percepções sobre Machado de Assis e Camões. E pôde vê-los em segurança por sua própria natureza contemplativa, com outra reflexiva – sabendo verificar o irônico e o lírico, o erudito e o popular, o cerebral e o emotivo. Desdobramento singular porque "os (s)eus – olhos se voltam para dentro."[602] Por isso entende Machado, ou Heráclito, o *olho vidente* de Borges, ou Camões.

Meyer era magro no físico e na expressão contida, exorcizando *as enxúndias verbais*, não sem observar "este elogio da magreza não obriga ninguém a uma dieta forçada; só vale para os magros, para os tímidos, para o homem dos ferrinhos."[603] Observem como dá uma estocada e logo amacia o golpe. Por lhe aborrecerem as expansões, tal se tivesse que agir em surdina. Ou só em surdina percebesse o mistério.

Diz Alain: "Eu não blasfemo: ilumino os recantos escuros." Talvez ao escurecer, estejamos iluminando. E Augusto Meyer está constantemente iluminando. Porque ao prosar, poetiza. E, por enverdecer, não conhece a aridez porque se enche de terra do pampa, com uma inteligência que não corta, nem seca. Constrói, fabulando. Sim, a sua prosa, seja nas memórias, seja na crítica, mesmo ao defender algum ponto de vista, deixa-se levar no fluxo da claridez, com certo senso do maravilhoso sem premeditação. Cabendo afirmar que sua prosa se precisa nas neblinas. Melhor, em Meyer o rigor é imaginação. E, se a inteligência de Valéry, por ser demasiadamente aguda, duvida de si mesma, duvida até de suas próprias metáforas e elas duvidam dele, em Augusto Meyer a lucidez (ainda que interrogativa) dá espaço à terra, dando espaço a uma luz que se sensibiliza com a paisagem e uma paisagem que se desvanece na luz. E, sobretudo, mantém na lucidez os recantos escuros, onde germina a

---

602. MEYER, Augusto. **A forma secreta**. 4. ed. Rio de Janeiro: Ed. Francisco Alves, 1981. p. 172.

603. MEYER, Augusto. **A forma secreta**. 4. ed. Rio de Janeiro: Ed. Francisco Alves, 1981. p. 172.

larva para a borboleta, que não é gerável sem casulo. O pensamento em Augusto Meyer é feliz, por não agasalhar remorsos. Desses recantos escuros é que emanam os símbolos. O mau poeta escolhe a rima; e o bom, é a rima que o escolhe. É curioso que Augusto Meyer, sendo irônico, não perde o amavio sentimental. Não tem o humor com sotaque bondoso de um Quintana, todavia é o acento da infância que o preserva do escárnio e da maldade. Não seria sua *persona* poética Bilu, originária de uma frase de infância? Voltaire, por exemplo, é a razão que satiriza e não deixa intervalo, Voltaire não teve infância. Meyer, ao se acriançar, mais se aproxima de um Cocteau, de veia sardônica e lírica. "Primeiro encontre, depois procure"[604] – alertava o poeta francês. Ou "eu não busco, encontro"[605], na definição picassiana. Meyer encontra primeiro, depois deslinda a razão, munindo-se de uma cultura quase enciclopédica. Uma espécie de *Biblioteca da Babilônia*. E como saber tudo é impossível, sabe-se o possível dos possíveis, sabe-se pelo espírito que está liberto e se antecipa. Num hausto, relume. O relâmpago carece de ter pálpebras longas e olhos mais acesos. Meyer é um relâmpago que vê. Com um pensamento que precisa ser vivo para superar-se, para olhar para fora e para viver. Não é apenas "o penso porque existo", de Descartes, mas é o existo, porque penso. E vivo porque sonho. Talvez seja esse o motivo de Meyer tão bem atinar o movimento criador do gênio do Cosme Velho. E, se esse se agigantava no infinitamente pequeno, aquele tornava o infinitamente pequeno, imenso, palpável, clárido. Como Machado, Meyer também era um intuitivo do abismo. Para ter a graça do texto, tinha a graça generosa do leitor atrás do *Grande livro*, atrás das páginas que ainda estariam brancas no universo, atrás das fontes puras da montanha, mesmo que sejam as de sua imperiosa meninice. E é por isso que não se exila da mais sadia loucura, a que descrendo da ideia do progresso, aprofunda-se no reconhecimento da natureza humana. Porque

---

604. MEYER, Augusto. **A forma secreta**. 4. ed. Rio de Janeiro: Ed. Francisco Alves, 1981. p. 172.

605. MEYER, Augusto. **A forma secreta**. 4. ed. Rio de Janeiro: Ed. Francisco Alves, 1981. p. 172.

é pelos recantos escuros que destila a cantina da luz. Se queremos descobrir um autor, busquemos os seus temas. São eles que elegem o autor. Além disso, a obliquidade machadiana reflete a sua própria, este velar – desvelando, este apanhar o hiato entre um instante e outro, o pólen de uma agonia, o pólen da percepção, depois a semente de pensamentos que se afinam, o caudaloso rio de Camões na foz do idioma, de onde ninguém sairá ileso de grandeza. Não há indiferença em Meyer, há juízo, valor, atitude moral, inteireza. Mas a prioridade no poeta é a vida, sendo *A forma secreta* aquela que se plasma de dentro, desde o mistério. O que vem dos subterrâneos do homem. O mesmo idioma nos separa, Bernard Shaw? Não, a mesma infância das palavras nos reúne. E mais. Augusto Meyer chega à conclusão, com Shakespeare, no terceiro ato de *Hamlet*, que "todas as personagens acabam reduzidas à dualidade do autor, a travar um diálogo incessante consigo mesmo: o diálogo da autocrítica"[606]. Esse é o ponto nodal de sua perspectiva: *ver / se vendo*. Ou *ficar no instante*, como queria Coleridge. Criticar é operação de linguagem que não se obstina apenas em rasurar, quer reconstruir. E, se há desconstrução, faz-se de memórias, porque o que criamos é memória, já que padecemos da desmemória do passado, ou nosso passado é tão breve que já é futuro, um pormenor elucidativo.

No caso do gênio de Cosme Velho, Tânia Carvalhal, em *Evidência Mascarada*, constata o quanto Augusto Meyer alcançou perceber a desmistificação de Machado de Assis "diante das barbas do leitor" (se ele as tivesse), em *Brás Cubas*, que não se levava a sério nos compromissos de artífice, colhendo toda a senha desse segredo. *A chave da máscara*. E assume como criador a posição oposta: esconde-se no seu *Outro*. Mesmo que o diga, quem descobrirá essa senha? Ou ainda que se descubra a senha, quem saberá do verdadeiro rosto? Embora Meyer pareça se expor, nunca se expõe, porque nunca o leitor saberá – e é o jogo – qual é o *Outro* e qual o autor. Porque são um só. Augusto Meyer escrevia bem, sem se dar

---

606. MEYER, Augusto. **A forma secreta**. 4. ed. Rio de Janeiro: Ed. Francisco Alves, 1981. p. 172.

conta que escrevia bem. No sentido de que possuía tal leveza, aquela de que fala Ítalo Calvino nas *Seis propostas para o próximo milênio*, que era como se não soubesse, de tanto que sabia. E foi um grande poeta. Pela unidade na multiplicidade, pela linguagem própria, insubstituível, a inteligência das coisas, pelo senso de universo, estruturado em sólida erudição. Homem calejado de silêncios, quieto, recôndito, retraído, telúrico e fraterno. Em *Coração verde* e *Giraluz*, há um rodar para o exterior, o lado descritivo da natureza, onde os versos se permeiam entre o fulgor das imagens e o ritmo melodioso. Na medida em que é tomado pelo *pathos* reflexivo, a paisagem se interioriza, sendo ele a paisagem, conquistando, além do *ludus*, maior densidade – o que já sucede nos *Poemas a Bilu*, talvez seu livro mais conhecido e maturado poeticamente, e, sobretudo, no *Últimos poemas*. A contemplação atinge severa serenidade, extravasando na obsessão da luz, a goethiana pergunta: "Quem botou esta luz irredutível nos meus olhos?" Inegável a beleza dos poemas: *Poeta, Brinde, Malícia, Espelho, Susto, Balada-prefácio, Canção do chus, Minuano, Balada e canha, Canção bicuda, Anima Vagula, A alma e Bilu, diálogo, O outro, Não faça isso*. E esta obra-prima que é o *Cemitério campeiro*, com dicção pessoalíssima, apesar das proximidades eletivas e consanguíneas com *Le Cemitière Marin*, de Paul Valéry (outro momento votivo na literatura brasileira, com mesmo tom solene, é *Pistoia, Cemitério militar brasileiro*, de Cecília Meireles). Eis o *Cemitério campeiro*, de Augusto Meyer, que merece ser lido com *a solidariedade admirativa*, (em sentido distinto do que a empregava o político gaúcho Borges de Medeiros), a solidariedade capaz de comprometer-se diante da beleza, já que este poema se constela de signos ao redor do sol dos mortos, para o enternecimento dos vivos:

> Cemitério da campanha.
> Lá, o tempo adormeceu,
> Pensamento meu, imenso.
> Vida, febre, a dor estranha
> Que não sofre, já sofreu...
> Só não mente, o teu silêncio.

CARLOS NEJAR

Na terra vasta, a funesta
Marca da cruz é mais vaga,
Pousam as horas ligeiras;
Os mortos dormem a sesta.
A erva cresce, a chuva apaga
As sepulturas campeiras.

Nesta paisagem abstrata
Meu sonho se deita e dorme,
Terra e céu fecham o abraço,
A imensidão se dilata
Como um pensamento enorme Embriagado de espaço.

E tudo é ausência e presença
Na mesma glória da hora,
Em vão cercais o jardim.
Alma que pensa e se pensa,
Mito que o tempo devora,
Soledades do sem-fim.

Na respiração do espaço,
Pampa deitado em si mesmo,
Vacuidade do olhar vago,
Vai meu sonho passo a passo
E o vagar, vagar a esmo,
Pousará de pago em pago.

Janelas cegas, taperas.
Onde arde o incêndio do ocaso,
Ossadas, brancas ossadas,
Lembrais mortas primaveras,
Perdidas no ermo raso,
Lembrais mortas madrugadas.

Gota a gota sorverás
O doce, o amargo licor,
O sumo de muitas horas.
Prisão é tudo, e tenaz
Das dores renasce a dor
Nova, ao sol de outras auroras.

Aceita o horizonte puro!
Dormirás diluído em luz,
Na paz do sol sem mistério.
Cai como um fruto maduro
A alma que a morte seduz...
Vida, onde está teu império?
(...)
Vaga é a linha do horizonte,
Da terra ao céu sobe a cruz.
Só o seu silêncio não mente.
Esplandeça a tua fronte
Serena, entre a sombra e a luz
Do derradeiro poente.

Deixai crescer o abandono,
E a noite que se aprofunda,
Ou apague o rastro na estrada.
Ó suave pago do sono!
Última estância, fecunda
Morada de outra morada!

Propícia é a morte e vem mansa,
Cresce do sono das cousas
Para o alto adormecido.
Larva do sonho, descansa!
Caia de altas nebulosas,
Frio, o orvalho do olvido...

Mas que voz pode apascentar os mortos?

Sofotulafai: Abgar Renault

Nasceu em Barbacena, Minas Gerais, em 15 de abril de 1901, e morreu no Rio, em 31 de dezembro de 1995. Poeta, tradutor admirável, Secretário de Educação, Ministro de Educação, membro do Conselho Nacional de Educação, Ministro do Tribunal de Contas. Pertenceu à Academia Brasileira de

Letras, de que foi, em curto período, Presidente. E, curiosamente, soube ser um político no sentido alto, um educador e, ao mesmo tempo, um poeta, logrando esta aparentemente inconciliável aliança entre a água e o fogo. Não foi o educador que serviu ao político, mas foi o político que serviu ao educador. Como poeta, Abgar Renault veio pronto. Do primeiro (*A Lápide sob a lua*, 1968) ao último livro (*Poesia reunida*, 1990), perpassa igual madureza de estilo. Isso é visível na recente edição de sua *Obra poética*, 1990, reunindo *A princesa e o pegureiro, Sonetos antigos*, 1923, *A outra face da lua, A lápide sob a lua, Sofotulafai, Cristal refratário, Íntimo Poço, Thanatos e o rei do escuro*.

Foi Carlos Drummond de Andrade que acentuou o fato de Abgar jamais haver perdido sua característica fundamental, "o culto às formas decorosas de expressão. Nessa imensa falta de respeito que foi o modernismo, conservou o respeito próprio e o respeito dos outros". Esse arejamento independente vincou o sotaque abgariano, a proeminência de substantivos adjetivados e, sobretudo, dos verbos de movimento. O ritmo vibrátil, rico, entre aliterações, assonâncias, anáforas. Trabalhou um material de fonte simbolista, que às vezes parece anacrônico e perempto, com formas adormecidas no bosque. Elipticamente, como raros, as acorda do sonâmbulo corpo, anima, transforma, reformula, recompõe. Em combustão ou correnteza, "remos, verdades, sinais do chão e firmamento" (*Tardia oferenda*). *Os remos* – concernem à ação metafórica e rítmica; *as verdades* – ao pensamento existencialmente enraizado ("a existência é apenas eu")[607]. Mas *os sinais* denunciam a passagem humana, ou sucessão. Abgar Renault palmilhando as sombras, a solidão, penumbras sem remédio, o poço íntimo, o rio escuro, devassa *o reino da sombra da morte*, com uma lucidez que Eliot admitia em Dante: "O pensamento pode ser obscuro, mas a palavra é lúcida, ou melhor, transparente".[608] Sua palavra é barro que se vai contornando. Até o fogo e a luz.

---

607. RENAULT, Abgar. **Obra poética**. Rio de Janeiro: Record, 1990.
608. RENAULT, Abgar. **Obra poética**. Rio de Janeiro: Record, 1990.

HISTÓRIA DA LITERATURA BRASILEIRA
Da carta de Caminha aos contemporâneos

"O caminho para cima, para baixo, um e o mesmo." O tramitar do eterno retorno que Heráclito e Nietzsche perceberam, pertence à natureza abgariana. A ida e a vinda também são nossas.

"Quando derivas, lusco e fusco, à borda, / diálogos cindem queda e evanescência, / o desfazer se esfaz em refazer". (Soneto da Insônia).

Em roda e volta. Moto-perpétuo. E esse eterno-retorno-mágico-verbal tem a cumplicidade do silêncio. A criação não se tranca em si mesma, vai-se revelando. Sem a expulsão do paraíso, é consciência do real e da morte. "Fazendeiro sem fazenda, / eu escuto a tua moenda / moendo a cana dolorida / de que escorre intenso caldo / com gosto de sangue e vida... //" (*Mensagem ao poeta Carlos Drummond de Andrade*). Abgar Renault se mune de oposições, como observou argutamente Mário Chamie (Suplemento do *Estado de São Paulo*, 30.09.1984), falando em *ambiguidade*. Luz e sombra se entretecem na maioria dos poemas com a dialética camoniana. Ser – não ser.

"Foi uma carta sem letra / a carta que recebi; / o seu começo era *vi*, / acabava por um *nada* / e no meio só *et coetera*; / não foi jamais começada, / como não foi acabada... //" (*A carta*). Se a linguagem é um sistema, Abgar insere subversivamente nele, sua interpretação do cosmos. Sem esquecer que essa ambiguidade é um jogo cíclico. E com a roda das estações se confunde. Tudo transita, avulta, desmorona. Em viagem. *Omnia fluunt*:

> De tempo somos feitos, e acabamos
> quando escassa clepsidra seca em nós. Inescrutavelmente gotejamos
> A nossa essência breve, neste a sós.
> Fugirmos entre fugitivos ramos
> De horas e dias. Fluidos e sem voz,
> Escorremos de nós e nos escoamos
> Sem esperança até a esperada foz.

O poeta pega o tempo. E tudo é transitório. *Sofotulafai* é um dos mais belos e vigorosos poemas de nossa língua.

Concentra-se nas pegadas, palavras, signos. "Os homens vivem, morrem por sinais; / tudo tem um sinal, ou raso ou fundo, / no gelo intenso ou onde o fogo lavra... //" (*Sofotulafai*). Nutrindo-se o poema de estranhas efusões, combinações insólitas, efeitos gráficos visuais, letras, armações sonoras. Os versos em francês ou inglês correm com naturalidade, como se os escritos fossem apenas na linguagem da vida. Ou antes de Babel. *Sofotulafai* parece ter sido gravado por aquela mão que, diante dos olhos atônitos do rei Belsazar, dos sábios e de Daniel, o decifrador, na Babilônia, traçava a sentença do destino. Seria Daniel, o poeta? Ou nós que constatamos? "Tudo é nome ou palavra e todos nós."[609] E enigma é "a hera que pelo silencioso muro cresce."[610] Fado, término, ou retorno ao nada? Niilismo ou provável esperança? Entramos onde o viver *foi asa*, escrevendo o destino. E o sentido.

É importante frisar. *Sofotulafai* para Abgar é o universo, como *Finnegans*, a obscura carta, o é para Joyce. Ou o *Grande livro*, para Mallarmé. O universo é o que constantemente defrontamos. Com o código de amor que as palavras honram. O universo do sentido. "O mundo acaba. A vida silencia."[611] E a sentença é murmurada.

Outro aspecto na obra abgariana é a musicalidade que atinge níveis imprevistos. Ezra Pound conceitua a melopeia como "a poesia nas fronteiras da música e a música talvez seja a ponte (continua ele) entre a consciência e o universo sensível não pensante, ou mesmo não sensível".[612] A música no poema é tangida com discreta maestria, colhendo todos os sensos, sons, nexos. O acorde dos instrumentos mais íntimos ou tácitos. "Quero a dúbia, oculta música / e nela, em surdos retumbos, / tensos tambores de Túnis. //" (*Toada de Túnis*). "Amo-te o verbo extremo de suicida, / essa explícita *música* em clave. //" (*Soneto ao poeta Carlos Drummond de Andrade*).

---

609. RENAULT, Abgar. **Obra poética**. Rio de Janeiro: Record, 1990.
610. RENAULT, Abgar. **Obra poética**. Rio de Janeiro: Record, 1990.
611. RENAULT, Abgar. **Obra poética**. Rio de Janeiro: Record, 1990.
612. POUND, Ezra. **A arte da poesia**. São Paulo: Cultrix, 1995. p. 19.

"Cor, som, pelúcia, alguma cousa fere / a água velha outrora mar, e o frio, / já morto, que a gelava, a(s)cende em febre / à quilha de vivíssimo navio. //" (*A condição humana* – IV).

O que mais comparece na obra de Renault é o soneto. Em todos os livros. E, num volume, *Os sonetos antigos*, 1923, onde tenta e alcança, em moldes arcaicos, belíssimos instantes. Ressalto: o *I, III, VI, VIII, X, XIV, XV, XXIV. Soneto VI*:

> Se me consume a vossa malquereça,
> Em pó volvendo o orgulho de meu ser,
> Elle, desvaleroso, se compensa
> Na só esperança de vos comover.
>
> Que Amor, já surdo e cego de nascença,
> Demais de nada ouvir & nada ver,
> Ferindo-se a si próprio, nada pensa,
> E nada dissuade o seu querer.
>
> Mal que façamos cobra-nos o Fado;
> E, embora tanto mal me vós façaes,
> Heis-me aqui nesta mágoa sepultado.
>
> Senhora, a Deus pedindo, co os meus ais,
> Que não pagueis, hum dia, redobrado,
> Todo o desprezo com que me mataes.

E estes sonetos, todos eles magníficos: *Claro e escuro, No vértice, Solidão, Soneto ao poeta Carlos Drummond de Andrade, Soneto da insônia, Regaço materno, Tardia oferenda, Soneto onírico, A Pedro Nava, Elegia 1, Sob a rocha, Soneto das perguntas, Fatum, Flecha de ouro, Abril, para esquecer, Mais do que tudo, Epitáfio II, Soneto póstumo, Omnia fluunt*. Sim, os sonetos abgarianos – geralmente em decassílabos – nada devem, em altura e beleza, aos de Drummond ou Jorge de Lima, confluindo em novo simbolismo, com espantoso domínio metafórico. Amor, morte compassam esta solidão individual que se faz coletiva, ou citadina. O desembocar na morte, sob o fluxo inevitável, circular. O desaparecimento dos vestígios no rio escuro (Letes).

Heidegarianamente, o poeta é um ser para a morte. "No céu, na pedra, na sombra / tinta de silêncio e sombra / escreve. Aqui acabei... //" (*Epitáfio II*)."Ah! Interromper-se o fluxo que nos leva, / a água que flui fazer-se imóvel fonte, / parado sonho a vida solta no ar... //" (*Omnia fluunt*). "Soletro as letras do jamais (sem vê-las) / e a solidão do sol e das estrelas: / sem pés caminho e ausentemente sou... //"(*Soneto póstumo*).

Transcrevo, cativado, *Solidão*. Homem e paisagem se fundem. Indissolúveis.

> O rio se entristece sob a ponte.
> Substância de homem na torrente
> escura flui, enternecimento ou desventura,
> misturada ao crepúsculo bifronte.
>
> Antes que débil lume além desaponte,
> a sombra, que se apressa, desfigura
> e apaga o casario em sua alvura
> e a curva esquiva e sábia do horizonte.
>
> Os bois fecham nos olhos arados,
> o pasto, a hora que tomba das subidas.
> Dorme o ocaso, pastor, entre as ovelhas.
>
> Sobem névoas dos vales fatigados
> e das árvores já enoitecidas
> pendem silêncios como folhas velhas.[613]

Abgar Renault é um desconhecido ainda, na medida em que seus vários companheiros, como Carlos Drummond, Murilo Mendes alcançaram o renome nacional. Se é verdade que esse dito *reconhecimento* se forja do conjunto de compreensões e incompreensões em torno de uma obra, a poesia abgariana é cercada de respeitoso silêncio. O que certifica também sua grandeza.

---

613. RENAULT, Abgar. **Obra poética**. Rio de Janeiro: Record, 1990.

Poesia de *implícita música*, em *caos de pedra e espuma*, órfico, elegíaco, está mais próximo da geração vindoura, do que da sua: "Perdoai-me se me esqueci a mim sentado entre vós, / como um de vós, e não reconheci o meu destino tão comum. //" (*Prefácio de desculpas*). Escreveu Ítalo Calvino que "as margens da memória, uma vez fixadas com as palavras, cancelam-se".[614] Todavia, a memória das palavras só a poesia completa.

Guilhermino César e sistemas, portulanos

Mar impossível, O sistema do imperfeito e *outros poemas*, de Guilhermino César, trouxeram-me a reflexão sobre os livros e seu estranho destino. Alguns vieram antes de seu tempo. Outros nasceram velhos e mortos e nem a pá de cal os vai cobrir. Outros apenas para o instante em que brotaram. E como as boninas do campo, qualquer geada os derruba. Porém, os que vieram antes de seu tempo, na terra do coração florescem, quando começa a clarear. É impressionante a vida que alimenta estes poemas de *O sistema do imperfeito*, o fôlego de sete-léguas dos versos, o pensamento jogando gangorra com o leitor, a inteligência da metáfora (porque a metáfora é a inteligência do caos na luz da criação), a metonímia, os nomes próprios se entrecruzando na volúpia de serem inventados. Como se soubessem disso. Não saberiam? Saberão até quando? Guilhermino César no ensaísmo escreveu dois livros fundamentais de nossa cultura: *História da literatura do Rio Grande do Sul* e *História do Rio Grande do Sul*.

Foi cronista, romancista em parceria com Francisco Inácio Peixoto (*Meia-Pataca*, 1928), publicou *Lira coimbrã e portulano de Lisboa*, 1965, *Arte de matar*, 1969. Honoris Causa da Universidade de Coimbra, Secretário de Interior e Justiça, Ministro do Tribunal de Contas, esse mineiro-gaúcho é, sobretudo, um grande poeta. O sistema do imperfeito e Outros poemas (Ed. Globo, 1997) edificou seu tempo e sistema,

---

614. CALVINO, ítalo. **Se numa noite de inverno um viajante**. [s.l.]: Público, 2002.

"modo de morrer se esfarelando".[615] Sim, esse sistema passa pela palavra e vai até a vida: o seu avesso. De tanto martelar a possível acidez, torna-se doce o fruto do poema. Somos sombras do fulgor maior, que nos assoma.

Há poemas recobertos de grandeza, a mesma que desce pelas silenciosas catedrais. O amor e a morte, o poder, o sistema, a ferida, as vísceras, a dor, a falta, o pranto, o fastio, a sujidade, a súplica, a febre, o ruim e seu fomento: as vertigens humanas diante da própria condição. O satírico, o paródico com o lirismo se conflagram, o prosaico flutua, o *logos* sonha. E o bicho encruado no homem. "Veio depois das estrelas mais novas / depois do orvalho." (*O animal do tarde*).

Guilhermino César tem a competência de transitar situações, armar estratagemas, com que apanha o leitor, as soluções de soco, lâmina e o golpe seco na imaginação! "O avesso quer ver / além do alfa, além das nuvens, / o que não sabe"[616]; "O que é do abismo / a ponte não doma",[617] aproveitando um dito popular, que é de todos (ou *terra de ninguém*), "O que é do homem / o bicho não come"... "É bicho, não come / a ilusão do homem / o bicho".[618] O uso de *refrões*, tão comum em Guimarães Rosa, acha linguagem adequada e nova. "Vamos, cegos, agora. Imovelmente cegos / como esta areia, esta pedra cativa da coluna / *de Balbeque*" (achado inesperado). "Preciso de um sono impessoal, sem sonhos, / sem boca para o suspiro, / sem isto..."[619] "alfabetar o horror, as areias do nosso / protesto".[620] São muitos

---

615. CÉSAR, Guilhermino. **O sistema do imperfeito e outros poemas**. São Paulo: Globo, 1997.

616. CÉSAR, Guilhermino. **O sistema do imperfeito e outros poemas**. São Paulo: Globo, 1997. p. 78.

617. CÉSAR, Guilhermino. **O sistema do imperfeito e outros poemas**. São Paulo: Globo, 1997. p. 82.

618. CÉSAR, Guilhermino. **O sistema do imperfeito e outros poemas**. São Paulo: Globo, 1997.

619. CÉSAR, Guilhermino. **O sistema do imperfeito e outros poemas**. São Paulo: Globo, 1997. p. 142.

620. CÉSAR, Guilhermino. **O sistema do imperfeito e outros poemas**. São Paulo: Globo, 1997. p. 109.

os exemplos da habilidade artesanal do poeta, a precisão que o ritmo inventa e acompanha, como se pulasse de uma esfera a outra e estivesse disposto sempre à luz e o disfarce da inteligência, o peso da agonia e o rastro da aurora. O ritmo dos poemas é um arco voltaico, circuito de imagens ligadas na eletricidade do caos, da manhã e da noite. Nomes de pessoas, países (in)existentes, cidades (como no poema *Cincerro*, que soa com o badalo levado pelo boi-guia), a junção de termos arcaicos e outros esdrúxulos geram a colisão que estronda na repentina alegria das descobertas: "Nenhuma essência nos redime."[621] "Existindo sem corpo eu me deslindo".[622] "Toda a nossa construção acaba no fermento do pão".[623] "Poema voltaico, / soluço de louco".[624] Tem afinidade espiritual este mineiro-gaúcho com o peruano, desconhecido entre nós, Martín Adán, em (*La mano desasida*): "Por qué lloro, / a tu piedra pegada, / Como si acabara de nascer?"[625] Poemas-cidadãos moram neste livro. Cito alguns: *Animal do tarde (1 e 3), Uai!, O enterro, Defensivo / abstrato, A falta, Ferida, Alfabetar, Trabalho, Existindo, Cincerro, As franjas, Ao menos isto, A expectação, Seres tutelados, Insaciáveis, Nenhuma essência, O limite, Geração* e *Os sonetos da pergunta*.

  Guilhermino César pertence à geração de Carlos Drummond, Murilo Mendes, Emílio Moura, entre outros. Como Abgar Renault ou Dante Milano, ou Joaquim Cardozo (inclusive o teatrólogo), que só agora estão encontrando seu tempo. Ou o tempo os está encontrando. Poeta da cultura (e não existe grande criação, sem estrutura cultural), torna visíveis aos leitores nas raízes dessa poesia que vai às vísceras do ser, a fé (mesmo escondida) na palavra, o entusiasmo amoroso (que

---

621. CÉSAR, Guilhermino. **O sistema do imperfeito e outros poemas**. São Paulo: Globo, 1997. p. 71.

622. CÉSAR, Guilhermino. **O sistema do imperfeito e outros poemas**. São Paulo: Globo, 1997. p. 154.

623. CÉSAR, Guilhermino. **O sistema do imperfeito e outros poemas**. São Paulo: Globo, 1997. p. 168.

624. CÉSAR, Guilhermino. **O sistema do imperfeito e outros poemas**. São Paulo: Globo, 1997. p. 56.

625. ADÁN, Martin. **La mano desasida**.Lima: Librería-Editorial J. Mejia Baca, 1964.

se recata), o grito de esperança (sob o moralista absorto), a alma que espera (velada) a Ressurreição. Mesmo que o Sistema seja imperfeito, vale recordar o que Octavio Paz observou em *Puertas al campo*: "Entre a alma e o sistema, a poesia é o testemunho da primeira".[626]

Nasceu em São Manuel Eugenópolis, em 15 de maio de 1908, e faleceu em Porto Alegre, em 7 de dezembro de 1993. "Cada um traz em si a sua morte."[627] E ela não sabe nada, a não ser de si mesma. Foi pesquisador de história e literatura. Pertenceu à segunda plêiade modernista, propagador e estudioso, descobridor do *Teatro de Qorpo Santo*, 1980. Deixou um legado valioso de experiência, poesia e história. Mineiro, amou o pampa, como raros. Entre os poucos, a que as novas gerações e o Rio Grande devem muito.

Do grupo de cataguases: Rosário Fusco

Como Guilhermino César, Rosário Fusco nasceu em Minas Gerais, São Gonçalo, Rio Branco, em 1910, e faleceu em Cataguases, em 1977. Foi ficcionista, teatrólogo, crítico. Sua obra-prima é *O agressor* (pela Ed. Bluhm), com lúcido prefácio de Antônio Olinto, 2001, Rio de Janeiro. Está sendo justamente redescoberto. Seu realismo é contundente. Se o drama brota das leis da ação dramática que Aristóteles formulou, a ação do herói em *O agressor* é o de ser desconforme ao sistema, agindo entre o delírio e a loucura, aproximando-se de *O Louco de Cati*, de Dyonélio Machado e de outro, mineiro, como ele, o autor de *O pirotécnico Zacarias*, nesse paroxismo.

Estilo cortante, lucidez que vagueia entre penumbras, logra uma estética do absurdo em processo contemporâneo de escrita, onde o visual predomina com a montagem cinematográfica dos fatos, sempre com o facho da razão, o que o faz lindeiro de Borges e Cortázar. Todos os inovadores desmantelam as regras

---

626. FARIA, Octavio de. **Obra completa**.Rio de Janeiro: Pallas, 1985.

627. COCTEAU, Jean apud GUARESCHI, Pedrinho A. **Psicologia em questão**: reflexões sobre a contemporaneidade. Porto Alegre: EDIPUCRS, 2003.

pré-existentes através da vida e da escrita. Rosário Fusco é um desses. Em *O agressor* narra a história de David, contador de uma chapelaria, cujo relacionamento com os moradores da pensão, onde residia, não passava de um cumprimento habitual e seco. David é uma personalidade psicótica. Sente-se perseguido e tal perseguição ocorre mais na imaginação do que no real. Isso toma conta de sua existência e do texto, com tensões psicológicas e o suspense, mostrando quando a vítima ganha espaço de agressor e vice-versa. A descrição final é patética:

> Ao pé da escada, na penumbra, as mulheres já se impacientavam com a demora da proprietária, quando David, aparecendo na porta, inteiramente despido, dispersou o grupo, num segundo. Retiraram-se, pois, desordenadamente, com imenso atropelo. Em seguida, o silêncio retornou como se a casa estivesse abandonada. Calmamente, então, David fechou a porta com a chave. E, ao fazê-lo, a senhora pôs-se a gritar. Mas era tarde: como se executasse algo premeditado há séculos, David começou a esmurrar, no rosto da proprietária, todas as caras – de homens, mulheres e crianças – que conhecia.[628]

Essa arte de contrações, reações e violência, de pânico e obsessão deve muito à sugestão de Proust na busca do tempo perdido, *entre cheiros e ruídos* (Bergman, o cineasta sueco, o que não é *das raparigas em flor*, mas da *fonte da donzela*). E foi Proust que escreveu a propósito de Saint-Beuve o que pode ser dito sobre essa obra de Rosário Fusco: "Um livro é produto de outro *eu*, diferente do que é revelado."[629] Sim, Kafka podia ser *o outro eu*, se não existisse Rosário Fusco.

Alphonsus de Guimaraens Filho, ou o que, sem danos, ficou e saiu da sombra paterna

Nasceu em Mariana, Minas Gerais, em 3 de junho de 1918, filho do grande poeta simbolista Alphonsus de Guimaraens.

---

628. FUSCO, César Rosário. **O agressor**. Rio de Janeiro: Bluhm, 2000. p. 157-158.

629. PROUST, Marcel. **Contre Saint-Beuve**: notas sobre crítica e literatura. Rio de Janeiro: Iluminuras, 1988.

Faleceu no Rio, em 20 de agosto de 2008. Seu nome civil é Afonso Henriques de Guimaraens, e tanto amou seu pai que adotou sua sombra, o que o dignifica. Porque tanto andou nela, que soube – o que é raro – engendrar a sua própria, peculiar palavra. A poesia não é um latifúndio da imaginação, é a imaginação, sim, de um latifúndio sem dono. Subprocurador Geral do Tribunal de Contas da União aposentado, residiu em Brasília e morou no Rio de Janeiro, onde veio a falecer em 2008. Poeta com nome de rua: o Prefeito Marcos Tamoyo, do Rio, no Méier, substituiu a Rua Esperança, por *Lume de estrelas*, seu primeiro livro, 1935-1939). *Sonetos da ausência*, 1940-1943; *Nostalgia dos anjos*, 1939-1944; *O unigênito*, 1946-1947; *A cidade do sul*, 1944-1948; *O irmão*, 1943-1949; *O mito e o Criador*, 1945-1952; *Elegia de Guarapari*, 1953; *Uma rosa sobre o mármore*, 1953; *Sonetos com dedicatória*, 1953; *Cemitério de pescadores*, 1954; *Aqui*, 1944-1960; *O habitante do dia*, 1959-1963; *Transeunte*, 1963-1968; *Solilóquio do suposto atleta e outros poemas*, 1963-1971; *Ao oeste chegamos*, 1962-1965; *Poemas da ante-hora*, 1967-1970; *Absurda fábula*, 1969-1972; *Só a noite é que amanhece*, 1972-1975; *O tecelão do assombro*, 1975-1990; *Discurso no deserto*, 1975- 1981; *Nó*, 1979-1981; *Luz de agora*, 1987-1990; *Versos esparsos*; Reunião da obra – *Só a noite é que amanhece, 2003*.

O poeta de Mariana é um lírico de primeira água, além de ser o que o autor das *Cinco grandes odes* afiançou: "*Tu n'expliques rien, ô poète, mais toutes choses par toi deviennent explicables.*"[630] Porque não é o poeta que explica, porém a poesia que se faz explicável. Ao abandonar-se ao seu fluxo mágico, sabia que por ela seria conduzido e justificado. E nem tudo exige explicação: basta que exista.

Inegável é o poderoso lírico que há em Alphonsus Guimaraens Filho – pascalino na busca, místico com João da Cruz na sede de Deus, claudeliano na compridura andarilha do verso e puro na dedicação exclusiva à poesia. O seu remanescente do Simbolismo é tributo a seu famoso pai, pago em óbolo de tempo,

---

630. CLAUDEL, Paul apud GUIMARAENS FILHO, Alphonsus de. **Antologia poética**. [s.l.] : Editora do Autor, 1963.

já que lhe adveio o mesmo gene criativo, musical e melancólico em imagens belas e algumas gastas, com sortílegos, bem-acabados sonetos. Alguns lances passadiços (simbolistas) e a impressão imagética do visto antes desaparecem diante do espéculo da unidade e harmonia dessa monotoneidade que promana da fidelidade às obsessões. Porque o fruto não cai longe da semente e nem a semente recusa o fruto. Apenas um dado: seu pai refletiu o tempo vivido de outra Minas, mais antiga; ao filho não convinha repeti-la, *pois o tempo é outro*. E somos tempo.

Tomou, sem dúvida, alguns elementos modernistas – que exsurgem à tona – entanto, continuou ativista de rimas (algumas lívidas), preso ao tema mais da morte, que do amor; mais à terra, que aos seus esplêndidos pomares. Cantando Guarapari, no Espírito Santo, e o encantatório território das Minas de ferro e de fogo, define-se artista pessoal na mesma proporção em que sua mundividência passou a distanciar-se do vulto paterno. Dentro, com a alegria e o colorido, o exercitar a vida diversamente do Alphonsus, seu progenitor – não tão *pobre Alphonsus*, quanto prenuncia uma das vozes ricas de nossa poesia. Retirou, aos poucos, com afeto, o bronze heráldico dessa sombra, fazendo-se solar, isto é, com silhueta fragmentada sob o verdor do poema, brotos de nova folhagem.

Celebrou o mais que pôde, como se, girando em torno dos grandes nomes, fosse bafejado pelo elogio ou estímulo, sendo penoso transportar esse fantasma glorioso. E, compreendendo, Mário Quintana indaga: "Por que os fantasmas sempre aparecem vestidos? Por que não surgem ao natural?"[631] A partir da redimensionada visão para fora, a natureza, os seus semelhantes, certas aderências de um Cabral, ou de uma Cecília, ou de um Drummond, goethianamente criou suas próprias *afinidades eletivas*, com a ternura de não precisar extinguir o pai em si. Transformou o confronto em elixir de encantamento. É visível na obra do poeta esse fixar de limites, a partir dos *Poemas da ante-hora* (1967-1970) entre o homem maduro que aceita o

---

631. QUINTANA, Mário. **Mário Quintana**: poesia completa. Rio de Janeiro: Nova Aguilar, 2005.

desafio e o conformado que se deixa subjugar. Verifiquem, leitores, o clarão destes poemas diante da Esfinge, este plasma verdeante e simples, sobretudo, universal de *Belo é o mundo*:

> Belo é o mundo.
> Belos os campos,
> vales e cidades.
> Mas cega é a carne.
> E cega é a alma. Belo
> é o azul, e belo o sol
> e as noites estreladas.
> Mas frágil é o homem.
> E estranho seu destino.
> Instantes há contudo
> em que integrado na geral plenitude,
> eterno é o homem pairando sobre as coisas

Ou *Mostruário*:

> Que absurdo mostruário não é esta
> alma gasta! Coisas de um sabor vário
> numa visão mais casta.
> Com cautela desliza
> neste museu de assombro,
> sentindo vaga brisa
> te arrepiar o ombro.
> Que o vês e pressentes
> no mostruário fundo
> é uma sombra de ausentes
> vidas de ausente mundo.[632]

Veja-se a confluência de Pessoa. Ou este clamor profundo, lembrando a poesia do espanhol Blas de Otero: "Me haces daño, Señor. Quita tu mano / de encima. Déjame con mi vacío,

---

632. GUIMARAENS FILHO, Alphonsus de. **Só a noite é que amanhece**. Rio de Janeiro: Record, 2003.

/ déjame. Para abismo, con el mío / tengo bastante. Oh Dios, si eres humano, // compadécete ya, quita esa mano / de encima. No me sirve. Me da frío / y miedo."[633] (*Lastima*). Vai o clamor: "Deus dói em mim. Feriu-me / Deus. E eu o feri. // Deus dói em mim. //"[634] Ou *Não sei*: "Não sei onde começa o céu e nem acaba. / O infinito se dissolve como números na névoa. / Vou-me, porque a voz que chama é a mesma que me chamava. / Será a mesma, acaso, a mão que ainda me leva?//" Ou esta percepção borgiana, *Poética*: "Não me busqueis no texto: eu fui sonhado".[635]

Embora enfrentasse o fantasma de seu pai, como um *Hamlet* – que rejeita a vingança, mudando o legado, torna-se um poeta singular, com precioso poder inventivo, síntese, o verso agora mais breve, denso, sem esperdiçar o *tonus de partitura*, penetrando nos arcanos por conta e risco, valentemente. Entretanto, careceu de conhecer "a graça do deserto", ao lhe morrer (Paulo em uma das *Cartas* o refere) o *homem velho* e brotando a nova criatura diante das primícias e prelazias da invenção. Ao irrigar o deserto, desencavou o mito, descobriu mananciais, sulcou veredas. E, para fugir do *espectro*, acatou muitas influências de autores – não só de seus contemporâneos – como a do Poeta de *Mensagem*.

Adentra-se também no dantesco universo de *As vidraças de Deus*:

> Ao sopro cristalino das vidraças de Deus iluminadas de manhãs em vertigens, eu seguirei as invisíveis mas reais pegadas. Irei cantando ou soluçando, mas irei. Brasas de amor nas sombras de um deserto, as vidraças de Deus o sopro cristalino de outras brisas. Irei cantando ou soluçando. E tu em mim como a morte no morto.[636]

---

633. PESSOA, Fernando. **O eu profundo e os outros eus**. Rio de Janeiro: Nova Fronteira, 2006.

634. GUIMARAENS FILHO, Alphonsus de. **Só a noite é que amanhece**. Rio de Janeiro: Record, 2003. p. 463.

635. GUIMARAENS FILHO, Alphonsus de. **Só a noite é que amanhece**. Rio de Janeiro: Record, 2003 p. 486.

636. GUIMARAENS FILHO, Alphonsus de. **Só a noite é que amanhece**. Rio de Janeiro: Record, 2003.

Minas se encantou, a fábula do deserto vai-se decifrando, cria seu ancestral sem nome, um *Aleph*, fidalgo de seu órfico destino. Mormente de uma poesia sem estigma do tempo – *Impasse*: "Sinto a febre das horas nas mãos gastas. / Engendro o dia, mas a noite engole. / Ofega o desespero como um fole."[637] E a lembrança de seu pai, um vento. *Segundo soneto de Mariana*:

> Na casa em que nasci morreu meu pai. Rua Direita: rua em que brinquei na infância, e agora tudo nela vai perdido, é o sonho. E nela, no cansaço do que se foi de mim, eu reterei acaso mais que seu silêncio, o espaço exíguo e pobre em que meu ser se esvai?
>
> A sombra em que me perco ou me adelgaço?
>
> Ouço vozes que chamam nos sobrados, nas igrejas, nas ruas silenciosas, e pelos meus caminhos dissipados a vida em cada pedra é um lamento, em cada sino um grito, e suspirosas bocas falam de um mundo: apenas vento.[638]

Termina rilkeanamente: "Um sopro para Deus. / Um vento."

Manoel de Barros, ou da gramática do chão para o livro do nada

Nasceu em Cuiabá, Pantanal, Mato Grosso, em 1916. Adolescente, conheceu a poesia de Oswald de Andrade e Rimbaud, o que lhe abriu veredas. E ali se foi para Raul Bopp (mais que Oswald), Guimarães Rosa, na *linha de equivalência*, para não dizer influência ou afluência antes de Alberto Caeiro (heterônimo de Fernando Pessoa), Clarice Lispector, João Cabral, os clássicos lusitanos, como Vieira e Bernardes e os pintores Paul Klee e Miró, sendo a linguagem poética, como queria Vico, uma revisão da linguagem anterior. Apesar de haver andado mundo, sua poesia tem os limites do chão pantaneiro.

---

637. 105 GUIMARAENS FILHO, Alphonsus de. **Só a noite é que amanhece**. Rio de Janeiro: Record, 2003. p. 509.

638. GUIMARAENS FILHO, Alphonsus de. **Só a noite é que amanhece**. Rio de Janeiro: Record, 2003 p. 624.

Publicou, em poesia: *Poemas concebidos sem pecado*, 1937; *Face imóvel*, 1942; *Poesias*, 1956; *Compêndio para uso dos pássaros*, 1960; *Gramática expositiva do chão*, 1966; *Matéria de poesia*, 1970; *Arranjos para assobio*; *Livro de pré-coisas*, 1985; *O guardador de águas*, 1989; *Poesia quase toda*, 1990; *Concerto a céu aberto para solos de ave*, 1991; *O livro das ignorãças*, 1993; *Livro sobre o nada*, 1996; *Retrato do artista quando coisa*, 1998; *Ensaios fotográficos*, 2000; *Tratado geral das grandezas do ínfimo*, 2001; *Poemas Rupestres*, 2004 e na *Poesia Completa*, 2010, o inédito *Menino do mato*.

A poesia de Manoel de Barros tem a característica fluvial de Corumbá e o Pantanal, fluvial nas imagens que resvalam e correm pelos seixos ("há um rio que corre pela minha aldeia"), fluvial nas metáforas, o que lhe faz fugir da estrutura do poema. As imagens brilham e de tantas que se vão acendendo como pirilampos, sem campo de gravidade, entram pelo buraco da noite. Porque a estrutura é que compõe o poema e as solteiras, solitárias e belas imagens são como andorinhas que tentam fazer o verão. Quanto a sua percepção de pré-coisas, ou da desutilidade, prefiro a velha teoria de Lavoisier, de que nada se perde e tudo se transforma. E essa desutilidade, este apanhar *o lixo do dia que passou*, esta função de o poeta colecionar e registrar o entulho, o que a cidade deitou fora, advém de Baudelaire. Porém nada é inútil, até o que parece inútil tem a utilidade de ser inútil. Afirma Novalis: "O universo está no período de utilidade."[639] Porque a luta do poeta é contra o tempo e na medida em que desutiliza a dimensão do mundo, arranca o tempo que não se planta nos nadas: carece sempre de terra e semente.

A vinculação de Manoel com Raul Bopp está no buscar o primitivo, ou deixar que o primitivo o busque. Sua diferença está em que Bopp tem estrutura ou, no centro de gravidade das palavras constrói o poema. Manoel deixa que a poesia o construa e ela é preguiçosa, por vezes concedendo fulgurantes imagens. Pode haver o enigma do poema sem o acasalamento

---

639. NOVALIS. **Fragmentos**. Lisboa: Assírio e Alvim, 1971.

de palavras? Manoel pode ser a exceção desse enigma, ou o enigma da exceção. A vinculação com Guimarães Rosa está mais na superfície, do que nos fundos. Guimarães é cósmico, tem universo junto. A luta entre o bem e o mal, a humanização da palavra, sendo o "sertão dentro". Tem também um rio – o Rio+baldo (cansado), o São Francisco. E destino.

Em Manoel de Barros nada tem destino. Suas camadas se mostram mais geológicas, pétreas, inanimadas. Novalis afirma que "o amor é o fim da história universal".[640] Para Manoel, "o poema é antes de tudo um inutensílio".[641] Não tem história, apenas pré-história. Porque a história se move de tempo e sem tempo, inexiste história. Tem Manoel afinidades com Francis Ponge, quando o francês assegura que "*il faut partir de plus bas*"[642] (é preciso partir de mais baixo). Ele também, em *Proêmes*, pretende a retórica do objeto. Jacques Derrida afirma que "Ponge se centra especialmente no movimento da esponja, a lógica porosa do signo"[643], o que acontece com os signos-manoel-de-barros, como esponja das coisas. Os temas do amor, da morte, dos sonhos, todos caem petrificados. Dentro, isso sim, da observação de Novalis: "a natureza é uma vara mágica petrificada".[644] Porque – diz Manoel – "Pedra sendo / Eu tenho gosto de jazer no chão".[645] Não há relações com o outro, as pessoas o atordoam, porque a caverna é em si mesmo ("Dentro de mim / eu me eremito / como os padres do ermo").[646] A indulgência é *pedral*, catando *coisas inúteis garante a soberania do Ser*. O que é a soberania do nada e o ser é nada. Só existe a natureza, os pássaros, *a biografia do orvalho*, os caracóis – casas-andantes, a lesma, chuvas e sol, sapos, manhãs.

---

640. NOVALIS. **Fragmentos**. Lisboa: Assírio e Alvim, 1971.
641. BARROS, Manoel de. **Poesia completa**. São Paulo: Leya, 2010.
642. PONGE, Francis. **Cahier L'Herne**. Paris: Livre de Poche, 1986.
643. DERRIDA, Jacques. **Glas**. [s.L]: [s.n.], 1974.
644. NOVALIS. **Fragmentos**. Lisboa: Assírio e Alvim, 1971.
645. BARROS, Manoel de. **Poesia completa**. São Paulo: Leya, 2010.
646. BARROS, Manoel de. **Poesia completa**. São Paulo: Leya, 2010.

Porém, *morrer é uma coisa indestrutível*, quando a vida é coisa indestrutível. Tudo é morte, porque tudo é coisa. O homem serve às coisas, e não as coisas ao homem. É *o guardador de águas*. A palavra é a arte de fazer *coisas desúteis*. O homem é sabedoria mineral. E o poeta sente esta carência: "eu preciso ser Outros". Todavia, a sua renovação do homem é com o uso de borboletas. Com o que concordo, em face da desumanidade, "ninguém consegue fugir do erro que veio."[647] Em tudo, "fala a partir de ninguém".[648]

O problema maior da criação de Manoel de Barros é esse "ninguém" das incontinências do visual, suas assombradas imagens. Essa incontinência tende a gerar o despoema, ou seja, a imagem andarilha e sem pátria. O engarrafamento da imagem na imagem e o divórcio, por desmaridamento do poema. Ora, a poesia nunca é só, sempre se casa de amor, ainda que com os vasos solares. Sobretudo, pela soberania do homem mudando as coisas. Ponge busca a resolução humana, e Manoel o ínfimo do nada. "O que não se pode calar com boa consciência, ainda que seja com repugnância, é força que se diga"[649] – adverte o Padre Antônio Vieira. E, como os seus poemas são concebidos sem pecado, dirimido está desta culpa original que toca a nós, todos, humanos. Caeiro tem a natureza por dentro. Manoel, a natureza por fora. Vara mágica petrificada. Klee e Miró são coisas vivas. A ignorância – mesmo em poesia – não se exime da lei do universo, salvo a graça do Espírito. Guimarães Rosa afirmava que "atira bem quem atira com o Espírito"[650] que não se petrifica, ou se detém nas pré-coisas, por ser água corrente. Nunca, jamais será de água parada.

A ideia manoelense do supérfluo não é nova. Voltaire dizia que "o supérfluo é uma coisa extremamente necessária".[651]

---

647. BARROS, Manoel de. **Poesia completa**. São Paulo: Leya, 2010.

648. BARROS, Manoel de. **Poesia completa**. São Paulo: Leya, 2010.

649. VIEIRA, Padre Antônio. **Sermões**. São Paulo: Hedra, 2003.

650. GUIMARÃES Rosa, João. **Grande sertão**: veredas. Rio de Janeiro: Nova Aguilar, 1994.

651. VOLTAIRE. **Dicionário filosófico**. São Paulo: Martin Claret, 1994. p. 428.

Seu mérito é o de havê-lo poetizado. E o exagero, de desmedi-lo. Portanto, sua originalidade é a (des)naturalidade. Sua grandeza é a coisa. Ou a profundeza do que se acha na superfície. Portanto, para Adorno, "só entende aquilo que o poema diz quem escuta na sua solidão a voz da humanidade." Sendo humano, imperiosamente humano, o que se oculta também sob a casca, ou o lado útil do inútil. E a morte, sendo, para Manoel de Barros, indestrutível, nada mais nos resta. Nem a palavra, nem o som, nem. "Onde é que há gente no mundo?". Ademais, é de Gustave Flaubert o conceito de que *a arte é a busca do inútil*. E até a desutilidade é absoluta. Mas a poesia não vige por ser inútil, impõe-se por ser poesia. E a desutilidade pode ser autobiográfica? Creio que tudo é autobiográfico, inclusive o nada. Todavia, apesar de toda essa minha visão crítica e sincera diante de um poeta autêntico e fiel a si mesmo, como esse, devemos ter a humildade – como se a nós, o fizessem – de saber que o instinto da poesia – e ainda bem – é capaz de saltar fora de todas as previsões e regras, dos parâmetros, quando tem claridade. Há um momento que, por mais lúcida que seja a razão ou desrazão de exegese, pode-se ficar no limiar diante da arquitetura do fogo. E é o místico Jacob Boehme que assegura que "a única coisa que Deus faz é brincar". E é comovente como este poeta sabe brincar, desde a infância das coisas, ou com as pré-coisas e os mais infantes vocábulos. O próprio Ponge, afluência evidente, admite: "A relação do homem com o objeto não é de todo apenas de posse e de uso".[652] E não seria isso demasiado simples? Ou bem pior. Os objetos estão fora da alma, é certo; contudo (e aqui vem a sua defesa!) eles também são os fusíveis do nosso juízo. Trata-se de uma relação no acusativo (o objeto é a poética). A linguagem de Manoel de Barros é simples e imediata, porém, nem tão simples, nem tão direta. E muito arejável. "Uma coisa é uma coisa é uma coisa".[653] E há um classicismo que se extravia entre Manuel Bernardes e Vieira. Ou às vezes se entranha. Cito dois poemas que comovem na sua obra, um deles é do

---

652. PONGE, Francis. **Cahier L'Herne**. Paris: Livre de Poche, 1986.
653. BARROS, Manoel de. **Poesia completa**. São Paulo: Leya, 2010.

HISTÓRIA DA LITERATURA BRASILEIRA
Da carta de Caminha aos contemporâneos

livro (que julgo) o mais realizado – *Concerto a céu aberto para solos de ave*, 1991:

> Meu avô não estava morando na árvore.
>
> Se arrastava sobre um couro encruado no assoalho da sala.
>
> O vidro do olho de meu avô não virava mais e nem reverberava.
>
> Uma parte estava com oco e outra com arame.
>
> Quando arrancaram das mãos do Tenente Cunha e Cruz a bandeira do Brasil, com a retomada de Corumbá, na Guerra do Paraguai, meu avô escorregou pelo couro com a sua pouca força, pegou do Gramofone, que estava na sala, e o escondeu no porão da casa.
>
> Todos sabiam que o Gramofone estava escondido no porão da casa, desde o episódio.
>
> Durante anos e anos, poucos desceram mais àquele porão da casa, salvo uns morcegos frementes.
>
> Em 1913, uma árvore começou a crescer no porão, por baixo do Gramofone (os morcegos decerto levaram a semente).
>
> Um guri viu o caso e não contou pra ninguém.
>
> Toda manhã ele ia regar aquele início de planta.
>
> O início estava crescendo entrelaçado aos pedaços de ferro do Gramofone.
>
> Dizem que as árvores crescem mais rápido de noite, quando menos são vistas, e o escuro do porão com certeza favorecia o crescer.
>
> Com menos de dois anos, as primeiras folhas da árvore já empurravam o teto do porão.
>
> O menino começou a ficar preocupado.
>
> O avô foi acordado de repente com os esforços da árvore para irromper no assoalho da sala.
>
> Escutavam-se também uns barulhos de ferro – deviam de ser partes do Gramofone que estertoravam.
>
> No Pentecostes, a árvore e o Gramofone apareceram na sala. O avô ergueu a mão.
>
> Depois apalpou aquele estrupício e pôde reconhecer, com os dedos, algumas reentrâncias do Gramofone.
>
> A árvore frondara no salão. Meu avô subiu também, preso nas folhas e nas ferragens do Gramofone.
>
> Pareceu-nos, a todos da família, que ele estava feliz.
>
> Chegou a nos saudar com as mãos.
>
> O pé direito da sala era de dois metros e a telha era vã.

Meu avô flutuava no espaço da sala entrelaçado aos galhos da árvore e segurando o seu Gramofone.

Todos olhavam para o alto na hora das refeições, e víamos o avô lá em cima, flutuando no espaço da sala com o rosto alegre de quem estava encetando uma viagem.

Tornava-se difícil para mim levar alimentos para o meu avô.

Eu tinha que trepar na árvore que agora começava a forçar o teto da sala.

Havia medo entre nós que as telhas ferissem de alguma forma o meu avô – ou então que o sufocassem entre os galhos e o Gramofone.

Eu estaria com sete anos quando a árvore furou o telhado da sala e foi frondear no azul do céu. Meu avô agora estava bem, sorrindo de pura liberdade, pousado nas frondes da árvore, ao ar livre, com o seu Gramofone.

Eu tinha medo que meu avô ali pegasse um resfriado.

Tornou-se mais difícil levar comida para ele. Algumas formigas e alguns pássaros roubavam arroz de seu prato.

Aqueles passarinhos pousavam do mesmo jeito nos galhos e nos braços de meu avô. Todos ficavam admirados de ver meu avô morando na árvore.

Aquele Gramofone, como eu imaginara, não deveria mais tocar música, pois que estava todo enferrujado e bosteado de arara.

Quatro dias depois de um novo Pentecostes, caiu sobre o assoalho da sala, onde viviam os outros membros da família, um ovo! Pluft e se quebrou.

Era um ovo de anhuma. (A anhuma é um pássaro grande, que muda de prosódia quando alguma chuva está por vir.) De forma que quando a prosódia da anhuma mudava eu corria a levar um agasalho para o meu avô.

Aquela ave, a anhuma, depois nós descobrimos, fizera o seu ninho justamente no tubo do Gramofone.

E por ali o ovo escapou e desceu (pelo tubo furado) e pluft se quebrou no assoalho da sala.

Meu avô percebeu o barulho do ovo que se quebrou lá embaixo.

Parte do olho dele estava com oco e parte com arame, como já disse.

Doze dias antes de sua morte meu avô me entregou um caderno de apontamentos. Os pássaros iam carregando os trapos esgarçados do corpo do meu avô. Ele morreu nu.

Falam que meu avô, nos últimos anos, estava sofrendo de moral.

> Por tudo que leio nesses apontamentos, pela ruptura de certas frases, fico em dúvida se esses escritos são meros delírios ônticos ou mera sedição de palavras.
> Metade das frases não pude copiar por ilegíveis.[654]

É um dos poemas mais belos e melhor estruturados do autor, com ruptura dos gêneros, operando na linguagem. Lembra um pouco (ao mudar-se de avô por pai e árvore por barco), a *Terceira margem* roseana. Também parece sair – enfatizo – de *Apontamentos de história sobrenatural*, de Quintana. Mas não sai – tem voz peculiar, afiadíssima. E com esplendor. Ouvidos e olhos bem mais habituados ao chilrear da natureza, como se estivesse nela. E há um aspecto clarificador que Paul Valéry nos propõe: a diferença do poeta que tem imagens e do poeta que tem imaginação. Murilo Mendes e Manoel de Barros, variadas vezes, têm imagens cintilantes, soltas como pipas no contexto. Mas também têm imaginação. Mesmo que ela própria não o perceba. "Por imaginação entendo – afirma Valéry – a operação sobre a imagem, a exploração do campo, o universo de suas imagens",[655] o trabalho de organizar as imagens-viventes formando a unidade do poema – o que é comum num Manuel Bandeira, por exemplo. Ou ainda nos *Antipoemas* do chileno Nicanor Parra. Mas cada coisa sempre lembra outra coisa. Anuncia Ponge: "Não se sai das árvores por meio de árvore".[656] Não pode a árvore voar?

Mas o espírito da poesia voa. E por mais que se afirme – aqui ou ali – intuições críticas, ou percepções de exegeta (ó severa, tormentosa e precária inteligência!), permanece o altivo e nobre mistério da poesia, que, em Manoel de Barros, ultrapassa os parâmetros dessa ou daquela *confluência*, por haver conseguido, acima e apesar de todas elas, ser fiel a seu mundo, sem sucessores. Lucrécio contemporâneo da *rerum natura* de escaravelhos, formigas, vagalumes e outros gravitantes insetos;

---

654. BARROS, Manoel de. **Concerto a céu aberto para solos de ave**. Rio de Janeiro: Record, 1998.

655. VALÉRY, Paul. **Carnets**. Paris: Gallimard, 1973. p. 166.

656. PONGE, Francis. **Cahier L'Herne**. Paris: Livre de Poche, 1986.

ou de nímias coisas, tão desúteis ou procelosas, que se veem até brotarem cogumelos – por que não? – do inchado solo de seu poema, que, miraculosamente, também pode semelhar-se à anhuma, a ave, fazendo ninho até num gramofone.

Das coisas inúteis Manoel de Barros chegou ao *Livro sobre o nada*, 1996, que era o sonho de Flaubert: "O que eu gostaria de fazer é um livro sobre nada, um livro sem amarra exterior ... um livro que não teria quase tema, ou pelo menos em que o tema fosse quase invisível".[657] Manoel de Barros conseguiu. E não só. "Todo escritor de valor é uma figura solitária"[658] – afiança Borges. E essa solidão de grandeza, que não é sucedível, capaz de "ter no nada, profundidades", aparece ao entrecerrar destas notas, com *Menino do mato*, 2010, entre as melhores criações manuelinas – onde, em *Caderno de Aprendiz*, há um retorno a Oswald de Andrade. Com relato e estrutura, mais do que desenhos verbais. Uma fala encostada na imaginação, trazendo uma poesia que, de repente, desequilibra a razão crítica. Por alcançar *"a infância da língua"*. E, em outro lado, *"a aventurosa língua da infância"*. E tudo começa a mudar de natureza, até a natureza.

Gerardo Mello Mourão

Nasceu em Ipueiras, Ceará, em 8 de janeiro de 1917 e faleceu no Rio de Janeiro, em 10 de março de 2007. Romancista, poeta, jornalista, tradutor, político. Começou com o livro de poemas – *Poesia de um homem só*, 1938; *Mustafá Kemal*, biografia, 1938; *Do destino do espírito*, ensaios, 1941; *Cabo das tormentas*, poesia, 1950; *O valete de espadas*, romance, 1960; *Três pavanas*, poesia, 1961; *O país dos Mourões*, poesia, 1963; *O dossiê da destruição*, romance, 1966; *Peripécia de Gerardo*, poesia, 1972; *Rastro de Apolo*, poesia, 1977; *As Peãs*, poesia, 1982; *A invenção do saber*, ensaio, 1983; *Invenção do mar*, epopeia, 1997; *Cânon & fuga*, poesia, 1999; *Algumas partituras*, poesia, 2002.

---

657. BARROS, Manoel de. **Livro sobre nada**. Rio de Janeiro: Record, 2000.
658. BARROS, Manoel de. **Poesia completa**. São Paulo: Leya, 2010.

Gerardo Mello Mourão é um poeta singular, sem tradição na poesia brasileira. Reúne em *Os peões* a trilogia: *O país dos Mourões, Peripécia de Gerardo* e *Rastro de Apolo*. Da família criativa de Ezra Pound, busca uma epopeia através da erudição, do verso largo, modernizando a tradição greco-romana e narrando as aventuras ou peripécias do Eu-herói, *Apolo,* o poeta, dentro da visão do eu-coletivo de Walt Whitman, contando a cronologia telúrica e hierárquica dos Mourões, seu país de guerreiros, desde Alexandre e Francisco, os bisavós, que iam caindo, iam caindo. Ou os ancestrais que caíram por mordida de cobra ou sangrados de punhais, ou varados a bala, ou de maleita. O positivo e elogiável é esta tentativa de devolver à poesia que narra o lugar perdido. Esse lugar se espraia, ora em canto de fôlego épico, ora na linha órfica, como se fosse um desenho ou gravura de fogo na tampa dos caixões dos mortos.

O "seu excesso é um transporte, um delírio e pode ser compreendido de acordo com a tradição platonizante, como um privilégio da alma possuída pelo entusiasmo"[659] – na percepção lúcida de Jean Starobinski. O uso da enumeração caótica encontra momentos belíssimos e momentos em que a erudição pesa, sobrecarrega o poema, tende a encobri-lo de bronze como se fosse a armadura do herói. Entretanto, esse herói, por ser um eu-coletivo, tenta desprender-se das pesadas vestes, como Davi na batalha contra Golias, o geteu. E não consegue, apesar da rutilância, da flama e da energia inventiva que aciona o verso. O material é arcaico, a máquina demasiadamente prosaica, não tirando da pólvora das associações vocábulas, a explosão prometida. E fica o poeta, de talento invulgar, preso debaixo da armadura. Como os lidadores medievais, ao tombarem, não se levantavam por si, salvo se o escudeiro o fizesse. É uma invenção, onde Orfeu não desce aos infernos para salvar a bem-amada. Porque fita o espelho da eterna solidão, eterna noite, é um Narciso preso à imagem. E chega o instante em que não interessa o que o espelho pensa de nós, mas o que nós pensamos do espelho. Ademais, a

---

659. STAROBINSKI, Jean. Quali Ecessi. **Nouvelle Revue de Psycanalyse.** Paris, n. 43, p. 265.1991.

força narradora é inegável, entre volteios com que se enreda na barroca arquitetura, com lampejos, céleres asas. Orfeu se desinventando, por ser arrebatado pela terra, um Ceará de Aurora, sem os dedos róseos da homérida musa. A alegoria do Sagrado é quanto há de visionário no "mar salgado e a negra nau". Busca-se o Poeta e encontra-se um notável caçador de símbolos. Busca-se o prosador e acha-se o historiador do verso. Busca-se o verso e há o inefável de uma poesia que irrompe do mito e das arqueologias do sonho. Entanto o sonho não é épico, só a realidade.

O mais humano é a genealogia dos Mourões da alma. O mais alto voo promana de *A peripécia de Gerardo* – superior até ao *Rastro de Apolo*. Chego a ressaltar que é um dos ápices dessa criação, quando o criador se desvela na rebelião das metáforas. Desde o rastreador pampiano às memórias da infância que sabe mais do que toda a erudição dos *in folios*. E é um monumento feliz, barroco, peculiar, onde a arte de ritmo oceânico de Mourão se vai lapidando. E o invisível – para *Merleau-Ponty* – se realça nesta vérsica profundeza do visível. Ou é a instigação do demiurgo, em que a gênese e seiva rebentam unas na diversidade. Entre erudição, alusões gregas, alegorias, relatos seus ou dos antepassados, Gerardo fabrica nas oficinas de Vulcano, um poema sem medo de grandeza, digno do *Canto poundiano*, em que as lavas fluem ao *epos* e esse logra sua própria e inimitável mitologia. Sim, o poeta é um revelador, não saqueador de tumbas arcaicas (como Octavio Paz vê lucidamente Pound). Esse revelador, que nos elucida: "Eu estou aqui / o sol gira – a terra / fica parada".[660] Ou "o estudante diz que o mundo gira como a bala / do canhão".[661] E a espantosa *epifania*, a partir de "'Deus não existe". / E de repente caiu / dos espaços infinitos sobre / os homens e as mulheres caiu / um silêncio sagrado – vinha / de Ribeirão das Almas. //"[662] Essas sínteses luminosas valem o todo. Adiante seguem

---

660. MOURÃO, Gerardo Mello. **Rastro de Apoio**. Rio de Janeiro: Edições GRD, 1977.
661. MOURÃO, Gerardo Mello. **Rastro de Apoio**. Rio de Janeiro: Edições GRD, 1977.
662. MOURÃO, Gerardo Mello. **Rastro de Apoio**. Rio de Janeiro: Edições GRD, 1977.

várias páginas de enumerações – sob nerudiana penumbra, com clarões: "e viajar viajando / o lombo de teus chãos e tuas águas / é meu destino / chegar chegando".[663] Essa largueza de associações redemoinhantes não fazem justiça à sua grandeza imaginatória. Porque o texto não sobe, não plana, vai caindo.

E, se em *Rastro de Apolo*, a caça caça o caçador, há momentos extraordinários que salvam do naufrágio o poema: "Na escritura do chão a memória dos meus pés"[664] apenas esse verso lapidar já delineia o poder de síntese deste poeta que entorna nos rumos, as consteladas centelhas. Ou de como "as estrelas desabrochavam da terra, Jonathan, / e os firmamentos caíam dentro de um / oceano de jardins. //"[665] O verbo cair é o mais utilizado, embora a palavra faça nascer. É um cair, nascendo pelo miraculoso de se inventar:

> De nós mesmos nascíamos
> e éramos naquele tempo nossa própria fábula
> e a mesma flama nos torneia agora
> (...)
> Os cavalos nitriam no pântano dos astros
> e seus cascos
> golpeavam os planetas – a espuma
> dos meteoros no focinho:
> os que Zeus derruba das alturas
> deixam no firmamento a Via-Láctea
> Phaeton! Phaeton![666]

Infelizmente não demove o tom pernóstico: "Não estão mortos os deuses. Efraín, / sob a defunta máscara seus olhos / cravejados de esmeraldas / coruscam sobre nós / e a rosa de seus lábios / despetala ao fervor de seu sangue botânico. //" Ezra Pound e Dylan Thomas se entrelaçam. Entretanto,

---

663. MOURÃO, Gerardo Mello. **Rastro de Apoio**. Rio de Janeiro: Edições GRD, 1977.
664. MOURÃO, Gerardo Mello. **Rastro de Apoio**. Rio de Janeiro: Edições GRD, 1977.
665. MOURÃO, Gerardo Mello. **Rastro de Apoio**. Rio de Janeiro: Edições GRD, 1977.
666. MOURÃO, Gerardo Mello. **Rastro de Apoio**. Rio de Janeiro: Edições GRD, 1977.

é a palavra que nos anuncia e julga. Gerardo em seu contar cantando, epicamente, na *Invenção do mar*, intenta o grande poema de nossa língua, desde as descobertas, os índios, até a posse da terra, as capitanias, os holandeses e a herança lusíada. Ambição não lhe falta, falta-lhe – aqui – o toque de Ariel. Também a sutileza de não ser vitimado pela cultura.

    Tal monumento histórico e geográfico carecia do milagre da Poesia para erguê-lo, não somente da ciência do historiador, erudito, ou geógrafo. Só a arte poética levita. Nem precisa de outra inteligência, senão a dos precipícios que se levantam, com o espanto de traçar o mapa de uma soberania mágica. Brilha o prosador, mais do que o poeta. O mesmo processo ezrapoundiano, a enumeração das proezas lusitanas, os arcaísmos, os epitáfios que se gastam em si mesmos numa maquinaria que não é a do mundo, nem tem leveza, ou graça de saber que o ato do *epos*, como a espada, é de alma. Com a poesia emergindo mais da sugestão, do silêncio infinito dos espaços, das entrelinhas e signos, do que da multidão de palavras que não possuem rosto, nem capturam do povo, aquela senha que o corpo conhece do espírito, quando o voo brota mais das profundidades, do que dos marítimos ritos. Salta das profundezas para a luz. E é o desastre de um Ícaro que tombou no mar. O que já advém de Ezra Pound, seu Mestre, *Poetry – Cantos I a III*, ao comparar sua forma quebrada com Browning, justifica-se: *"You had one whole man? / And I have many fragments."* (Você tinha um homem inteiro? / E eu tenho muitos fragmentos.) Entretanto, a favor do poeta singular de nosso idioma, que é Gerardo Mello Mourão, vale ainda atentar para *Algumas partituras*, onde se sobressaem antológicos os poemas *Rondó da prisão de* Camões *no pátio do tronco, Hércules – 3, O caracol, Laurência, Fuga de Capri*. É de registrar também a altitude de *Cânon & Fuga*, duas obras-primas da nossa lírica. Entre elas, em primeiro lugar, a maravilhosa *Ladainha do morto,* verso a verso – para ser lido e amado – e *A travessa das Isabéis*. Menciono apenas de passagem o inventivo romancista, da maior admiração de Borges, pelo pioneirismo e concreção ficcional – *O valete de espadas*. Um elegíaco que tornou grego o destino. Também latino: *"Exegi monumentum aere perennius / regalique situ pyramidum altius //* – diz **Quinto Horácio Flaco** (Um monumento ergui mais perene que o bronze, / mais alto que o real colosso das pirâmides //). Sua geração? Com a *Ladainha do morto* pertence a todas. Ainda que Quintana tenha razão: "Cada poeta é o maior. Porque não há grandes, nem pequenos poetas. Há apenas os que são e os que pensam que são. Esses não contam; quanto aos verdadeiros, cada qual é o grande, aliás o único poeta do país de si mesmo".[667] E todos, insubstituíveis.

Odylo Costa, filho e A boca da noite

Nasceu em São Luís do Maranhão, em 14 de dezembro de 1914, e faleceu no Rio de Janeiro, em 19 de agosto de 1979. Poeta, jornalista e novelista. Pertenceu à Academia Brasileira de Letras. Publicou: *Livro de poemas*, 1935; *A faca e o rio*, 1965, novela afiada e concisa; *Tempo de Lisboa e outros poemas*, 1966; *Os bichos do céu*, poesia, 1972; *A boca da noite*, poesia, 1979 e *Antologia poética*, 1979, entre outros.

Um lírico puro, da vertente de um Manuel Bandeira e da raiz mais oculta, de um Ribeiro Couto, com verso melodioso, em surdina. Com o gosto de dizer aos goles o mistério. Límpido sonetista, com a serenidade diante da morte, simples e profundo, mais claro que escuro, sábio nas rimas, de contido grito, entre mansuetude e espanto. Sobretudo em seu melhor livro, *A boca da noite*.

> De repente, eis-me que tudo tão tranquilo
> Como se a morte já tivesse vindo.
> Não me ocupa o amanhã para construí-lo.
> Nem me lembra se ontem não foi lindo.
>
> Da cinza não me queixo pois foi brasa.
> Entre os livros não sofro solitário.

---

667. QUINTANA, Mário. **Mário Quintana**: poesia completa. Rio de Janeiro: Nova Aguilar, 2005.

CARLOS NEJAR

Árvores e filhos deram luz à casa.
Tive flores de irmãos no meu calvário.

Sinto entre as sobras o invisível rio.
descer tão lento agora que a canoa
para no susto antigo que a povoa.

Nem alegria ou dor, calor ou frio.
No mundo ponho uns bons olhos de avô:
foi a boca da noite que chegou.[668]

 E estes tercetos de *O amor calado*: "E nunca mais proclamarei que te amo. / Antes o negarei – como os namoros / secretos de menino encabulado. // Que se cale este verso em que te chamo. / Cessem para jamais risos e choros. / Meu amor mineral é tão calado! //" Com algo de cantiga, é visível nele uma *secreta fraternidade*, ou secreto dom de intercalar silêncios. Cristalinos como a água e a sede. Porque "os silêncios são apenas falas sem voz".

---

668. COSTA FILHO, Odylo. **Boca da noite**. São Paulo: Salamandra, 1979.

CAPÍTULO 26

Poetas da geração pós-Modernista

*Vinicius de Moraes – a fidelidade e a dessacralização
do eterno feminino
Mário Quintana: esconderijos
Lila Ripoll (os maduros frutos) e a túnica vazia
de Nilson Bertollini
Helena Kolody e a verbal sinfonia dos sonhos
Lara de Lemos e Aura Amara*

Vinícius de Moraes – a fidelidade e a dessacralização do eterno feminino

Nasceu no dia 19 de outubro de 1913, no Rio de Janeiro. Filho de classe média, tornou-se diplomata e viveu no Exterior, até que foi aposentado compulsoriamente pelo movimento militar de 1964. Poeta mais que da poesia, da vida. E mais da poesia que do poema. Publicou: *O caminho para a distância*, 1933, *Forma e exegese*, 1935, *Ariana, a mulher*, 1936, *Novos poemas*, 1938, *Cinco elegias*, 1943, *Poemas, sonetos e baladas*, 1946, em Barcelona, através de João Cabral – *Minha pátria*, 1949, *Orfeu da Conceição*, 1956, teatro em versos,, de ambição maior do que o resultado estético, que serviu de base ao filme *Orfeu Negro*, 1958, do cineasta francês Marcel Camus, *Livro de sonetos*, 1957, *Novos poemas*, 1959, *Para viver um grande amor*, 1962, *Antologia Poética*, 1967, *Poesia completa e prosa*, 1974.

Desde a edição dos primeiros poemas, chamou a atenção da crítica, sobretudo, pelas *Cinco elegias* e *Livro de sonetos*.

HISTÓRIA DA LITERATURA BRASILEIRA
Da carta de Caminha aos contemporâneos

Poesia de elevada inspiração lírica com desesperada beleza, como em *Ternura*: Eu te peço perdão por te amar de repente / Embora o meu amor seja uma velha canção nos teus ouvidos. //" Ou a Elegia quase ode: "Meu sonho, eu te perdi; tornei-me um homem. //" Ou o poema que inicia: "Meu Senhor, tende piedade dos que andam de bonde". Terminando antologicamente: "E se piedade vos sobrar, Senhor, tende piedade de mim!"[669]

É um poeta que toma a defesa de toda a humanidade ferida, sublime na simplicidade, magnífico no fogo. É um dos mais nobres e admirados poemas da língua, ao lado de outros, como *O dia da criação*, *Pátria minha*. E o antológico, *O operário em construção*, poesia social de força e consciência sobre a relação do homem e o trabalho. Tem, como observa Octavio de Faria, "a impossibilidade de aceitar a miséria da natureza humana."[670] A terrível e fascinante, de ritmo compulsivo, sufocado, *Balada do enterrado vivo*. Ou *Poética (1)*, espécie de itinerário da alma.

De manhã escureço
De dia tardo
De tarde anoiteço
De noite ardo.

A oeste a morte
Contra quem vivo
Do sul cativo
o este é meu norte.

Outros que contem
Passo por passo;
Eu morro ontem

Nasço amanhã
Ando onde é espaço:
Meu tempo é quando

---

669. MORAES, Vinicius de. **Poesia completa e prosa**. Rio de Janeiro: J. Aguilar, 1974.
670. FARIA, Octavio de. **Obra completa**. Rio de Janeiro: Pallas, 1985.

CARLOS NEJAR

Celebrou entre afluências (Camões, Lorca, Drummond...), a eterna Amada, obsessivamente nova e antiga. Foi o poeta da mulher: "Perdoem-me as feias, mas beleza é fundamental."[671] Ou "Tende misericórdia das mulheres."[672] De muitas musas, amores, era um romântico sempre, enamorado, plangente, erótico. O centro de sua poesia: o amor. Seus sonetos têm versos que ficaram. Bastaria, um só deles, para imortalizar um poeta. *Soneto da separação*, por exemplo, já clássico e cheio de soluções inesperadas:

> De repente do riso fez-se o pranto
> Silencioso e branco como a bruma
> E das bocas unidas fez-se espuma
> E das mãos espalmadas fez-se o espanto.
>
> De repente da calma fez-se o vento
> Que dos olhos desfez a última chama
> E da paixão fez-se o pressentimento
> E do momento imóvel fez-se o drama.
>
> De repente, não mais que de repente
> Fez-se de triste o que se fez amante
> E de sozinho o que se fez contente.
>
> Fez-se do amigo próximo o distante
> Fez-se da vida uma aventura errante
> De repente, não mais que de repente.

Ou este outro, famoso, *Da fidelidade*:

> De tudo, ao meu amor serei atento
> Antes, e com tal zelo, e sempre, e tanto
> Que mesmo em face do maior encanto
> Nele se encante mais meu pensamento.

---

671. MORAES, Vinicius de. **Poesia completa e prosa**. Rio de Janeiro: J. Aguilar, 1974.
672. MORAES, Vinicius de. **Poesia completa e prosa**. Rio de Janeiro: J. Aguilar, 1974.

HISTÓRIA DA LITERATURA BRASILEIRA
Da carta de Caminha aos contemporâneos

Quero vivê-lo em cada vão momento
E em seu louvor hei de espalhar meu canto
E rir meu riso e derramar meu pranto
Ao seu pesar ou seu contentamento.

E assim, quando mais tarde me procure
Quem sabe a morte, angústia de quem vive
Quem sabe a solidão, fim de quem ama

Eu possa me dizer do amor (que tive):
Que não seja imortal, posto que é chama
Mas que seja infinito enquanto dure.

Foi cronista, escrevendo também sobre cinema. Dedicou-se à música popular brasileira, sendo um dos maiores letristas. Compôs com Tom Jobim (sua é a letra), de *Garota de Ipanema*, *Felicidade* e outros sucessos, sendo também seus parceiros musicais Chico Buarque de Holanda e Toquinho. Sua arte pedia um auditório, amplo público e toda ela é a dos jograis, cantadores, poesia fonética. E assim se realizou, vivendo poesia entre música e amor. Não foi feliz em *Orfeu da Conceição*, cujo libreto não contém a expressividade e a garra criadora de seus *sonetos*. Nas *elegias* possui, em regra, um verso longo, claudeliano, de larga inspiração; e nas *baladas*, a influência de Bandeira, um Bandeira mais lúdico, menos concentrado, mais inumerável. E certo prosaísmo de um Augusto Frederico Schmidt. Ou um Lorca, do *romanceiro gitano*. E há um aspecto rabelaisiano na poesia viniciana, ou dessacralização ou desmistificação do acontecimento de amor, retirando o halo de idealismo, ou desbotando a sublimidade ocasional, despojando-se na imobilidade poemática, ou nos arcaicos rebocos. Essa crueza e desproporção, até mau gosto, ou banalidade, com abuso do grotesco, o cinismo que desarmoniza com seu *pathos* naturalmente lírico. Havendo no "eu" interior essa dicotomia entre o pulsar do sentimento e o pulsar da brutal realidade. E essa não podia demitir-se do instinto encantatório. Exemplo: "Sou um monstro de delicadeza... Uma promessa / De socorro, compreensão e de fidelidade para a vida" (*Elegia ao primeiro amigo*). Ou "Um olhar de perdão para o passado / Uma anunciação de primaveras!" (*A bomba atômica*). Não se sabe em que proporção um poeta habita as fronteiras entre a linguagem e o delírio, mas certamente habita o inesperado ou desconhecido. Atingiu a carnavalização backhitiniana? Decerto as ressonâncias, apropriações, aderências textuais vinicianas de outros autores são benevolentemente acolhidas por Goethe: "Não pertence tudo o que se fez, desde a Antiguidade, até ao mundo contemporâneo, *de jure*, ao poeta? Por que ele haveria de hesitar em colher flores onde as encontrasse?"[673] E Vinícius sem pejo as recolheu. Cito um exemplo no verso de Henri de Régnier (1928) – "*L'amour est éternel tant qu´il dure*"[674] (o amor é eterno enquanto dura), que transformou, também falando do amor; "Que não seja imortal, posto que é chama / Mas que seja infinito enquanto dure." Esse poder de recuperar para si o que veio de outrem manteve intangida sua personalidade. Convertendo as afluências, de modo geral, "em algo melhor ou, pelo menos, em algo diferente"[675] – de acordo com o conselho de Eliot. E foi, aliás, inúmero o poeta Vinícius de Moraes, que conseguiu em vida, coisa rara – o afeto de sua gente. Onde era visto e ouvido, o apelido brotava, como se das entranhas do tempo: *Poetinha*.

Soube Vinícius viver o que vislumbrou Bertrand Russell: "A união amorosa em mística miniatura, tendo a visão dos céus que santos e poetas imaginaram."[676] Vinícius, celebrando, magnificou na existência o excelso, que mais do que carnal, exige unidade do corpo e da alma, com todos os sentidos. Desnudando-se. Escreveu Leonardo Da Vinci: "Onde há muito sentimento, há muita dor."[677] A mulher sendo mito, deusa

---

673. GOETHE, Johann Wolfgang Von apud MACHADO, Arlindo. **Máquina e imaginário**: o desafio das poéticas tecnológicas. São Paulo: Edusp, 1993.

674. RÉGNIER, Henri de. **Flamma tenax, 1922-1928**: poèmes. 7. ed. França: Mercure de France, 1928.

675. MORAES, Vinicius de. **Poesia completa e prosa**. Rio de Janeiro: J. Aguilar, 1974.

676. RUSSELL, Bertrand. **O melhor de Bertrand Russell**: Silhuetas Satíricas. Rio de Janeiro: Bertrand Brasil, 2000, p. 164.

677. DA VINCI, Leonardo apud Buchsbaum, Paulo. **Frases geniais**. Rio de Janeiro: Ediouro, 2004.

idolatrada, fêmea devoradora: de força fez-se fraqueza. Como uma criança que busca o ancestral ventre materno. Ardor e dependência. Porque não é o *amor natural*, como intitulou Drummond, num de seus livros póstumos, é o *amor desnaturado*. Sua entrega foi tamanha que retratou seu desamparo. Retorno ao ventre e à água maternal. E não é a loucura o desamparo da razão? O menino que não suportava a solidão, povoando-a de femininas palavras. E as nutrindo na provisão sem termo de sua fome, em que apenas os pés dos versos podem andar. E andam com engolida melancolia, como neste fragmento, *A hora íntima*:

> Quem pagará o enterro e as flores
> Se eu me morrer de amores?
> Quem, dentre amigos, tão amigo
> Para estar no caixão comigo?
> Quem, em meio ao funeral
> Dirá de mim: – Nunca fez mal...
> Quem, bêbedo, chorará em voz alta
> De não me ter trazido nada?
> Quem virá despetalar pétalas
> em meu túmulo de poeta?[678]

E Vinícius, mais do que um poeta maior que nos defronta com a construção de livros inteiriços, é um poeta de versos lapidares, com talento para palavras justas que ficam no espírito do leitor. E muitos deles viajam de boca em boca, de memória em memória, como se viessem do povo. Tal amor é fatal como a morte; a morte no amor e o amor na morte. "E que seja infinito, enquanto dure."

Mário Quintana: esconderijos

Mário Quintana com *Esconderijos do tempo* (L&PM, 1980) captura os subterrâneos felizes da infância, sótãos, figuras, retratos, fantasmas, mundos, visões. Busca tirar dos baús de

---

678. MORAES, Vinicius de. **Poesia completa e prosa**. Rio de Janeiro: J. Aguilar, 1974.

assombro aquela parcela de vida que a poesia torna intocada. Ou melhor, inventa com os poemas a forma de se ocultar, menino, na caverna do tempo. Mas existirá tempo no milagre de ver, criando? Ou é mais uma sapiência do poeta infante, crente nos poderes absolutos de um universo criado? Ou de um universo que já existia há muito, existindo desde sempre. Assim, não está fora do tempo ou contra, está no plasma quando o homem se redescobre. Porque também se inventou a si mesmo, como a um esconderijo. Refugia-se da ferocidade do mundo, da ferocidade das pessoas, que lhe molestam. E sua humanidade as evita, com raros poemas dedicados à mulher, como *Solau à moda antiga*. Uma humanidade que não quer saber de questão social, por aborrecê-la; uma humanidade que se assusta com a humanidade. (E às vezes é assustável!) Privilegia as coisas que não o chocam, terminando por albergar-se nas palavras puras, sem culpa da maldade dos homens, as palavras enchidas de eternidade. "Moro em mim" – falou numa entrevista ao *Estado de São Paulo* (21.08.1980). E *a casa-grande* continua sendo explorada em seus subterrâneos, *a casa maior do que o mundo*, com as cidadezinhas que retornam (*As cidades pequenas e crônicas*), com suas damas com grandes chapéus (*Elegia ecológica)*. Tudo perpassado de lirismo, ternura, silenciosa ironia. Quintana consegue dosar lirismo e humor (levemente zombeteiro), com inocência. E até "os antigos retratos de parede / não conseguem ficar longo tempo abstratos //" (*Retratos*).

Quintana assume, enfim, sua solidão, igual a "de seus primeiros sapatos que continuavam andando / que continuam andando / – rotos e felizes" (*Ah, o mundo*). É afim de Jorge Luis Borges na perplexidade, nos esconderijos ou labirintos (*Lua subterrânea*). Para Borges, "todos os homens são William Shakespeare" (*Tlon, Uqbar, Orbis Tertius*), e àquele, "todos os poemas são o mesmo poema" ou "todas as horas são horas extremas" (*Pequeno poema didático*). Para Quintana, "o tempo não pode viver sem nós, para não parar" (*O tempo*), e ao autor de *O livro de areia*, "o tempo é um rio que me arrebata, mas eu sou o rio."[679] Aqui, como em *Apontamentos de*

---

679. QUINTANA, Mário. **Nova antologia poética**. São Paulo: Globo, 1981.

história sobrenatural, Mário Quintana não somente brinca, joga magicamente, escrevendo *versos como os saltimbancos*, o que singulariza a primeira fase de sua obra, resvalando, às vezes no anedótico, as palavras de efeito, o vício de poeta inapelavelmente triste, havendo certo moralismo nas sentenças refletidas em seu *Espelho mágico*, mas entra na realidade do destino e da dor.

"Belo, intratável" (usando dois adjetivos bandeirianos), pungente e universal é o seu *Apontamentos de história sobrenatural*, o mais alto cântico de sua trajetória, quando escreve avistando de perto a vida e a morte, com surrealismo carregado de real, um real capaz de *cantar a canção das chamas*. Atinge o dramático e trágico. "Morrer é esquecer as palavras" (*A noite grande*) ou camonianamente, em *Sôbolos rios que vão*, onde "não sei mais se me matei / se morri por distraído / se me atiraram do cais". E estamos diante de uma *metapoesia*, trazendo a crítica impiedosa da *colorida erudição*, o despojamento das *visões deste lado*, o que não será confiscado (*Preparativos de viagem*). O volume termina com *As mãos de meu pai*, e como elas, "uma luz parece vir por dentro". Aplicando-se o que asseverou Jorge Guillén: "*Esta concepción de un orbe sometido a esencial armonía no excluye el drama: lo exige.*"[680]

Entre a rua dos cataventos e a história sobrenatural

> Eu sou aquele que estando sentado a uma janela,
> a ouvir o Apóstolo das Gentes,
> adormeci e caí do alto dela.
> Nem sei mais se morri ou fui miraculado:
>
> consultai os Textos, no lugar competente –
> o que importa é que o Deus que eu tanto ansiava
> como uma luz que se acendesse de repente,
> era-me vestido com palavras e mais palavras
>
> e cada palavra tinha o seu sentido...

---

680. GUILLÉN, Jorge. **Lenguaje y poesia**. Madrid: Alianza, 1962. p. 15.

Como as entenderia – eu tão pobre de espírito
como era simples de coração?

E pouco a pouco se fecharam os meus olhos...
e eu cada vez mais longe... no acalanto
de uma quase esquecida canção.[681]

 E, miraculados, somos conduzidos à presença do Deus vivo. O mesmo que, em outro poema, Quintana faz "sentá-lo depois à nossa mesa e dar-lhe do nosso pão e do nosso vinho". Onde "cada palavra tinha o seu sentido": o do início do mundo, com bichos e árvores. A imaginação é arte de mudar de abismo. Coleridge não achava diferença entre a imaginação do poeta e a revelação da fé. A ponto de Novalis, bem antes, haver observado: "A religião é poesia prática."[682] Porém, a poesia é a constante prática da linguagem que descansa no absoluto. Porque o poema se faz criatura comum, incomum, de muitos olhos no Éden, antes da Queda. Porém, sabe rir. Quintana sabe rir da burrice, dos trastes que nos encobrem. Ou do fim do mundo, em que os pobres homens não serão nem ao menos *arqueólogos do Tempo*, que é "velho paralítico a tocar a campainha atroz" na cadeira de rodas. Não é um rir maldoso ou sardônico. É um rir diante dos que tentam dirigir a vida ou satiriza os que invadem a privacidade.

 Mário Quintana introduziu na poesia um humor lírico, às vezes evasivo, suficiente, malicioso, inteligente. O humor que ri com seus fantasmas, de quem nunca se libertou, nem quis libertar-se. Sua poesia desde o princípio na imagética é igual. Mudou apenas no tom mais sofrente. Para ele a poesia é dança insondável, começo e fim. Espanto. A realidade é diversa: "velho casarão de vidraças partidas". A imagética nos pomares deste poeta do Alegrete ou Andrômeda despoja-se, entre rimas e aliterações, "da impura linguagem dos homens". Com *a rua da linguagem, a dos cataventos*, que lhe pertence, como

---

681. QUINTANA, Mário. **Poesia completa**. Rio de Janeiro: Nova Aguilar, 2005.
682. NOVALIS. **Fragmentos**. Lisboa: Assírio e Alvim, 1971.

a *Pasárgada* de Bandeira. Território sem possível esbulho. A outra infância, os saltimbancos e amadas, baús velhos e fantasmas, companheiros vivos, mortos. Ali, "a luz estende a roupa nos telhados" e podemos dançar sobre a cidade. A felicidade é inaugurada entre as benditas coisas. A certeza inabalável de que a "luz do morto não se apaga nunca".

No *Livro das canções* (reeditado, e mais jovem ainda, pela editora Globo, em 1986), penetra o Minuano, com ramos embalados na árvore do verso. Conhecemos Sherlock, o Lógico (deste leitor inveterado de romances policiais), e Oscar, o pobre *aprendiz de feiticeiro*, como o autor. "Nunca a água foi tão pura. / Quem a teria abençoado?"[683] Há uma toada de cantiga. E certa brejeirice. T. S. Eliot, escrevendo *Sobre a poesia e os poetas*, constata que "a música da poesia deve ser uma música latente na fala comum de sua época."[684] O poeta preserva a fala coloquial de sua gente, em *Sapato florido* (como esquecer o cativante anjo Malaquias, nome de um profeta do Velho Testamento?), com o surrealismo domado, que atinge novos acentos. *Apontamentos de história sobrenatural* é um livro que revela a fuga da morte para os *Esconderijos do tempo*. Ou esta outra fuga pela ausência (*Velório sem defunto*, 1990). Fugitivo pela linguagem, ou sobrevivente, Mário Quintana sob a estranheza nua dos objetos, ou dos "espelhos que roubam nossas imagens", e que, pela indiferença, as recupera. Sem procurar ser diverso. E a estranheza só vem da nudez e da intimidade. E, ao contrário de Proust, a quem o tempo é essência, com movimento de música e odores da lembrança e a quem traduziu admiravelmente, reage diante dele com frieza. É o tempo que tenta, em algum rincão da memória, compreendê-lo. Octavio Paz adverte que "a imaginação, sobretudo, transfigura o objeto sensível."[685] Todavia, pode ele também transfigurar a imaginação. Tudo o que toca, possui a absorção do sonho e os objetos criados assumem contextura, dimensão. E habitamos

---

683. QUINTANA, Mário. **Nova antologia poética**. São Paulo: Globo, 1981.

684. QUINTANA, Mário. **Nova antologia poética**. São Paulo: Globo, 1981.

685. PAZ, Octavio. **Os filhos do barro**. Rio de Janeiro: Nova Fronteira, 1974.

com o sonho, não no universo de mecanismos informes. Mas num universo de irrefutável lógica. A lei é a do cosmos à deriva como barca. Àquele outro, antes da Criação.

Nos poemas quintanianos, corre outra história, à feição desta, tão universal: a história do futuro. E, balbuciante, a antevemos. *Os tesouros perdidos no fundo do mar* retornarão aos pósteros? Ou realizaremos os velhos sonhos da infância, como *Tolstói da Gare de Astapovo*, que escapou de sua casa, aos oitenta anos? Responderá em nós o peregrino malcontente? Teremos a volúpia de Juliano, o erotismo da "polpa de um fruto maduro na boca?" Jogaremos com os soldados os destinos de Roma e do mundo? Em *Apontamentos de história sobrenatural*, o grande lírico arranca da sombra, esta pedra altíssima, autêntica obra-prima, em *Este quarto* (dedicado a Guilhermino César):

> Este quarto de enfermo, tão deserto
> de tudo, pois nem livros eu já leio
> e a própria vida eu a deixei no meio
> como um romance que ficasse aberto...
>
> que importa este quarto, em que desperto
> como se despertasse em quarto alheio?
> Eu olho o céu! Imensamente perto,
> o céu que me descansa como um seio.
>
> Pois só o céu é que está perto, sim,
> tão perto e tão amigo que parece
> um grande olhar azul pousado em mim.
>
> A morte deveria ser assim:
> um céu que pouco a pouco anoitecesse
> e a gente nem soubesse que era o fim.

Aliás, os sonetos (destaco os antológicos – XVII, XVIII, XIX e XXVII – da *Rua dos cataventos* e alguns da última fase) e as canções de Quintana formam um capítulo à parte. Pela sabedoria e leveza, aquela de que trata Ítalo Calvino nas suas

Considerações sobre o novo milênio. Seu paralelo em nossa literatura nos sonetos é com Jorge de Lima e Vinícius de Moraes. E, nas canções, com a magistral Cecília Meireles. Usa nos demais poemas (não nas canções e sonetos), em regra, o verso longo, dútil, que equilibra como um grande pássaro. A poesia endoidece a prosa, como a razão endoidece o sonho. E Quintana é uma imaginação que não deixa dormir o texto. Por isso, mais que timbre, tem uma epiderme de voz que se torna pele da alma em sua obra maior, *Apontamentos de história sobrenatural*. Érico Veríssimo afirmou que Quintana não é um homem, é um anjo que esqueceu a asa fora do casaco. Talvez pela presença dos anjos na sua criação, deixando um rastro de lume ou de asas nas páginas. O anjo *Malaquias* está para o poeta gaúcho, como *Heurtebrise* está para Jean Cocteau. Porém o anjo de Quintana é doce e ameno, o de Cocteau é uma relação irada ("Anjo ou fogo? Tarde demais. Joga-se Fogo! Ele cai fuzilado pelos soldados de Deus//")[686]. Ou os anjos de Blake, ou de Rilke, "em que a beleza é terrível".[687] Essa angelitude da poesia quintaniana, vez e outra, tem traço religioso no sentido novaliano, cujo exemplo mencionado é *Eu sou aquele*, de visão mística. Há, porém, outra esfera na criação do poeta, que é profana, num espelho onde o fundo é o *eu* imperioso, imprevisível, categórico, o *eu* na sala do poço, o *eu* que fala tanto do poema e da poesia deslumbrado, falando de si, o *eu* no poço do abismo e da infância.

Diferente de Vicente Huidobro, que chega, em certo instante de *Altazor*, a despira linguagem de significações, a linguagem de Quintana não deseja ser, almeja alcançar sentidos mais ricos, além do que diz, sugerindo. Infelizmente é muitas vezes mais celebrado por seu lado fácil, comunicatório, pelo tom trocadilhesco, anedótico, folclórico (nem sempre o mais apurado), popularesco, do que por sua maestria de mago das imagens, conhecedor da alma e morador da rua dos cataventos. E que não se tergiverse. São todas faces de um mesmo

---

686. QUINTANA, Mário. **Poesia completa**. Rio de Janeiro: Nova Aguilar, 2005.
687. QUINTANA, Mário. **Poesia completa**. Rio de Janeiro: Nova Aguilar, 2005.

espelho, voltado ao sortilégio de si mesmo. Ou às vezes é lido ao avesso como o espelho, de Lewis Carroll. Lido pela imaginação. E, se houve uma evolução – e poetas como Quintana já vêm maduros – é de foro interior, foro de experiências íntimas – que vai de *Aprendiz de feiticeiro* para o auge, na flor dos sessenta anos, com *Apontamentos de história sobrenatural*, 1976, onde todos os temas encontram seu tema e todas as horas, a sua hora. De um lado, o apologista de mistérios e, de outro, o que está com as pálpebras fincadas no outro mundo. Esses dois universos se completam, harmonicamente, como uma moeda. E aqui, do mesmo modo, se verifica, como em Machado, Mário Quintana ao encarar virtuosos sentimentos, por certo horror à hipocrisia, boceja ou cochila ou graceja. É um moralista que não se rege pela virtude, ainda que a luz não cochile. Cabral se rege pela educação da pedra, outros pela educação dos sentidos, Mário se rege pelo exemplar ato de educar pela poesia. Nesse sentido, é um disciplinador, ainda que não queira.

E a tal evolução interna, do saltimbanco para o homem que se vê diante da morte, falando no excepcional *O monturo*: "Quero morrer na selva de algum país distante... / Quero morrer sozinho como um bicho! //". Ou "Atravessa a rua / Como nos tempos quase imemoriais / Do cinema silencioso... /Sabes, Beatriz? Eu vou morrer!" – sussurra em *Carta desesperada*. Tal evolução não é uma conversão paulina, é um lento divisar destes nossos degraus viventes, aperfeiçoando premissas que se aleitaram em volumes anteriores e na feição lapidar do verso, aformoseando etapas de maturação, que se não é de um dia para outro, é de um mistério a outro.

Mário Quintana nasceu em Alegrete, Rio Grande do Sul, em 30 de julho de 1906, e faleceu em Porto Alegre, em 5 de maio de 1994, tendo honras militares por parte do Governo do Estado. Foi jornalista no *Correio do Povo*, com sua coluna *Caderno H*. Solteiro, morou em hotéis, um deles tomou o seu nome – *Casa de cultura Mário Quintana*. Foi tradutor da Editora Globo. Viveu sempre em Porto Alegre, onde foi figura carismática. Lírico por excelência, mostrou que o que as imagens sonham, acabaremos sonhando. E o que elas esquecem, recordaremos. Pois, "sonhar é acordar-se para dentro."[688] Acordar-se muito. Dentro do futuro. E, agora, sonhamos as palavras que o poeta Quintana acordou. E acordarão de novo, sempre que as lermos. Ou nos lerão, enquanto sonharmos.

Lila Ripoll (os maduros frutos) e a túnica vazia de Nilson Bertolini

A Lila Ripoll do Quaraí e o que se foi jovem. A poeta gaúcha nasceu em Quaraí em 1916 e faleceu em Porto Alegre, anos depois de ter sido presa como comunista em 1964, pelo Golpe Militar e com adiantado estado de câncer. Formou-se no Conservatório de Música da UFRGS, desistindo do sonho de ser concertista. Publicou: *De mãos postas*, 1938, *Céu vazio*, 1943, *Primeiro de maio*, 1954, *Poemas e canções*, 1957, *O coração descoberto*, 1961, *Águas móveis*, 1965 e a *Antologia poética*, 1967.

Embora injustamente esquecida, Lila Ripoll firmou-se como um dos maiores nomes da poesia do Rio Grande, merecendo reconhecimento nacional. Sua militância política envolveu-lhe a criação, tornando-a, muitas vezes, panfletária, contrariando seu temperamento eminentemente lírico. Quando, em *Coração descoberto*, desataviou-se de toda essa chumbosa vestidura ideológica, tomando posse da própria identidade, realizou sua melhor poesia: forte, vigorosa, límpida, musical, com dicção peculiar. Seu estro assume surpreendente beleza de imagens, substantivação verbal e um ritmo jovem, variado. Destaco os seguintes poemas que tocam o leitor pela invenção e autenticidade. Ei-los: *Testamento, Piedade para os meus mortos, Retratos, Canção de agora, Grito, Alvorada, Silêncio, Realidade.* E transcrevo esse último:

> Não quero olhar esta manhã unânime na sua claridade
> Nem ver o pássaro que se incorpora na paisagem.
> Reconheço a primavera

---

688. QUINTANA, Mário. **Poesia completa**. Rio de Janeiro: Nova Aguilar, 2005.

mas sei que ela é fictícia.
Que é impostura seu ar de flor aberta,
com acenos à vida e à liberdade.
Não mergulho no céu e não aceito revoar de arcanjos.
Não quero nuvens vazias e translúcidas, nem ventura celeste do vento e chuva construída
Tenho o peso terrestre sobre os ombros. Duro.
Lacerado, Decomposto.
Que quer esta manhã de claridade unânime?
A hora é triste e meu poema respira claridade.[689]

E este certificado de grandeza em *Canção de agora*:

Ontem meu peito chorava.
Hoje, não.
Também cansa a desventura.
Também o sol gasta o chão.

Estava ontem sozinha,
tendo a meu lado, sombria,
Minha própria companhia.
Hoje, não.

Morreu de tanto morrer
a pena que em mim vivia.
Morreu de tanto esperar.
Eu não.

Relógios do tempo andaram
marcando o tempo em meu rosto.
A vida perdeu seu tempo.
Eu não.

Também cansa a desventura.
Também o sol gasta o chão.

---

689. RIPOLL, Lila. **Obra completa**. Porto Alegre: Instituto Estadual do Livro, 1998.

HISTÓRIA DA LITERATURA BRASILEIRA
Da carta de Caminha aos contemporâneos

Claridade ou lume, sol que gasta o chão. Consumição foi sua existência e o mal que a dilacerou. Lila Ripoll: mulher corajosa, definida, incorruptível. Íntegra. E não se diga que os deuses amam os que cedo partem, porque não há deuses na morte. A 18 de julho de 1944, houve para Lila Ripoll e para a poesia gaúcha, uma perda trágica. A de Nilson Bertolini, jovem poeta e acadêmico de direito, ligado à Lila, aprendiz de voragem (viagem), depois de compor um poema a ela dedicado, suicida-se. Nilson publicou pela Livraria do Globo, de Porto Alegre, em edição rara de cem exemplares, os seus *Poemas*. Nasceu em Quaraí, outro vínculo com a Poeta Ripoll (a mesma terra natal), em 1923. No dia 18 de julho de 1944, *não quis mais viver*. E observem os leitores, isso aconteceu há mais de 60 anos. Que força criadora morreu com ele? Porque é impressionante o talento, sua carga de beleza e ritmo, a estranha vibração, sotaque originalíssimo e "a fascinante sugestão de mundos metafísicos, com as mais claras paisagens interiores." Não refiro apenas ao que poderia ter sido, porém ao que já alcançou, em breve tempo, merecedor que é de uma edição digna dos seus versos. Vejam como previu a própria morte: "Que estranho esquife de dourados panos / atravessou a rua calma? //" Leitores, aí vão alguns textos: *Filigrana nº 2:* "Meus poemas cresceram. / Meus poemas subiram. / Invadiram pomares e quintais. // Quantos jardins hão de ficar sem flores, / quando meus poemas não cantarem mais?" *Desencanto:*

>Abre-me as portas, porto!
>O meu navio foi morto
>dentro desse cais...
>Outras cantigas minhas,
>cantam se andam sozinhas,
>porque eu não canto mais!
>Mas não sinto revolta,
>nem se uma vida volta,
>nem se outra vida vai...
>Abre-me as portas, porto!
>O meu silêncio morto
>dentro da vida cai!

Canto do suicida:

> Meu coração está de luto.
> Meu coração está de treva.
> Ventos roubam-me pássaros da mão.
> Onde meus gestos estarão?
> No riso da minha boca,
>
> ou no rosto dos afogados?
> Onde meus gestos estarão?
> Meu coração está de luto?
> Meu coração está de treva?
> A noite é fria?
> A água é fria?
> Quem vestirá minha túnica vazia?

Se os poemas se gravam no papel, esses se gravaram de morte. E a morte grava alguma coisa? "Os sapatos se encheram do limo da terra, / e abriram-se quarenta pétalas / no ar. //"[690] Hoje, pelo silêncio essas pétalas explodem. E não completam sequer uma flor.

Helena Kolody e a verbal sinfonia dos sonhos

Nasceu em Cruz Machado, Paraná, em 12 de outubro de 1912, e faleceu em Curitiba, em 14 de fevereiro de 2004. Dedicou-se ao magistério na Escola Normal Secundária da capital do Paraná, durante 23 anos, e foi também Inspetora do Ensino. Obras: *Paisagem Interior*, 1941; *Música Submersa*, 1945; *A Sombra no Rio*, 1951; *Poesias Completas*, 1962; *Vida Breve*, 1964; *Infinito Presente e Saga*, 1980; *Poesia Mínima*, 1986, *A Viagem do Espelho**, 1988; *Ontem Agora*, 1991, entre outros livros de poemas.

Sua poesia tende à brevidade, à palavra exata e à música de que jamais se afasta, vinculada ao Simbolismo, em sua raiz criativa. Talvez seja seu livro *Vida Breve* o mais expressivo – a

---

690. RIPOLL, Lila. **Obra completa**. Porto Alegre: Instituto Estadual do Livro, 1998.

nosso ver – de sua trajetória que se move em torno do tempo, que se encurta e do que nos encerra. Com a noite "pausa de sombra entre um dia e outro dia." Tudo em Helena Colody é tênue, simples, sofridamente contido, utilizando imagens que trabalham a contradição das cores e as antíteses entre os elementos que nos cercam, contracenando a luz e a treva. Porque sabe que "o grande mar nos une e nos separa", entende a argila de onde viemos e como a eternidade é "maré no silêncio". Porque esta poesia é tecida de silêncios, como se armasse pedras, uma e outra, pedras de palavras, pedras de grandes dores, com o atrito de catar na tempestade, o apaziguado grito, ciente de que a vida não é morte, mas brota de seu âmago. E que a semente está viva na polpa do fruto. Portanto, é uma poesia concisa, densa, ainda que tenha veredas e vocábulos que não alcançaram a Modernidade, a sede e a fonte de onde emana, ultrapassa esses limites, carrega na transcendência, uma voz cautelosa e livre, humana e severa, que "resvala no muro da morte", com hálito divino. E como ela anota: "Damos nomes aos astros.../ Qual será nosso nome / nas estrelas distantes? //"

Lara de Lemos e Aura Amara

Nasceu em Porto Alegre, Rio Grande do Sul, em 22 de julho de 1925. E faleceu no Rio de Janeiro, em 12 de oubtubro de 2010. Formada em Direito. Poeta, contista, cronista, jornalista. Publicou: *Poço das águas vivas*, poesia, 1957; *Nove do sul*, antologia de contistas gaúchos, 1962; *Histórias sem Amanhã*, crônicas, 1963; *Aura amara*, poesia, prêmio Jorge de Lima, do Instituto Nacional do Livro, 1968; *Amálgama*, poesia, 1975; *Adaga lavrada*, poesia, 1981; *Palavravara*, 1986; *Águas da memória*, poesia, 1990.

Lara de Lemos escreve poemas por ter a poesia a reconhecido antes. Integra seus elementos com a vida, o ar, o silêncio. E tem sotaque particularíssimo. Como se respirasse o sol e o sol a respirasse. Sua forma é a canção, a balada, a redondilha, próxima da *canção de amigo* provençal, com versos, em regra, curtos, raramente o soneto. Desfia elegiacamente o rasurado grito. É profunda esta poesia, embora simples como balde em *poço de águas vivas*. Metáfora precisa, com corte de faca. Aproxima-se de Cecília Meireles na musicalidade mozartiana e pureza de linhas, esta harmonia que desenha o cristal; afina-se com Rosalía de Castro, a galega, pela secura e certo sabor popular ("Não fujo não, se eu fugir / de um lugar a outro lugar / de mim mesma já ninguém, / ninguém me libertará//")[691], ou da pureza de uma Gabriela Mistral. Os temas constantes são o amor, as ciladas, as tramas, o mundo, a liberdade, a dor individual e coletiva, as coisas extraviadas. Seus livros mais altos: *Aura amara* e *Águas da memória*. É alguém que, sendo uma, se divide em muitas. Tem quietude e pensamento olhando; lirismo e antilirismo em fogo. A fugacidade e o zelo da terra com a brandura fêmea que se faz senha, sigilo dos símbolos. Poesia que, humilde, reparte-se em pão. E é memória: transição de folhas. Longe da vida literária, no interior do Rio, sabe que a infância se preserva na palavra e a palavra se preserva de infância. Eis alguns trechos, leitores, para o conhecimento de sua poesia.

> Vida:
> O que te peço
> é simples, leve
> – um dia de sol, de paz,
> de dor nenhuma,
> breve.
>
> O que te peço
> é tolo – uma ave,
> um menino, um assovio,
> um rápido voar
> sobre o vivido.
>
> O que te peço
> é pouco – não o amanhã,
> nem o ontem, nem o acesso
> à glória
> e sua morada.

---

691. LEMOS, Lara. **Aura Amara**. [s.l.]: Coordenada, 1969.

HISTÓRIA DA LITERATURA BRASILEIRA
Da carta de Caminha aos contemporâneos

Peço um hiato
– instante raro –
entre o claro do poema
e o nosso nada.[692]

E *Carpe Diem:*

Para Paulo Rónai
Almejo apenas o instante ameno.
As coisas em seu lugar previsto,
à mesa o cotidiano copo, isto
e a serena alegria do repasto.
Por que desvendar outros segredos,
Por que perseguir o verso exato?
O que silencia está tão perto
e pressinto somente puro olvido.
Implacável espelho me reflete
num viver tão breve, tão escasso
que não vale sequer esta agonia.
O que me cerca é o vasto espaço
onde se escoa a tarde lenta,
a necessária noite ao fim do dia.

E a sua memória não para, quer ir adiante, tudo empurrando no seu verso, o curso e o discurso de um rio. Com a certeza de que "aprendeu com a noite / a espera paciente da aurora //". Crendo que da aurora pode ficar o rastro. Crendo que *da palavra do poeta fica mais que um sopro.*[693]

---

692. LEMOS, Lara. **Aura Amara.** [s.l.]: Coordenada, 1969.

693. CLAUDEL, Paul apud GUIMARAENS FILHO, Alphonsus de. **Antologia poética.** [s.l.] : Editora do Autor, 1963.

CAPÍTULO 27

O romance de 1930 e seus afluentes

*José Américo de Almeida e A bagaceira
Rachel de Queiroz – dos trinta ao memorial
Jorge Amado e a Bahia dos velhos marinheiros e milagres As vidas secas, contínuas de Graciliano Ramos e a poética da escassez e da negatividade
Octavio de Faria e a tragédia das almas vivas
José Lins do Rego – do Menino de engenho ao Fogo morto
Amando Fontes e Dalcídio Jurandir
Aníbal Machado, o João Ternura
Rodrigo M. F. de Andrade e os velórios
Érico Veríssimo, ou o pampa do tempo
O carioca Marques Rebelo (Edi Dias da Cruz)
Adonias Filho, ou as léguas de Itajuípe e o silêncio armado da crítica
Josué Montello e o cais do degredo: sagração, paraíso. As autobiografias e memórias
Dinah Silveira de Queiroz e A muralha
Orígenes Lessa na Rua do sol
Vianna Moog e o romance-ensaio brasileiro
Osman Lins: O fiel da pedra
A expedição ficcional de Antônio Callado
Antônio Olinto, entre a casa das águas e o menino e o trem
Cyro dos Anjos e o amanuense dos sonhos
Dyonélio Machado – dos ratos ao Louco do Cati
Lúcio Cardoso e o subsolo
Breno Accioly, o Goeldi da ficção
Cornélio Pena: a menina não tão morta quanto se pensa*

José Américo de Almeida e A bagaceira

José Américo de Almeida nasceu em Areia, Paraíba, em 1º de outubro de 1887, e faleceu em João Pessoa, em 10 de março de 1980. Foi promotor público, procurador-geral, consultor jurídico em sua terra, deputado federal e advogado. Participou da Revolução de 1930, sendo Ministro da Viação de Vargas, senador, ministro do Tribunal de Contas, candidato à Presidência da República, Governador, Reitor. Pertenceu à Academia Brasileira de Letras. Publicou, em 1928, o romance *A Bagaceira*, inicialmente visto com entusiasmo, abrindo *o ciclo regionalista do Nordeste*. Depois, no correr do tempo, por suas muitas deficiências, apesar do senso de realidade da seca, do povo e terra, é visto mais pela ingenuidade, desfolhando-se em sentimentalismo. O político e o administrador eram maiores que o ficcionista. Todavia, mereceu análise de Ângela Maria Bezerra de Castro,[694] em que cita Lukács e Lucien Goldman sobre *o herói problemático*, verificado no protagonista Dagoberto, que preenche os cinco sintomas fundamentais: ruptura entre o herói e o mundo; degradação de ambos; valores autênticos nos parâmetros das degradações, feição dialética do livro e a especificidade do herói. Concluindo: "A alienação de Dagoberto nos faz compreender que suas ações não se inscrevem no âmbito livre da escolha individual. Ele também se faz vítima da estrutura feudal anacrônica e decadente." *A Bagaceira* é um romance de tensão social, prevendo o êxodo do campo para a cidade. Contrariando, com ironia, a nosso ver, a alegada singeleza do romancista. O que não se lhe afastam a imperfeição do estilo e certo discurso vazio. Publicou ainda *Reflexões de um cabra*, 1922, novela, que nada lhe acresceu. O romance do ciclo apenas assumiria grandeza literária com Rachel de Queiroz, a partir de *O Quinze*, 1930. Ninguém, porém, pode tirar-lhe a visão de profeta. Em suas memórias, *A palavra e o tempo*, 1965, conta as experiências de campanha e de vida, como revolucionário de 1930. Foi José Américo, segundo Antônio Carlos Villaça, um

---

694. CASTRO, Angela Maria Bezerra de. **A re-leiturade A bagaceira**: uma aprendizagem de desaprender. Rio de Janeiro: José Olympio, 1987.

dos maiores oradores do Brasil. Com o famoso *Discurso de Niterói* que assim começa: "Já me ouvistes, antes que vos falasse". E outro, atualíssimo, proferido no Palácio Monroe: "O mais tremendo dos gritos de guerra é o grito da fome". A linguagem de José Américo tinha a qualidade imperiosa de designar o nome direto das coisas, até que as coisas pela escrita se clareassem: "Corrias a alegria dos corações endurecidos com a garapa doce da moenda de feno... Traçava, inalteravelmente, a mesma circunferência na bosta de boi. Era a norma automática que distingue a mesmice do instinto de variações da inteligência."[695] Provocadoramente, pelo novo tempo do romance por ele entreaberto, não foi José Américo que criou *A Bagaceira*, foi *A Bagaceira* que criou José Américo.

Rachel de Queiroz – dos trinta ao memorial

O gênio de Rachel de Queiroz (e isso feriria a sua modéstia, alegando sempre nas entrevistas de que não gostava de escrever e que não se levava a sério) era petreamente escultórico – *não da razão, mas do instinto da terra*. Nasceu em Fortaleza, Ceará, em 17 de novembro de 1910. Faleceu no Rio de Janeiro, em novembro de 2003. Moça, escrevendo e pesquisando sobre a seca, que conhecia muito, sob lampião de querosene, no escondido, publicou *O Quinze*, 1930, dando nascimento ao famoso romance de 1930, voltado para o tema social. "Estou com uma dor que é um caos" – foi sua primeira invenção com as palavras que a seguiriam vida afora. Aos 16 anos, descobriu que era míope e os óculos a descobriram. Professora e jornalista na sua cidade, foi ofendida por um escritor de má-fé que espalhou o boato de que tal livro fora escrito pelo pai de Rachel. E a resposta veio nas boas bordoadas de sombrinha que recebeu da autora, depois de ser pego pelo colarinho. Augusto Frederico Schmidt acolheu *O Quinze* "como uma revelação!"[696] Depois Rachel publicou *João Miguel* (Ed.

---

695. ALMEIDA, José Américo. **A bagaceira**. Rio de Janeiro: José Olympio, 1972.

696. QUEIROZ, Rachel. **O quinze**. Rio de Janeiro: José Olympio, 1930.

HISTÓRIA DA LITERATURA BRASILEIRA
Da carta de Caminha aos contemporâneos

Schmidt, 1932). *Caminho de pedras* saiu cinco anos após, pela José Olympio Editora, casa onde ficará por longos anos. Em 1941, lança *As três Marias*, ganhando o Prêmio da Sociedade Felipe de Oliveira. Em 1957, a Academia Brasileira de Letras lhe concede o Prêmio Machado de Assis pelo conjunto da obra. No ano seguinte, publicou *O galo de ouro*. Em 1969 sai *O menino mágico*, que recebe o Jabuti da literatura infantil. Em 1975, publica *Dora, Doralina* e, dois anos depois, é a primeira mulher a tomar posse na Academia Brasileira de Letras. Recebe em 1980 o Prêmio Nacional de Literatura de Brasília. Em 1982, morre seu companheiro inseparável, Dr. Oyama de Macedo. É galardoada com o Prêmio Camões de Brasil / Portugal, e o Juca Pato, em 1993. Depois de cinco anos, publica o seu romance mais ambicioso, agora pela editora Siciliano, *O memorial de Maria Moura*. Foi também cronista, editando o volume de *Crônicas escolhidas*, 1988.

Rachel de Queiroz trabalhou a palavra e foi trabalhada por ela. Amou a simplicidade, o despojamento, desde *O Quinze*. Construiu-se na dor de sua terra e gente, aquela, misteriosa, que vem das raízes e se entranha em cada árvore. Foi seu povo sertanejo – do início ao fim. Endureceu a linguagem para que ficasse enxuta, resistente e seca como as pedras. Até mais, "com o próprio chiar da pedra afiando o aço."[697] Ao cantar o agreste e sáfaro Ceará, percorreu um caminho diferente de seu primo remoto, José de Alencar, que lia nos serões familiares trechos de *O Guarani*, já que esse se foi abrindo, derramando em viços de adjetivos e fulgores, e aquela trilhou *o caminho de pedras*. O senso de realidade de Rachel se apura de livro em livro, podando-se. Vivendo como o cacto da secura, a vitalidade imprevista. Usa a análise psicológica com os diálogos curtos, a simbiose de contensão e síntese. Exata. Da família espiritual de Dostoievski (pela penetração na alma, a quem traduziu), Machado, Graciliano (na densidade e precisão), não gasta palavra, antes ela que se gasta na coisa em si, doendo. O que provoca no leitor a explosão da avalanche com uma pedra

---

697. QUEIROZ, Rachel. **Um alpendre, uma rede, um açude:** 100 crônicas escolhidas. 6. ed.São Paulo: Siciliano, 1994.

só. A palavra castiça igual a uma bala. Como em *João Miguel,* em que ele próprio é a pedra contida na cadeia, ao matar um homem ("João Miguel sentiu na mão que empunhava a faca com a sensação fofa de quem fura um embrulho")[698], a narrativa toda é na cadeia. Com a pedra arremessada para fora, a liberdade ("E carregando o chapéu sobre os olhos num passo resoluto de desafogo e de posse, avançou para a liberdade")[699]. Em *Caminho de pedras,* as palavras se congeminam e se entretecem, ferinas, até brutais. Como por exemplo, a morte de uma criança, e outro texto, lembrado por Graciliano Ramos: "o drama de Noemi e João Jaques tortura a gente como um ferro de dentista."[700] Mencionando o monólogo antológico e terrível na separação de João:

> Nem sinto o gosto do café, João Jaques. Você estará gostando do café de bordo? Dizem que é ruim e azedo. Afinal, talvez você nem sinta o gosto, nem possa engolir. Talvez esteja, como eu, com este nó atravessado na garganta. E só sinto na boca este travo salgado. E quem sabe se você também não está chorando?

O remate é desespero de uma pedra batendo: "Quantos meninos vivos!" Rachel de Queiroz, instintivamente, seguiu o axioma de Jean Cocteau: "Um tratamento de choque ajuda a abrir os olhos e as almas."[701] Em *As três Marias,* o mais bem arquitetados de seus romances, embora haja aí a construção de uma tese que tende a amarrar os personagens. Mas, para Mário de Andrade – a obra-prima de Rachel mostra-se autobiográfica, narrando a história de três alunas (a própria autora, Alba Fronta e Ondina), as duas outras sob o nome de Maria José e Glória. O colégio era como uma prisão, cidadela toda fechada com muros altos. E ali retrata também a hipocrisia na conduta de algumas religiosas e o procedimento dos professores. A comparação com as estrelas *Três Marias* se ilumina,

---

698. QUEIROZ, Rachel. **João Miguel**. Rio de Janeiro: José Olympio, 1969.

699. QUEIROZ, Rachel. **João Miguel**. Rio de Janeiro: José Olympio, 1969.

700. RAMOS, Graciliano. **Linhas tortas**. Rio de Janeiro: Livraria Martins, 1970.

701. COCTEAU, Jean. **A máquina infernal**. Petrópolis: Vozes, 1967.

simbolicamente. E não seria essa obra a sussurrante raiz de *As Meninas*, de Lygia Fagundes Teles? *Dora, Doralina* é o livro de bom-amor entre Dora e o Comandante, com suas viagens e sedução. Representa a morte que perece ao final, vencida pelo amor. Outra obra-prima inegável. A seguir, Rachel excursiona por uma nova vereda, passando a viver no Rio, quando escreveu e publicou *O galo de ouro*. Fala de sua vizinhança na Ilha do Governador, com os bicheiros, a gente do povo, Mariano, a cachorra Bolinha, D. Loura, franzina, Zé Galego e outros, mudando o polo de sua narrativa – do Ceará para o Rio. É o território da cronista, a exemplar cronista que se revela nos pormenores diários da Ilha, os seus malandros, pensares e descobertas, sem esquecer os hábitos daquela gente e o seu fundo, que tantas vezes vem à tona em sua narrativa, com o amor.

Guarda o fecho de sua poderosa criação para depois dos oitenta, numa palavra polida e rude, aprimorando o uso de técnicas ficcionais contemporâneas e o exame psicológico dos personagens, ao engendrar o tipo de *Maria Moura*, unindo a sertaneja com Elisabeth I da Inglaterra. Conta a bravura na luta, com a fama posterior que se propagou, como combatente desta Moura que comandava os homens e reinava no sertão. Afirma um dos personagens, o ex-padre que renegou a batina, Beato Romano: "Saí dali zonzo. Tinha sido fácil demais. Meu Deus, eu que pensava ir encontrar uma fera, encontrei o quê? Um chefe de bando, um comandante, sinhá governando a sua senzala?" Eis *Memorial de Maria Moura*, que a Siciliano editou, com adaptação para novela na Rede Globo, com o mesmo nome, tendo como atriz Glória Pires personificando a guerreira. E vejam os leitores a sabedoria dos diálogos desta proeza fabuladora de Rachel no auge de sua criação, quando outros declinam:

> E o padre:
> – Deus lhe pague, Dona Moura.
> – Não bote nada pra Deus. Não deve ter muito prestígio com Ele. O senhor mesmo me paga, vai ver. Eu dou mas exijo.
> E ele não tornou nada, fez de novo o ar de sorriso, bateu nas pernas com o chapelão surrado. E já ia chamando o João Rufo (João Rulfo?), quando me lembrei:

– E o seu nome? – Pra eu poder batizar os inocentes e ajudar os moribundos, é bom que me chamem de Beato. Assim ninguém estranha. Eu já venho pensando nisso há muito tempo.
– Mas Beato o quê? Beato só não é nome.
– Que tal Beato Romano? Me lembra a Igreja Romana. É sempre uma homenagem.
Eu queria me livrar da presença dele. Me sentia muito confusa, na verdade, assustada.
– Está bem, fica por Beato Romano! Chamei João Rufo, dei as ordens, os dois saíram.

O *Memorial* é narrado ora por Maria Moura, ora pelo Beato Romano, ora pela autora. A voz não importa de quem é a sina de pedra, o destino. Esta história de valentia da mulher líder de cangaceiros, cabras de seu bando e dos inimigos, além dos soldados, carrega-se de criaturas-viventes como o próprio João Rufo, o Juco, Zé Quixote velhote, escuro e magrela, Zé Luca que se curvava, varrendo o chão com o chapéu; Pagão selando o cavalo de Maria Moura, Maurinho e Alípio, seus rapazes – todo o universo mural que dá exemplo de domínio do tempo ficcional e de vida, com prosa clássica, direta, tal funda de arteira mira, que alveja o alvo-leitor. Sua gestação como ideia foi sendo desenvolvida em dez anos, ao descobrir uma tal de Maria de Oliveira, no século XVI, em Pernambuco, chefiando um bando, com filhos e índios mansos. O romance foi reescrito três vezes, em três anos. Cada personagem guarda sua fala peculiar. Os costumes, armas, vestuário, objetos domésticos da época foram pesquisados no folclorista Osvaldo Lamartine. A protagonista central foi inspirada em S. M. Elisabeth I, rainha da Inglaterra. Como Moura, seduzida ainda jovem e rainha, teve a mãe igualmente assassinada, não usando no livro a palavra *cangaceira*, por ser termo advindo posteriormente, o que achou na pesquisa feita em Jesuíno Brilhante, demonstrando cuidado nos pormenores. Sua descrença no romance histórico pela impossibilidade de documentar os diálogos reais é perceptível. Quando a romancista é pressionada pela imaginação, que então preenche as lacunas que passam a ter o sinete de coisa viva. E não é o que sucedeu na história, muito do que já havia sucedido na imaginação e se prolonga aos pósteros, todos igualmente capazes de imaginar? Viu Rachel assim florir o deserto, nascendo flores das pedras, e das pedras, estrelas. Rachel, como uma menina, dormiu em Deus. E todas as suas palavras já estão despertas. E nos contemplando.

Jorge Amado e a Bahia dos velhos marinheiros e milagres

O que Jorge Amado falou de José Lins do Rego é o seu próprio autorretrato: "Não possuímos na nossa história literária, à exceção de José de Alencar, maior narrador."[702] Nem maior criador de tipos; formam um universo à parte. A ponto de Paulo Tavares publicar *Criaturas de Jorge Amado*[703], totalizando 4.910 verbetes de personagens, com suas peculiaridades, livros a que pertencem, inventadas pela pena infatigável do baiano. Faleceu em Salvador, Bahia, em junho de 2001.

Jorge Amado foi uma força da natureza, ou uma natureza de força, da categoria de um Benito Perez Galdós e um Máximo Gorki, o criador dos líricos vagabundos, dos marginais da Rússia, seguindo a perspectiva de Anton P. Tchekhov, que assim anota numa de suas *Cartas a Suvórin*: "O artista não deve ser juiz de suas personagens e daquilo que dizem, e sim testemunha imparcial."[704] Por isso suas criaturas tomam estatura imaginosa e erótica, livre, bizarra, alegria de existir e amar, "o excessivo e desmesurado",[705] com o engenho, a coragem ou a verve alegre e irônica da gente da Bahia, que é um estado de alma. Aliás, é Oscar Wilde que assegura ter "a beleza, às vezes, proporção exagerada."[706] Mas os pesadelos não são

---

702. AMADO, Jorge apud COUTINHO, Eduardo de Faria; CASTRO, Ângela Maria de Bezerra. **José Lins do Rego**: resenhas. João Pessoa: Funesc, 1991.

703. TAVARES, Paulo. **Criaturas de Jorge Amado.** Rio de Janeiro: Record/Pró-Memória/INL, 1970.

704. TCHEKHOV, Anton. **Cartas a Suvórin, 1886-1891.** São Paulo: Edusp, 2002.

705. SARTRE, Jean-Paul. **Saint Genet ator e mártir.** Petrópolis: Vozes, 2002.

706. WILDE, Oscar. **A balada do cárcere.** Rio de Janeiro: Topbooks, 1996.

exagerados? Diz Robert Graves que três coisas enriquecem o poeta: "Mitos, força poética, liame com os antigos, fazendo falar o inconsciente da tribo."[707]

Basta ler uma das últimas novelas de Jorge Amado, *A descoberta da América pelos turcos*, 1994, para constatar a genialidade na invenção de personagens e enredos, criando praticamente do inexistente da história, um certo Alonso Bichara, advindo numa das caravelas de Colombo, aos solavancos, como um tabuleiro de gamão. Aliás, esse é um dos tantos heróis esquecidos nas celebrações. Relata os acontecidos com o tal marujo, Raduan Murad, e outros árabes, em plena descoberta do Brasil, no Eldorado do cacau. Ildásio Tavares, poeta e ficcionista, em lúcido artigo, chama a atenção sobre este livro precioso que mostra a arte inventiva de Jorge Amado, dando-se ao luxo de aparecer até no anagrama do personagem *Adma* (Amado), e vez-outra, em algum episódio, como o cineasta Alfred Hitchcock, nos seus filmes, ou Velásquez em *As meninas*. É o depoimento do próprio Jorge Amado que elucida seu processo criador: "Se o romance presta e o romancista é capaz, quem comanda o romance é o personagem, não o autor ..."[708]. Para ele tudo acontece de repente e, quando se deu conta, já aconteceu. Com a laboriosa parcimônia – que é a de poucos, apenas dos verdadeiros romancistas – de suportar o crescimento natural de suas criaturas e deixar que o suportem, sem o mútuo aborrecimento. Além disso, possuía, em grande escala, a genuína capacidade de identificação com os pensamentos e os ideais das pessoas humildes. Talvez aí esteja um dos sinais de sua duração e popularidade. O que ele mesmo explica: "Minha criação romanesca decorre da intimidade, da cumplicidade com o povo. Aprendi com o povo e com a vida, sou um escritor e não um literato"... E com a imaginação e vivência desse mesmo povo, criou um armazém de despossuídos, de esquecidos do poder e da sociedade e por eles calibrou seu mundo.

---

707. GRAVES, Robert. **A deusa branca**: uma gramática histórica do mito poético. Rio de Janeiro, Bertrand, 2004.

708. AMADO, Jorge apud COUTINHO, Eduardo de Faria; CASTRO, Ângela Maria de Bezerra. **José Lins do Rego**: resenhas. João Pessoa: Funesc, 1991.

HISTÓRIA DA LITERATURA BRASILEIRA
Da carta de Caminha aos contemporâneos

Criou obras-primas como *Os velhos marinheiros*, *A morte e a morte de Quincas Berro d'Água*, *Gabriela, Cravo e Canela*, *Os pastores da noite*, *Dona Flor e seus dois maridos* e *Tocaia grande*, uma de suas últimas criações, ressaltando, entre os romances do ciclo do cacau *Capitães de areia*, *Terras do sem fim* e a "Ilíada Negra", *Jubiabá* (com uma sentinela de defuntos de grande força expressiva). Mar Morto, que veio depois, não contém igual intensidade narrativa. Jorge Amado merece ser relido, agora livre na eternidade cristalina da palavra, com a isenção que o tempo concede. Pois não sem razão escreveu Oswald de Andrade:

> Nas regiões do mito a psicologia tem um papel simplesmente motor. De modo que as figuras homéricas de Jorge Amado dispensam o aprofundamento interior. Elas são míticas, representativas e simples. Seu clima é a ação, sua persuasão é a aventura, sua finalidade é a sobrevivência, seu poder é a simpatia. Está aí fixado, em coordenadas homéricas, o ciclo inicial do cacau na Bahia. *Terras do sem fim* transcende o romance, é a obra de um rapsodo e canto de bardo. E nada mais ajustado à natureza poética de seu autor, que aquele desfilar heroico de capangas e sicários, de advogados e coronéis, de senhoras românticas e mulheres de má vida, no drama da conquista da mata pelos primeiros latifundiários baianos.[709]

Jorge Amado nasceu em Ferradas, na Fazenda Auricídia, de Ilhéus, em 10 de agosto de 1912. Passou a infância em Ilhéus, depois veio para Salvador, quando formou um grupo de futuros escritores, entre eles, Édison Carneiro e Artur Ramos. Sua vinda a Salvador foi o período mais venturoso de *suas universidades*, a vagabundagem lírica, durante seis meses, perambulando pelas pequenas cidades dos estados da Bahia e de Sergipe. E afirma: "O que eu sei aprendi na convivência com o povo, nas ladeiras e becos da cidade bem-amada, nos caminhos do cacau e da caatinga, numa intimidade que se fortaleceu e ampliou no passar do tempo."[710] Pertenceu

---

709. ANDRADE, Oswald de. **Ponta de lança**. São Paulo: Ed. Globo, 2000.

710. AMADO, Jorge apud COUTINHO, Eduardo de Faria; CASTRO, Ângela Maria de Bezerra. **José Lins do Rego**: resenhas. João Pessoa: Funesc, 1991.

à Academia Brasileira de Letras (sem deixar de satirizá-la, com verve, em *Farda, fardão, camisola de dormir*), tendo como sucessora sua mulher Zélia Gattai, admirável memorialista (*Anarquistas, graças a Deus!*, saga da vinda dos ancestrais italianos a São Paulo).

Eis a obra de Jorge Amado: *O país do carnaval*, 1931, *Cacau*, 1933, *Suor*, 1934, *Jubiabá*, 1935, *Mar morto*, 1936, *Capitães da areia*, 1937, *Terras do sem fim*, 1943, *São Jorge do Ilhéus*, 1944, *Seara vermelha*, 1946, *Gabriela, cravo e canela*, 1958, *A morte e a morte de Quincas Berro d'Água*, 1961, *Os velhos marinheiros, ou capitão de longo curso*, 1961, *Os pastores da noite*, 1964, *Dona Flor e os seus dois maridos*, 1966, *A tenda dos milagres*, 1969, *Teresa Batista cansada de guerra*, 1972, *O gato Malhado e a andorinha Sinhá: uma história de amor*, 1976, *Tieta do agreste, pastora de cabras*, 1976, *Farda, fardão, camisola de dormir*, 1978, *O menino grapiúna*, 1981, *Tocaia grande*, 1984, *O sumiço da santa*, 1988, o livro de memórias, *Navegações de cabotagem*, 1992 e *A descoberta da América pelos turcos*, 1992, entre outros.

Com o sucesso de público como comunista, Jorge foi injustamente tratado por certa crítica, o mesmo que aconteceu com Érico Veríssimo, atraindo sobre si a magnética inveja, parecendo ser o sucesso prova da falta de nível criativo de uma obra, quando a qualidade e a boa vendagem podem andar de mãos dadas. Foi uma atitude autoritária, judicativa, de quem põe conclusões de censura, até gramaticais, como no caso de Álvaro Lins, alegando:

> A grande desproporção entre seu poderoso talento de romancista e os fracos recursos de escritor. Concluindo pelo estado inorgânico de seus livros de maior valor e a miséria estilística de sua visão literária, desconhecimento de técnica, o desleixo da composição, o primarismo dos processos e contrações, limitando o seu conhecimento das almas femininas e dos sentimentos amorosos.[711]

Álvaro Lins, que também não entendeu a grandeza de Clarice Lispector quando surgiu com *Perto do coração selvagem*,

---

711. LINS, Álvaro. **O relógio e o quadrante**. Rio de Janeiro: Civilização Brasileira, 1964.

não teve a humildade para analisar o ficcionista Jorge Amado, viu de cima, majestaticamente, oblíquo, como se fosse o dono da verdade – o que não existe em matéria de criação, onde a verdade é reinventada sempre. "O mar sempre recomeçado", de Paul Valéry.[712] Cabendo aos autores também reeducar a crítica, que é empresa do imaginamento. Se não no seu tempo – para a justiça aos criticados – ao menos depois. Porque assim serão, do mesmo modo, os críticos julgados e a compreensão é o núcleo central de toda a crítica. O fato de ser *contador de histórias* não é desdouro, por ser ofício natural e instintivo do autêntico narrador. Ademais, o que se afigura, para alguns, em Jorge, o desleixo de composição ou miséria estilística, é nele, *Rapsodo da Bahia*, qualidade, porque o estilo é o tema. Cria de dentro para fora, não de fora para dentro. Não embeleza a miséria, a relata, com o desnudamento feroz. E, no amor, na camaradagem, na felicidade com desmesura. E, à medida que alguns críticos ditos inteligentes reconhecem em Jorge Amado certa escrita descuidada, esquecem o que afirmava Balzac: "Só os bons escritores se podem dar ao luxo de escrever mal."[713] E sobre o processo criador adverte o mencionado criador baiano: "Um conto não se conta, não se explica e, quanto ao personagem, deve ser pessoa em carne e osso, com sangue nas veias e miolo na cabeça, não um títere em mãos do romancista. Sinto que o personagem está posto de pé quando se recusa a fazer aquilo que não cabe no contexto de sua personalidade, acontece por demais, eu poderia escrever uma brochura contando casos sucedidos no decorrer de meu trabalho." E é contundente, em relação aos que não vislumbram a singularidade da sua criação: "Nenhum crítico ensina ninguém a fazer romance."

E não apenas isso. Há que distinguir três espécies de romancistas: o criador de tipos; o criador de linguagem e o que, ao gerar tipos, gera a linguagem. Ora, Jorge é um dos mais prodigiosos criadores de tipos da nossa literatura, e o seu estilo serve, propositalmente, a esse desígnio. É poético, lírico,

---

712. VALÉRY, Paul apud VILLAÇA, Antonio Carlos. **O livro dos fragmentos**. Rio de Janeiro: Record, 2005.

713. BALZAC apud SABINO, Fernando. **Gente**. Rio de Janeiro: Record, 1979.

épico, irônico, paródico, com senso de humor, onde, em determinado livro, por vezes, um protagonista ou dois não se distinguem, distingue-se o coletivo: formigas no carreiro da invenção. Essa humanidade é que se impõe ao estilo, não o estilo à humanidade. O preconceito é em regra o maior impasse crítico, porque nem é preciso ler para julgar. E, a partir daí, uma corrente midiática se compõe, afastando os possíveis leitores da obra. Até o dito primarismo, que nada tem a ver com uma poética primitiva (a infância do mundo é o espaço ideal da épica), bárbara e poderosa, de seres vivos. Hildon Rocha, diga-se a seu favor, foi um dos críticos que percebeu os painéis de uma cinematografia, iniciando a partir do conjunto da obra amadiana para depois estudar *Gabriela, cravo e canela*. E avaliou sua empreitada como grandiosa, com a ausência do bem e do mal – o clima de antes, no paraíso – entre Nacif e Gabriela, em clima verdadeiramente fabular.

Vale registrar que, diante da visão estreita de Álvaro Lins, poucos críticos o contrariaram, entre esses, Eduardo Portella, que não só se contrapôs a ela, considerando-a *autoritária*, como acentuou o humor e o picaresco em Nacif, anti-herói. Noutra oportunidade, avaliou o agudo processo de carnavalização da obra de Jorge Amado dentro da lição bakhtiniana, o que, aliás, também não foi contemplado por Lins. Também o perceptivo Franklin de Oliveira considerou *Gabriela, cravo e canela*, romance imaginatório, "em torno de um problema capital: o das relações humanas."[714] E, exatamente, é do universo das relações humanas que trata toda a obra ficcional de Jorge Amado. Desde o ciclo do cacau: *Capitães da areia* (Pedro Bala, de adolescente para líder; crianças que seguem a carreira do crime; o pulo do Sem Pernas, preferindo o suicídio ao reformatório, saltando da cidade rica para a baixa; a agonia do grupo, com a fuga de Pedro Bala avançando no mar com a amada defunta), a *Jubiabá*, (quando Antônio Balduíno, órfão, moleque, cidadão, toma posse da consciência de classes) ou *Cacau* (Linda apoia o líder Álvaro Lima, operário, escondendo-o em sua casa, depois lançando panfletos, devotada à causa proletária),

---

714. OLIVEIRA, Franklin de. **Literatura e civilização**. São Paulo: Difel, 1978.

ou *Seara vermelha* (com o Beato Estevão e o Coronel Horácio da Silveira, proprietário da Fazenda de cacau), ou *Terras do sem fim* (quando *Bom nome* é acusado do assassinato de Juca Badaró, no centro de Ilhéus). Todos os seus personagens mantêm norteamento estilístico comum, transformando os relatos, no dizer de Roger Bastide, *numa ação revolucionária*. E isso está no poder que tem a palavra – transparecendo em todas as suas criaturas – de mudar a realidade, mudando a consciência e a história. E o cântico em todas as bocas é de liberdade.

Não foi em vão que Jorge Amado escreveu *O ABC de Castro Alves* (biografia, 1941), citando o poeta de epígrafe em *Seara vermelha*, em *Cacau* e em *Tenda dos milagres*, porque a liberdade do povo que Castro Alves perseguiu na poesia, é a libertação social que o romancista intenta pela ficção. Através de processo mágico de oralidade, como os heróis cujos feitos e proezas são noticiados pelos aedos. Há, portanto, a narrativa descontínua e a poeticidade nessa fase jorgeana. E a grande influência não foi a de Dostoievski, como Graciliano, foi a de Máximo Gorki, teorizador do realismo socialista, poeta dos vagabundos, dos marginais, pescadores, simples e líricos. E tal o autor de *Os Artamonov*, Jorge Amado tem o puro sentimento do povo, não por fora, como se programasse, mas na alma da língua e na língua da alma. Poucos sabem tão bem sobre os marinheiros, sobre a gente das ruas, sobre os desafortunados, as meretrizes, os pobres de espírito que não foram feitos para o reino da terra, mas dos céus. Esse instinto de povo no idioma, esta ternura inveterada e invencível pelos que sofrem, vai armando e alarmando sua criação de prodigiosa realidade. Pois "um romance é obra poética". Ou a escrita no limiar entre a poesia e a prosa, alumiante prosa. Com certo senso de humor, um ar gaiato de narrar, a malícia de quem não é juiz moral de nada, muito menos das suas criaturas, porque é naturalmente um romancista.

Foi um pintor de mulheres como poucos na literatura: mulatas, brancas, sonhadoras, prostitutas, amantes e amadas, a psicologia feminina, entre astúcia e devoção, as reações, os ciúmes, as paixões violentas, a bandidagem, os crimes. A mulher foi pintada com as tintas de um Goya na primeira fase, ou de um Picasso antes do cubismo, tendo o sensualismo de um

Di Cavalcanti. Há em alguns dos romances deste ciclo das mulheres que se repetem, em vários aspectos, nos enredos, parecendo seguir uma receita. Mas visto isso mais argutamente, é como se as suas criações femininas todas fossem a busca intérmina e incansável do rosto de *Beatriz no tempo*, essa mesma essência da feminilidade que é um dos anseios goethianos no *Fausto*. E suas criações são inesquecíveis, convincentes, sedutoras. Desfilam: *Gabriela, cravo e canela* – o picaresco Nacif e a sedutora Gabriela; *Dona Flor e seus dois maridos* – um, defunto, invisível, e outro, presente, ambos se completam na cata do amor ideal, um malandro e outro sério; *Tereza Batista, um dos raros casos de negritude na nossa literatura* – jovem, presa adolescente, que fora violada, seviciada e sofreu maus-tratos de Capitão Justo, mais tarde, sangra-o com faca de cortar carne-seca, enamorando-se de Daniel Gomes. Sendo resgatada após pelo poderoso Dr. Emiliano Guedes, que falece. Tornando-se Teresa-Favo-de-Mel. Depois de uma vida cansada de guerra, resolve acomodar-se e se casa com Januário Gereba. Ou a pastora de cabras, *Tieta do Agreste*. São todas mulheres fortes, desafiadoras, que ultrapassam seus infortúnios e se impõem. A visão jorgeana da mulher – embora tenha certo hedonismo vinculado a uma visão machista – não deixa de contemplar, com larguezas, o fascínio feminino, o jogo amatório, a naturalidade e a exuberância do desejo sem embaraço ou pudor. Suas mulheres, como as do povo, são capazes, com sua garra, ternura ou ambição, transformar a realidade, criando um próprio e intransferível espaço. Da libido individual alcança a pulsão e o instinto societário. Ou melhor, a sociedade é vencida pelo instinto. Todavia, como assegura, com agudeza, José Maurício Gomes de Almeida:

> Finalmente o maniqueísmo exaltado da visão primeira transforma-se no humor irreverente, que desconfia da retórica humanitária e acredita menos na santidade política ... Afirmação plena daquele "anarquismo fundamental", sempre latente no escritor.[715]

---

715. ALMEIDA, José Maurício Gomes de. **Rosa, Machado &Cia.**Rio de Janeiro: Topbooks, 2009.

Tocaia grande é um romance à parte na criação amadiana. Tem um tanto de sua trajetória inicial, com amadurecimento narrativo extraordinário em obra mestra. Trata de emboscada insidiosa, na contínua pugna entre facções de capangas na guerra do poder (o que subjaz em muitos de seus relatos, onde o político jamais desaparece) e culmina no amor.

E merece destaque especialíssimo esta obra-prima que é *Os velhos marinheiros*, com o Comandante Vasco Moscoso de Aragão, uma das maiores criações de Jorge Amado, com a vida dos barcos no mar, suas paixões, onde os leitores podem presenciar a vertiginosa e bem-humorada história, bem a gosto do picaresco: ele é o juiz tão culto que fala em tom de discurso, gastando palavras bonitas, mesmo nas conversas familiares com a sua digníssima esposa, dona Ernestina:

> "A verdade é o farol que ilumina minha vida", costuma repetir-se o Meritíssimo, de dedo em riste, quando, à noite, sob um céu de incontáveis estrelas, e pouca luz elétrica ... Dona Ernestina, gordíssima, lustrosa de suor e um tanto quanto débil mental, concorda balançando a cabeça de elefante. Um farol de luz poderosa, iluminando longe, eis a verdade do nobre juiz de direito aposentado.[716]

Ou esta genial criação, que é *A morte e a morte de Quincas Berro d'Água* ("Vanda ficou só com o cadáver. Quincas Berro d'Água sorria e o dedo grande do pé direito parecia crescer no buraco da meia"). Um dos cumes novelísticos da língua portuguesa, desde a invenção do nome do protagonista, com sua carga semântica. *Quincas Berro D´Água* se desenvolve no relato dos companheiros do defunto, malandros como ele, que na madrugada o velam como aves de agouro e álcool, com humor dentro da morte, todos noctívagos, contrapondo-se com o tom mais sério das *Memórias Póstumas de Brás Cubas,* de Machado, esse no Rio de severos costumes, e o outro, informal, na Bahia de todos os Santos e relâmpagos. A ironia sardônica do carioca, de alma adentro, e a libertina, sonhadora entre amantes e meretrizes no imaginário deste filho de Itabuna, se

---

716. ALMEIDA, José Maurício Gomes de. **Rosa, Machado &Cia**.Rio de Janeiro: Topbooks, 2009. p. 14.

entrecruzam. Onde o sobrenatural, nesse último, se embebe do maravilhoso. E até se embriaga nele. Por se instalar o belicoso e o fantástico de uma Bahia que é por natureza exuberante e barroca, sim, "o século barroco exprime uma beleza, por assim dizer, além do bem e do mal."[717]

Ademais, atenta-se quanto a obra jorgeana é tecida de dois componentes básicos – a oralidade e o seu lado cinético, visualíssimo. Não lemos o texto com os protagonistas, nós os contemplamos, *ao vivo*.

A palavra amadiana, como *a rosa do povo*, de Drummond, ou *a flor que rompe o asfalto*, atravessa a convergência de todas as raças, entre os *Pastores da noite* e a *Tenda dos milagres*. E os vultos femininos – de Gabriela, Tereza Batista e Tieta do Agreste, ao se confundirem entre si, anseiam serem um só vulto, ou único enredo desdobrado em sombras, lá no fundo da memória, como se não tivessem sido sonhadas, mas sonhassem o seu autor. Pois escreveu Sêneca, na *Epístola a Lucílio*, que "o narrar o sonho é para os que estão despertos."[718]

Conta Mia Couto, em *E se Osama fosse africano?* que "As obras de Jorge Amado eram objeto de interdição (sob o regime de ditadura colonial). Livrarias foram fechadas e editores foram perseguidos por divulgarem essas obras ... Jorge não escrevia livros, ele escrevia um país ... Ele foi o escritor que maior influência teve na gênese da literatura dos países africanos que falam português."[719]

Jorge Amado foi realmente *amado* – no Brasil, no exterior, mais do que nunca na Bahia. E Zélia Gattai, memorialista, foi sua companheira de mais de 55 anos, musa de *Seara vermelha* e, sobretudo, das maravilhosas personagens femininas como Gabriela, a que, ternamente, enamorou-se do levantino Nacif.

---

717. ECO, Umberto. **Seis passeios pelos bosques da ficção**. São Paulo: Companhia das Letras, 2002. p. 64 e p. 119.

718. SÊNECA, Zambrano. **Cartas a Lucília**. Lisboa: Fundação Calouste Gulbenkian, 2004.

719. COUTO, Mia. **E se Osama fosse africano?** São Paulo: Companhia das Letras, 2011. pp. 61, 64, 65.

Dormem sob a árvore do quintal da casa, onde habitou, no Salvador constelado de um firmamento inteiro, as cinzas de Jorge Amado. E as brasas vivas, que são inapagáveis e não dormem – são seus livros e viventes "no mundo que nos revela e é tão nosso que nos espanta... Vivemos nele, sentimos em nós essas forças misteriosas de raças diferentes. E, no entretanto, como ainda o conhecemos pouco." E quem o diz é Graciliano Ramos, companheiro de eternidade na palavra.

As vidas secas, contínuas de Graciliano Ramos e a poética da escassez e da negatividade

Perguntado, certa vez, porque escrevia, João Cabral respondeu: "Alguns escrevem por excesso e eu, por deficiência ou escassez."[720] Não há melhor comparação com Graciliano, que a do poeta da secura, que com ele se afina: nordestino como ele e contido. Nasceu Graciliano Ramos em Quebrângulo, interior de Alagoas, no dia 27 de outubro de 1895. Foi prefeito de Palmeira dos Índios, depois de viver do comércio e jornalismo. A seguir foi Diretor da Imprensa Oficial de Maceió e Diretor da Instrução Pública. Vinculado ao regionalismo nordestino e ao partido comunista. Demitido do cargo de Diretor da Instrução pública, foi preso sem processo, quase um ano, solto, quando escreve suas *Memórias do cárcere*. A Câmara Municipal do Rio de Janeiro comemora os seus 60 anos. Internado na Casa de Saúde e Maternidade São Vitor, faleceu em março de 1953, no Rio de Janeiro. Publicou os seguintes romances: *Caetés*, 1933; *Angústia*, 1937; *São Bernardo*, 1936; *A terra dos meninos pelados*, 1938; *Vidas secas*, 1938, *Histórias de Alexandre*, 1944; *Infância*, 1945; *Insônia*, 1947; *Memórias do cárcere*, póstumo, 1953; *Cartas a Heloísa*, 1992.

Graciliano Ramos trabalhou a palavra, transmitindo o que viu ao redor de si pela vida, ou no cárcere: a sobrevivência pela escassez e o positivo, através do seu contraste, a negatividade. Foi a escassez que brotou da linguagem, refletindo a míngua

---

720. RAMOS, Graciliano. **Vidas secas**. Rio de Janeiro: Record, 2006.

e desejando a fartura. E o negativo é a melhor forma de dar a consciência do que se sonha: o tempo da justiça e do amor. Porque "é impossível conceber o sofrimento alheio, se não sofremos"[721] – diz Graciliano Ramos. E acresce, aguçando a ironia:

> Se o capitalista fosse um bruto, eu o toleraria. Aflige-me é perceber nele uma inteligência safada que aluga outras inteligências canalhas. Esforço-me por alinhavar a prosa lenta, sairá daí um lucro, embora escasso – e esse lucro fortalecerá pessoas que tentam oprimir-me.[722]

Completando: "Não é o fato de ser oprimido: é saber que a opressão se erigiu em sistema." Seu *Caetés* fala dos índios que comeram o bispo Pero Sardinha. Conta um projeto nunca concluso de João Valério, que escreveu um romance histórico sobre a devoração do bispo Sardinha. A influência do realista Eça de Queirós – não passa de simbólica trituração *antropofágica* do escritor – colonizador pelo colonizado, o selvagem Caeté: em busca de um rosto. Isso simplesmente não ocorre no plano programado, simplesmente porque o escritor lusitano é exuberante, com fascínio de adjetivos e o brasileiro é o contrário – conciso, direto, fulminante. Aliás, por mais parecenças existentes entre textos, desse e doutros livros, entre eles sempre restará a diferença de visão, a diferença de estilo e a diferença de realidades. Porque na medida em que Graciliano Ramos usa a forma confessional – o que se contrapõe ao português, narrador onisciente e às vezes medieval em seu vocabulário – despoja-se na linguagem, tirando do vocábulo o máximo de sentido, trazendo à baila expressões populares de Alagoas, modificando criativamente alguns refrões, cada vez mais se afasta de eventuais comparações, ainda que alguns críticos tentem forçá-las. Sua palavra é força bruta natural, corrosiva, visualizante, cinematográfica, e parafusos verbais muito apertados emperram o funcionamento da máquina, o estilo. Acreditando mais na permanência dos substantivos, do

---

721. RAMOS, Graciliano. **Memórias do cárcere**. Rio de Janeiro: Record, 2008.
722. RAMOS, Graciliano. **Memórias do cárcere**. Rio de Janeiro: Record, 2008.

que dos adjetivos. Em Eça, vigora a psicologia da Metrópole, seja Portugal, seja Paris, a do viajante, copioso e adjetivador. Em Graciliano, um dos nossos mais originais escritores, o estilo tipifica a escassez sofrida pelo seu povo e região. Ele é a própria natureza nordestina com suas caatingas e pedras. A severidade furiosa com que se indigna contra o subjugar do homem pelo homem tem poucos exemplos em nossa ficção. No que, sendo particular, é universal. E a história não se extravia totalmente (voltando ao seu *Caetés*), tendo em vista o resgate que João Valério obtém a favor dos oprimidos caetés, numa espécie de inventário narrativo. E, abandonando o livro que escreve, por não saber nada do que acontece com um antropófago, faz sobressair a responsabilidade de Graciliano, em relação ao próprio texto. Não se metendo em façanhas desconhecidas. Peculiares à solidez e autenticidade do criador com o seu mundo.

São Bernardo colhe algumas sementes de *Caetés*, mais no aproveitamento, no plasmar do personagem Paulo Honório, harmonizando a arte da escassez e a da negatividade, expondo a relação dos homens e as coisas, numa sociedade do mercado, unindo a estrutura e o acontecimento. O escasso, mais o nulo, é o nada que simboliza aquela terra e vida coisificada. A consciência vigorosa dessa alienação, esse explorar do trabalho alheio, explode no protagonista escritor que ultrapassa o do fazendeiro. Pois Madalena, com sua ternura, enche a vida do prepotente Honório de mais humanidade. Malgrado se encontrem rastos de Machado na prosa dura e sarcástica de Graciliano, é o caráter de brutalidade, com vocábulos postos a nu, sem qualquer fidalguia na rudeza, que o singularizam diante do outro, o carioca, cheio de viés e obliquidades, curvas da boa-educação sentimental e funcionária, palavras pedindo licença para ferir, ficando no piparote. Atacando nas escondidas, a alma.

Nele a gradação dos tipos humanos, desde o frio e egoísta Paulo Honório, de *São Bernardo*, ao impotente Luís da Silva, de *Angústia* e ao inofensivo Fabiano de *Vidas secas*, ou aos casos mesclados, todos vão esboçando um quadro impiedoso e fascinante de nossa condição. Pois observa Graciliano; "A palavra não foi feita para enfeitar, mas para dizer."[723] E se percebe que *dizer* significa *resistência*.

Graciliano não foi só obsessivo resistente: deixou que um determinismo inovador balbuciasse nos romances ao aguardo de uma revolução transformadora que, se não veio, foi fartamente sonhada. E nesse desígnio foi um combatente: carecia de simplicidade e se fez marca registrada, obrigando-o, humildemente, a "consertar cercas para ficar uma propriedade bonita."[724] E ficou. Uma propriedade duradoura. Nunca perdendo o tom irônico, mordaz:

> Quando você saiu daqui havia no romance algumas passagens meio acanalhadas. Agora que não há aqui em casa nenhuma senhora para levar-me ao bom caminho, imagine o que não tenho arrumado na prosa de seu Paulo Honório. Creio que está um tipo bem arranjado.[725]

O recurso usado foi o mesmo da obra anterior, o foco do narrador em primeira pessoa. Se João Valério abandonou o romance por falta de conhecimento, agora Paulo Honório fará a narrativa em terceira pessoa, conferindo a dimensão do conjunto – os fatos e os bastidores, tendo o leitor conhecimento de toda a carpintaria criadora. Em *São Bernardo*, capítulo XIX: "Emoções indefiníveis me agitam – inquietação terrível, desejo doido de voltar, tagarelar novamente com Madalena, como fazíamos todos os dias, a esta hora. Saudade? Não, não é isso: é desespero, raiva, um peso enorme no coração."[726] Paulo Honório, o protagonista principal, dentro da teoria de Lucien Goldmann, é o exemplo consumado de *militante da reificação*, isto é, o de usar as pessoas como objetos, a favor da ganância, da vantagem e do lucro – leis do mercado capitalista. E verifica-se como esfaqueou João Fagundes, arruinando Germana, e saiu avantajado; ou no episódio do Dr. Sampaio e a violência

---

723. RAMOS, Graciliano. **Vidas secas**. Rio de Janeiro: Record, 2006.
724. RAMOS, Graciliano. **São Bernardo**. Rio de Janeiro: Record, 2003.
725. RAMOS, Graciliano. **São Bernardo**. Rio de Janeiro: Record, 2003.
726. RAMOS, Graciliano. **São Bernardo**. Rio de Janeiro: Record, 2003.

com que o tratou por não pagar a boiada, sendo *duro como beira de sino*; ou com Padilha, tomando pela dívida a fazenda São Bernardo; ou com Mendonça, que recebeu um tiro na costela, terminando a tensão que era a cerca entre sua propriedade e a dele; ou com Nogueira, que foi por Paulo Honório utilizado nas barganhas e chicanas, como advogado. Paulo Honório, frio e calculista, mostra a operação da pessoa como coisa, para a arrecadação sempre maior do capital. Madalena, a quem amava, suicida-se. Solitário, Honório confessa: "E eu vou ficar aqui, às escuras, até não sei que hora, até que, morto de fadiga, encoste a cabeça à mesa e descanse uns minutos."[727] E o fim da reificação é seu processo corrosivo. *Angústia* é narrativa-monólogo. A solidão é a amada de Luís da Silva, amada infiel que não lhe dá outra solução, salvo o delito e a ruína. Mais uma vez, Graciliano Ramos, acenando para a negatividade, é um moralista, com sarcasmo e nostalgia, faz com que o leitor participe de sua história, incorporando-se espiritualmente nela, pelo dom de amarrar pela complacência, pela dureza do mundo e pela miséria dos seres.

    O leitor então é levado a verificar outra dimensão diferente, mais justa, mais positiva, com menos derrotas do humano, porque a coisa não passa de coisa e o homem, ao se reificar, também tem o destino de coisa. É tão concentrador o personagem principal que os secundários se apagam, com algumas exceções, poucas, entre elas, Julião Tavares, o literato católico e patriota, e Marina, que se entrega a Julião, apesar do desejo de Luís da Silva. Ambos peças também do xadrez de uma sociedade esmagadora. Ramalho, pai de Marina, se queixa, como um traço de passagem: "É que vivo no toco, roendo um chifre. Cada dia vai pior."[728] Ao acabar-se o livro, a oscilação de pêndulo entre duas condições mostra quanto Luís da Silva – ora é um rato, ora é um gato. "Não sou um rato, não quero ser um rato."[729] O que nos leva a recordar o

---

727. RAMOS, Graciliano. **São Bernardo**. Rio de Janeiro: Record, 2003.
728. RAMOS, Graciliano. **Angústia**. Rio de Janeiro: Record, 2006.
729. RAMOS, Graciliano. **Infância**. Rio de Janeiro: Record, 2003.

romance de Dyonélio Machado, que radicaliza a situação do primeiro movimento do pêndulo, para um grupo social: *Os ratos*. Nesse panorama de solércia e desamparo, não se pode negar a força expressiva de *Infância*, porque é onde Graciliano reencontra o alento de criador, por ser a meninice sempre nova. "Inculcaram-me nesse tempo a noção das pitombas – e as pitombas me serviram para designar todos os objetos esféricos."[730] A prosa deste livro, é o mais importante de Graciliano, segundo Octavio de Faria, porque, através dele, compreendemos "o fenômeno literário que se chama Graciliano Ramos."[731] Ou de como a criação conduziu o criador e esse carregava a criança. E o menino Graciliano é tudo. Ali, anota o romancista alagoano: "Eu vivia numa grande cadeia. Não, vivia numa cadeia pequena, como papagaio amarrado na gaiola."[732] Aceito a ponderação de Octavio de Faria, embora defenda como a superior realização – *Vidas secas*. Todavia, *Infância*, pela beleza, o domínio vocabular, o fabulista que esconde o dramático Graciliano, fabulista de si mesmo e da meninice do tempo, que ninguém conseguiu arredar dele, é opção válida. E é a memória do autor, um vaso de pitombas, figuras, nuvens, com a reação da criança ou de sua soluçante consciência. E talvez não tenha sido ditosa a infância, preservando-se, no entanto, a ventura de haver existido. Ou "nunca é tarde para ter uma infância feliz."[733] Mesmo recordando o amável profeta, Mário Venâncio, que bebeu ácido fênico, com o cadáver enterrado sob a folhagem de salgueiros. Mas não se enterra jamais a memória. É em *Infância* que nos damos conta, no germe, da futura invenção da cachorra Baleia, ali descobrimos o tempo de escola e as relações do criador com o mundo. É o seu ambiente doméstico muito penoso, com os choques que depois iriam rebentar nos personagens, ante o desacordo com a injustiça. E um depoimento veraz que tem

---

730. RAMOS, Graciliano. **Infância**. Rio de Janeiro: Record, 2003.

731. FARIA, Octavio de. **Obra completa**. Rio de Janeiro: Pallas, 1985.

732. FARIA, Octavio de. **Obra completa**. Rio de Janeiro: Pallas, 1985.

733. FARIA, Octavio de. **Obra completa**. Rio de Janeiro: Pallas, 1985.

voz imorredoura, na mágica memória do futuro. *Vidas secas* – inegavelmente a meu ver a obra-prima de Graciliano Ramos, em que todos os elementos de sua invenção se coordenam, equilibram. Não há nada demasiado. A poética da escassez sacia a fome, e a da negatividade supera o abismo. Mesmo que o cenário seja o das secas e haja a romaria dos personagens e o abrutado capitalismo. E, nessa descrição severa e áspera do subjugar do homem, afina-se com vários escritores italianos: desde Morávia, Giovanni Verga, Elio Ventorini. Assevera Antonio Candido:

> Oferece um ponto de fuga em relação à maioria dos textos literários que, no período, desempenhavam a função de desvendamento social do Brasil, na medida em que problematiza, com rigor incomum, pressupostos identitários de integração nacional por ele formulados. Para tanto, desfaz a certeza da terceira pessoa narrativa, descentrando sua onisciência ...e escolhe a forma descontínua como recurso de montagem textual, conforme observou Lúcia Miguel Pereira.[734]

Fabiano é um sobrevivente e a designação demarca "a nomeação do concreto pela metáfora iluminadora", com a incomunicação. "A barbárie que pesa na assimetria de adulto e criança, de forte e fraco, e que está prestes a explodir a qualquer hora."[735] Nesse nomadismo, nessas deformações – que significam inconformidades – o sertão manda para a cidade os resistentes, os lutadores contra todas as intempéries: Fabiano, sinhá Vitória e os dois meninos, pois a pátria *não é mãe gentil*, a pátria é coragem, perseverança, combate à exploração. Aliás, essa linha de poética de escassez é a mesma que regeu o cineasta baiano Glauber Rocha (*Deus e o Diabo na terra do Sol*) e foi com desnudez e realismo aproveitada no filme *Vidas secas*, de Nelson Pereira dos Santos. O grande momento de *Vidas secas* e da ficção contemporânea é a presença da cachorra Baleia e a sua morte. Pergunta-se o autor:

---

734. PEREIRA, Lúcia Miguel. **Machado de Assis**. São Paulo: Itatiaia, 1988.

735. BOSI, Alfredo. **Céu, inferno**. São Paulo: Editora 34, 2003.

Como você vê: procurei adivinhar o que se passa na alma duma cachorra. Será que há mesmo alma em cachorro? Não me importo. O meu bicho morre desejando acordar num mundo cheio de preás. ... Todos somos a minha Baleia e esperamos preás.[736]

Eis como Graciliano consegue universalizar, a partir de um simples animal. É curioso que Graciliano não tenha compreendido *Sagarana,* de Guimarães Rosa, que lida tão atiladamente com os bichos, deixando de premiá-lo num concurso, onde foi jurado, talvez pelo mineiro ser seu oposto (a exuberância) de que ele desconfiava. Não foi semelhante ao que aconteceu com o gênio lírico e racional de Goethe e o gênio do delírio de Hölderlin? Todavia, o estilo curto, rude, elíptico, de frases e verbos de limpo golpe, continua no sotaque dos personagens. Como se apenas o autor, não eles, pensasse. Até ser pensado, bem onde as coisas pensaram. Essa constância, esse trilhar cortante e sáfaro, esse rilhar de durezas, essa reificação reincidente, em Graciliano Ramos, pode tornar-se monótona, simplesmente por não querer ser monótono. Dostoievski, às vezes, é monótono. Suspeito que a grandeza tem ressábio de monotoneidade. Como o sol ardente, a terra ressequida, a pobreza e a fome em *Vidas secas,* paradoxalmente nos recordam o verso da lusitana Adília Lopes: "Há muito de luxúria na miséria mais extrema."[737]

Memórias do cárcere, 1984, depois também adaptado ao cinema, tem o fio narrativo na subjetividade, indignação do autor, com a penosa experiência de prisão, não carecendo por isso de imaginamentos, porque o imaginado será bem menos cruel do que a realidade. Ali, o condenado vai perdendo os vínculos com o mundo exterior, como se fossem arredados à lâmina. É *o homem subterrâneo, dividido.* Sua publicação foi póstuma. Relata a perseguição política padecida pelo nosso grande escritor, preso como subversivo, colocado num porão de navio para o Rio de Janeiro. Durante onze meses – de março de 1936 a janeiro de 1937. Foi encarcerado sem provas, sem processo e sem

---

736. RAMOS, Graciliano. **Vidas secas**. Rio de Janeiro: Record, 2006.

737. LOPES, Adília. **Antologias**. Rio de Janeiro: 7 Letras, 2002.

julgamento. Essas *Memórias* são reveladoras do maquiavelismo ditatorial e o sistema precário com que um homem se degrada ao perder sua liberdade. Sendo tratado sem comodidade alguma, como um traste. Graciliano viveu a poética da escassez no calabouço, a nobreza, a elevada estirpe de um homem que *não era um rato*, nem aceitava jamais tal condição. O livro é um libelo. Mais do que isso. Testemunha os porões da alma, sob a barbárie de um regime antidemocrático. Como a de um Dostoievski, nas suas *Recordações da casa dos mortos*, ou a *Balada do cárcere de Reading*, de Oscar Wilde. Mas seus heróis se desagregam, ou são *heróis deitados*, o que Mário de Andrade chama de *galeria pestilenta*, esquecendo um fato: ter sido o autor de *Macunaíma, herói sem nenhum caráter*. Ao falar de Graciliano, Jorge Amado o denomina: *clássico brasileiro*. E, diante disso tudo, é como se afirmasse, novamente, tal qual é dito em *Angústia*: "Tenho a impressão de que os transeuntes me olham espantados por eu estar imóvel."[738] George Steiner assevera que "o diálogo dramático é, em última análise, entre a pessoa e ela mesma."[739] E é a ausência de amor o que povoa o mundo de Graciliano, de Dyonélio Machado (confessou que escreve *o que fala*) e do autor de *Corumbas*. E esse falar é para que não falem em seu lugar, os bárbaros. Aliás, o diálogo de Graciliano com o seu *Outro* define-se em *Infância*, que não deixa nunca de ser o trajeto antropológico da natureza humana. E o que foi, como ele afirma, não só vantajoso, mas possível dizer.

Octavio de Faria e a tragédia das almas vivas

Octavio de Faria nasceu no Rio de Janeiro, em 15 de outubro de 1908. E faleceu no Rio de Janeiro, em 17 de outubro de 1980. Pertenceu à Academia Brasileira de Letras. O ensaísta de *Maquiavel e o Brasil*, 1931, que depois escreveu *Dois poetas* (Augusto Frederico Schmidt e Vinícius de Moraes, 1935), é o mesmo romancista de *Tragédia burguesa*, Inferno contemporâneo,

---

738. RAMOS, Graciliano. **Angústia**. Rio de Janeiro: Record, 2006.

739. STEINER, George. **Linguagem e silêncio**: ensaios sobre a crise da palavra. São Paulo: Companhia das Letras, 1988.

ou *Divina comédia* espiritual pela amplitude, o incrível fôlego na criação de personagens. Ao empregar a alegoria, "jogo de signos analógicos que estabelecem relações entre coisas próximas e distantes, entre uma qualidade dada e uma qualidade oculta" – para João Adolfo Hansen, no magistral *Alegoria* (Construção e interpretação da metáfora. S. Paulo: Ed. Hedra, 2006. p.157), Octavio de Faria efetua o testemunho de *mundos mortos*, ou de toda uma classe social desmoronando, que, ao parecer esquemático para alguns, é o contrário disso, o universo de personagens em conflito, onde a tragédia da decadente sociedade se entretece no mistério da salvação e da graça. Com razão, Maurice Blanchot alega que "frequentemente acham o romance monstruoso, mas com poucas exceções, é um monstro bem-educado e muito domesticado."[740] Talvez esteja nessa última posição o romance octaviano, embora seus protagonistas ousem arrostar, às vezes, seu criador. E a originalidade desta obra se caracteriza não só por ser a radiografia de uma época, mas também pela radiografia moral e espiritual da condição humana, a luta entre o Bem e o Mal, o confronto entre *principados e potestades*. Vincado a Léon Bloy, sobre quem magnificamente escreveu, dele é o mote de toda sua estrutura romanesca, onde "a tristeza maior é a de não ser santo."[741] Seu estilo serve ao tema, e não o tema ao estilo. Não é artista do romance, ou flaubertiano obsessivo da forma. Daí porque, desavisadamente, certos leitores não vendo nele invenções de linguagem, achem-no superficial ou passadiço. A narrativa é vívida, absorvente, arrebatadora, com uma força interior que rege os personagens, ou é regida por eles, entre corpo, rosto, voz. E nisso se aproxima de Balzac que contava suas histórias sem a preocupação da gramática ou das elucubrações formais. Utilizava, como poucos, a gramática da vida, os advérbios de sonhos, o verbo de um universo, a maior das vezes, trágico dos seres sob energias e atrações que os transcendem, as visões de analista do provisório.

---

740. BLANCHOT, Maurice. **A parte do fogo**. Rio de Janeiro: Rocco, 1977. p. 305.

741. FARIA, Octavio de; BLOY, Léon. **Léon Bloy**. Paris: Éditions Tournon, 1968. p. 254.

Robert Graves, em *A deusa branca – uma gramática histórica do mito poético*[742] assegura que no começo era o mito, e a palavra era o mito que se materializava. Pensamos o contrário. É a palavra que cria o mito, não o mito a palavra. Mas esta tragédia de Octavio de Faria, de toda uma sociedade em decadência de valores – a *burguesia* (lembro-me de Buñuel, o genial espanhol, no *Discreto charme da burguesia*, em que o cineasta põe um bispo como jardineiro do poder) – essa tragédia mistura palavra e mito para engendrar seus personagens-símbolos, as metáforas coletivas da inefável e corrosiva Árvore do Conhecimento. Dentro da afirmação de Yeats: "Toda a grande literatura é criada com símbolos."[743] Octavio de Faria não é apenas um moralista (todo o grande escritor, de alguma maneira, o é), mas fabulador de pesadelos, com ingredientes de épica do sobrenatural, onde anjos e demônios se amoitam atrás dos vultos criados. Não se pode afirmar que não critica a sociedade – porque o faz com crueza. Ciente com Theodor W. Adorno, de que "enquanto as formas de existência burguesas são tenazmente conservadas, ruiu seu pressuposto econômico ... Assim a classe vem a si e incorpora a vontade destruidora do curso do mundo. Os burgueses perduram como fantasmas ..."[744] E, se a economia não aparece na luz, é a sombra que a identifica. Esses *fantasmas* de mundo em declínio esvoaçam, imperiosamente, na criação octaviana. Com mais intensidade, na proporção em que revela as forças que nos dilaceram, explicando, dostoievskianamente, *o crime e o castigo*. O que os atos humanos encobrem e o que encobre os atos. Lembrando Arthur Rimbaud de que "a verdadeira vida está ausente."[745] E essa nostalgia de *pátria*, verdadeira vida, é a visível ausência de sentidos na ação dos personagens. Embora envolto nos embates de um paraíso perdido, recupera-se a alegria ou se perde no desfecho entre sombras.

---

742. GRAVES, Robert. **A deusa branca**: uma gramática histórica do mito poético. Rio de Janeiro, Bertrand, 2004.]

743. YEATS, WILLIAM. Butler. apud VERISSIMO, Luis Fernando. **Banquete com os deuses**. Rio de Janeiro: Objetiva, 2003.

744. ADORNO, Theodor W. **Mínima Moralia**. Rio de Janeiro: Azougue, 2008. p. 30-31.

745. RIMBAUD, Arthur. **Uma temporada no inferno**. Porto Alegre: L&PM, 2006.

Porque a personagem primacial deste livro de livros – um completando o outro e vivendo independentes – é a Alma. A *divina comédia da alma*. Onde, se o Justo, o Digno – é Deus, o Indigno é a abominável operação do demônio, o mal absoluto, o que é profético num tempo como o nosso, em que a maldade e a violência se popularizaram, sendo tão pouca a misericórdia. Em Honoré de Balzac, Lukács constata como o dinheiro aparece no processo de ambição de enriquecer ou de usura, processo que atinge a plenitude num perpétuo contraditório entre o Mal e o Bem que se personifica e é administrável por uma Ordem Superior, sem deixar de querer "devolver o que está consagrado ao livre uso dos homens", estando "as esferas do sagrado e do jogo estreitamente vinculadas", no dizer de Giorgio Agamben (*Profanações*. S. Paulo: Boitempo, 2007. p. 25 e 66). Neste romance de prodigiosos lances e achamentos, onde as paixões se desvencilham de si mesmas, ou se armazenam, dinamicamente, nas criaturas que são, algumas delas, fortes, avassaladoras. Ou, às vezes, grotescas, rabelaisianas. Tendendo mesclar-se ao divino. Tristão de Athayde, em magnífico ensaio, quanto ao digladiar-se do Bem e o Mal, avizinha o mundo roseano deste de Octavio de Faria. Com a terrível perícia de inventar seres humanos e deixar que também os seres se inventem no correr da narrativa, saindo do controle do criador, para respirarem seu próprio destino.

O mistério do Bem e do Mal – tão antagônicos – de repente, é como se viessem de fontes internas, acoitando-se no enredo de outro tipo de história universal, a da loucura, porque o senso é o invisível que, ao concretizar-se, entredevora-se de vida e morte, culpa e salvação. Todavia, esse universo é repleto de comiseração, entrando em precipícios de doidice ou de sanidade. Mesmo que nele vigore entranhado catolicismo, fugiu dele para ser mais puramente um romancista, sem ideologizar o precipício. Porque Octavio de Faria se incorpora, queira ou não, a uma plêiade rara: Julian Green, Bernanos, Léon Bloy, capaz de ir desplumando estratificações, esquemas religiosos, para contemplar o homem diante de sua sede e de seus contrastes. Com o dostoievskiano mergulhar nas profundezas. O maravilhoso de querer acordar-se em Deus é a raiz e principal meta desta teologia às avessas, tratando do homem e sua penúria e do homem a quem Deus faz falta. Caminha dentro dos *eus viventes*, até que possa, num relance, atormentar-se de luz. A vida é o período ainda das decisões, delongas, inquirindo-se até que ponto os vivos estão vivos ou estão mortos-vivos. Porque a economia burguesa avança com o capital da miséria e o lodo. É o homem confundido entre delitos e que pensa conduzir, quando está conduzido. A genialidade de Octavio de Faria trabalha esse cerne que não se acomoda. Nisso se mune de coragem interminável. Roberto – o que renuncia à homossexualidade para se casar. Branco intenta alcançar a Deus pela santidade e Pedro Borges chega a Deus pelo fundo do poço. O paradoxo da ação romanesca é que define suas criaturas e a ação é que procria a estatura ou aparência delas. A repetição da vontade (assumida em palavra) converte-se no suicídio de Armando, havendo a crença no poder verbal como gerador da graça, ou escape e da condenação.

O estudo da sociedade se transforma em estudo do tempo – o emissário secreto. Ivo é irmão do Anjo e de Carlos Eduardo, de inteligência portentosa: Branco e Pedro Borges acabam metamorfoseando-se em Ivo. E esse, no episódio de Maura, prosperou no amor. O Anjo é morto por um carro e quem assiste a essa morte é Pedro Borges. O Padre Luís, altamente prestigiado no colégio, resolve revoltar-se contra a Bíblia e a carne. Enquanto Branco quer vencer o mundo, Paulo mata Pedro Borges. Os loucos moram numa chácara da Tijuca, preservando-se da contaminação do mundo. Pirandelliano, Octavio de Faria transita do endoidamento fingido para o real. E o drama de Lisa Maria se resume em busca de remissão. Após o desenrolar de eventos, com os renegados, é que o autor explica – ou é explicada (sob a sombra do que cria) a sofrida personalidade de Branco, reunindo todos esses blocos romanescos, surpreendentemente.

Eduardo Portella, que o sucedeu na Casa de Machado, admitiu em *O senhor do mundo* a existência do romance metafísico e social, julgando ser essa aptidão de os unir, harmoniosamente, o alto sentido da obra. E, se o drama não se situa geograficamente, é porque o mundo já é sua própria geografia.

Admite Cioran que "cada homem é um místico que se recusa."[746] Porém, na recusa é que se justifica. E, quando a recusa se confunde com a aceitação, no paroxismo, a aceitação então começa a vencer a recusa. A lucidez é a aceitação da luz e da sombra. A fé – elemento nuclear de seu *pactus* ficcional – não deve, nem pode desfazer os limites humanos. Ainda que a fé comece depois desses limites. Pois Octavio de Faria, mais do que transmudar valores, tentou restaurá-los.

Compõe-se, além de inéditos, a *Tragédia burguesa*:

1. Mundos mortos;
2. Os caminhos da vida (Os cavaleiros da virgem);
3. O lodo das ruas (Mundos mortos – II);
4. O anjo de pedra (Caminhos da santidade);
5. Os renegados (Lodo das ruas II);
6. Os loucos (Caminhos da santidade II);
7. O senhor do mundo (Os renegados II);
8. Retrato da morte;
9. Ângela ou As areias do mundo;
10. A sombra de Deus (As areias do mundo II);
11. Os cavaleiros da virgem;
12. O indigno (Caminhos da santidade III);
13. O pássaro oculto (Os caminhos da vida II).

Octavio de Faria com certa onipotência criadora vê de cima, como a águia, os meandros da erosão humana, o sexo, o amor, o sofrimento, a vilania e a loucura. Não pretende dissimular nada. Nem a crueldade. E, apesar de ser um oceano de textos, há uma vida própria neles. Não é proustiano, salvo

---

746.52 CIORAN apud BESSA-Luís, Agustina; MOSCIA, Pedro. **Contemplação carinhosa da angústia**. Lisboa: Guimarães, 2000.

pela profundeza dos personagens com que recria o tempo vivido. É o pensamento que o desenrola, sob imagens ricas e o estilo aparentemente canhestro, fugindo de adornos, pronto para produzir efeitos no campo das ideias ou do sentimento. Provando que o estilo também é o próprio tema. Príncipe mendigo, mas príncipe, senhor dos abismos. No entanto, não se esquiva da poesia, nem se preocupa com as frases, e sim, com o que delas pode extrair de epifania, como consegue no final de *Os caminhos da vida*, porque incólume mantém seu sortilégio. Aliás, guarda afinidade – não em vão, foram amicíssimos – com Augusto Frederico Schmidt na poesia. Os versos se afiguram banais, contudo possuem alta intensidade poética, inesperadamente, talvez pela energia interior. Octavio *procura chorando*, como Pascal e Bloy. Descobre escrevendo, tal se as mãos sozinhas é que estivessem inventando com as asas, como no poema de Jorge de Lima. Diante do formalismo verbal excessivo, sofisticado de certo romance europeu, eivado da "enfermidade infantil do estruturalismo," a linguagem se coisifica.

    Robbe-Grillet, que fundou o *nouveau roman*, movimento que agitou a literatura francesa, com a contribuição de Nathalie Sarraute, Michel Butor e Claude Simon, é um exemplo expressivo disso. Sendo a contradição o elemento-chave da contemporaneidade. A desconstrução para a construção. Curiosamente, os seres octavianos, como em Proust e Dickens, têm avidez de algo maior, os absolutos, desde as águas do inconsciente coletivo, aos calcanhares limosos da memória. A obra unitária e humaníssima de Octavio de Faria no atavio comunicatório, na invenção das criaturas e na temática do abismo (o Bem e o Mal com a deformação societária), clarifica-se também pelo nome dos personagens. Veja-se Branco (pureza), Ângela (anjo), Armando (armador do suicídio), Pedro (o que trai Jesus e se arrepende), o Mundo (lugar do abismo), (M)aura (halo), o Lodo (a iniquidade), Caminho da vida (o Redentor). Sem esquecer – porque aqui não opera o esquecimento – a gravitação de um inconsciente prodigioso a elaborar esta *Tragédia* que nem sempre é dos nobres e grandes fatos cotidianos, mas dos pequenos, um resvalar que pode ser morte, ou a tênue morte que pode ser vida.

A arte da metamorfose incita o encantamento cognitivo do texto e as naturezas se mudam, salvam-se ou se extraviam pela opção de vontade e a lógica do amor. Até os personagens secundários têm sua sina. Tendo a afluência de *Almas mortas*, de Gogol, ou *Anna Karenina*, de Leon Tolstói, compõe um paralelismo complexo entre as criaturas e as histórias com seus sistemas simbólicos e a rotação circular dos signos que se aperfeiçoam, como se cada livro fosse uma roda e o tempo, moinho. E essa é "uma linguagem transmissora de realidades."[747] O dialogar entre os personagens designa os vetores que ordenam a obra octaviana. Aliás, os próprios signos verbais demarcam o diálogo. "Já que dialogo, somos"[748] – assevera o poeta Hölderlin. O que dá lugar à seguinte reflexão de Heidegger: "Nós somos um diálogo. O ser do homem está arraigado na linguagem." Balzac dizia que escrevia à luz de duas verdades eternas: A Religião e a Monarquia. Octávio de Faria escreve à luz da Religião e da Burguesia, no fluxo do vertiginoso conflito da escolha e da salvação. Mais que "a epopeia de um mundo que Deus abandonou"[749], é a epopeia do mundo que se abandonou.

Há que reler a obra de Octavio de Faria, este seu tempo de Gogol de *almas vivas*, redescobrindo sua grandeza. Sem mais ter conosco a modesta, generosa e calada figura, sumindo destas paragens humanas, em 17 de outubro de 1980, neste Rio de Janeiro, deixando a bengala, que estava ao seu lado, bengala de almas e pássaros. E é preciso retomá-la, ressaltando a sua singularidade, não se dilacerando com acidentes ou relevos formais. Crê, como Cioran – e tem acerto nisso – que "a profundidade não necessita de originalidade."[750] Por ser já a própria originalidade. E, no dizer do provérbio italiano, "a luz é a sombra de Deus". Ou a forma subterrânea de Deus.

---

747. VALÉRY, Paul apud VILLAÇA, Antonio Carlos. **O livro dos fragmentos**. Rio de Janeiro: Record, 2005.

748. HÖLDERLIN apud NUNES, Benedito; CAMPOS, Maria José. **Hermenêutica e poesia**: o pensamento poético. Belo Horizonte: UFMG, 1999. p. 125.

749. LUKÁCS, Georg. **A teoria do romance**. Lisboa: Editorial Presença, 1962.

750. CIORAN apud BESSA-Luís, Agustina; MOSCIA, Pedro. **Contemplação carinhosa da angústia**. Lisboa: Guimarães, 2000.

Estando entre os poetas de que uma nação pode se orgulhar e que, segundo Léon Bloy, "sua poeira acrescentará alguma coisa à Via-Láctea".

José Lins do Rego – do Menino de engenho ao Fogo morto

Nascido em 1901, em 3 de julho, no engenho Corredor, em Pilar, na Paraíba. Romancista, tradutor e cronista. Pertenceu à Academia Brasileira de Letras. Por pouco tempo, promotor público em Manhuaçu, em Minas. Abandonando a função, foi nomeado fiscal de bancos, passando a viver em Maceió. Mais tarde, mudou-se para o Rio, no cargo de Fiscal de Imposto de Consumo. Eleito para a Academia Brasileira de Letras. Em 12 de setembro de 1957, faleceu no Rio, aos 56 anos.

Mais telúrico, do que livresco, formou-se em Direito, morando no Recife, onde conviveu com Gilberto Freyre, que o fascinou, sendo de seu grupo e por ele influenciado para o conhecimento de escritores ingleses. Decisiva foi-lhe a influência da obra proustiana, sobretudo pelo seu método de evocação, com o convergir das imagens da lembrança, as suntuosas sensações de antes que se vão apoiando no sentimento atual, ou como duas imagens do mesmo objeto não coincidem perfeitamente, mostrando que a causa pode ser um relevo visto sob diversos ângulos. Isso serviu-lhe de suporte para seus romances de sensações, abarcando com sua memória visual o infante que foi e o mundo inteiro que o cercou, como se fora um sobrevivente. Não se pode esquecer o que Carlos Lacerda escreveu sobre este mestre de infância: "Não creio que José Lins do Rego fosse propriamente um homem inteligente. Tinha talento demais para inteligência". Ou melhor, a inteligência era o utensílio de seu gênio.

Publicou: *Menino de engenho*, 1932, *Doidinho*, 1933, *Banguê*, 1934, *O Moleque Ricardo*, 1935, *Usina*, 1936, *Pureza*, 1937, *Pedra bonita*, 1938, *Riacho doce*, 1939, Água-mãe, 1941, prêmio Felipe de Oliveira, *Eurídice*, 1947, recebendo o prêmio Fabio Prado, *Fogo morto*, 1943, *Cangaceiros*, 1953, seu derradeiro romance. Escreveu dois livros de crônicas, *Bota de sete léguas* e *Homens, seres e coisas*, 1952, *Gregos e Troianos*, 1957. Livro de memórias: *Meus verdes anos*, 1956. Observa argutamente Peregrino Júnior:

> Os conflitos e interrogações da meninice e adolescência – este tempo perdido que ele conseguiu recapturar ao subsolo da recordação – transferiram-se para a sua obra com uma grandeza, uma força e uma sinceridade inteiramente novas no romance brasileiro.[751]

E mais. Para entender muito do imaginário nordestino, há que entender o imaginário medieval, que Jacques Le Goff[752] lucidamente vislumbra. O ciclo da cana-de-açúcar – entre cangaceiros e senhores feudais do engenho – aproxima-nos do ciclo arturiano dos cavaleiros, o mundo arcaico, com estruturas mentais que a consciência e o tempo compõem ou desenvolvem, com uma civilização antiga dentro de outra mais contemporânea, tendo, no caso, com Zé Lins do Rego, o rapsodo-narrador. Para nós, culminante em *Fogo morto*; para Gilberto Freyre, em *Banguê*, talvez mais pelos elementos que os aproximavam.

O dom de descobrir e fixar os conflitos íntimos do homem, do homem consigo mesmo e com o destino – esse raro dom – foi por Zé Lins do Rego transformado em instrumento de trabalho, que, sabiamente, utilizou na modelagem da argila estuante e generosa de sua humanidade. Foi um criador de tipos, dos mais bem dotados, com uma galeria de seres extraordinários, repletos de vida, integrados na paisagem e nos acontecimentos. Os diálogos são naturais, capazes de capturar o leitor na sua rede quase hipnótica e surpreendente. Foi poeta, na medida em que a memória e a fala do povo o geraram, fabulador com a verossimilhança do que vive. E são tantas as criaturas que nasceram de sua pena, por nele se confundirem *memória e imaginação*, alimentando-se mutuamente. A respeito do mundo dos coronéis no Nordeste, de que tanto se vale Zé Lins do Rego, cabe assinalar a supremacia social e política

---

751. PEREGRINO JÚNIOR. **José Lins do Rego**: romances. Rio de Janeiro: Agir, 1966.

752. GOFF, Jacques Le. **L'imaginaire medieval**. Paris: Gallimard, 1985.

desses grandes senhores, magistralmente relatada em *Coronel, coronéis*, de Marcos Vinícius Vilaça e Roberto Cavalcanti. E, sobre a outra esfera, a dos *Cangaceiros*, Nilton Freixeiro esclarece que é lícito inferir que o notável paraibano termina a obra do mesmo nome "com narrativas de fatos da saga de Lampião, ocorridos até 1935-1939. Não entra na fase em que o *cangaceiro-mor* e seu bando são cercados e eliminados tragicamente em Angicos (Sergipe), em julho de 1938, pelo volante do tenente João Bezerra".[753] Todavia, compete ao narrador, a seu talante, escolher episódios, inventá-los ou pôr os pés nas lendas, casos, lembranças que se enxertavam numa infância que, para ele, não se acabava.

O dom de criar vida não necessitava do pitoresco para se impor, nem exagera na pintura dos seres, eles surgem, animados, coesos, de dentro. Com minúcias que nos invocam a arte de Balzac, inserida no Nordeste. Não é o bem-feito, é o copiosamente vivo.

Assim, o romance de Zé Lins, de raiz primitiva no uso de arquétipos, como toda genuína criação, ajusta uma sadia aliança com a terra, desde o húmus da palavra, utilizando símbolos, que são elementos da natureza, como a água (Água Mãe), representando a cálida brandura do ventre materno, ou, em *Riacho Doce* (a profundeza da feminina cova, no amor), ainda que a primeira parte passada na Suécia revele a falha do autor em se embrenhar em lugares e acontecidos que não conhecia bem. Ou *O Fogo Morto*, extraordinária obra, que espelha o desfazer de uma gloriosa época da cana-de-açúcar. E Zé Lins é a testemunha das ruínas e candentes cinzas, com a façanha de recompô-las na fulgurância do mito. A história é contada como mito e o mito como história, numa empreitada fabular e com tal singularidade e simpleza de meios que tem a cor da vivência de sua gente, avizinhando-se das façanhas homéricas, que são, para Simone Weil, "a realização de um poema da força". E é a força que advém da sinceridade, pavio da memória que se transfigura em arte. E da arte que, emotivamente, se transforma, ao

---

753. FREIXEIRO, Nilton. **Ziguezague**. Rio de Janeiro: Imago, 2003. p. 234.

contato com os fatos da infância, em puro cântico. Só Zé Lins na magia poderia contar e cantar. Como se fosse ele próprio a cana da moenda, sua roda e moedora chama.

O engenho do açúcar é o engenho da memória e, em livro significativo, *Engenho e memória em José Lins do Rego*, de Luciano Trigo, acentua: "*Fogo Morto* apresenta uma construção bem mais complexa e rigorosa que os outros romances do açúcar. Não se trata de mero suceder de episódios, é de reminiscências, é obra pensada."[754] Sim, sua obra-prima é inegavelmente *Fogo morto*. A sugestão do moinho parado deu-lhe esse título. É um D. Quixote do interior brasileiro, figura vertical, Vitorino Carneiro da Cunha, vulgo *Papa-Rabo*, contrário de Amaro e de Lula de Holanda, *heróis decadentes ou deitados*. Aliás, é Antonio Candido que afirma ser Vitorino Carneiro da Cunha "um herói louco como o puro herói tem que ser."[755] Acresça-se que a loucura nas suas criações não seguia objetivos, ordens, leis. E quantos personagens engendrou, memoriando ou desmemoriando, desde o citado Vitorino Cunha, ao velho Zé Paulino, o Mestre-Lourenço, de Água-mãe, Zefa Cajá, Licurgo, Edna, Nô, velha Sinhazinha, Ricardo, negra Paula, Pão-Duro, Marreira, o velho Cabral dono de centenas de negros, o cangaceiro Aparício, a cara amarela de Domício, Floripes, Ester e Davi do *Riacho doce*, Eurídice, Lili, velha Totônia, os cantadores cegos. José Lins do Rego nunca se limitou, nem se deixou limitar em regras, criando as suas. Tanto na sintaxe, quanto na oralidade, com a gramática mágica, a intuição. Misturou manda-chuvas coronéis, os patriarcas, com bacharéis, a industrialização contra o feudalismo retardado das usinas, o fanatismo da gente simples, os bandoleiros bárbaros, a trituração dos banguês e sua sina. A linguagem de José Lins do Rego é direta, de quem testemunha, engendrando o seu próprio tempo, o do romance, onde se amontoam os ciclos da cana-de-açúcar, de amorosos, santeiros, beatas. Eis um trecho:

---

754. TRIGO, Luciano. **Engenho e memória**. Rio de Janeiro: Topbooks/ABL, 2001. p. 249.

755. COUTINHO, Eduardo de Faria; CASTRO, Ângela Maria Bezerra. (Orgs.). **José Lins Rego**: coletânea. Rio de Janeiro: Ed. Civilização Brasileira, 1991. p. 396.

A negra Firmina ia bater roupa nas nascentes do riacho. Levava com ela o filho mais moço. Uma negra bonita, que falava pouco. Via-a saindo com a trouxa na cabeça, e sentia uma certa inveja daquela coragem de subir, de ir longe, desafiar as febres. Nas conversas da caiçara, começavam os homens da terra a avaliar a gente de fora. Aquela história de óleo não estava dando certo. Falavam que a riqueza viria do fundo da terra, que o azeite subiria até os céus, e nada. Furaram, furaram, e nada. Aquela maquinaria toda, comendo lenha, bebendo água, aquela agulha furando pedra, atravessando a lama e nada – tudo não passava de conversa.... O buraco já dera na água, já dera na pedra, estava na água outra vez, e a máquina rodando, aquele prego furando ...[756]

Ou então:

Seu Lula quase não ouvia o que o homem falava. D. Amélia apareceu, então, para conversar. Não havia engenho nenhum à venda. Foi quando o marido perguntou, como se estivesse acordado:
– Como? O que foi, hem, Amélia?
– Este senhor está aí porque soube que Santa Fé estava à venda.
– Como! Quem lhe disse isto? O homem desculpou-se, e continuou a falar. Tinha vontade de comprar terra na várzea. Aquilo é que era terra! E havia sabido que a Santa Fé estava quase sem safrejar e por isto se botara para falar no assunto. Pedia desculpa, e ia se retirar, quando Seu Lula lhe falou em voz alta:
– Sim senhor, vou sair daqui para o cemitério, hem, pode dizer por toda a parte.
– Não estou aqui, Coronel, para aborrecer.
– Hem, Amélia, veio aqui comprar o engenho do teu pai. Lá dentro D. Olívia gritava:
– Velho estou cosendo a tua mortalha. O homem parecia assustado.
Levantou-se. Seu Lula trêmulo:
– Pode dizer ao José Paulino que não vendo coisa nenhuma.
– Coronel, não estou aqui para levar recado. D. Amélia conciliava:
– É verdade. O senhor não leve a mal.

---

756. REGO, José Lins. **Riacho Doce**. 5. ed. Rio de Janeiro: J. Olympio, 1969.

– Hem, Amélia, quer comprar o engenho do teu pai. O homem já estava na calçada, e seu Lula ainda falava aos berros: – Estão enganados. Fico no engenho. Não é, Amélia?
– Cala a boca, velho – gritava D. Olívia – cala a boca, velho.[757]

Ainda que o relatar seja direto, é capaz de falar a língua dos personagens, inserir-se na pele deles, entrar na história, como se fosse a sua. E ser outro, de outra língua, a que igual a um camaleão, contempla. E observem, leitores, o ritmar fraseológico, a escrita nervosa e emocionada, merecendo ser lido em voz alta, por se desprender do linguajar erudito, entrando na esfera tonal, com audição própria, reinventada, como se falasse por gerúndios pegando tempo, anacolutos, hipérboles, sintagmas de uso regional, galopados conectivos e formas em desuso que se reacenderam de terra e raízes, desenhando-se, por escorridos ventos e ventas de linguagem, um processo amplificador de novos sentidos. Na medida em que era fonético, era fortemente visual. Há um dinamismo de verbos, advérbios, adjetivos, ruídos, silêncios. Diz Otto Maria Carpeaux:

> A obra de José Lins do Rego é mais, muito mais do que um documento sociológico; é qualquer coisa de vivo, porque o seu criador lhe deu o próprio sangue, encheu-a dos seus gracejos e tristezas, risos e lágrimas, conversas, doenças, barulhos, disparates, e da sua grande sabedoria literária ... Essa obra não morre tão cedo. É eternamente jovem como o povo; é eternamente triste, como o povo. É o trovador trágico da província.[758]

Sua narrativa tem o manar de rio, plasticidade musical e a oralidade dos antigos, aquela que vem desde os primeiros e instintivos contadores de histórias. Cumprindo o que Jean Cocteau observava sobre o ato de escrever, como "força da memória", tendo linha conectada no subconsciente. Não se adaptava às gramáticas, salvo as do povo, a quem era fidelíssimo no falar. Quando o tema ou os personagens escapuliam

---

757. REGO, José Lins. **Fogo morto**. 5. ed. Rio de Janeiro: J. Olympio, 1943.

758. CARPEAUX, Otto Maria. Tem mais de uma referência com o mesmo autor, não consegui identificar a qual delas se refere a citação no texto.

dessa escala gentílica, tornava-se inseguro, artificioso como peixe fora d'água. Sobre ele relata, com a autoridade de Mestre do mesmo ofício, Jorge Amado:

> Não possuímos, em nossa história literária, à exceção de José de Alencar, maior narrador que José Lins do Rego. ... Era um homem bom, ardente, impetuoso e generoso. Vi José Lins brigar muitas vezes, agitar-se, irar-se, gritar, explodir em cólera brusca. Em seguida a raiva passava, abraça o contendor, rindo seu riso amplo... Coração enorme.[759]

Seu segredo se ocultava numa entrevista que concedeu: "O essencial do escritor não estará na sua capacidade de raciocinar, mas no seu poder de amar." E adiante vaticina: "A propósito dos medíocres: vivem muito, e os homens superiores quase sempre morrem antes do tempo. (falava de si, postumamente?) A estupidez parece que Deus gosta de expô-la à prova de longevidade do cágado."

Se um pequeno grupo não quer ver a modernidade do romance de Lins do Rego, sob o pretexto de sua estilística de narrativa oral, esquece que é a mesma dos antigos aedos, com os recitadores de cidade em cidade, que fizeram a glória de Homero. Por ser um contador – de boca em boca – com novas visões e percepções que o tempo se especializa em cristalizar, não existindo nada mais moderno e polissêmico, nem mais durável. Sim, o poeta Joseph Brodsky com razão pondera: "Se existe um substituto para o amor, é a memória."[760] Zé Lins tinha o gênio da memória. A queda dos senhores de engenho terminava no *Fogo morto*, a tristeza da ruína do Nordeste, de que Zé Lins possuía visão extensa e arcaica. Exemplificou com seu romance a sociologia gilbertiana. Ia de imediato à substância das coisas e às coisas na sua mais íntima substância interior, de tal maneira era arraigado à criação, jamais sendo juiz de nenhum de seus personagens, simplesmente

---

759. CARPEAUX, Otto Maria. Tem mais de uma referência com o mesmo autor, não consegui identificar a qual delas se refere a citação no texto.

760. BRODSKY, Joseph. **Menos que um**. São Paulo: Companhia das Letras,1994. p. 92 67 TRIGO, Luciano. **Engenho e memória**. Rio de Janeiro: Topbooks/ABL,2001. p. 131.

deixava-os viver, desde o canavial de sua imaginação ao texto, como se viesse em força bruta, avalanche, a enchente que se derramou em *Fogo morto*. Nunca é a do juízo, sempre é a da paixão de uma memória que não se cansava de lembrar e correr como a criança que foi pelas caatingas, ou vendo os cangaceiros, raça que se expandiu e feneceu no Patriarcado em extinção, diante do progresso, tendo em *Doidinho*, "o momento inaugural do processo de desmistificação do avô em particular e da figura do senhor de engenho, em geral, processo com o qual o narrador mantém posição ambígua"[761] – anota, argutamente, Luciano Trigo. É *Fogo morto* que finaliza esse mesmo Patriarcado, concluindo o ciclo de jagunços, com Jorge Amado, na Bahia, antes iniciado por Franklin Távora em *O Cabeleira*, onde o trágico se consuma sem a solução do amor, salvo o individual, com a falência diante do tempo que avança, deteriorando-se em símbolos e forças. E o açúcar cheira a concupiscência e poder. *Menino de engenho*, menino perdido!

Amando Fontes e Dalcídio Jurandir

Amando Fontes, mestre do romance proletário, nasceu em Santos, a 15 de maio de 1899, e faleceu em 1º de dezembro de 1967, no Rio. Exerceu o cargo de Agente Fiscal do Imposto de Consumo, em Sergipe. Formou-se em Direito na Bahia, em 1928, dedicando-se à advocacia. Teve destacada atuação como deputado federal por Sergipe. Publicou dois romances: Os *Corumbas*, 1933, que recebeu o Prêmio Felipe D'Oliveira, e *Rua do siriri*, 1937, continuando o anterior e que, para Graciliano Ramos, é "uma novela certinha, conveniente, com o bairro de prostitutas policiado na sintaxe e na moral. As meretrizes falam como senhoras e todas possuem sentimentos nobres."

Ficcionista de estilo direto, sem retórica, sem ênfase, com a realidade às mãos e o homem simples, comum, seu principal personagem. O primeiro volume foi a obra-prima deste irmão de Graciliano Ramos e do gaúcho Dyonélio Machado, Os

---

761. TRIGO, Luciano. **Engenho e memória**. Rio de Janeiro: Topbooks/ABL,2001. p. 131.

Corumbas, que retrata a reificação sob o capitalismo, narrando a vida de um comunismo começando na luta pelo direito da família proletária que, pela escassez, emigrou do interior para Aracaju, a capital. Trabalhou numa fábrica, o indefeso pai, esmagado por um sistema social injusto. Tem um clima afim de *Vidas Secas*, sem a sua grandeza. E por demais comedido. Mais vagaroso, contudo, mais maquinal em sua articulação narrativa, fundindo os pormenores e o todo em simultaneidade de planos, preserva tocante autenticidade, personagens bem delineados, com vida que deles se apodera, enredo sem maiores sutilezas técnicas, mas convincente pela centelha de realidade, onde aparece a figura magnífica da velha Corumba.

Pioneiro em muitos enfoques da vida coloquial, sem grandes episódios, vinca-se a coisas de um mundo pequeno, medíocre, de seres secundários, não importando o universo da fábrica, porém o da alma generosa, valente e sem amanhã dos operários sob a industrialização em declínio. Um Carlitos de *Tempos modernos*, de Charles Chaplin, que é a parábola do mundo cronometrado e sufocante das fábricas. Cômico e trágico. Onde o estilo não é apenas o tema, é a ironia da vida triturada e monótona. Metáfora, sim, que avança e se nutre da própria lentidão. A mitologia é a mesma, uma força superior, sobrepondo as coisas ao homem. Tem muito da lógica irremediável de um Kafka do cotidiano. Diálogos curtos e funcionalmente construídos, neorrealista precursor, com problemas válidos ainda hoje, peculiares à condição humana, iguais aos que sustentaram o romance russo de um Gorki, alguns tipos de Balzac, os pobres das ruas londrinas de Dickens, açulando a consciência e deixando ao leitor o juízo, através de uma apreciável sabedoria descritiva. Arte da realidade, arte de mostrar as coisas como são na lucidez de quem agarra a palavra como arma de combate. Ao permitir o juízo moral, para a maior nitidez da observação, suas criaturas se desenvolvem por si no texto, sem as peias judicativas, porque não é sentenciador, é um romancista. A grandeza desta sua ficção é a de não ter buscado grandeza nenhuma, existindo, com a natureza em torno de Sergipe, seus campos, seu povo, seu rio. Ou talvez por não havê-la encontrado. O homem fenece, porém, o Sistema, o Capitalismo brutal, como *O castelo*, de Kafka, não caduca. E o universo urbano de Amando Fontes, atado à matéria existencial dos seres que se gastam, guarda o alheamento total ao sagrado. E não seria o homem também essa projeção do sagrado? Como haver sagrado sem amor? Léo Schlafman em *A verdade e a mentira – novos caminhos para a literatura*, assinala que "a diferença é que Kafka mata a metáfora."[762] Prefiro o contrário: a metáfora é que o mata cada vez. O mesmo sucede com os personagens de Amando Fontes: são mortos pela metáfora. Porque a metáfora é o Sistema.

Dalcídio Jurandir, romancista regionalista, por sua vez, é um relator de imagens, celebrando a história e dignidade dos oprimidos, lembrando Hermann Hesse, que salienta ser "toda a história do mundo nada mais do que um livro de imagens."

Nasceu em Vila da Ponte das Pedras, Pará, em 1909, falecendo no Rio, em 1979. Voltava-se, como Amando Fontes, ao social e à condição humana, ainda que, com cunho pitoresco e onírico, graças ao linguajar, a paisagem e a presença do povo natal. Seu primeiro romance: *Chove nos campos de cachoeira*, 1940, para nosso ver, é sua obra-prima. Publicou ainda, entre outros, *Belém do Grão-Pará*, 1960 e *Ribanceira*, 1978. Ao contrário de Amando Fontes, de prosa econômica, sintética, Jurandir é mais derramado, disperso, fechado, um tanto contraditório entre a invenção e a ânsia de dizer. E o que nos ultrapassa, é o que nos possui.

Aníbal Machado, o João Ternura

Nasceu em Sabará, Minas Gerais, em 9 de dezembro de 1894, e morreu no Rio de Janeiro, em 20 de janeiro de 1964. Formado em Direito, foi Promotor de Justiça no interior de Minas e em Belo Horizonte. Pertenceu ao Grupo de Carlos Drummond de Andrade, Emílio Moura, vinculado ao Modernismo. Passando a morar no Rio, ocupou o cargo de Oficial do Registro Civil. Sua casa reunia escritores na década de 50,

---

762. KAFKA, Franz. **O processo**. São Paulo: Abril Cultural, 1982.

era um centro literário carioca. Romancista, novelista, poeta, contista, jornalista, publicou: *Vida feliz*, novela, 1946, *ABC das catástrofes*, 1951, *Cadernos de João*, poemas em prosa, 1957, *Novelas reunidas*, 1959, com sete contos inéditos, *João Ternura*, romance lírico, 1965, *A morte do porta-estandarte e outras histórias*, contos, 1965, *Balões cativos*, contos, 1965, *O piano*, teatro, 1965, *Poemas em prosa*, 1965, *A praça X*, teatro, 1965.

Embora esquecido, hoje, é um caso à parte na criação brasileira contemporânea. Autor notável de contos, entre eles as obras-primas *A morte do porta-estandarte* e *Viagens aos seios de Duília*. Passou anos a fio escrevendo o seu romance, lido aos poucos nas reuniões de sua casa, *João Ternura*, personagem lírico e mítico, mais do que nunca flaubertiano, no sentido de que *O João sou eu*. Nele se procura o prosador e se encontra o poeta e se busca o poeta e se encontra o prosador, tal a harmonia em que esses elementos se combinavam em sua natureza e na criação. Tinha o equilíbrio, não se deixando levar pela incontinência modernista, nem se arrojou nas malhas da tradição. Soube imprimir um modo particular de expressão. Como diz nos seus *Cadernos de João*: "Retira do teu caderno as estridências do grito, se queres que ele tenha mais alcance e ressonância."[763] Mágico, produziu textos curtos magníficos, soberanos. Difícil é aproximá-lo ou compará-lo com alguém, seja Tagore, cujo prosaísmo se dilui, seja aos *Poemas em prosa* de Charles Baudelaire – menor neles e grandíssimo nas *Flores do mal*, com o tônus inconfundível do verso. O que os vincula é a obsessão da morte, mórbida no francês e no mineiro, a saúde ou doçura do amor que vence a morte. Os poemas em prosa se misturam à natureza do conto breve, porque Aníbal não trabalha os gêneros – no que é contemporâneo – trabalha a linguagem. Sendo essa a sua segunda natureza e todas elas numa estrutura verbal íntima, inimitável. Mais tarde, o próprio Mário Quintana, depois de Álvaro Moreira, retomará, em forma própria, embora não como Aníbal, no aproveitamento do surreal.

---

763. MACHADO, Aníbal. **Cadernos de João**. Rio de Janeiro: Nova Fronteira/ INL-
-Pró-Memória, 1984.

Sua linguagem é humana, fraterna, límpida, como se fizesse a constante "mediação entre o próximo e o distante."[764] Tendo alma maior do que a de suas próprias personagens, não conseguiu abastecê-las tanto quanto queria. Não se acabando no texto, indo adiante. Aníbal partia do real para o irreal, ou sonho, e voltava de novo à realidade, que se misturava ao sonhado, como no poema de Coleridge, em que a rosa do sonho na mão é a prova de que estivera no paraíso. Reencontra a amada Duília em outra pessoa com o mesmo nome. Eis um trecho – *Viagens aos seios de Duília*:

> Às onze horas do dia seguinte, entrava no arraial do Camilinho. Aí se dispunha a refazer as energias para a etapa final. E tudo o que vinha percorrendo já era País de Duília. Agora, sim, não precisava ter pressa. A bem dizer, do alto do Riacho do Vento para cá, a moça parecia ter-lhe vindo ao encontro. Era como se ela viajasse na garupa do animal ... Mais seis horas estava naquela cidadezinha face a face com a mulher sonhada. Não imaginava que fosse tão fácil aproximar-se do que tão longe lhe parecera no tempo e no espaço...[765]

Um René Char mais enternecido, porque de alma brasileira. Observa Maurice Blanchot, o que serve a Aníbal Machado de medida: "O imaginário não é uma estranha região; é o próprio mundo como conjunto, como o todo."[766] E é um exemplo modelar de sua criação, entre outros: "O pássaro-agonizante põe pela boca os milhares de quilômetros que devorou pelos ares."[767] Aníbal se nutre de interna e invencível fidelidade ao seu mundo. Por isso, também ao nosso. Sendo também dele este outro flagrante, que caracteriza inevitavelmente sua obra – o entretom, o paradoxo entre o fim e o come-

---

764. HÖLDERLIN apud NUNES, Benedito; CAMPOS, Maria José. **Hermenêutica e poesia:** o pensamento poético. Belo Horizonte: UFMG, 1999.

765. DIMO, Antônio (org.). **Os melhores contos de Aníbal Machado.** São Paulo: Global Editora, p. 64

766. BLANCHOT, Maurice. **O livro por vir.** São Paulo: Martins Fontes, 2005.

767. MACHADO, Aníbal. **Cadernos de João.** Rio de Janeiro: Nova Fronteira/ INL--Pró-Memória, 1984. p. 9.

HISTÓRIA DA LITERATURA BRASILEIRA
Da carta de Caminha aos contemporâneos

ço da existência humana: "O pior momento não é o da morte. O pior seria se ela, minutos antes de chegar, nos acordasse do sonho da vida."[768]

Rodrigo M. F. de Andrade e os velórios

Nasceu em Belo Horizonte, em 1898, Minas Gerais, foi educado entre França e Brasil, formando-se em Direito, sendo advogado no Rio de Janeiro. Faleceu em 1969, na mesma cidade. Implantou o Instituto do Patrimônio Histórico e Artístico, sob a direção do Ministro de Educação e Saúde, Gustavo Capanema. Publicou livros como *Brasil: monumentos históricos e arqueológicos*, 1952, *Artistas coloniais*, 1958. E um só livro de contos, marcante pela força criativa, *Os velórios* (nome dado por Manuel Bandeira), em 1936.

Mestre da história curta, com o uso de uma psicologia dos personagens que impulsiona, a descrição de alta visualidade, contenção, sendo humanos até o tutano dos ossos. Alarmantemente lúcido, sem medo de pôr nas coisas a lucidez, para que elas possam fitar os leitores, e mais, se encantarem como nas fábulas. Mas o fabulista sempre se viu impedido totalmente pelo observador e pelo teor dramático dos contos, tendo como obsessão a morte. As minúcias levam a um jardim de espelhos – que não é borgiano, porém, invenção rodrigueana. Sérgio Buarque de Holanda coloca *Os velórios* entre as altas criações de nossa literatura. Não sem razão. Seus contos são modelares. Ao meu gosto escolho três obras-primas: *Quando minha avó morreu, O enterro de Seu Ernesto (os requintes descritivos)* e *Martiniano e a campesina*, de que transcrevo um trecho inicial:

> Martiniano morreu com dignidade. Quando sentiu suas forças declinarem, fixou na filha um olhar entendido e, repuxando a colcha sobre o corpo, endireitou-se para agonizar. Sobreveio logo uma dispneia aguda e já ninguém mais o supunha consciente

---

768. MACHADO, Aníbal. **Cadernos de João**. Rio de Janeiro: Nova Fronteira/ INL-Pró-Memória, 1984

quando a viúva do Major Barreto principiou a abaná-lo de perto e ele ainda disse com nitidez:

– Não se incomode, minha senhora.

Pouco depois, inclinando a cabeça para esquerda, expirou quase desapercebido. Só o silêncio pesado que se fez lentamente no quarto, a ponto de nos oprimir, incutiu afinal em nosso espírito a certeza de que ele tinha morrido. A filha cerrou-lhe as pálpebras e ia lhe cruzando as mãos sobre o peito no instante em que Dona Ismênia desferiu os primeiros gritos:

– Mataram meu marido! Essa gente matou ele! Perseguiram ele até matar![769]

Não deve ser ponto de valorização o autor de uma só obra, salvo se ela, como é o caso, impõe-se pela grandeza. E bendito o que pode alcançar a posteridade com uma obra. No entanto, convivem, naturalmente, na literatura, os autores de um só livro, que é magistral (como sucedeu com Cesário Verde, Antônio Nobre e o poeta de *Clepsidra*, em Portugal), com os autores de mais amplo espectro de criação e qualidade que geram mais de uma obra-prima (Balzac, Camilo Castelo Branco, Alexandre Dumas). Nem daí se depreende – o que se torna quase usual entre nós, a demagogia da insuficiência. Explico: alguns que escrevem pouco, e, porque escrevem pouco, intentam supervalorizar o seu produto. A feitura de dois contos ou três poemas num ano, não quer dizer que ela seja de ouro. Não é critério de valor a insuficiência, ou a dificuldade, é juízo de insuficiência e mais nada. O texto vale pelo texto e sua qualidade estética e humana, não pelo tempo em que foi escrito. Bem-aventurados os fecundos como Picasso, Balzac, Lope de Vega, Camilo Castelo Branco, Agustina Bessa-Luís, cuja generosidade não deixa o rigor e audaciosos conquistam o reino da vitalidade na beleza e que não se satisfazem com o que criam, sendo cada obra, inaugural.

Rodrigo M. F. Andrade, com a perícia de um Anton Tchekhov, entendeu, como ele, que "a morte apanha as pessoas pouco a pouco. Ela conhece o seu ofício."[770] Também foi machadiano, tal um Cyro dos Anjos e o próprio Carlos Drummond na prosa, com

---

769. MACHADO, Aníbal. **Cadernos de João**. Rio de Janeiro: Nova Fronteira/ INL-Pró-Memória, 1984

770. TCHEKHOV, Anton P. **Cartas a Suvórin**. São Paulo: Edusp, 2001.

voz singular: a de um grande conhecedor da alma. Tinha bússola na ponta dos olhos e inteligência no coração.

Érico Veríssimo, ou o pampa do tempo

Érico Veríssimo, "o que teve todos os dias dele"[771] – no dizer de Fernando Pessoa, e também de sua gente, nasceu em Cruz Alta, Rio Grande do Sul, em 17 de dezembro de 1905. Seu pai separou-se da mãe que criou os filhos. A busca do pai (com algumas características do temperamento de Rodrigo Cambará), que se foi para outras margens do rio, foi-lhe entranhada obsessão pelo resto da existência, confessada em *Solo de clarineta*, apenas encontrado agora, menino, preso ao clarão da linguagem.

Érico Veríssimo foi uma presença maravilhosa. Pela inteligência sensível, simpatia, feroz humanidade. No fim de semana, em sua casa, recebia com Mafalda, companheira inexcedível, os visitantes de todas as partes. Tive oportunidade, a pedido, de levar até ele, Pedro Tamen, depois Diretor da Fundação Gulbenkian, de Lisboa, no alto Petrópolis. Percebi, ali, o quanto o gaúcho era paciente. Sem palavra. Apenas o poeta português falava, com sincera admiração, e Érico, levantando uma das sobrancelhas, como se olhasse para dentro, enquanto a outra baixava, atentos os olhos, atentíssimos, continuava a não dizer nada. Ao sair, Pedro Tamen murmurou-me: "Nunca escutei palavras tão prudentes e sábias!" Fiquei pensando no que Érico falara e eu não ouvira nada, nada. Ele tinha o dom raro na ciência de ouvir. Prudência carinhosa com o outro.

> Aquele homem telúrico parecia contentar-se com as coisas essenciais da vida: o ar, o fogo, a água, o pão, o sol, a terra. Vivia numa comunhão com a natureza que, com sua pele dum tom terroso, parecia algo que houvesse brotado do chão e que longe dele não pudesse vicejar.[772]

---

771. PESSOA, Fernando. **O eu profundo e os outros eus**. Rio de Janeiro: Nova Fronteira, 2006.

772. VERÍSSIMO, Erico. **O tempo e o vento**. São Paulo: Globo, 1985.

A descrição que fez não é de outro, senão dele. Quem viu, não esquece os idílicos passeios, de mãos dadas, entre Érico e Mafalda, pelas ruas do bairro Petrópolis, com uma afeição que fazia bem, afeição de namorados. Deixou-me, generosamente, seu último livro – *Incidente em Antares*, 1971, com a dedicatória fraterna e a frase "aí vai este tijolo!". Separo o afeto da objetividade crítica, embora a consciência ou a dita imparcialidade sejam de mesma moeda, a paixão lúcida, apercebendo-me quanto esse especioso livro é injustiçado e incompreendido. Porque apenas hoje é possível assinalar o libelo terrível sobre este outro *Antares* (Estrela?), o Brasil sob a ditadura militar, profeta de um tempo obscuro, crítico da condição humana violada. Com a História, na aguda observação de Maria da Glória Bordini: "não como passado a compreender, mas como um presente a exigir participação e luta."[773] E não escreveu depois, escreveu durante a dominação sombria – o que mais uma vez, denota honestidade e coragem moral diante do presente, tal se estivesse diante de todas as vindouras dominações.

A tal de *Anatomia duma cidade gaúcha da fronteira*, pesquisa sociológica de Martim Francisco Terra (observem: Martim Francisco, um dos Andradas!), não passava da Anatomia do nosso país, naquele instante histórico, preparando o seu advento, depois do julgamento dos mortos sobre os vivos, expondo a nu, na praça, a corrupção, o assassinato e as injustiças de um poder degradado, mostrando os mortos, mais vivos e democratas e muitos vivos, os que agiam no mal, ou se omitiam, os verdadeiros mortos. Porém, a história dos mortos no coreto é censurada pelo governo através de uma *operação Borracha*. E a paródia, subjacente, a carnavalização de todo um ritual contra a liberdade desenvolve-se, até, na capacidade humaníssima, para rir de si mesmo, não se levando tão a sério, na figura de Martim Francisco, *alter ego*, que atraiu a indignação da cidade, pela saída do seu livro, expondo os problemas da *favela Babilônia* e a revelação de que era *um romancista frustrado*, como o tal *tijolo* da dedicatória a mim

---

773. BORDINI, Maria da Glória. **Criação literária em Érico Veríssimo**. Porto Alegre: L&PM Editores, 1995.

oferecida, no volume recém-saído do forno, (parto da objetividade para a subjetividade), sugerindo que o exemplar era peso, mas havia um autor com a leveza de que fala Ítalo Calvino. O de *Incidente em Antares* envereda-se pela literatura fantástica, "porque nada é mais inverossímil do que a realidade." O que não deixa de ser repetição da frase machadiana: "A verdade pode ser às vezes inverossímil." Por isso o relato fiel era aquele, porque os vivos estavam mortos e os mortos, vivos. A história transformara-se na representação alegórica do fantástico, pondo um tijolo de criatividade e bravura na construção da grande literatura latino-americana, que Octavio Paz chama de "empresa da imaginação"[774], ao lado de um Rulfo, Cortázar. E a alegoria "é uma metáfora continuada"[775] para Quintiliano. E ensina João Adolfo Hansen que "pode-se também dizer que a alegorização funciona como uma metalinguagem: ela é uma glosa que se integra ao texto..."[776] Mas os mortos nesse livro de Veríssimo continuam vivos, imperiosos e perturbadores. E a corrupção de então, ainda é a de hoje.

 Eu estava no Exterior, quando morreu, se é que ele podia morrer. Aconteceu em Porto Alegre, por enfarte, em 28 de novembro de 1975. E, no centenário de nascimento, o Rio Grande lhe concede honras. E o povo já o reconhecia e amava. Quantas lojas, vendas, restaurantes – *Rodrigo Cambará*, ou *Ana Terra* – encontrei pelo interior do Rio Grande! Foi o mais universal e o mais ligado ao *país do pampa*. Corajoso em Portugal, durante a ditadura de Salazar. Corajoso, vislumbrava o escritor como alguém que ergue a lanterna. E ele a ergueu. Não se calou no tempo, seja contra o terror ou a prepotência do Estado (de que são exemplos, *O senhor embaixador* e *O prisioneiro*). Tinha a autoridade soberana da terra. Sim, a criação ficcional de Érico Veríssimo é a de um realismo que não se amedronta com o mito, antes o reflete e vivifica. Seu

---

774. PAZ, Octavio apud NEJAR, Carlos. **Caderno de fogo**. São Paulo: Escrituras, 2000.

775. QUINTILIANO. **Institution Oratoire**.Paris: 1978.

776. HANSEN, João Adolfo. **Alegoria, construção e interpretação da metáfora**. São Paulo: Hedra, 2006. p. 42.

engajamento é com a vida. Sublinha o próprio escritor sobre Camus: "Há a História e há outra coisa, a simples felicidade, a paixão dos seres, a beleza natural."[777] Desvincula experimentalismo e profundidade. E ainda observa: "Esta história de ser superficial ou profundo não está bem contada. Nem todas as águas turvas são necessariamente profundas." Porque é questão da qualidade e densidade das águas. E a água turva é eivada de insetos. A criação como o espírito é de água corrente, onde a intensidade é seu mistério e a velocidade, altura do mergulho. E a criação é sempre história, mesmo não o querendo ser. Porque a vida é história – a mais rebelde ou impulsionada. E, para conhecer a alma do gaúcho, há que ler Érico Veríssimo. Sobretudo *O tempo e o vento*, livro fundamental da mitologia e do imaginário pampiano, junto com Simões Lopes Neto (contista, que cria a tipologia do guasca, o genuíno riograndense).

Outras obras publicou, como os romances: *Fantoches*, 1932, *Clarissa*, 1933, *Caminhos cruzados*, 1935, *Música ao longe*, 1935, *Um lugar ao sol*, 1936, *Olhai os lírios do campo*, 1938, *Saga*, 1940, *O resto é silêncio*, 1943; *O continente e o retrato: o tempo e o vento*, 1949-1951, dois volumes, *Noite*, 1954, *O arquipélago*, em 3 volumes, 1962, *Senhor embaixador*, 1965, *O prisioneiro*, 1967. Livros de memórias: *Gato preto em campo de neve*, 1941, *Israel em abril*, 1969, *Solo de clarineta*, 2 volumes, 1973, *Contos e histórias para a infância*.

Érico é o grande romancista do povo gaúcho e ninguém como ele, do particular, atingiu a estatura universal de um Tolstoi, Dickens, ou García Márquez de *Cem anos de solidão*. Nomeando, é que o criador se liberta do sofrimento e, enquanto conta, o tempo para e tudo depende da palavra. Por isso jamais o romance estará acabado, porque a imaginação humana na arte de inventar, relatando, não se acaba nunca. Érico sempre creu na estrutura do romance, daí porque usou a trilogia do tempo contra o tempo e do vento a favor

---

777. BORDINI, Maria da Glória. **Criação literária em Érico Veríssimo**. Porto Alegre: LP&M/Edipucs, 1995. p. 29.

das gerações. Seus personagens são pessoas de carne e osso, como as do Registro Natural. Um fabuloso perito de viver e de criar vida. Aliás, a maneira com que Rodrigo Cambará se apresenta no *Continente* (primeira parte da trilogia) é emblemática: anunciando-se. O que é ato de fé na escrita. Ao assumir-se, Rodrigo toma posse de ser vivo. A palavra concretiza o gesto da memória, pois tudo é memória, até o que não sucede. Para Érico, como para todo o inventor de personagens (que sabe desvendar-se nelas, ou trazer os que conheceu, despistando, e o que ouviu, fabulando), o romance é feito de tecidos cotidianos que não chegam a ser sublimes, já que a sublimidade pode ser o êxtase do cotidiano, o instante mágico de dois olhares ou destinos que se encontram (*Caminhos cruzados*). Não se cruzam porque desejam, cruzam-se na imaginação vivida e a palavra os captura, o que é o enunciado de sua inventação. O inconsciente avança e domina e o real passa a existir.

A influência (ou afluência) que sofreu foi a do romancista e seu amigo John dos Passos e de Huxley, de *Contraponto*, seja na técnica contrapontística da música como variações, seja no uso de caixas narrativas, uma saindo e se escondendo em outra. O escritor que escreve sobre um escritor que escreve um livro. O que deriva de Gide (*Moedeiros falsos*), uma espécie de antirromance no romance. E tudo, por fim, deriva do diálogo frutuoso entre imaginações. Vale a curiosidade: Érico Veríssimo observou, certa vez, que "não costuma pensar com palavras, mas com imagens", repetindo a visão de Novalis sobre o poeta. Mas teria ele escrito uma *poética na ficção*? Bakhtin diria que sim, ao considerar a ficção de Dostoievski uma poética. Ou talvez porque desenhava os tipos, antes de os escrever, tendo a imagem como antecessora da palavra. Utilizou o processo de montagem cinematográfica, pela proeza subjugada de uma câmara. A ação das criaturas desencadeia o tempo cronológico e não o psicológico. Afirma em *Solo de clarineta*:

> Cabia pois ao romancista descobrir como eram por dentro os homens da campanha do Rio Grande. Era com aquela humanidade batida pela intempérie suada, sofrida, embarrada, terra-a-terra, que eu tinha de lidar quando escrevesse o romance do antigo

Continente. Talvez o drama de nosso povo estivesse exatamente nessa ilusória aparência de falta de drama.[778]

E *O tempo e o vento* compõe-se de I. *O continente*, 1949, II. *O retrato*, 1951, III. *O Arquipélago*, 1962. Treze anos transcorreram entre a publicação do primeiro e o último e, nesse ínterim, o autor padeceu, em consequência do estresse que a obra lhe trouxe, em outubro de 1960, de um enfarte. Érico considera *O continente* superior em qualidade e *O arquipélago* superior em ritmo, harmonia e unidade. Observa: "Esse era um característico daquele lugar: *ninguém sabia muito do tempo.*"[779] E curiosamente havia "o vento no descampado e o lento arrastar-se do tempo."[780] Lento e inexorável. E o mundo não era pequeno. Era *um mundo velho e sem porteira!* E adverte, falando de *Ana Terra*:

> Estava de tal maneira habituada ao vento que até parecia entender o que ele dizia. E nas noites de ventania ela pensava principalmente em sepulturas e naqueles que tinham ido para o outro mundo. Era como se eles chegassem um por um e ficassem ao redor dela, contando casos e perguntando pelos vivos. Era por isso que muito mais tarde, sendo já mulher feita, Bibiana ouvia a avó dizer quando ventava: Noite de vento, noite dos mortos...[781]

Não é acaso a semente da aparição dos mortos de *Incidente em Antares*, na medida em que o fio de um livro se desencadeia e se desenvolve em outro? *O continente* é uma sinfonia clássica, com temas épicos e folclóricos e *O arquipélago* é uma dessas peças sinfônicas modernas, à Villa-Lobos, mistura de sofisticação e simplicidade, dissonâncias alternando com serenatas sentimentais, algo caótico como o Brasil. E a crítica acha a parte da trilogia, a mais frágil, sem a altura das demais – *O retrato*: motivo do quadro pintado por D. Pepe Garcia, (alusão ao *Retrato de Dorian Gray*, espelhando *Rodrigo Terra*

---

778. VERISSIMO, Erico. **Solo de clarineta.** São Paulo: Companhia das Letras, 2005.
779. VERISSIMO, Erico. **O tempo e o vento.** São Paulo: Globo, 1985.
780. VERISSIMO, Erico. **O tempo e o vento.** São Paulo: Globo, 1985.
781. VERISSIMO, Erico. **O tempo e o vento.** São Paulo: Globo, 1985.

Cambará, com a decadência do retratado, sua época, com falsa hierarquia dos valores). Entretanto, o conjunto é um monumento, desses que ficam. Adverte Olívio Montenegro:

> Érico Veríssimo consegue com seu romance essa coisa extraordinária: reconstruir, com uma visão quase épica da história, o fundamento de uma cidade, ou mais do que isto. Dar corpo e alma, sangue e nervo, conformar um caráter, enfim, a toda uma região uniforme sem nome.[782]

Citado, aliás, pelo ensaísta Flávio Loureiro Chaves, que continuou, a partir desse seu ponto de vista, exatíssimo, à assertiva de que Érico Veríssimo, em *Caminhos cruzados*, *Um lugar ao sol*, *Saga*, *Olhai os lírios do campo* e *O resto é silêncio*, captou uma Porto Alegre em vias de transição. E a foz ou a nascente onde se louvou o escritor foram privilegiadas: Nicolau Dreys, Arsène Isabelle e Auguste de Saint-Hilaire. Conta 200 anos de história gaúcha, localizando-a na evolução de duas famílias, *Terras e Cambarás*, em várias gerações que, por sua vez, coincide com a fundação de uma Vila, Santa Fé, entre 1745 e 1945, sendo *O continente* a província de São Pedro. E as lutas, funestas guerras, que envolveram o Rio Grande, identificam a coragem do homem do pampa e outra faceta, a barbárie. E Érico defende tenazmente uma ética humanista, uma ética contra a violência. Em *O tempo e o vento*, várias personalidades se desdobram: Pinheiro Machado, Borges de Medeiros, Assis Brasil, Oswaldo Aranha, Flores da Cunha e Getúlio Vargas, sintetizando as transformações sociais, com o patriciado rural que prospera ao mudá-lo em agregamento dos ricos senhores de fazenda. Guerreiros como Rodrigo Cambará e Licurgo, sustentando com as mulheres, a defesa do *Sobrado* (símbolo da classe média tão avassalada) contra a arremetida dos maragatos. Não foi em vão que a claridade de um exegeta da estirpe de Flávio Loureiro Chaves – pela fidelidade aos acontecimentos, designa *O tempo e o vento* como romance histórico, salientando não somente o heroico, mas as

---

782. CHAVES, Flávio Loureiro. **Erico Veríssimo**: realismo e sociedade. Porto Alegre: Mercado Aberto, 1981.

pinceladas certeiras com que Érico, o veraz, veríssimo trata na criação, as figuras simples, nobres, pacíficas. E basta sentir a ternura com Fandango (contador de causos), a artista Luzia, Liroca, Babalo, o Dr. Carl Winter, que analisa a evolução de Santa Fé (com certa magreza alta, sardas, lembrando, em parte, Augusto Meyer). Tem traços indeléveis a invenção de *Ana Terra* (Érico afirmou ter nascido com ela uma espécie de sinônimo de mãe), Maria Valéria, Bibiana – valentes na resistência, solidárias no trabalho, perseverantes no amor. As mulheres que saíram de sua pena são sólidas como os troncos das mangueiras. Em Érico a simplicidade do estilo servia os personagens, não os personagens que serviam o estilo. Seus heróis – Rodrigo Cambará, Ana Terra, Pedro Missioneiro, Bibiana não são pícaros, ou engraçados, nem simbólicos como os de Clarice, nem *heróis deitados ou supérfluos*, como existem exemplos inúmeros na literatura brasileira. São verticais. Érico não tendia ao humor. Como todo o gaúcho cordial, tendia para o dramático. Esses personagens são valentes, assumem sua condição, não fogem do combate e se peculiarizam pelo caráter. Não são quixotescos, são reais, pulsantes. Respiram. O premeditado, corrupto e malevo se distraem nos homens – onde a malícia política, a sede do poder se unem ao fluir do sangue. O vulto fidalgo de *Pedro Missioneiro*, profeta, é cercado de visões futuras, fonte de energia nativa e habilidade, ora tocando flauta, ora contando histórias poéticas, apesar da desconfiança que o acompanhava por ser indígena (o preconceituoso civilizador, intruso e predatório da natureza). *Missioneiro* (ou o dos Sete povos das missões), o fundador, o que soube amar Ana Terra e teve as suas graças, gerando Pedro (pedra) e a clã dos Terra.

Érico Veríssimo não é apenas um operador jubiloso de mitos, ou estruturas mentais que se cristalizaram na formação do gaúcho, sua tradição e história, essa civilização quase amorosa que vem da memória que imagina. É um narrador com força dos aedos homéricos, capaz de tornar a própria realidade circundante, mito.

HISTÓRIA DA LITERATURA BRASILEIRA
Da carta de Caminha aos contemporâneos

Sim, Marcel Proust (*Em busca do tempo perdido*) tem estrutura sinfônica, como esses livros do autor gaúcho, com associações na procura do passado pampiano, os ramos de imagens da memória coletiva, onde verdes momentos inseridos nas lembranças do menino que foi Érico, são engenhosamente elaborados nos gestos e na criação de inúmeros personagens e dá o tom de fábula que reveste *O continente*. E não é apenas a obra-prima de Veríssimo, é um dos maiores romances de todos os tempos em nossa literatura. *Mundo vasto, sem porteira!* Obra de gênio. E não ficou aí: legou a este país o seu grande cronista, entre o humor e a ficção, Luís Fernando Veríssimo.

E uma ressalva. Há figuras históricas que se perderam no pó do tempo, mas basta viajar pelo interior do Rio Grande para encontrar, de forma inumerável, os nomes de Rodrigo e Ana Terra – em restaurantes, ou pessoas. E é o próprio Érico que observa, em *Solo de Clarineta*, que soube de leitores que sofreram e protestaram com a morte de Rodrigo Cambará. *O que vale registrar* sobre o romancista do pampa, o que Alexandre Dumas comentou em suas *Memórias:* "Criar personagens que matam aos dos historiadores é privilégio dos romancistas. O motivo é que os historiadores evocam a simples fantasmas, enquanto os romancistas criam a pessoas de carne osso" (*Viva Garibaldi! Une odissée en 1860*. Paris, Fayard, cap. 4, 2002). Não é o romancista que faz o tempo, é o tempo que faz o romancista.

O carioca Marques Rebelo (Edi Dias da Cruz)

Edi Dias da Cruz nasceu em 6 de janeiro de 1907 e faleceu em 26 de agosto de 1973, no Rio de Janeiro. Em 1910, viu passar o cometa Halley pelo céu do Rio, o que o marcou para sempre. Em 1922, descobriu Machado de Assis e Manuel Antônio de Almeida, suas confluências vida afora. Em 1926, adotou o pseudônimo de Marques Rebelo, revelando-o a si mesmo, oculto antes nele. No terceiro ano, abandonou os estudos de Medicina, dedicando-se ao comércio. Foi ficcionista, cronista, teatrólogo, advogado e jornalista. Toma posse na Academia Brasileira de

CARLOS NEJAR

Letras na vaga do Embaixador Carlos Magalhães de Azeredo. João Cabral de Melo Neto, sobre a sua morte, escreveu:

> Morreu sem deixar a gramática
> de sua maneira clínica:
> essa maneira de médico
> que toma a doença em pinças,
> e seja doença de fora
> seja de dentro, examina-a
> limpamente, do mais alto,
> da ciência, do fora, do cima.
> Daquele cima que permite
> ser, fazer com assepsia:
> sem beatice, se a ternura,
> e se amargo, se ironia.
> ...
> Continue ainda a se fazer
> a se voar, com todo espaço;
> conserve o gesto e o pulso de antes,
> e não morra, embora caçado.[783]

Publicou os seguintes livros de ficção: *Oscarina*, contos, 1931, *Três caminhos*, contos, 1933, *Marafa*, o primeiro romance, 1935, *A estrela sobe*, romance, 1939 e, no mesmo ano, edita o livro de literatura infantil, em parceria com Arnaldo Tabaiá, *A casa das três rolinhas*; *Rua Alegre, 12*, teatro, 1940, *Stela me abriu a porta*, contos, 1942, *Vida e obra de Manuel Antônio de Almeida*, biografia, 1943, *Cenas da vida brasileira*, 1944, edita a *Bibliografia de Manuel Antônio de Almeida*, 1951. *O trapicheiro*, romance – primeira parte da trilogia – *O espelho partido*, 1959, *Mudança*, 2ª parte, 1962, *O simples coronel Madureira*, romance, 1967, *A guerra está em nós,,* 3º tomo de *O espelho partido*, 1968. Edita *Para conhecer melhor Manuel Antônio de*

---

783. MELO NETO, João Cabral de. **A educação pela pedra**. Rio de Janeiro: Nova Fronteira, 1997.

Almeida, 1973, último ato de amor a esse romancista, um dos seus precursores.

A vocação fundamental de Marques Rebelo, como em Machado de Assis, foi o conto. Para o que era superiormente dotado. E *Oscarina* é um exemplo inegável, não só na construção dos tipos, também no estilo cortante, tendo como centro a ambiência, depois o enredo. O painel de costumes sobrepujava a anedota, com a nítida arquitetura, ajudada pelos diálogos curtos, a simplicidade e a clareza. Poucos como ele souberam tão bem descrever a vida do Rio de Janeiro, a classe média e a infância, num sarcasmo, num estilo de faca, e, ao mesmo tempo, de ternura pelo desamparo humano, que se escondia, em disfarces de subentendidos, reticências, nada se perdendo nas frases. Atrás de tudo, a poesia mais contida ainda, de uma multiplicada infância. Que, aos poucos, no texto se recuperava. A narrativa é direta, sem desvios, se irmana a Manuel Antônio de Almeida e Lima Barreto na esquivança ao formalismo. Não poupa o leitor de sentir a malandragem, o ritmo colorido do povo carioca, o clima sensual e humano:

> Jorge ficou como um doido, dando para amar que foi um descalabro. Era trabalho e namorada. Trabalho? Qual o quê! Namorada só, porque no escritório, ele que já não fazia quase nada, menos fez ainda. Era só pensar nela, no sinalzinho que lhe marcava o pescoço, no seu jeitinho molengo, de dizer certas coisas, na sua admiração pelo Rio, tão grande, tão diferente, cheio de avenidas, arranha-céus, de luxos, de novidades. Tirava da carteira o retratinho dela, recortado de um grupo, num piquenique, disse-lhe, e ficava mirando-o enlevado, distante. Jantava voando, engolindo sem mastigar. Dona Carlota observava-o:
>
> – Você parece pato. Depois quando ficar com o estômago esbodegado levanta os braços pro céu.
>
> – Não faz mal. Saía à toda para a casa dela, que o estava esperando, passeando na calçada. Teve uma ideia. Perguntou-lhe à queima-roupa:
>
> – E se nós nos casássemos?
>
> Ficou trêmula, muda, amassando a blusa, puxando e torcendo o colar japonês fantasia.
>
> – Quem cala, consente... – insinuou ele.
>
> Levantou os olhos negros, redondos, sensuais:

CARLOS NEJAR

— Você respondeu por mim.[784]

Seu texto ressuma vida, naturalidade, psicologia sem reparo. Um Mestre. Talvez nesses contos estejam os melhores que criou, todos antológicos. *Três caminhos* são novelas, em que se percebe, aos poucos, a ampliação do seu universo urbano, com o nível de qualidade e rigor rebelianos. Conta Agripino Grieco, que não desperdiçava a vaza de ironia, mostrando o espírito galhofeiro de Rebelo. Contou que um dos vates acadêmicos ao visitar o Museu de Victor Hugo, em Paris, chorou comovidamente ao ver as meias do poeta francês. Ao saber disso, Marques Rebelo comentou, malicioso: "Chorou, quando devia espirrar!" Seu senso de realidade adivinhava o lado engraçado das coisas humanas, perspicaz e implacável. Com alma de menino. Ao tomar o espaço narrativo, alargou as vistas para o romance, com *Marafa* e *A estrela sobe*, obras magníficas, com que se impôs como ficcionista do maravilhoso no território do Rio de Janeiro e seus recantos, paisagens, bairros, ruas e personagens em luta diária de sobrevivência e à cata de amor, conhecendo os meandros suburbanos, o labirinto e as senhas da cidade. O protagonista, Jorge, é identificável em *Oscarina*, de natureza diferente quanto ao *status* da moça Lenisa, do meio radiofônico, cabendo ao romancista desvendar esse microcosmo de ambições, engodos e boemias, sem afastar o humor, que nele se compraz, na matreirice e no enfoque das situações ridículas, a que expõe suas criaturas, sem medo de desnudar alma e penúria. Sem piedade. Porque não carecia de imitar a vida, trazendo-a em si mesmo.

Apreciava o uso da gíria, como sucede com Lima Barreto e a estiliza, de uma forma tão adequada, que os diálogos ou as descrições se fazem leves, inventivas, reais, imutáveis nos seus relevos. Essa secura que não admite o sentimental, a irreverência que não se cala nem diante de suas criações, aproxima-o de Machado e do italiano Luigi Pirandello. E certa crueldade do francês Celine. O que se vislumbra no caráter maldoso da mulher que inspira *Marafa*. Curiosamente, entretanto, impelido pelo roldão do sofrimento ou do sensualismo,

---

784. REBELO, Marques. **Os melhores contos**. São Paulo: Global, 1984. p. 31.

confunde-se com os personagens, como se os integrasse, invisível, intérprete. O cume de grandeza da obra, por sinal rebeliana, é o seu romance-rio, O *Espelho partido*. Alguém o lembrou de *Memorial de Aires*. Penso que a trilogia: *O trapicheiro*, *A mudança* e *A guerra está em nós*, por serem compostos de fragmentos, como os cacos de um espelho, pelos reflexos, tornaram-se um texto interminável, diverso da serenidade machadiana, onde os acontecimentos não têm sequência lógica, como a vida, porém se transformam numa tentativa de *Divina comédia urbana*. Infelizmente, ao buscar o romance, fez diário, não se achando nele nem romance, nem diário. Mas durável como ato de linguagem, memorial de uma época. Não carece de gênero, onde o detalhista do abismo das relações da angústia e ferocidade social se revela.

O trapicheiro trata dos anos de 1936 a 1938; *A mudança*, de 1939 a 1941 – o tempo de guerra. E ali transparece, com vigor e olhos terríveis, o drama passado pelo mundo de que foi testemunha. Relatando:

> Não tenho nenhum objetivo belicoso contra a França ou contra a Grã-Bretanha – discursa Hitler no Palácio da Municipalidade de Dantzig – mas, se a Grã-Bretanha quer a guerra, devo declarar que a Polônia não voltará a surgir como surgiu do Tratado de Versalhes. Isso está garantido não só pela Alemanha como também pela Rússia Soviética." Antenor, Ribamar, Gustavo Orlando, que me dizem disso? Que me diz Julião?[785]

O último tomo, *A guerra está em nós* – escrito por um certo Eduardo, com figurantes que se movimentam como sombras de sombras, no fundo desta caverna da condição humana, mistura elementos de experiência social, com pensamentos que se plasmam, entre sátira e desencanto, formando um todo irredutível do homem diante da história, capaz de tecer também a sua história, unir-se à voz geral e ser a voz geral. Retrata malandros, sambistas, políticos, artistas, prostitutas, efígies dessa moeda coletiva, que apenas a palavra pode cunhar.

---

785. REBELO, Marques. **O espelho partido:** o trapicheiro, a mudança. Rio de Janeiro: Nova Fronteira, 2002. p. 141.

"Embora pareça inacreditável – observa ele –, podemos subjugar a vaidade. Dou conta dos meus limites – o que é uma força."[786] Sim, é a força dos limites. Pois nem todos os cacos de espelho reproduzem a imagem totalizadora. Essa decomposição é vertigem ocular da alma. O mundo infinitamente pequeno de Machado ou a divisão dos romances em fragmentos ou crônicas, que utilizou com sabedoria das fronteiras e alcances narrativos (de imenso contista), é imitado por Marques Rebelo. Com a nuança: os fragmentos rebelianos são mais ríspidos, lacônicos, faltando – e muito – as pinceladas que sobram no Mestre de *Memórias póstumas de Brás Cubas*, por se nutrir sua matéria-prima na ausência da obliquidade de Machado, a sutileza de trazer o maior sortilégio nos pormenores mínimos. Todavia, realizou Marques Rebelo valiosa proeza de invenção, vindo-me a frase de Paul Valéry (*Poésie brute*):

> Que maravilha que um instante universal se edifique no seio de um homem, e que a vida de uma pessoa exale esse pouco de eternidade. Não é num estado assim tão alienado que os homens inventaram as palavras mais misteriosas e mais temerárias de sua linguagem. E esse pouco de eternidade já é muito.[787]

Adonias Filho, ou as léguas de Itajuípe e o silêncio armado da crítica

Adonias Filho nasceu em Itajuípe, Bahia, em 27 de novembro de 1915, e faleceu em Ilhéus, no ano de 1990. Teve a infância em fazenda da região de cacau. No Rio de Janeiro foi Diretor de *A noite*, do Serviço Nacional de Teatro e da Biblioteca Nacional. Pertenceu à Academia Brasileira de Letras. Foi romancista e ensaísta. Inovador na ficção brasileira, inventor de criaturas primitivas sujeitas à paixão, à luta e ao tempo. Universo trágico e lírico. Poeta da ficção, criou mundo próprio, alegórico, com a ação se fazendo (o passado no presente, antecipando o futuro).

---

786. REBELO, Marques. **O espelho partido**: o trapicheiro, a mudança. Rio de Janeiro: Nova Fronteira, 2002. p. 429.

787. VALÉRY, Paul. **Oeuvres**. Paris: Gallimard, 1960.

HISTÓRIA DA LITERATURA BRASILEIRA
Da carta de Caminha aos contemporâneos

Sua narrativa cresce: sinfonia, resvala entre amorios e dores, persevera na agonia. A morte não conta, porque se ultrapassa de viver. William Golding escreveu que há dois tipos de romancistas: um deixa o sentido evoluir com os personagens ou situações; o outro tem uma ideia e procura um mito para lhe dar corpo. Adonias Filho se enquadra nas duas categorias.

Romances: *Os servos da morte*, 1946, *Memórias de Lázaro*, 1952, *Corpo vivo*, trilogia – 1962, *O forte*, 1965, *Léguas de promissão*, 1968, *Luanda Beira Bahia*, 1971, *As velhas*, 1975. Ensaios críticos: *Renascimento do homem*, 1937, Tasso da Silveira *e o tema da poesia eterna*, 1940, *Modernos ficcionistas brasileiros*, 1958, *Cornélio Pena*, 1960, *História da Bahia*, 1963, *O bloqueio cultural*, 1964, *O romance brasileiro de crítica*, 1969.

Com exceção de Eduardo Portella, Octavio de Faria, Afrânio Coutinho e algum outro na estelar esfera das páginas recônditas, há um injustificado silêncio sobre a ficção extraordinária de Adonias Filho, que se pode entender como silêncio armado pela ideologia, quando foi ele que ajudou inúmeros intelectuais presos na ditadura. E chegou o tempo de reconhecê-lo e amá-lo, desarmando essa *ideologia* que tem cometido absurdos entre nós, como o de pospor a autênticos criadores, outros bem menores esteticamente, protegidos por partido, bandeiras ou sistemas, que nada têm a ver com a literatura. A grandeza é a obra, o resto é resto, nem chega a silêncio.

Adonias era de grandes gestos, um romântico seco e fraterno, retido, porque alarmado e um tanto tímido, concha de tempestades e branduras. Começou o itinerário como romancista, depois de um percurso ensaístico. Ao aparecer o livro *Os servos da morte*, veio feito, com as qualidades que o caracterizariam: a paixão da terra e a terra da paixão; rigor de linguagem para que se tornasse mais belicoso. Mundo selvático, onde os fortes sobrevivem. A violência é quase bárbara num estilo de adaga. A senhora Morte com os que a ela servem, obstinados e duros. Devolvendo à terra – mãe severa – os que dela vieram. Com religiosidade latente e, às vezes, impositiva. Como os protagonistas que têm nomes, agem, lutam, levando o rosto feito de terra, como se fossem anônimos.

Surgiu longe dos modelos da tradição brasileira, próxima de Faulkner, John dos Passos, Hemingway ou Malraux. Aliás, a respeito desse último, o que cabe de luva na criação adoniana, observa Edmund Wilson (*Man's fate*):

> Malraux cria as personalidades de seus personagens de um modo orgânico e as explora inteiramente. Não só testemunhamos os seus atos como vemos a forma com que reagem em relação às forças da cena sociopolítica; elas dividem conosco suas mais íntimas sensações.[788]

O foco narrativo é de uma onisciência domada, pendular. E a ambientação regional aqui é robusta, agregada ao corpo (corpo vivo?), como se o artista emergisse do caos original entre as trevas da vida, do amor e da morte (essa fatalidade), para o clarão da coragem. Também em relação ao livro que adveio, *Memórias de Lázaro* – referindo-se ao que ressuscitou através da palavra. Ao memoriar, fala dos gastos da morte, com o eu-narrativo recuperando a lembrança, descrevendo um vale trágico e feroz, como Orfeu que saltasse dos Infernos. Os heróis de Adonias nesses dois livros aproximam-se dos guerreiros de Homero, afrontando a sina, apesar do vaticínio dos deuses, ou até enfrentando os deuses do sangue e do jugo. E nisso se aproxima de Faulkner, sua ressonância maior, com o mesmo ar de tragédia, a mesma natureza épica, com a técnica ousada que se casa ao desenvolvimento narrativo. O desenho é sáfaro e cinematográfico, visualíssimo, portanto, o quadro que a oralidade delineia destes seres que resistem. Os recursos estilísticos utilizados pelo escritor despojam-se na intensidade; o panorama social acutila-se de consciência e o múltiplo foco das circunstâncias e protagonistas evita a linearidade, ao gerar dimensões simbólicas. Ocorrendo, não a poesia da prosa, mas a prosa da poesia, esta alavanca instintiva de fundir o maravilhoso com o dramático, na corda esticada do enredo que se alonga, repentina, seriando-se. E as criaturas que são dirigidas, à proporção em que também dirigem como a rédea no cavalgar psicológico e ritualístico – não das Walquírias wagnerianas – porém de um

---

788. WILSON, Edmund. **O castelo de Axel**. São Paulo: Companhia das Letras, 2004.

HISTÓRIA DA LITERATURA BRASILEIRA
Da carta de Caminha aos contemporâneos

Bach com Mozart e algo de música atonal. Se Lázaro é o eu que narra, ele o faz com tal objetividade, que se torna coletivo, voz das coisas, ou da existência deflagrada, vencendo obstáculos. Os homens são implacáveis, sobreviventes de reduto também implacável. O rifle e o punhal, os utensílios, o universo rural do interior baiano e o universo mais amplo de nossa penúria e alteza. Kafka também está aqui, como é mais terrível no burocrata mundo dos civilizados.

Por sua vez, *O forte* (homem, muralha) situa-se na cidade de Salvador. Obra-prima de recurso estilístico e humanidade. *O forte* é Jairo, *O Forte* é Salvador; o povo e o amor se personalizam em Tibiti, com o amor de Jairo e a terra que também é guerreira. Se a pensadora que foi Simone Weil percebeu nos heróis homéricos, como centro, a força, em Adonias é a mesma energia humana. O incêndio do Forte recorda o incêndio das muralhas de Troia por invasão dos gregos. É impressionante o uso da ação dos verbos no gerúndio.

> Os assaltos viriam sempre, canhões como os trovões do céu, soldados praguejando em fúria de doidos. Fazia-se tesa, endurecendo-se, quase uma rocha. Os negros caíam, exaustos, alguns sangrando nas mãos, Manuel Azul ameaçava, brandia o relho, era o dono. O trabalho não tinha como se interromper. Um escravo substituía outro na tarefa, carregando nas estacas, retirando a terra dos buracos, montando a paliçada (Vejam os leitores como a narrativa que estava objetiva, agora se subjetiva) ...a primeira chuva de sangue caiu (observem a sinestesia, o ato de derramar – sangue/chuva) na véspera, ocupando o sítio, e comandados pelo capitão, soldados se colocaram atrás da paliçada. Os movimentos e as providências eram de guerra, Manuel Azul, (eis o nome do personagem e a cor que o tipifica, poeticamente) ao retirar-se com os seus negros, dissera em tom alto:
> – Não tenho escravo para morrer flechado. A vontade de ver me prendera. Com a arma emprestada pelo capitão, a mochila de balas nas costas, aguardei a luta com certo nervosismo. Ainda não tínhamos um Forte, é o que afirmo. ... Antes que ocupassem as posições no silêncio feito (particípio passado – contraste), o capitão disse:
> – Eles subirão amanhã, logo cedo, na madrugada. Tenham os olhos abertos e os bacamartes prontos. Não clareara ainda, as fogueiras em brasas, e rio de baixo aquele rumor de correnteza

(metáfora poética) se engrossando. Centenas de homens, aos gritos, deviam subir. Nossas mãos não tremiam, os olhos esperando, parados (particípio passado – contraste) os corpos. Ouvidos apanhavam a gritaria, pés se movendo, braços e arcos avançando. O chão do Forte parecia sofrer, doendo (como uma pessoa) a sua frieza, mais humano que os soldados embrutecidos (as coisas mais humanas que os seres humanos – brutos). E como que estremeceu quando a descarga explodiu, a pólvora cheirando, as árvores surgindo com a primeira luz
– Atirem para matar! – a ordem do capitão. Descarga puxou descarga naquele momento. Os que vinham de baixo, porém, continuaram a subir. Gemidos, e muitos, fazendo ferver (ódio) o sangue. A luz cresceu, o sol espiando e vimos os outros homens. Nus, entre as árvores, correndo e saltando. Avançavam sobre os que caíam, nas mãos as bordunas, as feras do mato. O capitão rodava em torno da paliçada, a saliva grossa nos dentes, confiando nas estacas pontas de lanças. Adivinhávamos na febre dos seus olhos congestionados, que o corpo a corpo seria inevitável. Abriu-se a brecha na paliçada. O sol queimava, sede nas gargantas, ocupadas todas as mãos. Raiva e somente raiva em nossa vontade. Eu vi pouco porque era um entre eles.[789]

É quando os leitores se dão conta de que *o eu que narra*, integra os que tomam o Forte.

Adonias Filho, mestre nas técnicas estilísticas, tem processo peculiar de narrar. Um José de Alencar rijo, atordoante e retido, substantivador, essencial. Essa essencialidade da matéria ficcional nasce do desbastar de arestas supérfluas na descrição, a poupança nos diálogos, o efabular pensando pela mente das criaturas, como se avalizando seus atos, dentro de flashes, (des)montagens, rupturas e o dedilhar da memória nas lições mais de Faulkner, que de Proust, sombreando-se. Como as camadas e as imagens contundentes de sonhos na realidade que se escondem, para não rebentarem. E o círculo se repete: "Os homens não se dispersam, não quebram o círculo, imóveis, os pés descalços."[790]

---

789. ADONIAS FILHO. **O forte**. Rio de Janeiro: Civilização Brasileira, 1980. p. 21-22.
790. ADONIAS FILHO. **Corpo vivo**. 22. ed. Rio de Janeiro: Bertrand, 1988. p. 132.

Sua visão e tipos são universais. Usando a alegoria com pertinência, enraíza-se no contado, como um rio pelos juncos. Malraux afirma: "Quanto mais Balzac descreve um rosto, menos eu vejo o rosto que ele descreve."[791] Em Adonias, os rostos que descreve são para serem imaginados. E usa metáforas e símbolos que se distraem, ajustados tal o musgo nas pedras, indagando. Sua aproximação dos clássicos não é um mero retorno, é uma viagem de ida. Por lhe escavarem mais ardorosamente ainda as pegadas de rudeza agreste e modernidade, o fatalismo da natureza e a natureza dos seres, sem esquivança do real. Mencionei um trecho de *Corpo vivo*. E impõe-se a análise dessa outra obra-prima. Como William Faulkner, Adonias tem, aqui, sua cidade encantada, Macanã. Porque, em amplitude, o seu território é o interior baiano e Salvador. De Itajuípe ao mundo. O romance começa e termina, no ninho; *A serra*, como um círculo, seguindo a lição de Carlos Fuentes que ensina a importância da primeira e da última frase de um romance. Cajango não está sozinho, vincula-se ao *Corpo vivo* de seu povo. Não se demitiu, ao não realizar sua vingança. Ultrapassou-se. Também graças ao amor de Malva (vejam a construção semântica: M – o eu e Alva). Caio é o alter ego do autor. Serial é o trabalho de construção da realidade, para escapar do linear, com estrutura matematicamente calculada. O artista e o ser ético, ou metafísico, dão-se as mãos. Assim, o artista não superou o ético, porque o artista é o ético. Se isso caracterizou *Corpo vivo* (faz-se dificultoso saber-se o que nele é humano além do corpo), é porque houve o abandono, sim, do herói grego. O Ulisses vindicativo, ou Aquiles irado e cheio de amargor. Adonias Filho supera a figura do herói grego que norteou a sua poética excepcionalmente, iluminando a figura do herói cristão, tocado pelo amor de (M)Alva, a revelação da luz. Ao renunciar à vingança, o herói Cajango transpassa a escala sanguinária para a escala da misericórdia, persistindo *amor de salvação*. Queira-se ou não, sempre careceremos de heróis, de poetas e santos. A mediocridade geral não elide a necessidade da grandeza.

---

791. MALRAUX, André apud SCHLAFMAN, Léo. **A verdade e a mentira**: novos caminhos para a literatura. Rio de Janeiro: Civilização Brasileira, 1998.

Léguas de promissão, de solidão cósmica, divide-se em: *Imboti, O pai, O túmulo das aves* (texto da mais pura poesia); *Um anjo mau, O rei, Simoa*. Vivem como contos independentes e simultaneamente, entrelaçados à terra, aos motivos comuns, personagens vigorosas, solidárias, com Itajuípe e suas léguas de promissão, léguas de um mundo se desintegrando, chocante e chocado, o povo negro como abelhas no açúcar. "As estrelas chegaram – eles viram – as estrelas do sul da Bahia. Deitaram-se na terra, abraçados, para o sono."[792]

Em *Luanda Beira Bahia* emerge o sentimento religioso, sendo, mais uma vez, Salvador o palco. Adonias renova a capacidade da dureza, do corte, a volúpia de contar, reunindo o sincretismo cultural afro-baiano no ambiente marítimo, cadenciado de ondas e paisagem.

O romance *As velhas* volta à subjacente mitologia grega, agora a das Parcas, tecedoras do destino humano. Como as da Grécia, também essas de Adonias, são quatro: Tari Januária; Zefa Cinco; Zonga Rainha Preta; Lina de Todos. Relata a romaria sinistra do filho pataxó atrás dos ossos do pai, Jasão atrás do velocino de ossos, entre rancores, vinditas, astúcias. Tem a sombra de *Pedro Páramo*, de Rulfo, no enviar do filho a Comala, a fim de encontrar o pai. E finda a narrativa com esta sentença--oráculo: "As velhas, ele ainda pensa, todas as velhas têm os seus mortos. A questão é saber se esses mortos ficaram ou se estão esperando na frente."[793] É um clássico. E o valor dos clássicos está na razão direta do seu teor de vida. E do seu teor de memória.

Josué Montello e o cais do degredo: sagração, paraíso. As autobiografias e memórias

Josué Montello nasceu em São Luís do Maranhão, em 21 de agosto de 1917, e faleceu no Rio de Janeiro, em 15 de março de 2006. Membro da Academia Brasileira de Letras, foi

---

792. ADONIAS FILHO. **Léguas de promissão**. Rio de Janeiro: Civilização Brasileira, 1979. p. 109.

793. ADONIAS FILHO. **As velhas**. Rio de Janeiro: Difel. 1975. p. 126.

seu presidente e decano. Possui em São Luís, A Casa Cultural e Biblioteca Josué Montello. Foi Embaixador do Brasil na UNESCO, em Paris. Ficcionista, teatrólogo, ensaísta, cronista, memorialista. Entre a sua vasta obra romanesca, destaco: *Janelas fechadas*, 1947, *A luz da estrela morta*, 1948, *A décima noite*, 1959, *Os tambores de São Luís*, 1970, *Noite sobre Alcântara*, 1978. Montello tem como cenário São Luís, ou Alcântara. Exceções: Paris, no livro *Antes que os pássaros acordem*, 1917 e o Rio de Janeiro, em *Baile de despedida*, 1993.

    Constrói o romance como um labirinto verbal, *labirinto de espelhos*, lembrando os espelhos borgianos. Mas, se examinarmos mais a fundo, vêm antes de Borges seus espelhos, embora tenha alguns traços dele. Segue, sim, o conselho de Saint-Réal, autor de sua predileção: "Um romance é um espelho que divaga ao longo do caminho". Porque os espelhos falam por imagens que se entrecruzam, seres que se bifurcam noutros, como o destino cego na luz, enveredando-se pelos reflexos. O enredo, em torno de protagonistas e a comparsaria traz cuidadoso contraste psicológico dos tipos, com angústias e perplexidades do nosso tempo; a injustiça contra um homem é contra todos os homens; os preconceitos raciais ou religiosos, a decepção e corruptiva ânsia do poder (*Viagem sem regresso*, 1994; contrarretrato de *O senhor presidente*, de Astúrias; ou *Eu, o supremo*, de Augusto Roa Bastos), utilizando uma artesania minuciosa de perito nas artes marciais da narrativa – de romance em romance – a arte de contar a história, como se cada um deles fosse uma janela (sintomático é que seu primeiro livro tenha-se chamado *Janelas fechadas*. Porque essas veredas caóticas, trancadas, vão-se abrindo pelo experiente ficcionista – o que é corroborado na reformulação desse volume reescrito, posteriormente). A descrição somatória dos livros todos – é o mundo-casa – desde a despensa, à sala – que considero a sua obra maior, *Os tambores de São Luís* – um verdadeiro mural, de fôlego criador, com 500 personagens, uma multidão sem rosto, grande saga épica do negro brasileiro, com capitães-mores, poetas e tribunos. Universo, aliás, que Gilberto Freyre tão bem interpretou em *Casa-Grande e senzala* ou em *Sobrados e mucambos*. É espécie de contradita do tema de Jorge Amado, que faz a saga do negro baiano, em *Jubiabá*, para Oswald de Andrade, "belo como o *Navio negreiro*, de Castro Alves."[794] Mas, em outro instante, admite que "Jorge Amado é um grande lírico, mas está em via de perecer por inanição, falta de vitamina cultural". Josué Montello não é um revolucionário do romance, nunca foi, duvidando desse espectro. Usa a técnica tradicional, esquivo às inovações, preferindo o feitio clássico de se organizar estilisticamente, entre Machado de Assis, Almeida Garret, Eça de Queiroz, o espanhol Galdós, o francês Stendhal, Chateaubriand, Corte Real e Anatole France. O que, às vezes, prende sua ficção em esquema, ou espartilhos de desígnios, de fora para dentro. Quando se move, libertos são os seus seres, vívidos, sabendo captar nas *astúcias* o leitor.

Desenvolveu, paralelamente, ao ciclo da cana-de-açúcar de Zé Lins do Rego, o ciclo maranhense – com as criaturas do *Largo do desterro*, 1981; *Décima noite*, 1959, *Cais da sagração* até *Os degraus do paraíso*, 1965, com narrativas, onde o urbano, o social, o espírito de aventura na marinhagem, a história de São Luís se mistura ao tempo da ficção, à infância de seu povo e o povo de sua infância. Telúrico, espelho de sua gente, de vínculo fluvial e histórico, com as vozes antiquíssimas pelas ruas estreitas e obscuras, o escritor é o que assume essas vozes, só perceptíveis na linguagem, que tem a alma coletiva, a sensível opulência do que parece haver desaparecido. Sua obra-prima é o mundo de *Os tambores de São Luís*, onde o personagem nuclear, Damião, (não faltando a figura do poeta, lembrando um outro de mesmo nome e maranhense, o Dr. Sousândrade), símbolo de ditosa unidade, metáfora de circular consciência, diante de quem se vai abrindo e fechando a parábola do destino, até a Abolição, ao celebrar a raça negra, integradora da civilização maranhense contra o preconceito, entrando nos arcanos do mito, figura vertical, não muito comum na literatura brasileira contemporânea. Muito e intensamente viveu esse personagem central, alegoria poderosa da humana sina e assimilação racial, ao assistir os excessos da servidão, ou a

---

794. ALVES, Castro. **Tragédia no mar**: o navio negreiro. Academia Brasileira de Letras, 2000. p. 563.

invencível liberdade de todo um povo, antes acostumado nas senzalas, sob o latejar da chibata, vislumbrando três séculos de lutas e insurreições. E, embora se desenrole, magicamente, o relato entre o bater dos tambores numa noite e algumas horas de amanhecer, o protagonista maior desta saga coletiva, para acompanhar todo o movimento reboante da história, guarda bem a longevidade, próxima de *O imortal*, de Machado de Assis, ou do conto de igual nome, do argentino Jorge Luís Borges. É lapidar – também como rastro romanesco, a epígrafe de Pablo Neruda: "... *Sin negros no respiran los tambores / y sin negros no suenan las guitarras.*"[795]

Josué Montello é narrador austero e harmonioso no universo que ergueu de livro a livro, faces de multiforme cosmos. E o que consideramos um ponto alto, *Aleluia*, 1982, em que o narrador põe-nos diante do Cristo ressurreto, numa aparição que guarda contornos de afinidade com *o suave milagre* do conto natalino de Eça. Outro aspecto é a paradoxal forma com que descreve nos seus romances, a luta religiosa entre católicos e protestantes, localizando o seu São Luís imaginário – numa Dublin brasileira, sempre se batendo, corajosamente, contra qualquer forma de prisão. E é o filósofo Cornelius Castoriadis que aponta em todas as culturas, um discernimento possível entre o funcional e o nível imaginário. E, aqui, o imaginário prevalece sobre o funcional. A memória subjuga os acontecimentos. E não se pode esquecer a sabedoria com que Josué Montello soube trabalhar a loucura em alguns personagens, demência que define como a luz acesa durante o dia, este signo incendido da razão. E o labirinto de espelhos reflete a benignidade ou crueldade das criaturas que multiplicam a aparência que somos, compondo uma *alegoria da aparência*. Cada espelho é um outro. Ou imagem-máscara (*eu de eus*). Que pode devorar o rosto. Ou pode devorar o espelho, ao ficar presa. Ou é a fundura da alma humana na *alegoria do espelho*. De todos os espelhos. Ou o espelho do espelho, onde as imagens ou figurantes flutuam. O que advém da modelar *obliquidade* machadiana – de que Josué foi atilado exegeta.

---

795. NERUDA, Pablo. **Bailando con los negros**: antologia popular. Madrid: Edaf, 2004.

E cada imagem é outra, de outra. Fugaz ou repetida. Infinitamente. Tudo em concisão, simplicidade amadurecida, exame da alma humana que não dá tréguas, com águas que fluem mansamente no leito das paixões, onde, se o amor é cego diversamente da visão shakespeariana – o amor dispara no alvo. Ou com o dramaturgo inglês: "Pobre do amor que não pode ser contado". Entretanto, como nos espelhos, certas figuras e vultos se reproduzem com outros nomes e rostos, na obra montelliana, ou se reiteram nos gestos, mudando os nomes. "À feição da água, em que o rosto corresponde ao rosto, assim o coração do homem ao homem" – diz o livro dos Provérbios (27:19). Havendo o virtuosismo de uma técnica que esconde por vezes o soluço e a agonia. É espelho na ficção, espelho no ensaio, espelho nos *Diários*, espelho nas sucessivas referências literárias, espelho convexo, em que o fundo é sempre ele mesmo. Diz Valéry que "todos tendemos a ser monótonos. Os nomes, os protagonistas e as circunstâncias variam e os enredos se parecem. Tais especulares centelhas."[796] É o preço da fidelidade às obsessões, ou ao fluxo do eu, ou do que vigia em nós, ou a monotonicidade que demarca harmonia de universo, como observou sobre o romance do lusitano José Régio, autor de *As encruzilhadas de Deus*, o crítico, também português, David-Mourão Ferreira.

Ensaísta vigoroso e claro, mormente, em *O presidente Machado de Assis*, 1961, *O Modernismo na Academia*, 1994 e *Memórias póstumas de Machado de Assis*, 1997. Em tudo, inventando o que faz verdade, cumpre o papel do memorialista. E o romancista é naturalmente um memorialista. Daí ser ele também um romancista da memória. E a memória é o espelho. Diante dele, o diálogo é o mesmo de que nos fala *Alice através do espelho*[1], de Lewis Carroll: "Estou bem, agora que vimos um ao outro", disse o Unicórnio, "se você acreditar em mim, acreditarei em você. Negócio fechado?"[797] Essa crença entre o leitor e o cria-

---

796. VALÉRY, Paul apud VILLAÇA, Antonio Carlos. **O livro dos fragmentos**. Rio de Janeiro: Record, 2005.

797. CARROLL, Lewis. **Alice no País das Maravilhas e Através do espelho**. São Paulo: Salamandra, 2010.

dor é o reflexo do espelho. E o criador sempre terá o direito de uma verdade inventada. Que, às vezes, nada tem a ver com a realidade. Para não dizer a maioria das vezes. O reflexo é rutilante porque traz com ele as imagens dos sonhos. E a verdade de um homem é mais o que ele oculta e menos o que revela.

    Sua obra memorialista vai do *Diário da tarde*, 1988, *Diário do entardecer*, 1991 ao *Diário da noite*, 1994, onde relata sua existência e um período da história do Brasil, sobretudo o da sua intimidade com o Presidente Juscelino. E colho o ensejo de aprofundar esse sentido da memória. Embora toda a criação seja um lance de lembranças, as memórias não passam de operações plásticas no rosto que tivemos. E nunca há de ser o mesmo rosto. Sejam as do nosso maior memorialista, o proustiano Pedro Nava, com o estilo dos mais luxuriantes e belos da língua, desde *Baú de ossos* ao *Balão cativo* e aos outros insuflados pelo vento de Minas, sejam as pungentes e argutas de Antônio Carlos Villaça, de *O nariz do morto*, de talhe relampeante, sejam *Confissões de um poeta*, de Lêdo Ivo, sejam as de Gilberto Amado, sejam as de Augusto Meyer, peregrino da infância, sejam as de Ascendino Leite, sejam as do Cárcere, duríssimas, de Graciliano Ramos: todas elas sofrem a operação transmutadora, jamais sendo reais – ainda que legítimas – por causa das mutações dos semblantes e do tempo que penetra como chuva pelas paredes e calhas. Mas "não é possível explicar a obra pela vida" – sustenta André Maurois. O que é reiterado, com aliviante lógica ou ironia por Paul Valéry: "Não confundir nunca o verdadeiro homem que fez a obra com o homem que a obra faz supor." Assim também são as autobiografias: revelam sempre mais o autor, do que o homem. Como assevera André Malraux, "(o retrato literário) seria tanto melhor quanto mais semelhante, e tanto mais semelhante, quanto menos convencional." Sem esquecer que a confissão tomou novas formas, ou a de romance, como em Proust, como na exploração psicanalítica. E, talvez por isso que a lucidez do já citado André Malraux lhe exigiu as suas *Antimemórias*, ou a de René Chateaubriand, *Memórias de outra-tumba*, que foram, para Claudel, "A anábase de um homem de gênio"[798], onde reafirma não ter "sua consciência rasurada sobre a inocência das vigílias". E se indaga: "Tenho eu o direito de falar dos outros? Que me serviria o arrepender-se, se estas *Memórias* fizessem algum mal?" E elucida: "Eu me reencontro entre dois séculos, como no confluente de dois rios." Tudo isso mostra que talvez só o rosto final seja o nosso, muitas vezes, pelas flutuações do sofrimento e do acaso, próximo daquele que recebemos ao nascer. E é de novo Paul Valéry que nos alerta sobre todas as memórias: "A pessoa do autor mascara a obra mais do que ajuda a mostrá-la". E são apenas os detalhes que as salvam. Ou às vezes nem eles. A não ser a verdade que se esgueira por detrás dos acontecimentos, a verdade da vida que escava o ambíguo rosto. Porque, em regra, as linhas da escrita e as do que foi vivido nas autobiografias, são linhas paralelas que nunca se encontram. E o mais é um martelar que não serve nem ao leitor, nem ao que escreve. Como anota Gil Vicente, em *Fragoa de amor*: "*Señor, nuestro martellar // no nos aprovecha nada.*"

Dinah Silveira de Queiroz e A muralha

Dinah Silveira de Castro Alves nasceu em 9 de novembro de 1917, em São Paulo, e faleceu na capital paulista, em 29 de novembro de 1982. Embaixatriz, casada com o Embaixador Dário de Castro Alves (primoroso tradutor do russo Puskin, ensaísta de Eça de Queirós). Dinah foi jornalista, radialista, crítica, cronista, contista, autora de ficção científica e romances. Tinha inteligência atinada, múltipla. Pertenceu à Academia Brasileira de Letras. Dama fidalga que acolhia os colegas de ofício no Encontro de Escritores, em Brasília, era simultaneamente trabalhadora incansável. E, de tal maneira a sua ficção com ela se parecia, que, às vezes, nessas recepções de Brasília, tinha-se a impressão que ela escapava de algumas de suas páginas, ou as páginas escapavam dela, resvalantes. Publicou:

---

798. CLAUDEL, Paul apud GUIMARAENS FILHO, Alphonsus de. **Antologia poética**. [s.l.] :Editora do Autor, 1963.

HISTÓRIA DA LITERATURA BRASILEIRA
Da carta de Caminha aos contemporâneos

Floradas na serra, romance, 1939, *A sereia verde*, novelas e contos, 1941, *Margarida La Rocque*, romance, 1949, *A muralha*, romance, 1954, *O oitavo dia*, teatro, 1956, *As noites do morro do encanto*, contos, 1957, *Eles herdarão a terra*, ficção científica, 1960, *O verão dos infiéis*, romance, 1968, *Comba Malina*, ficção científica, 1969, *O livro dos transportes*, seleta, 1969, *Café da manhã*, crônicas, 1969, *Seleta*, organizada por Bella Jozef, 1974, *Eu venho*, Memorial de Cristo I, romance, 1974, *Eu, Jesus*, Memorial de Cristo II, romance, 1977, *Guida, caríssima Guida*, romance, 1981. *Os dez melhores contos de* Dinah Silveira de Queiroz, 1981, *A baía de espuma e outras histórias*, contos, 1982.

Dinah Silveira de Queiroz não exprimia o mágico no alcantil das palavras, porém, no enredo: o fio onírico que ata ou desata os personagens. Sobretudo, em *Floradas da serra*, *Margarida La Rocque*, *Guida, caríssima Guida* e *A muralha*. Zé Lins do Rego chamou atenção para as criaturas por ela inventadas, denominando-as de *estados de alma*. Rachel de Queiroz ressalta a passionalidade dos seus personagens. A estratégia da romancista, em cada texto, alarga a força do símbolo no *continuum* da ação. Dinah captura o leitor com astuciosa ciência narrativa e suas criações mais imperiosas são as mulheres como Isabel, Mãe Cândida, Margarida, Rosália, Guida. E enfatizo – imperiosas – porque nascem de dentro para fora, *porque já vêm com alma pronta*, a que Dinah lhes confere e reconhece. Essa alma dos seres é de heroísmo, conflitos de amor, ambição, poder e inquestionável grandeza: bastou retirá-las de si, tal a resina do tronco da árvore. Seu romance mais importante sob o prisma do realismo mágico é sem dúvida *Margarida La Rocque*. E a personagem terrível, que a perseguiu nos últimos anos, foi Guida (*Guida, caríssima Guida*, derradeira criação), a ponto de a autora, ilusoriamente, culpá-la por sua morte.

O fato é que Dinah foi redimensionando a experiência do romance noutros planos – entre solidão, resistência, sentimento, destino. Há um poder imaginário que equilibra a verossimilhança com a persuasão. Tudo acontece quando o leitor já aceitou, porque não foi forçado a nada, simplesmente deixou-se conduzir pelo élan desta contadora de histórias. O que caracteriza sua obra-prima, *A muralha*, romance de formação da gente paulista, onde a bravura e o povo são o cerne desta linguagem que encontra seu tempo e seu espaço no drama e no combate. Talvez pelo cariz popular, a objetividade e certa malícia que caracterizavam Manuel Antônio de Almeida, equilibram, com sua afluência benéfica, a ficção de Dinah Silveira de Queiroz, disciplinando outra influência exuberante, a do autor de *O Guarani*. E, sendo criadora do romance histórico, o imaginário complementou a documentação. Preenche os vazios, reanima de humanidade os relatos e reanima de história esta nova invenção do real, redescobrindo-se. Tolstói é o mestre nos caracteres que se interligam entre suas criaturas, a intriga, estrutura, movimento. E a ressonância senhorial do Patriarca, a contenda dos homens na selva, o caldeamento de raças, as atiçadas pálpebras de desespero e violência e as mulheres severas, com episódios que se vão imaginando de existir sob o vigor da romancista. O Capão da Traição não elide a verossimilhança e seu talento narrativo. Antes, a condição humana emerge da tragédia, e a tragédia emerge, esteticamente, onde a verdade é linguagem. E o fundamento para o romance histórico, dos moldes de *A muralha*, é estrutura que se multiplica, ordenando-se nos blocos. E deslocando no decorrer da história para a *muralha íntima de cada protagonista*, aproveitando a lição de solidez composicional de Thomas Hardy, que é meticulosa. Dinah também o é. No romance de aventura ou de criação de nova realidade, impõe-se o processo épico. Aliás, em certas obras romanescas, a natureza ou os objetos adicionam aos personagens relações ainda mais profundas. É com frequência sublinhada, por exemplo, a estreita concordância entre a natureza e a vida psicológica.[799] Isso acontece em *A muralha*, além de transparecer a muralista em telas e cores de um Rivera Bandeirante. As metáforas capitalizam a representação, com criaturas que explodem entre acontecimentos. Afirma Dinah: "E se não acontece, estando nos livros,

---

799. BOURNNEUF, Roland; QUELLET, Red. **O universo do romance**. Coimbra: Livraria Almedina, 1976. p. 208.

é o mesmo que ter acontecido."[800] Porque na imaginação tudo já está acontecendo. Enquanto Rachel de Queiroz, desde *O Quinze*, 1930, é choque e fraternidade de terra e povo, com palavra humana, ao feitio de pedra e argila, Dinah, de raiz alencariana, liga-se aos trâmites civilizatórios da história. Tendo *A muralha* inspirado a minissérie do mesmo nome na Rede Globo, ganhou ampliação na faixa dos leitores. Não se pode esquecer, por sinal, seu pioneirismo na ficção científica, publicando *Eles herdarão a terra*, em 1960, um pouco depois de Fausto Cunha, com *Noites marcianas*, haver introduzido no Brasil esse gênero, que depois se fortaleceu entre nós. E Carlos Fuentes observa que "há livros selados para sempre por suas palavras iniciais."[801] E dá o exemplo de Cervantes: "Num lugar da Mancha, de cujo nome não posso lembrar-me..." E Dinah assim começa *A muralha*: "Era como uma brecha ou ferida rasgando as árvores e as plantas, uma vila miserável que transbordou de gente". E finaliza o livro:

> Com homens assim, assim loucos e teimosos, e mulheres tão atrevidas e obstinadas... sabes o que me veio à cabeça? Que esta sujeira... e ela quase cuspiu de raiva naquele desafio à grandeza de Deus, mas se dobrou, cativada de imensidão... – bem pode tornar-se um dia, uma grande cidade.[802]

Nos textos de Dinah Silveira de Queiroz há o impulso do que adverte Novalis, "o impulso de estar dentro de casa em toda a parte."[803] *A casa da casa na Muralha*.

Orígenes Lessa na Rua do sol

Nasceu em Lençóis Paulista, São Paulo, em 12 de julho de 1903, e faleceu no Rio, em 1986. Técnico em publicidade, jornalista, teatrólogo, romancista, contista, roteirista, trabalhando

---

800. SILVEIRA, Dinah. **A muralha**. Rio de Janeiro: José Olympio, 1954.
801. FUENTES, Carlos. **Valiente mundo nuevo**. México: Tierra Firme, 1992. p. 54.
802. SILVEIRA, Dinah. **A muralha**. Rio de Janeiro: José Olympio, 1954.
803. NOVALIS. **Fragmentos**. Lisboa: Assírio e Alvim, 1971.

no rádio e na televisão. Pertenceu à Academia Brasileira de Letras. Publicou: *O escritor proibido*; *Garçonnette, garçonnière*; *Omelete em Bombaim*; *Passa três*; *Cidade que o Diabo esqueceu*, que são livros de contos. E romances: *Rua do Sol*; *O feijão e o sonho*, *O evangelho de Lázaro* e a novela *O joguete*.

Orígenes Lessa é um contador de histórias que capta o interesse do leitor pela simplicidade e pelo uso de estratégias narrativas que o tornam direto, límpido, com cheiro de terra e humor. Além de personagens recriadas da infância, como tia Calu, *Rua do sol* é marcadamente autobiográfico, em que o homem é filho do menino. Sua matéria tem ressonância humana, entre solidão e solidariedade, não se comprazendo no tempo que foi, mas no tempo que flui. Tende a situações absurdas, mantendo uma ironia que não chega a ser mordaz, não se descartando, do sonho, a realidade. Suas obras-primas que o fizeram reconhecido: *O feijão e o sonho* e *A rua do sol*. No primeiro, a figura do intelectual, que é aspirante de justiça, Campos Lara, *alter ego* do autor; no último, o mergulho junto ao filão da inocência. Em ambos há um sentido de meninice que cria a atmosfera onírica de seus relatos, como se viessem da espinha dorsal desta escrita. Ou como dizia Maiakovski "da flauta da coluna vertebral."[804] Não se deixou influenciar pelo Modernismo, salvo pela liberdade do que não abria mão. Ao tocar-se de infância, por considerá-la ciente de si mesma, deixava arrebatar-se, encontrando a do leitor. E isso engendra outra dimensão. Ao esquivar-se da linearidade, ativa-se de amor. Seus personagens são vivíssimos, mormente nesses dois livros, contendo o primeiro deles algo de autobiográfico, escrito com o corpo da alma, mais do que com a alma do corpo. Sabia que os livros podem ser aborrecidos, se por eles não circularem os ares de uma imaginação invulnerável. Eis um trecho que reproduzo ao leitor, para dar ideia de seu senso de humor: *A vida de José de Melo Simão*, do livro *Passa três*:

> D. Sara enchia o bairro. Antes de casada, arrebatara três prêmios de beleza no Íris-Cinema. Diziam as amigas da casa que fora

---

804. MAIAKOVSKI, Vladimir. **Maiakovski**: poemas. São Paulo: Perspectiva, 1997.

causa de um suicídio, um pobre rapaz encontrado no Tietê certa vez com vários litros d'água no estômago. Não deixara declaração. Mas os sonetos que dirigira inutilmente, durante dois anos, à então Sarinha, eram indício seguro. O próprio programa do Íris incluíra numa noite um dos sonetos em que o poetinha cantava o brilho noturno dos olhos e a leveza da cútis da três vezes rainha de beleza: "O beijar-te a cútis juvenil, sorrindo, / Oh muitas vezes bela inspiração!" E como coincidem os versos do poeta e a indiferença da musa, o seu encontro no Tietê foi logo atirado à conta dos pecados de Sarinha. Constava mesmo que ela recebera no dia seguinte, num pedaço de papel amarrotado, uma carta do moço, parte em verso, parte em prosa, culpando-a pela sua desgraça e pedindo a Deus que a não castigasse. Não havia certeza, porém, porque se a carta fora recebida, Sarinha não a mostrara a ninguém nem lhe fizera a menor referência. Mas não seria preciso o suicídio do bardo para criar a auréola que a cercava. A sua rua fora sempre a mais movimentada do bairro. Quando ia à janela, às seis em ponto, começava o desfile. Pedestres e automobilistas, de pescoço virado, passavam suspirando pelos seus olhos. Sarinha, involuntariamente, provocara vários atropelamentos graves perto da casa. De um, saíra uma testa partida. De outro, um caixeirinho perdera as duas pernas que mais usava. Um terceiro estava ainda no hospital. Mas que fazer?[805]

Seu estilo é direto sem arrebites ou adornos. Fixa os tipos cinematograficamente, conduzindo os diálogos com simpleza de conversa nascendo brejeira do povo. Tem malícia ao narrar, esta malícia sem maldade do que sabe que a vida corre e permite que ela corra desembaraçadamente.

Seu romance O evangelho de Lázaro, 1972 é onde sua humanidade e visão espiritual se mesclam, maduramente, com o domínios de todos os meios ficcionais, criando um personagem emblemático desta luta entre o ser terreno e o ser eterno. Jesus disse: "Lázaro, sai para fora!" E Lázaro saiu da morte. A junção dos elementos bíblicos e imaginários gerou uma fábula de permanência. Transpôs os umbrais de um texto religioso, para algo mais: a vitória sobre a morte. Que pode não agir sozinha. Todavia, inerte, superada, é sozinha que morre.

---

805. LESSA, Orígenes. **Passa três**. Rio de Janeiro: Cultura Brasileira, 1963.

Vianna Moog e o romance-ensaio brasileiro

Clodomir Vianna Moog nasceu em São Leopoldo, Rio Grande do Sul, em 28 de outubro de 1906, e morreu no Rio, dia 15 de janeiro de 1988. Formado em Direito, foi Agente do Imposto de Renda, Delegado do Tesouro em Nova York, representando o Brasil na ONU e na OEA. Morou um tempo no México, voltando mais tarde ao Rio. Pertenceu à Academia Brasileira de Letras, cadeira número quatro. Foi jornalista, ensaísta, biógrafo, sociólogo e romancista. Publicou: *Novas cartas persas*, ensaio, 1937, *Eça de Queiroz e o século XIX*, biografia, 1938, *Heróis da decadência: reflexão sobre o humor*, analisando Petrônio, Cervantes e Machado – ensaio crítico, 1939, *Um rio imita o Reno*, romance, 1939, *Uma interpretação da literatura brasileira*, ensaio, 1942, *Bandeirantes e pioneiros*, estudo sociológico, 1954, *Uma jangada para Ulisses*, ensaio, 1959, *Toia*, romance, 1962, *Em busca de Lincoln*, biografia, 1968.

A vocação de Moog para a biografia e o ensaio tornou-o um clássico entre nós, principalmente com *Eça de Queiroz e o século XIX* e *Bandeirantes e pioneiros*, fundamentais; o primeiro, para o balanço da literatura lusitana, e o último, para o melhor conhecimento da gênese da Nacionalidade. O escritor gaúcho, como raros, tanto pela sólida formação greco-latina, a experiência diplomática e a assinalada inteligência analista, trouxe para a literatura um estilo límpido, intuição crítica e a busca natural das raízes, seu obsedante tema. Buffon diz que "o estilo é o homem."[806] Há casos em que o estilo é o tema e outros em que homem e tema estão de tal modo imbricados, que não se consegue separar um de outro. E não há também por que fazê-lo. Poder-se-á afirmar que Vianna Moog não era visceralmente um romancista. O fato é que tal é a qualidade da sua escrita, a verossimilhança dos seus personagens, que seus romances têm indiscutível vigor, sendo um novelista da história. Sob a história visível se amoita a enigmática ou obscura. O romancista é o que segue as pegadas do animal

---

806. BUFFON apud FERRATER-MORA, José. **Dicionário de filosofia**. São Paulo: Loyola, 2000.

perdido na imaginação. Ou às vezes é a imaginação, o animal que persegue o romancista.

Não é esdrúxulo asseverar que Vianna Moog foi um dos introdutores no Brasil do romance-ensaio. Haja vista o fato de *Um rio imita o Reno* ser editado em 1939, antes de Jorge Luis Borges, precursor na América Latina da literatura fantástica e do conto-ensaio, já que vieram a lume seus dois livros, talvez mais importantes – *Ficções*, em 1944 e *El Aleph*, em 1949. Na dúvida, a favor de Moog. Pois cada criador inventa os seus sucessores. E os sucessores jamais alcançarão imitar o precursor. E, se tudo é invenção, o que faltará para ser inventado? Tudo. Porque se inventa de ir inventando. E somos inventados, de esquecer quanto inventamos. Confessa Vianna Moog: "Sou lento e talvez exageradamente medroso quando se trata de concluir sobre história, política ou biografias. Mas abro a torneira na ficção."[807] Nesse livro de romance-ensaio, previu a Segunda Guerra Mundial e teve a primeira edição de cinco mil exemplares esgotada em três semanas, com protesto veemente da Embaixada Alemã no Brasil, ao exigir a apreensão do livro. O que agradou ao contador de histórias das margens do Rio dos Sinos, vendo-se, como ele próprio o diz, capaz de ameaçar o Terceiro Reich, ganhando com justiça o Prêmio Graça Aranha daquele ano. Qual foi o tema de *Um rio imita o Reno*, tão explosivo e polêmico? Vianna Moog examina a enfermidade social, que é a pureza das raças. Num microcosmos que recorda a Alemanha (o Rio dos Sinos, que banha São Leopoldo de sua infância e os sinos da guerra que se preparava), trabalhando com duas estruturas e a ambiguidade de *Obra aberta* (Umberto Eco), ao tratar da marginalização de dois amantes – o engenheiro Geraldo Torres e Lore Wolff, mais seu filho Karl – vítimas do avanço do nazismo nas colônias. Blumental nutre-se dessa dualidade, sem desmerecer a ideologia da raça, a luta contra esse tal de ufanismo étnico, mostrando a muralha que o enamoramento do brasileiro Geraldo e a alemã Lore tecia na comunidade. O que faz com que, paralelamente, durante o

---

807. MOOG, Vianna. **Bandeirantes e pioneiros**. Rio de Janeiro: Civilização Brasileira, 1985.

respirar dos personagens, o ensaísta e o historiador, o biógrafo e o romancista se animem, com incomum lucidez no debate das ideias. E são elas a verdadeira parteira da imaginação. Não é o romancista que é pensador, o pensador que é romancista.

> Todo o Ecce Homo, partindo da cozinha alemã, era afinal um libelo contra os alemães... Quando pretendo imaginar um homem que repugne a todos os meus instintos, surge-me logo à mente um alemão... Haverá guerras como nunca houve na terra... O carro atravessava a treva compacta dos eucaliptos, na solidão do campo e da noite... Por que não podia Nietzsche suportar a sua raça? Mas qual é a raça de Nietzsche? Eu não posso suportar esta raça com a qual nos achamos sempre em má companhia, que não possui o tato dos matizes... que não tem qualquer graça nos pés, que não sabe nem sequer caminhar..." Donde viria esse ódio de Nietzsche? Sim, de onde viria? No entanto, ninguém mais alemão na capacidade de ir ao âmago das coisas. Ele é que tinha descoberto a predominância da intuição do instinto sobre a razão lógica. Odiava os lógicos. E os alemães eram lógicos. Daí por que o seu ódio a Leibnitz e Kant, "dois grandes entraves à honestidade intelectual da Europa". Novo solavanco. Agora o carro beirava o abismo. "Talvez eu esteja beirando um abismo sem saber... Mas que importa!"[808]

Essa referência dá o tom do livro. Riqueza nas descrições, pensamento pressentindo e averiguando. A presença dos países – Brasil e Alemanha – é o pano de fundo para a exaltação da própria terra. E vivendo no exterior, construiu a sua *Jangada para Ulisses* de volta à Ítaca, falando também, simbolicamente, da geração gaúcha de 1930, guindada ao patamar mais alto da política e da vida social. Ou é a vida e obra de Andrade Ripol, subterraneamente, ele mesmo. *Ou até onde pode ser ele próprio, ou um outro nele, relatando.* É *Toia* seu último romance. Conta o amor de um diplomata por uma mexicana, interpretando o México, onde morou, numa espécie de continuação do *Labirinto da solidão*, de Octavio Paz, publicado dez anos antes – porém, *sob o signo do amor*. Vianna Moog, sem ter a magia verbal octaviana, possui a paixão da verdade que os identifica. O interessante é como os personagens deste

---

808. MOOG, Vianna. **Bandeirantes e pioneiros**. Rio de Janeiro: Civilização Brasileira, 1985 p. 125.

leopoldense universal, com olhos de Circe, metamorfoseiam-se em outros, com outros nomes e características comuns, indicando o quanto é autobiográfica a sua ficção e quanto é obsessiva a memória, esse copioso filtro de sonhos. Publicado antes da guerra (em 1939), *Um rio imita o Reno*, de Vianna Moog, profetizou o absurdo mundo que adviria com o Nazismo, ao evidenciar a sua constante paixão da nacionalidade, que a *Jangada para Ulisses*, reafirma, sempre tornando à terra, que não era Ítaca. Ele, o viajor, andarilhando entre países e a jangada, o único veículo capaz de o transportar para a terra natal.

Sua obra maior há de ficar na investigação de nossa identidade como povo, com paixão de gaúcho e brasileiro, em livro que se tornou fundamental, *Bandeirantes e pioneiros*, jamais apagando a incandescente liturgia de ver.

Vianna Moog, apesar de perambular pelo mundo, com as experiências de cosmopolitismo, estava sempre de volta, de viagem às raízes. Seja na visão, seja no peso da palavra voluptuosa: "Em Nova York, em Paris ou Londres, e até mesmo no Rio, não passo de um marginal"[809], desabafa, através de Andrade Ripol.

Testemunha, humilde, sem a soberba de tantas funções, algumas elevadas, este grito de amor:

> Vim ao mundo puxado a ferro. Os partos daquele tempo eram muito violentos. A parteira, a velha Veneranda, vinha de Taquari. Por ocasião do nascimento de um dos meus irmãos, ela me trouxe de presente uma galinha carijó e eu nunca esqueci essa emoção de ganhar uma coisa viva.[810]

Essa é a simplicidade universal, *a coisa viva*. Como se dissesse, com Péguy: "Tal é o meu povo. Tem seus defeitos. Mas eu os amo como são." E é estranho que, sendo o gaúcho um

---

809. MOOG, Vianna. **Bandeirantes e pioneiros**. Rio de Janeiro: Civilização Brasileira, 1985.

810. MOOG, Vianna. **Bandeirantes e pioneiros**. Rio de Janeiro: Civilização Brasileira, 1985.

povo caloroso e justo, não tenha ainda lhe dado a devida glória. Talvez por não haver morado no Rio Grande? Não creio que o pampa seja tão pequeno ou míope, que não dê guarida aos seus grandes vultos. E não deixarão de sobreviver, apesar do Rio Grande. Por terem outro pampa, mais real dentro deles.

Osman Lins: O fiel da pedra

Nasceu em Vitória de Santo Antão, Pernambuco, no ano de 1924. Faleceu em julho de 1978, em São Paulo. Bancário, doutor em letras, romancista, teatrólogo, contista. Publicou: *O visitante*, romance, 1954; *Os gestos*, contos, 1957; *Lisbela e o prisioneiro*, teatro, 1964; *Nove, novena*, contos, 1966; *Guerra do "cansa-cavalo"*, 1967; *O fiel e a pedra*, romance, 1968; *Guerra sem testemunhas – o escritor, sua condição e a realidade social*, ensaios, 1969; *Avalovara*, 1973; *Santa, automóvel e soldado*, teatro, 1975; *A rainha dos cárceres da Grécia*, 1976; *O diabo na noite de natal*, livro infantil, 1977; Deixou interminado o romance *Uma cabeça levada em triunfo*.

Osman Lins, ao escrever ficção, tinha sempre nele a vocação do poeta. O que o levou, posteriormente, à experimentação formal, porque em regra, os fundadores não são os naturalmente romancistas, mas os poetas que fazem ficção. Basta lembrar na história literária os nomes de Marcel Proust, Kafka e Joyce, já pelo caráter fundador que Heidegger vislumbrou no poeta. Sua arte de "tornar visível o real"[811], na expressão feliz de Klee, sob o gênero de conto ou romance, começou na tradição de Machado de Assis, Graciliano Ramos, Rachel de Queiroz, dentro de uma perspectiva tradicional. Estilo enxuto, claro, com certa dureza granítica, que se foi limando de caminho e algo que faltava – a arte de pensar. Escrevia pensando a imaginação, deixando que a imaginação também o pensasse. Porque a imaginação precisa pensar para sobreviver, para não ser empurrada nos solavancos da história.

---

811. LINS, Osman. **Os gestos**: contos. São Paulo: Melhoramentos, 1975.

HISTÓRIA DA LITERATURA BRASILEIRA
Da carta de Caminha aos contemporâneos

A perda materna, aos 16 dias de existência, com a inconsciente culpa de que, ao nascer, ter-lhe-ia causado a morte. Essa mãe-imaginação foi a parteira de seu gênio criador – mais de linguagem, do que de criaturas, embora as tenha gerado. E sólidas. Sobretudo as mulheres que nele acharam o sentimento, a sutileza vibrátil e a fala de alma, pouco encontráveis na maioria dos nossos escritores. E a mulher é a personagem maiúscula, por estar sua mãe em todas e todas em sua mãe. Sim, os enredos complexos e o pulsar feminino tão luxurioso compensam-lhe o prazer da descoberta. Ademais, é apetência do poeta-narrador revelar o escondido atrás das palavras, a pedra de Aladim e o tesouro. Pintor, por invadir linguisticamente o espaço e calejar silêncios com paixão medieval e barroca, é mais do que nunca um desvelador e crítico da cultura nordestina, com seus costumes, com seus viventes. Assume o erudito, sem abandonar o traço e o cheiro da terra.

É reconhecido pela crítica como um renovador experimental do romance em A *Rainha dos cárceres da Grécia* e no mais avançado de todos, *Avalovara*, texto alegórico, polifônico, em busca de uma épica de Abel. Que carregava em seu nome a sina fatal, com a conquista da Unidade, ou seja, a fusão dos seres no amor e a descoberta deles – um no outro – como possível Paraíso, entre mescla de mitologia, história e fé, visando o arquétipo da futura destinação. Num processo assemelhado ao de Cortázar em *O jogo de amarelinha*, o autor confia ao leitor a explicação da organização de seu livro. Giro quadrado e espiral postos a favor da Apoteose (o que não deixa de ser presentação romântica). A amada de Abel: a estudante alemã Anneliese Roos, sendo a figura de *Avalovara* a de um pássaro de seis asas. Andando em torno da pedra ou sua dimensão concreta, com os dizeres: *Sator Arepo Tenet Opera Rotas*: "O lavrador sustém cuidadosamente o mundo em sua órbita." O que diz do trabalho do artista na montagem da obra. Não foi Virgílio que escreveu que "o amor vence tudo"? E foi o que Osman previu, com o triunfo do amor, o sereno triunfo da civilização. Confesso, entretanto, leitores, não são essas, a meu ver, as obras-primas da ficção osmaniana. Apesar do seu alto conceito, entre os críticos, nelas é por demais mecanicista, arquitetado e matemático, não fazendo sentir o arquejo humano que ressuda, por exemplo, no que considero, este sim, a sua obra-prima: *O fiel e a pedra*. Romance importantíssimo, embora de molde mais tradicional, carregado de vida, com personagens fortes, alguns inesquecíveis e o mito a serviço da cosmologia. Sua base criadora é a *Eneida*, de Virgílio Maro. E é o próprio Osman Lins que reconhece: "*O fiel e a pedra* representa, então, o ponto para o qual converge tudo o que eu fiz e o ponto de onde parte o que vim a fazer depois."[812] Apesar das diferenças entre o poema romano e o romance, que Regina Igel[813], lucidamente, suscita, vale a pena reiterar – não os pontos que os afastam, mas os que os unem – para a melhor compreensão deste projeto, também épico. O valente Enéas é Bernardo. Ascânio e Creusa, nomes da *Eneida*, com projeção diversa e ainda Tereza, Antônio Chá, um dos elementos estruturais do romance, o guarda Xenofonte, capanga de Nestor Benício. Osman é a representação de Ascânio, criança salva da destruição de Troia (o ventre materno), primeiro no ventre do Cavalo de madeira, depois no incêndio da cidade de Ajax. Por sua vez, Nestor, figura célebre pela justiça, é usado no sentido de oposição: pessoa malévola, injusta. É valioso registrar quanto o nome das criaturas marcam seu destino. Grande romance, dos maiores, pela sabedoria verbal e mitológica, *imprimindo*, como ensina Walter Benjamin – *seu espírito nas coisas*.

Outro ponto alto de sua obra de contista é *Nove, novena*. Nem tanto pela experimentação com o uso de sinais tipográficos para o sistema de apoio à simultaneidade psicológica – o que considero respeitável, porém duvidoso, mais afastando o leitor que o aproximando do texto. Mas se realça pelos instrumentos de aperfeiçoamento, como a técnica da simultaneidade para a dimensão espacial e o uso dos discursos diretos e indiretos, na leveza, que atingem significação, sobretudo pela qualidade dos contos, ou pela presença do artista, ou pelo tratamento dos personagens. É um matemático da ficção,

---

812. LINS, Osman. **Os gestos:** contos. São Paulo: Melhoramentos, 1975.

813. IGEL, Regina. **Osman Lins:** uma biografia literária. São Paulo, T. A. Queiroz Editor/INL, 1998.

verdadeiro engenheiro de formas, lembrando Flaubert quando assevera: "Não é o fundo que escandaliza, mas a forma", estando também sob a benigna sombra de Henry James.

Publicou: *Os gestos* (13 contos). Descabendo esquecer a peça de teatro, com elaboração literária: *Lisbela e o prisioneiro*, recentemente transformada em linguagem cinematográfica, com sucesso, por Guel Arraes, ficando ao lado de *Auto da Compadecida*, de Ariano Suassuna, testemunho do povo pernambucano. Representam a incomunicabilidade, a falta de afeto e o conflito de gerações, com narrativas de estilo exato e poético. Os gestos delineiam o único espelho do pensamento ou das inter-relações humanas. Eis um trecho:

> Sentei-me na cama, as têmporas batendo, o coração inchado, e tendo uma alegria dolorosa, que mais parecia um anúncio de morte. As horas passavam, cantavam grilos, minha avó tossia e voltava-se no leito, as molas duras rangiam ao peso de seu corpo. A tosse passou, emudeceram as molas; Ficaram só os grilos e os relógios. Deitei-me. Passava de meia-noite quando a velha cama gemeu: minha avó levantava-se. Abriu de leve a porta de seu quarto, sempre de leve entrou no meu, veio chegando e ficou de pé junto a mim. Com que finalidade? – perguntava eu. Cobrir-me ainda? Repetir-me conselhos? Ouvia-a então soluçar e quase fui sacudido por um acesso de raiva. Ela estava olhando para mim e chorando como se eu fosse um cadáver – pensei. Mas eu não me parecia em nada com um morto, senão no estar deitado. Estava vivo, bem vivo, não ia morrer.[814]

Osman Lins, como Cabrera Infante, era "um homem capaz de suportar grande carga de irrealidade."[815] Foi a irrealidade que não o pôde suportar. Por escrever não ao pé da letra, mas ao pé do espírito. Desde Enéas, *per umbras ambulat*. Tendo nas mãos *O fiel e a pedra*. Livro, aliás, que atende o sentido da alegoria, como obra *de fantasia*, da capacidade de vestir imagens sugestivas num conteúdo *abstrato*; em francês falar-se-ia de *esprit*. Ou seja, o paralelismo exato entre um sistema de ideias e um sistema de imagens, de modo que a relação é, em todo momento,

---

814. LINS, Osman. **Os gestos**: contos. São Paulo: Melhoramentos, 1975.

815. LINS, Osman. **Os gestos**: contos. São Paulo: Melhoramentos, 1975.

inequívoca.[816] Nietzschianamente, Osman Lins calou entre espaços e falou com grandeza. Essa, sim, que ninguém pode calar.

A expedição ficcional de Antônio Callado

Nasceu em 26 de janeiro de 1917, em Niterói, Rio de Janeiro, e faleceu no Rio, em 1997. Romancista, contista, dramaturgo, foi jornalista militante com coluna no jornal *O Globo*. Trabalhou na BBC, em Londres. Voltou ao Brasil e ao *Correio da Manhã*. Pertenceu à Academia Brasileira de Letras. Publicou: *O fígado de Prometeu*, peça de teatro, 1951; *Esqueleto na lagoa verde*, 1953; *Assunção de Salviano*, romance, e a peça *A cidade assassinada*, 1954; *Madona de cedro*, romance, e as peças *Pedro Mico* e *Colar de coral*, 1957; *Os industriais da seca* e *Os Galileus de Pernambuco*, reportagens, 1959; *O tesouro de Chica da Silva*, teatro, 1959; *Tempo de Arraes*, 1964; *Vietnã do Norte*, reportagem, 1977; *Passaporte sem carimbo*, reportagem, 1978; *Quarup*, romance, 1967; *Bar Don Juan*, romance, 1971; *Reflexos do baile*, romance, 1976; *Sempreviva*, romance, 1981; *A expedição Montaigne*, 1982; *A revolta da cachaça*, teatro negro, 1983; *Concerto carioca*, romance, 1985.

Antônio Callado foi, no romance, no conto, no teatro, nas reportagens e no jornalismo diário, o que Steiner chamou de "historiador do inconsciente",[817] depois cada vez mais consciente. Por um lado teatral foi dramaturgo e ator deste Brasil obscuro, sob empedernida noite da ditadura militar. Integrava-se como voz, personalidade, junto com um Antônio Houaiss, Alceu Amoroso Lima, Heitor Cony, Ênio Silveira, entre outros, representando o Brasil vivo contra um Brasil que estava sendo amordaçado ou morto. É o escritor da consciência alarmada. Advindo de rica tradição alencariana, com um barroco que tomou caminho através de Euclides da Cunha e Guimarães Rosa, foi-se

---

816. BARUZZI, Jean; CARPEAUX, Otto Maria. **Ensaios reunidos**. Rio de Janeiro: Topbooks/Universidade, p. 611-612.

817. STEINER, George. **Linguagem e silêncio**:ensaios sobre a crise da palavra. São Paulo: Companhia das Letras, 1988.

incorporando também ao Mestre do Cosme Velho pelo senso de realidade. Retratou os movimentos de luta armada, as torturas, o sonho de fazer a revolução que acalentou e matou Guevara, em *Bar D. Juan* e *Reflexos do baile* (aqui o revolucionário já está desanimado), com ironia agudíssima no plano histórico-social, ao escrever a obra-prima do romance contemporâneo, em longo mural da vida indígena, pondo-lhe de título *Quarup* (ritual dos índios aos mortos). Antônio Houaiss, no seu Dicionário, conceitua *Quarup* como cerimônia intertribal de cunho religioso e político, ligados ao mito do herói Mavotsim, em que se celebram os mortos. É um rito de luta e festa, que visa à preservação do povo indígena do Xingu, possibilitando a passagem do defunto para o rio dos mortos. E Antônio Callado aproveita-se, simbolicamente, desse ritual em várias partes de seu romance. Narra como um padre revolucionário, Nando, apaixona-se e opta pela política, contra a religião, opta pelo amor, contra a canônica proibição de casar. Os diálogos sóbrios, bem desenhados, têm o paroxismo de apanhar expressões indígenas. Esta expedição ao Xingu deu-se na fase da tentativa de homicídio de Lacerda, durante o governo de Getúlio Vargas, entre cerimônias várias: caça, pesca, banhos de índios nus e luta entre Ramiro e Sônia, quando chega a notícia pelo rádio do suicídio de Getúlio, desaparecendo em Fontoura a esperança de ser, ali posto, um parque e fugindo Sônia com o belo, preguiçoso e robusto índio Anta. Francisca perde o noivo, Levindo, que a polícia matou e reaviva-se o amor de Nando por ela, saindo do plano platônico para o sexual em descrição de amor belíssima. A luta dos camponeses recrudesce sob o governo de Arraes, Francisca parte para a Europa e Nando vive numa casa da praia, ensinando a amar, arte aprendida com Francisca e pregada aos discípulos. No décimo aniversário de Levindo, Nando comemora a réplica de *Quarup*, com alguns companheiros da liga, prostitutas, pescadores num grande jantar, onde antropofagicamente a figura de Levindo é digerida, simultânea à *marcha de Deus e da família pela liberdade*, com todos presos. Nando é espancado, quase à morte. Levado para a casa do Padre Hosana, vai com Manuel Tropeiro ao sertão para lutar. Muda o nome de Nando para Levindo (absorvido pela antropofagia, assumindo-lhe também a coragem, como os guerreiros índios tomavam para si o valor dos inimigos) e o romance termina "entre as patas do cavalo como serpente de ouro em relva escura."[818] Callado opta ainda pela *Utopia*, o que é necessário num mundo imperfeito. E mesmo que não seja alcançada, ao se porfiar por ela, nos aproximamos da meta. E a meta será sempre além. Nossa alegria é já ficar à sombra da grande árvore do futuro.

O livro suscita muitas leituras, o que garante sua duração, além da utopia de Nando: a de construir na selva um paraíso. Contém momentos antológicos, de altíssima literatura. Entre eles, sobressai-se o instante de amor entre Nando e Francisca:

> Quase de si mesma a ubá se encostou à margem direita do furo e Nando e Francisca saltaram enlaçados pela cintura, mais para dentro da margem havia orquídeas claras, quase brancas. Nando e Francisca não falaram. Apenas se voltaram um para o outro, braços abertos, e o breve instante em que se separaram foi para deixarem cair no chão as roupas sobre as quais se deitaram debaixo de orquídeas pálidas, separados do rio por um cortinado de orquídeas coloridas. Quando veio o prazer, Francisca fechou em lábios e pétalas quentes sem nenhuma palavra e Nando descobriu o gozo que é profundo e contínuo como o mel e seiva que se elaboram no interior das plantas. Se de quando em quando separavam boca ou ventre era para melhor se verem um instante e constatarem com assombro que eram ainda duas pessoas. De novo se perdiam um no outro sem mais saber com que lábios sentiam os lábios do outro ou quem possuía e quem era possuído, ambos sem rumo que não fosse o outro pois viviam um no outro e se detestariam se alguma vez mais estivessem sozinhos depois de haverem vivido tamanha soma de vida.[819]

Outro capítulo impressionante do livro é o da *Palavra*, consciência que se vai silabando, até alfabetizar de liberdade, a alma. Cabe-me pontuar algumas observações, pela sua importância quixotesca e criação de um *Macunaíma às avessas*, com a ironia terrível de um civilizado que resolve participar da *Expedição Montaigne*, publicado em 1982, antes de *Maíra*, do romancista e antropólogo, Senador da República, Darcy

---

818. CALLADO, Antônio. **Quarup**. Rio de Janeiro: Civilização Brasileira, 1967.
819. CALLADO, Antônio. **Quarup**. Rio de Janeiro: Civilização Brasileira, 1967.

Ribeiro, paródia, contando a história do jornalista Vicentino Beirão, com alguns índios doentes, como Ipavu-Paiap, saídos de um reformatório, que seguem em expedição para a aldeia camaiurá, no centro do Brasil, visando sublevar os índios contra o homem branco. O final é tragicômico, entre peripécias. Vale como sátira, embora um tanto fechado pelo excesso de linguajar indígena, ainda que *Maíra*, de Darcy Ribeiro, pela sua experiência e sua ligação ancestral, consiga efeito mais límpido, com a poética da vida dos índios, os hábitos e sabedoria com a natureza e as coisas. O índio capaz de ensinar a arte de boa vivença ao civilizado, ou bárbaro.

É de observar também a mescla de gêneros que Antonio Callado realizou. Sobretudo entre ficção, reportagem e teatro, utilizando blocos como em *Quarup*, através do narrador onisciente, que é caso desse romance de espaço, pelos deslocamentos inúmeros. Jamais abandonou a *Utopia*. Enfrentou a imaginação do jugo com o poder da imaginação. Soube, lucidamente, aplicar as palavras do Sistema contra o Sistema esmagador. Ao esvaziar certos termos carregados de ideologia do poder, ao manejá-las noutro sentido, mudando o curso destas estrelas verbais subsidiárias, a consciência ocupa seu verdadeiro lugar e despluma o jugo, inverte o sistema, humaniza a *bomba*, sim, ao desarmá-la, fazendo-a boa menina e – por que não? – levando-a para a escola das aspirações livres do humano. Só será ofensiva, ou belicosa, se a aceitarmos sem examinarmos no bojo a semente da provável explosão. E inobstante isso, a ideologia de um autor, quando é grande – e é o caso – desmonta o jugo sendo capaz de derrubar Golias na testa. Pois o que somos de palavra, junta-se ao que é palavra. Não apenas no plano espiritual, também humano. "Ó palavras, ó palavras, / que grande potência a vossa!"[820] Mesmo que a época seja obscura, vivemos até a raiz. O tempo dará seus frutos. E os frutos, o seu tempo.

Antônio Olinto, entre a casa das águas e o menino e o trem

---

820. MEIRELES, Cecília. **O romanceiro da Inconfidência**. Porto Alegre: L&PM, 2008.

CARLOS NEJAR

Antônio Olinto Marques da Rocha nasceu em Ubá, Minas Gerais, em 10 de maio de 1919. Faleceu no Rio, em 12 de setembro de 2009. Estudou filosofia no Seminário Maior de Belo Horizonte e de São Paulo. Foi crítico literário do jornal *O Globo* durante 25 anos, com a coluna *Porta de livraria*, revelando novos talentos. Poeta, ensaísta, jornalista, gramático, dicionarista, romancista, sua obra está vinculada à Geração de 1945. Foi Adido Cultural em Lagos, Nigéria, Adido Cultural em Londres, membro do Pen Clube do Brasil. Pertence à Academia Brasileira de Letras. Publicou: *Presença*, poesia, 1949; *Resumo*, poesia, 1954; *Jornalismo e literatura*, ensaio, 1955; *O "Journal" de André Gide*, ensaio, 1955; *O homem do madrigal*, poesia, 1957; *Nagasaki*, poesia, 1957; *Caderno de crítica, O dia da ira*, poesia, 1959; *Dois ensaios*, 1960; *Brasileiros na África*, ensaio, 1964; *A verdade da ficção*, 1966; *As teorias*, poesia, 1967; *Antologia poética*, 1967; *A paixão segundo Antônio*, poesia, 1967; *A casa da água*, romance, 1969; *O cinema de Ubá*, romance, 1972; *Teorias novas e antigas*, poesia, 1974; *Breve História da Literatura brasileira*, ensaio, 1994; *Copacabana*, romance, 1975; *Tempo de verso*, poesia, 1992; *O problema do índio brasileiro*, 1973; *O rei de Keto*, romance, 1980; *A invenção da verdade*, 1983; *Os móveis da bailarina*, romance, 1985; *Trono de vidro*, romance, 1987; *Tempo de palhaço*, romance, 1989; *Sangue na floresta*, romance, 1993; *O menino e o trem*, contos, 2000; *A dor de cada um*, romance, 2001.

Há traduções de seus livros em vários idiomas, sobretudo, o mais importante deles, *A casa da água*, na 5ª edição. A trama desta obra-prima da literatura brasileira, com centenas de personagens, desencadeia-se a partir do Brasil, com Catarina do Piau, que de lá saiu em 21 de março de 1898 e, depois de viajar a Juiz de Fora, Rio, Bahia, seguiu num veleiro para Lagos, na África, chegando em 7 de setembro de 1900. Antônio Olinto conta a saga de uma família de negros brasileiros que regressam às suas origens africanas, com o relato dos costumes e recurso estilístico do poema/saudação usado pelos iorubás. A linguagem numa prosa inventiva, marcada de poesia, constrói protagonistas femininas, sobretudo, com firme personalidade, criaturas de quem se vislumbram os movimentos, adivinham-se os rostos, sentimentos, bravura. É um clássico que não perde o tom contemporâneo, onde os amores se delineiam, pintados por hábil artista, eminentemente visual, dando a impressão de assistir-se a um filme, pela técnica com que Antônio Olinto, no sabor da memória, desde Piau, terra de sua mãe, utiliza o processo faulkneriano ao inter-relacionar temperamentos, imagens que deslizam diante dos leitores, captados com a leitura encantatória e épica da raça negra. É a ciência de um dos maiores africanistas do Brasil. Nada se desperdiça, nem o fôlego com que o narrador se incorpora ao painel de figuras e de vozes, junto à *casa da água* dos sonhos.

Sim, Borges observa que "todas as coisas são um sonho ou associações de ideias."[821] Fabulista, que não desperdiçou a memória, Antônio Olinto dá-nos a impressão de um sonho na sua narrativa, porém, tão lúcido que se conecta em associações de ideias. Tudo em torno da viagem e o poço, a venda de água, a fertilidade e a recriação de mitos primitivos, em cosmologia que se mune de arquétipos os quais, subterraneamente, alimentam mistérios, hábitos, devaneios, o inconsciente coletivo, flutuante em ondas de conquista e fé, como se a condição humana se desnudasse e o que é real, fosse na imaginação, a mais arcaica memória, também do maravilhoso de um povo recitador, controlando diversas técnicas narrativas. Ebenézer é, a nosso ver, o personagem que podia ser mais desenvolto, aproveitando uma via cristã, se o autor não se intrometesse com juízo moralista.

O mágico não tem a fronteira dos continentes, por ser ele, continente à parte. E o poético é o que redimensiona e desapruma o lugar-comum. Narrar é prolongar a vida, impedir que o tempo se estabeleça. E, na verdade, só existe um tempo, o da imaginação e do delírio da razão que não carece de argumentar. Deixa que a vida vá perdendo o seu raciocínio, na medida em que transborda de aventura, coragem, invenção. E inventa-se de avançar no imaginado e de trabalhar as afinidades eletivas – seja de *Os tambores de São Luís* (Josué Montello), seja de *Jubiabá* (Jorge Amado), em que o mesmo tema é tratado. Na raiz sapiente de Gilberto Freyre, em *Casa-grande*

---

821. BORGES apud SCHWARTZ, Jorge. **Borges no Brasil**. São Paulo: Unesp, 2001.

e *senzala*. Acentua Vargas Llosa[822] que "a originalidade em literatura não é ponto de partida, é ponto de chegada", alegando que nela "o fim modifica os meios". Mesmo que todos os meios sejam o fim? Ou que os meios possam, ao viver, independentes do seu fim, ou reformular no texto a história da imaginação? Tudo é possível, criando, porque o tempo passa de uma palavra a outra que começou a existir e tem o poder de engendrar símbolos. O romance para ser vivo intervala-se de metáforas. Daí por que o romance também é uma poética. Sobretudo neste texto: *A casa de água*. Divide-se em quatro partes: a) *Viagem*: trata da saída de Piau para Juiz de Fora, Bahia, Rio. b) As peripécias depois, num veleiro para Lagos, na África. Viajam Antônio e Catarina (Ainá), Estefânia, Mariana, Emília e conhecem a que se torna amiga – Maria Gorda: todas mulheres poderosas e que são personagens inesquecíveis. *Mulheres-coragem*. E, num eito de paragem, vejam, leitores, esta maravilhosa descrição, com Mariana dormindo no colo de Catarina que recorda Piau:

> Revia o verde, o verde voltava mas era um verde meio lavado, verde com águas verdes, tinha a impressão de que só vira verde naquela descida rumo a Lagos, o homem do barco segurava ramos de folhas na mão, havia verde no fundo junto com o molhado que lhe cercava os pés, fora uma alegria mexer os pés na água e a cada curva do rio o verde que a neta Mariana iria conhecer dentro de algum tempo.[823]

Outra cena é perturbadora, a da enchente, com uma tropa de animais atravessando o rio a nado. "Eram vários burros e cavalos, e o homem que ia à frente perdeu o chapéu que caiu no rio, os cavalos faziam barulho ao nadar e saíam pingando, muita gente ria, achava graça no chapéu que sumia..."[824] A viagem de veleiro, ou *patacho*, levou à morte, em estranha

---

822. VARGAS, Llosa Mario. **La tentación dei imposible**. Chile: Alfaguara, 2005.

823. ROCHA, Antônio Olinto Marques da. **A casa da água**. Rio de Janeiro: Edições Bloch, 1969.

824. ROCHA, Antônio Olinto Marques da. **A casa da água**. Rio de Janeiro: Edições Bloch, 1969.p. 16.

enfermidade: um preto de Alagoas, mulato de Pernambuco, o *malê*, Sebastião, o filho do Ribeiro, duas anciãs, mais um velho e o marinheiro. Ao chegar a Lagos, o veleiro ficou de quarentena. c) Antônio e Catarina (Ainá), ao aportarem, visitam Dona Zezé, uma das mais ricas do bairro, que as apoiou, pois tinham apenas a roupa do corpo. Catarina, ali, resolve voltar ao nome original – Ainá. Dizendo: "– Nome é coisa sagrada, não deve ser dito demais nem à toa e só as pessoas da família deviam saber o nome da gente. Para os de fora apelido serve."[825] E, quando morreu a grande mãe, Ainá (tomando novo nome na morte), foi enterrada na praça. Sua filha, Mariana, descobre que o problema do bairro era água e higiene, decidindo fazer um poço, e por isso deixa a função de professora. Carece, logicamente, de comprar a casa, onde se achava o tal poço, antes de ser descoberto. E a comprou. Seu negócio: a água do poço. Adquirindo, assim, *a casa de água*, que é a base de tudo, que seria a água, "coisa mais importante do mundo, para que a vida do menino fosse limpa e justa."[826] E para que também ali se mantivessem. O marido de Emília, Ebenézer, deixa o lar e põe-se de pregador. Mariana se une a Sebastian. Conseguira emprestado com Dona Zezé o dinheiro para comprar *a casa de água*, pagando a dívida e comprando ainda uma loja que o marido passou a dirigir. Com a morte de seu companheiro, Mariana deu à luz ao menino Sebastian. d) *Grande chefe* é o filho de Mariana. Cresce, estuda e se torna presidente. Um dos libertadores da Nova África. No final do livro, é morto com tiro na têmpora direita. Soube pelo rádio. Mariana segurou a menina, sua neta, a que haveria de ser no fim do século a mulher mais importante da África e não permitiu que chorassem a morte do filho Presidente Sebastian Silva, cobrindo com um lençol o corpo, posto sobre a cama, sentou-se ao seu lado. No amanhecer, determinou a Atondá:

---

825. ROCHA, Antônio Olinto Marques da. **A casa da água**. Rio de Janeiro: Edições Bloch, 1969. p. 88.

826. ROCHA, Antônio Olinto Marques da. **A casa da água**. Rio de Janeiro: Edições Bloch, 1969.

– Está na hora. Mas levem o caixão aberto. Levantaram-no em cortejo. A parte final é das mais belas e terríveis:

> Maria segurou a menina, apertou-a com força, pegou um punhado de areia, jogou-a sobre a bandeira que cobria o morto, de repente soltou um berro, não foi choro, que nunca chorara, mas berro ó berro que atravessou o areal, que chegou à casa de água que fez tremerem as pessoas, o berro que segurou aquele momento num único som, ó berro vindo do Piau da Bahia, do mar sem vento, das mortes em alto-mar, do sangue da menina que virava mulher, do poço arrancado da terra, ó berro que vinha do umbigo, da barriga, dos intestinos, e subia por todo o corpo antes de sair pela boca, ó berro que era berro de velha e de criança, berro que era berro, só berro, ó berro.[827]

Antônio Olinto maneja uma estratégia de prudência, dotando o seu mundo imaginário de tal convencimento, que o domínio do verbo espelha, fiel, seu modelo no reduto formal. Ora transparece o narrador onisciente, ora o narrador-personagem, criando recorrências entre o movimento do real ao fictício. É totalizador no realismo, mágico no desencadear da trama, mágico no veio – que de tão simples – é portentoso com que Mariana descobre a precisão de água do bairro e decide fazer um poço e do poço constrói sua prosperidade. Os nomes dos personagens se vinculam ao seu destino. "O nome é sagrado" – diz Catarina. Senão vejamos: Mariana (cidade de Minas e dos poetas); Catarina (viagem, aventura, "Nau Catarineta"); Epifânia (ou a epifania), Sebastian (Sebastião, mártir, o guerreiro, o sacrificado), Maria Gorda (gordíssima, tinha forte cheiro); João Batista (o que ajudou Mariana, dando-lhe oportunidade de ensinar inglês, o precursor de Jesus), Ebenézer ("Até aqui nos ajudou o Senhor, o pregador"); João das Tábuas (talento de edificar madeira, desde menino – não gostava de ler, mas de construir pequenas mesas). O uso de alguns provérbios: "Pensar no lobo já é suficiente para matar o carneiro; muitas palavras não enchem um cesto"... E a arte do autor é a de minúcias. Através de Mariana, refaz memórias

---

827. ROCHA, Antônio Olinto Marques da. **A casa da água**. Rio de Janeiro: Edições Bloch, 1969.p. 368-369.

da infância de sua mãe e a sua, o que depois aprofundará no livro de contos com alto quilate de infância, *O menino e o trem*, 2000. E quando a locomotiva passa apitando, sua imaginação destila o denso vinho capitoso das primeiras descobertas e do homem maduro que começa a voltar a uma infância inacabável. O seu tempo é o da *tristeza das coisas que passaram*, o tempo redescoberto proustianamente, que vai se retecendo, a saga africana numa linguagem límpida, que apenas um poeta é capaz de fundar, como acreditava Nietzsche. E não foi por acaso que traçou uma trajetória lírica, na *geração de 1945*, com vários livros de poemas: contido, severo. E que encontrou sua forma mais pura em *A casa de água*, grandiosa e inventiva fábula. Escreveu outros romances, mas em nenhum alcançou a alteza desse. Crítico lúcido da criação contemporânea, generoso, trabalhador incansável. E com Ezra Pound sabe que "somos governados por palavras, as leis estão gravadas em palavras e a literatura é o único meio de manter essas palavras vivas e precisas."[828] Sim, *A casa de água*, também palavra, casa do povo, casa da alma, obra-prima, obra de um Faulkner brasileiro e africanólogo, é obra do tempo de um povo que achou seu cantor.

Cyro dos Anjos e o amanuense dos sonhos

Antonio Candido, louvando-se da distinção de Paul Valéry entre escritores estrategistas e escritores táticos, colocou Cyro Versiani dos Anjos, de Montes Claros, nascido em 5 de outubro de 1906 e falecido no Rio de Janeiro em 1994, como um dos raros estrategistas de nossa literatura. Isso pela impressão de acabamento, o equilíbrio, a técnica narrativa, o senso transfigurador da obra-prima, que é *O amanuense Belmiro*, 1937, seu livro de estreia. Este Gogol mineiro, atrás das *Almas mortas*, relata o diário de um burocrata que se acomoda em suportar seus limites, seu infortúnio, seus quarenta anos de nadas, entre o excesso do mundo interior e o raso ofício cotidiano. Então se

---

[828] POUND, Ezra. **Arte da poesia.** São Paulo: Cultrix. p. 19.

apega na cor de suas existências imaginárias, segundo a epígrafe de Georges Duhamel. E observa: "Em verdade vos digo: quem escreve neste caderno não é um homem fraco que há pouco entrou no escritório."[829] É um homem poderoso, que espia para dentro, sorri e diz: "ora bolas!" Ou em tom irônico, prostrado sobre a condição humana, pondera: "Ali pelo oitavo chope, chegamos à conclusão de que todos os problemas eram insolúveis."[830] E é como inicia seu livro lapidar.

Poder-se-á aproximá-lo de Machado de Assis pelo estilo contido, seco, pelo humor cortante, áspero e pela fatalidade da sorte. Porém, há em Cyro dos Anjos certa ternura intocada, certo paroxismo, certo maravilhoso que opera pela fantasia e que acredita nos sonhos. Como Afrânio Coutinho examinou as afinidades eletivas do gênio de Cosme Velho, por que não reconhecer o universo dos precursores e dos sucessores consanguíneos? "Não é verdadeira pátria o lugar onde se encontram os que se parecem", como queria Stendhal? Só que Machado e Cyro, por serem irmãos de sangue, não são gêmeos, nem semelhantes ou dessemelhantes, têm sua inviolável personalidade. E talvez não haja melhor forma de configurar um texto dialógico (em todo romance o autor dialoga com versos de Drummond, num ritornelo). Não, não se pode apequenar a grandeza de um autor pela sua *confluência*, ou afinidade. Não é apenas um critério injusto, é também desvalorizar todo o processo de criação literária. Ninguém é sozinho – por mais genial que seja no universo da criação. Porque criar é uma nova forma de lembrar. Assim como Cyro dos Anjos deve a Machado, Machado deve a Sterne, Borges deve a Kafka, Camus a Gide, Neruda e Maiakovski devem a Walt Whitman, Valéry deve a Mallarmé, Baudelaire deve a Edgar Allan Poe.... E nós devemos tudo, a todos. O território da criação é um *res nullius* de tudo o que nos precede. O problema não é o de *confluências*, é de identidade ou não. E nele o senso poético venceu o ático senso machadiano dos detalhes. Assim, para

---

829. ANJOS, Cyro dos. **O amanuense Belmiro**. Rio de Janeiro: José Olympio, 1966.
830. ANJOS, Cyro dos. **O amanuense Belmiro**. Rio de Janeiro: José Olympio, 1966.

Cyro dos Anjos: "As coisas não estão no espaço, leitor; as coisas estão é no tempo."[831]

Essa procura do tempo perdido, com Proust ou sem ele, não passa de perturbadora recuperação do espaço. E há que recuperar da memória o que se perdeu de vida, até que a memória seja a vida. O espaço é sempre na linguagem e a linguagem é a conquista do espaço. Assim, Cyro retoma de uma vida sem horizonte em nova existência nas vilas Caraíbas do passado para as Caraíbas do futuro. Porque o tempo é uma dimensão da infância na eternidade. O pessimismo de Machado acaba no tempo, mas não na linguagem. E a desadaptação de Belmiro não é com o passado, é com o presente. É pelo entrechoque que capta as imagens fugitivas e as forças que o impelem num mergulho, também drummondiano: "Mundo, mundo, vasto mundo, / mais vasto é o meu coração." Belmiro é um personagem abissal que extrai do dia a dia, as minas de ferro de Minas. "Minas em mim". A obliquidade machadiana, aqui, não tem contrapartida. Os seres são oblíquos, a sorte não. Lembrar é estar criando. E o estilo de Cyro não é só maleável ao edifício de sua lembrança, do *homem sem qualidades* num mundo também sem qualidades, sabendo engendrar o devaneio enorme que nada tem do magro salário amanuense. E remata seu livro magnífico: "Em meu dia, os Borbas não vão até aos setenta, mesmo com o coração descompensado. Acho-me pouco além do meio da estrada, e parece-me, entretanto, que cheguei no fim ... Que faremos, Carolino amigo?"[832] Não é o mesmo acento de Drummond de "E agora José?" Porque o homem expia o homem inexoravelmente, admitindo que "os mitos são os pães dos homens."[833]

Há que se falar igualmente de *A moça do sobrado* – com a musa discreta e companheira: a sua Zelita, ou de *Abdias*, 1945, ou *Montanha* (com o pudor e impudor de sua experiência política), esse romance menor. É-lhe imputada a obsessão, ou

---

831. ANJOS, Cyro dos. **O amanuense Belmiro**. Rio de Janeiro: José Olympio, 1966.
832. ANJOS, Cyro dos. **O amanuense Belmiro**. Rio de Janeiro: José Olympio, 1966.
833. ANJOS, Cyro dos. **O amanuense Belmiro**. Rio de Janeiro: José Olympio, 1966.

sina, de ser o autor de um livro que se impôs sobre os demais, *O amanuense Belmiro*. Entretanto, injusto é considerar *Abadias* inferior ao que lhe deu notoriedade. Por ser, aliás, vigoroso e de melhor acabamento ficcional. Todavia, Cyro dos Anjos, entre *O amanuense* e *Abdias*, mais do que um criador que se multiplica, mostra uma unidade interior, sob veraz processo inventivo que a ele se impõe, compondo um só romance, que em dois se desdobra. Vale não esquecer, por fim o arguto depoimento sobre o mistério da linguagem – *A criação literária*, 1954, momento dos mais significativos para a descoberta de seu processo ficcional e o de outros.

E aqui lembro a pessoa humana que foi Cyro dos Anjos: recatado, tímido, modesto, fraterno, inteligentíssimo. Um vulcão frio de Minas. E que se saiba, ali, não há vulcões geográficos, porém, os vulcões intelectuais: Cyro, Drummond, Afonso Arinos, Murilo Mendes, Emílio Moura, Guimarães Rosa, Darcy Ribeiro, Euríalo Cannabrava... e Minas, e como dizia Magalhães Pinto: "Minas está onde sempre esteve."[834] E agora temos a essencial palavra de Cyro dos Anjos. Não há nada a acrescentar, por estar completa, inteira, insubstituível. Participando da *longa sentença da literatura* e acrescendo nela algo de peculiar. Se morreu, jamais terá morrido. É uma força – não de expressão – mas de transcendência. Alcançou com seu texto a feroz, temível beleza rilkeana. E está perene, com seu fabulário verbal, entre as hierarquias dos Anjos.

Dyonélio Machado – dos ratos ao Louco do Cati

Dyonélio Machado nasceu em Quaraí, Rio Grande do Sul, em 1895, e faleceu na capital do Rio Grande do Sul, em 1985. Romancista, ensaísta, médico psiquiatra. Sua primeira publicação foi: *A política contemporânea*, 1923; *Um pobre homem*, 1927; *Os ratos*, que o consagrou, em 1935; *O Louco do Cati*, 1942, entre outros. Contemporâneo de Graciliano Ramos, comunista como ele, viveu na província, tendo o seu

---

834. ANJOS, Cyro dos. **O amanuense Belmiro**. Rio de Janeiro: José Olympio, 1966.

gênio reconhecido só tardiamente. Escreveu *Os ratos* em vinte noites, como que dominado pelo personagem. O seu grande assunto, raro na literatura brasileira – é a demência, que ele conheceu de perto como psiquiatra, tema da criação universal do *Elogio da loucura*, de Erasmo, dos *Irmãos Karamazov*, de Dostoievski, sendo o contraponto de Graciliano Ramos – dentro da problemática do esmagamento do homem pelo Sistema. Graciliano Ramos atinge o limite tênue, através de *Angústia*, com Luiz da Silva que diz: "– Não sou um rato, não quero ser um rato." Dyonélio, corajosamente, ultrapassa essa fronteira com o protagonista de *Os ratos*, Naziazeno Barbosa, que tem um *pega* com o leiteiro (assim inicia o livro). E adiante:

> Naziazeno não fala (aponta já para o futuro louco do Cati, louco e mudo). A mulher havia sentado defronte dele. Olhando-o, enquanto ele toma o café. – Vai nos deixar ainda sem leite... Ele engole o café, nervoso, com dedos ossudos e cabeçudos quebrando o pão em pedaços miudinhos, sem olhar a mulher. – É o que tu pensas... temores... Cortar um fornecimento não é coisa fácil. – Porque tu não viste o jeito dele quando te declarou: "Lhe dou mais um dia..." Naziazeno engole depressa o café que tem na boca: – Não foi bem assim...[835]

E a frase: "–Também tu fazes um escarcéu com as menores coisas."[836] Sim, o leiteiro, a fonte do leite, a ideia da fome próxima, o fornecedor que exige o pagamento e o atraso por falta de pagamento. Dessa *coisa menor*, Naziazeno passa por maiores dissabores, desde a ida a dois agiotas, a tentativa de uso de penhor ajudado por amigos, dívida e obtenção do dinheiro. Antes de pagar o leiteiro, narra:

> A casa está cheia de ratos... Espera ouvir um barulho de ratos nas panelas, nos pratos, lá na cozinha. O chiado desapareceu. Agora, é um silêncio e os ratos... Há um roer, ali perto... Que é que estarão comendo? É um roer que começa baixinho, vai aumentando, aumentando... Às vezes para, de súbito. Foi um estalo. Assustou o rato. Ele suspende-se... Mas lá vem outra vez a

---

835. MACHADO, Dyonélio. **Os ratos**. 12. ed. São Paulo: Ática, 1992. p. 9.

836. MACHADO, Dyonélio. **Os ratos**. 12. ed. São Paulo: Ática, 1992. p. 10.

roer, que começa surdo, e vem aumentando, crescendo, absorvendo... Na cozinha um barulho, um barulho de tampa, de tampa de alumínio que cai. O filho ali na caminha tem um prisco. Mas não acorda. São os ratos na cozinha. Os ratos vão roer – já roeram! – todo o dinheiro!⁸³⁷

Dyonélio martela com a obsessão da fome vindo, os ratos da carestia, os ratos do sistema injusto, os ratos inflacionários, os ratos de um poder invisível que come o dinheiro e o dinheiro é a sobrevivência. E o dinamismo do Capital cercando a vítima, ora pelos agiotas, ora pelo penhor, ora pela prática enganosa de obtê-lo, clareando os elementos deste mundo tortuoso, a engrenagem feroz e desumana. Essa metáfora tem poder altamente corrosivo e irônico. E dois outros aspectos. Um, estilístico: o narrador vê junto com o leitor; seu relato é pictórico, visual, sensível aos ruídos, aos sabores, à sinestesia dos sentidos que fluem com as cores, o ar. Outro, a agilidade da narrativa, chegando a ser veloz, vertiginosa, com o magnetismo que captura, envolve, incorporando-se ao protagonista e às figuras secundárias. O universo é torturante e torturado, ocluso, com forte carga psicológica. As coisas esmagando as coisas e roídas pelo *status dominador*. Sim, tal como em Graciliano, há esta consciência de um sistema opressor. No alagoano, é o capitalismo; no gaúcho é o capitalismo e o meio ambiente. O homem esmagando o homem. Levado ao símbolo da degradação em *Os ratos*, com o roer de suas pequenas ambições, porque o escarcéu não é de coisas altas, é das coisas menores. Isto é, nem o pouco lhe sobra. Todavia, em *O Louco do Cati*, o homem é subjugado, o homem é o próprio animal. Sua loucura é a jaula, ratoeira; a loucura, o Estado Novo, todas as ditaduras, tomando a todos. Sim, *o Louco de Cati* é acompanhado por Norberto. Desgarrando-se do grupo, seguem viagem, que, de prazer, torna-se amarga. Em Florianópolis são presos e conduzidos em barca ao Rio, onde ficam *uma temporada no inferno*. O cativeiro é arbitrário e o mutismo permanente do personagem – simplesmente *O louco de Cati*, sem nome, não alcançando a ser letra (K), como em Kafka, nem

---

837. MACHADO, Dyonélio. **Os ratos**. 12. ed. São Paulo: Ática, 1992. p. 138.

cor, (cinzenta), como em Borges, com um pormenor precioso: o chapéu. Sem dinheiro, Norberto pensa em empenhá-lo:

> – Este sujeito é meio louco. E se não o era, possuía todo o jeito. Mas isso não tinha importância. Era tocar para frente. – E Norberto (o rapaz ruivo) apressou os companheiros, de maneira a que pudessem largá-lo o quanto antes. O indivíduo havia-se incorporado ao grupo. – Mas ele só o que vai é nos dar despesa – insistia o amigo, aquele com quem há pouco conversava, abancado lá dentro do armazém. Na verdade, sem recursos (e o homem parecia não ter recursos) representava um peso morto. – Empenha-se o chapéu dele – concluiu Norberto, depois de uma reflexão.[838]

O clima é absurdo, mais de Ionesco do que de Kafka, como se as criaturas (o louco e Norberto) estivessem presas sob as garras de uma gigante Aranha. Universo patético diante do indivíduo mudo, (ovelha muda), este louco que é bem menos louco do que se imagina, menos louco do que o Sistema, mudo como o Sistema ou a Censura, mordaça. Nesse universo às avessas, as coisas se fazem grandes e o homem cada vez menor, ínfimo. Nada se perde, tudo se deforma. Na justeza da unidade do livro, dos diálogos, da originalidade impressionante, do contido clamor sob a linguagem, não há mais nem a *luz no subsolo* de Lúcio Cardoso, mas o subsolo da demência e a demência do subsolo. Tudo é louco. Porque a realidade explodiu. Nem se pode falar de comedimento estilístico, tendo também, como o livro anterior, um narrador participativo, convivente. Fala-se de uma sobriedade que esconde a dinamite.

"Não sou um homem, sou uma dinamite!" – assegurava Nietzsche.

Dyonélio, se é inovador em *Os ratos*, usando uma estrutura aparentemente tradicional e a fulminando de dentro para fora, em *O Louco do Catié* bem mais, causando a admiração de um Guimarães Rosa que o põe entre os romances mais importantes da literatura nacional. Pois o Leviatã-Estado,

---

838. MACHADO, Dyonélio. **O Louco do Cati**. 5. ed. São Paulo: Planeta, 2003. p. 17.

abolindo a palavra e o pensamento – é *o louco do Cati*. Se a palavra não é designada, ele não se identifica, nem existe, por não ser fundado. E é o personagem que encontra o demônio (mais uma vez, Dostoievski) e o lobisomem, ou *a perversão da natureza*. Tudo se perde, tudo se deforma. Entretanto, após a dolorosa peripécia ou aventura – de Porto Alegre ao Rio e do Rio a Livramento (liberdade), o Cati, das visões terríficas da infância – a tortura, prisão, morticínio – evoca o presente, *o Cati*, o lugar da superação, entre a escureza da loucura e a consciência da loucura na escureza. Entre as ruínas do quartel militar (militar é o escuro da história, o tempo do jugo), tudo o que oprimiu o seu período de Nação, a vida de todos. O itinerário que o louco de Cati perfaz é o de captura da infância – não do que sofreu – mas do que vive no espírito do lugar. Ou o resto da história, que o abriga, a infância do resto da história. Jó atingindo "as vazias vastidões de homem nenhum."[839] E *o louco do Cati* agora vinha sem chapéu (o que o encobria de loucura) e quando se constata animal, conscientiza-se da condição degradada:

> Na sua humilhação inferior, quando muito era um... Homem-cachorro! Bem que sentira sempre a sua sofreguidão canina, quando engolia o seu tassalho de carne... os seus silêncios invencíveis de cão... uma vez, que fora encerrado num quarto – como um cachorro! O olhar triste do animal que erguera, certo dia, para o olhar triste de Nanci (a mulher) e que tanto a perturbara... E um rabo que abanava ingênuo, a cada "festa"... Tudo assim era uma preparação para aquele momento – o seu momento. Entrava como um cão na crise da sua vida.[840]

E termina o volume:

> Queria dali onde estava defronte do sol, queria – era poder estender umas mãos vingativas de gigante, para sentir nos dedos frisados de luz o esfarelar do pó do Cati, do Cati que se esboroava ...numa serenidade melancólica que apenas vive a vida

---

839. Livro de Jó, Trad. de Haroldo de Campos, vers. do cap. 38.
840. Livro de Jó, Trad. de Haroldo de Campos, vers. do cap. 38. p. 257.

ultrajada de espectro. Mas sorria... Agora, é que se via o quanto ainda era moço.[841]

A violência do tema social em Dyonélio, muitas vezes, faz esquecer – o que é injusto – o grande artista do romance que ele é. Tendo-lhe sido difícil entender ser "o homem, único animal que prende seu semelhante."[842] Esse ato de estranhar e ser perplexo desenha sua criação. Pois "todo nascimento é conhecimento." (Georges Duhamel).

Lúcio Cardoso e o subsolo

Nasceu em Curvelo, Minas Gerais, em 14 de agosto de 1913, e morreu no Rio, em 24 de setembro de 1968. Romancista, poeta e pintor. Publicou os seguintes romances: *Maleita*, 1933; *Salgueiro*, 1935; *A Luz no subsolo*, 1936; Mãos vazias, 1938; *O desconhecido*, 1940; *Dias perdidos*, 1943; *Inácio*, 1944; *O enfeitiçado e Baltazar*, 1954; A Crônica da casa assassinada, 1959, dois anos depois o lançamento de *Diário I. A professora Hilda* e *O anfiteatro*, novelas, 1946. Obras de teatro: *O escravo*, 1945; *O filho pródigo* e *A corda de prata*, 1947; *O coração delator*, 1949; *Angélica*, 1950. Poesias, 1941; *Novas poesias*, 1944. Exposição de pinturas na Galeria Goeldi, do Rio, 1965, três anos depois de ter sofrido um derrame cerebral, com paralisia parcial. Recebeu da Academia Brasileira de Letras o Prêmio Machado de Assis para conjunto de obra completa em 1966.

Lúcio Cardoso, para alguns críticos, foi a figura-chave para a evolução do romance que ocorreu posteriormente com Clarice Lispector e Guimarães Rosa. Discordo. Acho que a chave oculta e autêntica está em Adonias Filho, formalmente bem mais vinculado a Clarice e Rosa, inventores de nova dicção. Com Lúcio Cardoso, a primeira se aproxima mais no tema ou problematização de um trajeto espiritual, que foi também a ânsia da criação clariciana. Ele, para os profundos da alma,

---

841. Livro de Jó, Trad. de Haroldo de Campos, vers. do cap. 38. p. 259.
842. MACHADO, Dyonélio. **O Louco do Cati**. 5. ed. São Paulo: Planeta, 2003.

e ela, para a complexidade da relação humana. Ambos para o abismo. Pela passionalidade, mais fria em Clarice, mais vulcânica em Lúcio Cardoso. Aliás, o tradutor francês Mário Carelli escreveu uma biografia de Lúcio Cardoso, saída no Brasil, cujo título é sintomático: *Corcel de fogo*, 1988. Lúcio Cardoso tentou o que Dostoievski conseguiu exprimir: "os movimentos ocultos que agitam o subsolo da natureza humana"[843], donde se infere que a obra cardosiana não pode ser analisada apenas pela razão, há que vislumbrá-la também no plano da loucura e das obsessões, os limites da alma. Aliás, a verossimilhança dos romances lucianos não é a habitual harmonia entre o exterior e a interioridade. Nutre-se desse confronto para anunciar um outro, a obstinada estranheza, a realidade em desacordo com o pesadelo da existência, fazendo com que o precipício dos conflitos íntimos devore a solaridade ou placidez das aparências. Se não foi Dostoievski, bastou-lhe, e foi muito ter sido Lúcio Cardoso. Por sinal, um percuciente criador de personagens femininas, desoladas entre a paixão e a inocência. Cada livro se insere dentro de outro e outro: "O mais extraordinário é que a conversa fluía como se não houvesse um começo, e fosse uma simples continuação do que já havia se passado."[844] Como um *continuum*, livro infinito, onde cada indivíduo-personagem percorre o périplo, às cegas:

> Voltou a vagar pelas ruas, os olhos vermelhos de um pranto que não chegava a correr. É preciso ter caminhado uma vez na vida soterrada deste modo ao peso de um destino que se esfacela, para avaliar a solidão em que se consome o homem. Não era um sentimento definido o que experimentara Felipe, porém, a sensação de ter rompido bruscamente os elos que o acorrentavam às outras criaturas.[845]

---

843. BERDIAEFF, Nicolai. **O espírito de Dostoievski**. Rio de Janeiro: Panamericana, 1921.

844.

845. CARDOSO, Lucio. **O desconhecido e Mãos vazias**. Rio de Janeiro: Record, 2000.p. 283.

Périplo que se desliga do coletivo, do geral, para uma dimensão sem esperança. Galeria de possessos, bêbados, marginalizados, sem rumo, cada um só, cada um preso ao seu poço – Felipe, Inácio, Baltazar, Ana Menezes, Valdo, o Padre, Elisa, José Roberto ("do lugar em que estava viu seu perfil de ave de rapina inclinado sobre a luz, a fisionomia alterada por uma expressão de curiosidade, quase doentia.")[846] e outros, com a enfermidade na alma, tal o anúncio de Sartre, a morte na alma. Como se entrassem nas sombras da Caverna de Platão na *República* (e a Caverna é motivo de um dos últimos romances de José Saramago). Ou o retorno à caverna do materno ventre. A demência adormecida é sucessão de viver. Não finda. Pode sempre acordar. Esse é um hausto de esperança, que sobrepaira em *Luz no subsolo*, para mim seu melhor livro, aquele em que é divisada, mesmo nos porões, lugares fechados e absconsos, a claridade, embora a maior parte da crítica considere a *Crônica da casa assassinada*, sua obra-maior, sob um clima fantasmal de Emily Brönte, em Minas de matéria desolada.

Irmão de Léon Bloy, de Octavio de Faria, há nele uma sede do absoluto que jamais será saciada pelos relativos do tempo. Eis um trecho de *O desconhecido* (p. 70):

> Era como se a vida tivesse sido de novo soprada no eu íntimo, não a vida diminuída a que já habituara o seu pobre ser, mas uma vida integral, luminosa, uma vida como ele julgava que os outros viviam. E, lucidamente, sabia que conseguira adormecer dentro dele, a loucura.[847]

Aliás, *O desconhecido* aponta o seu laço de afinidade com a Virginia Woolf de *Orlando*, na luta pela identidade. Cada ser mergulha no abismo de seu destino, entre paixões e obsessões, a insanidade. É valioso comparar, por exemplo, a capacidade de ver o mundo do sujeito que permeia a criação de Lúcio

---

846. CARDOSO, Lucio. **O desconhecido e Mãos vazias**. Rio de Janeiro: Record, 2000. p. 39.

847. CARDOSO, Lucio. **O desconhecido e Mãos vazias**. Rio de Janeiro: Record, 2000. p. 70.

Cardoso, o que não acontece em Euclides da Cunha, que possuía a capacidade de ver a psicologia das massas. Tolstoi, caso raro, une as duas visões, na monumental *Guerra e paz*. Há que, entretanto, avalizar o que se configura o tema central da obra de Lúcio Cardoso, o tema dos temas, Deus: "Deus é quase tudo o que rompe a superfície material e dura do existir cotidiano... Deus é acontecimento e revelação. Como supô-lo um movimento estático, um ser de inércia e de apaziguamento?"[848] Portanto, Deus não é descanso, como é a visão mística, que não se completa. Antes é o fundo do fundo, a escuridão das escuridões, faltando-lhe a graça da fé e o sentido – não apenas da culpa e do pecado – o sentido da remissão. O seu mundo é de dias perdidos, mãos vazias, mundo abissal, desconhecido, *casa (alma) assassinada*, a casa dos Menezes (seu alter ego), onde o niilismo nietzschiano se alonga na desesperança. Dostoievskiano na *Casa dos mortos*, parente de Gogol, de *Almas mortas*, sua vocação tende para *O diário*, como o de Amiel, onde o poeta é ficcionista, o dramaturgo psicólogo em todos os livros, talvez componha um *Diário sem fim*.

Distante do que procurava Hoffmann, Lúcio "sobrepõe aos instrumentos de ótica, o universo 'real' e um universo do sonho amplificado pelo desejo."[849] E por estar sempre refletindo sobre a mobilidade da alma, seu estilo tem o *eu* de foco narrativo, vez e outra, de onisciência controlada, atuando com vertiginosa energia, tal oleiro ébrio, moldando em fogo o barro. Álvaro Lins o compara a Ibsen. Nós pensamos logo em Beckett e depois em O'Neil, na sua *Jornada noite adentro*. Porque Ibsen é bem mais construtor, e Beckett (interminável) e O'Neil são diaceradores desta matéria comburente da alma. O interessante no processo de Lúcio é que mais do que ele cria os tipos, são os tipos que o criam. Ao citar no pórtico de *Crônica de uma casa assassinada*, o Evangelho de João 11:39-40, deixou de ali mencionar, a pedra que foi tirada. Pois Jesus disse: "Tirem a pedra." E essa pedra é a própria

---

848. CARDOSO, Lucio. **O desconhecido e Mãos vazias**. Rio de Janeiro: Record, 2000. p. 70.p. 534.

849. HOFFMANN, Lúcio; MILNER, Max. **La Fantasmagoría**, p. 176.

palavra, aquela que esconde a ressurreição de Lázaro e a glória de Deus. André Maurois referiu sobre Montherlant o que carece ser dito a respeito de Lúcio Cardoso: "Soube achar a felicidade no extremo da desolação." E achando-a, cabe-lhe a sentença de Amiel, para o bem e para o mal: "Jamais soubeste brutalizar o teu estilo, precipitar a fortuna, galvanizar a tua sensibilidade. Que lástima!"

Breno Accioly, o Goeldi da ficção

Nasceu no Sertão de Alagoas, em Santana de Ipanema, em 22 de março de 1921, e morreu no Rio de Janeiro, em 13 de março de 1966. Médico leprólogo, contista e romancista. Publicou: *João Urso*, contos, 1944; *Cogumelos*, contos, 1949; *Maria Pudim*, contos, 1955; *Dunas*, romance, 1955; *Os cata-ventos*, contos, 1962. Mestre do claro-escuro, como Goeldi, criou um território único e trágico, *O condado de Green*, que nunca deixou de ser mágico e poético, limitado ao norte pela loucura e ao sul, pela penetração psicológica da alma humana. E assim vivem seus personagens, numa invenção de perene infância, ao inventariar sua própria pronúncia.

Autor de contos impressionantes, iniciou maduro, com *João Urso*, que abre seu livro de estreia. Sua dicção é visceral e direta: "– Este é João Urso, seu filho! E sentiu que as mãos daquele estranho, daquele homem que a sua mãe dizia ser seu pai, eram duras como pedra, encrespadas de calos."[850] Há outros contos inesquecíveis: *Na rua das lamparinas apagadas*, *O condado de Green*, *Cogumelos*. Em *Dois enterros*, por exemplo, constata-se a sua consanguinidade com *O seminário de ratos*, de Lygia Fagundes Teles. Suas descrições são minuciosas: "Os ratos começavam a sair das tocas, de olhos acesos, peludamente nojentos."[851] Ou, no deslumbrante conto Úrsula: "De bicos finos eram seus sapatos e as calças de tão estreitas

---

850. ACCIOLY, Breno. **Obra reunida**. São Paulo: Escrituras, 2000. p. 19.

851. ACCIOLY, Breno. **Obra reunida**. São Paulo: Escrituras, 2000. p. 19.

nas bocas pareciam ceroulas, davam uma impressão de especiais tecidos que aquecessem friorentas e doentes pernas."[852]

O romance *Dunas*, sua única investida nessa área, com 24 capítulos, ainda que bem delineado, não está à altura do seu *pathos* de grande contista. E, se trabalhar o limite faz a grandeza da narrativa curta, o deslimite é que pode nutrir os traços do verdadeiro romancista. Seu mundo persiste: é o do mal, da demência, da incongruente justiça, da crueldade do destino, tudo isso se associando a um vigor de constante infância. Ou de uma infância que não se cansa de recontar suas fabulantes insônias. Era "um homem morto pelas visões"[853], como ele o afirma. Confluindo nele a espinheza da terra e os recessos da angústia, com alto senso de poesia, como acentuam Gilberto Freyre e Zé Lins do Rego. Um Van Gogh na pintura cinematográfica do japonês genial Akira Kurosawa. Diz, lucidamente, o poeta russo, Joseph Brodsky: "É a percepção que dá sentido à realidade. E existe uma hierarquia entre as percepções."[854] Essa percepção em Breno Accioly tinha a lucidez terrível da alucinação. Donde nos nasce esta indagação de Wittgenstein: "Onde uma rosa deveria ter dentes?"[855] E a imagem da *rosa com dentes* bem simboliza o delírio da criação de Breno Accioly.

Cornélio Pena: a menina não tão morta quanto se pensa

Cornélio Pena nasceu em Petrópolis, Rio, em 20 de fevereiro de 1896, e morreu no Rio de Janeiro, em 12 de fevereiro de 1958. Pintor, jornalista, romancista. Diz Adonias Filho, com argúcia, que "a homogeneidade é a grande característica

---

852. ACCIOLY, Breno. **Úrsula**. Rio de Janeiro: Civilização Brasileira, 1963. p. 241.
853. ACCIOLY, Breno. **Dunas**. Rio de Janeiro: O Cruzeiro, 1955.
854. ACCIOLY, Breno. **Menos que um**. Rio de Janeiro: O Cruzeiro, 1955. p. 94.
855. ACCIOLY, Breno. **Menos que um**. Rio de Janeiro: O Cruzeiro, 1955. p. 94.

de Cornélio Pena."[856] Homogeneidade, no que tange ao aprofundamento do tema – o élan fastasmal, o mistério do mistério do ser. E também no que concerne à harmonia interior de sua criação, as obsessões e vultos, sob a energia secreta – a figura poderosa de sua mãe, com a lembrança da infância em Itabira, sombra entre sombras. Essa homogeneidade ou certo *tônus* monótono configura o mundo do artista, sendo a marca de Proust, Dostoievski, Tolstoi – a fidelidade a si mesmo. Em Cornélio, junta-se à procura de Deus nas densas trevas – processo kierkegaardiano, em *Tremor e temor* – e a identificação da mácula na origem humana que não resiste à inocência. É de *inocência* e de *escuridão* o cosmos corneliano. No livro *Fronteira*, 1936, através do exame psicológico, o romancista, sem a técnica da modernidade, para não dizer certo anacronismo, em viagem contracorrente, conduz-se ao entranhamento do núcleo do existir humano, até aos raios extremos, em regiões dormentes da loucura, com a linguagem detalhista do pintor, a descrição pormenorizada dos movimentos psicológicos dos personagens e suas orlas sem nome, o precipício sem fundo, a volúpia da escureza afirmando sua lógica e confrontando as divisas do coração. A intensidade é outro sintoma dessa consciência. O autor não planejou, foi conduzido. E conduziu a linguagem, como se vagasse em corredores invioláveis. É um místico da estirpe de João da Cruz *em estado bruto*, achando-se pela humildade. As criaturas tomam o barro humano, não se apegam ao barro, escavam o poço da treva para colher a luz. Cornélio desafia o romance de sua época (de perspectiva social), vai desfazendo os contornos da narrativa, para capturar a vida recôndita, que não gosta de exibir-se, discreto e fiel ao passado, para onde penetra como faca no miolo de cinzas e memórias.

    Tristão de Athayde avizinha Cornélio Pena, de Julien Green, do *Leviatã*. Contudo, não se repara quanto o romancista de *Fronteira* – e esse título do livro é emblemático –, entra nas camadas do devaneio ao real, para não dizer do sonho para o pesadelo. E, por trabalhar essa matéria insone, tem tudo a ver com Léon Bloy, onde a santidade é a frustração e a culpa, o

---

856. PENA, Cornélio. **Repouso**. Rio de Janeiro: A Noite, 1955.

peso de habitar o porão desta espécie de terror, submergindo no mundo alusivo e cristalizado, ou sem cristal nenhum, balizando as lindes. E apesar das magistrais pinceladas do artista, a morte e o choro de perda se entrelaçam. Ou o cantochão da infância que se extraviou na intrusa fenda de tantos mortos.

Se precede os romances de Lúcio Cardoso (*Crônica da casa assassinada*) e em outro ângulo os silêncios altos de Clarice Lispector, nunca buscou senão ser ele mesmo. Eis o clima de *Repouso*, 1948, seu outro romance:

> O grande relógio do armário muito alto, muito velho, em sua madeira negra e já carcomida, marcara os minutos com suas batidas e o trino estridente das horas vinha, a espaços certos, como um certo grito de pássaro noturno interromper sua marcha.[857]

A menina morta, 1954 é a obra-prima deste estranho escritor que conversa com seus fantasmas. E um pintor maravilhoso de mulheres, um Rubens com certo tom *noir*. Retrata a feminilidade sem sexo, com platonismo, gerando o pesadelo de sua própria realidade. E é Augusto Frederico Schmidt, com sua autoridade no mistério, que assinala: "Nunca se terá escrito sobre a escravidão no Brasil, até hoje, nada mais impressionante do que alguns capítulos de *A menina morta*."[858] E narra que o que levou Cornélio Pena a escrever essa obra foi o quadro de uma menina morta, que recebeu de herança. Prestes a ser colocada no seu pequeno caixão branco. É pessoa da família de Pena. E o escritor se enamorou pela figura da menina. Tanto que depois da redação no Jornal, iam juntos ver o tal quadro. Fazendo com que Cornélio criasse uma das páginas mais extraordinárias de nossa literatura. A aura da criança foi a sua bondade, intercessão permanente pelos negros nessa Fazenda do Segundo Reinado. *A menina morta* ligava as duas realidades – a do senhorio e a da senzala. A criança pedia a favor dos negros, metia-se entre feitores, como um anjo visitava escravas enfermas. E sua morte condoeu os dois mundos. E

---
857. PENA, Cornélio. **Repouso**. Rio de Janeiro: A Noite, 1955.
858. PENA, Cornélio. **Repouso**. Rio de Janeiro: A Noite, 1955.

HISTÓRIA DA LITERATURA BRASILEIRA
Da carta de Caminha aos contemporâneos

nos condói ainda. Porque em Cornélio Pena não há fronteiras, mesmo que *menina* seja um quadro e seja *menina morta*. Pois ao iluminar os mortos, ilumina os vivos, com tal simetria, delicadeza, tal enternecimento, com vestígios de claridade entre ruínas, que concretiza nas pegadas, as fantasmagóricas visitas. Arromba as coisas para arrancar-lhes as sombras, arromba as sombras para arrancar o limo que elas detêm. E o amor acaba saindo das coisas, como um cego que tocasse o fundo do ar, para tirar fogo. Seu retrato penumbroso da escravidão, o ressurgir de transeuntes fantasmas na menina não tão morta – a infância – o mundo desaparecido, mas jamais extinto na imaginação da memória ou na memória da imaginação, as oclusas cinzas de uma esbraseada e entorpecida época, verdadeira peregrinação aos lugares santos e já roídos de esquecimento, delineiam a ficção corneliana para os porões da alma, onde, em linguagem radiosa, há uma consciência furente dos limites e um deslimite furioso da consciência. A prosa candente, onírica é digna de um contemplativo dos escombros, atrás da máxima agostiniana de que *no interior do homem habita a verdade* e, no interior da verdade, habita a estranheza da infância. Com o obstinado fervor de quem se senta nas ruínas de um pesadelo. E ressoam diante da leitura do texto corneliano, as palavras de Jean-Paul Sartre: "O gênio não é um dom, mas a saída que se inventa nos casos desesperados ... para traçar detalhadamente a história de uma libertação."[859] E é precursor de um João Rulfo (*Pedro Páramo*), com Comala, que se torna a memória interventora dos mortos. Sem fronteira entre a vida e a morte.

---

859. SARTRE, Jean-Paul. **Saint Genet:** ator e mártir. Petrópolis: Vozes, 2002.

CAPÍTULO 28

Poetas da luz no deserto e do deserto na luz

*João Cabral: Os favos de um engenheiro de pedra
que se entranha na alma
Lêdo Ivo, entre a noite misteriosa e o plenilúnio*

João Cabral: os favos de um engenheiro de pedra que se entranha na alma

João Cabral de Melo Neto começa um novo sotaque, desde os engenhos de cana ao Capibaribe. É poeta tão peculiar que não pode ser, entre nós, aproximado, salvo de Augusto dos Anjos e do palo seco da prosa do autor de Vidas secas ("Falo somente para quem falo: / quem padece sono de morto / e precisa de um despertador / acre, com o sol sobre o olho: / que é quando o sol é estridente..." - Graciliano Ramos)[860] e a norte-americana Marianne Moore, pelo uso analógico. E o que é paradoxal: seu mundo tem muito dos silêncios do *Pedro Páramo*, de Juan Rulfo, os silêncios pensos entre um verso e outro. Verificando-se mais a fundo, Cabral nos lembra pela utilização do prosaico (apesar de rimado) os franceses – René Char e Francis Ponge (a este dedicou um poema), seguindo o corte racional – Mallarmé/ Valéry. João Cabral é uma árvore de flora complexa, poesia do menos (o que cria um conceito contraditório – porque a poesia não é de mais, nem de menos, é ou não poesia), para Antônio

---

860. MELO NETO, João Cabral de. **Poesias completas**. Rio de Janeiro: José Olympio, 1975.

Carlos Secchin, que o estudou, exemplarmente, num livro do mesmo nome – o que, enfatizamos – não significa menos poesia. Aliás, o termo é de verso drummondiano, de onde procedeu, no início, esta vegetação implume, unindo-se também a Murilo Mendes, em *Pedra de sono*, 1942.

Diz Shakespeare que "um amigo deve carregar as fragilidades de seu amigo."[861] Assim está Cabral (que veio antes) com a geração de 1945, onde muitos o puseram, sem que o quisesse e por fim carregou com a cara de quem acompanha um séquito ou entra de permeio numa procissão. E algumas das fragilidades não eram dele. Foi o poeta que conseguiu ser o maior artista do verso de nossa língua portuguesa – aqui e além. E também o mais regular. Cabral era um poeta cerebral? Sim. Tinha a inteligência do poema. Nada seu é espontâneo. Aliás, irritava-se com a dita espontaneidade, preferindo ser um esforçado, do que um inspirado. Era máquina que fazia questão de ser máquina e não queria sonhar, queria fazer linguagem, com todos os seus alqueires de razão. Com outra engenhosidade elaborada desde a adolescência: o não uso de consoante para se eximir de certa melodia parnasiana. Prevendo que a ausência de rima inibiria sua criação. E, sendo rigoroso, errou menos, acertou quase sempre, alcançando alguns pincaros altíssimos (por exemplo, *Morte e vida Severina*, monumento nacional dos nordestinados), jamais descendo ao vale. E, por haver criado um paradigma, não se mede por paradigmas. Este pernambucano, que não tinha vocação de montanhês, teve a coragem de suportar-se, isto é, seguir o norte crítico que o regia – e, se bem examinarmos – talvez tenha sido mais agudo crítico que poeta – e o era grande. Por haver sido o poeta da crítica, (1982), por excelência, gerando o antilirismo, embora, na prática, não há assunto poético ou antipoético, há um olhar e tratamento da linguagem. Obtendo esta mistura aparentemente inconciliável entre poesia e prosa, razão de ser o poeta do mais, pelo uso do menos (apesar de esquivar-se deste como Poe – na *Filosofia da composição*: com *Fábula de Anfion* e *Antiode*, 1947). E, por ter acreditado, entre

---

861. SHAKESPEARE, William. **Hamlet**. Porto Alegre: L&PM, 1997.

todos, na linguagem dentro de uma construção (ou *Educação pela pedra*, 1966), de Berceo contemporâneo, sem esquecer outro precursor, também espanhol, Juan de Mena, soube raciocinar poética e intelectualmente – não com vezo sentimental ou emocional, como tende o lírico – utilizando a analogia (forma de metáfora), entre um como e o outro, comparando coisas ou seres e chegando a uma conclusão, às vezes, diversa. É uma *Escola de facas*, 1980 inimitável, pelos seus desvios de perito em lâmina pernambucana, ou de *faca só lâmina*, fundando um discurso do Rio, também Capibaribe (1954), no Recife, o mesmo de Gilberto Freyre, de estilo falado e de falar de senzalas e mucambos. Amoroso e detalhista igual aos canaviais, João se suportou até o fim e foi o *Museu de tudo*, 1975, para se (des)suportar em feroz cristalização. O poeta cria o estilo e depois o estilo cria o poeta. Museu? Imitação de si mesmo. Ou a perfeição é um discurso que conduz à corrosão, ou à imobilidade. Talvez apenas o privilégio de quem atingiu o seu centro, ou dialeto pessoal, inconfundível. Pois o que importa num poeta não são suas afluências / confluências, é o fato de ser inimitável. Sendo antilírico, resvala dos prumos da crítica e se desvia dos parâmetros tradicionais, como Fernando Pessoa, a quem abominava especularmente. Ou o narrativo urbano Cesário Verde. A ironia cabralina é erosiva (corrosão da inteligência, faca), mune-se dos ácidos da agonia, tendo o movimento expansivo e regressivo das marés e a assonância de quem caminha diferente, um Stravinsky sem a sagração da primavera.

Ou a sagração, mais do que do som, da clave atonal, que Maliévitch sugere para "evitar a catástrofe de se encravar na carne obesa da velha poesia." O que para outro não seria suporte, para o pernambucano João é vital, já que a poesia de boa parte dos poetas está ligada ao som e maior parte, à música. Se em Drummond entortaram os ouvidos de gauche na vida, em Cabral entortaram as pernas. Cambão é o andar do verso, cabreiro. O andar da cabra que tão bem celebrou em *Poema(s) da cabra*: "não se vê um palmo de terra, / por mais pedra ou fera que seja, / que a cabra não tenha ocupado / com sua planta fibrosa e negra", em Quaderna, (1956-1959). Ou o dançar flamenco da bailadora sevilhana, em Agrestes (1985). E há um relacionamento: assim como Ponge – no dizer de Jacques Derrida (Glas) – criou,

> Um signé Ponge, uma assinatura que dispersa o sujeito no texto. ... Um nome próprio como marca não deveria ter nenhum significado, deveria ser uma mera referência; entretanto, posto que é uma palavra enganchada na cadeia da língua, sempre começa a significar.[862]

Foi o que fez Cabral, que engendrou, com o nome, o registro que principia na língua a significar. Mais: Cabral exercita a poética do atrito. Gera assonâncias e dissonâncias até o núcleo. Ondeia aos círculos, deslizando em pedras-palavras. Toda a sua poética é arbitrariamente centralizadora. Por isso, implacável, severa, usando, às vezes, até a cacofonia, que é um defeito, para qualificar suas assonâncias e erosões (amor cru – em Sevilha andando e o excessivo, desde Juan de Maraña até gente, no excelente Hospital de la Caridad), o que pode ser ínsito, adesivo ao tortuoso andar de cabra.

Vale também frisar que a confluência valéryana na obra de Cabral não foi pelo lado aromático de seu poema, mas por não acreditar, como ele, no ato espontâneo da criação. E pelo lado lúcido do pensamento crítico do francês. E, se o poeta de Anfion e a fábula utilizou o inconsciente, quando lhe interferia, cinicamente, não foi por ser de natureza surrealista, mas cubista na sua noção vigorosa e construtiva. E um dado; toda a sua poesia, escondidamente ou não, é métrica.

O que em outro poeta seria pé em falso, nele é ato do processo. Foi pernambucano espanhol, El Greco angular, Miró que brincava de infância. A respeito de cuja pintura, esplendorosamente escreveu, como se falasse de si (Joan Miró, 1952). Sim, é sobre nós que melhor conhecemos – reparava Thoreau. Não houve ninguém na poesia brasileira que tivesse fugido do subjetivo, do inconsciente, como ele, e ninguém mais eu, não sendo. Tão concreto, igual ao passado de seu futuro, mais concreto que os concretistas que o puseram de precursor, mas

---

862. DERRIDA, Jacques. **Gla**. Lincoln: University of Nebraska Press, 1990.

ficaram soltos, desprendidos no ar, por não possuírem passado: mais abstratos do que concretos, pois letras isoladas como andorinhas não fazem verão. Com eles dialogou com a modéstia de discípulo, sendo mestre – imagens fátuas do espelho. Seu calibre de bala é o avesso e seu disparo no alvo. Numa geração de recusa, estabeleceu uma tradição que não o isola na história de sua gente nordestina, nem apartará jamais seu povo dele. Ao entrelaçar todos os soltos fios. E ao ser servo, foi mestre na língua, criando assim *Morte e vida Severina*, 1966. E exitosamente foi encenado esse auto-de-natal pernambucano com música de Chico Buarque de Holanda. Sim, cantou os severinos na vida, os que morrem antes dos trinta, cantou os que não podem defender apenas com palavras a vida. O inconsciente o traiu e, sobretudo, o inconsciente coletivo, e o grande poeta venceu o grande artista. Sua figura pessoal ponteava-se pela gentileza e poucas palavras, lealdades, silêncios.

Assisti a suas vindas à Academia Brasileira de Letras, onde foi eleito por unanimidade na vaga de José Américo, outro desbravador. E ali foi velado, pequeno como um passarinho, porque todo o seu tamanho era de alma. Como os grandes varões bíblicos, reuniu-se ao seu povo na terra tutora e adotiva. Nasceu em Recife, em 9 de janeiro de 1920, e morreu no Rio, no dia 9 de outubro de 1999. Seguiu carreira diplomática em Barcelona, Senegal, Honduras e depois Porto, aposentando-se e morando no Rio. Tende a ser tão técnico na técnica, tão domínio acabado do elemento verbal que, mais do que escrito com o corpo, o seu poema se escreve com o sol rarefeito do deserto. Mas tendo mananciais subterrâneos de água pura. E, por essa liberdade criadora, sofreu processo do próprio Itamaraty, como comunista e foi absolvido. *Morte e vida Severina* tem a marca da obra-prima, o que Jorge Luis Borges denominava clássica. E onde cada geração pode rever-se.

Quando Otto Maria Carpeaux, em sua extraordinária *História da literatura ocidental*[863] refere que o poema de *Mio*

---

863. CARPEAUX, Otto Maria. **A história da literatura ocidental**. Rio de Janeiro: Alhambra, 1978. p. 144.v. 1.

Cid "está escrito como se o próprio Cid o tivesse feito: com realismo sóbrio, sem intervenção de forças sobrenaturais e principalmente sem retórica", ou que "a gesta espanhola é dura e sólida como os muros românicos de Ávila"[864], parece que está falando sobre *Morte e vida Severina*, com as diferenças de tempo e gente. E, curiosamente, estes poemas de voz alta de Cabral (como também *O Rio*, com acento autobiográfico), contradizem *A psicologia da composição* e a defesa do processo metalinguístico do poeta pernambucano, o que diz mais de sua grandeza, do que sua redução. Só a grandeza admite contradição. O que vai a favor da percepção de João Ricardo Moderno, em sua arguta *Estética da Contradição*. E, se alguns poemas cabralinos criam intervalo, é apenas para que o signo se presentifique, pois a crítica e o poema trabalham unidos para a concretização do ritual de ler. E não acreditamos com Maurice Blanchot que a literatura vai para ela mesma, que é o desaparecimento. Ao contrário. A literatura caminha para ela própria, visando a ressurreição. É de apreciar em Cabral, igualmente, o aspecto sociológico. Um dos seus momentos mais importantes, que fala de quando encontra dois homens carregando um defunto numa rede, aos gritos de "Ó Irmãos das almas!", persegue, na maior parte, o mesmo ritmo e litania da *Canção do Conde Arnau*, canção popular do século XV na literatura catalã, embora com desdobramento temático diverso. Observem os leitores, através destes fragmentos: "– Que é isso que te sai da testa, meu conde Arnau? / – Que é isso que te sai da testa, meu Deus do céu? – Coisas más por mim pensadas, mulher fiel; / coisas más por mim pensadas, viúva igual..." Diz o texto cabralino: "... E foi morrida essa morte, irmãos das almas, / essa foi morte morrida ou foi matada? // – Até que não foi morrida, irmãos das almas, / e com que foi que o mataram, com faca ou bala?" (Coloquei os versos do poeta pernambucano, ao comprido, para facilitar a comparação).

O *Auto do frade*, porém, sob o solário da excessiva consciência, ficou um esboço do livro que merecia ter sido. É um fragmento de partes admiráveis, com versos lapidares: "Talvez

---

864. ÁVILA, Affonso. **O poeta e a consciência crítica**. Petrópolis: Vozes, 1969.

seja só um enterro / em que o morto caminharia, / que não vai entre seis tábuas / mas entre seis carabinas //."[865] "Dizem que ele é perigo mesmo / falando em frutas, passarinhos //."[866] "Se já está do lado da morte / nada o reterá deste lado. //."[867] Mas é um fragmento. A história de Frei Caneca resta aquém de seu sonho. O cadenciamento do tom narrativo e a brevidade fazem com que este livro cabralino afine com *A balada do velho marinheiro*, de S.T. Coleridge, carecendo da busca de absoluto que emerge do poeta inglês. Aliás, essa falta de inquirição dos arcanos tende sempre a delinear o limite, confrontá-lo. E a urgência de ir descascando a forma até o miolo, até o íntimo recesso, é a mesma com que se vai, dialeticamente, decompondo e compondo, dentro da máscara – a dita penosa objetividade. Seu mais valioso movimento tangencia a pergunta: "É difícil defender, / só com palavras a vida, / ainda mais quando ela é / esta que vê, Severina."[868] Essa consciência é o início da mudança. Porque a vida é maior do que o deserto.

O eterno-feminino, que, no *Coro Místico*, do *Fausto*, de Goethe, *nos atrai e eleva*, é a nuança nova de *Sevilha andando* (Ed. Nova Fronteira, 1989), de João Cabral. Esse livro passa a descrever o eterno-feminino numa mulher, que é a cidade (a amada), e uma cidade, que é mulher (Sevilha). Os seus movimentos fêmeos são traçados por este poeta, que uniu Espanha e Nordeste. Agora une Sevilha ao Amor. É o seu *Álcool* (poema extraordinário, em quatro partes), *o macio existir do mel, o aconchego de mulher*. Fala deste feminino universal, que não pertence a Goethe, ou a ninguém, porém à miraculosa criação da Vida, com *a alma em chispa detrás dela, nudez sob mil refolhos, barcaça* (que beleza de poema e que verso: "ele embarcou numa mulher!"). Exalça o segredo de seu andar e assim o vai desenhando: "Vi passar, entre as que passavam, /

---

865. MELO NETO, João Cabral de. **Auto do frade**. Rio de Janeiro: Record, 1984.
866. MELO NETO, João Cabral de. **Auto do frade**. Rio de Janeiro: Record, 1984.
867. MELO NETO, João Cabral de. **Auto do frade**. Rio de Janeiro: Record, 1984.
868. MELO NETO, João Cabral de. **Morte e vida Severina**. Rio de Janeiro: Nova Fronteira, 2006.

uma mulher de andar sevilha: / o esbelto pisar decidido / que carrega a cabeça erguida, // cabeça que é, soberana, / de quando a espiga mais se espiga, / que carrega como uma chama / negra, e apesar disso acendida."[869] Se é verdade que João Cabral tem momentos mais plenos, esteticamente, na linha amoroso-erótica: *A mulher e a casa, Imitação da água,* ou *Estudos para uma bailadora andaluza (Quaderna)*, também é verdade que, de flagrantes antológicos, passa, agora, à construção de um livro, *em painel* (Miró, Mondrian, algo de Gaudí).

Traçando a mulher, apalpa as formas mais fundas de Sevilha: seus hábitos, o asilo dos velhos sacerdotes (com ironia), o bairro de Santa Maria La Blanca, as árvores de limões amargos, o flamenco, a praça de touros, o museu, a fábrica de tabacos. Aqui, num feliz achado, o sarcasmo: "enquanto enrolavam cigarros, / se trocavam jaculatórias."[870] João Cabral, poundianamente falando, não é apenas um mestre, é um *inventor*. E, no processo de abrangência, que sua poesia toma a vagar em círculos, – rio Capibaribe banhando o Guadalquivir –, quer *sevilhizar* o mundo. Sua arte se fez civilizatória. Antes, via doendo. Em lâmina. Agora, vê transmudando. Fabrica favos no deserto. Ou puro lume. A vida ajuda a vida, resistindo. E essa grandeza não tocou alguns integrantes da *geração de 1945*, que, ao defender a estética do demasiado rigor contra o verso livre e certo liberalismo poético de alguns representantes do Modernismo, ficaram presos no seu espartilho, mais se reprimindo e encasulando, do que se libertando, porque na poesia não é a forma que cria o tema. É o tema e a expansão criadora que geram a forma. Não o fazer sabido, mas o saber descoberto. Não há grande poesia sem uma cosmogonia ou vidência do mundo. Nem o grande poeta se isola: é fruto cultural, sítio do tempo. Não se iluda o leitor! E quanto maior, mais escapa das classificações. Embora a antilírica seja impossível delimitar, senão pelo seu oposto, considero *A fábula*

---

869. MELO NETO, João Cabral de. **Morte e vida Severina**. Rio de Janeiro: Nova Fronteira, 2006. p. 27.

870. MELO NETO, João Cabral de. **Obra completa**: volume único.Rio de Janeiro: Nova Aguilar, 1995.

de Anfion, *A faca só lâmina* e *Museu de tudo* livros menores. O primeiro pelas palavras/pedras inertes no branco deserto; o segundo, pelo mecanicismo, onde não é casa onde se mora, mas a máquina em que se reside; e o terceiro, pela repetição de um estilo exausto. João Cabral quanto mais racional se desejava, maior era o poeta – no irracional que estava nele (a tal *pedra do sono*), que, em Yeats é *sono da pedra* (*stone sleep*), que é o mesmo *sono da pedra*, de Blake, em *Livro de Urizen*. (Consta ser também *pedra do sono*, o nome de um município pernambucano). *Pedra* ou *sono*, essa luta que não o impedia de aprofundar a lição de Berceo, era a saúde do inventor. O que lhe escapulia pela porta de fundos da razão que se imaginava, é o que, inconscientemente, mais lhe engrandece. Movendo-se do poema para a poesia. Como no caso de *Morte e vida Severina*, cada vez mais resistente, durável, contendo o gênio da língua de um povo. O artista nem sempre salva o poeta; o poeta sempre salva o artista.

João Cabral afirma que:

> A geração de 1945 não tem nenhum poeta original. Geração é uma coisa real, mas eles tinham um sentido de geração quase de clube! ... Eu adoraria ser expulso, eu devia ter sido, mas então, eles que me dessem uma certidão de idade, datada de 1930. Mas me expulsar de ter nascido no ano de 1920, ninguém pode.[871]

A programação geracional foi de Domingos Carvalho da Silva, no Congresso de Poesia de São Paulo. E talvez esse *original*, era o de que nenhum da geração tinha a originalidade dele. Não, nem isso: era irredutivelmente modesto, mesmo que fosse verdade, alegava que a originalidade não vinha daquela geração (a de 1945), por não ser inovadora, "mas da geração de Murilo, de Schmidt, que alargou aquelas picadas, e eu vim nesta estrada da geração de 1930, que Mário de Andrade, Oswald de Andrade, os modernistas abriram."[872] Ainda

---

871. MELO NETO, João Cabral de. **Morte e vida Severina**. Rio de Janeiro: Nova Fronteira, 2006.

872. ANDRADE, Mário apud SALLES, Fritz Teixeira de. **Das razões do modernismo**. Brasília: Editora Brasília, 1974.

que fosse Cabral expulso, não mudaria o fato de que a alguns, os pétreos do parnasianismo de 1945, os que o carregaram no andaime do verso, tinham de sobra o deserto. O *Anfion* da lenda não morreria à míngua de sol e sim, de água. Ainda que, tendo o vento do *Simum*, bastaria o cálido sopro que, no fole da inspiração, pudesse plasmar e purificar a prata do poema. Fole da inspiração? Mesmo que um e outro abominem essa denominação – o que não quer dizer que a inspiração não persista existindo, ainda que sob diferente nome. E essa casca de deserto, esse brônzeo endurecimento das veias, que advém do pior parnasianismo, entre alguns da *geração de 1945*, pode carregar a corrosiva sentença prolatada por Mário de Andrade, contra Olavo Bilac, por "representar uma fase destrutiva de poesia; porque a perfeição em arte significa destruição."[873] Falei em *pode*, não em *deve*. Explico: essa sentença nem sempre é verdadeira, ao não definir a tal perfeição – que há de ser viva ou morta – e que se move sobre pés de brasas. Não, não generalizo. Inúmeros poetas fugiram do deserto, preferiram fontes, montanhas e ribeiros. Retirando o nome de geração, ou com ela, que pode ser acidente de percurso ou de nascença, vários poetas possuem sotaque próprio, irrefutável, sendo injusto esquecê-los.

Entre eles, cito: Lêdo Ivo, José Paulo Paes, Paulo Bonfim, Dantas Mota, João Paulo Moreira da Fonseca, Bueno de Rivera, Alberto da Costa e Silva, Thiago de Mello, Geir Campos, Mauro Mota, Paulo Mendes Campos, Afonso Félix de Souza.

Numa carta a Clarice Lispector, João Cabral declara: "Há duas espécies de pessoas que escrevem: as que se quebram a cabeça, ou se jogam de cabeça, em cada lance que escrevem e as que quebram a cabeça uma vez na vida, ao descobrir sua maneira."[874] E Cabral, ao recusar a *geração de 1945*, voltava-se para os concretistas, que o punham de precursor. João Cabral, como um cometa – não tem precursores, nem sucessores. E,

---

873. ANDRADE, Mário apud SALLES, Fritz Teixeira de. **Das razões do modernismo**. Brasília: Editora Brasília, 1974.

874. LISPECTOR, Clarice. **Correspondências**. Rio de Janeiro, Rocco, 2001. p. 185.

se os tivera, borgeanamente, já os teria criado com Augusto dos Anjos e Berceo. Bastando observar que nenhum poeta de sua geração pode ser a ele comparado, seja pelo inventor com gênio, seja por sua humanidade (e o mundo dos *severinos*), ou pela inigualável contensão de lúcido cristal cabralino. Miraculosamente pode meter-se o oceano todo num caracol? E a forma não triunfa sem a transfiguração da experiência, ou a experiência da transfiguração. Merecendo a advertência de T.S. Eliot: "Transmitir à posteridade a sua própria língua, mais requintada e mais precisa do que era antes de escrevê-la, esse é o mais elevado feito do poeta enquanto poeta."[875] E, ao mesmo tempo, se é grande, prescreve um nível que há de dificultar os vindouros. Por não ser sucedível seu ofício de arquiteto solar. E, se é verdade que "Miró não pinta quadros, pinta" – João não escreve poemas, escreve. E, para ele, como Hölderlin, "viver é defender uma forma". Para que a forma também o defenda.

Lêdo Ivo, entre a noite misteriosa e o plenilúnio

O poeta Lêdo Ivo nasceu em Alagoas, em 18 de fevereiro de 1924, e morreu em Sevilha, Espanha, no dia 23 de dezembro de 2012. Pertence à Academia Brasileira de Letras. Jornalista, ensaísta, romancista e tradutor. Sua poesia traz com ela uma sede, que a palavra não sacia, uma fome de abismo sem fronteiras. E é o que alimenta, incessante, essa criação, até nas formas e gêneros, com que ela se reveste. Como Jean Cocteau, apercebeu-se que "só o instinto nos ajuda a descobrir o método que nos é próprio. E é graças a ele que podemos disciplinar os nossos instintos."[876] E assim é a versatilidade do autor de uma *Lira dos vinte anos*, 1962: poeta, ficcionista, crítico, memorialista. O gênero não importa: importa a centelha inquieta e inquietante que se resguarda acesa na volúpia de ir criando, padecendo metamorfoses, renovando a linguagem,

---

875. ELIOT, T. S. **Ensaios escolhidos**. Lisboa: Cotovia, 1992.
876. COCTEAU, Jean. **A máquina infernal**. Petrópolis: Vozes, 1967.

ou a repetindo. E vislumbra sinais entre as coisas, mantendo confidência com o universo. Começou em 1944, com *As Imaginações*. É o poeta que não perdeu os sortilégios do menino entre as peraltices da metáfora? Arthur Rimbaud (que traduziu admiravelmente) caminha, nômade e fraterno, no encantatório de seu verso. E, ao mesmo tempo, o dialeto é da infância com sobressalto e remissão. Tange os primordiais mistérios. E não seria esta a aventura de criar? E Maceió se recupera, com suas portas e chaves. "O oceano roubado."[877] No ficcionista, no ensaísta, no homem das memórias – é o poeta presente, resistente, ou em constante ebulição, para uma busca de infinito, achando-se finito sempre. Não é o assunto que clareia o autor, é o autor que clareia o assunto.

Seus livros de poemas – *Finisterra*, 1972, *A noite misteriosa*, 1982, *Calabar*, 1985, *Cem sonetos de amor*, 1987 e um dos últimos, *O rumor da noite* – trazem à baila o melhor da poesia lediana, roçando tensão e linguagem, a eletricidade da imagem na emoção, "mergulhado no passado, cada vez mais moderno e mais antigo."[878] *Ninho de cobras*, vertido em várias línguas, não é só um primoroso romance, atinge a beleza da fábula – a de uma raposa vagando, à noite, em uma cidade assustada, sob o sindicato da morte. E que veio a merecer uma exegese aguda em *A raposa sem as uvas*, de Rubem Ferreira Frias.[879] É um texto que Lêdo Ivo desejava que fluísse da boca de um cigano ou de um ladrão de cavalos. Ali, o prosador é vigoroso. Também em *Confissões de um poeta*,[880] entre pensamentos, fatos e um pouco de sua autobiografia humana e poética, assinala com justeza, em teoria da justiça literária: "o verdadeiro discípulo é o inimigo futuro. Tu me louvaste, por isso eu te condeno."[881] Ou este outro achado: "Teseu do Carmo

---

877. RIMBAUD, Arthur. **A season in hell and Illuminations**. Rochester: BCA Editions, 1991.

878. IVO, Lêdo. **Central poética**: poemas escolhidos. Rio de Janeiro: Nova Aguilar, 1976.

879. FRIAS, Rubem Ferreira. **A raposa sem as uvas**. Rio de Janeiro: ABL, 2004.

880. IVO, Lêdo. **Confissões de um poeta**. Rio de Janeiro: ABL/Topbooks, 2004.

881. IVO, Lêdo. **Crepúsculo civil**. Rio de Janeiro: Record, 1990.

(seu Outro) escrevia demasiadamente bem para ser um escritor profissional. Por isso, jamais se distanciava de sua condição de amador."[882] Irônico, doído e instigante. Escreveu como ensaísta: *O preto no branco*, 1955, estudo sobre um poema de Manuel Bandeira, modelar para a análise nas universidades. *O universo poético de* Raul Pompeia, 1963 ou *A ética da aventura*, 1982, realçando o prosador de primeira água, que já era visível em *Ladrão de flor*, 1963. E ele crê na propiciação do tempo, que sabe mais de nós, que nós dele: "Eis-me, perpétuo. / Minha posteridade, sendo grande, / cabe, definitiva, em sete palmos / de terra materna. // Dos meus tesouros / apenas conservei o que não muda / em vento e relva: um halo de navios / e a vida eterna."[883]

Em 2009, publicou *O ajudante de mentiroso*, que são memórias ou aventuras de um leitor inveterado. Com a picardia de quem sabe, astutamente, numa prosa abrasadora e lúdica de passagem pelas coisas, afim do ensaio britânico, observando que as ciências envelhecem mais que a literatura e que essa era "o reino da mentira na experiência da imaginação".

Lêdo Ivo, em sua poética, faz afluir várias camadas de sua poética: o social e amoroso, o lírico e metafísico. Com os matizes do alvorecer (reiterados mais tarde, em Plenilúnio), assume "la découverte de la clarté divine" (*Illuminations*)[884]. "Às estrelas reclamo que iluminem / o papel branco do meu longo dia."[885] Divide o contexto, entre ser e saber. "Sou tudo o que é partilha", exclama.[886] Seu cotidiano aflora nas ruas, praça, trânsito, aeroporto. Na cadeira do engraxate, ou nos deveres civis. O Rio de Janeiro é revisto (Lapa, Cinelândia, Carioca, Mauá, Glória). Volve ao tema dos mortos, navios; os bens se recuperam na brancura, as viagens. Ao arrolar os bichos,

---

882. IVO, Lêdo. **Crepúsculo civil**. Rio de Janeiro: Record, 1990.

883. IVO, Lêdo. **Crepúsculo civil**. Rio de Janeiro: Record, 1990.

884. IVO, Lêdo. **Crepúsculo civil**. Rio de Janeiro: Record, 1990.

885. IVO, Lêdo. **Crepúsculo civil**. Rio de Janeiro: Record, 1990.

886. IVO, Lêdo. **Crepúsculo civil**. Rio de Janeiro: Record, 1990.

Lêdo Ivo os retrata com meticuloso senso de alegoria. Desde o sapo-martelo (intertextual com o manuelino – *Os sapos*), o caranguejo, a caranguejola, que, "imune às gentilezas, habita o reino funesto",[887] até os caracóis, que "conhecem a causa primeira / e sabem a origem de tudo."[888] Estudioso de Bandeira, dele tenta se avizinhar pela simplicidade e amor às mais humildes circunstâncias. Lêdo Ivo também não consegue amar as almas, só o corpo, e se repara e reparte em muitos. "Pela manhã sou um, / Cai a tarde e sou outro / De todos e nenhuns / Me despeço ao sol-posto." (*A nave da Lapa*). Ser terrestre e cósmico, o eu-mineral e animal. O que, ao andar, vai perdendo sombra (refúgio). Jorge Luis Borges, ao traduzir *Folhas de relva* ao espanhol, suscita em famoso *Prólogo*[889]: "(Whitman) necessitava, como Byron, de um herói ... e lhe deu o nome de Walt Whitman ... Já era plural, o autor decidiu ser infinito."

Lêdo Ivo mira-se entre água e espelho. Narciso? Cada poeta conta a história de suas imagens. Com sonâmbulo enredo. Corporais realidades se amoitam na câmara escura ou radiosa do poema. No reino da fotografia, o invisível: seus recatados negativos. Sim, cada imagem traça os sulcos e rugas do homem até a agonia. Por isso, Cassiano Ricardo, em *Poesia práxis e 22*, observa que, antes da sintaxe da ação, (os criadores) "são instigados por imagens motrizes."[890] Para Tarkovski, o cineasta de Andrei Rublev, "através da imagem mantém-se uma consciência do infinito: o eterno dentro do infinito, o eterno dentro do finito, o espiritual no interior da matéria." Lêdo Ivo, a partir do título de seu livro (*Crepúsculo civil*), designa os dois crepúsculos: o do mundo exterior (sociedade ou criação) e o subjetivo. Entretanto, é o amor que transforma a alma num só corpo. Vem-nos da leitura de os *Cem poemas de amor* – intuindo-se quanto nele está presente sua amada, Lêda, a que partiu. E é o poeta que conduz, condoído, este ramo de rimas e símbolos,

---

887. IVO, Lêdo. **Cem poemas de amor**. São Paulo: Escrituras, 2004.

888. IVO, Lêdo. **Cem poemas de amor**. São Paulo: Escrituras, 2004.

889. BORGES, Jorge Luis. **Obras completas**. São Paulo: Globo, 1998-1999.

890. RICARDO, Cassiano. **Poesia práxis e 22**. Rio de Janeiro: José Olympio. p.11.

ramo de constelações imprecisas. E é o poder de espanto que mescla, como o fez Jorge de Lima, bostas e vides, nestes versos: "E piso na bosta / que os cavalos legam / à glória da noite //."[891] Mas pela carga de luz i(r)cônica, "que os cavalos legam"[892] – com uma bondade – à glória da noite. Ou transparece este contraste fascinante e erotizado – branco/preto: "Teu púbis, a ovelha negra / no branco rebanho de teu corpo"[893], levando na sugestão ao preto no branco manuelino, com a linguagem de um sonho que tem chamas dentro. Ou "teu corpo era mais nu / do que os puros cristais."[894] Ou ainda este outro hausto de epifania, com pele rimbaudiana: "Desabo em ti como um bando de pássaros."[895] A coragem de acolher o trevoso do amor, oculta-se o poeta no próprio verso, como num quarto, entre lençóis, fluente de língua e nume: "Oculto nos lençóis, fogo de estio, escorres, ledo e manso como as águas – a água serena do amoroso rio" – (Lêdo: manso como as águas). E a metáfora do sol sobre a cama e, o fogo frio se exerce entre dois corpos: "O ofício de quem ama é ver / um sol obscuro sobre a cama, / e no frio nascer o fogo ...". O poeta é dialógico com o fogo que arde sem se ver (camoniano), e remoto, "esse cavalo solto sobre a cama" (Drummond), o "cavalo todo feito em lavas" (jorgeano) e o "sol negro" (Lautréamont). E vão engendrando outra coisa, obscuro fogo, a sinestesia na imaginação do leitor, o fulvo e elétrico choque. Sim, tal esplendor é fogo na semente. Por isso, andeja entre fogueiras – ou lenho(a) de dois que se unem, como pedra se acende noutra. E a aurora rompe, espasmo, germe, turbilhão, e, ali, todos os idiomas se soletram, tateando, porque os amantes são a aurora; e treva, o país em que viajam. "Entre fogueiras caminhei / mal a aurora havia rompido / e soletrei junto ao teu corpo / todos os idiomas da treva."[896] Com alfabeto que

---

891. IVO, Lêdo. **Cem poemas de amor**. São Paulo: Escrituras, 2004.

892. IVO, Lêdo. **Cem poemas de amor**. São Paulo: Escrituras, 2004.

893. IVO, Lêdo. **Cem poemas de amor**. São Paulo: Escrituras, 2004.

894. IVO, Lêdo. **Cem poemas de amor**. São Paulo: Escrituras, 2004.

895. IVO, Lêdo. **Cem poemas de amor**. São Paulo: Escrituras, 2004.

896. IVO, Lêdo. **Cem poemas de amor**. São Paulo: Escrituras, 2004.

apenas os que amam adivinham. Até quando? Que o digam o *Soneto da conciliação* e o *Soneto dos 20 anos*. Como se ambos tivessem sido feitos na mesma idade. Ou nenhuma, salvo a da paixão, em que o poeta soleniza a ovidiana arte de amar. No regaço da árvore entre palavras. Não esmorece, ao retornar, ludicamente, às premissas de *A noite misteriosa*, 1982, com nova estrutura: *A mão estendida, A nave da Lapa, A interpelação, Soneto do amor condenado, O dardo, O refém* e *O soneto de amor*. O erótico e o ser enraizado, o geral e o biográfico, em fogo e neve se instauram. Outros textos: *Contabilidade*, o demônio (que podia concluir-se em "árvores"), *O mendigo* (sua humanidade), *A clandestina* (ou morte), *A lua de Londres, O amor exclusivo, Os bens recobrados, Insônia, Marinha*...

Lêdo Ivo é o centro de sua esfera de símbolos, onde "a linguagem se volta para a linguagem, como em um círculo de espelhos."[897] Entretanto, vai diluindo os rastos da esfera, vai apagando reflexos ou vultos do que engendra. "A vida inteira atravessei o portão e andei entre as árvores"[898]... "E todo o amor é o instante oblíquo em que o orvalho se evapora."[899] Com a certeza final do poeta de que "um número preside nosso encontro na treva."[900] Este crepúsculo civil, que é o outro lado que amanhece. Cioran, o romeno, assevera que "os filósofos escrevem para os professores: os pensadores, para os escritores."[901] E complementamos: os poetas para os poetas. Ou para os que não permitiram que morresse a interna criança. E Lêdo comprova que os seus 80 anos compõem sua quarta idade da meninice. Entre *Rumor da noite* (Nova Fronteira, 2000) e *Plenilúnio* (Topbooks, 2004), desde os porões de navios enferrujados dos portos alagoanos, a humildade silente de *A partícula,* o atiçar das lembranças, apagando-se as montanhas,

---

897. STEINER George. **Linguagem e silêncio**: ensaios sobre a crise da palavra. São Paulo: Companhia das Letras, 1988.

898. IVO, Lêdo. **Crepúsculo civil**. Rio de Janeiro: Record, 1990.

899. IVO, Lêdo. **Crepúsculo civil**. Rio de Janeiro: Record, 1990.

900. IVO, Lêdo. **Crepúsculo civil**. Rio de Janeiro: Record, 1990.

901. IVO, Lêdo. **Confissões de um poeta**. Rio de Janeiro: ABL/Topbooks, 2004.

contempla, intransigente, o mais amplo conhecimento de si mesmo: ... "Sinto que sou um homem. / E nada mais espero / Nem nada mais reclamo //". (Uma janela no campo). Sendo da família humana, drummondianamente, "apenas um homem / à beira de um rio."[902] E é curioso quanto é duríssimo nas suas *Confissões*: com ele e com todos. Afirmando que "a plenitude é o primeiro sinal da decadência."[903] E, nesta peregrinagem textual, destaque-se o acento erótico de *A viagem*, com o pulsante Cavalo negro, em que a escuridão é comparada ao galope. E o aviso peremptório (Passagem): "Caso me proíbam de passar / por ser eu diferente ou indesejado / mesmo assim passarei. / Inventarei a porta e o caminho. / E passarei sozinho //", achegando-se ao que chamam destino e que prefiro: fidelidade à música interior. Sendo o poeta um Cavalo cego: "Ouço o seu relincho / e um rumor de cascos / que buscam no escuro / a verde paisagem. / Na ordem do mundo / tudo é separado / e não há linguagem / que possa explicar / o que une e separa / relincho e palavra //."[904] Quando, porém, chegamos até *A porta prometida* – que tem um pouco da porta kafkiana ("Não encontrei a vida / nem encontrei a morte / estavam escondidas / atrás da mesma porta")[905], achamo-nos diante da Esfinge. Não o claro enigma de Drummond. O obscuro de um Quevedo ou Góngora. No caminho desta Noite rumorosa, a selva selvaggia dantesca, vislumbrando o dia dos homens, o barulho do cais de Alagoas e seus navios, Roma (onde a infância se mistura), com seus lugares, arredores, mar escarlate, o embarcadouro ("Defunto / que o mar / não lava")[906], ligando pelo mistério, Roma e Alagoas através do sigiloso endereço da noite (com a chave de ouro quase quevediana). E Roma sempre nos faz lembrar Afonso Arinos de Melo Franco, na melhor análise que conheço sobre "A cidade eterna" – Amor a Roma. Sim, em

---

902. IVO, Lêdo. **Rumor da noite**. Rio de Janeiro: Nova Fronteira, 2000.
903. IVO, Lêdo. **Rumor da noite**. Rio de Janeiro: Nova Fronteira, 2000.
904. IVO, Lêdo. **Rumor da noite**. Rio de Janeiro: Nova Fronteira, 2000.
905. IVO, Lêdo. **Rumor da noite**. Rio de Janeiro: Nova Fronteira, 2000.
906. IVO, Lêdo. **Rumor da noite**. Rio de Janeiro: Nova Fronteira, 2000.

Lêdo, Roma e noite se mesclam dentro dos fios e da escureza com a variante roda da fortuna. E vem o remate com três sonetos, que estão entre suas maiores realizações: *Da madrugada*, *O tambor* e *Soneto da enseada*, que desmonta o preconceito contra a forma fixa, como cárcere. E é num vaso estreito que um espírito realmente criativo pode esconder a montanha. Pois não é a poesia que serve o soneto; o soneto que preserva e serve à serena poesia. A tal dissonância que Lêdo Ivo prenuncia, é a das imaginações, que não se ilude com as falsas vanguardas, que de tanto quererem andar na frente, emperraram-se atrás. E "só é poesia enquanto preserva alguma impureza."[907] Sendo irrefutável. A fala pura é dos anjos. Escreveu Maria Zambrano (*Los bienaventurados*) que nomear as coisas como o fazemos inveteradamente é despertá-las: despertar a sua resistência. Mas a "desvelação será em função do ver"[908] – acrescenta a ensaísta espanhola. Pois a poética de Lêdo Ivo trata das palavras, como se as desenhasse, desde as entranhas, na visão integradora de dentro para fora (vulcão sob a aparente neve). E solfeja nas contradições – as antíteses, as sinestesias, as síncopes, os alongamentos. Noite/dia. Até que o cavalo instintivo do poema cavalgue naturalmente para o *Plenilúnio*, 2004, onde as idades da luz se misturam com as idades cegas. E as idades do poema não fazem parte de um eterno retorno nitzschiano? Um processo não é sempre o começo de outro, em um *commencement sans fin* de Beckett? As idades do poema são as idades da alma e que idade tem a alma, se a extraviamos na viagem? Cervantes diz que o "começar das coisas é tê-las meio acabadas."[909] E o aludido livro lediano avança entre coisas meio acabadas. Um olhar para trás, caindo em suas próprias ciladas. Com momentos menores, como nas *Recomendações de ano novo*, a brincadeira inditosa da rima em ão (ladrão / escuridão), ou comparando esperma com neve (*Soneto da Neve*), há nos trilhos uma locomotiva – "não de violetas" – mas de alguns achados sonâmbulos – *A*

---

907. ELIOT, T. S. **Ensaios escolhidos**. Lisboa: Cotovia, 1992.

908. ELIOT, T. S. **Ensaios escolhidos**. Lisboa: Cotovia, 1992.

909. CERVANTES, Miguel de. **Dom Quixote**.Porto Alegre: L&PM, 2007.

mudança, ***Minha pátria*** (contrapartida de Vinícius e Pessoa), ***Liturgia do sol*** (porque a noite ou a morte é inimiga) e o ritual umbroso (Sombra perdida demarcando a aproximação do verso de Lêdo ao verso manuelino, na repetição do ia, o que é mais um retorno do que o desvelamento diante da Grande Ordenadora). Os corvos deste alagoano se associam aos do célebre quadro de Van Gogh e o desataviado anjo (não podia ser o Malaquias, de Quintana, fugido para o céu divino, ou talvez de Jean Cocteau, ou o anjo torto do mineiro de Itabira?) Porém o senso de realidade e a luta entre corpo e alma, "porque as almas não são anjos"[910] – geram a beleza plástica e metafísica de *A mesma casa*, tendo ainda herança manuelina. Há neste volume drástica ruptura com o lirismo inspirado do livro anterior, o rapto seco, de que fala Claudel. E, pela memória, nem sempre pressurosa, volta aos poemas de *Estação central* (ludismo ou nonsense e a desgarrada crítica social de Estação final), com ressalvas aos textos *As palavras banidas*, *Andando no nevoeiro*, *Antes e Depois*. Nesses dois últimos, a percepção crítica absorve a realidade no jogo das oposições. E a realidade não é porventura um jogo frio?

O verso de Lêdo Ivo, em regra, se mostra breve, maleável, para melhor efeito rítmico. Ou ondulante, furente. Com menos frequência, utiliza versos longos. E, talvez por sua natureza feérica, por vezes caudalosa, o conteúdo emotivo irrompe e então o poema não consegue calar-se para dizer: diz. Não trabalha a explosão, é a explosão que o trabalha. Seu livro de poemas mais recente – *Réquiem*, 2008, merecedor do Prêmio de Literatura Brasileira Casa das Américas, em Cuba, no ano seguinte, diferente do Réquiem mozartiano, mais do que o de Verdi, que é um canto triunfal, para Lêdo Ivo é litania de sombras, canto desolado do homem. Fascinante, feérico. Traz o seu melhor. E, de muitas vozes, muitos ritmos, muitas formas (do soneto ao verso longo), irreverente, lírico, satírico, amoroso, dramático (que o diga a peça *Calabar*), metafísico, ardiloso e nobre prosador, acentua-se uma sábia resignação diante do desconhecido. "Ó claridade, adeus! Despeço-me do

---

910. IVO, Lêdo. **Rumor da noite**. Rio de Janeiro: Nova Fronteira, 2000.

sol, / do mar incomparável e da noite intempestiva. / Vivi sem aprender que tudo é perda e passagem //."[911]

A arte quando se organiza, não tende a envelhecer? Ou se organiza para melhor resistir. Não é só o tempo que renova a poesia, é a poesia que renova o tempo. E cabe aos poetas civilizarem suas palavras e deixar que também elas os civilizem. Cientes, com Paul Valéry, de que "o melhor do novo responde a um desejo antigo", e o melhor do antigo é quando responde a um desejo novo. Desejo, ciência, obsessão, epifania, minudência do abismo? Lêdo Ivo "habita a sua Finisterra."[912] Ou repousa bem antes de suas palavras, as que ele acordou, ou se acordaram de si mesmas. Repousa livre delas na imobilidade que está gravada lapidarmente no texto de João Cabral de Melo Neto: "Aqui repousa / livre de todas as palavras / Lêdo Ivo /, poeta, / na paz reencontrada / de antes de falar, / e em silêncio, o silêncio / de quando as hélices param / no ar."[913]

---

911. IVO, Lêdo. **Réquiem**. Rio de Janeiro: Contra Capa, 2008.

912. IVO, Lêdo. **Finisterra**: poesia. Rio de Janeiro: Contra Capa, 2008.

913. IVO, Lêdo. **Central poética**: poemas escolhidos. Rio de Janeiro: Nova Aguilar,1976.

CAPÍTULO 29

Poetas emblemáticos da geração de 1945

Domingos Carvalho da Silva e Cyro Pimentel
Péricles Eugênio da Silva Ramos
Marcos Konder Reis
Ives Gandra da Silva Martins

Domingos Carvalho da Silva e Cyro Pimentel

Nascido na Vila Gaia de Portugal, falecido em São Paulo, no dia 26 de abril de 2003, em 1915, doutrinador da geração, poeta, ensaísta, tradutor, jornalista, contista. Fundador, com os poetas Cyro Pimentel e Afrânio Zuccoloto, da Revista de poesia e crítica e da Academia Brasiliense de Letras, cofundador da Revista brasileira de poesia, de São Paulo. Publicou: *Bem-amada Ifigênia*, poesia, 1943; *Rosa extinta*, poesia, 1945; *Praia oculta*, poesia, 1949; *Espada e flâmula*, 1950; *Girassol de outono*, poesia, 1952; *Poemas escolhidos*, 1956; *A fênix refratária e outros poemas*, 1959; *Gonzaga e outros poetas*, ensaio, 1970; o livro de contos *A véspera dos mortos*, 1966. É o mais parnasiano de sua geração, em retorno à forma brônzea do verso. Veio tardiamente a um mundo, que, apesar de ser velho, não voltou a ser árcade, nem helênico. E tinha teimosia de ser refratário ao Modernismo, tão antigo que não alcançou a ser a mitológica fênix. Um construtivista, hábil manipulador do verso, com frestas por onde a claridade avançava, apesar dele mesmo. Eis um dos seus mais belos poemas, com dinamismo exemplar de imagens, acima de todos os esquemas, que jamais hão de segurar a imaginação e o maravilhoso: "Cavalos já foram pombos / de asas de nuvem. Um rio / banhava o rosto da aurora. / Cavalos já foram pombos / na madrugada de outrora."[914] Há que referir a seriedade teórica, o esforço incentivador de Domingos Carvalho da Silva pelo movimento da geração de 1945, o primoroso ensaísta e generoso, sapiente tradutor de Pablo Neruda nos seus *Vinte poemas de amor* e *Uma canção desesperada*. Sim, "cavalos já foram pombos" e continuarão sendo, se quisermos. Não apenas na "madrugada de outrora".

Péricles Eugênio da Silva Ramos

Nascido em São Paulo, em 1919, e falecido na mesma cidade, em 1992. Poeta, exímio tradutor. Publicou em 1946 *Lamentação floral*, poesia, reunindo no volume *A noite da memória*, em 1988, a sua coletânea mais importante, que demarca a peculiaridade dos seus versos vinculados ao parnasianismo da geração de 1945, ao preocupar-se com o lavor da forma: o que o prendeu mais do que libertou. Eis o poema – *Uma hora ou Kaspar Hauser*: "Breve centelha, / ousas pensar. // Mas este é o crime, / o grande crime: / deixaram-te pensar / em meio às trevas, / pensamentos sem sentido, / pensamentos cegos //".

Outro poeta, Cyro Pimentel (nascido em São Paulo, em 1926), com o verso seco, asséptico, magro, ligado ao diapasão de 1945, com o ritmo assonante e dissonante, a síntese verbal, no seu mais primoroso livro, *Atonais*, 1979.

Marcos Konder Reis

Nasceu em Itajaí, em 15 de dezembro de 1922. E faleceu no Rio de Janeiro, em 11 de setembro de 2001. Poeta, romancista, contista, cronista, teatrólogo e tradutor. Foi engenheiro e funcionário público no Rio. Poeta da geração de 1945. Suas publicações

---

914. SILVA, Domingos Carvalho da, apud BANDEIRA, Manuel. **Apresentação da poesia brasileira**: seguida de uma antologia dos versos. Rio de Janeiro: Casa do Estudante do Brasil, 1957.

de poesia: *Introito*, 1944; *Tempo e milagre*, 1944; *Davi*, 1946; *Apocalipse*, 1947; *Menino de luto*, 1947; *O templo da estrela*, 1948; *Praia brava*, 1950; *A herança*, 1951; *Muro-amarelo*, 1965; *Praça da insônia*, 1968; *Antologia poética*, 1971; *Campo de flechas*, 1978. Editou o romance *Figueira maldita*, 1961, entre outros volumes de crônicas, biografia e contos. Sua poesia não se vinculou ao formalismo parnasiano. Utilizou em regra o poema longo, com ritmos largos e um carregado prosaísmo, que fez com que, às vezes, suas imagens, as mais belas, sumissem na voragem verbal. Misturando, ali, achados preciosos, intuições que brilham pela profundeza, originalidade, apesar das adjetivações ou certas metáforas gastas. Mais tarde, realizou poesia em prosa, para não dizer *mais prosa que poesia*. Por não discernir entre o valioso e o vil, o rapto do encantamento. Não era apenas uma *ganga impura*, mas um arrolar caótico de signos, em *Campo de flechas*, 1978. O entupimento de vocábulos e símbolos tende a impedir que os de polido filtro subam à tona e sejam sorvidos. Cabendo ser seguida a lição de Novalis: "Tudo é magia, ou nada".[915] Quando, porém, o poeta conseguiu conter-se, numa volta à infância, realizou seus melhores livros. Como *Muro-Amarelo*, 1965, com sua simplicidade quase infantil, mais perto de Oswald, comovendo pela beleza e pungência, quando o menino é o senhor do homem. Ou os poemas, com lances ou clarões ("o clarão dentro do raio")[916], entre êxtase, amor gorjeante e ferido, arremessam imagens como rútilas pedras, assumindo vida própria dentro do texto, como se o mais desaparecesse, ou fosse mero suporte. Menciono dois outros livros (de um só canto): *Armadura de amor*, 1965 e *O pombo apunhalado*, 1968. Com a arte de atravessar as águas na luz.

Ives Gandra da Silva Martins

Nascido em São Paulo, a 2 de fevereiro de 1935, jurista renomado, surgiu como poeta em 1956, através *de Pelos caminhos do silêncio*. É da Academia Paulista de Letras e da Academia

---

915. NOVALIS. **Fragmentos**. Lisboa: Assírio e Alvim, 1971.
916. REIS, Marcos Konder. **O muro amarelo**. Portugal: J Álvaro, 1965.

Brasileira de Filosofia. Editou sua obra depois de 1983, onde se realça a antologia *Navegantes pelo espaço*, 2001. E em sua poesia, tempo e espaço são obsessões: um que amplia, outro que restringe. O cientista do direito procura estruturar matematicamente nos sonetos, os versos (espaço). E eles irrompem as lindes (é o tempo) e se desequilibram de amor, salvos pelos ritmos e mitos que se enlaçam, entre imagens encantatórias. "Por teus olhos cor de musgo ... / Onde adormecidas boiam / As ferrugens dos portões //."[917] Ou "Por mais veloz que seja, é sempre lasso / o movimento etéreo deste mito //."[918] O tom oral de seu processo criador faz retornar "à origem da poesia; a palavra falada."[919] Assim, certos poemas de Ives são para serem lidos em voz alta. Como se a sonoridade ou a fala trouxessem o sortilégio atrás da porta dos símbolos. Em seu *Intemporal espaço*,[920] menciono: "A falta de sino", "o trinar das rimas", "cavalos" e "sempre". Ainda que construa com elementos da poética tradicional, o poema há de fugir da alfândega, como ser vivo. Seguindo o poeta outra legislação, a dos sonhos. Escutando a voz dos versos, como a dos tambores de primitivos povos. Ou os primitivos povos do silêncio e do mito, que a linguagem (des) vela. E só a poesia lê, não a escureza da lei.

---

917. MARTINS, Ives Gandra da Silva; RALIM Mauro, Paulo (Org.). **Poetas paulistas**. São Paulo: Nankin, 2004.

918. MARTINS, Ives Gandra da Silva; RALIM Mauro, Paulo (Org.). **Poetas paulistas**. São Paulo: Nankin, 2004.

919. MARTINS, Ives Gandra da Silva. **O livro de Ruth**. São Paulo: Green Forest do Brasil, 1999.

920. MARTINS, Ives Gandra da Silva. **O livro de Ruth**. São Paulo: Green Forest do Brasil, 1999.

CAPÍTULO 30

Poetas além dos cânones da Geração de 45

*José Paulo Paes e as odes mínimas
Paulo Bonfim ou a ciência da nuvem
Jorge Medauar entre a estrela e os bichos
Santo Souza: o profano e o sagrado
Lélia Coelho Frota, deitada na Alfa
José Santiago Naud, entre o centauro e a lua
Stella Leonardos e a canção
Izacyl Guimarães Ferreira e a criação do espaço
Homero Homem e Zila Mamede. Duas vozes do Nordeste
Joanyr de Oliveira e seu pluricanto
O mundo harmonioso de Octávio Mora
José Godoy Garcia Arco-íris
O Dantas Mota de Minas, ou prosa mágica
do rio São Francisco
José Paulo Moreira da Fonseca e os simples
Bueno de Rivera – o ruralismo e a secura
O tecelão e pintor Mauro Mota
Alberto da Costa e Silva – ou a lucidez compadecida
Thiago de Mello, Amazonas, ou vento armado
O Canto mais claro de Geir de Campos
Paulo Mendes Campos, o tímido superior
Afonso Félix de Souza. O chamado e os escolhidos
Dora Ferreira da Silva
Carlos Pena Filho
José Alcides Pinto – o catador de insônias
Francisco Carvalho e as verdes léguas
Geraldo Holanda Cavalcanti
Carlos Heitor Saldanha e o grupo Quixote*

José Paulo Paes e as odes mínimas

José Paulo Paes nasceu em Taquaritinga, São Paulo, em 22 de julho de 1922, e faleceu na capital do Estado, em 9 de outubro de 1998. Foi notável tradutor e arguto crítico. Além de tudo, um maravilhoso ativista cultural, com antologias, divulgando poetas estrangeiros, herdeiro do poema-piada modernista, influenciado por Oswald de Andrade nos versos breves ou escrevendo sátiras, em molde de trocadilhos, ou epigramas, experimentos concretistas e poemas de um alquimista verbal, protesto, sátira, veemência de quem sabe fazer os sonhos andarem. Com sutileza de inteligência e a sabedoria dos versos curtos, cortantes. A erudição se escondendo atrás do texto, como o musgo nas árvores. É a descoberta de um estranho e instigante poeta. Eis o que destaco pela emoção e garra de amarrar as coisas, quase em sofreguidão: *Poética, A Edgar Allan Poe, A Nazim Hikmet, Segundo tema bíblico, Bucólica, Il Poverello, Baladilha, Volta à legalidade, Gottschalk revisitado, Novo soneto quixotesco, O grito, O aluno*, entre outros. Não posso deixar de lembrar este poema antológico, de extrema ternura e singeleza: *Madrigal* – "Meu amor é simples, Dora, / Como a água e o pão. // Como o céu refletido / Nas pupilas de um cão". No volume *A poesia está morta mas juro que não fui eu*, encontra-se esta joia de ironia e beleza. A um colega de ofício: "Você não gosta do que eu escrevo / eu até gosto do que você escreve / talvez eu não seja tão exigente quanto você //". Mestre de astúcias, Paulo Paes gosta de apanhar o leitor desprevenido, num jogo de infância entre palavras. O que comprova a grandeza de *Prosas seguidas de Odes mínimas* (São Paulo: Companhia das Letras, 1992), que se impõe pela regularidade e lirismo, onde o cristal é de clarão, as metáforas em lampejo de uma chama igual a esta: "Fechei a porta da rua / a chave joguei ao mar. // Andei tanto nesta rua / que já não sei mais voltar //."[921] Ou este fecho de Ceia:

> Não te desculpes da modéstia da comida.
> Ofereceste o que tinhas de melhor.

---

921. PAULO, Paes, José. **Prosas seguidas de odes mínimas**. São Paulo: Companhia das Letras, 1992.

Podes agora dizer boa-noite, fechar a porta, apagar a luz
e ir dormir profundamente. Estamos quites
tu e eu, teu mais hipócrita leitor.[922]

O tom é bandeiriano, a limpidez que nada tem a ver com a geração de 1945 e o lirismo das Odes mínimas, não tão mínimas, porque cheias de um fino e irradiante humor. Diz Jakobson que, "em poesia, as equações verbais são elevadas à categoria de princípio constitutivo do texto."[923] Não, não posso deixar de atiçar a gula do leitor:

À garrafa

Contigo adquiro a astúcia
De conter e de conter-me.
Teu estreito gargalo
é uma lição de angústia.

Por translúcida pões
o dentro fora e o fora dentro
para que a forma se cumpra
e o espaço ressoe.

Até que, farta da constante
Prisão da forma, saltes
da mão para o chão
e te estilhaces, suicida,

numa explosão
de diamantes.[924]

---

922. PAULO, Paes, José. **Prosas seguidas de odes mínimas.** São Paulo: Companhia das Letras, 1992.

923. JAKOBSON, Roman apud CAMPOS, Haroldo de. **A operação do texto.** São Paulo: Perspectiva, 1976.

924. JAKOBSON, Roman apud CAMPOS, Haroldo de. **A operação do texto.** São Paulo: Perspectiva, 1976.

Ou "Nenhuma perna / é eterna."[925] E esta maravilha, em qualquer literatura, pois no despojamento, Paulo Paes consegue a pureza ou inocência que Oswald de Andrade algumas vezes obteve – jamais com tal altitude –, *A casa*:

> Vendam logo esta casa, ela está cheia de fantasmas.
>
> Na livraria há um avô que faz cartões de boas-festas com corações de purpurina.
> Na tipografia, um tio que imprime avisos fúnebres e programas de circo.
> Na sala de visitas, um pai que lê romances policiais até o fim dos tempos.
> No quarto, minha mãe que está sempre parindo a última filha.
> Na sala de jantar, uma tia que lustra cuidadosamente o seu próprio caixão.
> Na copa, uma prima que passa a ferro todas as mortalhas da família.
> Na cozinha, uma avó que conta noite e dia histórias do outro mundo.
> No quintal, um preto velho que morreu na Guerra do Paraguai rachando lenha.
> E no telhado, um menino medroso que espia todos eles; só que está vivo:
> trouxe-o até ali o pássaro dos sonhos.
> Deixem o menino dormir, mas vendam a casa, vendam-na depressa.
> Antes que ele acorde e se descubra também morto.[926]

É assim este poeta, onde a centelha avulta e depois se faz flor, com óculos que têm profundezas que não se aninham na visão. Por descoberta do amor. E em verdade a "sua casa de menino", agora, está reinventada. Jamais será vendida!

---

925. PAES, José Paulo. **Prosas seguidas de odes mínimas**. São Paulo: Companhia das Letras, 1992.

926. PAES, José Paulo. **Prosas seguidas de odes mínimas**. São Paulo: Companhia das Letras, 1992.

CARLOS NEJAR

Paulo Bonfim ou a ciência da nuvem

Nasceu em São Paulo em 30 de setembro de 1926 e morreu na mesma cidade, em 7 de julho de 2019. Extraordinário sonetista, a provar que o soneto só morre de frio, entre as cinzas, e sempre renasce com as brasas. Poeta de sotaque próprio, seus decassílabos mergulham entre signos e alegorias, nas galerias obscuras do mito, onde a coerência das imagens se combina dentro do fundo bosque de espelhos, o poema. E ali vai a cantiga de amor e seguem juntos "o voo do silêncio e as grandes falas."[927] Simplicidade? Memória das palavras. E nelas apenas a poesia é capaz de flutuar. O acessório: engolido. Paulo Bonfim é o autor de *Antônio triste*, 1947, com um romantismo inicial, já gasto, e que, pela imaginação, foi levado ou deixou-se ludicamente levar a uma fome de infância, que se sacia nas regiões do mito. Mesmo, em regra, utilizando a forma fixa (o soneto), não é a forma que o domina, mas é o voo que o clarifica e liberta. Teve a reunião de sua obra, em *50 anos de poesia*, 1998, mais *O livro de sonetos*, 2006, obtendo sucesso de público. Arreda-se da tendência parnasiana geracional, por obedecer às vozes que carrega, ou que o carregam no gibão da foz, num sentimento que cristaliza a linguagem, disparando num canto mais antigo, onde ainda volta a inocência, que jamais será formal. E o soneto é destilado em lume – romântico com a musicalidade e imagética simbolista. Um vento novo no que parece velho. Tal vinho de fina casta na cantina. Não seria a ciência de a nuvem não se atar ao rochedo? Diz no *Soneto I*, de *Transfiguração*:

> Venho de longe, trago pensamento
> Banhado em velhos sais e maresias;
> Arrasto velas rotas pelo vento
> E mastros carregados de agonias.
> Provenho desses mares esquecidos
> Nos roteiros de há muito abandonados

---

927. BONFIM, Paulo. **Praia de sonetos**. São Paulo: Massao Ohno; Rosiatha Kempf, 1981.

E trago na retina diluídos
Os misteriosos portos não tocados...
Venho de longe a contornar a esmo,
O cabo das tormentas de mim mesmo.[928]

E quando nos fixávamos no sonetista de sabor imprevisto, com léguas de perícia verbal, nos surpreendemos com *Navegante*, 2007, onde emerge um Poeta do Movimento (Amaral Gurgel), onde cintilantes aforismos e versos em mágica esfera se revezam. Como se um Outro de dentro desse criador ali surgisse. Com metáforas ou jogos de engenho, humor, ideogramas sonoros, trilhas sonâmbulas, lenços de prosa e poema, telegramas de azuis olhos-vocábulos, "depósitos extraviados de sonhos",[929] de um lado se originam do impressionismo francês e, de outro, possuem um pouco da montagem joyceana. Esses aforismos de Paulo Bonfim são consanguíneos das Greguerías, do espanhol Ramón Gómez de la Serna, que, "menino, escrevia o arco-íris." Ou das máximas do lusitano Teixeira de Pascoais. É um dialeto de espelhos que não envelhecem. Tendo reflexos ou gotas de inefável claridade: "Na palma da mão a semente faz brotar o dia ... As almas também se reproduzem... Pessoas e casas devem ser habitáveis ... No dilúvio da noite, a arca de teu corpo ... A noite são os corpos que se encontram ... Eternos, pertencemos, contudo, à estirpe dos rios!..."[930]

E estes textos têm música, harpas de pomar. E há que povoar estes porões atordoados de infância. Por voltarem sempre à tona.

Jorge Medauar entre a estrela e os bichos

Jorge (Emílio) Medauar nasceu em Uruçuca, antiga Água Preta, Ilhéus, Bahia, em 15 de abril de 1918, e faleceu em São Paulo. Foi professor de propaganda e comunicação na Escola

---

928. BONFIM, Paulo. **Praia de sonetos**. São Paulo: Massao Ohno; Rosiatha Kempf, 1981.

929. BONFIM, Paulo. **Navegantes**. São Paulo: Amaral Gurgel Editorial, 2007.

930. BONFIM, Paulo. **Navegantes**. São Paulo: Amaral Gurgel Editorial, 2007.

Superior de Propaganda, de São Paulo. Poeta, contista, novelista, mestre de propaganda e jornalista. Publicou: *Chuva sobre a tua semente*, poesia, 1945; *Morada de paz*, poesia, 1949; *Prelúdios noturnos e temas de amor*, poesia, 1954; À estrela e aos bichos, poesia, 1956; *Água Preta*, contos, 1958; *Fluxopoema*, poesia, 1959; *A procissão e os porcos*, novela, 1960; *Medauar conta histórias de Água Preta*, contos, 1975. Com estilo simples, direto, seus contos guardam a oralidade da narrativa do Oriente, de onde provieram seus ancestrais. Poeta de uma geração marcada pelo formalismo, Jorge dele se arredou, talvez pelo instinto da terra, pelo humanismo, pelo amor à estrela e aos bichos, seu melhor livro de poemas, onde, constelarmente, o simbolismo se entretece ao vocábulo conciso, não se apegando à rima, mas ao conluio dos sons, o matrimônio feliz dos símbolos. O selo de cantiga em versos curtos. É perito, igualmente, na arte do soneto, valendo transcrever o que segue e que é primoroso:

> Por ser o que não sou é que padeço.
> Padeço em existir quase alternado
> Entre tudo que tenho e não mereço.
> E o que mereço, nunca me foi dado.
>
> Assim, o que não digo, reconheço
> Ser o que mais por mim foi meditado.
> O que revelo é paga – apenas preço
> Do que também a mim foi ocultado.
>
> Se esse existir se parte entre dois gumes
> Posso ver pela noite vaga-lumes
> E dizer que são luzes nos caminhos.
>
> Maldito o que me vê como não sou:
> Podendo dar-lhe mel apenas dou,
> Ocultos, entre pétalas, espinhos.[931]

---

931. MEDAUAR, Jorge Emílio. **À estrela e aos bichos**: sonetos. Rio de Janeiro: Civilização Brasileira, 1956.

E destaco o primeiro quarteto, um verso do segundo e os tercetos finais de outro soneto, também sem nome:

> Sabei, sabei que fiz de antigos cedros
> Barcos que a infância pôs à flor das ondas.
> Meu pai, que é Medauar, teceu-me as velas
> E a filha dos Zaidans, que é minha mãe,
>
> Pôs amoras de mel no tombadilho...
>
> Hoje tenho lagunas onde aporto,
> Tranquilamente, sob a lua branca,
> O coração de tâmara madura
>
> Se vos trago damascos e bekáua
> É porque recebi dos velhos árabes
> Um lastro de doçura nesses barcos.[932]

De obra pouca, exigente, o poeta e contista em Jorge Medauar provém de mesma água, *Água Preta*, água fenícia e navegadora, água levantina. De uma estirpe que conhece o deserto e sobrevive nele, com árvores de muitos oásis.

Santo Souza: o profano e o sagrado

Nasceu em Riachuelo, Sergipe, em 27 de janeiro de 1919. Faleceu em Aracaju, em 18 de abril de 2014. Autodidata, funcionário público federal aposentado. Da Academia Sergipana de Letras. Publicou em poesia: *Cidade subterrânea*, 1953; *Relíquias*, 1955; *Ode órfica*, 1955; *8 poemas densos*, 1965; *Pássaro de pedra e sono*, 1964; *A construção do espanto*, 1998; *Réquiem para Orfeu*, 2005; *Deus ensanguentado*, 2008, entre outros. Para Fausto Cunha, sua *Ode ao medo* é um poema espantoso. Para Sérgio Milliet, suas soluções épicas e líricas revelam

---

932. MEDAUAR, Jorge Emílio. **À estrela e aos bichos**: sonetos. Rio de Janeiro: Civilização Brasileira, 1956.

talento incomum. E ainda é quase um desconhecido, o que mostra a injustiça crítica.

Pertence à geração de 1945 e nada preserva de seu pétreo itinerário. É poeta de explosivas odes. Por natureza, dileto amigo de Orfeu, armado de mitos. Sua poesia não tem nada de cárcere verbal. E, se há um cárcere, é o do fogo que irrompe paredes, entre lavas, com verso de vocação vulcânica. Não é regional, sua sede é universalizante e cósmica. Místico em estado de viagem, mescla de Rimbaud e Baudelaire. Um no surrealismo, outro no entreato sidéreo entre bem e mal. Teatral, seu poema. Tende a ser de sopro longo e único. Como partitura. Dramático, fonético, com dinamismo rítmico. As metáforas às vezes se chocam no conflituoso tráfego de imagens que se querem enlaçar. E se entrecruzam. Deus e a esfera infernal em atrito. Deus suspirado, ou se encadeando com os deuses do Olimpo. O profano e o sagrado. É um poeta que se alarma de consciência e não pode ser jogado no campo (tão pouco) santo do silêncio. Eis alguns trechos.

> Este era o chão. Aqui nossa morada.
>
> Neste amplo abrigo, ousado, o pensamento fluía livre em todas as distâncias, sem temores de Deus ou de demônios.
>
> A rosa concebia o seu perfume,
>
> O dia vinha e regressava, e a noite, retomando no escuro o seu caminho, criava estrelas, fecundava rios ...[933]

Ou ainda:

> Antes de ouvirmos teu aviso urgente, roubaram nosso canto e agora Orfeu não mais comanda os sons de sua lira. Vencido e entregue à legião das ondas que o esmagam, move seu olhar de deus desesperado em direção dos homens. Mas quem irá detê-lo nesta luta? Mesmo proscrito, ele procura o ritmo que adormecia Deus e as potestades no escuro abrigo das constelações.[934]

---

933. SOUZA, Santos. **Ode órfica**: poesia. [s.l.]: José Alvaro, 1968.

934. SOUZA, Santos. **Ode órfica**: poesia. [s.l.]: José Alvaro, 1968.

O clima é dantesco, fazendo lembrar também o do português Teixeira de Pascoais no seu *Regresso ao paraíso*, edifica estrofes largas, com o fôlego oceânico. Vejam este outro trecho.

> Basta a medida exata das distâncias e a noção dolorosa da vertigem que nós perdemos, ao descer um dia os abismos que a morte nos mostrou.
>
> Basta o imprevisto, o sonho irrealizado, a ironia do mar, nosso destino de escravo e deus, na contextura imóvel da vida suplantada, e a nossa angústia e o cansaço do tempo nos levando, ó cidades! ó noite! ó assassinos![935]

Ou do mesmo livro:

> Acorda, Orfeu! Queremos ver no abismo das potestades que comandas, os fundamentos da noite, a mansuetude da tenda em que Deus cria, enquanto vais compondo os trechos da canção sagrada. Contornamos a vida inutilmente. Tão cansados estamos deste círculo de descontentamento, ocaso e argila, que agora só nos resta procurar refúgio nas raízes de teu canto.[936]

Citei vários fragmentos do que julgo ser seu cântico mais significativo – *A construção do espanto*. Ou a construção de nossa incontida aventura humana.

Lélia Coelho Frota, deitada na Alfa

Nasceu no Rio de Janeiro em 11 de julho de 1940. Faleceu em 27 de maio de 2010. Poeta, etnógrafa, museóloga, antropóloga e historiadora. Dirigiu o Instituto Nacional de Folclore, mais tarde o IPHAN. Estreou na poesia em 1956, com *Quinze poemas*. Outras publicações: *Alados idílios*, 1958; *Romance de Dom Beltrão*, 1960; *Caprichoso desacerto*, 1965; *Poesia lembrada*, 1971; *Menino deitado em Alfa*, 1978 – para nós, seu livro mais importante. Ainda: *Veneza de vista e ouvido*, 1986; *Brio*, 1996. E, na área do ensaio, vale registrar: *Mitopoética de nove*

---

935. PASCOAIS, Teixeira de. **Regresso ao paraíso**. Lisboa: Assírio & Alvim, 1986.

936. PASCOAIS, Teixeira de. **Regresso ao paraíso**. Lisboa: Assírio & Alvim, 1986.

artistas brasileiros, 1975. Ainda que ligada à geração formalista de 1945, dela se livrou por sua afinidade profunda aos poetas do Modernismo, como Murilo Mendes, a quem dedicou um dos seus mais belos poemas – *Ascensão de* Murilo Mendes, onde se leem estes fragmentos magníficos:

> Não era à toa que Halley chamejante, prevenia:
> O estigma candente dos cometas não se aplica impunemente a qualquer testa, mesmo ao teu longo rosto de pensamento em curso.
> Ígneo Murilo irreverente Mendes Murilo desmedido no amor no furor
> contra o que ferisse o fulgor da verdade.[937]

Sua poesia é elaborada, com forte teor descritivo, tendendo à escultura, ao contornar o prumo do verso. Poeta mais da cultura do que do instinto, mais da razão do que do sangue, vincula-se à experiência plástica e folclórica, eminentemente visual. É uma lucidez, sim, capaz de, com profundeza, enternecer-se. Arte de cripta? Arte de clausura e de compacta resistência. Mais do que guardiã das formas, recato da imaginação e do mito. E o sotaque verde da infância. Com a certeza: de que "é pelos corpos que nos perderemos / de nós mesmos, para nos ganharmos. / É pelos beijos que nos despedimos / para nos encontrarmos pelos olhos //" (*Menino deitado em alfa*). Tem algo do cancioneiro medieval a perpassar seu lirismo, espelho de ouro. É uma poética dos olhos, poética da flutuante percepção do mundo, com a palavra ato puro, ato que se mescla à melodia.

José Santiago Naud, entre o centauro e a lua

Nasceu em Santiago, Rio Grande do Sul, em 1930 e faleceu em Brasília, em 2021. Poeta, ensaísta. Publicou, entre outros livros de poesia: *Poemas sem domingo*, 1952; *Cartas a Juanila*, 1953; *Noite elementar*, 1958; *Geometria das águas*, 1963; *O centauro e a lua*, 1964, a meu ver seu melhor livro, ao lado

---

937. FROTA, Lélia Coelho. **Menino deitado em alfa**. São Paulo: Quíron, 1978.

de *Noção do dia*, 1977, *Ofício humano*, 1966, *Verbo intranquilo*, 1968, *Conhecimento a oeste*, 1974. *Fábrica de ritos* (Poesia reunida – 1948-1993).

Sua poesia se foi tecendo da escuridão, desde o caos, com elementos de uma natureza se compondo, até a fundação das águas, com o humano assumir da criação e a percepção mais larga do mundo. Como se as trevas da palavra se abrissem, rompendo o casulo da metáfora, para o pleno dia. A *Noção do dia*, onde: "Vê. / somos o mundo."[938] Ainda que tenha sofrido as deformações da forma geracional, explodiu para fora, graças a uma vocação cosmogônica. Sua geografia interior se impôs sobre o verso longo, impetuoso, sem perder a gauchidade. Tende à arquitetura e certa vocação aos mitos. A simbologia com que se mune, é própria; as imagens vigorosas (de imobilidade móvel, por exemplo, em *Cavalo morto*: "Antes, utilidade. Agora, / memória mal exposta. Signo / de tempo, meditação confusa, / *velocidade podre*."[939] Tem o verso de *precisão de um ovo*, com ritmo corrente e a lucidez muitas vezes visionária. E quer a poesia: "perturbadora / como um seio apontando / leite e volúpia, puro / instinto, hausto voraz / que nos confunde e conforta."[940] No entanto, o instinto se fez erudito; a religiosidade e o esotérico se abrigam no seu idioma que busca o começo da ação, o começo dos nomes e um prosaísmo que pesa no tronco do poema. Tem a graça do deserto, mas lhe falta agora – o que sobrava antes – o deserto da graça, o rigor que se entranha no silêncio ou a nudez. E aqui está o menino ainda que "rompe com espanto uns olhos enormes como ostras."[941] E está injustamente esquecido.

---

938. NAUD, José Santiago. **20 poemas escolhidos e um falso haikai**. Brasília: Thesaurus, 2005.

939. NAUD, José Santiago. **20 poemas escolhidos e um falso haikai**. Brasília: Thesaurus, 2005.

940. NAUD, José Santiago. **20 poemas escolhidos e um falso haikai**. Brasília: Thesaurus, 2005.

941. NAUD, José Santiago. **20 poemas escolhidos e um falso haikai**. Brasília: Thesaurus, 2005.

Stella Leonardos e a canção

Nasceu no Rio de Janeiro, e em 1923, faleceu em 11 de junho de 2019, no Rio. Poeta, tradutora, teatróloga, autora de literatura infanto-juvenil, estreou *Palmares*, 1940. Entre outros livros, publicou: *Rio cancioneiro*, 1960; *Cancioneiro do Natal*, 1964; *Cancioneiro catalão*, 1971; *Cancioneiro romeno*, 1972; *Romanceiro de Anita e Garibaldi*, 1978, *Romanceiro de Bequimão*, 1979; *Cancioneiro de São Luís*, 1981; *Romanceiro do contestado*, 1996. Mestre do cancioneiro, com certo entusiasmo verbalístico nos temas, às vezes artificioso, ornado de tom erudito. Embora a fonte medievalista a leve à simplicidade, ao despojamento, à cadenciada musicalidade. É mais arcaica do que moderna, mais do coração que da razão criadora, presa mais ao verso, com atilada técnica, do que à poesia, mais do literário que do existencial, mais lírica que épica. Descritiva, plástica, celebratória. O poema comunal composto de fragmentos e variação rítmica. Uma eloquente e móvel lanterna de vocábulos. "Dizia la bem talhada: / ay deus, val! / com'estou d'amor coytada. / Ay deus, val!// Caçador, meu caçador!/ Caçador d'afoito passo:/ ay que moyro, caçador/ na mingua"

Izacyl Guimarães Ferreira e a criação do espaço

Nasceu no Rio de Janeiro em 1930. Poeta, tradutor e ensaísta. Estreou com *Os endereços*, poesia, 1953. Publicando: *A curto prazo*, poesia, 1971; *Os fatos fictícios*, poesia, 1981; *Memória da guerra*, poesia, 1991; *Entre os meus semelhantes*, poesia, 1984; *Passar a voz*, poesia, 1996. Destacam-se, entre todos, a nosso ver: *Discurso urbano*, Prêmio Olavo Bilac, da ABL, 2007 e *A conversação*, 2008, ambos de poesia. Diz Voltaire que "a poesia é a arte dos detalhes."[942] E Izacyl é minucioso no verso, contido, denso, com o hábil aproveitamento do prosaico. No primeiro, valentemente trata da cidade, composto de décimas em decassílabos, num longo poema, indaga sina e memória, tempo e silêncio. Sim, o habitável silêncio no ruído

---

942. FERREIRA, Izacyl Guimarães. **A conversação**. São Paulo: Scortecci, 2008.

que invade as ruas, ou as ruas que invadem o homem. E vai de Nova York, Florença, Santiago de Compostela, Caracas, Ouro Preto, Machu Pichu, a Roma. Cidades que o descobrem, ou "respondem às suas perguntas"[943], como observa Ítalo Calvino. A criação do espaço. Ou "as diferenças (que) nela desaparecem."[944] e uma cidade se torna "parecida com todas as cidades."[945] E simultaneamente, uma memória dentro de outra, a cidade. No segundo livro, mais recente, Izacyl prossegue na arte do poema largo. Com versos lapidares: "Além da morte, porque somos almas / e que todas as almas vão voltar //."[946] Ou "Se descobri que não fazias falta, / senti que havia um erro, era uma falha, / e agora te procuro nesta fala //."[947] Ou "Não sei quem és nem onde estás. Pergunto / por ti por toda parte: és meu assunto, / meu presente e passado, meu futuro? E nada disso és, se vou mais fundo."[948] Ou esta invocação belíssima: "Como é possível resistir aos ecos / das vozes e dos sinos que envelhecem?"[949] E termina, com altura: "Posso esperar porque não temo a morte / antecipada e sinto não ser hora / ainda de despir-me, de ir-me embora. / Preparo a mesa. O vinho, a luz mais forte. / Falai-me, pois a vez e a voz são Vossas."[950] Essa conversa metafórica, musical, inventiva e ampla – para a máquina do mundo, o drummondiano enigma, o menino que foi, a vã ciência, os primitivos povos e os carnais arcanos, o Deus de Juan de la Cruz, o padecimento da razão, que se limita, Caieiro e o *Livro das horas*, os círculos do Inferno e o círculo da mais Alta Verdade, tudo é matéria de poesia, matéria com timbre calibrado, matéria da morte, timbre de espanto e desejo, timbre de fontes, pessoalíssimo. E brada: "Consulto o que

---

943. CALVINO, Ítalo. **Se numa noite de inverno um viajante**, [s.l.]: Público, 2002.

944. CALVINO, Ítalo. **Se numa noite de inverno um viajante**, [s.l.]: Público, 2002.

945. FERREIRA, Izacyl Guimarães. **A conversação**. São Paulo: Scortecci, 2008.

946. FERREIRA, Izacyl Guimarães. **A conversação**. São Paulo: Scortecci, 2008.

947. FERREIRA, Izacyl Guimarães. **A conversação**. São Paulo: Scortecci, 2008.

948. FERREIRA, Izacyl Guimarães. **A conversação**. São Paulo: Scortecci, 2008.

949. FERREIRA, Izacyl Guimarães. **A conversação**. São Paulo: Scortecci, 2008.

950. FERREIRA, Izacyl Guimarães. **A conversação**. São Paulo: Scortecci, 2008.

me resta da linhagem / de que venho, do pó de mil milênios."[951] E há milênios também na humana fala. E vale ressaltar na obra de Izacyl, sua culminância, *Altamira e Alexandria*, 2013. E essa é também a observação de Antônio Carlos Secchin, com proverbial lucidez, onde "contar a história é preservar a vida". O livro é composto de sextilhas que procuram as "linhas ancestrais", demarcam a travessia do homem. E há forte beleza imagística, com achados líricos, num levantamento do passado. Como "Desprender-se do chão é como um corte / do peso que há no corpo quando morre". Na beleza, a severidade da pedra. E na pedra, o rastro de nossa perdida humanidade.

Homero Homem e Zila Mamede: Duas vozes no Nordeste

Homero Homem nasceu em Guanguaretama, Rio Grande do Norte, em 5 de janeiro de 1921, e faleceu no Rio de Janeiro, em 17 de julho de 1991. Poeta, contista de sucesso com *Cabra das rocas*, 1966 e romancista com *Menino de asas*, 1968. Seu primeiro livro: *A cidade, suíte de amor e secreta esperança*, 1954. Poeta vinculado ao mar, com fortes marcas do formalismo da geração de 1945 no tecido do poema, dele se libertou pela *Tábua de marés*, 1965, para nós, seu mais importante texto, a tábua de fluente e furente natureza, a obsessão telúrica invadindo-lhe, articulada e inventiva, o verbo. Volta-se a um social, político e a outro, que é ecológico, obstinado defensor do oceano, dividido entre o canto amoroso e o canto da cidade. Tinha certo gosto pelo matemático, um medidor de símbolos. Abrandado, no entanto, pelo lúdico tear da infância rompendo o lacre pergaminhado ou pétreo dos versos, com imagens vivas, afiadas. Sua poesia toda está em *Agrimensor da aurora*, 1981.

Outra voz que não pode ser esquecida é a de Zila Mamede, e também filha das mesmas marés. Nasceu na Paraíba, em Nova Palmeira, (1928-1985). Poeta, voz do Nordeste, estreou com *Rosa de pedra*, 1953. Publicou em poesia, entre outros

---

951. FERREIRA, Izacyl Guimarães. **A conversação**. São Paulo: Scortecci, 2008.

livros, *Salinas*, 1958; *Arado*, 1960. Seu ponto alto: *Navegos*, 1978. O canto da terra e do mar foi mais forte do que o parnasianismo geracional, concedendo-lhe imagem e ritmo peculiares, mais próximos de um Manuel Bandeira ou Drummond, mais próximos da vida que não se deixou calar. "Enchentes de minha terra, / rios, chuvas do sertão, / plantei vazantes no açude / não vingou a plantação / Há secas nos meus cabelos / mandacarus no meu chão / Na vida, sou retirante / Em que pastos morrerei? //" (*Salinas*). Sonetista de garra, que se inventa sem rima, em versos incisivos:

> Essa pobre memória que te estendo
> vem lavada por águas milenárias
> que a depuram de lodos e cansaços
> para o descobrimento do teu nome.
> Meu rosto é uma bandeira, é um lenço branco,
> é uma oferenda aos mastros do teu sono,
> que o amor descido desdobrou meu pranto
> em trigo e lenda, para que, ao sabê-los,
> teu gesto de ceifeiro me interrogue,
> Aos grãos impor seu maduro enlevo,
> a lenda volte ao primitivo abrigo;
> e desfralde nas brisas e da campina
> as sementeiras, ordenando às águas
> que fecundem meus olhos nos trigais.[952]

Zila Mamede partiu da rosa pétrea do poema para o amanhar vagaroso das coisas, até ir, por um navegar puro, às marés da infância. Sua poesia se mune de elementos: sol, água, brisa, nuvem, chuva, estrelas, manhãs, noites, trigos, pedras, areias, pontes. Trabalho da memória, ou memória da terra? Sua poesia é simples, espontânea "como um soprar de vento na tarde dos canaviais."[953] E no silêncio enorme: nasce um cacto. O cacto do poema maior que o do silêncio. O cacto do silêncio, às vezes, tão sugestivo, maior do que a palavra.

---

952. MAMEDE, Zila. **O arado**. Rio de Janeiro: Livraria São José, 1959.
953. MAMEDE, Zila. **O arado**. Rio de Janeiro: Fivraria São José, 1959.

Joanyr de Oliveira e seu pluricanto

Nascido em Aimorés, Minas Gerais, em 1933. Faleceu em Brasília em 2009. Funcionário da Secretaria de Educação do Distrito Federal, onde se radicou, advogado, poeta, antologiador, integra a Academia de Letras do Brasil, na capital da república, publicou seu primeiro livro, *Minha Lira,* em 1957 e sua *Antologia Pessoal,* em 2004. Seu canto se liga à cidade de Brasília, não só na forma arquitetônica do poema, como na busca de humanidade entre "as hierarquias de sombras", onde observa: "A palavra tropeço / em veredas humanas: / nossa verdade mata-nos / mas esquinas cotidianas. //" A nosso ver, seu melhor livro: *Soberanas mitologias e a cidade do medo,* 1991.

Singularizou-se inicialmente por uma poesia de sentido social, com uma sintaxe trabalhada em limpidez e a procura de exatidão, onde a dor, o conjugar das engrenagens se mistura ao grito; o canto é arma; a percepção da natureza em torno tende a atropelar "a carne do verso"; o casulo do silêncio se junge ao mito e a aspereza do ofício, em dureza implacável com o verbo que se retece na sobriedade, revolto de solidariedade e reticente revolta. Há um peso entre o pânico e a esperança. Tem o vinco da geração de 45, mas dela escapa por uma surda e plangente erosão da morte. Antimusical, antilírico, com alguns lugares que não precisavam ser comuns, ou prosaicos, como "abissais camadas de pensar", conquistou uma voz particular, inimitável, o que é conquista da palavra. Diz Jean Cocteau que "os poemas são álibis". Do tempo e da alma.

O mundo harmonioso de Octávio Mora

Nasceu na Argentina, em 1933, naturalizado brasileiro, faleceu no Rio de Janeiro, em 2012. Médico e poeta, estreou em 1956, com *Ausência viva.* Contudo, suas mais primorosas realizações são – seu canto genesíaco – *Terra imóvel,* 1960 e *Exílio urbano: andar térreo,* 1975. Não se deixou prender na trincada forma de 1945, celebrou a cidade e o exílio das coisas, com sensível e lúcida inventividade, criando seu próprio ritmo. Como se trabalhasse o poema em camadas e elas também o trabalhassem. Há um mundo harmonioso, um mundo que se compõe de palavra e se torna habitável como um corpo. Um corpo de liberdade. Vejam a fascinante máquina verbal deste poeta, de quem hoje pouco se fala e merece atenta admiração. *Não mais porquês*:

> Há equações que não suportam números há o ódio até nos seres mais pacíficos há a selva abaixo do concreto armado há os matemáticos que provam a alma.
>
> As teses morrem e de esquecimento as águas fluem sem saber para onde as vozes calam com um só silêncio as formas dissolvidas permanecem. São os planetas íntimos da chuva são as vertentes sôfregas da morte são os instantes de um só dia único são os antílopes mortais aos saltos
>
> Caem encostas procurando os vales caem os braços longos do desânimo caem os pássaros e as tempestades caem os homens e não finda a queda
>
> Sucedem-se poetas com seus livros sucedem-se as manhãs com suas tardes sucedem-se os avós filhos e netos sucedem-se sucedem-se sucedem-se ...[954]

Com vestígio drummondiano, com a pesada noite do verso aos ombros, seu real parentesco é a solidão. Com a poesia geológica, a poesia que não precisa de números, para ser um andaime íntimo do homem.

A noite cai de bruços, / cai com o peso fundo do cansaço,/ cai como pedra, /como cai o braço, / cai como um século de cera, / aos tombos, aos soluços"(...)

José Godoy Garcia Arco-íris

José Godoy Garcia nasceu em Jataí, Goiás, em 1928, e faleceu em Brasília, em 20 de junho de 2001. Poeta e ficcionista. Estreou em *O rio do sono*, 1948, poesia. Suas maduras realizações:

---

954. NEJAR, Carlos. (Org.). **Antologia da poesia brasileira contemporânea**. Lisboa: Imprensa Nacional/ Casa da Moeda, 1986.

CARLOS NEJAR

Araguaia mansidão, 1972 e *Aqui é a terra*, 1980. Entre outros, *O flautista e o mundo sol verde e vermelho*, poesia, 1999. Ficção: *O caminho de trombas*, 1966, romance. Poeta de mágica e telúrica originalidade. Com imagens simples e assombradas, que se descobrem na pureza das coisas primordiais como a água, o vento, a chuva, os animais, a escuridão, o velho Araguaia. E que diz como se estivesse nascendo diante dos atônitos olhos, o dia. Porque nasce de cada verso, em desconcertante força. "A morte entra – ele afirma – no corpo penetra com sua face / ainda demora a dormir / em todo o corpo / seu prisioneiro. // Entra por debaixo. / Como a chuva / que se afunda / e come a terra //."[955] Ou: "Eu pego a fava a uva pego a fulva da mulher / bem por debaixo de mim //."[956] (*Bem por debaixo com a pá eu pego a faúva*). Esta poética direta, de primitiva fala e imagem, cheia de terra e gente, atinando, com muitos olhos, de forma novíssima, com matéria imemorial, aparentemente enferrujada. Apareceu poucos anos depois de Manoel de Barros, com sua *Gramática do chão*. E diferente do matogrossense, é total e injustificadamente ignorado pela crítica e pelos leitores. Sem propalar qualquer desutilidade, já que tudo para Zé Godoy Arco-Íris é útil, até a velha locomotiva que "vai levada / levando as léguas e os anos, / na mão do velho maquinista / vai levando a gente e os anos, / a máquina bonita e o homem..." (*A locomotiva*). Ele é a nuvem, a terra, a chuva, os rios.

> Zé Garcia como um murmúrio e um aconchego quando à noite ou de madrugada leva o embornal cheio de peixes.
> Zé Garcia enrodilhado de auroras e peixes e estrelas.
> Zé Garcia peixe.
> Zé Garcia seixos rolados
> Zé Garcia remorsos de mortos afogados.
> Zé Garcia saúde da terra.[957]

---

955. GARCIA, José Godoy. **Araguaia mansidão**. Goiânia: Oriente, 1972.
956. GARCIA, José Godoy. **Araguaia mansidão**. Goiânia: Oriente, 1972.
957. NEJAR, Carlos. (Org.). **Antologia da poesia brasileira contemporânea**. Lisboa: Imprensa Nacional/ Casa da Moeda, 1986.

Vislumbrem a beleza deste poema que é um baú de gravuras, dentro da perspectiva de que o poeta é uma fala que vê: "Uma casa de morar rio é casa de morar peixe, / a casa de morar noite é casa de morar estrela, / Uma casa de morar gente é casa de morar corpo... // A casa de Chaplin é uma rua / e a casa de Chaplin é um chapéu //". (*A música de morar*). José Godoy Garcia tem a voz grande do rio. Conseguindo, natural e incrivelmente, sem teorias ou escolas, ao aprender o sussurrar vagaroso dos elementos, o que almejava Fenelosa (mencionado por Ezra Pound): "Os poetas fazem conscientemente o que os povos primitivos realizam inconscientemente." Sim, Zé Garcia Arco-Íris pegou na fala, o desenho inaugural das tribos primitivas. Como se também gravasse bisontes na rocha.

O Dantas Mota de Minas, ou prosa mágica do rio São Francisco

Dantas Mota nasceu em 22 de março de 1913, em Carvalhos, Aiuroca, Minas, e faleceu no Rio, em 9 de janeiro de 1974. Advogado militante e poeta, com *Planície dos mortos*, 1945; *Elegias do país dos gerais*, 1946; e, em 1953, *Anjo de capote*. Dois anos depois, lançou *Epístola do São Francisco* e, em 1967, pela Civilização Brasileira, o polêmico – *Primeira epístola de Joaquim José* da Silva Xavier, Tiradentes, *aos ladrões ricos*. Em 1987, com introdução de Carlos Drummond de Andrade, saiu a *Poesia completa*, pela José Olympio editora / INL, Rio. É um imenso poeta que sofreu o limbo das variações admonitórias do tempo. Como sucedeu com Fernando Pessoa, João Cabral praticamente ensombreceu os companheiros, não só pelo ineditismo da poética e seu antilirismo, este "gênio de terrasol" – um lado que floresce e outro que resseca e queima – apagando os vultos de vários poetas que tiveram o infortúnio de ser do mesmo tempo. Alguns tão diferentes que se extraviaram na própria diferença, como se fosse uma *neblina*. Guimarães Rosa, aliás, põe na boca de Riobaldo: "Diadorim é minha neblina". Rio baldo ou rio São Francisco, o mesmo *País dos Gerais*, de Dantas Mota, que ainda está na neblina, o esquecimento. Mas nós lembramos. E é Drummond que diz dele: "Moderno cavaleiro andante da jurisprudência a serviço de posseiros sem esperança; é o poeta, é o homem, é a saudade dele na sala."[958] Ou o que "foi a sofrida experiência, a visão extrafachada dos problemas e figurantes envolvidos no seu jogo."[39] Para Casais Monteiro, Dantas Mota é "um apelo aos mais íntimos poderes do homem, eterno e atual, particular e universal num ato único de identificação."[959] Ora, como deixar tal poeta no silêncio crítico, com poemas antológicos? *Das primaveras* ("E a infância, como o corpo, se renovaria na alma"... "E deixa nas pedras em que encosto minha face magra / A marca sulcada e funda de todas as incompreensões...")[960]; o soneto-inovador *Retorno; Paisagem do homem e do túmulo*:

> E os meus antepassados,
> Mortos sem remissão? – E minha dor?
> E os meus fundos preságios?
> Estaria afinal pisando zonas neutras
> Ou campos antigos já do meu conhecimento?
>
> Ou não passaria desta categoria de alma?
> Às vezes, quando os homens descem,
> Me sinto só em face da eternidade.
> (...)
> Preso à vida, servo do tempo,
> Patrício ou plebeu,
> Só, terrivelmente só,
> Diante da eternidade!
> E, ao redor de mim,
> A tristeza infinita da Terra.[961]

Breviarum de Frei Jeremias é um cimo poético com os seus *passarinhos proverbiais*. Assume, depois, um tom profético em

---

958. MOTA, Dantas. **Elegias do país das gerais**. Rio de Janeiro: José Olympio, 1986.
959. MOTA, Dantas. **Elegias do país das gerais**. Rio de Janeiro: José Olympio, 1986.
960. MOTA, Dantas. **Elegias do país das gerais**. Rio de Janeiro: José Olympio, 1986.
961. MOTA, Dantas. **Elegias do país das gerais**. Rio de Janeiro: José Olympio, 1986.

HISTÓRIA DA LITERATURA BRASILEIRA
Da carta de Caminha aos contemporâneos

São João de Patmos, misturando o avô com a clarineta de ébano e a loira com o bandolim de prata, a Madame Defarges, que viu o filho de Marineva com asas de morcego e passagens bíblicas, num surrealismo mágico. O Mar Morto, cheio de sal da infância. Nem há que deslembrar o soneto extraordinário – *Guardafui*: "Nada fiz na vida que pudesse registrar esta passagem. / A dor como os fracassos não trazem o meu nome. / E se a morte não fosse uma necessidade, desprezo seria. //" E os poemas *Que duro tempo* e *Enterro de meu pai* arrastam lamentos de pedra puída:

> Daí não o valor, o valor da indumentária,
> Mas a utilidade, a silenciosa utilidade
> Da camisa e suas cruéis abotoaduras,
> Das meias nos pés descalços,
> Sobretudo do laço infinito da gravata,
> Apertando essa solidão de peito,
> Amansando de exéquias.[962]

E que dizer dos flagrantes líricos de *Por lírios e barbas catando infâncias*, onde se lê este relâmpago: "Na palavra--sombra de pai, / no sapato-canteiro de flor, / no passo-longo crepúsculo, / na aurora-fúlgido arco-íris //". Ou o soneto *Busquei-te, inverno*: "A eternidade é um sopro. A alma um som. / E no espaço incriado de verduras mil, / O azul vos comunicava a saudade da terra, / Chorando com os cavalos calmos, pastando //". E este outro, *Corpo*: "Corpo por onde a amargura caminha, / Frágil, sem mistério e sem mulheres. / A ele tanto se lhe dá este como aquele fato. / Uma gravata contudo não lhe fica mal //". Há um acento drummondiano, que talvez nem seja do poeta de Itabira, e sim do coração de Minas contaminado de mistérios. O livro *Elegias do país das gerais* é sua obra-prima e da poesia brasileira. O verso de longo trânsito, o comprimento das montanhas e rios, as metáforas novas labutando em matéria velha, aparentemente sem uso. E organiza-se a lavra de um ouro mais puro da linguagem na altura de poucos poetas, aquela em que o gênio e a terra se aliam, incorruptivelmente. O

---

962. MOTA, Dantas. **Elegias do país das gerais**. Rio de Janeiro: José Olympio, 1986.

acento é majestático, imperioso como as avalanches de neve ou a chuva na sensibilidade dos leitores. Certa oceanidade de um Walt Whitman ondeia sua poesia. Utiliza as potencialidades da retórica e das formas ancestrais, como o paralelismo bíblico e o tambor fônico dos arcaísmos, modulando enumerações, que não são caóticas, aliterações, assonâncias, germinações. Uma inteligência que apenas a natureza tende a expressar, quando a poesia é suntuosa e o poeta, intérprete. Ou tangendo a fímbria de sentimentos que apenas a música aciona. E é uma poesia que concentra teatralmente. Ou a imaginação auditiva se funde a outras entrelaçadas imaginações, como a dos sentidos, até ser pensamento. Transfigurando o texto de metáforas e símbolos, ou de uma desconcertante inteligência de imagens que conduzem a uma fruição mais intensa. Dantas, em regra, na opulência dos signos, é um "poeta do mais". E comprova que no transe inventivo, pela estética grandeza, ocupa o mesmo espaço societário de importantes "poetas do menos", como faces insubstituíveis do universo. E afirma:

> Provera que eu, nesta casa. Não entrasse,
> Feita que é, toda ela, de prestígio e solidão.
> Os muros circundantes que, na várzea,
> Se comungam apenas de latim, heras e bibliotecas,
> Agora se tocam de outros soluços,
> E sob um luar de mortos minérios,
> Carregados do tão doce preceito itabirano,
> Começam, de novo, a pastar velhos defuntos,
> À margem de um rio de bois tristes
> E secas borboletas que se vão definhando.
> Aqueles mesmos rios carregados de ácido e silício,
> Que na chuva de janeiro transato
> (E eu vos escrevo esta de um longínquo outono)
> Assistiram, misteriosamente crescidos e sem razão,
> A incorporação doutros princípios e doutros condados,
> Com o aparecimento de novas heranças,
> As quais, rápidas, passaram a construir,
> Nos cabides de sarrafos e ripas,

Os oito novos mil sexos de suas inúteis genealogias.
Morta a semente que a sua face poenta a mim mesmo virara,
E desaparecido o sol que a pudera aquecer,
Restou-nos a noite, Joaquina, e, dentro dela,
Este lampião adernado em que alguém, de Sião,
Estuda e lê. Estuda e lê, Joaquina, das escrituras
Aquelas mesmas divisas que,
Partindo de um lacrimal na Serra da Rocha,
Daí seguiam, por águas vertentes e paredões de serra,
Até a margem esquerda do rio das Mortes,
Que o Aiuruoca, afastados o Grande e o das Velhas,
Jungiu, um dia, numa só porção de bateia e dor.
Mas havia tanta gente ainda nesse tempo, Joaquina!
Tanta que o País dos Gerais, de que provenho,
Se tornara, nas ovelhas, exausto de tanta lã.
Porque as mulheres também pariam nesse tempo, Joaquina,
E a nossa riqueza se media pelo número de colonos,
Os quais, se especificavam à frente de um passado cheio de perfil,
Agora, como eu, vivem apenas da memória e do consolo dos adágios.[963]

Outro trecho belíssimo é a *Epístola de São Francisco aos que vivem sob sua jurisdição no Vale,* que inicia: "Francisco, chamado rio da unidade nacional, / apartado dos demais que fluviam este País, / para ser santo //"[964] Com a fereza do que dura: "Porque nenhum peixe é do espaço, / e sim um abismo entre dois infinitos //"[965] O estilo bíblico, o estilo das catedrais góticas da Idade-média na alma, a viuvez do sertão e o sertão da viuvez, a burreza da luz e o cativeiro babilônico com a esterilidade das chapadas e oestes, com maravilhoso *post-scriptum ad semper,* rabelaisianamente, escarnecendo, ao rirem entre si. Virgiliano? Neto de Horácio, o dos Gerais? A *Primeira epístola – Tiradentes – aos ladrões ricos* é prosa medieval, onde o líris-

---

963. MOTA, Dantas. **Elegias do país das gerais**. Rio de Janeiro: José Olympio, 1986.
964. MOTA, Dantas. **Elegias do país das gerais**. Rio de Janeiro: José Olympio, 1986.
965. MOTA, Dantas. **Elegias do país das gerais**. Rio de Janeiro: José Olympio, 1986.

mo, a desventura, o cínico poder confinam com o maravilhoso nem cristão, nem pagão. Entramos na carne crua de seres que se afundam de injustiça e rapina, na sentença dos séculos que só a palavra contém. E é tocado pela exemplar sinceridade, que o torna intérprete e juiz da perturbada imperfeição humana. Apenas um alto poeta tem a autoridade e pode fazê-lo. E o faz, como raros. Tal Claudel, e mesmo o grego Odysséas Elitis, tende ao tom oracular, recitante, com a fônica que retumba nos penhascos do verso, a longura de seu canto de aedo se mede pelos Gerais e por suas silentes montanhas. Um satírico, sim, que não perde jamais o ar de profecia, como se saísse das páginas do *Velho Testamento*. Não é o poeta aquele que celebra os grandes (tão pequenos) Senhores da ocasião?

Na medida em que a poesia é a justiça do tempo, ou a provisão de um tempo de justiça. E o esquecimento a que é voltado este Poeta, é um preparo de sua maior glória. Escreveu, com acerto, Georg Lukács:[966] "O fogo que queima n'alma não é diverso do que arde nas estrelas."

José Paulo Moreira da Fonseca e os simples

Nasceu no Rio de Janeiro, em 13 de junho de 1922, e faleceu em 6 de dezembro de 2004, no Rio. Poeta, pintor, teatrólogo, ensaísta. Formou-se em Direito e Filosofia. Pertence ao Pen Clube do Brasil. Publicou vários livros de poemas: *Elegia diurna*, 1947; *Poesias*, 1949; *Dois poemas*, 1951. *Dido e Eneas*, teatro, 1953; *A tempestade e outros poemas*, 1956; *Raízes*, 1957; *Três livros*, 1958; *Breves memórias de Alexandros Apollonios*, memórias, 1960; *Sequência*, 1962; *O mágico*, 1965, teatro; *Uma cidade*, 1965; *Exposição de arte*, ensaio, 1965; *O tempo e a sorte*, 1968; *Antologia poética*, 1968; *A simples vida*, 1972; *Luz sombra*, 1973; *Palavra e silêncio*, 1977, entre outros. Sua poesia de lirismo elevado, aristocrático, com rigor contra certo coloquialismo modernista, circunscrito entre a *terra*, o amor, vai caminhando de uma estética de formas gregas para

---

966. LUKÁCS, Georg. **A teoria do romance**. Lisboa: Editorial Presença, 1962.

a simplicidade da existência cotidiana de respirar e de sentir as coisas (*A Vida simples*), a dorida experiência do tempo e da sorte humana, este conflito entre luz e sombra, o que noutro é tormentoso, nele é suave e conciso, até embargar-se de silêncio, lembrando o verso de Marianne Moore: "O sentimento se mostra sempre em silêncio."[967] Os temas pátrios, bíblicos, o misticismo e o sentimento de eternidade já vão preenchendo essa essência vigilante e oculta da palavra. Como em *Tiradentes*: "Quando uma ideia é sangue / somos um só. Nela eu vivo e ela em mim, / jamais poderão separar-nos, / mesmo abandonando à rosa dos ventos / meu corpo dividido". Eduardo Portella denomina sua poesia de *música das consoantes,* onde contempla duas formas alternadas: uma solene e outra despojada. E cita estes versos: "E os oblongos sons da trompa e do oboé."[968] O que também é rútilo vestígio do simbolista Cruz e Sousa: "Vozes veladas, veludosas vozes / volúpias de violões, vozes veladas."[969] Sim, as inovações de 1945 não são as de 1945, mas de um processo que vem do Modernismo. E até de antes, do Simbolismo. Vale dizer mais: a poesia de José Paulo foi assumindo no lugar da solene, a forma mais desnuda – sem perder a sujeição de pensamento das coisas. E deu-se uma mudança – do ser consonantal de antes, talvez pela absorção de sua vocação de pintor, com as cores, voltou-se para a melodia mais vocálica. Dir-se-ia para a *música das vogais*. Sem cercear-lhe o sentido, o ato de pensar tão importante num tempo como o nosso, em que a reflexão escasseia. E a fônica alegria – essa lhe acompanha – de criar com densa e tensa objetividade na porfia do verso. A despeito da afirmação de Bachelard, José Paulo, seguindo a expressão de Claude Esteban: "Não é um fazedor de palavras, é um inventor de sentido."[970] Poeta de espectro humanista e sólida formação intelectual, sua religiosidade busca o cerne originário da palavra cristã, vivendo-a

---

967. MELO NETO, João Cabral de. **Obra completa**: volume único. São Paulo: Nova Aguiar, 1995.

968. PORTELLA, Eduardo. **Crítica literária**. Rio de Janeiro: Agir, 1998. v. 1.

969. SOUSA, Cruz e. **Antologia poética**. São Paulo: Ática, 2006.

970. ESTEBAN, Claude. **Crítica da razão poética**. São Paulo: Martins Fontes, 1991, p. 98.

Seus quadros de portas e fachadas são o outro ângulo de uma poética que passou a se desenvolver na cor, quando a desenvolvia no verso. E, curiosamente, penso, foi a pintura que o influenciou na escrita, mais do que a escrita na pintura. Sua obra merece atenção pela limpidez e integridade do verbo. Vejam estes textos, atualíssimos, constantes das *Novas memórias de Alexandros Apollonios*:

> "As sombras / tão serenas e tão terríveis / quanto o silêncio / Mas sem elas quem veria as estrelas?" Ou: "Tu que perseguiste o sigilo do movimento / agora talvez o encontres na taciturna imobilidade." Ou Sem palavras: "Ele a afagara rente ao silêncio / por sonhar que mundo havia a dizer / mas não havia palavras que / o dissessem". E sua contida universalidade dorme em O nome: "– Qual o teu mais profundo nome? / – Ignoro, ainda estou vivo."[971]

Sim, porque ganharemos um novo nome, afirma o *Apocalipse* 2:17, com a pedra branca. Esse que José Paulo acaba de receber no seu início de Eternidade. O poeta em busca do Nome, agora encontrou o mais verdadeiro, imutável. Irresistível.

Bueno de Rivera – o ruralismo e a secura

Bueno de Rivera não é menos original. A assertiva de João Cabral não foi adequada em relação a vários poetas de mesma geração. Graças ao empenho de Affonso Romano de Sant'Anna, a editora Global publicou a *Antologia dos melhores poemas riverianos* (São Paulo, 2003). Embora se confirmem os "vestígios de formalismo" em *Pasto de pedra*, 1971, por representar o engajamento político de uma época, o poeta Bueno Rivera resvala para fora da essência parnasiana ou verbosa. Tem marca registrada. Não apenas em sua poesia de antes, também em *Pasto de pedra*. E nem pode ser posto jamais na vala comum. Rivera nasceu em Santo Antônio do Monte, Minas Gerais, a 3 de abril de 1911, e faleceu em Belo Horizonte, em 25 de junho de 1982. Em *Mundo submerso*, 1944, um ano antes do Movimento lançado por Domingos

---

971. FONSECA, Paulo Moreira da. **Breves memórias de Alexandros Apollonios**. Rio de Janeiro: EDUCAM, 2001.

Carvalho da Silva, em São Paulo, tem poemas inconfundíveis e alguns, sem favor, antológicos. Como *O poço* ("No fundo profundo eu me vejo / presente. Não é / a cacimba de estrelas. Amigos, é o poço". Concluindo com esta carga de infância: "A tosse acordando os irmãos, / e eu, pela madrugada, carregado nos ombros de meu pai //"). Ou, em *Microscópio*, com o feroz entranhamento da morte; *O fantasma do latifúndio*: "Os pés medindo o espaço, olho parado, / a cabeça serena como a lua. / Dorme como um sol na eternidade //". É uma imagética pessoalíssima, ousada, livre de atavios, evidenciando a afinidade remota com Augusto dos Anjos, seja por certo clima sombrio, seja pelas cintilantes metáforas. Cintilantes e secas: "É o espantalho das pombas, solitário, / sem ânsias, sem limites e problemas."[972] Eis aí o reflexo da penúria humana. Os poemas *Além das faces, As carpideiras, Itinerário de Ângela* (sua mulher e musa; ele, o náufrago), trazendo em seu *Canto do afogado*, esta epígrafe lapidar, que cabe a nós todos, efêmeros: "No olho do peixe está a origem". E os textos de *Os secos, O açougue, Os profetas*" (com toque muriliano). Não sói se prover do formalismo. E atira com pontaria. Exato. Como se fosse de luz e pedra. E é a centelha que o identifica e ninguém arrancará. É só constatar a beleza do voo da bala no alvo em disparo de ironia: *Fábula do boi filosófico, Rato rói-rói, Permanência do herói, Felipe e os cavalos* (ritmo galopante). E a "ironia é a recusa da metafísica" (Cioran). Porém, como haver metafísica entre o "boi no vagão da morte", o herói como um troféu "à ponta dos varais" e o rato que rói o gado? Queiram ou não, a injustiça do desconhecimento deste poeta vem da guerra de gerações. Não a do tempo. Mais isento. Numa eternidade em que o sol não dorme.

O tecelão e pintor Mauro Mota

Nasceu em 16 de agosto de 1911, Recife, Pernambuco, e morreu em novembro de 1984. Bacharel em Direito, foi jornalista, ensaísta. Pertenceu à Academia Brasileira de Letras. Poeta singular do Nordeste. Publicou: *Elegias*, 1952; *A tecelã*,

---

972. RIVERA, Bueno de. **Antologia dos melhores poemas riverianos**. São Paulo: Global, 2003.

1956; *Os epitáfios*, 1959, *O galo e o Cata-vento*, 1962; *Canto ao meio*, 1964, reunidos em *Itinerário*, 1975, vindo posteriormente, *Pernambucânia*, 1979. No ensaio, entre várias publicações, sobressaem – *O cajueiro nordestino*, 1956; *Os bichos na fala da gente*, 1969 e o ensaio que escreveu em parceria com Gilberto Freyre: *Pernambucanidade, nordestinidade, brasileiridade*, 1974. Fausto Cunha, um dos nossos grandes críticos, com razão, o coloca sob a fidelidade do regionalismo, o que o manteve arredado daquele formalismo da geração de 1945, com o encantatório que caracterizou Mário Quintana, vinculado a Augusto dos Anjos no melódico, este "leite velho do metro e da rima" – que é sempre novo, na medida em que os sonhos o são. Mário Pederneiras, de ressonância europeia, influiu, como um Antônio Nobre, nessa linguagem mais simples, mais livre, mais citadina. Sabendo diluir a presença do Simbolismo, Mauro Mota trouxe o ar de um romantismo tropical que o fez respirar mais à vontade, a sugestão de uma poesia sem modismos, sintética e densa, com imagens que lembram o contorno de escultura, onde cada material é manuseado na completude do som com o tema. Musical, visualíssimo, com a parcimônia de um metalúrgico ou tecelão de versos. Tecelão? Sua poesia é pictórica. Desdobrável em telas precisas e vocábulas. Observem os poemas *O galo e o cata-vento*, *O galo*, *Pastoril (I e II)*, *O muro*, *A casa*, *O candelabro*, *Sobrado*. *Os sapatos*. O que descreve, pinta com as cores de uma pernambucanidade castiça e antiga. Um Rembrandt de indormido verso. E tão Recife que o poeta é sua circunstância – orteganianamente – e não se salva, sem que se salve a cidade no canto. Sem luxúria verbal. "Pois o estilo – ensina Proust – para o escritor como para o pintor é um problema não de técnica mas de visão".[973] E em Mauro, nada se perde, tudo se transfere – do prisma vocabular para o visual, depois ao arquitetônico e deste, a uma outra porção na sombra, o fantástico e alegórico. O que – em conceito pode não se conciliar – no cadinho deste aprendiz de abismo, concilia-se com gotas de terra e de estações. As coisas

---

973. PROUST apud WILLEMART, Philippe. **Proust**: poeta e psicanalista.São Paulo: Ateliê Editorial, 2000.

pretéritas renovam-se em plasticidade. E um traço muito cordato, aparentemente. Debaixo, são as brasas. O vigor do martelo na forja. O golpe certo: nem mais, nem menos. Ultrapassa a técnica pelo sentimento da existência mais humana e fraterna; ultrapassa a memória, pela desmemória das coisas que querem existir. Há uma doçura na poesia de Mauro Mota, com os canaviais, o dengo açucarado da cana e o viço das frutas, tornando-se mais cromático e sonoro, usando termos mais tenros, melífluos, macios, cláridos. Ou evitando os vocábulos duros, sáfaros ou amargos. Todas as suas palavras se ameigam com a vocação fluvial e amena (ó Capibaribe!). Nenhum espinho nas cordas de seus sentidos. Nenhuma corda a mais ou a menos, capaz de arredar-lhe a significação dos versos.

Eis alguns poemas de vigorosa entonação órfica e lírica: *Os sapatos,* com este final: "Dos longos caminhos dantes / só ficaram sete palmos. / Serei o morto calçado, / De olhos abertos, confiantes, / em novos itinerários / dos sapatos soluçantes." Ou então a tocante *Elegia nº 1:*

> Vejo-te morta. As brancas mãos pendentes.
> Delas agora, sem querer, libertas
> a alma dos gestos e, dos lábios quentes
> ainda, as frases pensadas só em certas
> tardes perdidas. Sob as entreabertas
> pálpebras, sinto, em teu olhar presentes,
> mundos de imagens que, às regiões desertas
> da morte, levarás, que a morte sentes
> fria diante de todos os apelos.
>
> Vejo-te morta. Viva, a cabeleira,
> teus cabelos voando! ah! Teus cabelos!
>
> Gesto de desespero e despedida,
> para ficares de qualquer maneira
> pelos fios castanhos presa à vida.[974]

---

974. MOTA, Mario. **Itinerário**: poesia de Mauro Mota. Rio de Janeiro: José. Olympio, 1975.

CARLOS NEJAR

Ou *Boletim sentimental da guerra no Recife*, que demonstra comiseração pelas meninas na guerra, entre sarcasmo e piedade (no que se aproxima de Vinícius de Moraes). Ou este aliciante soneto, *Retrato*:

> O menino vestido de marujo
> do alto da sala para longe espia
> a praia onde sonhou chegar um dia,
> quieto e fechado como um caramujo.
>
> Praia que cada vez se distancia
> mais do marujo prisioneiro, cujo
> barco parou no mar oleoso e sujo,
> deixando-o debruçado na vigia.
>
> Não é a imagem, é o marujo vivo
> na moldura do tempo fugitivo,
> olhar em derredor para que visse
>
> a voragem do mar que tudo alcança
> E seu próprio cadáver de criança
> boiando calmo pela superfície![975]

Poeta da infância do Recife, poeta da dor da infância, de uma modéstia bandeiriana, eis *Humildade*:

> Que a voz do poeta nunca se levante
> para ter ressonância nas alturas.
> Que o canto, das contidas amarguras,
> somente seja a gota transbordante.
>
> Que ele, através das solidões escuras
> do ser, deslize no preciso instante.
> Saia da avena do pastor errante
> sem aplauso buscar de outras criaturas

---

975. MOTA, Mario. **Itinerário**: poesia de Mauro Mota. Rio de Janeiro: José. Olympio, 1975.

Que o canto simples, natural rebente,
água da fonte límpida, do fundo
da alma, de amor e de humildade cheio.

Que o canto glorificará somente
a origem, quando mais ninguém no mundo
saiba ele de quem foi ou de onde veio.[976]

 E o curioso poema *A mesa:* "A mesa range e o rangido / não é a dor da madeira. / A toalha, a mortalha branca, / e em cima da mesa, a poeira / dos comensais deglutidos //". Revelador de como Mauro Mota sugere, mais do que diz, atinge *o espírito dos objetos*, o seu constrangido langor. E estes dois outros textos emblemáticos de sua poética do cotidiano.

Poema que dilacera com sua atmosfera sobrenatural, *Cão:*

É um cão negro. É talvez o próprio Cão
assombrado e fazendo assombração.
Estraçalha o silêncio com seus uivos.
A espada ígnea do olhar da escuridão
Separa a noite, abre um canal no escuro.
Cão da Constelação do Grande Cão,
tombado no quintal, espreita o pulo:
duendes, fantasmas de ladrão no muro.

O latido ancestral liberta a fome
de tempo, e o cão, presa do faro, come
o medo e a treva. Agita-se, devora

sua ração de cor. Pois, louco e uivante,
lambe os pontos cardeais, morde o levante
e bebe o sangue matinal da aurora.[977]

---

976. MOTA, Mario. **Itinerário**: poesia de Mauro Mota. Rio de Janeiro: José. Olympio, 1975.

977. MOTA, Mario. **Itinerário**: poesia de Mauro Mota. Rio de Janeiro: José. Olympio, 1975.

E o poema famoso e atual, que é *A tecelã*: "Há muita gente na rua / parada no meio-fio. / Nem liga importância à tua / blusa rota de operária. / Vestes o Recife, e voltas / para casa quase nua. //" Vejam os leitores a perfeição destes dois sonetos: *Pastoral*:

> Não disse de onde veio.
> Apenas veio quase flutuante pela madrugada.
> A flauta e um zelo musical em cada
> ovelha e em todas de seu pastoreio.
>
> Toca. (Para o rebanho?) A sua toada
> interrompe-se às vezes pelo meio.
> Dela não quer somente o vale cheio:
> Quer levá-la mais longe. Quando nada
>
> houver mais dos cordeiros e dos pastos,
> do viço matinal, dos brancos rastos
> de lã, dos guizos, de uma ovelha incauta,
>
> fique a lembrança do pastor fugace,
> que foi pastor só para que ficasse
> nas colinas a música da flauta.[978]

E o precioso, *As andorinhas*:

> Torre feita de cantos e de plumas
> ou feitas de argamassa as andorinhas?
> A simbiose do pouso nos litúrgicos
> beirais e a migração de alvenaria.
>
> Era a torre da igreja ornitológica,
> onde a cor da manhã se suspendia.
> Era uma ave de bronze na gaiola,
> era a língua do sino presa à corda.
>
> Mas quando, no intervalo dessa pena,

---

978. MOTA, Mario. **Itinerário**: poesia de Mauro Mota. Rio de Janeiro: José. Olympio, 1975.

no seu repique matinal batia,
era a coletivíssima revoada:

as de cal e músicas de penas
caindo todas pelo chão da praça
como se a torre se despedaçasse.[979]

Observem a habilidade com que o poeta constrói esta breve *Ausência*: "Vestias diante do espelho / o vestido de viagem, / e o espelho partiu-se ao meio / querendo prender-te a imagem //". Tal descrição é ótica e primorosa, que nos recorda o *Fuzilado, de Goya*: "Um límpido clarão antes do fogo. / – Com o peito sangrante na agonia, / que recompensa começou a ter? / – O que através do muro ele antevia? / – O que somente os olhos já cerrados, / que se fecham na morte, podem ver." E há tantos outros poemas de imperativa beleza: *A semente, Soneto plumário, O galo e o cata-vento* (irmão dos galos de Ferreira Gullar). E para finalizar, (suprimi "de") *Pernambucânia*, este refazer de tramas e arcaicas memórias nas coisas, porque elas falam:

O engenho, o cabriolé, as arapucas,
o trem, a mata, o sino da capela,
compadre Zuca, a vaca Zeferina,
dezembro das meninas do colégio.

Rio, canas, cajás, canoa, a doida,
o cio da égua, a casa de farinha,
o terraço, o gamão, o avô, o padre,
os cabaços de mel e de mulatas.

Velas, terços, mistério de botijas,
lobisomem, coruja, noite, rede,
tia Raquel e os medos do menino,

---

979. MOTA, Mario. **Itinerário**: poesia de Mauro Mota. Rio de Janeiro: José. Olympio, 1975.

O pastoril da Aurora, os manacás,
Galopes do cavalo ruço-pombo,
esporas do meu pai no patamar.[980]

O clima é o mesmo dos romances de José Lins do Rego e dos ensaios de *Casa-grande e senzala*, ou *Sobrados e mucambos*, de Gilberto Freyre.

E um gosto de infância manuelina, gosto de cajá, as botijas, esporas, o ruço-pombo. Cada palavra é um dicionário invencível, cada palavra é a terra inteira. O dicionário divinatório de um Pernambuco antigo e universal. Fora de moda? Não. É a moda que está fora de moda. E por isso que Mauro Mota escreve dentro de uma *palavra essencial*.

Alberto da Costa e Silva – ou a lucidez compadecida

Alberto da Costa e Silva nasceu em São Paulo, em 12 de maio de 1931, vindo para o Rio de Janeiro. Filho do grande poeta piauiense Da Costa e Silva. Embaixador em vários países, inclusive Portugal, poeta, memorialista, historiador, mestre de África, para não dizer um dos seus maiores especialistas. Foi Secretário-Geral e Presidente da Academia Brasileira de Letras. Pertence à geração de 1945, caso se lhe possa apontar alguma geração. Livros publicados – Poesia: *O parque e outros poemas*, 1953; *O tecelão*, 1962; *Alberto de Costa e Silva carda, fia, doba e tece*, 1962; *Livro de linhagem*, 1966; *As linhas da mão*, 1979; *A roupa no estendal, O muro, Os pombos*, 1981; *Consoada*, 1993; *Ao lado de Vera*, 1997; *Poesia reunida*, 2000. Ensaios históricos: *O vício da África e Outros vícios*, 1989; *A enxada e a lança*, 1992; *A manilha e o libambo*, 2002; *O pardal na janela*, crítica, 2003; *O espelho do príncipe*, memórias, 1994; *Francisco Félix de Souza, mercador de escravos*, 2004. E este último, *O quadrado amarelo*, 2009, de primorosa edição, que revela o intérprete da literatura e da arte.

---

980. MOTA, Mario. **Pernambucânia:** ou Cantos da comarca e da memória. Rio de Janeiro: José. Olympio, 1979.

Alberto da Costa e Silva é o poeta de retorno do tempo perdido. Com certa inspecção manuelina de recuperar as coisas levadas ou idas, recuperar os sonhos de menino, recuperar o menino, nascendo a partir de dentro, descansando para os caminhos de água, porque é sempre o tempo, sua precariedade, o amor renovado e as fábulas que escondem todos os espelhos. Sim, de infância se reflete e quer ser refletido: "Vou pedir a meu pai / que me esqueça menino."[981] Essa ausência paterna é um espaço que o poeta busca, aos poucos, reconquistar, tornar presente, sem orfandade. Jamais quis ser seu próprio pai, deseja antes capturá-lo de amor – o que o reconcilia com a arte e o mundo dos sentidos que, à feição de Yeats, administra, com volúpia. O verso é límpido, de rio fluente e sóbrio, o pudor de se desnudar ou descobrir, talvez pelo agudo senso de consciência, forma incontroversa de realidade. O espelho, para Lacan, relaciona-se ao corpo. E o espelho não cessa de rachar. Porém, o menino se fragmenta por ter verdade própria. O espelho não tem rio dentro; o rio é cheio de espelhos; o menino é o príncipe, senhor de todas as fidalguias e proezas. Ou a gentileza, último reduto do quixotismo, que escasseia entre as gentes e, portanto, é de um valer precioso. E se, como Michaux, os leitores o perturbam, ele então se enrola no bicho-de-conta para a seda resinosa da memória. Não gosta de ser visto pelo espelho, porém de ver, ver muito, imensamente. É austero, sim, de paixão engolida. Todavia, não envelhece com a infância, porque a infância não envelhece, se ela nas coisas se revela, se os vocábulos podem conjugá-la, de lume a lume. Sem remorso. Com a contensão digna de um Catulo: *Sobre meu túmulo*: "Aqui estou enterrado. Jamais quis / morrer longe de casa. Mas sofri / muitos anos exílios simultâneos. / Gastei-me em outras terras. Fui de mim / uma sombra emigrada. Rogo um sonho. //"[982]

    O silêncio nele é a palavra que mais tarde se mostra. Sem não antes trabalhar o silêncio e deixar que o silêncio o

---

981. COSTA E SILVA, Alberto da. **Ao lado de Vera**. Rio de Janeiro: Nova Fronteira, 1997.
982. COSTA E SILVA, Alberto da. **Melhores poemas**. São Paulo: Global, 2007.

trabalhe e o sonho. E mais o amor à Vera, que se acentua com a idade, a experiência comum, a juventude nela oculta, a fidelidade severa (também com Vera dentro) que se (entre)vê. Severa maneira de contemplar o universo, parafraseando o verso de Wallace Stevens: "Era manhã a tarde toda." Tem a delicadeza de conter em si o que viveu e de ver, o que se foi enternecendo de memória. A memória nem sempre é espelho, pode ser abismo. E há um ar amedrontado nesta poesia que anda cuidando, cuida jamais se deslembrando e o que, de acaso, deslembrar, recupera. Porque nada se perde, tudo se transforma de reflexo a reflexo, na composição da luz. O poeta em Alberto da Costa e Silva é o outro lado do memorialista e o memorialista – de fundas lembranças e de molde clássico – é o outro lado obscuro do poeta. E o importante historiador, especialista da África, entre os maiores. A lucidez compadecida na erudição e no mergulho da história e da alma africana. Onde se destaca nas memórias o retratista apurado. Que o diga *o pardal na janela*! E, inexistindo pureza absoluta, mero privilégio das angelitudes, o escuro nunca se cristaliza. Mas se inventa, cercando o que vive. Pode dar-se alguma geração à água que perpassa clárida? O historiador, o africanólogo eminente, é o detalhista, que o poeta enternecidamente reflete. Como se, na observação de Quintana, "cada um escavasse o seu buraco" e o céu espiasse a todos nós, "os andantes das estradas, os expostos do vento." Mas só alguns soubessem desvelar os olhos do céu. O historiador chega tal Crusoé, na sua ilha. E a ilha é um bocado o tempo, esse hibernário de passados. Contudo é o historiador que descobriu o poeta e o poeta descobriu o historiador. Aristotelicamente, o poeta conta as coisas que deviam ser e o historiador, as coisas que são. E nenhum é menor do que o outro. Pois o historiador nunca perde a razão, ainda mais de um continente que emerge, como o autêntico poeta jamais perde o senso do maravilhoso na história. Mesmo que a história só aprenda, não ensine nada. E não seria a África um senso do maravilhoso que caminha? Nele está o erudito que, entretanto, não se peja de dar lugar ao visionário. Como se houvesse inegavelmente um diálogo de sonhos. Destaco inúmeros poemas, todos antológicos: *O parque, Poema de aniversário, A Ricardo Reis (pensamos ser despiciendo o último verso), As linhas da mão 3, O poeta, ao poeta, Fragmento de Heráclito, Soneto, Aviso,* em voz baixa, e o fascinante, um dos mais belos, *O testamento*. E o lapidar *Escrito a lápis*, sob um epitáfio romano: "Q ARTVVLVS / ANORUM IIII SI" (Quintus Artulus. / Tinha quatro anos de idade, / e puseram sobre ele / esta pedra.) Escreveu Valéry – o que configura a poesia albertiana: "Minha necessidade é minha definição."[983] Será essa definição, sua necessidade? Todavia, quanto à imagem no espelho, se nós a esquecemos, ela também nos esquece. Alberto da Costa e Silva, não afeito a experimentações, sério, confioso, executa em linguagem o mundo mais limpo e claro. Jean-Paul Sartre adverte que, para o poeta, "a linguagem inteira é para ele o espelho do mundo."[984] E Umberto Eco conclui: "É tão grande a magia dos espelhos que, mesmo sabendo que são espelhos, não deixarão de inquietar-nos."[985] E como todos os espelhos se parecem, também os reflexos só mudam, ao mudar a superfície dos espelhos. E acaso não são os seus reflexos, a infância deles, uma forma insondável de alma? E não é a alma do espelho, seu refluir de imagens, a cambiante infância de nós todos? A infância que não termina e por uma forma isso é poesia? Ou a lucidez que no clarão se comove.

Thiago de Mello, Amazonas, ou vento armado

Nasceu em Amadeu de Barreirinha, Amazonas, em 30 de março de 1926. E faleceu na mesma cidade, em 14 de janeiro de 2022 Foi Adido Cultural do Brasil no Chile, Bolívia e depois exilado no Chile. Morou no Rio de Janeiro e, de volta do exílio, tornou para a terra natal, pequena cidade na margem direita do rio Paraná, a 400 km de Manaus. Membro da Academia Amazonense de Letras. Vincula-se à geração de 1945, nesta romaria, que é o tempo. Todavia, desvincula-se por muitos

---

983. VALÉRY, Paul. **Variedades**. São Paulo: Iluminuras, 2007.

984. SARTRE, Jean-Paul.**Que é literatura?** São Paulo: Ática, 1948.

985. ECO, Umberto. **O nome da rosa**. Rio de Janeiro: Nova Fronteira, 1983.

aspectos, entre eles, o engajamento político. Poeta, tradutor. Publicou: *Coração de terra*, 1947; *Silêncio e palavra*, 1951; *Narciso cego*, 1952; *O andarilho e a manhã, tenebrosa acqua*; *Faz escuro mas eu canto: canção de amor armado*, 1966; *Poesia comprometida com a minha e a tua vida*, 1975; *Mormaço na floresta*, 1981; *Num campo de margaridas*, 1986; *Campo de milagres*, 1996; *Poemas preferidos pelo autor e seus leitores* (2. ed., 2002), entre outros.

Poeta militante da palavra, a favor dos injustiçados, sem esquecer o amor, a morte e o decreto das estrelas. Delicada, despojada e telúrica a sua poesia. Também capaz de indignar-se. Trabalha a oralidade e tem algo da fluidez de seu Paraná, no Amazonas. Com poemas de beleza e força, mesmo que, às vezes, tome certo tom de discurso, ainda que o tema o mereça, como o seu célebre *Os estatutos do homem*. Pontifica nele a solidária posição ao lado dos oprimidos, que se estende ao *Vento geral*, seu particular *Canto geral*, com o desvendar da natureza, onde o lirismo se ilumina e a contenção é tirocínio de ver. Alguns críticos acentuam o facilismo, o viés ideológico, ou a inflação verbal – o que poderia, em parte, ser argumento contra a efusão lírica de Lezama Lima ou Neruda, que excelentemente traduziu. E nisso tudo se alça um porém, muito elucidativo: é um poeta com sucesso de público – o que escasseia – atraindo a inveja e a incompreensão, ainda que resvale em algum acento oratório, ou sua obstinada clareza contradiga o *claro-escuro* da arte metafórica, ou a sombra que perfaz a claridade no poema, é vencido em roldão pelo fulgor – a poesia. Até certo ponto incompreendido por José Guilherme Merquior, que sobre ele exagerou na crítica, em *A razão do poema* (acerbamento que teve a coragem de mais tarde reconhecer), o que conflui na poética de Thiago de Mello não é o Parnasianismo de um e outro representante de 1945, é a lição modernista, sobretudo de um Manuel Bandeira, com voz marcante. Trovador moderno? Sim, o seu tom é de cancioneiro (redondilhante), ou de toada, com o toque suave de quem canta sussurrando, como se águas caíssem, mansamente. O que lhe não diminui, dando-lhe realce nobre e popular. Nisso reside seu atrativo encanto. Esse enternecimento do cotidiano, seja do amor, seja de um campo de margaridas, ou referindo-se a Deus ("Cresci, menino, com Deus. / Minha mãe acho que foi / quem pôs Deus dentro de mim")[986], não vem de discernir, vem do assombro. Essa dicção limpa, lavada é uma conquista, moderno Casimiro de Abreu, cantor do sentimento de andar a alma descalça sobre a terra do coração, abrindo-se em lúdica simplicidade. Quantas vezes a água é a lua e o poema, o éden? Basta seguir o que nos faz imaginar. Eis a antológica expressão de quando uma mulher o salvou de ser fuzilado, ao tempo em que Pinochet tomou o poder no Chile, onde residia, *Ainda não é o fim*:

> Escondo o medo e avanço. Devagar.
> Ainda não é o fim. É bom andar,
> Mesmo de pernas bambas. Entre os álamos,
> no vento anoitecido, ouço de novo
> (com os mesmos ouvidos que escutaram
> "Mata aqui mesmo?") um riso de menina.
> Estou quase canção, não vou morrer
> agora, de mim mesmo, mal livrado
> de recente e total morte de fogo.
> A vida me reclama: a moça nua
> Me chama da janela, e nunca mais
> me lembrarei sequer dos olhos dela.
> Posso seguir andando como um homem
> entre rosas e pombos e cabelos
> que em prazo certo me devolverão
> ao sonho que me queima o coração.
> Muito perdi, mas amo o que sobrou.
> Alguma dor, pungindo cristalina,
> alguma estrela, um resto de campina.
> Com o que sobrou, avanço, devagar.
> Se avançar é saber, lâmina ardendo
> Na flor do cerebelo, porque foi
> Que a alegria, alegria começando

---

986. MELLO, Thiago de. **Num campo de margaridas**. Petrópolis: Philobiblion, 1986.

a se abrir, de repente teve fim.
Mas que avançar no chão ferido seja
também saber o que fazer de mim.[987]

"A palavra é dos que se comprometem"[988] – para Auden. E essa magia que ele chama de *claridão* difunde-se por muitos poemas, num trabalho de leveza na linguagem. Sobrepairando a máxima de Joan Miró: "Não distingo teorias, distingo o que é vivo." Essa vida cintila com a energia de quem ama. Sumamente fonético, com palavra nascida para dizer em alta voz, sair para a praça, ser ouvido pelo povo, palavra digerível como o pão, bebida como a água, capaz da humildade soberana de hospedar o clamor dos que sofrem e tentam mudar as coisas. Tal militância nunca deixou de humanizar-se, carregando a Amazônia exuberante, de onde procede, em flor e planta, cereais, frutos, relâmpagos.

Thiago de Mello tem preferência pela canção que, límpida, se eleva com a seiva da música. É um poeta-músico, um poeta que fala, recitando como os trovadores medievais. Não tem medo do discurso, por ser tão sonoro como uma barca no coração, a *barcarola* nerudiana, a barca que vai crescendo em melodias aluviais e envolve, docemente, com a serenidade do que sabe que faz escuro, mas o escuro é canto, o escuro que não se cala por ser multidão de sombras unânimes. E que não se abalam. A problematização da poesia é a problematização também da crítica que não a discerne. E, se o tempo é problemático, basta que ele o seja. Eis alguns poemas, para a avaliação do leitor. *Poema perto do fim*: "A morte é indolor. / O que dói nela é o nada / que a vida faz do amor. / Sopro a flauta encantada / e não dá nenhum som. / Levo uma pena leve / de não ter sido bom. /E no coração, neve //". (*Faz escuro mas eu canto*). Ou *Sagrada alegria* (*Num Campo de Margaridas*).

---

987. MELLO, Thiago de. **Poemas preferidos pelo autor e seus leitores**. Rio de Janeiro: Bertrand Brasil, 2006.

988. AUDEN, Wystan Hugh. **A mão do artista**. São Paulo: Siciliano, 1988.

Não me indago, muito menos
me respondo, sobre a vida
(se existe) depois da vida.
Não invejo (me comove)
a fé que funda a serena
certeza da eternidade.
Do que suceda no reino
que se inaugura na morte,
não me concerne. No mundo
dos homens, meu lindo chão,
quero ser capaz de amar,
mas não sonho galardão.[989]

Ou *Antimemória:* "Lembro-me dela atravessando a rua, / da sua mão perdida me chamando. / Mas já é como se fosse através da água." (*Ibidem*). Ou, *Num campo de margaridas* (*Ibidem*):

Sonhei que estavas dormindo
num campo de margaridas
sonhando que me chamavas,
que me chamavas baixinho
para me deitar contigo
num campo de margaridas.
No sonho ouvia o meu nome
nascendo como uma estrela,
como um pássaro cantando.
Mas eu não fui, meu amor,
que pena! Mas não podia,
porque eu estava dormindo
num campo de margaridas
sonhando que te chamavas
que te chamava baixinho
e que em meu sonho chegavas,
que te deitavas comigo

---

989. MELLO, Thiago de. **Poemas preferidos pelo autor e seus leitores.** Rio de Janeiro: Bertrand Brasil, 2006.

e me abraçavas macia
num campo de margaridas.[990]

Ou de tercetos de amor: "Não sei quando é o mar, / ou se é o sol dos teus cabelos. / Tudo são funduras." (*Ibidem*). Sim, diz o poeta com razão: "Basta de tanto milagre."[991] E não satisfeito: "Na fogueira do que faço / por amor me queimo inteiro //."[992] Quantas vezes o fogo é a lua e o amor, a água? Esta poesia rói o esquecimento, rói o osso duro de roer das ideias deformadas, desconstrói sistemas ou teorias, levanta os que desejam ver centímetros acima de sua cabeça, congrega, elucida. E é o desenho nítido e musical de nossa humanidade. E um vento armado.

O canto mais claro de Geir Campos

Geir Campos nasceu em São José do Calçado, em 1927, e faleceu em Niterói, em 1999. Poeta, teatrólogo, contista, tradutor. Publicou inúmeros livros de poesia como *Metanáutica*; *Canto provisório*; *Cantiga de acordar mulher*, entre outros. Foi excelente tradutor. Em teatro, publicou Castro Alves ou *As sementes da independência*. Na área do conto, *O vestíbulo*. Ficaremos adstritos ao que considero o seu grande livro – *Canto claro* e poemas anteriores (1950-1957). Creio que, aqui, reúne o seu mais alto lirismo, com unidade e nível, longe do formalismo que ocupou alguns de sua geração, sob o pretexto de que inovavam. Apesar desse gosto do verso pelo verso – que nem sempre é poesia – tenha-lhe amargado o vinho de uma parte de sua obra. A outra – bela, fúlgida, está ligada ao cancioneiro lusitano, à fonética da língua, mais próxima do povo, e é o que vive sempre mais, o *Canto claro*. Tendo, aqui, a coragem da

---

990. MELLO, Thiago de. **Poemas preferidos pelo autor e seus leitores**. Rio de Janeiro: Bertrand Brasil, 2006.

991. MELLO, Thiago de. **Poemas preferidos pelo autor e seus leitores**. Rio de Janeiro: Bertrand Brasil, 2006.

992. MELLO, Thiago de. **Poemas preferidos pelo autor e seus leitores**. Rio de Janeiro: Bertrand Brasil, 2006.

clareza, bem se comunicou, sem cair de quilate. Conseguiu extrair dura e limpa claridade – com sua preocupação social, humanista e o sabor telúrico – utilizando *astúcias* ou fechos inesperados, como se atingisse a linha murmurante de água "e o fresco e verde prado"[993], aquele em que o leitor se inebria e o tempo para. Nem cogito nos sonetos, onde transparece sua esplêndida arte. Alteia-se com realce nos poemas curtos, onde pode ser preciso e luminoso. E são antológicos. Tais como *Poética, Tarefa* ("Morder o fruto amargo e não cuspir / mas avisar aos outros quanto é amargo"). *Os mandamentos,* que faço questão de transcrever inteiro pela invenção e simplicidade:

> Amar como um homem amando
> Viver como um homem vivendo
> Ousar como um homem ousando
> Saber como um homem sabendo
> Sonhar como um homem sonhando
> Querer como um homem querendo
> Lutar como um homem lutando
> Morrer como um homem morrendo.[994]

Um achado. Também ressalto *Equinócio* com a belíssima solução: "No outro lado do tempo / o outono espera". *A sugestão no cais*: "Pergunte-se, e o pavor será tamanho / que os peixes permanecerão calados". Curiosamente, seus poemas longos não possuem igual vigor, por certa tendência ao trocadilhesco, às soluções frouxas. *Elegia quase ode*, por exemplo, com versos esdrúxulos: "Peroravas direito / sobre o que direito fora e não sabias." E contraditoriamente, o inesquecível *Ser e tempo* ("Que somos nós? Acaso somos?"), belo poema de amor. E estes versos exemplares da *Primeira cantiga de mulher*: "Demais, teus olhos são faróis chamando / e há outros sinais e eu bem conheço o porto //". E a *Segunda cantiga de mulher*:

---

993. CAMPOS, Geir. **Canto claro**: poemas anteriores. Rio de Janeiro: José. Olympio, 1957.

994. CAMPOS, Geir. **Canto claro**: poemas anteriores. Rio de Janeiro: José. Olympio, 1957.

> A este amor só me dói lembranças boas como as lembranças que se tem da terra onde se foi feliz criança e jovem:
>
> são gaivotas da infância as que revoam nas praias claras de teu corpo, abertas à mão do mar e à nau do meu transporte a aurora é mais ao sul, à tarde ao norte.[995]

Tema sem variação – vale por si ("Sequer apago os passados / deste meu vagar sozinho... / Move-se um rodamoinho / de frescas águas passadas //". E esta obra-prima de nossa literatura, *Alba*:

> Não faz mal que amanheça devagar,
> as flores não têm pressa nem os frutos:
> sabem que a vagareza dos minutos
> adoça mais o outono por chegar.
> Portanto não faz mal que devagar
> o dia vença a noite em seus redutos
> de leste – o que nos cabe é ter enxutos
> os olhos e a intenção de madrugar.[996]

Geir Campos tem sua poética gravitando no amor e no desejo; o social é consequência. Diz Bachelard: "O homem é criação do desejo, não da necessidade". E foi um poeta em constante transcrição amorosa.

Paulo Mendes Campos, o tímido superior

Paulo Mendes Campos nasceu em Belo Horizonte, em 28 de fevereiro de 1922, e faleceu no Rio, em 28 de fevereiro de 1991. É da geração de Fernando Sabino, Otto Lara Resende, Hélio Pellegrino – os quatro mineiros do Apocalipse. Teve uma passagem em Porto Alegre, onde estudou na Escola Preparatória de Cadetes, depois estudou Direito, Odontologia e

---

995. CAMPOS, Geir. **Canto claro**: poemas anteriores. Rio de Janeiro: José. Olympio, 1957.

996. CAMPOS, Geir. **Canto claro**: poemas anteriores. Rio de Janeiro: José. Olympio, 1957.

Veterinária. Leitor incansável em várias línguas, foi cronista, poeta, jornalista, tradutor, crítico. Publicou: *A palavra escrita*, poesia, 1951; *Forma e expressão do soneto*, organizador, 1952; *Páginas de humor e humorismo*, organizador, 1956; *O domingo azul do mar*, poesia, 1958; *O cego de Ipanema*, crônicas, 1960; *Homenzinho na ventania*, crônicas, 1962; *O Colunista do morro*, crônicas, 1962; *Poemas corais*, poesia, 1965; *Testamento do Brasil*, poesia, 1966; *Hora do recreio*, crônicas, 1967; *O anjo bêbado*, crônicas, 1969; *Supermercado*, crônicas, 1976; *Transumanas*, crônicas, 1979-1999; *Poemas*, poesia, 1979; *Os bares morrem numa Quarta-feira*, crônicas, 1981; *Diário da tarde*, crônicas e poesia, 1981; *Crônicas escolhidas*, 1981; *Trinca de copas*, crônicas, 1984; *Os melhores poemas de* Paulo Mendes Campos, seleção de Guilhermino César, 1990; *Rir é o único jeito*, crônicas, humor, 1997; *Brasil Brasileiro*, crônicas; *O amor acaba*, crônicas; *Crônicas líricas e existenciais*, organizadas por Flávio Pinheiro, 1999; *Artigo indefinido*, crônicas literárias, org. de Flávio Pinheiro, 2000; *Murais de Vinícius e outros perfis*, 2000; *O gol é necessário – crônicas esportivas*, org. de Flávio Pinheiro; *Cisne de feltro – crônicas autobiográficas*, 2000; *Alhos e bugalhos*, crônicas, 2000; *De um caderno cinzento– apanhadas no chão*, crônicas, 2000.

Grande leitor, com visão universalista, saiu do diapasão programático e parnasiano de alguns companheiros da geração de 1945. Poesia "fragmentada, cintilante e onírica" – para Fábio Lucas.[997] Guilhermino César dele afirmou: "Na diversidade de Paulo existe perfeita unidade, como ocorre, por exemplo, na obra de Fernando Pessoa."[998]

Perseguido por temas obsessivos, envolto em sofrimento, mágoa, infortúnio, morte, muniu-se de uma poética de requintes, seja da participação na *máquina do mundo*, o que deve muito ao cronista do cotidiano presente no poeta e o poeta no cronista; seja por um romantismo subjacente, que se ressentia

---

997. LUCAS, Fábio. **Murilo Mendes, poeta e prosador**. São Paulo: PUC-SP, 2001.

998. PESSOA, Fernando. **O eu profundo e os outros eus**. Rio de Janeiro: Nova Fronteira, 2006.

de não se fazer entender, anjo ébrio de percepções e de adivinhamentos, entre Lorca, Whitman e Rimbaud. De variado ludismo verbal, o gosto de fazer palavras brincarem, criando seu próprio olhar através de uma imaginação que não o deixava perder-se na ironia, ora se ataviava, ora se comprazia no efeito sonoroso e luxuriante do verbo. Mais preciso, levado pela poesia, "os soldados de Deus" do verso, elevava-se a órficas regiões. Ligado à província de onde veio, e, simultaneamente, pela inteligência desamparada de tanto entender as vertentes de um pensamento que lhe não repousava, segurou os objetos na paixão e a paixão, liricamente, pelos objetos, não se distanciando jamais do cronista, este historiador do inconsciente. Será porque os objetos o entendiam, sortilegamente?

Penso que seus livros de poemas mais realizados são *Domingo azul do mar* e *Testamento do Brasil*. Na crônica, *O anjo bêbado* e *Transumanas*. Traduziu o *Canto geral*, de Neruda, contumaz do verso longo, que lhe permitia melhor voar. É autor de poemas breves, como *Cantiga para Hélio Pellegrino*: "Boi. A tarde esmorece do que foi. / Do que será noturno é que se tece o boi //". Modelar no soneto, eis este espécime da fauna *abissalis – Epitáfio*.

> Se a treva fui, por pouco fui feliz.
> Se acorrentou-me o corpo, eu não o quis.
> Se Deus foi a doença, fui a saúde.
> Se Deus foi o meu bem, fiz o que pude.
> Se a luz era visível, me enganei.
> Se eu era o só, o só então amei.
> Se Deus era mudez, ouvi alguém.
> Se o tempo era o meu fim, fui muito além.
> Se Deus era de pedra, em vão sofri.
> Se o bem foi nada, o mal foi um momento.
> Se fui sem ir nem ser, fiquei aqui.
> Para que me reflitas e me fites
> estas turvas pupilas de cimento:
> se devo a vida à morte, estamos quites.[999]

---

999. CAMPOS, Paulo Mendes. **Crônicas escolhidas**: crônicas. Ática, 1981.

Ou *O visionário*, com a epígrafe de Stephen Spender: "Tudo o que sou eu não sou". Eis o texto:

> Debaixo dos lençóis, a carne unida,
> Outro alarme mais forte nos separa.
> Vai ficar grande e feia a mesma cara
> Com que surgimos cegos para a vida.
>
> Vemos o que não vemos. Quando, erguida
> A parede invisível, o olhar pára
> De olhar, abre-se além uma seara
> Muito real porém desconhecida.
>
> São dois mundos. Um deles não tem jeito;
> Cheio de gente, é só como o deserto,
> Duro e real, parece imaginário.
>
> Também dois corações temos no peito
> Mas não sei se o que bate triste e certo
> Vai reunir-se além ao visionário.[1000]

Ou esta visão de amor, tão plástica – *Quadro*: "Fique o peixe em água pura / Fique o pássaro na rama / Ficas bem na minha cama / Como o quadro na moldura". Ou estes tercetos finais de *Amor condusse noi ad una*: "A pele encontra a pele e se arrepia / Oprime o peito o peito que estremece / O rosto a outro rosto desafia // A carne entrando a carne se consome / Suspira o corpo todo e desfalece / E triste volta a si com sede e fome //". E fica do seu *If*, este fragmento: "Meu filho, se acaso chegares a um mundo injusto e triste como este em que vivo, faze um filho; para que ele alcance um tempo mais longe e mais puro, e ajude a redimi-lo //". Paulo Mendes Campos tinha esse tempo mais longe. Que é também invenção humana.

1000. CAMPOS, Paulo Mendes. **Crônicas escolhidas**: crônicas. Ática, 1981.

CARLOS NEJAR

Afonso Félix de Souza. O chamado e os escolhidos

Afonso Félix de Souza nasceu em Jaraguá, Goiás, em 5 de julho de 1925. Faleceu na mesma cidade, em 7 de setembro de 2002. Estudou no grupo escolar de sua cidade natal, continuou o colégio em Catalão, interior de seu Estado, onde passou a infância. Faleceu no Rio de Janeiro em 2002. Fez o concurso para o Banco do Brasil, em 1944. A convite da Embaixada de Beirute, ali trabalhou, em comércio exterior. Poeta e tradutor, publicou: *O túnel*, 1948; *Do sonho e da esfinge*, 1950; *O amoroso e a terra*, 1953; *Memorial do errante*, 1956; *Íntima parábola*, 1960; *Álbum do rio*, 1965; *Pretérito imperfeito*, antologia, 1976; *Chão básico & Itinerário leste*, 1978; *As engrenagens do belo*, 1981; *Quinquagésima hora*, 1987; *À beira de teu corpo*, 1990; *Sonetos aos pés de Deus e outros poemas*, 1994; *Chamados e escolhidos*, reunião de sua poesia, 2001. Tradutor de François Villon, John Donne e do romanceiro gitano Garcia Lorca.

Pertencente à geração de 1945, pela confluência dos poetas que traduziu e pelo virtuosismo classicista, utilizou o soneto, inicialmente em versos brancos, com variação métrica e depois com rima, partindo do sensualismo para o contato da terra e a natureza, com imagens plástico-musicais, sobretudo em *O amoroso e a terra* e no *Memorial do errante*, chegando ao momento mais alto dessa fase nos sonetos de amor, com acento religioso, em *Íntima parábola*, quando o artista se encontra no tema, com seu pathos lírico e telúrico, norteando-se, a partir do soneto shakespeariano, a começar pela chave de propósito, em epígrafe de Wordsworth. E diz no *Soneto I* – de inesquecível beleza: "Mas sinto os pés na terra – e vou por onde vamos, / e se penetro o azul mais sinto os pés na terra". Igualmente fascinantes são estes versos: "E ter sempre a envolver-me esses lençóis humanos, / e ver formar-se na alma a escama da alma escrava, / e ir, só por dever ir, por sobre um chão de enganos, / enquanto a ave do tempo o seu bico em mim crava."[1001] Ou ainda: "Ouvido à terra escuto, escuto-lhe os segredos, / e a última rosa do alto eu esmago entre os dedos." (*Soneto III*). Ou: "Mesmo os céus,

---

1001. SOUSA, Afonso Felix. **Antologia poética**. Rio de Janeiro: Leitura, 1966.

velhos céus que me foram negados / quando as nuvens eu quis para passear a infância, / do muito que os pisei já gastei meus calçados, / e muito além dos céus ficam as margens de ânsia." (*Soneto IV*). Ou: "Tinha o peso do tempo, eu tinha-o sobre os ombros. / Mas de meu, minha carga oculta em simples odre / era um mundo a clamar, era o peito entre escombros." (*Soneto V*). Ou este soneto final: "Senhor, alma de sóis que dão vida e a consomem, / eu não tenho perdão, eu sou carne, eu sou homem //."[1002] Poucas vezes, com exceção de Lêdo Ivo e Mauro Mota, sua geração alcançou a grandeza desses sonetos libérrimos, universais. E de tal forma tornou-se mestre do soneto, tão à vontade nos seus andamentos, que sua realização mais expressiva neles subjaz. O que confirmará nos *Sonetos aos pés de Deus*, fruto da alma resignada do poeta, cujos versos lapidares se assemelham a salmos postos diante do Altíssimo. O intermédio é a lacerante perda de seu filho, lembrando *A lápide sob a lua*, de Abgar Renault, e *O cântico do calvário*, de Fagundes Varela. É quando abandona, transitoriamente, essa forma fixa, deixando o sofrimento correr em poemas atormentados, onde a beleza não se fatiga em se transformar em pedra e dor e nada. Sobretudo os *Sonetos I, II, III, IV, V, VI* (Ladainha de lamento), VII, IX, X, XI, XII, XVI, XX, XXXVI, XXXVIII, XL. Sem esquecer *Testamento*: com versos soberanos. Fausto Cunha, este crítico pioneiro, razão tem ao considerar Afonso Félix de Souza um dos nossos maiores líricos. Ultrapassando o infortúnio, sinfônico, elevado: "Roo o osso de existir sendo eu."[1003] Lúcido, profético, conclui: "Eu vos roubo – deixando-o – o mundo / e o osso de existir sendo vós."[1004]

Dora Ferreira da Silva

Nasceu em Conchas, no interior paulista, em 1918, e faleceu em São Paulo, no dia 6 de abril de 2006. Estreou com

---

1002. SOUSA, Afonso Felix. **Antologia poética**. Rio de Janeiro: Leitura, 1966.

1003. SOUSA, Afonso Felix. **Antologia poética**. Rio de Janeiro: Leitura, 1966.

1004. SOUSA, Afonso Felix. **Antologia poética**. Rio de Janeiro: Leitura, 1966.

Andanças, 1970, reunindo escritos desde 1948. Outros livros, todos de poesia: *Talhamar*, 1982; *Retratos da origem*, 1988, *Poemas da estrangeira*, 1995, reunidos em *Poesia reunida*, 1999. Postumamente foi editada *Appassionata*, 2008, sua obra mais realizada. Prêmio Machado de Assis, da Academia Brasileira de Letras. Poeta e tradutora, editou as revistas *Diálogo* e *Cavalo azul*. "Trata-se, por assim dizer, de uma linguagem inconsútil, tamanha é nela a fusão entre a forma e o fundo, o que a torna desde logo imune a qualquer decodificação que tente eviscerá-la como se fosse um animal de laboratório" – diz sobre ela, Ivan Junqueira. Rilkeanamente órfica, vinculada indissoluvelmente à música, tal se fora um mesmo tecido, onde se dá o rapto da lucidez e do sagrado transporte, ou epifania. "Tudo arrebatas – corpo, alma – / para torná-los êxtase / alheio a tempo e medida? Ouço-te a sós, / numa concha marinha. //" (*Appassionata*). É grega na dureza do verso, escultórica na formosura, excessiva no trabalho do silêncio, a ponto de sair de si mesma, em transe ou trânsito. Pensa sentindo, ao saber que a poesia em consciência se alucina. Mais do que em dança, é a oscilação própria da arte maior que invade o mais profundo entre ela e o outro. O do abismo. Afirma, em antológico poema, falando da relação entre Henry Miller e Anaïs: "Sofro como um animal. Sou como um animal. Ninguém pode ajudar-me ... Mas é preciso humanamente aproximar-se dos outros." (*Rude-suave amigo*). E é o sentido que busca a poeta, mais que a poeta ao sentido. Pois na criação, que sem tempo se alça, tudo é sentido.

Carlos Pena Filho

Nasceu em Recife, no dia 27 de maio de 1929, e faleceu na mesma cidade, em 1º de julho de 1960. Estudou na Faculdade de Direito, sendo poeta, jornalista e contista. Publicou: *O tempo da busca*, poesia, 1952; *Memórias do boi Serapião*, poesia, 1956; *Guia prático da cidade de Recife*, poesia, constante com os livros anteriores de *Livro geral*, 1959. O contista Edilberto Coutinho organizou a Antologia de sua obra, saída em 1983.

Voz isolada, rico de imaginação e de ritmo, sotaque pessoal com um lirismo muito vinculado ao Recife, onde sua gente é celebrada.

Escreveu comovidos poemas, onde se vislumbra a procura de uma identidade cultural, tocado de mestiçagem. Dele observa Gilberto Freyre: "Sua poesia deixa-se por vezes apalpar sensualmente como se fosse carne."[1005] Completaria eu: como se fosse alma. Eis vários exemplos de beleza e invenção, sobretudo, na artesania do soneto – Testamento do homem sensato:

> Quando eu morrer, não faças disparates
> nem fiques a pensar: Ele era assim...
> Mas senta-te num banco de jardim,
> calmamente comendo chocolates.
>
> Aceita o que te deixo, o quase nada
> destas palavras que te digo aqui:
> Foi mais que longa a vida que eu vivi,
> para ser em lembranças prolongada.
>
> Porém, se um dia só, na tarde em queda,
> surgir uma lembrança desgarrada,
> ave que nasce e em voo se arremeda,
>
> deixa-a pousar em teu silêncio, leve
> como se apenas fosse imaginada,
> como uma luz, mais que distante, breve.[1006]

Soneto raspado das telas de Aloísio Magalhães:

> Aquém do sonho e além dos movimentos
> uma nesga de azul perdeu as asas.
> Quem a invadir, invade os próprios ventos
> que varrem mares e entram pelas casas.

1005. FREYRE, Gilberto apud PENA FILHO, Carlos; Coutinho, Edilberto. **Os melhores poemas de Carlos Pena Filho**. São Paulo: Global, 1983.

1006. NEJAR, Carlos. (Org.). **Antologia da poesia brasileira contemporânea**. Lisboa: Imprensa Nacional/ Casa da Moeda, 1986.

CARLOS NEJAR

Às vezes, penso: não tem dor nem mágoas
quem se ofertou a tão alegre ofício,
mas a mulher que mora atrás do início,
diz: são meus estes céus, minhas as águas

que dormem neste chão, minhas as cores
que apascentam teus olhos e que vêm
de mim e vão das nuvens ou das flores.

Mas, só pode ir além dos movimentos,
onde, serena, habita há muito, quem
pela nesga de azul entrar nos ventos.[1007]

Sinestésico e melódico nas imagens, seguiu o cancioneiro popular e certo ressoar cabralino na forma vérsica, de perseverante beleza, como no Guia prático da cidade do Recife.

No ponto onde o mar se extingue
e as areias se levantam
cavaram seus alicerces
na surda sombra da terra
e levantaram seus muros
do frio sono das pedras.
Depois armaram seus flancos;
trinta bandeiras azuis plantadas no litoral.
Hoje, serena, flutua, metade roubada ao mar,
metade à imaginação,
pois é dos sonhos dos homens
que uma cidade se inventa....
Mas tudo o que for do rio,
água, lama, caranguejos,
os peixes e as baronesas
e qualquer embarcação,
está sempre e a todo instante
lembrando o poeta João

1007. NEJAR, Carlos. (Org.). **Antologia da poesia brasileira contemporânea**. Lisboa: Imprensa Nacional/ Casa da Moeda, 1986.

que leva o rio consigo
como um cego leva um cão.[1008]

Dele afirma Mauro Mota: "Quem morre no Recife engana a morte."[1009] E, para Jorge Amado: "É um anjo extraviado."[1010] E os anjos têm que retornar ao Éden de onde vieram. Sem não antes nos legarem o mapa do paraíso.

José Alcides Pinto – o catador de insônias

Nasceu em São Francisco do Estreito, em Santana do Acaraú, Ceará, em 23 de dezembro de 1923 e faleceu na mesma cidade, em junho de 2008. Poeta, romancista, novelista, contista, dramaturgo, ensaísta, professor concursado na Universidade do Ceará. Publicou: *O canto de liberdade*, poesia, 1940; *Noções de poesia e arte*, poesia, 1952; *Pequeno caderno de palavras*, poesia, 1953; *As pontes*, poesia, 1954; *A ilha dos Patrupachas*, poesia, 1960; *Ciclo único*, 1964; *O dragão*, romance, 1964; *Editor de insônia*, contos, 1965; *Contos de Lúcifer*, poemas reunidos, poesia, 1966; *Os catadores de siri*, poesia, 1966; *O criador de demônios*, novela, 1967; *Entre o sexo, a loucura, a morte*, romance, 1968; *Estação da morte*, romance, 1968; *Equinócio*, teatro, 1973; *O enigma*, romance, 1974; *O sonho*, romance, 1974; *Os verdes abutres da colina*, romance, 1974; *João Pinto de Maria: biografia de um louco*, romance, 1974; *As águas novas*, poesia, 1975; *Os amantes*, poesia, 1979; *Antologia poética*, 1984; *Trilogia da maldição*, romance, 1999.

José Alcides Pinto é um caso à parte, "fazendo a ligação entre a geração de 1945 e a nova literatura."[1011] Ocupa um es-

---

1008. PENA FILHO, Carlos; Coutinho, Edilberto. **Os melhores poemas de Carlos Pena Filho**. São Paulo: Global, 1983.

1009. MOTA, Mauro apud PENA FILHO, Carlos; Coutinho, Edilberto. **Os melhores poemas de Carlos Pena Filho**. São Paulo: Global, 1983.

1010. AMADO, Jorge apud COUTINHO, Eduardo de Faria; CASTRO, Ângela Maria Bezerra. **José Lins do Rego**: Resenhas. João Pessoa: Funesc, 1991.

1011. PINTO, José Alcides. **Trilogia da maldição**. Rio de Janeiro: Topbooks,1999.

paço maldito, transgressor ou marginal, seja pela invenção, seja pelos temas. Guardando a influência de um Edgar A. Poe, Charles Baudelaire, Carducci, Jean Genet, Artaud, Ionesco, T. S. Eliot e a fonte que se alonga a partir de Augusto dos Anjos, com Lúcio Cardoso, Octavio de Faria. E por serem tantas, são nenhuma. Busca a análise da abominação e a natureza de homens desvalidos, lutando contra o absurdo da existência, com sexo, amor, morte, loucura – eixos de sua criação desesperada, tanto na poesia, quanto na ficção, sendo uma continuação da outra. Flutua, portanto, entre os abismos e salta para fora com lucidez que se transfigura na linguagem e pela linguagem que corta com ferocidade de punhal. Sem pudor ou misericórdia. O conflito entre o bem e o mal, o afeto e o ódio, a trituração do destino, seus personagens no romance têm a tarja dolorosa de Camus, quando diz numa de suas peças: "Os homens morrem e não são felizes." Sua poesia toma acento elegíaco. Como no poema dedicado a sua irmã morta: "Nunca mais ver-lhe-ei as mãos aladas. / Tão claras, tão meigas, tão queridas, / Silenciosas como as madrugadas //."[1012] Mas o lirismo se junta ao irônico. E aos assuntos insólitos, eivados de um inevitável asco, antropomorfismo (bicho/homem), como símbolos funestos, devoradores, certo ar macabro: o abutre (*Verdes abutres*), ou lagarto ("Um grande lagarto verde, / com olhos de pedra e água" – Nicolás Guillén), ou morcego (Augusto dos Anjos). O prazer de escandalizar, aceitando um lado escatológico, com olhar cruel. A meu ver as suas melhores realizações poéticas são *As pontes* e *Os catadores de siris*. O primeiro é um poema longo, onde o terrível se alia ao absurdo, mito da passagem transitória do homem, elo do natural ao mágico, lembrando na tragicidade *The bridge*, do norte-americano Hart Crane; o segundo, de significado social e humano, com a energia selvagem da terra, a dura condição dos catadores da sobrevivência. Afirma Octavio Paz: "A missão do poeta é restabelecer a palavra original, desviada pelos sacerdotes e pelos filósofos."[1013] E a propósito de Blake, adverte: "As prisões são construídas

---

1012. PINTO, José Alcides. **Trilogia da maldição**. Rio de Janeiro: Topbooks,1999.

1013. PAZ, Octávio. **Signos em rotação**. São Paulo: Perspectiva, 1972.

com as pedras da Lei; os bordéis, com os ladrilhos da Religião."[1014] Os romances *O dragão, Os verdes abutres da colina* e *João Pinto de Maria* – biografia de um louco contêm poderosa unidade narrativa entre espanto, terror e alucinação, completando-se. O ilógico é iluminado pelo poético, este nonsense dramaticamente rebelde, às vezes com a demência de um Hamlet, outras, com a ousadia de imagens rimbaudianas. Visionário, nunca abandona a mágica que torna as coisas surreais e a realidade devastadoramente fatal, do trágico grego, um Édipo cego, surdo à reclusão da sorte. E, se há explicação plausível para esta linguagem delirante, esta razão sistemática do precipício, suspenso sobre o nada, como Jó, reinando no vazio. Tais as criaturas de Eliot, "onde o fantástico é o verdadeiro", o verdadeiro nem sempre é fantástico. O que cria é o que devora, a lucidez é a cegueira. Assim se refere, por exemplo, a João da Mata, curandeiro: "Eu acho que o cego é muito inteligente. Dizem que ele tem uma mosca na garrafa... Vive bêbado. Mas no parto não conheço doutor melhor. Só não faz milagre."[1015]

Para o autor, como sucedeu com os gregos e alguns povos antigos, a santidade é loucura e a loucura, santidade. Embora trabalhe os enredos, através de um narrador quase onisciente (escondido muitas vezes, como se fosse a presença dos deuses antigos) transgride a ordem tradicional do relato pela criação de planos: o poético nunca é linear, por ser ambíguo, caoticamente clarificante. Vejam os leitores este trecho:

> João Pinto de Maria reuniu a comunidade de São Francisco do Estreito e, na presença do vigário (o clero é obsessão de seus livros, talvez pelo sagrado, que se faz profano), declarou publicamente e à toda voz: "A terra é dos pobres, porque a terra, como todas as coisas do mundo, foram criadas por Deus. O animal que trouxer a marca

---

1014. PAZ, Octávio. **Signos em rotação**. São Paulo: Perspectiva, 1972.

1015. PINTO, José Alcides. **Trilogia da maldição**: o dragão, os verdes abutres da colina, João Pinto de Maria- Biografia de um louco, romances. Rio de Janeiro: Topbooks, 1999.

de João Pinto de Maria na anca, na pá, no pescoço ou no queixo é de quem escolher, ou de quem se encontrar mais necessitado."[1016]

Essa marca de maldade vincula-o ao cineasta Orson Welles. Sua ficção é cinematográfica, com o vinco malévolo e nefasto do Mal, que, noutras vezes, confusamente, transforma-se em Bem, unindo-se pelos controversos polos. Não tem "a virtude premeditada, que é a do vício", porém, exibe a virtude para detectá-lo em hipocrisia. Falei no poético. O paradoxal é exatamente o seu discurso aparentemente prosaico, em que as cargas de eletricidade, suas chispas no mistério registram junto ao sismógrafo da alma, os personagens de sensações, como desejava Artaud. A arte alcidiana está em debruçar-se sobre a palavra premonitória que filtra, entre fervor e clarão. É o cristal de um inacabável furor.

Francisco Carvalho e as verdes léguas

Nasceu em São Bernardo de Éguas Russas, Ceará, em 11 de junho de 1927. Faleceu em Fortaleza, em 4 de abril de 2013. Poeta, ensaísta, funcionário da Universidade do Ceará. Publicou: *Cristal da memória*, poesia, 1955; *Canção atrás da esfinge*, poesia, 1956; *Do girassol e da nuvem*, poesia, 1960; *O tempo e os amantes*, poesia, 1966; *Dimensão das coisas*, poesia, 1967; *Memorial de Orfeu*, poesia, 1969; *Os mortos azuis*, poesia, 1971; *Pastoral dos dias maduros*, poesia, 1977; *Rosa dos eventos*, poesia, 1982; *As verdes léguas*, poesia, 1979; *Quadrante solar*, poesia, 1983, Prêmio Nestlé de Poesia; *As visões do corpo*, poesia, 1984; *Barca dos sentidos*, poesia, 1989; *Rosa geométrica*, poesia, 1990; *Exercícios de literatura*, ensaio, 1990; *O tecedor e sua trama*, poesia, 1992; *Textos e contextos*, estudos, 1996; *Raízes da voz*, poesia, 1996; *Os exílios do homem*, poesia, 1997; *Girassóis de barro*, poesia, 1997. Recebeu da Fundação Biblioteca Nacional o Prêmio Alphonsus de Guimarães, em 1998.

1016. PINTO, José Alcides. **Trilogia da maldição**: o dragão, os verdes abutres da colina, João Pinto de Maria- Biografia de um louco, romances. Rio de Janeiro: Topbooks, 1999.

HISTÓRIA DA LITERATURA BRASILEIRA
Da carta de Caminha aos contemporâneos

O poeta Francisco Carvalho vem construindo uma obra poética de rara originalidade, longe do parnasianismo de alguns representantes da geração de 1945, telúrica, sólida, contida, com imagens ricas, ritmo ágil e variado, técnica compositiva que tem mão certeira no soneto, invenção na redondilha, atravessando os poemas com adaga semântica, usando os núcleos como claves, blocos de símbolos, o veio metalinguístico, tendo lirismo ribeiro, aliado a metáforas cheias de vertigem envolvedora. O verbo do campo e da cidade, o jurídico e o arcaico, o social e o erótico. O domínio da memória é o da perda do esquecimento. E o avanço da história na linguagem é a história das imagens. Imagens que pensam. Move-se entre estruturas, como entre a matéria do sonho e a da infância. E o que ele evoca, vem das raízes da voz, das raízes de uma substância vital que junca "as romãs do bosque da amada"[1017] e o reverdecer dos corpos, onde "o espírito se deita."[1018] Um campo lexical de lírios com signos inesperados. Das raízes da voz para as raízes das coisas, e dessas, para o universo. Tem a arte do entranhamento com que choca o leitor, a consciência, esta consistência de ser, pois o que se revela, já acordou. Em sua vasta obra, a meu ver, destacam-se *As verdes léguas, Raízes da voz, Quadrante solar* e *Os mortos azuis*. Sua poesia, ainda que tenha um pouco do rastro drummondiano, usa a reiteração cabralina, desenvolvimento que se aciona como uma premissa até a conclusão. Porém, a arte de Cabral é a analógica e a de Carvalho, metafórica, às vezes alegórica. Na balada é aparentado com o cubano Nicolás Guillén, no sotaque musical (Cabral é antimelódico): Epitáfio. "Aqui jaz morto / quem não jazera / se em vez de homem / fosse uma pêra. // Falácia inteira / a de homem ser. / Feliz a pêra / de não jazer. // Mas o homem jaz / perfil de cera / para que a pêra / sazone em paz." Ou *Soneto chuva de abril*:

> Alameda de ventos decepados
> pela chuva nas vidraças de abril.
> Os silêncios são pêssegos molhados

1017. CARVALHO, Francisco. **As verdes léguas**. 2. ed. Fortaleza: Ed UFC, 1997.
1018. CARVALHO, Francisco. **As verdes léguas**. 2. ed. Fortaleza: Ed UFC, 1997.

que roçassem de leve o teu perfil.

Pássaros dormem nos galhos de mármore
da pedra encarcerada na legenda.
Sai do epitáfio uma raiz de árvore
para o arcano que nunca se desvenda.

Chuva que ensopa os cabelos da morta
e os seios que palpitam no jazigo
tocados por desejos repentinos.

Chuva de abril que à infância me transporta,
pégaso em cujas crinas cor de trigo
volto a reinar num país de meninos.[1019]

Ou *Canção da pêndula*:

> Por quem bate este relógio na parede desta sala? Pelos fantasmas do engenho pelos negros da senzala?
>
> Por quem bate a horas mortas tão lento e devagarinho quando a noite das orgias derrama o seu negro vinho?
>
> Por quem geme noite a dentro este espantalho de cedro? Pelos veios que secaram e já não brotam da pedra?
>
> Pelas noivas que morreram ou se afogaram nos rios? Pelas velhas dançarinas que não deixaram vestígios? Por quem bate este relógio com tal cadência e volúpia? Pelo remorso das vestes ensopadas de luxúria?
>
> A quem dedica o seu pranto seu amargo devaneio? À que morreu de saudades com sete adagas no seio?
>
> Por quem tece este relógio minutos de pergaminho quando a noite das orgias derrama o seu negro vinho?[1020]

    Atentem, leitores, para o ritmo obsessivo, sineiro, lúgubre, com um dos seus temas frequentes, a morte, o lascivo amor. Essa utilização de refrão, ritualíssimo, assinala sua criação

---

1019. POESIA: volumes 1-4. São Paulo: Clube de Poesia, 1977.
1020. POESIA: volumes 1-4. São Paulo: Clube de Poesia, 1977.

verbal. Ou então o estigma das assonâncias, repetindo e desabando como litania, o berro do gado no campo em *Bezerro bizarro:*

> A marca do casco da vaca no pasto. O berro de barro do bezerro bizarro.
>
> Seu couro, seu lume serão do curtume? Vai ser boi de carro o bezerro bizarro?
>
> O bezerro e seu halo o cincerro e o badalo. A beleza de barro do bezerro bizarro.
>
> Vaca de lombo rubro corre um rio em teu ubre. Solidão de barro do bezerro bizarro.[1021]

Aqui, confina com a linguagem de um Bueno de Rivera, com a singularidade dessa acentuação da letra *b*, este deslocamento de blocos, esta energia cantante e desvairada. E a longa e bela *Balada do céu minguante*:

> Em tempo de céu minguante sete noites a cavalo.
> Esquipei no trote afoito desse pégaso da noite.
> As crinas dessa alimária da cor do quebrar da barra.
> Sete noites a cavalo e o vento na encruzilhada. O vento apertando o laço no pescoço do enforcado.
> O vento uivando as aldravas da cancela escancarada.[1022]

Ou noutro momento (*Jogos florais*): "Ó flor do orgasmo / ó flor do êxtase / ó flor dos búzios / ó flor dos pêssegos // ó flor do corvo / ó flor da calva / ó flor da concha / ó flor da voz // ó flor dos mortos / ó flor do enigma / ó flor crestada / pelo ostracismo //". Essa ladainha parece ter saído de um Cruz e Sousa. O que demonstra o seu lado dialogal com toda a nossa literatura. Sua língua é sibilina, pendular, com algo de oráculo. Lembra o que salientou, em *Hipérion*, Hölderlin: "A arte é a transição

---

1021. POESIA: volumes 1-4. São Paulo: Clube de Poesia, 1977.

1022. NEJAR, Carlos. (Org.). **Antologia da poesia brasileira contemporânea**. Lisboa: Imprensa Nacional/ Casa da Moeda, 1986.

da natureza à civilização, e da civilização à natureza."[1023] E seu perfil tende ao apocalíptico, como este tempo em que vivemos, muitas vezes sem perceber, levados de roldão, suspensos de abismos. Ou é o abismo que nos espreita. Sim, esta consciência que H. L. Mencken chama de "voz interior a nos advertir que alguém talvez esteja olhando." E a arte da escrita é a de aprender a espreitar o que nos olha. Sem que nos vejam.

Geraldo Holanda Cavalcanti

Nasceu em Recife, Pernambuco, em 1929. Foi presidente da Academia Brasileira de Letras, Poeta, ensaísta, ficcionista e diplomata de carreira e admirável tradutor, sobretudo de grandes poetas italianos como Ungaretti, Saba, Montale, Quasimodo e outros, tendo, aliás, ganho o Prêmio de Tradução da Biblioteca Nacional. Publicou: *O mandiocal de verdes mãos*, 1964; *O elefante de Ludmila*, 1965; *Poesia Reunida*, 2000. Sua poesia é contida, sem temer os versos longos. E sem a retórica que marcou a geração de 45, já que mais afinado à poesia italiana e aos poetas como Bandeira e Drummond. Sente-se, portanto, no seu verso, inusitada liberdade: "Para conhecer tua beleza / não usei sondas nem metros / nem tábuas precisei de logaritmos / para aprender tua beleza". Ou "Entravas no meu quarto toda noite / e só por saber no meu desejo / tudo era luz e cores / herói, santo, poeta me fazia / saltimbanco, jongleur / desbravador." Ou este poema sem tempo: "Os seios de minha mãe enormes como a noite / os pés de minha mãe cabendo em minhas mãos / minha irmã caminhando entre seixos e flores / meu pai sem cãs no tempo morto / e tu, amada, sem face ou forma / no sol, na lua, no calor, no frio / ubíqua, no passado e no futuro". Geraldo Cavalcanti é uma surpresa. Conhecia-o como exemplar tradutor, depois cheguei ao poeta e à leitura do seu livro de contos. *As desventuras da graça*, 2010, revela um extraordinário contista, dono de seu ofício e que Moacyr Scliar chama de "marco literário!" Depois o ensaísta maior, enveredando pelo

---

1023. HÖLDERLIN apud NUNES, Benedito; CAMPOS, Maria José. **Hermenêutica e poesia**: o pensamento poético. Belo Horizonte: UFMG, 1999.

Cântico dos Cânticos (interpretação através de suas traduções), aliás premiada pela Casa de Machado. E, por fim, a portentosa exegese da Poesia e sua Criação através de *Herança de Apolo*. Intérprete profundo do "Gênesis", em "O Livro das Origens", em leitura descomprometida, mas adverbial, lúcida, sob o suporte da razão, ou história, não da revelação. E como observa o também acadêmico Marco Lucchesi, "é um ensaio voraz e de múltiplos apelos." Seus textos buscam aquilo que Cassirer denomina "o peso da tradição" e uma dimensão que se abre ao futuro. Ou, parafraseando o que Maurice Blanchot referiu pelo verso de Celan: "Dei à fala bastante sombra, o suficiente."

Carlos Heitor Saldanha e o grupo Quixote

O grupo Quixote foi um movimento literário no Rio Grande do Sul, ligado à geração de 1945, que tinha por lema a frase de Unamuno: "Vamos fazer uma barbaridade". O líder foi o crítico, poeta, ficcionista, teatrólogo e memorialista Paulo Hecker Filho (12 janeiro de 1926 – 12 dezembro de 2005), polemista, admirável tradutor, falto de empatia ou grandeza de sensibilidade para a criação poética alheia, sobretudo à que estava surgindo, sem conseguir percebê-la, talvez por demais integrado aos (des)valores de sua própria geração, cegando-se, ou tentando obstar qualquer um que lhe fizesse sombra. Errou o alvo ao investir contra o genial *Grande sertão: veredas* de Rosa, achando-o um livro inacabado ou incompleto, quando é Hermann Broch que afirma: "Todas as grandes obras (justamente por serem grandes) contêm alguma coisa inacabada."[1024] Ou porque as coisas universais (o amor, a morte, a inveja, o ódio, o bem, o mal, essas duas, aliás, constantes de *Moby Dick*, de Herman Melville) são coisas óbvias. Toda a poderosa criação é completada pelo leitor e também pelos seus silêncios. Nesse sentido não foi feliz na crítica à poesia de Raul Bopp, de quem recebeu contestação acerba, ainda quando vivia; acertou, ao analisar com justiça o romancista Octavio de

---

1024. BROCH, Hermann. **A morte de Virgílio**. Rio de Janeiro: Ficções, 1987.

Faria, num de seus *Diários*. Seu método crítico era o sentencial. Em regra sem motivação, marcadamente impressionista. Seu livro de poemas *Nem tudo é poesia*, 2001, surpreende pelo lirismo simples e puro de vários versos. Entre eles, *Casaco, Desmonte, Agir, Pernas, Nem a morte*. E em *O abraço*, de comovida beleza e verdade: "É raro um verdadeiro abraço entre dois homens. / Recordam que são homens, se contêm, ficam no gesto. / Mas uma que outra vez o amor vai além dos homens, / chega à inocência que venceram e o abraço se dá."

Importantíssimo pelo cabedal de pesquisa e pelo valor sociológico é Raimundo Faoro, ensaísta de *Os donos do poder*, um dos livros fundamentais da visão do Brasil contemporâneo, ao lado de *Raízes do Brasil*, de Sérgio Buarque de Holanda; ou *Bandeirantes e pioneiros*, de Vianna Moog. Reconhecido por sua coragem cívica, no tempo obscuro do país, quando Presidente da Ordem dos Advogados do Brasil, recuperando o uso do *habeas-corpus*, foi mais tarde eleito para a Academia Brasileira de Letras, vindo a falecer em 2002, no Rio de Janeiro.

Wilson Chagas é filósofo e lúcido ensaísta, consciente da crítica como recriação inserida num movimento universal. Tem vários livros publicados, entre eles: (sobre Érico Veríssimo), *Velho mundo, sem porteira, A inteira voz, Mundo e contramundo; A fortuna crítica de Machado de Assis* e *Notebook*. Foi Juiz de Direito, falecendo em Porto Alegre, em 2003. Participaram do grupo, o pintor extraordinário de amadas e hetairas, W. Elias, *pinta-mundos*; o poeta e ficcionista Manuel Miranda; Pedro Geraldo Escosteguy (*A palavra e o dançarino*); José Santiago Naud (*Noite elementar*, entre outros); o crítico e teatrólogo Luís Carlos Maciel, hoje reconhecido também pelo seu trabalho teatral; Manoel Sarmento Barata, poeta de *Voragem*, 1971 e ensaísta, um dos mais argutos, autor de *Canto Maior: uma perspectiva da poesia brasileira*[1025], onde fez lúcida seleção de poetas e de poemas – e uma introdução crítica com

---

1025. MACIEL Luís Carlos. **Canto maior**: uma perspectiva da poesia brasileira. Rio de Janeiro: Civilização Brasileira, 1969.

sensibilidade da inteligência, que nem sempre andam juntas. E os poetas, já falecidos, Vicente Moliterno (*Um pai morre no campo*); Sílvio Duncan (*Paisagem xucra*: original, vestindo a poesia do interior do pampa, com nova roupa de linguagem). E o impressionante é que o primeiro deles teve a premonição da própria morte: "Quero cantar teu nome de afogado / morder caindo teu silêncio frio". Vale salientar ainda o romancista Antônio Carlos Rezende (*Magra mas não muito, as pernas sólidas, morena*), o teatrólogo Fernando Peixoto, o ensaísta e filósofo Gerd Bornheim, e a cronista e atriz Ivette Brandalise.

O maior poeta do grupo, um dos grandes da geração de 1945 do Brasil, com a característica não formal ou parnasiana, franco-atirador, mais vinculado a um Drummond ou Bandeira, depois a Clarice Lispector, que foi sua leitura constante: *Heitor Saldanha* nasceu em Cruz Alta, 1910 e faleceu em Porto Alegre, 1986. Seu passo quase desengonçado era igual ao de seu verso. Inclinado e com pés grandes. E, se o coloco à testa deste verbete, é apenas um gesto de reconduzi-lo à própria altura. Para que novos leitores o descubram. Autodidata, ferroviário aposentado, era poeta – mais do que apenas por instinto, foi poeta por destino. A sombra carismática de Quintana não permitiu que se lhe reconhecesse, plenamente, a originalidade e o canto – sempre voltado aos humilhados e oprimidos. E não porque Mário o quisesse, absorvido pelo seu Anjo Malaquias, morava tranquilo na sua "rua dos cataventos" – e ambos eram bons amigos. Diga-se também que "embora os poetas não sejam cavalos de corrida" (a frase é de Quintana), Heitor Saldanha não lhe era inferior na arte poética, mas diferente. O que houve numa ambiência intelectual então, ainda estreita, foi o confronto entre duas visões. A de Mário, que não se preocupava com a questão social, ocupando a sua coluna *Caderno H*, semanalmente no jornal, à época, mais importante, *O correio do povo*, lido por todos. E Saldanha, ocupando o seu espaço acanhado e solitário, sem comunicações exteriores, onde possuía (e era possuído) por uma poesia angustiada, capaz de exprimir a dor coletiva dos trabalhadores das Minas de Butiá, São Jerônimo, RS, daí brotando as suas vigorosas *Galerias escuras*, um dos poemas mais cativantes da literatura brasileira. Muitos, dignos das melhores Antologias. Basta ler este fragmento: "Te alevanta, Severiano! Façam luz nas galerias! / E o carro de Severiano rolava como um trovão". Sua edição inicial foi pequena, com desenhos do excelente pintor W. Elias, infelizmente esgotada. Foram depois inseridas no livro *Nuvem e subsolo*, 1960. Nasceu em Cruz Alta, em 28 de abril de 1910, e faleceu em Porto Alegre, em 1986. Conhecido apenas nos meios literários mais exigentes, em 1978. Iniciou na poesia com *Casebre*, 1939 e *O terreiro de João sem lei*, novela, 1953. O seu último livro de poemas foi editado pelo Instituto Estadual do Livro: *A hora Evarista*, 1974, elevado momento elegíaco, onde os poemas, em tom órfico, inclusive um deles, à Clarice Lispector, atestam a inventiva deste poeta. Teria dado nome à própria morte, como Evarista? Possuía um timbre peculiar, musical, com imagética rica de achados verbais. Nada semelhante à magreza e glacialidade verbal de alguns parnasianos da geração de 1945: o sentido nele gerava a palavra exata. Ou melhor, o sentido se impunha em severa e eficaz humanidade. Seus trens de ferroviário do verso chegam a inesperadas estações. Superando com a linguagem escolas e calendários. Perfez a falta de estrutura cultural, com seu autodidatismo sedento, atualizado. Voz genuína e inconfundível. E o seu carro poético é como o de Severiano, seu personagem: continua e continuará a rolar como um trovão pelo imaginar também de galerias escuras. Sim, um dos seus poderosos poemas sobre As Minas de Carvão, de São Jerônimo, onde revela sua tocante humanidade, ao fundir sua alma de palavra, com a dor dos trabalhadores.

CAPÍTULO 31

Poética do Romance contemporâneo

*João Guimarães Rosa, desde os sertões das Gerais
Clarice Lispector. Névoa úmida, paixão do silêncio
O memorialista Gilberto Amado*

João Guimarães Rosa, desde o sertão das Gerais

Nascido em Cordisburgo, em 1908, faleceu no Rio, em 1967. João Guimarães Rosa reúne o grande pensador num inventor de linguagem, rareando em nossa literatura essa combinação portentosa. E ele passou a existência para realizar a biografia do mistério de nossa língua e, daí, a biografia do mundo e de uma natureza prodigiosa de bichos, aves e plantas. No ficcionista, há o poeta e, nesse, o criador de personagens, dos maiores entre nós. Ainda que inventor de um idioma e nova forma de ver o universo, para o escritor Carlos Heitor Cony, quem está habituado a ler os clássicos, sobretudo os quinhentistas, identifica o filão que abasteceu sua prova. O que se contrapõe a Mário Quintana, que afirma que "os clássicos escreviam tão bem porque não tinham os clássicos para atrapalhar". Mas Rosa não se atrapalhava com o mistério, nem o procurava: o mistério é que o encontrava. Mesmo que considerasse que "as coisas não são assim tão simples, se bem que ilusórias"[1026], por não amar o fácil, nem o lugar-comum, amava o fulgor e teve a originalidade de volver à origem das

---

1026. GUIMARÃES Rosa, João. **Tutameia**. Rio de Janeiro: Nova Fronteira, 1985.

coisas na fala, o que é magnificamente real. João Guimarães não é apenas um romancista maior, é criador de contos, dos melhores entre nós. Entre esses, *As primeiras estórias*, 1962, de nível superior, a nosso ver, a *Tutameia*, 1967 e comparáveis ao volume póstumo de *Estas estórias*, 1976. Repito, naquele livro de 1962, confirmando o fabuloso feito de sua estreia – *Sagarana*, 1946 – apresenta alguns contos geniais, como *A terceira margem do Rio*, que é a terceira dimensão da linguagem. O pai que parte para uma viagem, o destino. "Nosso pai entrou na canoa e desamarrou, pelo remar. E a canoa saiu se indo – a sombra dela por igual, feito um jacaré, comprida longa". E adiante o narrador-filho observa: "Sei que ninguém soube mais dele". E finda dizendo que "no artigo de morte, peguem em mim, e me deposite numa canoinha de nada."[1027] Essa ambiguidade entreliga o processo de criação, o desconhecido das margens e o final de vida. Outro conto nos surpreende pelo senso de humor e de realidade: *Famigerado,* um assunto de "grandezas machas duma pessoa instruída"[1028], ou de um ludismo vocabular que se balança entre sentidos dados e encontrados. Em *Estas estórias, entre outras narrativas,* vale assinalar o antológico *Meu tio o Iauaretê*, onde o homem e a onça se mesclam na invenção mais ousada da obra roseana e da ficção contemporânea: "Aí eu aprendi. Eu sei fazer igual onça. Poder de onça é que não tem pressa: aquilo deita no chão, aproveita o fundo bom de qualquer buraco...."[1029] E a caçada do homem à onça e da onça ao homem é um carecer de caçar juízo, tratando assim do processo civilizatório. Na proporção em que cresce a história, o onceiro é tomado de ciúme, para não ser subtraído do amor da onça, transformando-se "o amador na coisa amada", ele próprio se torna a onça. E os diálogos entre animal e homem conformam uma invenção sem paralelo na nossa literatura de um maravilhoso animalista, imitando

---

1027. GUIMARÃES Rosa, João. **Primeiras estórias**. Rio de Janeiro: Nova Fronteira, 2001.

1028. GUIMARÃES Rosa, João. **Primeiras estórias**. Rio de Janeiro: Nova Fronteira, 2001.

1029. GUIMARÃES Rosa, João. **Estas estórias**. Rio de Janeiro: Nova Fronteira, 1985.

Kafka ao afirmar que era preciso escrever como um cachorro (ou um bicho) escreve. E tal já fizera antes em *Conversa de bois* ou penetrara antes na alma animal em *O burrinho pedrês*. Mas o que chama atenção nesse conto é o processo triturador, na medida em que Rosa penetra no espírito da onça e a figuração da onça penetra nele, com entonação que a invenção lhe ditou. Para Antônio Callado, é um

> Texto assustador, porque ao mesmo tempo você vê que de uma certa forma aquilo deve ter isso muito dentro de Guimarães Rosa também. Não vou dizer que ele tenha tido realmente vontade de comer alguém com os dentes e as garras, não, mas a ideia em si... É um pouco comparável com a 'Metamorfose', de Kafka, que de repente o sujeito acorda e virou uma barata enorme, virou um inseto. É uma coisa tão chocante quanto o personagem que está conversando com o outro e começou a sentir que aquele outro é mais onça, provavelmente que gente.[1030]

Ou seu estranho e furioso amor por Maria-Maria, uma onça. E observa Haroldo do Campos, no seu depoimento sobre esse conto:

> É a última fala e, nessa altura, o forasteiro está com seu revólver atirando na onça e ele diz assim: Ui, ui, mecê é bom, faz isso comigo não, faz não... Nhenhenhém... Heeé!... Hé... Aar-rrã... Aaãh...Cê me arrhoôu... Remuaci... Rêiucàanacê... Araaã... Uhm... Ui... Ui... Uh...uh...êeêê... êe...ê...ê... ... o homem-onça vendo-se perdido apela para seu interlocutor em língua de jaguar com sons que querem dizer um apelo inútil: 'Não me mate, sou seu amigo, meio-irmão, sou quase parente, por que você vai me matar?' ... Ele escrevia no tom que a invenção dele exigia.[1031]

Mas este livro contém outros contos importantes, com o selo da criação roseana, como *Os chapéus transeuntes,* longo conto, ou *O Entremeio com o vaqueiro Mariano, Páramo,* ou *Retábulo de São Nunca*. Mas nenhum deles chega perto do genial *Meu Tio Iauaretê,* num retorno, em nova perspectiva de

---

1030. CALLADO, Antônio. **Quarup**. Rio de Janeiro: Civilização Brasileira, 1967.

1031. CAMPOS, Haroldo de. **Signantia quasi coelum**. São Paulo: Perspectiva, 1979

invenção, bem mais avançado do que *o Grande Sertão: Veredas*. Para Carlos Heitor Cony, "*uma sonata*".

E, no mundo fabular de Rosa, de um a outro livro, vigorosas narrativas nos aliciam – *O duelo* – enredo de perseguição e vingança – ou a grandeza épico-mística de *Hora e vez de Augusto Matraga* – que de bandido se penitencia e se remata em santidade, ou o excelente e picaresco *A volta do marido pródigo*, comprovadas obras-primas, esses relatos pertencem ao seu primeiro livro, *Sagarana* (*Saga* ou lenda + indígena, *rana*, significando *à maneira de*), publicado em 1946. Perdendo em concurso literário da Livraria José Olympio editora, para Luís Jardim, onde estava, entre os jurados, Graciliano Ramos, de temperamento seco, oposto ao de Guimarães, que não teve a percepção da grandeza roseana, mas não deixou de reconhecer nele o maravilhoso fabulista. Mas revela quanto os concursos estão sujeitos mais ao gosto dos jurados que das obras concorrentes. Não sucedera o mesmo com Fernando Pessoa, com M*ensagem*?

Mas a respeito da publicação de várias obras de Guimarães Rosa, todas magistrais no mesmo ano, Paulo Rónai salienta que

> Só admitindo uma estratégia consciente podemos compreender o lançamento em 1956 de não um, mas de vários romances (que qualquer outro autor teria lançado em livros separados), nos dois volumes monumentais de Corpo de baile. Se o nosso autor tivesse assumido o grave risco de ser esquecido, unicamente para preservar a unidade da obra, não a teria, a partir da terceira edição, dividido em três volumes de títulos diferentes (Manuelzão e Miguelim; no Urubuquaquá, no Pinhém; Noites do Sertão).[1032]

E seu genial romance *Grande sertão: veredas* era uma novela que faria parte de *Corpo de baile* e dali se desvencilhou e cresceu com tamanha força, que explodiu em vasto livro, que, segundo entrevista a Benedito Nunes (no Itamaraty, novembro de 1996), escreveu num transe, "gritando e dançando em movimento contínuo pela sala", comprovando o que

---

1032. RÓNAI, Paulo. **Seleta de João Guimarães Rosa**. Rio de Janeiro: José Olympio, 1978.

o imaginoso e genial João Guimarães dissera: "Quando não encontro a palavra, eu a crio."[1033] Ou ela se criava nele, cabendo-nos mais entendê-lo, do que explicá-lo. E não são sucedências, são acontecidos bruscos. Com diferença de livro e universo. É o caso de *Tutameia (Terceiras estórias)*, com magnífico Prefácio (*Aletria e hermenêutica*), espécie de testamento. Contém alguns fascinantes contos como *Grande Gedeão, João Porém, Barra da vaca*, o luminoso *Retrato de cavalo* (*o cavalo de terrível alma*), *Melim-Meloso*. Entretanto é o livro em que se petrifica o processo criador de Rosa. O que vigorava com matinal fulgor nas *Primeiras Estórias* e mesmo em *Estas estórias*. *Tutameia* é um relato já cansado. Menor, no que tange ao seu poderoso trajeto. Comparável ao *Museu de Tudo*, de João Cabral de Melo Neto, na poesia. Inegável é o direito do criador a esses corredores de pouso e descanso. Ainda assim, a faísca do gênio se delineia. Heitor Cony observa, com sua agudeza proverbial, que "todos cobram dele (Rosa) a genialidade, sentindo-se ele comprometido a dar mais gênio, a pingar mais luz."[1034] Vale registrar momentos inesquecíveis do arsenal roseano. Exemplos: *João Porém, o criador de perus, Como ataca a sucuri, Azo de almirante, Grande Gedeão, O outro ou o outro, Retrato de cavalo* e *Curtamão*... Paulo Rónai[1035] explica "como entender o título do livro? No *Pequeno dicionário brasileiro da língua portuguesa*, encontramos tuta-e-meia definida por Mestre Aurélio como "ninharia", quase nada, preço vil, pouco dinheiro". Numa glosa da coletânea, o próprio contista confirma a identidade dos dois termos, juntando-lhes outros equivalentes pitorescos, tais como "nonada, baga, ninha, inânias, ossos de borboleta, quiquiriqui, mexinflório, chorumela, nica"... Rosa, para quem escrever tinha tanto de brincar, quanto de rezar, antegozava a perplexidade encontrando prazer em aumentá-la." Sendo levantável o

---

1033. GUIMARÃES Rosa, João.**Tutameia**. Rio de Janeiro: Nova Fronteira, 1985.

1034. CONY, Carlos Heitor. **Chaplin e outras histórias**. Rio de Janeiro: Topbooks, 2012. p. 205.

1035. RÓNAI, Paulo. **Seleta de João Guimarães Rosa**. Rio de Janeiro: José Olympio, 1978.

aspecto de desconstrução do discurso, qual seja, o uso dos clichês e suas mutações. E o prefácio do autor ao próprio livro, é uma espécie de justificação de seu mecanismo lúdico. E o humor: " – Joãozinho, dê um exemplo de substantivo concreto." " – Minhas calças, Professora." " – E de abstrato?" " – As suas, Professora." Sintetizando ao final de "Aletria e Hermenêutica", a sua visão e a exuberância da sombra de suas palavras: "O livro pode valer pelo muito que nele não deveu caber". E, ao defender a estória contra a história, propugna a fuga da narrativa do diapasão caduco das ideologias e da política, o que não a retira da história, onde se incorpora, como processo imaginário de um tempo vivo.

E são fábulas todos os contos e novelas roseanas, que vão da infância dele à infância do mundo. Mais do que pensamentos, os aromas têm pensamentos em Guimarães. E o clima é o de um jardim do inefável, onde o amor, a ingênua bondade, a fatalidade e o infinito transpõem a *terceira margem*, ou a travessia da sina para o idioma. Como esta epígrafe: "O que um dia vou saber, não sabendo, eu já sabia."[1036] Por estar de viagem. E subjugou os leitores simultaneamente pela qualidade e quantidade, arremessando-lhes, de uma vez, uma *Suma* inteira, o seu *Corpo de baile*, atirados num verdadeiro labirinto. Daí o comentário de alguns é de que seria de editorial e mais lógica prudência deixar tempo à crítica e ao público para digerirem o substancial alimento. Entretanto, poucos meses depois, no mesmo ano, lançou sua obra mais vasta, *Grande sertão: Veredas*, "o primeiro romance metafísico da literatura brasileira."[1037] Nesse título, há uma determinação na indeterminação. Delineia dois mundos – a fala erudita e a regional. Compondo-se de: 1. O Sertão; 2. O Pacto; 3. A Jagunçagem; 4. Riobaldo; 5. Diadorim; 6. A Travessia (não esquecendo que também Riobaldo é a própria travessia); 7. A presença quase constante de um Interlocutor – O Senhor Meu Quelemém.

1036. GUIMARÃES Rosa, João. **Grande sertão**: veredas. Rio de Janeiro: Nova Aguilar, 1994.

1037. GARBUGLIO, José Carlos apud RÓNAI, Paulo. **Seleta de João Guimarães Rosa**. Rio de Janeiro: José Olympio, 1978.

Rosa considerava-se não um revolucionário, mas "reacionário da palavra", por voltar à origem do idioma, à fonte da fala, operando momento mágico, onde se aprumava a linguagem. O que chamo de "estado de alma". E, como a língua, na vida do Sertão nada é terminado.

Depois de seis anos ressurge com *Primeiras estórias*, mestre entre os maiores, do conto contemporâneo. Para Graciliano Ramos, "animalista notável. Seus animais são criaturas humanas, como os de numerosos escritores que se ocupam de bichos falantes e pensantes; a cobra que aparece de pele nova é parente da Kaa de Kipling. Isto não lhes tira a verossimilhança." Rosa principiou a publicar aos 37 anos, o que denota exigência, embora tivesse ganho um prêmio de poesia da Academia Brasileira de Letras, com *Magma*, que apenas saiu muitos anos depois de sua morte e que não revela a não ser fugidia sombra do grandíssimo inventor (poundianamente falando) do que viria tornar-se como ficcionista. E, pelo insólito, é uma espécie de Gruta Maquiné da literatura brasileira. Precisando espaços largos para desenvolver sua poética do romance, estilizou a linguagem caipira, ouvindo e registrando a fala do sertão entre vaqueiros. Diz Guilhermino César que, os personagens roseanos, é pela cabeça que se distinguem. Não importando serem ou não jagunços, criaturas de um mundo misterioso, cósmico, onde "só se pode renová-lo, renovando a linguagem"[1038] (salientou Guimarães na entrevista dada a Gunther W. Lorenz). Por saber que a inovação precisa de carregar a criação em balde jovem que segura água. Não se devendo jogar fora balde velho, só por ser velho – no dizer de um provérbio sueco. Pois a criação não comete desperdício. E, em literatura como a nossa, que não se caracteriza pelo pensamento, Rosa traz o *Sertão* como centro de um drama fáustico, périplo de aventura nas lideranças (Medeiro Vaz, Zé Bebelo e Riobaldo) dos jagunços, em bando, na vindita contra o sinistro Hermógenes e seu grupo, perseguido desde o assassinato por traição contra o chefe-guerreiro,

---

1038. COUTINHO, Eduardo; ROSA, Guimarães João. **Entrevista de Guimarães Rosa a Gunter Lorenz.** Rio de Janeiro, Civilização Brasileira, 1983, p.72.

Medeiro Vaz. Ao final, o bando inimigo e seu comandante do Mal, Hermógenes, são vencidos, morrendo Diadorim (Dia-do--Fim e o fim do Dia é a noite do amanhecer em sol), mulher, que se escondia sob as vestes de valente jagunço. Sem nos esquecermos do nascimento do amor platônico entre Riobaldo (rio São Francisco, rio gasto e o rio exaurido até então da ficção nacional) e Diadorim (a Morte), companheira fuzilada no combate e que era "mulher como o sol não acende a água do rio Urucuia"[1039], com o soluçar de Riobaldo, por ela, no desespero. Riobaldo muda de vida, contando o que passou ao seu Compadre Quelemém (o acontecido, Aquele que é o Amém, como se fosse o julgamento de sua existência diante do grande Julgador, O Cristo). Riobaldo acaba ficando com sua noiva, Otacília. E observe-se que Riobaldo não é um ser aprontado. Vai-se completando, caminhante, aos vacilos das margens, nas marés das dúvidas, devaneios, amorios, tomando avanços. Até ser Chefe. E pactuar. Jamais perde a perplexidade, porque o que vai mudando é o fluxo e discurso da vida. Ou melhor, capturar a vida, fugindo do lugar-comum, que, para ele, "nunca se confundia com a simplicidade", buscando a beleza e as virtualidades da língua, na camada erudita ou popular, como era falada em Minas, fazendo-a mais plástica e flexível. E isto é fundamental: não cogitou em literatura, ao escrever; foi a literatura que o cogitou, ao atingir a matéria viva. E nesse lance e noutros de intermitente invenção, sua narrativa segue por desvios, por meadas, de palavra em palavra, de tecido em tecido, de claridade em claridade. Entre casos (e porque não os "causos" do Romualdo, de Simões Lopes Neto), num tapete de mil-e-uma-noites como a Rapsódia da condição humana do sertão da alma. Sim, por esses absolutos, há uma procura do Graal, sob veste alegórica, que é o esforço para o conhecimento de Deus. E o Graal em Rosa emerge no Supremo Bem, que em cadeia se confronta com seu oposto, o Mal. Porque a ambiguidade não está em Deus, está no inacabável circuito narrativo. É por isso que Rosa afiançava: "Vivo

---

1039. GUIMARÃES Rosa, João. **Grande sertão**: veredas. Rio de Janeiro: Nova Aguilar, 1994.

no infinito, o momento não conta."[1040] Não contava. E por detrás dos protagonistas, outros, como silhuetas ou mitos, numa velada Rapsódia de períodos da história e sociedade brasileira: os brasis do tempo entrecobertos. Sob a névoa do idioma. Porque não é apenas Diadorim a neblina é também a história que se escoa nos meandros das estórias. "Um passarinho que faz seu ninho tem mãos a medir?" – confessa adiante em *Ave, palavra* – e não possuía limites na mão da palavra. O que revela o seu processo de ir des(a)fiando os voos, inventando palavras sempre saborosas – pois não se contentava com o léxico existente – inventando de tanto desinventar, degustando o som, a cor, o ritmo, a velocidade das imagens. Não seria esse o imenso livro das imagens que puxam imagens e puxam rios de aves ("lá se dão os pássaros") para a dimensão de um tempo perene – o da linguagem? Usou o processo joyceano, mas ao avesso. Joyce misturava palavras, compondo outras. Rosa mistura imagens, traduzindo-as em outras, como se camadas se permeassem na construção que se desconstrói, para sempre edificar-se, como um sertão sem fim. O da travessia. O rio Francisco é o tempo. Onde entra a presença proustiana nas clareiras da memória, nos acesos atalhos. E a de Dostoievski na análise do Mal, que, em *Irmãos Karamazov* anota: "Onde nada existe, mesmo o diabo perde todo o direito."[1041] Havendo o pacto de Riobaldo, diverso do que se cumpriu com o Fausto goethiano, que troca a alma pela ciência. Efetua-se em dois lances: no primeiro o pactário não tem mais referência ("Uma coisa, a coisa, esta coisa: eu somente queria era-ficar sendo!"[1042]) e, no segundo, é a transformação do terror em amanhecer ("Foi orvalhando... Eu encostei na boca o chão, tinha derreado as forças comuns de meu corpo..."[1043]). Riobaldo

---

1040. GUIMARÃES Rosa, João. **Grande sertão**: veredas. Rio de Janeiro: Nova Aguilar, 1994.

1041. GUIMARÃES Rosa, João. **Grande sertão**: veredas. Rio de Janeiro: Nova Aguilar, 1994.

1042. GUIMARÃES Rosa, João. **Grande sertão**: veredas. Rio de Janeiro: Nova Aguilar, 1994.

1043. GUIMARÃES Rosa, João. **Grande sertão**: veredas. Rio de Janeiro: Nova Aguilar, 1994.

existe em função de Diadorim, como o amador existe para o ser amado. E o Quixote não se aparta de Sancho Pança até o fim de suas peripécias. Embora os extremos nem sempre se choquem. Se o fosse, seria espelho cego, movente, igual ao redemoinho. Espelho escuro, com o coração também escuro, salvo se a linguagem dos escuros roseanos seja invisível espelho, onde se amoita atilada e fidalga claridade. E não se diga que o relato é extraordinário: extraordinário é o uso da linguagem e a ideação dos protagonistas. Como sucede com *Madame Bovary, Crime e Castigo* - e a observação dessa dimensão nas obras-primas é de Carlos Heitor Cony. O contar de Riobaldo, com seus jagunços, na travessia do Sertão, é a travessia de outro, o da alma. Entre atalhos e veredas. Achando o referido autor de *Quase memória*, relação do *Grande Sertão: Veredas*, de Rosa, com o *Dr. Faustus*, de Thomas Mann, que persegue a obra-prima, vendendo a alma ao demônio para conseguir a música desejada e recuperar a mocidade. Rosa não se preocupa com o conhecer que lhe parece insuficiente, mas com a linguagem, que o eterniza. O jagunço Riobaldo e o compositor Leverkuhn se confundem na busca, não no objetivo. O compositor, minado de sífilis, torna-se idiota, e Riobaldo, entre delírios, é um caipira meditativo e estéril, que intenta o sobrenatural e metafísico. Mas a criação roseana não é catalogável pela alteza do gênio. Atinge instantes do sublime. O que pode ocorrer em outras obras é a aproximação ou afinidades eletivas. Alega Cony que a alguns críticos suscitam suspeição sobre o veredito inicial de *Grande Sertão: Veredas* como obra-prima, átrio do gênio. Por ser certo ostracismo um denominador comum no começo para as grandes criações humanas. Diz o pensador romeno, Cioran, que "o que é vivo faz ruído."[1044] O que é muito vivo faz mais ruído ainda. E toda regra tem exceções. E algumas delas nos veem: *Cem anos de solidão*, de García Márquez, que foi reconhecido, ao ser editado. Igualmente, *Pedro Páramo*, de Juan Rulfo, mostrando que o nosso tempo tem sede de genialidade, mesmo que seja uma palavra aborrecida para os medíocres. Não interessando se o

---

1044. CIORAN, Emil. **Oeuvres**. Coleção Quarto. Paris: Gallimard, 1995.

Grande Sertão: Veredas é o grande livro de um povo, importa que seja, como de fato é, um monumento de nossa literatura. Que se impôs como monumento, não de uma nova língua, mas do sertão de uma linguagem que Rosa traduziu de si mesmo para o mundo. E *Grande sertão* se desenrola, entre episódios antológicos, como o do *Julgamento de Zé-Bebelo* (com o predomínio de uma justiça civilizada sobre a selvagem, cabendo ao dito réu o desterro do convívio dos "bandos") ou a batalha que vai em páginas contra os de Hermógenes e os tiros e o redemoinho e o cavalgar dos cavalos, com as cenas no processo cinematográfico, tendo em vista a poderosa visualidade. Inclusive, o tiroteio final. O livro se nutre de muitas margens, como se a consciência conspirasse contra o delírio. "Cachorro correndo os ventos". "Pouco se vive, e muito se vê... Reperguntei qual era o mote. – Um outro pode ser a gente; mas a gente não pode ser um outro, não convém."[1045] Muitos enredos como círculos da narrativa. E esses relatos, círculos de céus de idiomas descobertos. "Conto o que fui e vi, no levantar do dia. Auroras."[1046] (*Dia-depois-do-Fim*) "O senhor não creia na quietação do ar. Porque o sertão se sabe só por alto. Mas, ou ele ajuda, com enorme poder, ou é traiçoeiro muito desastroso..."[1047] Porque tudo se descobre, tudo é o desconhecido, tudo é o inventável. Por ser Guimarães Rosa "escritor absolutamente singular em nossas letras contemporâneas, mas ainda em toda história de nossa literatura" – escreveu sobre ele Tristão de Athayde. Com vocação de quem sabe compor partituras – porém, as palavras não podem ser apenas palavras, que se acham por primeira vez, palavras que carecem de voar, carecem de serem música, carecem de serem inacabáveis como os homens. A descrição é vertiginosa igual ao repuxo do São Francisco, levando de roldão o que lhe vai resistindo: "Ah, não; mas vi que Diadorim, de ódio, ia pular nele, puxar faca.

1045. GUIMARÃES Rosa, João. **Grande sertão**: veredas. Rio de Janeiro: Nova Aguilar, 1994.

1046. GUIMARÃES Rosa, João. **Grande sertão**: veredas. Rio de Janeiro: Nova Aguilar, 1994.

1047. GUIMARÃES Rosa, João. **Grande sertão**: veredas. Rio de Janeiro: Nova Aguilar, 1994.

Só fiz fim: num tirte-guarte: atirei, só um tiro. O Ricardão arriou os braços, deu o meio do corpo, em bala varado. Como no cair, jogou a sua perna para lá e para lá. Como caiu, se deitou. Se deitou, conforme quase não estivesse sabendo que morria; mas nós estávamos vendo que ele já morto já estava." De repente não se sabe se estamos em prosa, ou se em poesia, ou se no rio, aquele, de que fala Cioran, o das "coisas profundas que não necessitam de originalidade"[1048], exatamente por já a terem dentro de si, respirando. Só não é possível nunca superar a palavra, porque ela se reproduz, à proporção com que se imagina. Por perceber que "a vida não é entendível". E, se as perguntas se desconfiam de si mesmas nas respostas, Riobaldo é um ser perguntante, por excelência, um inquisidor de absolutos. Até o Absoluto mesmo nos inquirir. "Amigos somos. Nonada." *Nonada* que é tudo. Nada vem do nada. Nada não é Sertão: é *tudo*. Guimarães Rosa se tornou o Sertão, assim que o representou, tendo aprendido a fugir dos códigos da escrita, ou de sua extrema racionalidade, colocou o pé na fala oral, com o sonambulismo de um desobediente das regras. E a palavra arqueia sob o divino, enfiada nas veredas labirínticas de seu próprio processo, atrás do mito, ou o mito muito atrás dele, sempre com Rosa intermediário da língua, trazendo senso de incomum mistério. E os jagunços só são reais, enquanto mágicos no mundo mítico. "E o mito é o nada que é tudo"[1049], segundo Fernando Pessoa. E o mito existe para que a imaginação se alongue. O filósofo italiano, Giorgio Agamben, em *Profanações* adverte:

> Sabe-se que as esferas do sagrado e do jogo estão estreitamente vinculadas. A maioria dos jogos que conhecemos deriva de antigas cerimônias sacras... A potência do sagrado reside no mito que narra a história com o rito que a reproduz e a põe em cena. O jogo quebra essa unidade como o ludus, ou jogo da criação.[1050]

1048. CIORAN, Emil. **Oeuvres**. Coleção Quarto. Paris: Gallimard, 1995.

1049. PESSOA, Fernando. **O eu profundo e os outros eus**. Rio de Janeiro: Nova Fronteira, 2006.

1050. PESSOA, Fernando. **O eu profundo e os outros eus**. Rio de Janeiro: Nova Fronteira, 2006.

O amor entre Riobaldo e Diadorim entra na esfera do jogo, para tornar-se mito. Uma paixão aparentemente proibida, que não se concretiza nunca, que vai também como "neblina": "O nome de Diadorim, que eu tinha falado, permaneceu em mim. Me abracei com ele. Mel se sente é todo lambente. Diadorim, meu amor."[1051] Ou Riobaldo confessa: "Ela tinha amor em mim. E aquela hora do mais tarde...Fim que foi."[1052]

Quanto ao relacionamento entre Riobaldo e Diadorim, não sob o ponto de vista da homossexualidade que se desfaz com a descoberta da feminilidade (Diadorim era Diadorina), leva alguns a acharem a solução roseana moralista, no que discordamos. A solução foi admiravelmente ficcional, repito, sob esse ponto de vista acompanhamos o pensamento do escritor italiano, Cláudio Magris, para quem "o amor casto do narrador (Riobaldo) por Diadorim faz perceber que a gente não se apaixona por um sexo e sim por uma pessoa."[1053] E é ele próprio que denomina o *Grande Sertão*

> [...] um livro inacreditável. Temos a sensação da unidade da vida, da amizade. E, ao mesmo tempo, deparamos com uma incrível capacidade de inventar a linguagem sem deixar de ser compreensível. Acho que o Grande Sertão ainda não é suficientemente conhecido. É homérico. É inacreditável.[1054]

Sim, ali o amor se faz mito e a realidade se cumpre com o casamento do personagem com Otacília, a pretendida. Guimarães Rosa joga na paixão de Diadorim e Riobaldo, penetra no solar do sagrado, como se fluísse para a transgressão, o profano, e os ilumina entre as sombras do irrealizado. Rosa cria um clima da possível homossexualidade, que se faz platônica. Machado, em *Dom Casmurro,* gera o clima do adultério de Capitu,

---

1051. GUIMARÃES Rosa, João. **Grande sertão**: veredas. Rio de Janeiro: Nova Aguilar, 1994. p. 114.

1052. GUIMARÃES Rosa, João. **Grande sertão**: veredas. Rio de Janeiro: Nova Aguilar, 1994. p. 116.

1053. MILAN, Betty. **A força da palavra**. Rio: Record, 2012. p. 284.

1054. MILAN, Betty. **A força da palavra**. Rio: Record, 2012. p. 284.

que é a transgressão, resvalando do sagrado para a mitificação da protagonista e sendo gênio infinitamente pequeno, vai-se nutrindo de miudeza ou no velado pormenor, sempre pontuado de mistério. O mito não passa de um mistério que passa a ser sagrado. E sua plumagem é da duração. Reitero: os jagunços só são reais, enquanto mágicos no mundo mítico. Assim também Riobaldo e Diadorim. Banhados neste rio mítico, ao lê-los nos tornamos personagens, sendo a criatura mais vivente deste livro, a palavra. Outra questão. O bestiário maravilhoso em Rosa, além da atuação de crianças de estirpe riquíssima, "dotadas de dons sobrenaturais", como adverte Benedito Nunes.[1055] Recorde-se *Miguilim*: "desengolia da garganta um desespero. – Chora não, Miguilim ... Ele doidava de não chorar mais e de correr por um socorro. Correu para o oratório e teve medo dos que ainda estavam rezando. Correu para o pátio, chorando no meio dos cachorros."[1056] Ou este outro trecho:

> Mas daí rodando como quem não quer, o gato Sossõe principiava a se esfregar em Miguilim, depois deitava perto, se prazia de ser, com aquela ronqueirinha que era a alegria dele, e olhava, olhava, engrossava o ronco, os olhos de um verde tão menos vazio – era uma luz dentro de outra, dentro doutra, dentro outra, até não ter fim.[1057]

Sim, o bestiário roseano é espantoso. Escreveu Goethe: "A natureza esconde Deus! Mas não a todos." E Deus esconde a natureza também – não a todos. A Guimarães Rosa nada dela se ocultou. Designa o nome infinito de pássaros, bichos, plantas, árvores. O *Sertão dos gerais* em sua pena tem uma fauna e flora variadíssima. A cosmogonia é a de uma natureza que sabe de Deus. Mais do que isso. É de uma natureza que na linguagem Deus sabe dele. E se acorda.

1055. NUNES, Benedito. **O drama da linguagem, uma leitura de Clarice Lispector**. São Paulo: Ática, 1989.

1056. GUIMARÃES Rosa, João. **Grande sertão**: veredas. Rio de Janeiro: Nova Aguilar, 1994.

1057. GUIMARÃES Rosa, João. **Grande sertão**: veredas. Rio de Janeiro: Nova Aguilar, 1994.

Observou Pedro Salinas, nos seus *Ensayos de literatura hispánica*: "Toda grán novela deriva hacia una forma simbólica."[1058] Sim, tudo é simbólico na criação roseana, por ter um cosmos próprio, uno, harmonioso. Até as epígrafes têm sentido, ligando-se ao que ele diz ou ao seu universo interior. Nada é solto, mas se encaixa no Todo. Compõem as epígrafes, fios telegráficos, onde andorinhas fazem o verão de outro contexto consanguíneo e paralelo. Seu ritual é o épico – concorde-se ou não – existindo as suas criações mais longas como rapsódias, feitas para serem lidas em voz alta, como a dos aedos. O medievo e a idade de ouro, cavalheiresca, mais lírico que irônico, entre cortesias domina seu território vasto. E lembramos outro aspecto não observado: o autor, ao fazer o herói Riobaldo chamar Diadorim de "Minha neblina!", sugere num rapto simbólico (simbolismo), a visão dos castelos, a dama, a medieval, encantada e gentil névoa (igualmente território do mágico e tavolar Merlin) dos cavaleiros andantes. Ou abre o diálogo no maravilhoso entre aqueles cavaleiros e os seus guerreiros conviventes do sertão. E, se já foi arrolado pela crítica o anarquismo de James Joyce, não é o mesmo seguido por Guimarães Rosa, de mundo harmonioso, ainda que paradoxal. São duas civilizações, a do dublinense – uma Europa que se vai esgotando e a do brasileiro, idade de ouro fabular e virgiliana, iniciando a estirpe cavalheiresca dos Gerais. A invenção de linguagem de um, não é a do outro, que se apartam por etimologias e universos entre si distintos. Sim, Guimarães Rosa, em seu texto de espantos, desconhece pequenez, mesquinheza de vida. Nele, como propunha Thomas De Quincey, "as palavras são encarnações das coisas." E as coisas, encarnações do tempo. A duplicidade é cumplicidade, e esse recorrer inventivo prolonga-se *ad infinitum*. Os aforismos povoam toda a sua obra, o que é cervantino. Às vezes a simples mudança de lugar de um vocábulo dá novo conteúdo, ou melhor, outra atração de fascínio ao que o lê nas descobertas. Também demarca a epicidade, com a presença do povo pelos ditados, refrãos, provérbios, alguns com o sabor da própria boca da gente sertaneja, origem de poesia. Daí porque o social e a estória, como falamos no início, geram

---

1058. SALINAS, Pedro. **Ensayos de literatura hispânica**. 2. ed. Madrid: Aguilar, 1967.

a história, independente da vontade do autor. Sua mística rimbaudianamente é "em estado selvagem"[1059], outras vezes, civilizado e outras, ainda, excessivamente civilizado, sem pesar na ossatura de cisternas ancestrais, sempre míticas, mutantes. Plotino é seu guia; Platão é outro, de mesmo afluente, mencionado em *Tutameia*: "Deus é curvo e lento"[1060] – assunta João Guimarães. A curvatura, sim, é a marca registrada do Senhor (seja no ventre, seja no horizonte, em todas as obras terrenas), porque a completude, o círculo está na dimensão do invisível ou da Eternidade. Nem sempre é lento. Ele tem o seu tempo, onde opera. É lento se assim Ele dispor, no tempo de que dispomos de viver, porque somos como *maçãs* – afirmava Davi. Mas é velocíssimo na sua revelação, como assegura o Salmo 68:4 – "Louvai aquele que vai sobre os céus, pois o Seu nome é JÁ!" E esse *já* na narrativa não cessa mais de existir. Rosa guarda raízes de Edgar A. Poe e Charles Baudelaire, tocado de angelismo ao traçar da meninice. Aliás, há uma angelitude nos personagens-crianças de todos os seus livros, certo de que o menino é o senhor do homem. Miguelim, por exemplo, é um anjo de contemplação diante do trono de um mundo dolorido e perplexo. E Guimarães Rosa consegue certo "messianismo imanente", previsto por Giorgio Agamben[1061], ao dar às suas criações a capacidade equivalente à das crianças de jogar e brincar com as palavras, a invencível magia, o ar de bem-aventurança.

Se o folclore toma o seu fundo arqueológico, a arqueologia é seu fundo de realidade pulsante. A corrente que vem, em nossa literatura, de Alencar e se alarga em Simões Lopes Neto e vai aos *Sertões*, de Euclides da Cunha, passando em Cobra Norato e *Macunaíma*, agora acha seu estuário neste *Continente continuum*, com potência cosmogônica de um Hesíodo brasiliano, caindo no vale sublime dos arquétipos, ou inconsciente coletivo. Entre sono e sonho, com sua teologia de ressurreição. "Tudo sai

---

1059. GUIMARÃES Rosa, João. **Tutameia**. Rio de Janeiro: Nova Fronteira, 1985.

1060. GUIMARÃES Rosa, João.**Tutameia**. Rio de Janeiro: Nova Fronteira, 1985.

1061. AGAMBEN, Giorgio. **Profanações**. São Paulo: Boitempo, 2007.

é mesmo de escuros buracos, tirante o que vem do céu" anota o percuciente Franklin de Oliveira[1062], estudioso esplêndido de Rosa. E o mineiro de Cordisburgo amplia o seu campo temático (por isso, lembramos nós, o nome com que ele designa essas estórias – *Campo geral*), "enriquecendo-o com a incorporação de mundos da infância e do sexo, em *Corpo de baile*, com várias novelas que se bifurcam como os jardins labirínticos de Borges"[1063] E acrescemos: aprofundando à exaustão, unidos ao tema do guerreiro andante, à paisagem ricamente diversificada dos Gerais, no São Francisco amazônico, arcaico e rejuvenescente do *Grande sertão: veredas*. O transe de símbolos e metáforas emerge da consciência, com a erosão dos gêneros, ao misturá-los, onde o subsolo é o solo deste tempo de intensidade. "Pois atira bem, quem atira com o espírito."[1064] Aberto, extrospectivo com os amigos, de generosidades e afetos, defendia-se no reduto da introversão, para proteger-se de investidas dos intrusos, para não dizer bárbaros. Sua *Correspondência* com os tradutores – o alemão co-genial, Curt Meyer-Clason e o italiano Edoardo Bizzarri, expandem a percepção de acuidade da alma roseana (ambos livros editados pela Nova Fronteira; o primeiro com o apoio da ABL e o segundo em convênio com a Editora UFMG).

Gênio linguístico, espírito universal, Guimarães Rosa nasceu em Cordisburgo, Minas Gerais, em 27 de junho de 1908. Formou-se em Medicina e, tornando-se Oficial-médico do 9º Batalhão de Infantaria, reside em Barbacena. Mais tarde ocupou o cargo de Cônsul Adjunto em Hamburgo, na Alemanha, em 1938, e, voltando ao Rio, assumiu o posto de secretário da Embaixada do Brasil em Bogotá (1942). Retornando ao Rio de Janeiro, dirigiu o Serviço de Documentação do Itamaraty (1945). Em 1951, foi chefe de gabinete, pela segunda vez, do Ministro João Neves da Fontoura, seu antecessor na Academia Brasileira de Letras, para a qual foi eleito em 8 de agosto

---

1062. OLIVEIRA, Franklin de. **A dança das letras**: antologia crítica. Rio de Janeiro: Topbooks, 1991.

1063. BORGES, Jorge Luis. **Obras completas**. São Paulo: Globo, 1998-1999.

1064. GUIMARÃES Rosa, João. **Grande sertão**: veredas. Rio de Janeiro: Nova Aguilar, 1994.

de 1963, tomando posse apenas em 16 de julho de 1967, por uma estranha premonição de tempo findo, ficando três dias depois *encantado*, como previra. E sua obra é que se acorda cada vez mais para o futuro. Porque "escrevia para a Eternidade" – dele diz Clarice Lispector numa carta para Fernando Sabino. E, em contrapartida, o testemunho de outro contemporâneo, João Cabral, sobre Guimarães Rosa é elucidativo:

> Tinha o gênio. Um gênio que nem sempre Joyce tinha. Joyce quando inventava uma palavra, essa palavra não parecia irlandesa. Essa palavra parecia cosmopolita. Agora, quando Guimarães Rosa inventa uma palavra, essa palavra parece caipira de Minas. Eu o conheci muito bem, e ele falava para você: – Não, essa palavra eu fiz.[1065]

Lembro-me de que quando saiu *Corpo de baile* eu estava no Itamaraty, e ele então me perguntou: '"Em que parte você está? ... Você já passou naquele pedaço? É um conto muito bonito em que tem uma onça ameaçando um rebanho de gado. Então o touro fica no meio, cercado pelas vacas, e fica em pé para enfrentar a onça, se ela ousar se aproximar das vacas ao redor dele. ... Parece que a onça avança e o touro mete uma chifrada nela, e está claro que o sangue jorra, ou sai um jato, o sangue brotou como um jato, a ideia é essa. Você viu que no fim daquela frase tem um ponto de exclamação?' Eu digo: 'Vi'. 'Agora você não notou no livro que o ponto de exclamação está diferente?' Eu digo: 'Não, por quê?' Ele disse: 'Porque o ponto de exclamação tem um ponto antes e um ponto depois.' (Nota: .!.) Eu disse: 'E daí?' E ele: 'É para dar uma ideia de jato. Quer dizer, é um negócio fantástico, ninguém reparou nisso'. E eu notei porque Rosa me chamou a atenção". Isso mostra o cuidado de Guimarães nas onomatopeias e até nos sinais linguísticos para aperfeiçoar ou mesmo fluir mais forte o texto. E sua esfera é a do simbólico, concretizando o que

---

1065. MELO NETO, João Cabral; ATHAYDE, Félix. **Ideias fixas de João Cabral**. Rio de Janeiro: Fundação Biblioteca Nacional, 1998.

dizia Léon Bloy: "Todo homem é simbólico, e é na medida em que ele é símbolo que ele é vivo."[1066]

Entretanto, cabe um senão que pode avultar em alguns casos que a invenção do criador é tão particular, tão hermética, que fere o princípio de universalidade do signo linguístico, cujo objetivo é a comunicação, seja com o leitor na literatura, seja com os motoristas com os sinais de trânsito. Se o signo é apenas discernível na cabeça do inventor, já nasceu morto, por mais radioso ou genial que seja. Toda a invenção gira em torno de limites, quais sejam, pela comunicação, pelo entendimento, e, infinita, a invenção há de passar pelo bojo da finitude. E os sinais gráficos se vão extinguindo como espécimes de animais da pré-história. Ou eles são como despensas na cozinha da casa. Alguns perguntariam: Por que não ter despensas? A economia da modernidade está retirando das plantas dos apartamentos (nem falo em casas, o que é luxo) as despensas. O único perigo é o do artifício pelo artifício – o que acompanha os inventores (ele era um deles), salvo, no entanto, pelo gongo da naturalidade, próxima do linguajar de sua gente, que exaltava, reinventando. E Rosa quase sempre escapava do artifício, por entrar de alma no povo, na raiz do verbo, no caule da fala. Diga-se, também, à margem. Guimarães Rosa possui um lado sonoroso, extravagante, por saborear do som vocabular, sendo às vezes pernóstico na erudição. Encobre afetação com alguns neologismos que inventa, a maioria se integra no corpo da linguagem, como se proviesse dela, podendo ocorrer no excesso, afetação neológica. Tão grande e inegável era o gênio linguístico e poético, a intensidade, que pode não ter sido bom para si mesmo – esse tanto inventar fora da língua, gerando outra língua, um dialeto no idioma, com o risco de num vão, desinventar-se. Infelizmente, *Tutameia* é um esgotamento, apesar das grandezas (o prefácio interessantíssimo, algumas estórias). Hemingway indaga sobre Faulkner: "Será que ele realmente pensa que as grandes emoções provêm de grandes

---

1066. FARIA, Octavio de; BLOY, Léon. **Léon Bloy**. Paris: Éditions Tournon, 1968. p. 254.

palavras?"[1067] Essa mesma pergunta pode ser feita a Guimarães Rosa e a resposta haveria de ser: as grandes emoções – para o autor de Sagarana – não provêm das grandes palavras. São as grandes palavras que provêm das grandes emoções. Seu riquíssimo arcabouço verbal não se constitui sozinho de palavras velhas, simples, novas ou melhores, mas de poderosa energia espiritual que as alimenta. Como em Euclides, de *Os sertões*, há em Rosa de *Grande sertão: veredas*, por vezes, a grandiloquência de um Coelho Neto, ou defeitos ou cacoetes estilísticos do abuso de desarticulações sintáticas, contrações ou elipses, com certa mecanicidade, mas vence a razão criadora que leva tudo de arrasto, tal as lavas de um Vesúvio, na alegoria do mito e do sobrenatural, provando que o "estilo não é o homem"[1068], como queria Buffon, o estilo é o gênio. Qualquer semelhança estrutural do *Grande sertão: veredas*, com *Os sertões*, como quer Antonio Candido, pelos componentes: *terra, homem e luta*, é uma generalização que não permite determinar, considerando que tais componentes preexistem em *O tempo e o vento*, de Veríssimo, e no *Fogo morto*, de Zé Lins, e nem por isso são ressonâncias da obra mestra euclidiana.

Finalizamos, não sem antes transcrever o dramático relato de Alberto da Costa e Silva, em *O pardal na janela*, sobre os últimos momentos daquele que foi Guimarães Rosa:

> Estava sozinho, quando se sentiu mal, muito mal. Telefonou para a sua secretária e grande amiga, Maria Augusta de Carvalho Rocha, e lhe disse que começava a morrer. Maria Augusta rogou-lhe que desligasse, a fim de que ela pudesse chamar um médico. Ele argumentou com a inutilidade do gesto e continuou a falar-lhe, como se, poeta, lhe fossem essenciais a voz e o ouvido naquela hora em que, "inteiro, pronto de suas próprias profundezas" se passava "para o lado claro, fora e acima de suave ramerrão e terríveis balbúrdias."[1069]

1067. FAULKNER, William apud CHACON, Vamireh. **O poço do passado.** Rio de Janeiro: Nova Fronteira, 1984.

1068. GUIMARÃES Rosa, João. **Grande sertão**: veredas. Rio de Janeiro: Nova Aguilar, 1994.

1069. COSTA E SILVA, Alberto da. **O pardal na janela**. Rio de Janeiro: ABL, 2001. p. 175.

Guimarães Rosa, certa vez, em entrevista a Gunther Lorenz, assegurou que sua maior ambição era criar um dicionário. E que cada palavra é na sua essência, um poema. Mas nem todo poema é uma palavra: carece de fechos (e o termo é seu). Como os sonhos, não são fatores solitários. E Guimarães foi, como todos os grandes, insucedível (se a palavra não existe, passa a existir). É tão rica de interpretações a obra roseana, que Willi Bolle, alemão, em *grandesertão.br*[1070], encantado com sua criação, faz o levantamento da rede das relações existentes entre *Grande sertão: veredas* e os principais ensaios de exegese do Brasil, de Euclides da Cunha a Gilberto Freyre e Antonio Candido, através de uma hermenêutica moderna, ou a arte de entender textos e pessoas, de Friedrich Schleiermacher.

Pode-se discutir se *Grande sertão: veredas* é ou não um grande romance, ao sair fora de todos os esquemas programados. O indiscutível é o fato de ser mais do que um grande livro: é uma obra genial. Afiança Milan Kundera: "Cada obra contém toda a experiência anterior do romance."[1071] José Lins do Rego chama o abrasileiramento de Mário de Andrade como *língua de fabricação*, porque para o uso de uma língua é preciso ter o gênio da língua, nascer de dentro do povo para fora. E isso possuía Guimarães Rosa, que se dava ao luxo de copiar a fala do interior sertanejo de Minas, a fala dos vaqueiros, criando a partir disso um idioleto caipira estilizado, mágico e vivo. Natural porque emitido por sua gente, de que ele era miraculoso intérprete. Afirma Milan Kundera, e Rosa o confirma: "Cada obra contém toda a experiência anterior do romance."[1072] As veredas do sertão roseano são a alegoria do Universo ("*El Aleph* borgiano" ou *O jardim de caminhos que se bifurcam*), e o Bem e o Mal estão nos seres de carne e osso: o Bem no bando de Riobaldo (Rio exausto: homem), o que leva

---

1070. COUTINHO, Eduardo; ROSA, Guimarães João. **Entrevista de Guimarães Rosa a Gunter Lorenz**. Rio de Janeiro, Civilização Brasileira, 1983, p.72.

1071. KUNDERA, Milan. **A arte do romance**.Rio de Janeiro: Nova Fronteira, 1996. p. 22.

1072. KUNDERA, Milan. **A arte do romance**.Rio de Janeiro: Nova Fronteira, 1996. p. 22.

o pacto até o fim ("*O Diabo na rua, no meio do redemoinho...*") e Diadorim (Dia-do-Fim, ou seja, a belíssima guerreira – Amor/ Morte), e o Mal, com traços de Destino, no bando dirigido por Hermógenes (*genes: gênese / Hermo*: mensageiro dos deuses – Mensageiro dos deuses, da origem: Destino). O Destino é superado pela Morte. E é no meio da luta, no meio do redemoinho de seu romance que – mais do que nunca – Guimarães Rosa é Riobaldo. Sim, o pactuário não é só Riobaldo. É o texto inteiro, entre almas. E outro ponto curioso. No capítulo XXVIII de *Dom Quixote*, de Cervantes, foi visto detrás de um penhasco, sentado ao pé do freixo, um rapaz trajado de lavrador, lavando os pés no arroio. Depois o suposto lavrador não era senão mulher, a mais delicada e formosa. O que nos induz à comparação com o *Diadorim* (jagunço que, depois de morto, é descoberto mulher e belíssima). Mas o homem é Rio (baldo) – o rio São Francisco: lugar da grande passagem. O real é o sertão: o sonho é urdido nas veredas, pelos atalhos do mais secreto Universo. Rosa trabalha o conjunto e Clarice Lispector trabalha os fragmentos (o que veremos no capítulo a seguir), se o compararmos com sua genial contemporânea.

    O maior feito roseano na linguagem, além dessas *sendas*, ou *atalhos*, é o conto *Meu tio o Iauaretêê*. Metamorfoseia um caçador em onça e a onça na mais inventora e desatomizada linguagem (a fala da onça na fala do homem). Outro exemplo – e alegórico – é o *Recado do morro* (*Recado do nome? Ou Recado dos numes?*), que dá à narrativa itinerário duplo e paralelo, entre a expedição e a mensagem. Dizia Giuseppe Verdi: "Copiar a realidade é uma boa coisa, inventá-la é melhor." A revolução linguística deste mineiro de Cordisburgo é isolada, mais para si próprio, jamais ao futuro da língua. Brota para os que o leem, deslumbradamente – o que não é pouco. E Guimarães Rosa, ao citar Jean Barrault, em carta a Curt-Meyer Clason, resume o que é o encantado Guimarães Rosa, de coração enorme, maior do que o corpo, o que ele foi, agora cristalizando-se: "O coração, acima do corpo e mesmo do espírito: *la chair de l'esprit.*"[1073] Carne do espírito, ou espírito na

---

1073. BARRAULT, Jean apud ADONIAS FILHO. **Guimarães Rosa**: estudos de

carne, Guimarães Rosa foi, acima de tudo, um genial poeta que não se satisfez com rimas, nem com o tamanho regular do poema, transpôs os litorais da prosa, as montanhas da ficção, os rios selvagens das metáforas, domou os cavalos dos gêneros, dobrou as colinas da sintaxe, colheu as pedras do cosmos, alargou o ritmo das ondas, poetizou o romance que mudou de rosto, após sua passagem, fez com que a linguagem tivesse infância (às vezes tão adulta e abastardada pelas matemáticas do estilo), conseguindo, no seu texto, "o grande mérito, que muita gente não percebe" – segundo Voltaire – "é que a poesia diz mais que a prosa e em menos palavras do que a prosa"[1074]. Por voar no relâmpago sagrado.

Clarice Lispector. Névoa úmida, paixão do silêncio

Clarice Lispector, nascida na Ucrânia, em 10 de dezembro de 1920, naturalizada brasileira, e falecida no Rio de Janeiro, no hospital do INPS da Lagoa, em 9 de dezembro de 1977. Morou em Recife e no Rio de Janeiro. É curiosa e admirável a carta que Clarice escreveu para Fernando Sabino diante do *Grande sertão: veredas*:

> Nunca vi coisa assim! É a coisa mais linda dos últimos tempos. Não sei até onde vai o poder inventivo dele (Rosa), ultrapassa o limite imaginável. Estou até tola. A linguagem dele, tão perfeita também de entonação, é diretamente entendida pela linguagem íntima da gente – e nesse sentido ele mais que inventou, ele descobriu, ou melhor, inventou a verdade. Que mais se pode querer? Fico até aflita de tanto gostar. Agora entendo o seu entusiasmo, Fernando. ... O livro está me dando uma reconciliação com tudo, me explicando coisas adivinhadas, enriquecendo tudo. Como tudo vale a pena! A menor tentativa vale a pena. ... Acho a mesma coisa que você: Genial. Que outro nome dar? Esse mesmo."[1075]

Adonias Filho. Rio de Janeiro: Instituto Luso-Brasileiro, 1969.

1074. VOLTAIRE. **Dicionário filosófico**. São Paulo: Martin Claret, 1994. p. 428.

1075. LISPECTOR, Clarice. **Cartas perto do coração**. Rio de Janeiro: Record, 2001. p. 179.

Verifica-se quanto a ousadia criadora de um autor pode acordar os adivinhados, o mundo que necessitava de um *fiat*, talvez, em sua busca, a prova de que vale a pena o desconhecido da linguagem. E mais curioso ainda é como Clarice carecia de sempre designar. Por isso, ela conquistou uma forma nova na literatura, com estilo inimitável, solitário – de gênio como Guimarães Rosa. E diferente: gênio das entrelinhas, dos intervalos de silêncio. Como as figuras do Novo Testamento, na lição de Paulo aos gentios, aparecem sob o véu das palavras, no Velho Testamento, véu de lume com que Moisés cobriu o rosto para não cegar os que o viam: obscuro enigma que se alumia sem as reticências das estrelas. Porque a estrela mesmo é o signo, *A hora da estrela*, 1977, Macabéa, nunca teve floração. Talvez reminiscência na memória da autora do movimento dos judeus, que tinha esse nome, na época que Kafka, a que ele pertencia, interditado à força. E interditada é a existência dessa protagonista, em contacto com a ferocidade urbana. "Minto é um capim."[1076] Ser humano carente que vem de Alagoas, quando tudo se mostra contra ela, até acabar atropelada por uma Mercedes. O encontro de Rodrigo, o narrador, com a personagem é a consciência do momento em que Gregório Samsa é transformado numa forma estranha de inseto, como em Kafka e G. H. diante da barata. A estrela saindo do abstrato, de *Perto do coração selvagem*, 1944, Prêmio Graça Aranha, tomando a forma de objeto, *O lustre*, 1946, ou o lustre de luz que aprisiona Virgínia. O romance que vai do afogado ao fim de Virgínia. E por ser Clarice *fluida* durante toda a sua existência, o aparecimento do chapéu de um afogado é sugerido no texto, não dito, conforme demonstra, lucidamente, na sua análise, Berta Waldman. Nessa época, Clarice se corresponde com um companheiro de ofício, Lúcio Cardoso, autor de *A Luz no subsolo*, 1936, e de *Crônica da casa assassinada*, 1959, que se aproximou do mundo clariciano, como o revela a biografia do mineiro – *Corcel de fogo*, de Mário Carelli, 1988, possuindo funda afinidade, ou circuitos de alma comum. Trabalha o instante, *semente viva*, achando numa *Cidade sitiada*,

---

1076. LISPECTOR, Clarice. **A maçã no escuro**. Rio de Janeiro: Francisco Alves, 1992.

1949, espécie de círculo vicioso, onde tudo é visto através de um espelho, sentindo-se cercada por todos os lados. Outro aspecto da obra clariciana é a busca de Deus: "Mesmo que eu não mereça, que Deus venha, por favor, venha"[1077], ou "sou um objeto querido por Deus. E isso me faz nascerem flores no peito. Ele me criou como escrevi agora: 'sou um objeto querido de Deus' e ele gostou de me ter criado como eu gostei de ter criado a frase. E quanto mais espírito tiver o objeto humano mais Deus se satisfaz ..."[1078]

Depois brotarão os contos antológicos de *Laços de família* e a almejada estrela se transforma em maçã (jardim do Éden e a culpa ou maçã), e Martim procura as primeiras e impronunciadas palavras, o tateio do amor, esta maçã no escuro do tempo, árvore. E o percurso circular, maçã ou errância do protagonista, apresentando um estudo psicológico da alma do homem, em *A maçã no escuro*, 1956, (que teria cometido um crime), Martim, personagem central (o Martim-fundador, de *Iracema?*) é uma obra-prima. História da criação, com a original culpa, "o modo instável de pegar no escuro uma maçã - sem que ela caia". Foi redigida em oito versões, num processo de cortar ou acrescentar – não reescrever. Mexer nas camadas das palavras. O que denota haver composto várias maçãs no escuro, até a final e definitiva, em versões diferentes, como se o texto original fosse um palimpsesto. Com o paradigma clariciano de que "fatos e pormenores aborrecem."[1079] Seu andamento é rítmico musical, ainda que em constante potência, num ritual figurativo em oralidade que se cristaliza em mito, ou lenda, ou fábula. Sendo "a figura aptidão de universo" – para o filósofo francês Gilles Deleuze. Tão estrangeira de corpo e de alma, em Clarice o idioma tinha a estranheza de dizer as coisas pelo novo nome, o que vem dos arcanos, com o inefável tomando a verdadeira fala dos seres e objetos. E seus exílios, seja como embaixatriz, seja como nascida longe

---

1077. LISPECTOR, Clarice. **Laços de família.** Rio de Janeiro: Rocco, 1998.
1078. LISPECTOR, Clarice. **Laços de família.** Rio de Janeiro: Rocco, 1998.
1079. LISPECTOR, Clarice. **A maçã no escuro.** Rio de Janeiro: Francisco Alves, 1992.

deste país, desenvolveram nela a capacidade de expressão do silêncio, a de estar dentro, como se estivesse fora, sendo sua visão da natureza tão igual dentro, como fora. E o seu texto se aviva ao contato do leitor. Não se preocupando nem com o personagem, nem consigo própria, querendo ser unicamente palavra. Ou melhor, o mundo-palavra. Se Clarice alentava a paixão pela origem, que a levava aos arcanos, optou sempre mais pela escrita, do que pelo tema, ainda que ambos nela convivam. E é uma sede pela escrita que respira mais além. Com entusiasmo, assegura Hélène Cixous: "Onde o filósofo perde o ânimo, ela continua, vai ainda mais longe, mais longe que qualquer tipo de saber. Por detrás da compreensão, passo a passo fundindo-se com tremor na incompreensível espessura trêmula do mundo, com o ouvido finíssimo concentrado até para captar o ruído das estrelas, até o mínimo roçar dos átomos, até o silêncio entre dois latidos do coração. Vigia do mundo. Não sabe nada. Não leu os filósofos. E, contudo, juraríamos às vezes ouvi-los murmurar nos seus bosques. Descobre tudo" (*La Risa de La Medusa, Ensayos sobre La escritura*. San Juan: Universidad de Puerto Rico, 1995. p. 157-158). Além disso, a ficcionista Clarice não se sobrecarrega de fatos, mas da repercussão deles nas criaturas e no texto, até o último som, ou rumor.

> Como se agora, estendendo a mão no escuro e pegando uma maçã, ele reconhecesse como nos dedos tão desajeitados de amor uma maçã. Martim já não pedia mais o nome das coisas... veria as coisas pressentidas com a mão... Sim mas as teria conhecido no escuro como um homem que dormiu com uma mulher.[1080]

Laços de família, um dos mais originais e belos livros de contos contemporâneos, curtos alguns, antológicos todos, em torno da dona de casa e suas circunstâncias, onde "os objetos são tempo parado"[1081], ou "as coisas não sabem de mim"[1082]

1080. LISPECTOR, Clarice. **Laços de família**. Rio de Janeiro: Rocco, 1998.
1081. LISPECTOR, Clarice. **Laços de família**. Rio de Janeiro: Rocco, 1998.
1082. LISPECTOR, Clarice. **Laços de família**. Rio de Janeiro: Rocco, 1998.

– afirma – mas ela sabe das coisas. Após, a estrela é erosiva, vertiginosa, que analisa, em *A paixão segundo G. H.*, a alma feminina, esta constante demolição que ocorre através do sistema (*O processo, O castelo*), sobre a vida diária. A seguir, a estrela não passa da metafísica de *Felicidade clandestina*, 1971, ou a criação, em Água viva, 1973, que se move na dimensão espiritual, que é a água viva, "a água da vida e a água da morte, a água da força e a água da fraqueza."[1083] E, ambiguamente, água viva é um peixe, dos mais temíveis e venenosos. A água da ressurreição, manancial selado, Cristo. Ou o Mal, com seus ferrões. E, assim, a linguagem ganha substância alegórica, emergindo do interior para o exterior, como um trem que parte do subterrâneo. Tendo em vista que "a arte é, assim, um jogo de signos analógicos que estabelecem relações entre coisas próximas e distantes, entre uma qualidade dada e uma qualidade oculta."[1084] E, ao se referir à Água Viva, diz que é "um antilivro. O núcleo it", escapando dessa forma de todas as possíveis classificações. Aqui a personagem é ela própria, mas em regra seus protagonistas são passivos diante do estar no mundo, com a paixão que os identifica e os avizinha, coletivamente. Com sua criação inexplicável, por opulentamente mágica. Ou no aproveitamento das minas de ouro das entrelinhas, onde se estabelece o indizível. Os volumes de contos: *Onde estivestes de noite* (penso que o menos feliz de seus livros, felicidade que não é apenas das palavras, como queria Jorge L. Borges, mas do leitor) e *A via-crúcis do corpo*, ambos de 1974, tratam da carnalidade de sua escrita com o corpo. E a carnalidade do corpo na alma. E o romance, que veio depois de *O Lustre, A cidade sitiada*, trata da fundação da cidade. E assegura Gilles Deleuze que "fundar é tornar a representação infinita". Ou tentativa de narrativa cosmogônica, recompondo "a música do ar".

Porque o que escreve "é uma névoa úmida",

1083. LISPECTOR, Clarice. **Água viva**. Rio de Janeiro: Rocco, 1998.
1084. HANSEN, João Adolfo. **Alegoria**. São Paulo, Hedra, 2006, p. 157.

Não tem coragem de dizer a verdade que nós sabemos. Há palavras proibidas. Mas eu denuncio. ... Uma coisa eu garanto: nós não somos culpados. E preciso entender enquanto Estou viva, ouviu? porque depois será tarde demais. ... Não se pode andar nu nem de corpo, nem de espírito.[1085]

E Clarice também escreve com o corpo, o do silêncio. Em *Uma Aprendizagem ou Livro dos prazeres*, 1969, outra obra-prima: a discussão entre a palavra e a autora, dando lugar ao diálogo amoroso entre homem e mulher, um dos mais elevados instantes de relacionamento afetivo da literatura. Alerta Beckett: "O homem de boa memória nunca se lembra de nada porque nunca esquece nada"[1086]. E que é preciso continuar, como alega o próprio Samuel Beckett: "Eu não sei, nunca vou saber, no silêncio você não sabe, você tem que continuar, não posso continuar, vou continuar". Clarice nunca esquece nada, persiste mesmo sem saber, o seu silêncio lembra. Todo o núcleo de sua criação ficcional está nestas palavras: "Não tem pessoas que cosem para fora? Eu coso para dentro."[1087] Esse laborar subterrâneo entre *os espaços infinitos* do texto não é comum entre nós. E desta forma, jamais antes foi tentado. Essa *descontinuidade* foi vista por Álvaro Lins, como sem enredo, porque sua trama é para dentro, não para fora, por ser a experiência de quem se inventa, inventando. Álvaro Lins, que soube tão bem deslindar a inovação roseana, não entendeu a inovação de Clarice, por ser via oposta. Rosa escrevia de dentro para fora e Clarice escreve de fora para dentro. Ambos se completam por buscarem uma cosmogonia, a dimensão do mundo – um, na linguagem, a outra, nos entressonhos do texto. A subjetividade para a objetividade e a objetividade para a subjetividade. O clarão de que se percebe, o que promana da estrela. Como Clarice invade o mundo interior, seu tempo é também para dentro, uma viagem ao núcleo de si mesma, ou ao centro da terra, ou as léguas de um Júlio Verne, às avessas. Embora estejamos

---

1085. LISPECTOR, Clarice. **Aprendendo a viver**. Rio de Janeiro: Rocco, 2004. p. 72.

1086. BECKETT, Samuel. **Proust**. São Paulo: Cosac Naify, 2004.

1087. LISPECTOR, Clarice.**A paixão segundo G. H**. Rio de Janeiro: Rocco, 1998.

sempre escrevendo sobre terra ou morte. Ou os sinais infatigáveis de uma memória da terra com o viso para a eternidade, tendo os olhos do idioma. Clarice vai ao noturno caos para a realização humana, a plenitude da obra que alcançou ser humana, a estrela, ou Macabéa. E *por ser coisa viva*, se Lispector tivesse que escolher entre a literatura e um cachorro, optaria pelo cachorro. Sim, ao refazer a travessia da memória, recomeça a do silêncio. Aliás na linguagem clariciana não se confunde o que está escrito e o como está escrito, porque o que está escrito vai além – sempre sugerido, desbordando com o silêncio que se escreve, paralelo. E o engenho se esconde, nunca desaparece como "o ser invisível", de W. Wells. Em Clarice, o engenho é como ela traça o invisível, retardando o tempo, para avançar nos desvios e entrelinhas, nos êxtases ou transes, que é luz à frente. Por isso registra:

> Vou criar o que me aconteceu. Só porque viver não é relatável. Viver não é visível. Terei de criar sobre a vida. E sem mentir. Criar sim, mentir não. Criar não é imaginação, é correr o grande risco de se ter a realidade. ... Se eu não me compreender, morrerei daquilo que no entanto vivo. ... A vida pré-humana divina é de uma atualidade que queima." [1088]

E entra a questão da obscuridade que – para Chesterton – traz certo tipo de fascinação estritamente artística, deixando atormentadora luta final. No entanto, em Clarice a certeza é deleitável e descobridora. Ao sermos golpeados de luz, nos tornamos o próprio golpe de luz. Clarice não usa a linguagem apenas para pegar consciência da realidade, mas para que a realidade lhe traga mais consciência. E a visão existencialista da ficção clariciana está nos porões da palavra, onde é o espesso silêncio, "a procura da palavra no escuro."[1089] O profundo de Deus no silêncio, atrás da palavra. Como se entende que o silêncio nos transforma mais, que nós transformamos o silêncio. No exprimir de um André Malraux: "Com uma força

---

1088. LISPECTOR, Clarice. **Aprendendo a viver**. Rio de Janeiro: Rocco, 2004.

1089. LISPECTOR, Clarice. **Um sopro de vida**. Rio de Janeiro: Nova Fronteira, 1978.

de oceano imóvel."[1090] Ou de quem escreveu de ouvido: a força do oceano imóvel do silêncio. O secreto território da Estrela. E a epifania levitante de Deus. Quando ela dura em forma de inocência. Ou inocente é a rutilância da palavra desta escritora na França, nos Estados Unidos, no mundo. Tendo tido a habilidade de viver o que os tratados não avençam, Clarice buscou a ficção *de dupla face* – uma na palavra e outra no silêncio, uma desvelada e outra, clarificante. Seguindo perseverante procura existencial, para não dizer peripécias da alma, no que se entrelaça com Machado de Assis, antecessor e autor dialógico, com ricas alusões, embora assumindo outra estrutura, dissimuladamente (Fábio Lucas percebe no conto clariceano O *Ovo e galinha*, pegadas de uma crônica de Machado, publicada em *Gazeta de notícias* de 10 de fevereiro de 1895). Ou verificamos a esfumaçada cercania narrativa ou climática entre *A paixão segundo G.H* e *As memórias póstumas de Brás Cubas*, na certa partilha comum de filosofia e delírio. Com a metamorfose gradual entre homem, bicho ou inseto, onde se vislumbra o afeto de Clarice pelos animais, o que transparece em muitos textos, simultaneamente, com entrega maternal, comprometimento humano com o outro, *felicidade clandestina*, total despojamento de si mesma. Escreveu: "Minha grande altivez: preciso ser achada na rua."[1091] A rua é a do mundo, a das gerações. Tendo-se o sabor do que apanha a redondez ou a maciez do pêssego. No morder exato. Desdobrável adiante, sem que brotem musgos de um viver a outro e nós estivéssemos diante de sua escrita, repletos de olhos. E por possuir tantos olhos, cabe comparar o sagrado em Guimarães Rosa e Clarice, sendo ele certo tipo de relação dos homens com a origem das coisas, tal que, nessa relação, os homens mais desaparecem e em seu lugar aparecem seus duplos, os homens imaginários.[1092] E não fala do mais importante, o medo de exprimir Deus, por baixo de tudo isso, o vazio que apenas Ele preenche

---

1090. MALRAUX, André. **La tentation de l'Occident**. Paris: Grasset, 1972.

1091. LISPECTOR, Clarice. **Aprendendo a viver**. Rio de Janeiro: Rocco, 2004. p. 72.

1092. GEDELIER, Maurice. **O enigma do dom**. Rio de Janeiro: Civilização Brasileira, 2001, p. 259.

no coração humano. Portanto, o sagrado em Guimarães Rosa é para fora, ao cosmos. Deus no mundo. O sagrado para Clarice Lispector é para dentro, o mundo interno. Deus em nós. E a oposição mais profunda, junto com a da linguagem, entre um e outro, é a visão de um, masculina do ser – para fora, o *aberto* universal, e Clarice é a percepção por excelência feminina, ventral, íntima, profundamente do abismo. Sim, Clarice não conheceu a indiferença diante da vertigem da linguagem e isso foi alteza, que, kafkianamente desenvolveu com uma codificação de gestos no percurso solitário do sigilo. Uma poética de um delirante e especioso sentir. Não é "o sentimento do mundo" drummondiano, é o não mundo inserido no silêncio. Curiosamente, Rosa, em *Meu tio o Iauaretê*, há o mesclar do homem em onça; em Clarice, em *Um sopro de vida*, rebenta numa inventada língua de cão: "Eu sei falar uma língua que o meu cachorro, o prezado Ulisses, meu caro senhor, entende. É assim: dacoleba, tutiban, ziticoba, zefiram..."[1093] Chegando ao paroxismo, noutra parte, de uma devoração: "Eu quis comer o mundo... a vida come a vida".

Assim, os contos de Clarice não precisam de tempo, perdem-se no tempo do silêncio e como a luz para o tempo, também o silêncio. E começa o silêncio no amor e o amor no silêncio. O que para outros é um meio, em Clarice é um fim. Refugiando-se os seus protagonistas nesse silêncio, ora da melancolia, ora da enfermidade, ora do devaneio, sempre em epifania, para onde não podem ser molestados. Esse aprofundar em silêncio, sua constante obsessão, é o engolfar-se na íntima caverna, onde dormitam seus mitos e alguns nossos. Esse mesmo e *libidinoso livro dos prazeres*, espécie de estágio íntimo ou abissal. E é *A paixão segundo a linguagem,* segundo o silêncio. E o que faz estremecer a sua escrita no voo é a própria escrita. Ao calar, mais se anuncia. E seu grito é aquele que se expande para o sangue, não para o ouvido. O seu grito, portanto, é como só o silêncio grita. E, por ser orgânico, funcional, detesta a retórica. Detesta qualquer exposição, por

---

1093. LISPECTOR, Clarice. **Um sopro de vida**. Rio de Janeiro: Nova Fronteira,1978. p. 64.

ser *maçã no escuro*. Ou porque seu silêncio é o corpo da alma e a alma do corpo. Tanto a obra de Guimarães Rosa quanto a de Clarice não podem ser medidas somente pela inteligência. Ambos são pensadores, mas sua linguagem é *matéria em evolução*: a revolução no espírito só pode ser discernida pelo espírito. O que não sucede com a matéria parada. Rosa em sua lúdica exuberância é cosmológico e um processo que não se acaba. Expressando a cultura coletiva voltada para o universo exterior. Clarice expressa essa coletiva cultura aos abismos do ser, tem a linguagem sempre penetrando ao interior das coisas e seres, tendendo ao silêncio e à invisibilidade. Sim, percorre o que, para Novalis, "é o verdadeiro caminho para dentro"[1094], o silêncio, em nova mística. Pois para Wittgenstein, "sentir o mundo como um todo limitado é o que é místico". E devemos tentar fazer com que Clarice no seu potente silêncio, ao lê-la, também trabalhe para nós. Porque, para ela, se "ver é a pura loucura do corpo",[1095] a loucura virgem do corpo é o silêncio. Em Rosa, a inteligência é a correnteza do espírito; em Clarice, é a correnteza da inteligência. Ambos se completam, com a levitação, criando as suas próprias regras, como se tivéssemos que capturar a velocidade. Ou como se a própria velocidade neles se capturasse. E "se o mundo impede que o silêncio fale", conforme o alega Ionesco, Clarice alcança a vitória do silêncio sobre o mundo.

O memorialista Gilberto Amado

Gilberto Amado nasceu em Estância, Sergipe, em 1887 e faleceu no Rio de Janeiro, em 1969. Contou-me seu neto – Alexandre Amado, que o grande memorialista, estava em Genebra, servindo na Embaixada do Brasil, dali se liberou, dizendo que ia morrer e queria morrer na pátria. Voltou ao Rio e ali, sentado numa poltrona, foi achado morto. Ainda que a morte

---

1094. NOVALIS. **Fragmentos**. Lisboa: Assírio e Alvim, 1971.

1095. LISPECTOR, Clarice. **Um sopro de vida**. Rio de Janeiro: Nova Fronteira,1978.

não tenha pátria. Hoje a consegue na memória, não há de ser injustamente esquecido. Por ser a grandeza contagiosa.

Aliás, em dedicatória, a Gilson Amado, em seu livro *Sagarana*, em 1958, assim se manifestou João Guimarães Rosa: "A Gilberto - o Grande, o Mestre, o Mago, dominador da vida e da arte (...) Arquiteto de tantas e incomparáveis maravilhas, troglodita-ariel das altíssimas grutas da beleza (...) pensador da cultura brasileira (...) olha lá de cima e tudo vê e desce riachinhos e grotas, por trilhas secas ou orvalhadas, direto, até o coração da gente".

Tudo já está dito pelo genial Guimarães, sobre Gilberto romancista, ensaísta, poeta, crítico, memorialista dos maiores, num estilo raro, inventivo, desde o relato de sua infância, na série belíssima de suas memórias, até a sua "formação no Recife". Impressionam suas experiências, a visão real das coisas, o mundo político e literário, em que viveu, contado com argúcia e a inteligência do pitoresco, das relações humanas e do abismo incessante de estar vivo.

E sobre o seu injusto esquecimento, vale registrar a observação do escritor catarinense Enéas Athanázio: "Visitei Estância e Itaporanga d'Ajuda seguindo os passos de Gilberto Amado. Na primeira, estive na casa onde nasceu. Exceto uma placa na fachada, nada existe que o recorde. Transformou na sede de uma banda de música". É impenetrável a matéria do esquecimento. E cada escritor é feito de seus sonhos renovados. Seu livro de memórias, *História da minha Infância*, 1954, confessa: "Timidez pode ter origem em falta de humildade. O tímido não quer 'sair-se mal', receia ser mal julgado. São Francisco de Assis não podia ser tímido." Sair-se mal para ele significaria "sair-se bem", isto é, ter ocasião de corrigir-se, de emendar-se, de humilhar-se. É a humildade, a meu ver, a conquista suprema, a maior vitória do homem." (obra citada, pág. 221). Noutro trecho, admite, corajosamente, sem esconder-se na virtude ou na soberba, como alguns memorialistas que só relatam o que é admirável, ou superior na própria existência, quando todos sofrem o limite, Gilson observa, sem o temor do ridículo, dando o travo da veracidade: "Das palavras chegava aos mitos, aos mistérios iniciais, ao Egito, à Grécia. Ia procurar livros sobre os assuntos. Comecei a vida literária pelo amor das palavras. Poderia até dizer, com o natural exagero, que foi este realmente o meu primeiro embeiçamento de puberdade. Tinham elas, no sentido a que me refiro, pelo seu conteúdo, mais valor para mim do que rosto ou seio de mulher, pois, apesar das calças compridas e da bengala, mulher ainda me fazia medo". (Obra citada, págs. 275 e 276).

    O que Gilson Amado não anotou e é visível, as palavras também o amavam, não só com rosto de mulher, que dele não temia, mas com rosto de eternidade, na beleza que apenas a palavra esculpe. Seu estilo é poderoso, às vezes se exalta marítimo, outras, move-se como se fora o vento no cimo da consciência ou inteligência das coisas. Ou a velocidade de ver, imóvel, o universo das estações humanas. No livro *Minha Formação no Recife*, 1958, conta a experiência das suas leituras de química, filosofia, física, história natural ou direito romano. Ou o conhecimento da *Comédia Humana*, de Balzac, que leu, inteira, ou a obra de Augusto Comte. E desabafa, com vertical sinceridade: "Nos anos de maturidade, minha posição diante de Rui Barbosa sofreu os mesmos altos e baixos. Destes, o ponto mais fundo foi o discurso no enterro de Machado de Assis, no qual, sem necessidade alguma, Rui Barbosa falou sobre "a bondade" do autor de "Quincas Borba". Por que, meu Deus! Atribuir uma virtude não provada ao autor de uma obra que se tinha uma característica era de não crer na bondade humana? A gratuidade de manifestações tais me fazia sofrer (...) Mas era a bondade traço a ser assinalado no homem seco e discreto de que saíram tantas obras em que tudo se pode ver menos a bondade? Foi esta a última raiva que me deu o maior dos brasileiros!" (pág. 218). E no volume *Depois da Política*, 1960, deixou, ao final, pensamentos certeiros, que clareiam sua visão do mundo, entre eles: "Não sacrificar, nunca, inutilmente, o prazer desejado e possível. Não aumentar o próprio sofrimento com a dramatização dele. Não vender nunca a sua liberdade de espírito e a imparcialidade de julgamento e não transigir com quem ri da grandeza, com quem despreza o que é sério (...) Toda hora pode ser a única para quem sabe viver.

O minuto é uma culminância. Galguemo-la. Podemos atingir o mais alto de nossas ambições...brincando. Grandes tesouros têm sido achados por distração. A sabedoria é a arte de subir ao mais alto de si mesmo. (...) Há uma coisa respeitável no indivíduo humano: é o de seu respeito pelo mérito alheio. (...) Uma pessoa que nos compreenda completamente é favor tão grande do destino que custa acreditar no que possa acontecer. (...) É melhor não ter nada, do que ter sobras. (...) Viver é conciliar-se com o possível. (...) Tudo se encadeia no mundo. Uma coisa se prende à outra. A flor e o fruto palpitam na raiz. O efeito lateja na causa." (págs. 251 a 255). Imperiosa é a modernidade de Gilson Amado. Pois, segundo Octavio Paz, "a modernidade é consciência". E Gilson Amado não pode ser esquecido na sua grandeza humana, na sua força de palavra e testemunho, na tensão da realidade que alcançou, na claridade mágica do que sentiu e revelou. E alma não se acaba. Quanto mais se usa, mais forte permanece.

CAPÍTULO 32

Cronistas da nova ficção, ou de como a ficção quer ser realidade

Rubem Braga, o poeta inventor da nova crônica
Fernando Sabino e O encontro marcado com Viramundo
Otto Lara Resende
O transgressor Antônio Fraga
Bernardo Élis e Mário Palmério, ou o
sertanismo goiano-mineiro
Herberto Salles, ou a palavra como o seixo do rio
Os abissais alqueires de Gustavo Corção
José Sarney, o dono do mar
Gilvan Lemos, ou o morcego da fatalidade
Darcy Ribeiro – índio universal
Geraldo França de Lima
Carlos Heitor Cony: O ventre e a informação do crucificado
Hermilo Borba Filho, ou a decadência que se contempla
Salim Miguel e Nur na escuridão

Rubem Braga, o poeta inventor da nova crônica

Nasceu em Cachoeiro do Itapemirim, Espírito Santo, em 12 de janeiro de 1913, e faleceu no Rio de Janeiro, em 19 de dezembro de 1990. Cronista, contista, jornalista e poeta. Foi Embaixador do Brasil em Marrocos. Editor com Fernando Sabino na extinta editora Sabiá.

Era fechado como concha e cara de eternamente zangado. Todavia, um dos amigos mais ternos, mais afetivos. Vivia em estado poético, para não dizer que a poesia vivia, cronicamente, nele. E tanto, que se tornou o maior cronista deste país, senhor de um condado mágico, que podia estar em Cachoeiro, em Ipanema, ou no mundo. Não importava o raio de seu alcance. Tinha *fome de criaturas*, por isso é tão povoado o seu texto.

Rubem escrevia com palavras de todos os dias, como se sussurrasse: "Fique à vontade!", por ter um relógio na escrita que se adiantava sempre diante de seu tempo. E um tempo que se adiantava dos relógios. Publicou: *O conde e o passarinho*, crônicas, 1936; *O morro do isolamento*, crônicas, 1944; *Com a FEB na Itália*, crônicas, 1945; *Um pé de milho*, crônicas, 1948; *O homem rouco*, crônicas, 1949 *A borboleta amarela*, crônicas, 1956; *A cidade e a roça*, crônicas, 1957; *Cem crônicas escolhidas*, 1958; *Ai de ti, Copacabana*, crônicas, 1960; *A traição das elegantes*, crônicas, 1967; *Carta de Pero Vaz Caminha. Carta a El Rey Don Manuel*, versão moderna, 1968; *Caderno de guerra de Carlos Scliar*, 1969; *Duzentas crônicas escolhidas*, 1977; *Livro de versos*, 1980; Rubem Braga, organização de Paulo Elias Allane Franchetti, Antônio Alcir Pécora, 1980; *Recado de primavera*, crônicas, 1984; *Crônicas do Espírito Santo*, 1984; *Coisas simples do cotidiano*, crônicas, 1984; *Os melhores contos*, seleção de David Arrigucci Júnior, 1988; *Uma fada no front*, seleção de crônicas de Carlos Reverbel, 1994; *Pequena antologia do Braga*, crônicas, 1996; *Um cartão de Paris*, crônicas, 1997; *Casa dos Braga: memória da infância*, crônicas, 1997; *As boas coisas da vida*, 1998; *Histórias de fantasia e mistério*, livro do professor, seleção de Ricardo Ramos, 1999; *Aventuras*, crônicas, 1999.

Elevou o gênero literário da crônica ao nível de alta literatura, sendo o seu maior cultor. É um grande poeta que se alia a um maravilhoso prosador. Seu estilo é, por natureza, substantivo, catando as essencialidades do cotidiano e tornando encantado este nosso breve tempo de amar, sofrer, viver. Não perde palavras pelo caminho, para não correr o risco de, como migalhas de pão, serem comidas pelos pássaros. Nem deixa que se percam pelo seu amor incansável a elas que o amam e sempre amaram. Nele o adjetivo é ouro, isto é, qualifica os seres e coisas com parcimônia aprendida com Manuel Bandeira que evitava os adjetivos, salvo os proparoxítonos. Era um lírico, enamorado de sua terra – Cachoeiro de Itapemirim, Espírito Santo – e dono de uma infância interminável. Quando se pensa que ela acaba, reinicia, tal é a elegância de seu verbo e de suas descrições, como se tivesse o condão de transmutar o que tocasse, transformar de eternidade. Para os leitores degustarem, transcrevo este licor de pequenos e preciosos frascos:

> Levantei a vela encardida. O meu leme está quebrado, mas tenho o remo. Vamos um pouco beirando a praia para o norte. Agora o ventinho nos pega. A vela treme feito mulher beijada. Fica túmida feito mulher beijada. Às vezes, a força do vento diminui um pouco, e ela bambeia, amolece, feito mulher possuída. (*Sentimento do mar*)
>
> O passarinho, a esta hora assim, está voando, com a medalhinha no bico. Em que peito a colocareis, irmão passarinho? Voai, voai por entre as chaminés do conde, varando as fábricas do conde, sobre as máquinas de carne que trabalham para o conde, voai, voai, voai, voai, passarinho, voai. (*O conde e o passarinho*)
>
> A primeira vez que vi o mar eu não estava sozinho. Estava no meio de um bando enorme de meninos. Nós tínhamos viajado para ver o mar. No meio de nós havia apenas um menino que o havia visto. Ele nos contava que havia três espécies de mar: o mar mesmo, a maré, que é menor que o mar, e a marola. (*Mar*).
>
> Afinal posso aguentar isso, sou um rapaz direito, bem-comportado, talvez até bom partido para uma senhorita da classe média que não faça questão da beleza física mas sim da moral, modéstia à parte. (*O homem rouco*)
>
> Se um repórter redigir essas duas notas e levá-las a um secretário da redação, será chamado de louco. Porque os jornais noticiam tudo, tudo menos a coisa tão banal de que ninguém se lembra: a vida... (*Os jornais*)
>
> Casa deve ser a preparação para o segredo maior do túmulo. (*A Casa*).
>
> Juntam-se os homens para matar uma tartaruga, e ela resiste horas.
>
> Cortam-lhe a cabeça e ela continua a bater as nadadeiras. Arrancam-lhe o coração, ela continua a pulsar. A vida está entranhada nos seus tecidos com uma teimosia que inspira respeito e medo. Um pedaço de carne cortado, jogado ao chão, treme, de súbito. Sua agonia é horrível e insistente como um pesadelo. De repente

os homens param e se entreolham, com o vago sentimento de estar cometendo um crime. (*A Tartaruga*).

Que sons me chegam da infância? Um cacarejar sonolento de galinhas numa tarde de verão; um canto de cambaxirra, o ranger e o baque de uma porteira na fazenda, um tropel de cavalos que vinha vindo e depois ia indo no fundo da noite. E o som distante dos bailes do Centro Operário, com um trombone de vara ou um pistom perdidos na madrugada. Sim, sou um amante da música, ainda que desprezado e infeliz. Sou desafinado, desentoado, um amigo diz que tenho orelha de pau. ... Meu amigo Mário Cabral dizia que queria morrer ouvindo Jesus, Alegria dos Homens; nunca soube se lhe fizeram a vontade. A mim, um lento ranger de porteira e seu baque final, como na fazenda do Frade, já me bastam. Ou então a batida desse velho relógio, que marcou a morte de meu pai e, vinte anos depois, a de minha mãe: e que eu morra às quatro e quarenta da manhã, com ele marcando cinco e batendo onze, não faz mal; até é capaz de me cair bem.[1096]

A sua crônica sempre foi um relógio que marcava o tempo na luz, perenemente adiantado. O instante, igual ao voo de um passarinho. A realidade que jamais poderia ser banal, por ser jovem, quando tocada de palavra. Poucos, como ele, revelaram a infância do quotidiano, que não desprezava o quotidiano da inefável infância. O entranhado sentimento do transitório que tornava irrepetível a existência. A precisão do texto, como uma lâmina. O olhar humano, que traça o que em nós perdura. O olhar, sim, no relógio em que se reconhece o poeta, mais do que os acontecimentos. E o dom para denunciar o acontecimento, com leveza de onda na praia. Porque dava grandeza ao simples e pequeno. Com a graça de cerejas maduras, presas em seu invencível, cristalino mundo.

Fernando Sabino e O encontro marcado com Viramundo

Fernando Sabino nasceu em 1923, no dia 12 de outubro, em Belo Horizonte, MG, e faleceu no Rio de Janeiro, em 11 de

---

1096. BRAGA, Rubem. **Duzentas crônicas escolhidas.** 7. ed. Rio de Janeiro: Record, 1978. p. 320.

outubro de 2004. Fez os estudos primários e secundários na cidade natal. Precoce: aos 13 anos, contista. Formou-se pela Universidade Federal de Direito, em Belo Horizonte. Jornalista, romancista, contista. Publica: *Os grilos não cantam mais*, contos, 1941; *Marca*, novela, 1944; *A cidade vazia*, crônicas e histórias de Nova York, 1950; *A vida real*, novela, 1952; *O encontro marcado*, romance, 1956; *O homem nu*, contos e histórias, 1960; *A mulher do vizinho*, crônicas, 1962; *A companheira de viagem*, contos e crônicas, 1965; *A inglesa deslumbrada*, crônicas, 1967; *O grande mentecapto*, romance, 1979; *O menino no espelho*, romance de reminiscências da infância, 1982; *O gato sou eu*, 1983; *A faca de dois gumes*, novelas, 1985; e *Vitória da infância*, 1985; *Tabuleiro de damas*, 1988; *O pintor que pintou o sete*, infantil, 1987; *Martini seco*, novela, 1987; Obra completa em 15 volumes, 1985. É condecorado com a Ordem Rio Branco no grau de Grã-Cruz, 1987. Recebe o Prêmio Machado de Assis, da Academia Brasileira de Letras, pelo conjunto de obra, em 1999.

Fernando Sabino é um cronista que tende ao conto, unindo, como poucos, o fulgor da realidade e o da ficção. Suas palavras atingem a simplicidade, astúcia, com a radiosa capacidade da criança que amadureceu diante do espelho da palavra. Terencianamente, nada do que é humano lhe é alheio. Ou nada do que é memória nele se esquece, porque aprendeu a inventar-se nela. Não é a imaginação invenção da memória, e essa, da imaginação? Pobre é a memória que não pode ser contada. Na primeira novela de Sabino, *A vida real*, a obsessão de um mergulhador em desvendar o segredo do mar leva-o à morte. A minúcia na captura do peixe pelo pescador submarino aproxima-o de *O velho e o mar*, de Hemingway. Em *O encontro marcado*, dividido em duas partes, *A procura* e *O encontro*, revela o trajeto humano de Eduardo Marciano. Menino aflito e sensível que chantageava emocionalmente os progenitores para obter o que desejava. Enamorou-se pela professora, Dona Amélia, despertando-o para o desejo. No colégio, após, padeceu decepção por ter se apaixonado pela aluna Leda. Eduardo, um dos vencedores numa maratona intelectual, passa a escrever contos e ganhar concursos. E, no último ano, despedindo-se, Eduardo e os companheiros, Mauro e Eugênio, prometem encontrarem-se, ali, no mesmo ginásio, no mesmo lugar, depois de 15 anos. A primeira parte do livro subdivide-se em *O ponto de partida, A geração espontânea* e *O escolhido*. A segunda, em *Os movimentos simulados, O afogado* e *A viagem*. Eduardo Marciano casou-se, exercendo o funcionalismo público em Belo Horizonte. Decepções intelectuais, conjugais e vida boêmia levaram Eduardo a separar-se. Indaga os valores da existência, da religião, da literatura e do amor. Esse puxar o fio da angústia é o que identifica o livro com os leitores que passaram pelas mesmas perguntas e aspirações. Quinze anos após, só Eduardo comparece ao encontro marcado. O livro é assinalado por muitas citações de autores – o que demonstra quanto os personagens incorporam a realidade do que leem e a forma com que essas leituras penetram-lhes vida adentro. Os diálogos são naturais, vivos. As criaturas têm rosto, carne, osso, sonhos, obsessões. Fernando Sabino possui o dom de incutir vida no que toca, compondo um painel – não só de sua geração, com os princípios da burguesia – mas de toda realidade social machista e elitista. Essa busca do tempo perdido atormentada, desencadeando situações e percepções, é uma espécie de *Minhas universidades*, de Gorki e o goethiano *Os anos de aprendizado de Wilhelm Meister*, com poder de linguagem que Sabino possui, tornando alguns de seus dados autobiográficos, os de Eduardo Marciano: e os dados de Marciano, coletivos.

Sobre *O encontro marcado* pode-se ponderar o que escreveu, lucidamente, Georg Lukács, em sua *Teoria do romance*:

> Esta tendência para a superação aparece com uma particular evidência na maneira de representar o escoamento do tempo e a sua relação com o que constitui do ponto de vista artístico, o centro de todas as obras, característica paradoxal de todo o "livro de formação."[1097]

1097. LUKÁCS, Georg. **Teoria do romance**. Lisboa: Editorial Presença, 1962. p. 136-137.

Fernando Sabino é sempre o cronista que se une ao criador ficcional, com a análise psicológica e, sobretudo, um senso de realidade que nada poupa, nem se assombra, nem coleta *matéria morta* e sim disfarces "que escondem formas desconhecidas de vida."[1098] Não é um inventor como Guimarães Rosa – cuja descoberta (*Grande sertão: veredas*) é compartilhada em correspondência, publicada em livro, com Clarice Lispector, de quem leu os originais e fez sugestões, mantendo criativa amizade (*Cartas perto do coração*, 2001). Jamais saiu fora da vida estreita da língua, sabendo alargá-la com astúcia narrativa, tanto em seus contos, quanto em suas crônicas, formando volumes, à parte. A fonte é a machadiana, ventilada sadiamente pelas influências de Mário de Andrade e Carlos Drummond, ampliada por Faulkner, John dos Passos, Hemingway, Conrad, Henry James (na mobilidade da sua ficção) e Flaubert, de quem traduziu, magistralmente, *Vida simples*. E foi sua simplicidade dominada, polida que lhe gerou a multidão de leitores, sendo dos escritores mais populares, com edições sucessivas de livros.

Julgo, no entanto, que sua maior criação, o que lhe exigiu muitos anos de vida (iniciada antes de 1979, concluiu-a 33 anos depois), obra-prima de nossa literatura, é *O grande mentecapto*, na 63ª edição. Trata de Geraldo Viramundo, em livro "ágil, matreiro e comovente",[1099] na expressão drummondiana. "O imbatível homem brasileiro"[1100] – para Jorge Amado. Sabino criou um símbolo – e assegura Jacques Derrida, que "o signo é trabalhado originariamente pela ficção."[1101] E Fernando Sabino, embora seja um contador de histórias nato, não é um criador de personagens por natureza e sim, um criador de inter-relações. O que, por experiência (há muito de

---

1098. SABINO, Fernando. **O grande mentecapto**. Rio de Janeiro: Record, 1979.

1099. SABINO, Fernando. **O grande mentecapto**. Rio de Janeiro: Record, 1979.

1100. AMADO, Jorge apud COUTINHO, Eduardo de Faria; CASTRO, Ângela Maria deBezerra. **José Lins do Rego**: Resenhas. João Pessoa: Funesc, 1991.

1101. DERRIDA, Jacques. **A voz e o fenômeno**. Rio de Janeiro: Jorge Zahar Editor, 1993.

autobiografia nos seus livros, o que o afina com Hemingway), conduziu-o à invenção de tipos poderosos, que apenas descobriu dentro de si. A palavra que o desvenda e a nós, desvendando-se, tem grande poder de sedução, aliciadora. "Escreve-se para ser amado, é-se lido sem poder sê-lo, é sem dúvida essa distância que constitui o escritor" – admite Barthes.[1102] Seu ritmo é plástico. Articula-se na técnica com uma habilidade rara, assegurando assim a unidade pictórica dos quadros para não flutuarem como bruma. Sua psicologia é penetrante e dada ao espectador pelos gestos dos seres, pensando. E na construção do tema mune-se de uma equipagem de carpintaria, a mais contemporânea, tendo em vista sempre a comunicação com o leitor. O dramático lhe absorve e o lírico, ora é picassianamente deformado, ou padece de metamorfose, criando esse signo que gira em torno das criaturas. E, em *O grande mentecapto*, esse signo gira em torno de um pobre-diabo, imbecil, louco, santo, poeta – grande no seu desamparo e tão vivo, que o sentimos ao nosso lado. (Criado talvez à sombra de Jayme Ovalle, cuja bizarrice marcou várias gerações). Sim, Geraldo Viramundo respira. E essa respiração é de uma memória coletiva, que, mais uma vez, Fernando Sabino soube colher, como uma flor – aquela que a personagem oferece à que amou, pondo num pedestal. Tal ciência da loucura vem de Gogol, Dostoievski, ciência de amar sem a razão dos sensatos. Ou de conter a loucura, sensatamente. "Não há trancos, o mágico não chega a ser instaurado: viver é que é mágico."[1103] Esse mágico vivido está na história de histórias de Geraldo Viramundo. E não pôde deixar que virasse homem, sem antes falar no rio. "Só quem passou a infância junto a um rio pode saber o que o rio significava para ele."[1104] "Nem podia tolerar a ideia de que o homem não conseguisse ficar debaixo, sob a água, o tempo que quisesse como os peixes."[1105] Fez aposta

---

1102. BARTHES, Roland. **Ensaios críticos**. Lisboa: Edições 70, 1977.

1103. SABINO, Fernando. **O grande mentecapto**. Rio de Janeiro: Record, 1979.

1104. SABINO, Fernando. **O grande mentecapto**. Rio de Janeiro: Record, 1979.

1105. SABINO, Fernando. **O grande mentecapto**. Rio de Janeiro: Record, 1979.

que iria parar o trem e alguém se lembrou de que um boi fora esquartejado pelo trem. Quando a locomotiva apareceu, lá se foi Viramundo e se meteu nos trilhos. O apito soou, Geraldo fechou os olhos, os freios rincharam e o trem parou. Pingolinha, com suas perninhas tortas, imitou o amigo e se deu mal: o sapateiro pegava nos braços o resto do menino no próprio avental e Geraldo ficou de culpado. Depois apareceu um padre. E Geraldo queria saber a diferença entre o sacerdote e os outros homens. E satisfeito pela resposta do padre Limeira, depois de tanta insistência. Resolveu:

> – Pai, quero ser padre. E foi. E dali advieram novas desaventuras, quando ouviu confissão de Dona Piedolina, escondido no confessionário. Descoberto, foi expulso. Tornou-se Viramundo, ao iniciar sua primeira caminhada pela província de Minas.[1106]

As páginas 52 a 54 são antológicas nos epítetos dados a Geraldo, entre eles: Geraldo Facada, Geraldo Virabola, Geraldo Ziraldo, Geraldo Responsus (Pobre Alphonsus), Geraldo Melda... Geraldo Cordeiro de Deus e outros. Universaliza Geraldo Viramundo, aproximando-o de Nerval, o poeta, Geraldo Pancada, Geraldo Sepultura e tantos, num só. *E o único ponto comum é que era Geraldo.* Lidera elementos marginais, os loucos do hospício. Ao cuspir no sapato de um negro que engraxava, errou: acertou-lhe na cara e foi coberto de pontapés. E depois de peripécias que mostram a total imbecilidade do inofensivo herói, termina sendo amarrado numa árvore e apagado de pancadas e pauladas. E entregou o espírito com os lábios num sorriso. Tinha 33 anos (analogia com o Cordeiro, Jesus, "ovelha muda para o matadouro"[1107]). No capítulo seguinte, relata o destino de cada um dos personagens do livro, o que é brilhantemente irônico e irreverente. Os efeitos poéticos sutilizam-se na discrição, havendo sempre a apresentação imediata da coisa viva. E a verossimilhança – escreveu Georges Braque – "não é senão um golpe de vista". Mas

---

1106. SABINO, Fernando. **O grande mentecapto**. Rio de Janeiro: Record, 1979.
1107. SABINO, Fernando. **O grande mentecapto**. Rio de Janeiro: Record, 1979.

também um golpe de espanto. E a descrição de Viramundo tipifica todos os marginais ou minorias, os ofendidos e indefesos, sendo feita, parte do exterior e parte do interior, com alguma onisciência, nunca ao ponto de anular a identidade e a ternura do protagonista. Fernando Sabino caracteriza seu livro como de gênero picaresco, de natureza popular. Tende à oralidade das novelas de cavalaria de um *Cavaleiro da triste figura*. Todavia, não perde a condição de romance, ainda que, à feição do Gênio do Cosme Velho, seja dividido em crônicas (vinculado ao ponto de escrever *Amor de Capitu*, recriação de *Dom Casmurro*). De tal maneira é o autor, o que relata e vive as histórias e os infortúnios de Geraldo (mais outro avizinhar-se do russo Gorki, ficcionista de *Vagabundos*), que se incorporam a ele indissoluvelmente. Mais, no epílogo, mescla como citações e referências em *O grande mentecapto*, seus dados bibliográficos. Confessando: "Este ser engasgado, contido, subjugado pela ordem iníqua dos racionais é o verdadeiro fulcro da minha verdadeira natureza."[1108] Há outro aspecto na sua obra – a de um dos nossos mais extraordinários cronistas, com magníficos textos. Tirando como de um instrumento de precisão, do cotidiano existência e a existência do tempo, com paixão, humanidade, voltando ao menino. Até o relógio antigo de seu avô lhe traz a infância. E o cronista é este relógio de palavras que dão horas de infância, horas de uma história que não acaba e está na realidade dos homens. Recuperando para a linguagem literária um coloquialismo irônico, agudo. Geraldo Viramundo, maluco e visionário, como o Policarpo Quaresma, de Lima Barreto, pode murmurar, conforme o que conta Leyla Perrone-Moisés, de Flaubert (não estaria aí o germe do grande livro de Lima Barreto?), a respeito de São Policarpo, mártir do século II: "Meu Deus, em que século me fizestes nascer!"[1109] Fernando Sabino, "com leveza, com humor"[1110], acreditou, segundo o poeta e cronista Affonso Roma-

---

1108. SABINO, Fernando. **O grande mentecapto**. Rio de Janeiro: Record, 1979.

1109. PERRONE-MOISÉS, Leyla. **Flores na escrivaninha**. São Paulo: Companhia das Letras, 1990.

1110. PERRONE-MOISÉS, Leyla. **Flores na escrivaninha**. São Paulo: Companhia

no de Sant'Anna, no que dizia seu pai, ao assegurar que "tudo dá certo ao final, se ainda não deu certo, é porque ainda não chegou ao fim."[1111] E com ele se foi um tempo, agora com seu *encontro marcado na Eternidade.* Seu epitáfio: "Aqui jaz o homem que ficou menino".

Otto Lara Resende

Compôs com Hélio Pellegrino (ensaísta, poeta e psicanalista), Paulo Mendes Campos (poeta, cronista e tradutor) e Fernando Sabino (cronista e ficcionista) os "Quatro mineiros do Apocalipse". Otto Lara Resende nasceu em São João del Rey, Minas Gerais, em 1º de maio de 1922, e faleceu no Rio de Janeiro em 28 de dezembro de 1992. Formado em Direito em Belo Horizonte. Esteve a serviço do Brasil como Adido Cultural em Bruxelas e Lisboa. Pertenceu à Academia Brasileira de Letras. Cronista, jornalista, contista, romancista. Publicou: *O lado humano,* contos, 1952; *Boca do inferno,* contos, 1956; *O retrato na gaveta,* contos, 1963; *O braço direito,* romance, 1963; *A cilada,* romance, 1965; *Memórias,* 1970; *As pompas do mundo,* contos, 1975; *O elo partido e outras histórias,* 1992; *Bom dia para nascer,* crônicas, 1993; *A testemunha silenciosa,* novela, 1995.

Otto Lara Resende escrevia num estilo limpo, direto, apanhando as coisas, sem desvios, como a sua atinada e às vezes desvairante inteligência. Que num certo sentido mais o prejudicou que ajudou na criação, inibindo-o, com a mania de tanto pentear o estilo que acabava por arrancar, torturadamente, os cabelos da escrita. E a escrita, mesmo que se queira, jamais será inocente. E a escrita não deixa ninguém impune. Por ser tanto mais inquisitiva, quanto mais de outra parte, vislumbra o rigor. A lucidez demasiada foi-lhe, até certo ponto, abolidora. Em *O braço direito,* guarda a aridez de uma tragédia na trivialidade, com ficcional maestria. Severíssima. Deixou frases

---

das Letras, 1990.

1111. SANT'ANNA, Affonso. Romano de. **A poesia possível**. Rio de Janeiro: Rocco, 1987.

lapidares, espécie de Oscar Wilde brasileiro, gastando mais o gênio na vida que na arte. Inegável, no que escreveu, por ter "a qualidade própria incomunicável". (Paul Valéry). Não quis ser um Voltaire contemporâneo, apesar de possuir as condições para isso. O que impediu: sua formação católica romana marcante e sua discrição, mais do que mineira – machadiana. Tendo nascido para incendiário, o bom senso o venceu e contentou-se em ser bombeiro dos meridianos, ou dos diários acontecidos. Inteligência demasiada que mais corta, que constrói, mais dilacera, que ilumina. A inteligência radiosa é uma condenação à luz, que é sempre mais forte e insondável.

Pode cegar. A inteligência quando é excessiva pode ocasionar no usuário o drama de não saber o que fazer dela. A inteligência ajuda o gênio, não é o gênio. E o perfil de Lara Resende está posto no mundo sob o signo do corte e da renúncia. A mais penosa, é a de si mesmo. Quando a renúncia se incorpora à lucidez. Provindo daí, a admiração comovida que possuía ao dramaturgo e cronista Nelson Rodrigues, que não tinha tal pudor – e era o seu oposto – sobretudo, por ser ferozmente genial e bem menos inteligente. Porque a muita lucidez, sem o devido hausto do inconsciente, que é dado aos ousados, onde nasce a obra – queda-se apenas ao sol, fustigante, sem dar lugar para ninguém, muito menos para as mágicas. É faca, mais: guilhotina. Como o sal bem posto tempera, o excesso torna-se estátua de sal para quem o fixa, olhando para trás como a mulher de Ló. Se o sal não dá a medida essencial, é para ser pisado. "A habilidade, o gênio até, tem qualquer coisa de impuro". (Agustina Bessa-Luis). E malgrado, ou com o senso de realidade, tal excesso de lucidez combate o impuro do que se quer inventar, o desespero aumenta a lucidez, ficando exorbitante, então ela impede, suprime ou abafa a plenitude da criação, a sujidade do barro. E o que se omite é a inteligência do silêncio. Mas a inteligência carece de palavra, como a palavra cria o seu próprio silêncio. Muitas vezes, porém, Otto Lara Resende foi salvo pelo cotidiano que não precisa fazer poses, nem ser urgentemente brilhante. E descobre a contação da realidade que vem como a água do riacho, sem perguntar por que corre. Ético, o ficcionista nele jamais abandona o ser moral. Todavia, borgeanamente, narra a fábula, evitando explicá-la. Todavia, a fábula tem caráter onírico, e Otto possui forte instinto de verdade.

A afinidade eletiva com André Maurois e, sobretudo, com François Mauriac, autor de *Thérèse Desqueyroux* e *Viagem ao fim da noite*, de Céline, sintetiza a visão de Otto Lara, nos contos de *As pompas do mundo*, ou na novela Testemunha silenciosa: "O tempo, que termina com todo o amor, acaba mais lentamente com o ódio; porém, triunfa também sobre ele."[1112] Num sentido de precariedade das coisas diante do tempo. Moralista sem querer com a sutileza mais de quem sugere, lanterna bruxuleante entre contornos ou algumas sombras mais obscuras, por respeitar a inteligência do leitor que é atraída pela inteligência do que escreve. Ou de quem ajuda a contemplar melhor a realidade. Seus contos se inserem num rigor de enunciação, embora o cosmos se amplie, ilimitadamente. E como assevera Gunter Grass: "O conteúdo é o inevitável pretexto para a forma"[1113], porém, a forma também é o pretexto para o conteúdo, sendo, como o é, a realidade. E essa não é inventada, inventa-se, sem metafísica, em trepidante claridade, a que não se intimida: a lucidez de estarmos vivos. E a realidade só se inventa sozinha, por já existir antes. Aliás, a marca do jornalista sempre o acompanhou, o vinco da verdade, mesmo que dissesse que não ligava para o documento, ligava para o fato, por ter em si a inteligência da verdade. A que se impõe, vivendo. Não é a convicção. Pode ser contra a convicção. Nem é inventável. A verdade é fonte. Como a luz não deixa nunca de ser luz, mesmo que mudemos o seu nome. Entretanto, de a buscar, inquirir, catando os dados de existir, muitas vezes captamos reflexos. "Reflexos de reflexos de reflexos eis o que somos. Agora que descobrimos isso, despertamos para a lucidez do trivial."[1114] E ao trivial de uma lucidez que se atormen-

---

1112. RESENDE, Otto Lara. **Testemunha silenciosa**. São Paulo: Companhia das Letras, 1995.

1113. GRASS, Günter. **Ensayos sobre literatura**. México: Fondo de Cultura Económica, 1980.

1114. FREUD, Sigmund, **Obras completas**. Rio de Janeiro: Imago, 1996. p. 213. Cap. 21.

ta. Onde a guerra, mais potente, como desabafa num título de livro, Marques Rebelo, somos nós. E a batalha não é só a do tempo, é a da fragmentação do texto, essa dicotomia entre o ficcionista-inventor e o jornalista – catador de verdade ou do real. A dificuldade da unidade no romance e o conto que tende a ser crônica, ou um conjunto de crônicas. Estilhaço da inteligência? Diz Blanchot, o crítico e filósofo francês: "A forma elementar e fragmentária da narrativa (récit) dá margem a uma série de fragmentos marcados, como se a ordem pudesse ser reconstituída se o leitor assim o desejasse."[1115] E o que se reconstitui é o sonho, jamais a realidade. Em Otto Lara Resende, muito menos aforista na ficção do que na vida, o que o eleva e dignifica é a lucidez sempre inconformada. E é tanta, que é incapaz de se consumir.

O transgressor Antônio Fraga

Nasceu em 1916, na Cidade Nova, Rio de Janeiro, e faleceu em 18 de agosto de 1999, em Queimados, Baixada Fluminense. Teve muitas profissões, desde a de vendedor de siris, ou garimpeiro em Goiás, auxiliar de cozinha, redator de rádio, ficcionista, cronista e poeta. E anarquista militante. Publicou: *Desabrigo*, novela e sua obra-prima, em 1942; *Moinho*, poesia, 1978 e, com organização da biógrafa Maria Célia Barbosa Reis da Silva, reunindo 14 contos, alguns inéditos, recolhidos de anotações em gavetas e maços de cigarros, com a reedição do primeiro livro – *Desabrigo e outros trecos*, 1999. Fraga, tido como autor maldito, cuidava, sem proselitismo ou realismo engajado, do desequilíbrio social a que são postos os vagabundos, malandros, prostitutas, cafetões, as tácitas vozes de uma sociedade marginalizada, com preocupação pelos seres humildes e desamparados, num clima menos crítico e mais enternecido do que o de Lima Barreto. E foi, corajosamente, também um inventor de linguagem, aventuroso trabalhador da gíria, de prosa riquíssima, registrando certa geração

---

1115. BLANCHOT, Maurice. **O livro por vir**. São Paulo: Martins Fontes, 2005.

proveniente das boates e bares da Cinelândia, os transtornos da Segunda Guerra e do Estado Novo. Fez de certa inaptidão de viver, de conformar-se, o motor de um tempo feroz, de uma sociedade opressiva e substantiva palavra. Precursor. E mapa incontornável da marginália carioca.

Bernardo Élis e Mário Palmério, ou o sertanismo goiano-mineiro

Bernardo Élis nasceu em Corumbá, Goiás, em 1915, e morreu na mesma cidade, em 1996. Pertenceu à Academia Brasileira de Letras, vencendo num pleito famoso o ex-presidente Juscelino. Romancista, contista, poeta, jornalista. Morreu em Corumbá, numa "terra que só serve para aumentar e aumentar as distâncias"[1116], conforme diz de seu povo. Publicou os seguintes livros: *Ermos e gerais*, contos, 1944, estreando com sucesso de crítica e público; *Primeira chuva*, poesia, 1955; *O tronco*, romance, 1956; *Veranico de janeiro*, contos, 1965; *Seleta*, org. por Gilberto Mendonça Teles e notas do Prof. Evanildo Bechara, 1974; *Caminhos dos gerais*, contos, 1975; *Goiás*, estudos sociais, 1977; *André Louco*, contos, 1978.

Surgiu com o livro de contos *Ermos e Gerais*, que iniciou o ciclo do sertanismo goiano-mineiro oeste, recebendo de Mário de Andrade as boas-vindas, por narrar uma realidade mais "real que o real."[1117] Depois Guimarães Rosa editou *Sagarana*, 1946; Mário Palmério lançou seu romance *Vila dos Confins*, 1956 e José J. Veiga publicou *Os cavalinhos de Platiplanto*, 1959, trazendo uma nova visão para a literatura brasileira. É de lembrar o nome dos pioneiros, esses pioneiros da prosa regionalista que foram Bernardo Guimarães, Valdomiro Silveira, Afonso Arinos, Manuel de Oliveira Paiva e o goiano Hugo de Carvalho Ramos, autor de *Tropas e boiadas*, acompanhados no Sul pela figura gigantesca de Simões Lopes Neto. É verdade que Afonso

---

1116. A ÉLIS, Bernardo. **André Louco.**Rio de Janeiro: José Olympio, 1978.

1117. ANDRADE, Mário de apud NASCENTE, Gabriel José. **A nova poesia em Goiás.** Goiânia: Oriente, 1978.

Arinos tem melhor feitura nos contos do que Valdomiro Silveira, que se caracteriza pela excessiva singeleza de trama e tema, com acúmulo de modismos caipiras dificultando o entendimento. E o cearense Manuel de Oliveira Paiva, de linguajar eminentemente oral, isento de adornos, trata do coronelismo e das injustiças sociais em *Afilhada*, romance em folhetim, 1898, e com o póstumo, *Dona Guidinha do Poço*. Assim, Bernardo Elis não é sozinho. Resulta da maturação de confluências desses ilustres antecessores, além dos acentos modernistas na linguagem que assumiu, criando tipos humanos, com traços de *sua aldeia*, portanto universal, com a estilística fonética da fala goiana, seus ditados e máximas, inventando ou desinventando um dialeto curto, pessoalíssimo, alvejando a percepção do leitor. Enquanto Hugo de Carvalho Ramos elabora a paisagem e certa selvageria do interior goiano, *entre tropas e boiadas*, preocupando-se mais com a vida resignada de animais, campos e seres, ainda não desagregados do individualismo ferrenho, sem a problematização da escrita, para não dizer, de escrita *inocente*, Bernardo Élis fixa-se no homem e no barbarismo social, a violência do Patriarcado, os policiais e os fora-da-lei, o arcaísmo de um mundo, por fatores econômicos, diferentes dos de Zé Lins do Rego, onde o jugo de classes sociais mais favorecidas sobre as menos galardoadas pela riqueza, compõem o antiquíssimo quadro de *senhores e servos*. Por sua vez, a ficção de José Veiga acelera-se, pela alegoria, num plano mais civilizado, sutil, satírico e fantástico. Três estágios diversos de camadas de tempo e opressão, na busca de um humanismo socialmente justo.

 Bernardo Élis mereceu de um crítico do porte de Antônio Candido a observação de que podia ele "gabar-se de ter encontrado uma fórmula narrativa tão eficiente", o que foi mais do que fórmula, foi, sim, uma "segunda natureza", do Outro, nele. Por sua vez, Mário de Andrade reconhece-lhe "o dom de se impor, de evidenciar a 'sua' realidade, pouco importando que esta 'sua realidade' seja ou não o real da vida real. Enfim: jamais se percebe nos seus escritos aquele 'ranço' de documento, tão prejudicial à ficção legítima."[1118] Não é o

---

1118. ANDRADE, Mário de apud NASCENTE, Gabriel José. **A nova poesia em**

documento que legitima a ficção, porém, a ficção que consolida ao documento que pode até desaparecer. E desaparece na maestria verbal do mundo bernardiano, bem diverso, pois tomado de brutalidade e ódio de classes, dividido entre poderosos coronéis, jagunços e polícia, muitas vezes sem juiz ou delegado. Mundo enfermo que se defende na dimensão coletiva. No que entrou a ideologia de Élis. O romance *O tronco* é fruto de acontecido nos anos de 1917 e 1918, em Goiás, sendo nacionalmente valorizado. Foi, portanto, autor de um romance-verdade, como Euclides da Cunha e antes do americano Truman Capote. Descreve o assalto à Vila do Duro, a verdadeira batalha que se desenvolveu entre policiais e jagunços, sob as ordens de um coronel demitido do Governo do Estado: é cinematográfico, com suspense em cenas violentas, com morticínio das vítimas no famoso *tronco*, constituído de dois compridos esteios de madeira forte. De espaço a espaço, possuíam esses esteios um corte em meia-lua. Justapostos, os cortes formavam buracos, nos quais se metiam as canelas do cristão, que ali era jungido. De um lado, unindo os dois esteios, havia uma dobradiça de ferro, grosseira, feita de espécie de aldrava, com cadeado. Esse instrumento de tortura, vindo do tempo da escravidão, permanecia como um jugo.

A literatura preenche os espaços vazios da história. Literatura rebelde, indignada, que toma partido, que julga moralmente, sem deixar de flagrar a estupidez. Contudo, há sempre o narrador onisciente, outras vezes mais escondido, com aparente condescendência, sob o comércio habilidoso das palavras, crudelíssimo, veraz. Assim inicia seu texto, o que dá imediata perspectiva ao leitor:

> Uma indignação, uma raiva cheia de desprezo crescia dentro do peito de Vicente Leme à proporção que ia lendo os autos. Um homem rico como Clemente Chapadense e sua viúva, apresentando a inventário tão-somente a casinha do povoado![1119]

Goiás. Goiânia: Oriente, 1978.
1119. ÉLIS, Bernardo. **André Louco.** Rio de Janeiro: José Olympio, 1978.

As suas criaturas simples como Totinha, Damas, Jeromão, Agostinho dos Anjos, Macioso, o Juiz Carvalho, Vicente e Chico Leme, Honestino, Bernardo, Eleutério, Severo, Eneias, Mendes de Assis, o menor Hugo Mello, Artur Mello, o delegado, jagunços, policiais, humildes vaqueiros. O mundão do povo. Os coronéis e o bandido Balbino. A luta descrita no livro faz com que seja assumida a consciência geral. "Ele é sozinho. Nós somos muitos. Agora somos que nem caixa de marimbondos: buliu com um, buliu com o resto."[1120] Havendo, a partir daí, a criação das Ligas Camponesas. E Élis relata, após os crimes: "No silêncio, gerava-se o mistério da madrugada, pobre madrugada chuvosa, sem galos nem pássaros, gerada no medo e na covardia."[1121] Paul Valéry, comentado por Jean-Michel Rey, observa: "As obras marcantes se fazem sobre as ruínas das que as precedem, ou das que se arruínam."[1122] Assim, nasceu a criação genuína, oralizada, de Bernardo Élis, que se apropriou, sabiamente, das sombras ou sobras dos que o precederam, como as civilizações ressurgem das ruínas, com novos elementos de vida, pela própria necessidade temporal, ou do mistério com que umas sugerem outras. Adicionada a experiência modernista que abrasileirou a fala ficcional e deu nova foz aos afluentes do texto. Nada é sozinho. Porque os verdadeiros ficcionistas são crianças que não brincam de letrar, brincam de milagres. *André Louco* foi o último romance, mais trabalhado, onde o domínio do estilo naturalizou-se de humanidade dolorosa, a de um menino que foi morto como ladrão, menino sem maldade, ingênuo e sensível, com sua gaita. Uma lição de coisas e personagens, a loucura da bondade na infância que se enfurna, ou se aventura de viver entre os cerimoniosos e maliciosos adultos. Esse medo de *André Louco* é o susto diante do espetáculo da demência. Tinha gênio insuportável e foi torturado pela polícia, três dias moído de pauladas, prendendo-lhe às costas a argola da corrente partida, foi

---

1120. ÉLIS, Bernardo. **André Louco**. Rio de Janeiro: José Olympio, 1978.

1121. ÉLIS, Bernardo. **André Louco**.Rio de Janeiro: José Olympio, 1978. p. 207.

1122. REY, Jean-Michel. **Paul Valéry, l'aventure d'une oeuvre**. Paris: Éditions du Seuil, 1991. p. 164.

içado pela corda, esperneando no ar. Nesse livro, Bernardo Élis cria uma comunidade tão amesquinhada pela insensibilidade, de vista tão curta, que nem um louco e menino, conseguiu arrancar daquele breve e infeliz mundo, uma réstia de humanidade. O uso do negativo até o limite extremo, faz com que a culpa da insensibilidade social seja multiplicada, porque o narrador é o juiz e a sentença é a morte do louco que cai sobre essa comuna atrofiada e cega.

    A obra bernardiana entranha-se no conhecimento do homem, suas paixões, desmandos, loucuras, extravios, crimes, brutalidades. E a soberania da consciência, barco sobre as vagas. Daí a lição de Georg Lukács: o que permanece na obra de arte é configuração que ela modela sobre a vida dos homens. Bernardo é um épico? Sim, um épico da humanidade em queda, a culpa original de os homens não chegarem a ser irmãos dos homens. O *lobo* é focado e os *cordeiros*, como André e outros heróis dos *Ermos gerais*, ou de *O tronco*, sob dentes ferozes, caminham para o matadouro. Porém, seu método realista não deixa escapar o que denunciou Michaux: "Os lobos não existem sem os cordeiros".[1123] Sua verdadeira vocação não é romance, pois o estilista se perde no relato longo, embora haja tido sucesso com *O tronco*, por razão política (e o autor nunca foi um político militante), ou tenha realizado uma obra excepcional, com *André Louco*, sua plenitude criadora é o conto, onde se realça, *Ermos gerais*. A sabedoria narrativa bernardiana está nos pormenores, na astúcia prepotente das autoridades e do preconceito contra a loucura ou a bobice. Contudo, também é a coragem de permitir o espetáculo da estupidez, o que engrandece seu criador, que excita no leitor o juízo sem julgar. A loucura é uma verdade que explode. E para a narina do moralista escondido no leitor – porque Élis tem a loucura de ver – nem todos os aromas são iguais. "A beleza não está na loucura"[1124] – diz Ezra Pound[30] – entretanto, a loucura está na beleza. E a beleza pode estar até no feio ou grotesco, desde

---

1123. LUKÁCS, Georg. **Teoria do romance**. Lisboa: Editorial Presença, 1962.

1124. POUND, Ezra. **A arte da poesia**. São Paulo: Cultrix, 1995.

que tenha a chama, seja a da bondade, seja a da comiseração, seja a da lucidez compadecida. Sua palavra tem olhos. E a palavra é um amor que não morre. Mesmo contrariando Brecht, há que defender a precisão de heróis e eles se inserem, como os de Diderot na encarnação de seres livres, combatentes, abatidos e críticos. Tomando a voz do autor, ou eles sendo o autor, erguendo-se contra a injustiça. Não existe cegueira na história, existe história, sim, na cegueira. Sendo certeiro o que diz Wittgenstein, ao encontro da criação bernardiana, que é "um pensamento que ecoa no ver."[1125] E *ver*, aliás, é a raiz que igualmente identifica Mário Palmério. Embora Bernardo e ele não partilhem do mesmo diapasão ideológico – um distando à esquerda e outro mais à direita – há uma piedade humana em ambos, sendo críticos sociais, trabalhando na aliteração vocabular e sintática, com o linguajar correspondente – o primeiro, de Goiás, e o último, de Minas. E cabe, enfatizo, para destacar o romancista de *Vila dos Confins*, 1956 e de *Chapadão do bugre*, 1968, Mário Palmério, a expressão cunhada por Damián Bayón: *pensar com os olhos*. Romancista, de recursos ópticos e fonéticos, o primeiro livro é sua obra-prima, que seduz o leitor pela visualidade hipnótica de uma natureza, que as geografias não lembram, a da *Vila dos Confins*, e o segredo de vidas no interior, com seus amores e tragédias. Gira em torno de uma crônica de eleição, em lugarejo – situado sobre rua encompridada – entre heróis, vilões, jagunços, beatas, moças, viajantes, coronéis, universo próximo daquele de Bernardo Élis, com a diferença de que o goiano se completa na tragédia e o mineiro, contador de histórias inveterado, satiriza com senso de lirismo e humor, o microcosmo interiorano, com suas controvérsias, preconceitos, políticas, achaques provincianos, miniaturas de uma figuração maior, porque a paixão, o amor, a polêmica, a justiça e a injustiça são prismas de todos os quadrantes humanos. Sua narrativa é direta, acumulando-se na pilha severa da imaginação. Escreve com ritmo alucinante, com as proezas de um mágico. E as palavras se animam, por não serem apenas objetos verbais, são seres verbais, dotados

---

1125. WITTGENSTEIN, Ludwig. **Investigações filosóficas**. [s.l.]:[s.i.], 1953.

de universo. Impressionante é a página inicial, que nos faz contemplar na caatinga o peso sulcante dos passos. O protagonista nos é apresentado e o olhamos andando:

> Lá vem ele. E ganjento, pilantra: roupinha de brim amarelo, vincada a ferro; chapéu tombado de banda, lenço e caneta no bolsinho do jaquetão abotoado; relógio-de-pulso, pegador de monograma na gravata chumbadinha de vermelho.[1126]

Observem a cadência da personagem caminhante. A narrativa é feita com certa onisciência, do que relata o que se vai sucedendo diante do leitor, num linguajar que se insinua na leitura, fabulador notável. "O Sertão dos Confins é magro de boas terras"[1127], sobretudo para as caçadas. Com o ponto de reunião na casa de Jorge Turco. E o governo é o culpado de tudo o que acontece de erro. Todavia, há uma conscientização política mais aguda. Não é mais um regionalismo velho. Também sua inovação formal se dá nas minúcias descritivas, com uma sintaxe desarticuladora, embora haja a tentação esquemática, onde a vida salta e não se deixa submeter. As criaturas extravasam, impõem sua vontade de existência ao criador – o que reflete a vitalidade. E inequívoca harmonia interna. Universo que não nega a si mesmo.

Nasceu Mário Palmério em Minas Gerais, Monte Carmelo, em 1916. Faleceu em Uberaba, também em Minas, em 1996. Foi professor, reitor, embaixador do Brasil no Paraguai. Fundou várias faculdades no Triângulo Mineiro e um hospital, e foi deputado federal. Estreou na literatura como romancista com *Vila dos Confins* e se confirmou com *O Chapadão do bugre*, tendo êxito de crítica e público desde logo. Foi descoberto por Rachel de Queiroz, que anunciou: "A primeira qualidade que me impressionou no escritor Mário Palmério foi

---

1126. PALMÉRIO, Mário. **Vila dos confins**: romance. Rio de Janeiro: José Olympio, 1978.

1127. PALMÉRIO, Mário. **Vila dos confins**: romance. Rio de Janeiro: José Olympio, 1978.

este cheiro de terra, que seu livro traz, tão autêntico."[1128] É um prosador saboroso, escreve sem óculos na ideia, observando sempre, deixando os seres e o enredo desembocarem no contexto, exuberantemente. Não corta na própria carne, deixa viver. Criou romances de boa qualidade, sem o exagerado juízo de Wilson Martins, nem sempre bem calibrado nas criações mais contemporâneas, ao comparar seus romances a obras-primas da literatura do Ocidente. Pertenceu à Academia Brasileira de Letras na vaga de Guimarães Rosa. E diferente desse, sendo original, sem ter o gênio do filho de Cordisburgo, não inventou palavras, permitiu que elas no idioma se inventassem. O que significa que o primeiro revelou um universo tão vasto, de tal humanidade, que as palavras do idioma natal não eram suficientes para nominá-lo, precisando gerar outras, advindas de línguas estrangeiras que maravilhosamente dominava. Sim, percebe-se na ficção de Mário Palmério unidade e consonância de uma a outra das narrativas, ao redor dos lugarejos, *Vila dos Confins* e *Chapadão do bugre*, contados numa linguagem que Mário Quintana alerta como a que "dá aos clássicos um sal que eles não tinham no seu tempo."[1129] O sal da verdade. Esse sal na matéria dos vocábulos jamais admite apodrecimento. E são as ideias que alteram e movem o tempo da inventação. E o que se move é porque está vivo e continuará a se mover de lucidez em realidade. E a nosso ver, o último livro do autor não atinge a altura e a novidade do primeiro, numa repetição de recursos estilísticos. Assim como *Tutameia* é o cansaço do inventor que calcinou o que nele respirava, com camadas geológicas compostas mais de materiais dormidos ou acomodados do que os de vertigem ou insônia, ainda que Palmério tenha inoculado em ambos o mesmo ritmo pulsante. Não se escolhe o destino dos que filhamos – tanto os humanos, quanto as criaturas ficcionais. Uns podem ser melhores do que outros. Mas vivos. E não se constroem como multiplicação da ruína, nem como símbolo da decadência. "Porque os autênticos criadores não aceitam se instalar nos

---

1128. QUEIRÓZ, Rachel. **João Miguel**. Rio de Janeiro: José Olympio, 1969.

1129. QUINTANA, Mário. **Porta giratória**. São Paulo: Globo, 1988.

escombros."[1130] – recorda Mircea Eliade. "E são seguidos de uma nova criação."[1131] O que consegue galhardamente o autor, com a alquimia verbal que o singulariza. Basta ler este relato final da *Vila dos Confins*:

> A dor era por demais. A primeira pontada, o jagunço sentiu-a na altura dos rins; a outra, no encontro, e tão fininha e tão funda que lhe bambearam as pernas. E a ferroada de fogo não se firmava em lugar nenhum, furando e saindo, emergindo e mergulhando (atentem para o uso do particípio presente denotando ação). Filipão via-se de bruços debaixo de desembestada agulha de máquina a costurar-lhe o corpo inteiro. Cinco, dez, cem vezes o bracinho franzino de Xixi Piriá ergueu e abaixou a chave e meia de lâmina de puro aço, que se enterrava até o cabo – pica-pau dos infernos a esfuracar o tronco macio da carne ruim do jagunço Filipão.[1132]

Palmério trabalha de agulha, cosendo a matéria da vida, com mão de mestre. E a agulha costura sozinha o tempo. Sem relógios. Genuinamente. Por entender o que somos: as impressões que se repetem, as que nos edificam e as que edificamos sem saber. E neste romancista sobrepaira no político da alma, a alma do professor e o pedagogo da palavra que a serviu cercada de silêncios. Flaubertiano de um lado, descreve com sutileza; proustiano de outro, apalpa as impressões, fazendo com que o leitor as sinta. Havendo, no entanto, diferença de tom e voz, entre o primeiro romance e o segundo, como se fosse de um outro autor, ou fosse de *um outro* do autor. Não importa. E decerto a figura complexa e robusta de José de Arimateia, em *Chapadão do bugre*, é um dos grandes caracteres da literatura, que hipnotiza o leitor – o que é das argúcias do ficcionista – com gestos, onde se realça um perfil alegórico e irresistível em torno de seu absconso segredo, ou mistério. Por cimentar o autor com esse nome (José

1130. PALMÉRIO, Mário. **Vila dos confins**: romance. Rio de Janeiro: José Olympio, 1978.

1131. ELIADE, Miecea. **Sobre la poesia y los poetas**. Buenos Aires: Sur, 1959.

1132. PALMÉRIO, Mário. **Vila dos confins**: romance. Rio de Janeiro: José Olympio, 1978.

da Arimateia) outro plano, o bíblico – o do mesmo nome do homem, a que preparou o túmulo – matando o Coronel Antônio José Inácio, abastado fazendeiro, de forma bárbara, com machado, por ser pego em flagrante, em ato carnal com sua noiva, Maria do Carmo, nua, sob a camisola arregaçada até as virilhas, junto aos sacos de mantimento do paiol. E a perseguição do destacamento policial termina por alcançá-lo, ao final, com uma rajada de tiros pelas costas. E os nomes enunciam seres. Alguns com parecença de alcunha popular como O Zito do Adão, Valico Ribeiro, Persilva, Zeca Caxico. Outros nomes bíblicos ou da galeria cristã, como Madalena, Siá Gorgota (Gólgota), capitão Eucaristo, João Crisóstomo, Arcanjo... O certo é José de Aritmateia, bom, sereno, torna-se criminoso e foragido, diante da vindita. E da traição de sua noiva. O tema é simples, o tratamento tem cuidadosa carpintaria ficcional. Palmério é também um poeta do romance – não só pelos termos lapidados da interiorana fala, igualmente pelo clima adernante, clarões narrativos, pelo primoroso retratista da paisagem e da gente. E mais; o ritmo ora austero, ora astucioso e sibilino, ora vibrante de musicalidade – pano de fundo (numa orquestração de acontecidos e falares), ora como psicólogo da alma nas nuanças, sob amores, interesses e nivelamentos sociais. E a perseguição militar. Em Santa do Boqueirão ou no Chapadão do Bugre, com as cordas do vento se despejando nos cumes da serrania. E, ali, a lição faulkeriana se encadeia entre fatos e rumos, emprestando-lhe o lineamento do mundo fictício, colorido, violento e circular, a respiração trágica do instante e o frasear súbito, ladino. Afigurando-se um universo anacrônico e primitivo, onde os seres humanos se frustram e se rebelam, buscando a abolição, em contraponto, do tempo real. Entretanto, Palmério, ao aproveitar essa decisiva influência do autor de *O som e a fúria*, no seu texto, sem a resignação de a servir, serviu-se dela. Por isso, Vargas Llosa adverte que "a originalidade na literatura não é um ponto de partida: é um ponto de chegada." Vigoroso, dramático, não perde a malícia de contador, sendo capaz do riso. Pelo apetitoso gosto de contar. Mais perto do real do que do fantástico, no que vai muito da sua experiência diversificada. Conseguindo nos livros certa autobiografia ao avesso, a autobiografia de uma grande imaginação que não podia mais se guardar, rebentando para fora, ao parir no pensamento, criaturas e signos. E eles, como a fonte de onde manam, transportam seu inconformismo, optando sempre a favor da invenção, com o tino de quem destilou eventos e vinhedos. O seu tempo é um outro que apenas descobrimos, quando começamos a amar o que nos legou, essa antecipação dos futuros sonhos. Porque um autor jamais sonha sozinho. Sonha além, os dias e para os dias. Tudo é uma antecipação desprevenida. E esse ver espantoso, procede da experiência: "Sou um homem que vive, nada mais"[1133] – escreveu Balzac, resumindo a persuasiva vocação de respirar, criando.

Deleuze, em *Critique et clinique*, assevera que um autor deve engendrar outra língua na bojura do idioma. *E sem fugir da língua*, dentro de outra, a que desde a infância o sonhava e noutra maior, que o ia escrevendo – isso, com maestria de estilista raro. Mário Palmério, ao munir-se de onomatopeias, é vibrátil como um violoncelo, ficcionista músico. Suas partituras reúnem Mozart na melodia, com arranhões assonantes de Bartók. Aliás, em Mário Palmério, não se sabe se "o tempo descobriu a verdade"[1134] – como queria Sêneca, ou se a verdade descobriu o tempo. Inclino-me mais pela última hipótese, pois este ficcionista de tal maneira acredita no que inventa, que o que ele inventa, passa a crer nele, aformoseado em nós.

Herberto Sales, ou a palavra como o seixo do rio

Nasceu na Bahia, em Andaraí, em 1917, e faleceu no Rio, em 1979. Foi jornalista, romancista e contista. Fez importante trabalho na direção do Instituto Nacional do Livro, em Brasília. Foi Adido Cultural em Paris. Pertenceu à Academia Brasileira de Letras. Surgiu com uma obra-prima, *Cascalho*,

---

1133. BALZAC apud SABINO, Fernando. **Gente**. Rio de Janeiro: Record, 1979.

1134. PALMÉRIO, Mário. **Vila dos confins**: romance. Rio de Janeiro: José Olympio, 1978.

1944, que lhe deu logo renome. Escreveu outros romances: *Além dos marimbus*, 1961; *O fruto do vosso ventre*, 1976; *Os pareceres do tempo*, 1984; *Rio dos morcegos*, 1993. E entre todos, julgo a sua melhor realização ficcional *Dados biográficos do finado Marcelino*, 1965. Publicou, como contista, *Histórias ordinárias*, 1966 e *Transcontos*, 1976, seu mais inventivo livro no gênero. Também se dedicou às memórias e aos livros infanto-juvenis.

    Herberto Sales se caracteriza como criador de uma Bahia de violência, a vida aventureira dos garimpeiros e dos madeireiros na luta de sobrevivência e de riqueza, com toda a consequência dramática de amor e morte. Seu estilo é contido, plástico, machadiano, de *flashes* cinematográficos nos relatos. Sua amizade e confluência, ao mudar-se para o Rio, foi a de Marques Rebelo. Pessimista sem ser niilista, de ironia sarcástica com os poderosos, cascalho não é apenas referência, é a forma com que usa a palavra que bate e machuca a sensibilidade do leitor. Depois se torna mais musical, faulkneriano, com tendência ao barroco. Sua predileção é evidente pelos clássicos lusitanos, mais Manuel Bernardes do que Padre Antônio Vieira. Soube ser humano nos personagens, com a compaixão pela solitude e a transitoriedade. Mais junto do coração do que da inteligência, mais perto do sentir do que do pensar, mais junto dos que padecem do que dos algozes. "Mais perto do grito, que da tinta"[1135] (como Neruda num verso se refere a Garcia Lorca). O artista foi atrás do narrador, não o narrador atrás do artista. O *cascalho* da brutalidade na exploração da riqueza e cupidez, somente pode ser polido pelo amor do tempo por si mesmo. Sim, mesmo que a crítica se incline ainda pela obra-prima inicial, *Cascalho*, tendo a seu favor a perspectiva do tempo em que surgiu, abrindo veredas, prefiro a perfeição de enredo e a vitalidade da personagem do *finado Marcelino*. Porque, ali, se congregam todas as qualidades do magno narrador: a síntese, a psicologia, o pensamento da morte, irmão do Ivan Ilitch, de Leon Tolstói. Veemente e comovido, pouco a pouco, com a biografia do protagonista, levanta-se a revelação que a vida – não

---

1135. SALES, Herberto. *Na relva da tua lembrança*. Lisboa: Livros do Brasil, 1988.

a morte – concede. E na descrição da morte, captura o leitor, humilde, despretensioso, exato, denso, como num filme de cinema mudo (porque mudo é o terror diante do mistério), num texto em que o cotidiano se torna doloroso e fantástico, e o fantástico, cotidiano, manejando a arte de cercar as sombras e de clarear a morte, dando a nota de nossa breve passagem. É por isso, universal. *Cascalho* tem comovente dimensão coletiva e uma força bruta que irrompe das suas criaturas, tão presentes, que, no dizer de Adonias Filho, "sentimos o seu respirar."[1136] É a força bruta do ouro colhido nas bateias da criação herbertiana. E o importante é que o romance "não diz o que somos, mas o que estamos sendo."[1137] Ninguém carece de polir o fogo, basta que incendeie.

Aliás, em Herberto Sales, a propósito da deformação ficcional da realidade, há que lembrar o que registrou Gorki a seu editor: "Eu escrevi a verdade. Mas deveria ter-se feito duas perguntas: Que verdade? E por quê?" Para Herberto Sales, dizer a verdade lhe foi suficiente, porque a relatou com arte, com o rigor que a condição humana testifica e aprimora. "Por ser o objeto da poética a construção da obra literária."[1138] E a realidade que Herberto Sales contou, é a realidade que ainda hoje vigora na busca desesperada de riqueza. E contundente. Ou talvez porque essa contundência nos alveja, fazendo esquecer a elaboração artística. Entretanto, na sua ficção não se pode deslembrar que a paisagem humana é mais portentosa que a geográfica. O coletivo se administra de indivíduos quase bárbaros, ao sondar temperamentos, sobrevivendo nas vicissitudes, concorrências, lutas do homem que é selvagem na civilização, ambicionando riquezas, com a moralidade ou a ética que contemporiza, mesmo a lei, sob a égide das breves e largas violências. Daí encontrarem-se traços grotescos herbertianos. Sim, o uso do grotesco é essa dissimetria de conduta, tendendo à

1136. ADONIAS FILHO. **Guimarães Rosa**: estudos de Adonias Filho. Rio de Janeiro: Instituto Luso- Brasileiro, 1969.

1137. FUENTES, Carlos. **Eu e os outros**. Rio de Janeiro: Rocco, 1989.

1138. STAM, Robert. **Bakhtin**: da teoria literária à cultura de massa. São Paulo: Ática, 1992.

virulência. Diz Bakhtin que "a imagem grotesca mostra a fisionomia não apenas externa, mas também interna."[1139] Quando o barro é tão copioso nos humanos vasos que os transborda, sem retoques. Belicosos e humanos, cálidos e gélidos, loucos e lúcidos. E, por isso, Herberto Sales confirma o axioma de que não interessa ser um narrador moderno, interessa ser um autêntico narrador. Embora seu estilo tendesse ao retórico – mormente nos últimos livros, com sapatos grandes da linguagem, em pés de enredo com talhe menor. Entretanto, tocado de paixão, não carecia de modernidade para durar e nunca se viu que ela pudesse sozinha durar. Intensificando os meios expressivos, às vezes desproporcionados, comparáveis à bruteza das circunstâncias, com onisciência narrativa que se baseia na confiança do leitor. Deixando-se levar, sendo mui destro em dirigi-lo, absorvê-lo ou encantá-lo. A sedução sempre é a maior arte do ficcionista, a instintiva garra de convencer, contando. Enquanto se conta, é como se o tempo parasse na luz. Enquanto se conta, persiste o sortilégio de não morrer. E o que morre apenas é o que não se contou.

Os abissais alqueires de Gustavo Corção

Nasceu no Rio de Janeiro, em 1896, e faleceu na capital do Estado, em 1978. Foi escritor, engenheiro e inventor. Ensaios: *A descoberta do outro*, 1944; *Três alqueires e uma vaca*, 1946, preciosa análise do pensamento de Chesterton; *As fronteiras da técnica*, 1952; *Claro escuro*, 1958; *A tempo e contratempo*, 1969 e *O século do nada*, 1973. Memórias: *Conversa em sol menor*, 1980. Despertava entusiasmo ou repulsa. Era não só um polêmico, mas um moralista judicativo. Um moralista, com humanismo que não carecia de humor. E pouco importa se Péguy julgava o moralismo menos cristão, importa que Corção era um especialista em juízo, como se não julgasse, sem ser sensível à proporção, por ver demasiado. Tendendo mais ao dramático como Bloy do que ao irônico como Chesterton, seu outro mestre, para

---

1139. STAM, Robert. **Bakhtin**: da teoria literária à cultura de massa. São Paulo: Ática, 1992.

Gustavo Corção o tempo era o espelho do abismo da alma. E, se tinha espírito, era o da paixão. Ensaísta que não deixava cansar nele o admirável. Ousava dizer que um livro pode ser grande e digno mesmo quando escrito contra a verdade, defendendo nele a conexão existencial e real com as coisas do homem. Sua obra-prima foi o romance *Lições de abismo*, 1950, traduzido em várias línguas, e que enfoca uma tríade amorosa, com o dorido itinerário de um homem sem Deus. Mais que a história de uma alma, é a de um tempo de niilismo. Aborrecia-lhe o enfático, porém não deixava de enfatizar nos contornos de suas lições, ou do que, escrevendo, aprendeu. Não possuía quase nenhum senso lúdico, dominado pelo senso de abismo. Mais, dá a nítida impressão de havê-lo criado nas entranhas do próprio abismo. A dureza dos princípios, certo dogmatismo, carregava algo de inquisidor. Quando a sabedoria de Deus não é a razão, nem a razão alcança a fé, ainda que a fé alcance a razão. Nem é por acaso que Chesterton viu a loucura como o excesso de razão. E León Bloy percebeu que o coração é que sente Deus, não a razão. *Lições de abismo* é um clássico, na medida em que republicado recentemente pela editora Agir, encontra dimensões insuspeitadas. É escrito com eficiência machadiana, mas um Machado que mais arquitetasse do que fosse arquitetado. O estilo de Corção não deixa intervalos de inconsciência, como o de Machado, que engendra sempre suas cúmplices teias. Previstas por Júlio Verne, em *Viagem ao centro da terra*: "Il faut prende des leçons d´âbime! (É preciso tomar lições do abismo!)"[1140] A escrita desse livro tem o impacto de uma poderosa metáfora como centro de seu redemoinho, tal o *Leviatã*, de Julien Green, o Abismo. Que abismo? O do Mal, dostoievskiano. E o que levamos por dentro. Ou nos quer levar absurdamente.

José Sarney, o dono do mar

José de Ribamar Ferreira de Araújo – José Sarney –, nasceu em Pinheiro, Maranhão, em 24 de abril de 1930. Poeta, romancista, contista, advogado, político que foi Presidente da

---

1140. VERNE, Júlio. **Viagem ao centro da terra**. São Paulo: Ática, 1998.

República, é e foi Senador. Um dos excelentes cronistas deste país. Pertence à Academia Brasileira de Letras. Publicou: *A canção inicial*, poesia, 1953; *Norte das águas*, contos, 1969; *Os marimbondos de fogo*, poesia, 1979; *Falas de bem-querer*, 1983; *Brejal dos Guajas e outras histórias*, 1985; *Dez contos escolhidos*, 1985; *O dono do mar*, romance, 1996; *Saraminda*, romance, 2000.

Há escritores que se distinguem pela criação de seres vivos, numa espécie de parceria com o registro civil, como aconteceu com Balzac e, entre nós, com Jorge Amado, em *Gabriela, cravo e canela*. Outros, são criadores ou inventores de linguagem, tal Guimarães Rosa, ou mesmo pelos silêncios nela injetados, como Clarice Lispector. Há os que reúnem ambas – os mais raros. José Sarney, vigorosamente, com *O dono do mar*, pertence ao rol dos primeiros. Porque seu personagem Antão Cristório não é dos que os leitores esquecem. Tem estatura de homem e mito. A força invencível da natureza. E o seu romance é rico de fabulação, rico de lendas e mistérios, rico de lirismo e de povo, os pescadores de seu Maranhão: prosa sedutora, alusiva e prenhe de achados verbais. Mágico. Aqui o poeta pôde realizar-se, aqui é onde a linguagem sabe escutar e existir, o tempo verbal. Assim é apresentado o protagonista:

> Quando Antão Cristório chegou para embarcar, a maré ainda não tinha deixado marcas na areia. Estava plena, morta, pronta para começar a vazante. Ele caminhava, os pés de pato, abertos, triangulares, aqueles dedos grandes e espalhados, plantados no chão, esmagando a terra e deixando amassados profundos na marca dos passos. Seu corpo era íntegro, atarracado, forte, rijo, braços longos, as mãos soltas, balançando descompassadas. Os sulcos dos músculos, nítidos, dividiam braços e antebraços, coxas e pernas, peito e barriga. Estava com o velho chapéu de palha e o calção de pescar esfiapado e encardido pelo sal do mar. Tinha o rosto largo, nariz achatado, queixo retraído, a tez queimada, cor de barro, curtida de sol e maresia.– Bom dia, capitão Cristório – saudou Bertolino.[1141]

Os diálogos seguem mão de mestre, em regra curtos, conclusivos. Seu realismo não se prende à tradição machadiana,

---

1141. SARNEY, José. **O dono do mar**. São Paulo: Siciliano, 1996. p. 9.

como Cyro dos Anjos, é mais afim do autor de *Velhos marinheiros*, embora com idioma próprio, singularizado pelo poeta que continua em sua verdadeira natureza, a ficção. O que nele se urde, através deste proceloso mar, também de infância que, neste livro emerge com seus mitos, suas encantações de fantasmas e monstros, aparece e desaparece. Com os dedos largos do oceano. Se há um realismo, aqui, é o da invasão do sobrenatural na realidade, a ponto de a própria realidade ser sobrenatural, porque nos sonhos todos se encontram, desde Calderón de la Barca, em que "toda la vida es sueño y los sueños, sueños son."[1142] Ainda que temíveis.

Diria diante dessa mitologia de símbolos que toda a vida é infância, até o que não é. Porque o sobrenatural é infância do mais fundo e insondável. Observem os leitores este enovelar de diálogos (à imitação do vulto fantasmagórico à Hamlet):

> Na casa ao lado, beira de estrada, ouvindo o vozeio, Zeferina, sitiante no lugar, acordava. Via uma sombra que lhe fala entre sinais e luzes:
> – Quem é?
> – Sou eu.
> – Quem?
> – Jerumenho.
> – Estás no mar com Tandito, meu filho?
> – Não, estou na morte. Quero que me dês um pedaço de renda, cheia de quadrados de flores, para eu fazer uma trança de desejo para Dina, mulher de Carideno.
> – Onde estás?
> – No mundo das muruanas (moscas grandes). Voando.
> – Deixa o pecado. És alma?
> – Não, sou gente.
> – Não te vejo.
> – Nunca. Eu não sou mais. A noite avança e é tudo sortilégio.[1143]

1142. CALDERÓN DE LA BARCA, Pedro. **Vida es sueno**. Madrid: Editorial Castalia, 2000.

1143. SARNEY, José. **O dono do mar**. São Paulo: Siciliano, 1996. p. 13.

E adiante:

> – Capitão Cristório, venha depressa...
> – Com que diabos você me chama assim? Já vou. E saiu de casa para o terreiro da frente.
> – Mataram Jerumenho!
> – Que notícia desgraçada é essa?
> – Mataram.
> – Onde?
> – No Baile do Faustino.
> Cristório ficou calado. Testa franzida, dentes cerrados, entra em casa. Jerumenho era seu companheiro de mar. Era ele que se pendurava na iça, acompanhava seus silêncios, enrolava a rede de pescar. Crescera dentro da canoa, tantos eram os dias e as noites que passaram juntos, desde menino. Cristório baixou a cabeça, vestiu a camisa de pano cru, apertou o cinto de corda, pôs o chapéu e saiu amassado:
> – Vamos, primo Garatoso. Deus mandou, eu obedeço.[1144]

Vejam a descrição do final:

> Cristório sentiu um baque no peito. E saiu rolando no chão, de areia, quando o vagalhão se desfez. Sua viagem tinha chegado ao fim. Era a praia do Carimã, na ilha do Curupu. – Que horas? Não havia mais o tempo. Os corpos ardiam e apodreciam ....
> – Que dia é hoje, Germana?
> – Sexta-feira, seu Cristório. Chita Verde, ganha as águas de todos os mares! Eu sou um navio eterno!
> – Cristório? – chamou Quertide, com uma voz de quem emudeceu du-rante séculos nas profundezas marinhas, que mais parecia uma canção de acasalamento dos mistérios. – Cristório, não! Capitão Cristório!
> Patente do mar sem fim, navio eterno, dono dos abismos, de todos os oceanos, fantasma da noite neste mundão das águas. E navegou.[1145]

1144. SARNEY, José. **O dono do mar**. São Paulo: Siciliano, 1996. p. 14.
1145. SARNEY, José. **O dono do mar**. São Paulo: Siciliano, 1996. p. 263.

Outro aspecto interessante é a relação de nomes insólitos: Cristório (Cristóvão?), Garastoso, Jerumenho, Marzuela, Janjar, Jerôncio, Deudiro, Cazumbá, Barbicô, Buzaga, Arduto, Carideno, Bertolino...porque a palavra é mágica. "Dar nome às coisas – afirma Todorov[1146] – é mudá-las." O dono do mar impõe-se como a obra-prima de José Sarney. Livro que continua a dizer e não se esgota no que está dito. Observa Carl Gustav Jung que "o homem mítico reivindica certamente algo além."[1147] E a busca desse além, mesmo que dissimule a realidade, é o equilíbrio vital do sentimento. Configurando o que Jean Cocteau adverte: "O mito tem raízes mais nodosas do que a História e mais profundas".[1148]

Saraminda é seu outro romance: "Caiena é triste"[1149] – ele começa. "Terra e ouro se transformam em sangue"[1150] – salienta Cony. A ambiência é a do Contestado e o cerco da violência e da cobiça, o girar do ouro. Este mesmo girar que foi o *leimotiv* do romance *O ouro*, de Blaise Cendrars. Ali é a dramática história do milionário americano, General Johann Suter, que chega à loucura e ruína. Aqui vige o amor comprado. Também vencedor: "– Jacques Kemper! ... Saraminda, quero ficar eterno com você."[1151] Saraminda é a paixão que se transforma em amor. E exemplo raro de negritude em nossa literatura. É a vez do poeta tomar conta do ficcionista e o livro caminha para a imaginação, filtro de possível felicidade. Estilisticamente bem estruturado, Sarney alcança fascinante perfil de mulher, misto de pureza e impureza, operando na contradição. Ao ser símbolo, foge da linearidade, Beatriz às avessas. A imaginação se espaça na realidade do mundo e o mundo então é imaginação. Confesso minha preferência pessoal por *O dono do mar*, inclusive como força de criação de uma cosmogonia. A meu ver, falta

---

1146. TODOROV, Tzvetan. **Jardim imperfeito**. São Paulo: Edusp, 2005.

1147. SARNEY, José. **O dono do mar**. São Paulo: Siciliano, 1996.

1148. *Jornal d un inconnu*. Paris, Bernard Grasset Éditeur, 1952. p. 143.

1149. SARNEY, José. **Saraminda**. São Paulo: Arx, 2005.

1150. SARNEY, José. **Saraminda**. São Paulo: Arx, 2005.

1151. SARNEY, José. **Saraminda**. São Paulo: Arx, 2005.

a esse livro a universalidade do outro. Cabe ressaltar o contista, que é José Sarney – onde *Norte das águas* é semente de *O dono do mar*. Ali, Léo Gilson Ribeiro já cogita a visão do poeta. E os valentes Olegantino, Vitofurno, Mamelino, os Boastardes, em que o autor aproveita para satirizar, com os coronéis – Javali e Guiné – o poderio feudal – usando nas eleições estratagemas. Até um cego, o Francelino, intervém e o Vigário padre João. Revela-se excelente ficcionista, com linguagem que logra traçar um regionalismo inventivo, ultrapassando os modelos, criando o seu próprio, inevitavelmente devaneador, lírico. E creio, com Carlos Fuentes, que "o ficcionista não respeita os gêneros. Assume-os, absorve-os, ou transforma".[1152] Entre aventuras e desventuras, coragem e ridículo dos Boastardes, Sarney conta essa fábula do povo. E é fábula, de tal maneira, que flutua na atmosfera litúrgica ou montante dos sonhos. Ou então se alça à alegoria, que é, consoante à lenda árabe, a ação de quem não apenas narra diante do mar hipnotizado, é o que, depois de o contador de histórias se calar, relata o que fará o oceano.

Seu realismo sempre é do que supera o tempo pela imaginação. E o delírio, com o contar cantando, mune-se de uma oralidade que o consagra. Sem deixar de efetuar a mescla dos códigos – popular e erudito. Não intenta apenas a comunicação, ou narrar acontecidos, o leitor ao descobri-lo, é pelo texto descoberto. Com a verdade que não carece de ser inventada, se na palavra já existe. Lichtenberg, em célebre aforismo, observa: "Toda a nossa história não é senão a história do homem acordado; quando teremos a história do homem que dorme e que sonha?" Ao contrário, sobretudo em O dono do mar, a história é mais do homem que sonha do que do homem acordado. E, se acordado, é de tanto sonhar. Também na medida em que nos enleva ou desampara.

Gilvan Lemos, ou o morcego da fatalidade

Nascido em São Bento da Una, Pernambuco, em 1º de julho de 1928, faleceu em Recife, em 1º agosto de 2015. Obras:

1152. FUENTES, Carlos. **Valiente mundo nuevo**. México: Tierra Firme, 1992.

Noturno sem música, romance, 1956; *Jutaí menino*, romance, 1968; *Emissários do diabo*, romance, 1968; *O defunto aventureiro*, contos, 1974; *A noite dos abraçados*, novela, 1975; *Os olhos da treva*, romance, 1975; *Os que se foram lutando*, contos, 1976; *O anjo do quarto dia*, romance, 1981; *Os pardais estão voltando*, romance, 1983; *Morte ao invasor*, contos, 1984; *A inocente farsa da vingança*, contos, 1991; *Espaço terrestre*, romance, 1993; *Enquanto o rio dorme*, novela, 1993; *Cecília entre os leões*, romance, 1994; *Neblinas e serenos*, novela, 1994; *A lenda dos cem*, romance, 1995; *Morcego cego*, romance, 1997.

"Sou adepto do romance tradicional, valorizo o enredo, a história com começo meio e fim ... procuro manter a tradição do romance regionalista" – confessou o autor, em seu depoimento.[1153] Todavia, a epígrafe de Ezra Pound, no pórtico de sua obra-prima, *Morcego cego*, ("E pobre do velho Homero, cego, cego – morcego. Ouvido, ouvido para o marulho, murmúrio de vozes velhas") diz lucidamente da trajetória ficcional de Gilvan Lemos, a de um contador de histórias que deixa os protagonistas à roda do *fatum* (fado), ou destino. Mais do que metáfora, enigma. Em Augusto dos Anjos, o morcego é consciência. Aqui, é o vislumbre impiedoso das Parcas, os olhos da treva, implacáveis com as criaturas, que são algozes e vítimas, açulando-se, açuladas até o fim, como "mariposas, que fascinadas se destroçam de encontro à lâmpada acesa."[1154] Perseguindo em sua criação um rito de envolvimento e ruína e todo o rito, consoante Jean Cazeneuve, "é uma regra que tem por finalidade proteger o homem da angústia e da ameaça do desconhecido."[1155] Entretanto, em Gilvan Lemos nada se protege. O social se dissolve no particular e ali se insere,

---

1153. LEMOS, Gilvan apud COUTINHO, Afrânio; SOUSA, José Galante. **Enciclopédia da literatura brasileira**. Brasília: Ministério da Educação, Fundação de Assistência ao Estudante, 1990. v. 2.

1154. LEMOS, Gilvan apud COUTINHO, Afrânio; SOUSA, José Galante. **Enciclopédia da literatura brasileira**. Brasília: Ministério da Educação, Fundação de Assistência ao Estudante, 1990. v. 2.

1155. CAZENEUVE, Jean. **La sociologie du rite**: tabou, magie, sacré. [s.l.]:Presses Universitaires de France, 1971.p. 124.

invertendo o polo, como se a desdobrada sina roedora fosse um carisma coletivo. Assim, o narrador onisciente utiliza *as vozes velhas* do teatro do mundo grego, transplantando-as ao Nordeste, onde as forças telúricas e trágicas se associam para esmagar os seres. E "a consciência do homem primitivo é ainda incerta, vacilante ... Uma onda do inconsciente pode arrastá-la facilmente e, então, eles esquecem quem são e fazem coisas que lhes são estranhas" – elucida Carl G. Jung.[1156] E essa consciência faz dos personagens, criaturas ou personalidades que se desintegram. E vai permitindo ao autor, sem tentar inovações formais, que as reticências e diálogos postos no princípio de alguns capítulos, deem a impressão de narrar o que segue bem antes, rematando-se no trecho seguinte, perfazendo o círculo narrativo, sob o círculo de outro maior, o tempo. As reticências estão na trilha do texto, na trilha de Juliano, Reginaldo, He-Régi, Olímpia, com *pathos* que faz com que a história seja um drama cego. E essa escuridão não perde suas feições, nem os graus de estranheza no mistério. Sem jamais desfazer o seu pó maligno. Essa escuridão só sabe ver para dentro, como se o autor se comprouvesse a ler, ali, nos arcanos, deixando que também o lessem. Com uma linguagem que se aciona para fora. A vingança do mundo é contra o mundo.

Darcy Ribeiro – índio universal

Nasceu em Montes Claros, Minas Gerais, em 26 de outubro de 1926, e faleceu no Rio de Janeiro, em 17 de fevereiro de 1997. Ficcionista, poeta, professor, antropólogo, etnólogo, sociólogo, historiador, político, chegando a Senador da República. Participou com Anísio Teixeira na defesa da Escola Pública, atuando na elaboração pelo Congresso da Lei de Diretrizes e Bases da Educação. Foi Reitor, Ministro da Educação, Chefe da Casa Civil do governo de Jango Goulart, professor de Antropologia da Universidade Oriental do Uruguai, vivendo

---

1156. JUNG, Carl Gustav. **The Collected works of C.G. Jung**. [s.l.]:Routledge & Kegan Paul, 1978. p. 22. v. 9.

no exílio. Anistiado, foi eleito vice-governador, com Leonel Brizola, do PDT, em 1982. Pertenceu à Academia Brasileira de Letras. Publicou: *Culturas e línguas indígenas do Brasil*, etnologia, 1957; *Arte plumária dos índios Kaapor*, etnologia, 1957; *Pensamento e ação*, ensino, 1960; *A política indigenista brasileira*, etnografia, 1962; *O processo civilizatório*, 1968; *As Américas e a civilização*, história, 1970; *Teoria do Brasil*, sociologia, 1972; *La universidad nueva*, educação, 1973; *Uira sai, a procura de Deus*, ensino etnológico; *A universidade necessária*, educação, 1975; *Configurações histórico-culturais dos povos americanos*, etnografia, 1975; *Maíra*, romance, 1976; *Ensaios insólitos*, ensino; *O mulo*, romance 1981; *Estudos de antropologia de civilização* 1981; *Utopia selvagem*, romance, 1982; *Migo*, romance, 1988; *Confissões*, 1997; *Eros e tanatos*, poesia. A obra ficcional de Darcy Ribeiro é fruto de sua experiência com os índios, dando-lhe significado simbólico, numa linguagem altamente inventiva, com senso do poético e o senso do real. O primeiro, que desenvolveu com a sabedoria indígena e o outro, que pesquisou na obra histórico-antropológica, buscando a identidade do povo brasileiro. Sua obra-prima é *Maíra*, chegando a um caminho que Antonio Callado, antes, em *A Expedição Montaigne*, 1982, percorreu por outro atalho.

Darcy Ribeiro não foi uma personalidade, foi um vulcão. Continha o estadista, o educador, o indianista em estado puro, o antropólogo em estado civilizado – por ser um civilizador. Depois é o civilizado que voltou ao indígena, o romancista que redescobriu Jean Jacques Rousseau em *Maíra*. E um Rousseau que jamais descobriu Darcy Ribeiro porque era *Macunaíma*, saltando das páginas de Mário de Andrade, com muito caráter, com muita determinação e rebeldia, capaz de ser inumerável. E curioso é que Maíra, mais tarde, também o descobriu, sem que talvez se desse conta. Aperfeiçoando-se com a cultura europeia, Darcy queria ver um Brasil grande, humano. Gustativo dos trópicos, Lévi-Strauss não o inventou, porque apenas ele podia ter inventado Lévi-Strauss, pelos avessos do tempo e pelos meandros da história. Inventando-se. E acabou poeta, como nasceu, entre o amor e a morte. Viveu intenso e intenso morreu. Como um menino que foge do internato, escapou da CTI, onde o puseram. E foi levando o seu câncer (e outros tantos, do país, que tornou seus) na distração da boa conversa que sabia desfiar. Agregava o intelectual e o instintivo. Um contador de histórias que gostava também de tecer a história. E reitere-se: *Maíra*, de Darcy Ribeiro, é um poema em prosa exemplar.

    Retoma o indianismo de Gonçalves Dias e José de Alencar, de forma diversa, agora é um índio tangido pela civilização e *como uma nova civilização*, em vários níveis – o do indígena, o do branco e o dos mitos. É um Rousseau travestido de Rabelais. Dentro da perspectiva bakhtiniana, usa estratégias narrativas, as mais modernas, misturando todos os gêneros. No início é um caso policial, com inquérito que revela a morte de alma por desídia, sob os cuidados do major Nonato dos Anjos (trabalho angélico). Depois é de memórias de viagens. Mescla sagrado e profano, com as irônicas saudações republicanas. Os textos-fragmentos são soltos no mesmo afluente narrativo. Tudo nesse livro tem dimensão simbólica. Quando, por exemplo, o cadáver no ritual índio é inalado no ar comum, desmontando e ferindo o espaço individual, todos comem a podridão (ato canibalesco). Aliás, inexiste metafísica em Darcy. A honra ou fama vive da morte pela boca, ou pela fala, ou sopro da sociedade. Ato coletivo. Após, cria uma civilização indígena, com um *eu*, que é narrador coletivo. Tal Walt Whitman ao falar da democracia, ou da civilização. A reconstrução da memória é a da vida andando. Entre Maíra, Alma, Elias, Boca, Juca (mortos no dia do indígena). Nomes se vinculam a destino. Os mairuns (carnavalizados) preveem uma sábia civilização. A história é uma travessia (Rosa), ou romaria (medieval) entre mitos e ritos mairuns. E essa civilização tende a ser dizimada – sem se dizer que não seja utópica – porque a utopia é a carnavalização da realidade sonhada ou do que poderá ser. Isaías é o profeta; Alma é o seu Outro. O paraíso é o visionarismo, o porvir. Não se olvide também que *Maíra* (o Bem) e *Micura* (o Mal) se interligam. Maíra no corpo de Isaías renega a pobre situação física, o corpo mal-gasto, um tubo. Dimensionando paródias, ativando a multiplicidade de vozes e visões, desfaz a linearidade do texto, abrindo novo plano. E uma utópica dimensão. "A alegria do povo mairun. Isto quem nos deu foi *Maíra*."[1157] Outro trecho tratando da morte da menina Cori mordida letalmente por uma cascavel:

> A aldeia agora está silenciosa. Já ninguém chora. Cori está deitada numa rede nova de algodão, toda pintadinha de urucum com muitas flores ao redor. Longe se ouvem os homens que cavam dois buracos fundos e um túnel. Lá no espaçozinho escuro no seio da terra, isolada de tudo, dormirá Cori, em sua rede armada em duas forquilhas, com suas coisinhas ao redor.[1158]

Foi senador de sonhos que não cabiam na antropologia, na educação, na política, na imaginação criadora. Insone era sua vontade, insone a inteligência de viver. Acordava o dia pelo avesso e via de amor. Fabulista, não conseguiu rematar todos os sonhos. Há muitos que prosseguirá eternidade adentro. Outros, que continuaremos. Por serem eternos como a primeira fala do homem, até o último reduto da liberdade. Fabulista dos vulcões.

Geraldo França de Lima

Nasceu em Minas Gerais, em Araguari, em 1914, e faleceu no Rio de Janeiro, no dia 23 de março de 2003. Romancista e contista. Pertenceu à Academia Brasileira de Letras. Tornou-se conhecido como ficcionista, a partir de *Serras azuis*, 1961, considerado como um grande livro por Guimarães Rosa, seu inimitável amigo. Publicou ainda *Brejo alegre,* romance, 1964; *Jazigo dos vivos*, romance, 1968; *O nó cego*, romance, 1973; *Os pássaros e outras histórias,* contos, 1999, entre outros livros.

Geraldo França de Lima singularizou-se como um contador de histórias do interior mineiro, com seus povoados, os personagens típicos nesses lugarejos, como o prefeito, o juiz, o padre, a igreja, o sino, a sina, fofocas e fofoqueiros, casos de amor, lutas de famílias como ocorre em *O tempo e o vento*, de Érico Veríssimo (de quem sabia trechos inteiros de cor).

1157. RIBEIRO, Darcy. **Maira**. Rio de Janeiro: Record, 2003. p. 359.
1158. RIBEIRO, Darcy. **Maira**. Rio de Janeiro: Record, 2003. p. 359.

Construtor de enredo habilidoso, enredo armado para agarrar a atenção do leitor, dentro de uma linha tradicional, com alma avessa às grandes invenções formais. Sem, entretanto, arredar-se de certa narrativa cinematográfica que, segundo Antonin Artaud, "age, em primeiro lugar, na pele das coisas, na epiderme da realidade". O que demonstra pertinência no seu livro de contos, *Os pássaros*, tendo a sombra benevolente de Alfred Hitchcock, mais poético e fabulista do que fantástico.

Mineiro, Geraldo França de Lima assistia de esguelha e ao longe, as inovações – o que pode haver reduzido seu universo verbal (o que o salvou foi o advento do cinema, a que aderiu, ampliando-o na visualidade, desde Charles Chaplin, *o vagabundo Carlitos*, em *O garoto*, de 1920 e *Busca de Ouro*, de 1925, e que encantou sua geração, com o novo espaço de arte, através do deslocamento do ponto de vista). Sim, acreditava mais no tema que na forma, tendente à criação de seres ingênuos e simples. Bem mais do que no amanho da palavra. Cego na velhice, como Borges, ditava os seus textos. E são por isso tecidos de oralidade, essa mesma que vem desde Homero. Sua formação francesa e a posterior aproximação de Bernanos, aprimoram-lhe a elegância do texto, sem expressar-se com a objetividade impassível de Stendhal, que imitava o código penal. Submetia-se à emoção autêntica, nunca abandonando o contato com a plangente realidade do seu povo mineiro. Dir-se-á ser um mundo repetitivo. Refere Jean-Paul Carrière que uma alegoria árabe retrata o contador de histórias como um homem, de pé numa rocha, falando para o oceano. Ele mal tem tempo de tomar um copo de água entre as histórias. O mar escuta enfeitiçado, uma história atrás da outra. Com a diferença que Geraldo nunca deixa de beber, ao historiar. Fazendo com que a própria água digerida se misture a essa criação da memória. E os personagens geraldianos são curiosos, envolventes, íntegros: ora valentes, ora dissimulados, ora ávidos de amor ou poder, com as costumeiras façanhas do bem sobre o mal. Convencem de existente alegria, personalidade. Sobretudo em algumas figuras femininas. Mais sensíveis e prudentes do que os homens, ganham interesse, fidúcia, manipulando o romancista na alegada *sabedoria da incerteza*, que Milan

Kundera acentua ser o espírito do romance, ou *o espírito da complexidade*. O mundo pode não ser mais o do romance tradicional, com a narração de uma história como as de Fielding. Tudo dependendo da invenção de quem o faz. Porque na base há sempre um *contar*. E é difícil que somente o *contar* se harmonize com o espírito mutável deste nosso tempo. Quando a criação é também manuseio de linguagem, gerando os seus planos e esferas. Geraldo França de Lima tinha o dom de preservar o *espírito do lugar*, com a ambiência bem delineada, início, meio e fim. Sua riqueza narrativa sedimenta-se nesta infância que se incha de tempo e se transmite com suas fábulas preciosas dentro das pequenas cidades, com um narrador nem sempre neutro. Nem poderia, pois é constante biografia da infância. E a infância, biografia do mundo. Ao ocultar-se como sombra, aqui ou ali, detona certo estilo homogêneo. Por não se prenderem os seus povoados a topografias. E sim a um agrupamento de cidadania geográfica. E o único círculo – que não é o dantesco – é o da aldeia, onde o movimento dos seres é o de pedras sobre águas de face impolida, com pressões ou tensões que se interpenetram. Mundo que engendra uma mitologia particular de aves, bichos, fauna e seres. Mundo das *serras azuis*, metáfora de felicidade. Mundo em que o tempo devagar vai aprendendo de novo a ler no alfabeto dos pássaros, fora da sufocante civilização. Mundo selado.

Carlos Heitor Cony: O ventre e a informação do crucificado

Nasceu em 14 de março de 1926, no Rio de Janeiro, faleceu no Rio de Janeiro, em 5 de janeiro de 2018. Foi seminarista, formando-se em filosofia. Preso várias vezes, tendo corajosamente enfrentado como jornalista o regime militar, marcando sua atuação e voz de liberdade com *O fato e o ato*, em 1964. Pertence à Academia Brasileira de Letras. Romancista, contista, cronista, jornalista. Publicou: *O ventre*, romance, 1959; *A verdade de cada dia*, romance, 1959; *Tijolo de segurança*, romance, 1960; *Informação ao crucificado*, romance, 1961; *Matéria da memória*, romance, 1962; *Antes, o verão*, romance, 1964; *Balé branco*, romance,

1965; *Quase memória*, romance, 1995; *O burguês e o crime e outros contos*, 1997; *A casa do poeta trágico*, romance, 1997, *Eu, aos pedaços* (memórias), editora Leya, 2010, entre outros.

Sua ficção está diretamente vinculada ao jornalismo. Jamais se desligou da realidade, seja a humana, seja a política. Historiador deste tempo de som e fúria, William Faulkner lhe deu certa estratégia ficcional; Eça de Queirós, o realismo e a ironia; Machado de Assis, a contenção e densidade; Manuel Antônio de Almeida e Marques Rabelo, a situação psicológica – carioca e universal. Sempre fugiu dos esquemas romanescos, tão próximo do drama; nunca deixou de ser um memorialista do Brasil obscuro, trágico, às vezes malandro, humorista, verdadeiro. O Brasil que se esconde um pouco dentro de nós e que ele conseguiu criar através de personagens. Desde o Brasil de *O ventre* (1958-2008), em que Cony, goethianamente, chora constante pelos bens que não perdeu. Seu estilo não é malicioso, é inusitadamente ferino contra a estupidez das coisas ditas edificantes, calhordas, sem deixar de prender-se o rebelde protagonista à genealogia do enorme, respeitável nariz, ou do amor de Helena, ou seu dilatado *ventre*. Fera em jaula, o estilo? Ou jaula, o homem com fera dentro? Se *O ventre* escava os subterrâneos da república hipócrita e imoral, também faz com que os subterrâneos nos escavem. Se podemos aproximá-lo do *Dom Casmurro*, toma um acento existencialista que não existe no modelo machadiano. Sua obra-prima, no entanto, é *Quase memória*, quase romance, quase fábula. Não há o quase, mas a completude do difícil ofício de ver. Ali, o grande escritor se reúne ao que conhece, nos arcanos, "a matéria da memória."[1159] Às vezes lidando não apenas com realismo que se naturaliza, lida face a face com a crueldade e os aflitivos sentimentos. A reconstituição da figura de seu pai é comovente. E Mila, a cachorra: invenção tão viva, que se alia à Baleia de Graciliano Ramos, cachorra humaníssima, a quem nos afeiçoamos. Diria até mais sensível, enternecida, dentro desta *canidade* apaixonante na vida humana, que é a seita de amor aos cães. Declarando sobre a cadelinha Mila: "Tendo-a ao lado

---

1159. CONY, Carlos Heitor. **Quase memória**. São Paulo: Companhia das Letras, 1998.

eu perdi o medo do mundo e do vento". E foi essa mesma canidade que fez Teixeira de Pascoais[1160] chegar ao ponto de, num aforismo, afirmar que "ladrar é literatura". Ou antes defender que "os animais são pessoas, como nós somos animais". Essa capacidade com os animais é rara e desenha um aspecto mágico da personalidade. O que sucede, aliás, com Miguel Torga, o prosador lusitano, cujo livro de contos, *Os bichos*, é sua obra-prima.

A criação de Heitor Cony também está abissalmente entranhada e inflante no silêncio de Deus. Este que o ronda, vigia, cuida e não deixou de amá-lo. Não do Deus morto, nem de sua subjacente decepção que se entrevê na *Informação do crucificado*, que aponta certamente para o Deus vivo, de que sua palavra guarda infinita sede. Com a mesma indagação feita pelo Anjo no Velho Testamento, ao buscarem os discípulos no túmulo, o corpo do Filho do Homem: "– Por que procurais entre os mortos, Aquele que está vivo?"[1161]

Cony certifica-se, sempre mais, com Blake, de que "a imaginação não é um estado, é a própria existência humana."[1162] Não repousa em sua luta, corpo-a-corpo com a História, de que os relatos são fios que se desenrolam. A meada é a fúria de viver. O romancista e o cronista têm o mesmo clamor. Um poderia continuar o outro. A verve está num e noutro, o senso de oportunidade que não nasce de querer, mas de existir observando e de observar vivendo. Não penso que a crônica seja um gênero problemático; o que é problemático não tem vida, nem pensamento. O que se inventa, já deixa de ser problemático, para acontecer. Tudo depende da chama: até um sopro pode ser eterno, se tiver consigo a luz. O que dá vida ao corpo é o sangue; quem dá alma à vida é o espírito. A matéria por si é inerme. Como todos os gêneros. E é um romancista que não se permite a hibridez da poesia, no que é mais Graciliano que Machado. Com linguagem que confere a ciência de

---

1160. PASCOAIS, Teixeira de. **Regresso ao paraíso**. Lisboa: Assírio & Alvim, 1986.
1161. CONY, Carlos Heitor. **Quase memória**. São Paulo: Companhia das Letras, 1998.
1162. CONY, Carlos Heitor. **Os anos mais antigos**. Rio de Janeiro: Record, 1999.

viver, linguagem sempre do romancista: consciência vigilante. O resto é nada. Cony sabe disso e não se descuida nem de suas palavras, nem de sua exata humanidade, nem de seus silêncios. Há dois livros de crônicas que se sobressaem, a meu ver: *O tudo e o nada* – 101 crônicas – 2004; e, do ano anterior, *Os anos mais antigos do passado*. Nesse último, lemos:

> Deu-se que nasci com um problema na fala, fui mudo até os cinco anos. Deveria ficar mudo para o resto da vida, teria dito menos besteira e criado menos problemas. Quando comecei a falar, descobriram que eu era incapaz de pronunciar corretamente a maioria das palavras, trocava quase todas as letras. Foi uma alucinação quando descobri que podia escrever as palavras que não sabia pronunciar.[1163]

Foi nascido da fala. Dera-lhe talvez vergonha dos delicados ouvidos, porém a mão tinha boca e ouvidos. Escrever já lhe era a fala, uma espécie de rebentação de vagas na praia. E o que lhe adveio das palavras à fala, tem-lhe, ao criar, "a expressão de sonhos em idiomas diferentes"[1164], traduzidos na escrita à nossa língua cotidiana, a mesma, com coisas que muitos gostariam de haver dito. Ou no instinto criador, era como se os muitos o dissessem. E Heitor Cony é irreverente, cáustico, sendo também fácil de ser tocado pela verdadeira ternura, tendo horror ao enfático e ao retórico. Talvez isso lhe tenha provindo dessa dificuldade na infância. Com uma coragem de não mais calar. Ou a teimosia de pegar as coisas, sendo pego por elas. E por isso, o mundo da linguagem na sua obra romanesca alicerça um fator predominante: a rejeição do estabelecido. Seja do seminarista que deixou a batina, recusando a religião, seja do cidadão que não aceita qualquer espécie de ditadura da sociedade e do poder: a rejeição dos dogmas que nos esmagam. E que nada têm a ver com a imaginação ou inventividade. E são réstias da barbárie. É esse embate que

---

1163. CONY, Carlos Heitor. **Os anos mais antigos**. Rio de Janeiro: Record, 1999.

1164. CANETTI, Elias. **The human province**. New York: The Seabury Press, 1978. p. 218.

nutre igualmente o veio do cronista. O político que se vincula ao humano e o humano que se vincula à história.

Se os seus tipos ficcionais são biográficos, o acento político os transforma em caracteres de uma biografia nacional. Dir-se-á que é um marginal? Não. Um trapezista da verdade. Pobre e irresponsável é o que diz sim a tudo. E não é por nenhum apoteótico romantismo. É por senso de realidade coletiva. E é contra. Afirma nas memórias: "Sou contra o ovo de Colombo, a bacia de Pilatos, o tendão de Aquiles, a espada de Dâmocles, os gansos do Capitólio, as asas de Ícaro, o estalo de Vieira... Sou contra o bico de Bunsen, o tonel de Diógenes, o teorema de Pitágoras, o disco de Newton, o gol de Gighia, o banho de Arquimedes, a casta Susana, as rosas de Malherbe e o corvo de Poe... contra o herói de Maratona e, acima de tudo, contra o quartel de Abrantes..."[1165]

Reaparece em Chaplin e outros ensaios (Rio: Topbooks, 2012), mostrando outra dimensão da criação de Cony, com igual obsessão da verdade que o caracteriza na crônica e no romance, com vocação de jornalista investigatório, dá asas à erudição que se afirma paradoxal, anárquica, antiacadêmica e mágica. Na medida em que capta Carlitos como representação do Homem, mais trágica do que o *D. Quixote* cervantino, alimenta-se dos efeitos cômicos, segundo ele, do antagonismo entre a luta pelo pão e a do dono do pão, que não cede seu pedaço a outro. Não sendo cinematográfico, utiliza o cinema num universo, onde possui leveza, dança, simplicidade que se despoja no silêncio. E é o Carlitos da admiração de Picasso, Cocteau, Carlos Drummond, entre tantos. Os demais ensaios são fruto de suas predileções e ressonâncias, as mais profundas. Seja em Machado, Lima Barreto, Fellini (o romance *Quase memória* é seu *Amarcord*), Gorki, Mark Twain, Goethe, Manuel Antônio de Almeida e outros. Sua visão crítica é particular, para não dizer ousada, sempre desveladora.

Heitor Cony, portanto, resguarda um respeito à palavra e à dignidade que são indispensáveis ao exercício da cidadania

---

1165. CONY, Carlos Heitor. **Eu, aos pedaços**. São Paulo: Leya, 2010. p.18.

fraterna. Não é o que se desencanta, é o que não quer se encantar. E o que lhe nasceu do mudar da fala, deu-lhe a soberania de falar, como o fez, num tempo em que todos calaram. E que, nas referidas memórias, com crônicas da infância, juventude e tempo ditatorial, em páginas primorosas, como a anedota do assombrado japonês, abriu a torneira e ainda não teve condições objetivas para compreender o que aconteceu com ele e com os outros, "sem armas e muito menos sem barões, assinalados."[1166]

Hermilo Borba Filho, ou a decadência que se contempla

Hermilo Borba Filho nasceu no Engenho Verde, Palmares, em 1917, Pernambuco, de ascendência fidalga, da geração de Gilberto Freyre e Ariano Suassuna. Faleceu em Recife, em 2 de junho de 1976. Seu primeiro romance publicado (sem parceria) foi *Os caminhos da solidão*, 1957. Romancista, contista, dramaturgo, fundador do Teatro de Amadores de Pernambuco. Sua ficção escapa de certo paradigma usual – o documentário político-sociológico. Seu objetivo é um romance que se realize como linguagem, dando acento autobiográfico às narrativas. Os diálogos são bem desenhados, os protagonistas em regra, gente do povo, com seus hábitos e falas, que se envolvem sob a urdidura, algumas, como se figuras coletivas fossem. Pois é de uma memória que passou – o seu cenário, entre as decadências que se abismam e que, da forma com que brotaram, morrem. A sede de Deus que transparece em dois títulos de sua criação romanesca não se soluciona nunca, é deambulatória e o pasto é o da ruminante alma. Certo abuso de descrições sexuais caracterizam seu texto, como a influência que mais emerge, que é a de Marquês de Sade, de Lawrence Durrel e do americano Henry Miller, sobre quem escreveu um *Ensaio biográfico*, 1968, que o vincularam libertinamente no sexo, como matéria criativa

---

1166. CONY, Carlos Heitor. **Eu, aos pedaços**. São Paulo: Leya, 2010.

e às vezes libertadora. Sua linguagem ondula entre digressões surreais, sensitivas ou de um pensamento que é dialogal com os referidos autores. Desencadeando a mudança do plano dos relatos, entre evocações, as imagens intensas e chocantes, a prosa perturbadora, o senso do poético que não se desenraiza do real, com coisas que se atraem na lucidez, que tantas vezes se escurece. E, se limita flaubertianamente o seu raio de ação para o maior controle dos personagens, em *Ambulantes de Deus* (que trata dos viajantes na jangada de Cipoal, levando nela a meretriz Dulce, poeta folhetinesco, o pedinte Nô-dos-cegos, afamado bicheiro e um motorista, como se fosse uma espécie de *Barca dos infernos*, de Gil Vicente), ou em *O cavalo da noite*, 1969, arma com astúcias sua arquitetura teatral, o que conhece como poucos. Nos romances de maior alento, seja no *Sol das almas*, 1964 ou na *Margem das lembranças*, 1968. E nesse afiança: "Estou na balança. Todos os meus atos estão na balança". Estendendo-se a um período que vai do nascer à vinda ao Recife. *A porteira do mundo* trata do desterro político e cultural paulistano; *Deus no pasto* é o retorno à capital pernambucana, sob o chumbo da ditadura. E destaca-se, entre eles, a nosso ver, *A um cavalheiro da segunda decadência*, 1968, sua obra-prima, que se acentua como história das ideias, com a imaginação que carrega a memória junto, de arrasto, em choque cultural com a febre da sensualidade, do poder ou da violência, só comparáveis à asmática febre do tempo caindo. Sua obra ficcional se mostra avidamente autobiográfica, onde se mescla a história do Recife e a do menino com taras, manias e repressões da vida societária, entre incesto familiar e filhos bastardos entre senhores de engenho. Há um incessante aproveitamento da oralidade, emanada de uma tradição arcaica do Nordeste. E é no paroxismo que sua narrativa se entrelaça, sob o fluir joyceano da consciência, com certa visão gótica do mundo num estilo que se reinventa a cada instante. Como se tocassem nalguma infância do Nordeste. Ou viessem de um Nordeste da infância.

Salim Miguel e Nur na escuridão

Salim Miguel nasceu em Kfarsouroun, no Líbano, 30 de janeiro de 1924, faleceu em Brasília, em 29 de abril de 2020. Contista, romancista, poeta, jornalista e autor de roteiros. Dirigiu com Eglê Malheiros a *Revista Sul*, eixo cultural que estremeceu a pacata Florianópolis. Prêmio Machado de Assis, da Academia Brasileira de Letras, em 2009. Publicou, entre outros volumes: *Velhice e outros contos*, 1951, sua estreia; *A morte do tenente e outras mortes*, contos, 1973; *A vida breve de Sazefredo das Neves, poeta*, romance, 1987, e sua obra-prima, *Nur na escuridão*, romance, 1999. Esse livro relata a vinda de seu pai, Youssef, libanês e sonhador, com a família e ele, menino de três anos, o poeta que acompanha esta jornada, aportando na costa americana do Atlântico, em 1927. Ao desembarcarem no cais do Rio, durante a noite, entre imprecações e risos, perguntas em inglês, francês e outras línguas, nenhuma em árabe, sem a recepção de ninguém, não sabem a quem recorrer. Ao mostrar um endereço anotado: estava escuro, o brasileiro tem dificuldade de ler. Risca um fósforo e diz "luz". Acende outro e repete "luz". No fim da vida Youssef ainda se emocionava ao recordar a primeira palavra em português – "luz". Essa proeza de saga levantina, aproxima-o de Nélida Piñon que descreve a vinda de seus ancestrais galegos ao Brasil na *República dos sonhos*. Tal aventura que gira em torno do tempo e da memória tem registro preciso e detalhista. E natureza épica, desbravadora. O fazer épico não é necessariamente claro, traz consigo os obscuros enigmas do percurso, a escureza da viagem, ou história que começa a tomar identidade. Sua obra está repleta de pisadas dos seus antigos, sobretudo as de seu pai que chegou na nova terra, redescoberto no limo da palavra. Com a verdade que não cala, não sabe calar. E é valioso constatar quanto a linguagem de Salim Miguel é maleável, adaptável ao enredo, como se os vocábulos, ao servi-lo, ficassem enterrados sob a vida dos protagonistas. E a narrativa, contudo, nunca é ao pé da letra, mas ao pé dos sonhos dos imigrantes. E o menino que foi alfabetizado na língua adotada, muito cedo, trabalha o nosso idioma com a mobilidade e sagacidade de uma roda. Não se comprazendo em torneios verbais, amestrado em Graciliano Ramos, Machado e Marques Rebelo, seus aprenderes e obsessões reagem num estilo direto como uma pedra noutra, com diálogos fluentes e hábeis, aliciando o leitor. Embora deixe que a narrativa se fabrique com o tear das perplexidades, a úmida noite do desconhecido ("Como se poderia viver sem o desconhecido à frente?"[1167] – indaga o francês René Char), noite, que é rumo dos que imigram – noite perto da luz ou luz da escuridão – com o autor, ora desaparecendo, ora submergindo em sua própria sombra, ainda que sejam elas, muitas vezes, pesadas. Tal se Salim Miguel estivesse – como acentuou Elias Canetti – "enfermo de vozes"[1168] e essa multiplicação errante de vozes num texto praticamente forjado de real, tem o tempo como um andarilho entre elas. A verdade só consegue sair à baila, quando é entretecida dolorosamente pela imaginação. Ou é apenas a imaginação que acorda a volúpia da verdade. Ou os pavios dos elos que ligam infância e terra. Biográfico em *Nur na escuridão*, levantando dados comovidos de seus pais, as agruras, a enfermidade paterna, biográfico na vida do poeta (ele mesmo) Sazefredo das Neves, biógrafo dos sonhos de sua gente levantina e dos próprios, biógrafo da noite na viagem, que é sempre um retorno ao lar. Recuperação do passado? Faulkner é que tem razão – na epígrafe – "O passado nunca está morto; ele nem mesmo é passado."[1169] E anota o desatar de seu périplo:

> Deslindado o fluxo da memória, fragmento de um caso puxa outro, não demora outro mais, tudo por vezes interrompido para por vezes retornar dias depois, ou não retornar nunca, sempre deixando rastros que se avolumam para formar um todo, que acaba por se transformar na saga de uma família.[1170]

Sim, este palmilhar de pegadas, este associar de acontecidos, este desatar de tempo em labirinto, este deslocamento narrativo, instigante como um jogo de lúdicos espaços, vai-se

---

1167. CHAR, René. **O nu perdido e outros poemas**. São Paulo: Iluminuras, 1998.
1168. MIGUEL, Salin. **Nur na escuridão**. Rio de Janeiro: Topbooks, 1999. p. 81.
1169. MIGUEL, Salin. **Nur na escuridão**. Rio de Janeiro: Topbooks, 1999. p. 81.
1170. MIGUEL, Salin. **Nur na escuridão**. Rio de Janeiro: Topbooks, 1999.

concentrando, até fechar a circular linguagem – pois de círculos se trata. E, se Salim Miguel tende à biografia, não é a biografia uma intensa imaginação da memória? *Nur na escuridão* começa com a noturna chegada ao Brasil e termina com outra noite, a definitiva, a que vem sobre Youssef. Entre os dois pólos, sustenta-se de episódios ricos de eventos, como se num ritual (é um dos capítulos), com a palavra *mascate* – sortílega, de sapiente andarilhar com trouxas aos ombros, entre torna-viagens. Tamina, a mãe que tanto enjoara no navio, agora estava com a família em Alto Biguaçu, com a sina de mudar com filho pequeno – animosa e decidida. E magistral é a descrição do apagar-se de Youssef:

> A mão do pai desprende-se da mão do filho, tomba mole, este se levanta, sai, incontrolável a emoção, incontroláveis as lágrimas, foge dos outros, vai para a copa, para a cozinha, para o terreninho aos fundos, volta para a sala, não quer falar com ninguém, não responde ao que lhe perguntam ... ele sufoca, respiração opressa, estira-se na cama, estende a mão fria, frialdade da mão do pai contamina-o, apanha um livro ... linhas se embaralham, o livro tomba.[1171]

É a velocidade da dor na velocidade da morte. O idioma com a sagacidade de uma roda, ou a sina. Não é *o homem animal da linguagem*, é a linguagem animal do homem. Porque vai para onde o homem sonha.

1171. MIGUEL, Salin. **Nur na escuridão**. Rio de Janeiro: Topbooks, 1999. p. 257-258.

CAPÍTULO 33

Os mágicos da ficção

O ex-mágico, pirotécnico Zacarias, ou Murilo Rubião
Campos de Carvalho e o nariz sutil das coisas
Lygia Fagundes Telles, ou a disciplina do amor
Dalton Trevisan, ou a Curitiba mítica
Samuel Rawet e Ahasverus, o judeu errante
Ricardo Ramos
Autran Dourado e Minas cada vez mais Minas
José J. Veiga, ou de como é fantástico o real
O coronel e o lobisomem e outras histórias do picaresco e assombrado de José Cândido de Carvalho
Hilda Hilst e o júbilo da paixão
Moacir C. Lopes e o chão de mínimos amantes
Hélio Pólvora entre as noites vivas e Xerazade

O ex-mágico, pirotécnico Zacarias, ou Murilo Rubião

Tive o privilégio de conhecer, pessoalmente, Murilo Rubião: educado, polido, com os escondidos de Minas no falar e rir, simpático, fraterno. Generoso, sim, quando dirigia o *Suplemento literário de Minas*, na modéstia não fazia supor o gênio criativo e precursor que era. Embora lembrasse (se é possível retratar, lógico que no físico, o Rubião de Machado). Sem pose e sem cão. Nasceu em Carmo, Minas Gerais, em 1916, falecendo na cidade de Belo Horizonte, no ano de 1991. Publicou: *O ex-mágico*, 1947; *A estrela vermelha*, 1953; *Os dragões e outros contos*, 1965; *O pirotécnico Zacarias*, 1974; *O convidado*, 1974; *A casa do girassol vermelho*, 1978. Pela universalidade,

O pirotécnico Zacarias é, para muitos, sua obra-prima. Sou, entretanto, entre os que pensam que seus contos são tão impositivos que viajam para fora dos livros e devem ser vistos com abrangência e nem a morte os conclui.

O centro da poética ficcional de Murilo Rubião é o mistério das relações humanas e divinas. Todas as narrativas giram em torno de impossibilidades, sejam para a identidade dos personagens, seja para a comunicação entre eles, ou mesmo para a comunicação sobrenatural. É o processo de *reificação* de que fala Lucien Goldman, aplicado no *nouveau roman* francês de Robbe-Grillet e Nathalie Sarraute. Essa coisificação que nele é mais no plano do humano do que no social ou político, ainda que tudo esteja entrelaçado, encontra as formas mais variáveis de concretizar-se: por causa exterior (epidemia de tifo, ou situação de localização – uma criatura aqui e outra no tempo futuro); por antecipada esterilidade do convívio; por excesso de peso ou pequenez, quanto ao físico; pela solidão impostergável do herói; por intocabilidade; ou por motivos internos (cegueira, mútua incompreensão), ou por fatores apocalípticos. Outro aspecto valioso para rastrear sua premeditação criadora é o exame das epígrafes. Por sinal, Jorge Schwartz, em seu livro *A poética do uroboro*, analisa o programa textual de Murilo Rubião e as epígrafes.[1172] Sobretudo as bíblicas, como o fez Emir Monegal em *Narradores de esta América*. Assim, as epígrafes anunciam o tema ou o tema as persegue nos contos, compondo um núcleo com autonomia e dependência do bloco narrativo, a que pertence. Como colunas de um templo vocabular, ou então colunas de colunas nesta espécie de labirinto de jardins, paralelamente aos de Borges, porque se há uma marca cunhada no leitor é a da imperiosa originalidade muriliana. Bem mais preso à arqueologia dos mitos ou arquétipos, que flutuam no inconsciente coletivo e emergem na força da palavra, onde o tempo também se bifurca. Ou os seres de tempos diferentes e a catalisação de sonhos reais, ou a realidade que só os sonhos concebem ou

---

1172. SCHWARTZ, Jorge. **A poética do uroboro**. São Paulo: Ática, 1981. p. 3-15.

projetam. As ambivalências das figuras alegóricas conduzem a estranhas confusões de valores "na ética da virtude e do vício" sustenta Paul de Man.[1173] É essa visão perturbadora que interessa ao autor. Ao gerar a ambivalência, gera a nominação das forças do invisível universo.

Seu fantástico prescinde da dita suspensão de contingência e incredulidade, que Coleridge prenunciava como células da operação poética. Ao contar com a fé do leitor, o milagre acontece, ou se faz acontecido.

Aliás, certas expressões, imagens ou seres, em Murilo Rubião, são espiados da loucura, com singulares intuições e inversões do mundo que nos rodeia.

A genialidade de Murilo Rubião está em jungir o imprevisto nutrindo e encarnando a realidade, ou a realidade se despojando no imprevisto com inapelável precisão. É no intervalo, a mágica deste aprendiz do futuro. Daí promanam: a reificação e incomunicabilidade, o processo sem formação de culpa natural, como em Kafka, sempre partindo do absurdo e depois o vestindo de excessiva e incorruptível lógica. O que Chesterton afiança como loucura em sua notável *Ortodoxia*:

> O louco não é homem que perdeu a razão, mas o homem que perdeu tudo, menos a razão... Falando mais rigorosamente, podemos afirmar que qualquer explicação dada por um doido não é conclusiva, é, pelo menos, irrespondível.[1174]

Murilo Rubião verbera a loucura do mundo que ataca o indivíduo, o homem comum que tem os pés na terra, ou a loucura do indivíduo, que ataca o mundo que também se deteriora. Em ambos os pólos, a sobrevivência, pelas forças que se chocam, é um ato mágico, pirotécnico, o do *convidado e está de passagem* pelas coisas. Mas resiste. Ou o êxtase poético, este certo hiato de epifania também verificada na ficção clariciana,

---

1173. DE MAN, Paul. Alegorias de leitura: linguagem figurativa em Rousseau, Nietzsche, Rilke e Proust. Rio de Janeiro: Imago, 1996.

1174. CHESTERTON, G. **Ortodoxia**. Lisboa: Livraria Tavares Martins, 1974.

com a diferença: em Murilo dá-se na situação da criatura que de repente transcende a circunstância e, em Lispector, dá-se pela levitação da linguagem. Pois a palavra em Murilo é machadiana no cuidado, sem extremos de invenção vocabular. Tudo se passa nos dentros, nos recessos da criatura que se manifestam vivendo, amando, expondo-se, entrechocando-se ou cindindo laços, que, raramente, são de família. Com certa mecânica exasperada do tempo, de Samuel Beckett. Sente-se no texto muriliano, entanto, invisível, a presença do *Gênio do Cosme Velho,* principalmente o do *Alienista* e algo que distingue a volúpia, a construção, o velame estilístico do contista – e, no caso de Rubião – o que jamais saiu fora desse gênero, sua segunda natureza. Por vezes a ironia de um e outro se assemelham, um dorido ceticismo. Em Murilo, há metafísica, o que em Machado é fuga. Tal metafísica ou sobrenatural advêm para Todorov do fato de "tomar o sentido figurado ao pé da letra."[1175] Ora não poderia tomar o sentido ao pé do espírito? Não é um Lovecraft que hesita: os seres murilianos são *sofridos*. Eis a ironia: "– Afinal, o que fazia esse D. José? Se não fumava, não bebia, não tinha amantes? – Amava o povo."[1176]

O elemento das perguntas não é apenas da personagem que é condenada por fazer perguntas, é a posição do autor, homem de inquisições, mesmo que contidas. Ou a expectativa de acontecimento iminente, no conto do *Ex-mágico – Marina, a intangível:* "Uma enervante expectativa me avassalava. Não mais podia esperar. Que surgisse o que ameaçava vir! A qualquer momento esperava ser arrastado da cadeira e atirado ao ar."[1177] O cosmos muriliano é arbitrário, move-se dentro de suas evidências irrefutáveis, circularmente, como em Dante. E vez e outra, rabelaisianas – pelo uso, mais raro, já que a sutileza é sua regra, o uso do grotesco. E ninguém é grotesco se todos o são. Com a exemplar lição de que se o dito bom senso

---

1175. TODOROV apud PERRONE-MOISÉS, Leyla. **Flores da escrivaninha**. São Paulo: Companhia das Letras, 1990.

1176. RUBIÃO, Murilo. **A casa do girassol vermelho**. São Paulo: Ática, 1978.

1177. RUBIÃO, Murilo.**Ex-mágico:** Marina, a intangível. São Paulo: Ática, 1978. p. 62

assegura as verossimilhanças dos assuntos humanos, não há que esquecer que a criativa loucura possui também sua exultante sensatez.

    Citei o *Alienista* porque, nesse universo machadiano, como no de Murilo, o dito louco é o sábio. Ou a sensatez da insanidade. Até mais profundamente: quando Rubião versa sobre *os íntimos de Deus*, também trata dos que são intrusos no mundo. Essa sadia mescla do maravilhoso místico e profano, esta elipse do antiquíssimo, hoje e do hoje, no mais remoto, faz seus contos entrarem no tempo da fábula, entre sarcasmo e desumanidade. Porque Murilo Rubião é um moralista. Por penetrar obsessivamente na mente do leitor, por ter um clima próprio e pessoalíssimo, desvia-se de qualquer gratuidade. Nem são seus personagens saídos da realidade do mundo, para a realidade isolada ou fantasmagórica. Não. São realidade por integrarem o nosso mundo, com sensualidade, opulência, onde o fantástico da vida é bem maior que o da ficção. Murilo Rubião é um criador de símbolos, rodeado de alegorias, formas de investir contra o sistema. Escrever é administrar penumbras. E são os personagens que parecem ter criado Murilo Rubião, não Murilo Rubião os personagens.

Campos de Carvalho e o nariz sutil das coisas

    Nasceu em Uberaba, Minas Gerais, em 1916, curiosamente no mesmo ano de Murilo Rubião; ao contrário deste, sendo por natureza um romancista, com afinidades eletivas, também na sutileza narrativa, e mineiro como ele. E como não há acaso no espírito, têm ambos uma maneira próxima de circundar a realidade, entre o irônico e o mágico, só que Murilo no conto e Campos no romance. Teve, como Murilo, um reconhecimento tardio de sua genialidade – e o termo é este. Colocando em jogo os dilemas de nossa condição humana, com o desassombro de seus irmãos no tempo, o irlandês Samuel Beckett e Witold Gombrowicz, o polonês, que publicou o alucinado *Ferdydurke*, 1937, um dos mais criativos romances do século XX. Campos de Carvalho faleceu em São Paulo, em

1998, vivendo sete anos a mais do que Rubião. Publicou os seguintes romances: *Tribo*, 1954; *A lua vem da Ásia*, 1953; *Vaca de nariz sutil*, 1961; *A chuva imóvel*, 1963; *O púcaro búlgaro*, 1964. E esses três últimos são suas obras-primas.

Campos de Carvalho leva a ferocidade do surreal, com o senso de fidelidade ao mágico, sem a *Taberna minhota*, ou a *pirotecnia de Zacarias* que poderia advir da mescla de Hoffmann, Samuel Beckett e Witold Gombrowicz. Se, de um lado, Murilo Rubião é frio e seu jogo racionaliza o absurdo, Campos de Carvalho planeja-o, desde a epígrafe, emotivo da desrazão. Porque o suporte do mundo campiano, singularíssimo, que trabalhou a linguagem do impossível, verberando a injustiça, alegoricamente, é tão mais perto do que sugere, do que corrói, associando o que, perseguido pela direita e esquerda, trancou-se no silêncio, esta camada imperceptível que envolve o que escreve. Impondo-se em Campos de Carvalho mais as situações e relações verbais do que os seres. O trovão necessita das nuvens e as nuvens do trovão: *a Ásia da lua*. Essa Ásia – não será também consanguínea da de Henri Michaux, de *Un barbare en la Asie*, 1933, por sua vez irmão de Lautréamont e de Nietzsche? Sim, Henri Michaux é seu parente no insólito. Michaux de *La nuit des bulgares*. Como o mestre francês, palavras que parecem banais ferem e destroem. É de Michaux, por exemplo: "Cuspo em minha vida. Dessolidarizo-me dela. Quem não faz melhor que sua vida?"[1178] ou: "Entretanto, surgiu na terra uma vida insignificante e próxima do chão, como a de um rato de quem mal se soube uma roedura, e não muito certa ..."[1179] Campos de Carvalho escreveu no porvir, norteado pelo senso da mais absurda liberdade. Utilizando as digressões ou divagações que brotam de Sterne, sem deixar por esse rastro, machadiano. Não carece de inventar palavras, porém, de sentir a realidade que elas inventam, apenas no transe de ver, conscientizar, explodir com o sarcasmo e a refinada veia, ora do delírio contra

---

1178. CARVALHO, Campos de. **A lua vem da Ásia**. Rio de Janeiro: José Olympio, 1995. p. 36-37.

1179. CARVALHO, Campos de. **A lua vem da Ásia**. Rio de Janeiro: José Olympio, 1995. p. 41. cap. 18.

a lógica que oprime, ora na sátira, que é a indignação da inteligência. É um voltairiano? Talvez, pela escrita concisa, rasgante, lúcida. Que não deixa de brotar de um riso, ou ríctus. Com a terrível beleza que a prosa pode esconder de poesia, ou se revelar de um relâmpago a outro, como uma vaca diante da inconsciência, ou falta de discernimento para viver. Somos vacas sutis ou bárbaros na Ásia? Não só as estrelas têm seus buracos negros, também vivemos, desavisados, entre eles, e pelo poder da linguagem, é que não esmorecemos, carregamos a luz, que nos carrega. "O resto – dizia Cabrera Infante numa entrevista – é ruído de irrealidade: isto é, som de palavras."[1180] Porém, no seu texto as palavras têm alta voltagem. Sim, Campos de Carvalho se move em círculos voltaicos, de delírio em delírio, sem nenhuma lógica, salvo a do sonho ou do pesadelo por isso que o autor assassina o professor de lógica em homicídio premeditado: É Dedalus, furioso, que foi morar, depois do lógico assassinato, sob uma ponte do Sena, em Paris. Diante do leitor atônito, com sequências alucinadas, a aparente razão de não haver nenhuma. E todos os personagens se reduzem ao diálogo entre o autor e a sua criação voracíssima. Desde a primeira parte, a vida sexual dos perus (capítulo inicial):

> Deixei crescer a barba em pensamento, comprei um par de óculos para míope, e passava as noites espiando o céu estrelado, um cigarro entre os dedos. Chamava-me então Adilson, mas logo mudei para Heitor, depois Rui Barbosa, depois finalmente Astrogildo, que é como me chamo ainda hoje, em auto-crítica, desde a primeira parte – A vida sexual dos perus. ... A primeira mulher que possuí sob a ponte de Sena, em pleno coração do meu Paris imaginário; e ainda me lembro de que ela me sorria com uns dentes que refletiam as estrelas e as lâmpadas do cais adormecido, e dizia-me coisas numa língua que eu não conhecia ... Descobri que escrevendo a história da minha vida, antes que a escrevam os outros, ou que não a escreva ninguém, estarei prestando um serviço enorme.[1181]

1180. CARVALHO, Campos de. **A lua vem da Ásia**.Rio de Janeiro: José Olympio, 1995. p. 176. cap. 18.

1181. CARVALHO, Campos de. **A lua vem da Ásia**. Rio de Janeiro: José Olympio, 1995. p. 36-37.

HISTÓRIA DA LITERATURA BRASILEIRA
Da carta de Caminha aos contemporâneos

As imagens se atropelam e o pensamento parece não ter onde pousar (porque mal demora na cabeça do leitor, como ave de arribação). Igual a um trem descarrilando no invisível. Aqui se rompem todos os gêneros e estamos apenas na linguagem que corre como um rio desordenado.

> Outra coisa que a chuva me faz lembrar sempre são os mortos. Tive um amigo que de certa feita escreveu esta frase lapidar: A chuva dá de beber aos mortos, e talvez por isso eu não possa sentir a chuva sem sentir a presença dos mortos ao meu lado, e até mesmo dentro de mim.[1182]

Os capítulos não têm ordem sequencial, têm ordem irracional, com números alienadamente postos, ou de repente, *sem capítulo* ou *capítulo negro*.

E, na segunda parte: *Cosmogonia*, os capítulos são letras de A a Z, terminando o volume com a segunda e definitiva *Carta ao Times*. Abrindo ao leitor a possibilidade de jogar ou inventar, como no *Jogo da amarelinha* (Cortázar), porém, às raias do absurdo. Em *A vaca de nariz sutil* (ah, o *Nariz*, de Gogol!), os capítulos seguem ordem correta em números. Porém, a narrativa vai no diapasão do livro anterior, como ondas que se entrecruzam, uma sucedendo a outra, infinitamente. Eis um trecho belíssimo:

> E fui perder justamente a infância! Por que a guerra não me roubou, por exemplo, a razão, como eles pensam que me roubou, ou então a velhice, os últimos trinta anos de vida – e não me deixou com a minha infância para poder revivê-la dia após dia, com redobrada força, e cada vez mais, como um filme mudo sempre eloquente? Não sei se perdia a inocência, e serei o último a sabê-lo.[1183]

O problema do nariz sutil da vaca é o mesmo do nariz de Cleópatra, segundo alguém que disse que centímetros

---

1182. CARVALHO, Campos de. **A lua vem da Ásia**. Rio de Janeiro: José Olympio, 1995. p. 315.

1183. CARVALHO, Campos de. **A vaca de nariz sutil**: novela.3. ed. São Paulo: Codecri, 1978.

mudariam a história. E o narrador vive a "criar verdades a torto e a direito, cada dia é uma verdade diferente."[1184] Como a história, a vida dos homens. Tudo também pode depender do nariz sutil de uma vaca. Em *A chuva imóvel* há três partes – uma é o centauro a cavalo; outra, girassol, giralua, e a última, zona de treva. Nesse, no capítulo 2, verifiquem, leitores, este texto impressionante sobre a própria condição humana:

> Um rato não teria esta lucidez de um homem, mesmo assim acuado, neste frio e acuado, sabendo que vai morrer porque resolveram que vão morrer os donos dos ratos, os donos da ratoeira, por coincidência os mesmos donos dos homens, os donos desta ratoeira para homens – mas por mera coincidência, nada mais do que isso. Nem, se eu fosse um rato, estaria agora protestando contra esta condição de rato que me é imposta ... simplesmente não estaria protestando, e continuaria rastejando sem protestar, morto por morto cada um tem o seu dia e este seria o meu dia.[1185]

E no último livro, *O púcaro búlgaro*, dentro do mesmo estilo delirante, como se o escrevesse um louco (sem o *Diário de um louco*, de Gogol), observa em *Explicação desnecessária*:

> E como a Verdade paira acima de quaisquer verdades, sejam elas quais forem, como se ensina até nas escolas primárias, aqui ficam definitivamente entregues à posteridade – precária e efêmera, pouco importa – estas páginas escritas com sangue e com suor, e agora também com raiva, para que sobre elas se debrucem os historiadores e os contadores de histórias de todos os tempos, os poetas e os adivinhos, e todos quantos se interessem por outra coisa que não seja o seu próprio interesse, como é o caso edificante do autor.[1186]

O convívio com os personagens, que nos verdadeiros romancistas é constante, de inesgotável paciência, para que se

---

1184. CARVALHO, Campos de. **A vaca de nariz sutil**: novela.3. ed. São Paulo: Codecri, 1978.

1185. CARVALHO, Campos de. **A lua vem da Ásia**. Rio de Janeiro: José Olympio, 1995. p. 302-303.

1186. CARVALHO, Campos de. **A lua vem da Ásia**. Rio de Janeiro: José Olympio, 1995. p. 315.

desenvolvam sem declínio, aqui é regido na impaciência, na intemperança. É o próprio processo campiano que vai de memória que puxa memória (sem a razão proustiana), pulando de uma para outra, como um saltimbanco picassiano. E o fio telegráfico desta escrita vai rompendo todos os cânones, com sua evidência poética, agindo em novelos de ideias que se acumulam, ou com fios que dinamizam a bateria do não senso, com ironia açulante. Se, para Milan Kundera, o espírito do romance é o da perplexidade, o sentimento que nos vem, ao ler Campos de Carvalho, é maior. É do desastre da realidade. E isso comprova o que escreveu o tcheco Ivan Klíma:

> A literatura não precisa ficar procurando realidades políticas, nem mesmo se preocupar com os sistemas que surgem e desaparecem; ela pode transcendê-los e mesmo assim responder as perguntas que o sistema propõe às pessoas.[1187]

Campos de Carvalho não busca realidades políticas, elas emergem de suas narrativas, sem que as queira; não traz a perplexidade, traz desespero agônico, o mais abissal desamparo. Perdendo equilíbrio no ridículo. Às vezes, tomando a cara e nome de um dos heterônimos de Fernando Pessoa, cá deste lado do Atlântico, em verdadeiros poemas, ou com poemas como prosa ou prosas que são poemas. O nome real é Campos de Carvalho, ou campos de orvalhos de vocábulos que se reproduzem como as marés montantes. Esse é o furo jornalístico que ninguém antes descobriu. Com a desfaçatez de quem, andando de bicicleta, pode atropelar o mundo. E acontece que "os seres humanos dispõem de mil rostos e de nenhum e mudam de identidade a cada instante" – disse Cioran, em *A queda do tempo*. E os personagens de Campos de Carvalho dispõem de mil faces e mudam de identidade e nada possuem. Recordam a frase do russo Leonid Andrêiev: "Os pensamentos agitam-se sem sentido como gralhas durante o incêndio." E é incêndio o seu texto impossível. Com o exagero que integra toda a intuição original. E o incompleto da

---

1187. KLÍMA, Ivan em entrevista para ROTH, Philip. **Entre nós:** um escritor e seus colegas falam de trabalho. São Paulo: Companhia das Letras, 2008.

narrativa vem da influente incompletude proustiana, a fluidez. E a aparente disfunção, ou rompimento da sequência lógica da narrativa, que muitas vezes se dá, entre o principal e o secundário, é a sombra de Rabelais, benéfica, porque libertária. Tudo é um fragmento que luta contra o conjunto. Um fragmento que se transforma em conjunto. Não sei se "o burro é um cavalo traduzido em holandês" – como queria Lichtenberg, num famoso aforismo – sei que é o espírito inventivo que revela um autor e a invenção em si é intraduzível. E Campos de Carvalho, como o personagem da *Ilíada,* conduz com um grito seus cavalos para o combate. Os formosos e delirantes cavalos da imaginação. E por que não, da realidade? Tanto Murilo Rubião, quanto Campos de Carvalho cumprem o princípio de Robert Musil: "Quem aprende a máxima irrealidade, plasmará a máxima realidade."

Lygia Fagundes Telles, ou a disciplina do amor

Nasceu em São Paulo, em 19 de abril de 1923, passando sua infância no interior, onde seu pai foi delegado de Polícia e depois promotor público. Faleceu em São Paulo no dia 3 de abril de 2022. É Procuradora do Estado, tendo se formado em Direito, em São Paulo, no ano de 1945. É da geração de Autran Dourado e Clarice Lispector. Pertence à Academia Brasileira de Letras. Publicou: *Praia viva*, contos, 1944; *O cacto vermelho*, contos, 1949; *Ciranda de pedra*, romance, 1954; *Histórias do desencontro*, contos, 1958; *Verão no aquário*, romance, 1963; *Histórias escolhidas*, contos, 1964; *O Jardim selvagem*, contos, 1965; *Antes do baile verde*, contos, 1972; *Seleta*, contos, 1962; *As meninas*, romance, 1973; *Seminário dos ratos*, contos, 1977; *Filhos pródigos*, contos, 1978; *A disciplina do amor*, contos, 1980; *Mistérios*, contos, 1981; *Os melhores contos de Lygia Fagundes Telles*, com prefácio de Eduardo Portella, 1984; *Venha ver o pôr-do-sol*, 1987; *As horas nuas*, romance, 1989; *A estrutura da bolha de sabão*, contos, 1991; *As cerejas*, contos, 1992; *Capitu*, roteiro, 1983; *Oito contos de amor*, 1997; *A noite escura e mais eu*, contos, 1996; *Pomba enamorada e outros contos*, 1999; *Invenção e memória*, contos, 2000.

Recebeu, em 2005, o prêmio Luís de Camões de Literatura.

Lygia Fagundes Telles é naturalmente contista, embora tenha enveredado com sucesso pelo romance, vincando sua presença, magnificamente, em nossas letras, mormente em criação de personagens femininas, tanto em *Verão no aquário*, *Ciranda de pedra*, *As meninas* (ressonância de Raquel de Queiroz nas *Três Marias*?) e *Horas nuas* (nesse último, sobressai a criação de um gato, antológica). Os contos, aos poucos, vão-se tornando mais simples, intensos, humanos, como se na abreviação estivesse a sua permanência. E está, por ser matéria condensada, guardando-se as melhores porções nos pequenos potes de alma.

Eduardo Portella denomina sua ficção de realismo imaginário; Ronaldes de Mello e Souza observa que nela "não existe de um lado, a excepcionalidade do fantástico e, de outro, a normalidade do real."[1188] Eu julgo que a ela deve ser englobada a frase de Quevedo: "Nada me assombra. O mundo me enfeitiçou." Sim, está enfeitiçada pelo mistério do mundo, pelo obscuro das relações humanas e das coisas, está encantada de seu próprio encantamento, porque na própria palavra se fascina e se perde e se inebria, porque sabe que tudo se desgasta e sabe também que a vida se compraz em espantar, inclinando-se pela inversão do fantástico, para que se reflita, narcisicamente nas interiores águas, por mais resplendentes que sejam. E simultaneamente, aderna-se na inversão do real, para que não dissipe a beleza da sombra. Cria, assim, dentro da criação: bicho-da--seda de sua própria obsessão. Aliás, são as obsessões que marcam os grandes criadores. E a da morte é constante, perdulária. O amor é trânsito, o tempo é antes e depois.

Lygia é machadiana, tchecoviana. Mantém-se fluida, levíssima, tênue como a teia que engendra para a entrada nos paços reais das imaginações. A caça é o caçador e o caçador, a caça. De acordo com o rodar da fortuna. O destino é cego como Homero, mas não é Homero. E o impossível só é possível por um trabalho lento de realidade no irreal, outras vezes,

---

1188. TELLES, Lygia Fagundes. **Antes do baile verde.** Rio de Janeiro: Nova Fronteira, 1992.

do irreal na realidade. É sintomático ser um dos seus mais famosos contos – *Antes do baile verde* – o que concretiza a existência como a passagem de um baile, que é a nascente e o seu término, (rolando pela escada as lantejoulas), a foz. Sintomática também é a tapeçaria (mil-e-uma-noites-da-linguagem; vive-se enquanto a fala é linguagem – Sherezade?) de A caçada, bem como, o jardim, que é selvagem. Pois sua ambiência é a neblina do instante, a cintilância do instante, porque ele jamais se civiliza, isto é, sempre foge, atordoa, resvala. Essas mitologias no tempo que a nutrem são a oposição intérmina de luz e sombra. A partir disso, gera um completar fantástico do mundo, sua palavra. Mundo insólito dentro de outro, absurdamente objetivo. Tanto que vai deixando esvair-se pela fresta do sonho, no ilimitado, o duríssimo, sofrido limite. "Se eu amasse, se tu amasses, como nos amaríamos."[1189] Viver é solidão do desamor? Viver é o limite de imaginar? Ou a memória é a invenção do tempo e o tempo, invenção da memória. Aliás, *Invenção e memória* é o título de um livro seu – não por acaso, pois não há acaso no espírito deste universo que nos rege e onde regemos. Para Spinoza – e é como Lygia opera – a memória é associação de sensações (sempre Marcel Proust!) e situações, trazendo à lembrança, nessa última hipótese, o mesmo que se dá com o poeta francês Henri Michaux, ao substituir metáforas. Essa é a revelação dos contos de Lygia, a associação perceptiva de uma fala a outra e de imagens que se somam. Sua originalidade está neste enrolar-se para fora e dentro da realidade, este raio fúlgido de intermediar espaços. E que está gravado, em seu sentido mais visceral, na primeira epígrafe de *Horas nuas,* tendo Rosa Ambrósia como protagonista e o gato Rahul (de botas?), uma das mais belas invenções, ao lado da cachorra Baleia, de *Vidas secas,* e *Mila,* de Carlos Heitor Cony. Eis a epígrafe: "Abrirei em parábolas minha boca e dela farei sair com ímpeto coisas ocultas desde a criação do mundo."[1190] E o Gregório do romance é dialogal

---

1189. TELLES, Lygia Fagundes. **Antologia**: meus contos preferidos. Rio de Janeiro: Rocco, 2004.

1190. MATEUS. Português. In: **Bíblia Sagrada**. São Paulo: Paulus, 1999. p. 1239-1279. 13:35.

com o Gregório Samsa, de Kafka? Seus contos conseguem uma altitude, apenas comparável na qualidade, a poucos na literatura brasileira, como J. Veiga, Clarice em *Laços de família*, Guimarães Rosa, Autran Dourado, Dalton Trevisan, Murilo Rubião ou Rubem Fonseca, de geração posterior. Destaco alguns deles: *Verde lagarto amarelo, Antes do baile verde, Eu era mudo e só, Herbarium* (magnífico!), *Pomba enamorada, Jardim selvagem, A confissão de Leontina, Missa do galo* (parodiando Machado), *Estrutura da bolha de sabão* (a bolha de sabão: sua arte do conto, consciência de instantaneidade), *A caçada*, da qual segue um trecho:

> Era o caçador? Ou a caça? Não importava, sabia apenas que tinha que seguir correndo sem parar por entre as árvores, caçando ou sendo caçado. Ou sendo caçado?... Ouviu o assobio da seta varando a folhagem, a dor! "– Não..." gemeu de joelhos. Tentou ainda agarrar-se à tapeçaria. E rolou encolhido, as mãos apertando o coração.[1191]

Mas Lygia se afigura nalgumas de suas últimas narrativas, como uma escritora do terror. Como se fica na emboscada, à espera da reação do leitor. Passou da visão crítica da classe média para uma visão encantatória do fantástico, com o medo dos fatores circundantes, sejam as feras, a fome, os insetos, a instabilidade do clima e o enlouquecimento que desvia ou extradita a alma. Aproxima-se de Edgar Allan Poe na constatação da perversidade da mente humana. E não há fronteiras neste imaginário, insetos se conectam com animais, casas de atmosferas esmagadoras ou agônicas. Sem falar na terribilidade do *Seminário dos ratos*, 1977, ou a atuação das formigas que se põem a ordenar o esqueleto do anão, encaixando-lhe os ossos. E é funesta, até diabólica, sim, essa narrativa das formigas, marcada por um delírio macabro: "quando encarei a casa, só a janela vazada nos via. O outro olho era penumbra". Ou então (as formigas) "são milhares, nunca vi tanta formiga assim. E não tem trilha de volta, só de ida – estranhei"[1192], com

---

1191. TELLES, Lygia Fagundes; MASINA, Léa. Pomba enamorada ou uma história de amor: e outros contos escolhidos. Porto Alegre: LP&M, 1999.

1192. TELLES, Lygia Fagundes. **Seminário dos ratos**. Rio de Janeiro: Nova Fronteira, 1984.

obsedante metáfora da morte; sendo o Seminário de ratos (o tempo: "– Mas quem comeu tudo? Quem? – Os ratos, doutor, os ratos!"[1193]), o corroer do voraz tempo. E o próprio tempo se corroendo. O aquário no verão? A língua, aqui, não é um peixe rubro, como pensava Apollinaire. Em Lygia é o aquário, onde os peixes vermelhos azuis, sonâmbulos nadam. E, se o pensamento – na sugestão goethiana – não serve para pensar, o que fazem os pensamentos, senão surpreender os instantes no corte do texto, ou na pausa dos silêncios, talvez flutuando como bolhas luminosas no aquário do idioma? E não é sua curta narrativa essa estrutura da bolha de sabão?

Sim, a ficção de Lygia Fagundes Telles possui um tear mais tradicional no romance e mais inovador nesta sua segunda e terceira natureza, o conto, onde se move em persuasiva ambiguidade. Enriquecida pela afluência de Virginia Woolf. E mesmo tradicional, o seu romance apresenta traços de ruptura, por se deslocar trinitariamente numa balança de enredo entre três protagonistas, mormente em *As horas nuas*, com o fato novo de haver um gato narrador, Rahul. De *Ciranda de pedra* para *As meninas* até *As horas nuas* há um rodar do foco narrativo e um rigor que se aperfeiçoa, com mudança de símbolos e mitos. E assim o faz, com a obliquidade, que é a lição de seu mestre, *O Gênio do Cosme Velho*, que ressoa na criação de Lygia (vide *Missa de Galo*, de um e outro, no clima e nos protagonistas) e também na obra de Clarice de Lispector.

A Virgínia de Lygia tem sombra da Virgínia clariciana? Ou é alusão à Virgínia Woolf? Impõe-se como personagem autobiográfica da autora que vai sendo descrita, de um nome a outro, de livro a outro, desde a criança até a madureza. Seus textos são feitos de momentos que hipnotizam os leitores para dentro deles, onde os acasos não são acasos, porém popa de realidade que deles emerge. Seus personagens femininos são sólidos, impositivos, em regra, e as masculinas se desvanecem, flutuantes e sem caráter. O tempo toma forma, depois

---

1193. TELLES, Lygia Fagundes. **Seminário dos ratos**. Rio de Janeiro: Nova Fronteira, 1984.

se alarga, para enfim se encurtar diante de um hiato mágico, onde a instabilidade se move com as sombras, porém as sombras têm luz, ainda que a luz não tenha sombras, a não ser quando se desloca no sol. E a invenção pode ser incorruptível sol. É que Lygia criando, distingue-se mais pela intensidade dos sentimentos, das sensações que lhes perpassam os contos do que pela percepção deles, no que é inconsciente. Seria essa inconsciência, lucidez? Salvo se for lâmpada posta ao avesso. E ao avesso, lâmpada de palavra? "Vida é uma coisa de forma" (Joseph Conrad), forma é também coisa vivida. Clarice Lispector afirmou que "Lygia corria o risco de ter a realidade." Mas Lygia não tem a realidade, por ser ela que a demove. E por isso, sem tentar escandalizar, medindo a fantasia com o estrangulado ruído. E qual a realidade, que nos vai sonhando, se ela gosta de cortar o tempo e o tempo gosta de cortar seu texto, seguindo, após, na outra fatia, sendo, muitas vezes, o som do silêncio? E é ali exatamente que o tempo se esconde. Ou a capacidade da autora de se esconder nele. Ou não se esconde nunca, de tanto se esconder.

Dalton Trevisan, ou a Curitiba mítica

Nasceu em Curitiba, em 14 de janeiro de 1925, formando-se em Direito na sua cidade natal. Fundou a importante revista *Joaquim*, editando seus contos em pequenos volumes, como de cordel, o que o fez conhecido. Publicou os livros de contos: *Sonata ao luar*, 1945; *Sete anos de pastor*, 1948; *Os domingos, ou Ao armazém de Lucas*, 1954; *A morte dum gordo*, 1954; *Crônicas da província de Curitiba*, 1954; *Novelas nada exemplares*, 1959; *Minha cidade*, 1960; *Lamentações de Curitiba*, 1961; *Cemitério de elefantes*, 1962; *A velha querida*, 1964; *Morte na praça*, 1964; *O anel mágico*, 1964; *Ponto de crochê*, 1964; *O vampiro de Curitiba*, 1968; *A guerra conjugal*, 1969; *Desastres do amor*, 1968; *Mistérios de Curitiba*, 1968; *O rei da terra*, 1972; *O pássaro de cinco asas*, 1974; *A faca no coração*, 1975; *Abismo de rosas*, 1976; *A trombeta do anjo vingador*, 1977; *Crimes de paixão*, 1978; *Primeiro livro de contos*, 1979; *Vinte contos menores*, 1979; *Virgem louca, loucos beijos*, 1979; *Lincha *tarado*, 1980; *Chorinho brejeiro*, 1981; *Essas malditas mulheres*, 1982; *Meu querido assassino*, 1983; *A polaquinha*, 1985; *Pão e sangue*, 1988; *Vozes do retrato*, 1991; *Em busca de Curitiba perdida*, 1992; *Dinorá*, 1994; *Contos eróticos*, 1994; *Ah, é?*, minicontos, 1994; *Quem tem medo de vampiro?*, 1998; *111 ais*, 2000; *O grande deflorador*, 2000; *Noites de amor em Granada*, 2000; *O maníaco do olho verde*, 2008. *Prêmio Camões de Literatura*, de 2012 e *Machado de Assis*, da Academia Brasileira de Letras.

Confessa-se contista e apenas contista. E é dos maiores do Brasil, em todos os tempos. Seu gênio ficcional busca a síntese, a grande e mais absoluta síntese. Guimarães Rosa afirmou numa famosa e única entrevista, a Günter W. Lorenz, que o seu sonho era fazer um dicionário. O de Dalton Trevisan é de fazer o conto com o mínimo de palavras e, se pudesse, uma apenas. Porque cada palavra é universo. E fez a sua Curitiba universal, mítica, grotesca e erótica, com seus fantasmas vivos, os vampiros, as donzelas benditas ou malditas, o jogo da sedução e a sedução do jogo, os absurdos do amor e a sua habitual guerra, as pequenas e grandes feridas conjugais, o amor malandro, voluptuoso, ou ridículo, a carnavalização da lascívia, a brutalidade, o assassinato ou a crueza delitual, a perfídia, as mazelas e taras, seu precipício insondável da alma, sim, a alma humana, até o vórtice, a paixão, os desesperos achados e perdidos, as lamentações e esperas, as esperanças mortas, as cotidianas vinganças e a inarredável culpa, a estrutura abissal de sua terra, os subterrâneos, a brevidade do tempo na palavra e a palavra sem tempo, aquela única, preciosa, inatingida. A realidade que finge e não quer ser vista, a realidade selvática e a outra, civilizada. Em tudo, a enorme nostalgia de um passado que começa a ser futuro e que o autor quer segurar na sua ficção desalmada de tanto se almar, de tanto se desfigurar. Configura-se, desde Capitu. E a sombra machadiana encobre Dalton, desde antes, do primeiro conto ao último que vai sendo gerado, o Machado absconso, e outro, que não foi, na discrição, um Machado despudorado, obsceno, que se mistura ao Dostoievski mais urbano, o dos subúrbios do mal e dos atos abjetos – portanto, indizíveis. João e Maria, Jó, Pedro, Lázaro, todos os homens e mulheres. E, se alguns o acusam de repetitivo – é exatamente o que pretende: repetir a miséria humana, os abalos sísmicos do amar e desamar, os escuros da natureza. Os protagonistas podem ter o mesmo nome, ou variá-los, sendo o desígnio deste criador, de estilo contido e ousadia, abordar as espécies da fauna humana, todos joões e marias que nos rodeiam, inarredáveis, metáforas carpidas ao infinito. Sem senso de humor (e como atinar com ele na voragem?), incapaz de comiseração nesta porta do inferno de suas criaturas pequenas, nauseadas, postas num beco de horizonte, onde a crueldade é lei. Seus contos que parecem crônicas íntimas da mitológica Curitiba têm enredos que desprezam o suspense. Ou a bruteza de realidades deste mundo, sempre em conflito, carece totalmente dele. Com o conflito de que jamais foge, que é o da conflagrada vida nas cidades.

Assim, escava a linguagem estilizada de sua terra e a terra imortal de sua linguagem. Todas as terras de um homem só, escondido, fluvial, coloquialmente absorto e tão universal quanto consegue ser ele próprio, sem apelido de família, até sem nome, como uma pedra. E pedra de pedra, seu verbo alarmado agride, Dalton agride os sistemas do amor, do casamento, das obsessões, os requintes ou taras, os afetos. Mas "os elefantes são contagiosos" (provérbio surrealista). O mal é contagioso, os defeitos e qualidades são contagiosos, a burrice é contagiosa, contagiosa é a inteligência. Até o desproporcional, grotesco, desmedido. Até o gênio – cuidado! – é contagioso. Também os cortes. O que parece virtude, pode ser problema. Mesmo que ocupe a importância de destino. É a faca só lâmina: de tanto cortar o reboco, corta o núcleo da invenção. De tanto diminuir, diminui-se. Arrancando réstias, às vezes, do melhor. Nem sempre o texto vivo é o que sobra do que se tirou. E às vezes o que se tirou, é o que estava mais vivo. Todavia, como não se sabe, frequentemente, o que foi tirado, julga-se o que existe. E o que ele corta é – cada vez mais – a memória. A memória que está nas palavras e as palavras que estão na memória. O que está fora não é do mundo. Mas a síntese da síntese é constante obsessão, até que o conto sobreviva com poucas e desafiadoras palavras. Ou as palavras finais que ditem a mais pura mescla entre o sonho e a realidade, entre o amor e o crime, entre o terror doméstico e o do silêncio (ou de seu furioso controle da palavra).

Depois dele, deve figurar o nome do estranho criador ficcional, que é Jamil Snege (1939-2003), também paranaense, por natureza um ser paradoxal, com olhar que se diferencia dos contemporâneos pelo sarcasmo e a visão da miséria da cidade, com acendrado pessimismo. Fugia da mídia e das grandes publicações, optando pelo artesanato de seus livros, destacando-se entre eles, *O jardim, a tempestade*, 1981, *Como eu se fiz por si mesmo*, 1994 e *Os verões da grande leitoa branca*, 2000. Escapava da autobiografia, com escrita concisa, cortante. Sucede Dalton Trevisan, não só pela narrativa dos sortilégios de Curitiba, como também pela qualidade da sua literatura, que foi seguida pela geração seguinte, de Miguel Sanches Neto a Cristóvão Tezza e Marcelino Freire.

Samuel Rawet e Ahasverus, o judeu errante

Nasceu em Klimontov, Polônia, em 23 de julho de 1929, e faleceu em Brasília, em 25 de agosto de 1984. Veio com a família para Leopoldina, em 1936. Engenheiro, mestre de cálculos, projetou muitas construções. Foi convidado para participar da equipe de Oscar Niemeyer, aperfeiçoando-se em cálculo pela Universidade de Haifa, Israel. Era novelista, contista e autor de ensaios filosóficos. Publicou: *Contos do imigrante*, 1956; *Diálogo*, contos, 1963; *Abama*, novela, 1964; *Os sete sonhos*, novela, 1967; *O terreno de uma polegada quadrada*, contos, 1967; *Viagens de Ahasverus à terra alheia*, novela, 1970; *Ensaios reunidos*, 2008.

Samuel Rawet foi um renovador de linguagem que merece ser redescoberto. No conto ou romance, geralmente atiçado pela preocupação com o enredo, deixou-o para segundo plano, inserindo os conflitos e dubiedades humanas, a piedade exilada do convívio, a angústia da existência e seu desvanecer. Um filósofo da ficção. Tocado pelo nomadismo, que foi o seu e dos seus ancestrais, este Ahasverus em terra estranha, que se fragmenta, aos poucos, pelo caminho em suas criaturas também fragmentadas, subjugou a dita verossimilhança para ser inteiro ao raciocínio dos sonhos, pensando (no que parafraseamos Proust) que a verossimilhança pode ser a mudança da posição do chapéu de uma dama. Salientou o crítico norte-americano Arthur Jerrold Tieje que "a intenção do autor é importante na medida em que influi na composição da novela, mormente na caracterização dos personagens." E nisso valeu muito o devaneante raciocínio deste calculista de edifícios verbais. Os contos do imigrante, *Os sete sonhos*, bem como *O terreno de uma polegada quadrada*, agora em *Contos e novelas reunidos* (ed. Civilização Brasileira, organizada por André Seffrin), são seus livros marcantes; no penúltimo, entrou mais a fundo a profissional experiência de calculista de construções, embora isso esteja na própria elaboração ficcional. Com a indagação a respeito de nossa paragem terrestre, cotidiana e a constante singularidade. O estilo direto, afiado como a alma deste israelita de criaturas e imagens, captando a realidade, polegada a polegada. Excessivo de imaginação, percuciente analista da ancestral tradição judaica, teve a lógica de desinventar o absurdo, kafkianamente. Pouco exercitando o eu-narrativo e, em regra, guiado por ele, esquecia-se da criação fervorosa dos personagens (existindo independentes dele), para fazer emergir a linguagem como criatura, a linguagem desvendadora. Pondo em ação o pensador, o inconformista. E o que escreveu era destino corajoso, lúcido, visionário. Sim, o visionário do conto, que tendia a uma linha mais tradicional, conhecendo o desamparo da solidão e do tempo, por ter vindo antes, sabendo atravessar fronteiras, em sua vocação quixotesca e libertária. Simples no concreto, dionisíaco, com alma de um Davi do Velho Testamento. E sua escrita conserva algo de Chagall, talvez pelas errâncias dentro de si. E como Heráclito se escondia. Porque "o ser das coisas ama esconder-se."[1194] Eis um pequeno texto de Os sete sonhos, Primeira observação: "Fora difícil recuperar a espontaneidade de um gesto de ódio até o dia em que descobriu que a estupidez humana era humana."[1195] Segunda: "Como iden-

---

1194. HERÁCLITO apud VILHENA, Heloísa de Araújo. **O espelho**: contribuições ao estudo de Guimarães Rosa. São Paulo: Mandarim, 1998.

1195. RAWET, Samuel. **Os sete sonhos**. Rio de Janeiro: Orfeu, 1967.

tificar o imbecil, o tolo, o idiota, sem desconfiar da própria imbecilidade, tolice, idiotice?"[1196] E é Paul Valéry que confessa: "Dentro de mim há um imbecil. Devo tirar partido dos erros que comete."[1197] E raramente a inteligência é tão grande, que é capaz de reconhecer a própria estupidez.

Além da forma curta do conto que introduziu, habilmente entre nós, ou em cada um deles, Samuel Rawet, com sintaxe singular, traduz sempre, até na fusão onírica, a vigilante crítica do mundo em torno e da própria arte de narrar. A inteligência imponderada dos sonhos. E por que não? Os sonhos da inteligência. Faz lembrar no trabalho delirante da imaginação o livro *Os sonhos* e *A linha de sombra*, do italiano Antonio Tabucchi. Rawet com os Contos e novelas reunidos mostra-nos a abrangência de sua obra e cosmovisão. "Gostaria de finalizar com um sonho. Eu vivo sob o signo dos sonhos. Provavelmente um dia sonharei que estou morrendo e ao acordar... acordar?"[1198] Rawet é um pensador, o que não é comum na nossa ficção. Capaz de suportar altitude, explorando os precipícios secretos da alma humana. E é pioneiro da presença judaica na literatura brasileira, com seus *Contos de imigrante*, onde mais do que nunca o tema é a liberdade. Se é verdade que convergem nele um Kafka, um Primo Levi, um Singer, entre nós, é precursor da extraordinária literatura de Moacyr Scliar, com sua saga da imigração judaica no Rio Grande do Sul. E foi o que sempre o caracterizou, com a exatidão das palavras, extraindo o essencial, o mais solitário: Ahasverus. Capaz de metamorfosear-se, deslocando-se de lugar a lugar, de criação em criação, de ser em ser, para tornar-se eterno. Um homem sozinho é mortal; muitos homens juntos, perenes. "Rabi Ahasverus recordava seus tempos de aprendizado. Devia ser humilde, e foi humilde até à anulação. Devia ser justo, e foi justo até ao desespero."[1199] E tinha diante de si a liberda-

---

1196. RAWET, Samuel. **Os sete sonhos**. Rio de Janeiro: Orfeu, 1967.

1197. VALÉRY, Paul. **Monsieur teste**. São Paulo: Ática, 1997.

1198. RAWET, Samuel. **Contos e novelas reunidos**. Rio de Janeiro: Record, 2004.

1199. AWET, Samuel. **Contos e novelas reunidos**. Rio de Janeiro: Record, 2004. p.

de que não se dobrava – a nossa e a dos nossos sonhos. E "no sonho, os pensamentos não se distinguem do viver, aderem ao viver. As operações se amontoam, não são percebidas como fatores independentes"[1200] (Paul Valéry). E por estar de costas para o espelho, com sinal de entrada, o reflexo é eterno. Não é outra a perspectiva diante de seus *Ensaios reunidos*. Trazem uma linguagem exaltada sem temor de loucura, nem de transições, onde provoca e investiga, desnuda-se e limita, com faca de uma consciência que não concede tréguas, a si ou a outrem, num atrito de ideias e sentidos. Não é só um ser perplexo, é alguém nervoso, ferido, desamparado que se concentra em mais fundo sentir e ver, tendendo ao isolamento. "E o isolamento é a razão de ser judaica". (Isaac Bashevis Singer). E Samuel nunca abandonou a lógica irretorquível, lógica que tateia, perturba. Sem o desmazelo de acordar. E Ahasverus é a construção de uma posteridade? "Até agora não devemos nada à posteridade"[1201] – afirma Oscar Wilde. Mas é a posteridade que deve muito a Samuel Rawet.

Ricardo Ramos

Nasceu em Palmeira dos Índios, Alagoas, filho de Graciliano Ramos, em 4 de janeiro de 1929, e faleceu em São Paulo, em 20 de março de 1992. Formado em Direito, foi jornalista, contista, romancista. Publicou: *Tempo de espera*, contos, 1954; *Terno de reis*, contos, 1957; *Os caminhantes de Santa Luzia*, novela, 1959; *Os desertos*, contos, 1961; *Rua desfeita*, contos, 1963; *Memória de setembro*, romance, 1968; *Matar um homem*, contos, 1970; *As fúrias invisíveis*, romance, 1974; *Toada para surdos*, contos, 1978; *O sobrevivente*, contos, 1984; *Os amantes iluminados*, 1988; *Os melhores contos de Ricardo Ramos*, 1988; *Estação primeira*, contos, 1996; *Entre a seca e a garoa*, contos, 1998. Curiosamente Ricardo Ramos nasceu no mesmo ano de

---

464.

1200. VALÉRY, Paul. **Monsieur teste**. São Paulo: Ática, 1997.

1201. WILDE, Oscar. **A balada do cárcere**. Rio de Janeiro: Topbooks, 1996.

Samuel Rawet e faleceu oito anos depois, como se trouxessem ambos uma dicção comum ao tempo em que viveram, quando o conto começou a ser mais valorizado. E ambos foram visceralmente contistas.

Ricardo teve sobre si a sombra poderosa de seu pai, Graciliano, o gênio literário da secura e da exatidão, a "poética da pobreza" (não de ser pobre no sentido de valor, mas por ser contida, dura, sáfara, despojada, voltada à terra e à gente, subjugados por um sistema injusto). Herdou essa aderência generosa, porfiando pela própria personalidade, por seu rosto próprio. Mesmo na penumbra da influência, da imensa admiração, soube descobrir voz singular – o que foi luta redobrada. E se caracterizou – não no romance, como seu pai – ainda que tenha tentado o gênero, sobretudo num livro brilhante – *As fúrias invisíveis* – entrando na atmosfera do insólito, do fantasmal, que nunca foi a esfera de seu pai. Seus personagens coabitam entre sombras, tomam voz. Mas se esquecem de existir, ainda que o autor lhes haja dado o toque de existência. Porque sua natureza toda é a da história breve, concisa, sem perda ou gotejo de palavras (cada uma pesa muito no seu léxico cosmogônico). Essa responsabilidade vocabular é mais interior do que exterior, mais para dentro do que para a geografia que o cerca – mesclando a ambiência da seca e da garoa paulistana. Essa mescla que ele mesmo coloca num de seus títulos de contos, como também a precisão de sobreviver (nome de outro livro) e de *Matar um homem* (não seria o conflito com a sombra paterna que Dostoievski tão bem vislumbrou nos *Irmãos Karamazov*?).

Cada livro é a revelação de um fato vital, ou acontecimento nas retinas fatigadas deste criador que soube fugir da linearidade, pondo novas dimensões como gavetas ficcionais. Suas obras-primas, a meu ver, são *Terno de reis,* em que se consagrou; *Matar um homem,* onde se libertou, e *Os amantes iluminados,* em que demonstra alto teor de poeticidade. Ainda que todos os volumes formem um só – o itinerário – não mais de um retirante – porém, de caminhantes (ele e suas criaturas), atrás de um lugar ao sol. Ou o sol de um lugar mais acessível. Secando no sol a sombra.

HISTÓRIA DA LITERATURA BRASILEIRA
Da carta de Caminha aos contemporâneos

"Conto o que me contaram!" – exclamava Heródoto. Ricardo Ramos conta o que lhe contaram seus fantasmas entre Alagoas e São Paulo, entre o vulto de seu pai e o seu próprio numa visão da eternidade da palavra que põe, justiceiramente, como no poema bandeirano – "cada coisa no seu lugar". E, se é o lugar de sol – não importa, é o seu lugar, insubstituível. Por compreender o curso da água da sina, também soube nadar. E há na sua criação, elementos que flutuam iguais aos sonhos e os que pesam e descem à terra, como chumbo. A união é a conquista de sua prosa. Foi diferente de Rawet – um matemático que se imiscuiu no sonho e Ricardo, um sonhador que se envolveu de realidade. Mais vinculado ao russo Tchekhov, mestre do conto, que lhe serviu de contraponto à influência paterna. E mais: o sol do seu deserto não obteve sufocá-lo, porque foi irrigado por mananciais de chuvas. E de sua boa dosagem é que nasce a fertilidade da terra. Afastando a gastura e mesmo a lucidez cruel. A todo o peso, o contrapeso da harmonia. E a própria harmonia do contrapeso. Chovendo no texto a luz. Até onde a luz tem água.

Autran Dourado e Minas cada vez mais Minas

Waldomiro Freitas Autran Dourado nasceu em Patos, Minas Gerais, em 18 de janeiro de 1926, e faleceu no Rio de Janeiro, em 30 de setembro de 2012. Passou os anos de infância e adolescência em Monte Santo e São Sebastião do Paraíso, em Minas Gerais. Formou-se em Direito em Belo Horizonte. Jornalista, trabalhou nos Diários Associados da capital mineira. Foi Secretário de Imprensa do Presidente Juscelino Kubitschek, de 1955 a 1960. Romancista, contista, ensaísta, memorialista. Um dos renovadores da ficção brasileira. Recebeu o prêmio *Camões* no ano de 2000 e o *Machado de Assis*, da Academia Brasileira de Letras, em 2008. Publicou: *Teia*, novela, 1947; *Sombra e exílio*, novela 1950; *Tempo de amar*, romance, 1952; *Três histórias na praia*, novela, 1955; *Nove histórias em grupo de três*, novelas, 1957; *A barca dos homens*, romance, 1961; *Uma vida em segredo*, romance, 1964; *Ópera dos mortos*, romance, 1967; *O risco do bordado*, romance, 1970; *Solidão*, *solitude*, novela, 1972; *Uma poética do romance*, ensaio, 1973; *Os sinos da agonia*, romance, 1974; *Novelário de Donga Novais*, romance, 1976; *Uma poética do romance: matéria de carpintaria*, ensaios, 1976; *Armas & corações*, novelas, 1978; *Novelas de aprendizado*, 1980; *As imaginações pecaminosas*, romance, 1981; *O meu mestre imaginário*, ensaio, 1982; *A serviço del rey*, romance, 1984; *Lucas Procópio*, romance, 1985; *Um artista aprendiz*, biografia romanceada, 1989; *Monte da alegria*, 1990; *Vida, paixão e morte do herói*, romance, 1995; *Ópera dos fantoches*, romance, 1995; *Segredo de Narciso*, romance, 1997; *Violetas e caracóis*, romance, 1997; *Gaiola aberta*, memórias, 1999; *O senhor das horas*, 2006.

Se todos os caminhos levam a Roma, todos os caminhos da obra ficcional de Autran Dourado levam a Minas Gerais, a de geografia mítica, a que se povoa de linguagem, como Yoknapatawpha é para William Faulkner e Macondo é para García Márquez. Este universo que se unifica e transborda de personagens que desaparecem aqui e reaparecem ali formam nos seus muitos livros uma só narrativa. Trabalha em camadas, seguindo a lição de Joyce. E a vocação de Autran, mais do que para o conto, é para o mural, para o romance-rio, o romance de romances. Essa fidelidade a si mesmo e às criaturas que gerou e que o foram gerando, dá consonância musical ao conjunto. Cada livro se une a outro e outros, vivendo independentemente e todos os integrantes da mesma alma coletiva.

A narrativa, em regra, equilibra o que relata, onipresente, e o que se vai abarcando no desenvolvimento dos personagens. E esses, emergem das situações e elas, do risco do bordado, o cerzimento de baixo para cima, nas linhas de febre, lucidez, sarcasmo e de cima para baixo, com os alinhavos. E tal o sucedido com García Márquez, vislumbrado por Vargas Llosa, é a obra ficcional de Autran Dourado, A história de um deicídio às avessas: "Só então a gente viu, de tanto falar e querer se acreditava na eternidade de 'seu' Donga. Incontrolável na sua sabedoria de frase feita."[1202] Vocação deicida é a que

---

1202. DOURADO, Autran. **O risco do bordado**. São Paulo: Difel, 1981.

se estabelece contra o esquecimento, contra a penúria humana, como se fosse o arrolamento de mágicas estratégicas, contando desde a barca dos homens para a ópera dos mortos e a ópera dos fantoches, a saga da decadência de Minas Gerais, e solda os blocos, ora com alegria, ora com paródias, ora com metáforas, mitologia, ora com a fenda da memória da loucura. Atenta, com precisão, Assis Brasil, em seu Joyce e Faulkner, que expressa a íntima aproximação entre o mundo do autor de *Go Down, Moses*! e o de Autran Dourado:

> A procura da inocência perdida, da "pureza" de um passado imemorial, em contradição com o progresso predador da sociedade industrial. Para o escritor – e tal sentimento está em todos os seus livros – a perda da aura primeva do homem só pode é conduzir... à sustentação de uma sociedade de fantoches.[1203]

E esse derruir da barca dos homens à ópera dos fantoches é todo o risco do bordado.[1204] Mas cada parte decifra o que o fiador do pano pensa que sabe. E apenas sabe, quando o está tecendo. Tal ruína antecipa a de todas as civilizações.

Em Autran há sede de Absoluto, a palavra tem sede do Absoluto, sede do Deus vivo, conforme um dos salmos de Davi e somente Ele nos dessedenta. E, ao falar de Deus, desenterra o arcabouço de sua arqueologia viva: *A infância, Monte da alegria* e *Francisco* (de Assis?), a religião de suas raízes. É de notar que o mundo barroco se compensa na alegoria e a alegoria contrapõe o vivo com o morto: o que vai sumindo com o viçoso fragor da vida, no belíssimo livro que avança entre caracóis e violetas. Há que amar nos outros as diferenças, também um bloco do mesmo autor com outro, a multiplicidade dos personagens, ou seres que refletem a grandeza deste criador de uma cosmologia própria, que também optou, como Borges e antes dele, pela mitologia, Jasão e o Minotauro, arquétipos da linguagem humana. Porque o Minotauro há de ser vencido por

---

1203. DOURADO, Autran. **Ópera dos mortos**. Rio de Janeiro: Rocco, 1998.

1204. DOURADO, Autran. **Novelário de Donga Novais**. Rio de Janeiro: Rocco, 2000.

Jasão: a palavra, a palavra que tem o fio da razão comburente e a razão de outro fio, a memória. O tino do poético se entretém neste autor de labirinto ou subterrâneos da alma, com clarões de harmonia, os motes, refrões remudados, ou não ("o senhor querendo saber, primeiro veja",[1205] "águas passadas não tocam moinho",[1206] "papagaio velho não aprende a falar"[1207]), essa prosódia popular nos eruditos e arcaicos que fundem como os sinos do *Monte da alegria*, ou a morte que não quer morrer. Os sinos tocam por todos (Hemingway), os sinos que não deixarão de tocar, desde o *Monte da alegria* e onde acontecimentos se dão em *Duas pontes*, a *Fazenda do encantado*, a *Fazenda do fundão* (roça), numa linguagem que se amaneira aos sucedidos. Sim, os sinos nas bocas de afundados martírios, entre Ópera dos mortos, que é preciso enterrar, e *A barca dos homens*, batendo, a sexualidade de Ana batendo, Ana, a noiva, Marília de Dirceu, noiva de Minas pacificada, o roldão dos sinos entre a ferocidade de Malvina-Malina (*Macbeth*) contra Gaspar, o assassino de seu marido, o sino de uma vingança destrutiva e o suicídio, o sino do amor possesso do Mal. Lucas Procópio, Donga Novais e o amor de Lulu, Pedro Chaves, o réu Januário Cardoso, fugido do braço da justiça Del Rei (cidade mineira) com sua farsa de terror, o El Rei e o Capitão-General, compõem vasta galeria de tipos que se gravam na mente dos leitores, pelos pormenores das descrições, diálogos bem traçados, com poucas e alvejantes pinceladas, põem-nos diante de uma visão que se esboça e se completa no leitor. Os temperamentos, paixões, amores, a perícia dos atavios no idioma, os desvios de idos e vindos narrativos, fatos e efemérides, aguçamentos, minúcias de que não esquece o autor, ao se munir contra as fendas e as erosões. Enfatize-se que a farsa de terror (tão contemporâneo) no livro Serviço Del Rei, o festim de raças na presença Del Rei e do Capitão-General, a festa de moleques, mulatos, mucamas, cafuzos, mamelucos (flores gálicas e esquentamentos) e o trópico lembram o clima sinuoso, molenga, ou dúlcido, de *Casa-grande*

1205. DOURADO, Autran. **Ópera dos mortos**. Rio de Janeiro: Rocco, 1998.

1206. DOURADO, Autran. **Ópera dos mortos**. Rio de Janeiro: Rocco, 1998.

1207. DOURADO, Autran. **Ópera dos mortos**. Rio de Janeiro: Rocco, 1998.

e senzala ou *Sobrados e mucambos*, de Gilberto Freyre, o estilo açulado ao caldear férvidos sonhos, entre a provisão da cachaça e os patifes responsos. Como o autor, o Capitão-General não descurou de nada, até do *Risco do bordado*, risco da traça, risco das estações e as pancadas simétricas desses *Sinos da agonia*. E ali, a morte de Januário, que é a morte de Gaspar, que é a morte de Malvina: ciclo grego de tragédia edipiana – Ou Hipólito e Fedra – ou a morte na morte em Minas de memória reinventada. Pois a memória é Minas, a memória, esta única esperança da linguagem e essa, a da memória que não deseja se extinguir. Autran acumula destroços, seja pela emblemática Rosalina, seja por sua atiçadora crônica e da decadência rural mineira. E é salvo, mais do que pela memória, embora seja o tecimento de sua narrativa, é salvo pela feitura estética. Não teve a merecida fama que aciona a venda e o público, talvez pela vastidão faulkneriana de seu mundo e pelo requinte ficcional, que o avizinhava do erudito.

A narrativa douradiana faz-se em blocos, de um ponto a outro, em *Solidão, solitude* (doze histórias, em grupo de três), onde em tempo de Mário Andrade, Amadeu, bêbado, anda e grunhe em monólogo intérmino pela noturna *Belo Horizonte*. Através das orelhas do vovô Tomé, grandes, pilosas, ouvido diferente de todas as orelhas, alongam-se histórias da história: remoinho, tiro no ouvido batendo no menino João, a sensação de dente inflamado, o conhecimento da dor, a trombeta do juízo, a explicação que vem caminhando nas voltas do mistério de tio Zózimo com a consequente gagueira aflita de tia Marzaida, o silêncio átono de vô Tomé, orelha que desvenda o olvido, orelha maior do tempo. E ah, os coronéis, tipos navegantes em toda a nossa ficção do Brasil arcaico, como Honório Cota (honra e detalhe da armadura) e sua pomposidade (barroca) de velado e nebuloso passado, ou Biela (obscura peça de motor), a busca do maiš antigo de *Vida em segredo*, vazamento do território da *Menina morta*, de Cornélio Pena, tão presente nas *Óperas*, a dos mortos e a dos fantoches (com sua carnavalização). Afirma Valéry no Monsieur Teste que "a estupidez não é o meu forte",[1208] alcançando num prolongamento de si mesmo, obra de reflexão, jamais ficcional. Porém, o romance, para decifrar a loucura humana, carece de estupidez, a genialidade do narrador carece das dores e volúpias da estupidez, porque a lógica jamais há de ser a do destino, nem do universo, a lógica bem-comportada, já que no romance, mesmo a ordem dentro da ordem, alimenta-se dos cataclismos, das tempestades. Porque a estupidez é um tipo de loucura que Shakespeare soube refletir, ver a estupidez dos prepotentes e arrogantes, dos donos do mundo, ou desestruturar a estupidez, fazê-la cabriolar entre vocábulos, descomportar o texto. Embora Autran tenha criado seres amoráveis, os vivos e os fantoches, a barca dos mortos, o humor negro da estupidez não é seu forte, que é demasiadamente lúcido, o senso comum que não se engatilha nesse desperdício humano, ainda que o desperdício se engatilhe nele, o drama humano, tantas vezes eivado de estupidez e de mazelas morais. E há na estupidez humana, ou na coragem de arrostá-la, um halo de comoção e sinceridade. Quanto maior o romancista, menos tenta amarrar ou criticar seus personagens, mais agasalha paciência em suportá-los sem aborrecer-se, aturá-los sem deixar esmorecer a sedução que a criatura contém, ou a curiosidade que se entretece no jogo: a luta de Autran é o do dramático com o ser ferozmente lúcido e o lúdico, sempre presidido pela obsessão de unidade. A lição de Rabelais, como, mais tarde, a de Faulkner, é a de não julgar, por não ser um juiz, mas romancista, deixando suas criaturas viverem. Como Proust, Autran sabe retratar a dissimulação, porém, ao desintegrá-la, já está julgando. Mas há um dado impressionante e o leitor pode acompanhar o crime e o castigo. Quanto ao lugar-comum, Autran Dourado diz, em *Matéria de carpintaria*, que não tem nenhum problema no uso do lugar-comum. Ora, o lugar-comum não deixa de ser problema quando continua lugar-comum.

Diferente de outros que se extraviam nele, Autran, em sua ciência narrativa, nunca é comum e com sortilégio transforma o comum no incomum. E é necessário nisso, magicar, cruzar

---
1208. VALÉRY, Paul. **Monsieur teste**. São Paulo: Ática, 1997.

palavras a nado. Basta uma iluminação, seja adjetivo, advérbio, seja um relance. Ou, como suscitava Alphonse Daudet, "o adjetivo deve ser o amante do substantivo e não a mulher legítima."[1209] O mágico é o comum que se deslumbra, acordado. E Autran trabalha os fragmentos como se fossem conjuntos e os conjuntos, desdobram-se em fragmentos, peças do grande todo, a obra. Além disso, na criação de Dourado, como em Faulkner, o nome dos personagens traça os rumos das criaturas pelas parcas forças da invenção com o imaginar da Fortuna. Por exemplo: Malvina (Má-Sina), Zózimo – filho pródigo da terra natal, para onde volta como elefante para morrer, ferido. Julgo as duas obras-primas de Autran Dourado: A barca dos homens, com a descrição do Ancoradouro, o Cemitério da Praia, e Ópera dos mortos. Com a paixão em surdina pela madrasta. Ou na Pedra menina, em que:

> O grácil burrinho Vaga-lume raspava com o focinho o chão duro, achando um matinho qualquer. Bobo, ele andando mais para pra junto da sombra da igreja achava uma moita grossa, gostosa de boa pra ele, bem que ia gostar. O burrinho não via, gostava mesmo era daqueles fiapos de capim que teimavam em brotar do chão seco ... Burrinho não gosta de flor, gosta é de capim bem verdinho.[1210]

Nesses livros Autran sai do particular para o universal, com a língua instigante do Brasil, que se adoça pela sua obra, língua de astúcias e amanhos, língua de secura e amplidões, "língua que o Brasil amansou com surras de tambor"[1211] (Raul Bopp). Minas é barroco, Autran é Minas. "E o barroco pode dizer o belo através do feio, o verdadeiro através do falso, a vida através da morte"[1212] (Umberto Eco). Não, não penso ser *Ópera dos Mortos* uma transição. Toda a narrativa de Autran

---

1209. DAUDET, Alphonse apud MAGALHÃES, Dário de Almeida. **Figuras e momentos**. Rio de Janeiro: Nova Fronteira, 1985.

1210. DOURADO, Autran. **Ópera dos mortos**. Rio de Janeiro: Rocco, 1998.

1211. BOPP, Raul. **Poesia completa de Raul Bopp**. Rio de Janeiro: José Olympio, 1998.

1212. ECO, Umberto. **Seis passeios pelos bosques da ficção**. São Paulo: Companhia das Letras, 2002.

Dourado tende para o fim do início do futuro, por haver avivado o passado. Como um menino que se encosta à beira do torvelinho das águas, contemplando a passagem de todas as coisas pelo Rio das Mortes de Minas, sendo tudo passagem. E assombrosamente humano. Pois o contador de histórias é o senhor das horas, "pois cada coisa tem sua vez, hora e lugar... Todo o bordado tem seu risco próprio"[1213] – adverte em seu último livro (*Senhor das moscas*, de Golding?). E Minas é o constante tempo. Sem deixar de atentar para Heidegger, quando afirma: "A alma na Terra é uma coisa estranha."[1214] Autran, como tio Zózimo, volta para a Casa do Idioma, Pai. E o idioma é a sombra de todas as coisas.

José J. Veiga, ou de como é fantástico o real

José J. Veiga nasceu em Corumbá, Goiás, em 1915. Formou-se na Faculdade Nacional de Direito, Rio de Janeiro, em 1941. Trabalhou na BBC, permanecendo na Inglaterra de 1945 a 1950. Foi tradutor e redator do *Reader's Digest* e da Fundação Getúlio Vargas. Jornalista, tradutor, romancista e contista. Prêmio Machado de Assis da Academia Brasileira de Letras. Faleceu no Rio de Janeiro, no ano de 1998. Um contador de histórias do maravilhoso, ainda que cite Neruda: "Falo de coisas que existem. Deus me livre de inventar coisas quando estou cantando."[1215] Um dos inventores da nossa ficção fantástica, com obra de indiscutível perenidade. Jamais perdeu sua condição de homem simples, do interior que se universalizou nas viagens, vivente de imaginações. Bom de conversa, embora tímido, generoso e despojado. De estilo: direto, desnudo, sintético. Linguagem que não se desviava por atalhos. Inventava nomes esdrúxulos, estranhos de personagens, ou alguns

---

1213. GOLDING, William. **O senhor das moscas**. Rio de Janeiro: Nova Fronteira, 2000.

1214. GOLDING, William. **O senhor das moscas**. Rio de Janeiro: Nova Fronteira, 2000.

1215. VEIGA, José Jacinto. **A casca da serpente**. Rio de Janeiro: Bertrand Brasil, 1989.

vocábulos mágicos. Todavia, seu vocabulário era o de todos os dias. Poucos como ele tão bem pintaram (era pictórico) a infância e os personagens infantis, sempre a partir de uma experiência exterior. E depois se debruçando ao mundo interno. Espelho e imagem dentro. Talvez só Guimarães Rosa, com seu Miguilim. Estreou com *Os cavalinhos de Platiplanto*, 1959, em fase avançada da existência. Esse livro de contos é uma de suas obras-primas. Seguiram romances ou novelas: *A hora dos ruminantes*, 1966; *A máquina extraviada*, 1968; *Sombras de reis barbudos*, 1972; *Os pecados da tribo*, 1976; *De jogos e festas*, novelas e conto, 1980; *Aquele mundo de Vasabarros*, 1982; *Torvelinho dia e noite*, 1985; *O risonho cavalo do príncipe*, 1992; *O trono no morro*, novela, 1988; *Relógio belisário*, 1995; *A casca da serpente*, 1989; *Objetos turbulentos*, 1997; *Melhores contos*, seleção de J. Aderaldo Castelo (ed. Global, 4.ed., 2000).

    É afamiliado de Murilo Rubião no realismo mágico e surreal, com localização bem brasileira, atingindo dimensão universal. Embora alguns achem ser sua plenitude a arte do conto, foi no romance que fez o mural mais vigoroso, mítico e problemático (porque visionário) de nosso tempo. Sua imaginação é ilimitada, mais do que um gênio da memória, é um gênio da imaginação, essa mola criadora e voluptuosa da memória. E faz com que o leitor invente junto, tais são os vetores de real e os sensos de inventação – de lugares, nomes, vocábulos. Um universo próprio, definido, com a coragem de engendrar no ignoto e também no conhecido, recriando espantosamente, neste seguimento de *Sertões*, ou *Guerra dos Canudos*, que é *A casca da serpente*, quando Veiga reconstrói os instantes agônicos da sertaneja luta. Os nomes, sejam de personagens, sejam de objetos, cristalizam o sentido e o sentido desencadeia a ação. Vai derramando espaços e as criaturas se vão atando umas às outras, subterraneamente, por um narrar que impele o leitor, conduz quase sonâmbulo, um inconsciente que os coletiva, agregando gestos e falas. Asseverava Kafka: "Meus personagens são imagens, nada mais do que imagens."[1216] Com expressão de vida sempre pelo insólito,

---

1216. KAFKA, Franz. **O processo**. São Paulo: Abril Cultural, 1982.

o descuidado aparecimento dos aconteceres. E interessante é a forma com que Veiga contempla com os olhos das criaturas. Sem escapulir de seu pacientoso convívio. Pois os viventes ficcionais exigem perseverança de alma comum, até possuírem alma de palavras. Não podendo se entremear entre o autor e elas, o mínimo constrangimento. E, se os adultos são agentes de violência, há que afastá-los (V. Propp), para que não restem crianças solitárias e expostas. E logra elevado nível de expressividade infantil, pouco achável entre os ficcionistas, por ser capaz de se acriançar no texto.

E se instala sobre alguns despojos do presente. Seguindo a percepção de Ernst Bloch: "A literatura é uma festa (De *Jogos e festas*) e um laboratório do possível." Ou todos os possíveis no trabalho da esperança. Que não é determinista. Ou um texto com a esperança atrás do rastro de cavalos. Não, os personagens "não são jogados sob a vilania, mas salvos na hora aprazada, por meios ou intermediações singulares."[1217] Os contos de *A máquina extraviada* vivem isolados e em comunidade, compondo um contexto ficcional singular. Os personagens, de inopino, veem-se incomunicáveis. Essa *reificação* não entorpece o narrador que não consegue ficar imparcial nunca. Deixa as criaturas existirem, sofrendo com elas. Verifica-se nos relatos um destino, algo que estava já assinalado, a sombra invisível de todas as suas ficções, a sombra inalcançável e imutável. O mágico tem contornos e é preciso que tudo tenha a objetividade do que sucede ou está sucedendo. Economicamente. O bestiário é variado, como em Cortázar e Borges. A circularidade se impõe: cerimônia de iniciamento. Ou de hábito nos gestos ou de sub-reptícia carnavalização. Personalizam-se animais, dentro de uma razão verossímil: "O cão pensava que ia ser feliz dali por diante." O uso do antropomorfismo é valioso e humanizador na ficção veiguiana, porque empresta a cor da bondade ou da fidalguia, aplicando-se-lhe a metáfora – arte de substituir e conceder relações de seres e coisas. O texto é de um realismo fundamental, por

---

1217. VEIGA, José Jacinto. **Os cavalinhos de Platiplanto**: contos. Rio de Janeiro: Bertrand Brasil, 1997.

tratar de elementos da imaginação, porque os opostos se compensam. No conto, por exemplo, *O rei da Síria* transforma a busca do tesouro em busca de linguagem. E nessa, o destino do mundo é dependente do significado ou do que é revelável. As histórias, por serem inventadas, não se acentuam pelas chegadas ou metas, porém pelo caminho, a trilha des(a)fiada. Essa romaria terá paragem noutra e noutra. O nomadismo transeunte: "Embarcamos sem dizer adeus a ninguém, levando só a roupa do corpo e um saquinho de matula, como dois mendigos."[1218] Pois inventar é alma. E aqui está o seu mistério:

> A palavra bem manejada, e dita na hora certa, tem poderes a bem dizer mágicos ... Se Barnabé não fosse hábil em combinar palavras e na maneira de soltá-las, não teria desempenhado com brilho a missão que lhe encomendaram.[1219]

O que toca de palavra (o que com a palavra fere, com a palavra é ferido) faz-se assustador como sucede no livro de contos *Objetos turbulentos*, em que as coisas se tornam belicosas e agressivas. Desafiadoras. Cada conto é a relação do homem com uma delas.

Nos romances, sua arte é a da alegoria, muitas vezes política, como em *A hora dos ruminantes*, ou *A sombra dos reis barbudos*, tempo de ditadura, ou de bestialização da consciência. Sua obra tem sido comparada com a de Wells, ou Orwell e com o antecessor Kafka. Dizia, aliás, Aristóteles que "o princípio da filosofia é a maravilha", e esse ficcionista do maravilhoso, filosofante do mundo goiano, é de uma voz peculiaríssima, sem aproximações, a não ser no que chamamos de família espiritual, juncada de autenticidade, seja diante das coisas da terra, às vezes subterrâneas, seja pela narrativa dos seres do interior, simples, bizarros, seja pela qualidade dos diálogos, seja no descrever da natureza, criando mitos e sentidos. Obra

---

1218. VEIGA, José Jacinto. **Os cavalinhos de Platiplanto**: contos. Rio de Janeiro: Bertrand Brasil, 1997.

1219. VEIGA, José Jacinto. **Os cavalinhos de Platiplanto**: contos. Rio de Janeiro: Bertrand Brasil, 1997.

alegórica, por trabalhar em planos, nunca linear, dentro do *faz-de-conta*, artifício da inocência criadora, coisa de menineza. Ao se forjar a alegoria, insere-se a ambiguidade. Com alguns aspectos, um e outro traço, levantam-se os personagens, porque o contador de histórias nada mais quer do que contar-se neles, não chegando a ser a *máquina de linguagem* valéryana, o linguajar arcaico de sua gente goiana. Embora todo criador tenha vontade da desconstrução do que foi feito antes, para a sua perspectiva edificadora, como Kafka, José Veiga relata histórias numa "maneira de fechar os olhos."[1220] Cada personagem arrasta consigo símbolo(s): "Moço, em nosso departamento não deixamos que nenhuma causa se torne remota. O nosso lema é cortar o mal pela raiz. A raiz aqui é os ratos."[1221] As metáforas muitas vezes nos confrontam, falando aos sentires humanos. Diz Vico que "metáfora é o mito em ponto pequeno."[1222] E que tribo é esta? Ou a substituição de *palavras da tribo*, por *pecados da tribo*. E tudo é metáfora, até o que não sabemos que o seja. Com dois efeitos: um, o do mito que nasce da linguagem e das metáforas. Outro, o que vem da corrosão crítica, feita na leveza e, portanto, mais ferina. "Era um peixe tão grande que tiveram de improvisar uma carreta para trazê-lo ao centro, puxada por duas juntas de bois."[1223] Projeta-se a reinauguração civilizatória com a *Era dos inventos*, a *Era do couro* e a *Era da jaca*. Um instinto do primevo se compondo para o convívio dos homens. Não seria uma civilização da inocência criadora? Se há um autor aproximável, de Veiga, num mundo paralelo, pelo fantástico de suas criações, é Italo Calvino. Esse fantástico, opulento de minúcias, com algum entranhamento lírico, mostra que a realidade nem sempre é o que parece e que o entranhado nem sempre é poético, mas tecido de parábolas. E sem perder a sedutora participação

---

1220. VEIGA, José Jacinto. **A casca da serpente**. Rio de Janeiro: Bertrand Brasil, 1989.

1221. VEIGA, José Jacinto. **Os pecados da tribo**. Rio de Janeiro: Bertrand, 1991.

1222. VICO apud DOURADO Autran. **Uma poética de romance**: matéria de carpintaria. Rio de Janeiro: Rocco, 2000.

1223. VEIGA, José Jacinto. **Os pecados da tribo**. Rio de Janeiro: Bertrand, 1991.

do leitor, a partir de sua atiçável credulidade. E não seria o sonho exageradamente crédulo diante da absorvente realidade? O mecanismo de sua criação reside na operação do olhar numa espécie de *ars combinatória* do paroxismo. Inocorrendo gratuidade na estrutura dos enredos veiguianos. Tudo é econômico. E, ao criar o fantástico, desvia signos e relações de uma realidade para outra, persuasiva e inesperada. Ou melhor, o fantástico desloca uma casca de aparências, onde se dá o empurrão lúdico que leva à súbita ruptura. E, no entanto, a surpresa é o golpe de verdade que não se aparta do ponto de equilíbrio narrativo, quando as palavras tapam as frinchas ou as frinchas cobrem as palavras. E é José Veiga, que afiança: "Ainda não sabemos para que ela (a máquina) serve, mas isso não tem mais importância."[1224] A máquina não tem graus, como os entregadores ou mensageiros mal-encarados e sem interesse com a cidade, com a mudança imperiosa e tirânica que desencadeiam, emissários de um Destino (Kafka e o *Processo*). E o homem seja pela máquina trituradora, seja pelos animais, seja por poderes sem rosto, é desterrado de seu rincão. "Primeiro foi o desassossego entre os bois, um estremecer de lombos e barbelas, um escovar de pés no chão..."[1225] E dá-se a invasão em *A hora dos ruminantes*. Tem acrescentamento de cadência em cadência, de uma orquestra maléfica. "Cada um torturado pela vergonha particular... Todos se recolheram cedo para absorver no escuro as humilhações desnecessárias."[1226] "De viventes só ficaram as galinhas e os porcos – diz Geminiano."[1227] Em *Sombras dos reis barbudos*, como em Borges (*Loteria da Babilônia*), uma Companhia (*Melhoramentos Taitara*) insula a cidade, iniciando-se o terror, inocentemente:

1224. VEIGA, José Jacinto. **A máquina extraviada**: contos. Rio de Janeiro: Civilização Brasileira, 1974.

1225. VEIGA, José Jacinto. **A hora dos ruminantes**. Rio de Janeiro: Civilização Brasileira, 1977.

1226. VEIGA, José Jacinto. **A hora dos ruminantes**. Rio de Janeiro: Civilização Brasileira, 1977.

1227. VEIGA, José Jacinto. **A hora dos ruminantes**. Rio de Janeiro: Civilização Brasileira, 1977.

"Dois cavaleiros pararam ensopados na porta, olharam para dentro e pediram licença para entrar com os cavalos."[1228] O sigilo é a sombra do poder e a técnica do afastamento. No livro *Jogos e festas* – três narrativas exsurgem, uma delas que aparece depois, em separado – *O trono no morro*. Ou na primeira parte, de *quando a terra era redonda*: "a Terra é redonda desde os primórdios, e ninguém a está vendo chata."[1229] Por ensaio ou atrofiamento dos nervos óticos, igual ao que sucede aos recém-nascidos. O leitor segue o percurso interior do relato, como se numa toca ou labirinto: "Sozinho, fui andando no escuro, tropeçando em raízes, acordando grilos."[1230] *Aquele mundo de Vasabarros*, castelo aberrante ou fazenda trancada, a recordar, sim, *O castelo*, de Kafka. E no *Torvelinho,* de dia e de noite, opera numa sistemática de signos, o que se parece território não reflorestado, faz-se desigual, identificável no próprio redemoinho da linguagem – pura e fastasmal. O discurso do cotidiano é defenestrado: profanação dos sonhos na realidade, que é multívoca, por alegórica. A linguagem não tem pecado original, porque é antes da criação do mundo. E, se a maculamos de culpa, ela se torna vorazmente crítica, erosiva. A razão atordoa a inocência.

A obra de José J. Veiga é a nominação do mito, sendo, por isso, *o bom nome* da permanência. Nem há obstáculo entre o sujeito e a emoção, porque pela emoção a história é enovelada na luz. E constantemente essa mesma mitologia serve para demonstrar o axioma, que também é o de Edgar Morin: "O *homo sapiens* merecia se chamar *homo demens*". Os sentimentos íntimos se extravasam fisicamente – pelo fremir ou arrepio, ou excitar. Os heróis se defrontam diante das realidades, onde a morte é mudança, a experiência é a natureza que se incorpora ao assombro e esse, à natureza. O jogo de analogias se bifurca

---

1228. VEIGA, José Jacinto. **A hora dos ruminantes**. Rio de Janeiro: Civilização Brasileira, 1977.

1229. VEIGA, José Jacinto. **De jogos e festas**: Novelas. Rio de Janeiro: Civilização Brasileira, 1980.

1230. VEIGA, José Jacinto. **De jogos e festas**: Novelas. Rio de Janeiro: Civilização Brasileira, 1980.

no absurdo de situações ou de excessos: "A estrada é perigosa para todos, até para as formigas."[1231] As rupturas são percebidas, de logo, pelo conhecimento dos protagonistas, caindo numa espécie de inofensiva infância. Essa infância do mundo que rege a inventação: "E *os didangos*, onde estavam que não tinham vindo?"[1232] Tudo é símbolo, quando é sonhado.

O coronel e o lobisomem e outras histórias do picaresco e assombrado de José Cândido de Carvalho

José Cândido de Carvalho diz que não tem história. Nem precisa. Como alguém que disse dos poetas que apenas têm canto, a biografia some. E qual deles foi Oficial da Guarda Nacional, ignora-se. Talvez o tenha sido também José Cândido, homem de mistérios. Porque seu Outro se chamava Ponciano. Nasceu em Campos de Goitacazes, em 5 de agosto de 1914, e faleceu em Niterói, em 10 de agosto de 1989. Quando seu pai, Bonifácio de Carvalho, foi ao Rio com seu pequeno comércio, José Cândido o acompanhou. Foi romancista cheio de astuciados, jornalista e diretor de *O Estado*, no Rio, trabalhando na revista *O Cruzeiro*, diretor da Rádio Roquette-Pinto, presidente do Conselho Estadual de Cultural, presidente da Funarte e presidente do Instituto Municipal de Cultura. Publicou em 1938, *Olha para o céu, Frederico*. Somente 26 anos depois, a sua obra-prima e da literatura brasileira, *O coronel e o lobisomem*. Depois, em breves narrativas com achados linguísticos: *Lulu Bergantim*, 1971; *Um ninho de mafagafes*, 1972; *Ninguém mata o arco-íris*, retratos jornalísticos, 1972.

Embora o primeiro livro – *Olha para o céu, Frederico* – não tenha sido realizado ficcionalmente, com madureza, episódios prenunciam o futuro romancista. Termina-se a leitura com a falta de algo, um vácuo que apenas a experiência e o tempo preencheriam. E podemos, agora, assinalar: Não, ninguém

---

1231. VEIGA, José Jacinto. **A máquina extraviada**: contos. Rio de Janeiro: Civilização Brasileira, 1974.

1232. VEIGA, José Jacinto. **A máquina extraviada**: contos. Rio de Janeiro: Civilização Brasileira, 1974.

mata o coronel Ponciano de Azeredo Furtado, um dos tipos mais vivos da nossa literatura, como um Riobaldo, ou Fabiano, ou um Capitão Rodrigo Cambará, ou um Vitorino, de *Fogo morto*, de Zé Lins do Rego. Aliás, José Cândido reúne duas qualidades que nem sempre andam unidas: o criador de tipos e o inventor de linguagem. Quem o afirma é Rachel de Queiroz, que falou verdade: "É o gênio da língua que baixa neste moço ... No léxico de Zé Cândido não aparece uma palavra que não seja possível. Se ela não havia até aqui, estava fazendo falta."[1233] Seu tom é picaresco e alcançou grande público. Todos se referem a seu livro *O coronel e o lobisomem*, 1964, como obra-prima: desde Tristão de Athayde, Herberto Sales, Rachel de Queiroz, Érico Veríssimo. Seu protagonista, um coronel decadente. Cercado de um mundo em ruínas. Figura de ataviada humanidade, com inconfundível e arrebatado temperamento.

José Cândido é um contador de histórias que sabe vislumbrar o rio obscuro da linguagem, pegando vocábulos velhos e pondo sabores novos, num milagre da transformação de água no vinho prodigioso da imaginação, um rio de água que não finda. Sem lembrar ninguém, sem transitar pelo enveredar roseano, contemporâneo de si mesmo, reproduziu a estilizada, astuta e viandante fala do povo. E o tal de Lobisomem é descrito, no capítulo quinto, com "cauda de jacaré, escama de cobra, força de cavalo e olho sugador de gente". Não é apenas criatura que preexiste na imaginação popular, ou saído, num acaso, do livro de "Seres imaginários", de Borges.

A ficção é mentira: começa a ser verdade, ao se esquecer. E a mentira só é verdade quando inventamos. Não se encomenda destino de personagem, ele se impõe, cintilante, ao nosso dispor. Inicia o livro, com a apresentação da personagem. O tom é do eu-narrador. Afirma, bem falante:

> A bem dizer, sou Ponciano de Azeredo Furtado, coronel de patente, do que tenho honra e faço alarde. Herdei de meu avô Simeão terras de muitas medidas, gado do mais gordo, pasto

---

1233. CARVALHO, José Cândido de. **O coronel e o lobisomem**. Rio de Janeiro: José Olympio, 1969.

do mais fino. Leio no corrente da vista e até uns latins arranhei em tempos verdes da infância, com uns padres-mestres a dez tostões por mês. Digo, modéstia de lado, que já discuti e joguei no assoalho do Foro mais de um doutor formado.[1234]

E arremata:

> Em pata de nuvem, mais por cima dos arvoredos do que um passarinho, comecei a galopar. Embaixo da sela passavam os banhados, os currais, tudo o que não tinha mais serventia para quem ia travar luta mortal contra o pai de todas as maldades. Um clarão escorria de minha pessoa. Do lado do mar vinha vindo um canto de boniteza nunca ouvido. Devia ser o canto da madrugada que subia.[1235]

O clímax é o encontro entre Ponciano e o lobisomem, momento de real grandeza:

> Aí até achei graça da discórdia (com o Lobisomem), uma vez que a comandância da rixa estava comigo. Vendo a demanda finada, gritei: – Estais em poder da munheca do Cel. Ponciano de Azeredo Furtado e dela não saireis, a não ser pela graça de Nosso Senhor Jesus Cristo, que é pai de todos os viventes deste mundo. Como no caso da sereia, tratei a encantação em termos de cerimônia, sois-isso, sois-aquilo, dentro dos conformes por mim aprendidos em colégio de frade a dez tostões por mês. Desse modo, ficava logo estipulado que o cativo não andava em mão de um coronelão do mato, despido de letras e aprendizados, uma vez que vadiagem da treva leva muito em conta a instrução dos demandistas. No presente caso do lobisomem, nem careci de empregar outras sabedorias. Mal dei a conhecer a sentença ("Do meu poder não saireis"), escutei, vinda de longe, saída das profundas, uma vozinha implorar mais ou menos assim: – Tenha pena de mim, Coronel Ponciano de Azeredo Furtado. Sou um lobisomem amedrontado, corrido de cachorro, mordido de cobra. Na lua que vem, tiro meu tempo de penitência e já estou de emprego apalavrado com o povo do governo. Em presença de petição tão dorida, de penitente cansado, fiquei sem saber que partido tomar: do torniquete ou do lobisomem. Mas, de pronto, meu

---

1234. CARVALHO, José Cândido de. **O coronel e o lobisomem**. Rio de Janeiro: José Olympio, 1969.

1235. CARVALHO, José Cândido de. **O coronel e o lobisomem**. Rio de Janeiro: José Olympio, 1969.

coração molenga resolveu derrogar a sentença firmada. Concedi passaporte ao condenado: – Estais livre! Afrouxei o torniquete e aquela goela peluda sem tardança deixou o aro dos meus dedos.... Ninguém tinha outra fala senão a lição do coronel em cima do lobisomem. Em tais alturas correu muita mentira, como é da rotina dos currais. Tive de embargar, por falsas, meia-dúzia de propaladas invenções que davam as maiores vantagens a mim em descrédito do lobisomem. Fui justo, cortei no sabugo o que não era do coronel: – Ao homem o que é do homem. ... Já ganhava eu o primeiro lance da escada, na ocasião em que o meganha de Santo Amaro, descido de sela, veio para pedir consentimento para deixar em meu poder notícia de luto – o Major Juju Bezerra tinha morrido no depois do almoço: – Vim em viagem especial a rogo do vigário.... É uma romaria de cortar o coração. A custo, tomado de afrontação, ganhei a varanda. Atirei meus dois metros de Ponciano na espreguiçadeira, ainda meio apalermado pela notícia nefasta. E mais apalermado quedei ao saber, num particular do recadeiro, que Juju tinha morrido de morte safada. – No detrás de porta fechada, meu coronel, em braço de moça... Dormi tarde, com o morto no travesseiro, na relembragem de suas travessuras. Acabou como queria, em intimidades de lençol, afundados nos divertidos de moça: – Felizão!...[1236]

Esse romance de José Cândido não usa *os valores simbólicos* como Guimarães Rosa, nem inventa palavras, nem é demiurgo e cosmológico. E seu alicerce é irracional, como a representação de todo um mundo velho que desaba. Seu herói não é vertical como Diadorim (o guerreiro Reinaldo), que liquidou Hermógenes, porém, aproxima-se de Riobaldo (o rio baldo – cansado, imperfeito), tendendo ao herói pícaro, com mecanismo de parodização subjacente e ao mesmo tempo de valentia, certa imponente arrogância senhorial – peculiar aos coronéis – sem o prumo do equilíbrio. Se Vitorino de Zé Lins é quixotesco, Ponciano também o é. Porém, de natureza diversa. O primeiro raia ao ridículo e o segundo raia a um humor, com gumes de sátira cortante e peculiaridades épicas. A riqueza do idioma que se revitaliza de achados, entre arcaísmos, ditos populares com sapiente malícia, a malandragem do carioca que Zé Cândido nunca perdeu. E como todo picaresco, ri-se

---

1236. CARVALHO, José Cândido de. **O coronel e o lobisomem**. Rio de Janeiro: José Olympio, 1969.

dos poderosos, ou até da transitoriedade humana. O sobrenatural se rivaliza com o cotidiano, o teor de fantástico conduz à fábula. O livro destila uma inominável alegria de viver, com os alçapões ao leitor, entre imagens e faiscantes lances. E certa caricatura com que são vistas certas eminências não tão eminentes da região, talvez de experiências de infância do autor, porque tudo começa e termina na infância. Por ser linguagem. A estatura física do herói de dois metros dá a perspectiva de sua desproporção humana nos gestos e fraseados. Sim, é irônico, mas tem efeitos infindáveis de humor, sorvo de infância. A infatigada invenção, desinventando o idioma, virando de pernas ao ar e sempre exatíssimo conduz a etapas de imaginação imprevistas, mudando o polo hipnótico da personagem para a língua, outras vezes, da linguagem para o protagonista ou herói. Porque não há linguagem que não ensine a enganar, ou caia em sua própria armadilha, ou carisma. Ainda que na picardia, a criação de José Cândido confirma a frase de Plotino: "o desejo de ver provoca a visão."[1237] E a visão provoca a fantasmagoria. O gênio se exalta na rutilância existencial, na energia ponciana insondada (energia do seu próprio criador, de sorriso furtivo). Dostoiévski afirma que todos saímos debaixo do capote de Gogol. Ampliando esse conceito, o coronel Ponciano e José Cândido saíram debaixo do nariz de Gogol. No lado engraçado, com tomadas de nonsense, cinético e aventureiro, bárbaro e prepotente, às vezes inofensivo, outras, grotesco, como a classe social decadente que ele representa. Harold Bloom lembra que mais importante que buscar o autor dentro da obra, é buscar a obra dentro do autor. As demais personagens são secundárias diante da incrível humanidade do coronel Ponciano. Diante dele se desvanecem, sendo pano de fundo. Tudo gira em torno de Ponciano e ele é o mundo. O lobisomem, como o Mefistóteles de Goethe, nasceu para ser vencido. O resto o completa. Ou nele se confunde.

1237. CARVALHO, José Cândido de. **O coronel e o lobisomem**. Rio de Janeiro: José Olympio, 1969.

Hilda Hilst e o júbilo da paixão

Hilda Hilst nasceu em 21 de abril de 1930, em Jaú, São Paulo, e faleceu na madrugada de 4 de janeiro de 2004, no Hospital de Clínicas da Unicamp, Campinas. Formou-se em Ciências Jurídicas e Sociais, em 1952. Reside na Fazenda São José, começando a construção de sua *Casa do sol*, onde passou a morar no ano seguinte, vivendo ali até a sua morte. Publicou em poesia: *Presságio*, 1950; *Balada de Alzira*, 1951; *Balada do festival*, 1955; *Roteiro do silêncio*, 1959; *Trovas de muito amor para um amado senhor*, 1960; *Ode fragmentária*, 1961; *Sete cantos do poeta para o anjo*, 1962; *Poesia*, 1959-1967; *Ode descontínua e remota para flauta e oboé*, 1969; *Pequenos funerais cantantes ao poeta Carlos Maria de Araújo*, vindo a constar de *Poesia, 1959-1979*; *Júbilo, memória, noviciado da paixão*, 1974; *Da morte, odes mínimas*, 1980; *Cantares de perda e predileção*, 1983; *Poemas malditos, gozosos e devotos*, 1985; *Sobre a tua grande face*, 1986; *Amavisse*, 1989; *Alcóolicas*, 1990; *Bufólicas*, poesia satírica, 1992; *Cantares do sem nome e de partidas*, 1996; *Cascos e carícias*, crônicas reunidas, 1998; *Do amor*, 1999. Ficção: *Fluxo-floema*, 1970; *Qadós*, 1973; *Tu não te moves de ti*, 1980; *Com meus olhos de cão e outras novelas*, 1986; *O caderno rosa de Lori Lamby*, 1990; *Contos d'escárnio. Textos grotescos*, 1992; *Cartas de um sedutor*, 1991; *Rútilo nada*, 1993; *Estar sendo. Ter sido*, 2000. Dramaturgia: *Teatro reunido*, 2000.

Poeta singular, dona de um universo próprio, trabalha com grandeza dois veios: um, o da cantiga lusitana, cantiga de amigo, em tom trovadoresco. Outra, a vocação órfica, advinda de *Elegias de Duíno* e *sonetos a Orfeu*, de Rilke, havendo nela vertência de ritmos e ressonância de Cecília Meireles. Mantém em *Exercícios*, agregando seis livros, o verso mais longo que curto, embora domine a ambos com fidalguia e habilidade artesanal. Admoesta Maria Zambrano: "O conhecimento não é uma ocupação da mente, mas o exercício que transforma a alma toda, que afeta à vida na sua totalidade."[1238] Hilda intenta a poética da totalidade. Eis alguns instantes exemplares:

1238. HILST, Hilda. **Exercícios**. São Paulo: Globo, 2001.

HISTÓRIA DA LITERATURA BRASILEIRA
Da carta de Caminha aos contemporâneos

        Poder cantar morrendo
        A minha morte.
        Se te vou esperar
        Como é certo que ao fruto
        Antecede a árvore?
        Certo como a terra
        Antecede a árvore
        E à árvore antecede
        A semente na terra
        Me hás de vir buscar.[1239]

Ou:

        Mínimo espaço
        E o meu imenso
        Descompassado
        Coração-corpo
        Se não me tomas
        Antes me faço
        De crueldade:
        Ao invés de versos
        Te mando cardos
        Ao invés de vida
        Te mando o gosto
        Do meu morrer.[1240]

Ou:

        As laranjas têm alma?
        Tu me perguntas calmo
        A testa no fruto.
        Examinas. Desenrolas
        A casca, o amarelo
        Escorre palpitante
        O sumo sobre a mesa.
        Proeza de tua fome.
        Tu ainda me amas?

1239. HILST, Hilda. **Exercícios**. São Paulo: Globo, 2001. p. 222
1240. HILST, Hilda. **Exercícios**. São Paulo: Globo, 2001. p. 240

Eu te pergunto lívida
Na manhã de tintas
Amarelo e ocre
Pulsando no meu sangue.
E te levantas, me olhas
E te fazes cansado
De perguntas antigas.[1241]

    Ou, do livro *Exercícios, 16*: "Não é verdade. / Nem tudo foi terra e sexo / No meu verso. / Se poeta sou / É porque sei também / Falar muito de amor / Suavemente. E sei como ninguém / Afagar. // A cabeça de um cão / Na madrugada". Ou este *Soneto extraordinário*:

Que não se leve a sério este poema
Porque não fala do amor, fala da pena.
E nele se percebe o meu cansaço
Restos de um mar antigo e de sargaço.

Difícil dizer amor quando se ama
E na memória aprisionar o instante.
Difícil tirar os olhos de uma chama
E de repente sabê-los na constante

E mesma e igual procura. E de repente Esquecidos de tudo que já viram
Sonharem que são olhos inocentes.

Ah, o mundo que os meus olhos assistiram...
Na noite com espanto eles se abriram.
Na noite se fecharam, de repente.[1242]

    Ou este fragmento: "Não vi o espaço / Que dividia / A tua boca // Do meu cansaço."[1243] E propulsor, coruscante, exsurge

---

1241. HILST, Hilda. **Exercícios**. São Paulo: Globo, 2001. p. 240
1242. HILST, Hilda. **Exercícios**. São Paulo: Globo, 2001. p. 222
1243. HILST, Hilda. **Exercícios**. São Paulo: Globo, 2001. p. 240

também o *Canto místico*. Porque Hilda exprimiu-se em todas as formas de verso – desde a redondilha ao soneto – com magistral artesanato que se alia à inspiração de grande poeta. Como descobriu possuir em si, a poesia, em todos os gêneros, estendeu-a onde pôde, sem perder virtude de voo, da ficção ao teatro, por necessitar de espaços de tempo, onde manejar a brevidade, febril de efetuar uma eternidade no que lhe era dado existir. Recolheu-se à *Casa do sol*, sentindo-se, justamente, marginalizada como autora, e tendo conhecido este *exílio* tão comum aos que realizam uma obra durável, pois a incompreensão não vem do que já se conhece, mas do que é desconhecido. Tudo o que cria em território *não florestado* corre o risco de aguardar o lento parir do tempo. Percebeu que a energia despendida numa ficção séria não lhe compensava nem monetariamente, nem pelo número de leitores, passou a escrever alguns livros fesceninos, grotescos, até pornográficos, que não estão à altura da gravidade da sua paixão, nem do noviciado de seus sonhos. Foi acerbamente satírica em *Bufólicas*.

 Recebeu o prêmio *Moinho santista*, um dos mais cobiçados, começando a conhecer o amor dos leitores muito tarde, através das edições da editora Globo e a apreciação da crítica mais ilustre. Por que o reconhecimento da grandeza tem que iniciar com a morte? Que lei é esta que desafortuna os legítimos criadores? Sua ficção é mais revolucionária do que sua poesia, o que não quer dizer que seja mais bela. Avançada nos temas, refazendo um reino de bem e mal, de aventura interior no idioma, atraindo numa só pessoa, o enxame buliçoso do mistério que perseguia Octavio de Faria e o autor da *Crônica da casa assassinada* e a inventiva linguagem de uma Clarice Lispector, tudo isso, em moto próprio, porque os fantasmas são o que fazemos deles. E a imaginação é a *doida da casa*, quando a realidade é bem mais doida do que a ficção. Daí porque a sua ficção é a *doida de pedra*, de sua casa de símbolos. O que abrangeu o seu teatro de investigação do tempo e da morte, do amor e dos escuros da sina, o angélico e *daimon*, de que fala Goethe em suas memórias. Títulos estranhos, textos ambíguos e poéticos, solenes e profanos, a lembrar um pouco Jean Genet, ou Bataille, mundo atormentado, mundo de infância com matéria de ventos, vulcão de concupiscência e de metáforas, os cães (e os tinha muitos no seu sítio) e a casca da natureza que se quebra, a extravagância inusitada na literatura brasileira, indo aos limites da demência e dessa, à lucidez. Como se o romance fosse a vítima expiatória da criação. Por que a genialidade carece de ser trancada num reformatório de crianças, na disciplina de sinetas e madres superioras? Ou num hospício da memória?

    Sua prosa, tanto de romance quanto de teatro, parece haver saído do mesmo forno de alegorias continuadas, esta espécie de crime impossível da imaginação. Mas é próprio da genialidade, o exílio, para que possa depois se alastrar, fora do presídio corporal. Nas razões inefáveis do cosmos. E, em Hilda, a realidade de repente se transforma em fantasmagoria, como nos contos de Hoffmann, e a fantasmagoria em realidade, ficando-se sem saber onde uma começa e a outra termina. Ou não tem fim. Na prosa, iniciou com *Fluxo-poema* (reconhecendo no próprio título a sua natureza de poesia da ficção), vinte anos depois de sua estreia poética, com quarenta anos (o que confirma que a ficção vem na maturidade e a poesia na adolescência, sempre antes, como sucedeu em nossa língua, primeiro a poesia, a figuração mágica precede a figuração da desmemória, esta recitadora anônima de tantas criações fulgurantes. Depois veio o terrível *Qadós*, borgiano na invenção, vocacionada aos labirintos e corredores verbais, onde a alma se compraz na linguagem, como a magia nos transidos espelhos. Após, o mesmo título do livro de contos, do referido escritor argentino, *Ficções* – embora transmude ao avesso suas mitologias. Seguiu-se *Tu não te moves de ti* (a epígrafe: "Ainda que se mova o trem, tu não te moves de ti"). *A obscena senhora D*, alegoria do Destino, Deus e das forças da potestade, em que há um delírio que avança como talvegue de lavas, a desrazão da razão, a loucura abrasada do que nos atinge, *a dama branca* bandeiriana. Com *Os meus olhos de cão e outras novelas*, com a nova perspectiva, operando em sombras como Octavio de Faria ou Guimarães Rosa, a oposição de Bem e Mal e seus compassos absurdos ou inominados. Todavia, creio ser sua obra-prima *Tu não te moves de ti* (Razão ou Tadeu;

Fantasia ou Matamoros e a proporção ou Axelrod – eixo –, no girar do círculo), embora uma parte da crítica considere mais *A obscena senhora D*. Para mim, tal obra mestra é a sua ficção mais hilsteana pela sábia conciliação dos contrários numa só linguagem perseverante no fogo. Diante dos lados do Abismo. Sim, trabalha invariavelmente na complexidade, como um cerzido de falas, com a única certeza, a de sondar e sondar – porque a alma é interminável. *Tu não te moves de ti*, paradigma de primorosa criação:

> O que há com as coisas, não são as mesmas? Inventaste uma fala de puro medo que eu o trouxesse para casa, não foi? ... Afundada na raiz da nuca de Matamoros, afundada para que eu não lhe visse a cara, e que frase velada – "as mães de todos sonham muitas loucuras" ... Uma hora me sei no cotovelo do mundo despencando ... Lentidão de sanfona, rapidez de fole, a música de seu corpo, da sua fala, do seu caminhar deixa um rastro nos ares de sigilo e pergunta, nunca se sabe até onde o último sonido, pensamos agora vai terminar, último acorde, e atrás de nós outra vez os pisados de lebre, roçar leve nos capins, agora mais apressado, mais duro, perguntamos cantaste? ... Movi-me agora? movemo-nos? Tentando rever, catalogando, buscando a mão que colocou o primeiro novelo no primeiro suporte, girando todos juntos, o fio do primeiro no segundo, o segundo no terceiro enovelando ... curvado vou me fazendo, tento chamar a velhice, fazer ares de, quero ser velhíssimo neste instante, e agachado correndo, um urro senil estaco. E numa cambalhota despenco aqui de cima, nos ares, morrendo deste lado do abismo.[1244]

E brotando sempre de outro.

Moacir C. Lopes e o chão de mínimos amantes

Moacir C. Lopes nasceu em Quixadá, Ceará, em 18 de junho de 1927, e faleceu no Rio de Janeiro, no dia 21 de novembro de 2010. Engajou-se na Marinha de Guerra do Brasil e passou anos viajando. Deu baixa como cabo-de-esquadra. Publicou: *Maria de cada porto*, romance, 1959; *Chão de*

1244. HILST, Hilda. **Exercícios**. São Paulo: Globo, 2001. p. 240.

mínimos amantes, romance, 1961; *Cais, saudade em pedra*, romance, 1963; *A ostra e o vento*, romance 1964; *Belona, latitude noite*, romance, 1968; *Por aqui não passaram rebanhos*, romance, 1972; *Navio morto e outras tentações do mar*, contos, 1995, entre outros. De todos os seus livros, o mais conhecido é *A ostra e o vento*, por ter sido filmado com sucesso. Sua criação ficcional é carregada de experiências de mar, trazendo no texto o sentimento efêmero de passagem, tanto no amor como na transitoriedade dos dias. E embora escreva em prosa, é um poeta do romance, poeta em estado bruto, que relata com imagens, como se elas fossem o próprio chão de mínimos amantes. Pode-se perceber a forma como os elementos da natureza integram a existência dos protagonistas e eles próprios tomam pelo nome o leme da sorte e essa é sempre maior que eles, a ambiência, o onírico clima é mais poderoso que suas criaturas. E elas permanecem em rastro de vento, mais: saudade em pedra. O estilo lopesiano não brilha para si, é simples, eficaz no servir ao conjunto, onde se move a narrativa – tão simbólica quanto alegórica – sendo quase imperceptível a linha que divide uma de outra. E vislumbramos o amor sem compromisso, a exemplo de Nina, morena, em Maria de cada porto; ou sua descoberta ou revelação, em *A ostra e o vento* – contato homem / mulher: ostra (para dentro); vento (para fora); com Marcela que mora numa ilha de farol, entre dois velhos e a unidade entre Marcela e Saulo. O amor paradisíaco em *Chão de mínimos amantes*. Ou o fim do amor: navio morto, inavegável. Ou o épico cargueiro em viagem sem fim, Belona. Toda criação romanesca de Moacir Lopes tende para a fábula, utilizando uma peculiar mitologia, de origem ibérica e um alforje astucioso de metáforas, com ilações que prorrogam o texto. Ou o texto se prolonga nelas. Sugere muitas vezes mais do que diz, desencadeia o sonho do leitor, entra no anoitado aprisco de suas palavras, como se não fossem dele, mas dos que o podem ler para dentro. Ou habitá-los. Surrealista, se o oceano é a metáfora do inconsciente e das íntimas ou abissais paixões do homem, seu verbo começa e acaba no mar.

Hélio Pólvora entre as noites vivas e Xerazade

Hélio Pólvora nasceu na Fazenda Mirabela, em Itabuna, em 2 de outubro de 1928. Contista, crítico dos mais argutos, tradutor, cronista e jornalista. Morou no Rio de Janeiro, retornando mais tarde para Salvador. Pertence à Academia de Letras da Bahia. Faleceu em Salvador, no dia 26 de março de 2015. Publicou: *Os galos da aurora*, contos, 1958; *A mulher na janela*, contos, 1962; *Estranhos e assustados*, contos, 1966; *A força da ficção*, crítica, 1971; *Graciliano, Machado, Drummond e outros*, crítica, 1972; *Noites vivas*, contos, 1972; *O grito da perdiz*, contos, 1983; *Para conhecer melhor Gregório de Matos*, contos, 1974; *O menino do cacau* (com Telmo Padilha), novela, 1979; *Cacau em prosa e verso*, antologia com Telmo Padilha, 1979; *Massacre no km 13*, contos, 1980; *Mar de Azov*, contos, 1986; *Xerazade*, contos, 1989; *Três histórias da caça e da pesca*, contos, 1996; *Um pataxó em Chicago: 50 crônicas reunidas*, 1997; *O rei dos surubins & outros contos*, 2000.

Hélio Pólvora é um dos precursores da literatura fantástica no Brasil, com estilo curto, denso, plástico-musical. Desenha personagens, cria astúcias num realismo lúdico com a mitologia de sua região do cacau, vinculada, amorosamente, à terra. Juan Rulfo o considerava entre os grandes contistas contemporâneos, formando na Bahia o mais alto quilate da ficção grapiúna, com Adonias Filho e Jorge Amado. Diria um quarteto, com Ildásio Tavares, que veio mais tarde. Sua prosa é mágica, criando tipos do povo, tendo o destino ligado ao seu nome (Justo, Justino, Romão, Amadeus de Gaias – Amadis de Gaula –, Zé Beleza...). Há três livros de contos que considero a sua melhor criação: mais humana, poética e universal – com variações de temas que demonstram recursos estilísticos e a visão de um imaginar incansável, obsessivo, uno: *Noites vivas*, *Xerazade* (levantinamente carnal) e *Três histórias da caça e da pesca*. Trama, manhoso, os enredos e deixa que as suas criaturas se povoem de um colorido, uma visualidade cinematográfica e a vitalícia unidade do seu cosmos. E apenas a simplicidade dá-nos conta da funda consciência das condutas, o rastreante brilho do coloquial que nunca é lugar-comum, por saber saltar de uma dimensão a outra, escapulindo da linearidade. Magistral dosagem entre a paisagem humana e a geográfica, sobrepujando apenas a essa circunscrição natural, com os clarões de achados, expressões populares, psicologia das criaturas, numa apetência de tempo interno, que foge do externo, multiplica com outros, como se o texto tivesse inúmeros ouvidos e olhos numerosos. E que se não esqueça a lucidez crítica deste baiano que conhece as fronteiras da linguagem e do silêncio, sabendo retirar desse as lascas de claridade, a mesma do que aprendeu a escutar e a ver com as palavras. E obtém, com êxito, o sortilégio de alcançar que também nos vejam. Num tempo sempre presente. Para o futuro. E um futuro que sabe ser passado, medieval, mesclado ao narrar do Oriente, do íntimo para o mais urbano de seu mundo. Um contar histórias, vinculando uma e outra, como se conto puxasse conto e num se escondesse o germe do vindouro, regressando a temas, para aprofundar premissas que são frutuosos veios de água. Até cristalizá-la alquimicamente em fogo, o fogo que entendemos ser também naturalmente épico. Por isso, a ambiência se mune de arquétipos, ou fontes primitivas. Criando o clima da fábula e entretecendo alegorias, o que penso ser a forma mais elevada de criação – a de Swift e Rabelais (e a paródia) – no seu tempo e no nosso, conectados, tudo se encaixa e o crítico em Pólvora (também seu nome não é em vão, personagem de si mesmo, sob o Destino) é vigilante, ora na onisciência, que chamo de *organizada* do narrador, com a destreza de quem se habituou a atrair a atenção do leitor, como a limalha. Também no eu-narrativo que se amplia para um quase coro grego – interessado e cúmplice, diante da arrebatada sina. "O que fazemos, o que deixamos de fazer, tudo pesa na balança. Um gesto deliberado ou impensado altera de súbito uma vida, tanto quanto o gesto que se omite."[1245] Então os símbolos se acionam, compondo o *tapete voador* (Simbad não teria fugido com Aladim?), tapete da vertigem, o tapete que parece vir de um sonho para outro. Um tapete de vocábulos

---

1245. SEFFRIN, André. **Três histórias de caça e pesca**. Salvador: Mithos, 1996. p. 15.

que leva para o voo desde o instante em que a imaginação soprou. Voamos juntos:

> Os quatro se aproximaram do bicho e Amadeu de Gaias perguntou-lhe:
> – Que estais a fazer?
> – Estou na minha, pô.
> – E qual é a vossa?
> – Estou a soprar.
> – A soprar o quê?
> – A casa de abelhas.
> Os quatro olharam e não viram a casa de abelhas por perto.
> – Estais a brincar, bicho? –
> Nunca falei tão sério. Acaso não enxergais?
> – Aonde?
> – Lá.
> – Nada vemos.
> – No terceiro galho, a contar de cima para baixo, lado direito, à beira do córrego.
> – Pois eu vos digo que tendes olhos de lince. Se o vosso sopro for de igual magnitude, estais feito na vida.
> – Reparai, então. E soprou, formando um redemoinho que partiu, assoviando, e se perdeu nas lonjuras. Bom caminhador, que também partira no mesmo ápice, se confundiu com o sopro, chegou junto com ele e recolheu a casa de abelhas quando o sopro arrancou-a da árvore e atirou-a ao vento. As abelhas abandonaram os favos, no auge do espanto, e ao quererem retornar, a casa já sifu, quilômetros dali, nas mãos do Bom caminhador. Bom Comilão tomou-a e comeu com gula. O mel escorria pela cara, lambuzando dedos, pescoço, peito.[1246]

O negro mel das noites vivas. Que desemboca em *Xerazade*, 1984, o real do maravilhoso. Ou a forma com que a realidade se equivoca. E mais uma prova do vigor deste contista, agora urbano, ampliando em leque, o amendoar dos seus temas. Não abandonou a ironia, ou a percepção do *corrupto amor humano*. E apresenta, como em picadeiro no seu cenário

---

1246. SEFFRIN, André. **Noites vivas**. 2. ed. Rio de Janeiro: Antares, 1978. p. 109-110.

ficcional, *Hermano, o mágico*. E encerra o livro com o antológico *Xerazade*, a mesma que, "dentro de uma concha fora condenada a ouvir até a consumação dos séculos."[1247] Entre esses dois cabos de contos, destacam-se: desde a câmara de um filme, Joan Crawford no Brasil; o amor pacificado de humilhados, em *Chico e Natália*; o sonho e o sobrenatural no lapidar *Aquém do umbral*. As histórias, porventura, não são os espelhos em que *Xerazade* se mirava? Ou se constroem os contos como espelhos: com o aludido, o não dito, ou as tensões que não carecem de serem resolvidas. Basta que existam como chispas ou reflexos dos espelhos. Ou sonhos que deles escaparam por descuido da imaginação. E em Hélio Pólvora, todos os contos não seriam cintilâncias de outros, em que o tempo não conta e os rostos se transformam? Pois sua arte é a de humanizar os mitos, torná-los respiráveis. E, se *Xerazade* amadureceu, se o amor acaba, os espelhos jamais terminam.

1247. PÓLVORA, Hélio. **Xerazade**. Rio de Janeiro: José Olympio, 1989.

CAPÍTULO 34

Poetas de um tempo veloz

Ferreira Gullar, ou de como as labaredas criam o ferreiro
Moacyr Félix, ou as transformações de um poeta
na cidade e no tempo
Jorge Tufik e O sétimo dia
José Chagas e o canhão do silêncio
Renata Pallottini e seu chão de palavras
Marly de Oliveira, poeta entre Orfeu e a via de ver as coisas
Walmir Ayala e a pedra iluminada
Lupe Cotrim Garaude, ou poeta do mundo e do outro
Reinaldo Jardim e Joana em flor
Foed Castro Chamma. O andarilho entre os róseos dedos:
a aurora das coisas
Mário Faustino
Fernando Fortes
Gilberto Mendonça Teles
Haroldo de Campos, entre Signantia, Quasi
Coelum e Finismundo
Augusto de Campos e Décio Pignatari
Mário Chamie e a poesia práxis. Ou Pauliceia dilacerada
Affonso Ávila e o código de Minas
Arranha-céu, entre as constelações: César Leal

Ferreira Gullar, ou de como as labaredas criam o ferreiro

Seu nome civil é José Ribamar Ferreira – se um poeta tem nome, são os poemas que engendram sua biografia. Nasceu em São Luís do Maranhão, em 10 de setembro de 1930. Faleceu no Rio de Janeiro, em 4 de dezembro de 2016. Jornalista, político engajado no Partido Comunista, poeta, crítico, teatrólogo. Autor de ensaios importantes como *Cultura posta em questão*, 1964; *Vanguarda e subdesenvolvimento*, 1969. Autor de poemas de cordel e de várias peças em parceria com Oduvaldo Vianna Filho e Dias Gomes, também para a TV. Foi exilado do Brasil, em 1971. Publicou seu primeiro livro de poemas, *Um pouco acima do chão*, em 1949; *A luta corporal*, 1950-1953; *O vil metal*, 1954-1960; *Poemas concretos / neoconcretos*, 1957-1958; *Dentro da noite veloz*, 1962-1975; *Poema sujo*, 1975; *Na vertigem do dia*, 1975-1980; *Antologia poética*, 1978; *Toda poesia*, 1950-1980; *Muitas vozes*, 1999; *Poesia completa*, 2009.

 É um poeta que busca unidade na diversidade, com a razão do corpo e o corpo da razão, a inteligência. Seu livro marcante na primeira fase foi *A luta corporal*, vindo maduro, com os antológicos *Poemas portugueses (3, 4 e 5)* e, sobretudo, no *Galo galo, A galinha, As pêras, A avenida, no programa para homicídio (5, 6), Os ossos do soluço* ("Ajunta, ajunta o que se quebra, quando eu caminho")[1248], *A sentinela, uma pulga e frutas*. Seu livro seguinte, *Dentro da noite veloz*, impõe-se como o de maior força, compensando a hipocrisia deste nosso tempo, o sufocamento do poder, a fome, trazendo a vida do homem comum, percebendo o poeta que "a vida tenho uma só que se gasta com a sola do meu sapato."[1249] Destacam-se *Dois e dois: quatro; Perde e ganha; Uma voz; A vida bate, por você, por mim* – instante em que assume o papel de arquiteto de sons, com a sinfonia pungente, a partir do trecho "cauteloso se move" até o final. O ponto mais alto – a nosso ver – de sua poética é o que dá nome a esse livro – um dos grandes poemas de nossa língua. *A noite não é tão veloz* como refere o poeta, ao descrever os instantes de perseguição e morte de Che Guevara, herói latino-americano, com variação rítmica, com certo andamento cabralino no deslizar prosaico e reiterativo, o andejar arrastado de agonia:

1248. GULLAR, Ferreira. **Toda poesia (1950 - 1999)**. Rio de Janeiro: José Olympio, 2000.

1249. GULLAR, Ferreira. **Toda poesia (1950 - 1999)**. Rio de Janeiro: José Olympio, 2000.

> Não está morto, só ferido.
> Num helicóptero ianque
> é levado para Higuera
> onde a morte o espera
> Não morrerá das feridas
> ganhas no combate
> Mas de mão assassina
> que o abate.
> Não morrerá das feridas
> ganhas o céu aberto
> mas de um golpe escondido
> ao nascer do dia.[1250]

Firma-se, ao lado de um outro, escrito pelo chileno e universal, Gonzalo Rojas, ao Comandante. Não é menos lírico, nem menos humano na *Notícia da morte de Alberto da Silva (VI)*:

> Mas no fim do relato é preciso dizer
> que esse morto não teve tempo de viver
>
> Na verdade vendeu-se, não como Fausto ao Cão:
> vendeu sua vida aos seus irmãos
>
> Na verdade vendeu-a, não como Fausto, a prazo:
> vendeu-a à vista ou melhor, deu-a adiantado
>
> Na verdade vendeu-a, não como Fausto, caro:
> vendeu-a barato e, mais, não lhe pagaram.[1251]

É o argumentar caminhante, o ir e vir do poema severino de Cabral, com ritual mais cotidiano e citadino. Vislumbra-se também a apetência drummondiana ao canto coletivo. "A poesia é o presente"[1252], o homem presente, o tempo presente,

---

1250. GULLAR, Ferreira. **Poesia completa, teatro e prosa**. Rio de Janeiro: Nova Aguilar, 2008.
1251. GULLAR, Ferreira. **Toda poesia (1950 - 1999)**. Rio de Janeiro: José Olympio, 2000.
1252. GULLAR, Ferreira. **Toda poesia (1950 - 1999)**. Rio de Janeiro: José Olympio, 2000.

dos homens partidos. Como "apenas um homem"[1253], o que, ao morrer,

> universo se apaga como se apagam
> as coisas deste quarto
> se apago a lâmpada:
> os sapatos-da-Ásia, as camisas
> e guerras na cadeira, o paletó
> dos-andes,
> bilhões de quatrilhões de seres
> e de sóis
> morrem comigo.[1254]

A sua perspectiva não é a de o homem entrar no céu, ainda que seja um céu coletivo, mas, como dizia Quintana, "muito mais difícil é o pobre ficar na terra."[1255] Gullar foge de toda a metafísica, se bem que a deixa espoucar aqui e ali, como fumos que escapam da nuvem. E talvez essa carência de eternidade seja o seu *tendão-de-aquiles*. Porque de tanto contemplar para baixo, impossível se faz a contemplação do mais elevado. Ainda que a intuição do poeta seja antecipação do porvir. E não há futuro sem metafísica. Aliás, *Poema brasileiro* bem podia nem existir, entre idades e números e nenhuma poesia. Seu verso é longo para esquivar-se da brevidade que o atrai a João Cabral e sendo mais vinculado aos modernistas, neste verso largo (como Mário de Andrade), volve e se revolve entre coisas com essa velocidade ou vertigem do barulho, que é o rastro do tempo. Tudo transitório, fugitivo, como se estivesse clandestino entre os homens. Sem escapulir – nota-se a coragem – de uma realidade que lhe passa a pertencer, na medida em que a assume. Inventa espaços, saindo das zonas de sombra. Irônico, lírico, trágico. Um Ferreira e ferreiro de labaredas. Enfatizo: esse é o

---

1253. GULLAR, Ferreira. **Toda poesia (1950 - 1999)**. Rio de Janeiro: José Olympio, 2000.

1254. GULLAR, Ferreira. **Toda poesia (1950 - 1999)**. Rio de Janeiro: José Olympio, 2000.

1255. QUINTANA, Mário apud MAYER, Augusto. **A forma secreta.**Rio de Janeiro: Grifo, 1971.

seu livro mais universal. E, curiosamente, mais Gullar, quanto mais Cabral, sendo mais ele mesmo. Ou todos.

Publicou, a seguir, o volume escrito no exílio, em Buenos Aires, o mais famoso – *Poema sujo*, 1975. Uma obra irregular, de altos, magníficos e de instantes inditosos, faltando ao poeta o rigor que antes o acompanhava. Chamando mais atenção talvez pelo fato político de advir do exílio (quando no exílio estavam todos os que escreviam, sob a censura militar e que nem por isso deixaram de dar testemunho), com auréola que o cercou, mais do que o fato estético. O livro inegavelmente é belo. Nem tão importante e grandioso como se alardeou. Um *poema sujo*, por conter fezes e diarreia entre suas palavras. Sujo, porque foi escrito em tempos de chumbo e execução. Sujo pelos termos escatológicos que não o alteraram, nem só pela referência à genitália ou palavrões. Sua poesia nasce das elisões de vocábulos, do equilíbrio entre o puro e o impuro. Até o diáfano tem ondas de impudor e o pudor, ondas de diáfano. A poesia concede honra às palavras da tribo, dando sentido ao mundo, dando mundo aos sentidos.

O uso pelo poeta da enumeração caótica – tão comum em Neruda, estudada por Amado Alonso, ou por Vallejo, vista por Xavier Abril – de per si não demarca a grandeza e no caso deste poema, algumas vezes é infeliz – por criar um acotovelamento de metáforas, vocábulos que mais emperram do que funcionam na lição de Ezra Pound. A intemperança verbal, a associação de palavras nem sempre bem-dadas (porque o amor tem que existir também entre os vocábulos) causa entupimento de imagens pelo excesso de trânsito, ainda que o autor deseje propositadamente produzi-lo. A vertigem do pensamento não é seguida pelo vigor do artista, nem pela leveza, de que fala Calvino. As palavras, mais pesadas do que o ar, afogam-se no marítimo embate. Esse jogo lúdico perde-se na multidão, sem rosto, com algumas banalidades frásicas como "horizonte de trabalhos infinitos"[1256] que não encontra alavanca no contexto.

1256. GULLAR, Ferreira. **Toda poesia (1950 - 1999)**. Rio de Janeiro: José Olympio, 2000. p. 298.

O sonho lúcido do poema, diferentemente do *barco ébrio* rimbaudiano, nem sempre consegue acordar da ressaca. Ao faltar, aqui, a faísca que desperta a chama. A referência dessa análise global é a edição *Toda poesia* (Círculo do Livro, 1950-1980). Todavia, a seguir, exsurge este lampejo, este diamante lapidado e precioso: "Eu não sabia tu / não sabias / fazer girar a vida / com seu montão de estrelas e oceanos / entrando-nos em ti"[1257] e os versos opacos da página anterior. Ou do prosaico arrolamento, na página 299, em que há somente o elevar de voo, a partir de "entre os pés de erva cidreira / e as grossas orelhas de hortelã / quanto coisa se perde / nesta vida". Nas duas páginas seguintes, vai de mesmo diapasão derramado de vaso que se quebra. E de repente a excelência: "que o dia venha / E depois de tanto / que importa um nome // Te cubro de flor, menina, e te dou todos os nomes do mundo: / te chamo aurora / te chamo água."[1258] E duas páginas a seguir, com esta maravilha: "Era a vida a explodir por todas as fendas da cidade / sob / as sombras da guerra."[1259]

Tal redemoinhar de consciência carece de elementos lépidos para flutuar e que, unindo-se, acendam-se como pedras. Há vocábulos, porém, que sofrem neste poema de distúrbios moleculares, ou signos enfermos que adoecem o texto: as páginas 304 e 305 não fazem jus ao poeta, com os versos: "meu sangue feito de gases que aspiro". E em Gullar, nas duas páginas a seguir, até "esquecidas para sempre", sentimos de novo o pulsar do fôlego criativo e humano, lembrando *A morte do avião*, de Carlos Drummond. E vai-se o desaguar poemático por várias páginas de ferro e ferrugem, até este lance inspirado: "tarde geral que cobre de nuvens a cidade / tecendo no alto e conosco / a história branca / da vida qualquer... entre os trilhos / dentro da tarde a tarde / locomotiva / que vem como um paquiderme."[1260] Porém, nem tudo o que reluz é sonho, nem

---

1257. GULLAR, Ferreira. **Toda poesia (1950 - 1999)**. Rio de Janeiro: José Olympio, 2000.
1258. GULLAR, Ferreira. **Toda poesia (1950 - 1999)**. Rio de Janeiro: José Olympio, 2000.
1259. GULLAR, Ferreira. **Toda poesia (1950 - 1999)**. Rio de Janeiro: José Olympio, 2000.
1260. GULLAR, Ferreira. **Toda poesia (1950 - 1999)**. Rio de Janeiro: José Olympio, 2000.

ouro da poesia nos encadeados versos. Sobrepaira tudo isso, com fragmentos de fascínio lírico, é verdade, na página 369, que se afina com Mário de Andrade (*Meditação sobre o Tietê*) e Bandeira (*Notícia de jornal*), dialógico com eles, outras vezes, bakhtinianamente paródico. O maior acerto do livro desenvolve-se nas páginas 382 a 389, confluente de *O cão sem plumas* do Capiberibe. O que merece ser objeto de releitura e valoração. Todavia, tanto Ferreira Gullar quanto Gerardo Mello Mourão que analisamos, correm o risco resvaloso e obscuro do emprego do catálogo ou enumeração caótica, mostrando, de um lado, certa incapacidade para se exprimir, e de outro, o advento de explosões, válidas como poesia e beleza, apenas na medida em que os vocábulos na fusão feliz alcançam o ato de se amarem. Por que existem cineastas do artifício como o iraniano Abbas Kiarostami, por que não os poetas e os ficcionistas do artifício? – Desde que a isto – o que é fundamental – una-se um novo olhar. *Muitas vozes* (José Olympio editora, 1999) apresenta um Gullar dos pequenos episódios, onde descreve um voo no *Electra II*, ou se entretece entre silêncios, (com os límpidos versos das páginas 28 e 29, apesar da cacofonia final da página 30 – "Se se abre a tampa"), alteando-se na fala comovida de *Meu pai, Visita* e *Internação*, três admiráveis poemas, sem esquecer *Redundâncias* ("Ter medo da morte / é coisa dos vivos / o morto está livre / de tudo o que é vida"), e o antológico *Reflexões*. Nesse livro, Gullar é o cronista emotivo do cotidiano, com a predominância do *lírico*, despindo-se dos adornos, capaz de envolver-se na rua e na casa (*Meu pai, Filhos, Gato siamês*), em sua cidade (*Volta a São Luís*), atraído por *muitas vozes*, todas aquelas que lhe são contemporâneas, para que nenhuma se perca. E brilha em sua *Poesia completa*, o inegável esplendor da *Nova canção do exílio* (baseada na outra, do também maranhense Gonçalves Dias):

> Minha amada tem palmeiras
> onde cantam passarinhos
> e as aves que ali gorjeiam
> em seus seios fazem ninhos
> Ao brincarmos sós à noite

nem me dou conta de mim:
seu corpo branco na noite
luze mais do que o jasmim
Minha amada tem palmeiras
tem regatos tem cascata
e as aves que ali gorjeiam
são como flautas de prata...[1261]

É curioso que Ferreira Gullar se engrandece, quando se contém e, em regra, extravia-se, ao derramar-se. A poesia é energia, não armazém. Evidência da beleza que alumia, por continuar fluindo. Além da noite branca. E além das gerações, em justo balanço, preciosa é sua contribuição ao patrimônio de nossa literatura, na graça conquistada dos seus oitenta anos, podendo dizer que "a poesia existe porque a vida não basta".

Moacyr Félix ou as transformações de um poeta na cidade e no tempo

Moacyr Félix de Oliveira nasceu no Rio de Janeiro, em 11 de março de 1926, e faleceu na mesma cidade, em 26 de outubro de 2005. Formou-se em Direito no Rio e estudou filosofia na Sorbonne. Dirigiu o importante *Cadernos de nosso tempo* no IBESP e a famosa *Revista da civilização brasileira*, sob o lúcido e valoroso editor Enio Silveira, durante a ditadura militar, publicando os poetas do *Violão de rua* e a *Coleção poesia hoje*, onde inúmeros criadores deste país tiveram hora e vez. Mais tarde, editou a revista *Encontros com a civilização brasileira* (de julho de 1978 a março de 1982). Muito deve o Brasil a ele na conscientização política, social e cidadã no tempo mais obscuro. Não saiu do Brasil: enfrentou, aqui, valentemente, os Arautos da Sombra, ou, usando a expressão veguiana, *a sombra dos reis barbudos*. Portanto, teve a autoridade de escrever *Canção do exílio, aqui*, 1977. Publicou, além disso, em

---

1261. GULLAR, Ferreira. **Toda poesia (1950- 1999)**. Rio de Janeiro: Círculo do Livro, 1980.

poesia: *Cubo de trevas*, 1948; *Lenda e areia*, 1950; *Itinerário de uma tarde*, 1953; *O pão e o vinho*, 1959; *Canto para as transformações do homem*, 1964; *Um poeta na cidade e no tempo*, 1966; *Neste lençol*, 1977 e 1992; *Invenção de crença e descrença*, 1978; *Em nome da vida*, 1981; *Antologia poética*, 1993; *Singular plural*, reunião completa de sua poesia, 1998.

Observa Moacyr Félix, em suas variações de um singular plural: "Agora mais uma vez a poesia me pergunta: quando é que os homens ficarão limpos e nus como o espanto, o ato de amor que não precisará explicar-se com palavras e discursos diante do relâmpago."[1262] O que poderia ser assim resumido: "A liberdade, meu filho, / é o próprio rosto do amor."[1263] E é o amor que sintetiza sua trajetória poética, um amor sem fronteiras. O amor que gera a camaradagem na luta, ombro a ombro; o amor à palavra, que gera a dimensão que nos leva à arte da linguagem. O amor à amada, que nos torna vivos; o amor à consciência, que engendra o começo da liberdade; e o amor à liberdade, que nos eleva ao novo tempo. "Nos álbuns de família quem ganha e perde / és tu, sombra de Heráclito, / a transformar em chuva o sol em nossos rios"[1264], fragmento antológico de um canto que só encontra a unidade do *singular no plural*. Outros fragmentos admiráveis do mesmo *Canto para as transformações do homem: VI, VIII, Conclusão*: são altos momentos, em que a linguagem de um é a voz de todos. "Os que se calam, os melhores" – diria Paul Éluard, que teve o privilégio de seu poema sobre a liberdade ser a senha dos que lutavam, clandestinos, contra a invasão nazista.

Destaco na sua obra outros poemas que tocam pela amplitude humana e demarcação de linguagem, "num tempo de penúria"[1265]; *O mundo na beira do jazz*; *A canção que o doido fez*; *Fragmentos* (p. 102 a 104); *Dois poemas do homem e sua escolha*;

1262. FÉLIX, Moacyr. **Antologia poética**. Rio de Janeiro: José Olympio, 1993.

1263. FÉLIX, Moacyr. **Antologia poética**. Rio de Janeiro: José Olympio, 1993.

1264. FÉLIX, Moacyr. **Singular plural**. São Paulo: Record, 1998. p. 43

1265. FÉLIX, Moacyr. **Canção do exílio**. Rio de Janeiro: Civilização Brasileira, 1977. p. 85

HISTÓRIA DA LITERATURA BRASILEIRA
Da carta de Caminha aos contemporâneos

Esquema; Soneto; Canto ocidental, 2.ª versão; *Prescrito para Evangelina; Fragmento IV, De mentação no enfermo campo; O que importa quando os deuses morrem; A estrada; Um poeta na cidade e no tempo, Fragmentos I, III, VI, VII; Fragmento VII,* da p. 199 (ibidem); a obra-prima, entre os mais belos poemas – *Recado ao poeta e seus problemas; Os mortos* (II, III); *Poema da paixão; Pelo menos; Depois de; Neste lençol,* 7, 9, 18, 27, 28, 31, 36; *Abertura do poema Canção do exílio, aqui, III, XVI, XIX, XXII, XXXI, LIV, LXIII; Antipoema; O poeta; O poema; Eu e meu poema; Noturno; Hermético?,* 2.ª versão; *Sem galos, a aurora.*

O primeiro aspecto que se atenta na poesia de Moacyr Félix é seu humanismo militante. O segundo aspecto é o uso do prosaico onírico, sugestivo e às vezes, mágico. Seguindo o rumo do poema longo de boa parte de *A Rosa do povo*, de Carlos Drummond, dentro da pauta modernista, distante do parnasianismo de alguns da geração de 45. E isso advém de mais longe, do Rilke das *Elegias de Duíno* e de Hölderlin. Seus melhores poemas são os de verso amplo, nerudiano, às vezes de um andamento pesado, lírico-dramático, com imagens que se combinam sob desígnio maior, sendo *signos de uma comunidade verbal*, como se as metáforas fizessem seu próprio levantamento – de centelha em centelha – sem perder nunca a lógica (marcada pela filosofia). Adverte Walter Benjamin que "a ideia tem uma aura de poesia."[1266] Mas não é a poesia. Moacyr vai além dessa *aura*. Com uma lógica de sensações, realidades sociais e culturais, lógica que se busca equilibrar entre contrários, fugindo da consciência pela paixão, esquivando-se na paixão pela utopia. Trabalha a matéria coletiva como quem forja e alinhava relâmpagos que pensam. Apesar da utilização demasiada de *infinito*, adjetivo-cacoete, toma pé na imaginação, pela realidade, sem deixar que o abandone, à sirga das marés. Porque seu verso opera das marés votivas aos cachos de ondas, com vocação marítima nas latitudes e urbana nos motivos. Vence a lei da gravidade pela indignação e vence a indignação pela vertigem lúcida, a pólvora-linguagem. Essa

---

1266. BENJAMIN, Walter apud REALE, Miguel. **O belo e outros valores**. Rio de Janeiro: ABL, 1989.

loucura traz o prazeroso fazer que desequilibra os sistemas da filosofia, para desequilibrar-se em amor; rompe os esquemas, a camisa de força da poesia, para capturá-la. Dá-se, frequentemente, ao luxo do discurso, para inibir o discurso e oraliza o assombro quotidiano. Quer mudar as coisas e elas sabem que a mudança é a fragilidade da república dos mortos. O erotismo é esta alegria do corpo e o corpo, precipício, onde o amor viaja aos fundos do coração, sal da aurora. Essa luta do poeta entre a prosa e a poesia exige a alucinação de beleza e a beleza da alucinação que a realidade afronta. Robert Musil adverte: "Nossos poetas já não querem mais pensar, desde o instante em que acreditaram ter ouvido da filosofia que não é permitido pensar pensamentos, mas sim que se deve vivê-los." E diga-se que Moacyr Félix por vezes confunde *denúncia* e *pensamento*. Embora esteja com ele a razão na trincheira dos mais fracos. E vale registrar quanto viveu na luta de liberdade em escuros do tempo com sua poética de *intervenção*. Pairando sobre *a invenção da verdade*, a verdade da invenção que pede o afastamento dos lugares-comuns, ou da banalidade verbal. Vez e outra o poeta se desvia e resvala no panfletário – já que caminha entre minas. Ou padece o furo de palavras chumbosas que afundam o casco na areia movediça, ou de termos que não funcionam: *concretiza, contínua projeção da liberdade humana, talento solitário, era arcebispal, milionários caules, reificação da vida, irracionalidade tão racionalizada das riquezas, bandeiras hasteadas pelo poema que sangra, violino aflito, rede de palavras.* Nem sempre obtém "a relação tensa entre pontos"[1267] (Auden), por barreiras demasiadamente prosaicas, engarrafando o tempo que nasceu para libertar-se de nós e de si mesmo. Mas a poesia vence, apesar dos contrapesos e percalços, quando a realidade levanta a cabeça, fazendo com que o sonho reaja pela imaginação. E reage: "*Neste lençol havia o sol, / Neste lençol havia a lua. / Neste lençol havia o sol e lua. Neste lençol havia o sol e a lua nos dias que nunca existiram.*"[1268] "O gato comer a gaiola não me causa espanto. /

1267. AUDEN, W. H. **A mão do artista.** São Paulo: Siciliano, 1988.

1268. BENJAMIN, Walter apud REALE, Miguel. **O belo e outros valores.** Rio de

O que me espanta é falarmos ainda de amor."[1269] "Navegando em mar sem água, o meu poema / flutua / entre os buracos do tempo milenar como se fosse / a flor de uma planta que até agora nunca existiu."[1270]"A concisão é a alma do espírito" – adverte Shakespeare.[1271] Mas nem sempre o espírito é a alma da concisão. E é "a poesia, a mais inocente e a mais perigosa das ocupações"[1272] (Hölderlin). Talvez inocente porque perigosa. E perigosa porque livre.

Jorge Tufic e o *Sétimo dia*

Nascido em Sena Madureira, Acre, em 13 de agosto de 1930, Jorge Tufic é poeta, ensaísta e cronista. Faleceu em São Paulo, em 19 de fevereiro de 2018. Radicou-se em Manaus, Amazonas, e publicou: *Varanda de pássaros*, 1955, poesia; *Pequena antologia madrugada*, poesia,, 1958; *O chão sem mácula*, 1966, *Poetagem*, 1987, poesia; *Poesia reunida*, 1988; *Retrato de mãe*, 1995, poesia; *O sétimo dia*, 2005, poesia; entre outros. Jorge Tufic não quis descansar e *O sétimo dia*, 2005, congrega a sua melhor realização lírica, pela força das imagens, como se esculpidas em gravuras; a originalidade na visão que sabe ser antiga e atualíssima, a metáfora inventiva arquejante de ritmos, ("Late um cão neste verso, late late / ... Late no verso a dor do velho amigo / que a solidão, mais do que a fome, abate. //"). A herança levantina se realça nos poemas, com o fundo quintal da infância, este capital de sonhos, pela qualidade dos sonetos, alguns primorosos, com o uso de alegoria, marca singular deste bardo da noite, do fogo, das coisas perdidas, fugaz

---

Janeiro: ABL, 1989. p. 266.

1269. BENJAMIN, Walter apud REALE, Miguel. **O belo e outros valores**. Rio de Janeiro: ABL, 1989. p. 201.

1270. BENJAMIN, Walter apud REALE, Miguel. **O belo e outros valores**. Rio de Janeiro: ABL, 1989. p. 360.

1271. SHAKESPEARE, William. **Hamlet**. Porto Alegre: L&PM, 1997.

1272. HÖLDERLIN apud NUNES, Benedito; CAMPOS, Maria José. **Hermenêutica e poesia**: o pensamento poético. Belo Horizonte: UFMG, 1999. p. 125.

profissional da lua, dos bichos e origens. Um exemplo desta poética é o "Soneto à beringela", dedicado à sua mãe:

> Vi-te semente, vi-te escurecida
> pela terra ociosa antes do inverno
> nas mãos de minha mãe vi-te ferida
> para o recheio branco, o arroz eterno.
>
> De vinho tinto sempre travestida,
> roubando à sombra o seu luzir interno,
> vejo-te ainda pendurando a vida
> dos quintais numa folha de caderno.
>
> É a pasta do luar, o aroma assado,
> e ao gergelim e ao alho, esse passado
> me traz de volta os pêssegos e o mosto.
>
> Vegetativa musa sobre a mesa,
> Sacias com este pão, dás a certeza
> de que tens cheiro, lágrimas e rosto.[1273]

Ou este "Anúncio":

> Aluga-se um velho
> que já não serve para nada.
> Garante-se, porém,
> que ainda olha e vê.
> E enquanto olha e vê
> cachimba
> os pedaços da noite.[1274]

José Chagas e o canhão do silêncio

Nasceu em 29 de outubro de 1924, na Paraíba. Poeta pouco realçado por seu alto nível poético, num país que tende a

---
1273. TUFIC, Jorge. **O sétimo dia**. Fortaleza: [s.n.], 2005.
1274. TUFIC, Jorge. **O sétimo dia**. Fortaleza: [s.n.], 2005.

exilar dentro de si os seus melhores, perdendo a dimensão do passado e, por isso, a do presente e futuro. A partir de 1945, com sua família, transferiu-se para o Maranhão, aposentando-se como técnico em comunicação social da Universidade Federal do Maranhão, falecendo, em 13 de maio de 2014. Dedicou-se ao jornalismo. Livros publicados: *Canção da expectativa*, 1955; *O discurso da ponte*, 1959; *O caso da ponte de São Francisco*, 1964; *Os telhados*, 1965; *Maré memória*, 1973; *Lavoura azul*, 1974; *Colégio do vento*, 1974; *Maré de moça*, 1977; *Pão e água*, 1978; *Os canhões do silêncio*, 1979; *Cem anos de infância, ou o poeta e o rio*, 1985; *Águas de silêncio*, 1987; *A arcada do tempo*, 1988; *Antropoema ou o signo da humana dor*, 1988; *Tabuada de memória*, 1994; *Alcântara negociação do azul ou a castração dos anjos*, 1994; *Antologia poética*, 1998.

 O *canhão do silêncio* não se incorpora apenas à visão poética de José Chagas, capaz de trabalhar as entrelinhas e espaços mudos, as sobrancelhas dos olhos das palavras, pondo-lhe sentidos insólitos, como, igualmente, *O canhão do silêncio* é a forma com que é praticamente desconhecido no Brasil, tendo já chegado à casa dos oitenta anos. *Talvez tenha assustado a sua inventividade e a erosão crítica que se entremostra a cada passo pela absorção do humano.* Além de seu entendimento da realidade do mundo, ora de maneira órfica, ora lírica, ora satiricamente. Diz Valéry: "Sabe-se que a sede verdadeira só pode ser apaziguada pela água pura. E há não sei que de autêntico no acordo do desejo verdadeiro do organismo e do líquido original."[1275] E o que aproxima ou se distancia dessa poesia é a exigência que nasce dessa água. Os versos de José Chagas não pressionam para existir, existem naturalmente, como uma fonte corre. Na limpidez. O produto de desatenção do silêncio não é da parte dele, é da nossa. José Chagas sabe disso. E o silêncio o ajuda e serve na *Lavoura azul*, em que as metáforas se entrechocam, para que fale mais forte por elas, o silêncio. Exemplo: "Lanço a minha igreja / contra o próprio

---

1275. VALÉRY, Paul. **Monsieur teste**. São Paulo: Ática, 1997.

sino."[1276] O efeito é um ensurdecedor silêncio que cria outra dimensão sinestésica no leitor. Ou então "vou ao céu a pé / em lenta romaria":[1277] o confronto entre lenta, pé e romaria engendra uma velocidade e pertinácia que só o silêncio tem. Além do aforismo que aí se acena.

Outro aspecto: a sua poesia é de aparecimentos e sumiços das coisas. Um lado altamente pictórico se enovela ao lado do que denomino oblíquo intervalo da persistência de ver: fazendo com que o poeta penetre no que contempla, até ao núcleo, pela lente de aumento do silêncio. Ver com o silêncio é diferente de ver apenas. No primeiro caso, percebe-se com a história e a meditação dos signos. No segundo, pela lapidada superfície como, aliás, sucede com Ferreira Gullar no poema *Visão aérea da cidade de São Luís*. Mas, nesse, a visão não é de cima para baixo, é de dentro, com mergulho nas profundezas do sentir e viver maranhense, como um ritual. E mais, obsessão. José Chagas é o poeta de *Os telhados*, onde São Luís não é somente geografia das ruas e casarios, é tempo que se engolfa de mais tempo ainda, contemplando o seu *esvair* em sinos, brônzeo. Também é o cantor de Alcântara (à parte, antológico é o texto das páginas 284-285, principalmente os dois quartetos e os duetos, constantes da *Antologia poética*, 1998), com poema do mesmo nome, iniciando cabralinamente: "Uma cidade não é mais / uma cidade que já foi... que por deixar de o ser... uma boa cidade / é a que nos habita... que uma cidade é o homem sozinho... Animal de osso."[1278] Descrição do Capibaribe (*Cão sem plumas*), com seu ir e vir raciocinante. E a grandeza desta poesia não é a de raciocinar, mas ao contrário, (des)raciocinar, desplumar, deslogizar. Livre de amarras. Com passos de grandeza.

Sua fluidez lírica dá uma impressão de facilismo verbal, felizmente, *apenas impressão*, porque essa escorreita fluidez é conquistada na metafórica pureza e levidade, no equilíbrio

---

1276. CHAGAS, José. **Lavoura azul**. Rio de Janeiro: Civilização Brasileira, 1974.

1277. CHAGAS, José. **Lavoura azul**. Rio de Janeiro: Civilização Brasileira, 1974.

1278. CHAGAS, José. **Lavoura azul**. Rio de Janeiro: Civilização Brasileira, 1974. p. 115-116.

dos contrastes, no rigor dominado (parecendo des-dominado), na musicalidade e regência múltipla dos inúmeros ritmos, multiplicidade de vozes, mormente no verso curto que aderna com seus remos de veleiro. Seu livro mais significativo é *Os canhões do silêncio*, verificável pela metáfora trovoante. É o canhão do Forte, o canhão das coisas jamais ditas e que assombram pelas ruas da infância ou da cidade? O canhão da poesia que não se cala. Pois "na fronteira do humano: / o punhal não se suicida."[1279] Original, com mundo telúrico e abrasado, quando a criação é a forma com que nos inventa, ou o ponto em que as coisas é que alcançam nossa altura, sem carecer de que nós as alcancemos. Poeta do tempo nas arcadas, o tempo na lavoura azul, o tempo da ironia subjacente, o tempo no silêncio (o segredo do silêncio é que tem muita porção de tempo dentro), e o poroso nas cidades, o tempo na ponte de São Francisco, com sua dor (que é de ouvido), o tempo do beco ("por onde nunca me atravesso"[1280]), o beco do eu, o tempo do tempo. Sonetista inventivo, impõe-se em tantos versos, sobretudo na fulgurância de *Antropoema*, ou do *Colégio do vento* (poema único *de sonetos-anéis, arco-balena de signos*). E, ao cabo desta andança, transcrevo a obra-prima, que é o *Fragmento 2 (Desmoronamento)*: "Me fiz / de amor: // raiz / de dor. // Me fiz / de luz: // raiz / de cruz. // Me fiz / de pó: // raiz / de só. // Me fiz / de mim: // raiz / de fim. // Agora esqueço / do que me fiz, / que alto é o preço / de ser feliz."[1281] O silêncio torna-se a maior explosão do próprio silêncio. Forma de amor. E o amor, completude do silêncio. De todos os silêncios que apenas acham sua real plenitude na boca de um canhão. Poeta maior, sim, com substância ontológica – capaz de acender meditação no verso, ao lado de Ferreira Gullar e Nauro Machado. E, se José Chagas e Gullar são poetas da memória em viagem, Nauro é o poeta da viagem que não tem memória.

1279. CHAGAS, José. **Lavoura azul**. Rio de Janeiro: Civilização Brasileira, 1974.

1280. CHAGAS, José. **Lavoura azul**.Rio de Janeiro: Civilização Brasileira, 1974.

1281. CHAGAS, José. **Lavoura azul**. Rio de Janeiro: Civilização Brasileira, 1974. p. 115-116.

CARLOS NEJAR

Renata Pallottini e seu chão de palavras

Nasceu em São Paulo, em 28 de março de 1931. Faleceu em 8 de julho de 2021. Poeta, jornalista, teatróloga, ensaísta, redatora de TV, professora universitária. Publicou: *Acalanto*, poesia, 1952; *O cais da serenidade*, poesia, 1953; *O monólogo vivo*, poesia, 1956; *Nós, Portugal*, poesia, 1958; *A casa e outros poemas*, poesia, 1958; *Antologia* poética, 1958; *Vinícius de Moraes, aproximação*, ensaios, 1960; *A lâmpada*, poesia, 1960; *Sarapalha*, teatro, 1961; *Livro de sonetos*, poesia, 1962; *Exercício da justiça*, teatro, 1962; *Nu para Vinicius*, teatro, 1964; *A faca e a pedra*, poesia, 1965; *Os arcos da memória*, poesia, 1971; *Coração americano*, poesia, 1976; *Chão de palavras*, poesia, 1977; *Noite afora*, poesia, 1978; *Cantar meu povo*, poesia, 1980; *Construção da personagem*, ensaio, 1989, traduções, adaptações ao teatro, entre outros livros.

Sua poesia se caracteriza pela simplicidade ordenada, a densidade límpida caminhando desde a noite afora, o gênesis. Até abrir-se ao coração do povo e da América, genuína em dor e terra, cuja profundidade é a de existir como a água. Sem metafísica e cada vez mais terrestre, mais elegíaca, amorosa. Vinculada aos elementos naturais: o sol, o vento, a luz, a terra, sabe prender, como poucos, a garganta do grito. Sua experiência teatral e de roteirista deram-lhe, talvez esta propriedade no tratamento dos temas de sempre, com claridade – o que é raro. Por haver o tom teatral invadido sua poesia. Metáforas e símbolos são os do quotidiano, com ressonância manuelina e viniciana. Não tem esperança, nada vale nada, apenas respira com a palavra. E tem na poesia não a sombra do ato, mas o ato da assumida sombra. Ficou plenamente fora do esquema parnasiano de alguns epígonos da geração de 45, estando mais ligada aos poetas do Modernismo. Cito dois poemas:

Primeiro foi a noite

Primeiro foi a noite. E a noite feita,
desta engendrou-se a luz, julgada boa.
Depois, fez-se o agudo desespero do céu.
E a terra. E as águas separadas

E um mar se fez, da lúcida colheita
das águas inferiores. A coroa
tornou-se firmamento. Haja luzeiros –
Ordenou-se às estrelas debulhadas.

Houve flores estáticas e flores
que procuravam flores; e houve a fome
de carne e amor e dessa fome as dores

e das dores o Homem. Deste, esquiva,
toda fome, sua fêmea, e no seu sexo,
mais uma vez a noite primitiva.[1282]

Ou *O grito*:

Se ao menos esta dor servisse
se ela batesse nas paredes
abrisse portas
falasse
se ela cantasse ou despenteasse os cabelos

se ao menos esta dor se visse
se ela saltasse fora da garganta como um grito
caísse da janela fizesse barulho
morresse

se a dor fosse um pedaço de pão duro
que a gente pudesse engolir com força
depois cuspir a saliva fora
sujar a rua os carros o espaço o outro
esse outro escuro que passa indiferente
e que não sofre tem o direito de não sofrer

se a dor fosse só a carne do dedo
que se esfrega na parede de pedra

1282. PALLOTTINI, Renata. **Antologia poética**. Rio de Janeiro: Leitura, 1969.

para doer doer doer visível
doer penalizante
doer com lágrimas

se ao menos esta dor sangrasse.[1283]

Ou o *Poema*: "Dorme fundo e esquece / o que longe vai. / A mãe não te conhece, / desencontraste o pai. / O amor era só isso / e era a única estrada. / Dorme, dorme, dorme. /Nada vale nada". Sua poesia andou da formação do mundo, desde o caos, dentro de uma perspectiva bíblica, para o conhecimento dos homens e da morte. "E se a solidão amadurece – diz Nietzsche – ela não planta". E Pallottini, madura em solidão, endurecida de realidade, vai, em sua poética, do gênesis do mundo ao nada. Ao niilismo? Disso não se lamentava Joubert, pensador francês, que dizia "não ter encontrado nada melhor do que o vazio, por deixar espaço vacante ... Com nada mais do que a superfície, a claridade viva e uniforme de uma superfície."[1284]

Marly de Oliveira, poeta entre Orfeu e a via de ver as coisas

Marly de Oliveira, capixaba, nasceu em Cachoeiro de Itapemirim, como Rubem Braga, em 11 de junho de 1935 e faleceu no Rio, em primeiro de junho de 2007. Poeta, professora, tradutora e crítica. Formou-se pela PUC-Rio de Janeiro, em Línguas Neo-Latinas. Casada com diplomata, viveu longo tempo no Exterior, tendo tido o privilégio de ser aluna de Ungaretti. Casou-se em segundas núpcias com o poeta João Cabral de Melo Neto, apresentando criticamente sua obra poética pela editora Aguilar. Publicou: *Cerco da primavera*, poesia, 1957; *Explicação de Narciso*, poesia, 1960; *A suave pantera*, poesia, 1962; *A vida natural / O sangue na veia*, poesia, 1967; *Contato*, poesia, 1975; *Invocação de Orfeu*, poesia, 1978; *Aliança*, poesia, 1979; *A força da paixão & Incerteza das coisas*, poesia, 1984; *Retrato*

1283. PALLOTTINI, Renata. **Antologia poética**.Rio de Janeiro: Leitura, 1969.

1284. PALLOTTINI, Renata. **Antologia poética**.Rio de Janeiro: Leitura, 1969.

HISTÓRIA DA LITERATURA BRASILEIRA
Da carta de Caminha aos contemporâneos

/ *Vertigem* / *Viagem a Portugal*, poesia, 1986; *O banquete*, poesia, 1987; *Poesia reunida*, 1989; *Obra poética revivida*, 1989; *O deserto jardim*, poesia, 1991; *Antologia poética*, organizada e prefaciada por João Cabral de Melo Neto, 1998; *Mar de permeio*, poesia, 1998; *Uma vez sempre*, poesia, 2001.

Poeta de tendência lírico-filosófica, com uma gramática onírica de explicar, ora o cântico da vida natural, com *o sangue nas veias do poema*, ora a energizada fluência de seiva, paixão e incerteza humana. Civilizada e civilizadora celebra o convívio, a união e a alegria do *Banquete* (de um Platão, mais subterrâneo), gerando mágico vínculo com enternecida erudição, também poeta da cultura. Mostrando a realidade perceptiva de Maurice Blanchot: "Os poetas devem ser o grande estudo do filósofo que deseja conhecer o homem."[1285] Seu verso é preciso e na sua arte nenhuma palavra se exclui de antemão e um súbito lance configura a frase, voltando a existir na prudente elisão de vocábulos. Tudo é o contexto e o contexto é tudo. O mais depende no poema da situação, onde se encaixa o verso. E se fixa, como posto em bronze. A falta de um substantivo essencial ou adjetivo escolhido ocasiona lesão seguida de morte no corpo do poema, daí sua cautela. Metafórica e musical, com voz suave, sedosa, altiva, dominando todas as formas do verso e jamais ficando subalterna a elas, sua poesia irrompe – contida e tensa, plástica e meditativa, por natureza. Entre as mais reflexivas *sobre o ser e o estar no mundo* da nossa literatura. Equilibrando-se na fronteira tênue que a separa da filosofia, entre graça e leveza. Com tendência ao místico, sua devoção aos deuses gregos, certo instinto pagão, nada a impediu de, na religiosidade, atingir por vezes um elevado patamar, quando em *estado selvagem*, ou transe da *poiesis*. Nunca deixa de pensar, sentindo. Ou de sentir, pensando, por enxergar na palavra, familiando-se a uma tradição lusitana – Camões, Pessoa – vez e outra, dialogando com Cecília, Sophia de Mello Andresen, Hölderlin, Rilke, Dante, Borges, Jorge Guillén, Valéry, Mallarmé, Montale, Ungaretti, João Cabral (primeiro influenciada, depois influente, se é possível influir num poeta

---

1285. OLIVEIRA, Marly de. **Antologia poética**. Rio de Janeiro: Record, 1997.

da substancialidade de Berceo, tendo o passo entortado de cabra montês, este Berceo atordoado pela *Esfinge*).

Sua obra-prima, a nosso ver, é *Invocação de Orfeu*, em que, ao tratar dos mitos e dos segredos do tempo, deplorando a condição humana, torna-se clárida voz, também órfica, órfã de uma humanidade que carece do canto para não perecer. É um livro único e valioso:

> Tua beleza pode arrebatar o incauto, mas não consola Orfeu, o deserdado, o solitário, à míngua
>
> depois de tanto amor, que lhe roubaste, para sempre....
>
> Sei de mim que recebi dos deuses afinado instrumento e vocação de amar, esse grato infortúnio.[1286]

Essa ideia de perda e sacrifício se intensifica, ao confessar adiante: "Perdi a capacidade de assombro / mas continuo perplexa... // Perdi também no contato / com o mundo, pérola radiosa, vão pecúlio, / uma certa inocência //"[1287] Seu percurso vai da *suave pantera* – sedutora e narcísica – lentamente, despojando-se, com o "conhecer e abrasar-se do amor" (Vieira), a uma ascese, ao *deserto jardim* e o que de longe é vislumbrável na viagem o *mar de permeio*. Mais erótica do que mística, sinfônica e brônzea, alegórica como Sóror Joana, porém de um mundo precário, profano, dos deuses que se humanizam. Concreta no metafísico: mais Quevedo que Góngora. Conceitual, desencantada. Deixando por vezes que lhe pese a erudição, ainda que possua a pura fluidez de não as carecer para voar. Talvez seja pela necessidade do diálogo com os escritores afins. E vem-me o verso de Góngora: "Não é surdo o mar; a erudição engana."[1288] O mais imperioso diálogo é o da fala com a alma. Que é poliglota e livre. Ao nos sentirmos vivos e

---

1286. OLIVEIRA, Marly de. **Antologia poética**. Rio de Janeiro: Record, 1997.

1287. OLIVEIRA, Marly de. **Antologia poética**. Rio de Janeiro: Record, 1997.

1288. OLIVEIRA, Marly de. **Antologia poética**. Rio de Janeiro: Record, 1997.

abrangentes. Contudo, *"la desvelación será en función del ver"* – assevera María Zembrano.[1289] E ótica e musical, às vezes severa, com algo de grega, é o cântico de Marly. Grega ou pétrea perante os vaticínios de Tirésias; grega e fatalista diante dos infortúnios dados a Orfeu. Intelectiva na imagética, deixa-se – epifânica – de repente ser levada pelo sopro, pela diáfana respiração do verso. E é quando sua alteza lírica se reconhece. Se a exceção nos aponta a lei, a linguagem nos revela o destino. E o canto não é para todos os destinos? Afirma Hermann Broch, em seu *Virgilio*[4]: "O verso conduz em seu cume uma claridade estranha."[1290] E sendo a junção de água e fogo, só a poesia atinge a aliança do abismo. E esse abismo, em Marly de Oliveira, é o desembocar para um rigor de linguagem e uma depuração que aperfeiçoa os meios expressivos pré-existentes. E para o triunfo da beleza, carnaliza-se para o silêncio. Intensificando-se o exílio verbal dos sonhos. E eles são palpáveis. Todos os sonhos são, desde que também saibamos acordá-los.

Walmir Ayala e a pedra iluminada

Nasceu em Porto Alegre, Rio Grande do Sul, em 1933, e faleceu no Rio de Janeiro, em 28 de agosto de 1991. Cursou a Faculdade de Filosofia da PUC em Porto Alegre. Transferiu-se para o Rio de Janeiro. Poeta, romancista, contista, jornalista, memorialista, autor de literatura infanto-juvenil, crítico, também de arte. Um dos mais completos criadores surgidos entre nós. Publicou: *Face dispersa*, poesia, 1955; *Este sorrir, a morte*, poesia, 1957; *O edifício e o verbo*, poesia, 1961; *Antologia poética*, 1965; *Cantata*, poesia, 1966; *Poemas da paixão*, 1967; *Poesia revisada*, seleção, 1972; *Natureza viva*, poesia, 1973; *A pedra iluminada*, poesia, 1976; *Memória de Alcântara*, poesia, 1979; *Estado de choque*, poesia, 1980; *Águas como espadas*, poesia, 1983; *Os reinos e as vestes*, poesia, 1986. Organizou a *Antologia da novíssima poesia brasileira*, 1962; *Poetas novos*

1289. ZEMBRANO, María. **Los Bienaventurados**, Madrid, Siruela, 1990, p. 79.

1290. BROCH, Hermann. **A morte de Virgílio**. Rio de Janeiro: Ficções, 1987.

do Brasil, 1969; Poemas de amor, 1991; Dicionário de pintores brasileiros, 1998. Ficção: À beira do corpo, romance, 1964; Um animal de Deus, romance, 1967; Diário de bolso, 1970; Ponte sobre o rio escuro, contos, 1974; A fuga do arcanjo, diário, 1976; A nova terra, romance, 1980; Partilha de sombra, romance, 1981; A selva escura, romance, 1990; Teatro: Sarça ardente, 1959; Quem matou Caim, 1965, entre outros.

Observava Shelley que "a poesia é uma arte mímica."[1291] Walmir Ayala é naturalmente mímico, ou por sua retórica construtiva, ou por substantivar no adjetivo e adjetivar no substantivo, ocupando o espaço de uma necessidade gestual, *essencializando-se neles*. *A palavra é ação de águas* (atitude verbal) *como espadas* (atitude gestual). Rico de metáforas pessoalíssimas, o que singulariza o autêntico poeta pela fidelidade ao seu mundo, gerando a música da imaginação ("o poema como partitura" – Léopold Senghor), a verbalizar o tempo. E o tempo é gesto que destila camadas de imagens. E elas se entrelaçam, engavetando-se. O amor é tema central de toda a sua criação, seja em poesia, seja em prosa. Sempre acompanhado de impossibilidades e de culpa, os subterrâneos desta linguagem que assume a arquitetura de pluma, porque a leveza integra seu mistério. Partiu de uma face dispersa e caminhou para o edifício verbal, até *a pedra iluminada* – pedra filosofal e órfica. Se há uma possível caracterização, poder-se-ia chamá-lo de *simbolista contemporâneo*, superando certas marcas indefectíveis do Parnasianismo de geração de 45. Muitos de seus poemas, com luxuriosas imagens, são catedrais de puro som, com o sentido vazando pelos vitrais. Espécie de Lezama Lima brasileiro, tal era a carnadura dos versos, o seu derramar-se de adjetivos, todos esteticamente, sem dúvida, adequados, que carregava na composição poética, o pesadume tenro, gordo, de poucos ossos. Seus cimos de invenção: *Cantata*, de verso largo e gongórico, porém mais contido e *A pedra iluminada*, com densidade e exatidão pouco comum na poesia que tecia. Não é menor na ficção, tanto como contista inovador quanto como romancista do tempo interior do

---

1291. AYALA, Walmir. **Antologia poética**. Rio de Janeiro: Leitura, 1965.

ser humano, com certa sombra de Lúcio Cardoso na ficção e de Cecília Meireles, na poesia. Porém, mais dado ao senso de ser desdobrável, com vocação a singular crítico de arte, ao *diário* e ao *teatro*. Em todos os gêneros se ocultava, exibindo, constantemente, o poeta, ao manter um clima marginal, ou maldito, sempre insólito, genuíno, nunca cego diante do rigor. Como Jean Cocteau fez poemas, poesia da crítica, da ficção, do teatro e do diário.

Tocado pelo modo desabrido de existir, como se levasse uma *marca de Caim* na pele, seguiu o veio da culpa original, com o rio espesso da morte, como se tivesse etapas, absconsas grutas (os contos tratam da ponte, ou passagem, e dois romances sobre este *Letes* escuro, onde a sombra é partilhada). Nele, o corpóreo mitifica-se em sensualidade, opulência, agudeza no corte. Mais do Oriente que do Ocidente, avultando em sereno vigor. Cauteloso no enredo que se nutre de forma tradicional, vez e outra rompido pela permeação da desequilibrante poesia. Seus vocábulos inteligentes gostam, como dizia Sartre, de brincar com espelhos. E o espelho flagra e dimensiona a torturada realidade, assinalando o magnificente corpo, onde busca recolher das penumbrosas lembranças, a meninice que se destelha nas flores da fantasia e as matrizes da humanidade vingadora do tempo. E esse não aprecia servir a ninguém, mas servir-se. Uma fantasmal tentativa de *deicídio* (Um *animal de Deus*). Usa nos relances o realismo fantástico e o ludismo não deixa de torná-lo, ao jogar palavras e espelhos, um lento e doloroso protagonista. Alguém que teve a coragem de gritar, criando, gritar contra o irrevogável silêncio. E a falta de respostas. Sua prosa é direta, escorreita, densa, diferente da poesia de longo arcabouço metafórico. O clima walmiriano – e era um ser generoso, estimulador dos novos – é o da paixão, abrangendo todos os gêneros. Como se quisesse abranger o mundo, e sua alma era bem maior do que ele. Queria a outra margem do rio, a última: e todas as margens já flutuavam nele. E vê-se no espelho do Outro e é Narciso, *a pedra iluminada*. O lume e o gume da pedra: luz do espelho. Ou da Eternidade. O que é a pedra que os construtores rejeitaram, a pedra dos séculos. Eis um dos seus poemas, dignos de todas as antologias – *Até o fim*:

> Até o fim com esta garganta
> e estes olhos
> líquidos, até o fim
> com estas mãos
> trêmulas.
>
> Até o fim com estes pés exaustos
> e estes lábios costurados
> ao pé da noite. Até o fim
> sem dizer nada.
>
> Até o fim estes canais premindo
> o sangue.
> Até o fim o obrigatório oxigênio,
> sobrevivência
> no abstrato
> difícil ar.
>
> Até o fim a tinta ilesa do amor
> na alma,
> até que quebrem as epidermes
> desta mentira,
> e o fim prossiga
> até o fim.[1292]

E, aqui, um outro, não menos alto: Pedra (*a Lila Ripoll*)

> Tenho uma pedra do lado
> do coração, do lado
> esquerdo do meu esquerdo coração,
> uma pedra fechada e fria de agonia.
>
> Uma pedra que me amedronta
> e pesa, uma ponta de seta

1292. AYALA, Walmir. **Antologia poética**. Rio de Janeiro: Leitura, 1965.

contra a janela aberta.

> Fecharam tudo, estou escuro em mim
> e estou escuro e a pedra
> me escurece a escuridão nascida
> mais que a morte, esta pedra,
> é o amor de que carece a minha vida.[1293]

A obra multiforme de Ayala cumpriu, obsessivamente, o que previu Joubert: "A ocupação de olhar o tempo fluindo."[1294] E se, para ele, o tempo era pequeno, ele não era tão pequeno para o tempo. E soube desatar-se junto. Até que a grande e verdadeira pedra se acendeu. E não se apaga mais.

Lupe Cotrim Garaude, ou poeta do mundo e do outro

Maria José Cotrim nasceu em São Paulo, em 16 de março de 1933, e faleceu em Campos de Jordão, em 1970. Poeta, estreou com *Monólogos do afeto*, 1956, tendo publicado ainda *Raiz comum*, 1959; *Entre a flor e o tempo*, 1961; *O poeta e o mundo*, 1964. Importante é a segunda parte de seu *Inventos*, 1967, culminando com seu melhor livro, mais humano e doído: *Poemas ao outro*, 1970 – no ano de sua morte. Tendia para a poesia do pensamento, onde a vocação filosófica se aliava a uma vocação selvagem de dizer e viver. Obtendo nortear-se na fronteira tênue entre o pensamento que pesa e a poesia que é leveza. Ou a arte de ossificar o vento. E cumpriu-se nela o verso bandeiriano "da vida que poderia ter sido."[1295] Foi cedo truncada. "Algum pranto salvou-nos do que era ontem?" indaga.[1296] No entanto, sua poesia não é de pranto, é de um impulso "com que o espaço alcança o tempo / a vida se ergue

---

1293. AYALA, Walmir. **Antologia poética**. Rio de Janeiro: Leitura, 1965.

1294. AYALA, Walmir. **Antologia poética**. Rio de Janeiro: Leitura, 1965.

1295. GARAUDE, Lupe Cotrim. **Inventos**. Rio de Janeiro: José Olympio, 1967.

1296. GARAUDE, Lupe Cotrim. **Inventos**. Rio de Janeiro: José Olympio, 1967.

além do sofrimento."[1297] Esta arte de superação, arte de objetividade, sem ceder ao sentimental ou diminuto, voltada para o mundo e ao outro – é a grandeza da poesia de Lupe Cotrim Garaude. "Eu vos amo a todos, / ventos, rios, mares, / eu vos amo, meus irmãos."[1298] Do amor ao cosmos, o amor a todos os vivos. A vida para ela é êxtase de frutos e, lucidamente, morte frágil. O tempo, como em Drummond, é sua floração, e se há uma confluência em sua arte, é a do Itabirano. Diálogo permanente com o que existe, sabe que "somente a luz / projeta além / nossos corpos dourados, / nossa incrível festa."[1299] Tendendo ao poema largo, de fôlego, à ode, melhor se realiza pela contensão e dureza no poema breve. Sua arma é paixão que consegue ser domada, límpida. Térrea e incansável. "Hei de inventar amor, ávida e atenta. / Amor de ser a outro que é demais / o amor que em coisa hoje se alimenta..."[1300]

Reinaldo Jardim e Joana em flor

Reinaldo Jardim nasceu em São Paulo, em 13 de dezembro de 1926. E faleceu em Brasília, em primeiro de fevereiro de 2011. Poeta, jornalista, contista, radialista. Publicou: *Particípio presente*, poesia, 1954; *Joaquim e outros meninos*, prosa de science-fiction, neoconcreta; *Joana em flor*, poesia, 1965, a nosso ver seu livro mais realizado; *Maria Betânia guerreira guerrilha*, poesia, 1968. Embora atuasse no movimento neoconcretista, sua matéria drummondianamente é a *matéria do tempo*, seu liame – mais do que o do formalismo de 45 – é a do Modernismo, predominando nele, ainda que, com tentativa de poesia social, a vocação maior, a do lirismo, onde o sentimento rebenta copioso, sobretudo, o do amor, com inventiva variação rítmica. Há certo ar populista (vinculado à música popular) no verso, guardando a musicalidade e a ingenuidade,

---

1297. GARAUDE, Lupe Cotrim. **Inventos**. Rio de Janeiro: José Olympio, 1967.
1298. GARAUDE, Lupe Cotrim. **Inventos**. Rio de Janeiro: José Olympio, 1967.
1299. GARAUDE, Lupe Cotrim. **Inventos**. Rio de Janeiro: José Olympio, 1967.
1300. GARAUDE, Lupe Cotrim. **Inventos**. Rio de Janeiro: José Olympio, 1967.

com soluções que se afinam ao gosto, nem sempre sábio, do público. O cansaço da forma às vezes não se harmoniza com a forma do cansaço. É uma arte que intenta libertar-se do tempo na beleza, e até que ponto o tempo se liberta da arte? Embora o tempo traga sempre a suspeita da beleza.

Foed Castro Chamma O andarilho entre os róseos dedos: a aurora das coisas

Nasceu em Irati, no Paraná, em 28 de março de 1927, e faleceu no Rio, em 29 de janeiro de 2010. Poeta, ensaísta. Publicou: *Melodias do estio*, poesia, 1952; *Iniciação ao sonho*, poesia, 1955; *O poder da palavra*, poesia, 1959; *Labirinto*, poesia, 1967; *O andarilho e a aurora*, poesia, 1971; *Pedra da transmutação* (Prêmio Nestlé de Literatura), poesia, 1984; *Sons de ferraria*, poesia, 1990. Sua obra mais importante, *Pedra da transmutação*, prima pelo rigor – mais que obstinado, obsessivo. O que move a criação poética contemporânea é o que Euryalo Cannabrava denominava *a técnica do ritmo*, uma nova variação sinfônica. A poesia não é só o verso e o verso nem sempre é poesia, a fusão misteriosa do que escapa ao limite, o que irrompe mais forte. Se a pedra (a criação) precisa ser educada, como o pretendeu João Cabral de Melo Neto, jamais haverá de ser transmudada sem o fogo alquímico da realidade. Fogo de ser energia de pedra que, polida como safira, é capaz de romper os cânones e os muros do Parnaso.

É valiosa a façanha poética de Foed Castro Chamma. Projeto de uma *De rerum natura* lucreciana na poesia brasileira, no sentido de explicar ou aprofundar na linguagem, as coisas e o universo, ainda que se ponha na posição mais de Euclides e Platão do que de Aristóteles. Poeta de meditação, poeta cosmológico, porque desencadeia os mitos, que Vico dizia ser o ponto menor da metáfora, ou da relação de vocábulos que sempre afirma outra coisa – a arte do fogo – sem a qual inexiste alquimia. "O poeta e o criador de mitos parecem viver, com efeito, no mesmo mundo"[1301] (Ernst Cassirer). E a luta interna

---

1301. CASSIRER, Ernst. **Ensaio sobre o homem**. São Paulo: Martins Fontes, 2001.

dessa criação é exatamente dos versos que precisam subir ao céu do céu e que são impedidos por um formalismo, que é plumagem pesada. E essa levitação carece de leveza, como a pedra necessita do choque com outra pedra, para o fogo. Esse peso nas asas do pássaro dificulta o ato de voejar. Afirma Guimarães Rosa que "o amor é um pássaro com ovos de ferro." E, se "o pensamento mítico é descrito como "pensamento pré-lógico"[1302], não é a pura reflexão raciocinadora do verso que o demove, é certa infância que se disfarça de palavras que disso entende. Pelo forcejar incandescente que na poesia realiza a proeza de o ferro se alçar, como o ferro que navegou na água, posto por Eliseu, o profeta. O poema há de ter a leveza do nado e do voo. Chamma é extraordinário artista do verso, às vezes, um *versemaker*, com trechos de fina e alada poesia, em *quartetos* que não são os de Eliot, mas ressonância verbal e magnética do Jorge de Lima, em *Invenção de Orfeu*. Se o alagoano Jorge alcançou a ordem na desordem, a lucidez na febre, sendo essa, sua unidade, o poema de Foed Castro Chamma é a desordem na ordem, sem febre, o que se torna comportadamente, seu desequilíbrio. Fala ao final em círculo; não é um círculo. É repositório de temas que se unem a uma ordenação, o grande tema. Eis alguns momentos, sem dúvida, de clarificada poesia:

> A solidão desperta as coisas mudas
> as árvores passeiam nas estradas:
> os pássaros se calam, viram pedra;
> os rios têm as águas coaguladas.
>
> São as horas tranquilas, afogadas
> no esquecimento – tudo perde a ponta
> do fio do tempo, reina em cada lado
> o silêncio que se incorpora noutro
>
> espaço, com seu ritmo que anima
> esta harmonia, esta serena paz

1302. CHAMMA, Foed Castro. **Pedra da transmutação**. São Paulo: Melhoramentos, 1984.

HISTÓRIA DA LITERATURA BRASILEIRA
Da carta de Caminha aos contemporâneos

das coisas anteriores repousadas
no movimento do que está parada

Sem princípio mas vivo, sem sentido
mas ríspido cristal que fere a negra
vivacidade de sua fuga ao centro
da noite, que desperta à sua espera
o seu ventre de treva gera o atrito
a repartir-se em luz, colado rente,
à face do que, dividido em dois,
é círculo, e a cauda da serpente.[1303]

E a metamorfose ovidiana é a nova forma em corpos novos. E como? Se a forma é mesma, num *continuum*, com o mesmo e poético corpo. Podia ter começado na metade, ou em outra qualquer parte, tendo mais o objetivo de meditar do que ser. A constante repetição rítmica e assemelhada é tambor de que se escuta iguais batidas, salvo se nosso ouvido, drumondianamente, se entortou. O tom é cansativo, (mono)tonal. Vale a grandeza do projeto, a qualidade do artista, a ambição da empresa criadora, o apuro com que a exatidão das pedras-imagens foram postas. Não é tamanho, por si, documento de poética grandeza. É a intensidade com que a poesia arde e assombra. O fogo que, ao queimar, jamais consome, como sarça no deserto, antes mais reverdece a forma. E o sentido que a clareia, reassumindo novas forças. O texto é o de um *Orfeu* preso na pedra, que não vislumbrou *a pedra viva*, ou a loucura que dá centelha verde, rubra, noturna, ou rutilante à aventura humana. Educa-se a pedra? Ou é a pedra que educa o homem? Como ela, o homem necessita da transmutação em fogo de levitar. Ou ferocidade do amor. Ler este longo e único poema, com fôlego, encanta o artista em nós, que chega ao excesso do virtuosismo. Porém, ao poeta não basta: fica esperando a revelação, que se torna dom de habitar a luz. E a luz é caprichosa, astuta. Não se contenta com o artista, e sim, com

---

1303. CHAMMA, Foed Castro. **Pedra da transmutação**. São Paulo: Melhoramentos, 1984.

o que, além da metálica forma, quer resistir e dar vida. Porque a palavra quer sempre ressuscitar, *salvar a bem-amada*, explodir. E quando o fogo sopra, todas as coisas são soberanas. Pois nosso tempo exige – com a banalização do mal e da guerra – palavras de flama, fúria, esperança, falando do que é vivo, aos vivos e mortos. E, se a poesia não é feita com as labaredas de Deus que carregaram o carro de Elias ao etéreo píncaro, que sejam as térreas chamas que impulsionem o balão do poema a ascender. Ou seja, a insufladora, ígnea e perturbante operação da imaginação, capaz de, num *rapto seco*, levantar para as alturas, exatos ou não, a plumagem dos versos.

Não é suficiente o som, é preciso a fúria. Ou a coragem de cair, se elevando. Talvez é caindo que temos a percepção divinatória dos altaneiros astros. Escreveu Paul Claudel: "Faltam-nos asas mas temos bastante força para cair."[1304] E temos bastante força – por que não? – para subir. Mesmo que seja de subir, caindo.

Mário Faustino

Nasceu em Teresina, Piauí, em 20 de outubro de 1930, e faleceu em 27 de novembro de 1962, num desastre aéreo nos arredores de Lima, Peru. Jornalista em Belém do Pará, estudante de Direito, foi um visionário do épico, o pioneiro do advento da geração de 60 (nome dado por Nelly Novaes Coelho aos escritores surgidos a partir de 1960), com seu livro *O homem e sua hora*, 1955 e *Poesia de Mário Faustino*, póstuma, prefácio e seleção de Benedito Nunes, 1966. Publicou traduções de poetas estrangeiros, os livros de ensaios críticos depois de sua morte: *De Anchieta aos concretos*, 2003; *Artesanatos de Poesia*, 2004. Aliava o teórico e o crítico de grande lucidez, ao poeta notável, que infelizmente não pôde realizar-se plenamente. Preocupado com o futuro do gênero, criou blocos da *poesia-experiência* nas páginas do Jornal do Brasil,

---

1304. CLAUDEL, Paul. **Cinq grandes odes**: la Cantate à trois voix. 2. ed. Paris: Gallimard, 1966. p. 75.

onde publicava estreantes ao lado dos grandes nomes. Discípulo de Pound, defendia o seu Imagismo, que o mestre não usava "apenas a imagem parada, mas também a imagem em movimento."[1305] Tentava organizar uma nova épica, com o poema estruturado, composto, harmônico, sustentando a importância da música como fonte, disciplina e fim da poesia. E o que deixou foram fragmentos de fragmentos num instinto que se lapidava para a grandeza. Carecia de pegar nas abrasadas mãos uma síntese, que só adviria do tempo. E o tempo não quis. Cabem-lhe os versos, que fez a si sob medida tão estuante de inventividade e ambição: "Ai todos farfalhamos, sinos, folhas: / As fabulosas naves passam prenhes. / Os fenecidos anos voltam secos... / Inês, Lídia – passamos."[1306] Seu primeiro livro, *O homem e sua hora*, debate-se nos temas de pureza, impureza, perdição e salvação, como assinala no seu *Prefácio*, Benedito Nunes, advertindo o que para Faustino era o poema, superando a dualidade conteúdo / forma, *um dos modos originais da experiência humana*. Tinha muito presente – e é sua marca – a precariedade dele e de todos, pervagando entre amor e morte. Em obstinado diálogo com *A Ilíada* e *Odisseia*, Ezra Pound, Eliot, Baudelaire e Mallarmé, era leitor inveterado, tradutor, teórico e propulsor de uma nova poética, amigo dos concretistas, sem comungar de seus projetos, por ter os próprios, possuía vocação épica e órfica que se não pôde cumprir pela fúria e pressa das Parcas. Ainda assim, "circunscreveu sua esfera" (Joubert). Com poética ricamente metafórica:

> Vida toda linguagem,
> vida sempre perfeita,
> imperfeitos somente os vocábulos mortos
> com que um homem jovem,
> nos terraços do inverno, contra a chuva,
> tenta fazê-la eterna – como se lhe faltasse
> outra, imortal sintaxe
> à vida que é perfeita

1305. FAUSTINO, Mauro. **Poesia experiência**. São Paulo: Perspectiva, 1974.

1306. FAUSTINO, Mauro. **Poesia experiência**. São Paulo: Perspectiva, 1974.

língua
eterna.[1307]

Atentem para esta invenção preciosa: "Laço laço de corda sino enforca / espaço / sol pesa no pescoço."[1308] E segue este fragmento luminoso do primeiro livro:

> Desaba a noite.
> A noite tomba...
> (...)
> Todo este caos, Homem, para dizer-te
> Não seres deus nem rei nem sol nem sino
> Dos animais, das pedras – ou dizer-te
> Ser débil cana o cetro que não podes
> Quebrar, ser de ervas más o diadema
> Que não podes cortar com teus cabelos!
> Nosso inimigo toma nosso aspecto
> Para zombar da nobre nossa espécie:
> E quem nos erguerá deste sepulcro?[1309]

Ou o premonitório *Romance*:

> Para as festas da agonia
> Vi-te chegar, como havia
> Sonhado já que chegasses:
> Vinha teu vulto tão belo
> Em teu cavalo amarelo,
> Anjo meu, que, se me amasses,
> Em teu cavalo eu partira
> Sem saudade, pena, ou ira;
> Teu cavalo, que amarraras

1307. FAUSTINO, Mauro. **Poesia experiência**. São Paulo: Perspectiva, 1974.

1308. FAUSTINO, Mauro. **Poesia de Mauro Faustino**. Rio de Janeiro: Civilização Brasileira, 1966.

1309. FAUSTINO, Mauro. **Poesia de Mauro Faustino**. Rio de Janeiro: Civilização Brasileira, 1966.

Ao tronco de minha glória
E pastava-me a memória
...
Não morri de mala sorte,
Morri de amor pela Morte.[1310]

Ou quem sabe a Morte é que tenha morrido junto. De amor. Porque o fogo nele reverdeceu por arder. E talvez pressentiu ser "a aurora com sua capa cor de ferrugem."[1311] Ou, conforme escreveu: "a língua que é perfeita, língua eterna."[1312] Tinha dentro de si o paradoxo de severo viés crítico, com o de poeta da celebração. Com uma indagação que continua reboando: "Mestre, qual o sexo das almas?"[1313]

Fernando Fortes

Nasceu no Rio de Janeiro, em 11 de maio de 1936. Faleceu em 6 de outubro de 2016. Poeta, contista, romancista, médico. Hoje injustamente esquecido, publicou: *Tempos e coisas*, poesia, 1958; *Poemas neoconcretos*, poesia, 1959; *Epílogo de Epaminondas*, romance, 1960; *O evangelho antes de Mateus*, contos, 1969, entre outros. Seu livro de poemas mais conhecido foi *Canto pluro*, 1967, canto longo e único, de versos, em regra, curtos. E o mais valioso, a nosso ver: *Raiz da dor*, 1980. Os temas se mesclam entre solidão e morte. Sendo a morte, a maior solidão. Embora técnico e de personagens articulados, é o ficcionista que serve ao poeta, não o poeta ao autor ficcional. Começou com visão formalista e foi humanizando o verso, com a singularidade da palavra exata. Mesmo que, para ele, "a vida seja um truque", reúne a

---

1310. FAUSTINO, Mauro. **Poesia de Mauro Faustino**. Rio de Janeiro: Civilização Brasileira, 1966.

1311. FAUSTINO, Mauro. **Artesanato de poesia**. São Paulo: Companhia das Letras, 2004.

1312. FAUSTINO, Mauro. **Artesanato de poesia**. São Paulo: Companhia das Letras, 2004.

1313. FAUSTINO, Mauro. **Poesia de Mauro Faustino**. Rio de Janeiro: Civilização Brasileira, 1966.

"tristeza que cansou e adormeceu", com a severa *resignação*: "A sombra do tempo / segue adiante de ti. / Inútil tentar alcançá-la, / fingir que não a vês. / Deixe que ela te ensine / o caminho da casa, / que te guie amiga / ao leito da terra." Nada tem da plástica inventividade de Mário Faustino, nem a riqueza de motivos e a alteza de um Ferreira Gullar, entretanto, atinge, no simples, o cerne de um sofrimento que comove e convence. Ou a capacidade, que Jean Cocteau realça: a de "mostrar a alma nua."

Gilberto Mendonça Teles

Nasceu em Bela Vista de Goiás, em 30 de junho de 1931. Professor universitário, reside no Rio de Janeiro, a partir de 1970, e leciona Teoria da Literatura e Literatura Brasileira na Universidade Católica (PUC-RJ). É poeta e ensaísta. Publicou em poesia o livro *Alvorada*, 1955, seguido de vários outros, entre eles, destaco *Sintaxe invisível*, 1967; *Raiz da fala*, 1972; *Arte de armar*, 1977; *Sociologia goiana*, 1982; *Plural de nuvens*, 1984; *Nominais*, 1993; *Cone de sombras*, 1995; todos congregados, com inéditos, em *Hora Aberta – poemas reunidos* (Petrópolis, Editora Vozes, 2003). Entre os livros de ensaios, destaco: *La poesia brasileña em la actualidad* (Montevideo, 1969); *Drummond – a estilística da repetição*, 1970; *Vanguarda europeia e Modernismo brasileiro*, 1972 e *Camões e a poesia brasileira*, 1973. Pertence à Academia Brasileira de Filologia e à Academia Brasileira de Filosofia. Recebeu o prêmio *Machado de Assis* da Academia Brasileira de Letras em 1989.

Três movimentos operam na poesia gilbertiana: o primeiro é o movimento órfico, quando o poeta arma e desarma a linguagem, entre combinações insólitas de rimas novas e sestrosos ritmos, o que sucede com mais frequência na *Sintaxe invisível*, *Raiz da fala* e na também ovidiana *Arte de armar*, *Plural de nuvens*, sem esquecer o antológico *Ser tão Camões* (da *Sociologia goiana*), alteando-se, marítimo, o texto nas descobertas (preso o tempo), com alquímico cromatismo, plástica imagética e musicalidade sinfônica. E são *móbiles-metáforas* que se inscrevem sob a pele das palavras, como se num palimpsesto. É o amor *fáustico*, o amor com seu *plural de nuvens*, "além do grito na face / e da tinta no papel."[1314] Sempre além e carnal. Até Deus, "onde o alfabeto é puro verbo."[1315] E sob a *arte (libi)dinosa* da linguagem vão-se deslocando: nome, nume, escombro dos escombros da memória. Intensifica-se seu dialogismo com as afinidades eletivas (Camões, Drummond, Cabral): "Além da letra (ou da pele), / pela coluna do corpo, /como encontrar o sentido / sem solidão e sem alma?"[1316] Ou deposita este aluvião de sintagmas, vozes e contra vozes soladas entre aparições e desaparições e especiosos achados:

> Há vozes que te agridem
> e dedos levantados te apontando
> nas porteiras, nas grotas, na garupa
> das éguas sem cabeça, como há sempre
> uma tocaia, um canivete, um susto,
> uma bala perdida que resvala
> em tuas costas...
>
> Minha perna se foi enrijecendo,
> foi-se tornando longa feito um veio,
> uma pepita de ouro, o estratagema...[1317]

E o interessante é que, aqui, o poeta conversa com o Saci (tipificando, malicioso, a si e sua região), como Drummond, na pedregosa estrada de Minas, conversa com a máquina do mundo. Livre, confessa na *foz do rio* (seu Araguaia? Ou o do curso da história? A foz do texto?):

1314. TELES, Gilberto Mendonça. **Poemas reunidos**. Rio de Janeiro: José Olympio, 1978.

1315. TELES, Gilberto Mendonça. **Poemas reunidos**. Rio de Janeiro: José Olympio, 1978.

1316. TELES, Gilberto Mendonça. **Poemas reunidos**. Rio de Janeiro: José Olympio, 1978.

1317. TELES, Gilberto Mendonça. **Hora aberta**: poemas reunidos. Rio de Janeiro: José Olympio, 1986.

> Pego a palavra amor e dentro
> dela semeio o meu sigilo:
> este rumor de mar batendo,
> esta paixão, este suspiro...
>
> E bem devagar ir abrindo
> não a palavra – o seu caroço:
> a essência mesma do recinto
> que sabe a mel, de saboroso.[1318]

O verso gilbertiano labora, saltitante, entre ambivalências, ora com sentido erótico – característica de sua poética – ora com sentido satírico, irônico, ou de blague, ora com alusão telúrica. Sempre, porém, ao afirmar uma coisa, outra coisa por trás se oculta, como se retirasse de uma caixa, a debaixo, mais funda, emergindo dela a pura substância do sigilo. De álibis, senhas, resíduos, cones, ícones, línguas de incêndio e de silêncio: sinas, obsessões e símbolos. "Iremos mais longe sem avançar, Apollinaire?"[1319] Sim. E também avançaremos, aos poucos, pela *raiz da fala*, até o centro amoroso da sintaxe. Demonstrando o poeta uma piedosa, agônica e íntima complacência para os homens? Não. Para com os objetos, os nomes, as palavras, tudo o que envelha, extravia, desaba, ou se desmancha sob a úlcera do tempo. E com dinamismo fônico, lépido, insuspeitado, anuncia: "No ar vou árvore vou ave vou / ando só e noturno, passageiro."[1320] Essa efemeridade é a consciência maior de seu consumir de amor, "depois de tanta musa e tanta fala."[1321] Porque de amar, se divide, e de tanto perquirir a verdade, move-se nos seus avessos. Seu poema – de avesso

---

1318. TELES, Gilberto Mendonça. **Hora aberta**: poemas reunidos. Rio de Janeiro: José Olympio, 1986.

1319. TELES, Gilberto Mendonça. **Hora aberta**: poemas reunidos. Rio de Janeiro: José Olympio, 1986.

1320. TELES, Gilberto Mendonça. **Hora aberta**: poemas reunidos. Rio de Janeiro: José Olympio, 1986.

1321. TELES, Gilberto Mendonça. **Hora aberta**: poemas reunidos. Rio de Janeiro: José Olympio, 1986.

em avesso – denuncia a penumbrosa oscilação dos corpos e esconde a alma. Tem brasas, mas se astucia sob a neve. Por isso é frio, mais prático, objetivo, coisificador, compondo-se diante do objeto amado. Tinhoso, exercitante, jamais é ardente. Ondeia para não se romper. Dissimula, para se eximir de dor. Tem bússola na ponta dos sentidos. E tem sentido, sempre atrás de outro. Como se o véu de Moisés ocultasse luz. Não quer ferir os olhos, por não vê-los (aos humanos) verdes, por só se madurar dentro. E é quando "o gosto das frutas muda pelo inverno."[1322] (Elas estão prontas para nós, estaremos prontos para elas?) O medo de se entregar desvia-lhe o que podia ser o mais na sua poética, o incêndio do amor ao extremo, ou o paroxismo das perdas. Isso reduz o canto, por reduzir a chama. Ou mecanizá-la. Contudo, o lírico / órfico é o tônus gilbertiano mais elevado – embora não liberto. E é esteticamente o seu mais alto feito. Não se dá na explosão, dá-se pelos becos ou escondidos. A reflexão policia demais o lírico, amarra. Tudo é por dentro dos avios do texto, junto às raízes, mais do que na fala, que é ambígua, tortuosa, desviosa, açulante (o Saci?). E é por isso que "os navios passam por dentro dos troncos das árvores" (Pessoa), quando as árvores são rios. E os troncos passam por dentro dos versos, se são árvores?

    O segundo movimento desta poética que, por ser tão técnica, tão polida nas regras e antirregras, convenções e disfunções, ou mecanismo vérsico, andarilha sobre as ruínas do mundo, buscando o primevo, o arcaico, o intocado. Intento de lustral pureza? Todavia é aqui que se mostra professoral (seu ofício), didático, saltimbanco frio, onde mais transparecem as tumultuárias e maquinais asas de 45, ainda que sua melhor criação se atenha nas lições do Modernismo. Então não esmorece no flexuoso resvalar lúdico, com vocábulos armando / desarmando-se no vazio, satisfazendo-se com o mero brincar de esconde-esconde no poema. Ou a utilização de trocadilhos, sempre como o Saci, (rabo da Ursa-Maior?) de uma perna só, pulando de um verso a uma virilha – e encontra o til e as tílias

---

1322. TELES, Gilberto Mendonça. **Hora aberta**: poemas reunidos. Rio de Janeiro: José Olympio, 1986.

do amoroso jogo, em que as próprias palavras recendem a polens, carregadas de tal sensualismo no ar, que a brisa não alberga ninhos de andorinhas, mas de amantes.

> Eu sei do mel secreto da cedilha,
> Dos lábios, da vogal, daquele gomo
> de lima ou de limão,
> que chupo e como
> sem deixar de lamber a vasilha. [...]
>
> nenhum desejo há de ficar sem gozo,
> nenhuma língua há de falar em vão.[1323]

O que nos faz recordar o erotismo elétrico e desabrido de Gregório de Matos e Guerra. Esse lúdico é muito mais configurado na sua *Sociologia goiana*.

E é o terceiro movimento da obra gilbertiana: a força da terra de Goiás, sua história, folclore, becos, montes, o Araguaia, a fauna, a flora, a cozinha, as lendas, os mitos. Um dos primeiros poetas de Goiás no tratar o solo natal. E tratá-lo com invenção, humor, o aproveitamento ótico inteligente de *peixes de Goiás*, ainda que não estime seu catálogo caótico de apelidos, vocábulos, interposições, paradoxos, usando de uma carnavalização que nem sempre flui, por ser devoradora, uma paródia que se derrama entre *fuxicos orais*, termos de mau gosto, com um prosaísmo que levanta *redemoinho de poeira*, não de genuína poesia, aquela, avoante, límpida, em que ainda que tente mentir, é verdadeira, sendo *claridade e labirinto*. Feito o balanço e os dias são pequenos – a intuição do sentir de sua gente, o mapa boreal de Goiás, sua geografia de gemidos e milagres, esta memória de identidade coletiva pesam no legado do poeta. Original, com mundo próprio, cuja obra-prima é *Plural de nuvens*, Gilberto escreve em círculos, com as muitas significações e conotações no campo semântico, ou estelar, engendrando uma singular *lição de coisas*, ao atingir a fábula de fogo e de água, fábula da

---

1323. TELES, Gilberto Mendonça. **Sonetos**. Rio de Janeiro: Edições Galo Branco, 1964.

infância enfim recuperada, e que, para Garcia Lorca, é *uma fábula de fontes*. Ou a silente fábula das falas.

Haroldo de Campos, entre Signantia Quasi Coelum e Finismundo

Haroldo de Campos nasceu em São Paulo, em 19 de agosto de 1929, e faleceu em São Paulo, em 2003. Formado em Ciências Jurídicas e Sociais, dedicou-se ao magistério. Poeta, ensaísta, teórico do Concretismo, tradutor notável, conferencista. Seus poemas, os *punti luminosi*, em *Signantia quasi coelum*, 1979, revelam seu retorno ao verso, de que é mestre. Volta a metáfora a florescer. A velha e tão contemporânea metáfora, desde antes dos *róseos dedos da aurora*, de Homero. Aqui, as palavras não se fecham, silabicamente, na página, sem a inter-relação entre elas. Há o choque dos vocábulos, a junção que os faz viver. E apenas caberiam mais *pontos luminosos* numa constelação de amplo e sidério espaço – o que é o desejo do exigente leitor. Em *Signantia quasi coelum*, pode-se imaginar na página o quase céu, mas falta, vez e outra, essa conexão mais amorosa entre signos, embora outros se enlacem plenamente. Tal uma harpa eólia que necessita ressoar. Mas há tênues e dissonantes acordes, *pontos obscuros* entre as imagens. "E o ponto obscuro no espírito é tão insuportável como um grão de areia no olho" – admoesta Mallarmé.[1324] Haroldo de Campos joga seus dados e signos, com nervosos e dúcteis tecidos visuais. Como se lidasse com um volume de gravuras-versos. E isso fascina. René Char, tem a propósito, um aforismo: "O fruto é cego. É a árvore que vê."[1325] E vê por fazer transbordar o fruto. Sim, o poema vê, o tempo vê, o livro é uma árvore de folhas que veem. Olhos que meditam, ouvindo. "Pensar começa com o ver; mas não necessariamente com os olhos, mas com algumas formulações da percepção dos sentidos" (Suzanne Langer). Intertextual, Haroldo de Cam-

---

1324. CAMPOS, Haroldo de. **Signantia quasi coelum**. São Paulo: Perspectiva, 1979.

1325. CAMPOS, Haroldo de. **Signantia quasi coelum**. São Paulo: Perspectiva, 1979.

pos cria sua orientação estelar, ora em parataxe, sintagmas ou em signos soltos numa espécie de Ursa-Maior do silêncio. Palavras-estrelas. Entanto, é o verso, ainda, instrumento de poesia. Com o nome que se quiser. Haroldo é um poeta que transcende essas catalogações, como todo o autêntico criador, não se ata em suas próprias perspectivas de teorista, vai além. Subjugar o inconsciente é mineralizar a consciência do mistério e ele vem da fusão dos átomos-vocábulos. E como o signo verbal é capaz de se estremecer de sentidos, mitos, pelo poder encantatório do artista, *Signantia quasi coelum* gera a sua hierarquia de evidências, que se vão inventando e desencadeando entre coisas que não entreagem, pesadas, e outras que adquirem liberdade. A poesia é essa aquisição autônoma, atonal. E simultaneamente, história da linguagem. Há uma radicalização, que não foge da tampa das palavras, integra, reincorpora-se à geometria viva. Onde os valores semânticos se associam à crispação íntima, revolvem-se entre raios de um metalirismo velado de subintenções. Com a parataxe (traço pós-modernista), utiliza blocos de significação sem explícita relação em si, como em "lua / entre dois / dragões / com uma haste/ de bambus / passar / por entre lianas / sem desenredá-las."[1326] E outros recursos estilísticos que alimentam os blocos que são como "estrelas que caem do espírito"[1327] (Mallarmé). Entretanto, nos acertos e felizes instantes que prendem e comovem pelo insuspeitado, Haroldo de Campos é irmão de Octavio Paz, de *Transblanco*, que magistralmente verteu ao português. Como ele, sintético e barroco. Como ele, cria *um campo magnético* de sentidos para o verso, traçado entre contrapontos, lumes, diagramas. Cito alguns fragmentos belíssimos: "o átimo das coisas um sol / se ensolara no sol / como a luz na lente,"[1328] "a umbela / arfante e soa / teofonia de signos

---

1326. CAMPOS, Haroldo de. **Signantia quasi coelum**. São Paulo: Perspectiva, 1979.

1327. MALLARMÉ, Stéphane. **La Estética**. Buenos Aires: Assandri, 1960. p. 158.

1328. CAMPOS, Haroldo de. **Signantia quasi coelum**. São Paulo: Perspectiva, 1979. p. 29.

/ limalha de cristal / vibrada",[1329] "gomos / do grande copo de som: / consopros / do respiro total / assim me / assino",[1330] "a sombra fóssil de / um peixe escava aqui / a pedra buril de quantos / mil / anos?",[1331] "O instante é pluma."[1332] Esta invenção: "o girassol pensa: Leopázios!",[1333] "onde perceber / no gorjeio do pássaro / o ar que fala",[1334] "Celacantos provocam maremotos",[1335] "bafo sem narinas / toca o / fundo",[1336] "O cão / do gatilho solar."[1337] Acima de todas as controvérsias e questões paira a poesia. E ela, acima dos estadinhos de humor ou paixão, permanece. E assim será julgada. Se emergiram – o que é humano – dentre seus raiantes pontos de luz – "os buracos negros" – foram fios que não se soldaram, eletricamente. E, se vige uma cosmogonia: é ilógica e ao avesso, tecida de faíscas, lampejos verbais. O que é explicável pela inovação e ousadia da obra. Afirma Claudel que "a impotência – a impossibilidade – é a medida do poder poético."[1338]

1329. CAMPOS, Haroldo de. **Signantia quasi coelum**. São Paulo: Perspectiva, 1979. p. 29.

1330. CAMPOS, Haroldo de. **Signantia quasi coelum**. São Paulo: Perspectiva, 1979. p. 29.

1331. CAMPOS, Haroldo de. **Signantia quasi coelum**. São Paulo: Perspectiva, 1979. p. 29.

1332. CAMPOS, Haroldo de. **Signantia quasi coelum**. São Paulo: Perspectiva, 1979. p. 29.

1333. CAMPOS, Haroldo de. **Signantia quasi coelum**. São Paulo: Perspectiva, 1979. p. 29.

1334. CAMPOS, Haroldo de. **Signantia quasi coelum**. São Paulo: Perspectiva, 1979. p. 29.

1335. CAMPOS, Haroldo de. **Signantia quasi coelum**. São Paulo: Perspectiva, 1979. p. 29.

1336. CAMPOS, Haroldo de. **Signantia quasi coelum**. São Paulo: Perspectiva, 1979. p. 29.

1337. CAMPOS, Haroldo de. **Signantia quasi coelum**. São Paulo: Perspectiva, 1979. p. 29.

1338. CLAUDEL, Paul. **Cinq grandes odes**:la Cantate à trois voix. 2. ed. Paris: Gallimard, 1966. p. 75.

Todavia, Haroldo de Campos, em *Finismundo – A última viagem*, 1990, volta à atmosfera poundiana, que admiravelmente traduziu. Sem ter a levidade dantesca que, para Italo Calvino, chega ao extremo de assinalar "o próprio peso dessa leveza."[1339] Ou mesmo a do autor de *Os cantos*: "E pois com a nau no mar, / Assestamos a quilha / contra as vagas / E frente ao mar divino içamos vela / No mastro sobre aquela nave escura, / Levamos as ovelhas a bordo e / Nossos corpos também no pranto aflito."[1340]

A narrativa haroldiana assim se estabelece: "Último / Odisseu multi- / ardiloso – no extremo / Avernotenso limite – re- / propõe a viagem."[1341] Junta Pound a Odorico Mendes. Porém, a forma soa esdrúxula. O texto, como um junco, vai-se quebrando ao meio. Com acentuado prosaísmo. Vocábulos náufragos. Contra a lei da gravidade. Ao aproximar-se, consanguíneo, de Odorico Mendes, tende a padecer no seu poema, do que Antonio Candido comentou, a respeito da tradução da *Ilíada*, do grande humanista maranhense, alastrando-a de expressões bombásticas e excessivamente rebuscadas.[1342] Sem haver entre ambos, obviamente, a valiosa coesão do tempo. Algumas fulgurações desta primeira parte: "O mar / atrás do mar. / O ínvio-obscuro.",[1343] "as vigilantes colunas à onda / escarmentam: vedando mais um / passo",[1344] "Água só. Rasuras. / E o fado esfaimando",[1345] "Só um sulco / cicatrizou no

---

1339. CAMPOS, Haroldo de. **Finismundo**: a última viagem. Ouro Preto: Tipografia de Ouro Preto, 1990.

1340. CAMPOS, Haroldo de. **Finismundo**: a última viagem. Ouro Preto: Tipografia de Ouro Preto, 1990.

1341. CAMPOS, Haroldo de. **Finismundo**: a última viagem. Ouro Preto: Tipografia de Ouro Preto, 1990.

1342. CAMPOS, Haroldo de. **Finismundo**: a última viagem. Ouro Preto: Tipografia de Ouro Preto, 1990.

1343. CAMPOS, Haroldo de. **Finismundo**: a última viagem. Ouro Preto: Tipografia de Ouro Preto, 1990.

1344. CAMPOS, Haroldo de. **Finismundo**: a última viagem. Ouro Preto: Tipografia de Ouro Preto, 1990.

1345. CAMPOS, Haroldo de. **Finismundo**: a última viagem. Ouro Preto: Tipografia de Ouro Preto, 1990.

peito",[1346] "O redondo oceano ressoa taciturno",[1347] "A nave repelida / abisma-se."[1348] Sim, o texto carregado de hipérbatos, ritmicamente corta-se em ondas e a carga convulsionada pode afundar suas palavras. Como navegar com *caos pelaginoso*, o *umbráculo interdito*, a *híbris-propensa*, a *capitânea cabeça*, a *missão voraginosa*, os *escarcéus do arcano*? E a cacofonia – *soprada de destino*? Um esboço de outro esboço. E destroços na praia. Haroldo de Campos descreve o transe, a passagem ao *Finismundo* ("Aqui é o fim do mundo, aqui é o fim do mundo / em que até aves vêm cantar para encerrá-lo")[1349] E não há *consolação da paz*. Ou a sabedoria aludida por T. S. Eliot: "A única sabedoria / a que podemos aspirar. / É a sabedoria da humildade: a humanidade é infinita." A segunda parte de *Finismundo*, a irônica, é mais feliz, apesar de um *acaso computadorizado lacerar o* texto. Ou o verso cacofônico – "Tua penúria da última Tule."[1350] Entretanto, o poeta atinge seu desígnio: "Teu epitáfio? Margem de erro: traço / mínimo digitado / e à pressa cancelado / no líquido cristal verdefluente. // Périplo? / Não há. // Vigiam-te os semáforos. // Teu fogo prometeico se resume / à cabeça de um fósforo – Lúcifer / portátil."[1351] Ou "um postal do Éden / com isso te contentas. // Açuladas sirenes /cortam teu coração cotidiano."[1352]

1346. CAMPOS, Haroldo de. **Finismundo**: a última viagem. Ouro Preto: Tipografia de Ouro Preto, 1990.

1347. CAMPOS, Haroldo de. **Finismundo**: a última viagem. Ouro Preto: Tipografia de Ouro Preto, 1990.

1348. CAMPOS, Haroldo de. **Finismundo**: a última viagem. Ouro Preto: Tipografia de Ouro Preto, 1990.

1349. CAMPOS, Haroldo de. **Finismundo**: a última viagem. Ouro Preto: Tipografia de Ouro Preto, 1990.

1350. CAMPOS, Haroldo de. **Finismundo**: a última viagem. Ouro Preto: Tipografia de Ouro Preto, 1990.

1351. CAMPOS, Haroldo de. **Finismundo**: a última viagem. Ouro Preto: Tipografia de Ouro Preto, 1990.

1352. CAMPOS, Haroldo de. **Finismundo**: a última viagem. Ouro Preto: Tipografia de Ouro Preto, 1990.

Ao adotar a viagem, Haroldo de Campos absorve a errância da história. E nisso se faz épico. As formas do movimento de água têm algo em comum com as das palavras. As imagens se encarceram "ao manancial perpétuo da imaginação."[1353] Eis um périplo: o primeiro, épico; o segundo, paródico-irônico. Ou a última viagem para Finismundo. Entre o heroico e a prosápia cotidiana, o poeta, como o fez Baudelaire, dirige-se ao leitor (no que Diderot, em *Jacques, o fatalista*, é mestre), enxertando o espírito de perplexidade. Depois fala de nós todos. Conexa o espaço branco e o deslocar-se da *nau de finas carenas*. Refaz a escritura através do que escreve, acompanhando o trânsito do herói (e o próprio, subjacente). Diferente de Proust e seu tempo passado, alia-se a Joyce no tempo acontecendo. E a coragem de transgredir, partir o lacre ao proibido, "é a do criador entre estruturas poéticas ou galáxias. Não vence o equilíbrio, entre o sotaque antigo, quase clássico e a visão de *Ulisses urbano*."[1354] Essa desmedida é o risco natural da opção inventiva do poeta. Seu barroco não deixa de ser a prova de que os mitos nos habitam. E somos as suas imagens. Fermenta o ânimo heroico, com a modernidade ouvida. Em final – que é o nosso – precário, humano lamento? O texto haroldiano "são sombras surpreendidas que se jogam contra a luz."[1355]

Augusto de Campos e Décio Pignatari

Nascido em São Paulo, em 14 de fevereiro de 1931, há que registrar também a importância de Augusto de Campos, poeta, ensaísta e magnífico tradutor. O primeiro de Dante Alighieri, Arnaut, Joyce, Cummings, Rilke, Rimbaud, John Donne, Lewis Carroll, Verlaine, Provençais, Huidobro, Oliverio Girondo, Gertrude Stein, John Cage, entre outros. Participou, com seu

---

1353. CAMPOS, Haroldo de. **Finismundo**: a última viagem. Ouro Preto: Tipografia de Ouro Preto, 1990.

1354. CAMPOS, Haroldo de. **Finismundo**: a última viagem. Ouro Preto: Tipografia de Ouro Preto, 1990.

1355. CAMPOS, Haroldo de. **Finismundo**: a última viagem. Ouro Preto: Tipografia de Ouro Preto, 1990.

irmão Haroldo, na valiosa *Revisão crítica de Sousândrade e do baiano Kilkerry*. Postula veiculações, espetáculos com leitura de poesia e projeções fundadas em formas musicais, acentuando em Entrevista ao Globo (21.8.2004), para Arnaldo Bloch:

> Há quem defenda que a arte concreta já é intermídia. Mas poesia com lápis e papel é tão válida quanto essas formas, e jamais haverá substituto para o livro físico. Há poemas que se realizam plenamente no papel. Outros ganham no ambiente digital.[1356]

E sobre a poesia feita no Brasil, respondeu, lucidamente: "Ezra Pound dizia que um poeta mais velho não devia opinar sobre os mais jovens porque tende a gostar dos que são parecidos com ele". Eis um poema de Augusto de Campos, publicado originalmente na revista *Invenção*, de 1963, denominado *Hiroshima, meu amor*:

> meu corpo tomba teu corpo
> meu corpo meu corpo tomba
> meu corpo bomba teu corpo
> teu corpo meu corpo bomba
> meu corpo tua bomba tomba
> teu corpo meu corpo bambo
> meu corpo tua bomba bomba
> tua bomba meu corpo bomba
> meu bomba bomba tua bomba
> tua bomba meu bomba bomba
> meu teu bomba bomba bomba
> bomba bomba bomba a bomba.[1357]

Inegável a força desse poema, a explosão que dentro dele irrompe para fora. E vale também salientar a participação de

---

1356. CAMPOS, Augusto de; SÜSSEKIND, Flora Júlio; GUIMARÃES, Castañon. **Augusto de Campos**: poemas, publicações, manuscritos, vídeos e gravações. Rio de Janeiro: Edições Casa de Rui Barbosa, 2004.

1357. CAMPOS, Augusto de; SÜSSEKIND, Flora Júlio; GUIMARÃES, Castañon. **Augusto de Campos**: poemas, publicações, manuscritos, vídeos e gravações. Rio de Janeiro: Edições Casa de Rui Barbosa, 2004.

Décio Pignatari (nascido em Jundiaí, em 1927, e falecido em São Paulo, em 2 de dezembro de 2012), de rara inteligência, sobretudo, no ensaio, especialista em Semiótica e Comunicação, poeta e ensaísta. Introdutor com os irmãos Campos do Movimento Concretista, exemplar tradutor de Shakespeare, Ovídio, do Rig Veda e Safo a Apollinaire. Suas prosas poéticas: *Panteros*, aliança entre *Pan* e *Eros* (Rio de Janeiro, ed. 34), textos com títulos em inglês, fusão de cinema, romance e poesia. E *Noosfera*. Alega em seu antimanifesto *Interessere*: "No concretismo interessa o que não é concretismo". O que não deixa de ser uma nova dimensão. Propunha que fosse a palavra pensada em suas dimensões: som, forma, visual, carga semântica. Num poema seu desmonta o slogan ("beba coca-cola"), com sentido dependendo da disposição gráfica e espacial dos vocábulos, alcançando os versos: "babe cola / beba cola / babe cola caco // caco / cola / cloaca". Afim de Oswald de Andrade, de quem sentia parentesco espiritual. Quando nos finais de 1959 e início de 1960 – fora do concretismo não havia salvação. E se aventurara no Concretismo, como um objeto em e por si mesmo. E a pretexto de desintoxicar, sufocou a palavra. E o intuito da "pura sensibilidade na arte" (Malevitch[1358]) resultou no mais esdrúxulo mecanicismo. O prudencioso tempo mudou a eles e a nós. Antes, porém, João Cabral, com a severa lucidez que o caracterizava, afirmou sobre o Concretismo:

> Na verdade, talvez se possa falar atualmente de seu tecnicismo exagerado ... E o exagero formalista ao desligar o poeta de muitos problemas valiosos, pode ser pernicioso. ... Mas não é menos certo que o Concretismo deu ao Brasil uma extraordinária consciência de crítica.[1359]

Entretanto, no que concerne à poesia de Ezra Pound, transplantadora do ideograma, base do Concretismo, João Cabral acentua: "A grande contradição talvez da obra de

---

1358. MALEVITCH apud BRITTO, Romero. **Neo-concretismo**. São Paulo: Cosac Naify, 1999.

1359. TAVARES, José Correia. **Entrevista**. Entrevistador: Letras e Artes. Lisboa, 8 jun. 1966.

Ezra Pound é que ele, sendo um poeta crítico, quis ser um poeta da celebração."[1360] Ora, o excesso de tecnicismo cai na desumanidade. Demolindo a imagem do mundo, apressando a entropia. E a poesia só brota da fusão de vocábulos, nunca de palavras isoladas. Todo o isolamento é morte, porque a poesia se nutre da comunidade verbal. Como o universo das pessoas. E a linguagem carrega-se de significações, aspirando a ser apenas na união amorosa dos vocábulos. Porque as palavras também sonham e "os sonhos se acordam dos sonhos", como anotava Georges Perros. Até novamente sonharem. E, se elas tiverem ampliados os sentidos, como em Lewis Carroll, ou no caso extremado de James Joyce, nunca deixarão em cadeia de significar, como substância viva, não amorfa, nem coisificada. E Cassiano Ricardo levanta outro problema sério, falando da *obsolescência do concretismo*, que foi "a falta de uma filosofia que o houvesse amparado contra a velhice repentina."[1361] E Cassiano foi muito complacente. Ao falar em velhice, admite infância, juventude, maturidade. Aliás, nenhuma filosofia pode nutrir o que está morto, pois a dúvida vem do próprio nascimento. Tendo em vista que o esquema de transplantar o ideograma chinês, feito pelo Concretismo, seguindo a lição de Pound, frustrou-se no seu trajeto para um idioma de tradição fonética, como a portuguesa. Ou seja, a impossibilidade de uma poesia em língua pictórica, desenhada, rebrotar como poesia em língua eminentemente fônica. E o movimento concretista teve a duração da rosa de Malherbe, com todos os seus corifeus, dando o salto conteudístico-participante. Deixando a rosa murchar no solitário galho vanguardeiro. E como o Concretismo aboliu o tema, o próprio tema aboliu o Concretismo. E é com acerto que Hans Magnus Enzensberger[1362] anota: "Talvez a poesia concreta nunca tenha sido grande coisa, como acredi-

---

1360. POUND, Ezra. **Arte da poesia**. São Paulo: Cultrix. p. 19.

1361. CASSIANO, Ricardo. **Poesia práxis e 22**. Rio de Janeiro: José Olympio, 1966. p.10.

1362. CASSIANO, Ricardo. **Poesia práxis e 22**. Rio de Janeiro: José Olympio, 1966. p.156.

tavam seus pioneiros na década de 1950, mas nem mesmo os céticos teriam pensado que o desgaste pela repetição fosse terminar de forma tão desalentadora". E muito antes, foi Einstein que observou: "A teoria é assassinada mais cedo ou mais tarde pela experiência."[1363] Ainda mais que "a poesia é experiência"[1364] (o que não deixa de ser real, como o foi para Benedetto Croce). Feito o balanço, se do Concretismo em si não resultou poesia – tendo sido mais isoladores do que condutores da corrente elétrica, na lição de Novalis, o mesmo não se pode dizer antes ou depois do Movimento, com o salto conteudístico-participante de Décio e os irmãos Campos. E é respeitável o trabalho dessa tríade – enfatizamos – na recriação de poemas e textos de Dante, Maiakovski, Ezra Pound, Oliveiro Girondo, Cummings, Ponge, Rimbaud, Rilke, ou no pioneiro reconhecimento de Joyce, prestando alto serviço – enfatizamos – com a *Revisão de Sousândrade e Kilkerry*. E aqui, ao falar de James Joyce, ressalta-se o trabalho monumental de tradução de *Ulisses*, 1965, realizada por Antônio Houaiss (Rio, 1915-1999), enciclopedista, dicionarista, filólogo e crítico. Seguido em 2005, por outra versão em nossa língua da obra do gênio dublinense, através de Bernardina da Silveira Pinheiro. E a ousadíssima recriação do *Finnegans wake*, de Joyce, por Donaldo Schuler (de 1999-2002). E sempre atual, é a lição de Jorge Luis Borges: "Todas as teorias são legítimas e nenhuma tem importância. O que importa é o que com elas se faz."[1365]

Mário Chamie e a poesia práxis. Ou Pauliceia dilacerada

Poeta, ensaísta, publicitário. Nasceu em 1º de abril de 1933, em Cajobi, São Paulo, e faleceu no dia 3 de julho de 2011, na capital paulista. Sua estreia foi com o livro de poemas

---

1363. CASSIANO, Ricardo. **Poesia práxis e 22**. Rio de Janeiro: José Olympio, 1966.
1364. CASSIANO, Ricardo. **Poesia práxis e 22**. Rio de Janeiro: José Olympio, 1966.
1365. BORGES, Jorge Luis. **Obras completas**. São Paulo: Globo, 1998-1999.

Espaço inaugural, 1955; *Os rodízios*, 1958; *Lavra-lavra*, 1962, iniciando a linha práxis. Depois edita: *Palavra-levantamento*, 1963; *Indústria*, 1967; *Instauração práxis*, dois volumes, 1974; *Pleno plenário*, 1974; *Obra reunida e objeto selvagem*, 1977; *A quinta parede*, 1986; *A natureza da coisa*, 1993; *Caravana contrária*, 1998. De inegável originalidade – tanto na poesia quanto no ensaio. Mário Chamie, aliás, na sua tentativa de *Poesia práxis*, alia o crítico ao poeta (o maior do seu movimento, um dos grandes de sua geração), escrevendo ensaios notáveis: *Caminhos da carta* (uma leitura antropofágica da Carta de Pero Vaz de Caminha, 2002), *A palavra inscrita*, 2004 e a autobiográfica *Pauliceia dilacerada*, 2009. Sua poesia teve o instinto poderoso de ver longe e merece ser revalorizada, passando injustamente um *tempo de exílio* no seu próprio país, pagando o preço da grandeza e da ousadia, sobretudo ao levantar-se contra o Concretismo. E, se um momento caiu no lapso de querer automatizar a poesia, a vida nele, tão ávida, vigorosa, saltou fora, liberta das tentativas de prendê-la. Porque a imaginação não é objeto, mas selvagem, inimiga de todas as mecanizações. Chamie jamais negou a palavra – poeta sempre crítico – e o seu *movimento* continua com ela, incorporado na nova poesia brasileira, pela fidelidade à própria voz, o que não sucedeu no Concretismo, que recusou a palavra para a letra e recusou, tantas vezes, a letra para o espaço. Essa lucidez de trincheira pétrea, resistente não lhe pode ser recusada. E mais ainda, sua análise percuciente, ao debruçar-se sobre a poesia contemporânea, teve a dimensão do tempo: levantino, acostumado de horizontes, com o *simum* de caravanas e gerações. O seu previsto levantamento de vocábulos – não deixa de existir na criação – sendo também um trabalho do inconsciente, sem ser apenas racional, didático, de onde o texto transborda, com e além dele, enxertado de vocábulos educados e outros rebeldes que se encaixam em rotação no eixo da linguagem, espécie de *pedra do sono*. E ainda bem. Admiráveis são muitos de seus poemas que, por se apegarem à matéria viva, com a experiência resistem em força e rigor, pela contenção, densidade e visão de mundo. Assim, ainda que professando uma teoria, graças ao convencimento exegético que a transcende, aliado à frutuosa intuição poética, descartou sua obra da desigualdade, ou das áreas desérticas e do intruso rumor, que poderiam advir desse conflito. E não houve. Enfatizo: ao tentar prescrever as regras de poesia, teve a humildade suficiente de ser por elas escrito, permitindo que o encontrassem as *equações verbais*, de que fala Roman Jakobson, ou os princípios construtivos do texto, que não emanam de conceitos, mas da sofrida experiência. Eis o antológico *Enterro*:

1. Condição da treva: desmaio. O enterro leva os pés à caixa. Um ante voo; a corça.

2. Convenção da terra: cascalho. O aterro leva o pó à choça. Um antes sol: a roça.

3. Comunhão da serra: espantalho. O santeiro leva a fé à praça. Um antes som: a gralha.

4. Exaustão da cera: cansaço. O coveiro leva a pá à cova. Um antes mal: o homem.

5. Findação do homem: agasalho. O desterro leva a voz ao quase. A trave: um laço nó na treva.[1366]

Esse poema é emblemático a respeito do processo criativo de Chamie. Ou seja, o agrupamento de palavras que se harmonizam e se casam no texto contra os signos convencionais do sistema linguístico. Vocábulos que encobrem, trabalhando, a tese/antítese e a síntese. Outro momento de invenção poética com pontaria infalível, versando sobre o poder deletério do rádio e a passividade contemporânea. *Sábado na hora da escuta*:

> por fora
> nesta hora
> estou estamos na poltrona.
> O sábado:
> seu macio beladona
> nos prende na onda

1366. CHAMIE, Mário. **Sábado na hora da escuta**. São Paulo: Summus, 1978.

HISTÓRIA DA LITERATURA BRASILEIRA
Da carta de Caminha aos contemporâneos

no baixo letal veneno da sombra
cômoda.

na poltrona do sossego
estou estamos no centro
das ondas longas
das ondas curtas
da língua suja
da mesma fria
NOTÍCIA
com sua asma
com seu fantasma
de sentença coletiva.

estou estamos na ilha
sob os raios de radium
onde estando estamos
com o rádio de pilha.

seu reino avança
indefesos
presos
estou estamos no centro.
dentro
a enguia fria da NOTÍCIA
lança a mão em onda de onde
está estando em sombra.

pois esta é a sombra.
esta, a cômoda.
este, o letal concêntrico
veneno
em volta da poltrona.

estou estamos
no centro por dentro da ilha
sob as águas, no meio das ondas
o rádio de pilha
está onde estamos
– sombra e escudo –

quando mudos
na sombra
ouvimos o que não muda
e manda.[1367]

Indústria frigorífica é outro poema significativo que desenvolve todo o processo do boi: desde a engorda à execução. Humaníssimo e grave, arguto e irônico, Mário Chamie investe contra algumas das alienações do mundo. E nunca perdeu a visão, nem *o martelo que esmiuça a penha*. Confirmando o verso goethiano: "Cinzentas são as teorias, verde e fulgurante é a árvore da vida." E, ao tratar da biografia de Mário de Andrade (*Pauliceia dilacerada*), mescla ficção e ensaio, mostrando quanto ainda se convive no resíduo das diretivas culturais do grande modernista que visava integrar e desenvolver São Paulo. E árvore dilacerada é também o autor, que, subterraneamente, transita entre a *persona* de um Mário a outro, como se trabalhasse, em minúcias, um palimpsesto. Autobiografia póstuma? Autobiografia em progresso.

Affonso Ávila e o código de Minas

Nasceu em Belo Horizonte, em 19 de janeiro de 1928, e faleceu na mesma cidade, em 27 de setembro de 2012, aos 84 anos. Poeta, jornalista, funcionário público. Casado com a ensaísta Laís Corrêa de Araújo, autora de importante análise da obra de Murilo Mendes. Affonso escreveu: *O açude e sonetos de descoberta*, poesia, 1953; *Carta do solo*, poesia, 1961; *Carta sobre a usura*, poesia, 1962; *Código de Minas e poesia anterior*, 1969; *O poeta e a consciência crítica*, 1969; *Cantaria barroca*, poesia, 1975; *Discurso da difamação do poeta*, 1976; *Catas de aluvião: do pensar e do ser em Minas*, ensaio, 2000. *Cantigas do Falso Alfonso El Sábio*, 2007.

Um dos principais pesquisadores do barroco mineiro, sua poesia iniciou em pleno vigor da geração de 45, sofrendo a sóbria ou ruidosa penumbra de alguns dos seus integrantes. E Affonso,

---

1367. CHAMIE, Mário. **Sábado na hora da escuta**. São Paulo: Summus, 1978.

crescendo pelo tom satírico, afastou-se dela, gerando um idioma pessoalíssimo. E pela estilística da repetição – não de palavras – mas de frases, atingiu soluções paradoxais, criativas, altamente críticas da sociedade patriarcal mineira e os decretos arcaicos do *tempo obscuro do Brasil*, ou as sanções do jugo. O uso do arcaico acabrunhou o arcaísmo – do aspecto formal ao do conteúdo – corajosamente. Subverteu os signos arbitrários do sistema linguístico, as leis injustas, as coisas caóticas do regime ditatorial, com o seu próprio código. A vocação de Affonso Ávila de excelente pesquisador e ensaísta teve o tirocínio de se manter na palavra, – o que também aconteceu com Chamie, cada um à sua maneira – dirigindo o movimento mineiro de vanguarda *Tendência*. E seu barroquismo é essencialmente mineiro-brasileiro (que aparece na ficção de Autran Dourado), com certo ar cultista, requintado, desdobrável numa imagística que se constrói desconstruindo, entre a tensão, desequilíbrio, alusões riquíssimas, recriando-se em texto paralelo e superior na imaginação de quem o lê. Do Brasil colonial ao contemporâneo, é um espelho sinuoso de invenção e permanência. Poeta difícil? Não. Difícil é este tempo, onde se desvela a vertiginosa consciência que rege sua poesia, o sentido coletivo de seu (dis)curso fluvial. E o que é vivo, pode adormecer. Entretanto, há de acordar. Dou ao leitor a oportunidade da leitura, através de dois poemas de *Discurso da difamação do poeta*: 11 – *Pobre velha música*:

> O poeta falava e as pessoas o ouviam atentamente
> O poeta falava e as pessoas costumavam ouvi-lo atentamente
> O poeta falava e as pessoas costumavam ouvi-lo com alguma atenção
> O poeta falava e as pessoas às vezes o ouviam com alguma atenção
> O poeta falava e algumas pessoas o ouviam com alguma atenção
> O poeta falava mas raras pessoas o ouviam com alguma atenção
> O poeta falava e as pessoas o ouviam sem atenção
> O poeta falava e as pessoas já o olhavam sem ouvir
> O poeta mal fala e as pessoas já abrem a boca em fastio
> A ATITUDE DIANTE DO POETA É O BOCEJO.[1368]

1368. MORICONI, I. **Os cem melhores poemas brasileiros do século**. Rio de Janeiro: Objetiva, 2001.

CARLOS NEJAR

Antifamília – fragmentos:

Com seu morgadio
(com seu moradio
de alta e ornada homilia
de alternada comida
de reses e armada fama
de revezada cama
o ar másculo de Joaquina
os amásios de Joaquina)

Com sua reação
(com suas relações
de perverso sarcasmo
de controverso caso
de cínico escravismo
de insinuado vício
o cérebro ágil de Vasconcelos
o celibato de Vasconcelos)

Com sua docência
(com sua ciência
de versados políticos
de versáteis polacas
de óbvios humoristas
de hábeis humanistas
as academias do Olimpo
o cabaré da Olympia)

Com suas astúcias
(com suas estufas
de espórtulas à Virgem
de espoliadas virgens
de preço a cada homem
de pregustados hímens
os votos de Luciano
os ócios de Luciano)

(...)
Com sua crosta
(com sua crônica
de cera e diamantes
de seriados amantes
de recintados balofos
de reincindentes abortos
as deselegantes senhoras
as dez mais elegantes senhoras)

Com seus opostos
(com seus opróbrios
de usura e de abuso
de usuário abuso
de clausura e de uso
de enclausurado uso
a família mineira
a *antifamília mineira)*.[1369]

Para fixar a transgressão, utilizou-se da frieza da lei e foi, sem se dar conta, por ela formalizado. Sua crítica é inteligente, apropriada, certeira e educadamente satírica, Affonso Ávila, seguindo o conselho de Tzvetan Todorov, jamais verbalizou seu texto com impunidade. Assumiu, no mais antigo, o que é asperamente atual e humano. Tirando música da aproximação fônica de frases e vocábulos. Do mágico ao sarcástico.

Arranha-céu, entre as constelações: César Leal

Poeta e crítico, que veio a merecer o prêmio Machado de Assis da Academia Brasileira de Letras, em 2006, nasceu em Saboeiro, Ceará, em 20 de março de 1924, plantou-se no Recife, Pernambuco, iniciando o seu percurso com *Invenção da noite menor*, 1957, aprofundou-o revolucionariamente em *O triunfo das*

1369. MORICONI, I. **Os cem melhores poemas brasileiros do século**. Rio de Janeiro: Objetiva, 2001.

águas, 1968 e *A quinta estação*, 1972 – dois importantes poemas épicos – que se expandiram, nacionalmente, na coletânea com o inovador *Tambor cósmico*, 1978. E depois, em *Constelações*, 1986. Agora o revolucionário das formas encontra a sua maior evolução no equilíbrio entre o pousar sereno e clássico e o seu voo domado e alto. "Em fuga das águas, / noturna ave ou chama!"[1370] Assim, este arranha-céu conserva triplo sentido: o da construção de edifício verbal; o de intentar altitude, a ponto de arranhar o céu. E mais abrangente de todos – o da Terra e altas estrelas. Manifestando-se em vários planos, dentro da multiplicidade que corporifica a poesia contemporânea, visível na poesia reunida, sob o título *Tempo e vida na Terra*, 1998. Não busca a vanguarda como fim, embora se integre ao desígnio rimbaudiano de "ser absolutamente moderno"[1371], confirmando a lição de Octavio Paz, ao asseverar que "a tradição moderna apaga as oposições entre o antigo e o contemporâneo e entre o distante e o próximo."[1372] Sem preconceito do antigo e do novo: considera o vivo. No que permanece. Portanto, o que o poeta César Leal utiliza de técnicas e processos, vislumbra, de modo simples e puro, o dizer. Dizer significando. Ou contando a profundidade e espessura das coisas e do tempo, onde em correnteza está sempre a passar. Contar pode ser o passo mais alto do dizer. Quando o dizer relata o perene acontecimento da alma, fazendo de suas contingências, lutas, peripécias, objeto do poético e do ser histórico. Sendo o próprio herói. Sim, o poeta muda os pólos, desvia os limites da demanda e atinge alvos de expressividade. Quando a arma e o alvo estão nele, o poeta na palavra alcança o universal. Ao tocar estranhezas na luz, clarifica-se. E a palavra pode ser arraigadamente sua e é de todos. E "ao eliminar o individual da imagem" (Mondrian)[1373] se acultura. "E por lutar assim – / sem escolher

---

1370. LEAL, César. **Tempo e vida na terra**. Rio de Janeiro: Fundação Biblioteca Nacional, 1998.

1371. LEAL, César. **Tempo e vida na terra**. Rio de Janeiro: Fundação Biblioteca Nacional, 1998.

1372. LEAL, César. **Tempo e vida na terra**. Rio de Janeiro: Fundação Biblioteca Nacional, 1998.

1373. MONDRIAN apud LEAL, **Tempo e vida na terra**. Rio de Janeiro: Fundação

seu alvo / o touro ainda que forte / irá morrer lutando."[1374] E o conselho: "Primeiro apure a arte / do tiro e busque o alvo."[1375] É o reino da imaginação, entre a fábula e o mistério, que amadurece a eterna infância da linguagem. Mesmo que se torne, agudamente, uma criatura da imaginação. "Ter um estoque de raios / com ele tecer nuvens – / de chamas tão velozes / como os raios de Júpiter."[1376] Todavia, luz e razão se combinam, com a simplicidade e andamento de fonte nesta poesia que não nega a substância da água e do real, a cada fluir. E desse fluir, impõe-se uma chancela unitária. Interpenetrada de constelações. Pois, cada poeta se reúne à sua linguagem. E a moralidade ou nova ética é a palavra que identifica. Considerando que a perplexidade não é do poeta, mas do universo que para ele converge. Porque há uma voz que desliza e há outras que subjazem. Partes do mesmo rio de cristal e signo. A poesia de César Leal, sendo de natureza reflexiva, desloca-se em contraposições ou espaços que se interligam. Numa corrente do espírito. Como as linhas de leveza que se alteiam nas paredes ou andares dessa edificação verbal. Cada verso tem a matemática espantosa da beleza, a justeza dos vocábulos na argamassa dos como, liames ou cordas prendendo imagens. Junto à popa e o mastro, a elevada gávea da deslizante nave, entre ondas. E as imagens se desenham cineticamente. Desfilam. "Tal luz não é redonda / mas é uma luz perfeita: / tem a forma do raio / em reta correnteza."[1377] Embora este livro contenha, como toda a complexa e rica poesia, achados e relâmpagos de veios azuis no poema, corre por ela uma espécie de motor mágico do cosmos. E o pensador é capaz de ir (des)pensando os blocos da lógica cartesiana, para a lógica do silêncio ou do abismo. E, acaso, não

---

Biblioteca Nacional, 1998.

1374. LEAL, César. **Tempo e vida na terra**. Rio de Janeiro: Fundação Biblioteca Nacional, 1998.

1375. LEAL, César. **Tempo e vida na terra**. Rio de Janeiro: Fundação Biblioteca Nacional, 1998.

1376. LEAL, César. **Tempo e vida na terra**. Rio de Janeiro: Fundação Biblioteca Nacional, 1998.

1377. LEAL, César. **Tempo e vida na terra**. Rio de Janeiro: Fundação Biblioteca Nacional, 1998.

tinha sobrado motivos, Blaise Pascal, ao conjeturar que "os silêncios dos espaços infinitos o atordoavam"[1378]. E é esse mesmo silêncio abissal que percorre os estelares versos, já que "só em nós percebemos a verdadeira harmonia das esferas" (Jean-Paul Sartre). João Cabral de Melo Neto e Joaquim Cardozo, também pernambucanos, e Dante, Rimbaud, Jorge Guillén – marcam as referências de caminho. Sem abominar certa evidência racional valeriana. Sob a lâmina alucinante da profecia. Mas é Dante que lhe dá o traço decisivo: "Não mais a minha voz irás ouvir: / dispõe de livre e íntegra vontade, / e só com ela deves prosseguir. / Imponho-te o laurel da liberdade."[1379]

O simbólico se casa ao alegórico, onde se perfaz a consciência intermitente ou as especulações entre o plano abstrato e o didático. Como se um contido lirismo se pusesse em armas a favor da dolente premeditação dos sonhos. Na vigília "São proféticos sonhos / os símbolos mostrando /o diamante da vida / duras pedras riscando."[1380] "Se a vigília é um sonho / que sonha não sonhar: / então sono e vigília / possuem um peso ideal."[1381] Algo de dantesco se compraz no rigor da forma. Ou nó da criação e nó do amor, que, para Fourier, é atração enamorada. Atração ou cristalização de um saber incandescente, saber enamorado de sabores e véus, um desafogar de insones fogos, que jamais perde o seu caráter crítico, biográfico, simbólico. Às vezes exasperado. O poema nos acolhe, porque sabemos acolhê-lo ou inventá-lo dentro de todas as infâncias, por onde vamos desfalecendo. Até a da mitologia, a dos ritos, a do esquecimento. Essa poesia não é dos que tentam crescer, anulando a esperança. Porque não abandona a metamorfose. Tudo se transforma, porque se perde. E, ao mesmo tempo, tudo se perde: mas se transforma. Esse perder se modela, ao desembocar como as

---

1378. PASCAL, Blaise apud LEAL, César. **Tempo e vida na terra**. Rio de Janeiro: Fundação Biblioteca Nacional, 1998.

1379. ALIGHIERI, Dante. **Divina Comédia**: purgatório. São Paulo: Editora 34, 2008.

1380. LEAL, César. **Tempo e vida na terra**. Rio de Janeiro: Fundação Biblioteca Nacional, 1998.

1381. LEAL, César. **Tempo e vida na terra**. Rio de Janeiro: Fundação Biblioteca Nacional, 1998.

águas no mar. "O imponderável desce / ao abismo fundo: / o visto à luz do sonho / se recusa a ser mudo. // Eis linguagem criada / pelo azul que me cerca!"[1382] Como um arranha-céu (que não é de vidro: convém nessa perspectiva aproximá-lo de Cassiano Ricardo), seu livro está repleto de andares, apartamentos, compartimentos-poemas, quartos, peças de sonhar o visível. Um movimento ou brusco revolver desencadeia. "Qualquer giro pode configurar a frase. Tudo depende, em resumo, do contexto. Só importa a situação de cada componente dentro do conjunto, e este valor final é decisivo" – admoesta Jorge Guillén.[1383] "Olha o edifício e vê erguido / toda a estrutura é só leveza, / a imagem desse Arranha-céu / nos lembra a Terra e altas estrelas."[1384] O Arranha-céu possui três colunas – Os prelúdios. E esses fundam os cem andares-poemas. O primeiro prelúdio: A imagem. O segundo – O tempo e as coisas e o terceiro – Atlas e as águas. Assim, o livro se constrói pela superposição das imagens e os pisos de transparente limpidez. Essas imagens depois se tornam independentes. Coisas vivas em coisas vivas. E em *A oriental Safira*, atenta-se no faro intuitivo do poeta e sua erudição. Com Góngora, entende-a como enganadora, "não sendo surdo o mar."[1385] E a desenferruja, retira engrenagens, remove pesadas roldanas ou eixos. A arte, na sua mão, é levíssima: "La gloria di colui che tutto move / faz ondular no céu o seu rebanho / limpos diamantes a girar na luz."[1386] Ou "No Flegetonte um sábio me aconselha / a não parar às margens desse rio / onde as águas ardentes movem chamas"[1387] Com acento

---

1382. LEAL, César. **Tempo e vida na terra**. Rio de Janeiro: Fundação Biblioteca Nacional, 1998.

1383. Guillén, Jorge. **Lenguaje y poesía**. Madrid: Alianza, 1969, p. 196.

1384. LEAL, César. **Tempo e vida na terra**. Rio de Janeiro: Fundação Biblioteca Nacional, 1998.

1385. Góngora apud LEAL, César. **Tempo e vida na terra**. Rio de Janeiro: Fundação Biblioteca Nacional, 1998.

1386. LEAL, César. **Tempo e vida na terra**. Rio de Janeiro: Fundação Biblioteca Nacional, 1998.

1387. LEAL, César. **Tempo e vida na terra**. Rio de Janeiro: Fundação Biblioteca Nacional, 1998.

solene, afim do *Cemitério marinho*, de Valéry, sua descrição é pictórica. Como Dante Alighieri, põe os quadros ou imagens perante o leitor apresentando-nos ao mundo. Sem rodeios. Na combustão. Como não apreciar esta poesia que é empurrada por remos, entre o tempo espesso e o tempo futuro?

> Sou uma língua de fogo nas águas a ondular, navego eternamente sem Ítaca encontrar. Merecido castigo ao pensamento puro: inventei o cavalo que abriu de Troia os muros. Por isso aqui me encontro e em água e fogo fico, não voltarei à Pátria, meu porto está perdido.[1388]

E por que voltará à pátria este poeta, se já está nela – o poema de poemas, infinito – entre a Troia consumida e o mar da linguagem, em chamas? Porém, o tempo é maior. Nas gerações. "Sobre o chão que pisamos, / nossos rastros não duram: / um rastro de cem anos / no tempo é vida curta."[1389] A terra, a água, o fogo e o sonho falam, severamente, por sua boca. Como um profeta, com barbas de mel. Nutrindo-se com o que não dorme, nem dormirá na palavra. Ou o fogo das águas. César Leal nasceu em Saboeiro, no Ceará, em 20 de março de 1924, radicado em Pernambuco, faleceu em 5 de junho de 2013, em Recife.

1388. LEAL, César. **Tempo e vida na terra**. Rio de Janeiro: Fundação Biblioteca Nacional, 1998.

1389. LEAL, César. **Tempo e vida na terra**. Rio de Janeiro: Fundação Biblioteca Nacional, 1998.

CAPÍTULO 35

Década de 1960. Ficção

Zero. Ou a obra de Ignácio de Loyola Brandão
Moacyr (Jaime S.) Scliar. Desde o exército de um homem
só ao centauro no jardim
Nélida Piñon, de O fundador à República dos sonhos,
As vozes do deserto e Sagres
Rubem Fonseca ou a fúria e o delito sem castigo
Márcio Sousa, Imperador do Acre
João Ubaldo Ribeiro e Viva o povo brasileiro
João Antônio (J. A. Ferreira Filho), abraçado
à cidade humana
Fausto Wolff, o acrobata
Os Guaianãs de Benito Barreto e o esquecimento da crítica
Alguns grandes nomes na ficção surgidos após
a década de 1970
Roberto Drummond
Josué Guimarães
Sérgio Faraco
Godofredo de Oliveira Neto
Aldir Garcia Schlee
Flávio José Cardoso
Holdemar Menezes
Raimundo Carrero
Tânia Jamardo Faillace
Antônio Torres
Raduan Nassar
Assis Brasil (Francisco de A. Almeida B.)
Luiz Antônio de Assis Brasil

HISTÓRIA DA LITERATURA BRASILEIRA
Da carta de Caminha aos contemporâneos

Luiz Vilela
Ana Miranda Lya Luft
Rachel Jardim
Deonísio da Silva
Milton Hatoun e a Amazônia
Vicente Cecim
Miguel Jorge
Cristóvão Tezza
Antônio José de Moura
Flávio Moreira da Costa
William Agel de Mello
Caio Fernando Abreu
João Gilberto Noll
Bernardo Carvalho
João Almino, o romancista de Brasília
Ana Maria Machado
José Louzeiro
Silviano Santiago

Zero. Ou a obra de Ignácio de Loyola Brandão

Nasceu em Araraquara, São Paulo, em 31 de julho de 1939. Romancista, contista, jornalista, pertence à Academia Brasileira de Letras. Publicou os seguintes livros: *Depois do sol*, contos, 1965; *Bebel que a cidade comeu*, romance, 1968; *Zero*, romance, 1975; *Pega ele, silêncio*, contos, 1976; *Dentes ao sol*, romance, 1976; *Cadeiras proibidas*, contos, 1976; *Cães danados*, infantil, 1978; *Não verás país nenhum*, romance, 1981; *O beijo não vem da boca*, romance, 1986; *O ganhador*, romance, 1987; *A rua de nomes no ar*, crônicas, 1988; *Ignácio de Loyola Brandão: os melhores contos*, seleção de Deonísio da Silva, 1993; *Veia bailarina*, autobiográfico, 1997; *O homem que odiava a segunda-feira*, contos, 1999, entre outras.

Ignácio de Loyola Brandão, a partir de *Zero*, com o funcionário José ("E agora José?" – indagava Drummond) e Rosa ou Átila, ou ninguém, na voz de todos os brasileiros da *América Latíndia* (Light, leite e índia), relata a história do tempo ditatorial. Latíndia, ou Antares (o *Incidente em Antares*, de Érico Veríssimo). A epígrafe de Alexandre O'Neill: "havemos de chegar a ratos / Sim a ratos"[1390] revela a atmosfera delirante (guinchante) e abaladora, com o clima fétido de *A Peste*, de Albert Camus. Ou de todas as pestes que atormentam a comum humanidade. Loyola dinamita com rudeza e ironia a oficial mentira. E mostra quanto a violência ou a corrupção são máscaras de outras máscaras. Enquanto o povo, sim, tem como o menino música na barriga. A clárida música que ninguém conseguirá apagar.

O romance é inovador pelo emprego das mais variadas técnicas, seja de fragmentar como se num diário, com pensamento do dia, seja pelas notas sarcásticas no rodapé, seja na abordagem jornalística de seres e fatos, seja na mescla de jaculatórias ou inscrições de privadas, seja no tom eminentemente teatral.

> Ela ri, eu gosto; ela diz bobagens, eu rio das bobagens; ela me beija, gosto do beijo; eu que tinha chegado para romper de uma vez, tendo a certeza de que ela é mulher que preciso, ou gosto, eu me esqueço. Na cabeça dela tem uma válvula. Que de vez em quando sintoniza em minha cabeça. Verdade, tem uma coisa estranha, não é só amor, não.[1391]

Loyola vê de dentro para fora, não de fora para dentro. Sofre junto, é José, Rosa e todos. Um escriba coletivo. "O medo vai ter tudo / quase tudo."[1392] A violência do medo, a ira do medo, ou o terror organizado. E o diálogo constante com o Oswaldiano *Marco zero*, dístico de fronteira ficcional de antes e depois. E o livro tem tantos subtítulos que pode ser lido como crônicas do noturno tempo, operando contra a monotoneidade, que sói atacar essa estirpe ficcional, ou vírus de uma repetida interjeição de horror. O que lhe dá agonia, ou lhe supre o desespero.

1390. BRANDÃO, Ignácio de Loyola. **Zero**. São Paulo: Global, 2001. p. 135.

1391. BRANDÃO, Ignácio de Loyola. **Zero**. São Paulo: Global, 2001. p. 135.

1392. BRANDÃO, Ignácio de Loyola. **Zero**. São Paulo: Global, 2001. p. 135.

HISTÓRIA DA LITERATURA BRASILEIRA
Da carta de Caminha aos contemporâneos

As aberrações da feira de São Paulo – e o cenário é a da cidade paulistana – são metáforas das aberrações políticas. O próprio título é terrível metáfora que não dá esperança alguma. E como neste mundo *pop* e de verdadeiro videoclipe pode haver esperança, ainda que a preço de uma mídia vendida? Os anúncios luminosos são o calabouço e as leis de exceções. Nas evasivas e nas intempéries do poder, cabe apenas dizer e dizer é ato de sanidade. Não há lugar para os adornos do Estado e Loyola se despoja deles. E até de si mesmo. E vai direto, simples com o que é absurdamente verdade. Cumprindo a lição de Unamuno e Verlaine que mandam evitar o estilo, para que o animoso fluxo de existência triunfe. E essa realidade tão abrangente, tão enternecidamente surpreendida, faz com que tudo pareça normal, como se o grito da boca fosse abolido. Até a respiração no texto se entrecorta. Porque deve haver luz, se há o túnel? O cotidiano do escuro faz o escuro inacabável, como um dia depois do outro. "Ele abrirá a última porta? O que existe dentro dela?"[1393] Aqui não é mais Kafka, embora a porta e a lei sempre nos façam lembrá-lo. Aqui não há *vontade de nada*. Porque detrás da porta não há passagem. Ou a porta é arrombada pela ferocidade dos assaltos, com feridos e mortos. Com a mão que continua *no trinco*.

Loyola arromba a imaginação do leitor com uma linguagem de negatividade. E de tanto negar, afirma. Afirma, sim, na medida em que o sistema recusa a defesa dos direitos, recusa a plenitude da vida. Afirma a humanidade, quanto mais é rejeitada a condição humana.

Zero é a obra-prima de Loyola Brandão. Por conter todos os elementos de sua ficção contrariada, paradoxal, nutrida de extremos. Uma ficção social que não se economiza, uma testemunha ocular com a veracidade de um Graciliano Ramos contemporâneo. Uma realidade furiosa, que não ideologiza, e a época é pequena. Marco estético, zero luminar de lucidez que não se acovarda, nem envelhece. Por ser também uma consciência da palavra que não envelhece.

1393. BRANDÃO, Ignácio de Loyola. **Zero**. São Paulo: Global, 2001. p. 135.

É consciência de transitoriedade que reaparece nos contos de Loyola e é como se tudo fosse mudando e nada permanecesse, nem a volúpia de ter existido, por um apego demasiado à realidade. O que de um lado aumenta sua percepção, de outro pode corroer ou reduzir o foco de maior amplitude estética, cercando a imaginação. Todavia, "desarma todo mundo com uma sinceridade e uma autocrítica invejáveis" – pontua Deonísio da Silva.[1394] O *non sense* absorve a razão ficcional? Em Loyola, o *non sense* é a razão ficcional. E a consciência sempre é o contraponto. Seus contos são tão reais que nos dão a impressão do já visto e, simultaneamente, mostram-se fábulas do absurdo cotidiano, tanto que se desequilibram. Loyola narra com tal franqueza e simplicidade que tudo nos parece comum. E o comum é uma razão que se enternece, por não carecer de mais razão. Ou nos apresentando *o retrato do jovem brigador*, Marc ("todo o mundo fala em povo e ninguém quer ser povo"[1395]), ou *a moça que usava chupeta*, ou *o homem que viu o lagarto comer seu filho*, ou *o homem que procurava a máquina* (e por que não, a máquina que procurava o homem?). Cada acontecimento corriqueiro é objeto de invenção, como o sujeito que gritou e o ficcionista viu. E vai vendo de inventar. As soluções brotam na imaginação do texto, como se ele, e não o autor, a contivessem. Tocado de abrupta realidade. Ou o tempo, esse protagonista oculto. *O pretexto de 45 encontros com Vera Fischer* preludia situações de confidente amor. *O homem cuja orelha cresceu* e *A anã pré-fabricada* são contos de evidente humor negro, fruto de doloroso sarcasmo. E não é o excesso de realidade que é capaz de endoidecer? O curioso é quanto Loyola se põe a conversar com os leitores sobre o mundo e as coisas de um jeito despretensioso, de contida sabedoria. E os contos conservam o tom de crônica e suas crônicas, o sotaque de contos. Essa conjugação de gêneros diz de sua modernidade. Ou a tendência de pôr crônica em tudo, como se fora essa a sua verdadeira pele. A de um cronista da

---

1394. SILVA, Deonísio da (Org.). **Contos escolhidos**. São Paulo: Global, 2001. p. 132.

1395. BRANDÃO, Ignácio de Loyola. **Zero**. São Paulo: Global, 2001.

história. Sem fugir-lhe a sombra machadiana (*Um asilo muito louco*):

> Não sou eu que estou louco, é a cidade, esta gente. Quem sabe a empresa não é um grande hospício, onde todos se fingem empregados de uma grande máquina. Mas também é pretensão minha ser o único normal. Posso estar louco também e esta é uma sensação desagradável. Fico flutuando, sem me relacionar, sem me adaptar a uma realidade. No entanto, qual a realidade desta minha cidade? Não reconheço mais nada e não aceito o que está aí.[1396]

E é o inconformismo com a realidade, o sinal de grandeza deste ficcionista que nos decifra, na medida em que vai sendo decifrado.

Moacyr (Jaime S.) Scliar. Desde o exército de um homem só ao centauro no jardim

Nasceu em Porto Alegre, Rio Grande do Sul, em 23 de março de 1937 e faleceu na capital do seu estado natal, no dia 27 de fevereiro de 2011. Contista, romancista, cronista, ensaísta e médico. Pertenceu à Academia Brasileira de Letras. Prêmio *Casa das Américas*, Cuba. Obras publicadas: *Histórias de médico em formação*, contos, 1962; *O carnaval dos animais*, contos, 1968; *A guerra no Bom Fim*, romance, 1972; *O exército de um homem só*, romance, 1973; *Os deuses de Rachel*, romance, 1975; *Os mistérios de Porto Alegre*, contos, 1976; *A balada do falso Messias*, contos, 1976; *Histórias da terra trêmula*, contos, 1976; *O ciclo das águas*, romance, 1977; *Mês de cães danados*, romance, 1977; *Doutor Miragem*, romance, 1979; *O anão no televisor*, contos, 1979; *Os voluntários*, romance, 1979; *O centauro no jardim*, romance, 1980; *Cavalos e obeliscos*, romance, 1981; *A estranha nação de Rafael Mendes*, romance, 1983; *Os melhores contos de Moacir Scliar* (organização de Regina Zilberman, 1984); *Max e os felinos*, romance, 1981; *O olho enigmático*, contos, 1986; *A orelha de* Van Gogh, contos, 1989; *Cenas*

1396. BRANDÃO, Ignácio de Loyola. **Os melhores contos**. São Paulo: Global, 1993. p. 132.

da vida minúscula, romance, 1991; *Sonhos tropicais*, romance, 1992; *Oswaldo Cruz*, ensaio, 1996; *A majestade do Xingu*, romance, 1997; *A mulher que escreveu a Bíblia*, romance, 1999; *Os leopardos de Kafka*, romance, 2000, entre outros.

Moacyr Scliar, com sua palavra humana, simples, ágil, plasmou uma revolução pessoal na ficção contemporânea, de dentro para fora. Pousando a imaginação transfiguradora nos aspectos sutis, atônitos ou astuciosos dos seres e do mundo, na descoberta de frestas da alma humana, que lhe são peculiares. Como Kafka ou Proust não tentaram mudar: foram. Quem pode esquecer, por exemplo, a obra-prima, que é *O exército de um homem só* e o tipo notável, que é Mayer Guinzburg, ou Capitão Birodidjan, utópico, solitário, louco, humanista, batalhador por um tempo mais equânime? Basta ler este fragmento de sabor emocionante:

> (Birodidjan) o Capitão pôs-se de pé, tratava-se de mostrar firmeza, ele bem o sabia; afinal, ainda não estava convencido que ela não fosse inimiga.
> – Como é mesmo o teu nome?
> – Santinha.
> – Não gosto. É um nome reacionário. Vou te chamar de Rosa de Luxemburgo.
> – Rosa de quê? – Ela fez uma careta.
> – De Luxemburgo. Nunca ouviste falar nela?[1397]

Um israelita aventureiro e universal. Ou sua versão do *Quixote*, com humor judaico, habilidoso nas veredas. O reino é o Bonfim de Porto Alegre: os habitantes de sua infância, existentes, existidos ou inventados. Com o princípio norteador: *O que é meu é teu e o que é teu é meu*. Mesmo que as palavras de certo homem santo digam: "O que é teu é teu."[1398] Seres rodeados, portanto, de solidão e fraternidade, unidos pelo processo emigratório, prosperando e fazendo a nova terra

---

1397. SCLIAR, Moacyr. **O exército de um homem só**. Porto Alegre: L&PM, 1973. p. 87-88.

1398. SCLIAR, Moacyr. **O exército de um homem só**. Porto Alegre: L&PM, 1973. p. 87-88.

prosperar, como uma grande família, crendo com Max Weber e Adorno, na "utopia de uma ordem social mais justa neste mundo."[1399] Infeliz é aquele que não acredita no que Oswald de Andrade chamava a *caravela das utopias*, infeliz também é o que extravia o senso de realidade. E Moacyr preserva os dois sensos, em alto grau. O que comprova seu *Saturno nos trópicos*, ao falar da melancolia do brasileiro, originada dos europeus, alegre e por vezes desvanecedora e irresponsável, capaz de suportar a doença ou a adversidade. Não foi em vão que antes publicou a *biografia de Oswaldo Cruz*, parâmetro da dimensão de médico sanitarista – mas de um melancólico esperançoso, inovador, solidário, pronto para concretizar a utopia. E a respeito, penso na pergunta de Adorno: "Não será a teoria uma forma genuína da prática?"[1400] Mas é um ficcionista que serve ao biógrafo e não o contrário. Outro personagem marcante de sua inventação – Max (de *Max e os felinos*[1401]) anda no barco com um jaguar ameaçante e, cansado, deita e dorme no fundo da embarcação. Desperta com o felino a olhá-lo. Com um remo golpeia o animal e ambos se chocam no ar. E surgem marinheiros num navio, que o salvam, enquanto delira. Aporta em Porto Alegre e finda sua existência criando gatos de raça em paz, doces gatos angorás. Esse jaguar verdadeiro, simbólico e por que não dantesco? – no meio do caminho, na selva escura de seu barco, são os felinos interiores que o enfrentam e os que na vida, cauteloso, transformou. Não seria o Max da novela um embrião inconsciente, o mesmo que atracou no cais em nevoeiro, no conto *O velho Marx*? Cada livro rasga com um machado o coração – afirmava Franz Kafka.[1402] Não seria o *Dr. Miragem*, 1978, outro rosto da criatura sempre buscada no Capitão Birodijan, entre loucuras e

---

1399. SCLIAR, Moacyr. **O exército de um homem só**. Porto Alegre: L&PM, 1973. p. 87-88.

1400. SCLIAR, Moacyr. **Histórias para (quase) todos os gostos**. Porto Alegre: L&PM, 1998.

1401. SCLIAR, Moacyr. **Histórias para (quase) todos os gostos**. Porto Alegre: L&PM, 1998.

1402. KAFKA, Franz. **O processo**. São Paulo: Abril Cultural, 1982.

proezas? Talvez a vocação médica, aliada ao conhecimento da alma, acostumou-no com a falha, o limite, o riso, o miserável, o sublime, o sardônico, o enfermo, o enganoso e o suspeitoso preço do que espera. Sim, todos os seus personagens possuem essa figadal perseverança. "Melhor despensa trago nas ancas de meu cavalo que a de um general quando viaja" – diz D. Quixote a Sancho (*Cervantes*[1403]). Não, não guarda no conto, no romance ou na crônica ilusões com o universo em torno. No deslumbrar-se, há um mundo desencantado. Rabelaisianamente, não o atormenta, dá-se ao gosto de rir junto. Contador de histórias e aedo de um velocino verbal, que conhece a sombra e o pudor das palavras, administra o real e não sai dele, mesmo com a singularidade dos pontos de vista, machadianamente oblíquos, o fantástico, o divinatório, numa escrita econômica, de medida certa nas criaturas, hábitos, obsessões. Sabe, como o autor de *O processo*, que "todas as revoluções passam, só fica o lodo de uma nova burocracia."[1404] O que importa é que o humano vença o animal e sejam respeitadas as individuais diferenças. Por trabalhá-las, até que o pó de nossa espécie seja desvelado. Assim, o que parece anomalia sobrevive e se impõe; o anti-herói é o herói. Um fantástico renovado, entre as cinzas do poder e o sarro de outros jugos, sem dependência de nenhuma árvore, seja a de Borges, Cortázar, García Márquez ou Rulfo, pelo sotaque peculiaríssimo, ou a bondade da indignação. Desmede-se a fantasia na veracidade. Encanta o que toca, com centelhas repentinas. Reúne com perfeição a energia poética e o toque reflexivo, confabula, forja arquétipos sob o traço anedótico, o sorriso que lhe explode num humor que não é negro nem branco ou azul, mas infiltrado nos limites de dolorida e renitente condição humana. Que pode ser, vez e outra, corrosiva, devastadora. E o escarafunchar de signos, de levantina ascendência, vai compondo na alegoria o seu foco crítico. Um contar antiquíssimo e lustral, com a Bíblia surpreendida, desenrolando bestiário luxurioso e

---

1403. CERVANTES, Miguel de. **Dom Quixote**. Porto Alegre: L&PM, 2007.

1404. SCLIAR, Moacyr. **Histórias para (quase) todos os gostos**. Porto Alegre: L&PM, 1998.

variável, com a singeleza que amadurece com as flores. Narrador de vocábulos romeiros e pródigos, entre o Artista de Praga e o luminar e onírico violino no telhado. O maravilhoso, às vezes, sobrenatural, de Marc Chagall com suas voantes figuras e a indeclinável, pictórica música. Um Chagall com os pés no chão dos vivos, dos que não aceitam sem luta o destino. Eis o núcleo de *O centauro no jardim*, 1980, livro magnífico, onde um homem-cavalo enfrenta as vicissitudes da diversidade, o preconceito que assombra, universalmente, os que têm o direito de existir sem as separatórias regras. Afim do realismo mágico latino-americano, "com marca pessoalíssima, Scliar cria um ser especial, que gera suas circunstâncias (sobretudo, o fato de ser diferente num mundo homogêneo), um centauro aceito pelos progenitores: chocados, naturalmente, com a insólita aparência, acabam circuncisando-o. Mais tarde, o centauro jovem escapa da casa paterna e se une a uma centaura, fugindo para a Tunísia, onde operados por um cirurgião, tornam-se pessoas normais, dispostas a viver a passiva e monótona ordem da classe média. Mas o ex-centauro se aflige, se angustia, deseja, arrependido, voltar à forma primitiva. Ao tornar à Tunísia, acha uma esfinge – metade leoa, metade mulher – que por ele se enamora. O amor é cura, enlevo, plenitude? Essa portentosa criação ficcional está entre as melhores de nossa literatura. E a infância ferida, ou o pesadelo que impõe à vida "um ciclo aparentemente eterno e imutável."[1405] é *O ciclo das águas*.[1406] Baseia-se numa mulher demente, prostituta, dona de bordel cujo círculo se amplia, ou as ramificações da rede do tráfico de mulheres: judias pobres seduzidas pelas falsas e fraudulentas promessas de venturoso futuro. *A estranha nação de Rafael Mendes*, 1983, é um romance histórico que trata do Brasil nos anos 1980, sua corrupção e escândalos financeiros, (representação da realidade alegórica, que foi também *O mês dos cães danados*). *A nação de Rafael Mendes* é

1405. SCLIAR, Moacyr. **Histórias para (quase) todos os gostos**. Porto Alegre: L&PM, 1998.

1406. SCLIAR, Moacyr. **Histórias para (quase) todos os gostos**. Porto Alegre: L&PM, 1998.

o viso da brutalidade social e econômica, alienadamente, a nossa. Não fica aí sua sofrida análise. Como Swift, em Gulliver, vislumbra um país, o mesmo Brasil, de homens mínimos, em *Cenas da vida minúscula*, 1991, iniciando, corajosamente, com o aforismo de Franz Kafka, que apresenta "duas possibilidades de ser infinitamente pequeno ou fazer-se infinitamente pequeno. A primeira possibilidade é a perfeição, portanto inação, a segunda é o começo, portanto ação."[1407] A independência coincidentemente se deu em 1882. Ali vige a inércia do tempo e depois, a história é ação humana. Letras em caderneta de endereços não correspondem a nome algum. Não se computavam semanas, horas ou minutos. E é descrito um ser de dez centímetros de altura, o *Pequeno Polegar* (por sinal, consanguíneo da *minúscula mulher* criada por Clarice Lispector, num dos contos de *Laços de família*, embora o *Pequeno Polegar* seja da infância de todos). David une-se a Hiram, rei de Tiro, na Amazônia, com guerreiras-amazonas que perecem num maremoto. A rainha Mirina refugiou-se com as sobreviventes em Atlântica, onde numa batalha memorável, vencem os atlantes. Foi como essas mulheres combatentes invadiram a Numídia e em aventurosas expedições fenícias, localizaram uma região fluvial caudalosa e lhe deram o nome de Amazonas. O sucessor de David, Salomão, homenageou no Amazonas, o Solimões, como *o rio de Salomão*. E ele possuía poderes extraordinários, falava a língua dos pássaros, conhecia o poder curativo de certas ervas, privilegiadamente transportado por uma águia a qualquer lugar do universo. Teve, no entanto, de contentar-se com uma altura que, aos seres minúsculos, ("não é o gigante o fragmento de um anão?"[1408]) era descomunal, quando o texto usa mescla de tempos, criaturas, figuras bíblicas. Com um segredo que era preciso resguardar para não perder a inocência. Porém, não buscava a inocência, e sim a verdade. E Salomão encontrou a mulher sonhada, a amazona que cavalgava sobre seus joelhos, quando sentava

---

1407. KAFKA, Franz. **O processo**. São Paulo: Abril Cultural, 1982.

1408. SCLIAR, Moacyr. **Histórias para (quase) todos os gostos**. Porto Alegre: L&PM, 1998.

na cama. E a criança mínima, advinda dessa união, é a glória encontrada. Mas a glória, mesmo abrasada, é o sal dos vivos. Glória, aliás, que concedeu a *uma mulher, que, para ele, escreveu a Bíblia* (de 2000), dentro do mesmo clima miraculoso das fábulas. Não, a glória é o sol dos vivos. E, nós, escribas do possível, pela curiosidade de inventar, fazemos o que diz Lichtenberg: "Sacrificamos a metade da nossa vida para conhecer a altura média do barômetro no Paraíso" não há nada mais complexo, do que o simples. Nada mais fantasioso do que um barômetro no Éden. E Moacyr elabora os mitos e eles o elaboram. A mistura do maravilhoso dá a espessura de sua invenção, Pantagruel que se faz Swift e Kafka na alma de Gogol e a pele de Machado; o fantástico da realidade. O fabular e alegórico se coadunam com a paródia; a pureza do narrar não perde essência alguma da verdade. Nunca perde o seu *país da infância*. Porque ela é desvendável. Como os abismados sonhos. Com obra vasta e unitária, congrega elogiável consonância interna com o cosmos, engendrando moradores grandiosos, modestos, pobres, grotescos, irônicos, visionários, felizes, "se feliz é o adjetivo que qualifica uma existência sem maiores preocupações ou sobressaltos"[1409] – assinala este contista singular que reconhece as fronteiras da maturidade e é romancista por necessitar de murais do político ou da crueldade humana, exorcizando os malefícios do tempo, como o Goya da última fase. E sempre com uma forte dose de razão para o absurdo, *O olho enigmático* (livro de 1986), bem como *O carnaval dos animais* (1968, contos com volume melodioso, de mesmo nome da fantasia zoológica do compositor francês, Camille Saint-Saëns). Num tom fantasmal e terrível, avultam: *O torneio de pesca* e *A casa*. O primeiro fala de um Antônio com dentes de ouro, voz baixa, palavras que trazem os braços cheios de peixes (não são as palavras, iscas?) e a expedição punitiva de um desembargador, não menos transgressivo, dominante, que lhe corta os braços e o amarra como prisioneiro. Paródia e autofagia, carnavalização bakhtiniana de animais

---

1409. SCLIAR, Moacyr. **Histórias para (quase) todos os gostos**. Porto Alegre: L&PM, 1998.

humanos. O segundo conto dessa *arca de Noé* scliriana, germe de livros futuros, versa sobre um homem que ainda não havia comprado sua casa, ao sofrer um ataque de angina de peito. Procura então, com os dias contados, um lar, onde morrer. Vai na imobiliária e fica com uma casa, fazendo, rapidamente, a mudança de suas coisas para dentro dela. Ao deitar-se, enrolando-se no sobretudo, as tábuas estalam e ele ouve as vozes de seus pais, a tia, o avô, todos ali. Tal mundo vai-se entreabrindo, com a névoa espessa de um dos filmes de Fellini (*la nave se va*). E atrás, há vales, lagos, florestas, o mar com as caravelas. Sim, é outro país – murmura o homem. Tem de começar tudo de novo, num clima da narrativa borgeana, *O imortal*. O contista Scliar está mais próximo de Kafka do que de Martin Buber, Below, Agnon e Singer e Malamud. Não que não mantenha seu sotaque do pampa, a paisagem e o ofício de médico sanitarista com perfil comunitário, mas é próximo do grande tcheco, pela trivialidade do grotesco, a fleuma do espantoso e o requinte de torná-lo inocente e comum, confundindo no leitor os graus da realidade, ou a realidade nos graus. E, em sua concisão, segue o preceito de Novalis: "O verdadeiro caminho é para dentro". E a obra de Scliar é a história do homem, que, acordado para dentro, de repente se ilumina.

Nélida Piñon, de O fundador à República dos sonhos. As vozes do Deserto e Sagres

Nélida Piñon nasceu no Rio de Janeiro, em 3 de maio de 1937. Pertence à Academia Brasileira de Letras. Entre as premiações, estão o prêmio *Juan Rulfo*, do México, e o prêmio *Astúrias*, de Espanha, além do *Jabuti*, em São Paulo, e o *Golfinho de ouro*, do Rio. Contista, romancista, jornalista e cronista. Obras publicadas: *Guia mapa de Gabriel Arcanjo*, romance, 1961; *Madeira feita cruz*, romance, 1963; *Tempo das frutas*, contos, 1966; *Fundador*, romance, 1969; *A casa da paixão*, romance, 1972; *Sala de armas*, contos, 1973; *Tebas do meu coração*, romance, 1974; *A força do destino*, romance, 1978; *O calor das coisas*, contos, 1980; *A república dos sonhos*, romance, 1984; *A doce canção de Caetana*, romance, 1987; *O pão de cada dia*, 1994; *Vozes do deserto*, 2004; *Aprendiz de Homero*, 2008, e o comovido *Coração andarilho*, 2009, ambos de memórias.

Nélida é uma brasileira de alma galega, ou uma galega de alma brasileira. Sua visão e seu mundo ficcional começam do abstrato, ou de um ar dominadoramente celeste, para não dizer beatífico, com *Guia mapa de Gabriel Arcanjo*, onde está a sementeira de sua futura criação, o germe do que lhe fermentava com pólen vindouro. Após, sua dimensão foi-se tornando mais simbólica e até alegórica (fluida é a tessitura que as separa), com *O fundador* e *Tebas do meu coração*, onde edifica um novo tempo, que é cidade, a que denomina Tebas para o pousio de sua ancestralidade, o corpo geral e vívido, o viajar ignoto de um inconsciente insone e indômito. No primeiro, vigora o gesto de fazer, a fundação e errância humana com Santíssimo, a cidade pura, a jovem Jerusalém nelidiana (não seria já a interior fecundação dos seus emigrantes galegos, fundadores de cidades, fomento ao ambíguo universo da memória?) Vejam sua solenidade descritiva:

> Fundador erguia a cabeça. Também triunfaria integrado à espécie universal. O milagre da reprodução consagrada ... Fundador pensando que do negro do coração tanta coisa ocorria. Aquela liberdade que conquistou o preço do corpo, de repente convertendo-se em matéria miserável. Mas devia o progresso obedecer a certos riscos. Explodia seus lamentos senis durante a madrugada, e nas raras ocasiões em que a mulher esteve presente, parecia ela não se importar, como se fosse a febre do homem sua maneira de ordenar-se por dentro.[1410]

Salienta Eliane Zagury que não é o tempo cronológico-histórico, nem o tempo interior, psicológico. "É o tempo de raça no melhor sentido da palavra." Com a ousadia de ali inserir um Camilo Torres ou Joe Smith, sem preocupar-se com a tão inquietante verossimilhança. E em *Tebas no meu coração*, ao designar a cidade, a possuiu, inaugurou a nova sintaxe. "E tudo se pode emendar, ou corrigir com sintaxe nova."[1411]

1410. PINON, Nélida. **O fundador**. Rio de Janeiro: Record, 1997.

1411. PINON, Nélida. **O fundador**. Rio de Janeiro: Record, 1997.

(Santíssimo que se dessacraliza e é Tebas). Usando a alegoria como denúncia social, para a invenção de uma metrópole justa e habitável. E embora esse livro seja por certa crítica, criptográfico, trancado, ou afim de García Márquez e a sua Macondo, essa interioridade às raízes da palavra não é apenas obsessão nelidiana, é fundamental no plantio da árvore de sua sobrevivência. E certo desconcerto formal é premissa de um alargamento de visão. Ou não seria o espelho do amordaçamento das instituições, o hermetismo da vida nacional durante o período da ditadura no Brasil, um adentrar-se em generalizado e ferrenho silêncio? Nélida se move sempre na labareda noturna da paixão. Ou com paixão cavada na escureza do instinto: a fúria elementar que, de fundar cidade, agora é residência – não a da terra, nerudiana – mas *a casa da paixão*. E foi ocupando um espaço de amor, insubstituível, que estabelece *O tempo das frutas*, *O calor das coisas* e a indefectível *Sala de armas*. Esses livros de contos testificam as características do amor nelidiano: o fogo, a frutificação e o temperamento. Indobrável. Levando-a para ternura de *A doce canção de Caetana*. Sim, Caetana, Tio Vespasiano e o grupo de funâmbulos. Caetana e sua Trindade para onde um dia tornou, tendo-se enamorado de Polidoro, o rico fazendeiro. Caetana e a vigência soberana do devaneio. E é como mais uma vez Nélida defende uma cultura feminina. E mais. Para o sentimento do coletivo, constrói a humaníssima saga da vinda de seus ancestrais galegos ao Brasil, denominada *A república dos sonhos*, seu projeto épico.

    O que era abstrato, distante, informe se fez concreto e palpável. Até coloquial na cronista. Seguindo o magistério de Cervantes: "Quem sabe sentir, sabe dizer."[1412] E Nélida nunca deixou de dizer o que sabia sentir. Pode-se observar quanto a contista se muniu dos intervalos ou os intervalos enamorados de palavra nela se muniram. Por melhor dominar a estrutura narrativa, que assim se dimensiona em planos – o da história contada e o da mitologia pessoal. Alguns há que julgam ser o conto sua matéria mais realizada. Embora – romance

---

1412. PINON, Nélida. **A força do destino**. Rio de Janeiro: Francisco Alves, 1988.

ou contos – advenham de um *pathos* comum: o trabalho dos arcanos da linguagem, o inconsciente obscuro e geral, as cavernas de onde emergem os sonhos. Daí a sua proverbial *república*. Que por sinal não é a platônica. Com sua natureza mais profunda. Esse ir para dentro das coisas, extraindo-lhes o calor, esse cavar os silêncios, até o antigo grito das origens, esse emaranhar de vozes que se multiplicam em sua narrativa, tem algo de herança clariciana, com idioma singular. "Mas o que fazemos aqui, diante da áspera formação geológica da terra, diante de uma genitália faminta e dispersa e que nos observa com olhos mortos?"[1413] E uma frase administra seu ser, por ela repetida em entrevistas e que aparece em *Fundador*: "Com Deus eu me entendo, com os homens é mais difícil."[1414] Exercitando neste mundo fabular sua imaginação inumerável, ou a imaginação em estado de pureza original. Sedutoramente liberta. Porque opera igualmente num pátio de memória enclausurado, refém da morte, opera, portanto, com forças elementares. Essas que não se pontuam com os acontecimentos, mas são os acontecimentos que as pontuam. "A carne é sua alma"[1415], como assevera num dos contos, ou a alma é sua carne. Alma *magra, delicada*; alma das almas. Escreve para as mulheres, ou as mulheres se escrevem nela. Como em pedra.

Considero *A casa da paixão* obra-prima de Nélida. Não só pelo domínio narrativo, ou pela unidade, ou pelo vigor selvagem dos personagens, ou pelo discurso poético/erótico, ou pela aliança entre corpo, casa e pelo verbo, espírito. O conhecimento do amor (peso da cruz), em Marta ("O que se fizer em minha carne se estará fazendo no mundo") e a liturgia sacral, a perpetuidade desencadeada por Jerônimo. "Logo mastigou a mulher explicando agora, meu animal florido, e a mulher sentiu que primeiro ele com a mão desvendou o prado onde seus pelos eram grama."[1416] Ou "Jerônimo afundando seu navio no

---

1413. PINON, Nélida. **O calor das coisas**: contos. Rio de Janeiro: Record, 1997.

1414. PINON, Nélida. **O fundador**. Rio de Janeiro: José Álvaro Editor, 1969. p. 95.

1415. PINON, Nélida. **A casa da paixão**. ed. Rio de Janeiro: Francisco Alves, 1988.

1416. PINON, Nélida. **A casa da paixão**. ed. Rio de Janeiro: Francisco Alves, 1988.

mar, a água da mulher não era azul ... Viveram uma escuridão perigosa."¹⁴¹⁷ É um dos mais belos livros de amor erótico da nossa língua. Jerônimo é fogo, ar, água e a mulher, com tudo isso, é terra. E ali ocorre uma função genesíaca, Adão e Eva. Ou o mito de Orfeu, descendo aos infernos por Eurídice. Mas também a remissão pela palavra, que Nélida persegue desde antes: "A palavra pronunciada pelo primeiro homem, a síntese responsável a redimir toda espécie."¹⁴¹⁸ E a espécie que se contém toda na palavra.

Ricardo Piglia, em *O laboratório do escritor*¹⁴¹⁹, adverte que

> O conto é uma narrativa que encerra uma história secreta. Não se trata de um sentido oculto que depende da interpretação: o enigma não é senão uma história que se conta de modo enigmático.¹⁴²⁰

Julgo que, com *A casa da paixão*, os contos são as criações nelidianas mais preciosas pela síntese e densidade. E também pelo enigma desdobrado ante o leitor que parece ficar sabendo de tudo. Ou como se ele fosse parte do enigma e tivesse que resolvê-lo. E há que analisar mais do que os livros de contos no seu todo (*Tempo de frutas* é um momento solar), os que deles brotam. E há vários modelares, como *Os selvagens da terra*, *Suave estação*, *A força do poço*, *Tempo das frutas*, *Fronteira natural*, *Adamastor*, *Os mistérios de Eleusis*, *Cortejo do divino*, *Sala de armas*, *A sereia Ulisses*, *As quatro penas brancas*, *I love my husband*, *O ilustre Menezes* (em torno da missa do galo). E os contos às vezes se constroem de coisas mínimas, outras vezes se arquitetam mitologicamente, outras vezes do sortilégio terrestre ou divino. Observem, leitores, este instante do *Tempo de frutas*, 1966:

1417. PINON, Nélida. **A casa da paixão**. ed. Rio de Janeiro: Francisco Alves, 1988.
1418. PINON, Nélida. **Sala de armas**. Rio de Janeiro: José Olympio, 1973. p. 173.
1419. PIGLIA, Ricardo. **Formas breves**. São Paulo: Iluminuras, 1994. p. 38- 39.
1420. PIGLIA, Ricardo. **Formas breves**. São Paulo: Iluminuras, 1994. p. 38- 39.

> Jamais seria a mesma para si e para os outros, desde que passara a compreender que aquela velha, a despeito de sua transitoriedade no mundo, estava grávida, espera o filho imperdoável em velhice de setenta anos.[1421]

Maneja astuciosamente a carnavalização (suscitada por Bakhtin) e o jogo sagrado/profano, com a ironia machadiana, tendo na matéria de memória, o seu cuidar de honra, o seu cuidar de referências e de uma erudição que se adiciona ao mistério. E de um dialogar constante da cultura na elaboração de metáforas e símbolos atrás das vozes emanadas de uma fala, às vezes visionária e secular. Os contos multiplicam os mesmos temas primordiais dos romances, em sequência breve, desde os círculos da terra e das estações, das árvores e da colheita, o sacrifício do amor e o pão diário do silêncio. Porque o dom é sempre o do mistério, ou da natureza que busca sua reserva mineral de sonhos. E o mistério nunca se repete, por ser cada vez outro tecido de linguagem. E é o que se agrega, com diferente dicção, à revelação da *Força do destino*, com a paródia instauradora de tempo e palavra (ópera, coro de significações, ou a menina que se encantava em Verdi), através de subterrâneo sarcasmo, nomeando divisas entre possível e impossível, o real e o imaginado. E é aqui que se enuncia um dos seus mais fascinantes textos sobre a língua portuguesa, mostrando a nobre estirpe desta criadora, sob a lustral benevolência dos mitos. E os mitos só têm pátria no coração humano.

Três autores influenciaram poderosamente a escrita nelidiana: o americano Faulkner, o colombiano García Márquez e a interioridade narrativa da brasileira Clarice Lispector. Uma interiorização que, em Nélida, se fecha mais ao núcleo, a um casulo que se acostuma a ser uma escuridão que lê. E que também lemos, na medida do amor.

Alegam alguns que a fala dos personagens nelidianos é dura, pouco natural ou afetada. Ou às vezes pomposa. Mas há que se averiguar, de outra feita, quanto suas criaturas são seres coletivos, todas elas simbólicas, agindo no território "da

---

1421. PIGLIA, Ricardo. **Formas breves**. São Paulo: Iluminuras, 1994. p. 38-39.

perfeição que há no impossível" (epígrafe de Marly de Oliveira, em *A casa da paixão*). Seria inverossímil e afetado, isso sim, se tais *falas* fossem popularescas ou banais. Nada é banal ou corriqueiro na criação de Nélida. Porque seu fôlego fidalgo, seu mundo originário e visceral requerem o linguajar de uma *paixão* durável. Ou "o brandir de discretas armas."[1422] Com a imortalidade da cortês e liberta palavra humana: "Abraçou a mulher, era sua há cem anos, as carnes haviam envelhecido juntas, e que gozo não se dariam."[1423] As carnes envelhecem, mas não o gozo, ou o fulgir do amor. Nem a linguagem se concede envelhecer. E essa longevidade é "a consciência no casulo"[1424], ou a consciência porosa da língua, capaz de se empreender pela imaginação, como um povo. A multidão de *persona* e no infatigável *A república dos sonhos,* que é de Madruga, Eulália, Breta, (narradora), Odete e Esperança, mais que a trajetória de mulheres que se emancipam, a história de vertigens, labutas, viagens e vitórias de cidadãs-mulheres que almejam uma nova América, onde os "nativos estão empenhados em consolidar uma cultura empedernida, uma imaginação convencional e ainda rígidas fórmulas políticas."[1425] Como todos os personagens nelidianos, vinculados às zonas obscuras do passado, mantendo o constante compromisso com a Galícia, que Dom Miguel, figura angular, refletia e os demais, como Venâncio ou o avô Xan, que desconfiavam das palavras. E as figuras de Nélida são de varões e de mulheres valorosas, que não se inclinam diante das tormentas. O ofício de entrecruzar as teias, as pressões, os capítulos das aflições e conflitos, sem trair as tradições do país de origem, mais poderosas que as ideologias. Mais poderosas do que o oceano que atravessaram, também oceânicos estes seres, com Atlântico de almas. "Porque o exílio

---

1422. PINON, Nélida. **A casa da paixão**. 5. ed. Rio de Janeiro: Francisco Alves, 1988. p. 109.

1423. PINON, Nélida. **Sala de armas**. Rio de Janeiro: José Olympio, 1973. p. 135.

1424. PINON, Nélida. **Sala de armas**. Rio de Janeiro: José Olympio, 1973. p.

1425. PINON, Nélida. **A república dos sonhos**. Rio de Janeiro: Record, 1998.

está na alma do homem."[1426] E Nélida vive o exílio operoso de lendas, para que, ao serem subtraídas, não se subtraia a identidade do país. E é de identidade que trata no seu engenhoso livro, a preciosa mescla de raças, com a inserção dos imigrantes e os acontecimentos dos anos 1960, tão decisivos em nossa história. E é uma biografia de sonhos (como se um a outro se aliasse), entesourados na palavra. Sem deixar de perceber que os sonhos são, de outra feita, maiores do que a república, maiores do que o próprio e germinal texto que os alberga.

A forma com que inicia o volume é semelhante à de *Uma morte anunciada*, de García Márquez. "Eulália começou a morrer na terça-feira."[1427] E é rematado pela narradora, Breta, carente então de memoriar as histórias soterradas da Galícia, a história dos imigrantes dentro da história do Brasil, com o legado de transmitir o que foi vivido, o que não pode morrer de palavra. Na amada língua portuguesa. "Apenas sei que amanhã escreverei a história de Madruga."[1428] O relato é circular ou redondo como o transitivo mar. As rupturas semânticas e sintáticas nesta narrativa povoada se abrandam. Porque importa é contar os feitos dos heróis, as proezas inabaláveis de coragem e fé, contar de como um povo se aliou a outro. Épico, sim, corolário de todas as peripécias anteriores. "Com a mochila nas costas, estes imigrantes deram início à viagem que nem sempre lhes garantia o regresso ao cais de onde partiram."[1429] E enquanto houver memória, há de tornar à baila o universo preexistente, porque a consciência vigilante não sabe adormecer perante os acontecimentos, nem os acontecimentos nela. Os deslocamentos narrativos no texto são os deslocamentos para dentro dos vãos de uma ambulante memória. Assevera José Hildebrando Dacanal, o que é aplicável a esse livro de Nélida, ou ao seu componente mítico-sacral, ou a *Zero*, de Loyola, ou a *Viva o povo brasileiro*, de João Ubaldo, cada um com suas peculiaridades:

1426. PINON, Nélida. **A república dos sonhos**.Rio de Janeiro: Record, 1998. p. 734.

1427. PINON, Nélida. **Aprendiz de Homero**.Rio de Janeiro: Record, 2008. p. 293.

1428. PINON, Nélida. **Aprendiz de Homero**.Rio de Janeiro: Record, 2008. p. 293.

1429. PINON, Nélida. **Aprendiz de Homero**.Rio de Janeiro: Record, 2008. p. 293.

"O advento de uma nova forma de narrativa épica, talvez um novo momento da épica, possuidor de uma essencialidade própria, surgido dentro de coordenadas históricas específicas."[1430] Sim, por ser a bagagem de uma terra que navega para outra. E tudo é uma forma futura, algo que se engendra ao ser narrado. Como um sonho em muitos outros. Atrás da palavra ainda não pronunciada, ainda não vincada pelos homens. Prolongável, de cara fechada como a morte. Ou o destilar de uma verdadeira dimensão do real, uma república cerimonial e sem medos. E, curiosamente, ainda que Breta integre os protagonistas, a narração é de cima para baixo, como se uma memória de Deus, ou espécie de juízo da linguagem. Ou é uma reverência diante da animosa liturgia dos séculos.

Não, não contente, Nélida quis ouvir *As vozes do deserto*. E teve *a graça no deserto*, ao se embrenhar nas levantinas mil-e-uma-noites. Sherezade é a linguagem e o Califa é a morte. Enquanto aquela contar histórias, desatar fábulas, entrançar mistérios de vocábulos, entoar no deserto seu cântico, essa será adiada. E será quanto mais adiada, quanto mais houver voz. Porque a voz compensa a morte, a voz afasta a agonia, ou a dor dos homens. A felicidade do Califa está em Sherezade continuar fabulando. A glória de viver é mais ampla que a da morte. A glória de resistir vai da fala ao ouvido. A glória do amor vai onde está a sua história. O estilo neste livro nelidiano é sem estilo, para que se engrandeça o livro, ou desapareça a autoria, para tornar-se voz dos que esperam e não esquecem. A erudição, os jogos de sintaxe não envolvidos pelo sotaque deste sussurrar, acima dos idiomas e das paixões. Este resistir de palavra a palavra, de delírio a delírio, sob o sol que não envelhece no deserto. Aqui Nélida não busca figuras de linguagem, é a pura linguagem de quem não se exaure de sentir e ver. O deserto, sim, é a graça de quem resiste. Sherezade não é só uma mulher diante da morte, são todas as mulheres, todas as vozes, todos os silêncios que ganham som, todas as penúrias que se levantam do pó, das areias, para a

---

1430. DACANAL, José Hildebrando. **Nova narrativa épica no Brasil**. Porto Alegre: Ed. Sulina/Sec, 1973. p. 23.

glória sonoríssima dos séculos. Nélida fundou sua república também sobre o deserto. Fundou seu deserto numa memória incandescente. Fundou o fogo, depois de havê-lo roubado dos deuses, esses que se movem sobre as dunas, com a tempestade. Os deuses já mortos, sem mitologia. Porque, aqui, sucumbe, afundada, toda a mitologia. Ou a mitologia é o sultão que se encantou, entre as histórias. A morte que se encantou pela música. O livro é sinfônico. De Nélida, o mestre é Homero? O livro é uma rapsódia que se inventa, na medida da invenção. E a invenção só carece de um tempo: o da linguagem. Com a seletiva memória, sob a triagem romanesca, alegando a autora, o que suscita o espírito da aventura: "Somos mentirosos de nascença, Breta. E fadados a verdades que nós mesmos não entendemos" (*A república dos sonhos*). E talvez por isso é que, na palavra, ela se ultrapassa.

Em 2020, Nélida Piñon nos legou novo romance, pela Ed. Record, *Um dia chegarei a Sagres*, singrando a suntuosa água da linguagem, continuando o aventuroso espírito das descobertas lusitanas, ao contar a vida de Mateus, campônio pobre e devorado por figuras do passado, em sucessão de linha narrativa de sua admirada *República dos sonhos* e o relato é da mesma república, trabalhando a tradição portuguesa. E na correnteza do romance expande, não só profunda meditação sobre a existência e a história, com marcante humanidade ao tratar de sua criatura, que é o narrador, que prezava os três relógios, como se fosse a parede do tempo agonizando. E Mateus é devalido, forte na carne, quase selvagem. E é doloroso o momento em que lembra o enterro de seu avô Vicente, tão magro que não aprofundou o buraco da terra.

E Mateus se decidiu a descobrir os mistérios que envolvem o Infante D. Henrique, o das navegações, chegando a Sagres. E é tal se fosse o Sagres da alma, ao descrever a grandeza lusitana, a presença de Fernando Pessoa, de *Mensagem* e as proezas do Tejo, celebrado por Camões, penetrando nos meandros desta permanente luta do Bem e do Mal, no desejo e na memória, permanente território nelidiano. Ou a travessia de gerações e as naus esplêndidas da fé e dos memoráveis feitos. Sim, Nélida sabe amarrar os leitores nas astúcias e fios, sempre regidos de razão, onde a memória da imaginação e a imaginação da memória se entrelaçam.

Este é um livro poderoso de uma nova odisseia, a do campônio Mateus, capaz de arrastar o delírio numa razão sempre absorvente, com seu estilo mareante, navegador de antigas e povoadas procelas.

Rubem Fonseca ou a fúria e o delito sem castigo

(José) Rubem (F.) Fonseca nasceu em Juiz de Fora, Minas, em 11 de maio de 1925. Faleceu em 15 de abril, de 2020. Morando no Rio, desde menino, formou-se em Direito pela Universidade do Brasil e estudou administração e comunicação nas Universidades de Nova York e Boston. Prêmio *Luís de Camões* de Literatura e prêmio *Juan Rulfo*, do México. Publicou: *Os prisioneiros*, contos, 1963; *A grande arte*, romance, 1984; *Bufo & Spallanzani*, romance, 1986; *Vastas emoções e pensamentos imperfeitos*, romance, 1988; *Agosto*, romance, 1990; *O selvagem da ópera*, romance, 1994; *Contos reunidos*, 1994; *O buraco na parede*, contos, 1995; *Romance negro, feliz ano novo e outras histórias*, contos, 1996; *Histórias de amor*, contos, 1997; *Do meio do mundo prostituto só amores guardei ao meu charuto*, novela, 1997; *Confraria das espadas*, contos, 1998; *Secreções, excreções e desatinos*, contos, 2001, entre outros. Todas as criaturas de Rubem Fonseca estão no conceito de Georg Lukács, como "heróis problemáticos", por viverem num mundo degradado. Apercebe-se da crescente crise com a violência social, sexual e, por que não? – econômica. E Rubem se adentra nela, até o paroxismo, vai além da coisificação do pensamento burguês que encontra no individualismo um valor. Aqui já não há mais valor e a brutalidade é que assume o rosto, o sexo e a crueldade, um mesclando-se noutro, ou se revezando. A literatura que se desencanta do mundo feroz e ainda que se demonstrem alguns toques de misericórdia em sua ficção, o círculo se fecha sob os porões das paixões, do medo, do terror, das drogas ou do crime. Fecha-se e não se abre nunca de nunca mais. E, se o mundo nos seres se dissolve, eles também se dissolvem nesse mundo. Como se ali vingasse a fascinação do nada. Não havendo cheiro de jasmim na morte, apenas sangue e sangue. A variedade de vozes, que é dostoievskiana, não muda a grande voz que se impõe e não consegue se apartar das criaturas (*pequenas criaturas* – título de um dos seus livros) e nem elas dessa imperiosa ou impositiva voz. As histórias ou enredos são mais importantes do que seus protagonistas, mostrando a mola que desencadeia os eventos ou sobre eles pesa, com a obsessão de um sistema narrativo que não se consome no mistério, consome-se a si mesmo, até se apagar o azeite das palavras, até apagar-se a candeia. A genial ou terrível perversidade está mais no clima, no movimento teatral que se arma e desarma, na excepcionalidade dos acontecimentos, "tentando atingir as regiões profundas dos indivíduos" (Artaud), entre miséria e vertigem. Está mais no mecanismo dos vocábulos, no instinto de metaforizar a violência do que nos heróis que são vítimas, ou algozes, como o caso de Henri, o esquartejador de Madame Pascal. Em *Os prisioneiros,* todos são cúmplices de uma avassalante realidade, com o panorama de tendência escatológica, entre a corrupção, a força bruta e o crime de um Ferdinand Céline ou do uruguaio Juan Carlos Onetti. Todavia, seu *pathos* tende mais ao conto, por ser um espírito sintético, direto, já que o romance se aborrece em delongas. E apesar disso teve sucesso romanesco, pelos seus elementos cinematográficos e pelo domínio do *métier*. Sua verdadeira natureza é o conto, as sensações que nele espreitam, a arte de muitos segredos, como em caixas dentro de uma só. Conto é questão de sabedoria do limite. Ernest Hemingway é seu mestre, sobretudo nos cortes e diálogos precisos. Por vezes se aproxima de Gogol pelo senso do grotesco, com a veracidade narrativa de um Isaac Babel, de *A cavalaria vermelha*. Como o do russo, seu universo não tem lugar para os fracos. Gasta as vidas ao seu controle, gasta os personagens que nos fatos se evolam. Ou são os que comandam arbitrária e belicosamente, ("onde eu passo o asfalto derrete"[1431]), ou aqueles que se submetem (*Os prisioneiros*). Gasta por não se gastar. E não é a erosão do real que o desampara, é o desamparo que o faz explodir o real.

De outro lado, seus protagonistas experimentam o que Sartre chama de "a ascese à abjeção", com ressonância do argentino Robert Arlt, sobretudo em Remo Erdosain, de *Os Sete Loucos*. Sem esquecer que o território ou condado da ficção de Rubem Fonseca é o Rio de Janeiro, com suas ruas e sociedade, como sucedeu com Machado de Assis e Lima Barreto. Mais afim desse último, pelo conhecimento dos subterrâneos cariocas, com seu tom de tragédia grega urbana. E Rubem não se agarra a coisas mortas, agarra-se com veemência ao que está sendo vivido, ou lhe tem verdade. Mesmo que seja o império voluptuoso ou sádico, a orgia de corpos e armas. Portanto, dissolve os gêneros (o relato policial se mescla à crônica, adiante pode ser ficção científica), dissolve os limites entre seres e coisas, onde o *nonsense* tende a tomar sentido, dissolve as identidades num muro de terrível incomunicação, com a alegoria de nossa solitária e opressiva condição. Sua poética é a do instante e seus heróis problemáticos são irremediavelmente deste tempo. Poética? Sim, do conflito e da fúria. O que sobrará ao futuro? Como Thomas de Quincey, não recua diante da *arte de matar*, por ser a morte um fascínio, ("Respeito ao cadáver, senhores!"[1432]), ou término do amor. Em *Romance negro*, admoesta:

> "Não, não existe o crime perfeito... na literatura" ... "Nem na vida real", diz o homem do cachimbo. "Na vida real o que existe são detetives imperfeitos". "Eu afirmo a todos vocês deste auditório que existe o crime perfeito, na vida real e, portanto, na literatura. Ou vice-versa, se preferem", continua Winner. "E posso provar isso. O crime perfeito nunca é perfeito porque o criminoso não conta com o acaso. O acaso, que obviamente nunca pode ser previsto, acaba por condenar o criminoso", diz P. D. James. "O crime perfeito é como uma obra de arte. Na obra de arte, como

---

1431. FONSECA, Rubem. **O cobrador**. Rio de Janeiro: Nova Fronteira, 1982.
1432. FONSECA, Rubem. **O cobrador**. Rio de Janeiro: Nova Fronteira, 1982.

disse Baudelaire, não existe o acaso, como não existe na mecânica. Uma obra de arte deve ser como uma máquina. O crime perfeito é como uma máquina", acrescenta Winner. "Como você vai provar a existência do crime perfeito? Isso é algo como provar a existência de Deus", diz Ellroy.[1433]

 E é curioso como Rubem Fonseca utiliza as aspas nos diálogos, no que chama atenção do leitor, também para o aspecto de teatralidade. E, se Rubem Fonseca admite, por seu protagonista, o crime perfeito como obra de arte, nem diante da religião recua, com o padre Júlio Maria e cia., de *O inimigo*, comunicando à distinta clientela sua nova tabela de preços, os menores na praça, de batizados, missas, casamentos etc. Não é Artaud, é Rubem Fonseca. Nem há contrastes entre vozes de ricos e pobres, todos são sombras misturadas, todos são excluídos de uma forma e outra. Boris Schnaiderman escreveu que em Rubem Fonseca se movem vozes da barbárie e da cultura. Para nós, o que se move é a cultura da barbárie. É o mundo dos prisioneiros, amantes, bêbados, insones, halterofilistas, criminosos, policiais (não se alcançando às vezes distinguir uns de outros), todos prisioneiros, todos aterrados, agrilhoados pela própria consciência, estimulados por sentidos destrutivos, pela sede e fome de violência; seres humanos atrás da cortina, mortos com sarcasmo, como ratos. "Somos prisioneiros de nós mesmos. Nunca se esqueça disso, e de que não há fuga possível"[1434] (Lao Tse). E dolorosamente ninguém pensa em libertação. Julgamos que, entre os contos, sua obra-prima incontestável é *O cobrador*. E no romance *A grande arte*, que aprofunda esse tema do assassinato considerado como uma das belas artes, embora *Agosto*, por ser relato histórico, tenha tido sucesso de público, ou nos surpreendamos com a biografia de Carlos Gomes, *O selvagem da ópera*, tão sabiamente arquitetada. Mas analisemos *A grande arte*. Iniciada com o *flash* de uma prostituta assassinada, com letra p escrita na cara, depois a história se desenrola com o advo-

---

1433. FONSECA, Rubem. **Romance negro**. São Paulo: Companhia das Letras, 1992.

1434. LAO TSÉ apud FONSECA, Rubem. **A coleira do cão**. Rio de Janeiro: Code cri, 1979.

gado, Mandrake (figura de antigo gibi), desfiando a trama de delitos entre a alta sociedade e o *bas-fond*, sob a ponta de faca, no ofício continuado de matar. É um grande livro, a máquina de narrar como obra de arte, inegavelmente. Mas não chega a ser um grande romance. O contista é afiado, o roteirista também. Falta o espectro interior que gera o romancista, a alma comum, que não vem apenas da agilidade ou dos velozes diálogos, que são enfatizados, sublinhados pelo uso constante de aspas. O estilista tem impressão digital vertiginosa no enredo, não menos. E alguns dos seus protagonistas como Dr. Mandrake, Lima Prado (com suas anotações: *alter ego* do narrador), Zakkei, Raul, Camilo Fuentes, Wexler, o judeu, que aparecem como se rasgassem o invólucro ficcional. Ou as mulheres amorosamente dúcteis, funcionais, indo e vindo como as marés: Sônia, Bebel, Miriam, Lilibeth Mercedes, Gisela, Mônica, Ada... Talvez nenhum autor de ficção contemporânea seja tão vinculado ao mundo feminino, como Rubem, sendo todas as mulheres de seus romances e contos, de nomes variáveis, a única e inumerável do mito de eterno feminino. A imprensa é o olhar vigilante e denunciador. E o crime não conhece moral, é apenas crime, com a ponta de crueldade em si mesma, sem adjetivos. Revelando nessa face tortuosa e corajosa, a decadência de valores da nossa Cultura Ocidental. Considerando que ela não é o fundo da agulha, é a agulha sem fundo que fere a sensibilidade do leitor. Ou às vezes o desejo de escandalizar. E essa ferocidade escatológica atinge toda uma nova geração de talentosos ficcionistas. E começou uma corrente de mistificação da marginalidade em nossa ficção. E é o rumo de Patrícia Melo em *Matador,* Paulo Lins, *da Cidade de Deus*, Marçal Aquino, de *Cabeça a prêmio* e Dalton Trevisan, que veio antes. E nos perguntamos por que não se fixou também outro lado, o da coragem, nobreza, virtude, ou no soerguimento da dignidade humana? Sim, *A grande arte* pode ser resumida nesta frase: "Desenhar um *p*, qualquer um desenha. E esfaquear a gente nasce sabendo."[1435] Ou vejam este outro trecho:

1435. FONSECA, Rubem. **A grande arte**. São Paulo: Cia. de Bolso, 2008. p. 329.

Nariz de Ferro (alcunha de Zakkai) arrancou a lâmina da tesoura do peito de Rafael. O golpe não fizera a sua vítima morrer imediatamente; Rafael balançou ligeiramente o rosto de um lado para o outro, como se estivesse negando alguma coisa com veemência. Segurando a tesoura, ansioso, Zakkai notou os meneios da cabeça de Rafael e curvou-se para golpeá-lo novamente. Mas a cabeça imobilizou-se abruptamente, virada para um lado. – "O pústula não queria morrer!" – disse Zakkai.[1436]

E o cenário é sempre o Rio de Janeiro, com a sociedade de indivíduos descartáveis. E são muitos contistas, verdadeiros heterônimos deste autor, que é mestre em contundência.

Rubem Fonseca é, na ficção, o que Nelson Rodrigues foi no teatro. Com a diferença. Para haver um Rubem Fonseca, veio um Nelson Rodrigues antes. E sob o signo da violência e das obsessões, um é o teatro na ficção e o outro, a ficção astuciosa do teatro. E ao escrever *O selvagem da ópera*, ou seja, a biografia de Carlos Gomes, Rubem revelou no biografado, o espírito amplamente teatral e até operístico de suas criações.

E, se Carlos Fuentes, em *O espelho enterrado*, assegura que "Goya deu vida imortal ao crime"[1437], não seria Rubem Fonseca o nosso Goya ficcional? Ou mais. Suas criaturas parecem ter escapado – não de *Hamlet* – mas de *Macbeth*. E a obra de arte deve ser como uma máquina. De implacáveis, mortíferas palavras.

Márcio Sousa, Imperador do Acre

Márcio (Gonçalves Bentes de) Sousa nasceu em Manaus, Amazonas, em 4 de março de 1946. Romancista, ensaísta, teatrólogo, jornalista. Dinâmico diretor da Funarte. Publicou: *O mostrador de sombras*, romance, 1969; *Galvez, imperador do Acre*, romance, 1976; *As folias do látex*, teatro, 1976; *A paixão de Ajuricaba*, teatro, 1977; *A expressão amazonense. Do colonialismo ao neocolonialismo*, ensaio, 1978; *Operação silêncio*,

---

1436. FONSECA, Rubem. **A grande arte**. São Paulo: Cia. de Bolso, 2008. p. 329.

1437. FUENTE, Carlos. **O espelho enterrado**. Rio de Janeiro: Rocco, 2001.

romance, 1979; *Mad Maria*, romance, 1980; *A resistível ascensão do boto Tucuxi*, romance de folhetim, 1982; *A condolência*, romance, 1984; *O brasileiro voador*, romance, 1985; *O fim do terceiro mundo*, romance, 1989; *A caligrafia de Deus*, romance, 1993; *Lealdade*, romance, 1997; *Teatro* completo, I, II, III, 1997, entre outros. *A vida e a prodigiosa aventura de dom Luiz Galvez Rodrigues de Ária, nas fabulosas capitais amazônicas e a burlesca conquista do Território Acreano,* ou *Garcez, o Imperador do Acre*, em folhetim, é a obra-prima de Márcio Souza, jamais superada no nível literário e no sucesso de público. Nascido na Espanha, o jornalista e aventureiro Luiz Galvez, espécime quixotesca, da família do Coronel Ponciano e de Policarpo Quaresma, escapa de Belém para Manaus, ali se faz amigo do cônsul da Bolívia, Dom Luiz Trucco e, numa boate, conversam sobre a anexação do Acre ao Brasil, observando que "a história se faz nos bordéis."[1438] Num jantar, ouve do Coronel da Guarda Nacional e literato, Apolidório Tristão de Magalhães, a confissão de haver hospedado em sua casa Coelho Neto, dele furtando como troféu para a biblioteca particular, num momento de distração, as suas (imortais) ceroulas. Depois de lutar pela anexação do Acre, com o apoio americano, Garcez juntou-se a alguns conspiradores, com doidos, visionários, ambiciosos, formando uma tropa que consegue derrotar os bolivianos. O chefe coroado napoleonicamente é Galvez, colocando a triunfal coroa na cabeça. Boêmio e mulherengo, desatina-se em embriaguez e farras. A ponto de exclamar: "O meu império está parecendo um dirigível abandonado que murcha lentamente."[1439] E murchou, quando mais tarde, liderado por militar, um grupo de rebeldes toma o poder, derrubando o peripatético Galvez. Finam-se assim as malandrices, orgias, disparates, as proezas desse anti-herói. É uma paródia, que alcança o pastiche e ousadíssima carnavalização. Márcio é mestre em contar histórias, utilizando ferino e hilariante sarcasmo, sob clima picaresco. Afirma Vitor Manuel Aguiar e Silva que a técnica narrativa deste romance

---

1438. SOUZA, Marcio. **Galvez**: imperador do Acre. São Paulo: Zero, 1992.

1439. SOUZA, Marcio. **Galvez**: imperador do Acre. São Paulo: Zero, 1992.

se funda no recurso de que o que relata não se responsabiliza integralmente pela história contada, sendo "a invenção das primeiras décadas do século XIX."[1440] E já a opção pelo folhetim conduz ao tom melodramático, com o fito de agradar os leitores. Isso não é novo em nossa literatura, por nos lembrar as *Memórias de um sargento de milícias*, de Manuel de Almeida, essas encenadas na Amazônia. Galvez se sucede em enganos e desditas, sob a capa de vários narradores. Um que é o escriba que expõe, outro é o próprio personagem central, descrevendo suas desventuras, até o arrostar da velhice, com naturais erosões. Em Cádiz, Espanha, decide escrever suas memórias, dizendo-se derrotado pelo século XX. E o que narra se intromete muitas vezes no relato, para trazer apreciável credibilidade.

> Perdão leitores! Mais uma vez sou obrigado a intervir na narrativa. Em 1898 já não havia índios nas margens do baixo Amazonas. E desde o século XVIII, não se tinha notícia de cenas de antropofagia na região.[1441]

Essa é uma intromissão erudita, apenas para mostrar o alerta do escriba ou certo ânimo arbitrário. Há muito da influência de Oswald de Andrade (*Memórias sentimentais de João Miramar*), quanto à divisão de subtítulos e na ironia ou certa dissimulação dos textos que leva ao teatral. E que passa necessariamente por Machado e Flaubert. Observem:

> O cearense, pouco afeito à arte da caligrafia, rabiscou este nome no envelope, que o Visconde depois de muito trabalho decifrou como Acre. (O engano principia com a terra a ser possuída). O visconde começava a fazer um bom negócio sem saber que batizara também um território. O Acre era rico de belos espécimes de *hevea brasiliensis* e viveria por muitos anos sob o signo dos equívocos.[1442]

1440. SOUZA, Marcio. **Da poesia à prosa**. São Paulo: Cosac Naify, 2008. p. 199.

1441. SOUZA, Marcio. **Galvez**: imperador do Acre. São Paulo: Zero, 1992.

1442. SOUZA, Marcio. **Galvez**: imperador do Acre. São Paulo: Zero, 1992.

E toda a saga de tal imperador, verdadeiro *herói problemático*, move-se entre equívocos, alguns mais estrondosos do que outros. Porque o solo em que ele pisa também é problemático. Retrato político nacional, com perfil de governantes corruptos e despreparados que não sabem o que fazer com o poder, ou deixam que o poder deles faça talvez o que menos esperam. O estilo de Márcio não se arma de atavios. O que utiliza de arcaísmo é da linguagem de sua Amazônia febricitante de mitos, ou da fala popular, com o toque poético, sem se arredar da mais acesa realidade. Talvez tenha logrado uma admirável obra ficcional pelo fato de não buscar estilo, permitindo que o estilo se faça de dentro para fora, do casulo para a luz. E na luz todas as coisas são perfeitas.

Em *Operação silêncio*, Márcio Souza, fugindo da natureza fortemente telúrica, foge de seus mitos e se aloja no cenário de São Paulo. É um romance que conflita entre a estética e a luta social, forjando-se de fragmentos de tempo e espaço, com o protagonista Paulo Conti, espelho dessa divisão, cineasta que se quer político e político que se quer cineasta. Seus diálogos têm fluência teatral, perícia na contradita de argumentos e paixões. E nada se ganha, tudo se esvai nesta *nau de insensatos*. O narrador se envolve em demasia com a rapidez dos fatos e os fatos já não têm retorno. Daí a falta de controle narrativo, dando-se o extravio de lucidez no caos. Como se, pelos fragmentos, o livro vazasse. Um macunaísmo buscando refletir a ebulição cultural e uma cultura onde a massa se avantaja sobre os indivíduos. E não vige uma real ebulição sem a equivalente consciência estética. Não é do nível criativo de seu romance anterior, frequentemente descendo ao panfletário. E até a carnavalização, o sotaque paródico parece contaminar-se na voragem. Valendo o que assinala o grande crítico italiano Alfonso Berardinelli: "A própria alta cultura não fornece mais critérios consistentes de valoração em confronto com os da cultura de massa potentíssima e onipresente." Nem a cultura de massa se sustenta por si mesma, sem as circunstâncias que a geram, ou sem a consciência que a identifica.

HISTÓRIA DA LITERATURA BRASILEIRA
Da carta de Caminha aos contemporâneos

Em *Mad Maria*, Márcio Souza volta à atmosfera do *Imperador Galvez*, trazendo seu romance ao Acre, desvendando a epopeia da construção da estrada de ferro Madeira-Mamoré, por consequência do Tratado de Petrópolis e o jugo avassalante do capitalismo estrangeiro. Ocorre em 1911, tanto à beira do Abunã, na Amazônia, quanto no Rio de Janeiro. Paira em duas dimensões: a da selvageria no tratamento aos trabalhadores e a da prepotência do capital que os utilizava nesta *Ferrovia do Diabo*, com a morte de operários, à medida que dormentes de trilhos eram fincados na dura terra e que escorpiões invadiam soberanamente. Realista, surrealista, ferozmente povoado de interesses subalternos, onde o homem nada vale e o sonho ambicioso de um engenheiro chefe inglês, Collier, não percebe barreiras. Assim inicia, em escrita simples, direta, estonteante.

> Quase tudo neste livro bem podia ter acontecido como vai descrito. No que se refere à construção da ferrovia há muito de verdadeiro. Quanto à política das altas esferas, também. E aquilo que o leitor julgar familiar, não estará enganado, o capitalismo não tem vergonha de se repetir.[1443]

E os personagens, como o jovem Finnegan, o alto Alonso, o rosto redondo de Percival Farquhar, o sono pesado de Hans, entre outros, habitam este tempestuoso mundo de locomotivas e ferocidades. Ou da locomotiva de uma ferocidade, em que "homens agem como porcos e devem ser tratados como porcos"[1444] (a expressão é de Collier, o arbitrário engenheiro inglês). E conta a maneira com que o pequeno advogado, Rui Barbosa, numa mistura de simulação com vaidade, arcou bons lucros nos negócios do empresário estrangeiro, Farquhar, talentoso vigarista. Visivelmente sua ironia encobre a habilidade e os gestos do famoso baiano, mesclando história e realidade. Márcio Souza viu popularizar-se este romance pela minissérie da Rede Globo. Aqui, onde a história termi-

---

1443. SOUZA, Marcio. **Galvez**: imperador do Acre. São Paulo: Zero, 1992.

1444. SOUZA, Marcio. **Galvez**: imperador do Acre. São Paulo: Zero, 1992.

na, a imaginação começa, vislumbrando os tentáculos do dinheiro, do terror e do sangue. Evidenciam-se na grandeza do ficcionista, como em Galvez, a urgência de viver de suas criaturas e o espírito indomável, capaz de ultrapassar todas as desventuras, sejam as dos males da região, sejam as intempéries ou rudezas do homem. Tem esta narrativa o mesmo germe e clima do romance neorrealista italiano de Elio Vitorini ou Cesare Pavese. Pelo antagonismo de posições, de repente estamos diante da civilização e da barbárie, o que aciona certo maniqueísmo, de lados que se evidenciam como o bem e o mal. No sofrimento, entretanto, assumem igual confusão ou desespero. À feição de Galvez, o narrador avança ou se precipita no enredo, tal se quisesse entrar para o drama. E é o drama que atravessa os personagens. Mas o livro é um libelo acusatório. Como se a história atropelasse algozes e vítimas. Embora a história seja mais dos algozes que das vítimas. "Não há nenhum documento da civilização que não seja também um documento de barbárie" – escreveu Walter Benjamin.[1445]

Márcio Souza não é um épico, é uma consciência militante do abismo, seja humano, social ou econômico. Seu humor ou paródia subjaz nos aconteceres, bem antes. Os fatos são em si mesmos fantásticos ou carnavalescos ou debochados, ou risíveis. E o que revela, já foi nos acontecimentos revelados. Mas soube extrair deles o sumo, este ouro que não é dos exploradores, mas chama atenção dos explorados. E seu relato se apruma nos recursos cinematográficos, denotando uma visualidade inquestionável. Todavia, entendimento e técnica se completam. Predominando a observação de Adorno: "Se nenhuma obra se deixa entender sem que sua técnica seja compreendida, tampouco essa última se deixa entender sem a compreensão da obra."[1446] Vale registrar também o quanto Márcio Souza valoriza a oralidade na escrita e no teatro (encenou várias peças). No entanto, resolveu colocar mais teatro nos romances do que nos palcos. Por ser talvez o palco do

---

1445. BENJAMIN, Walter. **A modernidade e os modernos**. Rio de Janeiro: Tempo Brasileiro, 2000.

1446. SOUZA, Marcio. **Mad Maria**. Rio de Janeiro: Record, 2009. p. 31.

romance mais tocante ou abrangente. E o romance, através dele, temível e impiedosa crítica da sociedade.

João Ubaldo Ribeiro e Viva o povo brasileiro

João Ubaldo (Osório Pimentel) nasceu em Itaparica, Bahia, em 23 de janeiro de 1941, e faleceu no Rio de Janeiro, em 18 de julho de 2014. Pertencia à Academia Brasileira de Letras. Romancista, contista, teatrólogo, tradutor, cronista, jornalista. Prêmio *Luís de Camões* de Literatura. Formou-se pela Universidade da Bahia, em Direito, e, em Administração, pela Universidade da Carolina do Sul. Publicou: *Setembro não tem sentido*, romance, 1968; *Sargento Getúlio*, romance, 1971; *Vence cavalo e o outro povo*, contos, 1974; *Vila Real*, romance, 1979; *Livro de histórias*, contos, 1981; *Viva o povo brasileiro*, romance, 1984; *Sempre aos domingos*, crônicas, 1988; *O sorriso do Lagarto*, romance, 1989; *A arte e ciência de roubar galinhas*, crônicas, 1998; *A casa dos budas ditosos*, romance, 1999; *O santo que não acreditava em Deus* e outras histórias, contos, 1999, entre outros.

O baiano e universal João Ubaldo Ribeiro é um épico de um mundo estilhaçado. E muitos ainda têm dele a verdadeira dimensão, porque o cronista é ligeiro e prejudica a verdade do romancista, que sabe que o mundo perdeu a unidade e há que catar os cacos de seu rosto possível. E ele o faz, desde um vivente – *Sargento Getúlio*, a todos os sobreviventes de *Viva o povo brasileiro*. O espelho de nosso continente não é enterrado, como quer Carlos Fuentes, é um espelho partido. Espelho de espelhos, de infinitos reflexos na indormida imaginação de nosso tempo.

Originalíssimo na estrutura narrativa, *Sargento Getúlio* se impõe como um dos grandes livros da literatura contemporânea. E se resume na história pessoal do sargento da polícia militar, de Aracaju, Sergipe, chamado Getúlio. Natural do sertão, garoto ainda serviu na feira de Laranjeiras. E adolescente, pôs farda em Aracaju, depois de uma experiência de engraxate. Traído, mata a esposa grávida, em cena magistral e, talvez para fugir da justiça, faz-se *cabo eleitoral* às ordens do chefe político sergipano, Acrísio Antunes. A serviço desse, efetua vinte mortes. E, aceita a missão para prender um líder udenista, retornando à capital num antigo *hudson*, Getúlio descreve suas aventuras. O relato é furioso, delirante, com um irracionalismo que abandona as convenções narrativas. Inicia um monólogo/ diálogo na pessoa de Getúlio que fala. Na companhia de um preso e do motorista Amaro (ambos calam). É um *stream of consciousness*, diante dos dois ouvintes atentos. Na parada para repouso, Getúlio volta a contar sua história e é diminuída a participação de Amaro (o preso fora amarrado). Depois tudo cai no monólogo. Adiante, na fazenda de Nestor Franco, Getúlio encontra o emissário do tal de chefe político, Acrísio, enquanto se vislumbra que a polícia federal vem atrás do preso. Getúlio, aconselhado, permanece na fazenda e é traído por Acrísio Antunes, acusando-o de desertor. Por sua vez, Getúlio degola um tenente e foge (o preso aparece sem quatro dentes), continuando narrador dos acontecidos. E, na casa do vigário de Japoatá, negocia com pistoleiros de Acrísio, alguma solução plausível. Encurralado, com a força federal cercando a residência de Luzinete, com quem se relaciona, vê serem mortos Amaro, o motorista e a amiga.

É impressionante como *Sargento Getúlio*, por arte do romancista, rasga as fronteiras de tempo e espaço, até que seja desmontada a lógica ficcional. E, junto, é apagada a existência do protagonista, perseguido por militares, ao se homiziar na Barra dos Coqueiros. É quando Getúlio relata a própria morte, ou é a morte que o delata.

Getúlio é um dos mais convincentes e doridos personagens de nossa literatura. Vai para o fim, sabendo-se inocente. Atado a forças exteriores que o esmagam e são maiores do que ele. Obedece à determinação do chefe político e, depois, a uma contraordem trazida pelo emissário Elevaldo. Essa variação no meio do percurso é que faz Getúlio reconhecer a consciência do que passou e foi perdido, recusando-se teimosamente a entender. A mudança de opinião de Acrísio Antunes, por imposição federal, repercutiu na mudança do destino de Getúlio. E arrostou a morte, por não lhe ser dada outra saída, desde a degola do tenente Amâncio. Não tendo aonde se esconder, desaparecido o cangaço. Getúlio não pode sumir, porque a roda da história não some. Ao expirar, sussurra: "e vida eu sou e vou..."[1447] É a vida contra a voragem da história.

> Eu não sou é nada. Gosto de comer, dormir e fazer as coisas. O que eu não entendo eu não gosto, me canso. Chegasse lá, sentava, historiava e esperava a decisão. Era muito melhor. Assim como está não sei. Não gosto que o mundo mude, me dá uma agonia, fico sem saber o que fazer.[1448]

Não saber o que fazer já é fazer. E, se o irracionalismo leva à tragédia, a razão do sistema é a própria tragédia. O que é denso, inventivo e contido em *Sargento Getúlio*, é exuberante, rabelaisiano, até no grotesco, iluminadoramente barroco, em *Viva o povo brasileiro*. Com um fôlego narrativo raro entre nós, plantando a semente do povo que é a palavra. Certo de que, se reconhecemos nossa humanidade, ela também nos reconhece. Alertando os leitores: "O segredo da verdade é o seguinte: não existem fatos, só existem histórias."[1449] Estilo longo, clássico, suntuoso, que nos faz lembrar o lusitano Manuel Bernardes. E mais próximo, nos compridos períodos, o mágico *Cem anos de solidão*, de Gabriel García Márquez. E como o livro do colombiano, é oceânico, sem mesuras ao que é pequeno. Porque todo ele corre, levando de roldão os seixos e as margens. E, se pudera, até os leitores. Porque nele a inverossimilhança é a verossimilhança, a ordem é a desordem, a febre é a razão, ou a razão é avançada febre. Uma empresa inegavelmente genial pelo entranhamento, pela invenção, pela forma com que carrega o país e seu povo no bojo. O cenário é uma Itaparica mágica, da infância do Brasil e do autor. Talvez tenha sido essa junção a feitura deste jogo de metamorfoses do maravilhoso. Invenção épica? Sem dúvida. Seu protagonista central

---

1447. RIBEIRO, João Ubaldo. **Viva o povo brasileiro**. Rio de Janeiro: Nova Fronteira, 1987.

1448. RIBEIRO, João Ubaldo. **Viva o povo brasileiro**. Rio de Janeiro: Nova Fronteira, 1987.

1449. RIBEIRO, João Ubaldo. **Viva o povo brasileiro**. Rio de Janeiro: Nova Fronteira, 1987.

(embora seja o povo o verdadeiro protagonista) é Perilo Ambrósio Góes Farinha, Barão de Pirapuama. A alusão para "As armas e barões assinalados", dos Lusíadas, é também dialogal com a *Invenção de Orfeu* / Brasil, de Jorge de Lima:

> Um barão assinalado
> sem brasão, sem gume e fama
> (...)
> Barão ébrio, mas barão,
> de manchas condecorado;
> entre o mar, o céu e o chão
> fala sem ser escutado
> a peixes, homens e aves,
> bocas e bicos, com chaves,
> e ele sem chaves na mão.[1450]

Começa com a morte do Alferes José Francisco Brandão Galvão, na Ponta das Baleias, em flor de mocidade, atingido pelas bombardetas lusitanas e o encontro de sua alma com as gaivotas no ar. E, a partir daí, descreve sua teoria do *desencarnar-se* das almas jovens, versão bizarra, avisando que podem entrar por engano na barriga de uma cabra ou jumenta ou num ovo de galinha – e, ao entrarem – não saem até que nasçam ou morram. Alegando que "a alma não aprende nada enquanto alma."[1451] Chegando ao ponto de imaginar um poleiro das almas, repleto de almazinhas recém-nascidas. E, para ele, a tal alma do Alferes morto se *tornou* uma alma brasileira. Nascendo índia fêmea por volta da chegada dos primeiros brancos. E uma alma brasileira para todo o sempre. Essa teoria de almas que se alça na inventação ubaldiana parece ter saltado, pelo tom grotesco de Rabelais, para quem a criação era "um osso que o leitor poderia quebrar e chupar o substancioso tutano, ou seja, o significado dos símbolos

---

1450. RIBEIRO, João Ubaldo. **Viva o povo brasileiro**. Rio de Janeiro: Nova Fronteira, 1987.

1451. RIBEIRO, João Ubaldo. **Viva o povo brasileiro**. Rio de Janeiro: Nova Fronteira, 1987.

pitagóricos."[1452] E, no prodígio de contar histórias paridas de outras histórias – sua única Verdade. Por grifar-se na veracidade da imaginação. E narra também o grande personagem, o Barão de Pirapuama, dando dentadas enormes num pedaço de chouriço assado. Se o apetite do Barão é pantagruélico, também é o da nossa história que a tudo digere ou o do tempo, igual à baleia que devora corpos e almas, com fome de marés. E observem, leitores, o pormenor: o Barão de Pirapuama tinha "os olhos de uma baleia ferida."[1453] E a metáfora da baleia torna-se coisa viva, como um dos sinais espantosos, quando, aos cuidados da Maria da Hora, parteira,

> A barriga de Vevé (negra prenhe do Barão de Pirapuama) se desfez em águas no instante em que pegaram a barra e ela agarrou o cordoame da proa, sentou, apertou os beiços e se escancelou.
> – Te segura, aperta essas pernas! – gritara Nego Leléu, que nunca havia pensado se inquietar tanto com o fato de ver pela primeira vez uma mulher dar à luz.
> – Já tá chegando, já vamo chegando, já cheguemos![1454]

Pois logo depois desse acontecer, com o nascimento de Maria da Fé (apadrinhada de Leléu), a parteira Maria da Hora conheceu a mortal cova e apareceu a baleia, com "vulto de lombo azul cinzento"[1455], deslizando na tona d'água junto à canoa, do mesmo tamanho que ela é capaz de parti-la em dois. E é como então Leléu e outros resolveram enfrentá-la: "Custa meu barco – respondeu (Leléu) zangado. – Se aquele bicho mascou o bote como quem mastiga um carapicu frito, é com meu barco que ele vai palitar os dentes?[1456] E acabou que mataram o bicho com

---

1452. RIBEIRO, João Ubaldo. **Viva o povo brasileiro**. Rio de Janeiro: Nova Fronteira, 1987.

1453. RIBEIRO, João Ubaldo. **Viva o povo brasileiro**. Rio de Janeiro: Nova Fronteira, 1987.

1454. RIBEIRO, João Ubaldo. **Viva o povo brasileiro**. Rio de Janeiro: Nova Fronteira, 1987. p. 258.

1455. RIBEIRO, João Ubaldo. **Viva o povo brasileiro**. Rio de Janeiro: Nova Fronteira, 1987.

1456. RIBEIRO, João Ubaldo. **Viva o povo brasileiro**. Rio de Janeiro: Nova Frontei-

anzolão de catueiro que havia sido iscado, pesava arrobas, cheio de óleo. E a ilha de Itaparica foi o lugar das caças de baleia. E os olhos do Barão de *baleia ferida* já apontam para a caça do animal. Sendo o brotar da filha de Vevé e Perilo Ambrósio o que desencadeou também o surgimento do imenso animal. E é a baleia, propositalmente, a estrutura espessa deste livro abissal, a de seu organismo verbal de almas. E é tal se o Barão fosse ela, ou nela estivesse, com o ventre contagioso de viventes e almas, onde se alojam à espera, nas invernias. E não é em vão também – por inexistir acaso neste ser poderoso de linguagem – que o Alferes José Francisco Brandão Galvão faleceu na Ponta das Baleias. E no capítulo 5, verifica-se quanto as baleias (também almas?) passeiam e são caçadas em Armação do Bom Jesus, ou "arrastam as fêmeas para os cantos, mas não se tocam, não se conhecem e têm filhos como grãos de areia."[1457] Ou formam "uma lagoa alada em torno do corpo"[1458] E a pesquisa sobre elas é de que denuncia alta inteligência, ainda que não desvendada. E sua terribilidade. Por isso com razão, Plutarco, numa epígrafe de *Moby Dick*, afiança: "Qualquer coisa que chegue ao caos da boca desse monstro, seja animal, barco ou pedra, desce imediatamente por aquela repugnante goela e perece na voragem sem fundo de seu ventre."[1459] E esse monstro não é a própria e inominável criação? E a voragem não é a do tempo? E se o tempo vai sabendo de todos, importa o que se vai sabendo dele. O texto ubaldiano vai unindo os fragmentos. Se iniciou com o relato fatídico: ter sido o Alferes José Francisco Brandão Galvão atingido por bolinhas de pedra e ferro, e solda a aludida cena, com outra, qual seja, a narração da agonia do Alferes, como um ritornelo. Ao vislumbrá-lo, soltando gritos horrorosos, vendo-o espirrar sangue do buraco do olho arrancado, sendo "o gazeio das gaivotas, um alarido de almas penadas ouriçando o

---

ra, 1987.

1457. RIBEIRO, João Ubaldo. **Viva o povo brasileiro**. Rio de Janeiro: Nova Fronteira, 1987.

1458. RIBEIRO, João Ubaldo. **Viva o povo brasileiro**. Rio de Janeiro: Nova Fronteira, 1987.

1459. RIBEIRO, João Ubaldo. **Viva o povo brasileiro**. Rio de Janeiro: Nova Fronteira, 1987.

vento."[1460] Este romance ubaldiano é circular. E ensina o Padre Antônio Vieira: "Quem vai circularmente de um ponto para o mesmo ponto, quanto mais se aparta, tanto mais se chega para ele."[1461] E, se chega por associação, Maria da Fé contempla a reprodução do quadro do mesmo Alferes alvejado, diferente do original que, no canto superior, traz uma peroração, vinculando o vozeio das gaivotas à voz do povo brasileiro. O senso poético de João Ubaldo acompanha a alta visualidade do texto, como se regesse uma sinfonia. Sim, "sob os ares de Amoreiras, tudo acontecia ou estava sempre podendo acontecer."[1462] E acontece, vulcanicamente, com a vocação de grandeza verbal de Ubaldo, que também é a do povo brasileiro. A metaforização do coletivo assume vários aspectos novos, ultrapassando as divisas da narrativa tradicional, porque a técnica segue ao ritmo do mundo que se vai engendrando, ao misturar tempos e sinas, signos e seres inventados como Amleto, Luigi Capponi, Júlio Budião, Zé Pinto, capitão Teófilo, Franklin Popó, João Popó, Luiz Marreta, Rita Popó, Budião, Almério, Dr. Chagas Borges, Patrício Macário, Isabel Regina, Florisvaldo, Ioiô Lavínio, Lavínia Graça, o Dr. Domingos, Mônica e Érika, (suas filhas), Lavindonor, Lavinette, Tatiana e Andréa, Cizinha, Maria Dulce, Dr. Eulálio, Stalin José, Mariz Zezé, Rogério Lopes, Luiz Marreta, Comendador Inácio Pantaleão Pimenta, Aloísio Pontes Dona Jesuína, Dafé, Candinha, Merinha, Nonô, Major Lindolfo Pereira Neves ou o professor de gramática Joviniano de Melo Fraga e até o poeta, de mãos crispadas e força declamatória, o Bonifácio Odulfo Nobre dos Reis Ferreira Dutton na Taverna do Marombo, ou Maria da Fé, a que conversa com os passarinhos e a grande guerreira que partiu para o sertão com seus guerreiros. E tantos, tantos mais, gerados com voracidade. Sem deixar de acolher em sua pena também outros seres históricos: Sua Majestade São Pedro de Alcântara, a Princesa

---

1460. RIBEIRO, João Ubaldo. **Viva o povo brasileiro**. Rio de Janeiro: Nova Fronteira, 1987.

1461. RIBEIRO, João Ubaldo. **Viva o povo brasileiro**. Rio de Janeiro: Nova Fronteira, 1987.

1462. RIBEIRO, João Ubaldo. **Viva o povo brasileiro**. Rio de Janeiro: Nova Fronteira, 1987.

Isabel, o Comandante Bento Gonçalves: nadando e fugindo do Forte, onde estava prisioneiro. Albergam-se dentro desta descomunal criatura-linguagem: *O período colonial, a Monarquia, a escravidão dos escravos e a liberdade, a República, a Guerra de Canudos e a Revolução de 1964.* Como se toda a história do Brasil se alongasse no bojudo ventre da baleia. E o processo é de palavra puxa palavra, puxa loucura humana no sonho, puxa amor, desequilíbrio, puxa palavra, juízo. E a pergunta:

> – O que faz o Senhor Barão aqui? Que faz ele? Qual a sua missão? Pois eu mesmo, data venia respondo-vos... (E é o alter-ego do autor que assume a narrativa?) O que faz ele aqui é lutar contra a sua inclinação natural de homem superior e forceja premido pelas carências deste país ... Sabe o Senhor Barão, por muitos títulos herói e maior herói ainda quando se pensa na contínua guerra que aqui peleja ... Esforça-se por trazer aqui a cultura e a civilização ... Averiguamos enfim a perfeitíssima parecença, diria mesmo irmandade, do nosso modo de pensar.[1463]

E adiante afirma:

> Vede o que acontece diante nós. À língua, aviltam-na e degradam-na. ... Somos os únicos que têm essa responsabilidade, que têm a portar a maior carga sobre as espáduas, pois nos espreita e vigia a História, pode estar levando este país, dizia eu, a tornar-se exemplo tão hediondo da degradação da civilização, da cultura e do espírito humano...[1464]

Observem, leitores, essa mensagem que não é nada ufanista e está toda composta de juízo e sarcasmo. Juízo futuro? Juízo da palavra?

E João Ubaldo, como todo verdadeiro romancista, sabe ver as minúcias. E é modelar a apresentação do personagem Nego Leléu, todo serelepe, lépido e fagueiro. Bem fatiotado, carregando nas mãos os sapatos para que não se molhassem, nem se sujassem na caminhada. Ou então:

1463. RIBEIRO, João Ubaldo. **Viva o povo brasileiro.** Rio de Janeiro: Nova Fronteira, 1987. p. 121.

1464. RIBEIRO, João Ubaldo. **Viva o povo brasileiro.** Rio de Janeiro: Nova Fronteira, 1987. p. 124.

Filomeno Cabrito, antes de dormir, imaginou que estava sonhando, beliscou-se e demorou a cair no sono. E continuou a imaginar que sonhava, quando acordou no dia seguinte na companhia de suas mulas, no acampamento absolutamente deserto, como se nunca houvesse estado pessoa alguma ali.[1465]

Magistral narrativa é também a da doença do Barão, Perilo Ambrósio, e, mais tarde, de seu passamento:

> Agravou-se dessa maneira a enfermidade, padecendo agora o barão de urinas e bostas presas muito dolorosas, que o levavam a uivar lastimosamente toda noite, enquanto, amparado nos ombros de dois negros, sem calças e com a camisola arrepanhada diante de um penico sustentado por outro preto, espremia em vão a barriga transformada numa bolha de fogo, pingando gotinhas de urina avermelhada e ardente, a intervalos que a todos pareciam eternos.[1466]

Quando todos julgavam o Barão finado, subitamente acordou, pedindo comida. E por fim se foi:

> Infelizmente, ninguém ficou certo quanto a suas últimas palavras, mas Frei Hilário, que esteve junto a ele até o desenlace, anotou as que – claro milagre, para quem já não falava ou sequer via – ele murmurou na escuridão do quarto, a poucos minutos do final: "Pátria, honradez, luta, abnegação, haverei servido bem a Deus e ao Brasil?"[1467]

O que lembra o personagem de Lima Barreto, Policarpo Quaresma. E, à parte, vale salientar a verossimilhança. E o que significa ela num romance prodigioso, de fluxos e refluxos, contrações e descontrações no peito do mar, senão a lógica ilógica de sua própria e undosa construção?

Ou talvez a verossimilhança seja a arte de fazer arder a escuridão.

1465. RIBEIRO, João Ubaldo. **Viva o povo brasileiro**. Rio de Janeiro: Nova Fronteira, 1987. p. 121.

1466. RIBEIRO, João Ubaldo. **Viva o povo brasileiro**. Rio de Janeiro: Nova Fronteira, 1987. p. 162.

1467. RIBEIRO, João Ubaldo. **Viva o povo brasileiro**. Rio de Janeiro: Nova Fronteira, 1987. p. 203.

E um momento assustador: a antropofagia. O que nos conduz a Gonçalves Dias (Y-Juca-Pirama), ou a Oswald de Andrade e seu manifesto. E aproxima o baiano Ubaldo do argentino Juan José Saer, em *O enteado*. Ou parece página de Rabelais.

> O caboco Capiroba apreciava comer holandeses. De início não fazia diferença entre holandeses e quaisquer outros estranhos que aparecessem em circunstâncias propícias, até porque só começou a comer carne de gente depois de uma certa idade, talvez quase trinta anos. ... E que o caboco come gente, às vezes engordando um ou outro no cercado, é por demais sabido, tendo isto, contudo, principiado por acaso.[1468]

E acresce que "o caboco Capiroba forcejou mais e mais em caçar um ou outro branco entre aqueles que a cada dia pareciam aumentar, em quantidade e qualidade, por toda a ilha."[80] E arrola os nomes dos que digeriu:

> No primeiro ano, comeu o almoxarife Nuno Teles Figueiredo e seu ajudante Baltazar Ribeiro, o padre Serafim de Távora Azevedo, S.J., o alabardeiro Bento Lopes da Quinta, o moço de estrebaria Jerônimo Costa Peçanha...[1469]

Esse processo de selvageria vai à crueza, à crueldade, ao paroxismo. Ali, no Brasil primitivo: de tribos indígenas que sacrificavam e digeriam seus ditos inimigos, para tomar-lhes força ou bravura. E essa fome é a voragem sem fundo do ventre humano. Ou a voragem até o fundo do ventre da baleia.

E circular, circulante, este espantoso romance que principia com o desalmar do Alferes Francisco Brandão Galvão, aqui termina, como se tal evento e o próprio livro continuassem: "Ninguém olhou para cima e assim ninguém viu, no meio do temporal, o espírito do homem, erradio, mas cheio

---

1468. RIBEIRO, João Ubaldo. **Viva o povo brasileiro**. Rio de Janeiro: Nova Fronteira, 1987. p. 37-38.

1469. RIBEIRO, João Ubaldo. **Viva o povo brasileiro**. Rio de Janeiro: Nova Fronteira, 1987. p. 43.

de esperança, vagando sobre as águas sem luz da grande baía."[1470] Mostrando o espírito criador do homem, ao avesso do *Gênesis*, em que o espírito de Deus se movia sobre a face das águas. E as águas se moviam no espírito de Deus.

João Antônio (J. A. Ferreira Filho), abraçado à cidade humana

Nasceu em São Paulo, em 27 de janeiro de 1937, e faleceu no Rio de Janeiro, em 31 de outubro de 1996. Foi jornalista, biógrafo, cronista e contista. Continuador de Lima Barreto, ao imortalizar os malandros e boêmios. Ganhador de vários e importantes prêmios literários, sobre ele afirmou Fausto Cunha: "Porque integrado visceralmente no espírito do povo, suas paixões, sua linguagem e seus problemas, João Antônio é um escritor que ousa ir à luta, para desentravar a situação cultural deste país."[1471] Publicou: *Malagueta, perus e bacanaço*, contos, 1962; *Leão de chácara*, contos, 1975; *Malhação de Judas carioca*, contos, 1975; *Casa de loucos*, contos/crônicas, 1976; *Calvário e porres do pingente Afonso Henrique de* Lima Barreto, biografia,, 1977; *Lambões de caçarola*, contos, 1978; *Ó Copacabana*, crônicas, 1978; *O moderno conto brasileiro*, antologia, 1978; *Dedo duro*, contos, 1982; *Noel Rosa*, crítica interpretativa, 1982; *Os melhores contos*, antologia organizada por Antônio Hohlfeldt, 1986; *Abraçado ao meu rancor*, contos, 1986; *Afinação na arte de chutar tampinhas*, contos, 1993; entre outros.

"João Antônio sabe esposar a intimidade, a essência daqueles que a sociedade marginaliza, pois ele faz com que existam, acima de sua triste realidade"[1472] – escreve Antonio Candido. E, já no primeiro livro, este contista maior se impõe com todas as características que o incorporam decisivamente à literatura contemporânea: dicção originalíssima, plena de achados de es-

---

1470. RIBEIRO, João Ubaldo. **Viva o povo brasileiro**. Rio de Janeiro: Nova Fronteira, 1987. p. 673.

1471. ANTONIO, João. **O dedo duro**. São Paulo: Cosac Naify, 2003. p. 30.

1472. ANTONIO, João. **O dedo duro**. São Paulo: Cosac Naify, 2003. p. 30.

tilo, apropriação sapiente da língua do povo. Fazendo respirar para sempre, criaturas vivas, saltitantes de energia, prazer, amor e rancor, capazes de se afinar na arte de chutar tampinhas e sonhos, todos da província da noite, heróis do mundo dos bares, das boates, da publicidade, dos jornais, entre jogadores, otários, bêbados, soçaites, jogadores de bilhar, crioulos, dedos-duros, falastrões e diplomados, hippies domingueiros ou não, vagabundos contumazes, moleques, mendigos, cafetões derrotados, orgulhosos e humildes cariocas, paulistas, amalandrados no ritmo da fuzarca ou da carestia, do reino suburbano do *bas-fond* e de muitas classes ou grupos. Personagens a que ele generosamente empresta cara e voz, uma humanidade inteira, entre soberbos, ditosos, infelizes, ofendidos e humilhados. Seu mundo é o do russo Gorki, do inveterado sonhador Lima Barreto, da *Barra Funda*, de Antônio de Alcântara Machado. E de Marques Rebelo. Com o instinto de escavar ruelas, seres, becos, boates, bares. E um verbo totalmente novo, afeito para a expressão dos desprezados e os menos favorecidos.

João Antônio, por já estar inteiro neste livro, que continua a ser sua obra-prima, – falo de *Malagueta, Perus e Bacanaço* – o que fez posteriormente foi desdobrar ou aprofundar esse submundo de arriscado jogo (não só o *ludus*, igualmente o *viver é muito perigoso*), este picadeiro sem esperança, este inferno sem Dante. Alargando-o para a publicidade, a música popular e o futebol. Certo de que não alcançará jamais segurança, pela instabilidade do meio, ou a convicção de que tudo é breve, sem ser possível qualquer traço de amizade. E os contos, aliás, do volume são de um autêntico mestre. Cito: *Caserna, Natal na cafua, Frio, Meninão do caixote* e *Malagueta, Perus e Bacanaço*, além da *afinação da arte de chutar tampinhas*, compondo uma admirável unidade. Essa perspectiva insidiosa do submundo, sempre em fracasso, ainda que, com provisórias vitórias, é o horizonte magro dos vagabundos, alcaguetes, traficantes, ou os atiçados jogadores de sinuca. Seus diálogos são curtos e incisivos. Os recursos estilísticos desfazem a senha e a fronteira da sintaxe para estilizar os termos de uma língua falada pelos vãos e desvãos do idioma, agraciada pelo devanear mágico do povo, seus resmungos e palavrões. Elipses, cortes, metáforas luminosas deste poeta maior do conto brasileiro. Sínteses lapidares de tipos humanos, situações da baixa-camada, a crueldade e o redemoinho de vidas sem futuro, entre crime e morte. As vozes de muitas almas nele só, contido, incontido, de lampejos geniais, intuições, insônia. Como as noites que invoca, triste como suas criaturas de quem não consegue se desvencilhar, a não ser narrando. Há uma solidariedade e uma ternura inapagável em cada história. Até quando se abraça ao rancor, abraça-se com ternura. O rancor não é dele – é dos que não entenderam um Lima Barreto e também não o entendem, nem os entenderão nunca. O mundo sempre se arma contra o próprio mundo. Cumpriu com galhardia sua sina de contar a miséria e a noite, duas facções do mesmo desespero. E morreu sozinho como viveu, fechado em seu apartamento. Deram pelo seu sumiço e o encontraram morto. Poucos entre seus contemporâneos guardaram tanta humanidade e tanta força de gerar vidas anônimas, esquecidas e insondáveis. O que resiste não é só o que cala. Resiste mais o que põe palavra limpa em tudo. Até nos sonhos do que não pode sonhar.

Possuía uma técnica narrativa, do que não tem nenhuma, do que carece de contar e contar, para não explodir. E carece de explodir, para heroicamente reter-se. Cada criatura sua é trincheira que não se rende. Em *Ó Copacabana*, de João Antônio, vem-me à lembrança Rubem Braga e seu *Ai de ti, Copacabana!*. Ambos descrevem o bairro com amor desamparado. O primeiro, como ficcionista, que é cronista, como se tratasse dos seres amados que ali moram ou desmoram; o segundo, em certo tom profeta-poeta, de classe média para cima, ex-diplomata, energúmeno da esperança. O paulista Antônio viu pelos que não veem: os simples, os esmoleiros, os seres subterrâneos da sorte, viu muito e diferente do capixaba Rubem Braga. Observando, boêmio incansável, que "nós ficamos mesmo é no engarrafado. É só encostar o umbigo no balcão e deixar cair. Não tem essa de ritual à mesa e outras caretices. O industrializado desce mais rápido."[1473] Ou,

---

1473. ANTONIO, João. **Ó Copacabana**. São Paulo: Cosac Naify, 1978/2001. p. 105

> Diz que o bicho sentava lá e ficava que ficava tomando a sua média ou comendo a sua torrada Petrópolis. No sossego maior. Conversa. Baixa uma dessas aqui em copa e a gente logo dá um jeito nela.[1474]

E dava um jeito de estilo na conversa do conto que se enlata de realidade mais barata e sofrida. Como o bicho que evita a cerveja tão cara e vai de chope. Assim Antônio foi, foi e caiu de vida. E "não estamos nem aí. E não queremos nem saber quem envernizou a asa da barata."[1475]

Em *Abraçado ao meu rancor*, ele próprio, João, é a narrativa. Vagante, deambulando. Os contos deambulam também. Com a sacola do texto às costas, ou sem sacola alguma, com texto puro, incruento, severo, indormido, lúcido e perene. "Meus fantasmas vão soltos pelas ruas."[1476] Ou vão adiante dele. No lirismo inebriante do menino no antológico *Guardador*: "Aí, foi para dentro do oco da árvore, encostou a cabeça e olhou a lua."[1477] Pois tem sede onde tem infância, que nele foi parar na fundura, o oco de uma árvore, contemplando a inefável lua. O conto *Maria de Jesus de Souza*, com a epígrafe de Noel Rosa, é o relato sobre a profissional do amor e suas concorrentes. Como se víssemos o maravilhoso da sacada de um poço:

> Bato três vezes seguidas no tronco da árvore do passeio público. Este horóscopo de ser quente, só tem inveja e olho grande, deixa estar. Tem duas aí no pedaço que estão a fim de me secar, as asas negras Odete Cadilaque e Rita Pavuna. Estou sabendo. Deixa estar, suas. Maria de Jesus não vai dar bobeira. Na esquina das muquiranas eu não baixo hoje, que estão querendo me jantar. E se for o meu dia de sorte? Meu Deus me dá uma luz, umazinha só que, na continuação pego força e me embalo, me aprumo. Quem vai à Lapa deixa a alma em casa.[1478]

1474. ANTONIO, João. **Ó Copacabana**. São Paulo: Cosac Naify, 1978/2001. p. 171.

1475. ANTONIO, João. **Ó Copacabana**. São Paulo: Cosac Naify, 1978/2001.

1476. ANTONIO, João. **Ó Copacabana**. São Paulo: Cosac Naify, 1978/2001.

1477. ANTONIO, João. **Abraçado ao meu rancor**. São Paulo: Cosac Naify, 1986/2001. p. 30.

1478. ANTONIO, João. **Abraçado ao meu rancor**. São Paulo: Cosac Naify, 1986/2001. p. 30.

Abraçado ao meu rancor, *Sufoco* e *Tatianapequena* são contos da melhor lavra de Antônio. E a meu ver, *A televisão* e *O publicitário do ano* são bem menos portadores do *pathos* antonino, sem o brotar de dentro para fora dos demais relatos.

Adverte Alfredo Bosi, com acuidade, a respeito da obra de João Antônio:

> Abeirar-se do texto ora lancinante, ora tristemente prosaico de João Antônio requer (a quem não o faz por natural empatia) todo um empenho de ler nas entrelinhas um campo de existência singular, próprio de um escritor que atingiu o cerne das contradições sociais pelas vias tortas e noturnas da condição marginal.[1479]

E, se não o lermos nas entrelinhas, extraviaremos preciosos baús de alma.

Em *Dedo-duro*, com sua escrita nervosa, dúctil, o autor é o próprio, apontando, indicativo, "pois quem passa de burro a cavalo logo se esquece disso."[1480] Ou "o negócio é almoçar nosso irmão, coitadinho. Antes que ele nos jante."[1481] Aqui é o sortilégio mais do mal que do bem. Ou como tirar vantagem em tudo e sobreviver. E não há amigos, nem ocultos. E o bater na lona é episódico, até o bater final, sem gongo. Eis alguns princípios desse universo mal-assombrado, ou que se olvidou de assombrar. Os contos mais representativos do volume são: o que dá nome ao livro, *Tony Roy Show*, *Paulo melado do chapéu mangueira serralha* e o terrível *Bruaca*, com a descrição do assassinato:

> Tem uma mosca passeando nas frieiras, do lado de lá da rua. Tem uma mosca se mexendo, passeando nos cortes fundos, entre o dedão do pé e as frieiras enormes, brancas do crioulo. Não tem mais Bruaca.[1482]

1479. ANTONIO, João. **Abraçado ao meu rancor**. São Paulo: Cosac Naify, 1986/2001. p. 30.
1480. ANTONIO, João. **O dedo duro**. São Paulo: Cosac Naify, 2003.
1481. ANTONIO, João. **O dedo duro**. São Paulo: Cosac Naify, 2003.
1482. ANTONIO, João. **O dedo duro**. São Paulo: Cosac Naify, 2003.

João Antônio, já no volume de estreia, desenvolveu a tal teoria, ou afinação na *Arte de chutar tampinhas*, que é sua teoria poética de contista. Por ter inteligências da narrativa na mão, sobre a palma. E sua arte não é outra senão a de chutar vocábulos. Onde estão os deslocamentos dos pés dos sonhos e a perícia ficcional de acertá-los na ponta da imaginação. E onde se lê tampinha, leia-se palavra. "Posso diferenciar ao longe que tampinha é aquela ou aquela outra. Qual a marca (se estiver de cortiça para baixo) e qual a força que devo empregar no chute. ... Não quero chute vagabundo."[1483] E "é necessário equilibrar a força dos pés."[1484] Ou carece de equilibrar a alma das palavras nos pés. Os pés na palavra em alma. Até o alvo.

Fausto Wolff, o acrobata

Nasceu em Santo Ângelo, Rio Grande do Sul, em 8 de julho de 1940, e faleceu no Rio de Janeiro, em agosto de 2008. Foi jornalista, contista, cronista, romancista, crítico teatral e teatrólogo. Estreou em 1966, com *O acrobata pede desculpas e cai*. Sua melhor criação transparece nos romances, *À mão esquerda*, 1996, o mais conhecido. E *O lobo atrás do espelho*, 2000. Criador de tipos fortes, trabalhou a loucura e o delírio, com estilo (que retirou de sua larga experiência jornalística), contundente, com cheiro de terra e sol, sem medo de escandalizar ou espantar. Sempre com desabrida liberdade. Os aludidos livros, mais do que espelho atinado de nossa condição, mais do que o lobo no homem, descobrem uma terna e inesperada misericórdia, pois a mão esquerda nada sabe da direita, salvo que estamos vivos. E Wolff sentia-se, também na escrita, viver desesperadamente, viver sem barreiras ou horizontes. Porque sua alma de acrobata do abismo carecia de cada vez mais respirar. Excessivo nas crônicas, que não foi o seu melhor, excessivo nas críticas, excessivo no seu antijudaísmo,

---

1483. ANTONIO, João. **Afinação da arte de chutar tampinha**. São Paulo: Cosac Naify, 2013.

1484. ANTONIO, João. **Afinação da arte de chutar tampinha**. São Paulo: Cosac Naify, 2013.

excessivo até consigo próprio. Não poupou no juízo nem seus sonhos ou palavras. Foi incandescente e pessimista. Mas nunca se abandonou na esperança. Ainda que ela, por vezes, o tenha abandonado.

Os Guaianãs de Benito Barreto e o esquecimento da crítica

O Brasil esquece a tudo e todos, só não esquece a si mesmo, por ser impossível, na sua grandeza e por isso esqueceu também Benito Barreto e sua obra-prima, *Os Guaianãs*, com quatro livros, em dois volumes denominados *Plataforma vazia*, *Capela dos homens*, *Mutirão para matar* e *Cafaia* (tetralogia). E os quatro livros compõem um todo consistente, orgânico. Foram publicados em 1962 e, em 3ª edição, em 1986. Benito Barreto nasceu em Dores de Ganhães, Nordeste de Minas, em 27 de fevereiro de 1922. Cursou a Faculdade de Letras na Universidade Federal de Minas Gerais. A obra romanesca de Benito Barreto tem como cenário o nordeste de Minas Gerais e os sertões do sul da Bahia. E *Os Guaianãs* versa em torno da história de uma família, o que soía acontecer com William Faulkner, o genial norte-americano. E é de uma força expressiva e monumentalidade raras na ficção brasileira, com nível de qualidade que se não esgota no fôlego. Benito Barreto ganhou o prêmio *Walmap*, de 1967, apesar de poucos vislumbrarem sua grandeza e, entre esses, está o gaúcho José Hildebrando Dacanal, que reconheceu, pela concepção épica e ética, seu lugar destacado no romance latino-americano do século XX. Não menos.

A obra reunida deste mineiro de almas não tem apenas sopro épico e ético: escapa do panfletário ou didático, assumindo com a palavra uma veracidade pouco usual entre nós. Pelo dom visual do autor, enxergamos os protagonistas. Respiram, sofrem, amam, lutam, morrem, como se incorporasse um elemento novo de bravura e integridade ao *homo brasiliensis*. E isso que nele se albergou, ao leitor se torna visível, como se lesse para dentro do que lê.

Deparamo-nos com dois processos: o de contemplar, criando e o de criar, fazendo-nos sentir o frêmito e a presença corpórea dos protagonistas.

E se há uma junção feliz entre a terra bruta e os homens, a narrativa benitiana não permite que se confundam. Tal se não saíssem da terra, mas a terra brotasse deles.

Pode ser posta esta obra, pela exuberância criadora, ao lado de *O tempo e o vento*, de Érico Veríssimo e *Viva o povo brasileiro*, de João Ubaldo Ribeiro. Todavia, armado e alarmante contra as tropas da ordem, aproxima-se de *Os sertões*, de Euclides da Cunha. Mostrando duas espécies de civilização – a dos que agridem pelo poder e violência, com superioridade de armas e a dos que, com heroísmo, se defendem e não se rendem, não sabem se render diante da barbárie. Nisso a obra de Benito Barreto revela o paroxismo e a ferocidade deste *tempo dos assassinos*.

E o tempo neste livro não guarda comiseração ou meias-tintas, por não recuar na ética e no sonho. Não só porque ilumina o palco dos invasores e deserdados, como também porque se ilumina de esperança, que é tão cara e aprazível quanto o desespero.

Esse determinado humanismo, que é a gleba da habilíssima e inventiva técnica de narrar benitiana, não se adoça nas fragilidades, nem se endurece na rudeza da caatinga. E o poético vem dos gestos, dos diálogos, da paisagem precisa, de algum acento imprevisto de suas criaturas, todas embebidas do engolido silêncio que se alça no fazer. E é o nosso real, através de um movimento alegórico circular, rodando pelo interior dos núcleos narrativos, com o filão de uma estirpe que se sucede como tronco atonal deste percurso de símbolos de uma outra távola menos redonda, a da secular honra. As imagens romanescas são cinematográficas, sem operarem no mundo da velocidade – porque o tempo, aqui, é intenso e interno:

> Gervásio recolhe uma perna e Maria cala os pensamentos. Ela já se havia esquecido da presença maldita. Mas quem sabe ele estivera a dormir de verdade? Observa-o com o canto dos olhos

e vê-lhe o largo peito que sobe, sobe, inflando-se para de repente esvaziar-se num suspiro bufado. Ela diria que ele bufa, assim: Gervásio bufa, e sentindo a tônica da frase ajustar-se ao ritmo das ferragens, repete para si, carregando nas tônicas: Gervásio-BU-fa. Não, não ia bem, precisava completar. GervásioBU-fa... BU-fa como quê? – como... boi, não, como cão. Cachorro bufa? Não importa. Gervásio bufa. BU-fa...como – CÃO! Agora, GervásioBu-fa como Cão, Bu-fa-como-Cão. E a sentença absurda lhe ficou nos lábios, ora mais rapidamente articulada, ora, ao contrário, mais demorada e saltada, num jogo em que o seu ódio, levado aos extremos da força e da impotência, transformava-se num brinquedo. E logo, os olhos abertos para a paisagem, a injúria brava a afinar-se mais e mais com a monorritmia dos ferros, foi-se-lhe pouco a pouco delineando na mente um arranjo feroz, metálico, em cujo mecanismo as suas mãos nervosas enfiavam mil Gervásios e faziam-nos bufar, morder, esguichar em fogo-sumir. O trem apita convulsivamente, mas o grito que ele lança, Maria o escuta como o sopro de seu ódio a expelir a figura maldita. Um baque a traz de volta à realidade. Alfredo resvala no assento e seu joelho escorrega para dentro dela. Maria sente o contato morno, vagamente penetrante, e deixa-se imóvel. O padrasto continua, ele também imóvel, sob o chapéu de couro que lhe cobre a face angulosa. Dorme ou espreita? Ela estende a mão para a trouxa que lhe fica aos pés e apalpa qualquer coisa. Seus olhos saltam de um lado a outro, que nem bicho ante o perigo.[1485]

Como os leitores podem observar, o enfoque dos personagens é tecido com maestria, tomando tenência sem a aparente intromissão do autor. Com frases que seguram o ritmo interior das criaturas. *"C'est ici un livre de bonne foi, lecteur"*[1486] (Montaigne).

A tetratologia benitiana começa com *Plataforma vazia*, aprofunda-se com *Capela dos homens* e *Mutirão para matar* e finaliza com *Cafaia*, como se explosão fosse do coro sinfônico. E não se distancia jamais da música, às vezes de um Villa-Lobos, outras de Mahler, com assonâncias, ou a parte cruenta dos morticínios.

1485. BARRETO, Benedito. **Os Guaianãs**. Porto Alegre: Mercado Aberto, 1962. p. 12-13.

1486. CHAVARDES, Maurice. **Michel de Montaigne**. Paris: Pierre Charron, 1972.

O princípio é imóvel, de um cenário geográfico e humano novo que se apresenta. Na capela dos homens, nome de lugarejo, com investigar arguto da natureza dos atos deste "bicho da terra tão pequeno."[1487] O mutirão para matar é a execução por grupos contra grupos, sumária execução, como se a história não tivesse rosto. Atentem, leitores:

> – Quem teria feito isto? – se perguntou em voz alta o Guaianã.– Seja lá quem for, é uma derrota – ia eu dizendo, quando Pedro vivamente me atalhou.
> – Sim, uma derrota. Mas de quem?
> – Deles, é claro.
> – Isto ainda não sabemos, doutor. Por enquanto só uma coisa é certa: Capela dos Homens ficou mais isolada e mais pobre. Mais desgraçada. – Lembre-se que estava chegando um caminhão de tropas... Pedro me encarou, pensativo, como se eu lhe tivesse dado a chave de um segredo. – Moço, diz pra mim, meu filho – era a Rita que o vinha interpelar. Após abrir um claro entre os homens, aos quais veio apartando sem cerimônia com os dois braços. – Me diz: ocê teve a coragem de mandar dinamitar a casa adonde a moça, com os demais" Ocê mandou?
> – É claro que não, Rita. Isto é mentira, minha querida. Abraçou-a e começou a lhe explicar docemente, de como ele jamais faria tal coisa. Que, de resto, o Cafifa, o Anselmo e o Polidoro não cumpririam nunca uma ordem desse tipo. Rita desvencilhou-se e exigiu melhor explicação:
> – Antão o que era que o homem andava querendo em derredor da casa – o quê?[1488]

Os diálogos ora reinventam a fala, ora a imitam. E Pedro Guaianã é o poderoso personagem, com dimensão alegórica e mítica. Como também Cafaia, Ulisses do sertão, o último de uma nobre estirpe. O que se forja das intempéries:

> O Guaianã, porém, exato naquele instante, jogava a sua besta contra os soldados. E com um puxão enérgico, retirando o filho,

---

1487. BARRETO, Benedito. **Os Guaianãs**. Porto Alegre: Mercado Aberto, 1962. p. 167-168.

1488. BARRETO, Benedito. **Os Guaianãs**. Porto Alegre: Mercado Aberto, 1962. p. 167-168.

os foi batendo a faca e a tiro, a uns pisando, outros matando e a soldadesca, batida, recuava, quando um tiro de fuzil na testa o derrubou inteiro na calçada.[1489]

São muitos os protagonistas que se movimentam como uma *Ilíada*, sem *Odisseia*. Com mulheres valentes, homens destemidos. E vão-se impondo ao leitor: desde Pedro Guaianã, Tico Luca, Alfredo, Coster, Nair, Silvio Nunes, Jovalina, Ninico Sapucaia, Cafaia... No meio das refregas os personagens são imagens que andam, metáforas vivas. E o estilo prudentemente se oculta, tende a sumir e então ele é o que querem os seres viventes, que nem sempre é o mesmo desejo dos leitores. Pois, "o sentimento de quem conta não altera os fatos ... O que a paixão do contador altera é o juízo de quem ouve ... Longe de mim a ideia de julgar."[1490] Sim, o sentimento de quem relata é imparcial, dizendo o que as coisas são. Mas o contador altera todos os juízos e sensos, mesmo que não julgue, julga, ainda que não ouça, ouve tudo, ainda que não queira, toma posição a favor da comum humanidade. Benito Barreto trabalha a multiplicidade das vozes, trabalha o tempo como se junto estivessem a bravura e penúria dos homens, como se tal sucedesse desde sempre. Essa antecipação de futuro é a antecipação de acontecidos que se revolvem noutros e noutros, sendo o destino roldana, roldana que empurra destinos. A épica é uma tarefa de mudar a realidade, mudar a barbárie, trazer civilização à contingência de seres que se entrecruzam. E muitas das almas que povoam o mundo de Benito Barreto, infatigavelmente, ao serem designadas nos provocam. De barro são feitas, de palavra, de sonhos. De invencível espírito. E se o *alter ego* do autor está no *Guaianã*, ser coletivo, povo resistente, igualmente se derrama em toda a parte, tal se nem soubesse como se derramar. E o que nele consta, não está em demasia, está porque carece de viver.

1489. BARRETO, Benedito. **Os Guaianãs**. Porto Alegre: Mercado Aberto, 1962. p. 167-168.

1490. BARRETO, Benedito. **Os Guaianãs**. Porto Alegre: Mercado Aberto, 1962. p. 167-168.

Alguns grandes nomes na ficção surgidos após a década de 1970

Vários ficcionistas se impuseram pela importância de sua obra neste período de pós-modernidade, com características que os distinguem, tanto nos temas quanto na construção libérrima, seja em novo olhar dos personagens, seja em alguns pela aproximação maior dos meios de comunicação à cata de leitores, seja por dimensões tecidas além da "terceira margem do rio", seja pela reinterpretação de obras clássicas, ou o dialogismo com elas, seja pelo uso do delírio da razão criadora, seja pela busca de pontes de pensamento, ou pela invasão do poético ou o aprofundamento da ruptura dos gêneros, ou seja pelo simples ânimo de dizer de outra maneira, o que já foi repetidamente dito, atrás de verdades que se eternizam, ou pela obstinação de dizer, calando, até o silêncio querer dizer mais que a palavra.

O caminho aberto pela *Montanha mágica*, de Thomas Mann, e do *Homem sem qualidades*, de Robert Musil, ou dos *Contos*, de Ernest Hemingway, dos romances de William Faulkner, de *A vida: modo de usar*, do francês Georges Perec, ou do boom da literatura latino-americana de um Jorge Luis Borges, Cortázar, García Márquez, Juan Rulfo, Arreola, entre outros, sem deixar de nomear a via de Graciliano Ramos, Guimarães Rosa e Clarice, mudou a escrita contemporânea, ora para a ironia ou sarcasmo, ora para a fragmentação em busca de uma perdida identidade, ora por um profano que corrói o maravilhoso, ora por um mágico que passa a ser exultantemente real, pelo peso das contradições ou pela moita das calamidades deste irritado e embrutecido mundo.

Estes autores gostam de surpreender, mais do que serem surpreendidos, com temas que não são doentes, ainda que doente seja por vezes a falta de imaginação. No entanto, em um e outro destes ficcionistas, configura-se na linguagem, o eterno retorno nietzschiano, com a volta de antigas obsessões humanas. Sendo a volta do tempo circular como a imaginação. Como quem vai seguindo visíveis pegadas, ou algumas pouco visíveis, não aprofundarei a análise dos nomes, ainda que admita a importância de muitos deles. Com a humildade concentrada de capturar uma estirpe inteira de criadores pelo desenho dos passos. Ou são os seus passos que me capturam. É verdade que há ficcionistas que ainda não alcancei no tempo, ainda que me tenham alcançado. Ou talvez por efeito de minha própria percepção ou impossibilidade. Cito: Luiz Ruffato (e seu livro *Eles eram muitos cavalos*, 2000, sua obra-prima), Carlos Emílio Corrêa Lima (*A cachoeira das eras*, 1979), Estela Carr (*O homem do Sambaqui*, 1975), Sinval Medina (*Memorial de Santa Cruz*, 1983), Betty Milan (*O Papagaio e o Doutor*, 1998 – e é notável entrevistadora em *A força das palavras*, 2012), Reinaldo Santos Neves (um dos mais importantes ficcionistas capixabas, autor de *A crônica de Malemort*, 1978, e de *A ceia dominicana: romance neolatino*, 2008), com domínio pleno do romance e do conto. Miguel Depes Tallon (1948-1999), mais ficcionista que poeta, destaca-se na sua obra *Marília*, romance, 1992), e Lauro Santos (*Um contador de histórias*, 1997), Tabajara Ruas (*Perseguição e cerco a Juvêncio Gutierres*, 1991), Sérgio Sant'Anna, W.J. Solha, Chico Buarque de Holanda (com o primoroso *Leite derramado*, 2009), Cecília Costa (*Damas de copas*, 2003), Cíntia Moscovich (autora de *Essa coisa brilhante que é a chuva*, 2012 – com o encadear luxuriante da prosa e a conversa do tempo, inimitável), Augusta Faro (com dois livros marcantes: *A Friagem*, 2001 e *Boca Benta de Paixão*, 2007, onde o absurdo e o fantástico se alimentam da realidade goiana, num curso de singular alegoria), Frei Beto (*Alfabetto*, 2002, e a linguagem que sabe assinalar, sob o signo de Minas, caracteres e ambiência, com o toque mágico e inacabável da infância, com o reflexo da ironia e da passagem das coisas), Jane Tutikian, Carlos Herculano Lopes, Miguel Sanches Neto (poeta de *Chove minha infância*, contista de *Hóspede secreto*, 2002 e *Então você quer ser escritor*, 2010 – que sabe expor como poucos os desencontros existenciais, com rica composição de personagens numa linguagem madura), Santiago Nazarian (*Pornô fantasma*, 2011– caçada obsessiva numa cidade, em sotaque tendendo ao surrealismo, João Anzanello Carrascoza, em *Amores mínimos*, 2011, relatos cortados de epifania e senso do poético), Patrícia Melo, com *Escavando no escuro*, 2011, usando inversão da estrutura tradicional), Alessandro Garcia (*A candidez das pequenas coisas*, 2010, tensão que se move sob a banalidade do real), Sérgio Sant'Anna (*Livro de Praga*, 2011, sob a personalidade do escritor Antônio Fernandes, cerzindo a linguagem até a exasperação do desejo), Cristóvão Tezza (com *Beatriz*, 2011, com sete histórias numa linguagem cristalina), Fernando Fábio Fiorese (*Aconselho-te crueldade*, 2010, intruouzindo forma inventiva no conto – e é poeta, com *Dicionário mínimo*, 2003 e *Um dia, a treva*, 2008, com síntese e rica imagética, de Francisco de Morais (Autor de *Onde terminam os dias*, 2011, com prosa limpa e depurada), Rinaldo de Fernandes (*O professor de pianos*, 2010, contundente, impecável contista, utilizando muito o monólogo interior), Luiz Horácio (*Perciliana e o pássaro com alma de cão*, 2006), Márcia Tiburi, Marcelino Freire, Murilo Carvalho (com *O rastro do jaguar*, prêmio Leya de 2008), Nelson de Oliveira, Edla van Steen (também dramaturga e ativista cultural), Sônia Coutinho, Marcelo Rubens Paiva, Adriana Lisboa, João Silvério Trevisan, Márcia Denser, Vitor Ramil, Regina Célia Colônia, Charles Kiefer, Edival Lourenço (*Centopeia de néon*, 1994, magistral romance entre ironia, caricatura e humor), Edilberto Coutinho, Muniz Sodré (com o inventivo *Santugri*, contos, 1988); Aleilton Fonseca (de Firmino Alves, Bahia, nascido em 1959, destacou-se com *O Pêndulo de Euclides*, 2009, ao retornar ao relato da Guerra dos Canudos, trazendo à baila a figura de Euclides da Cunha, com aguda percepção do mundo sertanejo), Edney Silvestre, excelente autor de *Se eu fechar os olhos agora*, com o Jabuti e Prêmio São Paulo de Literatura, em 2010, com um brutal assassinato e o cenário histórico, ambos tecidos com penetração psicológica e a alegoria; Rubens Figueiredo, que se tem destacado na ficção e tradução; Maria Luíza Ribeiro, Carlos Sussekind, Valêncio Xavier, Fernando Bonassi, Victor Giudice, Domingos Pellegrini, Wander Piroli, Roberto de Mello e Souza (*O pão de cará*, 1995), Marina Colasanti, Michel Laub, Paulo Scotti, Daniel Galera, Cláudio Tajes, Jaime Prado Gouveia, Marçal Aquino, Marcelo Mirisola, Nicodemus Sena (*A noite é dos pássaros*, 1961), João Paulo Cuenca, Paulo Wainberg. À parte, impõe-se o nome de Rodrigo de Souza Leão, (natural do Rio, 1965 e falecido em 2009), publicou *Há flores da pele*, 2001, e *Todos os cachorros são azuis*, 2008.Vige, aqui, o mundo do hospício, próximo de Maura Lopes Cançado (*O Hospício é Deus*, 1979), relatando um crime, sob a alegoria, entre a ficção científica e a arte do absurdo, onde a genialidade e a demência se mesclam, sem a viável liberdade. Vejam a poeticidade de sua escrita: "Tudo começou quando engoli um grilo em São João da Barra. Eu tinha 15 anos de idade. Estava indo e voltando. Só parava para voar." Seu último livro, *Carbono pautado - Memórias de um auxiliar de escritório*, 2012, que é regido pela obsessão de segurança. Prosa fragmentada, com uma odisseia da miséria e do desequilíbrio, sendo o escritório o símbolo do mundo burocrático e esquizofrênico. Asfixiado, o personagem Fichelm é um repetidor das mesmas coisas, como se houvesse "engolido um rádio de pilha." O texto é visionário e nervoso, de quem tenta resistir, contemplando o desespero com frestas de alegria. E como creio mais no trópico do avesso que no avesso dos trópicos, com a desarticulação do estereótipo nacional, tendo a cidade de Pelotas do Rio Grande, como centro, registro a obra que a isso busca externar, de Ramil Kledir (com *Pequod*, 1997 e *Satilep*, 2008), defendendo o exílio da terra do frio, em prosa elétrica, inteligente e melancólica, com vertigem mítica, sem fugir do oracular Borges. E mais do que um exílio, é "o espírito do lugar."

Além desses todos referidos, dois nomes do mundo da comunicação, Paulo Coelho e Jô Soares.

O primeiro, Paulo Coelho, da Academia Brasileira de Letras, traduzido em vários países, conhecido com *Diário de um Mago*, 1987 e *O Alquimista*, no ano seguinte, andarilho no caminho de Santiago e andarilho de si mesmo, criou personalidade ficcional voltada para o Oriente, no tangenciar mitos e lendas, sob a sombra do matemático Malba Tahan, optando menos pela exatidão e mais pelo narrar direto, sem planos simbólicos ou metafóricos, em que o ensinamento de viver se alia ao esotérico e mágico. Ao nosso ver, seu melhor livro é *O Manuscrito encontrado em Accra*, 2012, onde o usual tom parabólico preserva o mistério, ainda que haja a residual autoajuda. Mas sabe escrever e captar o leitor, com uma simplicidade que tende ao linear. Sem a invenção, ou a genial profundidade do Ulisses, de Joyce, que critica como "um mal à literatura" e que resiste, há 90 anos, devendo ser poupado da versão tão conhecida da raposa diante das inalcançáveis uvas. Sua literatura segue um padrão programado, tanto de escrita, quanto de personagens, escrevendo para o público. O que, para Paul Valéry, "é o verdadeiro pecado." Como produto de supermercado, nascendo para ser consumido. E não para durar. Entre o ocultismo e o sobrenatural, aproveita a sede de absoluto do leitor, que não consegue saciar, oferecendo fórmulas, meditações cediças. O êxito é devido, repito, ao habilidoso narrador e mestre do marketing.

E Jô Soares, mestre da televisão, destacou-se, com os romances *O xangô de Baker Street*, 1995, e *O homem que matou Getúlio Vargas*, 1998, que logo se impuseram com largo círculo de leitores, conseguindo raro humor da inteligência, com a arquitetura de histórias policiais, sendo inquestionável criador de tipos. Com seu último livro, *As Esganadas*, 2011, amplia o sulco no território pantagruélico, onde a ironia se une à piedade, sempre na presença de um comediógrafo dos costumes e da alma, em que, ao trabalhar os excessos das personagens, trabalha o riso e até os percalços da estupidez. Sabendo como poucos, romper o estereótipo, com o grotesco, a demência e o sentimento universal de nossa penúria. Provando a assertiva de Kundera, de que o romance não nasce do espírito teórico, mas do espírito do humor e da irreverência. Com "a dimensão da carnalidade que, no entanto, fez a grandeza de Boccacio e de Rabelais, perdendo, portanto, o peso corpóreo", na lição de Ítalo Calvino. Mas, ganhando no saber e no maior discernimento do mundo, sem o desgaste da relação societária deste tempo.

Em relação a Paulo Coelho, falei em Malba Tahan, pseudônimo do Prof. Júlio César de Mello e Souza (1895-1974), autor de lendas e assuntos árabes, sempre com aspecto pedagógico, criando uma ambiência mágica de aventura, perito no dom de contar histórias, aliado a uma simplicidade, com lógica irretorquível na matéria matemática. Por isso tudo, merece ser sublinhada a sua singularidade, que sensibiliza gerações, sobretudo com *O homem que calculava* e seus *Melhores contos*, com as antológicas *Sentenças de Habalin*, ou *O amor e o velho barqueiro* e, ainda, o prodigioso relato, que é a sentença do sultão, lembrando-nos do grande escritor sírio contemporâneo, Nobel de 1988, falecido em 2006, Naguib Mahfouz, com o mesmo espírito do maravilhoso, em vários livros, como em *Noites das mil e uma noites*, 1982. O que se vislumbra no papel pioneiro de Malba Tahan. E, se a história se faz árvore de severa ou voluptuosa paciência, ciência de aconteceres, é plantada por nós todos. Observando, entretanto, Henri Michaux, que "a árvore não se interessa pelo delírio do pássaro", mas o pássaro deve talvez interessar-se pelo delírio da árvore. Eis a árvore dos nomes plantada, a partir de 1960-1970, é lógico que sem exatidão, porém, com o amor possível que há de ter um pássaro pela árvore, onde pousado, se alberga. E a literatura – parafraseando Richard Rorty, filósofo norte-americano – não faz progresso por tornar-se mais rigorosa, mas por tornar-se mais criativa. E eis a árvore, com os nomes.

Roberto Drummond

Nasceu no Vale do Rio Doce, Minas, em 1933, e faleceu em Belo Horizonte, no ano de 2002. Mineiro de Santana dos Ferros, jornalista, repórter, ficcionista, publicou inúmeros livros, destacando-se como obra-prima o conto, *A morte de D.J. em Paris*, 1970, que se tornou clássico pela inovação narrativa de criar os personagens pelos hábitos, qualidades, tipos de sapatos, ou pela cor da pele, impressão digital, objetos (deixados, por exemplo, por um obscuro Fernando Bo), vícios como marcas de cigarros, ou descoberta de desejos. O que também configura este tempo de rostos partidos. Símbolo de literatura pop? Sim. Com abundante referencial de cinema como Batman, Errol Flynn, Gina Lollobrigida, Leila Diniz... ou alusões esportivas como Saldanha, ou de bebidas como coca-cola. Seu universo é estilhaçado e os cacos que restam são os sinais luminosos. E luminosos, graças à invenção vocabular, são seus contos compostos de fragmentos numa metrópole de contraditória comunicação. Observem a alta dose de criação e poesia:

> Mosca, mosca, moscae, onde o Prof. Evangelista idibus as moscas trás voorum, zumbidorum, desrespeitorum querendo entrar no nariz, na boca, bocae, bocorum do Prof. José Evangelistorum. Dominus, domine, domini, o Prof. José Evangelistorum as

> moscas ananorum, prudens, prudens, prudentis todos ficavam calados, mas no recreio, longe do olhar do lobisomorum, gritavam quiquae quod com as moscas ninguém pode.[1491]

Tal latinório é de mordaz ironia. Ou então a beleza:

> ... Pediria que vocês explicassem, a quem perguntar, que minha pátria é azul e tem sardas nas costas e uma pequena cicatriz no joelho esquerdo, e eu sei tudo dela: sei de quando fala com voz de frevo tocando, sei das sardas que ela tem nas costas banhadas pelo oceano Atlântico...[1492]

E embora tenha tido sucesso na televisão, com *Hilda Furacão*, sua melhor criação romanesca, a mais inspirada é *O cheiro de Deus*, com protagonistas extraordinários como o coronel Bin Bun, inimigo figadal do Clã Drummond do Brasil, liderado por vó Inácia Micaela (cega, na vizinhança dos seus 65 anos) e vô Old Parr. E nesse clã estão Viridiana (vejam sua alusão a Buñuel), a que não casou para evitar mais um incesto – e Buchanan's, loiro e conquistador. Evidencia-se no texto a benemérita consanguinidade com William Faulkner, ao descrever as velhas famílias de seu condado literário americano. O clima é de guerrilhas entre grupos e o relato tem voraz agilidade. Querendo levar tudo na avalanche das imagens e as metáforas que entretecem as criaturas, todas de ódio e amor febricitantes. Pois "Vó Inácia acariciou o rifle a tiracolo e pela primeira vez sentiu o cheiro de Deus."[1493] O mesmo cheiro que Roberto Drummond logo depois veio a conhecer.

Josué Guimarães

Nasceu em 1921 e faleceu em 1986. Gaúcho de São Jerônimo, jornalista, cronista, político, publicitário, ficcionista.

1491. DRUMMOND, Roberto. **A morte de D. J. em Paris**. Rio de Janeiro, Objetiva, 2002, p. 82.

1492. DRUMMOND, Roberto. **A morte de D. J. em Paris**. Rio de Janeiro, Objetiva, 2002, p. 82.

1493. DRUMMOND, Roberto. **O cheiro de Deus**. Rio de Janeiro: Objetiva, 2001.

Embora exímio contista em *Cavalo cego*, 1979, sua verdadeira vocação foi o romance, publicando com sopro épico, dentro da linhagem de um Érico Veríssimo, seu amigo, e da literatura de Juan Rulfo e García Márquez, *A ferro e fogo: tempo de solidão*, 1972, trazendo à baila a colonização alemã no Rio Grande, com protagonistas sábios e valentes, amorosos, carregados de vida e de civilização. Sua perícia nos diálogos internos, sua capacidade de contar histórias, que faz lembrar a dos antigos rapsodos, sua psicologia arguta nos caracteres, o instinto de, entre astúcias, prender o leitor, bem como o de ser um muralista, exige a seu favor a maior atenção do futuro. Outro livro, de pequena feitura e de primoroso texto, é *Enquanto a noite não chega*, 1979, fábula de dois velhos que, juntos, aguardam a morte que se vai achegando como grande metáfora. Toca com sua verdade, de vinco universal. Algo de Tolstói, em *A morte de Ivan Ilitch*, com a mesma rudeza desmascaradora. E um poético que, na economia de meios, alcançou incrível densidade. Trouxe marca épica, dentro da linha de Érico Veríssimo, para a literatura. E foi hábil criador de personagem, sendo ele mesmo destacada figura humana.

Sérgio Faraco

Nascido em Alegrete, no pampa, em 1940, contista e cronista. É um sucessor de Simões Lopes Neto, guardião do Rio Grande do campo e da cidade, sem o paisagismo e o ornato de um Alcides Maya, mas com dicção peculiar e culta, estilizando a fala gauchesca. Seus diálogos são funcionais, diretos. Denso e preciso na linguagem como uma faca. Conta a fábula, não a moral. Os contos capturam o leitor nas malhas narrativas e findam de chofre. Porque tudo continua além da história. Com cinismo, ironia, palavrão, um beijo, ou nada.

Sua primeira publicação: *Idolatria*, 1970. Editando os *Contos completos* (Porto Alegre, LP&M,), em 2004, ali comparecem seus contumazes personagens e circunstâncias. Por estarem sempre em situação ou movimento: os amantes, os velhos, o tropeiro Guido, o viajar pelo rio de barco ou chalana, o erótico e o choque de melodioso lirismo, os bugios, a garça pequena e os passarinhos, guaxos, ginetes, a existência atrás do galpão, os trens e as estações, os boleros, o tango em Porto Alegre, todas as situações que se fazem temas destes contos que preservam o tom de crônica da história do gaúcho. Sem negar o bater firme do boxeador eficaz e astuto, seguindo a lição de Julio Cortázar. Cito alguns relatos magistrais: *Noite de matar um homem, Adeus aos passarinhos, Hombre, Velhos, A dama do bar Nevada, Uma voz do passado, No tempo do trio Los Panchos, Dançar tango em Porto Alegre*. As imagens da criança se assustam diante da intrusão dos adultos. Com o tempo, esvoaçante personagem: "O tempo vai passando, o tempo vai zunindo, eu o sinto dentro de mim como um inseto."[1494] Ou este vivíssimo instante:

> Lá fora o funcionário ainda insistia com os curiosos: vamos para dentro, vamos para o trem. E o trem parado no meio do campo, o dia clareando, um frio cortante e nós avançávamos lentamente pelos corredores apinhados, em busca do carro-leito. Vendo-a assim, desenvolta, eu sentia que algo vicejava forte em mim, uma nova energia, uma vontade de viver, de conviver, compartilhar, e tinha certeza, uma certeza doce, cálida e total, de que agora ela pensava como eu, que valia a pena tentar ainda uma vez, que valia a pena dançar um tango em Porto Alegre.[1495]

Sim, a existência cotidiana, aqui, transparece sem heroísmo. Mas com sóbria, contida ternura. E uma integridade que não recua. O centro dos contos é o drama dos simples e dos menos favorecidos. Com a visão que não se prende ao regionalismo. Condensando a nossa penosa condição humana. Que resiste. Talvez se esperasse dele uma invenção estilística mais liberta, talvez um mais pronto acabamento das histórias, de que é bem -otado narrador. E ainda que um tanto borgiano, não se entregou ao fantástico, atado a uma razão delineadora. Assim, contém-se para não explodir. Porque escrever também é renunciar ao que não se pode escrever.

1494. FARACO, Sergio. **Contos completos**. Porto Alegre: LP&M, 2004.
1495. FARACO, Sergio. **Contos completos**. Porto Alegre: LP&M, 2004. p. 290.

Godofredo de Oliveira Neto

Nasceu em Blumenau, Santa Catarina, em 1951. Ficcionista, dedicado ao magistério. Publicou: *Amores exilados, Menino oculto* (Prêmio Jabuti, 2006), *Ana e a margem do rio* e este extraordinário *O Bruxo do Contestado*, 2012, que se destaca entre todos, pela perspectiva épica e a grandeza narrativa. O que narra é o episódio pungente da Guerra do Contestado (1912-1916), por meio do depoimento de Gerd Runnel, espécie de reedição dos *Canudos,* que teve a fortuna de um Euclides da Cunha, na época, para notabilizá-la. Godofredo se engolfa nas teias políticas e emigratórias, além de mexer, perturbadoramente, na má consciência de um tempo. Escrito com rara perícia romanesca, a que não falta simplicidade. Com um enredo que se desenvolve entre viventes e atormentadas criaturas, num universo que nos parece estranho e confuso e, lastimavelmente, tem o rosto de nossa envergonhada civilização. Modesto, laborioso, importante romancista, tendo sido publicado, em 2019, o livro-ensaio de Ângela Maria Dias organizando estudos sobre a obra de Godofredo de Oliveira Neto, sob o título "Ficção e Travessias" (Ed. Sete Letras). Ali Regina Lúcia de Faria adverte: "[Em Godofredo], o 'diálogo' entre os textos nunca é ingênuo e tranquilo, na medida em que o texto segundo inventa o primeiro, lançando sobre ele novos significados." Sendo sua narrativa, portanto, dialógica e fabuladora da memória e a memória, fabuladora dos textos.

Aldir Garcia Schlee

Nasceu em Jaguarão, no Rio Grande do Sul, em 22 de novembro de 1934 e faleceu em Pelotas, em 15 de novembro de 2018. Romancista, contista, ensaísta, tradutor, jornalista e artista plástico. Afirma preferir as histórias dos deserdados da sorte, sendo capaz de assumir, o que é difícil, a maneira de ser dos personagens, inclusive na fala, ao mesclar português e espanhol, operando nessa fronteira tênue, criando seres rústicos, sem educação colegial, denunciando arbitrariedades do dito pai de Gardel, nos seus *Contos Gardelianos,* entretecendo conto e novela. Publicou: *Contos de sempre*, 1983; *Uma terra só*, 1984; *Linha divisória*, 1988; *Contos de Futebol*, 1997; *O dia em que o papa foi a Melo*, 1999. Todos, de contos. Em 2010, editou o romance *Don Frutos*, que se destaca de toda a sua produção anterior, pela força narrativa, sendo ficção histórica, baseada na vida do General Don Fructuoso Rivera, reiventando lugares e fatos, com certa ironia no exame do poder, capaz de recriar seu tempo e os personagens, que o cercaram, revestindo o brioso e lendário caudilho, de sorriso triste e cabelo empastado, com o andaime jubiloso da fábula. Sua escrita descreve uma época, com linguagem marcadamente gaúcha, entre documentos, combates e contradições. Aldir alcança no seu romance, que é história, ficção, ensaio de perspectiva sociológica, a dimensão de um pampa perdido na memória, com a luta de sobrevivência da Guerra dos Farrapos e da República rio-grandense. Mostrando preciosa aliança de gêneros. Porque, na criação, até no aparente extravio, é ganho, renda de existência. E o escritor não escapa de sua palavra, como o peixe, pela boca. E o que nos toca nesse livro, além do sentimento da terra, é a universalidade e o estilo que se flexiona, admiravelmente ao tema, onde o poder se alia à perplexidade da alma humana.

Flávio José Cardoso

Catarinense, de Lauro Muller, nasceu em 2 de novembro de 1938. Contista, cronista, tradutor, trabalhou na editora Globo de Porto Alegre e foi um dos responsáveis pela edição de Jorge Luís Borges. Foi diretor da Imprensa Oficial Catarinense. Pertence à Academia Catarinense de Letras. Publicou: *Singradura*, 1969; *Zélica e outros*, 1978 e *Longínquas baleias e outros contos*, 1986 – seu livro mais destacado no gênero. Saiu em 2005 *Guatá* – feliz estreia no romance, que se move com a consciência de partes que se completam, perspicaz perito dos limites: o contista preso ao dilatado tempo do romance, onde desenvolveu seu *pathos* de historiador das pequenas províncias de alma, com linguajar requintado e puro. É autor de vários volumes de crônicas, entre os quais *Água do pote*, 1982 e *Beco da lamparina*, 1986, porque a realidade não é desperdiçável. Flávio José Cardoso é um contista que tende à crônica, por gostar das miudezas da vida e a vida das coisas mínimas. É um contista represado. Machadiano e borgiano (confessadamente, muito afim a esse na sua obra-prima, *Malvina Queluz, assim fugaz qual um peixe*), com alto senso poético e peculiar imagética. O dom de contar histórias se alia ao de penetrar, com delicadeza, como se espiasse, através de frestas de traços, pormenores, a psicologia sutil e numerosa de suas criaturas. Exercitando uma linguagem dúctil, inventiva, em constante fuga de lugares comuns, ou com sapiência de aproveitá-los em novos contornos, num fundo de pequenas cidades do interior, tendo como protagonistas gente simples, humilde, sofrida, sem esperança. Por amar o ínfimo da existência, descobre-lhe sentidos inesperados, com a comiseração ou piedade que emociona e humaniza seu texto. Uma certa secura ou dureza não impedem os achados estilísticos e um concentrado lirismo. Embora em *Singradura*, 1969, haja uma tentação ao exótico, ou precioso, o convívio com a terra o ajudou a perceber uma verdade, que não é só mágica, como a da *Lei do padeiro*, de Lewis Carroll, que se cumpre, ao ser três vezes repetida, e porque as palavras carregam o fogo do real para dentro dos seres. E é essa chama que nos lê. E a memória sabe o que o sofrimento apenas adivinha.

Holdemar Menezes

Nasceu em Aracati, Ceará, em 1921, e radicou-se em Santa Catarina, morrendo em Florianópolis, em 1996. Médico, jornalista, ficcionista e ensaísta. Ganhou o Prêmio Jabuti do Conto na Câmara Brasileira do Livro, SP, em 1973. Caracteriza-se por estilo direto, simples, cercando de humanidade as suas criaturas. O destaque em sua obra, entre outros títulos, é *A Coleira de Peggy*, que alcançou várias edições.

Raimundo Carrero

Nascido em 1947, pernambucano, é um romancista que começou em 1975, com *A história de Maria Soledade, tigre do sertão*. Também professor, autor de *Os segredos da ficção* e jornalista. Sua obra gira em torno da agonia e da desolação humana. Trabalha muito as oscilações do destino, como se a tragédia grega impelisse cegamente suas criaturas. Com maestria, manipula os mitos, ou certo remanejamento de personagens, seguindo a lição de Henry James. Mas seu reino é o sertão, que tende sempre ao dramático e punitivo, sob os grilhões de inarredável culpa. Pessimista ao niilismo, é rude e até agressivo, como se a felicidade fosse amargura. Usa os fragmentos para montar o espaço lírico de seus pétreos e vertiginosos dramas. É um criador de personagens que se entretecem nos extremos, seja do amor, seja do desespero. Há uma fatalidade que não pode ser arredada. Seja em Dolores e Jeremias, em *Maçã agreste* (dialoga com *A maçã no escuro*, de Clarice Lispector), seja nas mulheres prisioneiras na casa-grande, aterradas pelo fantasma de um cavalo-imperador em noite chuvosa, em *A história de Bernarda Soledade*, (com a sombra lorqueana de Bernarda Alba). As duas maiores realizações estéticas de Carrero, a nosso ver, são os romances – *Sombra severa*, 1986, tendo capítulos com estampas de cartas e o texto, um jogo de cartas, e *As sombrias ruínas da alma*, 1999, entre Tristão, Isolda e o precipício. A tensão é maior do que a ambiguidade, o que faz com que os seus viventes sejam esmagados pela ruína (ou a vassoura de uma bruxa). A decadência do Velho e a beleza de Ismênia; Daniel que teme perder a alegria do corpo; e Beatriz, a resignada. O que impressiona é a unidade deste universo dolorosamente atravessado de espectros e dúvidas, com as criaturas seguindo, alusiva ou elusivamente, a lei de um fatalismo sombrio, para não dizer, arcaico. E que, ao dominar o autor, tende a, obsessivamente, dominar-nos. Seu liame não é com a realidade, é com o paroxismo da invenção. Sem esquecer o Brasil sonâmbulo, devorador, obsessivo, atordoante, ardente, que aparece em seu texto. Desescreve, escrevendo. Como assegura Henri Michaux: "Tenho minha funda de homens. Se os pude arremessar longe, muito longe, há que saber agarrá-los."

Tânia Jamardo Faillace

Gaúcha de Porto Alegre, nascida em 20 de janeiro de 1939, estreou com *Fuga*, 1964. Contista, cronista, jornalista, radialista e romancista. Publicou: *Adão e Eva*, novela, 1965; *Vinde a mim os pequeninos*, contos, 1977, *Tradição/Família e outras estórias*, contos, 1978, *Mário/Vera*, romance, 1983, entre outros. Julgo ser sua melhor realização ficcional *Tradição/Família e outras estórias*, 1978, mostrando no relato curto a sua verdadeira vocação. Ao tratar os pobres e humilhados, poucos, como ela, traçam tão desamparada e cruenta realidade social, com terna humanidade. Lembrando Gorki, diante de seus alumiados vagabundos. E é comovente sua criativa linguagem, por exemplo, no antológico conto *A porca* com a descrição de um menino que tinha medo.

> Era só soprar um vento forte, desses de levantar poeira no fundo do quintal e bater com os postigos da janela; era só haver uma nuvem escura, uma única, que tampasse o sol; era só esbarrar com, a pipa d'água e ouvir o rico e pesado sacolejar da água dentro, para que o menino se encolhesse bem no centro de seu ventre, orelhas retesas, olhos muito abertos ou obstinadamente fechados. Depois o menino levantava, limpava o pó do fundilho das calças e ia para o quintal. ... Tremia, quando a velha porca gorda fuçava por entre as tábuas do chiqueiro; corria, se ela estava solta, com sua gorda barriga pendente, seu gordo cachaço lanhado. A mãe também era gorda. Rachando lenha, carregando água, enorme e pesada bolota de carne. Tinha um rosto comprido, sulcado de rugas, boca sempre aberta, gritando com alguém. A porca não gritava, só roncava, mesmo quando o pai passava e lhe dava um pontapé. Um dia botou sangue – disseram que ia abortar. Ele teve medo de ver. Escondeu-se em casa, na cama, sob o colchão de fustão. E de repente foi o grande choque. Cama sacudiu. Lastro despencou, e ele caiu, sufocado pelos travesseiros. Era o pai. A mãe lhe batia com um resto de vassoura... pela loucura... quatorze leitões... quatorze... e todos perdidos... o pai grunhia e protegia a cabeça. Ao redor, tudo era escuro. Sabia agora o que era um nenê de bicho. Havia sangue. Sempre havia sangue.[1496]

1496. MORICONI, Ítalo. **Os cem melhores contos brasileiros do século**. Rio de Janeiro: Editora Objetiva, 2000.

Observem a sabedoria com que examina a psicologia do menino e o mundo circundante. Essa sensibilidade é achável em Guimarães Rosa (*Miguelim*) e em J. Veiga. Contista presa ao cotidiano e ao sofrimento geral, mune-se de ironia e sarcasmo contra os poderosos, guardando concisão, densidade e o grito – convocando os velhos poderes que vêm da infância de todos.

Antônio Torres

Baiano, nascido em 1940, é romancista, jornalista, publicitário, Prêmio Machado de Assis da Academia Brasileira de Letras (2000). Vindo a morar no Rio, seu tema mais constante é o desenraizamento do homem rural que emigra e desaparece sem rosto na metrópole. Embora tenha uma escrita nervosa e dúctil, estilisticamente opera em estrutura narrativa tradicional. A influência de Jorge Amado no ciclo da literatura social definiu sua ficção. Iniciou com *Um cão uivando para a lua*, 1972, tornou-se reconhecido com *Essa Terra*, 1976, que é mais do que *uma balada da infância perdida* (nome de outro livro), é o cantochão de todos os que carregam a terra consigo e a não deixam cair da alma. Sua mais alta realização foi a rara aliança de história e ficção em *Meu querido canibal*, 2000, que analisa o ponto de vista do índio, habitante do Brasil. Narrativa musical, com hábil passagem de tempo e espaço, criando duas dimensões, a do civilizador e a do selvagem. É também um exímio narrador urbano, que se evidencia pela velocidade, seja em *Um táxi para Viena d'Áustria*, 1991, seja *Pelo fundo da agulha*, 2006, onde a feroz linha vocabular é enfiada pelos poros do leitor, o fundo da agulha da dor e da loucura, a agulha sem fundo da memória. Ou quando o personagem Totonhim, solitário e embalado pela imagem da sua mãe, sem óculos, enfia o fio pelos ermos de uma agulha. A viagem é sempre o trâmite de sua criação, a viagem para fora da infância, viagem para dentro da solidão, viagem sem volta para a morte. O amor é um instante e nele derrama confiado e sutil lirismo. É um trágico de muitas vozes, dostoievskianamente aplacadas pelo sonho de ainda chegar. Ou "ao estágio de entrada inacabável" – como queria Macedônio Fernández.

É um narrador generoso na visão humanista, com alto domínio narrativo, com simplicidade conquista nas marés de criar. Seu último livro, recentemente publicado, "Querida cidade", usando em sua arte a montagem cinematográfica, em circunstância em que engendra o delírio e o amor à terra, há uma flutuação temporal de suas criaturas na melancolia e lirismo.

Raduan Nassar

Paulista, nascido em 1952, contista e romancista, estreou com *Lavoura arcaica*, 1976, que é sua obra-prima. Dele, a novela *Um copo de cólera*, 1978. Ainda publicou, sem a mesma intensidade narrativa, o livro de contos *Menina a caminho*, 1997. Engendrou o delírio como narrativa e a narrativa como delírio, sendo difícil juntar suas pontas. Seu livro inicial retém uma tragicidade sombria, por ser aventura da palavra que vai na frente, aliás, a grande personagem nassariana. Seu espírito levantino se alça com o fumegante vento no areal do deserto, o texto. Desde o quarto de uma pensão interiorana, com os objetos do corpo e a forma como seu irmão pela mão o leva, pressentindo a força numerosa da família, que desaba nele como um aguaceiro pesado. Depois vêm as tardes vadias na fazenda e o corpo de folhas e os sermões do pai. A narrativa é caótica, estremecida de vertigens, com o amor debaixo do lençol em que a amada punha sua cabeça contra a almofada quente do ventre. E os períodos longuíssimos, proustianos, fecundantes. Mesclando a lascívia e o gozo na linguagem, como se a água rejubilasse, aliciando barros santos e pedras lúcidas. Os diálogos estão inseridos na fogosa barriga do texto, fragmentando-se atrás de um vagido primitivo da espécie, em dor, o gemer de todos os homens. A multiplicidade de vozes que se confundem, entre amargura e cólera, a do pai, a do irmão mais velho, da irmã, da mãe que perdera o juízo, de Ana, Rosa, de Zuleika, Huga, Lula e seus fantasmas. Um sentimento incestuoso e interdito invade o livro que é, sim, um coro de ancestralidades, em prosa alegoricamente poética. Uma exuberante língua de vozes soltas e animais que vão ao poço, à memória. E a todos os outros poços de uma demência que não se acaba. Pois tudo tende a persistir além. Com a parábola silente e cúmplice do "filho pródigo", ao fundo.

> Misturo as coisas quando falo, não desconheço esses desvios, são as palavras que me empurram, mas estou lúcido, pai, sei onde me contradigo, piso quem sabe em falso, pode até parecer que exorbito, e se há farelo nisso tudo, posso assegurar, pai, que tem é muito grão inteiro.[1497]

Há um desvio verbal, uma lógica obscura e sem pátria. Seu volume *O copo de cólera* se rege no mesmo diapasão, com um cantochão de acusações que rompe a harmonia do casal, depois do amor, chegando à brutalidade selvagem de um Louis-Ferdinand Céline, onde a ironia atravessa a poesia, sem preconceito, traduzindo a seu modo a coloquialidade e o signo adverbial de severa demência. Chamou atenção o fato de o autor ter abandonado a literatura pelo campo, talvez por achar a terra mais fecunda, mais produtiva ou próspera do que a literatura. Certa mídia supervalorizou sua criação, o que pode não ter-lhe feito bem, diante de sua andeja lucidez e a maior exigência na escrita. O que é apenas medida do tempo sobre a obra. E o delírio sempre tem razão, quando é proeza da linguagem.

Assis Brasil (Francisco de A. Almeida B.)

Nascido em Parnaíba, Piauí, em 1932, faleceu em Terezina, em 28 de novembro de 2021. Romancista, contista, ensaísta e jornalista. Escreveu uma tetralogia piauiense – *Beira-rio, beira vida*, 1965, que o tornou conhecido nacionalmente pelo prêmio *Walmap* – *A filha do meio quilo*, 1966 e *O salto do cavalo cobridor*, 1968. Esse trabalho revelou fôlego e vigorosa galeria de tipos, sob linguagem escorreita, precisa. E é fortemente visual, com descrições verdadeiramente cinematográficas. William Faulkner, a quem agudamente estudou, foi-lhe a preciosa influência. Mais tarde, em numerosa obra, de antologias

---

1497. NASSAR, Raduan. **Lavoura arcaica**. São Paulo, Companhia das Letras, 1989, p. 165.

e literatura infanto-juvenil, dois romances merecem a maior atenção: um, *O aprendizado da morte*, 1976, pelas sugestões profundas, gravadas em texto doloroso e fascinante; outro, com alto tino poético, acrescido de certo rasgo popular, *Zé Carrapeta, guia-de-cego*, 1984: fábula vibrante e humana. A invenção de Assis Brasil advém de inabalável memória da infância. E não é ela o filão abundante de todas as histórias? Assis Brasil não busca um estilo, deixa que o estilo o busque, deixa que o sentido encontre a desataviada tecla da alma.

Luiz Antônio de Assis Brasil

Gaúcho, nascido em Porto Alegre, em 1945, é advogado, professor, contista e romancista. Seu inicial romance foi *Um quarto de légua em quadro*, 1976, e sua verdadeira vocação é o mural ficcional muito além do quarto de légua, portanto não foi talhado para o relato curto (embora tenha publicado *Anais da província-boi* – 1997, que não é o seu melhor), sendo dotado, sim, como herdeiro de Erico Verissimo, para as amplidões narrativas, seja da história do Rio Grande, seja de uma simbologia que vibra em duas direções – a do teatro grego e da profunda percepção da alma humana. No primeiro caso, situam-se tanto o livro referido, como *Perversas famílias – Um castelo no pampa*, 1992, *A pedra da memória – Um castelo no pampa*, 1993, *Os senhores do século – Um castelo no pampa*, 1994, compondo uma trilogia, com análise de figuras primordiais, entre elas, Assis Brasil e Getúlio Vargas. E sua obra-prima, na descrição de um grupo fanático, liderado pela santeira Jacobina (Euclides da Cunha e Canudos se repetindo), com a guerra dos *muckers*, em São Leopoldo – por sinal, objeto de filme, é *As videiras de cristal*, 1990. No segundo caso, aparecem *A prole do corvo* – atmosfera maligna da guerra dos Farrapos, 1978, *Bacia das almas*, 1981, o arbítrio estatal diante de uma família doente e incapaz. E *As virtudes da casa*, recriando a peça dramática de Ésquilo, com Agamenon, coronel Baltazar (em guerra contra Artigas), sendo Cliptemnestra (Micaela, fidelíssima esposa), Egisto (o naturalista Félicien de Clavière), Electra e Orestes (filhos de Baltazar e Micaela). Em que pese haja começado com técnica tradicional, influenciada pelo lusitano Eça de Queirós, vai aos poucos assumindo novas formas estilísticas, vai aprofundando a psicologia dos personagens, vai caminhando roseamente para a *terceira margem do rio*, ou ao horizonte de outro rio, que é o próprio desconhecido, que nele palpita e percute em alegoria e mito. Assis Brasil trabalha a tensão entre a província e o mundo, a memória pessoal e a coletiva, não perdendo jamais a visão crítica, o que retira a perspectiva de romance histórico, por desvincular o tempo da história do tempo da escrita, ao captar no gaúcho o homem de sempre. Com *A margem imóvel do rio*, 2003 e *Música perdida*, 2006, este último com o movimento melódico que acompanha a obra de Luiz Antônio, mas com outra harmonia, um som diferente, desdobrado pelo entranhamento criador. E os homens podem trocar de loucura, não de alma. E, se é de amor, sua alma toda está no pampa.

Luiz Vilela

Mineiro, de Ituiutaba, nascido em 1942. Contista, romancista. *Tremor de terra*, 1967, já revelou o contista em sua plenitude criadora. Seu texto é preciso, límpido. Uma vocação luminosa para o gênero. Mesmo ao tentar o romance, fulgura apenas o contista, como em *O inferno é aqui mesmo*, 1979, porque ninguém escapa de sua maior natureza. É um visual e com poucas tintas aciona suas criaturas. Como se as desenhasse num corte, em imprevistos lances. Com prudência de gerar expectativa no leitor. A linguagem é saborosamente de Minas, os achados tomam fala de povo. *Tarde da noite*, 1970 e *O fim de tudo*, 1973, são outras faces de seu talento, com a peculiaridade de aflorar o terror ou o medo, a vida na cidade com suas cotidianas cogitações e a transitoriedade. Publicou *Contos Escolhidos* em 1978. O amor flui, a morte ronda, o sonho finda. Tem um sentido profundo das coisas que se vão. E nada se pode fazer para impedir. Mestre dos diálogos, (Hemingway!), não imita, representa com fidelidade e certa malícia. Para não dizer mineirice, ou mineração de realidade. A propósito de sua narrativa, há que citar o grande russo

Tchekhov, habilíssimo na intriga e no registro psicológico. Dele segura algum pessimismo e nenhum humor. Os diálogos buscam a essencialidade, impondo sua maestria, de poucos. Suas histórias se encadeiam em choques bruscos, deslocando o eixo da realidade, entre esperança e desesperança. Se o real é máscara a ser retirada, há uma espera de tudo ter sido diferente. Num mundo em que a duplicação é regra e a variante, o coração do homem. Sua perspectiva é a de um universo estilhaçado e injusto, onde há que resistir. Econômico nos meios, seu conto tem o que aconselhava Edgar Allan Poe: "uma unidade ética." Capaz de construir a história dentro da história com o subentendido e a alusão.

Luiz Ruffato

Nasceu em Cataguases, Minas. Jornalista, em 1961. Reconhecido em vários prêmios. Ficcionista poderoso, que iniciou com *Histórias de remorsos e rancores*, 1998, com vários romances publicados, onde destaco *Eles eram muitos cavalos*, 2001, e o *Livro da Impossibilidade*, 2008. Sua narrativa conquista pela simplicidade e o tema de arrebatada humanidade, relatando o ser comum das cidades, os ofendidos e humilhados, os esquecidos do universo. E essa visão é sua grandeza, tratando da alma e dos sentimentos com inegável criatividade. Aproveita com sabedoria a oralidade e é criador de personagens vivos. na sátira, inventa a outridade, onde se encontra o dilaceramento do mundo. Ou machadianamente, há um monopólio do mistério.

Ana Miranda

Nasceu em Fortaleza em 1951. Poeta, firmou-se como romancista, a partir da auspiciosa estreia com *Boca do Inferno*, traduzido em vários países, e que a consagrou em 1989, com a biografia de Gregório de Matos e Guerra. Tido entre os "cem romances do século em língua portuguesa", pelo jornal O Globo. Atestando que já veio pronta, com sotaque próprio e poder de e fabulação, ainda que se tratasse de personagem histórico.

Outros livros vieram antes. Alguns de poesia, como *Anjos e demônios*, 1979; *Celebrações do outro*, 1983. E continuou na ficção com *O retrato do rei*, romance histórico, 1991, *Última quimera*, 1995, *Desmundo*, 1996; *Clarice*, novela, 1999, entre outros. Em 2014, publicou o romance *Semíramis* (relata a vida de José de Alencar, pelas cartas remetidas por essa personagem, do Rio). É rigorosa no texto. Afirma que são seus personagens que a escolhem. Trata as palavras como se tecesse um bordado e música. E são as palavras que detonam sua imaginação. A lição de Rubem Fonseca é a de que deve "mostrar a narrativa, não contar." E tudo sucede para ser celebrado. Cada livro seu é uma metamorfose, com a marca da história. Escreve como se sonhasse. Dentro da perspectiva de Novalis que anotava "fazer novelas por associações como nos sonhos." Sua obra busca sentidos sensoriais e plásticos. Mas é açulada de realidade, que é a história. Com elevado senso de poesia. A nosso ver, sua maior realização foi o primeiro romance, que resiste. Mas o destino do escritor é passar a existência atrás de sua última palavra, a mais perfeita, mais próxima do que somos e do que são os sonhos.

Lya Luft

Gaúcha de Santa Cruz, nascida em 1938, faleceu em Porto Alegre, em 2021. Cronista, poeta, tradutora, começou no romance com *As parceiras*, 1980, que se impôs como importante criação. Universo próprio, harmonioso, onírico e trágico, utilizando uma mitologia afinada com a inglesa Virginia Woolf, foi-se alargando, tomando nítidos contornos com *A asa esquerda do anjo*, 1981, *Reunião de família*, 1982, para muitos sua obra-prima, embora, pela simplicidade, prefira *As parceiras* (ou Parcas). Completando esse sortilégio com *O quarto fechado*. Seus personagens são sombrios, regidos por sombrias leis. Entre eles, imperioso é um anão, que se alteia entre os seus mais poderosos tipos. Lya tem um aliciante dom de criar alegoria, numa atmosfera lúdica, assombrada, onde a loucura e o grotesco são espécies de avesso da memória. De onde emergem, desde o sonho, algumas personagens. Continuando no leitor. Sim, o avesso da memória, que é também a memória do avesso.

Com o enigmático e impune luzir da poesia. Seu último livro ficcional, *O tigre na sombra*, 2012, com a protagonista Dolores, "nome escuro", a que, sendo imperfeita, no espelho é a aperfeiçoada menina dentro dela. Com a ruptura no crescido tempo entre ela e a imagem. Mãe e filha se revoltam contra as falhas de existir. E ninguém ali se evade do sofrimento. Nem a irmã Dália, que dá a luz a um filho ciclope. O trancado universo do horror. Em que a condenação se mistura com a fatalidade. Essa oscilação do mal e da dor não conseguem equilíbrio no mundo de Lya, que também se expande, mais do que em amor, na loucura. E um enredo que se articula, como em outros livros, no núcleo familiar. Essa perplexidade diante das coisas, entretanto, sem ser resignada, é conselheira e atenta em alguns volumes de "ensaios não acadêmicos", com acentos de autoajuda, pensando com os leitores e até pensando por eles. Não atingem o nível literário de seus romances, já por sua natureza opinativa e consolatória, já pelo sotaque, ou facilismo da escrita. O destaque é *Perdas e ganhos*, 2003. Se a esperança desaparece na ficção, emerge nos ensaios, ainda que Lya Luft, com seu olhar agudo, trabalhe as teias deste tempo de suspeita.

Rachel Jardim

Natural de Juiz de Fora, autora de *Cheiros e ruídos*, contos, 1974, cujo clima nos lembra o do cineasta sueco Bergman, é o oposto de Lya Luft – por natureza uma romancista, visto concentrar-se com maestria nas histórias curtas. Tem a dose certa da frase, o equilíbrio machadiano do pensamento, a ironia fina e às vezes severa, que não perde o toque sutil da imagem e a mais sutil e certeira verdade. Revela um cenário feminino, de amores e perdas, com agudeza psicológica de impenitente observadora. É tão dura com suas criaturas que, por vezes, faz emergir certo aspecto menos generoso nelas, sem poupá-las, como se rasgasse um espelho na coragem de sabê-las vivas.

Escreveu um romance, *O penhoar chinês*, 1985, mas seu mais primoroso instante aflora em alguns contos magníficos, da *Cristaleira invisível*, metáfora da insone criação. Um mundo antigo, indevassado, insubstituível. Onde Minas inevitavelmente se encontra. Sem temer a invisibilidade. Ou quando a defende, é para ser menos vulnerável. Até deixar de o ser.

Deonísio da Silva

Catarinense de Siderópolis, nascido em 1948, romancista, contista, jornalista e Doutor em Letras, autor do precioso *De onde vêm as palavras*, 1997. É detentor do prêmio Casa das Américas, de Cuba, em 1992, com *Avante soldados para trás!*, sua obra-prima, onde a ironia e a matança da guerra do Paraguai se misturam a um inusitado lirismo, com versos de Cecília Meireles no início de cada capítulo. O amor vence a guerra e o olhar sapiente de um gato observa a malícia ou a hostilidade dos homens. Com percepção impiedosa e secular. Paródia, carnavalização (diante da Retirada da Laguna, de Taunay), Deonísio opera um trabalho dialogal de pós-modernidade. Aliás, todos os seus livros são grandes diálogos entre ele e o leitor, seja sobre *Teresa de Ávila*, seja sobre *A cidade dos padres*, ou *Os guerreiros do campo*, ou *Goethe e Barrabás*, 2008, que se identifica da primeira à última frase a uma chancela de ironia, para não dizer sarcasmo, que é "o pudor da humanidade"[1498] (Jules Renard). Ainda que de amor seja o livro inteiro, entre Barrabás e Salomé, com a certeza da sua fugacidade. E a máxima: "Viva como se fosse morrer amanhã. Esqueça o futuro. O futuro é solidão."[1499] Sua escrita cada vez mais se liberta dos cânones tradicionais ou das camisas de força de estruturas pré-montadas. A epígrafe goethiana "Meu espírito dividido em mil pedaços"[1500] explica como esta criação se fragmenta e junta, como cacos de um vitral. Vejam leitores a fluidez inventiva de Deonísio:

1498. RENARD, Jules apud MOREIRA, Vivaldi. **Glossário das Gerais**. Belo Horizonte: Imprensa Oficial de Minas Gerais, 1991.

1499. SILVA, Dionísio da. **Goethe e Barrabás**. São Paulo: Novo século, 2008.

1500. SILVA, Dionísio da. **Goethe e Barrabás**. São Paulo: Novo século, 2008.

HISTÓRIA DA LITERATURA BRASILEIRA
Da carta de Caminha aos contemporâneos

E embora acreditasse que o amor também vicejasse no casamento, achava que, de todos os terrenos onde ele fosse semeado, aquele era o mais vulnerável a espinhos e ervas daninhas, ainda que oferecesse refúgio contra as aves do Céu que, conquanto divinas, costumam alimentar-se das plantações que na Terra fazem os filhos dos homens.[1501]

E adiante confessa: "Meu romance é sobre um sonho interrompido, que se tornou um pesadelo permanente."[1502] Com acento clássico e imagens que se desdobram, seus personagens guardam nomes, alguns bizarros (Valdisnei, Labíolo), outros menos usuais (Quarto Crescente e Lua Cheia, duas figuras admiráveis). E é preciso que Barrabás desapareça, para que o autor sobreviva (com alusão ao Werther, o suicida). Seu romance, como *Teresa d'Ávila* (mesmo tratando da grande mística espanhola), é eminentemente autobiográfico, com ensaio sobre o amor, a religião, a loucura e as alienações deste tempo. A obra de Deonísio da Silva tem crepuscular beleza, a saborosa viagem do que se desvenda pela (a)ventura da imaginação. Ou a imaginação da ventura. Não é "a sombra das mãos que desliza sobre as coisas", como no verso do francês León-Paul Fargue; são as coisas que deslizam sobre as mãos. Ou a sombra da visão que faz raciocinar as coisas. E, nesse movimento interior, não é o narrador que busca o tema, mas o tema que se impõe ao narrador. É o caso do seu último livro, saído em 2012, pela editora Leya: *Lotte & Zweig*, em que o jornalista, o pesquisador, o historiador dos fatos se encontram com o ficcionista preso à realidade, a esta era de suspeita que nos cerca. E é neste quadro que se delineia a grande força do romancista, não apenas no desencadear do enredo, mas nos impulsos e doçuras, com uma língua que lhe obedece, sinuosa, instigante, severa. E contesta a versão oficial de que o casal Zweig tenha se suicidado, reafirmando, convincentemente, o assassinato de ambos em 1942, por um comando nazista. O leitor é conduzido com a perícia do ficcionista maior. E tem a surpresa de descobrir com ele, o grave e encoberto mecanismo da morte. Dicionarista, amoroso

---

1501. SILVA, Dionísio da. **Goethe e Barrabás**. São Paulo: Novo século, 2008.

1502. CECIM, Vicente Franz. **Terra e sombra do não**. Manaus: Semec, 1985.

das palavras, sabe fazê-las chegar ao ponto de chegada, onde a verdade se mistura ao espanto diante de um regime que se movia entre horror e ódio. A ideia do romance em Deonísio é de não obedecer à moda, ir contra a corrente, o que o singulariza. E até nos textos fortemente ficcionais, não escapa à verdade ou à sua versão da verdade. Ou a sede dos acontecidos. Às vezes com lucidez, outras com espanto, que é uma forma de verdade. E, com ela, corre mais depressa, para alcançar a plenitude da palavra.

José Carlos Gentilli

José Carlos Gentilli, nascido no Rio Grande, em Porto Alegre, em 1940. É poeta, romancista, memorialista, historiador e conferencista, um dos mais dinâmicos intelectuais deste país, da Academia de Letras de Brasília e da Academia de Ciências e Letras, de Portugal, autor de uma análise antológica, *A Infernização do Hífen*, ensaio de historiador sobre *A Igreja e Os Escravos*. Mas destaco o romance histórico, *A Lagoa dos Caos Cavalos*, publicado em nova edição pela *Minotauro*. Tem como personagem central o Pe. Antônio Diogo Feijó, filho ilegítimo do Cônego Manuel da Cruz Lima. É um livro altamente irônico sobre o Regente do Império do Brasil, ao lado de D. Pedro I e outros personagens, atravessando a vida do Império, baseado em documentação e criativo imaginário, sendo a ebulição de interesses e a social ou perniciosa hipocrisia de certo poder religioso ou celibatário e o absurdo da administração pública, na época. Livro minucioso, onde se constata em lúcida e às vezes incandescente ficção, que "a renúncia", segundo Thomas Paine, "do uso da razão é como dar remédio aos mortos."

Milton Hatoun e a Amazônia

Nascido em Manaus, em 1952, estudou arquitetura, ensinando na Universidade Federal do Amazonas e na Universidade da Califórnia, morando em São Paulo. É ficcionista.

Iniciou seu percurso com *Relato de um certo Oriente*, em 1989. Publicou também *Cinzas do Norte*, 2005, *Órfãos do Eldorado*, 2008. Para nós, sua melhor realização foi *Dois Irmãos*, 2000, Yaqub e Omar, durante o regime militar, com o sentimento e as circunstâncias que os separaram e, no final, o reencontro do caçula quase velho e o narrador. Tem consanguinidade com narrativas que falam de "irmãos inimigos", no caso, e da estranha relação entre os gêmeos, parecidos no físico, mas com sina diversa. É impressionante a capacidade fabulista do autor, que constrói uma alegoria do ódio, com densidade e emoção, palavra precisa, cortante, imaginação que se torna vertiginosa e sabe apanhar o leitor nas astúcias, até o fim, preso pelas (m)aranhas do texto. Fiando-se por dentro, através da psicologia dos protagonistas, a maioria deles, com nomes levantinos, que, faulknerianamente, carregam neles a casca do destino, ocorrendo um desentranhar de ancestrais numa espécie de "lavoura arcaica" de imigrantes libaneses marcados de paixão, desafeto e aventura. Onde a saga se constrói pelas oposições que se nutrem uma da outra, como se os pesadelos, aos poucos, se engendrassem sem conciliação. Sua linha narrativa vem de uma tradição entre nós, que começa em Machado de Assis, passando por Graciliano e Rachel de Queiroz, com personagens que se alegorizam, ou assumem certo ar simbólico. Seu devanear é a parábola, o que é levantina forma de romancear. Se não tece pesadelos, vez e outra não foge deles. Ciente de que a ficção nos devolve uma visão imperfeita, como a da própria realidade que nos circunda. E, por viverem as mesmas circunstâncias, os protagonistas do romance se tornam exemplos de nossa condição.

Vicente Cecim

Natural do Pará, nascido em 1946, faleceu em 15 de junho de 2021. Romancista-poeta, pois, num, o outro se descobre diante do insólito de sua criação, que surgiu em 1979, com *A asa e a serpente* (prosa). Que depois reaparece em *Andara*, 1988, obra-prima, que só pode ser colocada ao lado de sua última criação: *K – o escuro da semente*, 2006. Seu território é a floresta. Pleiteia o não livro, ou a escrita invisível. Todavia, sua escrita carece de ser gravada no deserto. Aparentado de José Veiga, dele se distancia pelo espaço mítico, que o nutre. Almar-se é *Andara*, a viagem ao maravilhoso e o maravilhoso da viagem, onde tudo sofre metamorfose. E "as vozes querem, humanas, nos dizer coisas."[113] E o texto é de muitas vozes que se permeiam entre si – as do vento, da água e do fogo. E vestem o livro, inexistindo lógica, salvo a da mágica e a do absurdo. Os seres e as coisas são fantasmas da palavra. Assim, inexiste o enredo tradicional, mas o movimento de fragmentos, vozes. Pois "não há nada a ser recuperado pelos homens."[1503] E o próprio homem é um sonho. Alteando-se este visionário clamor, de um texto mais visionário ainda: "Terrível é o medo que temos em nós do que vai acontecer antes que aconteça."[1504] O que soa como profecia. E a escrita vem de um conteúdo de sono que sai para fora, como se de uma caixa. Tal um clarão. Esse derramar do poético (ó Novalis!), esta *chama falante* só é literatura ao mesclar olhos abertos e fechados. Ou seja, com infância dentro. E assinala que "o importante não é só ignorar o tamanho do corpo"[1505], também o tamanho da alma. E é do que trata *O silencioso como o paraíso*, 1994, que tem um céu esquecido e as cinzas do que se escreve. Ou a saudade de voltar a ser nada, sendo o corpo, caverna da carne. E "a alegria do leve brotando. Porque o silêncio encobre os fragmentos deste livro"[1506], de cabeça para baixo e para cima. Mesmo crendo ser "brilhante loucura estar vivo."[1507] O tema de Andara é o eixo de constante rotação. E *K o escuro da semente*, é quando o invisível começa a se tornar visível. Que gira entre treva, ventre, esfera, ovo e o tom de quem vai contando a história. E a exclamação jubilosa do nascimento: "O mel é beber a vida em sonhos." E o saltar da semente é "o humano, o umanoh, o umano ah." A linguagem chega à não

---

1503. CECIM, Vicente Franz. **Terra e sombra do não**. Manaus: Semec, 1985.

1504. CECIM, Vicente Franz. **Terra e sombra do não**. Manaus: Semec, 1985.

1505. CECIM, Vicente Franz. **Silêncio como o paraíso**. São Paulo: Iluminuras, 1994.

1506. CECIM, Vicente Franz. **Silêncio como o paraíso**. São Paulo: Iluminuras, 1994.

1507. CECIM, Vicente Franz. **Silêncio como o paraíso**. São Paulo: Iluminuras, 1994.

linguagem, a palavra ao inicial alfabeto e o gesto toca a fundura cósmica do silêncio. Reinventa o mundo, reinventa-se com ele, batido de relâmpagos verbais. É prodigioso inventor. Mas diferente de Guimarães Rosa, não inventa palavras. Deixa que as palavras o inventem. Sim, inventou sua floresta de seres, mitos, símbolos, onde o pensamento se descobre, sentindo. E sentir é diálogo de universo. Como se o seu livro andasse por ele, viajasse ao cosmos da palavra e do silêncio. Na reunião agora de sua Obra em "Cecim da AmazoOnia" (Ed. Paka-tatu, 2021), vê-se uma ordenação que não carece de nomes e tem a capacidade incrível de transmutação de livro a livro, sob o mesmo signo, como a pele de serpente, de dentro para fora. Fabrício Carpinejar o aproxima de "Cobra Norato", de Raul Bopp, pelo folclore amazônico, ainda que o distancie pelo tratamento verbal e "uma carga intensa de suspense, de vigilância". Por sua vez, o lusitano Manuel de Freitas o avizinha de Maria Gabriela Llansol, entre outros. Creio, no entanto, que Cecim é solitário, com expressão peculiar em nossa língua. É uma jornada alma adentro. Uma alma para dentro das almas. Revelação de oculta totalidade que não se amedronta de querer-se inclassificável. Como Deus é inclassificável.

Miguel Jorge

Cabe também mencionar este goiano, poeta, ficcionista, nascido em 1933, que publicou seu primeiro livro em 1967, *Antes do túnel*, contos), tornando-se nome nacional com o romance *Veias e vinhos*, 1981. Editou em *Pão cozido debaixo da brasa*, 1997, seu mais importante texto, onde o alegórico e o simbólico se entrelaçam, dando forma como ao cozer do pão, a lustral e primitiva palavra, de onde brota um novo homem. Tende ao cósmico e ao metafórico, onde o dom de narrar histórias remonta à sua ancestralidade libanesa, com a mitologia que já o visitou nos extraordinários contos de *Avarmas*, 1978. Talvez não acredite com Jorge Luís Borges que "o romance é uma simples acumulação", por vê-lo mais como operação encantatória, operação de realidade dentro do sonho. Operação também do sonho na realidade. Se sua ficção é marcada pelo corte cinematográfico, a escrita cáustica, com o problema do mal, se acentua, singularmente, em *Nos ombros do cão*, 1991, revelando seu entranhamento narrativo.

Não há que esquecer o poeta, em seu último livro *De ouro em ouro*, 2010, onde trata do mar, do Araguaia, a cidade, os ventos. Versos preciosos e simples como faca na pele do texto. Com atinada devoção amorosa a Goiânia. Seu romance, *Minha querida Beirute*, é uma nova etapa e, simultaneamente, o extremo de sua experiência nos vários processos narrativos usados em livros anteriores. Porque é um romancista dos subterrâneos do instinto, das escurezas do crime e castigo, o que o aproxima, do continente ao conteúdo, do russo universal, que foi genialmente precursor de Freud, Dostoievski (com o discurso psicanalítico que visita esta ficção jorgeana). Por outro lado, ao conjugar as técnicas do relato, avizinha-se o autor, fraternalmente, da literatura latino-americana, quanto a certo clima mágico e surreal, mas também, como todos, seguindo o fio inventivo de William Faulkner, sem abandonar o percurso da recuperação da memória de um Proust. E Monsalimé, o personagem núcleo da multiplicidade de vozes do texto jorgeano, girando tudo em torno dele, déspota, poderoso, rico, libidinoso, um verdadeiro chefe, ou líder, a grande sombra dos episódios, o oceano verbal onde, ora lenta, ora velozmente, desembocam os rios regulares e irregulares do plasma inventariante desta Beirute da alma, arcaica e jovem, perturbadora e explosiva de guerras e rebeldias, de temperamentos belicosos, ferrenhos, amoráveis, fiéis, insidiosos e terrivelmente humanos. Pois é do humano que trata, entre arquétipos e raízes, até a fundura do poço, como o punhal enterrado, não só alegórica ou simbolicamente, mas na voragem real, no pescoço memorioso de Monsalim, o país e o homem, infernal sequela de sua vida junto aos porões do poder e da fortuna.

Cristóvão Tezza

O catarinense Cristóvão Tezza, nascido em 1972, após romances como *Suavidade do Vento*, 1991; *O Filho Eterno*, 2007, vencedor do Jabuti; com viés autobiográfico, *Um Erro Emocional*, 2010; é contista inventivo em *Cidade Inventada*, 1980 e *Beatriz*, 2011, com talento à narrativa breve. Assegura que a "matéria-prima da literatura é o desprezo." Mas, em seus livros, mais do que o desprezo, são a dor e o assombro de viver, os elementos singulares de sua criação. Outro personagem obsedante é o universo da escrita. E a força de um ficcionista é a sua capacidade para reinventar os temas, que o perseguem, até os limites do silêncio. E outra, a de saber corajosamente expor-se, sem medo, às vezes na alarmada ironia, a que não escapa o senso da poesia. Sabe armar com minúcia a trama dos personagens, e eles tomam conta da própria solidão, quando a arquitetura desaparece, para dar lugar a uma exasperante humanidade. Seu maior feito, vencedor de inúmeros prêmios, como o Jabuti e Portugal Telecon, pela garra, o estilo envolvente e o doído contorno, ao extrair da língua todas as possibilidades emocionais, em mágica leveza narrativa, é *O Filho Eterno*. E sua singularidade ficcional é a de jamais perder o senso reflexivo, marca enaltecedora, já que tal agudeza escasseia na literatura contemporânea. Isso se vislumbra, de igual maneira, num de seus últimos livros, *O Fotógrafo*, 2. ed., 2011, com breves quadros que mostram a existência de cinco personagens, com relatos que se entretecem, entre relações, ambições, rancores e acasos num trabalho de vozes, em que Curitiba é também protagonista e tudo acontece nas suas ruas, densamente, junto ao comprido dia, findando com "o fiapo da manhã" que se espelha na calçada. Sendo a solidão, "a forma discreta do ressentimento." E o ressentimento, forma de memória.

Antônio José de Moura

A lição do maravilhoso de Lazarillo de Tormes, o espanhol de muitas fortunas e adversidades, foi o que mais influenciou o escritor de Goiás, Antônio José de Moura: "Era o riso de todos tão grande que toda a gente que pela rua passava entrava para ver a festa... recontava o cego minhas façanhas, que, ainda que eu estivesse tão maltratado e chorando, me parecia fazer injustiça em não rir delas."

Nasceu Antônio José de Moura em 1944, em Mambuí, Goiás, sendo poeta, contista, romancista, jornalista e advogado. Seu primeiro livro, Antes do primeiro episódio (contos, 1976). De estilo enxuto, direto, inventivo. Com relatos breves e alguns magistrais, em *Mulheres do rio*, 2003, onde chamo atenção para Olalinda e Ernestina. E, no romance, para *Cenas de Amor Perdido*, 2006. Sua verve picaresca, que escasseia entre nós, é algo a ser merecidamente avaliado, ainda que, como o refere Deonísio da Silva, "a obra literária depende de outros prazos, que transcendem a existência dos escritores."[1508] Moura tem posse plena da inventação, com erudito jogo de intertextualidade e uma dadivosa apetência na criação de personagens, entre o irônico e o sarcástico, com certo humor que se destrava nos diálogos bem afiados e num português castiço, de boas lavras e adegas lusitanas. Diverte e nos concilia com o lúdico e o amoroso, que sabem, aqui, andar juntos, confiados. E, no parar formoso, entre a farsa, a música e o pitoresco, é o olhar da linguagem que descobre o verdadeiro criador. Porque antes se descobre na linguagem.

Flávio Moreira da Costa

Nasceu em Porto Alegre, Rio Grande do Sul, em 26 de janeiro de 1942 e faleceu no Rio de Janeiro, em 23 de março de 2019. Romancista, contista, ensaísta, poeta, um dos mais importantes antologistas de nossa literatura, o que denota diligência, séria pesquisa e capacidade de admiração, que escasseia. Estreou com o romance *Desastronauta*, 1971, publicando, entre vários livros, *As armas e os barões*, romance, 1974, *Malvadeza durão*, 1981, sua maior invenção de contista e *Alma de gato*, 2008, destaque na *poética* romanesca, tratando, como ele próprio o diz, "da vida invisível e as obras incompletas de João Silêncio, e seus arredores."[1509] E o livro revela o tecimento de sua criação, como inventor de linguagem, mar-

---

1508. SILVA, Dionísio da. **Goethe e Barrabás**. São Paulo: Novo século, 2008.
1509. MOREIRA, da Costa, Flávio. **Alma de gato**. Rio de Janeiro: Agir, 2008.

cado por Nabokov – cuja epígrafe não é mera coincidência, à sombra da *verdadeira vida de Sebastian Knight*, digo João Silêncio. Essa invenção não se agarra a um só gênero, amplia a esfera ao ensaio, à ficção, ao poema, ao diário, tudo amalgamado num processo de digressão sterniana. "Nascera – estava nascendo. Agora só olhava – espiava. Que coisa era aquela à sua volta?"[1510] Retrata o brotar deste livro estranho, cheio de janelas, veredas, cortes, metáforas, o cômico e o trágico, o riso e aventura, o interrogativo e fantástico, onde a experimentação verbal e a explosão da realidade é perturbadora, vislumbrando, mais que o absurdo kafkiano, um certo *não senso* de Ionesco, sobretudo no quanto de silêncio, que é a substantiva matéria da criação. A busca do mito faz com que se não saiba a verdade ou a mentira, pois a arte do ficcionista não é nenhuma, nem outra, são ambas que se mesclam ou se distraem, por dependerem unicamente do toque oblíquo (por que não machadiano?) do fabulista de imaginações, do que observa sonhando e do que representa, com vertigem de usuário da vida, ainda quando desfia camaleônica erudição. Tudo é a arqueológica chama de uma infância que se assombra de alma. Ou alma que apenas se assombra de infância.

William Agel de Mello

Natural de Goiânia, escritor, tradutor, dicionarista, ensaísta, diplomata, tendo sido assessor de Guimarães Rosa, com quem manteve correspondência, é autor dos romances *O Último Dia do Homem*, 1975 e *Epopeia dos Sertões*, 1978 e de dois livros de contos, *Geórgicas: Estórias da Terra*, 1976 e *Metamorfose* (n/d). O ápice dessa criação, *A Guerra de Troia*. E, em William, se mesclam, harmoniosamente, a ficção, o ensaio, a lexicografia e a tradução (primorosíssima) de Garcia Lorca. Sua singularidade na ficção é a de recriação do mito, legado pitoresco e até prodigioso. Com sotaque peculiar, prenhe da terra e da tradição goiana. A garra do grande linguista se estendeu a

---

1510. MOREIRA, da Costa, Flávio. **Alma de gato**. Rio de Janeiro: Agir, 2008.

uma geração de mundo, uma cosmovisão. Seus personagens se mesclam a símbolos e lendas, dentro de um arquétipo, que parece enrolar-se nos arcanos da espécie. Seu universo, o greco-latino. A meu ver, sua obra-prima é a *Epopeia dos Sertões*, onde as palavras brilham incansavelmente na arte de narrar, numa volúpia que traz o desenho e o som verbal inebriante, renovando "os termos da tribo", com protagonistas como cantadores de feiras, o anão, o cego, o pó de arroz Lady, ou aconteceres altamente poéticos como o menino que morreu pela flor, com estrutura firme, saber que não se perde na pesada erudição e rica mitologia. Há uma épica romanesca, que sabe mergulhar na gesta popular. Sua força, mais do que a dos personagens que se impõem, é a do mundo cativante que emerge do sopro, mundo de inegável inocência. Seus contos, que mantêm o clima mitológico, caracterizam-se pela certeira descrição e o efeito moral. O bem e o mal, o destino, que não é cego de nascença, a justiça ("o monjolo nunca erra como o martelo do juiz"), os ontológicos *Os três Joãos*, ou *A triste história do bobo muito alegre*, ou *Linha Torta*, *O criador de abelhas*, (e *Atrópio, o mudo*), ou *O cigano*, com o iluminar dos vocábulos, que se ampliam semanticamente. Junito de Souza Brandão, precioso intérprete, observa – não só a constante pesquisa linguística mas também o fato de várias vezes o mesmo protagonista desempenhar dois papéis: na vida real e na mitologia. E as astúcias do mistério que vai e vem, no trabalho carregado de metamorfose. As ovidianas "novas formas, em novos corpos." A empreitada de Agel de Mello é na imaginação da língua e na língua da imaginação. E o que é mágico e reconhecível. Enciclopedista e poliglota, criou o Dicionário das Línguas Românicas, além do galego e mirandês.

Caio Fernando Abreu

Nasceu em Santiago, Rio Grande do Sul, em 1949, e faleceu em Porto Alegre, em 1996. Contista e romancista. Publicou, entre outros: *Inventário do irremediável*, contos, 1970; *Limite branco*, romance, 1970; *O ovo apunhalado*, contos, 1975; *Onde andará Dulce Veiga?* Romance, 1993; *Morangos mofados*, contos, 1982: sua obra-prima. Pois é no conto que achou sua inteireza, ou seja, a síntese abrangente e turbilhonante da penúria humana. No combate diante de uma sociedade, para ele, opressora e tantas vezes desprezível. Intimista, com personagens à margem do mundo e das coisas, certo acento autobiográfico agarrado ao desalento e ao nomadismo, num estilo pessoalíssimo, nervoso, denso, em que o *eu* se torna geracional, atiçado por um cosmos desesperante, a que a palavra, hipnoticamente, dá forma. Ou contorno de delírio, lúcida epifania verbal digna das predileções deste gaúcho, que trouxe o sopro cosmopolita a uma literatura insistentemente regional: Clarice Lispector e Hilda Hilst. Os diálogos se interiorizam e seu desamparo não permite a ironia. E a unidade dos livros se perfaz pela obsessão das imagens, ideias, sonhos, pesadelos, ou pela recorrência de figuras e seres, tocados pelo paroxismo de uma inefável ou dolorosa realidade.

Caio Fernando Abreu consegue fazer do amoroso, louco, mortal, terrível e belo, que estavam ocultos no imediato, saltarem sob o seu olhar desvelador e à luz de uma linguagem poeticamente nova. Ou tão nova quanto o seu espelho veda e decifra. Ou desenterra.

João Gilberto Noll

Gaúcho de Porto Alegre, nascido em 1946, falecido em 29 de março de 2017, estreou com os contos, alguns magistrais, de *O cego e a dançarina*, 1980. Seu livro *A fúria do corpo*, 1981, alcança, a nosso ver, no romance, a sua mais alta realização, com exuberante périplo, num poetar do grito, onde o barroco e a ferocidade do amor se conjugam em metáforas de fascinante beleza e tipos que o aproximam, segundo Guilhermino Cesar, de um D. H. Lawrence, em *O amante de Lady Chatterley*. Depois de um narrar copioso, vai tomando exatidão a precisa e aguda palavra, que o torna conhecido do público, em *Hotel Atlântico*, 1989, de relato nervoso, veloz, com a força de um fabulista da errância, este transitivo caminhar humano sem tréguas ou esperança, com o estilhaçamento de alma. E culmina em *Harmada*, 1993, um ex-ator recuperando a perdida comunidade.

Noll tem uma escrita vertiginosa que é simultaneamente épica e trágica, capaz de se engolfar no delírio da linguagem, ou no delírio das sensações. "Escrever é ler o que a mão inspira"[1511] (lembrando a invisível mão que escreve, do famoso poema de Jorge de Lima). E no barroco eivado de surrealismo é que o fabulador encontra um real que não se esgota e uma imaginação que teima em se querer mais real do que a própria explosão de realidade e, às vezes, a explosão da demência. Talvez por levá-las a um clima, ora instigante, ora perturbador. Com a errância, seu obsessivo tema, sendo menos expressivo, para não dizer exótico, *Berkeley em Bellagio*, 2008, e audacioso na experimentação ficcional, *Acenos e Afagos*, 2011. E sem a contundência e força dos demais volumes, *Solidão Continental*, 2012, com a gratuidade e exaustão do protagonista no anticlímax, o que revela, também, tedioso cansaço do narrador. E é um eu-narrador que se articula entre pessoa e discurso. Morre o predador na presa? Morre o autor no nome, morre a biografia no texto? Em *A Fúria do Corpo,* o eu-narrador é tática de escape e, no último volume que editou, *Solidão Continental* é refúgio vital, ou a tentativa de levar a solidão até o fim do nome. Transitando um mesmo personagem pelos vários livros, tão anônimo e imperioso, que se quer símbolo da condição humana. Ou como escreveu Jorge Luis Borges: "um homem é todos os homens."

Bernardo Carvalho

A realidade é também o constante tema deste carioca, nascido em 1960 e com seu primeiro livro datado de 1993, romance – *Onze: uma história*. Se, de um lado, Noll trabalha o delírio, Bernardo trabalha as tensões da identidade, a presença paranoica que se entrevê em *Bêbados e sonâmbulos*, romance, 1996, e se aprofunda em sua obra maior, *Nove noites*, 2002, em torno de um antropólogo americano, Quain, que se suicida ao sair da aldeia de índios do interior brasileiro para a civilização. Dialogando textualmente com Conrad e Bruce Chatwin,

---

1511. NOLL, João Gilberto. **A fúria do corpo**. Rio de Janeiro: Record, 1981.

avizinha-se de Noll pelo aplicado trato da linguagem, ou pela engenhosa imaginação. Contra o guarda-chuva tinhoso do preconceito, numa interação de criaturas e conflitos. Sabendo que "as cinzas são mais férteis que o pó" (Francis Bacon). O armazém de nossas precariedades. Ou as precariedades insubmissas que não entram no armazém.

João Almino, o romancista de Brasília

Escritor e Diplomata, nasceu em Mossoró, Rio Grande do Norte, em 1950. Publicou vários romances, entre eles, *As Cinco Estações* (Prêmio Casa das Américas, de Cuba, em 2003) e *Cidade Livre*, 2010, para nós sua melhor realização ficcional. Sua obsessão narrativa: Brasília. Com seus candangos, empreiteiros, políticos, sonhadores, com a sábia ambiguidade com que recupera os elementos da memória, tem a habilidade de abrir frestas no real onde pensa a cidade, ou deixa que o pense, liberta, sem se desatar da imagem do avião que pousa no Planalto, num hibridismo de gêneros e de cultura. Tem a eficiência de delinear ambientes nos tipos, com a vocação de painelista e inventor de metáforas sociais, que não se saciam na ironia, ou mesmo na nostalgia, onde há rigor de estrutura e claridade na língua. Corajosa máquina de flagrar as estações, a psicologia humana, as astúcias e o emaranhado imaginário brasiliense e sua história. Original na abrangência e exato nos contornos. Mistura a efabulação com a arquitetura da escrita, como a da cidade, que, parente do "mundo novo", de Aldous Huxley, não tendo a presunção de saber o que ali aconteceu, no cantil da inspiração, faz com que tudo aconteça. Porque as coisas se vão nominando e a palavra não extravia o som da aventura. E, no encaixe dos pormenores, se armazena o coletivo.

Ana Maria Machado

Nasceu no Rio de Janeiro, em 1941. Pertence à Academia Brasileira de Letras. Contista, romancista, jornalista, ensaísta, reconhecida pintora com inúmeras exposições.

CARLOS NEJAR

Secretária-Geral da Casa de Machado. Autora consagrada na literatura infanto-juvenil, ganhando o influente prêmio *Hans Christian Andersen*, 2000. É detentora do prêmio Machado de Assis, do mesmo ano, da Academia Brasileira de Letras e Prêmio Zaffari de Literatura, em Passo-Fundo, 2013. Estreou no romance com *Alice e Ulisses*, 1983, de narrativa mais linear, editando, entre outros livros, *Aos quatro ventos*, 1994, *O tropical sol da liberdade*, 2005; *Infâmia*, 2011. Seu relato é simples, criativo, sem concessões, com mescla de gêneros (teatro, diário, carta), mostrando um controle da máquina ficcional, sem se desatar da vida, atrás da outra margem do idioma, aquele que vai do *recado do nome* ao recado da alma, esta fabulante e inveterada contadora de histórias. Sim, é como se as contasse sem tempo, por ancestral oralidade, essa que repuxa as rédeas da andadura, para que o galope seja mais preciso. Com rara felicidade no pintar personagens, onde entra seu talento pictórico, a língua para Ana Maria tem cores e é uma matéria tão ágil, vivificadora, que os protagonistas a reinventam cada vez que se exprimem, por acenderem voluptuosa consciência da realidade. Com a história que vai secreta na história. E a magia se reflete no desenvolvimento interior das criaturas. Que se impõem de dentro para fora. E o desenhado jogo se lapidou na vocação da exitosa escritora para a juventude, premiada no exterior, ao definir-se como formadora de almas, educadora de linguagem. De envolvente enredo, em sua ficção os diálogos são funcionais, sem deixar de ser atraentes, inventivos, ao arquitetar personagens inquietantes, perita na captura da difícil atenção do leitor. O convencional é ponte, mais que módulo, para o não convencional, para o que resvala de mistério. Auscultando Platão: "Quem sabe a vida é uma morte, é a morte uma vida?" Os protagonistas femininos se sobressaem pela ousadia de viver, amar ou de morrer. Solares. Seu mundo não é de cautela; é de sucessivo desafio. Não tem curto vagar, mas óculos para fora da realidade, óculos que estranhamente parecem ver pelo avesso. Porque nela se amasiam, obedientes, descalços, vultos e destinos com cheiro de água nova. Que o diga a cósmica Lena, de *O tropical sol da liberdade*, que pode ser vislumbrada neste rápido recorte narrativo:

HISTÓRIA DA LITERATURA BRASILEIRA
Da carta de Caminha aos contemporâneos

> Lena já tinha perdido as esperanças quando o avô puxou pela corrente de ouro, que ficava no bolsinho junto ao cós das calças, bem na frente, e que ele chamava de algibeira. Imperturbável, como se não tivesse ouvido a discussão em que a menina insistia, quase chorando frente ao tio e aos primos. Olhou as horas. Apoiou as costas do relógio na palma da mão esquerda enquanto dava corda com a direita, girando para lá e para cá um pininho no cocoruto do círculo de ouro. Não dizia uma palavra, não olhava para o filho e para os netos, só para o mostrador branco com seus números em algarismos romanos, até o quatro, que era III e não IV, como se aprendia na escola. Mas apesar do silêncio, Lena sentia a iminência. Como a gente sente que vai desabar uma tempestade de verão...[1512]

A convergência eletiva de Virginia Woolf (a boa literatura nasce da permanente emulação) desaparece sob o temperamento criativo de Ana Maria, desaparece a autora sob a corajosa Lena, desaparece calidamente de todas as suas criaturas, imperativas de existir. Como se fugisse das pegadas autobiográficas, embora, ali, no reboco de raízes e no tronco da votiva língua, tudo seja absolutamente autobiográfico. Até pelo fato suspeitoso de não o ser. *Infâmia* é seu livro mais dramático, pungente. No relato de duas histórias, há o agudo questionamento de como a verdade se amoita no mundo contemporâneo. Ou como um funcionário, em vida simples, se vê acusado sem base, de corrupção. Um tema que consegue universalizar, dando a atmosfera de tragédia grega, sem deixar de ser um retorno ao *Rei Lear* de Shakespeare e ao *Livro de Jó*:

> Sentia-se vulnerável e fraco. Como Édipo no fim da vida, velho e cego, guiado pelas filhas Antígona e Ismênia. Não, nada disso. Não podia se comparar àquele pobre cego, joguete dos deuses, vítima inocente de um infortúnio vaticinado em seu nascimento, desgraça inevitável que não podia deixar de ser causada. Condenado a pagar pelos males a que dera origem, sem vontade, nem conhecimento. Mas podendo se orgulhar da consciência de estar puro diante da Lei, pois que tudo ignorava. E de poder garantir que, desde que começaram a se insinuar em seu espírito os mais tênues indícios, jamais tinha usado seu poder com o intuito de

---
1512. MACHADO, Ana Maria. **O tropical sol da liberdade**. Rio de Janeiro: Nova Fronteira, 2008. p. 275-276.f

fazer qualquer movimento para afastá-los, ocultá-los ou fugir a sua trágica responsabilidade. [1513].

Seu José tem algo do José bíblico, mas inserido nos dias de hoje. E o Embaixador Soares de Vilhena atrás do que sucedeu a sua filha morta. E fatos de um Brasil recente, entre inverdades e calúnias. Numa trama capaz de segurar o leitor com a realidade que dói, esmaga. E o crime não é o que está sendo denunciado. E uma existência apenas não basta.

José Louzeiro

Nasceu em São Luís do Maranhão, em 19 de setembro de 1932. Faleceu em 29 de desembro de 2017, no Rio de Janeiro. Jornalista, ficcionista, roteirista, teatrólogo, cineasta. Publicou: *Depois da luta*, contos, 1958; *Acusado de homicídio*, romance, 1960; *Assim marcha a família*, reportagem, 1965; *André Rebouças*, biografia, 1968; *Judas arrependido*, contos, 1969; *Lúcio Flávio, o passageiro da agonia*, romance, 1975; *Araceli, meu amor*, romance, 1975; *A infância dos mortos*, romance, 1977; *Pixote, a lei do mais forte*, romance, 1993, entre outros. A ficção de José Loureiro, em regra, mistura biografia e reportagem, com o *pathos* voltado para a tragédia, ou o mundo sinistro e tortuoso do crime. Sua criação tem sido um serviço a favor da justiça: num estilo direto, singelo às vezes, atinge o acontecimento no cerne, com suas teias vertiginosas. Dois livros seus se destacam: *Flávio Lúcio, o passageiro da agonia* e *Pixote, a lei do mais forte*. Dir-se-á que escreve para o público e, , no entanto, sua dita objetividade se incendeia numa paixão de verdade, numa pesquisa da penúria humana, num paroxismo que aciona seus personagens, que levam os leitores a uma anuência tácita ao texto, como se testemunhas fossem. Irmão do norte-americano Truman Capote na descrição da via delituosa e da alma dos fora-da-lei, seu romance segue a linha narrativa tradicional, onde a invenção é o universo da

---

1513. MACHADO, Ana Maria. **O tropical sol da liberdade**. Rio de Janeiro: Nova Fronteira, 2008. p. 275-276.

brutalidade, do tráfico e da corrupção, o *sangue-frio* de um círculo inexorável, crudelíssimo do inferno, ou a silente esfera dostoievskiana do crime e do castigo. Sem lhe faltar também a solidária piedade pelos deserdados da fortuna. Sob o arrabalde numeroso da violência. E sem cuidar da preocupação do inglês De Quincey: pois nenhum de seus personagens morreu por medo de ser assassinado, ou por despeito de não o ser.

Silviano Santiago

Nasceu em Formiga, Minas Gerais, em 29 de setembro de 1936. Contista, romancista, ensaísta e professor. Estreou com *O banquete*, contos, 1970. Prêmio Machado de Assis da Academia Brasileira de Letras, 2013. Como pensador, debruça-se sobre o legado das vanguardas brasileiras, sobretudo em *Aos sábados, pela manhã* (Sobre autores, 7 livros, 2013). Entre os romances publicados, estão *Em liberdade*, 1981; *Stella Manhattan*, 1985; *Uma história de família*, 1992 e *Heranças*, 2008. A nosso ver, os mais importantes são *Em liberdade*, que revela sua singular maneira de trabalhar ficcionalmente, e este mais recente, *Heranças*, que não deixa de ser maturada união de fatores e experimentos textuais anteriores, como *Uma história de família*, albergando-se todos como elementos de seu germe criador, com máxima energia e sentido, na trajetória de astucioso rastreador de mitos. Explico. *Em liberdade*, sulca os caminhos de Graciliano Ramos, em suas *Memórias do cárcere*, mas vai aonde jamais chegariam o livro e o autor rastreados, porque, a partir de determinado instante narrativo, as pegadas são suas. E seria essa sua identidade? Despossui a tal *angústia da influência*, de Harold Bloom, muito menos a influência da angústia, por ser, como confessa, um êmulo, não um imitador. Seu processo narrativo se norteia na proposta borgeana do *epílogo* de suas *ficções*, qual seja a de simular livros que existem, criando dessa premissa o que não existe. Não imita os modelos, inventa sobre eles. Sendo um ensaísta do romance, seus romances são de um ensaísta fabulador. Trabalha fragmentos e permite que também eles o trabalhem, como se fosse um experimento de laboratório ficcional, sem a frialdade científica, pondo nele vivência e perplexidade (no que igualmente é borgiano). Labora na dita pós-modernidade, ou nas ruínas da modernidade, com relatos sempre prontos a se romperem e recomeçar. O real não é o real: é o tecer da linguagem. Seu despistamento de rastros é tal que não se percebe o inventado e o existido. Ou o vivido é apenas o inventado. Porque tudo não é verdade, é simplesmente linguagem. O autêntico e o real se juncam ao mesmo sangue. Mas, de tanto perseguir o alheio rastro, corre o risco de perder o próprio rastro, passando a ter uma voz emprestada, e, de tanto amealhar fragmentos, acaba também por se fragmentar. Pode-se emprestar a alma?

Sua última obra, *Heranças,* vincula-se às *Memórias póstumas de Brás Cubas,* do genial Machado. Não na superfície narrativa, e sim nos subterrâneos. No porão de alma, com as flores negras do sarcasmo e do cinismo. Diz Hemingway que "quanto maior for a obra literária, mais fácil será parodiá-la." Mas Silviano não enfrenta, como o Mestre do Cosme Velho, o universo infinitamente pequeno, apesar de acionar parodicamente igual erosão.

A escrita de Silviano é ágil, sem adornos. Administra adjetivos. Com desenho dissimulado e oblíquo (e é o aspecto que transparece nas suas obras – uma inteligência a serviço da ficção, não uma ficção a serviço da inteligência), erudito, o que não significa exibicionismo, adequando-se a cada livro. Disfarça-se no tema, camaleonicamente. Mais do que engendra personagens, engendra as circunstâncias para que eles germinem, saindo da sombra do modelo para a sua própria, depois de urdida a trama. Seguindo o preceito de Montaigne, "onde a pele de leão não basta, é preciso coser-lhe um bocado da pele de raposa."

E o livro *Heranças* se realiza em dois planos. Um, que se situa no apartamento de Ipanema, no Rio, e outro, com o drama de Walter, já velho, rico e doente, traumatizado com sua família, engolfada em perversidades, preparando-se para habitar o túmulo da grei (o dos fantasmas e do apodrecimento). Retrata a fundura do precipício burguês nessas *Memórias póstumas* ao avesso. Sendo até dostoievskiano, sem ter o travo religioso, narrando do exterior para o interior, diversamente do autor de *Recordações da casa dos mortos* (que gosta dos íntimos recessos). A arte de Silviano Santiago, ao passar por Minas e seu agônico mundo, passa por Autran Dourado, sua admiração, passa pela *barca dos mortos*, passa inevitavelmente por toda a sua sociedade em decomposição, entre títulos, desvarios, desvios, riqueza mal havida. Ou pelos resíduos do passado, os móveis atulhados da lembrança, este *Galo das trevas*, do memorialista maior, que é Pedro Nava. Daí por que Silviano Santiago carrega esses abismos de Minas na língua. Ou as Minas de abismo.

Seu último e premiado livro, "Machado"(2016), incorpora-se generosamente à literatura, como precioso relato da vida do genial escritor, suas crises, correspondências, rodeantes intrigas, a epilepsia e o processo criador, dissolvendo o limite dos gêneros, entre ensaio, ficção e obstinada memória.

CAPÍTULO 36

Ariano Suassuna

Do Auto da Compadecida a uma pedra que tem reino dentro

Ariano Suassuna nasceu no ano de 1927, em João Pessoa, Paraíba, e morreu no dia 24 de julho de 2014, no Recife. Membro da Academia Brasileira de Letras. Idealizador do Movimento Armorial, 1970, tentou realizar uma arte erudita brasileira a partir de raízes populares. É teatrólogo, romancista, poeta, professor. Publicou: *Uma mulher vestida de sol*, teatro, 1947; *O desertor de princesa*, teatro, 1948; *O arco desolado*, teatro, 1952; *O auto da Compadecida*, teatro, 1957; *O casamento suspeitoso*, teatro, 1957; *A pena e a lei*, teatro, 1959; *Farsa da boa preguiça*, teatro, 1961; *O santo e a porca*, teatro, 1964; *A pedra do reino*, romance, 1958.

"Não vos fieis de vossa vida, nem de vossa viveza"[1514] – escreveu o Padre Antônio Vieira. Ainda que a vida seja maior do que nós e a viveza, menor do que a vida. Seu reflexo. E *O auto da Compadecida*, de Suassuna, exemplo do melhor teatro contemporâneo, versa sobre a bela e áspera vida. E, em ângulo oposto, *A pedra do reino*, a nosso ver, é fruto da viveza.

O auto da Compadecida é sua obra-prima. Apresenta personagens que se inserem na imaginação dos leitores, com tal veracidade e tal argúcia que nos acompanham. Entre todos, João Grilo, Chicó, o mentiroso inofensivo e Manuel. Os diálogos

---

1514. SUASSUNA, Ariano. **A pedra do reino**. São Paulo: Círculo do Livro, 1987.

prendem pela sapiência, a psicologia e a malícia que atrai a plateia. A luta do bem e do mal que se forja entre contrastes, com uso de santos, com sagaz verossimilhança e fulgor.

Gil Vicente e Calderón de La Barca reaparecem com sabor novo. A inteligência do texto e a poesia com que se recobre, são o Nordeste, entre achados e assuntar antológico – de culpa, morte e salvação.

Como no teatro antigo, há um juízo sempre a favor dos que mais padecem e de punição aos opressores, compondo o eterno quadro dos que afrontam ou atacam e o das vítimas. O cangaceiro e seu ajudante de ordens astuciam seu poder nas armas. Mas a morte iguala a todos. Sua tradição circense é visível. Onde funciona o picaresco, sob a batuta de Lazarillo de Tormes.

É relato simples, com uma engenhosidade que diverte. Utilizando o cordel e a oralidade, ao criar tipos. Ou a presença provocante dos cantadores. Sua fonte é a tradição popular sertaneja, a que Suassuna dá suserano sopro. Escreveu, sendo escrito. E é o palhaço que encerra o espetáculo, com a Compadecida, que é Nossa Senhora, dentro do misticismo religioso do sertão. As crenças no céu, inferno e purgatório se entretecem com a catolicidade do autor, sem esquecer as cenas de celeste beatitude. Uma mitologia de sagrado e profano, muito encontrável em Gil Vicente.

De como funcionam os folhetos de cordel na criação de Ariano

Conta o dramaturgo Bráulio Tavares que um crítico teatral inquiriu Suassuna a respeito de episódios de o *Auto da Compadecida*. Perguntou ele: "Como foi que teve a ideia do gato que defeca dinheiro?" Ariano respondeu: "Eu achei num folheto de cordel". O Crítico: "E a história da bexiga de sangue e da musiquinha que ressuscita a pessoa?" Ariano: "Tirei de outro folheto". O Crítico: "E o cachorro que morre e deixa dinheiro para fazer o enterro?" Ariano: "Aquilo é de um folheto também". O Crítico: "Então o que o senhor escreveu?" E Ariano: "Escrevi a peça".

O fato é que alguns episódios de o *Auto da Compadecida* são compostos de textos anônimos da tradição do Nordeste, ou do que o povo – poeta inventou sem presteza de nome.

E Ariano os coletou, como dizem ter feito Homero, tanto na *Ilíada*, como na *Odisseia*, aproveitando-se de lendas gregas. Até o terceiro ato da referida peça, que é o juízo das criaturas no céu e a intercessão piedosa da Virgem Maria, *A Compadecida* baseia-se noutro auto popular, *O castigo da Soberba*. E é Bráulio Tavares que nos informa: foi colhida do povo por um tal de Mota e pelo cantador Anselmo Vieira de Souza (1867-1926).

As comédias de Ariano Suassuna buscam recuperar mecanismos da antiga comédia, como na Idade Média e no Renascimento. Donde se infere que o autor toma para si a cooperação coletiva como literatura oral.

Vale registrar a importância da primeira peça, na criação posterior, denominada *A mulher vestida de sol*. Se a versão inicial dessa obra foi escrita em 1947, com o aproveitamento das excelências, dos cantos fúnebres e o tom político, mais tarde foi aperfeiçoada, com a publicação da Imprensa Universitária do Recife, em 1964, tendo como personagens: o juiz, o delegado, Martim, Gavião, Caetano, Manuel, Rosa, Donana, Cícero, Joaquim, Inocência, Antônio, Inácio, Joana, Neco e Francisco.

Sua epígrafe está no *Apocalipse,* de João, ao falar de uma mulher vestida de sol, com a lua debaixo de seus pés e uma coroa de doze estrelas sobre a cabeça, tipificando a Igreja.

A mencionada peça traz no bojo o conjunto de sementes da futura criação de Ariano, assim como o primeiro filme do genial cineasta italiano Fellini guarda em "Sheik Branco" o plasma dos vindouros filmes.

E o clima deste poema publicado na "Folha da manhã" (21.11.1948), é o mesmo da peça. Vejam os leitores a sombra lorquiana:

> Antigas formas de pedra
> No velho vento voavam.

O mar sangrava na noite por mil feridas sagradas donde as estrelas subiam como fulgores de espada.[1515]

O enredo: Um coronel, enciumado com o amor da filha por José de Sousa Leão, mata-o e é morto pelo pai do herói.

Ao se valer do "Apocalipse", de João, já baliza o profetismo, com o surrealismo do *Romance da Pedra d´O Reino*, 1971, e mais, a prosa candente de *O Rei degolado ao sol da onça caetana*, 1976. E, ao apresentar personagens populares como palhaços, cantadores, padres, cangaceiros, eventos místicos, amarelinhos ou bobos e sabidos, demarca o teatro que se desenvolverá com o *Auto da Compadecida*, seu maior sucesso. E, como assegura Hermilo Borba Filho: "Suassuna presenteia a igreja (mulher vestida de sol), caiu nela e, entregando-se, juntou a ela a sua arte: feita de pedras, animais, árvores ressequidas.

Couro, sol – o sertão."

A realidade do teatro, segundo Ariano Suassuna

Ortega y Gasset, famoso pensador espanhol, fala da "realidade mais eficiente do teatro." E é eficiente por ser verdade. Segundo Ariano Suassuna, "a tradição do teatro grego e romano, do elisabetiano, do espanhol e francês clássicos, do goldoniano, do alemão oitocentista, enfim, do teatro que considero o grande teatro, e que ele opõe ao contemporâneo, 'o teatro em ruína', expressão que subscrevo integralmente. Se a tradição nordestina é pobre, não o será mais do que, por exemplo, a da 'Commedia dell'Arte' que aqueles gênios renovaram e cujos tipos eram poucos e esquemáticos. Quanto à vulgaridade dos meios cômicos de que lanço mão, é coisa que não me incomoda absolutamente. Não tenho nenhuma tendência à finura - pelo menos para isso a que os distintos chamam finura. Ao humor educado e delicado deles, prefiro o rasgado e franco riso latino,

---

1515. NEWTON JÚNIOR, Carlos. **O pai, o exílio e o reino**: a poesia armorial de Ariano Sussana. Pernambuco: Editora da UFPE.

que inclui entre outras coisas, uma loucura sadia, uma sadia violência e um certo disparate. [...]

Noutra ocasião, salienta, ao tratar da dita diferença cultural:

> Esse preconceito começa a ser demonstrado pela divisão em literatura popular e literatura erudita. E continua com o julgamento feito em termos de valor e não de diferença. Em termos de hierarquia, como se a literatura erudita seja superior, quando, a meu ver, a questão é só de diferença. Pode acontecer que uma literatura erudita seja superior a uma literatura popular. Mas pode acontecer o contrário, também. E, às vezes, numa grande obra, encontra-se o verter de várias correntes – ora eruditas, ora populares.[1516]

Nelson Rodrigues, o notável teatrólogo de "Vestido de Noiva", observou que a demasiada inteligência é que prejudica o teatro brasileiro. E Ariano Suassuna, ao poetizar e dramatizar a fala do povo e as tradições do Nordeste, como Garcia Lorca, de especial sua admiração, optou não pela lógica mas pela inspiração e intuição. O realismo não desacelera a fantasia poética, nem o amor à terra, sem faltar o firme tanger da humanidade. Que, felizmente, é outro tipo de inteligência, a do abismo.

E é, curiosamente, o próprio Garcia Lorca que afirma, contra a injusta crítica aos clássicos – não serem eles, nunca, arqueológicos. E essa perenidade clássica alcança as peças de Suassuna, comunicando-se com o público na madura simplicidade, revelando a imposição turbadora do poder, a capacidade de alegria e resistência do povo, sem abrandar a sátira social.

O importante não são as escolas estéticas – que se afiguram portos, mas o genuíno e o senso vital que se manifesta nas criaturas e na escrita de Ariano, de forma tão original, que navega como navio de largo curso. Do folclore para o sonho de universalidade. E Suassuna se compara com o espanhol Lorca ou Calderón de La Barca, que acreditam ser o teatro permanente, o dos poetas. Sempre vislumbrando no seu trato, a aproximação dos espetáculos de circo e da tradição mais rica do Nordeste.

1516. SUASSUNA, Ariano. **A pedra do reino**. São Paulo: Círculo do Livro, 1987.

Sim, Ariano Suassuna, a nosso ver, é mais teatrólogo do que romancista, sendo de raiz, um poeta, que realiza, sim, em suas peças, a obstinada reintegração entre o erudito e o popular. Assim, enquanto o romance, entre pedras, perde pé, o teatrólogo flutua triunfante, em face da perícia de criar no palco de atores e no tremulante proscênio da alma.

Quanto à pedra do reino: disse Ariano para Rachel de Queiroz, que era um romance picaresco. E, adiante, a grande romancista adverte: "No fim, a gente dirá que este livro é o próprio Suassuna. O livro, e não seu protagonista Dom Pedro Dinis Quaderna; o Quaderna é o conceito que Suassuna faz dos homens [...] No fantástico cenário está a transfiguração do seu mundo sertanejo – como ele queria que esse mundo fosse, ou como imagina que é. [...]

Ainda que respeitemos a opinião de Rachel e a coloquemos, aqui, de contraponto, a nosso ver o livro nada tem de picaresco, muito menos preserva a grandeza de seu teatro. E não se sabe ao certo se a pedra é do reino, ou se o reino é da pedra. Prefiro falar de pedra que tem reino dentro. Mas teria? Ambição não falta ao autor.

É uma delirante desventura do cronista fidalgo rapsodo--acadêmico e poeta-escrivão Dom Pedro Diniz Ferreira Quaderna. E nem se pode insistir que seja um romance, ou romance de cavalaria, fonte de religiosidade, mística do sertão, sendo relato mais arcaico que contemporâneo. E o herói, se grotesco, quando começa a ser maldito? E o reino é a pedra de uma imaginação que se deslimita e se devora a si mesma. Por perder os contornos.

Quaderna é Suassuna. Porém, não se percebe até que ponto Suassuna consegue pôr Quaderna fora de si, fora de seu eu--criador, para tomar vida independente. Talvez pela força da alucinação, o objeto, ao não ter divisas, continua sendo mais delírio do autor do que matéria criada. É quixotesco? Sem dúvida. Mas é um quixotesco que se extravia na vontade do criador, não do personagem. O de Miguel de Cervantes enlouquece, ao fim, tendo na realidade enlouquecido constantemente, como um consumidor fogo que viesse de sua furiosa errância, até que a própria realidade o atordoasse. Por ser D. Quixote sempre a demência do protagonista, não do autor.

Ariano começa seu livro com a narração de Dom Pedro Dinis Ferreira – Quaderna na cadeia da Vila, também principia suas longevas buscas de genealogias, com a altaneira visagem de *Sinésio, o Alumioso*, montado em seu branco corcel. O livro é escrito em estilo empolado, o que prejudica a aventura do peregrinante leitor. E, na mescla de elementos nordestinos e medievais, imagens visionárias, versos proféticos, histórias que se desdobram de história, com penoso circuito narratório. Ele mesmo o refere:

> Vossas Excelências não imaginam o trabalho que tive para arrumar todos os elementos desta cena, colhidos em certidão que mandei tirar dos depoimentos dados por mim no inquérito numa prosa heráldica.[1517]

Sim, essa prosa heráldica é nevoenta e esgota a possível razão do pachorrento leitor. E o mais curioso é como um autor que defende as origens populares da cultura faça dessas origens tamanho emaranhado de miragens, à cata do simbólico e monárquico, ou de humosas águas medievais, ou do turbilhão de sonhos em torno do Rei S. Sebastião, ou do posterior advento de Sinésio, o Alumioso. Não, não há claridade no delírio. Embora haja certo delírio na claridade.

Hermetista do exótico, hermético do arcaico, o texto de Suassuna não é de um barroquismo que se abre, mas se fecha. Como se amoitasse inscrições sobre a oculta pedra, dentro de uma ancestralidade sertaneja que se entenebrece de genealógicas escamas.

O poético se endurece nas alusões demasiadas, nas descrições de uma heráldica de feitos heroicos e retumbantes, com protagonistas caricatos ou desproporcionados.

1517. SUASSUNA, Ariano. **A pedra do reino**. São Paulo: Círculo do Livro, 1987.

Certo gigantismo vocabular avança neste universo de signos e mitos que se sacralizam no passado. Entrando – não no futuro – mas na uterina cova dos sucedidos.

Essa criação está fora do tempo, sem ser história. Está fora da história, sem ser tempo. Onde o eu é sufocante, o eu das proezas fidalgas, o eu do que foi, o eu do que transitou sem rastro. Esse memoriar de Suassuna atrás do Filósofo negro, ou do Valente Vilela, do auto de guerreiros, ou de Quaderna, o Castanho, ou do escudo do principado, ou do retrato de D. Afonso VI, ou do Gênio brasileiro desconhecido, ou dos rupestres desenhos, ou do infortúnio do Rei Zumbi dos Palmares, ou do cavaleiro tão diabólico, ou dos dragões, de cujas línguas saíram sete-cobras corais, ou dos outros bichos esquisitos num cruzamento de onça e urubu, porco e jumento preto, ou dos beatos como Pedro – esse memoriar não passa de um teatro de marionetes, puxados por um fio invisível. E comparece não o catolicismo romano, e sim, o sertanejo, este martelo na bigorna do divino e o divino na bigorna do profano. E a nossa pergunta é a mesma do personagem: " – Lino, que história é essa que você está dizendo aí?"[1518] Sem deslembrar a burlesca junção vérsica: "No voo do Fogo altaneiro / é o Gavião Brasileiro, / que mais alto se elevou. / Subiu, subiu e seu Grito / foi seguido ao Infinito / onde o Sol o consagrou."[1519] Essa estranheza de Suassuna é a do próprio sagrado que se esmaeceu. Não é de um grito que o sol consagrou, é do grito de um sol que foi delirantemente enterrado. Ou soterrado de palavras. Quando a invenção mais contemporânea impele o tempo adiante, teimosamente, Ariano o impele para trás, até o fundo, onde não há mais tempo, só pedra.

Alguns críticos, alavancados por certa mídia, ainda que a minissérie televisiva tenha sido rotundo fracasso, supervalorizam este livro, quando é obra confusa e ilegível, tropeçando

---

1518. SUASSUNA, Ariano. **A pedra do reino**. São Paulo: Círculo do Livro, 1987. p. 503.

1519. SUASSUNA, Ariano. **A pedra do reino**. São Paulo: Círculo do Livro, 1987. p. 640.

entre outonais grandezas e gloríolas dissipadas. E os trêmulos elogios que vários lhe dedicaram, como se houvesse decifrado o enigma armorial, não devem concordar com minha (in)contenciosa perplexidade.

    E o leitor que de mais paciência se muna, talvez chegue ao final, certo de que nem "tudo o que é louco é genial"[1520] e nem tudo o que é genial, é necessariamente louco. Constatando-se uma pedra crescida para fora do reino e outra para dentro da imaginação. E não há pedra que baste para tamanha imaginação, salvo que em si mesma se dissolva

---

1520. ÁVILA, Affonso. **O poeta e a consciência crítica**. Petrópolis: Vozes, 1969.

CAPÍTULO 37

O teatro brasileiro.

*Desde os primórdios, uma breve síntese.
Até a sombra prodigiosa de Nelson Rodrigues,
seus contemporâneos e sucessores*

O princípio do teatro brasileiro remonta ao modelo europeu do século XVI, ou às primitivas manifestações ritualísticas dos índios, entre canto e dança. Dominou o Brasil Colonial, o teatro catequista de José de Anchieta, sobre o que tratamos no capítulo inicial desta História, com autos vincados à influência de Gil Vicente. No período romântico, comparece o teatro de Gonçalves Magalhães, de forma ainda clássica, *Antônio José ou o poeta e a inquisição*, 1835, que foi fantasiado ao extremo e esteve a cargo do grande ator, João Caetano.

Todavia, o maior dramaturgo romântico é sem dúvida Martins Pena, ao inventar a comédia brasileira, utilizando-se também do teatro vicentino das injustiças e anomalias sociais, ao mesmo tempo ingênuo, coloquial e agudo, com domínio do tecimento dramático, de fala gostosa, sem nunca elidir a buliçosa veia satírica. Emerge com ele, a malícia mais do povo que dos salões. Com o retrato cínico da sociedade através das peças e farsas – *O cigano*, *O usurário*, *As casadas solteiras* e *O irmão das almas*, entre outras.

E que não se esqueça o teatro dos poetas. Gonçalves Dias (*Beatriz Cenci*, *Leonor de Mendonça*), com mais senso lírico do que teatral. Ou com Álvares de Azevedo (*Macário*), ou Casimiro de Abreu (*Camões e o Jaú*) e, mais tarde, Castro Alves

(*Gonzaga, ou a insurreição de Minas*), que escreveu a peça para a atriz Eugênia Câmara, sua amada.

Por sua vez, a criação cênica de Alencar e de Machado de Assis era mais elaboração literária, e exaustiva do que astúcia e vocação teatral.

E foi pelo ornato que Coelho Neto se sobressaiu, ao fixar o tipo do janota, tipo muito achável, ridículo em todas as épocas (*Fogo de vista*, 1923). E o seu oposto, com esfuziante humor e inteligência, o teatro de Artur Azevedo, por natureza um comediógrafo, que zombava dos usos e costumes, num dito *gênero ligeiro*, irônico e superficial: *Direito por linhas tortas*, ou *Capital federal*. Ou ainda *O roubo no Olimpo*, satirizando o furto de joias de D. Pedro II.

Sem maior repercussão e com tiradas geniais, apareceu no Rio Grande do Sul o polêmico Qorpo Santo, José Joaquim de Campos Leão (1829-1880), redescoberto e compilado por Guilhermino Cesar, cuja loucura o levava a saltar fora das linhas narrativas normais, através de um delírio mágico, em *As relações naturais*, *Mateus e Mateusa*, *Hoje sou um e amanhã, outro*. Obteve um despojamento nos personagens só explicável pela explosão da demência e do gênio, esta fronteira tão frágil quanto imprevista.

Com Oswald de Andrade e o Modernismo, vêm à baila *A morta*, 1937 e *O rei da vela*, 1937, com um teatro realista e um tanto panfletário, com a confluência de Jarry. Carregados de textual radicalidade.

E é quando, como um raio na pachorrenta comunidade carioca, aparece o gênio do teatro brasileiro moderno, Nelson Rodrigues. Nasceu em Falcão, Recife, a 23 de agosto de 1912, e faleceu no Rio de Janeiro, em 22 de dezembro de 1980. Jornalista, ficcionista, dramaturgo, memorialista, cronista. Vincado pela tragédia. Explico. Uma mulher, querendo matar seu pai na redação e não o achando, pergunta pelos filhos e fuzila o desenhista Roberto, um dos irmãos do dramaturgo. Isso se tornou o substrato de tantos desfechos irônicos e trágicos de suas peças. Ou de como um terrível acaso rege os destinos.

Obras de Teatro: *Mulher sem pecado*. 1941; *Vestido de noiva*, 1943; *Álbum de família*, 1945; *Senhora dos afogados*, 1947; *A falecida*, 1954; *Perdoa-me por me traíres*, 1957; *Anjo negro*, 1946; *Doroteia*, 1949; *Valsa n° 6*, 1950; *Viúva, porém honesta*, 1957; *Os sete gatinhos*, 1958; *Boca de ouro*, 1959; Otto Lara Resende, *ou bonitinha, mas ordinária*, 1962; *Toda a nudez será castigada*, 1965; *Anti-Nelson Rodrigues*, 1973; *A serpente*, 1978. *Contos, crônicas, memórias: A vida como ela é, homem fiel e outros contos*, org. Rui Castro, 1962; *O óbvio ululante: primeiras confissões – crônicas*, org. Rui Castro, 1993; *A menina sem estrela*, memórias, org. Rui Castro, 1993; *A sombra das chuteiras imortais*, crônicas de futebol, org. de Rui Castro, 1993; *A cabra vadia, novas confissões*, org. Rui Castro, 1995; *O reacionário, memórias e confissões*, 1995; *Flor de obsessão: as cem melhores frases de Nelson Rodrigues*, org. Rui Castro, 1999. Afirmou, com acerto, Nelson Rodrigues:

> Somente a leitura ou releitura de todas as minhas peças poderá trazer uma compreensão justa, sem distorções, do que digo pela boca de meus personagens, seres aparentemente obcecados e possessos, mas na realidade portadores de defeitos e qualidades cotidianas. Sempre me propus uma síntese do homem quando dei vida dramática a esses personagens. Por isso digo e repito: eles valem, são mais reais que nós mesmos.[1521]

O projeto rodrigueano pode ser dividido em quatro partes: As peças psicológicas: *Mulher sem pecado*; *Vestido de noiva*; *Valsa n° 6*; *Viúva, porém honesta*; *Anti-Nelson Rodrigues*. Peças míticas: *Álbum de família*; *Anjo negro*; *Doroteia*; *Senhora dos afogados*. Tragédias cariocas I: *A falecida*; *Perdoa-me por me traíres*; *Os sete gatinhos*; *Boca de ouro*. Tragédias cariocas II: *A serpente*; *O beijo no asfalto*; *Toda a nudez será castigada*; *Otto Lara Resende, ou bonitinha mas ordinária*. Teatro polêmico e renovador, teatro que trabalhou a memória, a realidade e o pesadelo. Ou pôs o pesadelo na realidade. Porque os extremos lhe tocavam e era incansavelmente tocado por eles.

1521. RODRIGUES, Nelson apud GUIDARINI, Mário. **Nelson Rodrigues**: flor de obsessão. Florianópolis: UFSC, 1990.

Impelido de gênio, consumiu-se de palavras e seres absorventes e vivos. Era um outro maior do que ele. Harold Bloom, ao estudar Shakespeare, suscita ter ele alcançado "a invenção do humano."[1522] Mas o humano não se inventa, apenas se descobre. Dir-se-ia haver Nelson Rodrigues inventado o teatro do desespero. Todavia, é o desespero que o inventou. A imaginação com que agitou suas peças, a poesia com que envolveu as criaturas, o fulgor de vida com que nos invade, a psicologia com que mergulha as almas e as almas que se mitificam no deslimite do instinto ou da loucura, é bem mais do que uma "temporada noite adentro", de O'Neill, bem mais do que "a máquina infernal"[1523], de Jean Cocteau, ("os espelhos não deviam pensar duas vezes antes de refletir?"), ou do "bonde chamado desejo"[1524], de Tenessee Williams, ou mesmo do desencadear instintivo de Pirandello (os personagens rodriguenos, diversamente do teatro de Pirandello, nunca se desgarraram da identidade, embora ambos se associem, cada um à sua maneira, em certo aspecto grotesco) ou o laceramento psicológico de Artaud. O cineasta e jornalista Arnaldo Jabor diz que Nelson Rodrigues inventou o óbvio. Penso que o óbvio é que inventou Nelson Rodrigues. Criando antimetáforas, no delírio, detestava o divinatório, como o divinatório o detestava, dando ao banal um sabor novo, inesperado, espantoso, tal se adviesse puro, antes do caos. Em Nelson há uma portentosa consciência transgressiva, uma torturada busca de unidade, como se a cena fosse a sua única e irrevogável religião. Uma inóspita religião do abismo. Ou abismo das reputações, costumes, conflitos, paixões. Um fundo despregado da alma. Ao surgir, firmando nome com a obra-prima, *Vestido de noiva*, com seu negro retrato existencial, com a projeção da mente em ação cênica, estando o mundo ficcional em contraponto à figuração dramática. A história de Alaíde avança ou se retrai

---

1522. BLOOM, Harold. **Shakespeare:** A invenção do humano. Rio de Janeiro: Objetiva, 2000.

1523. COCTEAU, Jean. **A máquina infernal**. Petrópolis: Vozes, 1967.

1524. WILLIAMS, Tennessee. **Um bonde chamado desejo**. Porto Alegre: L&PM, 2008.

no tempo, no emaranhar de silhuetas. A ambiência familiar através das deformações e os diálogos fluidos, tem sempre em vista a corrosão da sociedade burguesa. A ponto de a argúcia crítica de Décio de Almeida Prado assim observar:

> Vestido de noiva diferia de tudo o que se escrevera para a cena, entre nós, não apenas por sugerir insuspeitadas perversões psicológicas, a seguir amplamente documentadas em outros textos do autor, mas, principalmente por deslocar o interesse dramático, centrado não mais sobre a história que se contava, e sim sobre a maneira de fazê-lo numa inversão típica da ficção moderna.[1525]

Aliás, Nelson Rodrigues, ficcionista no drama, caminha sempre a partir do avesso, penetra surdamente o reino dos avessos, vai até a fundura das reações e dos sentidos, vindo à tona depois: rebentando de realidade. Por emergir com tudo o que ela nos escondidos traz. Da míngua para o excesso.

Sim, a arte de Nelson Rodrigues se entretece do excesso. E seus personagens são capazes de ouvir os outros e a si mesmo. Por serem não apenas dialogantes, também conviventes de uma realidade com explosivas camadas de interesses, cumplicidades, obsessões e sonhos. E tal excesso rodrigueano está nas paixões, nos desequilíbrios, desde a violência ao sexo, a hipocrisia social, as monstruosidades, as opulências da cretinice ou do egoísmo, as manias, taras e tarados, "seres maravilhosamente teatrais."[1526] Ou as prostitutas, os pederastas, as lésbicas, os canalhas, os desvairados, todos para além da margem do rio, para muitos o reino peculiar da psicanálise. E essa morbidez se elabora através do poder visual da obra, pela habilidade com que maneja o andamento físico dos personagens, ou o elenco de *eus* alimentados no leite tão copioso da ferocidade humana.

Nelson Rodrigues não escreve bem, escreve no alvo, escreve de empurrar sombras, escreve cortando abismos, escreve

---

1525. PRADO, Décio de Almeida. **O teatro brasileiro moderno**. São Paulo: Perspectiva, 1988.

1526. RODRIGUES, Nelson apud GUIDARINI, Mário. **Nelson Rodrigues**: flor de obsessão. Florianópolis: UFSC, 1990.

de não escrever belo ou cômodo, mas dilacerantemente verdadeiro, escreve com pontaria e funcionalidade. Escreve com o fundo da agulha. Para diante. Como se fosse visto, vendo.

Assevera Sábato Magaldi: "Poucos dramaturgos revelam um imaginário tão coeso e original, com um espectro tão amplo de preocupações psicológicas, existenciais, sociais e estilísticas."[1527] E raros movem, como ele, o imaginar dos que o leem ou assistem, por ser da raça dos que vieram para perturbar.

E mais perturbadora ainda é sua função de profeta, ou biógrafo da imaginação deste tempo, certo com Madame Du Barry, de que "numa sociedade de lobos, é preciso aprender a uivar."[1528] Sua verve irônica e sombria chegava a assegurar que "só o inimigo é fiel. O inimigo não trai nunca. Ele vai cuspir na cova da gente."[1529] E conseguia, visionariamente, ver o óbvio, que, para ele, mostrava-se ululante: "Só os profetas enxergam o óbvio."[1530] Como o óbvio antes, bem antes, enxerga os profetas. Ressuscitando a figura do canalha, tantas vezes subterrânea: "Todo o canalha é magro... O brasileiro quando não é canalha na véspera, é canalha no dia seguinte."[1531]

E como conhecia as camadas da sociedade, baixas e altas, ou o pesadume do Estado, vaticinava: "Subdesenvolvimento não se improvisa. É obra de séculos."[1532] E nem poupava os ditos inteligentes, que, para ele, "estavam matando o teatro brasileiro. Um dia teremos de chamar os burros para salvá-lo"[1533] – murmurava. Foi a força de um instinto inabalável,

---

1527. RODRIGUES, Nelson; MAGALDI, Sábato. **O teatro completo de Nelson Rodrigues**. Rio de Janeiro: Nova Fronteira, 1981. v. 1.

1528. RODRIGUES, Nelson. **O óbvio ululante**. Rio de Janeiro: Agir, 2007.

1529. RODRIGUES, Nelson. **O óbvio ululante**. Rio de Janeiro: Agir, 2007.

1530. RODRIGUES, Nelson. **O óbvio ululante**. Rio de Janeiro: Agir, 2007.

1531. RODRIGUES, Nelson. **O óbvio ululante**. Rio de Janeiro: Agir, 2007.

1532. RODRIGUES, Nelson; CASTRO, Ruy. **Coleção das obras**: São Paulo: Companhia das Letras, 1997.

1533. RODRIGUES, Nelson; CASTRO, Ruy. **Coleção das obras**: São Paulo: Companhia das Letras, 1997.

um faro das excrescências e abominações contemporâneas. Um terrível poeta. E seguindo o que ele próprio diz, "o poeta é profético, ou não é poeta."[1534]

Nelson nunca precisou de uma arte adulta, pois a arte nunca é terminada, sempre está em caminho. E sua grandeza foi ter ficado em crise de infância, crise de valores, com fatos escabrosos ou feitos para folhetim, todos carregados de teatralidade e visão do mundo. Um crítico de cultura, crítico de costumes, crítico vulcânico, que tem em *O beijo no asfalto* o ápice, quando o odiento Aprígio, de incestuoso amor pela filha, retira a máscara e brada, ao matar o genro: "– Meu ódio é amor!"[1535] Uma flor drummondianamente fura o asfalto. O beijo não, o beijo da morte não.

Se o homem sartreano se define pela ação, o de Nelson Rodrigues define-se pelo conflito, o espasmo, o choque. Persuade-se no intervalo penumbroso. Entre o jogo da sina, do amor ou da liberdade. E, se convive com o demonismo de um Arthur Miller, em *Bruxas de Salém*, que segue a escola realista de Ibsen, com alcance coletivo, o fenômeno para Nelson é diverso, ainda que tão contundente quanto o americano: utilizando o flashback da memória, fá-lo como força pessoal, subjetiva.

Não contente, narra *A Vida como ela é*. Sem preconceitos. E disso brotaram-lhe inúmeras histórias, contos de magistral feitura (possuía uma coluna com o mesmo nome, de 1952 a 1961), com o sucesso de comunicação direta com o público, e, ao mesmo tempo, produzia literatura com sofisticação e agilidade narrativa. Vejam este texto de *O marido humilhado*:

> Foi o que aconteceu há cerca de uma semana ou pouco mais. De repente, "ele" apareceu. "Ele" quem? O "desconhecido". Surgiu quando menos se esperava. E vinha, democraticamente, a pé. Como todos os "desconhecidos" anteriores, este mereceu, desde o primeiro instante, o espanto, a suspeita, a curiosidade dos nativos. Então, Ezequiel, o mendigo (aliás o único do lugar e por

---

1534. RODRIGUES, Nelson; CASTRO, Ruy. **Coleção das obras**: São Paulo: Companhia das Letras, 1997.

1535. RODRIGUES, Nelson. **Asfalto selvagem**. Rio de Janeiro: Agir, 2008.

isso conservado com veneração), Ezequiel, com sua irremediável falta de dentes, formulou, entre outras, a hipótese de que fosse, até, "capitão alemão". E, aqui, cumpre explicar que Ezequiel, com as suas barbas brancas, o cajado, e, em suma, toda a sua "pinta", daria um bom apóstolo numa fita bíblica de Cecil B. De Mille. O mendigo, quase centenário e meio tantã, ainda se julgava em plena Primeira Guerra Mundial. Portanto, a hipótese de espionagem parecia-lhe da maior plausibilidade. ... Dir-se-ia que o forasteiro era como um monstro de circo de cavalinhos irrompendo pela cidade.[1536]

Esse amor pelos *monstros*, pelos desconhecidos da sorte ou das coisas, a dualidade entre enamoramento e sexualidade, a divisa existente entre as grandes famílias e as dos subúrbios também marcaram o ficcionista. Porque tanto o dramaturgo quanto o contador de histórias, no seu anseio de fidelidade, conhece traição, perfídia, inversões, crimes, pesadelos tramando a cotidiana tragédia, que tinham na fonte um ser à cata da infância, atrás de uma existência discreta e familiar, atrás, sobretudo, ao desmascarar o fingimento pessoal ou coletivo, de uma face moral, um circuito de virtude, algo que tivesse sobrevivido a todos os dilúvios ou à própria culpa original, um rosto puro, clárido e humano. Só que nomeava a fábula, sem carecer de nomear a lição. Era um reacionário do futuro.

Nelson Rodrigues viu-se ladeado e sucedido (se que é que pode ser sucedido alguém inimitável), pelo teatro de origem rural, ou interiorano, de Minas, através de Jorge de Andrade (1922-1984), de uma família de fazendeiros, com *Moratória*, 1955, revelando o declínio da aristocracia do campo, atingindo o auge com a série televisiva *Os barões dos ossos* e com *A pedreira de almas*, influenciado pelo teatro grego, tratando de uma personagem que mora na caverna, liderando seus homens para o vale. Seria *o vale da promissão*, ou *Vereda da salvação*. Há um misticismo ou messianismo, certo clamor de religiosidade salvático, com o exorcismo e a deliberada busca de escape do jugo de nossa penosa condição.

1536. RODRIGUES, Nelson. **O marido humilhado**. Rio de Janeiro: Nova Fronteira, 1961.

Hermilo Borba Filho (1917-1976), por sua vez, fundou o *Teatro de amadores de Pernambuco* e o *Teatro de Arena do Recife*. Eis algumas de suas peças: *Auto da mula do padre*, 1948; *Electra no circo*, 1953; *A barca de ouro*, 1953; *A donzela Joana*, 1966; *Apresentação de bumba-meu-boi*, folclore, 1967, entre outras, seguindo uma linha teatral brechtiana, sempre tendo em vista a cultura nordestina.

Noutro plano, o proletário ou socialista, destaca-se o vulto talentoso de Gianfrancesco Guarnieri, em seu teatro de arena, palco democrático, com *Eles não usam black-tie* (objeto de premiado filme), e *Gimba*. Foi uma voz corajosa que se ergueu no meio do deserto.

A Ariano Suassuna e seu teatro no nordeste, principalmente com *O Auto da Compadecida*, ou *O santo e a porca*, mergulhado em humana e folclórica árvore, que já analisamos em capítulo anterior. Valendo lembrar a peça monologal que fez a fama de Pedro Bloch, *As mãos de Eurídice*, recitada por todos os recantos deste país, e a valiosa contribuição teatral de Dias Gomes (1922-1999), sob a sombra vigilante de Brecht, ampliando seu espaço através de novelas de televisão memoráveis, (como *O bem amado*, 1973). Estreou magnificamente com *O pagador de promessas* (o filme foi premiado em Cannes), trazendo à vida a figura de Zé do Burro. Sua obra-prima.

Outros dramaturgos: Oduvaldo Viana Filho (1936-1974), com a primorosa peça *Rasga coração*, 1974, entre outras. Seu pai, Oduvaldo Viana (1892-1972), foi autor da opereta *Amor de bandido*, 1917, que trouxe, segundo Vianinha, "a primeira companhia com prosódia brasileira."[1537] Maria Clara Machado (1921-2001) e seu esplendoroso *Pluft, o fantasminha*. Ou Augusto Boal, com *Revolução na América do Sul*, 1960, e *Murro em ponta de faca*, 1970, sobre os exilados, dois textos de sopro social e poético. E o grande Plínio Marcos (1935-1999), em *Navalha na carne*, *Dois perdidos numa noite suja* e *Abajur lilás*, que, em linguagem pessoalíssima e instintiva perícia teatral,

---

1537. VIANINHA apud MORAES, Dênis. **Vianinha**: cúmplice da paixão. Rio de Janeiro: Record, 2000.

desenha os párias e os marginalizados, seguindo a contundência verbal de Nelson Rodrigues.

Não se pode deslembrar João Cabral, de *Morte e vida Severina* e *Auto do frade*, nem Vinícius de Moraes, com *Orfeu da Conceição*, nem Rachel de Queiroz (*A beata Maria do Egito*), nem Joaquim Cardozo (*O coronel de Macambira*), nem Osman Lins (*Lisbela e o prisioneiro*) e nem Hilda Hilst (*A obscena Senhora D*).

Outros autores vieram e se hão de firmar. Cito esses nomes, representando a todos, buscando a comunicabilidade e ainda o régio poder da palavra. Ainda que Artaud não julgue ser o teatro um ramo da literatura, continuará sendo enquanto expressão de fala ou de povoado ou comovido silêncio. Envoltos sob o signo de O'Neill, Pirandello, Arthur Miller, Artaud, Ionesco e Samuel Beckett, esse último no limite da espera e da linguagem, ainda cremos que a palavra é o derradeiro reduto da liberdade. E a liberdade é ainda reduto da palavra. Portanto, mesmo em trevas, como labaredas, diz bem Goethe: "Se o olho não tivesse sol, como veríamos a luz?"[1538]

1538. GOETHE apud NOVAES, Adauto. **Poetas que pensaram o mundo**. São Paulo: Companhia das Letras, 2009.

CAPÍTULO 38

Poesia brasileira da geração de 1960 até 1980. Nomes representativos

Ivan Junqueira
Ildásio Tavares
Armindo Trevisan
Armando Freitas Filho e Mauro Gama
Orides Fontela
Affonso Romano de Sant'Anna
José Carlos Capinam
Fernando Py
Cláudio Murilo Leal
Álvaro Pacheco
H. Dobal
Hardi Filho
Antônio Fantinato
A. B. Mendes Cadaxa
Olga Savary
Astrid Cabral
Eunice Arruda
Fernando Mendes Vianna
Nauro (Diniz) Machado
Bruno Tolentino
Neide Archanjo e Myriam Fraga
João de Jesus Paes Loureiro
Paulo Roberto do Carmo
João Manuel Simões

HISTÓRIA DA LITERATURA BRASILEIRA
Da carta de Caminha aos contemporâneos

Carlos Felipe Moisés
Álvaro Alves de Faria
Lindolfo Bell
Carlos Ronald Schmidt
Ruy Espinheira Filho
Sérgio Mattos
Carlos Saldanha Legendre
Itálico José Marcon
Luiz de Miranda
Reynaldo Valinho Alvarez
Adélia Prado
Paulo Leminski
Francisco Alvim
Anderson Braga Horta
Antônio Carlos Brito
O Surrealismo: Cláudio Willer
Roberto Piva, Carlos Augusto Lima, Floriano Martins,
Péricles Prade e Sebastião Nunes
Luca Zandon
Jayme Paviani
Brasigóis Felício e Aidenor Aires
Gabriel Nascente
Florisvaldo Mattos
Marcus Accioly
Ângelo Monteiro
Alberto da Cunha Mello
Domício Proença Filho
Antonio Cícero

Em livro pioneiro, a crítica paulista Nelly Novaes Coelho, ao grupo de poetas unidos por elementos comuns, em busca mais do *fazer* do que do *contemplar*, designou como *geração de 60*[1539], presos à "épica do instante"[1540], ou geração que não se

---

1539. COELHO, Nelly Novaes. **Carlos Nejar e a "geração de 60"**. São Paulo: Saraiva, 1971.

1540. ÁVILA, Affonso. **O poeta e a consciência crítica**. Petrópolis: Vozes, 1969.

contenta em ver "a pedra do meio do caminho", com Drummond, mas que tenta retirar essa pedra, por "onde nasce o dia" (o verso é de Jorge de Lima). E, se a essa geração, o ritmo é música, ou intenta a partitura, "a unidade rítmica produz a unidade objetiva" (Emil Staiger), traz uma nova imagética, com o máximo de concreção. E alguns dos seus integrantes, ao buscarem nos seres-poemas independentes e cidadãos à comunidade do texto, comprometem-se com o coletivo, o épico (e alguns intentam o paródico e antiépico), o cósmico, o amoroso (épica do amor), um movimento metafísico e até de espiritualidade. Pois o homem não é apenas animal social, é um animal linguístico e espiritual. Na épica contemporânea, não acompanhamos o ponto de vista restritivo de Theodor W. Adorno, pois se refere somente à épica tradicional, que diz ser anacrônica e ingênua. E não o acompanhamos também, porque os elementos desta nova épica não se acoplam ao passado, mas ao tempo fluente e ao devir, sendo, portanto, o tempo, primordial figurante. Além disso, a alegoria e o mito transcendem, a passo largo, essa fronteira. Sem esquecer que a alusão de Adorno a um "Homero cego"[1541] é infeliz no que tange à épica contemporânea, se bem que, de igual modo desafortunada, quanto à épica antiga: tal cegueira homérica é de inacreditável e operosa visão, que será sempre a da linguagem. Ou a cegueira da luz.

Se ocorrem afinidades e diferenças naturais entre os poetas desta geração, inarredável, distingue-se o sotaque de cada um. E nem todos se empenham epicamente, alguns são antiépicos, embora todos se revelem críticos e transformadores da realidade. Conscientes da advertência de W. H. Auden: "As palavras são só para os que estão comprometidos."[1542] Mário Faustino, com *O homem e sua hora*, 1955, foi o poeta precursor, com propostas inovadoras que divulgou no suplemento cultural do Jornal do Brasil e não conseguiu melhor consolidar, ceifado precocemente pela morte. E as confluências mais importantes da *geração de 60* vêm de Ezra Pound, Dante Alighieri,

---

1541. ADORNO, Theodor W. **Notas de literatura (I)**. São Paulo: Editora 34, 2003. p. 49-51.

1542. AUDEN, W. H. **A mão do artista**. São Paulo: Siciliano, 1988.

Eliot, Camões, Drummond, Jorge de Lima e João Cabral de Melo Neto. E a certeza de que o épico pode juntar-se maravilhosamente ao lírico, à carnavalização bakhtiniana e ao dramático. Em 1986, editamos em Portugal, uma *Antologia*, com muitos nomes da *geração de 60*.[1543] Mais tarde, Pedro Lyra, poeta (que alia experimentação e poética do bom amor, em textos que mesclam certo tom filosófico e prosaísmo lírico que chama de *dialético*, bastante conceitual, plantando sua metáfora, como quem planta a dor e a ruptura, afinado com Marianne Moore, sobretudo em *Decisão*, 1983), também crítico pertinaz e arguto, publicou A *poesia da geração de 60*[1544], com avaliações ou supervalorizações, algumas com que não concordo, no entanto com o mérito de tentar a exegese *deste espírito novo*. Diante da mudança que a história tece, não sendo a intuição do mundo sempre igual, ou desprevenida. E como observou José Lezama Lima, aproveitando o que veio antes, agora "o desconhecido é quase a nossa única tradição."[1545] Respira-se de inventar e se inventa de se ir respirando o sonho. E assim diz Chomsky: "Tudo passa como se o sujeito falante fosse inventando a língua, à medida que se exprime."[1546] Ou na medida que se alma de palavra. Ou a língua começa a carregar-se de alma.

Ivan Junqueira

Certa vez, T. S. Eliot observou que "nenhum poeta, nenhum artista, tem sua significação completa sozinho. Seu significado e apreciação que dele fazemos constituem a apreciação de sua relação com os poetas e artistas mortos."[1547] Entendo isso como

---

1543. NEJAR, Carlos. (Org.). **Antologia da poesia brasileira contemporânea**. Lisboa: Imprensa Nacional / Casa da Moeda, 1986.

1544. ARAGÃO, Verônica. **Sincretismo**: a poesia da geração de 60, introdução e antologia. Rio de Janeiro: Topbooks, 1995.

1545. LIMA, José Lezama. **A dignidade da poesia**. São Paulo: Ática, 1996

1546. CHOMSKY, Noam apud JOZEF, Bella. **História da literatura hispano-americana**. Rio de Janeiro: UFRJ/ Francisco Alves, 2005.

1547. ELIOT, T. S. apud JUNQUEIRA, Ivan. **Ensaios**. Rio de Janeiro: Topbooks, 1993. p. 39.

um princípio de estética, não apenas histórica, mas no sentido crítico. E curiosamente o seu tradutor (e dos melhores, entre nós), foi Ivan Junqueira, explicando assim não só a importância dele, como dos que o seguem nesta análise num contexto não só geracional, também na vasta caminhada da literatura brasileira contemporânea. Junqueira nasceu em 1934, no Rio de Janeiro, e morreu em 2014. Poeta, ensaísta (de militância crítica, onde se distingue o já clássico *Testamento de Pasárgada*, estudo e antologia de Manuel Bandeira, ao lado de *O encantador de serpentes*, revelando primorosa inteligência interpretativa), publicou os seguintes livros de poesia: *Os mortos*, 1964; *Três meditações na corda lírica*, 1977; *A rainha arcaica*, 1980; *O grifo*, 1987; *A sagração dos ossos*, 1994; todos em *Poesia reunida* (Ed. Girafa/UnG, 2005); *O outro lado*, 2007, prêmio Jabuti de 2008. De todos, a nosso ver, o mais alto é *A sagração dos ossos* (meada que vem de *Os mortos*) por devassar porfiosamente o fio (ou pavio) da morte, como poucos, não poupando a si e aos leitores, com o aguçamento, onde ocorre o domínio da língua, dos versos (em regra curtos) e desta angustiada memória da espécie que se debruça diante do que se extingue. Dentro da tradição de matriz pessimista na vaporosa obsessão da morte, ou em figuração temível do mitológico (o grifo), sem prejuízo da corda-vertente lusitana. E a atração lírica e espiritual de Baudelaire, o prumo do gaulês Dylan Thomas e o meditar eliotiano (três poetas vertidos por ele admiravelmente), livraram a criação de Ivan Junqueira não do rigor, mas dos deambulantes vagões da locomotiva cabralina. E, tal como Baudelaire, "conspira com a própria língua, calculando os efeitos a cada passo" (a expressão é de Walter Benjamin[1548]). É metafísico e moderno, com timbre inalienavelmente tenso e intenso. Rebelde ao platonismo, por ser atropelado de real até o tutano, a polpa da alma. Sensível ao carregar do tempo, este tempo feito, doído e conjugado, desde o de Camões e sua Inês de Castro (*A rainha arcaica*), que enunciou a partir das desusadas fontes, fatalmente crítico, até que, no atinar da morte, proclame a vida: "Sagro estes ossos, que, póstumos / recusam-se à própria sorte, / como a dizer-me

---

1548. BENJAMIN, Walter. **Obras escolhidas, v. II e III**. São Paulo: Brasiliense, 1995.

nos olhos: / a vida é maior que a morte."[11] O que denota não ser a sua visão feericamente sinistra ou final, nem arauto apenas do *Tânatos*, mas do *Eros*. O que em floração recomeça, além dos ossos, além da fragilidade corpórea, além da ferocidade da terra. Contudo, não renega sua (nossa) verdade: "A noite sela / com uma pétala / teus olhos cegos. / Eis que envelheces."[1549] E a levanta com lâmpada: a palavra. Mais densa. A que, retida nas raízes, dói pelos ossos, esse doer, este bater rítmico, esta cantilena (que na distância, lembra Cruz e Souza), por ser inefavelmente simbolista, inefavelmente perene, em pétrea, severa música. Como se epígrafes fossem, são os versos. Abalos de luz na crueza humana, na avareza casta dos mortos. Pois Ivan Junqueira ao falar dos mortos, fala aos vivos e fala dos vivos. Se o seu conflito se move entre o racional e o noturno, a nitidez e o transe da imaginação, há o instante, contudo, que nada mais o separa do canto, salvo a tênue camada com que o reveste de sortilégio e sonho. Grande sonho, órfico, cheio de vozes (os dois poemas dedicados a seu pai tocam pela amarga e solene ternura). Ou o elevado instante, dos maiores da língua, em que saúda, em tercetos, Dante Milano (*Terzinas para Dante Milano*). Poeta que busca o sentido original das coisas, poeta de imagens que se enlaçam de sombras e limos, com a intuição terrível e dramática do humano. Nunca desligada de musicalidade, "tornando novas as palavras da tribo", como queria Mallarmé[1550], ao inserir nos textos arcaísmos, ao dialogar com os antigos, ao restaurar certa metalinguagem, ao manejar com galhardia o sígnico-alegórico. Ou na proeza de suprimir para captar sonhadas exatidões, na lição do autor de *Hérodiade*, para quem "a destruição era sua Beatriz."[1551] É, pois, um poeta grave, que reúne grandeza e integridade ao verbo. Linguagem calibrada, ou eclosão de um estilo. O que não é pouco.

1549. JUNQUEIRA, Ivan. **A sagração dos ossos**. Rio de Janeiro: Civilização Brasileira, 1994.

1550. MALLARMÉ, Stéphane. **La Estética**. Buenos Aires: Assandri, 1960. p. 158.

1551. MALLARMÉ, Stéphane. **La Estética**. Buenos Aires: Assandri, 1960. p. 158.

Ildásio Tavares

Na mesma teia de Ivan Junqueira, porém com a exuberância dadivosa da Bahia, que é um estado de alma, ergue-se Ildásio Tavares. Nascido em Gongogi, em 25 de janeiro de 1940, faleceu na capital, Salvador, em 31 de outubro de 2010. Seu primeiro livro foi *Somente um canto*, 1968. Poeta, contista, romancista, teatrólogo, crítico dos mais lúcidos, letrista, formado em direito e mestre universitário, polígrafo, é um dos mais completos talentos da geração de 1960. Quando vierem a lume seus poemas satíricos, ver-se-á que é da família de Gregório de Matos e Guerra, pela verve e tom zombeteiro, ou sarcástico. Numa quadra ou soneto faz-se temível, por não recuar diante das arrogâncias, injustiças ou impertinências cotidianas. Entre seus vários livros de poesia, cito os que para mim são suas maiores realizações líricas: *Sonetos portugueses*, 1997, *Nove sonetos da inconfidência*, 1999 e *As flores do caos*, 2009, em homenagem a Baudelaire, que revelam o exímio e maduro cultor do gênero, com depurada técnica, conseguindo incrível liberdade, sem deixar de ser reflexivo e irônico. Alexandrinos, decassílabos, mais raramente octossilábicos, com diligente e astuta intertextualidade, sobretudo nesse último livro. E só o verdadeiro poeta é que descobre, com voz nova, o soneto. E destaco ainda suas *Odes brasileiras*, 1990, plenitude deste inventor, catalisador de imagens, tendo a perícia de fazer com que a explosão poética nasça de seu ar de conversa, do resmungo das coisas ou do imóvel silêncio. E no redemoinho mágico, nos elos que estremecem, o percurso é o da fala descontraída, monologadora, para a linguagem. E o que o desencadeia é ora uma frase, ora uma resposta, ora uma centelha rodeada de coisas – infância, ora o adernar sobre a própria criação ou certo rastilho atiçado na pólvora da realidade – tudo serve para que as odes se construam com dramaticidade, sopro épico e ternura pelos seres, em estonteante humanidade, ou delírio. E não é de si que pensa, é de todos. "Vejo somente uma formiga azul passar sobre o azulejo"

– escreve.¹⁵⁵² E as imagens ildasianas se acumulam de outras e outras, como a chuva se armazena de nuvens. E o texto então voa, eleva-se, apesar das civis intempéries ou de todas as leis da gravidade e antigravidade. E nos dá lições sobre o Brasil que nos vive, com duro rosto e ossos de fora. "Poema é tudo o que o esqueleto do discurso não consegue expressar"¹⁵⁵³, ou "poesia é a loucura organizada."¹⁵⁵⁴ Nele as coisas triviais de repente se transformam em assombrosas, saltando do caos para a luz e da luz para o caos, sem meio termo. O que desconhece na imperiosa lucidez. "Sou carpinteiro. Sei pregar palavras / Umas nas outras ou em outras umas. Sei / muito bem este ofício e o aprendi muito cedo – / pregos na mão, eu me enchia de coragem / e paciência. E martelava."¹⁵⁵⁵ Um pouco do ritmo de Walt Whitman, ou do social em Maiakovski, de um Neruda cósmico que se aproxima de Álvaro de Campos. E pessoalíssimo. Pois, com justeza, anota Paul Valéry: "A linguagem é uma criação prática."¹⁵⁵⁶

Armindo Trevisan

Armindo Trevisan, nascido em Santa Maria, Rio Grande do Sul (1933), poeta, crítico de arte, autor de vários livros sobre a criação poética, estreou com *A surpresa de ser*, 1964, tendo, entre os livros publicados: *Abajur de píndaro / A fabricação do real*, 1972; *Corpo a corpo*, 1973; *Em pele e osso*, 1977; *O ferreiro harmonioso*, 1978; *O moinho de Deus*, 1985 e *Antologia poética*, 1986. O *pathos* de sua poesia não é o social, o que intentou nos livros *Em pele e osso*, ou *Funilaria no ar*, onde cedeu lugar a

---

1552. TAVARES, Ildásio. **Odes brasileiras**. [s.l.]: Ministério da Cultura, Fundação Biblioteca Nacional, 1998.

1553. TAVARES, Ildásio. **Odes brasileiras**. [s.l.]: Ministério da Cultura, Fundação Biblioteca Nacional, 1998. P. 63

1554. TAVARES, Ildásio. **Odes brasileiras**. [s.l.]: Ministério da Cultura, Fundação Biblioteca Nacional, 1998. p. 63.

1555. TAVARES, Ildásio. **Odes brasileiras**. [s.l.]: Ministério da Cultura, Fundação Biblioteca Nacional, 1998.

1556. VALÉRY, Paul. **Variedades**. São Paulo: Iluminuras, 2007..

uma imagética fria e artificiosa; sua força é eminentemente lírico-amorosa, com erotismo, jamais grotesco, unindo a delicadeza a certo pudor, o da dignidade do que ama. Sim, seu projeto pode ser vislumbrado como uma épica do amor. Com imagens surpreendentes, algumas delas surrealistas, à beira de Éluard, de um Cummings, ou um Mário Quintana. Inegavelmente original, com particular visão poética e um despojamento verbal, que mais não se dá por causa de sua exuberância natural, "a carnalidade do dia."[1557] Sua obra-prima é *Corpo a corpo*, onde desenvolve os ofícios de amor e alma, (porque seu amar de corpo sabe também ser alma. Contrariando Bandeira, que diz que "as almas se entendem e os corpos não"[1558]). Seus *enjambements* são arquitetados com tino e certa malícia de ociosa beleza. Todo o universo gira em torno do ser amado. Até os ancestrais. Os versos, aparentemente curtos, vestem como um camaleão a matéria sonhada. Chamo a atenção para a excelência dos poemas: *A nomeação, Não sei se a vi da primeira vez em espírito; Serão dois numa só carne; Onde estão os mortos; Eva; Chamo-lhe mulher; Bebo tua saliva; A luta*. Pela visual beleza e os tópicos repetidos de sua sensualíssima arte. Pureza primordial, inocência antes da culpa, *moinho de Deus?* "Pétala da roda / que dá / água ao touro."[1559] Seu último livro, remetido por sua editora, *Adega Imaginária*, título, aliás, sugestivo e rico de sentido, revela o poeta na sua melhor e pior forma, num desequilíbrio verbal e temático que não são dignos de sua altura. Entre poemas magníficos como *Luto, Insensatez* (com exceção do terceiro e quarto verso que mereciam ser cortados), *Pudor, A morte de Manuel Bandeira, A um jovem apressado, Paul Cézanne, A verdadeira poesia contemporânea*, ou *Ecografia, Agradecendo a Van Gogh, Poema com a colaboração de Borges,* surgem versos de pura rima, como o quarteto final de *Ardor*, ou poemas mal resolvidos como *Passo a passo,*

1557. TREVISAN, Armindo apud MERQUIOR, José Guilherme. **O fantasma romântico e outros ensaios**. Petrópolis: Vozes, 1980..

1558. TREVISAN, Armindo apud MERQUIOR, José Guilherme. **O fantasma romântico e outros ensaios**. Petrópolis: Vozes, 1980.

1559. TREVISAN, Armindo. **Adeus às andorinhas**. Porto Alegre: Age, 2008.

Os mercadores, A ilusão do poeta, Anna Akhmátova, Com final infeliz. Cito esses, com respeito ao extraordinário poeta de *Abajur de Píndaro* e *Corpo a corpo*, um dos mais límpidos poetas de amor de nossa língua, que Kafka chama *de "sopro sonoro da pátria".*

Armando Freitas Filho e Mauro Gama

Armando Freitas Filho, carioca, nascido em 1940, poeta, publicou seu primeiro livro, *Palavra*, 1963, vinculado à Poesia-práxis, como Mauro Gama, natural do Rio, 1938, poeta, crítico, notável tradutor dos sonetos de Michelangelo. Editou *Corpo verbal* em 1964, e, cinco anos depois, *Anticorpo*. Todavia, enquanto o segundo não se apartou da Poesia-práxis, continuando a defender a estrutura teórica do movimento, como se a incorporasse empedernidamente em seus poemas, o primeiro, levado por instinto, foi-se, aos poucos, separando, tendendo ao corte, à montagem cinematográfica. Indo além: fugiu do literário, num mergulho dorido e amargo na existência humana, escavando o verso, ferindo o talo da linguagem, até que o cerne, o arcano seja desvendado. Poeta mais da matéria plasmadora da arte do que do tempo. Sua confluência é Drummond e Cabral. Aquele, pelo instrumental exploratório, e esse, pela dureza com que bate, ou abre a porta da pedra. Um investigador deste real que nos circunda e fere. Tenta negar o discurso, gera um outro, desde o subsolo, desde as entranhas do verbo. Segura o grito, não o que jorra das metáforas em choque. Com perturbantes temas (como heroína, por exemplo) e o uso conflituoso de palavras prosaicas, intrusas ou da cibernética. Seu tartamudear da fala marca a escrita, leitor convulsivo. Poeta das assonâncias, repetições e do atrito.

Seu livro mais representativo é *De cor*, 1988. Publicou seus *Melhores poemas*, 2010. Eis um trecho que desvela sua poética, *Fim-de-século*:

> Heroína. Não conheci sua guerra
> as lendas e os hinos frios

levados de boca em boca
na velocidade funil das ruas.
Não provei o doce-amargo
de sua conquista e posse
da delícia
de afrouxar todos os laços
logo após a hora H do encontro
e ouvir sem armas
as árias estáticas e virtuais
de suas vitórias e aporias imóveis.
Nem vi sua bandeira pintada
no céu sem vento
podendo, chegada a paz
perder as cores e morrer sem medo
rasgada como uma rosa clássica
que só se declina em latim
pétala a pétala.[1560]

    Diz João Cabral, com razão, que "pertencer a uma geração é um fenômeno biológico, não se pode mudar o ano de nascimento."[1561] Mas a visão de um poeta é mutável para além do nascimento. A obra de Armando Freitas Filho cada vez mais penetra para dentro de um "eu", seu *lar* interior, sulcado, férreo, em jogo léxico de abismo. E ele próprio assevera que "A lenta deglutição da poesia alheia virou ruminação da sua própria". Coisas que estão dentro dele há anos e ainda não consegue dar-lhes expressão. Vinculado à Poesia-Práxis de Chamie, sai dela pela voz própria, insurgente.

    E escreve – não pelo contar das sílabas, mas pelo fojo, a entranha do verso. E este poema (*Primeira impressão*, publicado na *Folha de São Paulo*, 2.12.2012) revela seu processo criativo: "O poema novo é dos insurgentes. / Surde, subterrâneo / e somente eles o escutam. // Não parece poema, parece

---

1560. FREITAS, Filho, Armando. **De cor**. Rio de Janeiro: Nova Fronteira, 1988.

1561. MELO Neto, João Cabral de apud SECCHIN, Antônio Carlos. **João Cabral**: a poesia do menos. [s.l.]: Instituto Nacional do livro, 1985.

/ que todos podem escrevê-lo / mas não o escrevem / nem o escreverão nunca. // Não tem cabeça e pé / princípio ou fim definidos / mas não são sem pé nem cabeça. // Tem peito, plexo solar, e dois / dedos de prosa quebrados. // Só vai ser poesia, depois. // Quando muitos o terão lido / relido e estabelecido. //" Ou então este poema curto e definitivo: "Transitivo – Só o pai gosta de você. / Amor automático igual / ao sangue que corre / para não escorrer, só / o pai sente quando / você sai sem abrigo. / Só o pai sente o frio / só o pai, o homem, não." Ou este fragmento que diz da força desta poesia: "O que corto, o que ponho / ora sobra, ora falta / e não sei, exatamente / o que me alimenta ou me mata."

Orides Fontela

Orides Fontela, poeta paulista, que estreou em 1969, com *Transposições*, afirma não saber a sua geração. Todavia, pertence à década de 1960, e ali deve ser reconhecida, já que indubitável é o fato biológico. Nasceu em São João da Boa Vista, São Paulo, em 14 de abril de 1940, e faleceu em Campos de Jordão, em 1998. Orides é da família do italiano de Giuseppe Ungaretti, de *O sentimento do mundo*, com a busca obsessiva da imagem primeira, a imagem que fica, além de todas, uma tessitura essencial, libérrima de adjetivação perniciosa, memória pura dos aconteceres, diáfana, intemporal. Poesia pura? Improvável: poesia com precisão de realidade. Pensadora-poeta, em que a síntese é a translação do mistério ao mínimo; ao grito. Um grande grito é toda a sua poética. Como diria Nietzsche: "Uma pedra de Deus no sapato, uma dor de amor?"[1562] Uma dor, sim, de mais profundidade. Para a raiz da língua, a raiz da alma, a raiz de todas as raízes, amadurecendo ao solo. Porque de sol não se furta, nem de ar. "O amor não / vê // o amor não / ouve // o amor não / age // o amor / não."[1563] E seu poema é a ineludível joia: "O brilho / feliz / da

---

1562. FONTELA, Orides. **Poesia reunida**: 1969-1996. São Paulo: Cosac Naify, 2006.

1563. FONTELA, Orides. **Poesia reunida**: 1969-1996. São Paulo: Cosac Naify, 2006.

gema // a luz concreta / do cristal: ordem / viva."[1564] Dir-se-ia que há certa aproximação do Concretismo em suas formas que tentam unir as coisas, uma não conformação com a realidade. Quando "Tudo / acontece no / espelho."[1565] Certa de que "A vida é que nos tem: nada mais / temos."[1566] A vida é maior do que a vida.

Affonso Romano de Sant'Anna

Mineiro, nascido em 27 de março de 1937, é um verbalista seguro de sua própria opulência, um ser ferozmente barroco que prosaíza a poesia, sem, no entanto, deixar de observar seu tom antiépico, seu fôlego de dizer e imaginar, seu estro paródico e erudito (o crítico dentro da criação), lírico, quando se deixa fluir, sem desligar seu registro histórico da vida nacional (até quando a história é alcançada esteticamente pela poesia, como pode ser de intervenção, se não é formalmente restaurada?). Estreou com *Canto e palavra*, 1965, poeta, ensaísta, mestre de literatura, sua luta sempre foi exatamente entre o canto, muitas vezes órfico, outras vezes desamparadamente retórico, num livro que revela grandeza, a par de certo desequilíbrio artesanal:

> – Onde leria eu os poemas de meu tempo? – Em que prisão-jornal?
> – em que consciência-muro?
> – em que berro-livro? Como a besta apocalíptica procuro o texto que comido me degluta e me arrebate
> e denuncie e me punja
> e me resgate
> a mim torturado e mal-contido em gritos desse olvido
> – sob o pus dessa agressão.[1567]

1564. FONTELA, Orides. **Poesia reunida**: 1969-1996. São Paulo: Cosac Naify, 2006.
1565. FONTELA, Orides. **Poesia reunida**: 1969-1996. São Paulo: Cosac Naify, 2006.
1566. FONTELA, Orides. **Poesia reunida**: 1969-1996. São Paulo: Cosac Naify, 2006.
1567. SANT'ANNA, Affonso Romano de. **A poesia possível**. Rio de Janeiro: Rocco, 1987.

HISTÓRIA DA LITERATURA BRASILEIRA
Da carta de Caminha aos contemporâneos

É o que se percebe em *A grande fala do índio guarani perdido na história e outras derrotas*, 1978 e, depois, em *Que país é este?*, 1980. O texto sobre *Armadilhas intertextuais*, de Ivan Junqueira, adverte:

> A propósito basilar de A grande fala – a saber, o questionamento do lugar do poeta e da própria função social da poesia ou de sua decantada krísis ... vê-se assim comprometido por angulações dessa estirpe, às quais pertence também o curioso conceito do autor quanto à "facilidade com que poetavam os vates d'antanho"... Com que então Dante, Camões, Virgílio, Petrarca. Shakespeare, Racine, Boileau, Leopardi ou Baudelaire jamais tiveram qualquer dificuldade para escrever os seus versos? Por outro lado, essa antiepopeia mural de nosso tempo também se ressente de sua condição de poema longo.[1568]

Entretanto, há fragmentos de corajoso depoimento sobre a tortura no país, com inegável grandeza poética, como:

> Já não temos mais onde enterrar os corpos.
> Já nem precisamos mais
> enterrar os rostos.
> E quando não houver mais mortos por fazer
> torturadores
> num círculo de fogo
> se torturarão
> num agônico espasmo de escorpião.
> (...)
> Releio o meu poema,
> Me assento à margem desse texto
> e me descubro um Velho do Restelo
> um naufragado Camões
> sobraçando versos de amor ao povo
> a ver que se perdeu no Índico Oceano
> o melhor daquela idade.[1569]

1568. JUNQUEIRA, Ivan. **O encantador de serpentes**. Rio de Janeiro: Alhambra, 1987. p. 170.

1569. SANT'ANNA, Affonso Romano de. **A poesia possível**. Rio de Janeiro: Rocco, 1987.

Com sua opção pela vida, sendo a literatura não mais "que uma finada flor – morte secreta"[1570], o mais severo, pungente e apurado da poesia de Affonso está na qualidade, concisão conquistada e simplicidade admirável de seu *Textamentos*, 1999, onde atinge pureza e plenitude: "O que não escrevi, calou-me / o que não fiz, partiu-me / o que não senti, doeu-se / o que não vivi, morreu-se / o que adiei, adeus-se."[1571] E o magnífico *O homem e sua sombra*, 2007, com fragmentos de contensão, beleza. Ou no último trabalho mitológico sobre *Sísifo*, à maneira de Elias Canetti, que empurra as palavras e elas caem sobre ele. Mas, nesses últimos livros, não há mais o congestionamento, mas o verso arejado e simples, de precisa linguagem, e que encontra concreção. A provar que o tempo que se economiza, não se perde. No momento em que a alquimia da experiência esposa com exatidão o cotidiano, inventariando-se de memória, o verso voa comovido e sem peso. Com alta poesia. Universal.

José Carlos Capinam

Sem o *tônus* de discurso político-poético, embora com poesia engajada, é a expressão estética do baiano poeta / compositor popular José Carlos Capinam, que publicou *Aprendizagem*, 1962-1964, tudo constante de seu único e valioso livro – *Inquisitorial*, 1966, sob a égide de Pablo Neruda e o turco Nazim Hilmet. Produzindo verdadeira e original poesia, sem cair nos chavões demagógicos da espécie. No que se mostra inovador e atual. Usa o gatilho de feroz ironia e algum senso de humor, capaz de (des)prosificar o poema. Sua indagação se aproxima de um Brecht, quando fala deste tempo obscuro:

> Em nós o tempo é mais humano,
> E hoje de homem não temos senão o tempo ganho,
> Fração de um tempo maior
> Que a vagar se compõe, tão árduo.

1570. SANT'ANNA, Affonso Romano de. **A poesia possível**. Rio de Janeiro: Rocco, 1987.

1571. SANT'ANNA, Affonso Romano de. **O lado esquerdo do meu peito**: livro de aprendizagens. Rio de Janeiro: Rocco, 1992.

Por isso pergunto:
Em todos os tribunais passados,
Que lado ocuparíamos

Pois que somos mas não somos ante o tempo
E também seus acidentes
Históricos e geográficos,
As estações, a carência e os meses?

Se ainda fosse abril,
O que faríamos, sendo o tempo do III Reich?[1572]

Reflexivo, sabe que "o poeta não mente. Dificulta."[1573] Absorveu a contribuição de João Cabral, sem repeti-lo. Absorveu W. H. Auden, mantendo singularidade na voz. Absorveu as alienações contemporâneas, sem extinguir os mecanismos de esperança. E essa dor geral lhe concede o direito de ironizar. "Só se tem direito de rir das lágrimas depois que já se chorou" (Jules Renard[1574]). Tendo a consciência na mão, alerta, lanterna que permanece acesa, esta lanterna de constelações que não, jamais adormece.

Fernando Py

A consciência é o guia de Fernando Py, poeta, crítico, meteorologista, nascido no Rio de Janeiro em 1953, e falecendo em 2021, estreou com *Aurora de vidro*, 1962, editando também *Vozes do corpo*, 1981 e *Antiuniverso*, 1994, entre outros. Esses dois últimos compõem sua melhor poesia. Lírico, com a constatação nua do tempo, é voz biográfica, rugente. Falei, acima, em consciência, pois foi exatamente ela que o libertou do mecanicismo frio da Geração de 45.

1572. CAPINAM, José Carlos. **Inquisitorial**. Rio de Janeiro: Record, 1995.

1573. CAPINAM, José Carlos. **Inquisitorial**. Rio de Janeiro: Record, 1995.

1574. RENARD, Jules apud MOREIRA, Vivaldi. **Glossário das Gerais**. Belo Horizonte: Imprensa Oficial de Minas Gerais, 1991.

Sinto a velhice em mim oculta e rude
Em meio ao sol e ao riso da manhã,
nesse engano das horas, nessa vã
esperança de eterna juventude
que se desfaz de mim, e sou maçã
mordida, podre, e rio e não me ilude
esse carinho, esta algazarra. O alude
dentro de mim começa. Mesmo sã
a estrutura se abala em sombra e ruga
e os caminhos só descem, pesa o fardo,
e entre cinzas de mim, alheio, ardo
de um fogo já morrente em sua fuga.

Mesquinho embora, curvo e pungitivo,
meu corpo vibra e se deseja vivo.[1575]

Tem certa gravidade drummondiana, gravidade no tenso aniquilar-se da matéria. E, de antigravidade, seu poema maior, o *Antiuniverso*, com epígrafe de Murilo Mendes – tendo a visão da Terra (azul e de longe) e a viagem interestelar, em canto de versos largos e órficos, onde a voz das esferas é a voz de uma *apagada e vil matéria* – o que já pressentia. Asseverando:

> Assim devora
>
> o cosmo a vida para além erguê-la de outros astros, supernovas recuperando o extinto, renovando meu frágil eu imaginário
>
> (O que fui, o que sobro, se revive em outro ser, aqui, além, infindo ciclo vital a povoar o universo de almas irmãs, ressuscitadas?)[1576]

E adiante:

> Desligo-me de tudo nessa treva mas a memória participa, musical do aniquilar-se a matéria, e me devolve
>
> sons e compassos, cavos, abissais [...][1577]

1575. PY, Fernando. **Antiuniverso**. Rio de Janeiro: Firmo, 1994.

1576. PY, Fernando. **Antiuniverso**. Rio de Janeiro: Firmo, 1994.

1577. PY, Fernando. **Antiuniverso**. Rio de Janeiro: Firmo, 1994.

Observem quanto a *matéria* do verso, a matéria humana, tende a *compassos cavos, abissais*, como se uma casca, de outra. Seu *Antiuniverso*, por analogia, nos leva aos *Antipoemas*, do chileno Nicanor Parra. Tal se a poética fosse um universo avesso àquele em que vivemos. E organizado. Mas a música do poema é sempre outra, a que não precisa ser tocada. Seria então este universo, máscara de outro. Ou universo de imaginação cósmica que o poeta intuitivamente enuncia. Com certo toque visionário. Não é a destruição das ordens celestes, é sua verbal recuperação, sob a consolada infância.

Cláudio Murilo Leal

Cláudio Murilo Leal nasceu no Rio de Janeiro, em 1937, poeta, crítico, doutor em Letras, longo tempo Diretor do Colégio Mayor Universitário Casa do Brasil, em Madri, estreou com *Poemas* em 1959, publicando, entre outros, *A rosa prática*, 1966; *A velhice de Ezra Pound*, 1983 e a antologia *As guerras púnicas*, 1990. Sendo *13 bilhetes suicidas*, 2. ed. 2009, ou desdobramento de personalidade do poeta, um valioso momento poético. Sua poesia é de atilada lucidez, com a pertinácia do real, a pertinácia de nunca abandonar o humor, ainda que trespassado de ironia. Mestre do verso curto ("O livro das horas / passa suas folhas, / entre céu e inferno / já não há escolha"), erudito sem opulência, de exata economia verbal, alargou sua trajetória, com inventividade, do individual para o gesto solidário, generoso, a prática do sonho, que abarca o coletivo, a dor comum. Sua arte poética se engatilha em textos pequenos e explosivos, abrindo a consciência, seja num clarão, seja numa fresta de indócil inteligência. Pessimista, crítico ardiloso, com fio sutil da verdade, não renega a *língua epilética* dos dias, nem o escuro das estações, nem o atrito da realidade. Porque de realidade se mune. De realidade e de desdém. Vejam dois exemplos magníficos deste, que é fisicamente um Walt Whitman carioca, de coração bem maior que os passos, perito na poesia de Machado: *Meus poetas prediletos*[1578]:

1578. LEAL, Cláudio Murilo. **Módulos, 1959 - 1998**. Rio de Janeiro: 7 Letras, 1998.

CARLOS NEJAR

> Ezra Pound era paranoico,
> Dostoievski jogador, bêbado e epilético,
> Hölderlin esquizofrênico,
> Nietzsche megalômano,
> Jarry e Artaud, doidos,
> Juan Ramón Jiménez neurastênico,
> Maupassant e Hemingway suicidas,
> Villon, ladrão,
> Gide, Genet et caterva bichas... com que gente fui-me meter.
> Além do mais,
> Maiakovski era comunista.

Ou *Impunidade*:

> O barão especializou-se em conversas inúteis
> e telegramas.
> Ganhou muito dinheiro com as guerras púnicas
> e a desigualdade social.
> Levou uma existência de pasteizinhos de queijo
> e taças de hidromel.
> Aposentou-se
> a viver dos juros, sem tocar no capital.
> Ninguém o castigou, nem Deus nem os homens.[1579]

 Sopro, seu último livro, saído em 2012, é o processo de depuração verbal e espiritual, como se olhasse do alto o tempo passado, serenamente, após o sofrimento e a alegria de criar. Diferente dos livros anteriores, quando pairava um tom arejado e cáustico, a magra sombra oswaldiana agora se tornou, na densidade e liberdade dos versos, uma biografia sem remorso do caos. E uma irônica semântica sem remorso do mundo. De quem o contempla de cima, enquanto ele, passando. "Confio em Vós, /Sofrimentos. / Confio em Vós // Hoje passagem. / Depois, luminosa Eternidade."

1579. LEAL, Cláudio Murilo. **Módulos, 1959 - 1998**. Rio de Janeiro: 7 Letras, 1998.

Álvaro Pacheco

Natural do Piauí (1933), estreou com *Os instantes e os gestos*, 1958, sendo sua obra-prima *A força humana*, 1970, sem esquecer seu anterior e de forte beleza lírica – *O sonho dos cavalos selvagens*, 1967, com justeza no verso, fôlego no poema longo e único, muitas vezes dramático e épico, às vezes caminhando na fronteira tênue entre prosa e poesia, mítico às vezes, com armazenar de imagens que se desvelam e se acumulam, ou se buscam. Errância semântica? Mistura de línguas e metáforas, sonora arquitetura de extremos. Eis um fragmento: "A música corre então / em mínimos fios / para não envelhecer demais. // Os ouvidos se extasiam." (*Música de jazz*).

H. Dobal

Filho do Piauí, cronista e poeta que sabe com Jean Cocteau que "a poesia é um instrumento de precisão."[1580]

Com a existência de funcionário público federal. Nasceu em Teresina, em 1927, e faleceu na mesma cidade, em 2008, com 80 anos. Alberto da Costa e Silva refere como um dos seus altos instantes, quando assume alma e corpo alheios. E tal ocorre em inúmeros poemas de *A serra das confusões*, 1978, ou *A cidade substituída*, 1978, onde, com senso de humor, entranhada humanidade e lirismo (que fermenta no seu dito antilirismo), desvenda suas criaturas, com a consciência de que "uma vida / (é) consumida / no pó das cousas / sem importância."[1581] E ali *Martim pescador* e *ars poética* são paradigmáticos. Nesse último, que vale registrar, assevera:

> Jesuíno fazia versos. Falava sozinho contando sílabas nos dedos. A mulher achava que ele era louco. Prêmio nenhum coroou seus poemas. Ninguém. Nem os pósteros lhe fizeram a justiça que ele

---

1580. DOBAL, H. **A cidade substituída**. São Luís: Sioge, 1978.

1581. DOBAL, H. **A cidade substituída**. São Luís: Sioge, 1978.

esperava. A posteridade o ignorou ainda mais completamente do que seus contemporâneos. [1582]

Todavia, é grande poeta, igualmente quando ocupa seu corpo e alma, no antológico *Réquiem*, ao afirmar: "Nestes verões jaz o homem / sobre a terra. E a dura terra / sob os pés lhe pesa ..."[1583], ou no belíssimo *Homem* ("Passa-lhe a vida, / e queima o céu com a cinza de suas roças"), ou em *A morte é um velho convite*. Poeta de palavras precisas, secas, ásperas, lenhosas. Musicalmente dissonante, antissentimental. Paira, entre rigor e desesperança, mais do que de *formas incompletas*, de formas que se completam no tempo da criação, tempo dissoluto, feroz, capaz de atingir cunho universal, pondo na poesia sua oculta vocação de ficcionista, ou nos personagens, em regra gente simples, de sua terra, a interjeição do silêncio ou a mira de justo alcance na imaginação. Estreou com *O tempo consequente*, 1966, embora tenha publicado (não em livro) poemas durante a geração de 1945, sua trajetória denota certo ânimo narrativo de *amador de paisagens* e a posição de quem mais conta do que canta. Ou sonha, contando. No seu alto *Dia sem presságios* (1970, prêmio Jorge de Lima, para obra publicada, do Instituto Nacional do Livro). E nem de presságios necessitava para, límpido, resistir.

Hardi Filho

O oposto de H. Dobal é Hardi Filho, natural de Fortaleza (1934), radicado em terra piauiense, que estreou com *Cinzas e orvalhos*, 1964. Poeta de efusão amorosa, usuário do soneto, em que o ânimo de dizer é maior do que a invenção imagística e o domínio estético. Mas diz com fervor o que sente, arma o silêncio contra o indefeso (suicidado) tempo, concita a luz na gruta do poema, sinuosa forma de eternidade.

1582. DOBAL, H. **A cidade substituída**. São Luís: Sioge, 1978.
1583. DOBAL, H. **A cidade substituída**. São Luís: Sioge, 1978.

Antônio Fantinato

Noutro lavor e síntese, depuração de lugares que sabe tornar incomuns, é o paulista Antônio Fantinato. Sua melhor realização é *Fiação do semestre*, 1979, mostrando-se habilíssimo na inversão sintática de provérbios com sínquises, zeugmas, elipses. Vejam: "Um dia da caça / outro que se esquece."[1584] Ou "Partidor, repartes / de maneira iníqua: a ti a metade / aos outros partículas."[1585]

A. B. Mendes Cadaxa

Nascido em 1923, natural do Estado do Rio, é um poeta da cultura, tradutor notável de poetas chineses, dramaturgo, com versos duros, pétreos, bem construídos, com influência medieval. E afirma Alexei Bueno, em sua admirável *Uma história da poesia brasileira*:

> Na contramão dessa criação voltada para a oralidade e a contracultura [...], manifesta-se uma poesia de índole humanística, universalista, na qual o homem como entidade histórica plena se manifesta, e que do mesmo modo se liga a vertentes da tradição nacional ou luso-brasileira, e o interesse pela cultura em si como temática.[1586]

E bem o define. Com um maquinismo de imagens, entre vigor e ironia. Vocação lúdica e arquitetônica transfiguração, a serviço de uma sede civilizatória e fraterna.

Olga Savary

Nascida em Belém do Pará em 1933, faleceu em Teresópolis, no ano de 2020. Poeta, tradutora e antologista, surgiu em

---

1584. FANTINATO, Antônio. **Fiação do semestre**. Rio de Janeiro: Artenova, 1978.

1585. FANTINATO, Antônio. **Fiação do semestre**. Rio de Janeiro: Artenova, 1978.

1586. BUENO, Alexei, **Uma história da poesia brasileira**. Rio de Janeiro: G. Ermakoff casa editorial, 2007. p. 400.

1970, com *Espelho provisório*. Sua madura e severa realização é *Linha de água*, 1987. Densa, com grande economia de meios, arquitetura musical, inteligência do verso, síntese. Como se a palavra fosse sumindo, ao lhe serem suprimidos os adornos, as orlas de febre, até o fundo, a claridez do verbo essencial. Sua luta é pelo mais simples e agudo. Sem temor. Num captar de perfeição indizível, intransitiva. O centro deste rio (pois sua poesia é de natureza fluvial) é o amor sem peias, sem fronteiras. E um traço indígena, do que lhe vem certo exotismo. Sem perder a argúcia da canção e vertigem palpável da nudez verbal. Por se construir também entre dormidos silêncios. É ceciliana de um lado e, de outro, afim da portuguesa Sophia de Mello Andersen. E assim veleja em águas de fundura: (*Pássaro*[1587]): "A noite não é tua / mas nos dias / – curtos demais para o voo – amadureces como um fruto. / Tuas asas seguem as estações. / É tua a curvatura da terra". Ou este luminoso: "Dou a noite a quem merece o dia / e é com sabedoria que me matas / no claro interstício dessa faca."[1588] Sensual, é de uma arqueologia sem tempo. Não, não há vertente na luz. Mas se derrama.

Astrid Cabral

Nasceu em Manaus em 1936. É poeta, contista, funcionária pública, viúva do poeta Afonso Félix de Sousa. Publicou *Alameda*, 1963; *Ponto de Cruz*, 1979; *De déu em déu*, 1998; *Ante-sala*, 2007; *Antologia Pessoal*, 2008. Destaca-se, a nosso ver, com *De déu em déu,* pela maior largueza de invenção, ainda que *Ponto de Cruz* seja importante como sua façanha no tear da criação, a minúcia, a cautela imagética, o equilíbrio que não deixa de esconder a visionária, na luta contra o tempo, como nestes versos: "contra o mundo fugaz / em que vou colhendo / por mãos o meu olhar". Marca da foz andante de sua terra, o tema itinerante. Viaja-se por existir somente. É concisa, às vezes dura, sabendo que não há máquina na poesia, mesmo

---

1587. SAVOY, Olga. **Sumidouro**. São Paulo: Massao Ohno /João Farkas, 1977.
1588. SAVOY, Olga. **Sumidouro**. São Paulo: Massao Ohno /João Farkas, 1977.

que assim se queira, pois o poema é capaz de desajustá-la para viver. O poema vive, porque se impõe e explode como flor e basta. Nem existe poesia de gabinete ou de rua, existe é poesia – o resto vem de saber preconcebido. Impressiona na poética de Astrid o corte do verso que desarma com o desenho mágico das imagens. É erudita, mas não permite que a erudição disperse a estrutura primitiva que desce natural, fluente e às vezes feroz. Denota certa visualidade, como forma de pintura, como queria Urban. Ou Sartre que considerava a poesia como "do lado da pintura". Mas pintura que não abandona a música, ainda que muitas vezes seca, contida. E por que não, áspera?

Eunice Arruda

Nasceu em Santa Rita do Passa Quatro, de São Paulo, em 1939, faleceu em 2017. Poeta, pós-graduação em comunicação, funcionária pública, estreou em 1960, com *É tempo de noite*. Publicou ainda *O chão batido*, 1963; *As casas efêmeras*, 1964; *Invenções do desespero*, 1973; *As pessoas, as palavras*, 1976; *Mudança de lua*, 1986; *Gabriel*, 1990; *Risco*, 1998; *Poesia Reunida*, 2010. Mas, para mim, *Risco* é o livro mais singular de sua poética simples, concisa, densa, concentrando-se em poemas curtos e expressivos, de uma poética que parte da escuridão, do movimento de formação dos elementos para uma maior concreção humana, com a experiência da dor e do limite. Suas imagens são translúcidas e não extraviam melodia. São, sim, como riscos do ser, unindo as circunstâncias do quotidiano e o estilhar das coisas e sentidos: "Incendiarei tudo se / você achar que / tudo está / errado. // Quebrarei minha vida e / esconderei / os cacos". Este voltar-se ao amor como dependência acentua a feminilidade do seu texto, onde relampejam aforismos admiráveis, como "A gente se abstém / de viver //; Porque viver estraga". // Recados breves e fundos, não buscando nada mais do que a tão difícil singeleza, tendo – o que é raro – apesar dos embates – certo otimismo: "Mesmo que / depois / chova // Este sol é bom". // Sim, é solar esta poesia, maturada de fragmentos, mostrando a fidelidade de cinquenta anos à poesia. Com sabedoria de existir ("Para tudo / há o tempo / necessário // Não se detenha mais") e com a praticidade com que utilizamos este corpo doído, pronto para a morte:

> Tenho usado
> tanto
> este corpo
>
> É justo
> que eu o deixe
> que o deite
> Que o esqueçam

Poesia que retira do cotidiano o ouro puro, não sei se resignada, não sei se interrogativa, mas riscada no grito, pungente testemunho de nossa desamparada condição. E que a palavra dignifica. Com o cuidado de civilizar o sonho.

Fernando Mendes Vianna

Há luz, sim, na *Proclamação do barro*, 1964, obra-prima do carioca, poeta e tradutor (por sinal admirável) Fernando Mendes Vianna (1933 – faleceu em Brasília em 10 de setembro de 2006). "Exit. Fui. / Enfim, fui-me. / Reintegrei-me no flume / de lume – a Eternidade."[1589] Surgindo com *Marinheiro no tempo e construção no caos*, 1958, pertenceu à geração de 1960 pelo espírito e pela edição, no período, de seus mais importantes livros. Publicou, entre outros, *O silfo-hipogrifo*, 1972 e *O embarcado em seco*, 1978. Sua linguagem começou cósmica, cresceu humaníssima, vertical, com o reconhecimento da argila de onde brotamos, esta proclamação do barro de perdida humanidade, em versos fúlgidos e largos, com grandeza e universalidade. E, depois, se foi tornando obscura, embaçada, palavrosa, soluçante entre símbolos e pétreos signos. Sua ligação com Cruz e Souza, ampliada por Jorge de Lima, armou a árvore de sua imaginação. Que depois escureceu nos próprios mitos e preciosismos

---

1589. VIANNA, Fernando Mendes. **Marinheiros no tempo (1956 - 1986)**.Brasília: Thesaurus, 1986.

vocabulares. Ainda que musical, foi esgotando o sentido. E o sentido é de uma dissimulação coletiva. "Todos são cúmplices, caro leitor. Você nos traiu" – brada no seu *Alerta ecológico*.[1590] Observem o jogo inventivo deste soneto, *O poeta*:

> Porque as flores florem e o flume flui,
> e o vento varre a fúria vã das ruas,
> eu desenfurno tudo quanto fui
> e me coroo com meus sóis e luas.
>
> Porque o voo das aves é meu voo,
> e a nuvem é alcáçar que não rui,
> paro a mó do pensamento onde moo
> a vida, e abro no muro que me obstrui
>
> a áurea, ástrea senda, a porta augusta.
> Que me importa se a clepsidra corrói
> as praças das infâncias em ruínas?
>
> Poemas são meninos e meninas
> ao sol do Pai, que tudo reconstrói.
> Poeta é flor e flume em terra adusta.[1591]

Nauro (Diniz) Machado

Mais adusta ainda é a terra de Nauro (Diniz) Machado. Filho de São Luís do Maranhão (nasceu em 2 de agosto de 1935) e morreu na mesma cidade, em 28 de novembro de 2015. Poeta, ensaísta, jornalista e funcionário público. Ainda que tenha publicado numa revista – *A necessidade do divino*, 1957, a maioria de suas edições, localizam-se na década de 1960 em diante: *O exercício do caos*, 1961; *Do frustrado órfico*, 1963; *Segunda comunhão*, 1964; *Ouro noturno*, 1965; *Zoologia da alma*,

---

1590. VIANNA, Fernando Mendes. **Marinheiros no tempo (1956 - 1986)**.Brasília: Thesaurus, 1986.

1591. VIANNA, Fernando Mendes. **Marinheiros no tempo (1956 - 1986)**.Brasília: Thesaurus, 1986.

1966; *Noite ambulatória*, 1969, entre outros como *As parreiras de Deus*, 1975; *Os órgãos apocalípticos*, 1976; *A antibiótica nomenclatura do inferno*, 1977; *As órbitas da água*, 1978; *Masmorra didática*, 1979; *Antologia poética*, 1980, entre outros.

Impressiona a leitura da poesia de Nauro Machado também por dentro de sua *máquina infernal*, como se fora uma leitura no escuro, ou o escuro nos lesse. E mais: pelos elementos de *prisão* que encerra componentes de claustro (sombra de Junqueira Freire?), falando duramente do cárcere do corpo e a libertável alma, do funil do ser, da masmorra de existir ou morrer, didaticamente, ou não, desta clausura que é música, ou desta música que é travessia, este rodar que não conhece o inefável, insiste em não conhecer, porque se solta ou salta entre palavras. E o fogo é sua quimera, ou é a quimera de uma grandeza pelo fogo. Sim, o percurso de Nauro Machado na poesia brasileira, a par de sua altitude lírica, é de um engolfar-se nas dúvidas, perplexidades. Agruras, ângulos agudos da vertigem, que se atropela de verso em verso. Ou é o verso que se atropela, como se em agonia, os estertores ou golfadas de um ritmo no tempo.

> Hás de viver noutro espelho, na visão de olhos dos outros, ainda que desças, centeio, para o amanho de éguas, potros... Hás de viver, mesmo morto, mesmo de lábios fechados, mesmo nos braços, dois cotos, carregando outros arados.[1592]

E vejam o uso da antítese, com o refrão de *hás de viver* (noutro espelho, ou mesmo morto). Verificando-se quanto poeta opera em duas realidades – a aparente ou visível e a mais recôndita. E nos leva a René Char: "Basta uma profundeza mensurável em que a areia domina o destino."[1593] E a utilização obsessiva de vocábulos-paredes, vocábulos de aprisionamento, de perda de espaço, o encerramento em subterrâneos lugares da memória, ou de memória alucinada, correndo entre metá-

---

1592. VIANNA, Fernando Mendes. **Marinheiros no tempo (1956-1986)**. Brasília: Thesaurus, 1986.

1593. CHAR, René. **O nu perdido e outros poemas**. São Paulo: Iluminuras, 1998.

foras, faz com que o leitor pressinta, junto, o mesmo enterrar de sentimentos vivos. E é a gaiola da criação, a gaiola em que o poeta-pássaro se acha inexoravelmente preso, até que seja salvo ou livre por um grito, um brado ou feroz ruído. E é, simultaneamente, o prazer impossível do cântico, o gemente prazer do que é lúdico e eterno, cobrando em selvagem vertente, alguma razoável paz. "Sobre eles enfim deponho / A ilusão do meu real: / Deixem-me sonhar meu sonho / antes do sono final."[1594] Mais que ao Hades interior do homem, a viagem de Nauro é ao avesso de Virgílio ou Dante. E, ao mesmo tempo, percorre o itinerário circular (rosca / roda) para a sua origem e a de todos. O círculo do círculo. Não importa tanto o desacerto do mundo, ou a máquina do cosmos, o que importa é como ele, criador, encontrará sua estrela ou sua adestrada noite. E bárbaro do verso, Nauro vergasta as assonâncias, além das cacofonias, além das duras ou férreas aliterações, do dito mau gosto. Como se balbuciasse ecos de perdidas sílabas, ou sílabas de exauridos verbos. Sonâmbulo (também o leitor), persegue o fogo que o persegue. Com a marca da culpa original, a marca de Caim e Abel, o conflito do mal e a eternidade que não se apazigua na palavra. Inegável sua filiação com Augusto dos Anjos, ambos afiados nas dobras das metáforas e no delirar funesto. Também é indubitável a presença simbolista, como a comunicação com a *Divina comédia* dantesca pelo clima imperioso. E pelas constantes imprecações lembra o português Miguel Torga. Todavia, entre essas navegações, o poeta Nauro Machado preserva o sotaque pessoal. Domador de serpentes? Dançam as chispas voluptuosas, para ele, vitais. Uma antologia do ser, como se resistisse, epicamente, à atração do ventre – a morte. Suas imagens são pouco convencionais, esdrúxulas, tangidas de entranhamento. E nunca são ilhadas. É um pulsar para dentro. Carregando em si *os parreirais de Deus*. E advém essa vinha de laboriosa procura, que a palavra bruta, ardente, assume. E vem do abismo pisado, ou ressuscitado como as uvas, ao gerar o mais casto vinho. E ainda que o poeta não veja, sua palavra vê. Criador de força, Nauro é um poeta desproporcional diante

---

1594. CHAR, René. **O nu perdido e outros poemas**. São Paulo: Iluminuras, 1998.

do artista nele, bem menor, com imperfeito esquema de versos ou metros, rimas entrechocadas, efeitos cacofônicos levados de roldão. Vulcão, sim, em constante explosão, como se apenas dela se alimentasse. Seus livros são pungentes e desiguais, cheios de repetições. Mas a repetição é profundidade, obsessão e harmonia ao seu singular universo. E certa desconexão é por conta da abissal visão do ser. Não há hermetismo, quando o poema se move na perplexidade da existência, como sucede com Nauro. E a escuridão ilumina. Com achados verbais surpreendentes e inesperados, transitando em vertiginoso ritmo, semânticos efeitos na vocação imperiosa de criar. Grande poeta? Sim. Talvez o maior poeta do Maranhão? Mas Quintana diz com razão que não se medem poetas. Sua geração? A do incêndio e silêncio.

Ou o incêndio mais forte que o silêncio. O que é grandeza de ver. Poeta dantesco, mais do Inferno e Purgatório, do que do Paraíso. Universal, na medida em que é irredutível, entre consonâncias e dissonâncias do ser.

Bruno Tolentino

Parece ter saído da Roma antiga. Nasceu no Rio de Janeiro, em 1940, e faleceu em São Paulo, em 2007. Poeta, ensaísta, tradutor, professor universitário, estreou com *Anulação e outros reparos*, 1963. Autor de vários livros de poemas, entre eles, *As horas de Katharina*, 1994, *Os deuses de hoje*, 1996 e, para nós, a sua obra-prima, *Balada do cárcere*, 1996. A influência da Inglaterra, onde viveu longos anos, deu-lhe o poema estruturado no esquema vérsico dos poetas ingleses, que incorporou à língua de Camões. Copioso, sonetista emérito, com domínio no metro longo, foi um dos mais fecundos criadores entre nós. Embora o nível seja desigual, tinha uma veia épica e outra metafísica, que conjugou com seu espírito culto, de sólida formação filosófica. Não lhe importava ser monocórdico, de suntuoso ou repetitivo ritmo, e, apesar dessa incontinência de rima puxa rima, anzol apenas usável com precisão devida, na gastura, saíam-lhe assim mesmo sonetos belos, alguns excelentes, perseverando na ousadia da *Imitação do amanhecer*, 2006. Ou antes, em *O mundo como ideia*, 2002, misturando pintura, erudição, filosofia, a serviço de abundante, para não dizer, enxundioso talento verbal, com *enjambements* intermináveis. Monótono, pesado e livresco, com versos pernetas, elipses obstinadas, rimas esdrúxulas. De repente sua musicalidade rebenta em fluviosa limpidez, em límpidos rasgos ou achados. Grande poeta e paradoxalmente não é *bom poeta*. Incapaz de conter sua explosiva fecundidade, nem sempre acompanhada de rigor. Amava a polêmica, pondo-se em luta, como guerreiro medieval, contra os concretistas num texto feroz – *Os sapos de ontem*. Sua poética emanava do conflito entre a carência de dizer, a religiosidade, o erotismo e a desenvoltura cultural. E a unidade é irrecuperável, salvo pelo êxtase ou pela fantasia de criar. Amarra sempre o instinto a uma estética atenazante. Porque cativo à medida e à proporção, ainda que de lucidez se transmudasse. Anota, com justeza, Octavio Paz: "A realidade se reconhece nas imaginações dos poetas; e os poetas reconhecem suas imagens na realidade". Referi que *Balada do cárcere* é o grande livro de Bruno Tolentino. Primeiro, pelo domínio da matéria candente do verso, não demasiadamente extensa que não possa conter e não tão breve, a ponto de não obter a explosão. Pois até a arte de explodir cria seu tempo. Segundo, pela experiência de abismo, ou a verdade sofrida na prisão, que deu ao canto a sanha de transcender o sofrimento. Sendo sua *Balada do cárcere de reading*, como Oscar Wilde ("A gente sempre mata aquilo a que ama; os fortes com um punhal, os covardes com um sorriso"[1595]). Terceiro, pela beleza dramática do texto. Aqui, incontroversamente paira o alto poeta. Ao encontrar a identidade pessoal, encontra a identidade da língua. Embora a técnica tolentiana de rima puxando rima haja trazido ao poema uma e outra solução fácil, para não dizer óbvia. Mas, na generosa fluência órfica, algumas vezes afina com certos instantes de Jorge de Lima na *Invenção de Orfeu*, ou de Cecília Meireles. Em vertente, a mais pura. O que não é pouco. "Tennyson é

1595. WILDE, Oscar. **A balada do cárcere**. Rio de Janeiro: Topbooks, 1996

um grande poeta por razões perfeitamente claras – pondera T. S. Eliot – tinha três qualidades que raramente se acham juntas, exceto nos poetas maiores: abundância, variedade e total competência."[1596] E essas qualidades se mesclam neste livro de Bruno Tolentino. E fogo não tem arte, só tem fogo e consome, até a ilusão de ser domado.

Neide Archanjo e Myriam Fraga

Duas poetas e a obsessão do poema longo em torno de um tema: a primeira é paulista, estreou com *Primeiros ofícios da memória*, 1964, a que seguiram *Quixote, tango e foxtrote*, 1975; *Escavações*, 1980; *As marinhas*, 1984; onde se lê belíssimo fragmento:

> Ah, este cansaço e a vida a ser vivida!
> Raios velados atravessam o pórtico da alma que é antiga e não repousa. O coração sentindo tanta coisa segura-me que alguns já se foram e eu resto. Ainda.[1597]

Considero *As marinhas* seu texto mais alto, ainda que tenha apreço por *Epifanias*, 1999, assentáveis ao verso de René Char: "Habito dentro do clarão."[1598] Neide Archanjo habita no clarão, com relampeantes textos. Onde nos toca o belíssimo *Fado*: "... E alguma coisa / que me olhava: / um cavalo turquesa / contra o crepúsculo, / alado triunfo / entre o relincho e a espuma / escura tristeza."[1599] Com toque surrealista que mescla *relincho*, *espuma* e *escura tristeza*. E assim *fala ao lobo*: "Permanecerás, irmão, / eu te asseguro, / com o pescoço em riste / contemplando o céu / desejando asas / eterno / caçador

---

1596. ELIOT, T. S. apud JUNQUEIRA, Ivan. **Ensaios**. Rio de Janeiro: Topbooks, 1993. p. 39.

1597. ARCHANJO, Neide. **Tudo é sempre agora**. São Paulo: Maltese, 1994.

1598. ARCHANJO, Neide. **Todas as horas e antes**: poesia reunida. São Paulo: A Girafa, 2004.

1599. ARCHANJO, Neide. **Todas as horas e antes**: poesia reunida. São Paulo: A Girafa, 2004.

de luas."[1600] E torna uivos e lobos mais humanos. Com um tempo veloz dos relógios e o do poema, que é devagar. O diálogo intertextual com Cruz e Souza, Cecília Meireles, Safo e poetas medievais alinha a estirpe espiritual de Neide Archanjo. Mas é o genesíaco oceano da origem e do destino, ou das descobertas, em viagem, o seu território denso, estável, de escavantes ondas, jubilosas ou padecentes imagens, em que, à feição de Saint-John Perse, em *Amers*, estabelece o reino de marés, o reino de *As marinhas*. Quadros pintados com cores de vários *cantos*, falando de um povo que olhava para o mar. "Ou há uma biografia pessoal ou coletiva / em algum lugar perdido na memória / procuro aí / procuro no meu sangue."[1601] E é a mesma vida histórica e errante, para Octavio Paz. Curiosamente, o que caracteriza Neide, talvez signo geracional, também singulariza Miriam Fraga, baiana, que igualmente publicou *Marinhas*, 1964, com outros livros, entre eles: *Sesmaria*, 1969; *O livro de Adynata*, 1973; *A ilha*, 1975 e *O risco na pele*, 1979. E me fixo criticamente da *ilha* ao *risco da pele*, ambos numa aldeia de poemas, o texto longo e único, subdividido em títulos. Diferentemente de Neide, mais metafórica, Miriam é certeira como uma bala. Diz em *Arte poética*:

> Poesia é coisa de mulheres.
> Um serviço usual,
> Reacender de fogos.
> Nas esquinas da morte
> Enterrei a gorda
> Placenta enxundiosa;
> E caminhei serena
> Sobre as brasas
> Até o lado de lá
> Onde o demônio habita.
> Poesia é sempre assim,
> Uma alquimia de fetos,

1600. ARCHANJO, Neide. **Todas as horas e antes**: poesia reunida. São Paulo: A Girafa, 2004.

1601. ARCHANJO, Neide. **Todas as horas e antes**: poesia reunida. São Paulo: A Girafa, 2004.

Um lento porejar
De venenos sob a pele.
Poesia é a arte
Da rapina...[1602]

Irônica, com imagens concretas e fortes, vai desenrolando a meada do poema, como de um rolo. Com certa contensão e fala em palo seco cabralino, amanhã a cumeeira do verso com furiosa voragem. A ilha – Salvador, mítico e sensual. Fundada no corpo, em risco na pele. E viver é riscar a alma. Com o tropical mapa dos mitos. Myriam Fraga (1937-2016, Salvador) e Neide Archanjo (1945-2022, São Paulo).

João de Jesus Paes Loureiro

Natural de Abaetetuba, Pará, poeta e advogado, iniciou em 1964, com *Tarefa*, publicando ainda *Altar em chamas*, 1983; *Pentacantos*, 1984, entre outros. Sua obra mais importante é *Porantim*, 1978, mesmo ano da *Grande fala do Índio Guarani*, de Affonso Romano, o que diz do igual clima com que dois poemas únicos foram gerados. Loureiro evoca as lendas amazônicas e a feroz realidade dos índios esmagados pela ira dos posseiros e das multinacionais, numa epopeia, dentro da linha moderna de um Pound, T. S. Eliot ou Neruda (*Canto general*). Escreveu *Cântico I*:

Era o tempo naquele, quando não existia
a noite, nem o fogo, e as caças e os peixes
eram comidos assados ao sol.
O canoeiro trabalhava, gapuiava
sem a noite, sem o fogo,
e sua mulher foi à casa do pai
e trouxe a noite, trouxe
ao canoeiro, para que pudesse descansar.
A noite, essa – uma, era fêmea

1602. ARCHANJO, Neide. **Todas as horas e antes**: poesia reunida. São Paulo: A Girafa, 2004.

e o hímen-lua vinha oculto
em sombras sombras sombras umbras...
A noite fêmea e trazia
diadema de carapañas
e tremia de frio.

(De noite feita o canoeiro
o canoeiro da noite foi buscar
feita em fogo que, no ventre
da noite, do jacaré ardia
dentro foi buscar do rio
no ventre o fogo da noite
o canoeiro
que dentro foi buscar
e era o tempo naquele)

Era o tempo naquele
em que o rio,
sem começar ser o rio-mesmo,
fazia sua linguagem
e era o tempo.[1603]

E adiante suscita: "O qual – posto na linha do conflito – / há de sobreviver: o Homem ou o Mito?"[1604] Ou fala da liberdade: "Oh! Ressoante mar de sílabas azuis / essa palavra / nascida para nunca ser escrita / mas movimento puro, ritmo da vida."[1605] Loureiro cria sua própria arqueologia mitológica, em linguagem simples, por vezes repetida, com metáforas famintas, penetrando na floresta e seu mundo elementar. E, se nesta epopeia reside certo *anacronismo* no exaustivamente descritivo e artificioso, embora o transcenda pelo engajamento social generoso. E é extravagante a insistência de reproduzir fontes selváticas, quando coexiste, ao redor, a urgência urbana. Mas é inegável o fulgor lírico, seu verdadeiro *pathos*, que invade este ânimo épico: "Amor que pede amor / que pede

---

1603. LOUREIRO, José Paulo de Jesus. **Obras reunidas**. São Paulo: Escrituras, 2000.

1604. LOUREIRO, José Paulo de Jesus. **Obras reunidas**. São Paulo: Escrituras, 2000.

1605. LOUREIRO, José Paulo de Jesus. **Obras reunidas**. São Paulo: Escrituras, 2000.

amada / Amor que pede amor / e amor, mais nada / Amor que é só amor / o tudo e o nada. / Amor que vence amor / ó Icamiabas..."[1606] E sendo lírico o instinto do poeta, é onde brilham seus belos momentos, com lira mais celebratória do que meramente narrativa. De sensual e tocante arrebatamento. Às vezes com meticulosa acuidade. Alcançando o ápice do sentimento amoroso em *Do coração e suas amarras*, 2001, livro de surpreendente beleza.

Paulo Roberto do Carmo

Gaúcho de Porto Alegre, pouco visitado pelas antologias, talvez por seu temperamento fugidio, poeta de voz rebelde e intransigente, com arsenal de metáforas de quem não se rendeu diante do jugo ditatorial nos anos de chumbo, do Brasil, estreou com *Crisbal, o guerreiro*, 1966, de extração épica e resistência contra o sistema de arbítrio. Vejam este fragmento:

> Lavradores de origens
> retornamos
> ao ferro e ao fogo
> à água, ao sal, à cinza
> e rolamos contra o sonho
> a pedra do caminho.
> Subitamente
> quase morto por viver
> convocamos uma lembrança
> roubada à infância
> quase sobrevivente
> como um bicho ensimesmado
> quase agônico
> e enchemos o peito
> de algas e sacrifícios de futuros sortilégios
> sem medo do que será
> o dia arrancado à loucura. [1607]

1606. LOUREIRO, José Paulo de Jesus. **Obras reunidas**. São Paulo: Escrituras, 2000.
1607. CARMO, Paulo Roberto do. **Poemas no ônibus**. Porto Alegre: Unidade

HISTÓRIA DA LITERATURA BRASILEIRA
Da carta de Caminha aos contemporâneos

Esse guerreiro que está no personagem, que está no poeta, levanta-se com uma linguagem humana e aguerrida. E essa consciência coletiva, de precisos e contundentes versos, rege a poética carmiana para sua coletânea seguinte, *Estação de força*, 1987, onde a rebeldia ante a injustiça é ferrenha, com o sortilégio de um cantar mais duro, inflexível, com palavras como pedras. E é desse volume, o poema primoroso que, por desaviso ou ignorância, certa mídia tenta imputar a Mário Quintana, talvez pelo inconsciente desejo de suprimir a ciosa glória pauliana, a custo entretecida no silêncio --*Viver primeiro*:

>   Sentir primeiro, pensar depois.
>   Perdoar primeiro, julgar depois.
>   Amar primeiro, educar depois.
>   Esquecer primeiro, aprender depois.
>   Alimentar primeiro, cantar depois.
>   Possuir primeiro, contemplar depois.
>   Agir primeiro, rezar depois.
>   Navegar primeiro, aportar depois.
>   Viver primeiro, morrer depois.[1608]

Em sua obra, *Livro de preceitos*, 1993, é uma pausa contemplativa, com ricos e fecundos adágios, arte antiquíssima e atual. Porque Paulo do Carmo é muito antigo e, por isso, contemporâneo. Seu verbo ainda mais se arma contra as investiduras deste tempo sombrio, mais áspero se faz, menos apaziguador, menos cordato – com poemas de estrutura cortante, apesar de rilkeanamente refletir, sopesar as diferenças de sonho, defender as trincheiras de uma liberdade que é reduto de humanidade.

Ora é a *Arte de revidar*, 2000, ora é o *Breviário da insolência*, sua obra-prima, com o altíssimo texto sobre a fome. Culmina esse canto com *O livro das manhãs*, 1997, ainda que a publicação não tenha seguido essa ordem. É o poder e a

---

Editorial, 1996.

1608. CARMO, Paulo Roberto do. **Poemas no ônibus**. Porto Alegre: Unidade Editorial, 1996.

alegria da palavra como cura da dor e da solitária realidade. Pode alguém suscitar que as reiterações incessantes de temas como *revide, resistência, luta, transgressão, espada, punhos fechados, sacrifícios* pesam no poema, mas são essas obsessões que assinalam a harmonia interna do mundo inventado. E é por isso que Nelson Rodrigues admoesta: "Eu não existiria sem minhas repetições." e Elias Canetti afiança: "O que repete pouco jamais será um pensador."[1609] Sim, este denodado poeta, cuja poesia, enquanto amadurece, mais se interna ao bojar do pensamento, guerreiro andante e fraterno, *Sísifo louco*, que, tendo a coragem de não abdicar de uma convicção, "faz – no dizer de Antônio Houaiss – de sua poesia algo eterno, indo às fontes."[1610] E a fonte tem água limpa de alma. E a fonte, por conter a tradição e o ser primitivo, fábrica de linguagem, invenção de acordes humanos, sopro societário, sabendo pensar, sem deixar de ser mágico, atinge universalidade, buscando *a terceira margem do rio na palavra*. O que é dado a poucos.

João Manuel Simões

Nasceu em Mortágua, Portugal, em 1939. Radicado em Curitiba, no Estado do Paraná, onde escreveu a maioria de seus livros. Poeta, contista, ensaísta. Publicou os seguintes livros: *Sem mim*, poesia, 1959; *À margem da leitura e da reflexão crítica*, 1964; *Os labirintos do verbo*, poesia, 1968; *Kafka, fenomenologia do invisível e outros ensaios*, ensaio, 1972; *Moderato Cantabile*, poesia, 1976; *Um grito dentro da noite*, contos, 1977; *"Guernica" e outros quadros escolhidos de Picasso*, poesia, 1982; *Sintaxe do Silêncio*, poesia, 1984; *Rude poema, ou Peregrinatio Ad loca iníqua*, poesia, 1985; *Poemas de um heterônimo crí(p)tico*, poesia, 1988; *Poemas da Infância*, 1989; *Vitória de Samotrácia & outros poemas*, 2012, entre outros.

1609. CANETTI, Elias. **The human province.** New York: The Seabury Press, 1978. p. 218.

1610. HOUAISS, Antônio. **Dicionário Houaiss da língua portuguesa.** Rio de Janeiro: Objetiva, 2001.

Poeta que busca o país da infância tentando reconquistá-la numa invocação proustiana, engendrando outra forma de memória, como se do outro lado do espelho das imagens, algumas ousadas, entre o eu e o outro, à sombra de Sá Carneiro e de Fernando Pessoa, que se entretecem numa afinidade que se abisma em canto e silêncio, esse por debaixo das palavras, como pedras de uma edificação, que vai de livro a livro. Vale destacar na sua obra, já vasta, dois momentos – o de *Guernica e outros quadros escolhidos de Picasso*, 1982 e *Vitória de Samotrácia*, 2012, pela variedade dos ritmos, pelo sentido órfico, sobretudo, pelo revolver das entranhas do verso, pelo engenho de evocar criaturas – seja em quadros, seja em personagens, ou pela reflexão cultural, sem o perigoso toque erudito. Explicando seu processo criador, em *"Definitivamente: Engana-se quem pensa que eu faço / poesia. Não: é ela que me faz. / Enquanto, lentamente, me desfaço"*. // E não abandona a música, proa do canto: "Augusto dos Anjos: A minha fome onívora / se nutre / de tudo quanto vejo / e quanto sinto: / o lírio, a podridão, / a pomba, o abutre, / o amor, o ódio, o fel, / o vinho, o absinto, / a cicuta e o mel. / E a solidão". // Mas o que amplia a esfera de seu canto, é a sede do absoluto, a sede da sede, "o copo sem fundo" da consciência. É nesse intervalo que o "canto ilumina o homem. (Antes que acabe)." Mas não acaba a indulgência de ver.

Carlos Felipe Moisés

Poeta e crítico paulista, surgiu com *A poliflauta*, 1960. Conciso, com imagens cristalinas, revitalizando lugares aparentemente comuns, indubitável sapiência rítmica, tendendo ao verso longo, com arrebatado sortilégio:

> (...)
> Nos ermos vales agora percorro
> os gestos esquecidos. Densas brumas
> do rio que fui, o rio que fomos,
> largas águas seguindo o mar da noite.
> Assim te amei o amor maior que pude,

mais ainda, a minha vida foi
uma desfeita nau vagando a esmo
o mar do tempo, o mar janeiro, o mar
que perdi. E agora, de ti disperso,
nos desertos de mim, sem fim, caminho.[1611]

Guiado pela tradição do cancioneiro lusitano (*A nau de Pedro Sem*), avizinha-se de Fernando Pessoa (que analisou em *Mensagem*, de Fernando Pessoa – 1996 – e na seleção *Poemas de Álvaro de Campos* – 1998) e Carlos Drummond de Andrade. E é mestre em aliterações, dentro do *círculo imperfeito*, que é o amor, a natureza e a morte. E não é em vão que seu mais importante livro se denomina *Círculo imperfeito*, 1978. De efeito encantatório, por vezes seu canto se alia à natureza, liberto, como neste antológico *Carrego as estações*:

Carrego as estações comigo
e tenho as mãos cansadas.
No bolso esquerdo um riacho murmura.
Ali, onde pequenas pedras se acumulam,
uma canção exala seu vapor,
depois se perde....
(...)
Ali planto meus braços,
debaixo daquelas flores meus olhos ficam,
os pés, roídos pela terra, penduro numa árvore
e o tronco multiplico em cem pedaços:
lá vai, junto com as pedras,
no bojo do riacho antigo.[1612]

Faz-nos recordar esse fragmento, o famoso poema de Mário de Andrade que principia: "Quando eu morrer quero ficar". Essa é a arte de conversar com autores, este fabular de erudição que se dissimula, este curso do mundo em rio que

---

1611. HOUAISS, Antônio. **Dicionário Houaiss da língua portuguesa**. Rio de Janeiro: Objetiva, 2001.

1612. HOUAISS, Antônio. **Dicionário Houaiss da língua portuguesa**. Rio de Janeiro: Objetiva, 2001.

não cessa, esta modernidade, que não é nuvem fria, mas se obstina no eterno. Esta é a senha de Carlos Felipe Moisés, ao carregar um círculo que não quer completar-se, para adiante seguir, e as estações. Mesmo que os seres práticos nos ousem indagar o que fazer com elas.

Álvaro Alves de Faria

Jornalista, poeta, ficcionista, nasceu em São Paulo, em 9 de fevereiro de 1942, estreando com *Noturno maior*, poesia, 1963, destacando-se os seus livros *Vinte poemas quase líricos e algumas canções para Coimbra*, 1999 e *Sete anos de pastor*, 2005 de entranhada raiz na terra coimbrã, onde sua "alma se deixou em Portugal / onde viveu o pai / a caminhar com algumas ovelhas"[1613], reconhecendo suas vozes ancestrais. *O sermão do viaduto*, 1965, inicia o movimento de recitais públicos de poesia na capital paulistana, tendo sido o poeta preso por isso, acusado de subversivo, com os ditos recitais proibidos arbitrariamente em 1965. Entre vários volumes, publicou sua importante *Trajetória poética* (2003) e os seus *Melhores poemas* (2008), prefaciados e selecionados por Carlos Felipe Moisés, que revelam uma consciência que não dorme, retirando do aparentemente trivial, o mágico e o mistério, com o silêncio mourejando no verso e o verso melodioso, às vezes severo. Mostra-se dramático sem solenidade. Simples, inventivo, seguindo a herança de uma poesia fonética, de origem galaico-lusitana. Seu contar cantando é memória, confluência do amor e da morte, solidão, solidariedade. "Aos poucos me refaço / aos poucos me refiro / aos poucos me retiro / aos poucos me recordo / aos poucos / aos poucos / aos poucos me transformo."[1614] E a intimidade é o mundo. Ou a liturgia dos fônicos cadernos de imagens, seus poemas. Desenham o

---

1613. FARIA, Álvaro Alves de. **Trajetória poética**: obra reunida. São Paulo: Escrituras, 2003.

1614. FARIA, Álvaro Alves de. **Trajetória poética**: obra reunida. São Paulo: Escrituras, 2003.

mundo. E, por vezes, ao enveredar no passado, é que se faz mais presente e contemporâneo.

Lindolf Bell

Como Álvaro Alves de Faria, outro aedo contemporâneo foi Lindolf Bell (1938-1998), poeta catarinense, criador da *Catequese poética*, amante das *Annamárias* e das constelações. Nasceu em Santa Catarina, Timbó, em 2 de novembro de 1938, e faleceu em Curitiba, em 1º de dezembro de 1998. Estreou com *Os póstumos e as profecias*, 1963, exercitando certo visionarismo, sem perder o tom coletivo:

> Trago a palma na mão, aqui estou,
> ante o espaço maduro de não ser.
> Passam os caminhos, lúcidos tão lúcidos,
> que nem pressentirão
> o doido curso de nunca ser.
> Passam os caminhos a gerar
> e gerar a vindoura raça
> a passar e passar.
>
> Imóvel sobre o tronco do tempo
> o vento pesa-nos desde ontem,
> entre a colheita e o presságio,
> o rio, o silêncio,
> a geração comigo finda.[1615]

Campônio de sonhos, espécie de Ievtuchenko brasileiro, direto e às vezes coloquial, busca a imediata comunicação. É um poeta atrás de suas vozes e as vozes atrás do poeta, Bell, sino verbal. Tendendo a uma musicalidade das palavras que o transportavam, com um som que, vez e outra, extravia-se de sentido, com a impressão de uma pura gota caindo no sintático espelho. Criou um simbolismo metafórico singular, de fogos escuros e densos, ou *annavalhas*, onde reinventa o

---

1615. Bell, Lindolfo. **O código das águas**. São Paulo: Global, 1984.

amor, com *As Annamárias*, 1972, sua obra-prima. Muito viveu a poesia nos gestos, nas praças, nas escolas, com a rara ciência de dizer, tentando levá-lo do livro para o povo, como um menestrel medieval. Seu ludismo é de trapezista de imagens. Ou frequentemente um andarilho do verso, ou o verso andarilho nele. "Tempo houve / dávamos um ao outro / o que passa: trigo do instante." [1616] Sua vocação ao cósmico se revelou em seus dois livros: *Vivências elementares*, 1980 e *O Código das águas*, 1984. Poeta fonético, eloquente tribuno, com certa retórica, sabia das transmutações e das efemeridades. Talvez todo o seu canto fosse para dizer de nossa passagem.

> Por um fio a palavra é prata.
> Por um fio a palavra é pata de cavalo.
> Por um fio, ato de injustiça.
> (...)
> A palavra
> é não dar com a língua nos dentes.
> Ainda que arranquem a língua.[1617]

Ou esta epígrafe lapidar *Do amor*: "Meu desejo é: / atenderei a tua sede / e esquecerei meu nome / Eternamente."[1618]

Carlos Ronald Schmidt

Oposto de Lindolf Bell, mais hermético, com a escrita mais para ser lida na página que nas praças, de vincada originalidade, é o também catarinense Carlos Ronald Schmidt, Juiz de Direito aposentado e poeta. Estreou com *As origens*, 1971. Para nós, seu melhor está em *Gemônias*, 1980 e *Um lugar para os dias*, 2008. É um poeta para poetas, que não se entrega no primeiro instante. E vale a pena insistir, penetrar em sua explosão de fragmentos-alma. "Toda a visão é dobra

---

1616. Bell, Lindolfo. **O código das águas**. São Paulo: Global, 1984.
1617. Bell, Lindolfo. **O código das águas**. São Paulo: Global, 1984.
1618. Bell, Lindolfo. **O código das águas**. São Paulo: Global, 1984.

da alma sobre o corpo / ou é a margem que o rio continua dentro?"[1619] Suas imagens se sucedem, uma dentro da outra, como se fossem flores num vaso. No choque dos vocábulos, alça-se o conúbio e a aferição, constatando que "o vento na chaminé / enfuna a alma."[1620] É a chaminé mágica de um criador de fogo. E, se a linguagem é feroz, arduamente combatente, não termina no poema, pois seus poemas nunca terminam, nem buscam chaves de armadilhas ou portas. Não apresenta evolução, de livro a livro, apenas maturação interior. Porque a profundidade não falta para o barco: seu leitor. E sua poética vai ao fundo das coisas, até onde elas percam o fundo e sejam apenas coisas. Observa: "A cinza não espera nada do vento / já que é resto do que houve ... Isso é irreal e vem e nos crava a ponta."[1621] Sua guerra é entre o real e o irreal, onde a loucura assume espaço no poema, com o grito que é luz. Suas imagens fluem nesta meditação sucessiva do existir, nas relações ou correspondências entre si e o cosmos, como se, de oculta sacada, nos espiassem. Certo de que "a arte move a vida por dentro."[1622] O fio de humanidade.

Ruy Espinheira Filho

Poeta baiano, nascido em Salvador, em 1942. Pertence à Academia de Letras da Bahia, premiado com o "Prêmio Olavo Bilac", da Casa de Machado, e o "Prêmio Nacional de Poesia Cruz e Souza" e outras láureas. Estreou com *Helébero*, 1974, tendo publicado inúmeros livros de poesia, como *As sombras luminosas*, 1981; *Morte Secreta e Poesia Anterior*, 1984; *A Canção de Beatriz e outros poemas*, 1990; *Poesia reunida e inéditos*, 1998; *Antologia poética*, 1996; *Memória da chuva*, 1996; *Livro de Sonetos*, 1998; *Elegia de agosto e outros poemas*,

---

1619. SCHMIDT, Carlos Ronald. **Gemónias**. Florianópolis: FCC/UFSC, 1982.

1620. SCHMIDT, Carlos Ronald. **Cuidados do acaso**: poemas. São Paulo: Scortecci, 1997.

1621. SCHMIDT, Carlos Ronald. **Gemónias**. Florianópolis: FCC/UFSC, 1982.

1622. SCHMIDT, Carlos Ronald. **Gemónias**. Florianópolis: FCC/UFSC, 1982.

2005, destacando-se, a nosso ver, entre todos, *Sob o céu de Samarcanda*, 2010. Sua criação é eminentemente lírica, com um processo de renovação do verso que se impregna de poder evocativo, com a concisão que se une à densidade, alargando a visão da natureza, com a transparente forma de sentir e pensar. Memória mais do coração e dos acontecimentos, poeta que se enevoa nas "sombras luminosas", outro instante destacado de sua poética, catando mais do que a dor e o riso, a alma das neblinas e lendas que chovem de sua infância. Volta à sombra manuelina, criador de Pasárgada, e, a Drummond, com certo toque do ouvido que entortou, com *Samarcanda*, com alusão um tanto forçada, sem a leveza que singulariza o livro anterior, *As Sombras Luminosas*, 1981, mas com rigor não só de trovar, mas de construção laboriosa, quase pétrea na geografia da língua, certo sarcasmo de ver, sem que o impeça, na lição de Adorno, "a imersão no individual que eleva o poema lírico", que tende a uma mediação social, que é o mundo que o circunda. Sonetista apurado, dominador dos ritmos do verbo, pode dizer na presteza fluída de uma metáfora que sabe fluvialmente descansar: "Meu coração /rangia / como um velho portão / enferrujado. Mas eu estava firme, / meu amor". Ou "Lembrei, então, / as palavras / dos Pergaminhos Sagrados. Eles diziam / que eu necessitava, para te ensinar / a alegria, cultivar / uma longa e grave / paciência". O que a outros pode ser desamparada fraqueza no transe lírico, a este poeta da Bahia é paciente força de dizer.

Sérgio Mattos

Nasceu em Fortaleza, Ceará, em 1948, e vive em Salvador, Bahia. Além de poeta, é jornalista e comunicador. Sua estreia se deu no ano de 1973, com *Teias do mundo,* saindo em 2011, *Essência Poética: poesia de toda a vida,* onde, para nós, seu momento alto é *Trilha Poética,* 1998, onde se singulariza pela oralidade, dicção que busca ser direta à sensibilidade do leitor, "a capacidade encantatória de nos tirar da realidade brutal" (Hélio Pólvora), além da magia do cotidiano, sendo "o poeta, vigia do tempo". Texto celebratório, sem deixar de ser conciso; musical, sem abandonar em sua semântica, a teia urbana. Sua ânsia de expressão se alarga no tempo: "Por não ter uma árvore / onde gravar teu nome, / o escrevi no espaço". O que parece fácil, discursivo, toma um senso de real; o que parece singelo, é coração que é capaz de "contemplar as gaivotas / na pedra de sua infância". Como é mensurável esta poesia? Simples, menor. Ou cabe, sobretudo, a precisão de ser poesia e, nesse transe, desaparece a medida.

Carlos Saldanha Legendre

Um outro Carlos, mas gaúcho. Desembargador aposentado do Rio Grande e poeta: Carlos Saldanha Legendre. Avesso em editar, perfeccionista do verso e com grandeza, ainda não é devidamente reconhecido, por haver alcançado algo mais que perfeccionismo: autenticidade. E alcançou. Publicando seu primeiro livro – *Canto ao Mar de Piriápolis*, 1962, permaneceu sua obra-prima, *Inventário do canto*, 1971. Nele, a poesia pode ser caracterizada como "lâmina que se limpa / de espessa fúria."[1623] Mestre do soneto, que o diga este *Moto perpétuo*, dedicado a Cyro Martins:

> Domar o mar maré de luz que sofre a fome de famintos vãos espelhos domar repúdio e seus opostos se o olho o feto contraído em desparelho
>
> nicho de losna gosma porém domar-se a si mesmo como fera a relho
> ou a roçares de flor como ao coelho
> que apascentas ao colo sobre o pó
>
> e tudo urgentemente pela força que apodrece nas manhãs do corpo à beira dos limites do muro alto dos sonhares ó nociva soma
> de miasmas e ofegos que em redoma
> te reside na carne, ser mortal.[1624]

1623. JOSÉ PAULO CAVALCANTI, **Fernando Pessoa, quase uma autobiografia.** Record, 2012.

1624. LEGENDRE, Carlos Saldanha. **Inventário do canto**. Porto Alegre: Cultura Contemporânea, 1970.

HISTÓRIA DA LITERATURA BRASILEIRA
Da carta de Caminha aos contemporâneos

Como vislumbrou o leitor, as imagens vão em catapulta, como se girassem numa redoma de vertigens. Poeta que domina o verso longo e curto, poeta dominado pelo verso que goteja em luz, sua técnica é a do desdobramento, até o esfacelar-se ou findar do entretecido núcleo do poema. Como se fosse uma verbal cebola. Vejam *Enforcamento – I*:

>Um soldado irá só
>ao sol do amanhecer irá
>só um soldado ao sol
>do amanhecer só
>irá ao sair do sol cada-f
>a
>l
>s
>o
>içado
>justiçado
>injustiçado
>sol-dado
>ao vazio.
>
>II
>Longe
>considero
>longo a
>c
>o
>r
>d
>a
>com sua
>cor nua
>espero
>desespero
>d
>e
>s
>ç
>o

CARLOS NEJAR

> subo des-
> maio de maio
> a outubro
> logo
> caio
> logo
> descubro
> entre mim
> e a corda
> acordo
> possível
> a próxima
> cor
> oxida
> corola do
> invisível.[1625]

O processo de desatomização da palavra, aqui, toma astuciosa invenção, descrevendo, nos mínimos do mínimo, o ato e a dor do enforcamento. Influência de cummings, singularmente acionada. Um certo experimentalismo, usando o olhar concretista, afim de Cassiano Ricardo. Mas com intenso sentido. Anotem esta beleza rítmica e metafórica, engendrando espaço, *Manhãs de além-túnel* – I:

> um túnel um túnel um túnel sem fim
> ao fim do túnel sem fim um tonel
> um tonel de mel de Além-Túnel
> um tonel de toneladas de mel
> do mel de um dia melado de luz sem
> fim
> que compus para ti
> para mim
>
> II
> te possuí aqui acolá
> em tantos sítios

1625. LEGENDRE, Carlos Saldanha. **Inventário do canto**. Porto Alegre: Cultura Contemporânea, 1970.

cantados semprencantados

– mas nunca
te possuí ao fim de um túnel
nunca te possuí ao fim
nunca te possuí
nunca
mas quanto te desejei
vãs manhãs, já não sei.[1626]

    Poucos trabalham com tamanha perícia o ritmo, a elipse, o cavalgar das imagens em música, que sangra. Diz num dos seus haicais: "Este vale canta / – um pássaro fez morada / em sua garganta."[1627] E por que não é o vale, garganta dos pássaros? Ou garganta do vale, entre as vinhas. Seu último livro, trabalho de mais de 30 anos, é sua obra-prima, *Elegia à lesma*, 2011, num domínio rítmico magistral, como em corpo único, ressoante, com pleno domínio do ritmo e rimas, mostrando a lúcida relação entre a lesma e os deserdados, o abandono por sua (des)utilidade. O que o aproxima de Manoel de Barros e as coisas desúteis. Legendre, longe dos holofotes, perfeccionista, edificou uma obra poética de alteza e "obstinado rigor" (Leonardo da Vinci), filtra as palavras e os sentidos, para, magicamente, os cristalizar. Seus sonetos, haicais, aforismos, na *Obra Reunida* (ed. Life, 2021), de éditos e inéditos, com destaque ao *Esplendor dos Animais*, singularizam Legendre na estirpe nobre não só da "Geração de 60", como entre os grandes nomes da poesia brasileira. Legendre é um raro artista do verso, com o capitéis de signos e metáforas. Ousa – e na exigência – jamais recua, levando ao extremo cada som ou rima, como escada sobre o abismo. O dito "verso livre", jamais é totalmente livre, ou respira na poesia, ou enferma o sonho. E no caso de Legendre, ao utilizar formas fixas, age com maestria. Trabalha a ambiguidade, trabalha o ritmo e cintila na capacidade evocativa. Sua composição logopoética cria ricas sugestões, sinestesias, com

---

1626. LEGENDRE, Carlos Saldanha. **Inventário do canto**. Porto Alegre: Cultura Contemporânea, 1970.

1627. LEGENDRE, Carlos Saldanha. **Inventário do canto**. Porto Alegre: Cultura Contemporânea, 1970.

eficácia musical. É a fala na palavra viva. E essa constelação, parafraseando o Pe. Antônio Vieira, "não muda de ventura".

Itálico José Marcon

Nascido em Garibaldi, Rio Grande do Sul, em 1938. Procurador de Justiça aposentado e pertencente à Academia Riograndense de Letras, mais crítico do que poeta, com participação importante na página do *Diário de notícias*, de Porto Alegre, *A nossa geração*, onde vários valores se destacaram, como Carlos Legendre, César Pereira, o pintor Waldeny Elias, Elvo Clemente e o que ora subscreve. Seus ensaios mais importantes: *Imigração italiana no Rio Grande do Sul: fontes históricas* (em parceria com Rovílio Costa, 1975), *Saco de viagem* – Tyrteu Rocha Vianna e a coordenação de *Poetas do Ministério Público*, 1966. Estreou na poesia com *Tempo de exílio*, 1969, sendo seu livro mais realizado, seguido de *Ave de rapina*, 1971. Romântico por natureza (e o romantismo, mais do que uma escola, é um estado de imaginação), poeta ligado às vindimas, com texto *embriagado de vinho novo*. Sintético, telúrico, com obsessão pela morte, utiliza o idioma do fingimento pessoano, embora sem o suficiente disfarce autobiográfico. Essa dicotomia que transita em sua poética é o penumbroso tom entre o exílio e a rapinagem do mundo.

> Eis o cemitério sem
> nome
> (pequenino como todos)
> repousando na paisagem
> deste céu cor de fogo,
> onde dorme o Valeriano
> (meu irmão morto)
> e os amigos da infância
> descansam
> embriagados de vinho novo
> Aqui nasci.
> Enterrado quero ser
> aqui.[1628]

1628. LEGENDRE, Carlos Saldanha. **Inventário do canto**. Porto Alegre: Cultura

Ou por fim este fascinante *Peregrino*: "Longe de tudo e de todos / permaneço o que já sou: / um entardecer de repente / em um Barco que não voltou."[1629] Desde o grito ancestral do nascer ao do sepultamento, é circular seu poema, de feitio tradicional, sem ambições formais, também grifado pelo Simbolismo, sofrido, nostálgico, com "amargo na boca / que não cessa."[1630] Inventariante de limites.

Luiz de Miranda

Natural de Uruguaiana (nascido em 1945), poeta e jornalista. Estreou na poesia com *Andança*, 1969, publicou vários livros, entre eles, *Antologia poética*, 1987, *Livro do passageiro*, 1992, *Livro do pampa*, 1995, *Amores imperfeitos*, 1996, *Trilogia do azul, do mar, da madrugada e da ventania*, 2000. Para nós, sua melhor coletânea é *Livro do pampa*. Este uruguaiense radicado em Porto Alegre é poeta de verso largo, andadura social, comprometido com o Rio Grande e a realidade. Prolífico, embora tenha sotaque próprio, há nele uma retumbância nerudiana, sem a variação rítmica do chileno, com repetição de temas e imagens, sem prejuízo dos momentos em que se alteia, seja no canto do amor, seja no canto da terra. E a poesia não deixa de ser um estranho metabolismo dos sonhos ou de coisas que teimam em resistir. O que causa estranheza é a confusão entre a corpulência da obra, o copioso número de páginas, a linguagem enxundiosa, que nada tem a ver com profundidade humana e ainda menos com a salutar concisão, ou a realização estética. Reiteramos: o que salva o poeta são alguns instantes de filtradas gotas de beleza, que faíscam entre as pedras.

Contemporânea, 1970. 90 MARCON, Ítalo. (Coord.). **Poetas do Ministério Público**: homenagem a José Barros Vasconcellos. Porto Alegre: AGE, 1996.

1629. MARCON, Ítalo. (Coord.). **Poetas do Ministério Público**: homenagem a José Barros Vasconcellos. Porto Alegre: AGE, 1996.

1630. MARCON, Ítalo. (Coord.). **Poetas do Ministério Público**: homenagem a José Barros Vasconcellos. Porto Alegre: AGE, 1996.

E não seria o poeta o que apenas defende suas relutantes palavras? E não importa que lhe faltem as *astúcias*, de que fala Borges e a contensão ou maior rigor, moeda verbal que é outra forma de resistência. Como neste esplêndido, claro fragmento: "Irei longe, com meu cão e meu cavalo. / Falo com os santos, falo com Deus. / Meu destino é pedra de memória." Sim, a pedra é ouvido escondido da memória.

Reynaldo Valinho Alvarez

Voz urbana, de espectro amplo, Reynaldo Valinho Alvarez é poeta e ficcionista natural do Rio de Janeiro, galego de alma (seus recentes *Poemas galegos* o prenunciam), irmão de Rosalía de Castro ("mistérios da tarde, / murmúrios da noite: / cantar-te-ei, Galícia, / na beira das fontes."[1631]). Estreou com *Cidade em grito*, 1973. Reinaldo utiliza com igual destreza os versos longos e os breves, apropriando-se de ritmo vário, cantante, que se não poupa, nem teme em se derramar. Barroco e contido, livre e aprumado, simples e complexo. Dilacera-se e açoita, tem memória do coração, quando ainda palavra é memória. Sua melhor fatura lírica é *Lavradio*, 2004, contendo na segunda parte os bem postos e elaborados sonetos e cantos órficos. Porque a vocação de Valinho é órfica, advinda de um Jorge de Lima, que se contém e se enruste em pétrea lição cabralina. Sem ser submisso a nada, salvo ao sopro, o fôlego, a carência de dizer. Com "paixão que sobe à luz, a libertar / todo o impulso fortíssimo de amar."[1632] Poesia do instante, provocação do tempo. Ou também tempo de provocação. Manual de aventura humana.

Adélia Prado

Não há fereza que empane a aliança de poesia e busca de santidade em Adélia Prado, poeta e prosadora de Minas. Sob

---

1631. MARCON, Ítalo. (Coord.). **Poetas do Ministério Público**: homenagem a José Barros Vasconcellos. Porto Alegre: AGE, 1996.

1632. MARCON, Ítalo. (Coord.). **Poetas do Ministério Público**: homenagem a José Barros Vasconcellos. Porto Alegre: AGE, 1996.

a égide aliciadora de Guimarães Rosa e Quintana. Unindo-se a um pela invenção em viagem pelo rio insone das metáforas, e, ao outro, pela simplicidade e coloquialidade do verso, não permitindo que a linguagem se desampare na própria solidão. É um poema que não busca forma de se expor, expõe-se na claridade. Por escrever com claridade. Sob um véu místico ou metafísico, singularmente feminino (nem toda a poesia de mulher é feminina), trazendo à baila essa alma discreta ou lasciva, límpida na voz e na sua aparente trivialidade. (Ainda que a alma nunca seja trivial: é a sede que se achega à água). Com o efeito sibilino, extraindo do banal, do barro e da dita trivialidade, ouro. O problema religioso que entretece sua obra e que supõe adesão e madureza interior singulariza sua palavra, por se colocar em busca da unidade do universo e o universo da unidade. Não é só uma voz mística, o que é um elo divino: é terrena, corpórea, às vezes cáustica, não perdendo, apesar disso, o rapto de luz. Sua ironia se agrega ao lirismo, tolerantemente. Uma Teresa de Ávila febril, que se economiza no mistério. O prisma não é o da espiritualidade ou do ateísmo, é o de atingir ou não poesia, e ela acontece, despertando como se descansasse. Os paradoxos, as vivências, as iluminitudes todas elas se alçam para o ato desesperadamente poético. E esse espaço de alma é inviolável para ela e para o seu reverente leitor. Estreou com *Bagagem*, 1976, tem pontos altos em sua poética – é uma prosadora mágica em *Solte os cachorros*, 1979 e *Cacos para um vitral*, 1980 –, original, atinada com o cotidiano, sensual e religiosa, *O coração disparado*, 1978, *Terra de Santa Cruz*, 1981 e *A duração do dia*, 2010. O primeiro é o arrebatado susto de viver; o segundo, a dimensão mais social. E o terceiro é a fome de Deus. E tem humor, mais do que ironia, que é "o espírito à custa própria."[1633] Verificável nestes dois poemas exemplares; *A face de Deus é vespas*:

> Queremos ser felizes.
> Felizes como os flagelados da cheia,
> que perderam tudo

1633. PRADO, Adélia. **Terra de Santa Cruz**. Rio de Janeiro: Guanabara, 1986.

> e dizem-se uns aos outros nos alojamentos:
> "Graças a Deus, podia ser pior!"
> Ó Deus, podemos gemer sem culpa?
> (...)
> Eu não sei quem sou.
> Sem me sentir banida experimento degredo (...)

A menina e a fruta:

> Um dia, apanhando goiabas com a menina,
> ela baixou o galho e disse pro ar –
> inconsciente de que me ensinava –
> "goiaba é uma fruta abençoada."
> Seu movimento e rosto iluminados
> agitaram no ar poeira e Espírito:
> O reino é dentro de nós,
> Deus nos habita.
> Não há como escapar à fome de alegria![1634]

Essa alegria franciscana e sem lei. A intransigente alegria das palavras. Afirma Nietzsche que "onde a vida se congela / eleva-se a lei."[1635] Mas não há lei para o verso. Por se achar liberta: "Tudo o que eu peço Deus me dá. / Desde sempre vivi na eternidade" (*A duração do dia*).

Paulo Leminski

Nascido em 1944 e falecido em 1999. Poeta paranaense, tradutor extraordinário, prosador (contista e romancista), crítico, letrista. Publicou *Catatau*, 1975, experimentação de penosa e caótica decifração. Próxima de James Joyce e de algumas incursões dos concretistas, como a *Galáxia*, de Haroldo de Campos. Entre centelhas, um bricabraque fastidioso. Onde o sentido se faz e se desfaz, como se em verbal moenda. Sua obra-prima está em *Não fosse isso e era menos/ não fosse*

1634. PRADO, Adélia. **Terra de Santa Cruz**. Rio de Janeiro: Guanabara, 1986.
1635. PRADO, Adélia. **Terra de Santa Cruz**. Rio de Janeiro: Guanabara, 1986.

tanto e era quase, 1980. Foi antologiado em *Melhores poemas* (organização de Fred Góes e Álvaro Martins, 1966). *Toda Poesia*, 2013, revela a amplidão do universo de Leminski, que saiu com sucesso de público. Virtuose da astúcia, do rigor, para alguns ocupa espaço fronteiriço da poesia nacional, com uso de contrastes e rutilâncias: "nada tão mole/ que não possa dizê-lo / osso// nada tão duro / que não possa dizer / posso//". Ou este delírio inventivo: "se ali / ali se dissesse// quanta palavra / veio e não desce // ali / bem ali / dentro da lice / só alice / com Alice / ali se parece". O que mostra também o trocadilho, o jogo de vocábulos e *nonsense*. Não importa o desenlace vérsico, importa a sensação, a ironia, o dilacerante objeto do desejo, ou do riso. Ou sarcasmo: "girafas / africanas / como meus avós / quem me dera / ver o mundo o mundo / tão do alto / quanto vós. //" O mundo mudou, mas a vida é curta e também o sonho. Não deixando de lado o uso de letreiros que líamos nos muros: "Brasil, ame-o ou deixe-o", neste pequeno poema: "ameixas / ame-as / ou deixe-as". // Essa visão quase nietzscheana do pouco e escasso gozo das coisas permeia sua criação e lhe dá contemporaneidade. De verso breve, certeiro, meditativo. Não extravia palavra, nem ela se extravia em sua metafórica aljava. Autor habilíssimo de haicais, afina com a poesia elíptica, desenhada dos nipônicos. Com certa mescla da poesia *beat* e da música popular. Onde põe certa agudeza que a morte lhe atiçava. Agudeza do que transita entre coisas, agudeza de palavra que deseja, às vezes, ser apenas feérica e inabalável sílaba. Sílaba de Deus. Eis o tom melodioso de sua sintonia para pressa e presságio:

>Escrevia no espaço.
>Hoje, grafo no tempo,
>na pele, na palma, na pétala,
>luz do momento.
>Soo na dúvida que separa
>o silêncio de quem grita
>do escândalo que cala,
>no tempo, distância, praça,
>que a pausa, asa, leva
>para ir do percalço ao espasmo.

> Eis a voz, eis o deus, eis a fala,
> eis que a luz se acendeu na casa
> e não cabe mais na sala.[1636]

Sua poética, sim, vai do percalço ao espasmo. E, desse, a uma fala na luz.

Francisco Alvim

Poeta mineiro, que se fixa na linha oswaldiana, de poema brevíssimo, na cata do primitivo, numa meninice verbal procurada, um realejo florido, com emanações do poema-piada, lacônico e às vezes apertado, mínimo. "Eu quis colocar esse tipo de coisa / Mas então pensei / Mas meu deus do céu / aí ele disse."[1637] A epígrafe de *O elefante*, 2000, é de Murilo Mendes: "Pode ter nascido nu". Ou do *Livro de Jó*, bem antes. A nudez em si não significa vida e mesmo sua castigada essência carece de estar viva. Poesia despida: de tanto cortar, se corta. Próximo do haikai japonês. Diz Mário Quintana: "Uma linha é claro que pouparia tempo ao leitor, cidadão apressado e impaciente por natureza ... O verso agiria como uma pílula: o efeito viria depois."[1638] Embora se diga, por justiça, que os poemas, em regra, vão além de uma linha, não seria o postulado pelo autor na aludida publicação? Considero o livro de estreia, *O sol dos cegos*, 1968, seu melhor momento de essencialidade e magia:

> Enterra o morto
> que se quer dono
> desta hora
> O morto é morto
> não podes cultivá-lo
> no teu agora
> Sopesa o instante:
> os verdes, a fala

1636. LEMINSKI, Paulo. **La vie em close.** São Paulo: Brasiliense, 1991.
1637. ALVIM, Francisco. **Poemas, 1968-2000.** Rio de Janeiro: 7 Letras, 2004.
1638. ALVIM, Francisco. **Poemas, 1968-2000.** Rio de Janeiro: 7 Letras, 2004.

de todos
Em horto diverso
reside o morto –
num horto morto
Enterra o morto.[1639]

Anderson Braga Horta

Mineiro, nascido em 1934, poeta, contista, cronista e magnífico tradutor, surgiu com *O horizonte e as setas*, 1967. Sua obra-prima é *Exercícios de homem*, 1978, tendo também publicado *A poesia reunida*, 2000. Contido, com domínio do verso em várias amplidões, musical e humano, é quem, com qualidade e altura, interpreta o espírito de Brasília, através de *Antiplano e outros poemas*, 1971. Poeta rico de imagens e de memória, em diálogo fervoroso com Álvares de Azevedo (*Marvário*, 1976). À sombra de Drummond e Bandeira, é uma voz telúrica e emblemática. Como diz: "Podamo-nos assim, e nos queimamos, / assim marchamos entretanto verdes."[1640] E o verde já é maturação. "Dispersos / na loucura e no não-senso, / à pergunta que fazemos / cala irônico o universo, / e enigmático resvala / qual onda que foge a quilha. // E, afinal, que coisa é a vida?"[1641]

Antônio Carlos Brito

De Uberaba surgiu Antônio Carlos Brito (1944-1987) ou Cacaso. Aparecendo com *A palavra cerzida*, 1967. Seu livro emblemático. Publicou ainda *Grupo escolar*, 1974, vinculado "ao aluno de poesia Oswald de Andrade."[1642] Teve toda a sua obra reunida pela Editora Cosac Naify. Voz simples, concisa,

---

1639. ALVIM, Francisco. **Poemas, 1968-2000**. Rio de Janeiro: 7 Letras, 2004.

1640. HORTA, Anderson Braga. **Fragmentos da paixão**. [s.l.]: Massao Ohno, 2000.

1641. HORTA, Anderson Braga. **Fragmentos da paixão**. [s.l.]: Massao Ohno, 2000.

1642. ANDRADE, Oswald. **Um homem sem profissão**: memórias e confissões, sob as ordens de mamãe. São Paulo: Globo, 2002. p. 126.

com imagens fortes e certa despretensão verbal, de quem na palma traz o lírico ou tímido recado. Vez e outra, metafísico. Verbo cerzido, sim, de humor e ironia. Ou velada inocência. Como, por exemplo, em seus *Jogos florais*:

> Minha terra tem palmeiras
> onde canta o tico-tico.
> Enquanto isso o sabiá
> vive comendo o meu fubá....
> (...)
> Bem, meus prezados senhores
> dado o avançado da hora
> errata e efeitos do vinho
> o poeta sai de fininho.
>
> (será mesmo com dois esses
> que se escreve paçarinho?).

Ou capaz de feroz ironia:

> Ficou moderno o Brasil
> ficou moderno o milagre.
> A água já não vira vinho.
> vira direto vinagre.

O Surrealismo: Cláudio Willer

Poeta paulista, nascido em 1940, tradutor excepcional de Lautréamont, Artaud, Ginsberg, estreou em 1964, com *Anotações para um Apocalipse*. Seu livro mais importante: *Jardins da provocação*, 1981. E esse livro diz bem da natureza de Willer, a de um ativo provocador cultural. É um surrealista, vinculado a Breton, como ao americano Ginsberg e ao grande Lautréamont. Sua escuridão com clarões metafóricos, com o mapa da imaginação, ordena-se em beleza. E René Char diz bem: "é como se enxugasse trovões."[1643] Nos poemas de

---

1643. WILLER, Cláudio. **Anotações para um apocalipse**. São Paulo: Massao Ohno, 1964.

Willer – em prosa / verso – há um rebentar de imagens que se acumulam, entrecruzam, desvairadamente. Atraindo pelo insólito: "O grande cavalo de lágrimas azuis desce do Oeste, lento como a névoa dos trigais."[1644] Vejam o dinamismo e o fascínio desse verso! Ou o dilúvio e atropelamento no catalogar caótico de metáforas ("silêncio de cascos estilhaçados de tartaruga"[1645]), onde a lógica não importa, mas a velocidade dos sonhos e "a queimadura do fósforo da poesia consumindo-se."[1646] Como se um terremoto. Ainda que a casa do poeta se erga sobre o nada, ou nos escombros, centelhas iluminem a vida. Observem este fragmento:

> Silêncio de vértebras e rins e palavras ocultas e soterradas
> e vigiadas
> junto ao corpo de Federico Garcia Lorca
> assassinado por alcaguetes e tropas fascistas
> em um campo de Granada em agosto de 1936
> desde então ciosamente guardado
> por uns poucos fantasmas carcomidos e fosforescentes
> para que ninguém chegue perto
> e tenha coragem de romper o lacre
> e soltar as palavras
> a serem lançadas contra a opacidade do mundo.[1647]

Ou este raio de lucidez atordoante: "uma geração pulou no abismo / mas você foi mais adiante / ou saltou mais fundo / levantou a tampa da vida / para ver o que havia por baixo / para ver que não havia nada embaixo."[1648] Sua ambição poética é a de *um filme passando*, ao buscar "uma concretude carregada de tudo."[1649] Sua visão é visionária, apocalíptica, que

---

1644. WILLER, Cláudio. **Jardins das provocações**. São Paulo: Massao Ohno, 1981.

1645. WILLER, Cláudio. **Jardins das provocações**. São Paulo: Massao Ohno, 1981.

1646. WILLER, Cláudio. **Jardins das provocações**. São Paulo: Massao Ohno, 1981.

1647. WILLER, Cláudio. **Estranhas experiências e outros poemas**. Rio de Janeiro: Lamparina, 2004.

1648. WILLER, Cláudio. **Volta**. São Paulo: Iluminuras, 1996.

1649. WILIER, Cláudio. **Volta**. São Paulo: Iluminuras, 1996.

tenta, sim, abarcar tudo, mas o sentido não é o concreto, é o absoluto. O sentido é o verso absoluto. "Não há mais muita vida / sobre a face deste planeta / talvez em algum lugar / ainda se ouça o vento soprar entre as árvores / vozes ao longe enchendo o vale." No mundo de detritos do Surrealismo, "não vem à tona o *em si* do inconsciente. Se ele tomasse como medida sua relação com o inconsciente, os símbolos apareceriam como algo racional demais."[1650] E essa dita racionalidade ofenderia o mistério. Embora se ache neste mundo de escombros, exatamente pela busca do absoluto verso, o abandonar da razão, Cláudio Willer é sideral, cósmico, carregando a máquina de frenéticas visões, com "um céu nem amarelo, nem azul"[1651], um céu que perturba. E veio para perturbar. E basta.

Roberto Piva, Carlos Augusto Lima, Floriano Martins, Péricles Prade e Sebastião Nunes

A corrente surrealista evidencia-se ainda no paulista Roberto Piva, com o seu *Paranoia*, 1963, em versos elípticos e furiosos, profeta do sonho urbano, capturando o tentáculo e a demência da metrópole, com a roldana de signos anticonvencionais, ritualísticos e xamânicos nos *Estranhos sinais de Saturno*, 2008, onde nem todo o silvo ou sussurro é poesia, nem a cinética descrição oswaldiana de per si carrega "a tempestade ou a luz"[1652], embora aqui e ali se percebam eclosões do sagrado ("frio nas fronteiras de topázio / abandonei-me ao mês do Deus do Vento"[1653]), ou instantes de pura alquimia verbal ("o amor / tem esta exigência / deseja o impossível / & os cometas do coração"[1654]). Havendo, portanto, poesia quando – não só as palavras se cruzem ou choquem – mas *se amem*. Ou se descubram de amor, deixando-se iluminar. Ainda que Georges Ba-

---

1650. ADORNO, Theodor W. **Notas de literatura (I)**. São Paulo: Editora 34, 2003. p. 137.

1651. CHAR, René. **O nu perdido e outros poemas**. São Paulo: Iluminuras, 1998.

1652. PIVA, Roberto. **Ciclones**. São Paulo: Nanquim, 1997.

1653. PIVA, Roberto. **Ciclones**. São Paulo: Nanquim, 1997.

1654. PIVA, Roberto. **Ciclones**. São Paulo: Nanquim, 1997.

taille (uma das epígrafes) ache que "a poesia se encontra fora das leis", a poesia inventa suas próprias leis: transgressivas, vitais, mágicas, cifradas, celebrantes, anárquicas – mas sempre leis, a que cabe ao leitor desvendar. Carlos Augusto Lima, com seus *Cantos órficos*, 1977, ou *Vinte e sete de janeiro*, 2009, lírica montagem ao redor da metrópole e da pequena vida, onde "a janela desfolha o bairro". Tal processo amplia-se em Floriano Martins, (*Composição*, 1976), teórico do movimento que tem sua plenitude com *As contradições terríveis*, 1987. E, com o catarinense Péricles Prade, nascido em Timbó, em 1942, poeta, contista, ensaísta, magistrado. Publicou, entre outros, *Este interior de serpentes alegres*, 1963, poesia; *Lâmina*, 1963, poesia; *Sereia e castiçal*, 1964, poesia; *Os milagres do cão Jerônimo*, 1971, contos; *Nos limites do fogo*, 1979, poesia; *Os faróis invisíveis*, 1980, poesia; *Jaula Amorosa*, 1995, poesia; *Alçapão para gigantes*, 1995, contos; *Em forma de chama: variações sobre o unicórnio*, 2005, poesia, destacando-se, a nosso ver, esse último, como um paradigma de sua poética. E *Alçapão para gigantes*, na área ficcional. Barroco, propõe uma poética das metamorfoses, ao delinear o mundo a partir do imaginado. Esse senso encantatório permeia toda a sua obra, desviando-se, através dele, "da cultura e do mundo objetivo ... percorrendo um universo de seres fantásticos, de ambiência onírica, ao utilizar técnicas expressionistas, fazendo com que as imagens caminhem pela metáfora", anota Miriam de Carvalho.[1655] "O gato é a razão impura / Olhos verdes de Kant / sobre as mesas / onde o que fica não se situa."[1656] Mestre na desconstrução e no uso de desdobramentos linguísticos até o paroxismo: "Sou / e não sou / mal crescente, monstro generoso, animal / opositor de cabeça purpúrea, metáfora / de um Deus de intenções ambíguas."[1657] No intuito de transgredir, os signos se entrechocam, o que, se

---

1655. CARVALHO, Miriam de. **Metamorfoses na poesia de Péricles Prade**. São Paulo, Quaisquer, 2006. p. 18-19.

1656. CARVALHO, Miriam de. **Metamorfoses na poesia de Péricles Prade**. São Paulo, Quaisquer, 2006. p. 18-19.

1657. CARVALHO, Miriam de. **Metamorfoses na poesia de Péricles Prade**. São Paulo, Quaisquer, 2006. p. 18-19.

dificulta a leitura, com a imagística hiperbólica, sentidos se diversificam como em cacos de espelho, onde a fragmentação é a unidade. Sucedendo, como "uma chama lê o lenho" (Alfred Döblin). E não há que esquecer, entre os surrealistas, Sebastião Nunes. Nasceu em Bocaiúva, Minas, em 1938. Poeta, publicitário, editor, que iniciou com *Última carta da América*, poesia, 1968, publicando, entre outros livros, os mais destacados: *Decálogo da classe-média*, poesia, com reedição em 2008, *Somos todos assassinos*, poesia, 1980, também reeditado e *A velhice do poeta marginal*, poesia, 1983. Se a palavra em João Cabral é lâmina, em Sebastião Nunes é guilhotina. A lucidez demolidora e a ironia niilista perfuram convenções, políticos corruptos, costumes sociais, escarnecendo, ou então atingindo uma dor, que é universal diante da morte. Sem poupar seu pai, Levi Araújo: "duas e meia da tarde. 10 de junho de 1984. / mãos secas: pés juntos, algodoais no nariz. / véu negro sobre o rosto; tímido noivo de vermes. / rotineira terra roxa sobre o cadáver de cera." Ou ainda neste soneto *À moda de August dos Anjs*, onde nem todas as palavras se completam, mas se subtendem:

> vamos supor q a mort al fin te alcanc
> e te mate à moda dela: mortalment.
> vamos supor al fin q a mort em vida
> te roera já cabel, corp e ment.
>
> estavas velh, bobo e cabeçud.
> sonhavas no entant vãos amores.
> supunhas-te famoso e consagrad.
> gozavas de estima, tédio e sono.
>
> pois bem: agora morto e entre flors
> esterco fedorento a derreter-se
> inda teimas em gozar um pouc a fam.
>
> mas tudo se resume então napress.
> mas tudo se resume então no ufa!
> aos vivs as batats. Ao morto: lhufas!

Trabalha com imagens deformadas e poemas que se consomem na escrita. Satírico até a crueldade, constrói na desconstrução, humaniza na desumanidade. Surrealista e dadaísta, paródico, Augusto dos Anjos fragmentado e roído pelas traças que invadem com certo humor negro a matéria da vida, inspeciona o grotesco ou ridículo humano, com rigor formal e intensidade política, onde o anarquismo e o furor se estabelecem. Seu texto não é catalogável: um ser vivo.

Luca Zandon

Poeta de confluência oswaldiana, esquiva-se do eu, trazendo ao verso o cômico-satírico e se move entre fábulas e personagens fantásticos. Publicou *Ximerix*, 2013, *"oráculo de realejo"*, para seu companheiro Francisco Alvim.

Jayme Paviani

Nasceu em Caxias do Sul, em 1940. Poeta, crítico, dedica-se ao magistério superior, onde leciona em várias universidades entre a terra natal e Porto Alegre, na PUC. Estreou em 1967, com *Matrícula,* que marcou a literatura gaúcha, reaparecendo com maturidade em *Onze horas úmidas*, 1974, trazendo já determinadas premissas que desenvolveria nos seus posteriores, onde destaco *Águas de Colônia*, 1979, mesclando em unidade de visão a transitoriedade úmida das coisas. Sua antologia *As Palavras e os Dias*, 2002, assinala o poeta que pensa e sabe do verso conciso, mais erudito, mas capaz da simplicidade cativante de vislumbrar "Uma mulher (que) desce a pé / pela rua do subúrbio / onde o caminho abre / velhas estalagens / e os olhos dos homens". Não é em vão este poema: demonstra o rito de ver, ou melhor, a visualidade de sua poesia, aliada às elipses, que se orvalham em direções múltiplas. Poeta de amor, sim, poeta de sua cidade e seu povo, poeta que não se caleja em vazias retóricas e que sabe quanto a vida dói e quanto a linguagem nos explica. Desde "o barulho das rodas / de moinho sonolento", de seu primeiro livro, até estes dias, e os seus trabalhos, as vinhas e as coisas furiosamente práticas, ciente de que "a existência cartesiana / é uma extravagância dos céticos". No entanto, entre o mítico e a realidade, percebe que "viver é nascer muitas vezes". Ou a sábia e reverente posição diante dos amantes: "Não há metáfora que os possa ferir". Essa poesia do quotidiano que se ilumina, concreta e severa, capaz de reconhecer o antigo como o vento, move os álamos, tem muito da lição do inglês-americano Auden, onde o prosar é o contar, jamais perdendo a grandeza mágica. Ou a grandeza de assumir a terra do coração. E ela esconde muitas, muitas glebas.

Brasigóis Felício e Aidenor Aires

Goiânia é terra do poeta Brasigóis Felício, discurso fluvial de povo entre o gemer de Jó e certa loquacidade, ainda que não aceite no rosto – assim o diz – "a sombra que vem da luz." Entretanto, goiana também, com território denso, é a gleba lírica de Aidenor Aires, que estreou com *Reflexões do conflito*, 1970, que não é apenas o poeta da realidade etnológica, assume igualmente a realidade das coisas transitivas. Alteia-se, generoso, em *Elegias*, 2007, com o canto que sabe ser conciso e agudo: "O mundo é fundo. / E fundo o nada. / E só se passa a nado." É um dialogante de cultura, com poemas a Neruda, Huidobro e o Riachão das Neves de sua infância. Com versos lapidares:

> O menino foi ficando homem antes do tempo.
> O homem esqueceu-se, um dia,
> na alma do menino em que existia.
> Ao mundo, foi mandado caminhar, sem pés.
> Ao mundo foi mandado nadar, sem braços.
> Ao mundo foi ordenado voar, sem asas.

E sabe levar, algumas vezes, o poema com seu coro ondulante de andorinhas. Outras, o poema que o leva.

Gabriel Nascente

Gabriel Nascente é um poeta em estado fonético. E também estado puro. Profeta nos presságios, opulento de infância, com seu destilar verbal filtrado por rico imaginário, é fonte de dorida humanidade, na medida em que se preocupa com o respirar coletivo, ou o respirar da terra. Sua voz é mais do instinto que da razão, mais do grito e do sangue que das coisas, antenado com a loucura do mundo, com a *torre de babel* das línguas e almas, ou do sofrimento que se alarma. Fiel à inquietação do tempo, embora se despreocupe do textual rigor, pela vontade insaciada de dizer e sentir. E suas imagens se agregam belas, aguçadas ou entretecidas como um balde de flores, nome de livro que se destaca, em sua vasta obra – *Um balde cheio de flores para Manuela não chorar*, 1974, além de outro, que chama atenção pela força de obscura e sensível labareda, *O anjo em chamas*, 1998. Gabriel Nascente surgiu com *Os gatos*, 1967, máquina de metáforas e sonhos, ou "flautista do caos."[1658], vai-se descobrindo menestrel ou segrel, contista precioso em *Sapatos do infinito*, 2009, tem em seu "coração: uma praça, com liberdade para todos."[1659] Se Gilberto Mendonça Teles é o poeta de um Goiás primevo, Gabriel Nascente faz-se inventariante deste Goiás, com a goteira na casa velha, a goteira nos olhos da esperança, desconhecendo onde vai ou demora a dor dos mortos. Ou no seu mais recente e bem realizado, que denota o seu abrasado pessimismo: *A biografia das cinzas*, 2012, com o poema mais contido e a plangente realidade de sua Goiás e a da meninice, que rebenta no corrosivo aquário das imagens.

Florisvaldo Mattos

Nascido na Bahia, em 1932, estreou com *Reverdor*, 1965, sendo *Fábula civil*, 1975, para nós, o livro mais significativo. Paisagista rural, caçador de metáforas, símbolos e variados ritmos, sua força é a da terra. Vejam a beleza deste primeiro quarteto do soneto, *A cabra*: "Talvez um lírio. Máquina de alvura / Sonora ao sopro neutro dos olvidos. / Perco-te. Cabra que és já me tortura / guardar-te, olhos pascendo-me vencidos". E o último verso é luminoso: "flor animal, sonora

---

1658. NASCENTE, Gabriel. **A torre de Babel**. Goiânia: Kelps, 2000.

1659. NASCENTE, Gabriel. **A torre de Babel**. Goiânia: Kelps, 2000.

arquitetura". O movimento desta poesia cria sua própria forma. E a forma nada é mais do que *sonora arquitetura*.

Marcus Accioly

Nascido no Engenho Laureano, Aliança, Pernambuco, 1943, faleceu em Itamaracá, em 21 de outubro de 2017. Poeta surgido com *Cancioneiro*, 1968, alteia-se como um dos mais expressivos poetas sociais da década de 1970, em que pese a influência cabralina, de verso curto e ritmado, através de *Nordestinados*, 1971. Épico, revitalizador de velhos mitos, usuário abastado de rimas, décimas, em regra, inventivas, atravessadas de imagens, com o balbucio de um Camões que se tenta reinventar. Com a torturante empresa de *Sísifo*, 1976 que levava a tonante pedra ao monte, a via cair e a transportava incessantemente. E era destino. Esse vulcão de desabridas lavas tem momentos de alteza, lirismo (mesmo contra a proposição do poeta). Desigual, em regra monocórdico, com qualidade poética, cintilações, mau gosto, ambição, imaginário, dialogismo erudito, paródico, com música, domínio vocabular, insaciado fulgor metafórico (de superposições), em jogo do maravilhoso, ou na busca de inominado canto. *Íxion*, teatro, 1978, alcança uma unidade e beleza surpreendente, já que é o texto domável, bem mais breve. *Narciso*, 1980, é um dos grandes poemas de amor, com sonetos de maestria e febre. E *Latinoamérica*, 2002, é outro feito. Com palavras que se juntam e metamorfoseiam, sempre em fogo, numa dor da América em sua história, nos seus personagens, nos seus sonhos, na idade do verso, que é a da alma:

> Um canto que começa sendo infância
> (e à infância do canto volta) um canto
> que tem meio milênio de distância
> e (do primeiro verso até o ponto
> final) em sua lenta-pressa ou ânsia-
> contida (fogo à água) é contracanto
> do canto que o Senhor te canta (América)
> no caminho do homem sobre a terra

> (sim) como tal caminho é luta (não
> importa se de vida ou se de morte)
> emprestarei as regras da canção
> estruturas que são próprias do boxe
> e assim (do início até a *Decisão*
> da luta mais tragédia do que esporte
> como Hemingway diz da tourada)
> te narrarei com minha voz armada.[1660]

 O livro é dividido em *rounds*, com o objetivo de satirizar pela épica, os sucessivos atos de espoliação ou degradação sofridos pela América. É a mesma polpa verbal de *Sísifo*, porém mais humana. Sob a sombra de Ezra Pound e Neruda. Incandescente é a vontade do poeta de ser amamentado pela terra americana (o que nos recorda "o lombo da vaca era palustre e bela"[1661], de Jorge de Lima). Eis o texto:

> Teu volumoso seio amamentou
> a minha infância (América) de leite
> branco (redondo queijo que espumou
> sua nata e seu soro e seu deleite)
> e enquanto a boca ávida sugou
> um mar de ti (talvez eu fosse um peixe)
> eras a via-láctea amamentando
> o meu céu onde estrelas transbordando
>
> (sim) uma nuvem era a tua teta
> monstruosa de cheia como estava
> com seu mamilo (única chupeta
> que eu não dormia enquanto não chupava)
> tu cantavas o boi da cara-preta
> e (boi) eu te fazia (mãe) de vaca
> pois (cheio de vontades e direitos)

1660. ACCIOLY, Marcus. **Latinoamerica**. Rio de Janeiro: Fundação Biblioteca Nacional, 2001.

1661. ACCIOLY, Marcus. **Latinoamerica**. Rio de Janeiro: Fundação Biblioteca Nacional, 2001.

só vivia pegado nos teus peitos.[1662]

Diz Saulo Neiva, em excelente análise, *Um novo Velho do Restelo*:

> A poesia épica adquire então uma função primordial: através de um canto narrativo que exalta um amor proibido e ao mesmo tempo proclama uma indignação legítima, ela sugere uma alternativa ao célebre "pesadelo da História". Para empregar a expressão elaborada por Florence Goyet, o poeta Marcus Accioly efetua assim "o trabalho épico" que consiste em refletir sobre o presente graças à narração de uma crise antiga.[1663]

Sim, não é só *a tuba canora e belicosa* de Camões, é a irosa tuba da história, que é metáfora. E pelo traço alegórico do poema, é transcendido o elemento anacrônico ingênuo de toda a épica, previsto por Theodor W. Adorno. Mesmo que se não concorde com o excesso descritivo e engajado, esta inseminação intentada por Ernesto Cardenal, mais corpo que espírito, que desequilibra o poema, não nos cabe criar regras para um grande criador, nem veredas para sua andança, que é única e irrepetida. Não cria o mistério, higieniza. Há uma ordem que o instinto rege, mais do que a razão, menos que o delírio, também instinto. Advertia Chesterton: "Há quem queira colocar o mundo na cabeça, ou quem queira colocar a cabeça no mundo."[1664] É a primeira hipótese, sendo a ordem do cosmos, a ordem do poema. Ou mecanismo de combinações no êxtase de sintaxes e signos, organismo inebriado de associações e ritmos. E, como denuncia Valéry: "no início é a fábula."[1665] Ou nem: é o círculo do abismo. Ou círculo na fábula do abismo. Mais tarde, em *Daguerreótipos*, 2008, Marcus publica, a nosso ver, seu mais apurado livro, revelador de sua poderosa força

---

1662. ACCIOLY, Marcus. **Latinoamerica**. Rio de Janeiro: Fundação Biblioteca Nacional, 2001.

1663. NEIVA, Saulo. **Um novo Velho do Restelo**: a épica "satírica" de Latinoamérica. Recife: Bagaço, 2007.

1664. CHESTERTON, G. **Ortodoxia**. Lisboa: Livraria Tavares Martins, 1974.

1665. VALÉRY, Paul. **Variedades**. São Paulo: Iluminuras, 2007.

lírica. Sobretudo no poder de reinventar seres famosos, como John Lennon, Joseph Brodsky, Violeta Parra, Ítalo Calvino, Mário Faustino, Hermilo Borba Filho, Jack London, Leopoldo Lugones, João Cabral, Juan Rulfo, Paul Celan, entre outros, figuras todas de seu particular ou erudito mundo, o seu povo vivente, com o dom raro de os mitificar na arte imperiosa e fabular do soneto. Como, por exemplo, nos tercetos do texto dedicado a Camões: "Tu – do nosso idioma o mais perene – / náufrago, entre o teu livro e Dinamene, / tiveste que escolher a quem salvar. // Mas, salvando Os *Lusíadas*, salvaste / a chinesa que, lírica, cantaste / dentro das vozes épicas do mar. //" Ou a beleza desta homenagem a Bento Teyxeira, nos tercetos: "... Porém / veio a Inquisição, o mal, também / a dor (de "pouca emenda") na costela // que – Felipa Raposa – te traía / e deixaste, matando a poesia, / tua faca enfiada dentro dela". // O círculo do abismo, ou a narrativa circular e dantesca do verso, é a forma com que Marcus Accioly descobre seus personagens, descobrindo a si mesmo. Porque o mito insiste sempre, com a alegoria, onde o arsenal da realidade é a poesia que paira sobre as águas. E poesia de sua melhor febre.

Ângelo Monteiro

Diferente, de poética intimista, é Ângelo Monteiro, poeta, jornalista e ensaísta alagoano, radicado em Pernambuco (nascido em Penedo, em 21 de junho de 1942). Estreou com *Lírica*, 1967. Publicou, entre outros, *Proclamação do verde*, poesia, 1969; *Didática da esfinge*, poesia, 1971; *Armorial de um caçador de nuvens*, poesia, 1971, *Inquisidor*, 1975. Seu livro mais importante é o mais recente – *Todas as coisas têm língua*, 2009. Sua poesia é indagadora, mas, se já filosofasse, não seria poesia. Mantém-se no limiar incandescente, tentando "iludir ou contrariar a realidade."[1666] Caminha para certo entranhamento, ou é o entranhamento que lhe caminha. Num hermetismo de afluência blakiana, que é também armadilha

---

1666. VALÉRY, Paul. **Variedades**. São Paulo: Iluminuras, 2007.

na luz. Poesia fecundada por salmos, hinos, orações, tende à ascese. Ou é variação em torno do perdido paraíso. Mais que técnica do imaginar, é imaginar de coisas que se buscam em língua de alma. A ironia se esconde na piedade, mas que piedade pode ocultar a ironia? Sua sede do divino, que o aproxima de Hölderlin persiste ainda, mesmo sendo "a treva centro de linguagem."[1667] Etéreo, perplexo, capta o mito fugitivo, como sombras, inventando-se no próprio sopro. Limita-se no obscuro, quer o indiviso, o não definível. "Eu te busco no voo mais impreciso / porque só teu sopro em mim se instala."[1668]

Alberto da Cunha Mello

Nascido em 1942 e falecido em 2007. Poeta do Recife, estreou com *Círculo cósmico*, 1966. Artífice do verso, de marcante originalidade, vocação aforística, construtor de poema único, com unidade e força (poema narrativo), habitual nos octossilábicos, é um perfeccionista. Sua técnica renovadora e as imagens de secreta beleza, com versos de calculada estrutura, trabalham os símbolos cósmicos (terra, céu e sol), atrás da luz maior, que é concentrada e móvel. "E a luz do sol, como toalha. / só existe para enxugá-la."[1669] É verdade que sofre na repetição certa confluência cabralina, com o umbroso clima de Augusto dos Anjos, parecendo matemático amontoar de austeras pedras sobre o muro, o livro. Para muitos sua reconhecida obra-prima é *Yacala*, de entranhada beleza. Alfredo Bosi chama-o de "singular orquestração" de octossílabos e redondilhos maiores, com numerados fragmentos. Maneja certo prosaísmo de doçura lírica, arte de aleitar as durezas com mágicas. Tem achados rutilantes, aqui e além, revelando um grande poeta que medita cioso sobre a existência e a sina

---

1667. MONTEIRO, Angelo. **Todas as coisas tem língua**: seleção poética. [s.l.]: Angelo Monteiro, 2009.

1668. MONTEIRO, Angelo. **Todas as coisas tem língua**: seleção poética. [s.l.]: Angelo Monteiro, 2009.

1669. MELLO, Alberto da Cunha. **Dois caminhos e uma oração**. Recife: Instituto Maximiano Campos, 2003.

humana. E *Yacala* é vocábulo quicongolês, que significa "homem, marido, namorado". Anota:

> Debruçado sobre uma estrela a crescer à luz de seus cálculos, mal sabia da outra, raiando no seu corpo, sem o espetáculo dos assédios, sem o alarido do vento a forçar os postigos; quando a morte não dá sinal, pensa-se em décadas inteiras, quando não se pensa imortal, com paciência, se procura escolher a viagem madura.[1670]

Ou "busca Yacala, sobre a lama, / traduzir em cifras exatas / a voz do cosmo em voz humana, / domar a luz ou convertê-la / numa só e única estrela."[1671] Para nós, o mais realizado livro do poeta, é o extraordinário – *O cão de olhos amarelos*, 2006. Utiliza a reiteração dos primeiros versos e dos penúltimos nos últimos, com efeito de dramático ritornelo. "Agora vêm sujá-lo as botas / de algum fiscal da prefeitura, / que o leva no laço, enforcando-o, / sem um latido de protesto / que o leva no laço, enforcando-o / sem um latido de protesto."[1672] Possui algo do poeta W. H. Auden esse cantochão narrativo, ainda que canse no processo badalante dos versos, acirrados desde *Yacala*. Menciono este fragmento dos poemas inéditos: "Poucos mortais, em meio à fuga / digital, já se aperceberam / perder o domínio dos olhos / que seus olhos enlouqueceram."[1673] E termina: "uma classe cheia de garras / e adoecida pelas farras."[1674] Crítico ferrenho, com certo ritual prudencioso ou moralista, por vezes forçado e de dentro para fora, move a inteligência do poema, este ser de muitos olhos, instigantemente vivo, que o torna fascinante e vulnerável. Predisposto a se autodefinir. Não por natureza, por obstinação.

Domício Proença Filho

1670. MELLO, Alberto da Cunha. **Dois caminhos e uma oração**. Recife: Instituto Maximiano Campos, 2003.

1671. MELLO, Alberto da Cunha. **O cão de olhos amarelos**. São Paulo: A Girafa, 2006.

1672. MELLO, Alberto da Cunha. **O cão de olhos amarelos**. São Paulo: A Girafa, 2006.

1673. MELLO, Alberto da Cunha. **O cão de olhos amarelos**. São Paulo: A Girafa, 2006.

1674. MELLO, Alberto da Cunha. **O cão de olhos amarelos**. São Paulo: A Girafa, 2006.

Nasceu no Rio de Janeiro, em 1936. É poeta, romancista, ensaísta, Mestre de Ensino Superior de Doutorado, escreveu o magnífico *Poesia dos Inconfidentes* (onde se destaca o pesquisador, 1996), o renomado livro usado nas escolas, *Estilos de época na literatura*, 1973, escreveu *Capitu – memórias póstumas*, 1998, encenado por Fernanda Montenegro na ABL. É autor do *Oratório do Inconfidente*, poesia, 1989. Entre outras, de investigador e organizador da criação contemporânea, inclusive uma *Antologia didática de* Rubem Braga, em 1997. Editou o seu mais importante livro de poesia, *O Risco do Jogo*, em 2012, que revela a visão da poesia domiciana. O lado do *ludus*, ou da invenção verbal, e o lado do risco. Porque o que é vivo devora. E poeta é exatamente o que sabe correr o risco, por lutar contra as palavras. Algumas das epígrafes já iluminam o sentido dos poemas. Mas o que nos atrai é a voragem libertária que deles emerge, a precisão de existir, com a madureza, com o uso de uma racionalização que se torna onírica: "Vê a penumbra apenas / e procura o aconchego / no áspero seio duvidoso / da caverna." Toca-me neste verso o balbucio entre o duro e o suave, a antítese permeando este tempo de viver. E algo novo na sua poética, o capítulo que trata da cantiga de amor e amigo: "Em estado de graça / eis-me à mesa / desse amor / que me ofertas / livre / e me arrebata / ancestral / alma que fala a alma." Há uma leveza, e diz Chesterton que os anjos são presos da leveza. Também o amor é carregado de leveza. Os que se buscam, levitam. Poesia nobre, que não teme o risco, não teme a cumplicidade do jogo, sabendo fazer a palavra levedar em plenitude. E, parafraseando Maurice Blanchot, nem a longa faca do curso de água há de deter essa palavra. *Por guardar fulgor.*

Antonio Cícero

Nasceu no Rio de Janeiro, em 1945. Poeta, pensador, ensaísta. Publicou de estreia, *O Mundo desde o Fim*, 1995, tornando-se conhecido como poeta com *Guardar*, 1996, e com *A Cidade e os Livros*, 2002. Une a difícil simplicidade com a argúcia do pensamento. Mesmo que tenha defendido – com muitas razões – as diferenças entre a poesia e a filosofia, como ocorre em seu volume

Poesia e Filosofia (2012) e que "a poesia está no poema e a filosofia nas ideias", a fronteira é tênue, a palavra larga e o mundo maior ainda. Sua poesia trabalha o cotidiano com o verdor de estar vendo as coisas existirem. Mas "o pensar sentindo", de Pessoa, o acompanha na criação poética, onde a concisão se mistura ao equilíbrio no prumo do verso. *Canção do prisioneiro*, por exemplo, é tocante pela forma de conversa com a própria cela. Tocante também é a "canção do amor impossível." Ou achados verbais que honram a poesia como "a glória mineral do céu". Cícero não deve a ninguém por estar maduro de palavra. Seu sotaque é visível, como ondas na praia do texto. É erudito e não se vale disso. Trata com seriedade a matéria de poesia, usa o fogo das mãos. Flui o verso, por deixar fluir a alma. Vejam, leitores, esta maravilha: "Não sei bem onde foi o que perdi; / talvez nem tenha me perdido mesmo, / mas como é estranho pensar que isto aqui / fosse o meu destino desde o começo (perplexidade)." Ou a beleza de *Alguns versos*, soneto exemplar. O critério crítico perpassa na escolha dos poemas, na dicção direta e despretensiosa e aí é que vige o mistério. Afirma o poeta que o silêncio dos espaços infinitos nada lhe diz e de nada serve, todavia teve a justeza de criar seu espaço -- que não precisa ser infinito, mas vivo, inquietante, como se pudesse dizer a última palavra.

Luiz Coronel

Poeta gaúcho, cronista, letrista importante no cancioneiro do pampa, editor de livros de arte, sobre Carlos Drummond, Clarice Lispector, Guimarães Rosa, Erico Veríssimo, Mário Quintana, García Márquez, Fernando Pessoa e outros, cria a poesia brasileiríssima de um domingo ensolarado. Seu livro não descansará na prateleira – o leitor estava à espera. Conhecerá os aposentos e a sala de estar, ficará na sacada, na escrivaninha, na cabeceira. Jamais parado no pó. Em constante movimento. E saboreado devagar, "como quem bebe água / na pura concha das mãos". É uma obra lida, relida, para ficar perto como uma carta, passar de ouvido em ouvido como um conselho necessário, ilustrando as experiências de cada um, dando palavras exatas ao discurso amoroso. Esqueça os calendários! Na poesia, o tempo não existe. "Há somente estações", como avisa Gaston Bachelard. Poeta é aquele que instaura uma nova conexão entre vocábulos, articulando sentidos ao cotidiano, entre fantasia e vivência.

Apesar da alta patente registrada no nome, Coronel faz uma poesia sem hierarquias. Realiza o milagre da multiplicação dos girassóis e primaveras. Cronista lírico de nossos dias, fotografa estados de espíritos à luz da natureza. Expõe conflitos de idades e gerações, pais e filhos, mudança de hábitos e o desregramento do consumo. Bardo meticuloso, não fornece respostas, mas desenterra a raiz dos problemas. Desarma preconceitos, reorganiza os lugares-comuns de tal forma que ninguém os reconheça. E há várias vertentes na escrita de Luiz Coronel que desembocam na afeição do leitor. A primeira, com poemas a pampa aberto, com descrições da derrubada atroz das Missões Jesuíticas, bravura dos farrapos e as fronteiras do combate: "Ó redução! Torres sem pombas, sinos no chão". A segunda consiste nos poemas eróticos e sedutores, como "A moça no banho", "Namorados" e "Quando a porta se abre", executando os dilemas de uma relação afetiva, em que o verso Matilha de Amores é eficiente amostra: "Eu te amo, / tu me amas / qual dos dois se odeia mais". Na poética amorosa, Coronel prefere ser vinho tinto a branco. A balada "Da cama" sintetiza o embalo das ondas e do barco. Como círculo, há o pleno revezamento entre o feminino e o masculino dos substantivos. A terceira corrente destaca o lado social. Retratando o desemprego, o menino na sinaleira, as drogas, os prazos e a correria que impedem a solidariedade. A amizade se transforma em antídoto: "o abraço é um abrigo". Datas festivas queimam a pólvora da ironia, como em "Dia dos Finados": "Pré-datamos / a ressurreição anual de nossos mortos". A quarta e última é dedicada ao memorialismo, aos familiares e à solidão que é carregar de memória. Os retratos pungentes do pai e da mãe encorpam a atmosfera inaugural dos dias, a dramaticidade da evocação: "o pai / não teme a treva / nem barulhos do pátio".

Coronel é herdeiro da tradição oral, dos causos e das canções, com poemas que possuem articulação cênica e rara musicalidade. Seus versos entoam milongas de paixão e desespero, regendo sempre o mover da denúncia: "O sol com seus tambores / O amor, / com seu triste violoncelo". Impressiona a virtuose rítmica, transfigurando a morte. Nutrindo parentesco com o minuano. E na respiração do vento. O Rio Guaíba, que banha Porto Alegre, seria o equivalente a um Tejo indisciplinado que não economiza claridade nas margens. Fernando Pessoa na pele de Alberto Caeiro já advertia: "O rio da minha aldeia não faz pensar em nada. / Quem está ao pé dele está só ao pé dele".

Geração de 70: Adverte T. S. Eliot que "Podemos dizer que a tarefa do poeta, é apenas indireta com relação ao seu povo: sua tarefa direta é com sua língua, primeiro para preservá-la, segundo para distendê-la e aperfeiçoá-la. Ao exprimir o que outras pessoas sentem, também ele está modificando seu sentimento ao torná-lo mais ciente."

Vale registrar gerações de poetas que se distinguem, nomes e algumas obras, com peculiaridades próprias, nessa tentativa poderosa de renovar a criação poética contemporânea.

Cada um dos integrantes perseverando no aperfeiçoamento da língua, buscando ser na voz pessoal, uma voz do tempo e da história. Certo de que não é a poesia que inventa a voz, a voz que inventa a poesia. Como não são as gerações que inventam a dicção, mas a dicção que vai inventando as gerações.

Mallarmé diz que "A poesia não se faz com ideias, realiza-se com palavras". Todavia, como observa Mário Faustino, "a criação da fantasia é justamente o próprio ato, a palavra viva."

Examinando a "Geração de 70", que segundo Afonso Henriques Neto "há o discurso interessado no quotidiano, buscando forte integração entre poesia e vida", com denúncia da opressão política da época, seja da "poesia marginal", antologiada por Heloísa Buarque de Holanda, ou o grupo que se denominou de *Nuvem cigana*, exercitando a oralidade da poesia. E na memória é saliente a presença de Ana Cristina César, já falecida, que muitas vezes apagou as lindes entre poesia e prosa. Constata-se, além disso, serem as gerações demarcadas pelas datas de publicação do primeiro livro.

Entre os seus poetas importantes, seguindo o delineamento de Afonso Henriques Neto, há que citar Dora Ferreira da Silva, tendo sua poesia reunida, em 1999, natural de Conchas, São Paulo e falecida em 2006, com certo prosaísmo metafórico, à sombra mitológica, entre o ritual e o sagrado.

Valinho Alvarez, carioca, que se sobressai a meu ver com *O solitário gesto de viver*, 1980, entre outros livros. Ao nosso ver, é urbano, sob o peso da mochila de fortes e vibrantes imagens. Mereceu de Delia Cambeiro, o ensaio *A Cidade e o olhar do Poeta*, concluindo que a obra de Reynaldo é metáfora e metonímia do mundo/cidade."

Olga Savary, paraense, já falecida, tradutora, alcança uma poesia contida, exata, corporal, amorosa, com claridade, entre segredo e desejo, destacando-se, entre outros volumes, *Altaonda*, 1979.

Anderson Braga Horta mineiro de Carangola, residente em Brasília, de quem destaco, *Exercícios de Homem*, 1978. Poeta com grandeza, humanidade, domínio verbal, impondo-se como importante criador brasileiro. Com implacável fidelidade à palavra. E nesse mesmo plano, é a mineira de Divinópolis, Adélia Prado, marcante por sua visionaridade, ou selo divino com rosto humano. E timbre pessoalíssimo. Tendo publicado sua *Poesia Reunida*, 1991.

Em igual linha de força, Astrid Cabral, (entre os seus livros, saliento *Jaula*, 2006), ora confessional, telúrica, mágica diante do abismo do ser. Também outro nome, com garra inventiva, visão original, o baiano Ruy Espinheiro Filho (*Poesia Reunida e inéditos*, 1998). E nesta geração, Paulo Leminski, curitibano, talvez o mais popular, de feição pop, com explosões de ópios e sóis ou fugidios instantes do real. Dele saliento *Os melhores Poemas*, 1996. Vale, da mesma forma, suscitar o nome de Afonso Henriques Neto, antologista desta geração, (*Cinquenta Poemas Escolhidos pelo Autor*, 2003), mineiro, poesia que se fragmenta, com imagens que se acumulam, como vulcão silencioso, ao armar lavas de metáforas. E entre esses, não há que esquecer Tanussi Cardoso, carioca, (*Exercício de Olhar*, 2006), que bem desenha sua poética, de confluência oswaldiana, no verso "ossos de nuvem", mostrando a relação do concreto e o inefável na criação. É de ressaltar, entre os poetas, o nome do letrista de música popular e poeta Waly Salomão (*Algaravias*, 1996). É um ser rimbaudiano, com exuberância órfica, erudição e o mistério labial dos sonhos. Alcides Buss (*Pomar de palavras*, 2000), catarinense, com absorção de dicções poéticas, com conquistada simplicidade. Rita Moutinho (*Sonetos dos amores mortos*, 2006), carioca, exímia sonetista. Chacal – (Ricardo de Carvalho Duarte, carioca), líder da Geração do Mimeógrafo, num projeto alternativo de unir futebol, carnaval e poesia. E a presença quase mítica de Oswald de Andrade, vinculado ao grupo *Nuvem Cigana*, nome de seu livro, em 1979, com o uso da oralidade na poesia, num "comício de tudo". Suzana Vargas, gaúcha de Alegrete (*O amor é vermelho*, 2005), coloquial entre infância e o abismo do amor, afim de Manuel Bandeira. Denise Emmer (*Poesia Reunida*, 2002), rica imagística, contensão verbal, com música e mágica no idioma de ver. Admirável presença na nossa poesia. Com discurso mágico nos desertos e a consciência do deserto. Em obra, na lição de Octavio Paz, "sempre inacabada," entre espólios de estilhaços.

 Pedro Paulo de Sena Madureira, carioca (*Rumor de facas*, 1989), poeta que reúne a vertigem de imagens e a linhagem de Mallarmé e Drummond. Editor, lúcido crítico, generoso na visão, esconde sua imensa força criadora na realização dos editados. Na exigência e rigor, se encolhe. Nomes que se sobressaem, entre outros: Miguel Jorge (também importante ficcionista), Régis Bonvicino, Tereza Tenório, Elisabeth Veiga, Maria da Paz Ribeiro Dantas, Claufe Rodrigues, Aricy Curvello, Bernardo Vilhena, Cláudio Mello e Souza (com "amanhecer dos mugidos" e rica visão campeira), Adão Ventura, Alex Polari, Júlio Castañon, Moacy Cirne (introdutor do Movimento da Poesia-Processo, ou "objeto verbal"), Eudoro Augusto, Duda Machado, Ronaldo Santos (e a ironia com o verso de

Mallarmé: "um lance de doidos jamais abolirá os dados"), Lucila Nogueira, Elizabeth Hazin, Antônio Barreto.

Por sua vez, Antônio Carlos Secchin e Geraldo Carneiro, estão anteriormente analisados, à parte, nesta História.

> E eis que aparece, não por acaso (não existe acaso no espírito), uma nova geração de importantes poetas, com diversas tendências, a partir de 1970-1980

Outros nomes mais recentes

Ana Cristina César (Rio – 1952-1983), poeta e ensaísta, com destaque pela publicação de *A teus pés*, 1982, que revela sua singularidade, truncada pela prematura morte, pois *conheceu o deserto e não viu o mar*, parafraseando os versos de Emily Dickinson.

Outros: Antônio Carlos Secchin (surgido em 1973), poeta e ensaísta, na Academia Brasileira de Letras, autor de *João Cabral de Melo Neto: poesia de menos*, e, entre outros livros, com destaque na poesia, *Todos os ventos*, 2002. Sua poesia não vale pelas tendências e ressonâncias (Cabral, Cecília, Gullar), mas importa pelo que alcança através delas, uma voz singular, simples, tocante e direta, antilírica e lírica, com sonetos exemplares, trabalhando "o lado além de outro lado", certo de que o canto é precário. E que, ao operar o silêncio, despluma devagar o mito. Marco Lucchesi (*Poemas reunidos*, 2000), poeta que reúne o erudito e o tom metafísico com imagens insólitas e belas. É também um crítico agudo de nossa cultura. Romancista em *O Dom*, em torno de Machado e sua época, com seres viventes e um enredo envolvente. Seu ensaio sobre Dante e a *Divina Comédia* é a marca do pesquisador e amoroso do grande poeta italiano. Diz não acreditar na história literária, mas na história que os livros criam, esquecendo-se do parecer recente de Ricardo Pigglia, que assegura "ser a crítica literária a mais afetada pela situação da literatura. Sumiu do mapa. Os melhores leitores atuais são historiadores." Pertence à Academia Brasileira de Letras. Adriano Espínola, com *Beira-sol*, 1997, exemplar no lirismo, no cantar deste tempo oblíquo, tendo vigorosa invenção poética, que se alia ao pensamento orgânico, sumamente crítico. Chacal (que se notabilizou como representante da *poesia marginal*), Donizete Galvão, Sebastião Uchôa Leite, Carlito Azevedo (*As banhistas*, 1993 e a antologia *Sublunar*), Paulo Henriques Brito, Affonso Henriques Neto, Tite de Lemos, Weydson Barros Leal, Afif Jorge Simões Filho (galardoado com o Prêmio Apesul de Literatura, tendo, entre os jurados, Mário Quintana) natural de São Sepé, RS. Publicou *O menino submerso*, 1983, onde aparece o exímio e mágico sonetista Nicolas Behr, Pedro Paulo de Sena Madureira (*Devastação*, 1979), Luiz Antônio Cajazeira Ramos (primoroso sonetista), Vera Lúcia de Oliveira (*O ser em oscilação*, crítica que une lucidez e simplicidade, além de exemplar tradutora), Ruy Espinheira Filho (*Memória da Chuva*, 1997), Isaac Starosta (*Poemas ao portador*), Pedro Port, poeta de *Vento Sul*, 1979, *Bodas de Verão e outros poemas*, 1996 e *Cântaros*, 1994, admirável tradutor de *Cânticos dos Cânticos*, de *Salomão*, na versão de Fray Luis de León, Antônio Carlos Osório (*Bestiário lírico*, 1997), Donizete Galvão (1986-2013), poeta e jornalista, estreou com *Azul Navalha*, em 1998, indicado ao Jabuti. Sua melhor realização foi *O homem inacabado*, 2010, com verbo depurado e aguda percepção das coisas. Conseguiu – o que é raro – limpeza de atritos no verso e leveza de voo. Vicente Cechelero (já falecido), Arnaldo Antunes (*Tudos*), que consegue a difícil relação entre a palavra (próxima ao Concretismo) e a música. Claufe Rodrigues, Alexandra Maia, Salgado Maranhão (*A cor da palavra*, poesia reunida, 2009, sotaque inventivo e novo), Alexei Bueno (de forte originalidade; *Poesia reunida*, 2003 e *Árvore seca*, 2006), Nelson Ascher (*Sonho da razão*, 1993), Cláudio de Melo e Souza, Joanyr de Oliveira, Miguel Sanches Neto, Lenilde Freitas, Regina Célia Colônia (*Sumaimana*), Ronaldo Costa Fernandes (*A máquina das mãos*), Eunice Arruda, Maria Carpi (*Sombras da vinha*, poesia de raiz filosófica), Moacyr Amâncio, Ruymar Andrade, Régis Bonvicino, Oscar Gama Filho (*O relógio marítimo*, 2001), Luiz Coronel (*Os cavalos do tempo* e *Álbum de retratos*, um dos mais importantes criadores do novo cancioneiro gaúcho), Alice Ruiz, Roberto Almada (1935-1994), Carlos Ayres Britto (sergipense, Ministro do Supremo e precioso poeta de aforismos em *Varal de borboletras* e *A pele do ar*), Iacyr Anderson Freitas, Fabrício Marques, Luiz Augusto Cassas, Júlio Polidoro, José Eduardo Degrazia (que se distingue, sobremaneira, hoje, na literatura gaúcha, com várias traduções ao Exterior, com livros como *Corpo do Brasil*, poesia, 2011; *A flor fugaz*, sonetos, 2011; *Um animal espera*, poesia, 2010; *Os leões selvagens de Tanganica*, contos, 1996 e o extraordinário relato ficcional *A fabulosa viagem do mel de Lechiguana*, 2008. Há que lembrar: César Pereira, precursor da poesia visual, com *Poenigma*, entre seus livros, está *Dardos de Ajuste*, 1974 e *Porta de Emergência*, 1989, com dicção contida, e sua temática é a do esmagamento do homem. Dilan Camargo, outro gaúcho, itaquiense, com uso de musicalidade e ironia, destaca-se com *A fala de Adão*, 2000. E Tarso Genro, atual governador do pampa, jurista com inúmeros trabalhos, publicou *Acorda Palavra*, 1968 e *Lua em pés de barro*, 1977, poeta de uma razão que sabe amadurecer os sonhos. Jaci Bezerra (exímio sonetista), Dilermando Vieira (goiano de acento metafísico), Milton Torres (inventor de *andaimes--poemas*), Jorge Adelar Finato, Alcides Buss (o inventivo e mágico, *Absim*, 1976), Luís Busatto, Reinaldo Neves, Miguel Marvilla (já falecido, natural do Espírito Santo), Ronaldo Costa Fernandes (com o humor dúplice de *A máquina de mãos*, 2009), Maria Luísa Ribeiro (de Goiânia, com seu *O pássaro de bico de ferro*, 2009), Renato Rezende (poeta que se impõe pela exatidão e o ativo silêncio), Luiz Otávio Oliani, Ferdinando Berredo de Menezes, (*Clarividências do nunca*, 1993), Marien Calixte (*A lua imaginária*, 1994), João Carlos Taveiro (natural de Caratinga, Minas, estreou em 1984, com *O Prisioneiro*, sendo a *Arquitetura do homem*, 2005, sua melhor realização. Sonetista exímio, de verso curto e eminentemente musical. Devem ser referidos, ainda, Antônio Miranda, Eduardo Sterzi, Antônio Franceschi (a lucidez contida de *Fractais*, 1990), Rita Moutinho (pesquisadora de língua e literatura; sonetista inventiva, rica de achados e ritmos), o paraense Raimundo Gadelha (autor de *Dez íntimos fragmentos do indecifrável mistério*, 2012; com versos longos, inclina-se sobre a morte e a razão de existir), o mágico Fernando Fábio Fiorese Furtado (*Dicionário mínimo*), Sylvio Bach, reconhecido cineasta, poeta que, em vários livros, desenvolveu uma poética do erotismo, em que. ao meu ver, se destacam *Moedas de Luz* e *Eurus;* Diógenes da Cunha Lima, que metaforiza, plasticamente, a paisagem nordestina, com a vinculação ao corpo, sobretudo *em Memória das águas;* Sanderson Negreiros, com sua *Fábula-Fábula,* gravando em lances exatos a cintilação do mito; Elisa Lucinda (hábil e rico aproveitamento da oralidade), Carlos Augusto Corrêa, Roberto Pontes, Aníbal Beça (1946 - 2009), Felipe Fortuna, Leonardo Fróes, Raquel Naveira, Edimilson Pereira, Prisca Agustoni, Reynaldo Damazo, Nelson Nunes, Paulo José Cunha (com suas memórias, com *a gaiola de encher nuvens*), Horácio Costa, Fabrício Carpinejar (poeta, ensaísta e cronista primoroso, autor de *Um terno de pássaros, ao sul* e *A terceira sede,* entre outros que o colocam em posição de evidente realce, entre os nomes importantes da nova geração, Eucanãa Ferraz (*Rua do mundo*, 2004), Fabrício Corsaletti (autor de *Movediço,* 2001; *Esquimó,* 2009: poesia forte, com uso de repetições e inesperados efeitos), Frederico Gomes (*Nada feito nada*), Flávio Luís Ferrarini (*Minuto diminuto*, 1990), Susana Vargas, Eduardo Dall´Alba (*Os bens intangíveis*, 2006), onde lírico e épico se mesclam, com olhar sem piedade. Ou "poesia sinal de menos quando não"), Luís Augusto Cassas (estreou em 1981, com *República dos becos),* publicou sua *Poesia Reunida,* em 2012, *A poesia sou eu.* E anota: "ao penetrar neste país / deixe a alma entreaberta / quem dorme em S.. Luís / acorda poeta". Poeta que se dissolve no eu do mundo, reúne ironia e abismo, o desespero social e o místico, com variedade de ritmos e conjurações. Tanussi Cardoso, Geraldo Carneiro (voz peculiar e órfica: *Lira dos cinquent´anos,* 2002, Luciano Maia, Pedro Galvão, o vigor inventivo de Waly Salomão (1952-2003). Denise Emmer (*Lampadário,* 2008, com voz marcante), Rodrigo de Haro, com destaque aos seus livros de poema *Pedra Elegíaca,* de 1971, e *O filho da labareda,* de 1985; é poeta e pintor. Nasceu em Paris, em 1939, e está radicado em Florianópolis. Sobresssai-se pela originalidade. Os novíssimos, a órfica Mariana Ianelli, com *Almádena, O amor e depois, Fazer o silêncio* e *Treva alvorada,* já com percurso pessoalíssimo entre o amor e o mito. O arquiteto de poemas, Marcus Vinicius

Quiroga; Rogério Xavier, com voz alarmada entre o vazio e o silêncio; Antônio Ventura, que, depois de ser *o Catador de palavras* (2007), passou ao ofício de *Guardador de abismos*, 2014. Seu mérito é o relato da transitoriedade. Não é *a educação pela pedra*, de João Cabral, nem *a educação dos sentidos*, de Haroldo de Campos. É no apuro das imagens, uma educação do abismo. Registro, igualmente, o inventor de novas formas, Flávio Castro, e a figura que surge com "arrebatamento lírico", no dizer de Lêdo Ivo, que é o poeta e crítico, Diego Mendes Souza, filho da Parnaíba, (1989), de que muito se dirá, tendo publicado *Fogo de Alabastro, Candelabro de Álamo* e *Metafísica do Encanto*, com a expressão de um novo Simbolismo, com ambição e alteza. Diego é advogado, indigenista e extraordinário crítico literário, analista profundo e erudito. Além dos volumes já mencionados, saíram vários livros seus, em 2019: *Finais de Verdes Luzeiros, Viajor de Altaíba, Tinteiro de casa e do coração desertos, Gravidade das Xananas e Vales Náufragos*. Donde se depreende que, salvo as publicações iniciais e com essas, no mesmo ano, não se percebe uma trajetória que se vai ascendo, pouco a pouco, mas uma explosão de amadurecimento estético, o que é curioso e admirável, impondo-se um horizonte lírico poderoso, onde se canaliza forte amor á terra natal, a presença marítima, com temas que se entrelaçam, harmoniosamente, como amor, a morte, a solidão, a miséria, o limite. Ou a coragem de "mergulhar no clarão", traduzindo lembranças em precioso armazém verbal, assumindo certa mitologia mágica. E um nomadismo, aliado a uma alquimia que não se perturba com a incandescente alucinação de beleza, certo, com Blake, de que "a exuberância é beleza". Busca sempre e obstinadamente, o que determina a sua grandeza, o que Octávio Paz chama de "convocação do tempo original".

Disse alguém, do alto de sua sapiência, que a literatura não evolui. Então os sonhos não evoluem. Nem a humanidade teria evoluído, porque a morte não evolui. E nós que achamos, com Camões, que "o mundo é composto de mudança", deixamos os matemáticos e cientistas despreocupados, por não haver para eles absoluto. Sendo o tempo desvairado erro da imaginação. Ou erro de consciência. Mas a poesia nada tem disso tudo. Hiberna de uma estação a outra, como a semente no estômago do pássaro, o século de uma estação a outra. Cabendo a Longinus, em seu *Livro de vidências*, a última palavra, ao afirmar que "até o céu tem infância". Como a poesia é povoada de infâncias. Mais ainda as palavras de cada poeta. Ou as interminadas infâncias de cada leitor.

Novos valores da literatura brasileira - na poesia

Geração de 50: a geração de 60 já foi analisada anteriormente. O crítico gaúcho André Seffrin, ao antologiar a Geração de 50, admoesta, citando José Guilherme Merquior, salienta: "De maneira que o retorno à poesia daqueles "requintados artífices de ritmo e imagem", foi decisivo para a melhor poesia brasileira do período, vinculada também a uma modernidade que buscava retomar, em face de novas realidades de tema e estilo, formas poéticas esquecidas ou eventualmente estigmatizadas, a exemplo do soneto". E é uma poesia que volta a centralizar o humano, como núcleo de poesia. Alguns nomes, entre outros.

Geraldo Pinto Rodrigues (*O punhal do tempo*, 1978).

Paulista de Jardinópolis, já falecido, jornalista, ensaísta e professor. Poeta de forma elaborada, entre a geração de 45 e as soluções do modernismo, sobretudo Manuel Bandeira, guarda síntese, a pungência do tempo e plasticidade.

José Santiago Naud (*O centauro e a lua*, 1964).

Gaúcho de Santiago, já falecido. Poeta ligado à natureza e ao pampa, com voz pessoal, imagética surpreendente e sabedoria rítmica, marcou sua presente na criação contemporânea. Vejam a beleza destes versos: "Um pássaro pousa no pasto. / Meu relincho o levanta."

Zila Mamede (*Navegos / A herança*, 2003).

Natural de Nova Palmeira, Paraíba, faleceu em Natal em 1985. Ensaísta. De rica plasticidade, contensão e ritmo. Com a música da terra.

Reynaldo Jardim (*Particípio presente*, 1954).

Jornalista e teatrólogo, já falecido. Poeta de *Joana em flor*, 1965, preocupado com o tempo, a vida, a morte, com voz social e forte lirismo.

Celina Ferreira (*Espelho convexo*, 1973).

Mineira de Cataguases, já falecida. Jornalista. Criou uma poesia densa, melodiosamente rítmica e cristalina.

Lupe Cotrim Garaude (*Inventos*, 1967).

Nascida em São Paulo e faleceu em 1970, em Campos do Jordão. Poesia de originalidade, com o sentido de provisoriedade e busca do amor, em versos de cristal puro.

Fernando Mendes Vianna (*O silfo - hipogrifo*, 1972).

Carioca, faleceu em Brasília em 2006. Extraordinário tradutor da poesia espanhola. Poeta que conheceu no verso, "a proclamação do barro", depurado e intenso, entre o fantástico e o apocalíptico.

Poetas da geração 80: Entre Drummond, João Cabral e os concretistas, esta geração criou seu espaço e independência, num país de transformações, entre a Lei de Anistia e o sopro da liberdade, com o retorno democrático. Haroldo de Campos denominou este momento de abertura política e intelectual, como "pós-utópico". Com o predomínio, segundo o antologista e poeta Ricardo Vieira Lima, de "romances políticos, históricos e memórias de exílio". E esse período é assinalado por Salgado Maranhão, como "poesia reflexiva e consciente do uso da palavra". Além da tradução por Augusto, Haroldo de Campos, José Paulo Paes ou Ivan Junqueira, de notáveis poetas estrangeiros, como Ezra Pound, cummings, Eliot e outros. E no parecer do poeta Francisco Alvim, a poesia desta geração "foi escrita para ser lida". E a lírica, então, apresenta-se, para Ricardo Vieira Lima, com várias facetas: a) Lírica de tradição; b) Lírica de transgressão; c) Lírica vitalista; d) Lírica de síntese ou unificadora. Preferimos seguir a linha da Lírica de Tradição, Lírica de Transgressão e Lírica de síntese ou plural. Nomes destacados na Lírica de Tradição: Os integrantes da primeira vertente são cultores e artífices do verso, abeberando das velhas e novas fontes de grandes autores estrangeiros, com os temas eternos e sempre renováveis de amor, vida e morte.

Darcy França Denófrio (*Amaro mar*, 1988). Goiano, lúcido e reconhecido ensaísta, propagador generoso da literatura goiana. Poeta da natureza, perplexo diante do amaro mar das coisas, numa visão da lírica tradicional, sem se dar ao senso de invenções verbais, com o uso sábio da rima, no paginar de imagens.

Aleiton Fonseca (*As formas do barro e outros poemas*, 2006). Baiano, da Academia de Letras da Bahia, ficcionista de força e invenção, organizador do livro sobre Sosígenes Costa, tendo coautoria de Cyro de Mattos. Dentro de um vezo tradicional, seguindo a foz de um Gregório Matos Guerra na ironia, combinado com a herança de um Drummond e Cabral ou Jorge de Lima, sempre com forte raiz telúrica. Com o ânimo de "riscar os sonhos no muro". Certo de que "somos poucos, impossíveis e bastos".

Iacyr Anderson Freitas (*Oceano coligido*, antologia, 2000). Mineiro, engenheiro civil, contista, agudo crítico, pertencente a um talentoso grupo de poetas de Juiz de Fora. Poesia rigorosa sob a educação da pedra e do ferro cabralino-drummondiano, ligado à terra de Minas e sua história ou às engrenagens subterrâneas do tempo. Denso, construído, com toque irônico e fraterno, lidera importante afluente poético de sua geração.

Luís Antônio Cajazeira Ramos (*Temporal temporal*, 2002), Baiano de Salvador, formado em várias universidades, engenharia, medicina, agronomia, direito e educação física. Integrante da Academia de Letras da Bahia. Advogado e funcionário do Banco Central do Brasil. Sonetista dos mais exímios, sendo mestre reconhecido nesta forma fixa, dentro da tradição luso-brasileira.

Alexei Bueno (*Poemas Reunidos*, 1998. Carioca, antologiador, importante ensaísta. Alexei utiliza imagens vivas, duras, incandescentes da realidade, com choque de oposições, do plasma de saber que a alucinação, tem do abismo a beleza e no fulgor, o cristal da sombra e que se encontra, com voz ancestral, na criação de Cruz e Souza e Augusto dos Anjos. Lucidez e raiz pessimista, vincada a Machado de Assis, solidifica o poema de Alexei. De humanidade orgânica, no escuro da luz.

Lenilde Freitas (*Desvios*, 1987). Paraibana, de Campina Grande, Mestre em literatura, com cursos no Exterior. Poeta elegíaca, contida, com rica imagética, de excelência na feitura poemática, é uma voz que se impõe nesta geração pela singularidade.

Leonor-Scliar Cabral (*Memórias do Sefarat*, 1994). Gaúcha, Mestre em literatura, foi Presidente da Associação Brasileira de Linguística e da International Society of Aplied Psycholinguistics. Poesia de forte oralidade, vinculada às canções sefarditas e ao romanceiro de Espanha, com alguma sombra lorquiana. Transformando, em perspectiva inovadora, a medida velha em nova e mais dúctil. Com ancestral musicalidade.

Lírica de Transgressão

Age de Carvalho (*Arquitetura de ossos*, 1980). Paraense. Diretor de arte da revista austríaca *Copy*. Reside entre Viena e Munique. Sua poesia busca nova sensibilidade, com trabalho que tenta romper o verso tradicional, seguindo a corrente dos poetas inventores, de Ezra Pound, quebrando paradigmas, numa pessoalíssima técnica do verso. Prosaico e visual, alcançando, sob a confluência de Auden ou Celan, a noturna floração do mágico.

Horácio Costa (*Fracta: antologia poética*, 2004). Paulista, arquiteto e urbanista, tradutor de Octavio Paz, Elizabeth Bishop e César Vallejo, optou na poesia por certo prosaísmo, ruptura do verso tradicional, com o narrativo e psicológico. E a palavra como "o crescimento de uma larva", que é cidade e rosto humano.

Antonio Risério (*A banda do companheiro mágico*, 1981). Baiano, antropólogo, historiador e tradutor, usa sabiamente a lição do espaço concretista, entre ironia e sarcasmo, com crítica social, com acumulação de imagens que chocam com o inesperado ("cidade estrela de treva / porca comendo a ninhada").

Edimilson de Almeida Pereira (*As coisas arcas*, 2003). Mineiro de Juiz de Fora, do Grupo de Poetas, com Iacir Anderson Freitas, Fernando Fábio Fiorese Furtado, integrantes de Antologia de português/castelhano, doutor em comunicação e cultura, trabalha sob a confluência drummondiana, com original desencadear de metáforas, ou assoalho de um sonho, que de inventar, não enferruja.

Arnaldo Antunes (*Melhores poemas de Arnaldo Antunes*, 2010). Paulista, cantor, compositor, integrou o grupo dos Titãs. Poeta altamente inventivo, que soube transformar em palavra viva a experiência concretista, desintegra sob à sombra de cummings, com sotaque peculiar, a luz das palavras, tirando sentidos novos, onde vige igualmente forte musicalidade. Outros poetas, com mesmo espírito de renovação verbal, Lu Menezes, Cláudio Nunes de Moras e Carlos Ávila.

Lírica de Síntese ou Plural

Adriano Espínola (*Em Trânsito: Táxi/Metrô*, 1996). Cearense, ensaísta maior, arguto, mestre de literatura, estudioso de Gregório de Mattos e da criação contemporânea, contista. É poeta de altitude, grandeza, preocupado com o social, com rigor no verso, com mundo metafórico próprio e originalíssimo. Traz ao bojo da poesia a favela, o lote clandestino, o metrô e o táxi. Temas vividos por todos na cidade humana e poetizado por raros. Com a coragem que teve Baudelaire ao arrostar a metrópole. Da Academia Carioca de Letras, que "a poesia está onde se é." Poesia que no quotidiano sabe ver perenidade.

Vera Lúcia de Oliveira (*Entre as junturas dos ossos*, 2006). Paulista de Cândido Mota, Mestre de Literatura na Itália, lúcida crítica, tradutora exímia. Poesia de força, maturada humanidade, que se dobra sobre as coisas, a dor, a família dos sonhos e dos ossos. Poeta do amor, "com o coração na boca", presa à infância em Assis, ou à ordem na infância do mundo, tem na linguagem a mais pura tradição e a chuva inventiva dentro do fruto.

Luís Augusto Cassas (*A paixão segundo Alcântara e outros poemas*, 2006). Maranhense de São Luís, formado em Direito e jornalista. Poeta vinculado à terra, de verso longo, dentro da tradição do modernismo, com visão entretecida entre o doer da vida e da morte. Tentando criar e consegue o seu peculiar espaço poético: fecundo e inventivo.

Ivo Barroso (*A caça virtual e outros poemas*, 2001). Mineiro de Ervália, extraordinário tradutor de Rimbaud, Dante, Shakespeare, Eliot, entre outros, traz na poesia a mescla da erudição, tradição e ruptura.

Nelson Ascher (*Algo de Sol*, 1996). Paulista, poliglota, tradutor (*Poesia alheia*), crítico. Poeta habilidoso no verso curto, vincula-se ao concretismo e ao domínio artesanal da Geração de 45, com a confluência sábia cabralina. Unificando correntes, numa visão particular da cultura e da realidade.

Eucanaã Ferraz (*Desassombro e rua do mundo*, 2001). Carioca. Ensaísta e antologiador de Vinicius de Moraes, ou da coletânea em prosa de Caetano Veloso. Mestre de literatura, colhe no rigor e na dicção pessoal as experiências da modernidade, mas preso ao universo quotidiano das coisas e do mundo. De ofício reconhecido.

Antonio Fernando de Franceschi (*Caminho das águas*, 1987). Paulista de Pirassununga, ensaísta, Diretor do Museu de Arte de São Paulo, Superintendente executivo do Instituto Moreira Salles. Sua poesia segue a corrente pluralista, com alto rigor no domínio da palavra, como se esculpisse no bronze dos sonhos.

Martha Medeiros (*Cartas extraviadas e outros poemas*, 2001). Gaúcha, cronista reconhecida, com várias edições, autora teatral, romancista. Martha é poeta de verso longo, de efeito narrativo, confessional, direto, atinada no amor e nas relações humanas. Com visão domada no real.

HISTÓRIA DA LITERATURA BRASILEIRA
Da carta de Caminha aos contemporâneos

Ricardo Silvestrin (*Palavra mágica*, 1994). Gaúcho, de Porto Alegre. Jornalista, editor e músico. Poeta do quotidiano, onde agasalha o mágico, o labirinto do mundo, entre contas, coisas e supermercado. O doer de cada dia nos passos humanos. Como se trabalhasse num arquivo enterrado.

Sylvio Back (*A vinha do desejo*, 1994). Natural de Blumenau. Cineasta reconhecido. Tradutor de Langston Hughes. É Poeta do amor, do desejo. Entre erótico e irônico na "ração do país", onde as palavras se recobrem, ao serem repetidas de condoídos sentidos.

Felipe Fortuna (*Em seu lugar- poemas reunidos*, 2005). Carioca, crítico agudo da literatura, com cargo na Embaixada do Brasil, em Moscou. Trabalha o verso livre, largo, marítimo. Ou a poesia como um cristal, que, líquido, se inventa no limite.

Donizete Galvão (*Ruminações*, 1999). Mineiro de Borda da Mata, já falecido, fotografa e rumina as dores deste tempo, com o uso da herança modernista e visão contemporânea.

Italo Moriconi (*A cidade e as ruas*, 1992). Carioca. Crítico e doutor em letras, antologiador dos *Cem melhores contos brasileiros do Século*, 2000.E também dos *Cem melhores poemas brasileiros do século*, 2001. Lírico vitalista para Ricardo Vieira Lima, herdeiro da poesia marginal, mesclada com vertente modernista.

Thomaz Albornoz Neves (*Exílio*, 2008). Gaúcho de Santana do Livramento. Mestre em literatura, com trabalho sobre Dante Milano. Tradutor de Montale, Ungaretti, Brodsky e outros. Criador de uma poesia cristalina, contida, em busca de pureza e limpidez na pele da memória.

Adonay Ramos Moreira. Natural de São Luís, Maranhão. Formado em Filosofia, é agudo crítico, ensaísta, prosador, de *O Labirinto*. Seu livro de poesia, que destaco, entre outros, é *Sobre Luzes e Sombras,* 2017, onde exsurge um poeta de verso largo, oceânico, pungente. Uma vasta elegia sobre o pensamento, o amor e o destino humano, com certo tom órfico e imagens que se derramam como vagas, entre vivos e mortos, ou a memória do existido. Ousado e de espectro amplo, reflete e inventa, entre prosa e poesia, ou poesia que se poetiza no mistério. Com o engavetar de símbolos, habitando no carvão de sombras e fantasmas, o puro diamante da língua.

Salgado Maranhão (*Sagração dos lobos*, 2017). Passou a adolescência em Teresina. Letrista com gravações com Paulinho da Viola, Ney Matogrosso e outros. Cursou Comunicação Social na PUC, do Rio, onde reside atualmente. Poeta inventivo, criador de uma mitologia mágica própria, representante lúcido da presença afrodescendente, vigoroso no domínio verbal, achador de liberdade no verso, é reconhecido, aqui e nas Universidades Americanas, em traduções. E como assertiva na *Sagração dos lobos*, "a palavra baterá na porta inóspita, / para dizer que estamos vivos." Ou "bicho enfermo das estrelas! Canta!"

Poesia dos 90

A década de 1990 foi, para o antologiador Paulo Ferraz – e com razão – a da consolidação de conceitos e valores que vêm alterando o debate cultural, como o do fim da utopia. Com o acomodamento da contracultura e a cristalização do modernismo. E as transformações ideológicas e econômicas, esgotando os movimentos literários como concretismo e poesia marginal. Nomes.

Frederico Barbosa (*Cantar de amor entre os escombros*, 2002). Natural de Recife, Pernambuco. Organizou *Poemas escolhidos de Pessoa, Sonetos de Camões* e *Seleção de Sermões de Vieira*. Poeta que vislumbra o poema como artefato, objeto verbal e que trabalha a metamorfose, com cada leitura que altera a anterior e se renova num processo de realidade.

Renato Rezende (*Asa*, 1999). Vive no Rio de Janeiro. Ensaísta. Poeta que trabalha a cultura popular, com domínio vocabular e clarões de imagens na velocidade do verso. A invenção do espaço que se devora no espaço.

Carlito Azevedo (*As banhistas*, 1993). Carioca, organizou a *Antologia Comentada da poesia brasileira do século XXI* e *Poesia andando: treze poetas do Brasil*. Poeta de síntese, beleza descritiva (que o digam *As banhistas*), com riqueza imagética.

Cláudia Roquete-Pinto ("Os dias gagos", 1991). Carioca, já falecida, Poeta com grande força no uso dos símbolos e metáforas, operando com ironia e lucidez nos "parênteses do pensamento".

Miguel Sanches Neto (*Venho de um país obscuro e outros poemas*, 2000). Paranaense de Bela Vista do Paraíso. Notável crítico, talentoso ficcionista, sua poesia, mesmo no país obscuro da infância, é irônica, com humor e sarcasmo, com mecanismo cognitivo de sensações e descobertas.

Alberto Pucheu (*Fronteira desguarnecida*, 1993-2007), carioca, ensaísta. Poeta com preferência pelo verso longo, com certo prosaísmo mágico, une a intervenção e harmonicamente a invenção.

Marcos Siscar (*O roubo do silêncio*, 2006). Paulista de Borborema. Tradutor, ensaísta de *Poesia e crise* sobre a criação contemporânea. Tende, na poesia, à lição de Auden, com o estranhamento mágico e prosaico no estranhamento, decifrando sentidos e analogias, com aguda reflexão sobre o mundo e a existência.

Fabrício Carpinejar (*Um terno de pássaros ao sul*, 2001). Gaúcho de Caxias do Sul, cronista, jornalista e professor. É organizador de uma Antologia de Cecília Meireles.D e rica persona poética, intenso na proeza dos tercetos de *Um terno de pássaros ao sul*. Ora aforista, ora coloquial e sempre mágico. Clara é a crítica de Ivo Barroso: "Carpinejar, ao mesmo tempo em que não é um poeta derramado, que deixa levar pela emotividade do tema que buscou, que sofreu, que domou, é uma dessas raras exceções poéticas dos jovens de hoje. Nada há aqui de laboratório, de pesquisa formal, de vanguardismos pré-fabricados (...)Fabrício conseguiu um livro de espantosa unidade, um tema de variações cada vez mais rica."

Mariana Ianelli (*Almádena*, 2007) Paulista, mestre em Literatura e Crítica, resenhista nos jornais, cria uma poesia de meditação, rilkeana, entre amor, morte, o relâmpago da invenção verbal, com presença saliente na nossa poesia.

Prisca Agustoni (*Inventário de vozes*, 2001). Formada em Letras Hispânicas e Filosofia na Universidade de Genebra, doutora em literaturas de língua portuguesa na PUC, de Minas e tradutora. Sua poesia é contida, rica na imagética, cristalina em sua melódica voz. Vinculada sabiamente a Montale e Ungaretti, com sotaque próprio.

Marco Lucchesi e Antonio Cícero, da Academia Brasileira de Letras, estão analisados, à parte, nesta História, anteriormente.

Poetas novíssimos

Pertencente ao Grupo de Juiz de Fora, na companhia de Anderson Freitas, Edimilson de Almeida, Prisca Agustini, Fernando Fiorese, é Gustavo Goulart. Publicou, em 2006, *Estado ao Vento*, com sua geografia de confluências, entre Quintana e Drummond e depois, *Interregnum*. É o mineiro no "rio de sua aldeia", o mapa da infância e da terra de uma Minas sulcada no coração, sabendo que "a poesia é o objeto que encontra o sujeito", poeta vinculado à tradição, com descoberta humana. Percebendo com Quintana, "O animal poema". E certo no terreno mágico do verso, que a luz "não é sobra da rua".

Outros poetas

A poesia é a explosão da realidade, ou a realidade da explosão e em Sérgio Caponi, escritor, tradutor e acadêmico da Academia de Letras, de Campinas, a poesia é movimento contínuo, praticamente sem repouso, raciocinando com o mistério e voz pessoal ensimesmada de sonho, sob "a tigela do ser entornado".

E vagueia o poeta, com bengala flutuante, dentro da realidade que "borbulha como azeite fervente". Mas há um lado planetário, cósmico, de geômetra das coisas, certo com a *Ode Triunfal*, de Pessoa, que se há de "navegar e naufragar sem precisão alguma".

Seu ritmo é cortante, às vezes alucinado, alarmando-se diante do espetáculo do mundo. E lamenta, doído: "Não me salvam as andorinhas que voam".

Pondo-se perplexo diante do incrível universo: "E se Deus desistisse de sonhar? E se arquivasse, de vez, o projeto impossível da realidade?"

Outro aspecto que se apresenta na sua poética, é a luta entre "o eu e o outro", tão visível no lusitano Mário de Sá Carneiro, que acentua "pilar de mim para o outro".

O poeta Sérgio Caponi estremece na inteligência do verso, entre ironia, escárnio, com retórica de interrogação e sentido polifônico, buscando a visão dialógica com Eliot, Pessoa, Lorca, Poe. E por fim, recria o mito fáustico, que é a eterna busca do homem pelo seu destino, encontrável também no Poeta de *Ode Marítima*, como em Goethe, ou em Valéry, em *Mon Faust*. Sérgio Caponi, corporal, cético, devaneante, proceloso e lúcido, adverte: "A nau sem porto / Em que, cego, navego. // O corpo! //"

William Soares dos Santos. Carioca, Mestre em Literatura na Universidade Federal do Rio de Janeiro. Contista de *Um amor*, entre suas criaturas e o rompimento da linearidade, ou estrutura ficcional e o inventivo Poeta do livro *Rarefeito*, 2015, sobre o qual a argúcia crítica de Antonio Carlos Secchin, observa o seu "dialógico no discurso literário" e o mágico espaço rarefeito do mistério e o redemoinho da tensão de estar vivo. Contido no verbo, busca na essência, a liberdade.

Pedro Mohallem. Mineiro de Itajubá, graduado em Letras, tradutor. Seu livro, *Véspera: Debris*, 2019. Poesia surpreendente, forte, com imagens que cativam, sob a distante nuvem cabralina ou Blake, Rimbaud, Baudelaire. Ou Mallarmé quando refere ser "o poema reinvenção do Acaso", ou queda. Restando "a véspera de tudo". Mas suas palavras têm sandálias batidas, usando o monólogo interior joyceano, quando a poesia rompe o silêncio. Wladimir Saldanha fala, com razão, em "linguagem sincopada", rondando a presença de Emily Dickinson. A última parte de seu livro, *Debris*, mostra a força de Mohallem na criação de seres-poemas, como Shelley, Donne, Poe e outros. E nisso acentua sua pungente e humana grandeza.

Danilo Monteiro (*Lua de 50 centavos*, 2000). Paulista, Poeta de imagens relampeantes, de contida beleza. Como "– Que hoje outro nome tem a chuva: / saliva / Que vai me desmanchando". Ou este instante mágico: "Eis a água que move a roda: tenho sede de minha sede. // Esta é a água que se torna luz: / e às vezes desejo arrancar os olhos". As imagens a se revelarem, se explicam.

Rodrigo Petrônio (*Venho de um país selvagem*, 2007). Paulista. Poeta com destino de grandeza, com domínio do verso longo, mago de imagens novas, inesperadas, capaz de ver o mundo, entre paradoxos e os primordiais elementos. Afim de Georg Trakl e Herberto Helder, com a inocência das coisas e a piedosa preocupação com "os homens que carregam suas sombras", ou na dor, as sombras que carregam os homens. Com visão de eternidade: "farejo-te nas estações, contorno o círculo das águas". Ou "a vida indestrutível".

Fabrício Oliveira (*Gramática das pedras*, 2020). Natural de Santo Estêvão, Bahia. Poeta de pétrea palavra, da família dos poetas da "pedra", como Cláudio Manuel da Costa, Drummond, Cabral, domesticando-a, descobrindo sua gramatical economia e função. Com imagens tocantes, poderosas: "pilha da usura dos senhores", ou "o amor anfíbio / a desovar o meu rio", ou "o mar é um cão latindo". Ou no dizer de Jorge Guillen, "depuração e intensidade dos meios expressivos".

Janet Zimmermann (*Pétalas secretas*, 2016). Natural de Catuípe, do Rio Grande do Sul e atualmente morando em Campo Grande, tendo seu primeiro livro publicado em 2013, *Asas de Jiz*. É calígrafa e colunista, além de autora de aldravias. E como observa John Cage, "ao mudar as coisas, não é necessário perdê-las". E nada se perde do sonho. Na sua poesia há uma confluência operosa de Mário Quintana e Manuel de Barros, na busca das secretas pétalas do poema, entre sensações, onde a flor da imaginação segura a luz. Ou inventa morada nas "absconsas estrelas."

Raquel Naveira (*Cabeza de Vaca, o andarilho das Américas*, 2020). Natural de Campo Grande, Mato Grosso do Sul. Autora de obra múltipla de poesia e crônica. Da Academia Sul-Mato-grossense. – Poesia confessional e narrativa, tenta resgatar a memória da América, com a volta ao herói, agora Cabeza de Vaca, onde a poeta é cronista e essa historiadora de sonhos e Aventuras. Raquel desbrava a língua, num idioma simples, direto, com a mágica e o fascínio do mundo das descobertas, galopando o sol da palavra.

Delasves Costa (*O Ininterruptor*, 2020). Gaúcho de Osório. Publicou o livro de poemas *Extemporâneo*, em 2019, bem como *Midiaserável*, em 2002. Poeta que trabalha as contraposições entre o mágico, o inesperado, o prosaico. Afim de um Auden, conseguindo o feito de fazer palavras pesadas voarem, cumprindo a lição de Pound, com as palavras funcionando exemplarmente, como "fórceps", "midiaserável", "homemporâneo", casando vocábulos, joyceanamente.

Propositor do caos numa lógica inaugural, inventor de metáforas novas, com novos sentidos. E é permeado pelo tecer concretista mas sem o deserto do espaço branco, quando suas palavras se casam. Há um relato que parece cego de signos, mas signos guardam primaveras dentro. Pois, palavras geram palavras, entre furor e mistério, lembrando o francês René Char, no jogo surreal. E seus textos se impõem, pela voz generosa.

Ileides Müller (*Universo em gotas*, 2008). Gaúcha, natural de Cachoeira, residente em Campo Grande, pedagoga, arguta crítica, mestre de recitação, professora aposentada e advogada. Pertencente à Academia Mato-Grossense-de-Letras. Poesia confessional, direta, simples, contida, trabalhando nas "entrelinhas" (nome de outro volume de 2013), com imagens mágicas: "o tempo curva a humanidade / como a tarde o girassol". Ou este momento luminoso, que parece sair da sombra de Manoel de Barros, ou de Mário Quintana: "Sou sapato furado, / abandonado. // Só as formigas me pertencem." Ou "sobrado em ruínas / sobra do tempo".

E é autora no final do citado volume, de aforismos. Como "Bengala é o suporte de lentidão, escora os passos", ou "só alcança a sabedoria o que sobe os degraus da humildade". O que recorda os provérbios do poeta inglês, William Blake.

Marcus Vinicius Quiroga (*Cinquenta Poemas Escolhidos Pelo Autor*, 2010). Carioca, falecido no Rio, em 2020. Estreou com *Manual de Instruções para cegos*, 2004. Poeta de vários livros de poemas, voz singular, poderosa, rigoroso na forma, com forte musicalidade. Usa de sábia retórica, trazendo nas metáforas, a concretude da poesia após a experiência da "Geração de 45", trabalhando redondilhas maiores ou menores, conciliando ousadia e harmonia. E observa, com Sófocles, "Édipo, vaza os olhos, escolhe / a vida, ainda que morto". E, finalmente, no livro *Catador do Invisível*, em 2018, volta-se profundamente à dimensão da eternidade, com versos cativantes, como "dormi semente, acordei flor". Ou "entre os ramos da saudade / tu te escondias. / Eu bem-te-vi". Com infância dentro, neste livro, Ileides se mistura à natureza e aos seres criados.

Antônio Ventura. Natural de Ribeirão Preto, São Paulo, em 1948. Faleceu na mesma cidade, em 29 de junho, de 2019. Estreou, maduro, com *Catador de palavras*, 2011. Prefaciei o seu segundo livro, a mim dedicado generosamente. E disse então que ele teve a coragem de "educar o abismo", (ou *Educação do Abismo*, 2014, prenunciando a própria morte prematura. Antes seu movimento era de fora para dentro, depois de dentro para fora. Na consciência do precipício e da beleza. Seu texto é fulgurante de cristalinas, com força das mais pungentes da poesia brasileira. Cabral "educou a pedra", ou palavra; Ventura educou a desventura, depurando em água profunda o verso, ao molhar os pés nos signos, num maravilhoso e renovador cofre de símbolos. Era Juiz de Direito aposentado. Contista fabular, de instantes de êxtase diante do mistério. Dele Adriano adverte ser Ventura de poderosa "capacidade de observação dos seres e das coisas, em que as notações sensoriais do espaço e do tempo, bem como os elementos da natureza se fazem presentes". Antônio Carlos Secchin, com razão, admoesta ser Carlos Drummond seu grande interlocutor inplícito, elíptico, com pujança da infância e imaginação líquida. Ou Ivan Junqueira admite nele, intensa prática intertextual ou "a intolerável luz que banha a sua metáfora do branco". Ou faz da "poesia, a sua história", segundo Álvaro de Faria. Salienta um pensador alemão que "a vida não vive". Em Antônio Ventura, a vida vive de continuar na palavra vivendo. Por trazer a bondade de água correndo.

Roberto Schmitt-Prym (*Sombra silêncio*). Editor, contista. Poeta que trabalha o silêncio, quase sem nome, "como inocência ou ramo no inverno". A beleza está mais no que oculta, do que revela. Porque, de se esconder no óvulo da linguagem, por se manifestar, guardando o diamante na página e a página no diamante do poema.

Verifica-se, assim, a vocação de Prym para a quietude e o meditar na arte dos haicais, sob "a dobra das horas". E o mestre de literatura, o admirado crítico, que é Eduardo Jablonski, soube em livro, ver com sensibilidade da inteligência este poeta gaúcho, sua peregrinação na palavra. E para Jean Cohen, seguindo o pensamento rimbaudiano, "as palavras cantam". Com a diferença de que a sombra do silêncio canta sozinho.

Oscar Gama Filho. Nasceu em Acióli, Espírito Santo, em 1958, é, entre os escritores capixabas, o mais surpreendente. Começou em 1979, com *De amor à Política*. Se procuramos o poeta do notável *O Relógio Marítimo*, 2001, editado pela Imago, encontramos o teatrólogo. E, se procuramos o intérprete de *Razão do Brasil*, 1992, que a José Olympio publicou, importante visão da nacionalidade, achamos um dos psicólogos mais inventivos, generosos e competentes. E ainda descobrimos o admirável tradutor de *O bateau Ivre*, de Arthur Rimbaud. E com todas essas percepções e talentos, Oscar criou um texto múltiplo, capaz de trabalhar o sonho, e personagens, vinculados a ele pelo afeto e pela tutela familiar, com o arrebatamento da poesia, parecendo, de início, ter sido gerado para o teatro. Mas não. Alongando-se pelo entretecer de vários gêneros, ao atear, na vertigem, a linguagem, com agulhas de tecer narrativa e delírio, foi compondo um romance. E é afinal no romance que a vida, aqui, supera o sonhar da morte. Ou porque, desde Homero, o romance principiou a ser grande poema. Ou porque o poema pode ser possuído por enredo e personagens tomando voz, impondo existência. Por ter o criador toda a paciência e impaciência reunidas. Não precisando distingui-las. Além disso, há um paradigma que entrelaça a poesia, certo prodígio, que é o de invadir os gêneros, pois os gêneros se bifurcam e se entreligam, para que a estrutura dessa invenção de Oscar se manifeste como fábula, com força e ternura. Não é o homem que preserva o menino: é o menino que preserva o homem, onde a alegria da paternidade e a presença de *Ovo Alquímico*, de Oscar Gama Filho e Alexandre Herkenhoff Gama, em 2016, (Ed. Escrituras), coabitam num sistema mágico, às vezes onírico, deixando-se, vez e outra, atravessar, no texto, pela lógica, como fresta que não abandona certo traço de alucinação. Nem a alucinação desterra a experiência e o ânimo obstinado de continuar vivendo. Diz Jean Cocteau que a literatura se apura nos pormenores, e são eles que clareiam o conjunto, com a lucidez do autor e a invariável grandeza de se forjar a cada página. E fazem com que leitores, sob o cariz do idioma e dos achados, inventem junto. Busca-se a coerência e se encontra, dentro deste senso de ironia e humor, o que escasseia, a álgebra de um fulgurante mundo imaginado desde Itaparica. Com o fio imperturbável de coerência, capaz de ir desvendando também seu avesso de ver. Ou quantos avessos têm a percepção e o saber abismar-se. É o mesmo Jean Cocteau que assegura que um poeta deve ser reconhecido, mais do que pelo estilo, pelo olhar. Ainda que, aqui, haja marca de fogo do estilo, seu olhar é que o singulariza. Um olhar de compadecimento sobre o mundo e esse olhar sobre a casa, a família, o fervilhar de chamas que não se consomem na língua: tem música de alma. E pelo engenho, a arte de acionar o tempo, este livro é contagioso, aceso, e capta nossa comum humanidade, o que não é pouco. O segredo do romance no teatro e da poesia, nos côncavos luminosos do texto, carrega o leitor de fora para dentro, numa segunda ou terceira natureza, como se a distração fosse o assombro; e esse, uma verdade de que só são capazes os poetas, que estão presos numa outra teologia, a da luz. Mas há um estilo de época reinventado com ironia, marcando este livro de Oscar como forma singular, dentro de um modelo, o Sobressimbolismo, no que é corajosamente inovador. E por sinal, Oscar é um crítico visionário, dos mais lúcidos e dos primeiros a perceber o surgimento desse novo movimento literário. E no mencionado livro, compõe-se de dentro para fora. Machado de Assis chama a ambição de caduca, mas sem ela não é possível nenhum laivo de perenidade. Mas é igualmente ele que lembra que "nas letras soltas do alfabeto, o homem é a sintaxe". Assim, o artista ou é ambicioso no êxtase de criar ou sucumbe na letargia. Porque não caduca a esperança, e inventar é tirar do impossível o possível, com o espírito que multiplica o amor. Sim, este livro é de bom amor, difícil de ser catalogado, como não se consegue nunca de jamais catalogar a vida. Se o texto é possessivo, é porque requer intimidade e, se avança nos gêneros, é por tentar abrir clareiras na consciência. O importante é que não se sai deste livro com o mesmo tino, por inflar-se de liberdade. O que significa que sabe morar sozinho, alteando-se de palavra. E recolhe um sopro que pode ler no escuro de nossas opulentas ou pungentes sensações. As mais fortes, as mais atentas, ou severas, de estarmos vivos.

Celi Luz. Carioca, Formada em Letras, Professora. Do Pen Clube do Brasil, merecedora de vários prêmios, publicou seu primeiro livro, *Na Morada do Tempo*, 2016. Mais tarde a antologia *Cinquenta poemas pelo autor*, 2018 e mais recente, *Travessia*, 2020. Na poesia, Celi trabalha de maneira pessoalíssima, a síncope e a elipse, num empório de imagens que se destilam em mosaicos sonoros, flashes, ou relâmpagos verbais, com o rigor e densa humanidade. E os temas do tempo, o amor e a morte na volúpia de o verbo resistir nessa guerra dos sonhos. E estes versos seus, bem explicam o mecanismo mágico de seu processo criador: "Há que desprender, / descoser o véu / puxar o fio do novelo". Nesse tear se impõe com singularidade. Porque o descoser o verso, é empurrar o mundo por debaixo do mistério, para a luz. Por isso, Celi pode, entre palavras-estrelas, celebrar: "Cantam aves em mim".

João Gabriel (*Vende-se um elefante triste*, 2020). Não posso deixar de registrar o aparecimento desta poesia de força, vozes numa só voz, mineiro de Belo Horizonte, que me lembra a ternura e humanidade de um elefante (José Saramago entendeu isso, com grandeza na *Viagem de um Elefante*. O criador não deixa ser hoje um elefante desmedido na selva do mundo. Trazendo imagens poderosas, de pensar, sentindo, como "de tempos em tempos, amigos, / a felicidade deixa de ser suficiente", "meu deserto é cheio de coisas, tem coisas, coisas, coisas", ou "somada a minha culpa / ao tamanho do animal, / o telhado desmoronou. "Poeta simples, direto e que ama muito tudo o que não é." E passa a existir.

Delasnieve Daspet (*Mutações*, 2019). Advogada, Embaixadora da Paz "Peacemaker", Presidente da Academia Feminina de Artes e Letras, de Mato-Grosso-do-Sul, com forte liderança cultural, cria uma poesia singular, onde a metamorfose é o espaço gravitacional de seu lirismo, certa da transitoriedade e superação, quando "seremos amanhã uma palavra que ninguém ousará balbuciar". Ou "a mutação não pode ser obstáculo. / Posso continuar, a partir da ruptura". Delasnieve busca a difícil essência do ser, crendo que "a morte como tempestade pode arrancar-lhe as folhas".

Essa força, esta aspiração que habita o ritmo e acalenta o verso é a busca de escrever a eternidade. Humanista, fraterna, Delasnieve corta o nó que prende a memória e a solidão, inventando sua casa de sol e tempo. Ou existindo com a palavra. Ou no sonho que é intensa alegria que se acordou. E tem razão Octavio Paz, ao asseverar: "A metamorfose é a expressão desta vasta comunidade vital, onde o homem é um dos seus termos."

Dimas Macedo (*Liturgia do caos*, 2019). Natural de Fortaleza, Ceará, crítico literário, jornalista, cronista, memorialista, editou *Trinta navios* em 2021, debruçando-se com grande lucidez, generosidade, força de novas descobertas, num veio nas águas de "Capitão de longo curso", no dizer preciso de Edimilson Caminha.

A poesia Dimas Macedo tem a marca da transitoriedade das coisas, a cercania da morte, a força de saber "queimar-se e procurar a paz" e como "o sal do tempo se renova e passa".

HISTÓRIA DA LITERATURA BRASILEIRA
Da carta de Caminha aos contemporâneos

Com a força da terra, não havendo coisas findas, nem gastas no acender da palavra. Melancólico, opera no território minado da memória, com erotismo acentuado, indicando a solidão e a descontinuidade do ser, em "casulo", Poe exemplo, na referência feliz de Lourdinha Leite Barbosa, ao aproximá-lo de Georges Bataille, ainda que esse tenda ao obscuro e Dimas tenda para a luz. O seu mundo metafórico se clareia entre a vertigem e a voragem, com sábio domínio do verso e funda humanidade, ao se interrogar sempre. E redescobrir no ambíguo, o concreto universo. E é seu "mapa-múndi."

Carlos Ronald Schmidt. Nasceu em Florianópolis, Santa Catarina e faleceu na mesma cidade em 25.10.2020. Juiz de Direito aposentado, surgiu como poeta em 1973, com *As Origens*. Poesia íntima com o mistério, sob a sombra rilkeana. As imagens explodem para dentro na raiz, às vezes a dor substitui o canto e o suspiro, a imagem. Poesia feita de vultos de silêncio, ou silêncio em vultos. "A paz é o complemento das coisas boas e estas não têm cor", como observa num poema, que não carece de cor, trabalhando a sombra. Diz ter " a alma engraçada", mas guarda tragicidade no ser. Na dedicatória do seu livro, antes de morrer, registrou de que "se foi o tempo em que os poetas brilhavam". Talvez pensando que os retornam às catacumbas. Mas a poesia sobrevive no coração do homem. E Ronald construiu uma poesia singular, que medita entre simetrias, tosses de tristeza, certo prosaísmo que caracterizou Auden e Eliot, assegurando que "a lágrima cai para encher os olhos". É poesia perturbadora, com luz que se esconde e que, ao lavrar o nada, espelha a morte. Poesia dura, lúcida, no meio da estupidez às vezes terrível. Capaz de confiscar a realidade, tentando calibrá-la para sobreviver. E sobrevive.

Gabriel Chalita. Nasceu em Cachoeira Paulista, São Paulo, em 1969. Foi Vereador, Deputado Federal, Secretário de Educação, Presidente da Academia Paulista de Letras. Eminentemente escritor, homem da palavra, trabalhando inúmeros gêneros, com igual força e distinção, criando entre crônicas, poesia, filosofia, ética, teatro, ficção, num precioso manancial de linguagem, com a levantina sabedoria dos que se irmanam ao tempo, com energia que não descansa na busca de comunicação e de um pensamento sempre provocante. Onde se vislumbra amor e piedade aos seres, sob raiz popular. Ora na poesia se extasia diante do mais simples e quotidiano, ora na correspondência imaginária de Sócrates ou Thomas More, ora nos mandamentos éticos, como cientista da moral, ora na humilde e cativante carta aberta à mãe, ora na ficção inventiva das *Mulheres de água,* onde opera, capturando com alta felicidade, as reações e a perplexidade da alma feminina. O que é um feito, ou aventura do espírito. Lembrando-me a seu respeito o que assegura o ensaísta espanhol, Jesús Martín-Barbero: "A linguagem não é apenas uma tradução de informação, mas produção de sentidos e significados".

Em seu livro *A Educação: A Solução está no Afeto,* Gabriel Chalita discorre sobre a habilidade social na construção de um ânimo de solidariedade, ou participação na vida escolar, com guia aos professores, com "espaço sagrado, onde o aluno merece ser valorizado".

Vale salientar a edição belíssima, a favor de nossa floresta, com ilustrações valiosas de Bruno Miranda, tendo como criadores, Gabriel Chalita, Stan Lee, Terry Dougas e Frederico Lapenda. *Os Aliados da Amazônia,* FTD, 2019, numa invenção magistral para a meninice e juventude dos Super-heróis da Floresta Amazônica, contra o terrível Lamal onde a imaginação mitológica se une com o amor à natureza, ao gerar quatro animais, tendo os prodigiosos poderes de reger a terra, o ar, fogo e água, e outros seres, bichos, aves, insetos e inúmeros personagens, que prendem os leitores, atrás de sua infância reinventada nas aventuras.

São muitas as cores de seu espírito ávido de conhecer e ver, capturando a epifania nas coisas, ou diligente estado de inteligência. Com o sentimento comum que entretece o leitor. Assim, recria, fabulando uma poética, que, didática e humana, admite ser o idioma de nossa terrestre condição. Não tergiversa, não foge do caule de sua imaginosa construção. E eleva-se, na medida em que exercita amor, tendendo ao cimo comunitário, democrático e livre. O fio condutor que o move nos gêneros, é o mesmo, íntegro, sem precisão de acrobacia sobre a sonâmbula vara dos sonhos e interjeições. E Chalita procura no ensino a reformulação da existência, com o intuito de educar e inventar, descobrindo nos personagens o maravilhoso risco de estar vivo. Com urgência de beleza e rara humildade.

Vai atrás da utopia, que ninguém sabe onde mora, conforme adverte. Insistindo em morar "nas cinzas da brevidade", que é a arte perene de sobreviver.

Nelson Hoffmann. Gaúcho de Roque Gonzales, nasceu em 1935 e faleceu em Santo Ângelo, em 23 de março de 2021. Ficcionista, cronista, diarista. Seu primeiro livro, *A Bofetada*, com segunda edição, em 1978. Sua obra ficcional, que cresce com os anos, de sofrida humanidade, vislumbrando o espaço entre o indivíduo e a sociedade, ou a forma como a condição humana é sufocada. Capta os flagrantes da existência, com riqueza e habilidade nos diálogos, tendendo a uma literatura popular, de cunho policial. Com personagens fortes e enredos surpreendentes. Girando ao redor de crimes e castigos, na sombra subterrânea de Dostoievski, tendo finais inesperados, entre mistério, sexo e morte.

Só há um crime perfeito, o da imaginação. Hoffmann, alcançando conquistada simplicidade, usa de constantes flashbacks, inclinando mais para a criação de personagens, do que na invenção de estilo, com nomes como Nelmo, Maria Lúcia, Paulo – genéricos como o "K" kafkiano, ou o "homem cinza", de Borges. Utilizando prenomes, em *A Bofetada*; ou Landdblut, Dona Zefa, Gouveia, ou Osório em *A mulher do Neves*. E há um outro "eu" no crítico, no diarista, ou na correspondência com escritores, ou na memória da escrita. Porque, gideanamente, "não podia não escrever".

Enéas Athanázio. Parece ter saído da pena de Virgílio Maro, herói épico romano. Mas é um catarinense e contista maior, jornalista, crítico, novelista, estudioso de Monteiro Lobato e Hemingway. E Promotor de Justiça aposentado. Surgiu na literatura, em 1973, com *O Peão Negro*. Nascido em Porto União, em 1935. É criador de tipos e com tal força, que é como se tivessem saído da força cotidiana da cidade, com gosto generoso do povo, porque sua imaginação colhe traços da vida e do sonho. O estilo foge do lugar comum, na medida em que armazena achados de linguagem, com aspecto pitoresco ou o faro de estar sempre numa aldeia da alma catarinense.

    Cito três livros, entre outros: *Erva-mãe*, 1986, onde ressalto o magnífico conto *Sua majestade*. No volume *Tempo frio*, de 1988, destaco as narrativas *Aroeira pelada* e *Cortina invisível*. Todos os contos curtos, de pioneiro do regionalismo catarinense, segundo Joaquim Inojosa. E no livro, *Dinarte de Entre-rios e outros viventes*, 2011, onde relembro dois relatos primorosos, *Esperando Jangão* e *Rosilho*, criações preciosas de observação e ironia. E na visão humaníssima, a confluência de Monteiro Lobato e Hemingway, com sotaque mágico da terra, pessoalíssimo. O que é dado a poucos: os que levam junto, na paisagem, sua gente.

    Michel Miguel Elias Temer Lulia, nascido em Tietê, S. Paulo, onde reside. Não me cabe referir ao político, ao Vice-Presidente e depois Presidente da República, Jurista eminente, Mestre do Direito, de sabedoria levantina, também Mestre da Amizade. Aludo a seu livro de poemas, *Anônima Intimidade*, publicado pela Topbooks, em 2014, resultado de versos escritos em guardanapos nas viagens de avião, conforme revelou em entrevista. É seu verdadeiro "alumbramento" manuelino, a redescoberta da infância, este país obscuro no mapa da memória. Porque escrever é inventar memória, ou a infância da memória. Quando se renova em nós, é espelho no movimento do coração. Ou traços de charges ou invenções verbais. Destaco *O relógio*, que, como ele, não quer sair do lugar de sua parede de infância. E se retrata nas reflexões e se escreveu para si, escreveu para todos, sem esquecer as reminiscências de suas leituras, ora de García Márquez, ora de Vargas Llosa, ora do poeta árabe Adonis. Pois, segundo Proust, "o passado não sai do lugar." E importante na poesia, com a concisão, "é o olhar" na lição de Jean Cocteau. Ou, se "cada homem vê as coisas com os olhos de sua idade", para

Machado de Assis, prefiro achar que cada um vê com os olhos de sua infância.

Cyro de Mattos. (*Canto até hoje*, 2020). Natural de Itabuna, Bahia. Contista, autor de poesia infantil, cronista, antologiador, ensaísta, com vários prêmios literários, da Academia de Letras da Bahia, poeta telúrico, copiosa voz da Bahia, peculiar, inventiva, com primorosa técnica. Entre os livros, cintila *A Coroa de Sonetos*, com caudalosa viagem, entrelaçados entre si, tecidos no mesmo fogo e sonho. Certo de que a harmonia do poeta é catalogar o mundo. Vislumbro, igualmente, *Sonetos de Transpiração*, motivados por Shakespeare. Como observa Mário da Silva Brito, Cyro de Mattos na sua construção verbal, "parte do mais simples para o complexo", possibilitando ao leitor, "avanço gradual pela sua lírica". Porque tem vocação do todo, como se os poemas pertencessem a uma aldeia da memória, ou da civilização perdida na memória. E o trabalho de criar é o de penetrar na limosa mitologia da infância, para se descobrir e desvendar o mundo. Não só se vale da herança do modernismo ou dos movimentos que sulcaram a contemporaneidade, sob a confluência mágica de Cassiano Ricardo ou Drummond, ou a "práxis". O delírio da palavra ensina a gravitar entre invocações e apropriações, com olhar de unidade e a forja que se encanta na fala. Entre Whitman e Neruda, da cantiga ao canto que se busca inteiro, vivo de um território, que é mágico. Ou a "gangorra da aurora", fábula. E com razão, assevera Sócrates, "o poeta cola as palavras, umas nas outras."

José Eduardo Degrazia. Natural de Porto Alegre, Rio Grande do Sul, poeta, contista, tradutor, médico oftalmologista, revela em *O Rio Eterno*, 2020, uma lírica que reúne simplicidade e alteza, com certa epicidade, em verso cristalino, aproveitando e dando visão e ritmo próprio à construção cabralina. Geométrico, em correnteza de imagens atrás do rio que atravessa os símbolos e a passagem subterrânea do tempo. Sintético, preciso, com o encantamento ou "som lavado" de medir vida "na citação feliz de Guilhermino César. Ou a sombra do "cantar amigo" lusitano. É também excepcional ficcionista, em *A fabulosa viagem do mel de lechiguana*, onde avança na cultura e história gaúcha, com sábia regionalidade e inventiva oralidade. O poeta servindo ao prosador, com Tio Quirino, vaqueiro, com narrativa afim de Simões Lopes Neto, dentro do baú da escondida memória, que Augusto Meyer, em sua atinada prosa, visitou , quando a ocasião também faz a língua, quando é plasma e virtude da terra. Vale registrar o contista de pequenas joias, ou explosões luminosas da imaginação, borgeanamente, no seu volume, entre outros, de *Os últimos verdadeiros homens*, 2021, onde destaco a textura metafórica de *Os Animais fabulosos*. Mininicontista do miraculoso ou fantástico, com a surpreendente *Carta aberta aos alienígenas invasores*, na confluência de Wells. É um relojoeiro do inefável. E o inefável é o mais perto do que percebemos no real.

Ou o real nos percebe.

William Agel de Mello. Embaixador aposentado, natural de Goiás, é linguista, poliglota, dicionarista, com obra poderosa, como o *Dicionário Geral das Línguas Românicas*, em quatro volumes, *Dicionário Geral das Línguas Românicas da Península Ibérica*, em dois volumes. Além disso, editou dois volumes de *Tradução* e um de *Ensaios*. Mas sua marca é a de importante ficcionista, sendo por exemplo, *A Epopeia dos Sertões*, 2013, para Antônio Olinto, "um dos melhores romances da literatura Brasileira". Inovador no sentido do uso da mitologia greco-romana, mesclada astutamente com a realidade capaz de capturar o leitor, entre personagens e diálogos, quando a qualidade se alia à visão telúrica do universo. E atrás, certo andamento quixotesco. Com o pitoresco, que é na beleza, delirante escada da imaginação. E ao narrar, já é fazer milagre, denunciá-lo. E as formas da vida carecem sempre das formas da imaginação.

Antonio Cícero, poeta de *Estranha Alquimia*, 2020, é filósofo e autor de letras conhecidas de nosso cancioneiro. Da Academia Brasileira de Letras, exímio tradutor, ensaísta, exprime nesse livro, no dizer certeiro de Diego Sousa, "seu fôlego alquímico", na transmutação poética, desde os textos bíblicos e os clássicos, com recursos estilísticos de toda uma tradição, com rigor, ritmo, onde o amor e a transitoriedade do destino se unem. Com a história, "mera lembrança entre ser e não ser".

A importância e significado da presença literária do Brasil ao longo desses séculos

O que nos trouxe uma identidade não foi apenas o fator político, mas o cultural, sobretudo o literário. Na Colônia, os criadores, ao exaltarem a beleza natural ou a riqueza da terra, ou mesmo ao se mostrarem ufanos, eram apenas um apêndice de Portugal, a metrópole.

No romantismo, a partir da independência, o Brasil passou a ser o centro e o foco da inventividade, ora na descrição exuberante de seu primeiro habitante, o índio (Gonçalves Dias e José de Alencar), ora no sentimento amoroso do solo nativo (a exemplo da *Canção do exílio*), ora ao ampliar essa identidade, na prática da liberdade do povo (o negro), desfazendo as amarras através do cantar de um Castro Alves (*Espumas flutuantes*) e a luta de Joaquim Nabuco e outros, até a abolição da escravatura. Irmanando-se a Portugal e ao concerto de outras nações, pois somente podemos ser fraternos, ao sermos livres.

Durante o parnasianismo, houve um desdobramento, ainda que em forma brônzea, sob a influência helênica, tanto na celebração do desbravar do território com os bandeirantes, entre eles, Fernão Dias Paes Leme, quanto na fé e orgulho desta pátria, em célebre soneto de Bilac e na visão do "instinto de nacionalidade" do genial Mestre do Cosme Velho.

O simbolismo tomou um espaço mais para o íntimo da nacionalidade, o desenvolver espiritual, certo esoterismo, a operação de signos e ritmos, a redescoberta da alma.

No modernismo, passou-se a pensar o Brasil à feição de personagem, como *Macunaíma* (Mário de Andrade), uma língua brasileira com muitas identidades e vozes regionais, entre elas (*Cobra Norato*, de Raul Bopp; *A rosa do povo*, de Drummond; *Invenção de Orfeu*, de Jorge de Lima; *Poemas de Bilu*, de Augusto Meyer; *Martim Cererê*, de Cassiano Ricardo;

Romanceiro da Inconfidência, de Cecília Meireles, mais o romance de trinta. É um Brasil que se revela por seus escritores, ocupando a cultura lugar de vanguarda nos vários ramos – da pintura, da música, da escultura, para a arquitetura, a poesia, a ficção e o ensaio. Onde se integram nas *Raízes do Brasil* (Sérgio Buarque de Holanda), os *Bandeirantes e Pioneiros* (Vianna Moog) e a análise sociológica das origens, em *Casa Grande e senzala*, de Gilberto Freyre.

Por sua vez, a Geração de 45 posicionou este país num plano mais abstrato, voltando-se para um classicismo e à fonte metafísica, quando seu poeta maior, João Cabral, não abandonou o regional, seu Pernambuco. E, ao fugir para a "aldeia", chegou tolstianamente ao universal de *Morte e vida Severina*. Depois, a partir de 1960, com a Fundação de Brasília, há um construtivismo e o advento do movimento Concreto, buscando o espaço branco, ou poema-objeto sem a viva fusão dos vocábulos e sem rosto humano. Mas foi daí que surgiu um Brasil novo, amadurecido, que vai do Sertão dos Gerais em rumo a uma visão cosmológica, o Brasil simbólico, o Brasil no mundo, entre o bem e o mal, a história e o mito, com o inventor João Guimarães Rosa e seu (nosso) *Grande Sertão: veredas*. E é ladeado por outro vulto, a epifania de Clarice Lispector, que penetra cada vez mais dentro de um Brasil de profunda paixão no silêncio. Hoje, por fim, temos figuração literária nacional múltipla, riquíssima, de tantos autores, uma árvore de brasis. Do mágico ao grotesco e prodigioso, ou épico, satírico, crítico ou picaresco ou de vertigem no delírio. É um continente que se identifica pela pluralidade. E, parafraseando Paul Valéry, com seu espírito livre e inalienável.

Observações à parte, ou de como "por meios diversos chega-se ao mesmo fim". (O ensaísmo Modernista de linha mais universal e dois livros esquecidos)

Além do pensador, crítico, polêmico, polígrafo, líder católico Alceu Amoroso Lima, ou Tristão de Atayde ("Uma criança sorrindo / no sábio à sombra de Deus, para Drummond"[1675]), que exerceu posição influente na vida cultural e posição corajosa na Ditadura, escrevendo, entre outros livros, *Estética literária*, 1945, *O crítico literário*, 1945, *Introdução à literatura brasileira*, 1956, alteia-se a figura de Afonso Arinos de Mello Franco – mineiro e universal – ensaísta por natureza, abrangendo um vasto campo de criação, como a biografia (autor de *Um estadista da república*, obra que é posta ao lado, pela importância, à de *Minha formação*, de Joaquim Nabuco), a política – no que foi estadista –, o memorialismo, por sinal primoroso, demarcando todo um período de nossa história (*Escalada*, 1965; *Planalto*, 1968; *Alto-mar, maralto*, 1976), unindo dois elementos raros, o espírito goethiano na busca do conhecimento e o senso ético de Montaigne. Mais do que um modernista de primeira hora, foi um homem antigo. No plano do ensaísmo literário militante, o que escasseia hoje, dois outros nomes ganham relevo. Sérgio Milliet, crítico, poeta, espírito polimorfo, rigoroso, com parecer firme e ponderado, autor de *O diário crítico* em dez volumes (1944-1959), prosador singular, influenciado profundamente por Michel de Montaigne, envolvendo-se em literatura, arte, pintura, cinema. Outro nome, o de Álvaro Lins, crítico literário de natureza professoral e tribunícia, corajoso embaixador do Brasil no Portugal de Salazar, salientou-se numa linha eminentemente impressionista. "Saint-Beuve brasileiro" para Otto Maria Carpeaux[1676], criou um prisma pessoal na visão da literatura. E foi capaz de acertos como no caso de Guimarães Rosa e de desacertos sonoros como no exame da obra de Jorge Amado ou no caso de Clarice Lispector, de que não vislumbrou o gênio, como, aliás, sucedeu com um Lessing que não deu o devido valor ao criador que era Goethe. Entre seus livros: *Os mortos de sobrecasaca*, 1963; *O relógio e o quadrante*, 1964. E aqui registramos dois autores

---

1675. ANDRADE, Carlos Drummond. Poema publicado no Correio da Manhã, em 17 de junho de 1969.

1676. CARPEAUX, Otto Maria. **A história da literatura ocidental**. Brasília: Senado Federal, 2008. v. 4, p. 2261.

e dois livros injustamente esquecidos. O primeiro deles, o tradutor de Montaigne e humanista sob a árvore prodigiosa do ensaísta francês, Toledo Malta, autor do romance estranho, *Madame Pommery*, 1919, com traços picarescos, usando o pseudônimo de Hilário Tácito. E ainda, perseguido pela névoa do radicalismo político, Plínio Salgado, autor de um relato biográfico – *Vida de Jesus* (1942) – cunhado em estilo clássico, de valiosa pesquisa, visão histórica, com o talento de pintor de seres e costumes, revelando ação e vigor narrativo que comovem o leitor. Basta citar, por exemplo, a passagem da Última ceia que transita habilmente entre a dramaticidade e os diálogos exatos. Na literatura como na vida, às vezes tem-se a impressão prevista no *Livro de vidências*, de Longinus, de que "a memória é trôpega de uma perna." Ou talvez a memória não tenha pernas, só asas.

Nota complementar de ensaístas, memorialistas, críticos, tradutores (ou a visão do trigal de Van Gogh, depois do vento)

Apenas mencionarei outros nomes, entre os mais expressivos de nossa crítica. Se a inclinação dos exegetas dos séculos XVII e XVIII foi pela identidade nacional, a dos séculos seguintes centrou-se na visão interpretativa da nossa literatura, com Xavier Marques, Medeiros e Albuquerque, Magalhães de Azeredo, Valentim Magalhães e o naturalismo. José de Alencar, onde o instinto de nacionalidade começou na prática e foi contextualizado, em 1893, por Machado de Assis, destacando-se também Capistrano de Abreu, Araripe Júnior, José Veríssimo, Sílvio Romero, Alcides Maya, Júlio Ribeiro, Andrade Murici, Rocha Pombo, a objetividade de Cândido de Figueiredo, Adelino Magalhães, Laudelino Freire, seguidos pelos teóricos e pioneiros da Educação Nacional, Anísio Teixeira, Luís Sucupira Vianna e Francisco Venâncio Filho, Jackson de Figueiredo, Oliveira Lima, Nina Rodrigues, Renato Almeida, Cândido Mota Filho, Barreto Filho, Edson Carneiro, Jorge Carneiro, Fernando de Azevedo, Lourenço Filho. Sem

HISTÓRIA DA LITERATURA BRASILEIRA
Da carta de Caminha aos contemporâneos

esquecer o rol dos grandes ensaístas: Raimundo Magalhães Filho, Paulo Prado (primoroso *Retrato do Brasil*), Caio Prado Júnior (*Formação do Brasil contemporâneo*), Florestan Fernandes (*A revolução burguesa no Brasil*), Antônio dos Santos Torres (*Razões da inconfidência*, 1925), Roquette-Pinto, Manoel Bonfim (*A América Latina*), Alcântara Machado (*Vida e morte do bandeirante*), Agripino Griecco (e sua crítica impressionista), Octavio de Faria (*Leon Bloy*), Brito Broca, Guilhermino César (*História do Rio Grande do Sul* e *História da literatura do Rio Grande*), Oliveira Viana (*Populações meridionais do Brasil*), o historiador Otávio Tarquínio de Sousa (*Bernardo Pereira de Vasconcelos e seu tempo*, 1937) e Lúcia Miguel-Pereira (biógrafa de Machado de Assis), Antonio Cândido (com o modelar *Formação da literatura brasileira*), Afrânio Coutinho ou a *nova crítica* (cientificista), Fausto Cunha (o primeiro a analisar Jorge Luis Borges, autor de *A Luta literária*), Eduardo Portella, um dos nossos maiores intérpretes e humanistas, ao buscar alargar a imaginação da consciência (*Dimensões* I, II e III), com a arte de a sensível inteligência não elidir o rigor. Euryalo Cannabrava (em sua inovadora *Estética da crítica*), Franklin de Oliveira (*A dança das letras*), Eduardo Frieiro (*Páginas de crítica e outros escritos*), Cassiano Ricardo (ensaísta notável: *22 e a poesia de hoje*, destacando-se, na análise de matéria poética), Wilson Martins (sobrevivente da resenha crítica semanal, de perfil eminentemente tradicional, sem critério no que tange à análise de um João Cabral, por exemplo, desigual no exame da mais inovadora ficção de hoje). É também autor da torrencial e, às vezes prolixa, *História da inteligência brasileira*, em sete volumes, de alongados informes sobre o panorama do pensamento intelectual do país, reflexos naturais do pensamento do mundo. E, se a história se embriaga de conceitos e técnicas, a aventura humana se nutre de metamorfose. E as ideias não esgotam a realidade, nem a realidade esgota os símbolos, não podendo jamais desligar-se da história que, por detrás, as rege. Pois não são os conceitos que fazem a história, é a história que molda os conceitos. E a crônica dessa inteligência deveria dizer mais da *falência dos intelectuais* diante do movimento da história, como pretendia

Ortega y Gasset, do que a capacidade para a liderar. Ainda que, em *Monsieur Teste*, o altíssimo Paul Valéry, "contemplativo da estirpe dos grandes sábios do Oriente"[1677], julgue que "no fim de todo o pensamento está um suspiro."[1678] Apenas um sussurro. Ou talvez brilhe como uma lágrima. E entre os intérpretes, impõe-se Otto Maria Carpeaux, elogiado pelo próprio Wilson Martins, por "reconstruir o mundo medieval de maneira personalíssima"[1679], e mais, a contemporaneidade, com visão universal, gênio certeiro e ágil, escrita límpida, isenção, neste monumento que é a *História da literatura ocidental*, em quatro volumes, ou nos *Ensaios reunidos* (em dois tomos), onde o saber erudito se alia a uma intuição desveladora.

Além desses, Domingos Carvalho da Silva (*Uma teoria do poema*), Péricles Eugênio da Silva Ramos (*Do Barroco ao Modernismo*), Evaristo de Moraes Filho (ensaísta da *Utopia* e de Goethe), Lêdo Ivo, Antônio Olinto, Josué Montello (*Memórias póstumas de Machado de Assis*), Francisco de Assis Barbosa (e a clássica *Biografia* de Lima Barreto), Athos Damasceno Ferreira (*Jornais críticos e humorísticos de Porto Alegre no século XIX*), Ramiro Barcellos (*A revolução de 1835 no Rio Grande do Sul*), Moysés Vellinho (*Aparas do tempo*), Carlos Dante de Moraes, (*Aspectos psicológicos do romantismo*), Manoelito de Ornellas (*Gaúchos e beduínos*), Leyla-Perrone Moisés (*Falência da crítica*), Evaldo de Mello (*O nome e o sangue – uma parábola genealógica no Pernambuco colonial*, 1989-2009), Marina Colasanti (*Fragatas para terras distantes*, 2004), Leila V. B. Gouvêa (*Pensamento e "lirismo puro" na poesia de Cecília Meireles*, 2008), Maria Verônica Aguilera (Carlos Drummond de Andrade – *a poética do cotidiano*, 2002), Maria Aparecida Vitta Maya (*O guarda-noturno da literatura – vida e obra de Joaquim Osório Duque-Estrada*, 2009), Monique La Moing (*A solidão povoada – biografia de Pedro Nava*, 1996), Telênia Hill (*A*

1677. VALÉRY, Paul. **Variedades**. São Paulo: Iluminuras, 1999.

1678. VALÉRY, Paul. **Variedades**. São Paulo: Iluminuras, 1999.

1679. CARPEAUX, Otto Maria. **A história da literatura ocidental**. Brasília: Senado Federal, 2008. v. 4, p. 2261.

HISTÓRIA DA LITERATURA BRASILEIRA
Da carta de Caminha aos contemporâneos

trajetória da imanência – reflexão sobre José Paulo Moreira da Fonseca – pintor e poeta), Lênia Mongelli (*A poesia Arcádica*), Regina Zilberman (*Do mito ao romance*), Marisa Lajolo (*Monteiro Lobato: um brasileiro sob medida*), Ana Maria Machado (*Recado do nome*, 1976), Lígia Chiappini de Moraes Leite (*Modernismo no Rio Grande do Sul*), Ligia Morrone Averbuck (*Cobra Norato e a revolução Caraíba*), Miguel Sanches Neto (*Entre dois tempos – Viagem à literatura do Rio Grande do Sul*, 1999), Laura Sandroni (*De Lobato a Bojunga: as reinações renovadas*, 1987), Silviano Santiago (*Uma literatura nos trópicos*, 1978; *Aos sábados, pela manhã - Sobre autores & livros*, 2013), Ivan Teixeira (*Obras poéticas* de Basílio da Gama; *Mecenato pombalino e poesia neoclássica*)), Mario Vieira de Mello (*Desenvolvimento e cultura – o problema do estetismo no Brasil*, 2009), Alberto Venâncio Filho (ensaio modelar sobre Machado de Assis – *Presidente da Academia Brasileira de Letras*, 2008), Sérgio Paulo Rouanet, pensador dos mais agudos, publicou *As razões do iluminismo*, 1987-1999; *O mal-estar da Modernidade*, 1993; *Correspondência de Machado de Assis* (Tomo 1; reunida, organizada e comentada por Irene Moutinho e Silvia Eleutério, 2008), Sílvio Castro (*Machado de Assis e a modernidade brasileira*, 2009), O recifense José Paulo Cavalcanti, autor do enciclopédico e inovador estudo sobre Fernando Pessoa, que já pesa como uma das mais significativas contribuições à figura do gênio português, com achados e nas perspectivas de interpretação (2011), ganhador do Prêmio Ermírio de Moraes, da Academia Brasileira de Letras no ano seguinte. Vale registrar também *Gilberto Freyre e as aventuras do paladar*, de Maria Letícia Monteiro Cavalcanti, 2013, com uma escrita que revela saberes e sabores deste colecionador das peripécias da boa-mesa, à sombra pernambucana, *Com fotos e o escrever habilidoso de quem conversa*. O ensaísta e poeta José Geraldo Holanda Cavalcanti publicou uma profunda e preciosa incursão na teoria da poesia, com *A Herança de Apolo*, 2013, Ubiratan Machado (*Dicionário de* Machado de Assis, 2008), Astrojildo Pereira (Machado de Assis, *ensaios e apontamentos avulsos*, 2008), Domício Proença Filho (gramático, filólogo, crítico, autor do precioso *A poesia dos inconfidentes*, 1996), Donaldo

Schuler, (*A história da poesia do Rio Grande do Sul*), Fábio Lucas (*O caráter social da literatura brasileira* e *Fronteiras imaginárias*), Cláudio Murilo (*Toda a poesia de Machado de Assis*, 2008 e *O círculo virtuoso – a poesia de Machado de Assis*, 2008), Cássio Schubsky e Miguel Matos (*Doutor Machado – o direito na vida e obra de Machado de Assis*, 2008), Gilberto Mendonça Teles (*Vanguarda europeia e modernismo brasileiro* e *Camões e a literatura brasileira*); Adovaldo Fernandes Sampaio, linguista, tradutor, publicou *Línguas e Dialetos Românicos e Germânicos* (ensaio, 1993-2011), *Letras e Memória - Uma Breve História da Escrita* (2009) e *As línguas Célticas e Outros Quatro Ensaios* (2011, de valiosa contribuição filológica), Bariani Ortêncio (*Dicionário do Brasil Central* (1983); Ático Vilas-Boas da Mota (*Brasil e Romênia: Pontes Culturais*, 2009), William Agel de Mello, ensaísta, tradutor, dicionarista, poliglota e africanólogo, um dos mais importantes estudiosos da lexicografia, com dicionários bilíngues de todas as línguas neolatinas, criou o idioma panlatino (*O Idioma Panlatino e outros ensaios linguísticos*, 2011), Massaud Moisés (*A literatura brasileira através dos textos*), Miguel Reale (jurista de renome internacional, ensaísta de *Face Oculta de Euclides da Cunha*, 1993), Marcos Almir Madeira (ensaísta de *Fronteira sutil*, 1993), José Paulo Paes (*Tradução: a ponte necessária – aspectos e problemas na arte de traduzir*), Celso Lafer (*Gil Vicente e Camões*), Valtensir Dutra (*A evolução de um poeta – Jorge de Lima*), Cavalcanti Proença (*Abordagem de textos literários*), Domingos Sávio (*Os belgas na fronteira oeste do Brasil*, 2009), Wander Lourenço (*O enigma Diadorim*, 2009), Eliana Yunes / Maria Clara Lucchetti Bingemer (*Bem e mal em Guimarães Rosa*, 2009), Janilto Andrade (*Erotismo em João Cabral*, 2008), Othon Moacir Garcia (*Esfinge clara*), Raimundo Faoro (grande intérprete brasileiro com *Os donos do poder*), José Maurício Gomes de Almeida (*Machado, Rosa & Cia*, 2009), José Murilo de Carvalho (historiador e crítico, autor de *A formação das almas* e da importante biografia de D. Pedro II), Sérgio Buarque de Holanda (as fundamentais *Raízes do Brasil*), Antônio Carlos Villaça (*Místicos, filósofos e poetas*), Luiz Costa Lima (*Lira e a Anti-Lira*), Antônio Houaiss (*Seis poetas e um problema*), Eugênio Gomes (*Espelho contra espelho*), Osvaldo Orico (*Camões e Cervantes*), o irônico e não menos agudo Agripino Grieco; Roberto Alvim Corrêa, pensador e humanista (*Anteu e a Crítica; O mito de Prometeu*), o filólogo de escol, Celso Cunha; Hermes Lima (*Problemas do nosso tempo*), João Etienne Filho (*Cláudio Manuel da Costa*), Temístocles Linhares (*Diálogos sobre a poesia brasileira*), Ernani Reichmann (*Kierkegaardiana*), Benedito Nunes (estudo sobre a obra clariciana), Nelly Novaes Coelho (*A literatura feminina no Brasil contemporâneo* e o livro sobre a geração de 1960), Bella Jozef (*História da literatura latino-americana*), Jerusa Pires Ferreira (*Fausto no horizonte: razões míticas, texto oral, edições populares*), Sábato Magaldi (com valiosa contribuição crítica ao teatro brasileiro), Cândido Mendes de Almeida (pensador com a aguda consciência da latinidade e de nossa sociedade consumista e global, com seu literário/sociológico, *Vinco do recado*, 1997: um rabelaisiano contemporâneo), Hélio Jaguaribe (pensador, humanista, ser enciclopédico, em *Brasil, mundo e homem na atualidade*, com estudos sociopolíticos, história brasileira, filosofia, análise de personalidades, cabendo-lhe o que Ortega y Gasset comentava – "o filósofo é um toureiro de ideias"), San Tiago Dantas (*D. Quixote, um apólogo da alma do ocidente*), Cícero Sandroni (biografia de *Austregésilo de Athayde*, em parceria com Laura Sandroni e *180 anos do Jornal do comércio –1827-2007*, relatando os principais acontecimentos do país), Muniz Sodré (mestre em sociologia da informação, com *A comunicação do grotesco*, 1971 e o ensaio por um conceito de cultura no Brasil, *A verdade seduzida*, 1983), Afonso Arinos de Mello Franco Filho (ensaio – *Três faces da liberdade*, 1988), Padre Fernando Bastos de Ávila (ensaio – *O pensamento social cristão antes de Marx*, 1972), Sérgio da Costa Franco (*Júlio de Castilhos e sua época*, 1967), Antônio Hohlfeldt (*O gaúcho: ficção e realidade*, 1982), Lea Silva dos Santos Masina (*Tese e realidade em Ruínas vivas de Alcides Maya*, 1989), Nelson Werneck Sodré (*Síntese da história da cultura brasileira*, 1970), Zuenir Ventura (mineiro, radicado no Rio, ensaísta e cronista de *1968, o ano que não terminou – 1988*, corajoso repórter do tempo), Marcos Vinicios Vilaça (*Coronel, coronéis*, em parceria com Roberto Cavalcanti de Albuquerque, 1965; *Em torno da sociologia do caminhão*, 1969), Davi Arrigucci Jr (*Humildade, paixão e morte na poesia de Manuel Bandeira*), José Hildebrando Dacanal (ensaio importante sobre a *Nova narrativa épica no Brasil*, 1973), Sílvio Castro (*Estrutura e estilo de Guimarães Rosa*), Mário Faustino (excelente ensaísta – *Artesanato de poesia* e *De Anchieta aos concretos*), Vlademir Dias-Pino (*Processo: linguagem e comunicação*, 1971), Augusto de Campos (*Revisão de Kilkerry*, 1971), Haroldo Campos (*A arte no horizonte do provável*; *O sequestro do Barroco na formação da literatura brasileira: o caso de Gregório de Mattos*), Décio Pignatari (*Semiótica e literatura*, 1974), Eduardo Coutinho (*Em busca da terceira margem: ensaios sobre o Grande sertão: veredas*, 1993), Arnaldo Niskier (ensaísta da Educação), Lauro Escorel (*A pedra e o rio*, exegese magnífica sobre a obra cabralina), Oswaldino Marques (arguto ensaísta de Cassiano Ricardo e Guimarães Rosa), Mário Chamie (*A linguagem virtual*), Affonso de Ávila (*O poeta e a consciência crítica*), Laís Corrêa de Araújo (*Murilo Mendes*), José Castelo (lúcido e enternecido frequentador do insone e bem assombrado castelo de João Cabral e Rubem Braga, romancista que não se perdeu no crítico), César Leal (*Dimensões temporais na poesia*), Assis Brasil (*A nova literatura*), Moema de Castro e Silva Olival (*O espaço da crítica – panorama atual*), Daniel Pizza (*Machado de Assis: o gênio brasileiro*), Luís Busatto (*Montagem em Invenção de Orfeu*, ensaio, 1978), Alcides Buss (*Cobra Norato e a especificidade da linguagem poética*, 1982), Vera Lúcia de Oliveira (*Poesia, mito e história no Modernismo brasileiro*), Luiz Augusto Fischer (ensaios, *Para fazer a diferença; Contra o esquecimento*) e os ficcionistas, de leva recente, críticos como Raimundo Carrero na análise da técnica do romance, Cristóvão Tezza no estudo de Bakhtin, Marcelo Backes (*Literatura Alemã*), José Maurício Gomes de Almeida (*Machado, Rosa & Cia*, 2008), Maria de Fátima Gonçalves Lima, (*Poesia e Literatura Brasileira*), Eduardo Jablonski em livros sobre José Eduardo Degrazia, Robert Prym-Schmidt, Armindo Trevisan e Carlos Nejar, desvendando com lucidez e argúcia, a literatura do Rio Grande do Sul, destacando-se entre os novos intérpretes, entre outros. E vale registrar o importante livro de José Paulo Cavalcanti, *Fernando Pessoa, quase uma autobiografia*, 2017, um dos mais argutos estudos sobre a personalidade e a obra do grande Poeta Lusitano, merecedora do Prêmio Ermírio de Moraes, da Academia Brasileira de Letras. E não há que esquecer o ensaísta e pensador Kenner Terra e seu livro sobre o sagrado, sendo magnífico intérprete (*O Apocalipse de João*, ed. Recriar, 2019). Ademais, há que referir a lição atualíssima de Antonio Cândido: "Criticar é apreciar; apreciar é discernir; discernir é ter gosto; ter gosto é ser dotado de intuição literária."[1680] Sempre discernindo ser a crítica *trabalho da imaginação*, devendo cada geração criar o seu espaço crítico. Ainda mais que, para a hermenêutica da poesia e da ficção contemporâneas, impõe-se não mais a perspectiva estática dos gêneros literários, mas a polifonia, a perplexidade da nova linguagem. E os pensadores – não são mais, hoje, os filósofos de um sistema – são os mestres do aforismo, ou ensaístas como Octavio Paz, ou Jorge Luis Borges, ou Carlos Fuentes, que têm diante de si a realidade mágica do mundo, "a loucura da razão criadora", segundo Ricardo Moderno[1681], o empenho de um outro pensamento, o da imaginação, como "uma vertente de complementaridade do pensamento estético adorniano". No memorialismo agigantaram-se, no Brasil Colonial, um Saint-Hilaire; no período posterior, um Joaquim Nabuco; no Modernismo, Gilberto Amado; Pedro Nava (um dos estilos mais belos e criativos, memorialista maior. Sobre *Balão cativo*, observa Otto Lara Resende, ele próprio, autor de *Memórias*: "Estou me lixando para a verdade documental. Aquilo é obra de arte. Igualzinho à ficção. Se não coincide com os fatos, pior para os fatos"[1682]); Antônio Carlos Villaça (*O nariz do morto*, sua obra-prima); Roberto

---

1680. CANDIDO, Antonio. **Textos de intervenção**: seleção, apresentação e notas de Vinicius Dantas. São Paulo: Editora 34, 2002.

1681. MODERNO, João Ricardo. **Estética da contradição**. Rio de Janeiro: Atlântica, 2006.

1682. LARA, Resende Otto. **Testemunha silenciosa**. São Paulo: Companhia das Letras, 1995.

Campos (*A lanterna na popa*), entre outros. Sim, leitores, seguem nomes de tradutores-pioneiros (entre outros, anônimos sob o próprio nome). Heroica foi a empreitada de Antônio Houaiss, ao traduzir pela primeira vez entre nós, o *Ulisses* de James Joyce, 1965, mais tarde, Bernardina da Silveira Pinheiro (2005) verteu ao português o mesmo livro; Donaldo Schuler, no período de 1999 a 2002, reinventou para a língua de Camões, *Finnegans Wake*, de James Joyce; Haroldo de Campos (com Augusto de Campos e Décio Pignatari) transcriaram os *Cantares*, de Ezra Pound, 1960, o *Panorama de Finnegans Wake*, e *Joyce*, 1962; os *Poemas de Maiakovski* (com Augusto de Campos e Boris Schnaidermann, 1968), *Mallarmé* (com Augusto de Campos e Décio Pignatari, 1974), *Seis cantos do paraíso*, de Dante Alighieri, 1976, *Transblanco*, de Octavio Paz (1994), *Qohélet-O-que-sabe: Eclesiastes*, 1990), *Bere´Shith – A cena da origem*, 1993, *A Ilíada*, de Homero (com ensaio de Trajano Vieira), 1994, o inicial (mais tarde, o II Canto), Hagoromo Zeami (teatro clássico japonês, 1994), *Escrito sobre o jade* (poemas clássicos chineses, 1996), entre outros. Haroldo costumava sustentar o paradoxo de que só o texto intraduzível merece ser traduzido. Recrie-se o intraduzível. Obrigue-se a língua portuguesa a dizer o que nunca disse. Seu irmão, Augusto de Campos, transcriou *Os poemas*, de e.e. cummings, 1998, *Poemas*, de R. Maria Rilke e *O barco ébrio*, de Arthur Rimbaud. Péricles Eugênio da Silva Ramos traduziu a *Poesia grega e latina*, 1963, os *Sonetos*, 1966, de Shakespeare, a *Poesia inglesa*, 1971. Ivo Barroso traduziu *Toda a poesia*, de Rimbaud. *Os cantos* de Ezra Pound foram traduzidos por José Lino Grünewald, defendendo o ponto de vista de Walter Benjamin (*A tradução é forma*). Ivan Junqueira traduziu *As flores do mal* (completas) de Charles Baudelaire, a obra poética de T. S. Eliot; *Poemas reunidos*, de Dylan Thomas (2003). Por sua vez, Ivo Barroso traduziu *O teatro* de T.S. Eliot. Bruno Palma traduziu *Anabase* e *Amers* (Marcas Marinhas), de Saint-John Perse. José Paulo Paes verteu *Os poetas gregos*, de Konstantinos Kaváfis e *Poemas*, de Paul Éluard. Geir Campos traduziu *Poemas* de Rainer Maria Rilke, de Walt Whitman e *A tragédia do homem*, do húngaro Imre Madách (com Paulo Rónai, 1980).

Versões de Antônio Antunes (*Poemas de Leopardi*, 1998) e de Yao Feng / Régis Bonvicino de 10 poetas chineses contemporâneos (*Um barco remenda o mar*, 2007); Nelson Ascher, excelente tradutor de poetas, em *O lado obscuro*, 1995 e *Poesia alheia*, 1998, verteu com Boris Schneiderman, *A dama de espadas*, de Pushkin. Lauro Machado Coelho traduziu a *Antologia de Anna Akhanátova*, (2009). José Antônio Arantes traduziu Marianne Moore (1991); traduções de Adalberto Muller Jr., Júlio Castañon e outros, de *O partido das coisas*, Francis Ponge (2000). Anderson Braga Horta, Fernando Mendes Vianna e José Jeronymo Rivera traduziram magnificamente *Os poetas do século de ouro espanhol*, 2000 e Fernando Mendes Vianna, *Francisco de Quevedo, Sonetos de amor e de morte*, 2000. Rodrigo Garcia Lopes traduziu *As folhas de relva*, de Walt Whitman, Maria Arminda de Souza Aguiar traduziu vários livros do francês Céline, Jorge Wanderley traduziu *O inferno* (2004), de Dante Alighieri, o que também foi feito antes pelos poetas Dante Milano e Henriqueta Lisboa; Leonardo Fróes traduziu *A trilogia da paixão*, de Goethe e *O triunfo da vida*, de Shelley; Paulo Bezerra traduziu magnificamente, do russo, *O idiota* e *Os demônios*, de Fiódor Dostoievski; Mamede Mustafa Jarindle traduziu pela primeira vez, do árabe, o *Livro das mil e uma noites*, tanto do ramo sírio, como do ramo egípcio, ambos em dois volumes; Álvaro Faleiros verteu ao português os *Caligramas*, de Guillaume Apollinaire, em 2008.

    Traduzir não é só a tarefa de transcrever, é preciso alicerçar a atmosfera da escrita. Espelho: traz a lembrança do contrário. E é como um livro judaico: lido ao avesso. O tradutor é o que busca a voz original dentro da própria voz, praticando um ato de linguagem. Ou "é o coreógrafo da dança das linguagens", para Haroldo de Campos (*O segundo Arco-íris branco*. S. Paulo: Iluminuras, 2010. p. 30).

    Ademais, há que confiar que os trigais de Van Gogh, atravessando o campo, persistam verdes por um longo eito, tocados de esperançosa ou lépida brisa. E, se de filosofia trato, essa que se acrescenta ao pensamento, consigne-se quanto, hoje, se fragmenta sempre mais, num processo procedente dos socráticos, após os românticos alemães, ou pela via de Nietzsche, sendo os ensaístas da imaginação e do mágico, os filósofos, já não presos a sistemas, porém dinamitadores dos sistemas, inventores de mitos, pensadores do rumor, do desejo e do delírio, limitando a *Idade da razão*, onde o sensualismo não se opõe ao intelectualismo, porém o aperfeiçoa de vida e experiência. "Para libertar a leitura, há que libertar, no mesmo movimento, a escrita" – observa Roland Barthes.[1683] Todavia, para libertar a escrita, a lição é de Vico, em *Ciência nova*: "dever-se-á exprimir simultaneamente, o brilho e o sofrimento do mundo, o que nele seduz e indigna." E, sem uma nova consciência, não existe uma nova linguagem. Essa que, de tão vívida, nos fará recuperar a infância, ou a infância nos terá recuperado. E a infância é sempre o tempo, ou obsessão da memória. Porém, a crítica se modula na complexidade ao ser vista de longe e mais simples, humana, vista de perto. Como queria Parmênides: ao nos acharmos diante de um lobo, nos defrontamos com o cão manso do vizinho. Ou, em vez de um lobo, eis-nos diante de estranha e abissal flor. Porém, não podemos esquecer que a crítica, como a obra criticada, são da mesma estirpe criadora. Portanto, também lobo, cão e flor. O texto busca sentido. E o sentido é que o descobre. Não se perde em si mesmo, mas pode perder-se na vida. Nunca na revelação.

1683. BARTHES, Roland. **Ensaios críticos**. Lisboa: Edições 70, 1977.

CONCLUSÃO

ou de como todos os povos de língua portuguesa olham a identidade do idioma no presente e no porvir

Escrevo para os de língua portuguesa e para os de outras línguas que nos hospedarão, passando a palavra adiante, alçando-a como águia que sabe achar os píncaros. Por nos movermos na mesma pergunta do grande poeta grego Konstantinos Kaváfis: "Quem sabe das novas coisas que nos mostrarão a luz?"[1684] E, aqui, demarco o meu amor por esta língua, que é a nossa maior proeza e peregrina aventura. Se tivemos os 500 anos de Brasil-Portugal-África para desvendá-la, temos todo o porvir, para que também nos descubra. O amor tem dessas amplidões. E passamos a reconhecer o que nos reconhece entre o céu e o mar. O padre Vieira, de Lisboa, e o nosso, de Salvador, fez o seu *Sermão aos peixes* observando neles duas qualidades: a de ouvir e não falar. E a seguir diz Mestre Vieira:

"Haveis de saber, irmãos peixes, que o sal, filho do mar como vós, tem duas propriedades, as quais em vós mesmos se experimentam: conservar o são, e preservá-lo para que não se corrompa."[1685]

E de ouvir, todos sabemos que os peixes escutam atentos, vigilantes. Mas, por não ter dado oportunidade de os peixes falarem, Vieira, o *príncipe da língua*, achou por bem que

---

1684. KAVÁFIS, Konstantinos. **Collected poems**. Princeton, NJ: Princeton University Press, 1992. p. 18.

1685. VIEIRA, Antônio. **Sermões**. São Paulo: Hedra, 2004.

não falem. Todavia, os peixes, hoje, tomam voz, porque são os seres mágicos deste mar que nos une. Foram eles que viram as impetuosas navegações, são eles que nadam no oceano da linguagem. E, como afirma o padre Vieira, conservam o são da língua com o sal, exercitando-a nas ondas de metáforas, e a preservam de alguns homens que, às vezes, a corrompem. E o que dirão eles, senão o que dizemos: que há coisas que nos unem, indelevelmente, em tempo, cultura e criação. E o que o mestre Vieira esqueceu: que o sal não guarda mágoas. E prevemos novas e poderosas coisas que nos mostrará a luz: Brasil, Portugal e por que não? A África, pois "cada época e em cada grande poeta (ampliando-se a todos os criadores) a operação da imaginação ressurge em novas formas e com nova força", alerta Ernest Cassirer, definindo o homem como "animal simbólico."[1686] Por estar sempre diante da linguagem que se revela, ou se oculta nas entrelinhas, ou nos velhos silêncios. Sob as inscrições de outras mais antigas, os relevos dos monumentos imprevistos. E sabemos, com Octavio Paz, que a modernidade na linguagem surge como um *duplo do universo*. Contemplando o futuro do pensamento, que, para Valéry, "vê mais do que os olhos." E que se constrói de estar amando. E se desconstrói, para que o tempo não se esqueça de si mesmo. E sempre emerja de novo.

E reaparece, pois não há língua pura e o barroco é a nossa segunda natureza. E percebo uma nova literatura, que não foi alcançada por esse balanço, o mais atual possível e que terá o tempo de ser reconhecida, porque a verdade demora.

É uma poesia ou ficção que não busca a qualidade da imagem ou do pensamento, como as anteriores, que sai da fábula para um retorno à história e estória, quer a palavra dura e crua, o romance de corte e do testemunho, que singulariza o terror, o preconceito, o indigenismo, a violência urbana, o desemprego ou as urdiduras milicianas do crime e das drogas, relatando o desastre do tempo, da penúria, da febre do ouro e das invasões de terra ou mesmo a guerra.

1686. CASSIRER, Ernst. **Ensaio sobre o homem**. São Paulo: Martins Fontes, 2001.l

Essa geração terá seus historiadores, sem olvidar que a semente, o plasma está e estará em gerações anteriores, às vezes em seus grandes nomes, ignorada.

E aqui registro, com o nascer de nova matéria e novo tempo que se afirma e nem será melhor que o nosso, mas não há de ser menos doloroso, nem menos verdadeiro. As críticas hoje já não são, em regra, resenhas, mas linhas ou entrevistas, os jornais vão desaparecendo do papel, assumindo o dito progresso eletrônico das redes. E se inventarão novos esquemas e sabemos que na luz ou nas catacumbas, a literatura permanecerá.

(*Fragmento revisto de um discurso no Congresso entre Brasil e Portugal, no Porto, na comemoração dos 500 anos do descobrimento do Brasil, quando da coordenação de Literatura Brasileira.*)

O AUTOR

Carlos Nejar, nome literário do Dr. Luiz Carlos Verzoni Nejar. Nasceu em Porto Alegre, Rio Grande do Sul, em 1939. Procurador de Justiça, atualmente aposentado. Radicou-se no Flamengo, Rio de Janeiro. Colabora semanalmente com uma coluna de domingo no Jornal *A Tribuna*, o de maior divulgação de Vitória e eventualmente, com artigos em *O Globo*, do Rio. Pertence à Academia Brasileira de Letras, cadeira n. 4, na sucessão de outro gaúcho, Vianna Moog, tendo sido no ano de 2000, Secretário Geral e Presidente em exercício. Recebeu o Diploma de Excelência da Universidade Vasile Goldis, da Rumênia, em 2001. Foi eleito também para a Academia Brasileira de Filosofia, Pen Clube do Brasil, Academia Espiritosantense de Letras. Tomou posse na Academia Internacional de Cultura, de Lisboa, em 2006. Recebeu a mais alta condecoração de seu Estado natal, *A Comenda Ponche Verde* e de Minas Gerais, *A grande Medalha da Inconfidência*, em 2010 e ainda a *Comenda do Mérito Aeronáutico*, no dia do Aviador, Rio. No ano seguinte, a *Comenda Domingos Martins*, da Assembleia Legislativa do Espírito Santo. No ano de 2016 – o Diploma de Amigo da Polícia Militar e a Comenda Jerônimo Monteiro, do Governador do referido Estado. Em 2017, tornou-se membro honorário da Academia de Letras, de Brasília e a Grã-Cruz do Clube dos Pioneiros. Sendo indicado ao Nobel de Literatura pela Academia Brasileira de Filosofia. Chega aos oitenta anos, graças a seu espírito renascentista, com fama de poeta reconhecido, tendo construído uma obra importante em vários gêneros – tanto no romance, quanto no teatro, no conto, na criação infanto-juvenil – publicou, agora em 4ª edição, pela Noeses, sua <u>História da Literatura Brasileira</u> atualizada, onde assinala a marca do ensaísta. É considerado um dos 37 escritores chaves do século, entre 300 autores memoráveis,

HISTÓRIA DA LITERATURA BRASILEIRA
Da carta de Caminha aos contemporâneos

no período compreendido de 1890-1990, segundo ensaio, em livro, do crítico suíço Gustav Siebenmann (*Poesia y poéticas Del siglo XX em la América Hispana y El Brasil*, Gredos, Biblioteca Românica Hispânica, Madrid, 1990.)

Teve sua *Poesia Reunida: A Idade da Noite e A Idade da Aurora*, Ateliê editorial de S. Paulo e Fundação da Biblioteca Nacional, 2002. Ao completar setenta anos, publicou a reunião da maior parte de sua poética, com *I. Amizade do mundo; II. A Idade da Eternidade*, editora Novo Século, São Paulo, 2009. E *Odysseus, o velho*, 2010.

Suas Antologias foram: *De Sélesis a Danações*, Ed.Quíron, SP, 1975; *A Genealogia da Palavra*, Ed. Iluminuras, SP, 1989; *Minha Voz se chamava Carlos*, Unidade Editorial-Prefeitura de PA, RS, 1994; *Os Melhores poemas de Carlos Nejar*, com prefácio e seleção de Léo Gilson Ribeiro, Ed. Global, S. Paulo, 1998, agora em 2ª edição, 2014; *Breve História do Mundo* (Antologia), Ediouro, prefácio e seleção de Fabrício Carpinejar, 2003, já esgotado.

Romancista de talento reconhecido pela ousada inventividade, entre suas publicações estão *O Túnel Perfeito*, *Carta aos loucos*, *Riopampa, ou o Moinho das Tribulações* (Prêmio "Machado de Assis", da Fundação da Biblioteca Nacional, em 2000) e *O Poço dos Milagres* (Prêmio para a melhor prosa poética da Associação Paulista de Artes, de São Paulo, 2005); *Evangelho segundo o Vento*. É autor de *Teatro em versos: Miguel* Pampa, Fausto, Joana das Vozes, As Parcas, Favo branco (Vozes do Brasil), *Pai das Coisas, Auto do Juízo Final – (Deus não é uma andorinha)*, Funarte, Rio, 1998.

Saiu também em 2011, pela editora Leya, a 3ª edição de seus *Viventes* (trabalho de mais de trinta anos, espécie de "Comédia humana em miniatura"). Atualmente, prepara a sua 4ª edição, com grande número de novos personagens. Publicou, em 2012, *Contos Inefáveis* e o romance *A negra labareda da alegria*, 2013, pela editora Nova Alexandria, de São Paulo; *A Vida secreta dos gabirus*, ed. Record, 2014; *Matusalém de Flores*, Boitempo, no mesmo ano, romances. *O Feroz Círculo do Homem*, ed. Letra Selvagem, em 2015. A publicação da Coleção *O Chapéu das Estações*, pelas editoras – Unisul e Escrituras – de 14 volumes da poesia nejariana esgotada, em livros de bolso(2015).No ano seguinte, editou pela Bem-te-vi, do Rio, *Quarenta e nove casidas e um amor desabitado*. Em 2017, saiu *O Dicionário Carlos Nejar: um homem do pampa*, ed. Mecenas, em Porto Alegre, organizado pela equipe de Luiz Coronel, numa coleção de arte, fotos e textos, com 13 volumes, sobre Guimarães Rosa, Carlos Drummond, Erico Verissimo, Clarice Lispector, Fernando Pessoa, entre outros. Editou em 2018, a sua versão da *Antígona de Sófocles*. Publicou pela Class no mesmo ano, os sonetos de *Esconderijo da Nuvem*. No ano de 2019, editou *Os Invisíveis* pela Ed. Bertrand, do Rio, *O Evangelho Segundo o Vento* e comemorando os sessenta anos de literatura, em 2020, *Sélesis e Livro de Silbion*, bem como o romance inédito, *A Tribo dos Sete Relâmpagos*, pela Editora Life. Este ano de 2021, saiu o romance *O Sinal da Águia* (ed. Almedina, de Portugal). Tem traduções no exterior, estudado nas universidades, pertence à Academia Brasileira de Letras, à Academia Brasileira de Filosofia, ao Pen Clube do Brasil, Academia de Letras de Brasília e à Academia de Ciências e Letras de Lisboa. Procurador de Justiça aposentado, radicou-se na *Morada do Vento*, na Marquês de Abrantes, Flamengo, Rio. Foi indicado pelo Brasil ao Nobel de Literatura em 2019. É "procurador de viventes e poemas". O escritor gaúcho, traduzido em várias línguas, tem sido estudado nas universidades do Brasil e do Exterior.

Carlos Nejar foto de Friedericke Jochem .